战略与经济研究书系
总主编　陈　波

北京市高精尖学科战略经济交叉学科建设项目
中央财经大学国防经济与管理研究院双一流学科建设项目

战略与经济研究书系

STUDIES OF STRATEGY & ECONOMY　安全经济

牛津和平经济学

—— 手册 ——

The Oxford Handbook of
THE ECONOMICS OF PEACE AND CONFLICT

〔美〕米歇尔·R.加芬克尔　　〔美〕斯特吉奥斯·什卡佩尔达斯　/主编
（Michelle R. Garfinkel）　　　（Stergios Skaperdas）

郝朝艳　陈　波　/主译
陈　波　杨晓昕　/审校

社会科学文献出版社

SOCIAL SCIENCES ACADEMIC PRESS (CHINA)

总 序

随着中美战略与经济对话、中印战略经济对话等屡屡开启，战略与经济字眼越来越多地进入人们的视野。

本质上，战略与经济涉及国家、双边、地区和全球的安全与经济等多重议题。宏观上，安全与经济密不可分，经济是安全的基础，安全是经济的基本保障，一个冲突的社会，缺乏安全保障的国家难以有可持续的经济发展；相反，没有强大的经济支撑，安全终究也是"无源之水"。微观上，从安全预算到战略规划、从防务产业到安全提供、从防务费用到安全能力、从恐怖动因到经济制裁等诸多方面也都有安全与经济的层层交叠……

为全面、准确反映国际社会战略、安全与经济这一交叉领域最新认知与研究成果，也为了系统反映和加强我国在此领域的认识和研究，我们组织出版了这套"战略与经济研究书系"，此书系初步设计包含战略安全、战略规划、战略评估、安全经济等子系列，每个子系列里交叉含专著、译著、研究报告等，我们期望通过本书系的出版，大大提高我国在此领域的研究水平和国际对话能力……

是为序。

陈　波

中央财经大学

国防经济与管理研究院

二〇一六年六月

译者序

人们都期盼世界的永久和平，然而冲突却几乎成了人类历史的常态。和平与冲突不仅是人类发展历程中的永恒话题，也成为包括政治学、社会学、历史学、经济学，乃至心理学、神经科学在内的众多学科所共同关注的学术议题。和平与冲突与经济利益密切相连，如争夺土地、资源或能源可能成为战争的动因，更重要的是，进行冲突都需要投入大量经济资源并承担巨额的冲突成本。这些经济因素和经济考量是和平与冲突经济学研究的起点。然而经过几十年的快速发展，和平与冲突经济学为理解冲突、建设和平提供了更丰富、更深刻的见解。

一

理解和平与冲突经济学首先要理解构建和平与冲突经济学理论体系的学术价值和理论意义。

经济学家很早就关注到了冲突与经济活动之间的关系，亚当·斯密在《国富论》（1776）中数十次提到了战争，数百次提到了政治纷争；约翰·穆勒在《政治经济学原理及其在社会哲学上的若干应用》（1848）中指出，用来阻止人们相互侵害所花费的精力和才能是一种"极大的浪费"；凯恩斯（Keynes，1920）曾警告过《凡尔赛和约》会产生有害影响；庇古（Pigou，1939）在一本关于战争政治经济学的小册子中分析了可能引发战争的经济因素……而对和平与冲突经济学概念形成具有深远意义的观点，则是维尔弗雷多·帕累托在1906年《政治经济学手册》中提出的，"人类的努力用于两个不用的方向：经济商品的生产或转化，或者挪用他人生产的商品"。这意味着，生产与掠夺（即冲突）是影响经济运行的两种同等重要的方式。遗憾的是，斯密及其后来的绝大多数经济学者都没有系统地分析冲突。传统西方经济学在理性假设的基础上，主要分析生产和交易，强调自愿的交易可以在"自利"动机下实现"双赢"。这一"斯密信条"成为新古典经济学的基石。基于这样的研究侧重，主流经济学实际暗含地假设产权是完美界定且可以无成本地实施（Garfinkel，Skaperdas，2007），并不考虑经济主体和生产要素、资金、自然资源、产品、消费品会被掠夺，从而无法全部用于生产、交易或消费的情况，自然也就无须考虑要为安全和防护投入资源的情况了。然而，现实是，冲突的"阴影"无处不在。即使冲突并没有实际发生，但只要存在发生冲突的可能性，就会实质性地改变经济活动的决策和结果。国防开支就是典型的例子。

因此，和平与冲突经济学概念的提出本身就是对传统经济理论的改进。它将使用武力或威胁使用武力的冲突或"掠夺"行为作为获得财富的一种方式，同生产和交易一样，是经济主体可选择的基本经济活动之一。这就从根本上打破了传统经济学关于经济行为是"和平的"暗含假设，弥合理论与现实之间的差距，这自然也会极大地改变传统经济理论对经济行为规律的描述和结论，这无疑是和平与冲突经济学对经济学理论发展最为重要的意义和价值。

作为经济学的子领域之一，和平与冲突经济学应用经济学的基本概念、理论和方法研究冲突现象，其核心目的是采用经济学视角和分析范式解释国际体系中冲突或潜在冲突的起因、影响以及通过经济手段避免、控制与解决冲突的途径。当然，这并不是将经济学理论和概念简单扩展至和平与冲突这种非典型经济学研究对象的"经济学帝国主义"。和平与冲突经济学研究的理论价值还体现在为理解冲突提供了新的视角、方法、思路和见解。例如，战争等武力行为是非理性的，这似乎是一种根深蒂固的看法。而和平与冲突经济学将武力或冲突视为正常人类行为的一种选择，纳入理性选择的框架之中。是否发动战争、冲突还是合作、是否结成联盟、是否进行干预，甚至冲突目标的确定，都可以理解为经过权衡之后理性选择下的结果。只不过冲突中的这些选择不仅涉及对"理性"因素（如经济收益和经济成本）的权衡，还涉及所谓的"非理性"因素，比如仇恨、贪婪等情绪，还比如心理学研究发现的参照依赖（reference dependence）、损失厌恶（loss aversion）、框架效应（framing effects）等现象，以及社会学研究发现的同伴效应（peer effects）、社会网络效应和身份效用（identity utilities）等现象。通过适当改进经济学模型的设定，仍可在理性选择框架下分析这些"非理性"因素在冲突过程中的作用。经济学的"成本—收益"分析方法是理性经济人权衡各种选择的基本思路。因此，战争、恐怖主义、暴乱以及合作与和平等各种不同现象，可以理解为针对潜在激励变化有目的选择的结果。基于这样的思路，通过分析冲突或潜在冲突的社会基础，研究微观个体、家庭、团体参与冲突的原因和动机，并通过政策安排、制度建设改变冲突的潜在收益与成本，降低参与冲突的激励。这就从经济学视角为减少冲突、建设和平提供了见解和启发。

此外，和平与冲突经济学对冲突现象的关注和剖析也为经济理论发展提供了新的议题。比如，新古典经济学假设个人的偏好是外生且不变的。但和平与冲突经济学研究发现，经历冲突可能会改变人们的社会偏好，导致更高水平的"亲社会"行为，即更加合作和利他（Bauer et al.，2016）。再如，研究发现，正式和非正式的制度对冲突的爆发及冲突的影响非常关键，低收入国家之所以会频繁发生武力冲突，主要是因为其制度不完善（Krueger，2007）。但即使在冲突期间，正式的制度遭到了破坏，市场和社会主体的互动仍会继续，会形成新的治理形式，这不仅会影响冲突的发展，还会影响到冲突结束后参与者的集体行动（Justino，Stojetz，2018）和对资源的控制（Dube，Vargas，2013）。因此，冲突为深入研究正式与非正式制度的形成、发展和崩溃提供了真实的情境。当然，社会偏好的改变和冲突期间的制度变迁如何形成未来冲突的风险因素，仍是需要探讨的问题，这些有助于理解冲突后出现的社会类型以及为何一些国家会持续存在冲突和不稳定（Justino，2016）。

二

理解和平与冲突经济学还需要理解和平与冲突经济学的研究范式和研究体系。

哈维尔莫（Haavelmo，1954）是第一位在一般均衡框架内考察生产与掠夺的经济学家，不过他的这项研究在当时并未引起关注。一般认为，托马斯·谢林首先提出了对冲突的经济学分析。谢林（Schelling, 1960, 1966）应用博弈理论，从有限信息的理性参与者角度分析冲突，认为声明和行动的可行性、承诺问题是影响参与者策略性互动的关键因素。由于冲突或和平的结果取决于多个参与者的选择，而参与者之间存在策略上的相互依赖性，因此，博弈论成为构建冲突模型普遍采用的理论基础之一。

20世纪60～70年代，一些数理方法也被广泛用于冲突研究中，例如，博尔丁的空间冲突模型（Boulding, 1962）、关于战争损耗的兰彻斯特模型（Lanchester, 1916）、理查德森的军备竞赛模型（Richardson, 1939, 1960）、奥尔森和泽克豪泽的军事联盟模型（Olson, Zeckhauser, 1966）等。尽管这些研究与冲突经济学的研究主题一致，但大多数文献并未延续帕累托的思想，深入探讨经济因素与冲突的相互作用。这也就不难理解，为何杰克·赫什利弗在《国防经济学手册》（第一卷）中以"冲突的理论"而不是"冲突经济学"为题来概括早期的冲突经济研究成果了[①]。

不过在大致相同的时期，还有一大批经济学者，如布什（Bush, 1972）、布里托和英特里盖特（Brito, Intriligator, 1985）、赫什利弗（Hirshleifer, 1988, 1991）、亚瑟（Usher, 1989）、加芬克尔（Garfinkel, 1990）、什卡佩尔达斯（Skaperdas, 1992）、格罗斯曼和金（Grossman, Kim, 1995）等致力于在生产、贸易的数理模型中引入"掠夺"行为，考察冲突或冲突的可能性对生产、贸易等均衡结果的影响。从最简单的"猎食者"模型开始，到"猎食者—猎物"模型、"大炮与黄油"模型，学者们逐步深入地探讨了冲突与生产、冲突与交换、冲突与贸易、冲突与经济政策、冲突与制度和规范之间的相互影响及其影响机制。这些研究为和平与冲突经济学概念和体系的提出奠定了深厚的理论基础。

由于之前的经济学研究忽略了掠夺的可能性，引入冲突之后的分析往往会得到出人意料的结论。例如，什卡佩尔达斯和瑟罗普洛斯（Skaperdas, Syropoulos, 1997）发现，在一个冲突模型中，生产率更高

---

① 参见哈特利，桑德勒（主编），姜鲁鸣等（译），国防经济学手册（第1卷），经济科学出版社，2001年，第7章"冲突的理论"。

的参与者在冲突中并不具有优势，最终只能得到较小的产出份额。安德顿（Anderton，2003）构建了一个贸易和掠夺模型，发现在均衡时，在某个领域具有比较优势的参与者，其生产率的提高会导致总产出下降。这些研究不仅表明了冲突对经济决策和经济运行确实存在实质性影响，而且从另一个方面体现了冲突经济学思想的理论意义。

博弈论和均衡理论在和平与冲突经济学的理论分析中有着非常广泛的应用，提供了构建关于战争与冲突模型的基本思路和方法。例如，竞赛模型（Tullock，1980）用来分析战争和冲突局势中的激励效应，冲突程度（对冲突的投入水平）会随着所争夺资源、产品价值的增加而增加；消耗战模型基于动态博弈分析，可以为冲突的长期持续提供一种解释；上校博弈（Colonel Blotto game）对于多维度竞争的分析可以应用于多战场冲突的情景。其中，战争与和平的讨价还价理论是最富有成果的理论之一。它分析了冲突的根源（不对称信息、预防性冲突、先发制人的优势、冲突目标的不可分割性），不仅表明战争并不一定是非理性的，而且对以实现和平为目标的政策干预给出了不同见解。例如，某些形式的第三方干预会阻碍和平的实现。纳朗（Narang，2015）就发现，人道主义援助减缓了信息的积累，难以协调各方参与者对于和解的预期，进而不经意地延长了冲突的时间。

如果说标准的博弈论模型着重刻画参与者之间的策略性互动和策略性选择，那么基于一般均衡框架的生产、交换、贸易、冲突数理模型虽然也会运用博弈思想，但更侧重于刻画冲突与经济活动之间相互影响的机制及均衡结果。一般认为，冲突会通过转移资源、中断经济活动、破坏人力资本和物质资本等渠道影响经济活动。关于经济活动对冲突的影响机制，最著名的观点之一便是"国家之间经济的相互依存关系会带来和平效应"了。在不同的研究背景下，根据不同的研究侧重，大量文献设定了各种不同的具体模型，分别考察冲突导致的经济激励变化如何改变参与者的最优选择和最终的均衡结果。例如，在国际贸易理论框架中探讨武装和冲突重要性的研究确定了国际贸易主要通过要素价格效应和收入效应两种渠道影响军费开支（Skaperdas，Syropoulos，2001；Garfinkel et al.，2015），而贸易制度的变化也会影响战争决策（Martin et al.，2008）。通过具体描述相对财富变化、未来安全威胁和预期收益之间的内生关系可为二战之后看似和平且不断全球化的世界中军备持续增长的现象提供一种解释（Garfinkel et al.，2022）。

总之，将标准经济模型（博弈论和理性选择的均衡分析）有效地应用于和平与冲突研究的经济学文献在过去 30 年中迅速增长。虽然在模型细节上各不相同，但都突出了各种冲突环境的关键共性特征，具体、详细地分析了冲突和经济要素、经济活动，乃至经济制度之间的相互作用机制，得到了丰富的理论结论。这些研究可被视为和平与冲突经济学的理论基础，可将其概括为和平与冲突经济学体系的第一大类研究主题。

当然，同所有的经济学理论分析一样，这类研究也有其局限性。一是，理论模型往往有着较强的假设，而且由于数学模型构建和分析的复杂性，每个具体模型往往也只能针对冲突与经济要素互动的某个具体维度或具体机制，这限制了理论结论对现实问题的解释力和普适性。二是，理论模型对冲突理论特征的刻画过于抽象和笼统，简化了各种类型冲突的异质性。如何在经济学模型中描述冲突？在这方面，冲突经济学借鉴了竞赛理论中的"竞赛成功函数"，并将其命名为"冲突成功函数"或"冲突的技术"，巧妙地解决了这一基础性的技术问题。这种方法将对冲突的投入和冲突可能的收益联系起来，使得可以从成本和收益方面将冲突与其他选择进行比较。冲突成功函数的直观含义是冲突参与者在冲突中获胜的概率，它取决于冲突双方（或多方）为冲突活动投入的相对努力水平。因此，冲突成功函数主要突出了冲突对抗性和参与者行为策略依赖性的特征，但这一特征还无法对不同类型、不同程度的"冲突"进行区分。事实上，诸如战争、恐怖主义、叛乱等武力冲突和寻租、诉讼、竞赛等非暴力冲突都满足这种特征，仅就暴力冲突而言，国家间战争、内战、一般的武装冲突、恐怖主义等在冲突的烈度、起因、过程、影响等各方面都是截然不同的。三是，聚焦均衡结果的分析在某种意义上仍是静态的，极大地简化了对冲突的动态变化及其内在机制的认知。随着人们对冲突的理解不断深入，理论研究需要探究更深层次的问题。例如，人们已经了解到冲突的参与者在不同的激励条件下会做出不同选择，从而影响到冲突爆发—持续—升级—结束—和平的动态循环过程。那么，引起参与者不同反应的激励因素又是如何产生和演变的呢？研究发现，制造暴力的组织往往会借助网络来推进其目标，那么这种暴力网络是如何形成，冲突风险又是如何在网络中传播的？理论模型中存在多重均衡的情况也较为常见，每种均衡都高度依赖特定条件，这在真实的社会系统中意味着什么？

因此，一方面，和平与冲突经济学的基础理论仍需继续完善和深入；另一方面，对和平与冲突的经济学研究也需要采用更多的研究方法和研究视角。事实也确实如此，下面要谈及的和平与冲突经济学其他三大类研究主题主要采用实证分析范式。随着冲突数据的日益丰富和精细化，采用量化分析方法的和平与冲突经济学研究近年来占据了相当大的比例。

和平与冲突经济学的第二大类研究主题是对冲突相关因素的分析，即采用实证研究方法，考察经济因素、政治因素、社会因素、空间地理因素等对冲突的发生、持续、升级或结束的影响。研究发现，在经济因素中，经济发展落后、经济增长率低、各种经济性不平等、两极分化严重、高失业率、自然资源（特别是石油、贵金属和钻石）丰富、贸易开放度低往往与较高的冲突风险相联系；制度不健全、种族差异大、民主程度低、国家间接壤等政治、社会、地理因素也与冲突有较高的相关性，在考察经济因素对冲突的影响时，它们往往会作为控制变量出现在回归方程中。此外，如商品价格冲击、自然灾害、气候变化、流行性疾病等外生冲击也可能引发冲突。

在技术和结论解释上，这类研究需要应对三个方面的挑战。第一，建立明确的因果关系。冲突或战争爆发的原因非常复杂，在实证结果中，即使某些因素表现出了稳健的显著性，也不能因此确定它们到底是冲突的根本原因，还是表层原因，即冲突可能由更深层次的因素所驱动，或者是否存在遗漏变量的问题，即冲突由未包含在该项研究中的其他因素所引发。这也就不难理解为何现在越来越多的学者使用冲突的"相关因素"来代替冲突"原因"的说法了。第二，基于第一个方面的挑战，确定某些相关因素或外部冲击诱发冲突的影响机制比确定这些因素与冲突之间的因果关系更加重要，这也是对武力冲突因素更具现实意义的探究。比如，研究发现，资源价格（石油价格）变化会引发冲突，而其背后主要的影响渠道是通过影响劳动力价格，进而影响人们参与冲突的机会成本。第三，武力冲突具有独特性，不仅在冲突的类型、烈度、持续时间等方面存在较大差异，而且即使是在不同国家、不同时期发生的同类型冲突，比如恐怖主义，其诱因也存在较大的异质性。由于数据的限制，在量化研究中往往会使用面板数据。因此，对样本异质性的处理是必须考虑的。同时，计量模型的回归结果往往代表某个因素在样本中的"平均"影响，难以解释个体之间的差异，这也影响了实证研究结论的现实意义。例如，同样的原因为何在某些国家导致了冲突，而在另外一些国家却没有导致冲突？为什么有些地区很快从冲突的破坏中恢复过来，而有些地区却陷入了无尽的冲突和苦难之中？

和平与冲突经济学的第三大类研究主题是对冲突经济影响或经济后果的考察。这类研究关注各种类型的冲突，如内战、恐怖主义，战争对经济增长、投资、消费、国际贸易、就业、人力资本积累、社会福利水平、股票价格、某些特定行业（如旅游业）等各种经济变量的影响。"9·11"事件后，美国开始了漫长的反恐战争。正如约瑟夫·斯蒂格利茨和琳达·比尔米斯在《三万亿美元的战争——伊拉克战争的真实成本》中所描述的，伊拉克战争并不是美国必须进行的战争，而是美国"选择"进行的战争。既然是可选择的，那么战争成本应当是战争决策重要的权衡要素，这引发了人们对冲突经济成本的关注。经济学的成本含义广泛，相应地，冲突的成本也可分为多种类型和层次，如直接成本还是间接成本，即期成本还是未来成本，经济成本还是机会成本，经济体承担的总成本还是某个行业、某些个体面对的成本，是否考虑冲突的外溢效应，即外部成本或全球成本……基于成本的广义含义，用"冲突的成本"来概括冲突的经济影响似是合理的，因为无论在人们的认知中，还是在实证结论中，冲突或战争往往都是负面冲击。在对冲突经济影响或冲突成本的考察中，有两个技术问题需要关注：第一，基于刚刚对成本含义的描述，针对研究目的，明确界定成本的范围和含义是进行此类研究的第一步，在此基础上才能选择合理的度量指标、量化方式和方法；第二，此类研究仍需要处理因果关系问题，即如何在各个经济指标的变动中准确识别出仅仅由冲突事件导致的变动。解决该问题的基本思路是构造"反事实"。随着此类研究的不断深入和细化以及计量理论的发展，以上两个技术问题在现有研究中均得到了广泛讨论。

和平与冲突经济学的第四大类研究主题是关于化解冲突、实现和平的机制。尽管对冲突相关因素的研究结论似乎可以为减少冲突风险、预防冲突提供一些见解,然而冲突是非常复杂的社会现象,在不同的历史文化背景、地缘政治环境和经济发展阶段下,很难找到化解和防范冲突简单且有效的机制,更何况冲突与和平并非就是一个"硬币"的两面,没有冲突的状态与和平之间似乎并不能画上等号。目前,冲突经济学已经从以下两个方面进行了探讨,形成了比较成熟的研究结论。第一个方面是,通过国际贸易、国际资本流动、经济一体化项目等经济联系方式,在国家之间建立起的经济相互依赖关系会产生和平效应。现有文献对这一观点以及可能的传导机制从理论和实证角度都展开了充分的论证,当然,其结论也并不一致。第二个方面是,运用经济学机制设计的思想和理论结论(Myerson,2016)探索防止、减轻和解决潜在或实际武力冲突的治理机制、干预政策和制度设计。已有研究发现,提高国家提供公共品的能力、提高产权有效性、确保合约履行、良好的治理机制等有助于维持社会契约稳定性的机制设计都可以降低冲突的风险与破坏力(Murshed,2009)。然而,值得注意的是,即使是某些旨在建设和平的机制、政策和制度设计也可能不会成功,甚至成为冲突再次爆发的原因。这方面比较典型的例子包括如经济制裁、某些促进战后重建和经济发展的第三方干预政策以及一些和平协议和战后建立的国际机制(Rohner,2022)等。

三

理解和平与冲突经济学还需要理解和平与冲突经济学的发展动力和未来研究方向。同所有的社会科学研究一样,现象的演化、理论的深入、研究方法和研究技术的进步以及研究资料的积累和丰富都在推动和平与冲突经济学蓬勃发展。

第一,冲突现象的发展不断催生新的研究议题。第二次世界大战之后所谓的"长和平"也仅是超级大国和发达国家之间的战争停止了,和平并未扩展至全球范围。冷战结束后,内战呈现极其明显的上升趋势。不仅如此,内战往往持续的时间更长、更容易重复发生,而且看起来总是不成比例地集中在世界上最为贫穷的一些国家,成为这些国家社会经济发展的沉重负担。因此,内战成为这一时期和平与冲突经济学的研究重点。同时,内战造成的发展问题也引起了发展经济学的关注。"9·

11"事件后，对恐怖主义和反恐策略的经济学分析迅速发展，而随后长期的反恐战争使人们意识到战争的高成本会给经济发展带来长期的沉重压力，因此对冲突经济成本的评估一度成了热点议题。当前，全球冲突格局日益严峻、复杂，国内冲突和恐怖主义依然是全球严重的安全威胁，且呈现新的特征。一是，非国家武装团体的数量激增、冲突动机增强，加剧了冲突的发展，最直接的后果就是延长了冲突的时间。二是，在域外国家为追求其外交政策目标的第三方干预之下，国内冲突"国际化"的趋势不断增强，进一步加剧了内部对抗的复杂程度，并使冲突的影响不断外溢到邻近地区，甚至全球。冲突经济学领域已出现了较多关于非国家武装团体和第三方干预的文献，但仍需有更多研究针对新特征进行更具体和深入的探讨。此外，近年来，随着科学技术的迅猛发展，国家间的竞争领域不断扩展，比如网络空间和太空。"贸易战"不断发酵后，人们开始探讨经济、贸易、金融乃至科技手段能否部分地代替传统战争手段，成为实现政治外交目标的"经济武器"，或者同传统战争手段一起，作为混合战争的一部分。和平与冲突经济学的已有理论成果和研究方法是否适用于这些新的冲突领域，如何进一步创新和深化，显然是值得关注的。

第二，在更深入理解冲突动态发展机制的要求下，和平与冲突经济学的研究视角从国家层面的宏观分析视角逐渐转向个体层面的微观分析视角。20世纪90年代中期前，对武力冲突的研究主要集中在国家层面，这虽然有助于理解全球冲突模式的发展，但仍难以解释冲突类型、冲突模式动态发展的机制等一系列问题。例如，虽然较低的GDP水平引发内战的假说得到了许多以宏观数据为基础的实证检验的支持，但至少有五种微观主体行为选择模式似乎能更好地解释这一相关关系：冲突的低机会成本、贪婪动机（加入武装团体以增加收入）、（对政府的）不满情绪、（加入武装群体寻求保护的）安全考虑、预期政府必然失败。由于无法解释冲突发生、持续和升级等动态变化的机制和过程，此类研究为预防、解决冲突和建设和平能够提供的有效政策建议还比较欠缺。当然，聚焦国家层面的分析也难以关注次国家冲突中不同地区、不同群体在冲突模式和冲突后果方面存在的差异。例如，为什么有些地区发生了冲突，而其他地区却没有发生？为什么有些地区会很快从冲突的破坏中恢复过来，而有些地区却陷入了长久的冲突循环中？为什么有些人群会成为冲突的目标，有些群体会参与冲突，而另外一些则不会？为什么冲突造成的制度变化会使某些群体和地区受益，而使某些群体和地区受损？这些问题越来越成为亟待探讨的学术议题。

在新的微观经济学方法的推动下，以帕特里夏·贾斯蒂诺（Patricia Justino）、蒂尔曼·布吕克（Tilman Brück）和冲突网络中的家庭（Households in Conflict Network，HiCN）为代表的学者和学术组织从 20 世纪 90 年代后半期开始，将冲突研究的视角转移到个体、家庭和团体上，通过分析微观个体和群体的行为、选择、决策和互动方式，探讨了冲突的进程、终结和再爆发这一复杂动态变化的内在机制，以及宏观社会、经济和政治进程的微观基础。这些研究主要探讨了五个方面的内容。一是分析个体、家庭、社区、企业等遭受冲突危害的微观个体如何应对冲突（Brück，Verwimp，2013；Martin-Shields，Stojetz，2019）。二是分析微观个体的行为和选择如何促成冲突，研究强调了个体和群体的代理人（如领导人）在冲突情境中的重要性（Verwimp，2005；Krueger，2007；Humphreys，Weinstein，2008）。三是评估政策干预在冲突期间或冲突结束后对个体或家庭的影响，以及在这种情况下如何建设和平与安全（Justino，2018；Puri et al.，2017）。四是探讨了冲突期间的制度变化和新制度的形成及其对冲突后进程的影响，以深入了解受武力冲突影响的社会和经济长期发展问题（Justino，2012，2016，2022）。五是采用实证方法分析个人、家庭、社区遭受武力冲突的长期经济、社会和政治后果，包括教育、健康、性别关系和贫困。而更新的研究视角主张通过中观层面，即个体和家庭在社区层面或地方社会团体组织层面之间的互动，将微观参与者与更大的社区和更广泛的社会、政治、经济变化联结起来，包括叛乱技术、平民和武装团体之间相互作用产生的战时机构、武装团体的内部组织和集体行动、地方治理和地方政治领导、地方市场和商业互动（Balcells，Justino，2014），等等，以进一步探讨微观行为和宏观结果之间的联系。

第三，和平与冲突经济学不断融合多个学科的理论观点和研究方法，交叉学科的特征日益凸显。冲突本身就具有重要的政治、社会、历史、心理和文化根源。和平与冲突经济学虽然以冲突和暴力的"经济性"要素和结果为研究核心，但也吸收了其他学科关于冲突研究的见解、角度和方法。

一方面，和平与冲突经济学研究大量借鉴政治学、心理学、社会学和历史学等学科的研究成果，通常采用"政治经济学"的研究视角，即从政治、安全、经济、历史和文化等诸多方面分析参与暴力冲突的各种行为者和利益相关者的动机及制约因素（Brauer，Anderton，2020）。近年来，行为经济学和身份经济学借鉴了心理学和社会学研究成果，也为理解冲突与和平行为提供了帮助。例如，心理学研究发现的认知偏见、框架效应、参照依赖和损失厌恶等概念可以解释民族国家或管理者在作战立场上为何总是"不妥协"。类似地，身份经济学特别关注社会关系和等级地位，表明家庭、语言、宗教、种族或其他方面的联系会促进群体内部的贸易和交换等经济活动，从而有助于形成更紧密的群体。这样的结论能够解释群体内部的联系可以压倒群体之间建立和平、建设和平及维持和平的任何"理性"考虑，从而导致较长时期的冲突状态。总之，现代经济学通过吸收心理学、人类学、社会学、政治学、法学、管理学、物流学、数学和统计学等其他领域的知识，已经（或正在）成为一门能够对人类行为进行更深入探究的综合性定量社会科学（Brauer，Anderton，2020），作为以冲突行为为主要研究对象的经济学分支领域，和平与冲突经济学自然亦是如此。

另一方面，和平与冲突经济学研究广泛借鉴了众多学科的研究技术和研究方法。例如，借鉴心理学的控制试验方法，可以部分地弥补冲突现场数据不充分的情况，以更准确地评估冲突带来的影响。而田野调查方法已经非常普遍地用于冲突的微观经济学研究过程中，因为这类研究的资料基础主要是冲突地区的家庭数据。随着调查方法和调查技术的不断改进，田野调查不仅逐步解决了抽样、偏见和回忆偏差等方法性挑战，还对冲突的"热点"地区持续展开多年度调查，追踪冲突及其影响的动态变化。另一种值得关注且已被广泛应用的方法是社会网络分析。网络的概念不仅捕捉了冲突参与者之间的连接关系和相互依赖，还可以通过不同的网络结构和相互连接程度展现不同的冲突环境，帮助理解现实世界的结果并模拟实际出现或可能出现的其他结果（Anderton，Brauer，2019：Chap. 8）。已有研究将网络模型与进化博弈理论结合起来，预测冲突目标的选择（Anderton，2015），以及如何发展个体之间的联系从而阻止或减少攻击行为传播（Anderton，2019）。在关于恐怖主义、战争风险和大屠杀的实证研究中，采用网络理论或网络视角的分析也已非常普遍了（Enders，Sandler，2012）。

第四，和平与冲突经济学的数据、资料日益丰富。近十几年来，和平与冲突经济学研究的蓬勃发展也得益于冲突数据、资料快速积累所提供的支持。当前进行和平与冲突经济学研究可以使用多种类型和多种来源的冲突数据。一是，常规的冲突与和平统计数据。长期困扰本领域的问题正在不断得到解决，相关数据库日渐成熟，例如有着广泛应用的乌普萨拉冲突数据项目、战争相关项目数据库、全球恐怖主义数据库、武装冲突地点和事件数据库等，都提供了涵盖多个国家、长时间维度以及不同冲突类型的数据。二是，如前所述，随着对冲突情景下个体和群体关注度的不断提升，以及田野调查方法的不断完善与创新，对特定局部冲突或热点地区进行多年度调查，逐步建立起包含冲突相关信息的家庭调查数据集。三是，研究人员不断尝试开发新型数据资料，比如事件数据（Events Datasets）和文本数据。事件数据分析早在 20 世纪 60 年代就已应用于冲突研究中了，这类数据主要以新闻报道为信息来源，从中筛选出大量合作性和冲突性事件，根据新闻描述的详细信息，通过一定的编码方式，转化为研究中可使用的数据形式。随着计算机技术的不断发展，事件数据库在所涵盖事件类型、数据来源、编码方法、数据特征等方面也在快速更迭。全球事件、语言与语调数据库（GDELT）来源于包括 100 多种语言的传统媒体和新媒体报道（每 15 分钟更新一次），收集了 1979 年以来超过 25 亿个事件，将事件精细地分为 300 多类，是迄今为止覆盖范围最广的高频事件数据库。最近出现的一种文本数据是关于冲突的档案资料，巴尔塞尔斯和沙利文（Balcells，Sullivan，2018）对此进行了介绍。冲突档案通常包括关于冲突的备忘录、调查报告、公报以及政府或叛军编制的其他文件。这些文件通常比其他系统收集的资料有着更大的覆盖范围（空间和时间）和更多关于参与者行动、信仰和背景等方面的信息。

另一个值得关注的研究领域是运用大数据和机器学习方法生成冲突数据，并应用于冲突预测分析中（Basuchoudhary et al.，2018；Douglass，

Harkness，2018）。通过采用数据编码与机器学习的方法，可以提供更丰富、更具空间背景的冲突数据，以部分地解决常规冲突数据缺少观测值、编码错误、数据不一致等问题。机器学习至少可以应用在四个领域的研究中（Nardulli，Althaus，Hayes，2015）：一是预测未来的冲突；二是改进对冲突相关因素或诱因的识别；三是模拟预防冲突政策的效果，以更好地确定政策工具；四是创建更好的数据集。

四

自20世纪90年代经济学家杰克·赫什利弗正式提出"冲突经济学"的概念和体系以来，在30多年的时间里，和平与冲突经济学的研究快速发展，新议题、新方法和新数据不断涌现。然而，如前文所述，和平与冲突经济学文献在研究方法、研究视角、研究侧重等各方面都存在较大差异，并且其研究议题和研究内容与国防经济学、发展经济学、制度经济学和政治经济学有许多交叠，因此，从定义学科的角度看，仍尚难找到合适的关键词来清晰地标识这一经济学子领域。然而，基于一定的视角和范围，对和平与冲突经济学的已有研究进行系统性的总结、概述和分析，以便更多的人认识到和平与冲突经济学研究的理论价值，了解和平与冲突经济学的研究进展和研究议题，激发更多的学术关注和研究兴趣，并为和平与冲突经济学长期、持续的研究指引方向，显然对这一研究领域的发展至关重要。从这个意义来看，我们面前的这本手册显得尤为难能可贵。

牛津系列学术手册是世界上最负盛名、最成功的学术研究丛书之一，它涵盖了众多学科的各个领域，从经济学、管理学、考古学到法律、语言学、文学、艺术、神经科学，汇集众多资深学者就一系列重大课题的研究和前沿学术思想进行解读。本手册的英文原名是"The Oxford Handbook of Economics of Peace and Conflict"，由本领域世界一流的学者组成编辑委员会并负责编写，着眼思想前沿，以权威视角与系统脉络，浓缩式地展现了和平与冲突经济学的知识地图，是迄今为止对和平与冲突经济学领域至为权威和全面的概述。在战争与和平仍是重要议题，恐怖主义、气候变暖、全球金融等新兴和平与发展问题日益凸显的时代，本手册以深厚专业力量，就本领域学术现状进行了批判性思考，并为新的研究绘制了蓝图，是所有关心和平与冲突经济学前沿思考的读者必读的著作。

本手册共包含六个部分共 33 章内容。第一部分也是第 1 章，为引言，介绍本手册的整体编写思路，并概述了各章节的主要内容。第二部分探讨了导致冲突的相关因素，大致可分为三种研究视角：第一种研究视角包含第 2、3、4、5 章，均使用经典的博弈理论，从理论抽象的角度分析不对称信息、承诺问题和策略性地信息传递如何导致冲突爆发；第二种研究视角包含第 6、7、8 章，探讨了两种重要的相关因素——宗教和不平等与暴力冲突的关系，其中对极化和不平等各种测度方法的介绍和分析，对于相关实证研究具有启发意义；第三种研究视角则聚焦具体的冲突类型（第 9 章）和具体冲突（第 10 章）进行分析。第三部分探讨了冲突的经济后果，其中涵盖了对冲突经济成本的量化方法及其研究发现的回顾（第 11、12 章）；对特定冲突成本的计算（第 13 章）；冲突对某些特定方面的影响，如人力资本（第 14 章）、心理健康（第 15 章）、经济增长（第 17 章）和社会福利（第 18 章）。同时，也关注了不同类型冲突的特定影响，如第 16 章专门评估了恐怖主义的经济后果。第四部分的主题是"冲突的机制"，主要介绍了关于冲突与和平的理论模型，包括基于竞赛理论的冲突成功函数（第 19 章）、基于动态博弈理论和数理模型的联盟形成（第 20 章）、基于兵力分配博弈模型的多战场冲突分析（第 21 章），并回顾了运用控制实验方法检验已有理论假说的相关研究（第 22 章）。第五部分的主题是"经济背景下的冲突与和平"，分别从历史角度（第 23 章）、采用一般均衡分析框架（第 24、25、26、28 章）和实证分析方法（第 27 章）考察了冲突与经济活动、经济政策、经济制度之间的相互作用。第六部分以"通往和平之路"为主题，包括第 29～33 章，分别考察了国家之间的经济相互依赖关系（第 29 章）、国家规模（第 30 章）、政治制度（第 31 章）、群体成员与信任（第 32 章）、规范等良好的治理机制（第 33 章）对降低冲突的烈度、减少冲突成本、维护和平的贡献。严格来说，本手册是本严肃的学术性著作。在内容选择上，它覆盖了和平与冲突经济学的四大类研究领域，更重要的是，本手册中指出的研究方法和研究方向对于和平与冲突经济学研究的发展和深入都具有重要的启发性。虽然本手册的英文版本出版于 10 年前，但它对和平与冲突经济学重点研究话题的提炼、对研究方法的介绍、对研究方向和发展趋势的提示，都对应目前和平与冲突经济学研究非常活跃的方面，也充分体现了本手册在相关领域学术文献中的标志性地位。

十多年来，我们一直关注国内外和平与冲突经济学领域的研究进展，本手册也是我们引进翻译的第二本有关和平与冲突经济学方面的权威著作。早在本手册部分章节还是工作论文时，我们就已经开始在研究生的课堂上进行过阅读和讨论。当然，在 2015 年决定引入并翻译这本巨著时，也确实经过了反复徘徊、斟酌，毕竟如此多的内容、篇幅，如此多学科的知识、技术和方法，不同的章节又涉及多种理论且极具挑战性，对译者的时间、精力和能力都是巨大的挑战和考验。然而，考虑到本手册作为学术出版领域久负盛名的"牛津系列学术手册"之一，其不言而喻的学术价值与权威性，以及和平与冲突经济学研究的重要理论价值和现实意义，我们还是勇敢地迎接了这种挑战，我们希望国内更多的学者、学生能够关注这本手册，关注并推进和平与冲突经济学研究，当然翻译中的不足之处也欢迎大家及时批评指正。

本手册的翻译工作受到北京高校高精尖学科和中央财经大学国防经济与管理研究院的支持。本手册的翻译组织及修改工作由郝朝艳和陈波总负责。我们的学生们和老师们也都付出了非常艰辛的努力，各部分翻译工作见本书"翻译人员分工"。

理解和认识冲突，不仅是重要的学术话题，也关系到人们对生命本身的认知。著名心理学家斯蒂芬·平克在《人性中的善良天使：暴力为什么会减少》一书中提出了一个颇具影响但也极具争议的命题——在人类历史长河中，暴力呈现稳步减少的趋势。然而，近年来发生的事件带给人们的感觉却并非如此。从二战之后，内战和国家内部冲突频发、长期持续，到 21 世纪开端的"9·11"恐怖袭击，随后是漫长的阿富汗战争、伊拉克战争、叙利亚战争……当前，全球反恐战争的硝烟渐渐消散，但恐怖主义活动却更加猖獗。2022 年似乎更是与和平、发展渐行渐远，俄乌冲突已进行了半年有余。我们不确定俄乌冲突是否会不断升级，以及何时结束，但可以确定的是，除冲突本身的巨大破坏性外，与之相关的能源危机、粮食危机、社会危机已经显现，叠加上持续的疫情、贸易摩擦、经济滞胀的悲观预期，引发了人们对更大的动荡与冲突的焦虑。

不安全，依然是我们这个时代人类发展所要面对的首要挑战。希望和平
与冲突经济学研究能够为人类的和平、安全与发展贡献智慧！

郝朝艳　陈　波

2022 年 10 月

参考文献

亚当·斯密：《国富论》，郭大力、王亚南译，北京：商务印书馆，2015。

约翰·梅纳德·凯恩斯：《〈凡尔赛和约〉的经济后果》，李井奎译，北京：中国人
民大学出版社，2018。

约翰·穆勒：《政治经济学原理及其在社会哲学上的若干应用》，赵荣潜等译，北京：
商务印书馆，1991。

约瑟夫·E. 斯蒂格利茨、琳达·J. 比尔米斯：《三万亿美元的战争——伊拉克战争
的真实成本》，卢昌崇等译，北京：中国人民大学出版社，2010。

Anderton，C. H. 2003. Conflict and trade in a predator/prey economy. *Review of Development
Economics* 7（1）：15 – 29.

Anderton，C. H.，& Brauer，J. 2019. The Onset，spread，and prevention of mass atrocities：
Perspectives from network models. *Journal of Genocide Research* 21（4）：481 – 503.

Anderton，C. H.，& Carter，J. R. 2019. *Principles of conflict economics*：*The political
economy of war，terrorism，genocide，and peace*. Cambridge University Press.

Anderton，Charles H. 2015. The social evolution of genocide across time and geographic
space：Perspectives from evolutionary game theory. *The Economics of Peace and Security
Journal* 10（2）：5 – 20.

Balcells，L.，& Sullivan，C. M. 2018. New Findings from Conflict Archives：An
introduction and methodological framework. *Journal of Peace Research* 55（2）：137 –
146.

Balcells，Laia and Justino，Patricia. 2014. Bridging micro and macro approaches on civil
wars and political violence：Issues，challenges and way forward. *Journal of Conflict
Resolution* 58（8）：1343 – 1359.

Basuchoudhary，A.，J. T. Bang，T. Sen，and J. David. 2018. *Predicting hotspots：Using
machine learning to understand civil conflict*. Lanham，MD：Lexington Books.

Bauer, M., Blattman, C., Chytilova, J., Henrich, J., Miguel, E., Mitts, T., 2016. Can war foster cooperation? *Journal of Economic Perspective* 30 (3): 249 – 274.

Boulding, Kenneth E. 1962. *Conflict and defense: A general theory*. New York: Harper.

Brauer, Jurgen & Charles H Anderton. 2020. Conflict and peace economics: Retrospective and prospective reflections on concepts, theories, and data. *Defence and Peace Economics* 00 (00): 1 – 23.

Brito, Dagobert L. and Michael D. Intriligator. 1985. Conflict, war and redistribution. *American Political Science Review* 79 (4): 943 – 57.

Brück, T., Naude, W., Verwimp, P. 2013. Business under fire: Entrepreneurship and violent conflict in developing countries. *Journal of Conflict Resolution* 57 (1): 3 – 19.

Bush, Winston C. 1972. Individual welfare in anarchy. In *Explorations in the theory of anarchy*, Gordon Tullock ed., 5 – 18. Blacksburg: Center for Study of Public Choice.

Douglass, R. W. 2016. Understanding civil war violence through military intelligence: Mining suspects' records from the Vietnam war. In *Economic aspects of genocides, other mass atrocities, and their prevention*, C. H. Anderton and J. Brauer ed., 536 – 565. New York: Oxford University Press.

Dube, O., Vargas, J. 2013. Commodity price shocks and civil conflict: Evidence from Colombia. *Review of Economic Studies* 80 (4): 1384 – 1421.

Enders, Walter and Todd Sandler. 2012. *The political economy of terrorism*, 2nd ed. New York: Cambridge University Press.

Garfinkel, M. R., Skaperdas, S., & Syropoulos, C. 2015. Trade and insecure resources. *Journal of International Economics* 95 (1): 98 – 114.

Garfinkel, M. R., Skaperdas, S., & Syropoulos, C. 2022. Trade, insecurity, and the costs of conflict. Working Paper.

Garfinkel, Michelle R. 1990. Arming as a strategic investment in a cooperative equilibrium. *American Economic Review* 80 (1): 50 – 68.

Grossman, Herschel I. and Minseong Kim. 1995. Swords or plowshares? A theory of the security of claims to property. *Journal of Political Economy* 103 (6): 1275 – 88.

Haavelmo, T. 1954. *A study in the theory of economic evolution*. Amsterdam: North-Holland.

Hirshleifer, Jack. 1988. The analytics of continuing conflict. *Synthese* 76 (2): 201 – 33.

Hirshleifer, Jack. 1991. The paradox of power. *Economics and Politics* 3 (3): 177 – 200.

Humphreys, M., Weinstein, J., 2008. Who fights? The determinants of participation in Civil War. *American Journal of Political Science* 52 (2): 436 – 455.

Justino, P., 2018. The need to be governed: Governance and violence in conflict contexts.

Economics of Peace and Security Journal 13（1）：5 – 11.

Justino, P. , Stojetz, W. , 2018, On the legacies of wartime governance. *HiCN Working Paper*, 263, The Households in Conflict Network.

Justino, P. 2016. Implications of wartime institutions for state-building in post-conflict countries. Background paper for the World Development Report 2017 on Governance and the Law. Washington DC：The World Bank.

Justino, Patricia. 2012. War and poverty. In Michelle Garfinkel and Stergios Skaperdas（eds. ）, *Handbook of the economics of peace and conflict*, Oxford University Press, Chapter 27.

Justino, Patricia. 2016. Supply and demand restrictions to education in conflict-affected countries：New research and future agendas. *International Journal of Educational Development* 47：76 – 85.

Justino, Patricia. 2022. Revisiting the links between economic inequality and political violence：The role of social mobilization. WIDER Working Paper 19/2022.

Krueger, A. , 2007. *What makes a terrorist：Economics and the roots of terrorism.* Princeton University Press.

Lanchester, Frederick W. 1916. Aircraft in warfare, the dawn of the fourth arm. London：Constable.

Martin-Shields, C. P. , Stojetz, W. , 2019. Food security and conflict：Empirical challenges and future opportunities for research and policy making on food security and conflict. *World Development* 119：150 – 164.

Myerson, Roger. 2016. Local and national democracy in political reconstruction. In Charles H. Anderton and Jurgen Brauer（eds. ）, *Economic aspects of genocides, other mass atrocities, and their prevention*（New York：Oxford University Press）, 663 – 74.

Narang, N. 2015. Assisting uncertainty：How humanitarian aid can inadvertently prolong Civil War. *International Studies Quarterly* 59（1）：184 – 195.

Nardulli, P. F. , S. L. Althaus, and M. Hayes. 2015. A progressive supervised learning approach to generating rich civil strife data. *Sociological Methodology* 45（1）：148 – 183.

Pareto, V. 1906. Manuale di Economia Politica. Vol. 13, Societa Editrice.

Pigou, A. C. 1939. *The political economy of war*, rev. ed. New York：Macmillan.

Puri, J. , Aladysheva, A. , Iversen, V. , Ghorpade, Y. , Brück, T. , 2017. Can rigorous impact evaluations improve humanitarian assistance? *Journal of Development Effectiveness* 9（4）：519 – 542.

Richardson, Lewis F. 1939. *Generalized foreign politics*. London：Cambridge University

Press.

Richardson, Lewis F. 1960. *Arms and insecurity: A mathematical study of the causes and origins of war.* Pittsburgh: Homewood.

Rohner, D. 2022. Mediation, military, and money: The promises and pitfalls of outside interventions to end armed conflicts. *Journal of Economic Literature*, Forthcoming.

Schelling, T. C. 1960. *The strategy of conflict.* Cambridge, MA: Harvard University Press.

Schelling, T. C. 1966. *Arms and influence.* New Haven, CT: Yale University Press.

Skaperdas, S., & Syropoulos, C. 1997. The distribution of income in the presence of appropriative activities. *Economica* 64 (253), 101 – 1117.

Skaperdas, S., & Syropoulos, C. 2001. Guns, butter, and openness: On the relationship between security and trade. *American Economic Review* 91 (2): 353 – 357.

Skaperdas, Stergios 1992. Cooperation, conflict, and power in the absence of property rights. *American Economic Review* 82 (4), 720 – 39.

Tullock, G. 1980. Efficient rent seeking. In Buchanan, J. M., Tollison, R. D., Tullock, G. (Eds.), *Toward a theory of the rent-seeking society.* Texas A&M University Press, College Station, TX, 97 – 112.

Usher D. 1989. The dynastic cycle and the stationary state. *American Economic Review* 79 (5): 1031 – 1044.

Verwimp, P. 2005. An economic profile of peasant perpetrators of genocide: Micro-level evidence from Rwanda. *Journal of Development Economics* 77: 297 – 323.

翻译人员分工

献给我的父母哈蒙·加芬克尔、洛里·加芬克尔，以及我的丈夫兰迪·德文。

——米歇尔·R. 加芬克尔（M. R. G.）

献给玛丽娜、艾林尼和阿塞尼奥。

——斯特吉奥斯·什卡佩尔达斯（S. S.）

目　录

撰稿人简介

克劳斯·阿宾克（Klaus Abbink）：莫纳什大学（Monash University）
经济学教授。

乔治·达戈斯蒂诺（Giorgio d'Agostino）：罗马第三大学（University of Rome Ⅲ）助理教授。

让·保罗·阿扎姆（Jean-Paul Azam）：图卢兹第一大学（University Toulouse Ⅰ）经济学教授。

桑迪普·巴利加（Sandeep Baliga）：西北大学凯洛格管理学院（Kellogg School of Management，Northwestern University）管理经济学和决策科学副教授。

琳达·J. 比尔米斯（Linda J. Bilmes）：哈佛大学肯尼迪学院（Harvard Kennedy School）公共政策丹尼尔·帕特里克·莫伊尼汉（Daniel Patrick Moynihan）高级讲师。

弗朗西斯·布洛克（Francis Bloch）：巴黎综合理工大学（École Polytechnique）经济学教授。

S. 布洛克·布隆伯格（S. Brock Blomberg）：克莱蒙特·麦肯纳学院（Claremont McKenna College）罗宾和彼得·巴克（Robin，Peter Barker）经济学教授。

卡洛斯·布左力（Carlos Bozzoli）：德国经济研究所（German Institute for Economic Research，DIW Berlin）高级研究员。

蒂尔曼·布吕克（Tilman Brück）：德国经济研究所发展与安全系主任、柏林洪堡大学（Humboldt University of Berlin）发展经济学教授、冲突网络中的家庭（Households in Conflict Network，HiCN）项目协调员。

克里斯托弗·J. 科因（Christopher J. Coyne）：乔治·梅森大学（George Mason University）F. A. 哈珀（F. A. Harper）经济学教授。

埃内斯托·达尔·波（Ernesto Dal Bó）：哈斯商学院（Haas School of Business）管理哲学和价值观哈罗德·福斯特（Harold Furst）副教授、加州大学伯克利分校（University of California，Berkeley）政治学副教授。

皮德罗·达尔·波（Pedro Dal Bó）：布朗大学（Brown University）经济学副教授。

杜贵全（Quy-Toan Do）：世界银行发展研究小组（Development Research Group）贫困团队（Poverty Team）资深经济学家。

J. 保罗·邓恩（J. Paul Dunne）：开普敦大学（University of Cape Town）经济学教授。

沃尔特·恩德斯（Walter Enders）：阿拉巴马大学（University of Alabama）经济与金融彼得古德（Bidgood）主席。

琼·埃斯特班（Joan Esteban）：西班牙经济分析研究所（Instituto de Análisi Económico，CSIC）和巴塞罗那经济学研究生院（Barcelona Graduate School of Economics）研究教授。

xii 罗纳德·芬德利（Ronald Findlay）：哥伦比亚大学（Columbia University）罗格纳·纳克斯（Ragnar Nurkse）经济学教授。

哈维尔·加德亚萨瓦尔（Javier Gardeazabal）：巴斯克大学（University of the Basque Country）经济学教授。

米歇尔·R. 加芬克尔（Michelle R. Garfinkel）：加州大学欧文分校（University of California，Irvine）经济学教授。

弗朗西斯科·M. 冈萨雷斯（Francisco M. Gonzalez）：卡尔加里大学（University of Calgary）经济学副教授。

奥拉夫·J. 德·格罗特（Olaf J. de Groot）：德国经济研究所高级研究员。

格雷戈瑞·D. 赫斯（Gregory D. Hess）：克莱蒙特·麦肯纳学院詹姆斯·G. 鲍斯韦尔（James G. Boswell）经济学教授和乔治·R. 罗伯茨（George R. Roberts）研究员。

安珂·霍夫勒（Anke Hoeffler）：牛津大学圣安东尼学院（St. Antony's College，University of Oxford）经济系非洲经济中心研究员。

拉克希米·艾耶（Lakshmi Iyer）：哈佛大学（Harvard University）工商管理副教授。

贾浩（Hao Jia）：迪肯大学（Deakin University）经济学讲师。

帕特里夏·贾斯蒂诺（Patricia Justino）：苏塞克斯大学（University of Sussex）经济系和贫困研究小组研究员。

菲利普·基弗（Philip Keefer）：世界银行发展研究小组首席经济学家。

丹·科夫诺克（Dan Kovenock）：艾奥瓦州大学（University of Iowa）J. 爱德华·兰迪（J. Edward Lundy）经济学教授和政治学教授、查普曼大学（Chapman University）丽贝卡和威廉·邓恩（Rebecca，William Dunn）杰出教授。

彼得·T. 利森（Peter T. Leeson）：乔治·梅森大学资本主义研究项目 BB&T 教授。

迈克尔·麦克布莱德（Michael McBride）：加州大学欧文分校经济学副教授。

哈尔沃·梅鲁姆（Halvor Mehlum）：奥斯陆大学（University of Oslo）经济学教授。

卡尔·摩恩（Karl Moene）：奥斯陆大学经济学教授。

约瑟·G. 蒙塔尔沃（Jose G. Montalvo）：庞培法布拉大学（Universitat Pompeu Fabra）经济学教授、西班牙加泰罗尼亚高等研究院（ICREA）研究员。

埃里克·奥尔森（Eric Olson）：佩珀丁大学（Pepperdine University）经济学助理教授。

凯文·欧洛克（Kevin O'Rourke）：牛津大学（University of Oxford）奇切利（Chichele）经济史教授、万灵学院（All Souls College）研究员。

卢卡·佩罗尼（Luca Pieroni）：佩鲁贾大学（University of Perugia）经济学副教授。 xiii

所罗门·W. 波拉切克（Solomon W. Polachek）：纽约州立大学宾汉姆顿分校（State University of New York，Binghamton）杰出经济学和政治学教授。

罗伯特·鲍威尔（Robert Powell）：加州大学伯克利分校罗布森（Robson）政治学教授。

德布拉吉·雷（Debraj Ray）：纽约大学（New York University）经济

学银牌（Silver）教授、西班牙经济分析研究所附属研究员。

玛尔塔·雷纳尔－克罗尔（Marta Reynal-Querol）：西班牙加泰罗尼亚高等研究院研究教授和庞培法布拉大学副教授。

加里·理查德森（Gary Richardson）：加州大学欧文分校经济学副教授。

布莱恩·罗伯森（Brian Roberson）：普渡大学（Purdue University）经济学助理教授。

圣地亚哥·桑切斯·帕热内（Santiago Sanchez-Pages）：爱丁堡大学（University of Edinburgh）经济学院高级讲师、巴塞罗那大学（University of Barcelona）研究员。

卡洛斯·西格尔（Carlos Seiglie）：罗格斯大学纽瓦克分校（Rutgers University, Newark）经济学教授。

托马斯·舍斯特勒姆（Tomas Sjöström）：罗格斯大学（Rutgers University）经济学教授、詹姆斯·卡伦（James Cullen）经济学主席。

斯特吉奥斯·什卡佩尔达斯（Stergios Skaperdas）：加州大学欧文分校经济学教授。

迈克尔·斯普盖特（Michael Spagat）：伦敦大学皇家霍洛威学院（Royal Holloway College, University of London）经济学教授。

恩里科·斯波劳雷（Enrico Spolaore）：塔夫茨大学（Tufts University）经济学教授、国家经济研究局（National Bureau of Economic Research）研究助理。

约瑟夫·E. 斯蒂格利茨（Joseph E. Stiglitz）：哥伦比亚大学（Columbia University）学院教授，2001 年诺贝尔经济学奖获得者。

康斯坦丁诺斯·瑟罗普洛斯（Constantinos Syropoulos）：德雷克塞尔大学雷柏商学院（LeBow College of Business at Drexel University）国际经济学受托教授（Trustee Professor）。

卡尔·韦内吕德（Karl Wärneryd）：斯德哥尔摩经济学院（Stockholm School of Economics）经济学副教授。

项军（Jun Xiang）：罗格斯大学纽瓦克分校经济学助理教授。

第一部分

引 言

第1章 关于和平与冲突的经济学视角

米歇尔·R. 加芬克尔

斯特吉奥斯·什卡佩尔达斯

1. 引言

这本手册与世界银行关于冲突与发展主题的《世界发展报告》（World Development Report）（World Bank，2011）同年度发布，或许是这个时代的一个标志。一方是冲突与和平，另一方是经济，尽管过去数十年人们对于它们之间关系的兴趣起起伏伏，但无论从经验研究还是理论研究的角度看，这个主题显然都是非常重要的。确实，目前，学者及政策制定者对于这一关系兴趣高涨，至少相对于近期历史都是如此。

世界银行在早期发起的一项分析认为，内战是贫困和经济欠发达的重要原因，这也在一定程度上引发了近年来人们日益关注冲突对于经济发展的重要性［参见科利尔等（Collier et al.，2013）的报告］。伊拉克战争和阿富汗战争也促使一些经济学家去评估战争的成本，并对这些战争进行成本—收益分析［对于伊拉克战争的分析，参见斯蒂格利茨和比尔米斯（Stiglitz，Bilmes，2008）的研究，戴维斯、墨菲和托佩尔（Davis，Murphy，Topel，2009）也对伊拉克战争进行了分析］。

虽然这种研究兴趣可能被认为具有创新性，甚至是非常新颖的，但经济学家长期以来关注和平与战争问题。早在第一次世界大战后，凯恩斯（Keynes，1920，2004）就曾警告《凡尔赛和约》可能会产生有害影响。虽然美国反对和约中强迫德国向英国和法国支付巨额赔款的部分，但英国和法国赞成赔款，部分原因是为了偿还它们对美国欠下的贷款，这些贷款用于它们的战时开支，而美国甚至没有任何意向减免这些贷款，哪怕部分减免这些贷款。施加给德国的巨额赔款导致魏玛政府时期德国出现严重的经济问题，这没有明显帮助英国和法国的经济发展。我们可以这样说，事实上，《凡尔赛和约》种下了大萧条的种子，或者至少是大萧条的原因之一［参见艾哈迈德（Ahamed，2009）］。

在 20 世纪前半叶，还有一些主流经济学家关注涉及战争与和平的经济学。庇古（Pigou，1939）写过一本很有见解的关于战争政治经济学的小册子，其中包括可能引发战争的经济因素的一些早期观点（特别是第二章第 25~26 页）。赫希曼（Hirschman，1980）分析了大国如何利用对外贸易这种涉及国家力量的工具，并以纳粹德国在二战前竭力获取资源及与东欧国家进行贸易为例证。[①]

然而，尽管冲突显然普遍存在并实际上对经济具有显著影响，但经济学科强调交换的双赢特点以及来自贸易的收益，这似乎意味着冲突在传统经济理论中并没有一席之地。实际上，基于这样的研究侧重，经济学家在很大程度上忽视了产权不完美的界定与实施的环境，而正是这种环境往往会造成冲突。但这并不是说"假设人是自私自利"的新古典理论对于理解冲突可能会毫无用处。相反，当某个关键的，通常也是暗含的假设被放松时，冲突自然而然地就发生了。特别是，自私的个体并不仅仅通过生产或贸易来谋生，他们也会参与掠夺，夺取他人的产品或保护他们自己生产的产品。

据我们所知，哈维尔莫（Haavelmo，1954）是第一位建立模型分析在生产与掠夺之间进行选择的经济学家，并且是在一般均衡框架内进行分析。哈维尔莫对将掠夺纳入经济学模型很感兴趣，因为他认为这对理解经济发展非常重要。然而，与他同时代的其他学者似乎并没有与他采用同样的视角，因此，他在这一领域中的成就并没有产生太大影响，这与他在计量经济学方面的研究形成了鲜明的对比。

4　　然而，经济学家还是不时地表现出对冲突与和平模型分析的兴趣（不是因为冲突造成的经济影响而对冲突感兴趣）。布里托和英特里盖特（Brito, Intriligator，1985）提出了由信息不对称导致战争肇始的早期博弈论模型。《国防经济学手册》（*Handbook of Defense Economics*）（Hartley,

---

① 　还可参见罗宾斯（Robbins，1940）。

Sandler，1995）第一卷中的文章概述了相关研究。

此外，过去 20 多年，越来越多的研究将冲突和掠夺引入经济模型，并推理分析它们的经济影响。杰克·赫什利弗（Jack Hirshleifer）和赫歇尔·格罗斯曼（Herschel Grossman）最早推动了这些研究［经典文献包括赫什利弗（Hirshleifer，1988，1994，1995）、格罗斯曼（Grossman，1991，1994）以及格罗斯曼和金（Grossman，Kim，1995）］。因我们已在别处［参见，如加芬克尔和什卡佩尔达斯（Garfinkel，Skaperdas，2007）］从我们的视角详细综述了和平与冲突经济学文献，在这里，我们会尽量避免过多重复。① 因此，我们在引言中会进行概述并简短总结本手册各个部分以及未来可能的研究方向。

在此之前，从经济学视角为我们所探讨的冲突提供一个定义或许是有帮助的。特别地，一个冲突的情景是，两个或多个参与者要选择有成本的投入品：（1）这些投入品与对手的投入品敌对性地结合在一起；（2）这些投入品不会对第三方产生任何正的外部性。在经济学中，有成本的投入品通过生产函数协同或合作式地结合在一起，而条件（1）与之相反。两个互相争斗团体的武装情况是我们头脑中有成本的投入品敌对式组合的最典型的例子，但这并不是唯一的例子。诉讼当事人聘请律师，或者政治对手在游说和寻租方面的支出也是将有经济意义的投入品敌对式组合起来的例子。我们在定义中使用条件（2），排除了那些与战争情况相反的，即有成本投入品敌对式组合起来却明显具有社会性收益的情况。满足条件（1）但不满足条件（2）的例子包括体育比赛以及组织内部员工之间的竞争。在体育比赛中，运动员和球队竭尽全力对抗，努力水平会影响比赛的质量和观众的享受，这对于运动员和球队来说都是外在的。同样地，对于员工竞争的情况，一名员工更高的努力水平或许能大大提高其成功晋升的可能性，并降低其他员工晋升的可能性，但从组织的角度看，努力通常会提升生产力水平。

这个定义显然符合内战和国家间战争的情况，也符合任何存在武装但并未发生实际战争的情形。此外，涉及对抗性活动的情况，比如诉讼

---

① 还可参见安德顿和卡特（Anderton，Carter，2007）与布劳尔和万·蒂尔（Brauer，Van Tuyll，2008）对近期其他经济学研究方法的回顾。

或游说，且并未对第三方产生显著的正外部性的情况也可以从经济学视角将其作为冲突来研究。重要的是，要牢记这类环境具有与战争相同的特点，本手册的一些章节确定适用于这种环境，本手册的定位主要是应用于存在武装且至少有潜在战争的情况。

本手册中的各章节并不一定是对某个领域或主题的全面综述，而是聚焦较小范围的内容。虽然要求作者们充分考虑其所研究领域的文献，但也鼓励他们呈现自己的观点和视角，即使这些观点和视角可能被认为是存在争议的。

除引言外，本手册分为五个部分。在引言的剩余内容中，我们简要介绍每一部分的内容，并且在一些情况下讨论我们已经确定但相关章节作者还未注意到的未来研究方向。

2. 和平与冲突的相关因素

本手册的第一个主题（即本书第二部分）探讨了一些和平与冲突相关因素。我们使用"相关因素"一词表示我们对于什么因素导致冲突以及什么因素可能带来持久和平的理解是有限的。不确定性、破坏性和与冲突有关的其他成本，使从经济学角度理解到底为什么发生冲突并不容易。

在经济学和理性选择社会科学中已经被广泛探讨的一系列引发冲突的因素可归纳在不完全或非对称信息的范畴内。潜在对手通常对另外一方的偏好、优势、能力和其他特点等拥有不完全信息。在对对手真实特征猜测基础上进行决策，这使战争很有可能产生一种均衡结果。韦内吕德（Wärneryd）、桑切斯·帕热内（Sanchez-Pages）以及巴利加（Baliga）和舍斯特勒姆（Sjörström）所写的三个章节使用传统贝叶斯博弈理论方法，从不同侧面探讨信息与冲突的相互关系。韦内吕德所写的一章在一个关于冲突的竞赛模型中分析了信息的问题（即该模型假设公开冲突的结果取决于对手相对的军事能力）。这一章对该主题进行了介绍，并深入分析在信息不对称的情况下，冲突是如何产生的。

在这种设定下会出现一个问题：什么阻碍了相关参与者不披露私人信息，从而不得不接受次优结果？当然，这个问题是由参与双方之间的冲突关系导致的，每一方都有说谎和欺骗对方的动机；这种动机反过来导致双方交流出现可信性问题。考虑到这个问题，巴利加和舍斯特勒姆所著章节主要关注信息的策略性传递。巴利加和舍斯特勒姆使用一个具有策略互补性的二乘二博弈模型来说明如何利用无成本的但不精确的信息传递［"廉价谈判"（cheap talk）］来进行欺骗或启发，从而导致和平或冲突。类似地，桑切斯·帕热内所写的章节同样考虑通过各种方式策略性地传递信息，不仅包括通过传达信息的行动成本高昂地发送信号，也包括通过发动一场有限战争以作为了解对手实力的途径。桑切斯·帕热内为用机制设计方法分析这类问题提供了一个有价值的回顾。

　　鲍威尔（Powell）所写的章节考虑了引发冲突的另一种因素，相比信息问题，它得到的关注少得多，那就是承诺问题。这类问题根本上源于参与方无法就军备或其他条件签订具有约束力的长期合同。费伦（Fearon，1995）首先注意到这类问题，并指出它们对于经验研究非常重要，而加芬克尔和什卡佩尔达斯（Garfinkel，Skaperdas，2000）通过一个模型阐明在多个时期设定下冲突如何会接踵而至，而且当未来折现率足够低时也是如此。承诺问题会导致冲突，主要是因为就敌对双方而言，协商的结果与冲突通常意味着未来不同的实力。例如，一种谈判结果会使敌对双方未来的相对实力保持不变，但战争的赢家除获得战利品或其他直接利益外，还对其对手有永久的未来战略优势。战争的这些额外"收益"会导致敌对双方进行对抗而不是谈判。鲍威尔所写的章节关注这样的情况，即随着时间流逝，敌对双方的力量变化如果有利于一方而不利于另一方时，承诺问题便会出现。预计会失势的一方就可能决定战斗，而不是谈判，先发制人以阻止其衰落。鲍威尔也讨论了类似的承诺问题是如何扩展到国内政治的情形下的。

　　曾经发生的许多战争出现在不同的宗教派系之间，虽然并不一定是由于宗教的原因。显然，无论宗教被认为是一个根本原因，还是更基本差异的一种附带现象，宗教与冲突似乎都是相关联的。另外，宗教也是宗教团体内部进行合作与保持和平的源泉。麦克布莱德（McBride）和理查德森（Richardson）所写的章节对宗教的这种双重特征进行了深入探讨——宗教可能既是冲突的根源也是合作的根源。在认为宗教是冲突的根源时，麦克布莱德和理查德森不仅探讨了宗教与暴力冲突的关系，还探讨了宗教与个别国家内不同宗教组织之间为了获得特权而发生的非暴力冲突的关系。

人们或许怀疑，一国内部较高程度的不平等往往与更高的冲突可能性有关。然而，正如蒙塔尔沃（Montalvo）和雷纳尔 - 克罗尔（Reynal-Querol）在其所写章节中指出的，在衡量不平等和冲突的指标之间似乎并不存在明显的相关性，就更不用说因果性了，看上去在冲突与两极分化的测度之间更有可能存在相关性，埃斯特班和雷（Esteban，Ray，1994）率先把这些概念引入经济学中并对其进行公理化。埃斯特班和雷所写的章节在一个统一框架下回顾并比较了两极分化的各种测度方法。一个国家在收入和财富方面可能是高度不平等的，但它在经济学概念上或许并不是高度两极分化的。相反，一个被认为在经济方面是平等的国家，却有可能是高度两极分化的，如存在两类截然不同的收入群体（尽管收入差距不是太大），相互对立。类似的讨论也适用于测度其他种族或宗教分裂。蒙塔尔沃和雷纳尔 - 克罗尔所写的章节回顾了表明两极分化测度与冲突关系的基本理论和实证研究。

在二战结束后的这段时间，相比国家间战争，内战已经变得越来越普遍了，它影响到 70 多个国家。由于大多数受到影响的国家是贫困国家，贫困与战争之间存在自我加强螺旋关系的假说似乎是合理的。霍夫勒（Hoeffler）所写的章节为内战起因及相关因素的理论和实证研究提供了一个综述。虽然关于这个主题已经有相当多的经验研究，其中大都出现在最近几年，但霍夫勒认为这些研究几乎没有解决问题而且也未指明有益的研究方向。阿扎姆（Azam）所写的章节深入思考了非洲内战，这个问题在非洲也最为严重。阿扎姆集中讨论了政府承诺进行转移支付的能力对于避免战争的重要性，以及国际组织、国内制度甚至单个领导人在提升承诺能力方面所发挥的作用。

厘清贫困与内战之间的关系无论从理论还是实证角度来说都不简单。麦圭尔、萨蒂亚纳和赛尔真蒂（Miguel，Satyanath，Sergenti，2004）发现，如果使用降雨数据作为经济增长的工具变量，则更高的收入水平可以减少冲突，至少非洲的情况是这样。但对于为什么是这样，在理论上并不清楚。一种可能是，较高的收入水平总是与较好的制度和国家能力联系在一起（McBride，Milante，Skaperdas，2011）。另一种可能完全不同的原因，特别是在冲突由资源驱动的情况下，与生产冲突所争夺资源的劳动密集度有关。杜布和瓦格斯（Dube，Vargas，2008）表明，在哥伦比亚，咖啡价格上涨不会加剧冲突，但石油价格上涨会加据冲突。造成这种不同影响的主要原因似乎是咖啡生产是相对劳动密集型的，而石油生产是相对资本密集型的，这意味着咖啡和石油价格冲击对当地（分割的）劳动力市场会造成截然不同的影响。具体来说，如果当地主要专业化生产咖啡，咖啡价格冲击会推动工资上涨，并因此使招募士兵变得更加困难。如果当地专业生产并输送石油，则会出现相反的结论。收入和内战之间的关系只是众多依然有待解决且尚在探讨的重要领域之一。近期，一份综述从经济学视角对内战的研究进行了回顾，这是对本手册使用方法的补充，有兴趣的读者可以参考布拉特曼和麦圭尔（Blattman，Miguel，2010）的文章。

既然实现和平是发生冲突的镜像问题，本手册这一部分的一些主题与第六部分"通往和平之路"中的一些内容紧密相关。我们把对这些议题的讨论放在那一部分。现在，我们简单提及一下在这里未涵盖但在未来研究中值得关注的议题。

尤其对于种族和宗教冲突，虽然其并不仅存在于这些例子中，但诸如厌恶或复仇等感情和情绪可能会煽动并传播冲突。尽管新闻界和学术界强调感情和情绪是冲突与战争的重要因素，但经济学家对这样的讨论几乎没有贡献。然而，我们相信，经济学视角有益于进行这样的讨论，比如通过将情感概念化为敌对方偏好中人与人之间的外部性。阿梅加西和朗克尔（Amegashie，Runkel，2008）近期的研究显示出报复性动机作为冲突的一种动因是如何由于具有的威慑作用而实际减少了冲突。相对而言，库马尔（Kumar，2010）考察了在谈判和解与冲突之间进行选择时，仇恨与报复为何是重要的，这意味着这类情绪会降低进行和平解决的可能性。

然而，据我们所知，并没有系统的研究考察这种人际外部性对于特定战争的作用以及它们相对于其他因素的重要性。报道中一些欧洲人在1914年8月相互开战时的愉悦是随后发生暴力的重要驱动力，还是仅仅反映了其他一些更加根深蒂固的因素？这类感情在多大程度上与彼此卷入冲突的群体和国家的其他因素相互影响或相互减损？这些是大问题，经济学的理性选择方法无论在理论层面还是实证层面都能够带来一些启发。

本手册以及本领域考察冲突所使用的博弈论模型在信息假设方面是很传统的：（1）所有可能的结果都可知并且参与者知道；（2）所有可能结果的概率分布也都可知且参与者知道；（3）所有这些信息，包括博弈的其他细节都是参与者的公共知识。这些假设都非常强，其局限性和优势在博弈论与经济学中均已讨论过［如萨缪尔森（Samuelson，2004）］。和平与冲突研究尤其令人感兴趣的是，在所考察的特定模型中，放松这些影响冲突概率的假设中的任何一条，和平与冲突的发生以及军备与其他结果将如何改变。放松假设（1）或假设（2）也可以被看成理解"战争迷雾"的一种途径，这可能会澄清这一说法的含义。放松假设（1）或许意味着假设存在某个或更多参与者并不知道的结果，并由此考察会导致产生何种均衡结果。① 放松假设（2）将在奈特不确定（Knightian Uncertainty）（与风险相对）情况下考察问题，或者评估概率是否会涉及"模糊性"。显然这些都是有利于从经济学视角研究和平与冲突的方向。

3. 冲突的结果与成本

9 　　冲突显然是成本高昂且会产生经济后果的，因此，至少经济学家应该对此有一些兴趣。然而，经济学家最近才开始对冲突成本产生兴趣，把它作为主流政策的关注点以及一个值得研究的问题。除军费开支与经济增长的相关文献外［文献回顾参见拉姆（Ram，1995）］，事实上，所有关于冲突后果与成本的研究都是在过去十年内进行的。即使是在这一小段时间内，文献数量也大幅增长，研究的步伐越来越快。本手册这部分（第三部分）的章节反映了这类研究的发展情况。

　　加德亚萨瓦尔（Gardeazabal）和布吕克（Brück）、德·格罗特（de Groot）及布左力（Bozzoli）所写的章节着重介绍度量冲突成本的方法。加德亚萨瓦尔回顾了使用模型构造反事实情景以度量成本的主要计量经济学

---

① 厄兹巴依（Ozbay，2008）和其他学者考察了带有"不知晓"（unawareness）和恰当伴随解（appropriate accompanying solution）概念的博弈。

方法。布吕克、德·格罗特和布左力不仅关注反事实情景，还探讨了"自下而上"的方法，即尝试将识别出的各部分成本加总在一起。

斯蒂格利茨（Stiglitz）和比尔米斯（Bilmes）所写的章节采用了类似的方法，并且斯蒂格利茨和比尔米斯（Stiglitz，Bilmes，2008）更新了对伊拉克战争成本的估计，此外，还估算了阿富汗战争的成本。在把所有的注意事项均考虑在内后，目前，他们对这两场战争成本的估计为 4 万亿～6 万亿美元。

对冲突成本与后果的分析通常关注的是内战或国家间冲突。然而，"9·11"事件凸显了对恐怖主义成本研究的意义，恐怖主义是一种特殊形式的冲突，其中暴力活动针对的是非战斗人员或者民众，他们往往与暴力集团的政治目标毫无关系。尽管恐怖主义可以被视为在内部和外部冲突中所采取的特定策略，但这种类型的暴力的影响是被分开研究的。恩德斯（Enders）和奥尔森（Olson）所写的章节专门综述了对由非政府组织或次国家团体实施的恐怖活动成本的现有研究。恩德斯和奥尔森还讨论了所涉及的各种方法。

到目前为止，我们已经讨论过的本手册这一部分中的所有章节都考虑了用货币表示的各种冲突成本。估算的成本部分取决于对战争后果的估计，如受伤和死亡情况，但这些影响不易量化。斯普盖特（Spagat）所写的章节提供了用样本调查方法估计战争相关死亡人数的综述（类似的调查方法可以用于估计受伤情况）。使用类似方法的不同调查对伊拉克战争死亡情况进行估算得到的结果差异很大，这使这种方法多多少少受到质疑。估计战争创伤对心理健康的影响更为困难。杜（Do）和艾耶（Iyer）所写的章节考察了与战后心理健康相关的许多测度和推理问题。他们还阐明了对后波黑冲突的研究是怎样解决这些问题的，并报告了令人惊奇的结果，在那个国家中受到冲突不同影响的人们在心理健康方面只存在微小差异。

关于早期有关军费开支对经济增长影响的文献，前文中提到由拉姆（Ram，1995）进行了综述，最初结果显示，这两个变量之间呈正相关关系。达戈斯蒂诺（d'Agostino）、邓恩（Dunne）和佩罗尼（Pieroni）重新回顾了这个话题，考虑了更多近期的增长模型。这些更为复杂的模型的估计结果表明，与早期研究相反，军费开支对经济增长的影响是消极的。

考虑到关于冲突成本和后果的现有证据，人们或许自然会对米格尔和罗兰（Miguel, Roland, 2010）最近的发现感到惊讶，他们发现，在20世纪60年代和70年代初期战争中惨遭轰炸的越南的一些地区并未经历任何长期的负面经济后果；如果有的话，那么这些地区相对来说也是较好的。不过，米格尔和罗兰指出，不仅如此，而且有证据表明越南政府强烈倾向于向饱受战争影响的地区进行投资或者转移资源，这在很大程度上解释了他们的主要实证结果。此外，这一发现并不意味着越南作为一个整体没有受到战争的破坏，因为向战后重建转移资源一定会减少国家的总收入以及人民的平均实质性福利。

本手册这部分的最后一章由布隆伯格（Blomberg）与赫斯（Hess）撰写，其从宏观经济视角出发，通过考察一系列国家随时间变化的情况，为冲突成本提供了进一步的证据，包括内部成本和外部成本。通过修改卢卡斯（Lucas, 1987）的模型以测度商业周期的成本，布隆伯格和赫斯评估了冲突的影响，将冲突视为对国民消费和福利的一种总体"冲击"。在保守情况下，他们对战争导致的永久福利损失的估计是相当大的，要比估算的商业周期成本高得多。

在过去十年中，关于冲突成本与后果的研究发展得非常快，且没有任何迹象表明这项研究工作的势头很快会消退。当然，人们可能认为至少战争和暴力的某些成本是必要的，特别是各个国家或者其他有组织的利益集团在"实施产权"方面。某些军费开支和其他安全成本，甚至由战争爆发而造成的破坏可能被认为是得到所谓的"安全"产出的必要投入品。因此，从社会福利角度来看，这样的成本无法被认为可以避免（在未来某个时点不会产生其他成本）。那么，这些成本是否应当从冲突成本的分析中剥离出来呢？

作为对这种推理的一个简短回应，第一，应当指出，正如我们在前文中定义冲突性活动时所提到的那样，对于冲突和暴力的投入是以对抗的方式结合起来的，而不是像一般生产活动的投入品那样以合作的方式结合起来。① 第二，一方增加军费如果使另一方也类似地增加军费，虽

---

① 对于这个问题其他的处理方法，参见加芬克尔和什卡佩尔达斯（Garfinkel, Skaperdas, 2007）的文章以及什卡佩尔达斯（Skaperdas, 2011）的讨论。

然将增加双方的安全成本，却不会必然改变任何一方的安全程度，当然，安全程度才是重要的。更糟糕的是，军备建设使战争更可能爆发，结果是降低了双方的安全水平。因此，尽管国家或有组织团体的反应从短期来看确实可以被认为是符合个体理性的，但结果不一定是符合社会理性的。这个推论让人联想到囚徒困境：如果任何一方可以对他们的行动做出承诺，那么他们能够取得对双方来说更好的结果。最后，我们要说明，在其他设定中，经济学家通常会把实际政策与理想情况进行比较，并以此为基础计算社会角度的次优行动成本（就像贸易保护的分析那样）。那么，类似地，我们可把冲突成本看作由现实安全政策偏离无冲突的理想世界政策所导致的。当然，考虑到提供安全的成本可能会急剧增长，而来自安全的收益会急剧减少，就如同战争的成本会远远超出参与者最初的预期，这种方法可能会低估冲突的成本。

4. 冲突的机制

在过去 20 年中，人们对建立冲突与和平模型越来越感兴趣，这至少部分是因为在 20 世纪 80 年代非合作博弈理论重新引发人们的研究兴趣并将它应用在经济学的不同领域。尽管不是唯一的，但在冲突研究中得到最广泛使用的博弈类型是竞赛理论，在竞赛中，参与者投入有成本的努力以提高他们赢得奖品的概率［关于这方面的综述参见康拉德（Konrad，2009）］。本手册第四部分旨在建立模型考察和平与冲突的不同方面，并进行实证检验。

贾（Jia）和什卡佩尔达斯所写的章节探讨了将冲突模型化为竞赛的基本技术方法，这种技术方法有时被称为竞赛成功函数（contest success function）；但在将它应用于冲突情况时，两位作者延续了杰克·赫什利弗（Jack Hirshleifer）的说法，将这种方法称为冲突的技术（technology of conflict）。贾和什卡佩尔达斯回顾了不同类型冲突技术的随机化和公理化理论基础，并讨论了在经验估计和模型对比中出现的一系列问题。

当国际体系或单一国家内部存在两个以上的竞争对手时，就会出现一个核心问题，即联盟形成。什么决定是否结成联盟，如果联盟确实形成了，那么哪些群体可能这样做？布洛克（Bloch）所写的这一章借鉴了几个方面的博弈文献，包括但不限于关于联盟形成和竞争的理论，并提供了这些问题的答案。布洛克指出了现有文献中已经出现的各种规律、存在的困惑以及开放性问题。这里关注的一个比较有意思的方面是选择解的概念以保证联盟的稳定性。这类可供选择的合理的概念通常有很多，并且理论预测对建模者的选择是敏感的。战利品在联盟成员之间的分享规则是模型中的另外一个选择，它不仅会影响理论结论，而且在实证方面也很重要。

法国在两次世界大战之间建立了马奇诺防线，认为这是对抗德国唯一可能的战争前线。然而，德国确定了另外一个选择：穿越比利时，绕过马奇诺防线攻击法国。不管法国的军事机构是否特别缺乏想象力，敌对双方通常都在多条战线或多个战场上彼此对抗。科夫诺克（Kovenock）和罗伯森（Roberson）所写的章节探讨了"多个战场"这个相当经典的问题，其中，敌对双方要把资源分配在不同的竞赛中。最早构建的博弈模型之一，是波雷尔（Borel）在1921年建立的兵力分配博弈（Colonel Blotto Game）模型，这是这类多标的竞赛的一个例子。对于此类博弈的研究直到最近才重新兴起，科夫诺克和罗伯森提出了关于这个话题的最新观点。这是一个对技术要求很高的主题，有许多不同的模型和考虑该问题的方式，并且由于该领域的研究还远未成熟，因此有很多机会可以提供新的具有启发性的贡献。

本手册这一部分的最后一章由阿宾克（Abbink）撰写，他回顾了近期对冲突进行实验研究的文献。虽然这些文献最近才出现且数量较少，但已考察了相当多的议题，包括从无政府状态的影响到导致和平与冲突的因素。实验室实验为理论提供了良好的第一手检验结果，在田野实验难以展开（和平与冲突就是这种情况）时，这种方法特别有价值。在我们出版本手册的时间里，此类文献正在快速增加，实验方法有望为理解导致和平与冲突的因素提供真知。

除了实验研究的前景之外，本手册这一部分所涉及的所有其他主题都给我们留下了许多尚未解答但很有可能成为未来研究的议题。对于冲突的技术，基本上没有研究从实证角度进行估计。预计在未来会出现大量关于联盟和多个战场的文献。考虑到对这些主题的研究借鉴博弈理论，类似于本手册第二部分结尾处的评论也适用于此：建模和思考如"战争迷雾"和"模糊性"之类的问题对于更细微和更深入地理解和平与冲突机制至关重要。对于联盟形成的研究（尤其是但又不完全是这样），先验经验和历史对于应对可能的盟友和对手的作用非常重要，应当加以考虑，因为信任这个要素在所有联盟中都是重要的，且先验经验能够增强信任，也可以破坏它。把这样的因素纳入对联盟的分析需要类似于分析叙事这样的方法［例如贝茨等（Bates et al.，1998）］，以把博弈论建模与案例研究结合起来。

5. 经济背景下的冲突与和平

就像本手册第三部分章节所展示的一样，冲突的经济后果从数量角度看是非常重要的，肯定比所估算的吸引社会科学家和政策制定者大量关注的税收和贸易保护的净福利损失要多得多。本手册第五部分中的章节研究了冲突或和平与经济绩效之间的关系。无成本的和平被认为是接 13 近理想化的"涅槃"式的新古典主义模型，其中所有禀赋的产权都得到完美且无成本的实施。如果这样的条件不成立，那么可以预料冲突会通过多种途径对经济绩效产生负面影响，这些途径包括军备的成本或者破坏、扭曲资源配置和激励。反过来，较低的经济绩效似乎也提高了冲突的可能性［参见麦圭尔、萨蒂亚纳和赛尔真蒂（Miguel, Satyanath, Sergenti, 2004）］，由此可能导致发生战争与贫困恶性循环。

芬德利（Findlay）和欧洛克（O'Rourke）所写的章节建立在作者在《强权与富足》（*Power and Plenty*）一书中对过去一千年的全面描述基础之上（2007）。他们在历史与理论之间"来回穿梭"，特别是，他们建立了帝国的经济学模型以及不安全情况下的贸易模型，阐述了权力与冲突所发挥的核心作用，表明贸易不可能与权力考量分离。

加芬克尔、什卡佩尔达斯与瑟罗普洛斯（Syropoulos）所写的章节考察了这样的设定，即国际贸易发生在不安全的环境中，或者发生在力量的阴影下。第一种设定聚焦两国贸易本身就是不安全的情况。他们发现，生产更高价值的商品的国家（并因此如果在一个"极乐世界"中，这个国家要求得到总产出中更高比例的份额）往往在军备上处于相对劣势的地位，力量较小，也因此收入水平较低。在一个投入品不安全的设定中，作者表明，国家可能偏爱实现自给自足而不是进行自由贸易，且相对于不存在不安全时的一般情况，比较优势可能会被扭曲。

埃内斯托·达尔·波（Ernesto Dal Bó）和皮德罗·达尔·波（Pedro Dal Bó）所写的章节同样使用标准的贸易模型考察冲突对一般均衡的影响，但重点分析的是国内冲突的影响。冲突会导致经济发生扭曲，这与经济学所研究的其他扭曲非常不同。于是，关于消费和生产的税收或补贴计划、贸易政策和技术政策可能是对冲突存在的最佳反应了。两位作者表明了不同政策工具如何减少冲突，以及它们在福利方面的相对排名。

冈萨雷斯（Gonzalez）所写的章节将冲突理论融入生产与产出分配的一般均衡分析中。从一个静态框架开始，然后转向一个动态框架，冈萨雷斯表明，如果没有集中的产权实施机制，则会影响：（1）在生产性和非生产性活动之间的资源配置（或者"分散使用强制力"，包括掠夺和个人保护产权）；（2）经济增长。他通过这样的分析表明，社会中分散使用强制力对经济落后和经济发展很重要。

贾斯蒂诺（Justino）所写的章节回顾了内战和贫困之间具有相互关系的已有经验证据。正如上文提到的，冲突会损害经济状况，而较差的经济状况会为国内爆发战争提供肥沃的土壤。贾斯蒂诺的综述突出了这些关联，重点讨论个人和家庭的决策。同时还考虑在内战期间社会规范与机构组织形式会如何变化，并且这些变化如何对个人决策施加不同的约束条件，她的综述也揭示了影响国内冲突持续时间的多种因素。

梅鲁姆（Mehlum）和摩恩（Moene）所写的章节探讨了贫困与冲突的倾向以及繁荣与和平的倾向，而且这些倾向相互加强。作者识别并考察了两类特定因素。一类是敌对方所竞争的租金类型，因为从租金价值易受冲突影响的脆弱性角度看，各类租金是不同的；更为脆弱的租金往往会带来更多和平，而不那么脆弱的租金则产生相反的效果。另一类涉及精英和各自群体中的企业家的关系，特别是，精英对其企业家的关心程度。这两类因素也可能会让国家陷入良性或恶性循环，出现多重均衡也是可能的。

本手册这部分的主要理论贡献与第三部分的经验研究一同表明，而且以社会科学研究中可能具备的最高置信度表明，冲突对经济有巨大影响。生产可进行贸易的商品的资源禀赋或者可进行贸易的商品本身存在实施产权的问题，不考虑这一点而孤立地思考市场并不能被认为是无害的"假设可以"的假设，因为产权问题在理论上或现实中都不可以被简单地忽略。为了降低所有冲突的成本，治理和实施产权对于经济活动和经济繁荣来说至关重要。

6. 通往和平之路

如前所述，我们对什么导致冲突以及什么带来持久和平的理解非常有限。然而，长期以来，有些文献在考察国际贸易本身如何在可能发生冲突的国家之间促成合作与和平。特别是，尽管不同国家的领导人之间存在分歧，如果战争意味着贸易中断并且这些贸易对每个国家的经济发展是至关重要的，则可能会促使这些领导人维持和平。共同的经济相互依赖能够促成和平的关系。波拉切克（Polachek）、西格尔（Seiglie）和项（Xiang）所写的章节沿着这一思路进行推理，从理论和实证两个方面验证了国际资本流动对国家间和平关系的积极影响。

最近且正在进行的关于制度与经济增长以及对团体形成的研究表明，治理对冲突与和平的出现发挥关键作用。历史上，第三方干预是有助于治理的：传统社区中的长者以及现代国家的警察、法院政治大厅。在这样的治理机制下，战场上的冲突可以被转化为更加"文明的"且通常社会成本不那么高昂的冲突，如诉讼冲突和政治竞争。本手册第六部分的剩余章节探讨不同层面冲突之间的关系，以作为理解这种转变的起点。

斯波劳雷（Spolaore）所写的章节分析了国家形成以提供包括但不限于安全的公共产品。这一分析将国界看作是内生形成的，决策者需要在以下两个方面进行权衡：（1）提供防务防范外部威胁时规模经济的好处；（2）一国民众对于其他公共品供给的偏好存在更大的异质性所产生的成本。斯波劳雷发展的一个简单模型凸显了这一权衡问题，其讨论了与和平与冲突相关的很多问题。他也提到了一系列未来可能的研究方向。

加芬克尔所写的章节考虑了国家内部民众之间除了应对外部威胁的安全问题外，在提供公共品方面存在分歧的重要性。但是，这一章主要聚焦民主政治制度如何在出现国家间战争或和平时发挥作用。这一分析突出表明，如果在国家内部存在分歧，选举不确定性产生的影响会提高国家领导人对未来的贴现率，包括军备和发动战争或签署和平协议的未来收益。同时，该分析显示与民主制度有关的监督与制衡提高了领导人动员资源的能力。尽管民主和平是一种可能性，但它不一定会必然出现。

显然，国家在提供安全应对外部威胁方面很重要，国家在促进公民之间的和平关系方面也很重要。如前所述，国家界定和实施产权的能力有利于建立并维持秩序，这有利于经济良好运行。然而，提供安全通常涉及行使权力，即使用暴力或至少威胁使用暴力，且国家使用权力并不一定会使民众受益，在国家有掠夺性倾向时尤为如此〔参见罗宾逊（Robinson，2001）；莫塞勒和波拉克（Moselle，Polak，2001）；康拉德和什卡佩尔达斯（Konrad，Skaperdas，2010）〕。什么阻止了拥有这种权力的国家剥削民众？此外，考虑到拥有这种权力的机会成本，什么会阻止其他团体兴起并废黜当前的统治者？

基弗（Keefer）所写的这一章关注国内冲突和集体行动在团体领导人（代表当前统治阶级或潜在叛乱分子）与团体其他成员间互动的作用。基弗认为，团体成员的集体行动对于支持该团体领导人的承诺至关重要，因此，团体凝聚力对于巩固该团体领导人地位或者确立一种更加有侵略性的态势以驱逐现有执政团体是重要的。但领导人也需要限制集体行动以保护他们不被自己所在团体的其他成员所驱逐。领导人如何平衡允许团体成员采取集体行动的收益与成本，对收入冲击在助长冲突方面的影响以及其他问题具有重要意义。

基弗所写的章节和其他人的著作似乎表明，国家及其治理并不足以促使在该国内部形成和平的关系。利森（Leeson）和科因（Coyne）所写的章节表明，国家及其治理都不是必需的。这一章探讨了在国家无法或者没有促进和平和限制冲突的情况下，规范作为制度出现能够起到这样的作用。作者认为，正是在这样的假设下，建立这类规范的潜在收益是最大的，因此，其更有可能出现。

和平、较低成本的冲突以及较好的治理是如何出现的，相比其他领域，这些是我们了解更少的议题，也是对经济学领域以及数十亿人更为重要的议题。因此，这是一个极其重要的研究领域。

7. 结语

在编写本手册的过程中，我们努力将不同的观点、视角和方法引入和平与冲突的研究中。我们并没有涵盖可能被视为重要的所有议题，以及可能被认为重要的所有研究视角。但我们确实希望本手册所覆盖的范围足够广泛，内容足够深刻，可以激起众多经济学及其他学科学者和学生的研究兴趣。此外，从本手册的总体内容中可以明确看到，从经济学角度看，和平与冲突的研究很重要，不仅因为它为应用该学科方法提供了另一领域，还因为和平与冲突研究对于理解经济如何实际运作是不可或缺的。在现实中，对于权力的考虑无法与市场分割开来。

参考文献

Ahamed, L. 2009. *Lords of finance：The bankers who broke the world.* New York：Penguin Press.

Amegashie, J. A., and M. Runkel. 2008. The paradoxes of revenge in conflicts. Munich Personal Research Archive 7687, March.

Anderton, C. H., and J. R. Carter. 2007. A survey of peace economics. In *Handbook of defense economics*, vol. 2, ed. T. Sandler and K. Hartley. 1211 – 58. New York：North-Holland.

Bates, R., A. Greif, M. Levi, J. -L. Rosenthal, and B. Weingast. 1998. *Analytic Narratives.* Princeton, NJ：Princeton University Press.

Blattman, C., and E. Miguel. 2010. Civil war. *Journal of Economic Literature* 48（1）：3 – 57.

Brauer, J., and H. Van Tuyll. 2008. *Castles, battles, and bombs：How economics explains military history.* Chicago：University of Chicago Press.

Brito, D., and M. Intriligator. 1985. Conflict, war and redistribution. *American Political Science Review* 79（4）：943 – 57.

Collier, P., V. L. Elliott, H. Hegre, A. Hoeffler, M. Reynal-Querol, and N. Sambanis. 2003, *Breaking the conflict trap：Civil war and development policy.* Washington, DC：

World Bank and Oxford University Press.

Davis, S. J. , K. M. Murphy, and R. H. Topel. 2009. War in Iraq versus containment. In (ed.) G. D. Hess, *Guns and butter: The economic causes and consequences of conflict*, 203 – 270. Cambridge, MA: MIT Press.

Dube, O. , and J. F. Vargas. 2008. Commodity price shocks and civil conflict: Evidence from Colombia. Unpublished working paper, Harvard University.

Esteban, J. , and D. Ray. 1994. On the measurement of polarization. *Econometrica* 62 （4）: 819 – 52.

Fearon, J. 1995. Rationalist explanations for war. *International Organization* 49 （3）: 379 – 414.

Findlay, R. , and K. O'Rourke. 2007. *Power and plenty: Trade, war and the world economy in the second millennium*. Princeton NJ: Princeton University Press.

Garfinkel, M. R. , and S. Skaperdas. 2000. Conflict without misperceptions or incomplete einformation: How the future matters. *Journal of Conflict Resolution* 44 （6）: 793 – 807.

——. 2007. Economics of conflict: An overview. In *Handbook of defense economics* vol. 2. ed. T. Sandler and K. Hartley, 649 – 709. New York: North-Holland.

Grossman, H. I. 1991. A general equilibrium model of insurrections. *American Economic Review* 81 （4）: 912 – 21.

——. 1994. Production, appropriation, and land reform. *American Economic Review* 84 （3）: 705 – 12.

Grossman, H. I. , and M. Kim. 1995. Swords or plowshares? A theory of the security of claims to property. *Journal of Political Economy* 103 （6）: 1275 – 88.

Haavelmo, T. 1954. *A study in the theory of economic evolution*. Amsterdam: North-Holland.

Hartley, K. , and T. Sandler, eds. 1995. *Handbook of defense economics*, vol. 1, New York: North Holland.

Hirschman, A. O. 1980. *National power and the structure of foreign trade*. Berkeley, CA: University of California Press.

Hirshleifer, J. 1988. The analytics of continuing conflict. *Synthese* 76 （2）: 201 – 33.

——. 1994. The dark side of the force. *Economic Inquiry* 32 （1）: 1 – 10.

——. 1995. Anarchy and its breakdown. *Journal of Political Economy* 103 （1）: 26 – 52.

Keynes, J. M. 1920/2004. *The economic consequences of the peace*. Mineola, NY: Dover Publications.

Konrad, K. A. 2009. *Strategy and dynamics in contests*. New York: Oxford University Press.

Konrad, K. A. , and S. Skaperdas. 2010. The market for protection and the origin of the state. *Economic Theory* (forthcoming).

Kumar, R. 2010. *Essays on the economics of conflict.* Ph. D. dissertation, University of California, Irvine.

Lucas, R. E. 1987. *Models of business cycles.* Oxford: Basil Blackwell.

McBride, M., G. Milante, and S. Skaperdas. 2011. Peace and war with endogenous state capacity. *Journal of Conflict Resolution* 55 (3): 444 – 68.

Miguel, E., and G. Roland. 2010. The long-run impact of bombing Vietnam. *Journal of Development Economics* 96 (1): 1 – 15.

Miguel, E., S. Satyanath, and E. Sergenti. 2004. Economic shocks and civil conflict: An instrumental variables approach. *Journal of Political Economy* 112 (4): 725 – 53.

Moselle, B., and B. Polak. 2001. A model of a predatory state. *Journal of Law, Economics and Organization* 17 (1): 1 – 33.

Ozbay, E. Y. 2008. Unawareness and strategic announcements in games with uncertainty. Unpublished working paper. University of Maryland, College Park.

Pigou, A. C. 1939. *The political economy of war,* rev. ed. New York: Macmillan.

Ram, R. 1995. Defense expenditure and economic growth. In *Handbook of defense economics,* vol. 1, ed. K. Hartley and T. Sandler, 251 – 74, New York: North-Holland.

Robbins, L. 1940. *The economic causes of war.* New York: Macmillan.

Robinson, J. A. 2001. When is the statepredatory. Unpublished working paper. Harvard University.

Samuelson, L. 2004. Modeling knowledge in economics analysis. *Journal of Economic Literature* XLII (2): 367 – 403.

Sandler, T., and K. Hartley, eds. 2007. *Handbook of defense economics,* vol. 2, *Defense in a globalized world.* New York: North-Holland.

Skaperdas, S. 2011. The costs of organized violence: A review of the evidence. *Economics of Governance* 12 (1): 1 – 23.

Stiglitz, J. E., and L. J. Bilmes. 2008. *The three trillion dollar war: The true cost of the Iraq conflict.* NewYork: W. W. Norton.

World Bank. 2011. *World development report 2011: Conflict, security, and development.* Washington, DC: World Bank.

第二部分

和平与冲突的相关因素

第2章　冲突的信息层面

卡尔·韦内吕德

战争这种意志活动处理的是有生命的、有反应的对象。
——《战争论》　卡尔·冯·克劳塞维茨

1. 引言

信息问题似乎对于冲突分析是非常重要的。事实上，这个领域中的传统观点一直认为，直接冲突的爆发只可能是因为在相对力量方面存在信息不对称［参见布莱内（Blainey，1973）］。如果潜在冲突双方就他们各自的获胜概率达成一致意见，并且在存在实际争斗的情况下会损失一些资源，那么就应该存在双方都可以接受的某些和平解决方案。

然而，严格来说，当涉及冲突时，很难精确划定一个研究信息的子领域。这是因为任何使用博弈理论方法对互动的分析，本质上都是关于使用信息的。一个冲突情景可能是这样的，即对一方来说最好是根据其他参与方如何计划行动来采取行动，但如果没有参与者知道事情的这种状态——都不了解它——那么从每个个体的角度来看，我们面对的就是一个非策略性、单人决策问题。事实上，博弈论学科的奠基人之一罗伯特·奥曼曾建议把这个领域放在互动知识论这个更大的标题下，因为它从根本上研究理性参与者推理其他理性参与者如何进行推理的理论［参见，如奥曼（Aumann，1999）］。

因此，在本章中，我们对信息采取广泛视角，但我们将其应用于一类狭义的冲突模型上。特别是，我们在这里关注把冲突模型化为竞赛的文献。我们进一步聚焦，集中讨论只有两个参与者的竞赛。在经济学中，有大量研究寻租的文献考虑了有很多个参与者的竞赛［参见尼赞

（Nitzan，1994）的综述]。由于武装冲突通常只涉及两个参与方，在这里不涉及此类模型似乎是很自然的。最后，同如什卡佩尔达斯（Skaperdas，1992）的研究一样，我们不研究侵略活动和生产活动之间的权衡，而将赢得冲突的价值视为给定。

我们会特别关注在竞赛中操纵信息如何影响均衡时的努力水平。

在博弈论中，通常根据信息的两种不同维度将策略情景进行区分。一种维度可划分为完美信息和不完美信息。在一个扩展式博弈或具有时间维度和序贯决策的博弈中，如果所有参与者在任何时刻都完全并准确了解之前已经发生的事情，那么就说这个博弈具有完美信息。如果某个参与者的某些行动没有被其他参与者观察到，我们就得到了一个不完美信息博弈。因此，沿着信息的这个维度研究均衡要考察承诺和行动可观测性的影响等，这些我们在第 3 节"策略性信息"中讨论，这种信息是有关对手行为的信息。

另一种维度可划分为完全信息和不完全信息。一个博弈具有完全信息，则每个参与者都了解这个博弈的每个方面，也就是说，参与者是谁，他们可选的行动有哪些，以及他们的支付函数是什么样的，并且事实上，不仅每个参与者都知道这些，而且这是共同知识，即每个人不仅知道博弈模型设定的所有细节，还知道其他人也知道它们，并依此类推到任何水平的共同认知。如果这些知识在某一点没有继续，那么这个博弈就是一个不完全信息博弈。出于这个原因，严格来说，我们没有不完全信息的博弈理论，因为在任何情况下，如果至少一些参与者错误地理解这种情况的特点，那么这就是不完全信息博弈的情况。相反，不完全信息博弈通常是海萨尼（Harsanyi，1967 – 1968）所讨论的范围更小且更加容易处理的一类博弈。海萨尼认为，不完全信息的很多形式可以用这种模型来刻画，即首先是自然选择参与者类型，即他们的支付函数，参与者类型分布是共同知识。因此，使用标准的贝叶斯方法或许可以分析这类博弈。

对竞赛的研究显然符合后一种维度，因此要探讨获胜后参与者效用方面的不对称信息，他们在生产活动上的成本、能力等问题；并且，值得关注的是，关于进攻能力的何种私人信息会导致冲突全面爆发而不是和平解决的概率——也就是说，在这里我们感兴趣的是参与者关于其对手特征的信息所产生的影响。这些问题将在第 4 节和第 5 节讨论。

我们通过提出一些应当关注并值得进一步研究的开放性问题来结束本章。

2. 预备知识

除第 5 节外，我们在本章中主要关注两个参与者的竞赛，也就是在给定参与者 $i \in \{1, 2\}$ 的努力程度（这可以是用于武器装备的支出，或者是军队规模）为 x_1 和 x_2 的情况下，他们的获胜概率为：

$$p_i(x_1, x_2) : = \begin{cases} x_i/(x_1 + x_2) & \text{如果 } x_1 + x_2 > 0 \\ 1/2 & \text{其他情况} \end{cases}$$

这种竞赛成功函数（Contest Success Function，CSF）的形式是寻租经济学理论中的常见形式，它引出了有时被称为"抽奖竞赛"的形式（Tullock，1980）。塔洛克（Tullock，1975）使用它研究了诉讼，但其来源至少可以追溯到哈维尔莫（Haavelmo，1954）对国际冲突的讨论。赫什利弗（Hirshleifer，1989）讨论了这种形式的竞赛成功函数在实证方面的重要性，什卡佩尔达斯（Skaperdas，1996）提供了一个公理化表述。

作为基准，我们首先考虑一个同时行动的竞赛，其中博弈的所有方面对参与者而言都是共同知识。假设参与者认为获胜的价值分别是 $\nu_1 > 0$ 和 $\nu_2 > 0$[①]，努力需要付出一单位成本，且两个参与者都是风险中性的。那么，参与者 i 的支付函数为：

$$u_i(x_1, x_2) : = p_i(x_1, x_2)\nu_i - x_i \tag{1}$$

注意，不可能存在这样一个均衡，即所有参与者都不付出正的努力，因为给定另外一个参与者的努力投入为 0，对于一个任意小的努力水平，回报是能够以 1 的概率获胜。因此，如果参与者同时且独立地决定他们的努力投入，那么在给定参与者 $j \neq i$ 的努力水平下，参与者 i 的最优反应由下面的一阶条件给出：$\dfrac{\partial u_i}{\partial x_i} = \dfrac{x_j}{(x_1 + x_2)^2}\nu_i - 1 = 0$。也就是说，参与者 i 的

---

① 我们在整章中都会谈到评价值间的差异，但同样的框架也可以被用于分析努力成本可微分的情况，或者两者的组合。更一般地，假设参与者 i 对于获胜的评价值为 ν_i，且一单位努力花费他 c_i，那么最大化 $p_i\nu_i - c_ix_i$ 当然与最大化 $p_i(\nu_i/c_i) - x_i$ 是等价的。

最优反应函数是 $x_i = \sqrt{x_j \nu_i} - x_j$。

25 　　由于在均衡中，两个参与者一定会按最优反应行动，我们必然得到

$$x_1 = \frac{\nu_1^2 \nu_2}{(\nu_1 + \nu_2)^2} \text{ 和 } x_2 = \frac{\nu_1 \nu_2^2}{(\nu_1 + \nu_2)^2}$$ 。因此，在均衡中，参与者 i 的期望支付是

$$u_i^c := \frac{\nu_i^3}{(\nu_1 + \nu_2)^2}$$ 。

注意，参与者 1 获胜的均衡概率是 $p_1(x_1, x_2) = \dfrac{x_1}{x_1 + x_2} = \dfrac{\nu_1}{\nu_1 + \nu_2}$。在均衡状态下，对胜利评价值较高的参与者因此会有一个较高的获胜概率。迪克西特（Dixit，1987）称这类参与者为"幸运儿"（favorite），而称另外一类参与者为"失败者"（underdog）。

然而，并不令人惊讶的是，均衡努力水平随着参与者的评价值递增，而或许更有趣的是这样一个事实，即参与者对于获胜评价值的差距越大，均衡时的总努力水平就越低。为了证明这一点，对于某个 v 和某个 $\delta > 0$，令 $\nu_1 = \nu - \delta$ 且 $\nu_2 = \nu + \delta$。那么均衡时的总支出是：$x_1 + x_2 = \dfrac{\nu_1^2 \nu_2 + \nu_1 \nu_2^2}{(\nu_1 + \nu_2)^2} = $

$((\nu - \delta) + (\nu + \delta)) \dfrac{(\nu - \delta)(\nu + \delta)}{((\nu - \delta) + (\nu + \delta))^2} = \dfrac{\nu^2 - \delta^2}{2\nu}$。其中很清楚的是，它随着 δ 递减［还可参见康拉德（Konrad，2009）］。直观来讲，具有较高评价值的参与者有着更大的动力去赢得竞赛，这使评价值较低的参与者参与竞赛的成本更加高昂。

3. 策略性信息

3.1 承诺

在单人决策问题方面，或者与自然的博弈中，当参与者选择自己的行动时，拥有更多信息往往是有益的。关于今天晚些时候是晴朗或是阴雨的信息越准确，决定是否带伞的决策成为最优选择的可能性就越高。

在策略性互动中却并非必然如此。拥有更多信息可能会损害某个参与者，因为其他人或许会利用这个事实。经济学中为人熟知的一个例子是竞争型企业的斯塔克博格（Stackelberg）模型，其中，一家企业要

在另外一家企业做出选择前，做出其可观测且不可取消的供给决策。第二家做出决策的企业有更多信息，因为它是在知道第一家企业已经选择了什么之后才进行选择的。尽管如此，对于第二家企业的理性反应，相对于同时行动模型的均衡而言，第一家企业能够增加利润，而第二家企业的利润则减少了。沿着同样的思路，例如，迪克西特（Dixit，1987）、鲍依克和苏格恩（Baik，Shogren，1992）以及摩根（Morgan，2003）研究了竞赛中的序贯决策和承诺问题。

现在假设参与者 1 首先就其努力投入做出不可取消的决策，并且在参与者 2 做出决策前可以观察到这个决策。我们用逆向归纳法找到子博弈精炼均衡。如果参与者 1 知道参与者 2 是理性的，那么参与者 1 就知道对于任何 x_1，参与者 2 的反应由式（1）的最优反应条件给出：

$$x_2 = \begin{cases} \sqrt{x_1 \nu_2} - x_1 & \text{如果 } x_1 < \nu_2 \\ 0 & \text{其他情况} \end{cases}$$

因此，在序贯竞赛中，参与者 1 面临的问题实际是在参与者 2 的最优反应函数中选择其最喜爱的点。

所以，在均衡时，参与者 2 付出了正的努力水平，在考虑到参与者 2 的理性反应后，参与者 1 的支付函数实际是 $u_1 = \dfrac{x_1}{x_1 + x_2} \nu_1 - x_1 =$

$\dfrac{x_1}{x_1 + (\sqrt{x_1 \nu_2} - x_1)} \nu_1 - x_1 = \sqrt{x_1} \dfrac{\nu_1}{\sqrt{\nu_2}} - x_1$，在 $x_1 = \dfrac{\nu_1^2}{4\nu_2}$ 时达到最大值，参与

者 2 的努力水平是 $x_2 = \dfrac{2\nu_1 \nu_2 - \nu_1^2}{4\nu_2}$。然而，如果我们有 $\nu_1 \geq 2\nu_2$，那么，在均衡时，参与者 1 的努力水平是 $x_1 = \nu_2$，且参与者 2 的努力水平为 0。

因此，如果我们有 $\nu_1 < \nu_2$，那么在唯一子博弈精炼均衡中，总努力水平为 $x_1 + x_2 = \dfrac{\nu_1^2}{4\nu_2} + \dfrac{2\nu_1 \nu_2 - \nu_1^2}{4\nu_2} = \dfrac{\nu_1}{2} < \dfrac{\nu_1^2 \nu_2 + \nu_1 \nu_2^2}{(\nu_1 + \nu_2)^2}$。也就是说，在序贯博弈中，总努力水平要低于在同时行动博弈中的水平。如果我们有 $\nu_1 = \nu_2$，那么结果与同时决策的情况一样。最后，如果我们有 $\nu_1 > \nu_2$，那么序贯博弈中的总努力水平高于同时博弈的水平——即使可能的情况会是参与者 2 根本不投入任何努力。用迪克西特的术语说，能够做出承诺的"幸运儿"更具侵略性，而"失败者"则更不具侵略性。

27 　　因此，在参与者 1 先行动的序贯决策均衡中，参与者 1 的期望效用是 $u_1^s := \dfrac{\nu_1^2}{4\nu_2}$。因为我们有 $u_1^s = \dfrac{\nu_1^2}{4\nu_2} \geqslant \dfrac{\nu_1^3}{(\nu_1 + \nu_2)^2} = u_1^c$ 对于所有的 ν_1 和 ν_2 成立，首先行动的参与者付出的努力总是至少和同时行动博弈中的一样多。

　　现在考虑竞赛努力承诺的内生时机问题。具体来说，假设有两个时期，且允许每个参与者独立地决定是在第一个时期还是在第二个时期承诺付出努力。如果两个参与者都在第一个时期做出承诺，或者都仅在第二个时期做出承诺，那么互动情况与同时行动的均衡相同。如果一个参与者在第一个时期做出承诺且另一个参与者在第二个时期做出承诺，那么互动情况与序贯行动博弈的唯一子博弈精炼均衡相同。鲍依克和苏格恩（Baik，Shogren，1992）表明，在均衡中，"失败者"在第一个时期做出承诺，"幸运儿"在第二个时期做出承诺，这会导致均衡的总努力水平低于同时行动时的情况。

　　把承诺问题视为至关重要的信息问题并不是毫无理由的，没有观察到的承诺也可能是没有发生，这个事实清楚地说明了这一点。在斯坦利·库布里克（Stanley Kubrick）于 1964 年导演的电影《奇爱博士》（*Dr. Strangelove*）中有一个令人难忘的情节，它描述了苏联人已经安装了"世界末日装置"，当它探测到发射了攻击苏联的导弹时就会自动反击，从而确保相互毁灭。然而，本着保守军事机密的原则，苏联没有把这件事告诉任何人，现在为时已晚。

　　巴格威尔（Bagwell，1995）指出，即使在关于承诺是否被正确地观察到上存在最轻微的不确定性，也足以破坏承诺的任何效果。然而，范达姆和赫肯斯（van Damme，Hurkens，1997）认为，在巴格威尔的例子中，有一个混合策略均衡比其他均衡更合理，当正确观测的概率接近 1 时，这个均衡收敛到具有完美可观测性序贯博弈的唯一子博弈精炼均衡结果。摩根和瓦迪（Morgan，Várdy，2007）在明晰的竞赛背景下得出了类似的观点。如我们已使用的设定，考虑一个有两个参与者的序贯竞赛。假设参与者 2 通过付费可以了解领导者的努力水平，这个费用可以任意低。不可能的情况是，在子博弈精炼均衡中，参与者 2 会支付费用，因为在任何均衡中，给定领导者的努力水平，其选择的努力水平一定是最优的——也就是说，纳什均衡的概念总是隐含着参与者 1 的行动的信息，因此，付费去了解它不可能是理性的。这一观察显然可以推广至竞赛博弈之外。在均衡时，一个参与者绝不会付费去了解对手在做什么，无论这是一个有趣的洞见，还是相反，它指出了均衡概念本身的基本逻辑缺陷，都超出了本章讨论的范围。

3.2　委托

谢林（Schelling，1960）指出，承诺的潜在获益也可以通过策略性委托（strategic delegation）来获得，此时，一个参与者雇用一个代理人代表他进行博弈，当然，假如委托合同是可观察且不能私下重新协商的。鲍依克和金姆（Baik，Kim，1997）、韦内吕德（Wärneryd，2000）以及康拉德、彼得斯和韦内吕德（Konrad，Peters，Wärneryd，2004）研究了竞赛中的委托问题。

如果代理人的努力是可观测且可证实的，则可以达成最优合同，它将代理人的报酬设定成直接是其努力投入的函数。因为一个参与者希望通过委托得到的最好结果是对手最优反应函数中其最偏爱的那一点，所以最优合同确定了与这点相关的努力水平，以及如果其付出了这种努力，支付给代理人的报酬是与其理性参与条件相容的最小数额，除此之外，没有其他。但如果努力是不可证实的，就不得不为代理人提供一种激励以确保其付出努力。正如我们将要看到的，代理关系中这样一种道德风险问题或许会产生降低均衡努力水平的影响，并使双方参与者在一个双边委托均衡中都有所改善——即使两个参与者现在都要为代理人的服务付费。

通过考虑下面的例子我们来阐明这一点。首先假设只有参与者 1 可以雇用一个代理人，其在竞赛中代表参与者付出努力 x_1^a。代理人与参与者 1 非常相似，是风险中性且可以使用与其委托人相同的冲突技术。假定参与者及其代理人之间的合同采取一种简单的或然费用形式，即在赢得竞赛的情况下，参与者向代理人支付 w_1。一旦在竞赛中失败，代理人就什么也得不到。我们再次使用逆向归纳法找到一个子博弈精炼均衡，在给定已经签订了某种合同的情况下，从参与者 1 的代理人和参与者 2 之间的博弈开始，这个合同指定了 w_1，不能私下重新谈判，且已经被参与者 2 观察到了。那么，参与者 1 的代理人的支付函数为：

$$u_1^a(x_1^a, x_2) := p_i(x_1^a, x_2)w_1 - x_1^a$$

其中，参与者 2 的支付函数和前面一样。因此，在竞赛均衡中，参与者 1 的代理人将花费 $x_1^a = \dfrac{w_1^2 \nu_2}{(w_1 + \nu_2)^2}$，参与者 2 将花费 $x_2 = \dfrac{w_1 \nu_2^2}{(w_1 + \nu_2)^2}$。

因此，参与者 1 的代理人代表参与者 1 赢得比赛的概率是 $w_1/(w_1 + \nu_2)$。

从与代理人签订合同的角度来看，参与者 1 的期望支付为：

$$u_1(w_1) = \frac{w_1}{w_1 + \nu_2}(\nu_1 - w_1) \tag{2}$$

达到最大值的点是：

$$w_1 = \sqrt{\nu_1 \nu_2 + \nu_2^2} - \nu_2 \tag{3}$$

委托中的激励是以与直接承诺相似的方式得到的，现在看起来这个推测并非不合理，也就是说，"失败者"可能希望委托，而"幸运儿"则不是。不幸的是，目前的框架还不允许以一种易处理的解析方式探讨这个问题。因此，我们只能考虑一种特殊情况——具有相同评价值的情况。回顾前面对直接承诺的讨论，在这种情况下，没有动机做出承诺。然而，在这些条件下，策略性委托也并非没有意义。

那么假设我们有 $\nu_1 = \nu_2 = \nu$。首先考虑参与者 1，其是唯一选择委托的。从式（2）和式（3）中我们看到，一定有 $w_1 = \nu(\sqrt{2} - 1)$，并因此得到 $u_1 = (3 - 2\sqrt{2})\nu < \dfrac{\nu}{4}$。也就是说，选择委托的参与者的情况比直接或同时行动时的情况严格地变坏了。但没有进行委托的参与者 2 的情况严格地变好了，其期望均衡支付为 $\nu/2$。因此，没有参与者有激励选择委托。

但是，假设两个参与者都被要求采用代理人来代表他们，比如在诉讼中，有时情况就是这样。对于均衡状态下选择的或然费用，w_1 和 w_2 现在必须满足：$w_1 = \sqrt{\nu w_2 + w_2^2} - w_2$ 和 $w_2 = \sqrt{\nu w_1 + w_1^2} - w_1$。因此我们一定会得到：$w_1 = w_2 = \dfrac{\nu}{3}$。

巧合的是，尽管发生这种巧合的情况或许不那么多，但律师为客户追回资金中的 1/3 被作为或然费用，这是美国民事司法案件中律师与客户合同的一个标准特征。从式（2）中我们得到均衡的期望效用是：$u_1 = u_2 =$ 30 $\dfrac{v}{3} > \dfrac{v}{4}$。

当两个参与者都被要求进行委托时，相对于直接进行博弈，他们因此最后都得到了改善。尽管他们都向代理人付费，但与直接博弈相比，代理关系中出现的道德风险问题导致均衡时的努力水平更低。

4. 非策略性信息

4.1 独立的评价值

假设一个参与者的评价值为 v_L 或 v_H，从事前看，两者出现的可能性相同，且 $0 < v_L < v_H$。一个参与者确定地知道自己的评价值，但是不知道另一个参与者的评价值。用 $x_j(v_L)$ 和 $x_j(v_H)$ 分别表示当参与者是低评价值和高评价值类型时其对手的支出，参与者 i 的期望支付为：

$$u_i(v_i, x_i, x_{jL}, x_j(v_H)) := \frac{1}{2} p_i(x_i, x_j(v_L)) v_i + \frac{1}{2} p_i(x_i, x_j(v_H)) v_i - x_i$$

假设存在一个内部均衡，最优反应的支出水平 x_i 的一阶条件是：

$$\frac{\partial u_i(v_i, x_i, x_j(v_L), x_j(v_H))}{\partial x_i} = \frac{1}{2} \frac{x_j(v_L)}{(x_i + x_j(v_L))^2} v_i + \frac{1}{2} \frac{x_j(v_H)}{(x_i + x_j(v_H))^2} v_i - 1 = 0$$

由对称性可知，在均衡时，我们一定有 $x_1(v_L) = x_2(v_L) = x_L$ 和 $x_1(v_H) = x_2(v_H) = x_H$。这样，我们只需要求解两个公式，每个公式对应一种类型，得到：$x_L = \dfrac{v_L^2 + 6 v_L v_H + v_H^2}{8(v_L + v_H)^2} v_L$ 和 $x_H = \dfrac{v_L^2 + 6 v_L v_H + v_H^2}{8(v_L + v_H)^2} v_H$。这个例子属于可以得出解析解问题中的一个小类——特别地，假设两种评价值出现可能性相等是必要的。马略格和耶茨（Malueg，Yates，2004）研究了一个略微更加一般化的模型。

定义：$b := \dfrac{v_L^2 + 6 v_L v_H + v_H^2}{8(v_L + v_H)^2}$。并且，注意 $x_L = b v_L$ 和 $x_H = b v_H$，我们 31 现在可以考察这个竞赛的期望总努力水平了。参与者都具有低评价值的

概率为 $1/4$，因此总花费为 $2b\nu_L$。参与者都具有高评价值的概率为 $1/4$，在这种情况下，总支出为 $2b\nu_H$。最后，只有一个参与者拥有低评价值而另一个参与者拥有高评价值的概率是 $1/2$，因此总花费为 $b(\nu_L + \nu_H)$。这样，当评价值是私人信息时，均衡时总努力水平的期望值为：

$$X^P := \frac{1}{4}2b\nu_L + \frac{1}{4}2b\nu_H + \frac{1}{2}b(\nu_L + \nu_H) = b(\nu_L + \nu_H)$$

为了进行比较，考虑这样一个竞赛，即评价值事前同分布，但在竞赛时参与者能共同了解。在这样一个竞赛中，参与者都具有低评价值的概率为 $1/4$，我们从第 2 节可知，均衡时的总努力水平为 $\nu_L/2$。参与者都具有高评价值的概率为 $1/4$，因此总支出为 $\nu_H/2$。最后，只有一个参与者拥有低评价值而另一个参与者拥有高评价值的概率是 $1/2$，在这种情况下，总努力水平为 $(\nu_L^2\nu_H + \nu_L\nu_H^2)/(\nu_L + \nu_H)^2$。这样，在这种完美信息情况下，事前的总均衡努力水平的期望值为：

$$X := \frac{1}{4}\frac{\nu_L}{2} + \frac{1}{4}\frac{\nu_H}{2} + \frac{1}{2}\frac{\nu_L^2\nu_H + \nu_L\nu_H^2}{(\nu_L + \nu_H)^2} = \frac{(\nu_L + \nu_H)^3 + 4\nu_L\nu_H(\nu_L + \nu_H)}{8(\nu_L + \nu_H)^2} =$$
$$b(\nu_L + \nu_H) = X^P$$

因此，不管是否为私人信息，总努力水平的期望值都相同。这或许会被认为是风险中性假设带来的一个结果。再一次，正如我们接下来将看到的，在共同价值情况下，这个问题就不存在了。

对于参与者的评价值服从不同分布的情况，我们了解得还不是很多。[①] 赫尔利和苏格恩（Hurley，Shogren，1998a，1998b）考虑了其他特殊情况。费伊（Fey，2008）证明，在一个每位参与者类型都来自均匀分布的模型中，均衡是存在的。

4.2 共同价值冲突

现在考虑一个有两个参与者的竞赛，其中参与者对奖励的评价值在

---

① 也就是说，对于这种特殊类型竞赛模型中的独立评价，我们知之甚少。在涉及竞赛的文献中，另一个流行的模型涉及付出最大努力的参与者以 1 的概率获胜的竞赛。这种类型的竞赛也被称为第一价格全支付拍卖（a first-price all-pay auction），独立评价的情况在这种情况下是很好理解的［参见克里希那和摩根（Krishna，Morgan，1997）］。

事前都是相同的，但是至少有一个参与者不知道这个价值。为简化起见，假设对奖励的评价仅有两个可能的数值 ν_H 和 ν_L，并且 $0 < \nu_L < \nu_H$。令 ν_H 出现的概率为 q。我们假设参与者 I 已被告知评价真实的实现值，而参与者 U 只知道先验分布。或者，我们不需要假设知情参与者是完美地被告知的。而是假定其得到了一个关于实现值的信号，这个信号可以代表两个评价值中的一个。然后，在给定信号有两种可能取值的情况下，我们可以把 ν_L 和 ν_H 看作真实评价的条件期望值，q 描述了条件期望的分布。 32

令 x_U 为不知情参与者的努力水平，$x_I(\nu_L)$ 和 $x_I(\nu_H)$ 分别为知情参与者观察到评价为 ν_L 和 ν_H 时的努力水平。因此，知情参与者的最优反应函数是：

$$x_I(\nu) = \begin{cases} \sqrt{x_U \nu} - x_U & \text{如果 } x_U < \nu \\ 0 & \text{其他情况} \end{cases}$$

可能不存在均衡使 $x_I(y_H) = x_I(y_L) = 0$。如果存在这样的均衡，那么一定是在 $x_U \geq \nu_H$ 的情况下。但不知情参与者不会做出最优反应，由于他可以降低努力水平并在两种状态下仍然以 1 的概率获胜，知情参与者的努力水平总是为 0。因此，不存在知情参与者从不付出正努力水平的均衡。

接下来考虑不知情参与者。理性的不知情参与者一定会考虑对手在信息方面的优势地位。在一个标准第一价格共同价值拍卖中，如果每个参与者根据自己拥有的信息，按照标的物的期望价值出价，那么参与者获胜意味着其很可能高估了价值，因为其他人的估值都更低。这种现象不会出现在均衡中，在拍卖理论中，这被称作"赢者的诅咒"（winner's curse）。当然，在当前设定中也存在类似的担忧，因此，不知情参与者对奖励的评价一定会打折扣，低于其事前的期望值。

存在两种可能的均衡类型。在我们首先考虑的均衡中，两种被告知的类型都是活跃的。也就是说，$x_I(\nu_L) > 0$ 和 $x_I(\nu_H) > 0$。不知情参与者的期望支付函数是：

$$u_U(x_U, x_I(\nu_L), x_I(\nu_H)) = (1-q)\frac{x_U}{x_U + x_I(\nu_L)}\nu_L + q\frac{x_U}{x_U + x_I(\nu_H)}\nu_H - x_U$$

因此，最优努力水平的一阶条件是：

$$(1 - q) \frac{x_I(\nu_L)}{(x_U + x_I(\nu_L))^2} \nu_L + q \frac{x_I(\nu_H)}{(x_U + x_I(\nu_H))^2} \nu_H - 1$$

$$= (1 - q) \frac{1}{\sqrt{x_U}} \sqrt{\nu_L} + q \frac{1}{\sqrt{x_U}} \sqrt{\nu_H} - 2 = 0$$

所以，不知情参与者的均衡努力水平是 $x_U = \dfrac{(q \sqrt{\nu_H} + (1 - q) \sqrt{\nu_L})^2}{4}$。

事实上，均衡时，不知情参与者的行为就像是将奖励平方根的期望值再平方后作为对奖励的评价，而不是把它的期望值作为评价值。

当然，现在或许可以容易地计算两种类型知情参与者的均衡努力水平了。但是我们只对这些努力水平的一种性质感兴趣。注意，根据知情参与者的最优反应函数，其期望努力水平可以写成：

$$(1 - q)(\sqrt{x_U \nu_L} - x_U) + q(\sqrt{x_U \nu_H} - x_U) = \sqrt{x_U}((1 - q) \sqrt{\nu_L} + q \sqrt{\nu_H}) -$$

$$x_U = \sqrt{x_U} \, 2 \sqrt{x_U} - x_U = x_U$$

因为，从 x_U 的均衡值的表达式可以得到 $(1 - q) \sqrt{\nu_L} + q \sqrt{\nu_H} = 2\sqrt{x_U}$，即在均衡状态下，两个参与者付出了同样的期望努力。因此，这种类型均衡下的总期望努力是：

$$2x_U = \frac{(q \sqrt{\nu_H} + (1 - q) \sqrt{\nu_L})^2}{2}$$

把这个结果同两个重要的对称信息的情形进行比较。首先考虑两个参与者都不知情的情形。它们都是风险中性的，从第 2 节的讨论中我们知道，在均衡时，每个人付出的努力是 $((1 - q)\nu_L + q\nu_H)/4$，所以总努力是 $\dfrac{(1 - q)\nu_L + q\nu_H}{2}$。如果双方都是知情的，那么当评价值为 ν_L 时，每个人在均衡中的努力均为 $\nu_L/4$，而当评价值为 ν_H 时，每个人付出的努力为 $\nu_H/4$。因此，事前总努力期望值与双方都不知情时的期望值相同。

由于平方根是严格凹函数，根据詹森不等式（Jensen's inequality），一个随机变量平方根的期望值严格小于该变量期望值的平方根，我们看到，在信息不对称情况下，总的期望努力水平是严格低于每个对称信息情形下的水平的。

因为如果得到这个均衡，一定要有 $x_U < \nu_L$，所以，当评价值为 ν_L 时，

知情参与者不会付出任何努力，那么我们一定得出 $q < \dfrac{\sqrt{\nu_L/\nu_H}}{1 - \sqrt{\nu_L/\nu_H}} =: \hat{q}$。

在第二种均衡类型中，只有评价最高的知情参与者是活跃的，即我们有 $x_I(\nu_L) = 0$。非知情参与者的一阶条件于是简化为 $q \dfrac{x_I(\nu_H)}{(x_U + x_I(\nu_H))^2}\nu_H - 1 = q\dfrac{1}{\sqrt{x_U}}\sqrt{\nu_H} - 1 - q = 0$。所以，我们有 $x_U = \left(\dfrac{q}{1+q}\right)^2 \nu_H$。为了与评 34 价最低的参与者什么也不付出保持一致，我们一定有 $x_U \geq \nu_L$，也就是说，$q \geq \hat{q}$。再一次，我们注意到两个参与者付出努力的期望值相同，因此有 $Ex_I = q(\sqrt{x_U\nu_H} - x_U) = \dfrac{q^2}{1+q}\nu_H - qx_U = (1+q)x_U - qx_U = x_U$。我们还得到 $2x_U = 2\left(\dfrac{q}{1+q}\right)^2\nu_H < \dfrac{q\nu_H}{2} < \dfrac{(1-q)\nu_L + q\nu_H}{2}$，这样，总努力水平的期望值再一次严格小于每种信息对称情形下的水平。推广这个结果，我们得出结论，与在独立价值模型中不同，具有共同价值的信息不对称情形往往降低了总努力水平。

由于不知情参与者的获胜概率 p_U 的相关部分对 x_I 是严格凸函数，我们得到：

$$(1-q)p_U(x_U, x_I(\nu_L)) + qp_U(x_U, x_I(\nu_H)) > \frac{x_U}{x_U + Ex_I} = \frac{x_U}{2x_U} = \frac{1}{2}$$

也就是说，不知情参与者获胜的期望概率严格大于知情参与者，这多少有点令人惊讶。作为一个例子，我们注意到在第二种均衡类型中，不知情参与者的获胜概率是：

$$1 - q + q\frac{x_U}{x_U + x_I(\nu_H)} = 1 - q + \frac{q^2}{1+q} > 1/2$$

在这种情形下，令 $q \to 0$ 且 $\nu_L\nu_H \to 0$，使均衡存在的条件得以满足，那么不知情参与者的获胜概率趋于 1。

还可以证明，在更一般的设定中，不知情参与者总是以严格高于知情参与者的概率获胜。即便如此，不知情参与者的处境也经常严格逊于知情参与者，因此，存在获取信息的激励。考虑这种情形，即两个参与者最初都是不知情的，每人都可以选择在开始竞赛之前获取关于奖励实现值的信息。在均衡时，双方都获得了信息，即使从事前角度看，这样做也并未使他们受益，因为他们从一种对称信息情形走到了另一种与之等价的情形。

韦内吕德（Wärneryd，2003）证明了关于不对称信息下两个参与者共同价值竞赛的更为一般性的结论。值得注意的是，不对称信息下，共同价值竞赛的关键特征并不是评价值恰好相同，这或许有些自相矛盾，但实际上，至少有一个参与者并不知道自己的类型。共同价值竞赛因此并不是独立评价值模型的特例。独立评价值模型是关于参与者属性（如其支付函数或效用函数）存在信息不对称的模型。共同价值模型是关于奖励属性存在信息不对称的模型。实际上，我们很容易接受参与者事前评价不同的情况。例如，令 y 是奖励的一种不确定属性，$v_i(y)$ 是参与者 i 的评价值。

5. 不对称信息和冲突爆发

到目前为止，我们都没有区分冲突努力，在某种意义上，如区分为武器装备投资和实际的侵略。并且，实际上，在关于参与者属性的完全信息静态情形下，似乎没有理由冲突会实际爆发。给定参与者知道其均衡时的获胜概率，他们可以简单地根据这些概率来分享任何他们在冲突中争夺的东西，以避免进行真实的争斗［参见什卡佩尔达斯（Skaperdas，1992）对这种效应的讨论］。特别地，如果争斗本身会带来某些成本，那么这样的解是严格有效的。当然，在现实世界中，战争确实会爆发，人们确实会把他人告上法庭。因此，我们需要一个关于冲突爆发的理论。

布莱内（Blainey，1973）有力地指出，战争的成本是高昂的，它会取代和平解决方案而爆发，仅仅是因为国家高估了获胜的可能性。在本节中，我们以贝斯特尔和韦内吕德（Bester，Wärneryd，2006）更为一般的讨论为基础，通过一个简单的例子正式探讨这个问题。当然，结论不仅适用于战争，还适用于诸如对诉讼中审判前讨价还价的分析。

考虑两个参与者，他们都可能是弱实力类型的 $\underline{t}$，或强实力类型的 $\bar{t}$，并且 $\underline{t} < \bar{t}$。我们假设参与者类型是独立且服从相同分布的，是弱实力类型的概率等于 $q \in (0,1)$。参与者的相对实力决定了其在全面冲突中的获

胜概率，即 $p_i(t_1,t_2) := \begin{cases} 0 & \text{如果 } t_i < t_j \\ 1/2 & \text{如果 } t_i = t_j \\ 1 & \text{如果 } t_i > t_j \end{cases}$

这个问题关注的是如何划分大小固定为 1 的"蛋糕"。在全面冲突的情况下，部分"蛋糕"被破坏了，仅有 $\theta < 1$ 保留下来。因此，达成和平协议总是有效的。尽管如此，正如我们将要看到的那样，如果参与者的实力是他们的私人信息，那么达成和平协议或许根本就不可能。

为了尽可能清晰地解释这一点，我们假设参与者可以同第三方调解人签订具有约束力的协议。当然，在现实的国际关系中，这不可能是真的。应当强调的是，这种方法还包含参与者本身可以实施的所有合同。这表明，即使有很多机会做出承诺，和平解决方案也并非总能实现。

在这里，合同被视为一种激励相容且符合个体理性的机制。根据显示性原理（revelation principle）（Myerson，1979），我们把注意力放在直接机制上，也就是说，参与者所做的唯一的事情就是向调解人或者机制设计者报告他们采取的机制的类型。

一种机制是一对函数 β 和 π，它们将参与者报告的类型作为输入，其中 β 是在不发生冲突的情况下参与者 1 得到的"蛋糕"份额（因此，参与者 2 得到的份额是 $1-\beta$），π 是冲突的概率。我们考虑这样一种机制，它准确地指定了全面冲突的概率，因为我们希望讨论如果冲突不是足够具有破坏性的，那么可能不存在具有激励相容和个体理性的机制，使冲突发生的概率总是为 0。

一种机制是激励相容的，如果在给定对手真实报告其类型的情况下，任何类型的参与者都没有误报其类型的激励。因此，这个机制 (β,π) 对于弱实力类型的参与者 1 是激励相容的，如果我们有：

$$q((1-\pi(\underline{t},\underline{t}))\beta(\underline{t},\underline{t}) + \pi(\underline{t},\underline{t})(1/2)\theta) + (1-q)(1-\pi(\underline{t},\bar{t}))\beta(\underline{t},\bar{t}) \geq$$
$$q((1-\pi(\bar{t},\underline{t}))\beta(\bar{t},\underline{t}) + \pi(\bar{t},\underline{t})(1/2)\theta) + (1-q)(1-\pi(\bar{t},\bar{t}))\beta(\bar{t},\bar{t})$$

类似地，这个机制对强实力类型的参与者 1 是激励相容的，如果我们有：

$$q((1-\pi(\bar{t},\underline{t}))\beta(\bar{t},\underline{t}) + \pi(\bar{t},\underline{t})\theta) + (1-q)((1-\pi(\bar{t},\bar{t}))\beta(\bar{t},\bar{t}) + \pi(\bar{t},\bar{t})(1/2)\theta) \geq$$
$$q((1-\pi(\underline{t},\underline{t}))\beta(\underline{t},\underline{t}) + \pi(\underline{t},\underline{t})\theta) + (1-q)((1-\pi(\underline{t},\bar{t}))\beta(\underline{t},\bar{t}) + \pi(\underline{t},\bar{t})(1/2)\theta)$$

当然，一系列相应条件对于两种类型下的参与者 2 必须成立。现在假设机制是和平的，即对所有的 (t_1, t_2) 都有 $\pi(t_1, t_2) = 0$。根据参与者 1 的激励相容约束，于是，我们有 $q\beta(\underline{t}, \underline{t}) + (1-q)\beta(\underline{t}, \overline{t}) \geqslant q\beta(\overline{t}, \underline{t}) + (1-q)\beta(\overline{t}, \overline{t})$ 和 $q\beta(\overline{t}, \underline{t}) + (1-q)\beta(\overline{t}, \overline{t}) \geqslant q\beta(\underline{t}, \underline{t}) + (1-q)\beta(\underline{t}, \overline{t})$。因此，我们一定可以得出 $q\beta(\underline{t}, \underline{t}) + (1-q)\beta(\underline{t}, \overline{t}) = q\beta(\overline{t}, \underline{t}) + (1-q)\beta(\overline{t}, \overline{t})$，也就是说，在这种机制下，两种类型的参与者 1 有着相同的期望支付。当然，对这一点的简单解释是，如果你从来都没有要求进行真实的战争，那么对于你的类型撒谎的成本就是 0。如果在这种机制下一种类型的参与者获得了更大份额的"蛋糕"，那么另一种类型的参与者就会被强烈地激励，像前者那样去宣布其类型。

37 　　令 V_1 为参与者 1 所有类型的共同期望值。因为两种类型拥有相同的期望值，参与者 1 的事前期望值也等于 V_1，也就是说，我们有 $V_1 = q(q\beta(\underline{t}, \underline{t}) + (1-q)\beta(\underline{t}, \overline{t})) + (1-q)(q\beta(\overline{t}, \underline{t}) + (1-q)\beta(\overline{t}, \overline{t}))$。在考虑参与者 2 的相应条件后，我们一定可以得到 $V_2 = 1 - V_1$。

接下来考虑个体理性约束。为了自愿同意接受该机制的约束，每种类型的每个参与者的期望支付必须至少与全面冲突中得到的相同。尤其是对于参与者 1 的最强类型，$V_1 \geqslant q\theta + (1-q)(1/2)\theta$ 必须成立，且对于参与者 2 的最强类型，$V_2 \geqslant q\theta + (1-q)(1/2)\theta$。将两个不等式相加并使 $V_1 + V_2 = 1$，我们看到，只有在 $\theta \leqslant \hat{\theta} := \dfrac{1}{1+q}$ 时，一个和平机制才能存在。问题是，一个参与者的最强类型或许会认为自己有可能赢得一场全面冲突。我们分析两个参与者都是最强类型的情况，假设在冲突情况下有足够多的"蛋糕"会被保留下来，那么可能不存在与参与者高估外部选择相容的和平地分割"蛋糕"的方式。有人或许认为，这意味着在参与者更可能是强类型的情况下，和平的可能性更小。事实恰好相反，正如我们从如下事实中看到的那样，$\hat{\theta}$ 随着 q 递减，q 是给定参与者为弱类型的概率。正是在当事前知道对手可能是弱类型时，强类型参与者会认为外部选项冲突更有吸引力。

鲍威尔（Powell, 1996）和英特里盖特（Intriligator, 1985）讨论了相关结果。后者考虑了内生性武器投资。私人信息是关于各参与方的支付函数。因此，结果是一个发送信号博弈。

费伦（Fearon，1995）对于战争的理性解释是非常重要的，它们完全以双方对获胜概率的误判为基础（乍看上去，似乎是本节模型所讨论的情况）：

> 所有国家都知道存在某个真实的概率 p，一国在一场军事竞赛中以这个概率获胜……可能的情况是，各国对获胜概率的估计相互矛盾，并且如果双方都对自己获胜的可能性较为乐观，就可能抹杀讨价还价的空间。但是，即使各国对战争中会发生什么的估计是私人信息且相互冲突，如果它们是理性的，它们也就应该知道只可能存在一种一方或另一方占上风的真实概率（这或许和它们的估计不一样）。因此，理性的国家应当知道实际上一定存在一系列全都倾向于战争的协议。

费伦认为，参与方似乎都有交流和分享信息的激励，因为他们知道这一定会揭示双方都偏爱全面冲突的协议。私人信息本身不能成为达成协议的障碍；只有同妨碍此类信息传递的事物或者歪曲信息的动机一起，私人信息才能阻止和平。这种论点看上去无法分析如下情况：在讨价还价中，信息披露过程本身可能会内生性地产生说谎的激励，因为参与方都纵容提高他们相对地位的做法。当然，在本章已经讨论过的设定中，我们把交换信息的可能性直接纳入模型中，并表明歪曲信息的激励可能直接来自一方的声明对其讨价还价地位的影响。

费伊和拉姆齐（Fey，Ramsay，2007）注意到，一旦两个国家在战场上相遇，最起码它们应该意识到有些方面出了问题，因为如果它们对各自占据优势的概率都有正确认识的话，就不可能都希望进行战争。当然，这是对奥曼（Aumann，1976）的一般结论的应用，奥曼认为能够获得相同信息的两个参与者不会"同意不同意"，因为即使其有相同的先验概率，其后验概率也是不同的，而这不可能是两个参与者之间的共同知识。

有人或许认为，通过间谍活动收集信息可能有助于达成和平协议。伯纳德（Bernard，2008）提出，在缺乏签署具有约束力协议可能性的情况下，间谍活动实际上可能会提高冲突的可能性，因为任何力量的不平衡都会被确定无疑地探查到。

最后，有文献指出，在不存在信息问题的情况下，成本高昂的全面冲突也可能爆发，加芬克尔和什卡佩尔达斯（Garfinkel，Skaperdas，2000）的文献就是这种例子之一。他们分析的情况是动态的，认为即使和平解决是有效的，参与者也可能会发现今天发动攻击对其有益，因为这可能提高其未来所处的地位。

6. 对未来研究的建议

从本章简要且必然非详尽的综述中可以看到，在与冲突有关的信息的分析中，还有很多主题依然是非常开放的。比如，除了少量特殊情况外，我们对具有独立评价值的概率型竞赛模型几乎一无所知。

在本章研究的所有模型中，我们都已假设所涉及的参与者是单独行动者，他们独立地做出决策以最大化自己已定义良好的目标函数。然而在将其应用于国际冲突时，大多数情况下把国家视作这种方式的参与者似乎并不合理。国家的防卫和攻击决策是政治程序的产物，牵涉很多人，他们的利益可能是相互冲突的。虽然政治经济学文献包含的模型考虑了这种情况——例如，假设防务政策是由必须得到选民支持的政治家做出的——但似乎很少有探讨与所出现的特定信息问题相关的研究。那么，我们可能会问，比如，如果选民委托政治家做出冲突决策，那么这会对国际均衡中的冲突努力水平产生什么特殊的或许甚至是违反直觉的影响吗？

在这里，我们基本尚未涉及的一个领域是获取信息以及在冲突中披露信息，原因很简单，对于这些问题的正式分析几乎不可获得。所有国家都要保守军事机密，并且几乎所有国家都有情报机构。为什么？对如费伦（Fearon，1995）等文献的天真解读似乎暗示着相反的结论，即尽可能公开军事能力是符合国家利益的，因为这样似乎更加容易达成和平协议。当然，这是从一个完全静态模型中得到的论断。在动态视角下，针对有些问题或许会出现其他可能性，我们在这里还没有讨论。当一个国家努力为未来发展提高能力时，它可能想要隐藏目前的实力。但话说回来，当前实力强大的参与者似乎有展示自己的动机，隐藏不公开的政策可能只是实力弱小的信号。由此产生的发送信号博弈是另一个未来应当会取得丰硕成果的领域。

致　谢

感谢米歇尔·加芬克尔（Michelle Garfinkel）、约翰·摩根（John Morgan）和斯特吉奥斯·什卡佩尔达斯（Stergios Skaperdas）的有益评论。

参考文献

Aumann, R. J. 1976. Agreeing to disagree. *Annals of Statistics* 4：1236 – 39.

——. 1999. Interactive epistemology I：Knowledge. *International Journal of Game Theory* 28：263 – 300.

Bagwell, K. 1995. Commitment and observability in games. *Games and Economic Behavior* 8：271 – 80.

Baik, K. H., and J. F. Shogren. 1992. Strategic behavior in contests：Comment. *American Economic Review* 82：359 – 62.

Baik, K. H., and I. G. Kim. 1997. Delegation in contests. *European Journal of Political Economy* 13：281 – 98.

Bernard, M. 2008. The economics of espionage. Working paper, Stockholm School of Economics.

Bester, H., and K. Wärneryd. 2006. Conflict and the social contract. *Scandinavian Journal of Economics* 108：231 – 50.

Blainey, G. 1973. The causes of war. New York：Free Press.

Brito, D. L., and M. D. Intriligator. 1985. Conflict, war, and redistribution. *American Political Science Review* 79：943 – 57.

Dixit, A. 1987. Strategic behavior in contests. *American Economic Review* 77：891 – 98.

Fearon, J. D. 1995. Rationalist explanations for war. *International Organization* 49：379 – 414.

Fey, M. 2008. Rent-seeking contests with incomplete information. *Public Choice* 135：225 – 36.

Fey, M., and K. W. Ramsay. 2007. Mutual optimism and war. *American Journal of*

Political Science 51: 738 – 54.

Garfinkel, M. R. , and S. Skaperdas. 2000. Conflict without misperceptions or incomplete einformation: How the future matters. *Journal of Conflict Resolution* 44: 793 – 807.

Haavelmo, T. 1954. A study in the theory of economic evolution. Amsterdam: North-Holland.

Harsanyi, J. C. 1967 – 68. Games with incomplete information played by Bayesian players Ⅰ – Ⅲ. *Management Science* 14: 159 – 82, 320 – 34, 486 – 502.

Hirshleifer, J. 1989. Conflict and rent-seeking success functions: Ratio vs difference models of relative success. *Public Choice* 63: 101 – 12.

Hurley, T. M. , and J. F. Shogren. 1998a. Asymmetric information contests. *European Journal of Political Economy* 14: 645 – 65.

——. 1998b. Effort levels in a Cournot Nash contest with asymmetric information. *Journal of Public Economics* 69: 195 – 210.

Konrad, K. A. 2009. Strategy and dynamics in contests. Oxford: Oxford University Press.

Konrad, K. A. , W. Peters, and K. Wärneryd. 2004. Delegation in first-price all-pay auctions. *Managerial and Decision Economics* 25: 283 – 90.

Krishna, V. , and J. Morgan. 1997. An analysis of the war of attrition and the all-pay auction. *Journal of Economic Theory* 72: 343 – 62.

Malueg, D. A. , and A. J. Yates. 2004. Rent seeking with private values. *Public Choice* 119: 161 – 78.

Morgan, J. 2003. Sequential contests. *Public Choice* 116: 1 – 18.

Morgan, J. , and F. Várdy. 2007. The value of commitment in contests and tournaments when observation is costly. *Games and Economic Behavior* 60: 326 – 38.

Myerson, R. B. 1979. Incentive compatibility and the bargaining problem. *Econometrica* 47: 61 – 74.

Nitzan, S. 1994. Modelling rent-seeking contests. *European Journal of Political Economy* 10: 41 – 60.

Powell, R. 1996. Bargaining in the shadow of power. *Games and Economic Behavior* 15: 255 – 89.

Schelling, T. C. 1960. The strategy of conflict. Cambridge, MA: Harvard University Press.

Skaperdas, S. 1992. Cooperation, conflict, and power in the absence of property rights. *American Economic Review* 82: 720 – 39.

——. 1996. Contest success functions. *Economic Theory* 7: 283 – 90.

Tullock, G. 1975. On the efficient organization of trials. *Kyklos* 28: 745 – 62.

——. 1980. Efficient rent seeking. In *Toward a theory of the rent-seeking society*, ed. J. M. Buchanan, R. D. Tollison, and G. Tullock, 269 – 82. College Station, TX: Texas A&M University Press.

vanDamme, E. , and S. Hurkens. 1997. Games with imperfectly observable commitment. *Games and Economic Behavior* 21: 282 – 308.

Wärneryd, K. 2000. In defense of lawyers: Moral hazard as an aid to cooperation. *Games and Economic Behavior* 33: 145 – 58.

——. 2003. Information in conflicts. *Journal of Economic Theory* 110: 121 – 36.

第3章　承诺问题和权力转移成为冲突的起因

罗伯特·鲍威尔

托马斯·谢林强调"大多数冲突情形本质上就是讨价还价的情形"（Thomas Schelling，1960：5），这比他同时代的人领先了几十年。以此为基础，自 20 世纪 90 年代中期以来，政治学中关于战争起因的正式研究往往用"低效率之谜"的说法表述这个问题，这类似于关于罢工的希克斯悖论（Hick's paradox）（Kennan，2008）。因为战争成本高昂，战争至少在事后是帕累托无效的。那么为什么讨价还价总是破裂，导致无效结果呢？（Fearon，1995）

关于战争和冲突的研究大体强调了无效率的两个来源：信息问题和承诺问题。前者出现在以下情况中：（1）讨价还价者拥有私人信息，例如，关于他们占据优势时的支付，或者关于他们的军事能力的私人信息；（2）讨价还价者有动机歪曲他们的私人信息。信息问题往往使国家面对风险与回报间的权衡。一个国家提供的好处越多，其他国家就越有可能接受，国家之间也越有可能避免战争。但如果对方接受了，提供的好处越多也就意味着自身拥有的越少。对这种权衡问题的最优解决方案往往需要给出一个提议，而这个提议带有某些被拒绝和可能发生战争的风险。

承诺问题的关键在于，在国际政治的无政府状态中，或在对使用武力缺乏有效垄断的弱制度化国家中，国家或对立的政治派别可能无法承诺遵守协议，也有可能存在背叛协议的动机。如果这些动机破坏了在帕累托意义上优于战争的结果，那么国家或政治派别可能会发现自己处于这样一种情况，即它们中至少有一个更喜欢战争而不是和平。[①]

大多数关于低效率之谜的初始研究集中于信息问题上，可能出于两个原因。首先，在国际政治中充满了不确定性和信息不对称性。事实上，谢林（Schelling，1966：97）把不确定性和不可预测性看作危机的本质，这再次超越了他同时代的人。从信息不对称角度将这些观点正式提出来似乎是理解战争起因很自然的第一步。其次，讨价还价和战争的早期模型在很大程度上借鉴了当时讨价还价理论的最新成果［例如，弗登伯格、列文和泰勒尔（Fudenberg，Levine，Tirole，1985）；古尔和索南夏因（Gul，Sonnenschein，1988）］，这些研究试图利用不对称信息解释延迟和低效率。[②]

关于战争起因和行为的后续研究已开始在完全信息博弈下关注承诺问题了。本章考察了其中的一些研究，尤其是关注在基本权力分配转变中确定承诺问题原因的研究。下一节，我们将解释促使我们将注意力从信息问题转移到承诺问题的一些动机。第 3 节讨论了一个经典的承诺问题，其中两个讨价还价者试图分享利益流或"馅饼"。每位讨价还价者都可以使用某种形式的力量并付出一定成本得到一定比例的收益，且讨价划价者可以承诺如何划分今天的收益，但无法承诺未来的分割方式。如果权力分配转化得足够快，那么不存在时间一致的有效分配，而且所有的均衡都会导致发生代价高昂的战争。尽管非常简单，但这一基本机制解释了许多不同模型中成本高昂的冲突，例如，在阿西莫格鲁和罗宾逊（Acemoglu，Robinson，2001，2006b）政治转型模型中代价高昂的政变，在德·菲格雷多（de Figueirdo，2002）分析跨党派合作中的立法性锁定（legislative lock-in），费伦（Fearon，2004）对长期内战的考察，以及鲍威尔（Powell，1999）对国家间权力转移的分析。第 4 节讨论了一些相关例子，以及支持这种机制的经验证据。第 5 节在稍微简化的设定下重新阐述权力转移问题，这样更容易看到这个承诺问题如何与其他类

①　其他无效率的潜在来源受到了一些关注，包括全球博弈设定下的协调问题（Chassang，Miquel，2009）和代理问题（Acemoglu，Tichi，Vindigni，2009；Jackson，Morrelli，2007）。杰克逊和莫雷利（Jackson，Morrelli，2011）进行了回顾。讨价还价的不可分割性有时也被视为讨价还价破裂的一种原因（Fearon，1995），但这些或许最好被视为一种承诺问题（Powell，2006）。

②　鲍威尔（Powell，2002）回顾了这项研究并讨论了它与讨价还价理论之间的关系。

型的承诺问题相关，包括标准的敲竹杠问题［Grossman，Hart（1986）；Williamson（1979，1983）］，以及在贝斯利和科特（Besley，Coate，1998）的公民—候选人模型中"民主"低效率的一些来源。

1. 为什么关注承诺问题而不是信息问题

有两个观察促使我们将注意力从信息问题转向承诺问题。首先，私人信息似乎不是产生持续冲突的首要因素。其次，信息问题通常是在可以产生有效结果的完全信息模型中进行研究的［例如鲁宾斯坦（Rubinstein，1982）的开创性分析］。然而，这些阐释方式导致对一些案例进行的奇怪解读，与大多数历史记录不一致。

内战往往持续很长时间，有 25% 持续 10 年或更长时间，有 10% 持续 25 年以上（Fearon，2004）。信息角度的分析方法通常认为，持久战争是由于敌对派系努力通过表明自己是"强硬"或不可动摇的，以争取更好的条件而导致的结果。此外，我们也应该发现在整个冲突中存在严重的信息不对称问题，而这些是战争持续的先决条件。但这些信息不对称性看上去似乎是不存在的。正如费伦（Fearon，2004：290）所观察到的那样：

> 经过几年战争之后，叛乱双方的战斗人员通常能够准确地了解对方的能力、战术和决心。当然，（例如）斯里兰卡的交战双方希望通过运气和努力在军事上取得胜利，所以仍在战斗。但很难想象他们这样做是因为他们掌握一些私人信息，这使他们合理地对战争局势的看法比另一方更加乐观。

许多对于信息问题的分析也是从可以得到有效结果的完全信息模型开始的［例如，费伦（Fearon，1995）；莱文图格鲁和塔拉（Leventolgu，Tarrar，2008）；鲍威尔（Powell，1999）；斯兰切夫（Slantchev，2003）］。考虑最简单的最后通牒博弈（ultimatum game），其中参与者 1 向参与者 2 给出一个"要么接受要么放弃"（take-it-or-leave-it）的提议 $x \in [0,1]$，参与者 2 可以接受这个提议，或通过战争表示拒绝。如果参与者 2 选择战争，则博弈结束。假设在获胜情况下，一个国家可以得到 1，如果失败了，则得到 0，并且对于 $j \in \{1,2\}$，参与者付出 c_j，获胜概率为 p_j。在唯一的均衡中，参与者 1 对参与者 2 的提议等于其进行战争的确定性等价，$p_2(1-c_2)+(1-p_2)(-c_2) = p_2 - c_2$，参与者 2 以 1 的概率接受这个提议，且不会发生战争。

如果用不同的方式描述这一均衡，则是参与者 1 倾向于向参与者 2 做出让步，无论其要向参与者 2 提供多少利益。当完全信息确保出现有效结果时，讨价还价者不可能面对这样的情况，即一个参与者宁愿进行战争，也不愿妥协。这似乎是对一些历史案例令人难以置信的解读。与之相反，一个国家或派别往往会得出结论，它面对的是宁愿进行战争也不妥协的对手，例如，在德国占领捷克斯洛伐克几个月之后，英国注意到德国就是这样，还有美国注意到强硬的塔利班或者"基地"组织也是这样。

关于在解释持久冲突时强调承诺问题而非信息问题的动机，有三点。首先，转向更加强调承诺问题显然并不是基于表明信息不对称不能解释持久无效率冲突行为的定理或理论结论。的确，我们有这样的模型，其中这种行为（通常在讨价还价博弈中以滞后形式出现）是由不对称信息造成的。[①] 相反，强调承诺是基于有限经验证据，研究"赌注"或预感，这些经验证据表明，关注承诺问题而不是信息问题很可能成为更富有成效的探索方式。

其次，尽管信息问题似乎不太可能解释长期战争，但不确定性和信息不对称性或许在最初的讨价还价破裂和战争中发挥重要作用。事实上，一个很自然的推测是，可以被安抚的参与者类型能够在冲突的早期阶段被识别出来，并且这些冲突的时间相对较短。当一个讨价还价者确信其

[①] 参见阿玛蒂和佩里（Amati, Perry, 1987）的研究，其中，出价间隔时间是一个策略变量；埃文斯（Evans, 1989）和文森特（Vincent, 1989）关于相关价值的研究；范伯格和斯克齐帕兹（Feinberg, Skrzypaczi, 2005）关于更高阶信念的研究。费伦（Fearon, 2007）着重分析了战争背景下的一种不同原因。更广泛地说，奥苏贝尔、克拉姆顿和德内克尔（Ausubel, Cramton, Deneckere, 2002）的研究表明，在双边不完全信息的讨价还价博弈中几乎任何事情都可能发生。但是，如果没有一个令人信服的均衡选择理论，那么存在被有效均衡帕累托占优的无效均衡，并不能很好地解释为什么国家或派系间会争斗。

面对的是一个不愿意或无法满足的对手时，就确定会发生长期冲突。大多数关于承诺问题的研究没有考虑这种情况，剥离了所有信息问题，以便专注考察完全信息博弈［沙桑和麦圭尔（Chassang，Miquel，2009）是一个罕见的例外］。

最后，只要一个博弈的所有均衡都是帕累托占优的，就会存在承诺问题，囚徒困境（prisoners' dilemma）就是一个经典的承诺问题。那么，显然，识别承诺问题本身并不是一项挑战，挑战在于将这些机制识别并模型化为完全信息博弈，它提供了理解持久战，或更一般地，理解持久低效率行为潜在原因的重要见解。①

2. 权力转移和成本高昂的冲突

本节重点介绍一个经典的承诺问题，它是由权力分配的快速转移和一种"流动性约束"共同造成的。正如将要看到的那样，这个简单的问题是一系列模型中代价高昂的冲突的原因，这些模型刻画了乍看上去似乎并不相关的一组非常多样化的现实问题。我们从一个具体例子开始，然后转向一个更为一般的模型设定。

参与者 1 和参与者 2 分享收益流或"馅饼"。在一轮接一轮的博弈中，"馅饼"的大小随机变化，或许因为经济条件不同。更具体地，令 π_t 代表"馅饼"在第 t 轮的大小，并假设 $\{\pi_t\}_{t=0}^{\infty}$ 在 $[\underline{\pi},\bar{\pi}]$ 区间上独立同分布，累积概率分布为 H，均值为 $\mu = \int_{\underline{\pi}}^{\bar{\pi}} \pi dH$。两个参与者在一轮博弈开始时都知道"馅饼"的大小。于是，参与者 1 决定是战斗还是向参与者 2 给出一个"要么接受要么放弃"的提议 $x_t \in [0,\pi_t]$，参与者 2 可以接受该提议或战斗。如果参与者 2 接受该提议，则参与者 1 和参与者 2 分别得到 $\pi_t - x_t$ 和 x_t，然后进行下一轮博弈。

如果 j 选择战斗，则博弈结束，其中 $j \in \{1,2\}$ 的获胜概率为 $p_j(t)$，

①　如果一些但并非所有的均衡是帕累托有效的，那么人们可能会希望把没有实现有效均衡并导致无效率的结果称为"协调失败"。同样地，在缺乏均衡选择理论来解释参与者为什么对战争进行协调的情况下，很难看出"协调失败"对战争的解释是非常令人信服的。把关注点放在那些所有均衡都是无效率的博弈上，就巧妙地解决了这个问题。

$p_1(t) + p_2(t) = 1$ 对于所有的 t 成立。战斗破坏目前所有的"馅饼"以及未来预期收益流的 $\delta \in [0,1]$ 比例。为了简化问题，我们假设战斗的期望成本是 $\pi_t + \beta\delta\mu/(1-\beta)$，其中 β 是参与者共同的贴现因子。[①] 获胜者消灭失败者并得到所有剩余收益。因此，j 在第 t 轮博弈的预期支付是 $p_j(t)(1-\delta)\beta\mu/(1-\beta) = p_j(t)\sigma\beta V$，其中，$\sigma \equiv 1-\delta$ 是未来收益中经历战斗后留存下来的比例，$V \equiv \mu/(1-\beta)$ 是未来收益流的预期现值。我们首先假设权力分配稍微向着不利于参与者 2 的方向转移，也就是说，$p_2(t)$ 随着 t 弱递减。

　　为了描述这个博弈的均衡，令 $\tilde{x}_t$ 为使参与者 2 在第 t 轮中进行战斗与接受 $\tilde{x}_t$ 然后在第 $t+1$ 轮选择斗争之间无差异的数量。也就是说，$\tilde{x}_t$ 满足 $p_2(t)\sigma\beta V = \tilde{x}_t + p_2(t+1)\sigma\beta^2 V$，由 $\tilde{x}_t = [p_2(t) - \beta p_2(t+1)]\sigma\beta V$ 给出，这里 $p_2(t)$ 弱递减的事实确保 $\tilde{x}_t > 0$。由于参与者 1 给出所有提议，参与者 2 决定接受它们还是战斗，参与者 1 就拥有全部讨价还价的力量，并使参与者 2 只能获得最低的保留价值，也就是说，这是其进行战斗得到的支付。结果，在子博弈精炼均衡中，参与者 2 必须接受任何 $x > \tilde{x}_t$ 的提议，并拒绝任何 $x < \tilde{x}_t$ 的提议。[②]

　　对于参与者 1 的决策，参与者 1 通常更希望收买参与者 2 而不是与其战斗。为了说明为什么如此，请注意参与者 1 在均衡时永远不会给出 $z > \tilde{x}_t$ 的提议，因为在给出一个更低的且参与者 2 会接受的提议 $(z + \tilde{x}_t)/2$ 时，参与者 1 会获益。因此参与者 1 在均衡中给出的提议上限是 $\tilde{x}_t$。随之可以得到，参与者 2 在第 t 轮的均衡支付是其战斗时的支付 $p_2(t)\sigma\beta V$。如果参与者 1 给出的提议略小于 $\tilde{x}_t$ 且参与者 2 实际选择了战斗，或者参与者 1 提议 $\tilde{x}_t$，在这种情况下，参与者 2 选择战斗还是接受无差异，那么参与者 2 得到这一支付。参与者 2 的均衡支付等于其战斗时支付的事实意味着，由于没有战斗而留存下来的任何剩余一定归参与

---

① 我们可以更为简单地假设，第 t 轮战斗的成本仅仅是该轮收益的一个部分。这种构造方式的一个缺点在于随着参与者变得更加耐心（$\beta \to 1$），战斗的成本将变为 0。

② 假设参与者 2 在第 t 轮某个子博弈完美均衡中提议某个 $y > \tilde{x}_t$，其会以正概率进行战斗。这意味着，参与者 2 在提议 y 之后开始的子博弈中的均衡支付为 $p_2(t)\sigma\beta V$。但这造成了矛盾，因为参与者 2 通过接受 y，然后在下一轮进行战斗，从而偏离该均衡可能是有利可图的。这样得到 $y + p_2(t+1)\sigma\beta^2 V$，它大于 $\tilde{x}_t + p_2(t+1)\sigma\beta^2 V = p_2(t)\sigma\beta V$。

者 1 所有。预期到这一盈余会收入参与者 1 囊中，这确保参与者 1 严格偏好于收买参与者 2，而不是战斗。

然而，如果权力分配转移得太快，那么参与者 1 将无法收买参与者 2。参与者 1 不能给出更多的提议，也就是说，参与者 1 在第 t 轮的提议以 π_t 为上限，且参与者 2 将拒绝任何小于 $\tilde{x}_t$ 的提议。所以，当式（1）成立时参与者 1 无法收买参与者 2：

$$p_2(t) - \beta p_2(t+1) > \frac{\pi_t}{\beta \sigma V} \qquad (1)$$

当 π_t 很小时，也就是说，当时间比较紧迫时，这个不等式更有可能成立。更一般的情况是，在第 t 轮战斗的概率（以博弈进行至第 t 轮为条件）是 $Pr\{\tilde{x}_t > \pi_t\} = H([p_2(t) - \beta p_2(t+1)]\sigma\beta V)$。因此，更大的权力转移会使战斗更有可能发生。事实上，如果权力转移过大，也就是说，如果 $[p_2(t) - \beta p_2(t+1)] > \frac{\overline{\pi}}{\sigma \beta V}$，就将导致战争，即使是在完全信息的情况下。

式（1）的基础是一个非常简单的直觉。考虑两个讨价还价者在第 t 轮面对的困境。参与者 2 如果立刻战斗，就可以锁定 $p_2(t)\beta\sigma V$ 的支付，然而，如果其放弃了在第 t 轮战斗的机会，那么只能确保自己得到一个较小的支付 $p_2(t+1)\sqrt{\beta}\sigma V$。由于参与者 1 将获得避免战斗的盈余，参与者 1 愿意在第 t 轮收买参与者 2。如果这样做的话，那么参与者 1 必须承诺未来收益流等于参与者 2 通过战争得到的收益，而且，事实上，参与者 1 也乐于承诺提供这些。但讨价还价者无法承诺对未来的分配。因此，参与者 1 能够可信地承诺最多提供给参与者 2 当前的所有收益 π_t，加上参与者 2 在第 $t+1$ 轮当权力转移不利于其时的（贴现）保留值。如果这个数额小于参与者 2 能够通过在第 t 轮战斗确保自己获得的收益，则完全信息情况下的讨价还价破裂，导致出现无效的战斗。①

这种直觉总结了一类范围更广的随机博弈。该结果是确保在每一条均衡路径上都存在无效战斗的充分条件（Powell，2004）。假设参与者 1

---

① 显然，任何增加参与者 1 能够承诺给予参与者 2 的收益的事情都可以缓解这个问题。这些例子可能包括进入资本市场或从第三方获得外部援助（例如，外国援助）。

和参与者 2 努力分割收益流，正如上述例子中所示的那样，但现在他们要在第 t 轮进行一个讨价还价博弈 Γ_t，决定 π_t 如何分割。进一步假设在 Γ_t 中每个讨价还价者均有机会使用某种形式的力量——它可以是军事的、经济的或更一般的政治力量，以影响战利品的分割。但行使权力是有代价的，因为强制分割的方式而非达成公平协议是低效的。更正式地说，每个讨价还价者都有机会在 Γ_t 中行使外部选择权来结束这个博弈，并产生支付 $(m_1(t), m_2(t))$，$m_1(t) + m_2(t) < \pi_t + \beta V$。①

现在可以直接将式（1）的均衡推广至保证不存在时间一致的有效均衡路径的类似充分条件。也就是说，一个参与者或者其他参与者在这个条件成立时，沿着每条有效路径一定会偏好战斗。通过构造，参与者 j 通过运用在第 t 轮的这一选择，能确保自己至少得到 $m_j(t)$ 的支付。② 如果其他参与者想要收买 j（沿着任何有效路径其都必须这么做），那么参与者 $k \neq j$ 能够可信地承诺提供给 j 的数量的上限为 $\pi_t + \beta[V - m_k(t+1)]$。第一项是在第 t 轮所拥有的全部数量。第二项是（贴现的）未来收益流预期值，它小于参与者 k 通过在下一轮行使外部选择权能够确保自己获得的数额。显然，k 无法可信地承诺未来向 j 转移超过这个数量的支付，因为参与者 k 无法可信地承诺在从第 $t+1$ 轮开始的后续博弈中拥有少于 $m_k(t+1)$ 的数额。因此，如果 $m_j(t) > \pi_t + \beta[V - m_k(t+1)]$，则参与者 j 确定偏向低效的外部选择，而不是继续战斗至第 $t+1$ 轮。在式子两边同时加上 $m_k(t)$ 并重新排列各项得到：

$$\beta m_k(t+1) - m_k(t) > \pi_t + \beta V - [m_j(t) + m_k(t)] \tag{2}$$

可以很自然地对式（2）做出实质解释。式（2）右侧是讨价还价的剩余，也就是说，它是要分配的数额和每个参与者能够自己得到的总和之间的差值。式（2）左侧衡量的是有利于 k 的力量分配和转移，它由外部选择权价值的变化来衡量。当力量分配的变化大于讨价还价的剩余时，完全信息讨价还价在无效战斗中破裂。

---

① 更准确地讲，令 p 为通过 Γ_t 不会以战斗结束的任意路径。那么参与者 1 和参与者 2 可以选择沿着 p 在某个位置上进行战斗。

② 更一般地，在从第 t 轮开始的连续博弈中，参与者 j 的支付下限为 $m_j(t)$。

3. 例子和经验支持

尽管前一节描述的机制非常简单，但它是许多应用理论模型的核心，这些模型在政治经济学、美国政治和比较政治以及国际关系中众多看似48 不相关的实质性问题的驱动下发展起来。本节简要描述其中一些分析以及支持该机制的经验证据。

在阿西莫格鲁和罗宾逊（Acemoglu，Robinson，2000，2001，2006b）关于政治转型的研究中，政变是无效的，且在穷人掌握政权，意图收买富人精英但无法做到时，政变就会发生。当战斗的成本，也就是，将当前控制政府的团体赶下台的成本很低时（由于不利的经济冲击，如上文例子中的 π_t 很小时），穷人不能用今天的收益收买富人（通过设置当前税率为 0，这对富人来说是最理想的）。收买富人必然意味着未来的让步（低税收）。但下一个时期情况很可能好转，富人将无法可信地威胁组织政变，穷人将违背其承诺。预料到这一点，富人只要有机会就会夺取穷人的权力。当式（2）成立时，就会发生这种情况，如果我们将 $m_j(t)$ 解释为在从第 t 轮开始的连续博弈中参与者 j 的最小最大化支付（Powell，2004）。

政治党派有时会故意采取低效政策。德·菲格雷多（de Figueiredo，2002）解释说，至少其中的某些政策是一个党派试图去约束另一个党派的措施。他设定了一个随机政策环境，其中一个政党的理想政策取决于现实状况。因此，只要一个政党确信它将继续执政并在了解到现实状况后成为制定政策的政党，它就不愿意拘泥在一个僵化的政策上。然而，如果政党 1 在任意时期执政的概率为 p，政党 2 执政的概率为 $1-p$，那么如果 p 足够小，政党 1 就倾向于适当地锁定政策。当 p 较小时，政党 1 很可能在下一轮选举中失去执政地位，并在很长时间内无法重新掌权。在这种情况下，锁定政策的效率损失会被拥有选择锁定内容权力主体的分配收益所抵消，且式（2）成立（Powell，2004）。

费伦（Fearon，2004）论述了为什么一些内战会持续很长时间；鲍威尔（Powell，1999）分析了一个崛起国家如何应对权力分配不利转变的方式，以及国家整合模型（Powell，2010）；费伦（Fearon，1996）研究了影响未来讨价还价力量的目标主体进行讨价还价的情况；莱文图格鲁和斯兰切夫（Leventoglu，Slantchev，2007）研究了国际冲突的间断均衡模型（punctuated equilibrium model）；沙桑和麦圭尔（Chassang，Migquel，2009）着重分析了经济冲击和内战。从本质上看，导致国家或反对派系进行战斗的逻辑与这些研究中的逻辑是相同的。[①]

显然，在众多不同的应用型模型中，权力转移会导致出现无效结果。但是，尽管这个机制在数学推理上是可行的，但在这些情况下实际发生的是什么？刚刚提到的模型太过笼统，无法以任何严谨的方式进行"校准"，因此很难指明哪些参数值是合理的。即便如此，式（2）似乎需要一个非常大的平移变换，要比讨价还价的剩余更大，这看上去很有问题。

令人怀疑的一个原因是，在许多情况下，权力分配至少部分是内生的，因为每个参与者都必须决定牺牲多少"黄油"来换取"大炮"，或者更一般的权力工具。如果出现资源冲击，那么参与者似乎能够通过改变"大炮—黄油"组合，至少部分抵消其对权力分配的影响。如果是这样，那么大的资源冲击可能不会转化为对权力分配的大的冲击。这表明，开展未来研究的一个重要途径是解释这些冲击的微观基础，并内化权力分配。[②]

更直接地说，这种机制的经验证据是什么？存在统计性和系统性定性证据。给予一国执政者一揽子否决权可以是锁定政策的一种方式，还是至少使它们更加难改变？假设：（1）在历史上，政党 1 执政的频率远高于政党 2，且预期未来仍将如此；（2）政党 2 通常可以控制立法机构；（3）政党 1 目前控制立法机构。

政党 1 面对权力分配发生不利转变的前景，因为它很可能失去对立法机构的控制权。然而，如果给予执政者一揽子否决权，政党 2 改变政

---

① 参见鲍威尔（Powell，2004，2006）对式（2）与阿西莫格鲁和罗宾逊（Acemoglu，Robinson，2000，2001，2006b）、德·菲格雷多（de Figueiredo，2000）、费伦（Fearon，1996，2004）和鲍威尔（Powell，1999）之间关系的详细讨论。

② 有趣的是，由政治学家发展的博弈往往都明确地将战斗或不战斗的决策模型化了，但他们认为权力分配是外生的，且没有明确地将资源分配问题放入模型中［例如，费伦（Fearon，2004）、费伦和莱廷（Fearon，Laitin，2007）、鲍威尔（Powell，2010）］。相比之下，由经济学家发展的博弈往往明确地将大炮—黄油的分配问题模型化，而没有将是否战斗的决策纳入模型［例如，贝斯利和佩尔森（Besley，Persson，2009）］。

党 1 的政策就会很困难。相比之下，如果政党 1 在选举方面更强，而且一直控制立法机构和保持执政地位，那么来自政党 1 的立法机构领导人将不愿意向执政者移交更大的权力，因为后者的政策偏好肯定是有所不同的，即使其是同一个政党的成员。德·菲格雷多（de Figueiredo，2003）检验了这个论点并找到了实证支持。

一个政党避免其偏爱的政策受到影响的另一种方式是使反对党掌权后改变政策的成本更高。德·菲格雷多和范登·贝格（de Figueiredo，Vanden Bergh，2004）认识到，国家立法机构做到这一点的一种方式是采纳国家一级行政程序法案。这些法案设立了每个机构在做出决策时必须遵守的一套要求（例如，通知规则、立案规则、信息收集规则、司法审查规则）。德·菲格雷多和范登·贝格（de Figueiredo，Vanden Bergh，2004）再次找到了对这一机制的支持依据。当民主党人认为他们的控制更有可能是暂时的时，其更可能会实施这些法案。

这是对该机制最有力的统计证据。但不幸的是，它与弱制度化环境的相关性有限。在多数主义环境下，控制立法机构中勉强的多数席位会产生巨大优势，少数选票或席位的摇摆会导致权力分配出现巨大转变，这是显而易见的。但这种摇摆取决于一个强大的制度，它定义了权力的基础（即勉强多数会带来特权）。当制度薄弱时，权力来源和权力分配的转变就不是这样了，任何快速转变的微观基础都不那么清晰了。

现存模型的局限性在于只有两个参与者。尽管如此，但很容易想象在一个三个参与者的设定中，重新排列其中一个参与者将对其他两个参与者之间的权力分配产生非常大的影响。费伦和莱廷（Fearon，Laitin，2007）在研究内战终止过程时收集到支持这个观点的系统性定性证据。他们发现，外部对一方支持的改变与战争结束有正相关关系。此外，这些变化大部分似乎是外生的。似乎外国参与者并没有经常选择加入或退出，这是内战内在发展的直接结果，无论外国参与者支持与否，这种发展都会导致战争终止（Fearon，Laitin，2007：33）。[①]

---

① 在一种被他们称为"随机叙事"（random narratives）的方法中，这些文献的作者从1945 年开始的 139 次内战中随机抽取了 30 个案例。案例数量较少使他们可以更详细地研究每个案例。

4. 政治遏制和其他承诺问题

尽管承诺问题在最基本的层面上只是一种博弈，其中，均衡支付是帕累托占优的，但这种构造方法过于宽泛，无法提供任何有用的研究指导。它只是一个包罗万象的标签。超越这一点的一种方式是考察更具体的不同类型承诺问题之间的关系。这就是本节的任务。本节建立了一个简单模型并对所强调的三种不同承诺问题间的关系进行初步分类。本节还将这些类型的承诺问题与由于政党无法承诺未来支出水平而出现的低效率公共债务水平［例如，阿莱西纳和塔贝利尼（Alesina，Tabellin，1990）；佩尔森和斯文送（Perrson，Svensson，1989）；佩尔森和塔贝利尼（Persson，Tabellini，2000）］、经济不发达国家和掠夺性国家（Robinson，2001），以及"民主"无效率或政治市场失灵（Besley，Coate，1998）联系起来。

考虑参与者 j 和参与者 k 之间的一个两个时期博弈，其中在每个时期掌权的政党或派系决定如何分配这个时期的"馅饼"。每个参与者都希望最大化在这两个时期的消费贴现值之和，参与者 j 在第一时期掌权。参与者 j 必须决定：（1）是否进行有效投资；（2）是否以一定成本"锁定"当前的政策偏好；（3）如何将第一时期剩余的收益分配给两个参与者。

更具体地，参与者 j 可以投资 π 中的一部分 i，这会使第二时期的收益更大，为 $(1+r)\pi$。投资是有效的，因为 $r > i$。参与者 j 也可以选择"锁定"第一时期的分配，付出成本 $\lambda\pi$。最后，参与者 j 分配第一时期 π 中的剩余，将 σ_1^j 部分分配给参与者 j，并将 $\sigma_1^k = 1 - \sigma_1^j$ 分配给参与者 k。如果参与者 j 投资并锁定分配比例 σ_1^j，那么参与者 j 在第一时期的支付为 $\sigma_1^j(1 - i - \lambda)\pi$，参与者 k 的支付为 $\sigma_1^k(1 - i - \lambda)\pi$。

执政派系在第二时期选择第二时期收益的分配比例为 $(\sigma_2^j(n)$，$\sigma_2^k(n))$，其中 n 代表在第二时期执政的派系。如果参与者 j 在前一时期不进行投资，则收益规模为 π，如果参与者 j 进行了投资，则为 $(1+r)\pi$。如果参与者 j 没有锁定第一时期的分配比例，那么执政派系在第二时期就可以无成本地改变这些比例。然而，如果参与者 j 锁定了 (σ_1^j, σ_1^j)，那么从这些比例改变为 $(\sigma_2^j(n), \sigma_2^k(n))$ 的成本扩大了这些比例之间的差距，并且速度是递增的。最简单的假设是，这个成本是第二时期要分割数量的一个部分，这个部分由下式给出：$c = \alpha \left(\left[(\sigma_2^j(n) - \sigma_1^j)^2 + (\sigma_2^k(n) - \sigma_1^k)^2 \right]^{\frac{1}{2}} \right)^2 = 2\alpha [\sigma_2^j(n) - \sigma_1^j]^2$。

51　　　最后，投资可能会影响未来的权力分配。设 p 为参与者 j 如果没有投资仍执政的概率，p' 为参与者 j 如果进行了投资仍执政的概率。为了简单起见，假设锁定在第一时期的分配不会影响权力分配，尽管这显然可能会影响执政派系在那个时期的选择。

　　　显然，对参与者 j 来说，唯一有效的结果是投资，而不是锁定第一时期的分配。为了确定这种结果何时无法成为均衡行为，请注意，参与者 j 将在第二时期的任何子博弈完美均衡中主张一切收益，也就是 $\sigma_2^j(j) = 1$。类似地，如果参与者 j 没有锁定第一时期的比例，那么参与者 k 肯定会主张一切收益，因此参与者 k 可以无成本地改变它们。如果参与者 j 在第一时期锁定了分配比例，那么参与者 k 选择通过 $\sigma_2^k(k)$ 来最大化 $\sigma_2^k(k)s_2 - 2\alpha [\sigma_2^j(k) - \sigma_1^j]^2 s_2$，这里 s_2 是第二时期的收益规模。利用 $\sigma_2^j(k) = 1 - \sigma_2^k(k)$，并且对参与者 k 得到的最优份额进行微分，得到 $\widehat{\sigma}_2^k(k) = 1 - \sigma_1^j + 1/(4\alpha)$ 和 $\widehat{\sigma}_2^j(k) = \sigma_1^j - 1/(4\alpha)$。

　　　下面考虑参与者 j 在第一时期的决策，参与者 j 显然要将第一时期的所有收益据为己有，$\sigma_1^j = 1$，且唯一的问题是参与者 j 是否投资或锁定，或者二者皆有。沿着投资的有效路径，且不锁定，给参与者 j 带来支付 $(1 - i)\pi + p'(1 + r)\pi$。为使这是激励相容的，必须满足以下条件：

$$(1 - i)\pi + p'(1 + r)\pi \geq \pi + p\pi \tag{3}$$

$$(1 - i)\pi + p'(1 + r)\pi \geq (1 - \lambda - \pi) + p'(1 + r)\pi + (1 - p')\sigma_j^*(1 + r)\pi \tag{4}$$

　　　在这里，$\sigma_j^* = 1 - 1/(4\alpha)$。式（3）确保参与者 j 更喜欢有效回报而不进行投资且不锁定第一时期的份额。式（4）确保有效路径至少与投资和锁定是一样好的。[①] 简化这些条件得到：

---

① 显而易见，如果式（3）和式（4）成立，那么参与者 j 也倾向于有效路径而不是不投资和锁定。

$$i \leqslant pr + (p' - p)(1 + r) \qquad\qquad (3')$$

$$\lambda \leqslant (1 - p')\sigma_j^*(k)(1 + r) \qquad\qquad (4')$$

如果任何一个不等式都不成立，承诺问题就会出现，均衡结果就是无效的。

式（$3'$）和式（$4'$）具有简单的解释，它们一起表明了承诺问题的基本分类。假设进行投资对未来权力分配没有影响，即 $p' = p$，那么式（$3'$）简化为 $pr \geqslant i$。也就是说，只有当投资的预期回报至少与其成本一样大时，有效路径才是激励相容的。当相反的情况（$pr < i$）发生时，我们就面临经典的"敲竹杠"问题，其中承担成本高昂投资的参与者在未来的讨价还价能力足够小，以至于投资是不值得的（Che，Sakovics，2008；Grossman，Hart，1986；Williamson，1979，1983）。只要经济决策对政治权力分配没有影响，我们也可以称之为纯粹的经济承诺问题。

现在假设投资，或者更一般地，沿着一条有效路径会导致权力分配转移。当这是一个不利的转变时（$p' < p$），参与者 j 面临一个简单但基本的权衡问题，它体现在式（$3'$）中。如果参与者 j 的行动无效率，那么它可以在较小的收益中占据较大的份额，或者通过投资，它可以在较大的收益中占有较小的份额。如果不利的权力转移足够大，前者超过了后者，那么结果是无效的。事实上，如果 $pr > i$，那么有效行为不容易受到纯经济性的"敲竹杠"问题的影响。但由于权力转移，它容易受到所谓的政治承诺问题的影响。当不利转移足够大时，$i > pr + (p' - p)(1 + r)$ 且不会进行有效投资。

或者假设投资增强了参与者 j 的权力（$p' > p$），那么权力转移增加了投资的经济回报，并最终更可能造成无效投资。投资不仅扩大了收益规模，也增加了参与者 j 所占的份额。然而，如果来自有利的权力分配转移获得的政治收益足够大，这些强化效应也意味着参与者 j 可能进行经济上无效的投资（即"昂贵而无用的投资"）。也就是，即使 $r < i$，只要 $p' - p$ 足够大，式（$3'$）仍成立［参见，如罗宾逊和托维克（Robinson，Torvik，2005）］。

最后，考虑参与者 j 关于锁定政策选择的决策。为了单独考察这个问题，假设经济和政治承诺问题都不会形成约束（即 $pr > i$ 且 $p' = p$）。

参与者 j 和参与者 k 没有能力承诺剩余在未来的分配,当式(4′)不成立时,这仍然会导致无效行为。这里的问题是,当前,掌权派系即参与者 j 可能愿意采取无效行动,并因此使未来的收益更小,如果这样做会导致参与者 k 给参与者 j 更小收益中的更大份额的话。借用国际关系理论中的术语,无效率是由所谓的软实力承诺问题导致的,因为参与者 j 使用资源影响参与者 k 的(间接)偏好,而不是权力分配转移。[①]

虽然分类非常简单,但政治或软实力承诺问题是许多不同模型的基础。例如,在罗宾逊(Robinson,2001)的研究中,政治承诺问题使国家具有掠夺性。他建立了一个模型,其中社会的生产性投资提高了外部团体的动员能力,这反过来降低了统治集团继续执政的可能性。也就是说,有效投资会导致不利的权力分配转移。如果这种转移足够大,那么统治者将不会进行投资,经济就会持续不发展。政治承诺问题也解释了阿吉翁和博尔顿(Aghion,Bolton,1990)和米莱西 - 费雷蒂和斯波劳雷(Milesi - Ferretti,Spolaore,1994)研究中的无效分配,其中政党选择无效率政策是为了影响他们未来的选举前景(即继续执政的概率)。阿西莫格鲁和罗宾逊(Acemoglu,Robinson,2006a)对经济落后和不发达的分析也是如此。采用一种有效技术创新降低取代现任者的成本,并因此影响选民支持现任者的间接效用。

53　　相反,阿莱西纳和塔贝利尼(Alesina,Tabellini,1990)、佩尔森和斯文送(Persson,Svensson,1989)以及佩尔森和塔贝利尼(Persson,Tabellini,2000)的研究中都存在软实力承诺问题。在这些研究中,执政的政治党派拥有低效率的债务水平,以影响另一个政党在执政后的政策选择。

最后,贝斯利和科特(Besley,Coate,1998)指出在民主国家的公民—候选人模型中不可能进行有效投资的三个原因。[②] 第一个原因是标准的"敲竹杠"或纯粹的经济承诺问题。如果一些潜在的未来政策制定者有不同的政策偏好,并且有足够的可能性执政(也就是说,如果 p 是足够小的,以至于 $pr < i$),即使投资对赢得未来选举的概率没有影响

① 参见奈(Nye,1990,2004)对软实力的原始表述以及后续的详细说明。

② 参见例 1、2 和 3(Besley,Coate,1998:146 - 151)。

（$p' = p$），那么，当前政策制定者也不敢进行代价高昂的投资。贝斯利和科特提出的第二个原因是政治承诺问题。有效投资可能会影响具有不同偏好的人在未来掌权的可能性。第三个原因是可能还存在软实力承诺问题。不影响未来选举力量但"改变未来政策制定者选择"的投资可能也不会进行（Besley，Cosate，1998：140）。

　　贝斯利和科特将这三种无效率来源与民主联系起来。每一种无效率都"源于这样一个问题，即当一个社会通过代议制民主制定政策决策时，它不能对未来的政策结果做出承诺"（Besley，Cosate，1998：140）。但正如简单模型和分类法所表明的那样，问题实际并不在于民主，而是无法做出承诺。①

5. 结论

　　强调将承诺问题作为战争起因通常源于这样一种感觉，即不对称信息不是冲突持续的第一级解释。尽管很容易看出信息不对称或许可以解释为什么国家或派系开始战斗，但很难看出这如何解释持久冲突以及 25% 的内战持续了十多年，10% 的内战持续了 25 年以上的事实（Fearon，2004）。为了简化正式的分析，我们将不对称信息剥离出来，面临的挑战是解释在持续战斗中，完全信息的讨价还价是如何破裂的。

　　权力分配转移提供了一个答案。这些转移限制了一个讨价还价者可信地许诺在未来给予另一参与者的收益，以努力收买后者。如果权力转移太快，那么讨价还价者可能无法提供利益以收买对方，而讨价还价将破裂，双方会战斗。基本上同样的逻辑可以让战斗继续下去（Fearon，2004；Fearon，Laitin，2007；Powell，2010）。

　　正如承诺问题简单分类所表明的那样，权力分配转移只是无效率的一个可能来源。在经验上证明它最终到底有多重要，仍是一个悬而未决的问题。

---

①　的确，人们可以很容易地想象，公民在零时刻就未来所有收益如何分配进行投票。然而，如果实际权力在公民或公民群体中的分配随时间推移而发生变化，正如收益流模型所显示的那样，那么这样的协议可能不具有时间一致性（Acemoglu，Robinson，2006b）。"没有国会能够承诺未来的国会"，这一制度特征可能是反映这种时间不一致问题的内在制度特征。

参考文献

Acemoglu, Daron, and James Robinson. 2000. Why did the west extend the franchise? Democracy, inequality and growth in historical perspective. *Quarterly Journal of Economics* 115 (4): 1167 – 99.

——. 2001. A theory of political transitions. *American Economic Review* 91 (September): 938 – 963.

——. 2006a. Economic backwardness in historical perspective. *American Political Science Review* 100 (February): 115 – 31.

——. 2006b. *The Economic origins of democracy.* NewYork: Cambridge University Press.

Acemoglu, Daron, Davide Ticchi, and Andrea Vindigni. 2009. Persistence of civil wars. NBER working paper No. 15378. Cambridge, MA: National Bureau of Economic Research.

Aghion, Philippe and Bolton, Patrick. 1990. Government debt and the risk of default: A politico-economic model of the strategic role of debt. Rudiger Dornbusch and Mario Draghi, eds. , *Public debt management: Theory and history.* Cambridge: Cambridge University Press.

Alesina, Alberto, and Guido Tabellini. 1990. A positive theory of fiscal deficits and government debt. *Review of Economic Studies* 57 (July): 403 – 14.

Amati, Adnat and Motty Perry. 1987. Strategic delay in bargaining. *Review of Economic Studies* 54 (July): 345 – 64.

Ausubel, Lawrence, Peter Cramton, and Raymond Deneckere. 2002. Bargaining in incomplete information. In Robert J. Aumann and Sergiu Hart, eds. , *Handbook of game theory*, vol. 3, ed. R. J Aumann and S. Hart Amsterdam: Elsevier Science B. V.

Besley, Timothy, and Stephen Coate. 1998. Sources of inefficiency in a representative democracy. *American Economic Review* 88 (March): 139 – 56.

Besley, Timothy and Torsten Persson. 2009. The logic of political violence. Manuscript, LSE. Available at: http://econ. lse. ac. uk/staff/tbesley/papers/PoliticalVilolence. pdf.

Chassang, Sylvain and Gerard Miquel. 2009. Economic shocks and civil war. *Quarterly Journal of Political Science* 4 (3): 211 – 28.

Che, Yeon-Koo and Jozef Sakovics. 2008. Hold up problem. In Steven Durlauf and Lawrence Blume, eds. , *The new palgrave dictionary of economics*, 2nd ed. New York: Macmillan.

de Figueiredo, Rui. 2002. Electoral competition, political uncertainty, and policy insulation. *American Political Science Review* 96 (June): 321 – 35.

——2003. Endogenous budget insitutions and political insulation: Why states adopt the item veto. *Journal of Public Economics* 87 (December): 1967 – 83.

de Figueiredo, Rui and Richard G. Vanden Bergh. 2004. The political economy of state-level administrative procedure acts. *Journal of Law and Economics* 47 (October): 569 – 588.

Evans, Robert. 1989. Bargaining with correlated values. *Review of Economics Studies* 56 (October): 499 – 510.

Fearon, James D. 1995. Rationalist explanations for war. *International Organization* 39 (Summer): 379 – 414.

——1996. Bargaining over objects the influence future bargaining power. Manuscript, Department of Political Science, Stanford University.

——2004. Why do some civil wars last so long? *Journal of Peace Research* 41 (May): 275 – 302.

——2007. Fighting rather than bargaining. Manuscript, Department of Political Science, Stanford University. Available at: http://www. stanford. edu/ ~ jfearon /papers/fearon% 20ciar0607. pdf.

——2007 Civilwar termination. Manuscript, Department of Political Science, Stanford University.

Feinberg, Yossi and Andrzej Skrzypaczi. 2005. Uncertainty about uncertainty and delay in bargaining. *Econometrica* 73 (January): 69—91.

Fudenberg, Drew, David Levine and Jean Tirole. 1985. Infinite-horizon models of bargaining with one-sided incomplete information. In Alvin Roth, ed. , *Game theoretic models of bargaining*. New York: Cambridge University Press.

Grossman, Sanford, J. and Hart, Oliver, D. 1986. The costs and benefits of ownership: A theory of vertical and lateral integration, *The Journal of Political Economy* 94 (4): 691 – 719.

Gul, Faruk and Hugo Sonnenschein. 1988. On delay in bargaining with one-sided uncertainty. *Econometrica* 56 (May): 601 – 11.

Jackson, Matthew and Massimo Morelli. 2007. War, transfers, and political bias. *American Economic Review* 97 (4): 1353 – 73.

——2011. The Reasons for Wars—An updated survey. In *Handbook on the political economy of war*. ed. C. Coyne and R. L, Mathers. Northhampton, MA: Eduocud Elgar.

Kennan, John. 2008. Strikes. In *The new palgrave dictionary of economics*, 2nd ed. Steven

Durlauf and Lawrence Blume. New York: Macmillan.

Leventoglu, Bahar and Ahmer Tarar. 2008. Doesprivate information lead to delay or warn in crisis bargaining? *International Studies Quarterly* 52 (3): 533 – 53 .

Leventoglu, Bahar and Branislav Slantchev. 2007. The armed peace: A punctuated equilibrium theory of war. *American Journal of Political Science* 51 (October): 755 – 71.

Milesi-Ferretti, Gian-Maria and Spolaore, Enrico. 1994. How cynical can an incumbent be? Strategic policy in a model of government spending. *Journal of Public Economics* 55 (September): 121 – 40.

Nye, Joseph. 1990. *Bound to lead: The changing nature of American power.* New York: Basic Books.

——2004. *Soft Power: The means to success in world politics.* New York: Public Affairs Books.

Persson, Torsten and Guido Tabellini. 2000. *Political economics.* Cambridge: MIT Press.

Persson, Torsten, and Lars Svensson. 1989. Why a stubborn conservative would run a deficit: Policy with time-inconsistent preferences. *Quarterly Journal of Economics*, 104 (May): 325 – 45.

Powell, Robert. 1999. *In the shadow of power.* Princeton, NJ: Princeton University Press.

——2002. Bargaining theory and international conflict. *Annual Review of Political Science* 5: 1 – 30.

——2004. Bargaining and learning while fighting. *American Journal of Political Science* 48 (April): 344 – 361.

——2006. War as a commitment problem. *International Organization* 60 (Winter): 169 – 204.

——2010. Persistent fighting and shifting power. Manuscript, Department of Political Science, UC Berkeley.

Robinson, James. 2001. When is the state predatory? Manuscript, Department of Government, Harvard University. Available at: http://www. people. fas. harvard. edu/ ~ jrobins/ researchpapers/ unpublishedpapers/jr_ predatory. pdf.

Robinson, James and Ragnar Torvik. 2005. White elephants. *Journal of Public Economics* 89 (February): 197 – 210.

Rubinstein Ariel. 1982. Perfect equilibrium in a bargaining model. *Econometrica* 50 (1): 97 – 110.

Schelling, Thomas. 1960. *The strategy of conflict.* Cambridge, MA: Harvard University Press.

Schelling, Thomas. 1967. *Arms and influence.* New Haven: Yale University Press.

Slantchev, Branislav. 2003. The principle of convergence in wartime negotiations. *American Political Science Review* 47 (December): 621 – 632.

Vincent, Daniel R. 1989. Bargaining with common values. *Journal of Economic Theory* 48 (1): 47 – 62.

Williamson, Oliver. 1979. Transactions-cost economics: The governance of contractual relations. *Journal of Law and Economics* 22 (October): 233 – 62.

——1983. Credible commitments: Using hostages to support exchange. *American Economic Review* 73 (September): 519 – 40.

第4章 不完全信息条件下的讨价还价与冲突

圣地亚哥·桑切斯·帕热内

> 维托：我发誓我永远不会破坏和平。
>
> 迈克尔：但他们不会认为这是软弱的表现吗？
>
> 维托：它就是软弱的表现。
>
> ——《教父》（1972）

1. 引言

冲突与讨价还价本身就是相互联系的。在很多情况下，无法达成协议导致有关各方之间对抗。国家会因领土问题卷入战争，法律纠纷在审判中终止，工会参与罢工，企业与其竞争对手展开价格战，夫妻因为家务杂事的分配而争论。所有这些冲突都会造成金钱、时间、产出和装备的巨大损失。然而，为什么冲突还是如此普遍呢？为什么参与人无法达成双方互惠互利的协议呢？

这些自相矛盾的事实困惑着经济学家约翰·希克斯（John Hicks），他将劳动谈判中成本高昂的延迟归因为错误及非理性行为（Hicks, 1932）。大约在同时期，在大萧条的社会动荡中，社会学家 E. T. 希勒（E. T. Hiller）认为，罢工之所以发生是因为各方只有通过实际参与到冲突中才能估计其相对力量（Hiller, 1933）。因此，希勒进一步解释了希克斯的困惑，也就是我们将在本章中详细考察的不完全信息。考虑到实力和力量难以观测和度量，各方很可能在力量方面拥有私人信息。此外，各方有明显的动机歪曲力量，以便在谈判桌上取得优势。在这种情况下，即使是对双方都有利的协议确实存在，无法达成一致也是意料之中的，并因此爆发冲突。[①]

本章的目的还要挑战经济学中关于冲突与讨价还价的某些公认观点。经济学家对这个问题的观念仍然受到纳什（Nash，1950）关于讨价还价问题概念的深刻影响，其中冲突被简化为一种不一致的支付，假设在无法达成协议且谈判完全停止时，参与双方会得到这一支付。这种方法在很多情况下是有用的，例如双边贸易：在这种情况下，当买方与卖方就一种商品的价格存在分歧时，他们可以寻找可替代的其他贸易伙伴。但在其他情景中，例如前面提到的例子，将冲突与和平视作两种不同的现象是错误的。正如谢林（Schelling，1960）在关于冲突的开创性研究中所说，"大多数冲突情形本质上是讨价还价的情况"。

实际冲突行为的差异使和平外交的概念与冲突错误地成为相互排斥的选项。许多争端不会引发任何敌对行为，比如 1911 年的第二次摩洛哥冲突（Second Moroccan Crisis）或者 80% ~ 90% 的合同谈判（Kennan，Wilson，1989）。在其他情况下，敌意发生在协议之前。事实上，约 65%的国家间战争以谈判协议终结（Leventoglu，Slantchev，2007）。只有少数争端会发展成绝对冲突，即参与方卷入斗争直到结束。讨价还价模型通过引入冲突作为谈判过程的一个部分，应该能够解释所有这些不同的模式。

在本章中，我们将对不完全信息下讨价还价与冲突的相关文献进行回顾与评述。对于将对抗作为终结的主题，我们将首先修改研究该主题的基本经济学方法。这意味着，只要参与方对完全冲突的结果有乐观预期，冲突和无效率就是预料中的结果。我们考察了这种乐观预期的起因。然后，我们分析了挑战这种观点的近期研究。这些新文献考察了存在有限对抗的情况，这允许讨价还价继续。在存在关于力量平衡的私人信息的情况下，这意味着冲突能够传递信息，并可能成为一种讨价还价的工具。我们也将对这个领域做出开创性的贡献。本章最后讨论了相关经验 60 研究、面对的挑战以及未来研究的某些潜在方法。

[①]　承诺问题构成了对冲突的另一种有力解释。参见本书中罗伯特·鲍威尔所著章节对这个问题的解释和讨论。

2. 分歧成为一种完全冲突

大部分研究中的基本设定是有两个风险中性的参与者，用 $i \in \{1, 2\}$ 来表示，他们尝试解决如何分配 1 美元。我们暂时假设这两个参与者之间的分歧会带来完全冲突。每一方的力量为 s_i，可能的力量集合为 $S_i = [\underline{s}_i, \bar{s}_i] \subset R_+$，且 $S \equiv S_1 \times S_2$。参与者在谈判之前的投资能够决定这些力量水平，投资可以组建武装力量，动员支持者或者雇用高水平律师，但在这里我们将它们视为给定。

如果没有达成和解，那么参与双方要诉诸对抗，进行一场完全冲突。在这场冲突之后，参与者之间不可能有进一步的互动。此外，冲突是有成本的。如果发生冲突，那么会损失 $1 - \theta$ 比例的美元，在这里，$0 < \theta < 1$。这符合战争可能会导致部分所争夺的土地贫瘠荒芜、需要为法律服务付费以及罢工减少了公司产出的事实。

完全冲突的结果由参与各方的相对力量决定，也就是由力量对比来决定。给定一对力量组合 $(s_1, s_2) \in S$，参与者 1 相对于参与者 2 赢得完全冲突的概率为 $p(s_1, s_2) \in [0, 1]$。参与者 2 在冲突中获胜的概率为 $1 - p(s_1, s_2)$。我们假设参与者 i 获胜的概率是其自身力量的严格增函数，是其对手力量的严格减函数。因此，更强大的参与者可能会从参与冲突中获益更多。

需要注意，在完全信息下，和平协议应该总是有可能的。如果双方力量是公共知识，那么参与方能够很容易地计算出冲突情况下的期望支付。这与纳什（Nash，1950）的观点一致，这些支付是讨价还价存在分歧时的支付：

$$d = \{d_1, d_2\} = \{\theta p(s_1, s_2), \theta(1 - p(s_1, s_2))\}$$

任何一种带给每个参与者超过 d_i 的美元分配方式就构成了一种可能的和平协议。

存在不完全信息构成了这里的一个基本问题。当力量对于参与各方是私人信息时，这一系列潜在和平协议或许是不存在的。在海萨尼（Harsanyi，1967 - 1968）进行开创性工作后，我们可以识别力量的"类型"，并假设每位参与者知道自己的类型，但并不一定知道对手的类型。参与者 i 类型的分布为 $f_i(s_i)$，全支撑集为 $[\underline{s}_i, \bar{s}_i]$，即对于所有的类型 $s_i \in S_i$ 有 $f_i(s_i) \in [0,1]$，且在其他情况下取值为 0。在博弈开始时，参与者类型由自然独立地选择出来。

给定这些关于对手力量的信念以及实际的类型 (s_1, s_2)，参与者可以 61 推算出在完全冲突情况下的期望支付：

$$E_1(d_1) = \theta E_1(p) = \theta \int_{\underline{s}_2}^{\bar{s}_2} p(s_1, s_2) df_2$$

$$E_2(d_2) = \theta(1 - E_2(p)) = \theta\left(1 - \int_{\underline{s}_1}^{\bar{s}_1} p(s_1, s_2) df_1\right)$$

在这种情况下，协议是可能的，如果信念满足 $E_1(d_1) + E_2(d_2) > 1$，那么改写之后变为：

$$\int_{\underline{s}_2}^{\bar{s}_2} p(s_1, s_2) df_2 - \int_{\underline{s}_1}^{\bar{s}_1} p(s_1, s_2) df_1 > \frac{1 - \theta}{\theta} \equiv R \tag{1}$$

我们用 R 表示损失率。如果对参与者 1 赢得冲突概率的预期在两个参与者之间的差距过大，那么和平协议就变得不可能了。如果两个参与者对于获胜都非常乐观，那么没有解决方案能够同时满足双方需要。另外，请注意，随着损失率提高，也就是随着完全冲突成本变得更加高昂，协议变得更有可能达成。

因此，在这个阶段的主要问题是是否有可能在参与者之间解决利益冲突，并至少部分地避免代价高昂的冲突。这是下一节的研究要解决的问题。

3. 机制设计方法

如果参与者之间存在利益冲突，那么在研究这种情况时，机制设计是一种非常强有力的工具。目标很宏大：找到社会契约、维持和平的机制或者仲裁机构，规则能够减少甚至消除冲突。

这代表机制设计的规范方面。然而，这种方法还可应用在实证方面。它还可以用来推导出讨价还价博弈非常一般性的结论。机制设计是一种

"与博弈设定无关" 的方法，也就是说，它不对要进行的特定讨价还价过程进行任何假设。正是由于这个原因，这种方法提供了任何未经考虑的讨价还价博弈的任意均衡必须满足的一类结果（Ausubel，Cramton，Deneckere，2002）。

机制设计方法的一般性来自显示原理（revelation principle）（Myerson，1979）。该原理表明，我们无须考虑参与者可能会采取的非常复杂的策略。我们只需把注意力集中在要求参与者告知其类型的机制上。并且在所谓的直接显示机制（direct revelation mechanisms）这样一类机制中，我们应该寻找那些（贝叶斯）激励相容的机制，也就是那些能够使参与者透露真实类型的机制（并因此依据其类型采取行动）。

62　　应用机制设计工具方法研究冲突由班克斯（Banks，1990）开先河。现在我们要延续其对这个问题的形式化处理。一种机制是决定初始 1 美元分配方式以及完全冲突发生概率的一对函数 $< \varkappa, \pi >: S \to [0,1] \times [0,1]$。对于每一对所报告的类型 (s_1', s_2')，函数 $\varkappa(s_1', s_2')$ 是参与者 1 得到的美元的份额 [参与者 2 得到的份额是 $1 - \varkappa(s_1', s_2')$]。如果冲突发生的概率是 $\pi(s_1', s_2')$，那么每位参与者得到 d_i。

现在定义参与者 1 如果宣布其类型为 s_1' 时得到的期望收益为：

$$U_1(s_1' \mid s_1) = \int_{\underline{s}_2}^{\bar{s}_2} \big[(1 - \pi(s_1', s_2)) \varkappa(s_1', s_2) f_2(s_2) ds_2 + \pi(s_1', s_2) d_1 \big] df_2$$

$$= \int_{\underline{s}_2}^{\bar{s}_2} (1 - \pi(s_1', s_2)) \varkappa(s_1', s_2) df_2 + \theta \int_{\underline{s}_2}^{\bar{s}_2} \pi(s_1', s_2) p(s_1, s_2) df_2$$

参与者 2 如果宣布其类型为 s_2' 时得到的期望收益为：

$$U_1(s_2' \mid s_2) = \int_{\underline{s}_1}^{\bar{s}_1} (1 - \pi(s_1, s_2'))(1 - \varkappa(s_1, s_2')) df_1 +$$

$$\theta \int_{\underline{s}_1}^{\bar{s}_1} \pi(s_1, s_2')(1 - p(s_1, s_2')) df_1$$

机制 $< \varkappa, \pi >$ 是激励相容的，如果对于两种类型来说，下面的情况成立：

$$U_i(s_i \mid s_i) \geqslant U_i(s_i' \mid s_i) \qquad \text{对于所有的 } s_i' \in S_i \qquad (2)$$

对我们所考察的机制施加的第二种限制是，它对个人而言必须是理性的，也就是说，它带给参与者的期望收益应当至少是其可以从触发完全冲突中获得的。这是在前一节中我们在最初的分析中暗含的假设。正式地讲，这一参与约束意味着：

$$U_i(s_i \mid s_i) \geqslant E_i(d_i) \tag{3}$$

完全冲突是有成本的，这个事实确保存在来自贸易的收益是公共知识。这意味着梅耶森-萨特斯韦特定理（Myerson-Satterthwaite theorem）（Myerson，Satterthwaite，1983）在这种设定下不成立，且任何和平协议将是事后有效的。这就是为什么我们能够通过避免对抗的可能性来评价一种机制的质量。特别地，我们聚焦和平的机制（Bester，Wärneryd，2006），也就是满足如下条件的机制：

$$\pi(s_1, s_2) = 0 \qquad 对于所有的 (s_1, s_2) \in S$$

和平的机制在事前和事后都是有效的。问题是，施加参与约束意味着，如果存在一组不可达成协议的类型，即式（1）成立，那么一种机制不可能是和平的。

命题 1：*存在一个损失率的临界值 $\widehat{R} > 0$。*

$$\widehat{R} \equiv \int_{\underline{s}_2}^{\bar{s}_2} p(\bar{s}_1, s_2) \, df_2 - \int_{\underline{s}_1}^{\bar{s}_1} p(s_1, \bar{s}_2) \, df_1 \tag{4}$$ 63

当且仅当 $R > \widehat{R}$ 时，存在和平协议。

$\widehat{R}$ *的表述形式自然地来自式（1）：考虑到 p 是 s_1 的严格增函数，是 s_2 的严格减函数，显然可以看到，对于任何 $R \leqslant \widehat{R}$，和平机制不存在。*[①]

当 $R < \widehat{R}$ 时，我们的机制必须允许对于某些类型的实现值，冲突会发生。这是因为，如果完全冲突不太具有破坏性，那么对于更强大的参与者而言，它可能会变得特别具有吸引力。在参与者双方都是最高类型时，和平无法出现。这个结果首先由斯皮尔（Spier，1994）在审判前谈

---

① 那么只要 $\widehat{R} > p(\bar{s}_1, \bar{s}_2) - p(\bar{s}_1, \bar{s}_2) = 0$ ，就能够得到 $\widehat{R} > 0$ 。

判的情况下给出（其中完全冲突以诉诸法庭的方式出现），之后费伊和拉姆齐（Fey，Ramsay，2009）在国际关系的分析中也得到了这个结果。它符合这样的观点，即互相确保摧毁确实可以防止冷战升级为核战争；这样的战争破坏性极大，也就是说，损失率接近于无穷，使和平协议确定存在。让我们用非常常见的方式重述这个结论：和平机制的不可能性适用于那些全面冲突成本足够小的博弈。

注意，$\widehat{R}$ 的临界值可能取决于特定的冲突技术和类型分布。贝斯特和韦内吕德（Bester，Wärneryd，2006）考察了什么样的力量分布会使冲突更可能发生。这个问题长期以来都是政治科学的核心议题，并得到了所有可能的答案：力量优势学派认为当一方比较弱时，它更可能接受一项经过谈判达成的和解协议；而力量平衡学派则认为会产生相反的影响，因为更强大的一方将要求更多，这些更高的要求更有可能被拒绝。[①] 贝斯特和韦内吕德（Bester，Wärneryd，2006）的结果显示，如果一方或双方参与者的力量分布根据一阶随机占优标准发生了变化，那么 $\widehat{R}$ 降低会使和平机制更有可能存在。这意味着，如果一方参与者相对于另一方变得更加强大，那么和平更有可能出现。乍看上去，这支持了认为力量优势可以保障和平的学派。但这个结论是错误的。值得注意的是，无论变得更加强大的参与方是弱于还是强于对手，这个结果都是成立的。那么，冲突的可能性取决于力量平衡（Wittman，1979）并不具有意义。

这些学者还表明，如果技术分布依照二阶随机占优标准变得更加有风险，那么 $\widehat{R}$ 会提高且更有可能发生冲突。这与不完全信息导致协议难以达成的观点有关。当参与者拥有更多对手的精确信息时，和平解决的可能性就会提高。

下一步是刻画这个机制。近年来，费伊和拉姆齐（Fey，Ramsay，2009）的文章沿着这样的思路将班克斯（Banks，1990）的分析进行了推广。班克斯表明，如果参与方中只有一方对力量对比毫无所知，那么这个机制必须是单调的，即拥有信息的参与者越强大，在和平解决情况下，其得到的就越多。这可以推广至双边不完全信息的情况。

---

① 克劳德（Claude，1962）属于前一个学派，而布莱内（Blainey，1973）属于后一个学派。力量平衡学派得到了布宜诺·德·梅斯奎塔、莫罗和佐里克（Bueno de Mesquita，Morrow，Zorick，1997）的经验支持。

命题 2：假设 $p(s_1, s_2)$ 对于 s_1 和 s_2 是连续可微的。

(1) 如果和平机制存在，那么对于任何 s_i'，$s_i \in S_i$，有 $U_i(s_i') = U_i(s_i) = E_i(d_i | \bar{s}_i)$。

(2) 如果和平机制不存在，那么对于 $s_i' > s_i$，有 $U_i(s_i') > U_i(s_i)$。

这个结论背后的直觉非常简单。如果一种和平机制确实向不同类型提供了不同的均衡回报，那么最差的类型有动机装作更好的类型。这是有利可图的，因为给定机制是和平的，这样做不会给其带来任何冲突的风险。此外，这个机制带给参与者完全冲突中最强大参与者获得的期望支付。请注意，这的确是可行的，因为和平机制是存在的。当这种情况不成立时，更强大的类型必须得到更高的期望收益，但这必然以更高的冲突概率为代价。类型依存型支付必然导致出现说实话的结果：更强大的参与者带来更高的冲突概率，因为说实话减弱了较弱参与者在报告自身类型时夸大实力的动机。另外，因为这一点，更好的和解补偿方案会带给更强大的参与者更高的租金。这被称为风险—回报权衡。

最后，让我们阐明这种机制设计方法确实做出了这些假设。正如接下来我们将要看到的那样，通常会假设一个非常基础性的结构。在讨价还价和冲突情况下，这种结构符合上一节中所述的一般设定：一方或双方参与者拥有关于其力量的私人信息，无法进行谈判会引发完全冲突，完全冲突有可能发生且成本高昂，排除了未来进行任何互动的可能。在下一节中，我们还会看到，如果冲突不是博弈的终结行动，就能得到一种完全不同的机制。

4. 乐观主义作为冲突的一种诱因

在目前所进行的分析中，乐观主义作为希克斯悖论的一种合理解释出现了。过度的乐观主义能够解释这一悖论却不必借助有限理性的假设，因为它能够产生相互矛盾的需求。正如我们在前一节中看到的，即使贸易收益是公共知识，谈判也可能破裂。

乐观主义已成为对战争广泛存在的普遍解释。军事历史学家杰弗里·布莱内（Geoffrey Blainey）在经典著作《战争的起因》（*The Causes of War*）

（1973）中得出结论，纵观历史，武装冲突的主要原因是各国在战争前夕抱有很大希望，希望使其他国家相信其通过冲突方式比通过外交手段能够获得更多成就。基于这一点，把其中一方或者双方拉到谈判桌上是不可能的。从那以后，双边乐观主义被广泛认为是国家间战争的根源（Wittman，1979）。在前一节，我们发现单边不完全信息能导致出现这个结果。因此，乐观主义甚至不需要是双边的就可以阻止和解协议。

一个重要的问题是，这种乐观主义从何而来，特别是在考察特定的应用时。根据费伦（Fearon，1995）颇具影响力的研究，我们讨论以下三种主要解释。

第一种解释是经济学家的标准论点：参与各方只是拥有不同的信息。否则他们应当对于赢得冲突具有完全一致的估计，也就是他们应当拥有共同的先验预期（Harsanyi，1967－1968）。信息优势可能来自对军事能力的更好了解，在旷日持久的罢工中工会成员具备的应变能力，或者诉讼当事人可能掌握有关案件的独家证据。因此不完全信息来自可观测能力和不可观测能力之间的差异。

第二种解释没有抛弃参与者可能就力量对比持有相同信息的假设。相反，它假设因为参与者拥有的信息不同，而得到不同的估计结果。出现这个结果的一个原因是放松了单一参与者的假设：军事技术顾问、政党内部派系或者律师可能会扭曲组织内部的决策。正如布莱内（Blainey，1973）所指出的那样，政治领导人往往被那些向他们提供大部分是积极信息，而不是真实估计的人所包围。另一个原因是信息获取及处理成本是高昂的。决策者面对如此大量的信息，以至于在计算估计值时会出错。所有这些原因有助于得到谢林（Schelling，1960）所说的"不完美的决策过程"。

第三种解释指出参与方在某种程度上会忽略信息。布莱内（Blainey，1973）认为，民族主义者和爱国主义者经常会使领导人"逃避现实"（levade reality），并且被"动物本能"（animal spirits）冲昏头脑。例如，种族偏见似乎是1904年日俄战争前夕俄国乐观主义的根源，也是朝鲜战争前麦克阿瑟（MacArthur）过度自信的根源。另外，格曼斯（Goemans，2000）认为，软弱的独裁者往往将战争视为赌博，以确保政治生命得以延续，尽管战争可能带来明显的不利结果。这是因为，作为民主领导人，他们可能因为战败而丧失权力。但与选举出来的领导人不同，独裁者被推翻可能会招致严厉的国内惩罚。这可能使他们忽略"棘手"信息。最后，约翰逊（Johnson，2004）运用演化心理学的最新进展讨论了冲突中的过度自信是人类演化历史中的一种适应性特质。对一方参与者力量的乐观评价能够提升其在冲突环境中的表现，并因此提高赢得冲突的概率。这种积极影响可以解释人类历史中普遍存在的过度自信。

然而，值得注意的是，尽管这三种解释能够说明各个参与方预期的差异，但它们没有排除参与者行为是理性的。与费伦（Fearon，1995）提出的论断相反，即使在参与者拥有相同信息的情况下，他们做出不同估计仍然可能是完全理性的。从非单一参与者或者政治生命延续假设中都能够得到这一点。① 但是，在某种程度上，乐观主义的原因说到底并 66 不重要。或许是参与方持有乐观的信念，因为人类天生就有一种"积极幻想"和自欺欺人的倾向。但不能排除给定这些信念后，参与者仍然能够做出理性选择并对对手的行为做出最好的反应。关于乐观主义可能原因的一项调查表明了参与方是怎样将他们在讨价还价过程中获得的新信息体现在其决策中的。

下一个问题是，我们应当在什么样的情况下预期乐观主义会出现。乐观主义的原因还能够告诉我们它什么时候更可能出现。根据非单一参与者的假设，当一个参与者的决策过程不透明，并且内部讨论没有公开时，过度需求就会出现。这引发约翰逊（Johnson，2004）的猜想，即与在民主体制下相比，乐观主义在独裁体制下更有可能出现，因为在民主体制下，过度自信的领导者更容易遭到抵制。另外，布莱内（Blainey，1973）认为，如果权力是均匀分布的，那么乐观主义更可能出现。瓦格纳（Wagner，1994）在此之上考察了可观测能力和不可观测能力之间的区别。当可观测能力的对比更加平衡时，不可观测能力的作用应当更加重要，因此，参与方更有可能感到乐观。如果可观测能力的对比非常不平衡，那么不可观测特征的重要性会小得多，因此乐观主义肯定就不那么可能引发战争了。然而，这一假说是有问题的：我们在很多情况下可以清楚地看到，弱小的参与者在与比其强大得多的对手进行战斗，例如，

---

① 尽管超出了本章的讨论范围，但对乐观主义的非单一参与者的解释值得广泛考虑。

大卫奋战歌利亚（Goliath），越南共产党（Vietcong）抵抗美国。克劳塞维茨（Clausewitz, 1832）首先注意到这种现象，它通常被称为"不平衡竞争者悖论"（uneven contenders paradox）（Jackson, Morelli, 2007；Sanchez-Pages, 2003）。因此，探讨冲突与不完全信息之间关系的任何模型应当能够解释这一谜题。随后，我们将详细说明这一点。①

读者在这一点上可能会感到困惑。似乎每一次不完全信息都确定会导致参与者需求互不相容而产生冲突。然而，众所周知，冲突是一种具有破坏性的选择，因此，一定存在某些帕累托占优的和解协议，这是公共知识。这恰好也是希克斯最初感到困惑的地方，它吸引很多学者带着怀疑的态度考察乐观主义假说。通过观察到双方都具有战斗的意愿，参与者应当可以推测出乐观主义普遍存在，这应该会导致他们修改要求，直至其中一些人偏好和解（Fey, Ramsay, 2007）。这仅仅是奥曼（Aumann, 1976）观点在逻辑上的扩展，奥曼认为，在理性是公共知识时，理性参与者应当永远不会"同意不同意"。尽管这个论断在冲突情况下不成立，但它使我们能够更好地理解冲突无处不在，尽管这显然是矛盾的。

首先，尽管冲突从本质上讲是相互的（只有在双方交战的情况下，冲突才会发生），但仅一方就能够引发冲突。因此，即使参与者中有一方倾向和解，另一方如果认为其能够通过战斗获得一个更好的条件的话，那么战斗就将继续。但更为重要的是，参与者总是有动机表现出战斗的意愿，因为他们有动机歪曲私人信息。正如我们在前一节中看到的那样，和平机制必须是平坦的，因为如果不是这样，参与者就有了吹嘘和夸大力量的动机。冲突有可能发生是能够引致说实话的唯一方式。如果谈判失败，那么参与者必须承诺战斗（并且承担冲突带来的成本）。否则，他们的要求不可能令人信服。没有廉价谈判式的交流方式，宣告意图本身并不能帮助避免冲突。当乐观主义导致冲突时，某一方参与者很可能会后悔，因为敌对行为开始的事实证明其预期是错误的。

于是，学习似乎是走出完全冲突暗淡前景的唯一方法了。下一节描述了序贯讨价还价模型，在该模型中，参与者可以从分歧中吸取教训，

---

① 厄兰姆（Wrangham, 1999）从军事能力低下的演进适应性角度解释了这个悖论。他认为，如果一些人抱有积极幻想，他们就更有可能成为军事或政治领导人，并更经常欺骗自己。

也可以尝试通过谈判过程以可信的方式发送私人信息。在这之后，我们将描述第二种，也就是到目前为止一直被忽视的信息来源——冲突本身。

5. 通过讨价还价学习

回顾过去，机制设计可能被认为"过于笼统"了。人们会说，对讨价还价协议做出明确、详细假设的模型更为丰富，而且或许更为"现实"。同时，更细致的模型可能不稳健，或者可能难以找到均衡，这些最终降低了其潜在的适用性。班克斯（Banks, 1990）提倡"两步走"方法：机制设计应当首先被用来建立一般性结论，然后应该再使用捕捉到所研究议题主要特征的博弈形式获得更多的预测结果。

但是还存在第二种且重要的动机分析序贯讨价还价模型：参与方通过谈判过程本身了解彼此，谢林（Schelling, 1960）和皮勒（Pillar, 1983）分别在经济学和国际关系中提出了这种可能性。在观察到谈判桌上的报价或者他们向对手的报价被拒绝之后，参与者可以更新先前的信息。因此，达成一致的协议必须包含参与者通过讨价还价过程了解的信息。请注意，机制设计无法恰当地处理这个问题。它没有假设讨价还价过程的任何结构，因此它无法得出关于这种学习过程如何发生的特定预期。序贯讨价还价模型更加适合分析这个问题。

不完全信息的序贯讨价还价模型在 20 世纪 80 年代蓬勃发展。在这些模型中，谈判根据事先确定的规则并在一种特定的信息结构之下，通过双边谈判的动态过程进行。我们重点考虑两种主要谈判规则：单边报价和轮流出价。此外，不完全信息可能是单边或双边的，这会产生四种可能的讨价还价结构。在本节中，我们将详细考察其中的两种：不知情参与者给出所有出价以及知情参与者给出所有出价。我们将把这些标准的讨价还价模型应用于冲突分析中。在本节最后部分，我们将讨论其他规则。

为了简化表述，我们考虑只包含两个时期的模型，因此 $t = 1,2$。参与者是缺乏耐心的，且以共同贴现率 $\delta \in [0,1]$ 对未来进行贴现。每个时期在谈判桌上只能有一个出价。一个出价 $x_t \in [0,1]$ 确定了如果第 t 轮做出的出价被接受，参与者 1 可以得到的"蛋糕"份额。其支付于是为 $\delta^t x_t$。在这种情况下，参与者 2 得到 $\delta^t(1 - x_t)$。如果两个出价都没有被接受，那么参与者 2 将发起完全冲突，博弈结束。

为了表述方便考虑，我们将类型分布简化为两种类型，也就是 $S_i = \{s_i, \bar{s}_i\}$。当一方的力量是公共知识时，参与者 1 在完全冲突中获胜的概率可以简化为 $p \in \{p_L, p_H\}$ 且 $1 > p_H > p_L > 0$。因此，与事先设定知情参与者的力量情况相反，我们只需在博弈开始时设定 p 的情况：不知情参与者相信 p_H 出现的概率为 μ_o，p_L 出现的概率为 $1 - \mu_o$。

博弈历史 $h(t)$ 明确了到第 t 轮为止所做的出价以及它们被接受还是被拒绝。那么，信念则由类型集的概率分布 $\mu(\cdot \mid h(t))$ 构成。因此，参与者的出价策略是从历史与类型集到行动集 $\{x_1, x_2\}$ 的一个映射。类似地，参与者接受出价的策略是从历史集到 $\{$接受，拒绝$\}$ 的一个映射。

精炼贝叶斯均衡（Perfect Bayesian Equilibrium, PBE）是这种类型博弈所使用的标准均衡概念。它由一个策略组合及一系列信念构成，根据贝叶斯法则，这些信念是一致的，因此所有参与者在给定这些信念的情况下对彼此的行为做出最优反应。这个概念要求我们甚至要确定在非均衡路径上的信念，因为贝叶斯法则没有对其施加限制。这会导致大部分讨价还价文献存在多重均衡问题（Ausubel, Cramton, Deneckere, 2002）。

5.1 不知情参与者给出所有出价

下面的内容建立在弗登伯格和泰勒尔（Fudenberg, Tirole, 1983）的分析之上，并将索贝尔和高桥（Sobel, Takahashi, 1983）的分析扩展至无穷范围内的连续类型上。在这些模型中，谈判的动态过程采取甄别方式：不知情参与者给出出价，这些出价会首先被外部选择收益水平较低的参与者接受。学习是通过谈判进行的：拒绝可能表明，知情参与者诉诸全面冲突具有很高的价值。反过来，这促使不知情参与者让步并提高初始出价。因此可能出现三种情况，在第一轮中达成协议，形成僵局，或永远不能和解。最终结果取决于不知情参与者（在我们的例子中是参与者 2）进行甄别的激励。

参与者 1 的策略表示为在每一轮接受出价的概率。让我们用 $\{q_{L1}(x_1), q_{L2}(x_2)\}$ 和 $\{q_{H1}(x_1), q_{H2}(x_2)\}$ 分别表示类型 L 和类型 H 的概率。出价不会高于 θp_H。因此我们知道对于 $x_1 \geq \delta\theta p_H$，有 $q_{H1}(x_1) = 1$，否则为 0。我们只需要关注 $q_{L1}(x_1)$ 即可。

拒绝出价传递出参与者 1 类型的信息。给定参与者 1 是强大的初始信念，参与者 2 在第二轮的信念只能是：

$$\mu(H \mid q_{L1}) = \frac{\mu_o}{\mu_o + (1 - \mu_o)(1 - q_{L1})} \qquad (5)$$

这个式子大于 μ_o。在第二轮，类型为 i 的参与者将接受出价 x_2，当且仅当 $x_2 \geq \theta p_i$。那么参与者 2 的出价只会有两种取值，即 θp_L 和 θp_H。当且仅当 $\mu(H \mid q_{L1}) \geq \dfrac{p_H - p_L}{R + p_H - p_L}$ 时，会出现后一种情况，这里 R 是损失率。假设就是这种情况。那么无论参与者 1 是哪种类型，其都会接受第一轮的出价，当且仅当 $x_1 \geq \tilde{x}_1 = \delta \theta p_H$。因此，$\tilde{x}_1$ 是一个混同出价，也就是无论哪种类型都会立即接受的出价。如果我们这样设定，在被拒绝的非均衡路径上，参与者 2 相信其面对的是一个强大对手，那么这个混同出价就构成了一个可能的均衡。

现在假设参与者 2 的出价为 $x_2 = \theta p_L$。它会发生，当且仅当 $q_{L1} \leq q \equiv 1 - \dfrac{\mu_o}{1 - \mu_o} \dfrac{R}{p_H - p_L} = 1 - \mu_o \dfrac{R}{\widehat{R}}$，在当前设定下重写式（4）可以得到最后一个不等式。请注意，如果类型 L 是随机的，这个条件必须是 $x_1 = \delta \theta p_L$。因此第二个可能出现的均衡是一个分离均衡，其中参与者 2 在第一轮出价 $\delta \theta p_L$，类型 H 会拒绝，类型 L 会以概率 q 接受（因为这使参与者 2 在 $t = 2$ 时的两个可能的出价之间无差异）。下面的结论概括了这些发现，并且完整描述了这些结果中的每一个构成均衡的条件。

命题 3：在不知情参与者给出所有出价的两阶段博弈中，在损失率比较低，即 $R \leq \dfrac{\widehat{R}}{\mu_o}$ 时，存在贴现率的临界值 $\delta_{\mu_o} \equiv \dfrac{\mu_o}{\mu_o + \dfrac{\widehat{R}}{R} \dfrac{\dfrac{\widehat{R}}{R} - \mu_o}{1 + \dfrac{\widehat{R}}{R} - \mu_o}}$，

使当 $\delta \geq \delta_{\mu_o}$ 时，分离的出价组合是唯一均衡。否则，混同出价构成唯一均衡。

混同的策略组合意味着和解会立即达成，不会有冲突发生。这是我 70

们在第 3 节中已经得到的结论：如果完全冲突的成本是足够高的，那么冲突可以避免。否则，冲突会发生，因为参与者 2 倾向于冒一次有备之险：他会区别对待参与者 1 的两种类型，在第一轮给出较低出价，在第二轮给出较高出价，但并不会高到足以安抚强大的参与者，因此冲突会以 μ_o 的概率发生。这种风险对于这一策略组合成为一个均衡来讲是必要的。如果参与者 2 在第二轮给出高价以安抚 H 类型的参与者，那么 L 类型的参与者就会拒绝 x_1 以伪装成另一种类型。此外，我们可以很容易地表明 δ_{μ_o} 是 μ_o 的增函数，因此如果参与者 2 越有可能相信参与者 1 是强大类型的参与者，和平就越有可能出现。

从 $R > \widehat{R}$ 是出现和解的必要但非充分条件的意义上讲，这也表明，达成一致意见是可行的。当冲突成本较为适中，即 $R \in \left(\widehat{R}, \dfrac{\widehat{R}}{\mu_o}\right)$ 时，参与者 2 能够提出分离出价。这是因为通过刻意表现得强硬，可以得到更好的交易条件，即使这样可能增加强大类型参与者进行完全冲突的风险。

在双边贸易情况下，索贝尔和高桥（Sobel, Takahashi, 1983）表明，在无穷多时期以及连续类型假设下，不知情卖方将采取递增的出价组合以不断安抚具有较高保留价值的买方。评价值低的买方会等待以得到更好的价格，并把拖延策略作为传递其评价值信号的方式。正如凯南和威尔逊（Kennan, Wilson, 1993）所指出的，这为以下观察提供了某些理论基础：工会在罢工期间对工资水平的要求越来越低［希克斯（Hicks, 1932）所描述的递减的工会"抵抗曲线"］，以及随着对抗持续时间增加，最初要求较高的国家向其对手做出更多让步（Slantchev, 2004）。这个结论建立在这样的事实上，即对于评价值高的买方或者盈利多的企业而言，拖延的成本更为高昂。随着两次出价之间的时间间隔缩短，或随着贴现率接近于 1，拖延在甄别类型方面不再那么有效了，科斯猜想（Coase conjecture）成立（Coase, 1972）：立即达成一致意见。归根结底，这意味着只有在两次出价之间存在外部施加的间隔时，意见分歧才能持续。然而，在存在冲突可能的讨价还价模型中，科斯猜想不成立，因为时间本身无法帮助参与者甄别对手类型。

5.2　知情参与者给出所有出价

当知情参与者是给出出价的参与者时，信息会通过出价本身传递出

来，而不是通过拒绝来传递，于是出现了发送信号。接下来，我们将在
改进桑切斯·帕热内（Sanchez-Pages，2009）模型的基础上描述这一新
的讨价还价问题。

让我们首先给出一个两阶段分离型策略组合，其中弱小类型会立即
和解，而强大类型在 $t = 1$ 时给出一个非严肃出价，在 $t = 2$ 时和解，这不
会是一个均衡。原因是直观的。在这种情况下，参与者 2 知道其在第二
轮面对 H 类型的参与者，因此一定有 $x_2 \geq 1 - \theta(1 - p_H)$。对于这个均
衡，一定有 $x_1 \geq \delta(1 - \theta(1 - p_H))$，因为如果不是这样，$L$ 类型的参与者
可以通过模仿 H 类型参与者的行为得到更好的收益。如果是这种情况，
那么 H 类型参与者自己也有模仿 L 类型参与者并立即和解的动机。这意味着
知情参与者不能花时间可信地发送关于其类型的信号。桑切斯·帕热内
（Sanchev-Pages，2009）认为这是这类讨价还价模型的一个非常普遍的性质。

因此，只有两种类型的策略组合才能构成一个均衡。两种类型都应
该在 $t = 1$ 时给出相同的出价（两种类型的假设排除了构建一个完全显示
出价计划的可能性），或者 L 类型参与者在 $t = 1$ 时和解，且强大参与者
提出一系列非严肃出价，这些出价预示着冲突。这里有两个关键要素。
首先是第二轮是如何进行的。如果是因为两种类型的参与者在 $t = 1$ 时给
出相同出价才到达第二轮，那么后验信念将与先验信念一致，时间不能
传递任何信息。考虑到这些，把参与者 2 的最小可接受的出价简单表示
为 $\tilde{x}_2 = 1 - \theta(1 - \mu_o p_H - (1 - \mu_o) p_L)$。

对于一个可能的均衡而言，H 类型参与者一定偏爱提出这个出价，
而不是做出一个非严肃的出价，即 $x_2 = 0$，这会导致冲突，也就是 $\tilde{x}_2 \geq$
$\theta p_H \Leftrightarrow R \geq \widehat{R}$。

对于参数的某些取值范围，在 $t = 2$ 时会出现分离均衡。L 类型参与
者通过给出出价 $x_2 = \underline{x} = 1 - \theta(1 - p_L)$ 能够显示出其真实类型。但一定
是这种情况，即 H 类型参与者绝不会给出这样的出价，即 $\underline{x} < \theta p_H$。这
意味着只有当 $R < p_H - p_L = \dfrac{\widehat{R}}{1 - \mu_o}$ 时，分离均衡才能持续。

在这两种场景中，参与者 2 在 $t = 1$ 时拒绝一个混合出价得到的期望
支付恰好是 $1 - \tilde{x}_2$，因此只有当 $x_1 \leq 1 - \delta + \delta\tilde{x}_2$ 时，立即和解才会发生。
这种情况是否出现取决于贴现率。

另外，需要考虑的要素是信念。回顾一下，精炼贝叶斯均衡的概念没有对非均衡路径上的信念施加任何限制。这会导致出现多重均衡。这些信念非常关键，均衡结果对于信念的设定极为敏感。为实现我们的目标，考虑如下"合理"信念集合：

$$\mu(H \mid x_1 \leqslant 1 - \delta + \delta\underline{x}) = \mu_1 \in [0, \mu_o] \tag{6}$$

这些信念是合理的，因为它们假设，如果参与者2在 $t = 1$ 时观察到任何严肃的出价，也就是一个不小于其在那时可接受的绝对最小出价的出价，那么便不会相信自己会比在 $t = 0$ 时更可能面对强大类型的参与者。我们要求这些信念在 $t = 2$ 时可以得到支持。

72　　现在，我们要来描述这个博弈的精炼贝叶斯均衡集合。

　　命题4：在两阶段博弈中，知情参与者提出所有出价，不知情参与者的信念如式（6）所示，对于足够低的损失率，也就是 $R \leqslant \dfrac{\widehat{R}}{1 - \mu_0}$，存在贴现率的临界值 $\delta_{\mu_1} \equiv \dfrac{1 + R}{1 + R + \dfrac{1 - \mu_1}{1 - \mu_0}\widehat{R}}$，使在这个博弈的精炼贝叶斯均衡中，如果 $\delta \geqslant \delta_{\mu_1}$，那么 L 类型参与者的出价为 $x_1 = 1 - \delta + \delta\underline{x}$，且 H 类型参与者发动冲突。否则，两种类型的参与者均出价 $x_1 = 1 - \delta + \delta\tilde{x}_2$，且不知情参与者接受该出价。

需要注意的是，在这种情况下，达成一致的可能性同样并不足以确保出现和平解决方式。这只有在 $\mu_1 = \mu_o$ 时才会出现。当冲突损失很小且贴现率足够高时，对参与者2来说，任何可接受的协议都无法使 H 类型参与者满意，那么冲突以 μ_o 的概率发生。出现这个结果的原因仍然是基于这样的事实，即强大类型参与者无法通过花时间将其与弱小类型分开。当冲突和延迟不是那么成本高昂时，冲突就变得不可避免了。如下信念恶化了这种情况：在观察到一个严肃出价之后，参与者2越有可能认为其面对的是一个弱小对手，能够出现即刻达成一致意见的结果的参数集合越小。从这个意义上说，这些信念变成了可自我实施的：只有弱小类型参与者在第一轮给出出价，而强大类型参与者会诉诸冲突。

　　时间流逝无法传递信息的事实是这个模型中无法令人满意的特征。

它无法解释为什么有些时候，在长时期敌对之后，一个参与方会接受一项协议，其条款与对抗开始之前提出的那些是完全相同的。以色列和埃及在 20 世纪 70 年代的谈判，以及爱尔兰共和军（Irish Republican Army，IRA）和英国政府在 20 世纪 90 年代的谈判都在长期对抗之后才取得突破。最终达成的协议几乎反映的是"最初报价"，这一事实表明，参与各方需要时间来表露关于自身立场的实质信息。

这正是海菲兹和塞格夫（Heifetz，Segev，2005）文章的起点，他们将阿玛蒂和佩里（Admati，Perry，1987）对讨价还价中发送信号的经典分析扩展到对暴力升级和冲突的研究上。在他们构建的模型中，不完全信息是关于参与方中的某一方保留立场的信息。知情参与者能够选择出价时间，以便使自我实施的延迟可信地传递其保留立场的信号。不知情参与者也有机会成为侵略者以及导致冲突升级，这意味着对参与双方都施加了成本。在博弈均衡中，在第一次出价之后就可达成协议，尽管类型值较低的参与者等待的时间更长。在模型中，冲突升级的影响使各参与方可以更快达成协议，因为他们发现延迟的成本更高，而且这可能改进协议条款。然而，这种选择并不必然有利于侵略者。这些作者描述了一些条件，在这些条件之下，参与者会后悔做出冲突升级的决定。

5.3　其他讨价还价规则

在一篇颇具影响力的文章中，鲍威尔（Powell，1996）探讨了一个无限期的讨价还价模型，其中参与双方都有不完全信息且轮流出价。在那个模型中，参与者能够交换出价或者当他们对于谈判结果变得非常悲观时，强制实施一种解决方案（完全冲突）。实施这种解决方案的成本对于参与者而言是私人信息。事实上，不完全信息是关于冲突成本的，而不是关于力量对比的，政治学家在建模时往往会这样选择（Brito，Intriligator，1985；Fearon，1995）。虽然这一特征在很大程度上只是一种感觉，探索这两种建模方法之间的相似性是未来研究的一个方向。[①] 鲍威尔的模型展示出两个重要特点，这为我们提供机会来讨论在冲突可能

73

[①]　费伊和拉姆齐（Fey，Ramsay，2009）在机制设计方法下对比了这两种方法，并得出了完全不同的结果。

发生的情况下谈判的两个重要方面。

鲍威尔（Powell，1996）研究的第一个重要特点是，他假设给出出价的参与者也能够强制实施和解方案。相比而言，上面描述的模型意味着给谈判外生地施加了最后期限。这可能符合如下情况，即第三方（国际组织、仲裁机构）强制实施一个谈判规则，或者参与方就使用某一特定谈判规则达成一致意见（尽管这引出一个问题，为什么一开始会就这样的过程达成一致意见）。鲍威尔（Powell，1996）表明，这种假设极大地降低了这个模型的潜在复杂性。最后，均衡结果是唯一的，且一个参与方会给出"要么接受要么放弃"的出价，即通过施加和解方案使对手只能接受或拒绝。这与双边贸易讨价还价模型（Fudenberg，Levine，Tirole，1987），以及增加了外部选择造成多重均衡的审前谈判（Spier，1992）中的结果形成了对比。①

容易看出来，这个性质可以推广到上面讨论的规则上。当不知情参与者给出所有出价时，分离均衡就消失了，因为强大类型不需要等到第二轮才发起冲突。因此，博弈变成了一个提出"要么接受要么放弃"出价的博弈：根据参数情况，不知情参与者或者提出一个混同出价，或者提出一个只有弱小类型参与者才会接受的出价。桑切斯·帕热内（Sanchez-Pages，2009）表明，在知情参与者提出所有出价的博弈中，也会发生相同的情况。强大类型参与者不需要提出两个非严肃出价来引发冲突；他会立刻这么做，除非混同出价能够使其得到更高收益，否则同意或不同意一定立即出现。这一结论的深一层含义是，得到冲突可能发生情况下的基本性质是可能的，只要考察单一出价情况即可。布里托和英特里盖特（Brito，Intriligator，1985）和费伦（Fearon，1995）关于国际冲突以及别布丘克（Bebchuck，1984）和施魏策尔（Schweizer，1989）关于审前谈判的文章因此能够提出重要的见解，尽管他们进行的单一出价的设定显然是非常简单的。

鲍威尔（Powell，1996）研究的第二个重要特点是，存在一个参与

---

① 在最近的文章中，来文图格鲁和塔拉尔（Leventoglu，Tarar，2008）的研究表明，如果将模型进行扩展，在博弈的任何时点上战争都会发生，而不仅是在给出报价之后，那么这种简单性会消失。他们得到了性质不同的均衡，包括一场战争没有发生且一些报价被相互交换的均衡，这个特点在考虑到冲突可能性的讨价还价模型中通常不会出现。

各方旨在修正的前期状态。这个假设在国际关系文献中非常普遍，因为在现实中，国家往往会就已经存在的问题讨价还价。这一状态定义了在任何时点上谁是不满意的参与者，并最终决定了谁给出"要么接受要么放弃"出价以及发生冲突的可能性。但是当前分配情况的存在对于讨价还价过程具有更加深远的意义。事实就是，参与方引发危机能够传递信息。让我们回到机制设计方法：班克斯（Banks，1990）简单考察了知情参与者拥有当前支付的观点。采用一种机制或一种讨价还价规则解决争议意味着，参与方期望通过这种做法至少得到与从维持现状中得到的一样多的收益。这反过来应该会影响不知情参与者在谈判开始时的先验信念。考虑到这些，正如我们在上述模型中看到的那样，在给定危机发生的情况下，更为强大的参与方将从讨价还价中享受到更多收益，不知情参与者的后验信念应该会给予更强大的类型以更多的权重。

6. 通过斗争学习

6.1　有限冲突作为讨价还价过程的一部分

到目前为止，我们采取的方法是简单地将冲突看作一旦参与方没有达到完全一致的意见时就要进行斗争，直到结束为止。然而，这种方法非常具有局限性。有现象表明，参与方在冲突开始后仍然会继续谈判，且大多数战争是以谈判达成协议的方式终结的（Pillar，1983；Kecskemeti，1958）。假设冲突只是博弈的最终行动，是排除任何进一步互动的结果，将分析限定在冲突开始上，就无法研究冲突如何以及为什么会结束。但是，最为重要的是，它忽略了不完全信息情况下的另外一种学习来源——冲突本身。如果冲突是终结，那么在它发生之后就不可能再发生任何学习过程。但是，如果我们允许讨价还价在冲突发生之后继续，那么我们也就允许参与方通过战斗了解新的信息。

这里的关键要素是认识到参与方可以选择他们所要进行的冲突的范围。完全冲突是一种可能性，但不是唯一一种。国家、政治参与者、夫妻、工会以及诉讼者进行有限对抗，但这不会排除继续谈判的可能。小冲突和打斗、家庭纠纷、拒不退让或者取证过程分别构成了在战争、婚姻、劳动谈判和法律纠纷中有限形式的对抗。在这些冲突之后，关于领土、家务、工资和赔偿的谈判能够重新开始。卡尔·冯·克劳塞维茨（Carl von Clausewitz）在经典著作《战争论》（*On War*，1832）中首先注意到完全冲突和有限冲突之间的这种区别。他创造了"绝对战争"一词表示参与方的决斗，他们试图完全解除对手武装以便把自己的意志强加给对手而不会遭到任何反对。他还采用"真实战争"一词表示那些受到制约的对抗（Schelling，1966），这些对抗并不排除后来会达成一致意见，因为参与者"只采用绝对必要的力量"，且是为了改变敌人的观念和信仰而战斗。

在存在不完全信息时，这种差异是至关重要的，因为"真实"或有限冲突揭示了有关各方的力量及决心。在克劳塞维茨的研究结果公布 70 年后，伟大的德国社会学家格奥尔格·齐美尔（Georg Simmel）更加深入地阐述了这些观点，在他的著作《冲突社会学》（*The Sociology of Conflict*，1904：501）中提出如下观点："防止斗争的最有效先决条件是对参与双方相对力量的准确认识，而这往往只能通过冲突发生后的实际打斗获得。"与此矛盾的是，冲突的发生同时也是应对乐观主义问题的必然结果和解决方法。又过了 70 年，布莱内（Blainey，1973）也持有这种挑衅性的观点，并宣称"战争本身提供了现实的刺痛"，因为它有助于消除关于战争结果的乐观主义以及发生冲突的预期。

克拉姆顿和特雷西（Cramton，Tracy，1992）在经济学文献中考虑过两种不同程度的冲突，他们提出一种模型，即工会通过在罢工和坚持不退让之间做出选择，从而选择劳动纠纷的强度。然而，正是瓦格纳（Wagner，2000）首先把所有这些观点纳入不完全信息讨价还价框架之下。他指出，如果有限冲突的结果与通过力量的绝对冲突结果有关，那么战斗将改变参与各方关于潜在完全冲突结果的信念。因此，参与争端者能够根据战场上的事件在谈判过程中修正要求。从这个意义上讲，冲突是讨价还价过程的一部分。

有限对抗产生的一类信息极大地区别于通过报价和拒绝所传递的信息。后一类型信息是"软"的，因为它高度可操控，这反过来允许信念形成多重均衡。另外，战场提供了嘈杂但不可操控的信息：两种类型可以完全相同的方式发生作用，但战场上的事件会导致它们之间存在差异。例如，当不知情的参与者接收到一个混合型报价时，其后验信念应当保持不变。但是如果"拒绝"触发一场战斗，其结果就将促进他修正其信念。因此，包含了报价与有限对抗的模型允许参与方面对相互矛盾的信息碎片；被拒绝的报价可能传递的是力量的信号，但在小冲突中被打败是弱小的信号。

瓦格纳的开创性著作催生了第二代讨价还价模型，其中冲突不再必然是终结，且参与者可以利用战场上传递的信息。在大部分这类模型中，有限冲突或战斗是双方分歧的附带结果，因为它们只发生在报价被拒绝之后。

费尔森和沃纳（Filson，Werner，2002）考察了一个非常类似于前面讨论模型的甄别模型，其中增加了新的设定，即战斗发生在第一个报价被拒绝之后。每个参与者赢得冲突的概率取决于知情参与者的类型。因此，在拒绝报价之后，不知情参与者也会通过有限冲突的结果来获取信息。赢得冲突使不知情参与者在下一时期要求更多，而失败则减少了其需求。博弈的均衡由一个递增的报价方案和战斗的组合构成。因此，无论是冲突还是和平报价方案都同时存在于均衡路径中。除此之外，这一均衡定性地显示了与没有设定战斗的模型的相同特征：随着参与者 2 是强大类型的先验概率的提高，达成协议的可能性提高了。

另外，史密斯和斯塔姆（Smith，Stam，2004）建立了一个无限期模型，其中信息传递只能发生在战场上。他们提出了一个冲突的随机游走模型，在该模型中可以进行多次战斗。这些小冲突使参与各方能够占领"堡垒"——地标、资源，这样，他们就可以通过占领所有这些堡垒以完全击败对手。然后，作者聚焦战斗的过程以及有限对抗如何影响协议达成和对抗的持续时间。这种模型设定提供了基于在特定时间堡垒数量上的最优行动的简单特征。这是因为作者假设，参与双方都拥有关于在每个小冲突中占据优势地位概率的完整信息，但是双方的估计是不同的。也就是说，双方拥有非共同先验概率，或用奥曼（Aumannn，1976）的话说，双方在关于力量对比上"各自保留了不同意见"（agree to disagree）。这简化了由"软"信息产生的问题，最终使模型非常僵化。但最重要的是，这种非共同先验概率的共同知识构成了一个非常有问题的假设，它本质上与完全理性不相容。然而，它有助于作者形成一个非常重要的观点：只要这样做的长期价值超过了和解的长期价值，参与者就会不断发动战争，这与乐观主义是否存在无关。现实的报价被推迟，直到双方发

76

现，他们预期通过另一个战斗从对方手中夺取的资源会被战斗的成本抵消，实际报价才会出现。[①] 接下来我们将详细阐述更多内容。

6.2 有限冲突作为一种讨价还价的手段

假设有限冲突是双方分歧的附带结果，这当然是一个进步，但它未能充分体现冲突在谈判中的作用。在刚刚提到的模型中，对抗的影响被限定在计算使对手接受与拒绝无差异的报价上。莱文图格鲁和塔拉尔（Leventoglu，Tarar，2008）认为，这种设定并不令人满意，因为它仍然建立在风险回报权衡上，这是冲突为最终结果的模型的特征。不知情参与者是否进行甄别依赖失去有限冲突的风险，而这取决于乐观主义的程度。因此，这些模型可以解释冲突和外交同时发生，以及最终冲突的发生，但并不会产生和平地给出报价的均衡路径，仅仅是因为冲突被假定发生在报价被拒绝之后。

然而，将有限冲突本身视为一种选择还存在第二个也是更为重要的原因。如果有限冲突只是双方分歧的附带结果，力量对比估计的趋同就足以保证达成一致意见。这当然是布莱内（Blainey，1973）持有的观点。他称，"当相互对抗的国家就其相对力量达成一致看法时，战争通常会停止"。如果是这样，有限冲突就不会导致无效率，而无效率在没有冲突的情况下是不存在的。然而，正如克劳塞维茨（Clausewita，1832）和威特曼（Wittmaz，1979）后来指出的那样，如果参与各方能够利用冲突甄别对手或改变其关于力量对比的预期，那么即使乐观主义消失了，使用对抗作为讨价还价工具的动机也可能会一直存在，因为参与方可以利用对抗从对手那里争取到更好的条款。事实上，按照克劳塞维茨的说法，冲突与其他手段都是外交手段的延续，这最终解释了谈判中冲突普遍存在的情况。

接下来，我们要发展两个简单模型来扩展前一小节中所考虑的模型，

[①] 斯兰切夫（Slantchev，2003）的研究扩展了史密斯和斯塔姆（Smith，Stam，2004）的研究内容，假设了共同的先验知识。他采用一种轮流出价的设定，以便知情参与者能够甄别对手，不知情参与者通过非严肃报价发送关于其类型的信号。因此，信息传递既可以发生在战场上，也可以发生在谈判桌上。研究表明，当参与者有足够耐心时，不知情参与者就会进入成本高昂的分离型博弈均衡中。

假设给出报价的参与者也能够发起有限冲突。根据信息结构，这种有限对抗变成了甄别机制或一种可信的信号。然后，我们使用得到的结果解释迄今为止所讨论的一些问题。

6.2.1 冲突作为一种甄别机制

让我们回到在前一小节中讨论的甄别模型。我们现在假设不知情参与者在 $t=1$ 时有两种可采取的行动：可以提出方案 x_1，或引发战斗，在这种情况下，博弈会进入 $t=2$。战斗是一种有限范围的对抗，与全面冲突不同，它不会导致博弈结束。我们从对战斗的具体解释中进行抽象；自然简单地宣布获胜者并进入第二轮。然后，标准的讨价还价（报价）可以在敌对行动之前及之后开始。

这场战斗的结果与通过参与者力量决定的全面冲突的结果有关。为简单起见，我们假设冲突技术在两种类型的对抗中是相同的。但这是不必要的。必要条件仅是这两者之间是相关的，甚至是负相关的。① 因此我们假设，参与者 1 赢得战斗的概率为 p_L 或 p_H，这取决于其类型。

在战斗之后，从参与者 1 的角度看，根据战斗结果会出现两个新的信息集：胜利（V）或失败（D）。因此，战斗结果传递出关于参与者 1 类型的信息。参与者 2 是给出报价的人，将考虑到这些信息并修正其信念。

博弈在 $t=2$ 时期的历史现在由被拒绝的报价或战斗的结果组成。在第一种情况下，参与者 2 的信念与式（5）完全相同。在发生战斗的情况下，信念为：

$$\mu(H \mid V) \equiv \mu^+ = \frac{\mu_o p_H}{\mu_o p_H + (1 - \mu_o) p_L} \tag{7}$$

$$\mu(H \mid D) \equiv \mu^- = \frac{\mu_o (1 - p_H)}{\mu_o (1 - p_H) + (1 - \mu_o)(1 - p_L)}$$

与式（5）进行比较发现，参与者 1 在战斗中胜利（失败）使参与者 2 相信其更（不）可能面对强大对手。因此，在一个或两个结果中混合型报价可能会出现。但给定 $\mu^+ > \mu^-$，混合型报价在两种情况下都会出

---

① 在军事战略中，人们往往认为在游击战中成功的可能性与在开放战场上胜利的可能性之间呈负相关关系。

现，当且仅当 $\mu^- \geq \dfrac{p_H - p_L}{R + p_H - p_L} \Leftrightarrow R \geq \dfrac{\widehat{R}}{\mu_o} \dfrac{1 - p_L}{1 - p_H}$。

当损失率足够高时，参与者 2 倾向于不冒险进行冲突，给出一个会被强大类型参与者拒绝的报价。否则，在 V 或者两种情形下，会出现一个分离型报价。这里的直观解释是：在 V 的情况下，参与者 2 对于其在发生全面冲突时的前景更加悲观，愿意给出更高的报价；在 D 的情况下，参与者 2 变得更加乐观，并因此要求更多，所以冲突可能变得无法避免。

相反，当且仅当 $\mu^+ \leq \dfrac{p_H - p_L}{R + p_H - p_L} \Leftrightarrow R \leq \dfrac{\widehat{R}}{\mu_o} \dfrac{p_L}{p_H}$ 时，两种情况下的出价均为分离型；在其他情况下，在发生 V 时是混合型，在发生 D 时是分离型。

或者，参与者 2 仅在第一轮给出一个报价。这将产生与没有战斗的模型所描述的完全一致的策略组合。参与者 2 将选择最大化其支付的选项。要注意，这个模型仍然为和平交换报价提供了空间。它直接表明，如果在两种结果下战斗产生了混合型与分离型均衡，则引发冲突将是占优行动。它只能在中间情况下有利于参与者 2，即当它有助于参与者 2 甄别对手时。下一个结果刻画了构成均衡的条件。它是以贴现率来衡量的，现在已经有了一个自然的解释：战斗的成本。因此，只有在成本不是那么高的情况下，战斗才能是均衡组合的一个部分。

79　　**命题 5**：在不知情参与者给出所有报价且可以进行战斗的博弈中，引发冲突

（1）占优于混合型报价，当且仅当

$$\delta \geq \delta'_{\mu_o} \equiv \frac{1}{1 + \widehat{R}(1 - p_L) - R\mu_o(1 - p_H)};$$

（2）占优于分离型报价组合，当且仅当

$$\delta \geq \delta''_{\mu_o} \equiv \frac{1 + R}{1 + R + \dfrac{\mu_o}{1 - \mu_o} \dfrac{Rp_H - P_L \dfrac{\widehat{R}}{\mu_o}}{1 - \mu_o \dfrac{R}{\widehat{R}}}}。$$

此外，临界值 δ'_{μ_o}（δ''_{μ_o}）随 μ_o 递增（减）。

这两个临界值随着参与者 2 认为参与者 1 是强大类型的概率的提高而朝相反方向变化。当参与者 2 变得更加悲观时，相比混合型报价的选项，战斗变得没那么有吸引力了，因为与强大对手进行全面冲突变得更有可能出现。另外，相比分离型报价组合，战斗变得更加有吸引力了，因为参与者 2 能够利用它来甄别对手。在参与者 1 获胜的情况下，这允许其避免全面冲突。需要注意的是，后一种情况的发生与费尔森和沃纳（Filson，Werner，2002）的研究形成鲜明的对比，在后者中，战斗仅仅是被拒绝报价的附带结果，参与者 2 认为强大参与者出现的先验概率的提高总会提升立即达成协议的可能性。

最重要的结果是，有限冲突展示出双重影响。一方面，战斗有潜在提升效率的作用。当损失率适度较低时，也就是 $R \in \left[\dfrac{\widehat{R}}{\mu_o} \dfrac{p_L}{p_H}, \dfrac{\widehat{R}}{\mu_o} \right]$ 且参与者足够有耐心时，参与者 2 引发冲突。在这种情况下，全面冲突只会以 $\mu_o(1 - p_H)$ 的概率发生，因为如果参与者 1 获胜，那么参与者 2 会变得不再乐观地认为面对的是弱小的对手，而这会促使其给出一个较高的报价。回顾一下，在那样的参数取值范围内，当参与者 2 无法发动冲突时，其会使用分离型报价组合的概率是 μ_o，因此，只要参与者 1 是强大类型，全面冲突就会发生，即以 μ_o 的概率发生。因此使用战斗作为一种甄别机制对效率具有潜在的积极影响。

然而，相反的情况也可能出现。回顾一下命题 3，即刻达成协议的充分条件是 $R > \dfrac{\widehat{R}}{\mu_o}$。这可能不会再出现。如果参与者 2 足够有耐心，也就是当 $\delta \geqslant \delta'_{\mu_o}$ 时，那么其将利用战斗把类型区别开来。参与者 2 发起有限冲突，以作为获得关于对手新信息并在努力战胜对手的情况下，从对手处夺取更多资源的一种方式。这会对效率产生消极影响。使用冲突作为一种甄别机制的可能性导致之前可以即刻达成的一致意见会延迟出现。

总之，与谢林（Schelling，1960）的断言相反，有限冲突不会必然提高全面冲突的概率：最后的影响取决于这种对抗的结果以及参与方使用它作为讨价还价工具的激励。

6.2.2　冲突作为一种可信的信号

现在让我们在这个知情参与者给出所有报价的模型中增加一项内容，80

即在第一轮可以选择是否进行战斗。其结果传递出参与者 1 类型的 "硬" 信息，并将使参与者 2 修正信念。在这种情况下，知情参与者将使用有限冲突作为一种传递力量信号的方式。同样，对这个发送信号模型的分析改编自桑切斯·帕热内（Sanchez-Pages, 2009）的模型。

知情参与者现在 $t = 1$ 时有两种可选择的行动：可以给出报价 x_1，或发动冲突，在这种情况下，博弈会进入 $t = 2$。在那个阶段，参与者 1 给出第二次也是最终报价 x_2。拒绝第二次报价将触发全面冲突。

现在我们考察在什么样的条件下两个参与者在 $t = 1$ 时都触发冲突构成这个博弈的一个精炼贝叶斯纳什均衡。显然可以再次看到，一种类型的参与者在第一轮选择和解，另一种类型的参与者在第二轮选择和解不可能构成精炼贝叶斯纳什均衡。两种类型的参与者或者都给出报价，或者都触发冲突。在后一种情况下，在观察到结果后，信念与式（7）所示的完全相同。这就定义了两种可能的混合型报价，它们是小冲突结果的函数：

$$\tilde{x}_2^V = 1 - \theta(1 - \mu^+ p_H - (1 - \mu^+) p_L)$$

$$\tilde{x}_2^D = 1 - \theta(1 - \mu^- p_H - (1 - \mu^-) p_L)$$

显然，在这里，$\tilde{x}_2^V < \tilde{x}_2^D$：在取得胜利后，参与者 1 需要向一个更为悲观的参与者 2 给出更低的报价，以便使其接受报价。与此相反，H 类型可以选择在第二轮给出一个不严肃的报价，并引发全面冲突。显然，相比胜利情况下的选择，如果混合型报价使其情况恶化，也就是，如果 $R \leq \hat{R} \dfrac{1 - \mu^+}{1 - \mu_o}$，那么两种结果的出现都会引发冲突。由此类推，在失败的情况下，如果类型为强大的参与者 1 仍然偏好于给出报价 $\tilde{x}_2^D$，也就是 $R \geq \hat{R} \dfrac{1 - \mu^-}{1 - \mu_o}$，那么两种结果都会出现混合型报价。在介于中间的情况中，只有在 V 的情况下才会出现混合型报价。

最后，考虑与式（6）相同的信念集合，也就是我们在没有战斗的情况下使用的信念。因此直接可以得出的结论是，如果在两种结果下都会出现分离型报价的参数值，那么任何类型的参与者都没有动机去引发冲突。战斗传递的信息不足以显著改变参与者 2 的信念。那么，根据其类型，立即和解或者在两个非严肃报价下触发冲突会使参与者 1 的情况变好。当在一个或两个结果下出现混合型报价时，情况就不同了。在这种情况下，参与者 1 通过战斗会使对方进一步妥协。贴现率再次发挥关键作用是这种情况的一个特征。

　　命题 6：在知情参与者给出所有报价时，战斗是可行的，且不知情参与者持有的信念如式（6）所示的博弈中，存在该博弈的一个精炼贝叶斯纳什均衡，其中两种类型的参与者都选择战斗：

　　（1）对于相对较低的损失率，也就是 $R \in \left[\widehat{R} \dfrac{1 - \mu^{+}}{1 - \mu_0}, \widehat{R} \dfrac{1 - \mu^{-}}{1 - \mu_0} \right]$，

当 $\delta \geqslant \delta' \equiv \dfrac{1 + R}{1 + R + p_L \mu + \dfrac{\widehat{R}}{1 - \mu_0}}$ 时，该均衡存在；

　　（2）对于较高的损失率，也就是 $R \geqslant \widehat{R} \dfrac{1 - \mu^{-}}{1 - \mu_0}$，当 $\delta \geqslant \delta'' \equiv$

$\dfrac{1 + R}{1 + R + (p_L \mu^{+} + (1 - p_L)\mu^{-}) \dfrac{\widehat{R}}{1 - \mu_0}}$ 时，该均衡存在。

　　此外，δ' 和 δ'' 均随着 μ_0 的提高递减。

　　与甄别的情形不同，参与者 2 认为参与者 1 是强大类型概率的提高产生的影响并不明确：这更可能发生战斗。这是因为当 μ_0 提高时，混合型报价也提高了。参与者 2 不再那么乐观并接受较低的报价。这使类型为强大的参与者 1 诉诸战斗，而不是全面冲突。

　　战斗再次为达成一致意见打开了大门，如果战斗不可行，那么在这种情况下就不可能达成一致意见。当战斗成本不太高时，两个参与者均会触发战斗的策略组合占优于分离型报价。只有在强大参与者在战斗中失败时，全面冲突才可能发生，因此，效率损失减少了。但再次可能出现的情况是，知情参与者触发战斗以作为在无法立即达成一致意见的情况下迫使对手让步的一种方式。

　　这一结果有助于我们揭示前面描述的不均衡竞争者悖论。我们认为，弱小参与者与比其强大得多的参与者战斗与如下观察到的事实是不一致

的，即当可观察的力量对比非常不均衡时，乐观主义应该不太重要。我们的结论是，之所以出现这种现象，是因为弱小参与者利用冲突作为改变对手的期望并让其做出更多让步的方法。即使不存在乐观主义，这也会发生。这就是这些冲突几乎不是结局的原因：反抗超级大国的游击战争或反抗专制政权的政治示威的目的绝不是在绝对意义上击败对手。它们只是心照不宣的讨价还价的形式，弱小的参与者利用它们改变对手的期望来获得更好的条件。有限冲突为其提供一种方式去发送关于其力量的自己知道却无法被核实的信息。

6.3 讨论和扩展

82　　现在让我们重新审视乐观主义作为冲突原因的观点。存在这样的看法，即在许多冲突尤其是军事冲突结束时，预期不再有分歧，这必然会带来和平。诚然，乐观主义是发生冲突的充分条件，因此对抗可以终止，只要参与者的需求是相容的。但我们已经看到，这并不意味着预期趋同可以确保和解。只有在我们放弃冲突只是意见不一致的附带结果，并假设只要有利可图，各参与者就会选择冲突作为一种工具时，这种看法才能被揭示出来。

　　本节讨论的模型有一个潜在问题，即它们采用了非常具有限制性的假设。尽管它们能够对冲突和谈判的动态变化提供重要见解，但它们对讨价还价设定的局限性降低了它们的意义。其他一些研究放松了这些假设。然而，正如我们将要看到的那样，稍微更加一般化的分析很快就会变得非常复杂。

　　鲍威尔（Powell，2004）将费尔森和沃纳（Filson，Werner，2002）的研究扩展到无限期环境中。他们采用穆图奥（Muthoo，1999）提出的具有内部选择的讨价还价模型，其中，在每个阶段，讨价还价都可能崩溃，而崩溃的可能性是一方参与者的私人信息。因此，不知情参与者根据拒绝以及不知情参与者没有崩溃的事实来更新其信念。这与我们在第5.1节中考察的初始甄别模型的不同之处在于，时间流逝确实传递了信息。这是以减少有限冲突的重要性为代价的。因为没有发生崩溃，不知情参与者只能在战斗后变得更加悲观。小冲突的实际结果不能传递任何信息。这将讨价还价的重点从战场转移到谈判桌上。因此，均衡显示出与标准双边贸易非常相似的性质。

采用与史密斯和斯塔姆（Smith，Stam，2004）类似的思路，桑切斯·帕热内（Sanchez-Pages，2004）考虑了多次战斗，但通过假设不知情参与者是不老练的，而且没有根据其接收到的来自知情参与者的报价进行推断，从而限制了信息传递。在这种情况下，支持者的策略变成了一个最优停止问题。其均衡策略由两个整数序列组成，也就是说，如果胜利次数超过两个数中的最高值，那么知情参与者给出一个可以接受的报价，如果低于最低值，他就会发动全面冲突，并在其他情况下继续战斗。在这种设定中，知情参与者越强大，就越有可能使用有限对抗，因为其拥有更好的"说服机制"。

最后，庞萨蒂和桑切斯·帕热内（Ponsati，Sanchez-Pages，2012）研究了承诺在战争中的作用，探讨了存在讨价还价状态和参与者承诺特定需求状态的马尔科夫博弈。状态之间的转换是随机的。他们在讨价还价过程中引入了摩擦，并同时产生了不同的均衡路径，其中包括一条具有诱人性质的均衡路径，在该路径中，长期对抗且最初被拒绝的要求最 83 终被接受了。

7. 经验证据

考虑到关于讨价还价和冲突的文献相对较新，只有少数研究试图根据前面描述的模型考察有关真实冲突的数据。正如我们所看到的，这些模型往往很复杂，对它们进行估计很困难。例如，信念是一个基本问题。在存在不完全信息的情况下，它们发挥核心作用，但它们不可观测，如何用代理变量表示它们也根本不清楚。正如莫罗（Morrow，1989）所主张的，解决这个问题的一个可能方法是建立模型，允许我们推演出可验证的经验性结论。因为这样的模型已经将信念包含其中，可以改善错误识别的问题。

实证研究主要有两条途径。一方面，有限对抗提供的信息会影响冲突的终止，并产生一定的持续时间模式；另一方面，存在引发冲突的关键事件。一些争端会转变为全面冲突，而另一些则保留在和平谈判的范围之内。

持续时间分析可以作为开展冲突持续和结束实证研究的工具。这种技术着眼于冲突的风险率。风险率是在某一事件（战争、婚姻、罢工）持续一定时间的条件下结束的概率。风险率随时间提高（降低）时，就可以说该事件展现出正（负）的持续时间依赖性。

假设冲突被用作谈判工具，那么这应当对实际冲突的持续时间依赖性产生影响。例如，讨价还价的甄别模型预期，较弱的类型往往会首先和解，并且报价将随时间的推移而增加。因此，冲突持续时间越长就越有可能结束。这导致费尔森和沃纳（Filson，Werner，2002）猜测，战争应该展示出巨大的正的持续时间依赖性。可能还有一些其他原因造成这一点。正如桑切斯·帕热内（Sanchez-Pages，2009）所指出的，贝叶斯更新的一个特点是，由有限冲突引致的信念改变应当随小冲突数量的增加而减少。那么，预期从战斗中得到的让步必须随时间增长而递减。当参与者没有耐心时，这就意味着使用冲突作为讨价还价工具必然是一种自我限制的现象。

事实上，费尔森和沃纳（Filson，Werner，2002）认为，战争的风险率可能呈 U 型。这就可以解释为什么之前关于战争的只关注单调风险率的研究没有发现持续时间依赖性[1]（Bennett，Stam，1996；Vuchinich，Teachman，1993）。桑切斯·帕热内（Sanchez-Pages，2009）对没有观察到持续时间依赖性提出了另一种解释：这些模型没有区分终止模式。在其中一些冲突中，不完全信息可能没有发挥任何作用。例如，一些殖民战争被欧洲强国视为内部叛乱，应当被镇压，因此妥协是毫无可能的。终止模式可以为我们提供这方面的线索：如果冲突以协商和解而结束，那么它更有可能包含重要的讨价还价部分。当然，这只是一个代理变量，因为在大多数冲突中完全崩溃是可能的。因此讨价还价在某些以绝对方式结束的对抗中也是一个重要问题。尽管如此，桑切斯·帕热内（Sanchez-Pages，2009）表明，以彻底消灭一方而结束的殖民战争和帝国战争显示出平缓的风险率，而以谈判和解结束的这些战争显示出正的持续时间依赖性。

然而，这种类型的持续时间分析假设存在一个潜在的战斗过程，它

---

[1] 这与合同谈判中发现的负的持续时间依赖性形成了鲜明对比（Kennan，Wilson，1989）。

需要一段时间才能揭示信息。但事实并非一定如此。一些对抗可能包含很长一段没有活动的时间，而在其他情况下，敌对可能是持续且激烈的。对这个问题存在两种解决方案。一是考虑具体案例研究，分析参与者的估计在冲突过程中是如何变化的。这是格曼斯（Goemans，2000）所采取的方法，他在对第一次世界大战进行深刻的研究中证明，德国人设计对凡尔登的攻击影响了法国对其相对实力的估计。

　　二是分解数据并查看战场级别。这种方法可能是非常强大的，但数据的可获得性和准确性问题会带来困扰。拉姆齐（Ramsay，2008）使用有限数量的国家间战争的日数据来估计通过有限对抗传递信息对战争结束概率的影响。作者发现，这种影响在冲突的最初 40 天内是积极的，但之后就消失了，这一发现似乎与对抗在信息方面的作用背道而驰。另外，斯兰切夫（Slantchev，2004）把竞争者的伤亡比作为代理变量，发现战场上的事件很快抵消了可观察能力对持续时间的影响。他还得出结论，随着冲突的进行，发动战争一方的和解条件会恶化，这与甄别假设是一致的。

　　如果更长时间的冲突和更激烈的战斗导致信念更强烈趋同，那么得到的和解应当更稳定，进一步冲突的概率应该更低。这产生了一些关于新冲突可能性的可检验结论。施内尔和格拉姆（Schnell，Gramm，1982）表明，滞后的罢工经验降低了工会再次罢工的概率。另外，鲍克斯-斯蒂芬斯麦尔、赖特和佐恩（Box-Steffensmeier，Reiter，Zorn，2003）发现，如果以僵局结束，那么战争之后的和平比战争以决定性胜利结束后的和平更加脆弱，且这种影响会随着时间的延续而消失。这也许可以解释为什么桑切斯·帕热内（Sanchez-Pages，2009）得出这样的结论：两个竞争者之间的争端数量对帝国战争和殖民战争的风险率没有影响。

　　讨价还价和冲突实证研究要面对的另一个问题是选择性偏差问题。[85]持续时间分析不能告诉我们为什么某些争端会变成冲突，而另一些则不会。正如莫罗（Morrow，1989）所认为的，不能把所观察到的一系列冲突仅视为一个随机样本。这种选择性偏差在关于法律纠纷的文献中是普遍存在的，因为只有很小一部分案件最终以审判终结（Wittman，1988）。正如我们所看到的那样，更强类型的参与者更有可能引发争端，因为他们是能从中获取最多收益的群体。当然，这也加剧了由信念的不可观测性造成的错误识别的问题。因此，观察到的冲突是具有特定力量平衡和信念分布的冲突的一个子集。布宜诺·德·梅斯奎塔、莫罗和佐里克（Bueno de Mesquita，Morrow，Zorick，1997）发展了一个模型以研究争端的开始情况，并估计了观测到的能力对两国之间发生冲突概率的影响呈U型。他们得到的结论是，在参与者能力类似时，和平解决是更有可能的。这也许可以解释斯兰切夫（Slantchev，2004）的发现，他得到的结论是，更为相似的对手之间的战争（以可观测的能力衡量）往往会持续更长时间。如果参与者知道这一点，那么应该不愿意卷入冲突，更愿意和平地化解存在的分歧。

8. 结论及未来研究

本章描述的结果和模型为希克斯（Hicks，1932）非常困惑的"谈判中普遍存在对抗"提供了全面解释。一旦我们承认冲突本身是讨价还价过程的一部分，而且它可能成为一种甄别或发送信号的机制，我们就需要重申其主张：互利的协议总是存在的，但如果至少有一方参与者相信可以通过战斗提高自己在谈判桌上的地位，那么和平就无法实现。只有当所有参与者发现来自标准外交方式的回报超过使用冲突作为讨价还价工具获得的回报时，才会达成和解。

有限冲突发挥了其他机制也有可能发挥的作用。必要的条件是，它的结果必须以某种方式与潜在最终对抗的结果相关，而且它必须是公开的。它甚至不需要花费很多钱。事实上，它甚至不需要与谈判对手进行对抗。例如，一个被殖民国家打败一个殖民国家，这将把信息传递给参与自决斗争的其他附属国家。或者，如古和库恩（Gu，Kuhn，1998）所述，在某一特定工厂进行的罢工行动可以向其他工厂的工人传递出有关公司盈利能力的信息。这种信息也可以通过单边方式传送，例如，像朝鲜近年来所做的那样（向海洋发射远程导弹）。从这个意义上讲，使用86 有限冲突与"可证实的披露"的概念有关，其中卖方向购买者提供外部机构或买方自己可以检验的信息，以诱使其购买产品。[①] 这两类信息之

---

① 关于这类文献的综述参见米尔格罗姆（Milgrom，2008）。

间的主要区别是冲突通常是干扰因素。它使参与者会不时发现有利可图的投机机会。

在前面的分析中，我们从有限冲突的物理意义中抽象出来。它们纯粹是工具性的。这样做的代价是忽略了有限对抗可能产生的非信息性收益和损失。斯兰切夫（Slantchev，2003）及史密斯和斯塔姆（Smith，Stam，2004）假设参与者拥有有限数量的堡垒，因为其隐含地假设了参与者在崩溃之前只能承受有限数量的损失。一个可能的进一步的研究方向是对战斗方式做出明确假设。这包括考虑这样的可能性，即在额外一次战斗中胜利的概率会随着之前战场上的事件而改变。然而，如果在头脑中没有具体的应用案例，就很难看到这是如何实现的。有时，最初的挫折会导致失败者崩溃，但在其他时候，它会增加参与者化解冲突的努力，就像第二次世界大战中的盟军一样。这可以解释针对战争持续时间的分析得到的冲突结果。

新的讨价还价模型应当为我们提供直接计算的风险率。然而，不同类型参与者的不确定性可能产生不同类型的持续时间依赖性。如果不确定性超出成本［如鲍威尔（Powell，2004）］或超出预留范围［如海菲兹和塞格夫（Heifetz，Segev，2005）］，那么时间推移以及没有战斗都会提供信息，因此存在等待的激励，等待也是一种学习方式。简言之，另一个进一步研究的方面是开发对持续时间模式具有直接可检验结论的讨价还价模型。

参考文献

Admati, A. R. , and M. Perry. 1987. Strategic delay in bargaining. *Review of Economic Studies* 54 (3): 345 – 64.

Aumann, R. J. 1976. Agreeing to disagree. *Annals of Statistics* 4 (6): 1236 – 39.

Ausubel, L. M. , P. C. Cramton, and R. J. Deneckere. 2002. Bargaining with incomplete information. In *Handbook of game theory*, vol. 3. ed. R. J. Aumann and S. Hart. , Amsterdam: Elsevier Science.

Banks, J. S. 1990. Equilibrium behavior in crisis bargaining games. *American Journal of Political Science* 4 (3): 599 – 614.

Bebchuck, L. A. 1984. Litigation and settlement under imperfect information. *Rand Journal of Economics* 15 (3): 404 – 15.

Bennett, D. S. , and A. C. Stam. 1996. The duration of interstate wars, 1816 – 1985. *American Political Science Review* 90 (2): 239 – 57.

Bester, H. , and K. Wärneryd. 2006. Conflict and the social contract. *Scandinavian Journal of Economics* 108 (2): 231 – 49.

Blainey, G. 1973. *The causes of war.* New York: Free Press.

Box-Steffensmeier, J. M. , D. Reiter, and C. J. W. Zorn, 2003. Nonproportional hazards and event history analysis in international relations. *Journal of Conflict Resolution* 47: 33 – 53.

Brito D. L. , and M. D. Intriligator. 1985. Conflict, war, and redistribution. *American Political Science Review* 79: 943 – 57.

Bueno de Mesquita, B. , J. Morrow, and E. Zorick. 1997. Capabilities, perception and escalation. *American Political Science Review* 91 (1): 15 – 27.

Claude, I. L. 1962. *Power and international Relations.* New York: Random House.

Clausewitz, C. 1832/1976. *On war.* Princeton, NJ: Princeton University Press.

Coase, R. H. 1972. Durability and monopoly. *Journal of Law and Economics* 15 (1): 143 – 49.

Cramton, P. C. , and J. S. Tracy. 1992. Strikes and holdouts in wage bargaining: Theory and data. *American Economic Review* 82 (1): 100 – 121.

Fearon, J. D. 1995. Rationalist explanations for war. *International Organization* 49 (3): 379 – 414.

Fey, M. and K. W. Ramsay. 2007. Mutual optimism and war. *American Journal of Political Science* 51 (4): 738 – 54.

——. 2009. Uncertainty and incentives in crisis bargaining: Game-free analysis of international conflict. Unpublished manuscript.

Filson, D. , and S. Werner. 2002. A bargaining model of war and peace. *American Journal of Political Science* 46 (4): 819 – 38.

Fudenberg, D. , D. Levine, and J. Tirole, 1987. Incomplete information bargaining with outside opportunities. *Quarterly Journal of Economics* 102: 37 – 50.

Fudenberg, D. , and J. Tirole. 1983. Sequential bargaining with incomplete information about preferences. *Review of Economic Studies* 50 (2): 221 – 47.

Goemans, H. E. 2000. *War and punishment: The causes of war termination and the First World War.* Princeton, NJ: Princeton University Press.

Gu, W. , and P. Kuhn. 1998. A theory of holdouts in wage bargaining. *American Economic*

Review 88（3）：428－49.

Harsanyi, J. 1967－1968. Games with incomplete information played by Bayesian players. *Management Science* 14：159－82, 320－34, 486－502.

Heifetz, A. , and E. Segev. 2005. Escalation and delay in protracted international conflicts. *Mathematical Social Sciences.* 49：17－37.

Hicks, J. 1932. *The theory of wages.* New York：Macmillan.

Hiller, E. T. 1933. *Principles of sociology.* NewYork：Harper.

Jackson, M. O. , and M. Morelli. 2007. Political bias and war. *American Economic Review* 97（4）：1353－73.

Johnson, D. 2004. *Overconfidence and war：The havoc and glory of positive illusions.* Combridge, MA：Harvard University Press.

Kecskemeti, P. 1958. *Strategic surrender：The politics of Victory and defeat.* Stanford：Stanford University Press.

Kennan, J. , andR. Wilson. 1989. Strategic bargaining models and interpretation of strike data. *Journal of Applied Econometrics* 4：S87－S130.

——. 1993. Bargaining with private information. *Journal of Economic Literature* 31：45－104.

Leventoglu, B. , and B Slantchev. 2007. The armed peace：A punctuated equilibrium theory of war. *American Journal of Political Science* 51（4）：755－771.

Leventoglu, B. and A. Tarar. 2008. Does private information lead to delay or war in crisis bargaining? *International Studies Quarterly* 52（3）：533－53.

Milgrom, P. 2008. What the seller won't tell you：Persuasion and disclosure in markets. *Journal of Economic Perspectives* 22（2）：115－31.

Morrow, J. D. 1989. Capabilities, uncertainty, and resolve：A limited information model of crisis bargaining. *American Journal of Political Science* 33（4）：941－72.

Muthoo, A. 1999. *Bargaining theory with applications.* New York：Cambridge University Press.

Myerson, R. B. 1979. Incentive compatibility and the bargaining problem. *Econometrica* 47（1）：61－73.

Nash, J. F. 1950. The bargaining problem. *Econometrica* 18（2）：155－62.

Myerson, R. B. , and M. A. Satterthwaite. 1983. Efficient mechansims for bilateral trading. *Journal of Economic Theory* 29（2）：265－81.

Pillar, P. R. 1983. Negotiating peace：War termination as a bargaining process. Princeton, NJ：Princeton University Press.

Ponsati, C. , and S. Sanchez-Pages. 2012. Optimism and commitment: An elementary theory of bargaining and war. SERIEs-*Journal of the Spanish Economic Association* 3 (1 − 2): 157 − 79.

Powell, R. 1996. Bargaining in the shadow of power. *Games and Economic Behavior*15: 255 − 89.

——. 2004. Bargaining and learning while fighting. *American Journal of Political Science* 48 (2): 344 − 61.

Ramsay, K. W. 2008. Settling it on the field: Battlefield events and war termination. *Journal of Conflict Resolution* 52 (6): 850 − 79.

Sanchez − Pages, S. 2003. On conflict and power. PhD dissertation, Universitat Autonoma de Barcelona.

——. 2004. The use of conflict as a bargaining tool against unsophisticated opponents. Unpublished manuscript.

——. 2009. Conflict as a part of the bargaining process. *Economic Journal*119 (539): 1189 − 207.

Schelling, T. C. 1960. *The strategy of conflict.* Cambridge, MA: Harvard University Press.

——. 1966. *Arms and influence.* New Haven, CT: Yale University Press.

Schnell, J. F. , and C. L. Gramm. 1982. Learning by striking: Estimates of the teetotaler effect. *Journal of Labor Economics* 5 (2): 221 − 40.

Schweizer, U. 1989. Litigation and settlement under two-sided incomplete information. *Review of Economic Studies* 56 (2): 163 − 77.

Simmel, G. 1904. The sociology of conflict I. *American Journal of Sociology* 9 (4): 490 − 525.

Slantchev, B. 2003. The principle of convergence in wartime negotiations. *American political Science Review* 97 (4): 621 − 32.

——. 2004. How initiators end their wars: The duration of warfare and the terms of peace. *American Journal of Political Science* 48 (4): 813 − 29.

Smith, A. , and A. C. Stam. 2004. Bargaining and the nature of war. *Journal of Conflict Resolution* 48 (6): 783 − 813.

Sobel, J. , and I. Takahashi. 1983. A multi-stage model of bargaining. *Review of Economic Studies* 50 (3): 411 − 26.

Spier, K. 1992. The dynamics of pretrial negotiation. *Review of Economic Studies* 51 (1): 93 − 108.

——. 1994. Pretrial bargaining and the design of fee-shifting rules. *Rand Journal of*

Economics 25：197 – 214.

Vuchinich, S. , and J. Teachman. 1993. Influences on the duration of wars, strikes, riots and family arguments. *Journal of Conflict Resolution* 37：544 – 68.

Wagner, R. H. 1994. Peace, war and the balance of power. *American Political Science Review* 88（3）：593 – 607.

——. 2000. Bargaining and war. *American Journal of Political Science* 44（3）：469 – 84.

Wittman, D. 1979. How a war ends：A rational model approach. *Journal of Conflict Resolution* 23（4）：743 – 63.

——. 1988. Dispute resolution, bargaining, and the selection of cases for trial：A study of the generation of biased and unbiased data. *Journal of Legal Studies* 17（2）：313 – 52.

Wrangham, R. 1999. Is military incompetence adaptive? *Evolution and Human Behavior* 20：3 – 17.

第 5 章　霍布斯陷阱

桑迪普·巴利加

托马斯·舍斯特勒姆

1. 引言

根据修昔底德（Thucydides, 1989）所述，战争有三种动机：贪婪、恐惧和荣誉。霍布斯（Hobbes, 1886：64）详细阐述了他的分析：

> 因此，在人的本性中，我们发现了引起争吵的三个主要原因。第一，竞争；第二，缺乏自信；第三，荣誉。第一个原因使人们为了利益而侵略他人；第二个原因使人们为了安全而侵略他人；第三个原因使人们为了声誉而侵略他人。第一个原因促使人们使用暴力，使自己成为他人、妻子、孩子和牲畜的主人；第二个原因是要保护他们；第三个原因是为了琐事……

博弈论有助于我们理解第三个原因，荣誉，表明为什么值得为荣誉而战（Milgrom, Roberts, 1982）。在本章中，我们不考虑建立荣誉的动态问题，而在静态设定下着重分析另外两个原因，贪婪和恐惧如何相互作用从而引发冲突。

修昔底德（Thucydides, 1989）认为，伯罗奔尼撒大战（Great Peloponnesian War）爆发是因为，尽管双方都不希望发生战争，但每一方都相信战争迫在眉睫，且每一方都认为先发制人具有优势（或者至少认为要防止对手获得先发制人的优势）。预期是理性的：战争确实发生了。正如修昔底德所描述的，斯巴达（Sparta）的盟友科林斯（Corinth）卷入

了与没有盟友的城邦国家科西拉（Corcyra）的局部冲突。① 科西拉外交
官说服雅典干预对抗科林斯。令人信服的观点是，无论如何，斯巴达与　91
雅典之间的战争不可避免：

> 一旦发生战争，我们对于你们是有用的。如果你们当中有人认
为战争还是遥不可及的事，那就大错特错了。他们没有看见拉基多
尼亚人（斯巴达人）因为对你们有所畏惧而发动战争，科林斯人对
他们是最具影响力的；同时，切记他们都是你们的敌人。现在科林
斯力图首先征服我们，接下来再向你们进攻。柯林斯不想让我们两
个国家联合起来，成为它共同的敌人。柯林斯为取得初步优势，想
采取以下两个方法中的一个来对付你们：要么消灭我们的势力，要
么吞并我们以增强自身实力。但是我们的政策是先发制人——对于
科西拉来说是主动请求加入同盟，对于你们来说是接受它入盟。事
实上，我们应当制订攻击他们的计划，而不是坐等他们制订攻击我
们的计划后再去挫败它（Thucydides, 1989：21）

与此同时，科林斯外交官指责斯巴达人没有在雅典人不可避免的侵
略中先发制人：

> 现在你们还纵容雅典人，他们远远不像米德人，眼下你们宁愿
保护自己免受他们的侵略，也不愿去侵略他们，当他们的力量更大
时，才不得不与他们打交道，拿自己的命运做赌注（Thucydides,
1989：39）。

自修昔底德时代以来，历史学家从相互恐惧和不信任角度对许多战
争进行了解释。汉斯·摩根索（Hans Morgenthau, 1967：185）认为"第
一次世界大战的根源完全出于对欧洲力量均势受到干扰的恐惧"：

---

① 根据修昔底德（Thucydides, 1989：16）的说法，科林斯人憎恨科西拉人，因为他们
　"蔑视他们，并不允许他们在公开场合获得应有的荣誉"。

首先，对敌对联盟的恐惧导致三国联盟（Triple Alliance）形成。其次，对后者解体的恐惧导致德国断绝了与俄国的友好关系。最后，对三国联盟意图的恐惧导致法俄联盟形成。正是两个防卫型联盟之间的相互恐惧，以及威廉二世帝国主义言论反复无常的特点造成普遍不安全，激发了第一次世界大战之前的二十年外交谋略的兴起（Morgenthau，1967：64-65）。

此外：

正是这种恐惧促使奥地利在 1914 年 7 月试图一劳永逸地解决与塞尔维亚的争端，并促使德国无条件地支持奥地利。正是同样的恐惧使俄国支持塞尔维亚、法国支持俄国（Morgenthau，1967：186）。

第一次世界大战前的军事计划被称为"世界末日机器"：单个国家的军事行动，无论出于什么原因，或多或少都会引发一场全面战争（Kissinger，1994：Chap. 8）。1914 年 7 月，沙皇尼古拉二世决定动员起来，这通常被认为是因为俄国对塞尔维亚的恐惧，它的最重要的巴尔干盟国有可能成为奥地利的保护者。一个诱因是俄国军方认为，欧洲的战争是不可避免的，并且"在我们来得及亮剑之前，就有可能输掉这场战争"（Kissinger，1994：215）。德国的军事计划要求必须在六周之内打败法国，要快于俄国全面动员的速度，以避免两线作战的危险。因此，尽管俄国保证它的动员不针对德国，但俄国的动员还是引发了德国对法国的攻击（Kissinger，1994：215），即使"俄国没有对德国提出任何值得发动一场局部战争的具体要求，德国也没有对俄国提出这样的具体要求，更不用说发动一场全面战争了"（Kissinger，1994：206）。

基于对历史的主观解读，关于战争起源的争论导致了不可避免的分歧。古斯塔夫·阿道夫（Gustavus Adolphus）参加三十年战争（Thirty Years War）是为了维护新教的荣誉，还是因为他担心哈布斯堡帝国可能会统治波罗的海地区，还是仅仅因为贪婪（企图夺取波罗的海地区所有的商业和海关收入）？拿破仑三世被沙皇尼古拉一世冷落，沙皇尼古拉一世拒绝称他为"兄弟"（Kissinger，1994：106），但在 1852 年，拿破仑三世成功说服土耳其苏丹让他成为"奥斯曼帝国基督徒的保护者",沙皇尼古拉一世的回应是断绝了与苏丹的外交关系,随后就发生了克里米亚战争。尼古拉一世希望挽回自己作为正统宗教保护者的名誉,还是仅仅追求俄国控制海峡的传统目标?俄国的领土扩张往往出于不安全感(Kissinger,1994:Chap. 6),所以,控制海峡的愿望可以归因于恐惧或贪婪。也许修昔底德提出的三个动机同时存在于古斯塔夫国王和沙皇尼古拉一世的头脑中。

经济学家往往通过把复杂事件分解为小部分并使用尽可能简单的模型单独研究每个小部分,以努力理解复杂事件的逻辑。在本章中,我们希望能够对为什么会发生冲突这一难题做出一些贡献。具体来说,我们研究当行动是策略互补时,不确定性如何产生恐惧并引发冲突。顺便提一下,我们指出,当行动是策略替代时,不确定性反而可以通过抑制贪婪来促进和平。[①]

在第 2 节中,我们使用收益存在不确定性的猎鹿博弈来研究恐惧和贪婪是如何相互作用的;第 3 节表明参与者如何使用廉价谈判信息以创造一个和平结果;第 4 节解释了第三方挑衅者如何使用廉价谈判制造冲突;第 5 节指出更加民主的国家并不必然更加和平;第 6 节讨论了一个简单的武器核查模型;第 7 节进行了总结。

2. 冲突博弈

在基本的冲突博弈中,有两个参与者 A 和 B,同时选择"鹰派"(侵略)行动 H 或"鸽派"(和平)行动 D。参与者 A 和参与者 B 是国家 A 和国家 B 的关键决策者,为简单起见,视其为国家的"领导者"。对行动做出不同解释是可能的。行动 H 可以代表进入存在争议的领土(而行动 D 代表不这样做)。或者,行动 H 可以表示在军备竞赛中购买或开发新武器。该博弈只进行一次。

如果两个参与者都选择行动 D,那么他们和平共处,且支付正规化为零。如果参与者 $i \in \{A, B\}$ 选择行动 H,那么其承担的成本为 $c_i \geq 0$。

[①] 不存在偏好或能力不确定性情况下的冲突理论,参见费伦(Fearon,1995,1996)、加芬克尔和什卡佩尔达斯(Garfinkel,Skaperdas,2000)、杰克逊和莫雷利(Jackson,Morelli,2007)、鲍威尔(Powell,2006)的研究。

此外，如果在参与者 i 选择行动 H 时，参与者 j 选择了行动 D，则参与者 i 得到 $\mu > 0$，可以把这解释为来自进攻的收益，也就是先发制人的优势。类似地，如果当参与者 j 选择行动 H 时，参与者 i 选择行动 D，那么参与者 i 承担因为防御而产生的成本 $d > 0$。可以说参数 d 和 μ 分别代表恐惧和贪婪的动机。这是个非零和博弈：冲突会造成破坏。因此，来自进攻的收益要小于防御的成本，即 $\mu < d$。参与者 i 的支付由支付矩阵给出［式（1）］，其中，行代表参与者 i 的选择，列代表参与者 j 的选择。具体如下：

$$
\begin{array}{ccc}
 & H & D \\
H & -c_i & \mu - c_i \\
D & -d & 0
\end{array}
\tag{1}
$$

为简便起见，d 和 μ 对每个参与者来说都是相同的，但有可能 $c_A \neq c_B$。如果 $\mu < c_i < d$，参与者 i 属于协调型；如果 $c_i < \mu$，则鹰派策略是占优策略；如果 $c_i > d$，则鸽派策略是占优策略。

根据霍布斯（Hobbes，1886）的观点，决定人们"追求和平，并坚持和平"，"采取我们可用的一切手段保护我们自己"的原因是：

> 每个人都应该努力争取和平，只要其有希望获得和平；而当其无法获得和平时，他可以寻求并利用战争的一切帮助和优势（Hobbes，1886：66）。

实际上，霍布斯描述了一个猎鹿博弈（a stag-hunt game），对于行动 D 最好的回应是行动 D（"寻求和平，并坚持和平"），对于行动 H 最好的回应是行动 H（"采取我们可用的一切手段保护我们自己"）。正式地说，如果支付是公共知识且两个参与者都是协调型的，那么我们的博弈是一个猎鹿博弈。该猎鹿博弈有两个纳什均衡：HH 和 DD。请注意，DD 帕累托占优于 HH。但霍布斯特别指出了 HH，"每个人对每个人的战争"更可能是"自然状态"下的结果。事实上，霍布斯提出了一个支持这个结果的著名观点，也就是，可能有一些类型的人实际上渴望冲突，这导致每个人在自我防御方面具有侵略性：

还因为有些人以设想其在征服行动中自己的力量为乐，其所追求的东西超越了安全所需；如果其他人与之不同，乐于在适度范围内安于现状，认为不应该通过侵略而增加力量，那么从长期来看，他们就不能仅靠防卫生存下去（Hobbes，1886：64）。

由于通常不可能确切知道对手的真实类型，我们引入支付的不确定性。为简单起见，假设 c_A 和 c_B 独立地服从 $[0, \bar{c}]$ 上的均匀分布 F。[①] 因此，对于 $0 \leqslant c \leqslant \bar{c}$，$c_i \leqslant c$ 的概率为 $F(c) = c/\bar{c}$。每个参与者 i 知道其类型 c_i，但不知道对手的类型 c_j。自然地，如果参与者 i 侵略的成本 c_i 越低，其就越具有侵略性。参与者 i 的一种策略是选择一个临界点 x_i，如果 $c_i \geqslant x_i$，参与者 i 选择 D；如果 $c_i < x_i$，选择 H。

鹰派"以设想他们在征服行动中自己的力量为乐"，因此 H 是他们的占优策略。可以认为他们的行为完全被贪婪控制。为了消除我们不感兴趣的情况，即鹰派行动确定是每个参与者的占优策略，我们假定 $\bar{c} > \mu$。鹰派行动成为参与者占优策略的概率为 $F(\mu) = \mu/\bar{c} < 1$。

支付存在不确定性的冲突博弈具有唯一的贝叶斯纳什均衡（Bayesian Nash Equilibrium）。如果 $\bar{c} < d$，鸽派占优策略被排除了，那么每个参与者以 1 的概率选择 H（Baliga，Sjöström，2004）。特别地，协调型参与者都必须在均衡时选择 H。即使 μ 非常小，他们也无法和平共处，所以每个参与者很可能是协调型的。他们的行为完全被恐惧主导。[②] 这就是霍布斯陷阱（Hobbesian trap）或谢林困境（Schelling's dilemma）[参见杰维斯（Jervis，1976）、基德（Kydd，1997）以及谢林（Schelling，1960）]。[③]

---

① 关于更一般的分布，包括关联类型，参见巴利加和舍斯特勒姆（Baliga，Sjöström，2009）。与"全局博弈"理论相反，我们不关注信息高度相关的情况。沙桑和麦圭尔（Chassang，Miguel，2008）将全局博弈理论应用于分析冲突中。

② 回顾一下，参数 d 表示对被利用的恐惧。如果 $d > \bar{c}$，那么这种恐惧超出了侵略行为的成本，甚至对于最为和平型的、成本为 $\bar{c}$ 的参与者也是如此。

③ 对于这个困境的早期表述由卢梭给出，杰维斯（Jervis，1976：63）引用道：的确，永远保持和平对所有人来说将是更好的。但是，只要没有安全保障，在无法确保能避免战争的情况下，每个人都急于按照自己的利益开始战争并先发制人地阻止邻国，而邻国反过来在任何对自己有利的时刻都会发动先发制人的攻击，因此许多战争，甚至攻击性战争，与其说是夺取他人财产的手段，不如说本质是保护攻击者自己财产的不正当预防措施。

为了理解霍布斯陷阱中暗含的"恐惧螺旋"(fear spiral),假设参与者 i 在 $\mu < c_i < \mu + F(\mu)(d - \mu)$ 的意义上"几乎占优策略为鹰派"。因为 $c_i > \mu$,如果参与者 i 确信其对手选择 D,那么其将选择 D。不幸的是,他并不能如此确信,因为以 $F(\mu) > 0$ 的概率对手的占优策略为鹰派。因为 $(1 - F(\mu))\mu - c_i > -F(\mu)d$,对占优策略为鹰派的担心足以导致"几乎占优策略为鹰派"的参与者选择 H。按照类似的推理,担心对手的占优策略为鹰派,或者"几乎占优策略为鹰派"(我们知道这两者均会选择 H)会促使稍微高于 $\mu + F(\mu)(d - \mu)$ 的类型 c_i 也选择 H。继续这个讨论,危机蔓延导致越来越高的类型选择 H。如果 $\bar{c} < d$,那么就没有屏障(鸽派行动不会是占优策略)来阻止恐惧螺旋影响全部参与者。

如果 $\bar{c} > d$,那么唯一的贝叶斯纳什均衡在内部。假设参与者 j 使用临界点 x,那么,参与者 i 选择 D 的期望支付是 $-dF(x)$,且选择 H 的期望支付是 $\mu(1 - F(x)) - c_i$。参与者 i 选择 D 或 H 是无差异的,当且仅当:

$$c_i = \Gamma(x) \equiv \mu + F(x)(d - \mu) = \mu + \frac{x}{\bar{c}}(d - \mu) \tag{2}$$

如果参与者 j 使用临界点 x,那么参与者 i 的最优反应是使用临界点 $\Gamma(x)$。由于 $\mu < d < \bar{c}$,我们得到:

$$0 < \Gamma'(x) < 1 \tag{3}$$

将 Γ 解释为最优反应曲线,式(3)是众所周知确保唯一均衡的条件(Baliga, Sjöström, 2010)。唯一的均衡必须是对称的:临界点 $\hat{x}$ 满足 $\hat{x} = \Gamma(\hat{x})$,并且使用式(2),可以被明确地计算出来:

$$\hat{x} = \frac{\mu\bar{c}}{\bar{c} - (d - \mu)} \tag{4}$$

由此可以进行比较静态分析。例如,d 的增加使参与者更加恐惧,这提高均衡时的临界点 $\hat{x}$,并导致更多冲突。

因为 $d > \mu$,所以行动是策略互补:参与者更倾向于选择 H,如果其认为对手可能选择 H。正式地说,最优反应曲线 $\Gamma(x)$ 是向上倾斜的:$\Gamma'(x) > 0$。策略互补性驱动恐惧螺旋,这会导致侵略行为升级为冲突,正如霍布斯所预想的那样,它是一个"自然状态"。在第 6 节中,我们会在一个斗鸡博弈中考虑行动为策略互补的可能性。

3. 廉价谈判

参与者 A 和参与者 B 不知道彼此的真实类型。这造成相互恐惧和不信任，导致出现霍布斯陷阱。人们很自然地会问，交流是否可以缓解这种情况。

考虑第 2 节中所描述的支付存在不确定性的冲突博弈。假设 $\bar{c} < d$，因此如果没有交流，在唯一的贝叶斯纳什均衡中所有类型都选择 H。在博弈中引入廉价谈判（cheap-talk）后，参与者 A 和参与者 B 在选择行动（H 或 D）前，交换无成本的信息。信息对支付没有直接影响：每个参与者 i 的支付矩阵仍然是式（1）给出的矩阵。然而，这些信息可能会改变参与者对于彼此的信念。

一个天真的直觉认为，协调型参与者应当宣布其真实偏好，然后继续选择 DD，从而逃脱霍布斯陷阱。这种直观的观点会遭遇以下异议。当 $\mu > 0$ 且 $d > 0$ 时，所有类型的参与者都希望对手选择 D，而无论他们计划怎么做。那么，包括占优策略为鹰派的所有类型的参与者难道不会发送任何最有可能说服对手选择 D 的信息吗？但交流并不会改变参与者对于彼此的信念，也无法阻止霍布斯陷阱的出现。

事实表明，这种质疑是可以解决的：如果 μ 很小，则存在包含信息的廉价谈判均衡，使结果 DD 出现的概率接近 1（Baliga，Sjöström，2004）。为了理解这个结果，请注意，所有类型的参与者都希望提高对手选择 D 的概率，当然，协调型参与者也希望避免协调失败：他想知道对手的行动，以便知道如何应对。相比之下，占优策略类型的参与者对于了解对手将做什么选择没有兴趣。由于不同类型的参与者用不同比例权衡这两个目标，因此可以导致不同类型的参与者发送不同的信息。

基于两个临界点 c^L 和 c^H，在这里，$\mu < c^L < c^H < \bar{c}$，巴利加和舍斯特勒姆（Baliga，Sjöström，2004）将类型区间 $[0, \bar{c}]$ 分为三组：很强硬、较强硬及和平。① "很强硬" 类型的成本低于 c^L，包括所有占优策略为鹰

① 巴利加和舍斯特勒姆（Baliga，Sjöström，2004）将这种和平类型称为 "正常"。

派的类型。"较强硬"类型是成本在 c^L 和 c^H 之间的协调型。"和平"类型是最和平的一个类型,其侵略成本高于 c^H。"很强硬"类型与"和平"类型主要希望最小化对手选择 H 的概率。但"较强硬"类型非常重视获得关于对手行动的信息,以协调行动。

在廉价谈判阶段,两个参与者同时说出"鹰派信息"(一个侵略型信息)或者"鸽派信息"(一个和解型信息)。说出鸽派信息将最小化对手在下一(行动)阶段中选择 H 的概率,但对于对手行动的不确定性问题并没有得到解决。说出鹰派信息会使对手选择 H 的概率更高,但谈判之后,对于对手的行动就不会模糊不清。在均衡中,"很强硬"类型参与者与"和平"类型参与者会说出鸽派信息以便使对手选择 H 的概率最小化,而"较强硬"类型参与者会说出鹰派信息以便最小化协调失败的概率。

均衡行动如下。如果两个参与者都说出鹰派信息,则在第二阶段没有人会选择 H(这是一个连续均衡,因为这些信息意味着参与者的占优策略都不是鹰派的)。如果一个参与者说出鹰派信息,而另一个参与者说出鸽派信息,那么双方在行动阶段都选择 H(这是一个连续均衡,因为根据假说,参与者的占优策略都不是鸽派的)。最后,如果两个参与者都说出鸽派信息,则"很强硬"类型参与者将在行动阶段选择 H,而"和平"类型参与者选择 D。

交换鸽派信息使每个参与者确信对手要么是"和平"类型,要么是"很强硬"类型。为什么现在选择 D 对"和平"类型参与者而言是连续均衡呢?直观地说,因为"较强硬"类型参与者被排除在外,在第 2 节中所描述的传染情况被阻止了,而且条件分布变得更有利于"和平"类型参与者之间的合作。当然,"和平"类型参与者以一定概率会遇到"很强硬"类型参与者,并得到 $-d$。尽管如此,只要"很强硬"类型参与者足够少 [这要求 μ 足够小,因此 $F(\mu)$ 很小],"和平"类型参与者会愿意相信发出和解信息的对手。

在廉价谈判阶段,"和平"类型参与者和"很强硬"类型参与者更愿意说出鸽派信息。"和平"类型参与者偏爱"真诚的鸽派策略",因为说出鸽派信息使其能够与其他"和平"类型参与者和平共处。"很强硬"类型参与者偏爱"不真诚的鸽派策略",因为说出鸽派信息使其可以利用毫无戒心的"和平"类型参与者。也就是说,通过伪装成鸽派参与者,"很强硬"类型参与者可以在面对"和平"类型参与者时单方面选择 H,而后者无法将"很强硬"类型参与者与"和平"类型参与者区分开来。

构建均衡的关键是"较强硬"类型参与者说出鹰派信息把自己分离出来的动机。通过说出鹰派信息,其总是能够与对手协调:与其他"较强硬"类型参与者在 DD 上进行协调,与其他参与者在 HH 上进行协调。[97]因此,成本为 c 的"较强硬"类型参与者的期望支付为:

$$- (1 - F(c^H))c - F(c^L)c \qquad (5)$$

假设一个"较强硬"类型参与者偏离这个策略并说出鸽派信息。如果其他参与者说出鹰派信息,那么最优选择肯定是 H。如果其他参与者说出鸽派信息,那么"较强硬"类型参与者既可以像"和平"类型参与者一样选择 D(第一选择),也可以像"很强硬"类型参与者一样选择 H(第二选择)。

第一选择对于 c^H 类型最有吸引力,因为其在"较强硬"类型参与者中成本最高。他的支付是:

$$- (F(c^H) - F(c^L))c^H - F(c^L)d \qquad (6)$$

作为说出鹰派信息最高的类型,c^H 类型必定在其均衡策略和第一选择之间是无差异的。因此令式(5)和式(6)相等就定义了 c^H,得到:

$$[1 - 2(F(c^H) - F(c^L))]c^H = F(c^L)d \qquad (7)$$

第二选择对于 c^L 类型最有吸引力,因为其在"较强硬"类型参与者中成本最低。他的支付为:

$$- c^L + (1 - F(c^H))\mu \qquad (8)$$

作为说出鹰派信息最低的类型,c^L 类型必定在其均衡策略和第二选择之间是无差异的。因此令式(5)和式(8)相等就定义了 c^L,得到:

$$[F(c^H) - F(c^L)]c^L = (1 - F(c^H))\mu \qquad (9)$$

均衡要求 c^L 和 c^H 同时满足式(7)和式(9)。巴利加和舍斯特勒姆(Baliga, Sjöström, 2004)表明,只要 μ 足够小,这样的解就存在,而且几乎所有类型都是和平的。因此，在均衡中，双方参与者都说出鸽派信息并选择 DD 的概率将接近 1。

定理 1（Baliga，Sjöström，2004） 给定任意 $\delta > 0$ ，存在 $\bar{\mu} > 0$ 使如果 $0 < \mu < \bar{\mu}$ ，那么存在具有信息含量廉价谈判的精炼贝叶斯均衡，其中结果 DD 出现的概率大于 $1 - \delta$ 。

回顾一下，我们假设 $\bar{c} < d$ ，因此即使 μ 非常小，在没有交流的均衡中每个参与者均以 1 的概率选择 H。但这个定理意味着，只要 μ 很小，具有信息含量的廉价谈判就可以将选择 H 的概率降至几乎为 0。也就是说，几乎可以完全逃脱霍布斯陷阱。同样，关键的假设是 μ 足够小，即每个参与者的占优策略非常不可能是鹰派策略。很容易看出为什么需要这个假设，因为如果对手的占优策略可能是鹰派策略，则没有什么可以说服协调型参与者相信对手并选择 D。

4. 挑衅

98　　第 3 节显示了参与者 A 和参与者 B 之间的廉价谈判如何能够打破霍布斯陷阱中暗含的恐惧螺旋。在本节中，我们将讨论通过第三方"挑衅者"的廉价谈判引发恐惧螺旋并加深陷阱。在真实世界中，挑衅的例子并不难找。例如，2000 年 9 月，阿里尔·沙龙（Ariel Sharon）象征性地访问了圣殿山，从而引发第二次巴勒斯坦起义，破坏了以色列和巴勒斯坦的和平进程（Hefetz，Bloom，2006）。

根据巴利加和舍斯特勒姆（Baliga，Sjöström，2010）的研究，假设在参与者 A 和参与者 B 进行具有支付不确定性的冲突博弈之前，第三方参与者 E 公开宣布"鹰派信息"或"鸽派信息"。[①] 我们把参与者 E 视为来自 A 国的一个"极端分子"，并把鹰派信息解释为"挑衅"（例如，拜访圣殿山）。参与者 E 除了发送信息外不采取任何行动，参与者 A 和参与者 B 不发送任何信息。

---

① 荣格（Jung，2007）提供了一个与挑衅相关的模型。

每个参与者 $i \in \{A, B\}$ 的支付矩阵还是式（1）所示的矩阵。参与者 E 的支付矩阵与参与者 A 的类似，但有一点不同：参与者 E 的成本类型 c_E 不同于参与者 A 的成本类型 c_A。因此，参与者 E 的支付通过在式（1）中设定 $c_i = c_E$ 得到，支付矩阵中的行代表参与者 A 的选择，列代表参与者 B 的选择。

我们假定 $c_E < 0$，也就是侵略自发地对参与者 E 有益。因此，如果参与者 A 选择 H，就保证了参与者 E 得到严格正的支付（其得到 $-c_E > 0$ 或者 $\mu - c_E > 0$）；如果参与者 A 选择 D，参与者 E 得到非正的支付（或者 $-d < 0$，或者 0）。因此，参与者 E 肯定希望参与者 A 选择 H。

和先前一样，参与者 A 和参与者 B 不知道彼此的真实类型，但 c_E 是公共知识。另外，假设参与者 E 知道 c_A（但不知道 c_B），这大大简化了分析，因为在均衡中，参与者 E 会知道参与者 A 对参与者 E 相关信息的反应（比如，阿里尔·沙龙非常熟悉以色列公共舆论和以色列政府的意图）。

假设 $\bar{c} > d$，如第 2 节中的分析，在没有交流的情况下，唯一的贝叶斯纳什均衡在内部：由式（4）给出的在均衡临界点 $\hat{x}$ 之上的类型选择 D。我们认为，参与者 E 可以利用廉价谈判提高冲突的风险至高于无交流时的均衡水平。令人惊奇的是，参与者 E 能做到这一点。毕竟，众所周知，参与者 E 是一个享受侵略的挑衅者（因为 $c_E < 0$），如果其廉价谈判触发了冲突，就会使参与者 A 和参与者 B 的情况变糟。因此，为什么他们会允许自己被参与者 E 摆布呢？

在均衡中，每个参与者 $j \in \{A, B\}$ 使用"条件"临界策略：对于 $m \in \{鹰派，鸽派\}$ 的任何信息，存在临界点 $c_j(m)$，使如果参与者 j 听到信息 m，那么当且仅当 $c_j \leq c_j(m)$ 时选择 H。根据挑衅信息"鹰派信息"，均衡临界点是 $c_A（鹰派）= \Gamma(d)$ 且 $c_B（鹰派）= d$，其中 Γ 由式（2）定义。请注意，这意味着经挑衅后，参与者 B 将以 $F(d)$ 的概率选择 H；因此参与者 A 倾向于选择 H，当且仅当 $-c_A + (1 - F(d))\mu \geq F(d)(-d)$，这相当于 $c_A \leq \Gamma(d)$。因此，参与者 A 的临界点为 $c_A（鹰派）= \Gamma(d)$ 是最优反应。

现在如果没有挑衅，则令 $y^* = c_A（鸽派）$ 且 $x^* = c_B（鸽派）$ 表示临界点。在均衡时，实际情况是 $x^* < d$，因此，如果没有挑衅，则参与者 B 将以严格低于 $F(d)$ 的概率选择 H。对于参与者 A 而言，采取最优反应，

99

我们一定有 $y^* = \Gamma(c_B(鸽派)) < \Gamma(c_B(鸽派)) = \Gamma(d)$。也就是说，两个参与者都使用较低的临界点，意味着在没有挑衅的情况下，恐惧螺旋不那么严重。

参与者 E 的均衡策略是发送鹰派信息，当且仅当 $c_A \in (y^*, \Gamma(d)]$ 时，挑衅使参与者 B 更可能选择 H，而参与者 E 不希望参与者 B 选择 H。然而，当 $c_A \in (y^*, \Gamma(d)]$ 时，挑衅还会导致参与者 A 从选择 D 转为选择 H，而这是参与者 E 所希望的。与此相反，当 $c_A \notin (y^*, \Gamma(d)]$ 时，参与者 A 的行动并不依赖参与者 E 的廉价谈判信息，且参与者 E 更偏好于说出"鸽派信息"以最小化参与者 B 选择 H 的概率。事实上，如果 $c_A \leq y^*$，那么即使在没有挑衅的情况下，参与者 A 天生就是鹰派，因此选择 H；相反，如果 $c_A > \Gamma(d)$，那么即使在挑衅之后，参与者 A 也足够温和而选择 D。在这两种情况下，挑衅都会适得其反，因为它只会激发参与者 B 选择 H，而这对于参与者 E 没有任何好处。

在均衡状态下，当参与者 A 是协调型参与者，在无交流的情况下会选择 D 时，挑衅才会发生。现在，参与者 A 转而选择 H，且参与者 B 也是这样（除非占优策略是鸽派）。因此，挑衅加剧了恐惧螺旋：每个参与者都表现得具有侵略性，因为其预计对方也是如此（就像在完全信息猎鹿博弈的"坏"均衡 HH 中那样）。

奇怪的是，没有挑衅也会刺激参与者 B。在《深夜小狗离奇事件》（Conan Doyle，1894）中，狗根本没有对入侵者吠叫，因为狗认识他。类似地，当参与者 A 本质上是非常强硬的鹰派时，极端分子不会发出挑衅行为。因此，"不吠叫的极端分子"（即说出鸽派信息的参与者）警告参与者 B，参与者 A 可能是非常强硬的鹰派。这会触发恐惧螺旋，参与者 A 和参与者 B 比无交流均衡都更可能选择 H［临界点 x^* 和 y^* 严格高于由式（4）给出的均衡临界值 $\hat{x}$］。因此，无论极端分子发送的是什么信息，极端分子的存在都对和平有害。在第 2 节无交流情况均衡中选择 H 的任何类型的参与者，在这里所描述的均衡中必然选择 H。但是，在这里所描述的均衡中，无论是否发生了挑衅，在无交流均衡中选择 D 的参与者现在会选择 H。因此，所有类型的参与者 A 和参与者 B 都由于极端分子的存在而变得更糟了，因为每个人都希望对手选择 D。

第 3 节中阻止了冲突的"善意"廉价谈判与本节中引发了冲突的

"恶意"廉价谈判之间形成了有趣的对比。在这两种情况下，从中间类型与其他类型分离的意义上讲，廉价谈判都有一个非凸结构。在第 3 节中，正是把自己分离出来的"强硬"协调型参与者通过阻止恐惧蔓延感染全部人口从而带来了和平。中间类型的参与者本身是可以和平共存的！相反，极端分子的廉价谈判将"弱"协调类型区别出来，他们在无交流均衡中会选择 D，但会被诱导选择 H。这会在和平本来可以出现时引发冲突。即使是"不吠叫的极端分子"对和平也是有害的，因为缺乏"弱"协调类型的参与者导致出现了不太有利的类型分布。

巴利加和舍斯特勒姆（Baliga, Sjöström, 2010）表明，存在极端分子交流的所有均衡都具有相同的结构，并总是使参与者 A 和参与者 B 都变得更糟糕。为什么参与者 A 和参与者 B 不能简单地无视极端分子呢？在涉及恐怖主义时经常会问到这个问题：

> 只有在你以恐怖分子希望你回应的方式来回应它时，恐怖主义才算胜利；这意味着它的命运掌握在你手中，而不是他们手中。如果你选择完全不理会，或者以不同于其预期的方式回应，那么恐怖分子将无法实现目标。重要的一点是，选择权在你手中。这是恐怖主义作为一种策略的终极弱点。这意味着，尽管恐怖主义不能总是被阻止，但它往往可以被击败。你总是可以拒绝做恐怖分子想让你做的事（Formkin, 1975：697）。

在我们的模型中，这个问题具有显而易见的答案：因为参与者 A 和参与者 B 期望对方就极端分子的信息做出回应，单方面忽视这个信息不是最优的。更困难的问题是，参与者 A 和参与者 B 是否可以共同偏离这个策略，通过一些可自我实施的协议无视极端分子，巴利加和舍斯特勒姆（Baliga, Sjöström, 2010）讨论了这个问题，他们认为情况并不一定如此。

5. 民主和平

民主促进和平的思想可以追溯至伊曼努尔·康德（Immanuel Kant, 1795, 1903：122）：

> 如果……要确定是否应该发动战争，就必须征得当事者的同意，在采取这种糟糕的手段之前，没有什么比他们应当很好地权衡这个问题更自然的事情了。

然而，如果冲突是由霍布斯陷阱造成的，且如果代表性公民是可怕的类型，那么民主改革将创造和平并不是显而易见的。

101　　巴利加、卢卡和舍斯特勒姆（Baliga，Lucca，Sjöström，2011）通过假设每个参与者是拥有连续数量公民的国家的领导者，扩展了支付存在不确定性的冲突博弈。在两位领导者选择 H 或 D 后，每位公民将支持其领导人（当且仅当领导者的行为从公民自身偏好的角度看是最优反应）。为了可以继续执政，领导者 $i \in \{A, B\}$ 需要公民中的支持者达到一个临界水平 σ_i^*。继续执政的价值 $R > 0$。

例如，假设领导者 A 选择 H，领导者 B 选择 D。领导者 A 因此得到国家 A 中认为 H 是对于 D 的最优反应的公民的支持，也就是说，鹰派是占优策略，而领导者 B 得到国家 B 中鸽派为其占优策略的公民的支持。如果每个群体中成本类型的分布是 F，那么领导者 A 和领导者 B 分别得到国内 $F(\mu)$ 和 $1 - F(d)$ 比例公民的支持。如果 $F(\mu) \geq \sigma_A^*$，那么领导者 A 继续执政，其支付是 $\mu - c_A + R$（其中 c_A 是其私人成本类型）；但如果 $F(\mu) < \sigma_A^*$，那么领导者 A 失去权力，其支付只有 $\mu - c_A$（类似地，当且仅当 $1 - F(d) \geq \sigma_B^*$ 时，领导者 B 继续执政）。

巴利加、卢卡和舍斯特勒姆（Baliga，Lucca，Sjöström，2011）假设占优策略为鹰派的参与者要多于占优策略为鸽派的参与者，中间类型是协调型，即 $1 - F(d) < F(\mu) < 1/2$。

在这个假设下，每个国家 i 根据 σ_i^* 成为三种类型中的一种。

第一，如果 σ_i^* 足够小使领导者 i 不会失去权力，那么国家 i 具有一个独裁政权。独裁者的支付矩阵是由式（1）中的矩阵在每个元素加上 R 得到的。当然，独裁者不会关心公民的意见。

第二，如果 σ_i^* 足够大使领导者 i 需要得到中间类型的支持才能继续执政，那么国家 i 是一个完全的民主国家。回想一下，中间类型根据假设是协调型。因此，如果国家 i 是一个完全的民主国家，那么当且仅当其与对手的行动相匹配时，领导人 i 继续执政，式（10）给出了领导者 i

的支付矩阵：

$$
\begin{array}{ccc}
 & H & D \\
H & R - c_i & \mu - c_i \\
D & - d & R
\end{array}
\tag{10}
$$

为了继续执政并获取 R，完全的民主国家的领导者倾向于针对和平型对手选择 D（"鸽派偏见"），但倾向于针对侵略型对手选择 H（"鹰派偏见"）。"鸽派偏见" 在两个完全的民主国家之间产生 "康德式和平"①。然而，在一个更加敌对的环境中，中间选民出于恐惧支持侵略，将替换不足够具有侵略性的领导者，这产生了 "鹰派偏见"。相比之下，独裁者不会对公民的偏好做出反应，所以既不存在 "鹰派偏见"，也不存在 "鸽派偏见"。因此，正如巴利加、卢卡和舍斯特勒姆（Baliga，Lucca，Sjöström，2011）所示，一对独裁者比一对完全民主的领导者更加不和平，但是独裁者比民主选举的领导者在应对来自外国日益增加的威胁方面更不积极。

第三，如果 σ_i^* 在 $1 - F(d)$ 和 $F(\mu)$ 之间，那么领导者 i 会失去权力（当且仅当其选择 D 而对手选择 H 时）。这一类型位于独裁和完全民主之间；巴利加、卢卡和舍斯特勒姆（Baliga，Lucca，Sjöström，2011）将其称为有限的民主。在这里，领导者 i 的支付矩阵是式（11）中的矩阵：

$$
\begin{array}{ccc}
 & H & D \\
H & R - c_i & R + \mu - c_i \\
D & - d & R
\end{array}
\tag{11}
$$

有限民主总是具有 "鹰派偏见"，因为领导者要想继续执政必须避免 DH 的结果。巴利加、卢卡和舍斯特勒姆（Baliga，Lucca，Sjöström，2011）表明，将国家 i 的任意其他政体类型替换为有限民主，会提高均衡时发生冲突的概率。

在这个模型中，如果有限民主国家的领导者显示出过度的鸽派作风，那么就有失去权力的危险。因此，有限民主国家比具有其他政体类型

---

① 列维和拉辛（Levy，Razin，2004）以及唐格拉斯（Tangerås，2009）提供了基于不完全信息的其他康德式和平理论。

（包括独裁）的国家表现得更加鹰派。通过触发恐惧螺旋，有限民主不利于和平。在完全的民主国家中，如果民众感到安全，那么他们希望有一位鸽派领导人；如果感觉受到威胁，就会希望有一位鹰派领导人。因此，如果环境被认为是敌对的，那么完全的民主国家具有"鹰派偏见"。总之，如果冲突是由霍布斯陷阱引发的，那么民主与和平之间的关系就不那么简单了。

6. 武器核查

军事能力通常是保密的。例如，据说在 20 世纪 90 年代早期，萨达姆·侯赛因（Saddam Hussein）政权拥有大规模杀伤性武器（Weapons of Mass Destruction，WMD），但在 20 世纪 90 年代末没有。在两种情况下，他都没有透露实情。在第一种情况下，他或许希望通过不透露拥有大规模杀伤性武器以避免遭受制裁或先发制人的打击；在第二种情况下，他或许希望通过不透露缺乏大规模杀伤性武器以制造"怀疑的威慑"。不管是什么动机，直觉都表明，关于军事能力的模糊性会产生恐惧和不信任，并因此根据我们熟悉的霍布斯的观点，这会激发冲突。相反，武器核查通过消除这种模糊性可能会促进实现和平。这一传统智慧体现在《不扩散核武器条约》（Non – proliferation of Nuclear Weapons）中，该条约要求各国接受国际原子能机构（International Atomic Energy Agency，IAEA）对核设施的核查。

考虑一个以巴利加和舍斯特勒姆（Baliga，Sjöström，2008）的文章为基础的武器核查简单模型。参与者 A 是一个大国的领导人，其必须决定是否攻击较小的国家 B。参与者 B 必须决定国家 B 在武器项目上进行多少投资。令 x 表示投资，国家 B 要获得大规模杀伤性武器，这些武器项目必须是成功的，x 越大就越有可能成功。如果国家 B 获得了大规模杀伤性武器，我们就说国家 B 进行了武装。因此，国家 B 存在两种可能的的状态：武装或非武装。国家 B 进行武装的概率是 $\sigma(x)$，其中 $d\sigma/dx > 0$。

103　　时间顺序如下。

1. 参与者 B 选择 x，参与者 A 可以看到该选择。

2. 国家 B 的状态实现［以 $\sigma(x)$ 的概率实现"武装"，以 $1 - \sigma(x)$

的概率实现"非武装"]。参与者 B 可以观察到真实状态。

3. 参与者 B 可能会向参与者 A 透露国家 B 的真实状态（"武装"或 "非武装"）。

4. 参与者 A 可能决定攻击国家 B。

第三阶段显示的信息是"硬"的，即不可能伪造。如果参与者 B 确实没有进行武装，武器核查人员就可以验证这一点；如果参与者 B 进行了武装，则参与者 B 只能展示武器。但一个没有进行武装的国家无法展示任何武器，而且在我们的理想模型中，武器核查人员绝不会证明武装国家没有进行武装。① 为了简化分析，假设参与者 A 可以直接观察参与者 B 在第一阶段的投资水平。②

如果在均衡中，当参与者 B 进行了武装时，其揭示出真实状态，但当其没有进行武装时，其不揭示真实状态，就永远不存在任何真正的模糊性；因为当参与者 B 不透露真实状态时，参与者 A 在知道参与者 B 的均衡策略的情况下能够推断出参与者 B 必定没有进行武装。类似地，如果参与者 B 只有在其没有进行武装时才揭示真实状态，实际也不存在模糊性。为了让参与者 A 心中对参与者 B 武装的真实状态模棱两可，参与者 B 必须（如萨达姆·侯赛因那样）在进行武装和没有进行武装时都避免暴露真实状态。

现在考虑参与者 A 的偏好。假设参与者 A 是恐惧型：其喜欢生活在和平中，但害怕参与者 B 的大规模杀伤性武器会最终落入恐怖分子手中。在一种霍布斯陷阱的情况下，这样的恐惧型参与者 A 可能会被迫攻击国家 B 以消除这种威胁。③ 事实上，参与者 A 会更胆怯，因此更加倾向于攻击，而国家 B 更有可能装备大规模杀伤性武器。如果参与者 B 知道参与者 A 惧怕这种情况，那么如果参与者 B 是非武装的，就应该让武器核查人员证实其状态。然后，参与者 A 的恐惧将减小，攻击就不太可能发生了。相反，如果参与者 B 不允许进行武器核查，那么参与者 A 必定认

---

① 相反，第 3 节揭示的关于偏好的信息是"软"信息，可以伪造（例如，占优策略为鹰派的参与者可能说出"鸽派信息"）。

② 巴利加和舍斯特勒姆（Baliga, Sjöström, 2008）假设参与者 B 的投资不可观测，这在参与者 A 的头脑中增加了另一个层次的模糊性。

③ 回顾一下，2003 年入侵伊拉克的所谓目标是解除伊拉克的大规模杀伤性武器。

为参与者 B 进行了武装。因此，如果大家都知道参与者 A 是恐惧型的，那么当参与者 A 在第四阶段做决策时，关于国家 B 的真实状态永远不会存在任何模糊性。

反过来，假设参与者 A 是贪婪型的，其希望控制国家 B 的自然资源。如果国家 B 拥有大规模杀伤性武器并用其保卫自己，那么对于参与者 A 来说，对国家 B 的攻击就没有那么有吸引力了。因此，国家 B 越有可能装备大规模杀伤性武器，贪婪型参与者 A 就越不愿意发动攻击。如果参与者 B 知道参与者 A 在这个意义上是贪婪的，那么如果参与者 B 进行了武装，则其应该透露这一状态以阻止攻击。[①] 如果参与者 B 没有透露其拥有大规模杀伤性武器，那么参与者 A 必定认为参与者 B 是非武装的。因此，如果大家都知道参与者 A 是贪婪的，那么当参与者 A 在第四阶段做决策时，关于国家 B 的真实状态永远不会存在任何模糊性。

上述推理意味着，如果参与者 B 不确定参与者 A 是贪婪型还是恐惧型，那么参与者 B 只能在参与者 A 的头脑中制造模糊性。[②] 正式地说，假设参与者 B 认为参与者 A 以 $p > 0$ 的概率为贪婪型、以 $1 - p > 0$ 的概率为恐惧型。如果参与者 B 透露其是非武装的，若参与者 A 是贪婪型，其会倾向于攻击；若参与者 A 是恐惧型，就不会倾向于攻击。如果参与者 B 透露其是武装的，若参与者 A 是恐惧型，其会倾向于攻击，但若参与者 A 是贪婪型的话就不会。更一般地，存在 $x_g \in (0,1)$ 使贪婪型参与者倾向于攻击，当且仅当参与者 B 进行武装的概率小于 x_g；存在 $x_f \in (0,1)$ 使恐惧型参与者倾向于不攻击，当且仅当参与者 B 进行武装的概率小于 x_f。

要了解模糊性如何能够存在于均衡中，可假设 $x_f > x_g$。如果参与者 B 在第一阶段的投资小于 x_g，那么其在第四阶段以正概率被攻击。事实上，如果其在第三阶段不透露真实状态，贪婪型的参与者会在第四阶段攻击（因为 $x < x_g$ 不能阻止攻击）。另外，如果其在第三阶段揭示了真实状态，其要么被恐惧型参与者攻击（如果其透露进行了武装），要么被贪婪型参与者攻击（如果其透露没有进行武装）。相反，如果参与者 B 的投资数量 $x = x_g$，且在第三阶段不揭示真实状态，那么其永远不会被

---

① 保持武器的保密性以阻止攻击是非理性的。正如《奇爱博士》（Dr. Strangelove）所说："如果你保守秘密，末日机器就失去了它的全部意义！你为什么不告诉世界，嗯？"

② 另外，如果参与者 B 面对几个对手，有的贪婪，有的恐惧，那么模糊性可能存在。

攻击。事实上，当 $x \geqslant x_g$ 时，贪婪型参与者"被怀疑阻止"；当 $x < x_f$ 时，恐惧型参与者没有胆怯到进行攻击。显然，如果投资成本不那么高，且如果获得大规模杀伤性武器对参与者 B 而言并不具有非常大的内在价值，那么投资为 $x = x_g$，保持武装的完全模糊性是其最优策略。请注意，如果参与者 B 的武器项目是成功的，那么其倾向于不透露真实状态，以避免被恐惧型参与者 A 攻击的风险。如果参与者 B 的武器项目不成功，那么其倾向于不透露真实状态，以避免被贪婪型参与者 A 攻击的风险。因此该策略是序贯理性的。此外，模糊策略意味着参与者 A 永远不会攻击。①

　　假设博弈被改变了，在第三阶段自动显示国家 B 的状态。例如，新技术可能允许参与者 A 监视国家 B 的武器项目；或者更加异想天开地，"世界政府"可以实行强制性武器核查制度。无论在哪种情况下，国家 B 的武器能力都不会存在任何模糊性。现在，参与者 B 面临以下困境。如果其获得了大规模杀伤性武器，那么可能触发来自恐惧型参与者的攻击。相反，如果仍然不进行武装，那么可能会遭受来自贪婪型参与者的攻击。根据参与者 B 认为的参与者 A 类型的信念，参与者 B 可能更倾向于获得大规模杀伤性武器，通过扩大武器项目规模，阻止贪婪型参与者的攻击。这对参与者 A 来说当然是不利的。同样，在不存在模棱两可的情况下，均衡时必然出现攻击：如果参与者 B 的武器项目成功了，那么其会被恐惧型参与者攻击；否则会被贪婪型参与者攻击。消除关于参与者 B 武器能力的模糊性对于和平来说是不利的，这个结果与之前讨论过的传统智慧相互矛盾。

　　均衡模糊性要求怀疑参与者 A 是否会对强硬态度（例如，武器采办）以对抗升级（如在策略互补的博弈中那样）或让步（如在策略替代的博弈中那样）做出回应。毫无疑问，至少存在一种状态，其中，参与者 B 希望参与者 A 知道实情并且会透露它，这使参与者 A 可以推断出其他状态下的真实情况。但是，如果对于行动是策略替代还是策略互补存在疑问，那么关于武装力量的策略模糊性就有可能使所有参与者得到改善。

105

---

① 反过来，如果 $x_f < x_g$，那么模糊性仍然可能是参与者 B 最优策略的一部分。但现在，均衡中攻击出现的概率必须严格为正，对于任意足够大且可以阻止贪婪型攻击的投资水平而言，它必然引发恐惧型参与者的攻击。

7. 结论

在第 2 节的基本冲突博弈中，每个参与者认为对手占优策略为鹰派的概率非零。由于行动是策略互补的，恐惧的蔓延甚至会导致和平型参与者采取侵略行为。面对面的交流可以防止恐惧蔓延。廉价谈判不能完全揭示真实状态，但第 3 节表明，协调型参与者中的一部分可以从其余类型中分离出来。其余的协调型参与者愿意采取和平行动（只要 μ 非常小）。然而，当 μ 比较大时，具有信息价值的廉价谈判均衡就被打破了。显示性原理（revelation principle）（Myerson，2008）认为，调解是有益的。未来研究可能会表明，在 μ 的一定范围内，当廉价谈判失败时，调解能够带来和平。

正如在第 4 节中讨论的，第三方挑衅者可以使用廉价谈判加重恐惧并制造冲突。煽动占优策略为鹰派的参与者是多余的，煽动占优策略为鸽派的参与者是不可能的。但挑衅者可以导致协调型参与者变得更具侵略性。参与者 A 和参与者 B 在多大程度上可以通过交换自有信息应对挑衅尚未可知。

第 5 节认为，领导者为了安抚鹰派选民可能采取侵略性行为，民主化不一定有利于和平。然而，该模型没有考虑到沟通。当策略是互补型的且冲突是由相互恐惧引起的时，领导者通过交换信息或许能够创造和平，这正如第 3 节所讨论的那样。问题是要确保信息是可信的。利维和拉津（Levy，Razin，2004）认为，民主领导人可能比独裁者更令人信服地进行沟通，因为通过民主选举的领导者面对两类人群：本国的选民以及其他领导者。

在第 5 节中，政治体制是外生给定的。但战争可能引发政治体制变革。马岛战争（The Falklands War）使阿根廷的政治领导层发生了变化，并有助于扫清通向民主的道路。第二次海湾战争在伊拉克建立了一个更加民主的制度。一些政治机构可能会比其他机构更脆弱，更容易受到内战和政权更迭的影响。未来叫以研究政治制度和战争决策均为内生决定的模型。

本着霍布斯的思想，我们重点考察了策略互补且惧怕对手会触发冲

突的模型。如果行动是策略替代，那么对对手的恐惧会阻止侵略并预防
冲突。在实践中，很难区分升级问题和威慑问题。在冷战期间，一些人
认为，主要问题是遏制苏联的侵略；另一些人认为，主要问题是防止恐
惧螺旋。在第 6 节中我们考虑了一个模型，其中参与者 B 通过进行武装
显示自己的强硬，但其并不知道强硬是否可以阻止参与者 A 的攻击，或
者导致参与者 A 出于恐惧更可能进行攻击。如果武器核查表明参与者 B
没有进行武装，那么参与者 A 不太可能出于恐惧而发动攻击，但更可能
出于贪婪而发动攻击（因为没有威慑）。参与者 B 的最优选择可能是在
参与者 A 的头脑中刻意制造不确定性，也就是保持 "策略模糊性"。当
参与者 B 没有进行武装时，策略模糊提供的威慑减少了参与者 B 积累武
器的动机。巴利加和舍斯特勒姆（Baliga，Sjöström，2008）构建了廉价
谈判均衡，其中，武器核查由参与者 A 发送的信息引发。与第 3 节和第 4
节中的情况一样，廉价谈判均衡具有非凸结构。

　　武器核查消除了关于武器能力的不确定性。有时国家维持关于意图
而不是能力的策略或 "建设性的" 模糊性。未来的研究可以厘清这种模
糊性的逻辑。

　　在本章中，我们强调了两个对手或选择鹰派行动，或选择鸽派行动
的模型。讨价还价博弈模型是另一种不同的模型，其中，参与者提出要
求，如果讨价还价失败，战争就可能发生［参见费伦（Fearon，1995）］。
两种思路之间的联系非常值得研究。

致　谢

　　我们由衷感谢米歇尔·R. 加芬克尔（Michelle R. Garfinkel）和斯特
吉奥斯·什卡佩尔达斯（Stergios Skaperdas）的有益评论。

参考文献

Baliga, S., D. Lucca, and T. Sjöström. 2011. Domestic political survival and international
　　conflict: Is democracy good for peace? *Review of Economic Studies* 78: 458 – 86.

Baliga, S. , and T. Sjöström. 2004. Arms races and negotiations. *Review of Economic Studies* 17: 129 – 163.

——. 2008. Strategic ambiguity and arms proliferation. *Journal of Political Economy* 116: 1023 – 57.

——. 2009. Conflict games with payoff uncertainty. Mimeo, Northwestern University.

——. 2010. The Strategy of manipulating conflict. Mimeo, Northwestern University.

Chassang, S. , and G. P. Miquel. 2008. Conflict and deterrence under strategic risk. Mimeo, Princeton University.

Doyle, A. C. 1894. *The memoirs of Sherlock Holmes.* London: George Newnes.

Fearon, J. , 1995. Rationalist explanations for war. *International Organization* 49: 379 – 414.

——. 1996. Bargaining over objects that influence future bargaining power. Mimeo, Stanford University.

Fromkin, D. , 1975. The strategy of terrorism. *Foreign Affairs* 53 (4): 683 – 98.

Garfinkel, M. , and S. Skaperdas. 2000. Conflict without misperceptions or incomplete information: How the future matters. *Journal of Conflict Resolution* 44: 793 – 807.

Hefetz, N. , and G. Bloom. 2006. Ariel Sharon. New York: Random House.

Hobbes, I. , 1886. *Leviathan*, 2nd ed. London: Ballantyne Press.

Jackson, M. , and M. Morelli. 2007. Political bias and war. *American Economic Review* 97: 1353 – 73.

Jervis, R. , 1976. *Perception and misperception in international politics.* Princeton NJ: Princeton University Press.

Jung, H. M. 2007. Strategic information transmission through the media. Mimeo, Lahore University.

Kant, I. , 1795/ 1903. *Perpetual peace: A philosophical essay*, trans. by M. Smith London: Swan Sonnenschein & Co.

Kissinger, H. 1994. Diplomacy. New York: Touchstone.

Kydd, A. , 1997. Game theory and the spiral model. *World Politics* 49: 371 – 400.

Levy, G. and R. Razin. 2004. It takes two: An explanation for the democratic Peace. *Journal of the European Economic Association* 2: 1 – 29.

Milgrom, P. , and J. Roberts. 1982. Predation, reputation, and entry deterrence. *Journal of Economic Theory* 27: 280 – 312.

Morgenthau, H. , 1967. *Politics among nations: The struggle for power and peace*, 4th ed. New York: Knopf.

Myerson, R. 2008. Revelation principle. In *The new Palgrave dictionary of economics*. London: Palgrave Macmillan.

Powell, R. 2006. War as a commitment problem. *International Organization* 60: 169 – 203.

Schelling. T. 1960. *The strategy of conflict*. Cambridge: Harvard University Press.

Tangerås, T. 2009. Democracy, autocracy and the likelihood of international conflict. *Economics of Governance* 10: 99 – 117.

Thucydides. 1989. *The Peloponnesian War: The complete Hobbes translation*. Chicago: University of Chicago Press.

第6章 宗教、冲突与合作

迈克尔·麦克布莱德

加里·理查德森

1. 引言

宗教引发冲突与合作。定义宗教是思考这一悖论的先决条件。学者们以多种方式定义宗教（Roberts，2004）。功能性定义侧重于宗教对信徒的作用，例如，提供一种解释世界的视角，帮助人们应对生活中的磨难，并讨论对生命目的和死亡可能产生的结果的关注。实质性定义侧重于思考宗教思想的本质，特别是关于上帝、神性、道德、判决以及来世的信仰。研究宗教的经济学家［如杨科那和贝尔曼（Iannaccone，Berman，2006）］支持实质性定义。在这样做的时候，他们依赖研究宗教的社会学家中的理性选择学派［如斯塔克和芬克（Stark，Finke，2000）］。对于该群体中的一些学者来说，一个被认可的宗教定义是与超自然力相关的信仰、实践、互动以及交流。尽管这一定义存在不足之处，但它允许运用经济分析工具来阐明宗教、合作与冲突间的联系。

我们以描述思考宗教的经济学方法开始这项任务。然后，我们回顾宗教与冲突之间的历史联系。接下来，我们讨论现代的宗教和暴力，以及宗教的经济学方法如何帮助我们理解这一关系。之后，我们转向探讨非暴力冲突，如司法程序和政治竞争。最后，我们考察宗教怎样、为什么以及什么时候促进合作。通过讨论宗教所产生的益处，我们高调地结束这一章。最后一部分讨论未来的研究领域。

2. 宗教经济学

人类经常面临稀缺性问题，愿意使用任何可能的手段，包括诉诸超自然的方式来实现目标，如果这样的方式被认为具有成本效益。只要一个人相信超自然诉求有足够的可能性发挥作用，那么在一个给定具有不确定性的环境下，请求超自然干预就是实现目标的另一种方式。一个人可以在追求几乎所有稀缺物品时求助超自然的神灵。这适用于现世的物品（例如，农民求雨），也适用于那些非现世的事物（例如，濒临死亡的八旬老人请求神灵使其在死后得到救赎并进入天堂）。

经济学家常常将对商品的偏好视为给定。宗教经济学的先驱［例如，阿齐和埃伦伯格（Azzi，Ehrenberg，1975）］采用这种方法假定了对非现世事物（如死后的救赎）的欲望。关于人们对宗教物品和服务的认知，为什么会产生对这些物品和服务的偏好，以及精神和世俗欲望之间的联系等内容，是文献中的空白。例如，《圣经》同其他书一样，是一种实物，但它提供了宗教价值，因为人们重视它的精神信息，或者因为它促进了人与超自然力量的互动。宗教用品，如服装、烛台和装饰了彩绘玻璃的教堂窗户，在真实世界中具有广泛用途，但与超自然的联系增强了它们的吸引力。当宗教组织与标准商品和服务的世俗提供者相竞争时，另一个复杂问题出现了。这些情况包括社会保险、心理咨询、婚礼和葬礼等。

鉴于人们对宗教商品和服务的渴望，出现声称可以满足这些渴望的专业人士就不足为奇了。这些提供者往往在团体或机构内部活动。除此之外，对于理解宗教与冲突之间关系的一个很重要的经验教训是，专门提供宗教商品和服务的团体经常会出现分支机构，去生产世俗商品并提供服务，而且这样做的效果非常显著。

我们现在已经描述了宗教市场的需求和供给。这个市场类似于经济学家通常研究的市场。一个相似之处是，法律制度会影响竞争的本质。就像政府可以授予特定企业特权一样，政府也可以给予某些宗教以特权，同时使其他宗教失去法律的保护。许多国家对宗教信仰有限制。宗教垄断存在于很多国家，国家对宗教的资助也很常见，但不同国家如英国、以色列、伊朗和沙特阿拉伯等资助的程度各不相同。它存在于民主国家，

111

如英国和以色列；存在于神权国家，如伊朗；存在于君主制国家，如沙特阿拉伯。[①] 宗教垄断在过去很普遍，如今，许多国家所呈现的宗教自由是一种新现象。

除限制进入外，宗教市场往往表现出激烈的竞争。市场是可竞争的。任何宣称能够洞察神灵的人都可以开设商店。宗教偏好似乎是多种多样的，并可能随着个人年龄和宗教经历而改变。提供人们所需商品和服务的团体蓬勃发展。没有做到这一点的团体会不断减少。

但宗教市场的竞争程度也是有限的。宗教团体生产相似但不同的商品，就像生产百事可乐和可口可乐（以及其他几十种苏打水）的相互竞争的企业一样。产品差异化给宗教团体带来一些市场力量。外部性和网络效应也是如此，个人可能会把这种影响从宗教团体转移到生活中的其他领域。

宗教市场具有区别于标准世俗市场的特征。宗教商品往往是体验商品，在消费前，个人很难确定将从这些商品中获得何种效用。宗教商品也可能会使人上瘾。对宗教的体验可能会提升个人未来从其中得到的效用。许多宗教商品是信任品，因为个人即使在消费后也很难度量其效用的增加量。这些例子包括祈祷神灵干预的好处和个人在来世获得援助的效果。许多宗教商品是集体生产的俱乐部商品。俱乐部商品是非竞争性的，但具有排他性；消费俱乐部商品的人必须加入生产它们的俱乐部。例如，宗教狂热产生于众人一起祈祷时的热情，宗教活动由许多人捐款资助，宗教仪式需要大量参与者。宗教团体因此成为集体生产宗教商品的供给商。

最后一点在宗教经济学文献中发挥核心作用。这是杨科那（Iannaccone，1992，1994）耻辱甄别理论（stigma-screening theory）的重点。任何团体，无论是宗教团体还是世俗团体，试图集体生产商品必须克服"搭便车"行为。克服"搭便车"行为最有效的方法之一是识别出"搭便车"的人，并将他们排除在消费商品或服务之外。这种方法涉及监控个人行为，而监控可能是昂贵且困难的，尤其是对于宗教团体而言，在这些团

[①] 有关世界各地宗教自由和宗教市场干预的信息，请参见美国国际宗教自由委员会（U. S. Commission on International Religious）的年度报告，可从 http://www. uscirf. gov 获得。

体中，许多有助于集体生产的行为是私下进行的，或者是虚假的。宗教团体，特别是极端教派，采用次优解决方案。一种方法是通过使团体成员的利益取决于一种昂贵但公开可见的行为，并以此来甄别成员，如每天花费很多时间阅读宗教经文。另一种方法是制造一种耻辱，这种耻辱标志着个体与其他成员的不同，以增加背叛的成本，例如吃特定的食物、穿特定的衣服。通过将收益建立在对个人来说成本高昂、对团体来说易于 112 观察的行为的基础上，团体就可甄别出那些可能"搭便车"的人。

这种宗教产品的俱乐部理论产生了关于宗教与冲突之间关系的两点启示，我们将在本章后面再次讨论。首先，当一个宗教团体本身与周围社会之间存在鲜明的边界时，它往往会发展壮大。虽然这是有代价的，但将该团体与社会其他部分分离而造成的紧张局面，减少了团体内部的"搭便车"行为，并促进了集体物品的生产。这种紧张关系可能会导致与外界发生冲突，这反过来会提高团体为集体努力做出贡献的能力。

其次，由于宗教组织成功地提供了集体宗教物品，它们还可以提供集体的世俗商品。换句话说，在一个维度上克服集体行动问题的能力会促进团体在多个维度进行合作。这种促进集体行动的普遍能力使宗教团体成功地组织暴力活动成为可能，而一些世俗团体却可能无法做到。然而，在其他情况下，诱导合作的能力也能够使宗教团体减少冲突。

在我们看来，这种宗教模型是我们研究的一个重要进展。然而，我们承认，许多学者并不认为有必要立即为问题提供理论基础，而是认为设定宗教产品偏好并推动理论发展就足够了。这是可以理解的做法，但它不能为理解宗教、合作与冲突之间的关系提供坚实的基础。在深入研究这些问题之前，我们先描述宗教与冲突之间的历史联系，其中包括暴力冲突和其他形式的冲突。

3. 宗教和暴力冲突的历史

纵观整个有记载的人类历史，宗教和冲突往往同时发生。在古地中海世界，战争往往需要得到宗教当局的批准。战斗人员在冲突之前进行占卜，并询问通神者和"圣人"，如德尔菲（Delphi）的先知们。战斗人员祈求神的支持，用精神口号进行激励，通过宗教仪式动员平民获得支持，特别是相互竞争的文明发生碰撞时，如希腊人和波斯人。

古代美洲的宗教尤其血腥。尽管记载很少，但阿兹特克、玛雅和印加文明不可否认地牺牲了很多人，有时规模巨大。西班牙传教士的著作描述了古代美洲的血腥宗教，其中人类的牺牲在宗教仪式中发挥突出作用。在安第斯山脉的多个地点发现了被制成木乃伊的献祭者。在中美洲的遗址中发现了骨骼遗迹。玛雅纪念碑的铭文记载了数千名俘虏牺牲的情形。城市和仪式场所似乎以金字塔为中心，在那里，神职人员和牺牲者将升入天堂，金字塔的中心位置允许人们在广阔的地域内目睹献祭仪式。因为需要不断"捕获"献祭者，这促使中美洲各政治派系之间无休止地爆发战争。在 16 世纪西班牙入侵美洲时，无处不在的宗教暴力成为基督教传教士破坏这些社会的动机和理由。

基督教是在中东兴起的一神论宗教之一。这类现代宗教的起源可追溯到《摩西五经》（Torah）和《旧约》（Old Testament）中记录的亚伯拉罕部落的经历。这些古老的文章描述了希伯来人为捍卫自己的土地和夺取新领土而进行的战争。这些冲突包括犹太人从土著居民手中夺取迦南，以及抵抗非利士人、摩押人、以东人、亚玛力人和亚述人的战争。以色列军队领袖，如约书亚、大卫和所罗门，成为受人尊敬的宗教人物。在罗马军队镇压犹太人起义并于公元 70 年前后摧毁耶路撒冷之前，以色列人控制他们的土地，但其在几个时期处于外国统治之下。

在耶路撒冷大毁灭中幸存的一个犹太教派逐渐演变成天主教，遍布整个罗马并最终统治欧洲。和它的先祖一样，天主教也经历过动荡和战争时期。在中世纪，天主教会鼓励针对地中海周围的穆斯林和欧洲周边的异教徒进行军事远征，以推广基督教文明。东欧和西班牙的战争从 11 世纪持续到 15 世纪。试图夺回"圣地"控制权的运动从 1095 年持续到 1291 年。教皇通过承诺给予那些为欧洲基督教而战的战士以精神上和经济上的奖励，来激励十字军东征。

天主教的对外扩张在国内宗教战争爆发前后停止了。15 世纪，天主教对持不同政见者采取越来越强硬的态度。教会给那些改革者冠以异教徒之名，给他们定罪并对他们施以火刑。例如，英格兰的约翰·威克里夫（John Wycliffe）和波希米亚的简·胡斯（Jan Hus），他们的追随者分别被称为罗拉德派（Lollards）和胡斯派（Hussites）。针对罗拉德派和胡斯派的运动持续了几十年。

16 世纪的宗教改革引发整个欧洲大陆的冲突。天主教高层谴责全体异教徒，新教徒也以同样的方式回应。宗教战争一再爆发。一个多世纪以来，天主教徒与新教徒相互斗争，新教徒之间相互斗争，最终导致三十年战争（1618～1648 年），这场战争摧毁了德国的大部分地区，造成大约 25% 的人死亡。

像基督教一样，伊斯兰教的扩张也存在军事征服和内部冲突。伊斯兰教的主要先知穆罕默德（Muhammad）最初向麦加人布道。一些人改变了信仰，但麦加当局迫害新信仰。622 年，穆罕默德及其追随者移居麦地那，在接下来的十年里，穆罕默德统一了阿拉伯部落，征服了麦加，统治了阿拉伯半岛。穆罕默德死后，争夺继任权的斗争引发了内战。如今逊尼派和什叶派的分裂让人们想起了这些斗争。在解决了继任权归属问题之后，伊斯兰教继续扩张，100 年后，伊斯兰哈里发从东部的摩洛哥和西班牙一直扩张到西部的巴基斯坦和阿富汗。在接下来的 12 个世纪里，伊斯兰教继续与周边的文明发生冲突。许多冲突——十字军东征、蒙古人入侵以及欧洲殖民地化涉及伊斯兰教保卫自己而免受外敌入侵。

宗教内部和宗教之间的冲突在 20 世纪仍在继续。主要例子包括大屠杀、穆斯林在阿富汗对抗苏联的斗争，以及最近西方国家与"基地"组织之间的战争。第二次世界大战期间，斯大林政府通过复兴宗教机构，如东正教，来激励苏联人为自己的祖国而战。

第二次世界大战期间，阿道夫·希特勒计划在奴役或消灭世居民族后，与德国移民者一起殖民东欧。这些世居民族中的很大一部分是犹太人，希特勒的纳粹思想是恶毒的反犹主义。德国军队占领一个地区后不久，便会对当地的犹太人进行屠杀。德国在 1942 年开始实施"犹太人问题的最终解决方案"（Final Solution of the Jewish Problem），该方案包括采用工业方法消灭犹太人，如在奥斯威辛集中营设置毒气室和焚烧场。大约 600 万名犹太人在这个国家发起的种族屠杀中丧生。

第二次世界大战以德国战败结束。胜利者之间很快相互争斗并分成两个敌对阵营，一方以美国为首，另一方以苏联为首。苏联重新开始了消灭宗教影响的活动。1954 年，美国强调其反对"世俗的共产主义"，在《效忠宣誓》（Pledge of Allegiance）中添加"上帝保佑"一词。

苏联与宗教之间的冲突发生在 1979~1989 年，持续了十年的苏联—阿富汗战争发挥了重要作用。最初苏联入侵阿富汗时几乎没有遭到反抗，苏联控制了阿富汗，但无法控制农村，在那里，叛乱分子反对政府的激进现代化运动，包括压制传统的伊斯兰民事和婚姻法。反对苏联占领的反抗者被称为"圣战者"，在其他伊斯兰国家的资源和人员的援助下发动了一场游击战。苏联撤军后，在"圣战者"的不同派系之间爆发了战争，因为各个派系都想寻求政治权力。最终，激进的宗教组织塔利班控制了这个国家，并将伊斯兰教的严格教义施加给阿富汗人民。

塔利班与激进的伊斯兰组织结盟，寻求在世界其他地区建立严格的伊斯兰政权。名为"基地"组织的好战组织在世界各地发动恐怖袭击，包括 2001 年 9 月 11 日摧毁了纽约世界贸易中心的袭击。"基地"组织继续在第一世界国家和第三世界代理国寻找目标，发动攻击。以美国为首的联盟对塔利班和"基地"组织发起了反击，希望将这些组织逐出阿富汗，并进入巴基斯坦边境的山区。这种反击活动时至今日仍以各种形式继续。

当然，这个简短的概述不能涵盖过去或现在所有可能由宗教引起的冲突。一些未被讨论的冲突包括拜占庭和伊斯兰国家、奥斯曼土耳其帝国和奥匈帝国、爱尔兰的天主教徒和新教徒以及中东的阿拉伯人和以色列人之间的冲突。尽管这些冲突未被包括在内，但这一概述已然说明，在整个历史和现代时期，宗教与暴力事件有关。

4. 对宗教与暴力冲突关系的解释

给定历史记录，人们自然会疑惑，为什么宗教和冲突常常同时存在。政治和宗教力量在世界历史的大部分时间中交织在一起，呈现明显的联系。随着宗教和政治权力的联合巩固，政治精英可以利用宗教推动暴力作为实现政治目标的手段，宗教人士可以利用军事和政治暴力推进宗教议程。这种政治和宗教力量的联合经常以个人或官方机构的形式出现。如诺斯、沃利斯和温加斯特（North，Wallis，Weingast，2009：39）认识到的，"人类最早的文明都是神权政治，由神职政治家统治"。政治和宗教之间的融合也可能出现在种族和宗教信仰一致的联盟或政党联盟中。无论哪种方式，宗教和政治之间的区别都会变得模糊，从而为国家暴力提供宗教维度的内容。

宗教与政治的这种联合是众所周知的，但经济学家并没有对这类研 116
究做出根本性贡献。如果我们可以区分冲突需求与冲突供给，那么我们
认为，可以公平地说，经济学家为我们理解宗教这一冲突关系的供给方
做出了更多贡献。有效地制造暴力需要许多行动者进行协调一致的努力：
厂商生产武器，战略家制订计划，战术家将计划付诸实施，士兵将其生
命置于前线。清晰的沟通渠道、信任他人执行计划的能力、接受权威的
领导都将促进这种协调。这些特征对于许多激进宗教团体来说是共同的，
这表明宗教和冲突之间存在供给方面的联系。

例如，以第 2 节提到的宗教团体俱乐部理论为基础，杨科那和贝尔
曼（Iannaccone，Berman，2006）以及贝尔曼（Berman，2009）指出，
当政府提供的社会服务很差时，严格的宗教团体可以利用它们为团体成
员生产集体物品的能力来制造暴力冲突。严格的宗教团体非常善于解决
"搭便车"问题，如类似于恐怖主义的背叛问题。能够生产俱乐部产品
的宗教团体会使用相同的机制来实施必要的纪律，这种纪律能够将暴力
制度化。贝尔曼（Berman，2009）引用了宗教团体比世俗组织在恐怖活
动中更成功的证据，并将这一发现归因于宗教团体在限制叛逃方面的有
效性。这项研究的一个显著贡献是明确了一种将宗教和冲突联系起来的
具体机制，也就是限制"搭便车"和背叛行为的组织意识，从而可以对
它们之间的关系进行计量检验并提出具体的政策建议。

这项工作与进化生物学家和人类学家关于宗教与冲突关系的基础性
研究存在密切的联系。有人提出了两种广泛的解释，以作为宗教起源的
解释（Steadman，Palmer，2008：Chap. 2）。一种可以称为社会学解释，
它认为宗教促进团体成功，其中包括团体间竞争的成功。如果选择发生
在团体层面，那么任何通过促进团体间冲突成功的方式来增强团体内合
作或团体间亲社会行为（在第 6 节详细讨论）的社会行为模式将在进化
中被选择［如威尔逊（Wilson，2003）］。前面提到的经济学家的研究成
果建立在这样一个概念上，即宗教团体促进提高内部合作的能力，有助
于更成功地制造暴力冲突。进化论者的主张更加强硬：宗教和冲突可以
在更基本的基因和文化层面连接起来。如果选择了更有利于在团体间冲
突中取得成功的宗教倾向，那么选择的压力就会产生宗教—冲突的共同

进化。因果关系是双向的：宗教提高了参与冲突的能力，冲突导致了选择那些更有利于群体间冲突的宗教倾向。这种强化过程的可能性或许是我们常常看到宗教和冲突同时发生的原因之一。

117　　　　然而，我们在宗教团体的俱乐部模型中发现了另一种强化。如前所述，俱乐部可以策略性地利用与团体外社会的紧张关系（其中暴力冲突是一种极端表现），促进团体内部合作。一旦这些强化机制被置于进化的情境中，发现宗教和冲突往往同时存在就不足为奇了。事实上，我们可以预期，一些团体可能实际上将自己定位为与周边社会保持永久的紧张关系。该理论突出表明，存在活跃的敌对关系为耻辱甄别提供了机会。这种逻辑最适用于非常激进的宗教团体，如哈马斯，而不是所有的宗教团体。新的宗教团体及其周边社会之间的冲突也可能符合这样的情况。经济学家可以充实这些观点，进而做出贡献。

　　　　另一种进化思想认为宗教起源于心理学而非社会学。对超自然或魔法的信仰可能起到了有助于进化的作用，如产生信心、减轻压力或帮助解释事件［例如，伯耶（Boyer，2001）］。在这种思路中，宗教行为和情感与各种各样的情绪联系在一起，如恐惧、愤怒、孤独以及其他在生活中经常遇到的情感。行为经济学的兴起［参见凯莫勒（Camerer，2003）］表明人们认可了情绪在经济决策中的作用，这为研究宗教—冲突联系提供了另一种可能的途径。关于宗教与冲突、惩罚、合作和执行有关情绪之间联系的实验和理论工作是另一个非常具有研究可能性的领域。虽然近期的实验研究刚刚开始探索许多可能的方面［例如，海里希等（Heinrich et al.，2010）］，但它仍更多地关注宗教促进合作而不是助长冲突的作用。我们需要做更多的工作。

5. 宗教与非暴力冲突

　　　　暴力形式的宗教冲突成为头条新闻，非暴力形式的宗教冲突也比比皆是。非暴力形式的宗教冲突几乎完全没有被经济学家研究，但这仍是经济学家做出了很多贡献的领域。在这里，我们重点考察非暴力宗教冲突的一个特定领域：法院。

　　　　在一种意义上，法院是解决冲突的机构。在另一种意义上，它们只是用一种非暴力形式的冲突来取代暴力形式的冲突，这种冲突背后存在对不服从行为的最终暴力威胁。正是后一种观点激发了我们的讨论，因为我们认为法律冲突与暴力冲突具有某些共同特征。这两种形式的冲突都涉及为获胜而分配非常昂贵的资源，而且通常双方都存在风险，因为结果是不确定的［参见加芬克尔和什卡佩尔达斯（Garfinkel，Skaperdas，2007），以及本书中的文章对冲突环境的上述属性以及其他属性的更多讨论〕。

宗教人士和宗教团体可能由于各种原因出现在法庭上，然而法律和法院关于宗教活动边界的裁决特别令人感兴趣，因为我们认为这些天然就是相互冲突的。宗教人士可能是原告，挑战禁止某些宗教活动的现行法律，或者指控另一个宗教及世俗个人或团体对其造成了伤害。宗教人士或团体也可能是被告，被指控违反法律。在任何一种情况下，一方当事人会对有价值的资源（金钱、财产、人力资本）提出主张，其中包括根据自己的宗教偏好使用这些资源的权利。

一般来说，我们把教会—国家体制划分为三种类型，在这三种类型体制下，宗教纠纷出现在法庭上。第一种类型是由一种或多种官方的国家宗教组成的，所有其他团体及其参与者几乎没有法律权利和特权。如今这些国家的数量比在其他历史时期少，但它们仍然很普遍。例如，沙特阿拉伯的法院现在执行严格的逊尼派伊斯兰教法［被称为沙里亚法典（Sharia）〕，他们经常以监禁、酷刑或死刑惩罚非穆斯林和非逊尼派〔什叶派（Shi'a）、伊斯玛仪（Ismaili）〕穆斯林（U. S. Commission on International Religious Freedom，2009）。第二种类型包含无神论或反宗教的国家，这些国家限制、压制所有宗教团体，例如阿尔巴尼亚和苏联。第二种类型体制在历史上比第一种类型和第三种类型要少得多。第三种类型是第一种类型和第二种类型之外的大部分情况，这种类型的国家如今非常普遍。我们可以称这些国家为宗教中立国家①，因为它们的原则是，首先，任何宗教团体都不享有凌驾于其他宗教团体之上的特权；其次，宗教人士和团体都可以根据宗教要求自由行动。这一中立原则的两个方面对应《美国宪法第一修正案》的"设立和自由行使条款"（The

118

---

① 这些国家也被称为"世俗国家"，虽然我们更喜欢称之为"宗教中立国家"，因为这个词更准确地反映了中立的指导原则，称它们为世俗国家可能会给人留下错误印象，认为这些国家是反宗教的。

Establishment and Free Exercise Clauses of the First Amendment of the U. S. Constitution）。

宗教中立国家如何实施中立原则存在很大差异，没有一个国家能完美地坚持这一原则，有些国家对宗教的限制比其他国家更大。例如，在美国，通过税法有效补贴任何教派的教会，宗教作为一个整体得到发展，而在法国，严格恪守原则的穆斯林不允许在公立学校学习或在公共部门工作时戴头巾。总的来说，即使某些宗教权利可以得到正式承认［例如，《美国宪法第一修正案》和《联合国世界人权宣言》（The United Nations Universal Declaration of Human Rights）第 18 条予以承认的宗教权利］，这些权利必须与其他权利所隐含的主张，或由强大政治团体所维护的权利相竞争，这可能会导致违反那些被广泛接受的人权要求（Prud'homme，2010）。这种竞争使法院在裁决宗教事务时发挥作用，这些案件通常涉及关于设立或自由行使权力的争议。

经济学家和志同道合的社会学家对宗教法规影响的研究主要集中在宗教虔诚性的影响上。一系列实证研究包括巴罗和麦克利里（Barro，McCleary，2006）、芬克和斯塔克（Finke，Stark，1992）以及杨科那、芬克和斯塔克（Iannaccone，Finke，Stark，1997）的研究。他们表明，更高的宗教虔诚度即使不是由宗教市场放松管制导致的，也是高度相关的；格鲁伯和亨格曼（Gruber，Hungerman，2008）表明，废除消费者限制法［"蓝色法律"（blue laws）］导致参与教堂活动的人数减少。尽管麦克布莱德（McBride，2008，2010）提供了两种例外情况，但有关这一话题的正式理论工作并不常见。虽然在逻辑上有不同的深度，但背后的故事很简单。宗教法规改变了宗教市场中供给商和消费者行动的机会成本。宗教供给商的高成本减少了供给，消费者的高成本减少了需求。宗教市场类似于其他市场，因为宗教法规会影响市场结果。在极端情况下，这样的规定会严重限制许多宗教行为。

尽管通过这类文献可以得出结论，法规是抑制某些形式宗教行为的有效工具，但它忽略了法规具有冲突的方面。谁决定规则和限制？它们怎样被执行？法院在什么时候、如何做出公正的裁决？法规如何随着时间推移而演变、为什么？我们认为不同领域，如法律和经济学文献、公共选择文献以及一般冲突文献，可以为这些问题提供新的视角。

考虑最后一个问题，为什么许多宗教纠纷是在法庭上而不是在法庭外解决。因为诉诸法庭是高成本和高风险的，庭外和解应该有帕累托改进的余地。在标准分析中，出庭表明谈判失败了。经济学和政治学领域现在有大量关于谈判失败原因的研究［参见费伦（Fearon，1995）对关键问题的讨论］。这些解释中最突出的一点是，争端中的一方或双方误判了各自的相对优势。尽管这种不对称信息存在于许多社会互动中，并且可能与许多冲突场景有关，但很难准确地识别出不完全信息的这种形式何时是宗教纠纷诉诸法庭最直接的原因。事实上，在许多争端中，例如针对国家的争端中，对手的实力和地位很可能是众所周知的。而且，一旦发生诉讼，我们可以预期，相对优势会变得显而易见，因此创造了做出裁决之前采取庭外和解的空间。然而，人们仍习惯于借助法院解决这些争端，因此有必要做出另一种解释。

麦克布莱德和什卡佩尔达斯（McBride，Skaperdas，2007，2009）提出了一种较新的且不太为人所知的方法来解释冲突，有可能对宗教法律冲突产生深刻见解。他们强调的一个关键条件是，今天公开的冲突可能改变明天对手间的相对实力。他们认为，这种动态变化存在于许多冲突环境中，包括诉诸法庭。如果对手今天在庭外和解，那么他们可能不得不在明天或无穷远的未来重新谈判，这可能导致产生大量的交易成本和其他成本。另外，如果对手诉诸法庭，那么法院一次性的判决可能会改变未来的谈判，甚至可能永远解决问题，因为法庭的结果具有一定的合法性，即通过授予胜诉者明确的权利来修改游戏规则。因此，在今天上法庭尽管成本高昂，但在未来可以节省资源；尽管即使在关于相对力量具有完全信息的设定下也存在成本和风险，但它可能是一个最优选择。　120

这种逻辑不仅可应用于解决世俗纠纷，还可适用于解决宗教法律纠纷。事实上，这样的策略性行为似乎在一些宗教法庭案件中发挥了作用。例如，耶和华见证会（Jehovah's Witnesses）就积极地利用法庭来挑战对其行为的限制。数十件涉及耶和华见证会的案件已提交美国联邦最高法院审理，而该组织已经打赢超过一半的官司。① 此外，许多这类胜诉的

---

① 根据维基百科条目"美国最高法院涉及耶和华见证会权利的案件"，最高法院受理了72 件涉及耶和华见证会的案件，其中有 47 件耶和华见证会获胜。

案件在重新定义《美国宪法第一修正案》的"设立和自由行使条款"的边界方面具有开创性意义。① 根据亨德森（Henderson，2004）的观点，其中许多案件是耶和华见证会领导者深思熟虑的策略性选择，以提高该组织实现目标的能力。从我们的角度来看，这种关于冲突的新经济理论有助于洞察非暴力形式的宗教冲突。

为什么经济学家没有为我们理解法庭处理宗教冲突做出直接贡献还不清楚。与宗教相关的法庭判决信息是可获得的。例如，在美国，很容易获取最高法院关于《美国宪法第一修正案》"设立和自由行使条款"的裁决，相关案件也得到了法律学者很好的研究［例如，参见希契科克（Hitchcock，2004a，2004b）］。当然，大多数与宗教有关的案件没有被送到美国联邦最高法院，而是由地方一级的法院受理。有关此类判决的信息可追溯至 20 世纪 80 年代②，并且它的一部分已被除经济学家之外的学者进行了研究［例如，温布兰尼克和芬克（Wybraniec，Finke，2001）］。也许一些经济学家、法学家、历史学家或其他社会科学家的进一步工作必须为其他经济学家在宗教冲突这一研究不足的领域做出贡献奠定基础。

另一个被经济学家在很大程度上忽视的研究领域是宗教规范、非暴力冲突和暴力冲突之间的三重联系。早期思想家如伏尔泰（Voltaire）、大卫·休谟（David Hume）和亚当·斯密（Adam Smith）提出了具有吸引力的经济逻辑和观点，社会学家格里姆和芬克（Grim，Finke，2011）主张，宗教规范加强了非暴力冲突和暴力冲突。按照他们的逻辑，占据主导地位的政治、经济或宗教团体利用管制环境压制少数群体，其中包括宗教少数群体。这些宗教规范导致非暴力冲突增加，因为宗教少数群体会向法院寻求保护。这些宗教规范还增加了以自发组织的治安队或其他类型迫害形式发生暴力冲突的机会。为了支持他们的说法，格里姆和芬克（Grim，Finke，2011）表明，实行更严格宗教法规的国家遭受了更多的宗教迫害。这些证据令人信服，并揭示了宗教和冲突联系在一起的

---

① 根据希契科克（Hitchcock，2004a），"他们（耶和华见证会）对宪法的三个重要领域产生了重大影响，即拒绝服从'不公正'法律、公开传教，以及出于良心拒服兵役"。

② 参见《宗教自由记者》（*Religion Freedom Reporter*），该报从 1981 年至 2002 年刊登了美国和其他一些国家与宗教有关的法院裁决摘要。自 2003 年以来，《宗教案例记者》（*Religion Case Reporter*）提供了类似的信息。另一个有用的资料来源是 Religion Clause. blogspot. com。

另一个渠道。需要做更多的工作来确定哪些理论上可能的因果关系在经验上是显著的。

一旦经济学家认真对待，上述所有研究领域应该会出现好的成果。它应该会提高我们对不同形式宗教冲突的理解水平。我们还推测，关于我们对宗教视为一个整体的理解，可能会有积极的反馈。例如，根据第 3 节所描述的耻辱甄别理论，施加于耶和华见证会的限制应该会给该组织成员带来污名，而这种污名应该可以提高团队筛选出"搭便车"行为的能力和生产宗教俱乐部产品的能力。如果这是真的，那么为什么耶和华见证会要主动挑战这些限制呢？在这一领域的进一步研究可能有助于我们区分什么是一个宗教团体所认为的坏的污名、什么是好的污名。

6. 宗教与合作

前面的章节仅谈及宗教在解决冲突与促进合作方面的作用。因为例子似乎太多了，以至于不可能对这个话题进行详尽的论述，所以我们在这里提供一个关于说明性例子和一般模式的简要讨论。

宗教重视促使信徒彼此和睦相处的规则。以犹太教和基督教为例，这两种宗教都教导人们遵从通常所称的"十诫"（Ten Commandments）中列出的法令。摩西"十诫"包括不可杀人、不可奸淫、不可偷盗、不可说谎、不可作假证陷害邻居、不可贪图邻居的财物。这些规则可以消除社区内部和社区之间冲突的根源。色欲、羡慕和嫉妒往往会引发争论，而争论会升级至失控。谋杀和盗窃常常招来报复。有时，报复的循环会持续几代人。

宗教通过承诺奖励遵守规则的成员来鼓励其遵守行为准则。奖励通常与现世的行为有关，但出现在未来世界的状态（或承诺来世的未来状态）。例如，基督教经常承诺那些过着模范生活的人会进入天堂，而那些过着放荡生活的人则进入炼狱或地狱，在那里，他们将为过去犯下的罪行受到惩罚。伊斯兰教的各种派别做出了类似的承诺，还有许多东方信仰也是如此。印度教是印度次大陆的主要本土宗教。印度教的特点是相信业力法则下的轮回，即一个人在来世经历的快乐（或痛苦）取决于其在现世生活的行为方式。善待他人的人将来会过上更好的生活。对别人不好的人将来的生活会更糟糕。

这种信仰有助于构建复杂的社会体系。中世纪行会就是一个例子（Richardson，2005a；Richardson，McBride，2009）。13世纪，修道士传播了一种描述通向救赎道路的教义。所有人死后都会在炼狱中度过一段时间，在那里，他们将被净化，为进入天堂做准备。一个人在炼狱里的时间和经历的痛苦取决于他或她在生前是怎样生活的，有多少人为死者的灵魂祈求救赎，以及那些祈祷者的虔诚程度。这种教义鼓励个人建立联系，即所谓的祈唱堂或兄弟会，以祈祷拯救成员的灵魂，并监督成员122 行为，以确保成员尽可能虔诚地行动，从而使他们的祈祷尽可能有效。成千上万个兄弟会在欧洲兴起。幸存文件的估计表明，当教义极度流行时，在中世纪的英国，大多数成年人加入了这些行会（Richardson，2005b）。在整个中世纪的欧洲，宗教兄弟会形成了合作的基础。例如，在英国，在黑死病和宗教改革时期，几乎所有涉及手工业和商业的行会是由从事手工业活动的男性组成的宗教兄弟会演变而来的。这些组织在建立了确保成员相互合作以实现宗教目标的机制之后，承担了新的使命，开展了一系列社会和工业活动。

基督教在中世纪行会中的作用说明宗教以何种方式间接地促进合作。宗教机构在解决冲突和执行合同方面发挥直接作用。接下来考虑中世纪欧洲的基督教法庭。这些法庭审理了广泛的争端，其中包括涉及婚姻、通奸、暴力和承诺的争端。如今宗教法庭在欧洲社会中发挥的作用不大，但在许多地方，其发挥的作用仍然很突出，如在伊斯兰世界，宗教法庭用伊斯兰教法（沙里亚法典）裁决了许多（以及在某些地方的大多数）纠纷。

伊斯兰教在促进宽容与和平方面有着悠久的历史。8世纪，阿拉伯军队建立了一个从中亚延伸到伊比利亚半岛的伊斯兰帝国。在这个地区，和平存在了几个世纪，旅游和贸易连接了文化和经济，科学与艺术蓬勃发展，少数民族自由地信奉自己的宗教。学者将这一时期称为伊斯兰和平时期（Pax Islamica）。

大量的学术研究阐明了宗教信仰与合作行为之间的联系。例如，布鲁克斯（Brooks，2006）考察了记录慈善活动的《社会资本社区基准调查》（Social Capital Community Benchmark Survey）。在2000年美国成年人的截面数据中，宗教人士向慈善机构贡献的时间和金钱多于同类型的非宗教人士。在控制了教育、种族、性别、居住地以及政治派别等可观察的个人特征变量后，这些差异仍存在。这些差异也有宗教和世俗方面的原因。事实上，宗教人士向非宗教团体捐款的可能性比非宗教人士高 7%，成为非宗教团体志愿者的可能性高 20%。帕特曼和坎贝尔（Putnman，Campbell，2010）使用类似的调查数据来确定宗教人士是否与邻居相处融洽。他们发现，宗教人士几乎在每一项指标上都表明能够成为更好的邻居。宗教人士在公民和社区组织中更加活跃，在提供时间和捐赠金钱方面更慷慨，更值得信赖，甚至可能更加快乐。

　　关于宗教人士"更好"行为的解释有几类。一些解释强调宗教和世俗个体之间的差异。例如，宗教人士往往更深入地融入当地社区，拥有更大的社交网络，更经常与邻居互动。宗教人士似乎更加利他，更容易信任社交网络内外的个人，并被他们所信任。这种倾向表现在调查和实验证据中。特伦穆勒（Traunmuller，2010）提供了德国社会经济小组（German Socio-Economic Panel）令人信服的证据。其他解释强调宗教组织和世俗组织之间的差异。例如，教会成员可能会表现得很诚实，以向其他成员表明其可信度，因为其同僚的意见会影响其参加宗教活动所获得的利益。类似的动力机制似乎在很多方面起作用。宗教组织拥有许多监督成员行为和惩罚不合作行为的手段。宗教组织还拥有坚持价值观和在招募活动中提供帮助的集体声誉。因此，宗教组织可能会引导个人在团体内部和外部进行合作，因为该组织具有这样做的动机和能力。

7. 未来研究方向

　　宗教对合作与冲突的影响产生了许多悖论。极端宗教鼓动进行自杀式炸弹袭击，谋杀无辜受害者，同时也鼓励个人为慈善事业做出贡献。宗教领袖指挥征服非信徒居住地区的运动，领导了废除奴役的运动。对宗教的经济学分析提供了一种探究这些谜题的方法。宗教俱乐部理论框架是一个良好的开端，未来的进展可能来自历史、行为和实验研究。

123

参考文献

Azzi, C. , and R. Ehrenberg. 1975. Household allocation of time and church attendance. *Journal of Political Economy* 83: 27 – 56.

Barro, R. , and R. McCleary. 2006. Religion and political economy in an international panel. *Journal for the Scientific Study of Religion* 45: 149 – 75.

Berman, E. 2009. *Radical, religious, and violent: The new economics of terrorism.* Cambridge, MA: MIT Press.

Boyer, P. 2001. *Religion explained: The evolutionary origins of religious thought.* New York: Basic Books.

Brooks, A. 2006. *Who really cares: The surprising truth about compassionate conservatism.* New York: Basic Books.

Camerer, C. 2003. *Behavioral game theory: Experiments in strategic interactions.* Princeton, NJ: Princeton University Press.

Fearon, J. 1995. Rationalist explanations for war. *International Organization* 49: 379 – 414.

Finke, R. , and R. Stark. 1992. *The churching of America, 1776 – 1990: Winners and losers in our religious economy.* Newark, NJ: Rutgers University Press.

Garfinkel, M. , and S. Skaperdas. 2007. Economics of conflict: An overview. In *Handbook of defense economics*, vol. II, ed. T. Sandler and K. Hartley, 649 – 709. Amsterdam: North Holland.

Grim, B. , and R. Finke. 2011. *The price of freedom denied: Religious persecution and conflictin the twenty-first century.* New York: Cambridge University Press.

Gruber, J. , and D. Hungerman. 2008. The church vs. the mall: What happens when religion faces increased secular competition? *Quarterly Journal of Economics* 123: 831 – 62.

Henderson, J. J. 2004. The Jehovah's Witnesses and their plan to expand First Amendment freedoms. *Journal of Church and State* 46: 811 – 32.

Heinrich, J. , Ensminger, J. , McElreath, R. , et al. 2010. Markets, religion, community size, and the evolution of fairness and punishment. *Science* 327: 1480 – 84.

Hitchcock, J. 2004a. *The Supreme Court and religion in American life.* Vol. I, *The odyssey of the religion clauses.* Princeton, NJ: Princeton University Press.

——. 2004b. *The Supreme Court and religion in American life.* Vol. II, *From "Higher Law" to "Sectarian Scruples."* Princeton, NJ: Princeton University Press.

Iannaccone, L. 1992. Sacrifice and stigma: Reducing free-riding in cults, communes, and other collectives. *Journal of Political Economy* 100: 271 – 92.

Iannaccone, L. 1994. Why strict churches are strong. *American Journal of Sociology* 99: 1180 – 221.

Iannaccone, L. , and E. Berman. 2006. Religious extremism: The good, the bad, and the deadly. *Public Choice* 128: 109 – 29.

Iannaccone, L. , R. Finke, and R. Stark. 1997. Deregulating religion: The economics of church and state. *Economic Inquiry* 35: 350 – 64.

McBride, M. 2008. Religious pluralism and religious participation: A game theoretic analysis. *American Journal of Sociology* 114 (1): 77 – 108.

McBride, M. 2010. Religious market competition in a richer world. *Economica* 77: 148 – 71.

McBride, M. , and S. Skaperdas. 2007. Explaining conflict in low-income countries: Incomplete contracting in the shadow of the future. In *Institutions and norms ineconomic development*, ed. M. Gradstein and K. Konrad. Cambridge, MA: MIT Press.

McBride, M. , and S. Skaperdas. 2009. Conflict, settlement, and the shadow of the future. Working Paper No. 08 – 09 – 22, Department of Economics, University of California, Irvine.

North, D. , J. Wallis, and B. Weingast. 2009. *Violence and social orders: A conceptual framework for interpreting recorded human history.* Cambridge: Cambridge University Press.

Prud'homme, J. 2010. *Policing beliefs: The impact of blasphemy laws on human rights.* Washington, DC: Freedom House. Available online athttp://freedomhouse. org/images/File/policing_ belief/Policing_ Belief_ Full. pdf.

Putnam, R. , and D. Campbell. 2010. *American grace: How religion divides and unites us.* New York: Simon & Schuster.

Richardson, G. 2005a. Christianity and craft guilds in late medieval England: A rational choice analysis. *Rationality and Society* 17: 139 – 89.

Richardson, G. 2005b. The prudent village: Risk pooling institutions in medieval English agriculture. *Journal of Economic History* 65 (2): 386 – 413.

Richardson, G. , and M. McBride. 2009. Religion, longevity, and cooperation: The case of the craft guild. *Journal of Economic Behavior and Organization* 71 (2): 172 – 86.

Roberts, K. 2004. *Religion in sociological perspective.* Belmont, CA: Thomson Wadsworth.

Stark, R. , and R. Finke. 2000. *Acts of faith: Explaining the human side of religion.* Berkeley: University of California Press.

Steadman, L. , and C. Palmer. 2008. The supernatural and natural selection: The evolution of religion. Boulder, CO: Paradigm Publishers.

Traunmuller, R. 2010. Moral communities: Religion as a source of social trust in amultilevel analysis of 97 German regions. *European Sociological Review* 27 (3): 346 – 63.

U. S. Commission on International Religious Freedom (USCIRF). 2009. *Annual report*. Washington, DC: USCIRF.

Wilson, D. 2003. *Darwin's cathedral: Evolution, religion, and the nature of society*. Chicago: University of Chicago Press.

Wybraniec, J., and R. Finke. 2001. Religious regulation and the courts: The judiciary's changing role in protecting minority religions from majoritarian rule. *Journal for the Social Scientific Study of Religion* 40 (3): 427 – 44.

第7章 比较极化的测度方法

琼·埃斯特班

德布拉吉·雷

1. 引言

近年来，人们对作为潜在冲突指标的极化（polarization）概念和度量方法越来越感兴趣。早期关于国内冲突的经验研究关注个人收入或土地所有权分配的不平等。[①] 近年来，随着当前学术研究重点从阶级冲突转向种族冲突，初步的推断已发展为种族"多样性"是冲突的一个关键因素。[②] 然而，不平等和分化（fractionalization）指数都无法解释深层次社会分裂的基本作用。正如霍罗维茨（Horowitz，1985）所指出的："一个向中心集中的系统（仅有极少的分组）相较于分散系统的分裂情况变少，但它的分裂会贯穿整个社会并具有更大的体量。当冲突发生时，中心集团几乎没有安抚某些群体而不与其他群体为敌的余地。"

延续霍罗维茨对重大社会分裂的重视，对极化的测量已进入冲突的实证研究中。事实上，埃斯特班和雷（Esteban，Ray，1994，1999）坚持认为这一指标可以很好地预测社会冲突，明确地推动了测度极化的研究。最近，蒙塔尔沃和雷纳尔-克罗尔（Montalvo，Reynal-Querol，2005b）将应用埃斯特班—雷（Esteban-Ray）的测度方法［雷纳尔-克罗

[①] 森（Sen，1973）断言，"不平等与叛乱之间的关系确实是密切的。"

[②] 阿莱西纳等（Alesina et al.，2003）、科利尔和霍夫勒（Collier，Hoeffler，2004）、伊斯特利和莱文（Easterly，Levine，1997）、费伦和莱廷（Fearon，Laitin，2003）以及麦圭尔、赛提纳斯和瑟金特（Miguel，Satyanath，Sergenti，2004）曾使用种族"分化"的度量方法。

尔（Reynal-Querol，2002）的文章进行了介绍］的一个特例引入关于种族冲突的横截面研究中。[①]

但是，极化和冲突之间的联系不仅是一个经验规律，也建立在冲突行为模型基础之上。埃斯特班和雷（Esteban，Ray，1999）在一个策略性行为模型中讨论了极化和冲突均衡水平之间的关系，从中明确得到了一种度量极化的方法。类似地，蒙塔尔沃和雷纳尔 - 克罗尔（Montalvo，Reynal-Querol，2005a）从寻租博弈中推导出极化的一种测度，而埃斯特班和雷（Esteban，Ray，2010）提供了一个一般化模型，将均衡冲突程度与分裂、基尼系数和极化指标相联系。埃斯特班、麦尔罗和雷（Esteban，Mayoral，Ray，2011）对这个模型进行了实证检验。

现有研究已经提出了许多极化指数。本章的目的是提供一个系统性框架，据此确定这些可相互替代的极化测度方法。"极化"这个词是最近才在经济学中被使用的，但在政治学中有着悠久的传统。然而，它的确切含义仍然有些模糊。在非常广泛的意义上存在一种共识，即极化旨在用来描述在一个分布中集群团体之间的分离或距离。但这个广泛特性已经以不同方式具体实现了。

第一类测度方法试图描述任意数量群组分布的分离或集中情况。埃斯特班和雷（Esteban，Ray，1991，1994），杜克洛、埃斯特班和雷（Duclos，Esteban，Ray，2004）以及雷纳尔 - 克罗尔（Reynal-Querol，2002）都属于这一类。第二类测度方法将极化看作基本的两群体现象，以收入中位数为界区分两个群体。这类方法包括福斯特和沃尔夫森（Foster，Wolfson，1992，2010）、沃尔夫森（Wolfson，1994）以及王有强和崔启源（Wang，Tsui，2000）的研究。

那么，我们首先从"极化"和"两极分化"（bipolarization）的根本区别开始（第2节）。在第3节中，我们介绍了一系列性质，它们捕捉到极化测度方法可能需要具有的性质。其中一些性质由埃斯特班和雷（Esteban，Ray，1991，1994），杜克洛、埃斯特班和雷（Duclos，Esteban，2004）提出的公理进行了说明；另一些则由福斯特和沃尔夫森

[①] 还可参见由 J. 埃斯特班和 G. 施耐德（J. Esteban，G. Schneider）主编的《和平研究杂志》（*Journal of Peace Research*）专辑（2008 年 3 月），全部文章都在研究极化和冲突间的关系。

（Foster，Wolfson，1992，2009）以及王有强和崔启源（Wang，Tsui，2000）所提出的不同公理进行了说明。在这两种情况下，测度的公理化都只是部分的，因为它们依赖于将测度方法限定到哪个预先指定的指数类别中。我们不打开这些"黑匣子"，但考虑了预计这些测度方法可能满足的三个互补性质或必要条件。在第 4 节中，我们聚焦这些极化的测度方法，并检验每种测度方法所满足或没有满足的部分性质。因此，本章的分析对这些方法的共同点和不同点进行了描述。

重要的是要澄清，在本章中，我们只关注一维极化（最有代表性的例子是收入极化）。同样的特征，如收入，用于定义"群体"、群体内部的分散程度和群体之间的距离。确实，这些测度方法也适用于由某些其他特征定义群体的情况，例如宗教、种族或亲属，群体之间的"距离"由收入差距来测度。但是，我们并不认为下文列出的所有公理都适用于这种情况。多维测度方法表现出有趣的新特征，我们在本章的主体部分并没有阐述这些。在第 5 节，我们确实讨论了多维极化，并尝试解释为什么在这种情况下可能需要一种新方法。

2. 极化：两种观点

如引言所述，现有一维极化的度量方法通常可以分为两大类。第一类旨在捕捉任意数量极点的形成。我们把它们称为适当极化度量方法。第二类将极化看作一种分布，形成两极。我们把它们称为两极分化度量方法。

度量极化开始于埃斯特班和雷（Esteban，Ray，1991），埃斯特班、格拉丁和雷（Esteban，Gradín，Ray，1999，2007）及杜克洛、埃斯特班和雷（Duclos，Esteban，Ray，2004）对于连续分布的研究，以及埃斯特班和雷（Esteban，Ray，1994）对于离散分布的研究。

两极分化度量方法[1]开始于沃尔夫森（Wolfson，1994，1997），以福斯特和沃尔夫森（Foster，Wolfson，1992，2010）以及王有强和崔启源（Wang，Tsui，2000）的研究为基础。

---

[1]　这一度量方法由张和坎布尔（Zhang，Kanbur，2001）提出，涉及一个多维指数，我们在第 5 节单独讨论它。

假设（正如我们在本章中所做的那样）我们处于一维情况下，因此相同的特征（比如收入）在定义一个群组、度量组群间距离以及度量组内分散度方面承担三重责任。[①] 于是，两类方法似乎都认为测度极化的方法有三个必不可少的性质。

（1）极化是一个群体问题，所以孤立的个人的贡献应该可以忽略不计。

（2）对于两个或两个以上的群体，随着"组内分散度"降低，极化程度会上升。

（3）当"组间"距离扩大时，极化程度升高。

请注意，第二个性质与二阶随机占优所产生的分布排序完全相反。显然，因为我们要求不平等的度量与洛伦茨曲线排序一致，极化概念与不平等概念有着明显的不同。

为了精确地了解每种极化度量方法的独特性质，我们将考察它们是否满足一系列公理，这些公理试图描述极化的基本特征。在下一节中，我们将介绍一组公理。

3. 极化的公理

除特别说明外，我们均使用在 R_+ 上具有连续密度函数 f 的分布 F 。

129　　我们采用杜克洛、埃斯特班和雷（Duclos，Esteban，Ray，2004）的方法介绍极化的不同性质，其中公理描述的是由"基本密度"组成的分布。

3.1　基本密度

我们将要处理的性质，即公理，主要基于一个或多个对称"基本密度"联合域。由于可能对应不同的总体，这些密度将被降低或提高。我们称这些密度的组成部分为内核（kernels）。这些密度函数是对称、单峰的，在区间 [0，2] 上有紧支撑，它们的平均值为1。对称性是指对于

[①]　参见埃斯特班和雷（Esteban，Ray，1994）对这些观点的广泛动机的研究，并用许多例子加以说明。

所有的 $x \in [0,1]$，$f(x) = f(2-x)$，单峰性是指 f 在 $[0,1]$ 上是非递减的。我们将一个内核的总体标准化为 1。

一个内核 f 可以通过将 f 逐点乘以 p 产生一个新密度 pf，从而使总体扩展为任意总体 p。同样地，任何内核（或者密度）都可以进行移动，向右侧移动 δ 得到一个新密度函数 g，使 $g(x) = f(x - \delta)$。类似地，向左移动也能得到一个新密度。此外，内核 f 可以通过如下过程将收入放缩到任意一个新的均值 μ：对于所有 x，$g(x) = (1/\mu) f(x/\mu)$。这将产生一个新的密度 g，它具有支撑集 $[0, 2\mu]$，且均值为 μ。我们称内核的任何缩放或移动（或两者的组合）为基本密度函数。我们还将使用挤压（squeeze）的概念。令 f 为均值为 μ 的密度函数，令 λ 位于 $(0,1)$。对于密度 f 的一个 λ-挤压是该密度的一种变换：

$$f^{\lambda}(x) \equiv \frac{1}{\lambda} f\left(\frac{x - [1 - \lambda]\mu}{\lambda} \right) \qquad (1)$$

λ-挤压是二阶随机占优转换的一种非常特殊的类型，即将其分布的支撑集向均值"全局收缩"。这必须与任意、不受限制的渐进道尔顿转移（Dalton Transfers）进行对比，后者可以将密度分布在支撑集中的任意点周围。

λ-挤压具有如下性质。

1. 对于每个 $\lambda \in (0,1)$，f^{λ} 是一个密度。

2. 对于每个 $\lambda \in (0,1)$，f^{λ} 与 f 有相同的均值。

3. 如果 $0 < \lambda < \lambda' < 1$，那么 f^{λ} 二阶随机占优于 $f^{\lambda'}$。

4. 如果 $\lambda \downarrow 0$，f^{λ} 弱收敛于将所有权重赋予 μ 的退化测度。

3.2　公理

杜克洛、埃斯特班和雷（Duclos，Esteban，Ray，2004），埃斯特班和雷（Esteban，Ray，1991，1994），福斯特和沃尔夫森（Foster，Wolfson，1992，2010），王有强和崔启源（Wang，Tsui，2000）以及沃尔夫森（Wolfson，1994）提出了极化和两极分化公理。[①] 事实证明，尽管这两套

130

[①] 参见罗德里格斯和萨拉斯（Rodriguez，Salas，2003）及博塞特和施沃尔姆（Bossert，Schworm，2008）。

公理的思想颇为相似，但它们的含义截然不同。为了突出不同公理在思想上的相似性，我们将给出王有强和崔启源（Wang，Tsui，2000）与杜克洛、埃斯特班和雷（Duclos，Esteban，2004）研究中相应的数量相同的公理，如果它们存在的话，例如，以字母 B 结尾的公理对应两极分化的情况，如 2B。

值得注意的是，埃斯特班和雷（Esteban，Ray，1994）与杜克洛、埃斯特班和雷（Duclos，Esteban，Ray，2004）完成了一类公理化，王有强和崔启源（Wang，Tsui，2000）完成了另一类，它们在研究中都使用了初始限定，即直接从一类测度方法开始，每种情况使用不同的测度方法。如何将初始限定分解成一组更简单的语句是一个需要解决的问题。相应地，我们将提出三个必要条件，它们允许在不同类型极化测度方法之间进行明确区分。

我们从介绍杜克洛、埃斯特班和雷（Duclos，Esteban，Ray，2004）以及王有强和崔启源（Wang，Tsui，2000）研究的公理开始。每篇文章都包含对这些公理的详细推理，因此，我们仅建议感兴趣的读者参考原文进行进一步的讨论。

公理 1. 如果一个分布由一个单一的基本密度组成，那么对该基本密度进行挤压不能提升极化程度。

我们的公理 1 是没有争议的。正如这里所定义的，一次挤压对应整个基本密度向其均值的压缩，我们必须将其与无更高极化程度联系起来。

这就是说，该公理确实在缩小测度范围方面起到了作用。杜克洛、埃斯特班和雷（Duclos，Esteban，Ray，2004）认为其对极化的直觉来自群体认同感与人际疏离感相互作用的结果。从这个角度看，显然公理 1 对于极化度量方法产生一些有趣的限制。这是因为，一方面，挤压会降低个体间的疏离程度；另一方面，极化有助于提高那些具有正测度的位于分布"中心"参与者的辨识度。因此，隐含的限定条件是，后者对极化的积极影响必须被前者的消极影响所抵消。

我们的下一个公理试图描述前面的第二个性质。它考虑了由三个源自相同内核、不相交基本密度组成的情况。整体分布是完全对称的，密度 1 和密度 3 有着相同的总体，密度 2 恰好位于密度 1 和密度 3 之间。我们还假设所有的支撑集都是不相交的（注意，这些额外的限制使所得到的公理变弱，而不是更强）。

　　公理 2. 如果一个对称分布由来自同一内核、彼此不相交支撑集的三个基本密度组成，那么对边密度函数的对称挤压不能降低极化程度。

这个公理认为，特定的"局部"挤压（与公理 1 中在整个分布上的"全局"挤压相反）必定不能降低极化程度。这里，我们明确偏离了不平等的度量方法，因为它预期局部挤压与全局挤压一样，都会降低不平等程度。

　　福斯特和沃尔夫森（Foster，Wolfson，1992）以及王有强和崔启源（Wang，Tsui，2000）具体给出的第二个性质的内容有所不同。需要注意的是，目标是度量两极分化，他们以中位收入 m ，$F(m) = \dfrac{1}{2}$ 为参考点。他们关于第二个性质的具体规定如下。

　　公理 2B. 令两个不同的分布 F 和 G 具有相同的均值和相同的中位数，并令 F 在 $[0, m]$ 和 $[m, \infty)$ 上分别二阶随机占优于 G 。因此，F 应该比 G 的两极化程度更高。

这是他们的公理 2（"增强的两极分化"）。请注意，公理 2B 是如何定义分布中增强的双峰性的。相比之下，公理 2 适用于分布的某一部分中存在集聚的情况，但没有假设我们正在"走向"一个两极分布。

　　我们的公理 3 尝试捕获第三个性质背后关于"族群间"不平等程度提升的观点。正如公理 2 所述，我们希望以最不苛刻的方式表述这一公理。为此，我们限制在由四个不重叠基本密度组成的对称分布上，这些基本密度仍然全部由相同的内核生成。

　　公理 3. 考虑一个由来自同样内核、彼此不相交支撑集的四个基本密度组成的对称分布。两个内密度向外密度的相同移动会使极化程度上升。

福斯特和沃尔夫森（Foster, Wolfson, 1992, 2010）以及王有强和崔启源（Wang, Tsui, 2000）再次提出了这一观点，并进一步强调了双峰性。他们的公理认为，如果在一个分布中，每个人的收入都向远离中间收入的方向偏移，那么两极分化程度上升。对于连续分布，他们的公理表述如下。

公理 3B. 考虑具有相同均值和中值的两个不同分布，其中对于每个任意 $p \in [0,1]$，有 $|m - F^{-1}(p)| \leqslant |m - G^{-1}(p)|$，那么 G 比 F 的两极分化程度更高。

公理 3 和公理 3B 间的关系与公理 2 和公理 2B 间的关系相同。公理 3 适用于各种变化，而公理 3B 把收入中值作为参考点。同时，公理 3 只适用于特定类型的分布。同公理 2 和公理 2B 一样，这两个公理在思想上接近，当然，它们并不相同。然而，两组公理可以融合在一起。

观察 1. 公理 2B 和公理 3B 意味着公理 1 至公理 3。

这也许是令人吃惊的，当然也是很明显的重大结果。首先，考虑公理 1。请注意，对一个对称基本密度的全局 λ - 挤压，既不能改变其均值，也不能改变其中值。很容易检验这样的挤压是否满足公理 3B 的条件：将 G 作为挤压前的分布，将 F 作为挤压后的分布。因此，给定公理 3B，必须满足公理 1。现在考虑公理 2。根据该公理中假设分布的对称性，中值必须位于中间密度，特别是对边密度的挤压既不影响分布的均值，也不影响中值。因此，这种变化满足公理 2B 的条件：二阶随机占优发生在中值的两侧。基于公理 2B 和所假设的测度方法的连续性，极化程度必然提高。最后，考虑公理 3。同样，使用对称性证明分布的均值和中值位于两个内部子密度之间，因此，这两个子密度的分离对均值和中值都没有影响。现在很容易看出，公理 3B 的所有条件都得到满足。使用这个公理，变化必然提升极化程度，所以，公理 3 成立。这样就完成了证明。

我们的公理 4 是一个简单的总体不变原则。它指出，如果一个分布比另一个分布的极化程度高，那么当在两种情况下总体扩大或缩小相同程度，所有（相对）分布不变时，它必将还是这样。

公理 4. 令 F 和 G 为两个可能不同、没有标准化的总体分布，且 $P(F) \geqslant P(G)$。那么，对于所有 $\kappa > 0$，$P(\kappa F) \geqslant P(\kappa G)$，这里 κF 和 κG 分别代表 F 和 G（相同）总体规模的放缩。

王有强和崔启源（Wang, Tsui, 2000）［还可参见查克拉瓦蒂和德安布罗西奥（Chakravarty, D'Ambrosio, 2010），查克拉瓦蒂、马吉姆德和罗伊（Chakravarty, Majumder, Roy, 2007），以及拉索·德·拉·维加和乌鲁蒂亚（Lasso de la Vega, Urrutia, 2006）］提出了一个规模不变的公理，它与公理 4 有类似的目的。然而，尽管公理 4 假定关于总体极化程度的排序不变，王有强和崔启源（Wang, Tsui, 2000）要求关于某一类型的收入规模极化程度不变。[①]

公理 4B. 令分布 F 和 G 具有相同的收入中值 m。那么，如果 G 比 F 的极化程度高，则 G' 和 F' 也是如此，其中 G' 和 F' 分别由 G 和 F 将全部收入除以其中值得到。

文献中的最后一组限定条件与初始限定条件有关。将这些看作假设极化指数必须属于某一特定类别的公理。根据埃斯特班和雷（Esteban, Ray, 1994）以及杜克洛、埃斯特班和雷（Duclos, Esteban, Ray, 2004）的模型表述，我们有如下内容。

[①] 它们的不变性要求显然是通过对收入规模的变换，即 kx 的不变性来满足的。查克拉瓦蒂、马吉姆德和罗伊（Chakravarty, Majumder, Roy, 2007）考察了绝对两极分化指数的情况，这些指数对于收入的均匀绝对增长保持不变，即 $x + k$ 保持不变。查克拉瓦蒂和德安布罗西奥（Chakravarty, D'Ambrosio, 2010）以及拉索·德·拉·维加和乌鲁蒂亚（Lasso de la Vega, Urrutia, 2006）研究了相对于收入的中间转换 $x + \lambda(\delta x + (1 + \delta))$ 的不变性。这些文章提出的两极分化度量方法满足不变性要求。

初始限制 1   令 F 是在 $\Re_+$ 上的一个分布，其密度函数是 f。那么：

$$P(F) = \iint T(f(x), |x-y|) f(x) f(y) \, dx \, dy \tag{2}$$

其中，T 是第二项的某个增函数，且 $T(0,a) = T(i,0) = 0$。

也就是说，全部或"加总"的极化程度已被认为是所有个体间有效对抗的总和。处于 x 位置的人与处于 y 位置的人之间的个体间对抗 T 被假定是由其自身认同感 i 和人际疏离感 a 所导致，认同感反过来取决于族群规模 $f(x)$，而人际疏离感取决于收入差距 $|x-y|$。因此：

$$T(i,a) = T(f(x), |x-y|) \tag{3}$$

王有强和崔启源（Wang，Tsui，2000）还把极化程度指数限定在一类特定的加性类型上。

初始限制 1B   对于某些函数 $a(\cdot)$ 把 m 作为 F 中值，极化度量方法应当具备这样的形式：

$$P(F) = \frac{1}{m} \int a(F(x)) x f(x) \, dx \tag{4}$$

公理 1 至公理 4 以及公理 1B 至公理 4B，由关于分布变化的简单论断组成。相比之下，初始限制 1 和初始限制 1B 有点类似黑盒子。我们不去试图将它们分解成一组更简单的语句。反之，我们将假定另外三个性质，它们允许我们识别各种指标的差异行为。

3.3   附加性质

接下来的这些性质不是一成不变的，不应被视为公理。它们是极化指数可能具有的特征，且仅用于获得关于不同度量方法的一些思路。

我们从导致极化和不平等之间存在差异的一个主要例子开始。一个分布均值附近的集中度提升将降低不平等程度和极化程度，如果是几个极点附近的集中度提升，那么极化程度会提高，而不平等程度仍然下降。我们的公理 1 描述了在收入均值附近集中度的第一种类型。我们的公理 2 描述了集中度的第二种类型。在下面的内容中，我们引入了另一种类型的局部集中度，我们的公理 2 中的类似内容应当可以合理地应用于此。

假设我们将一个分布的（有界）支撑集划分为若干区间，并将每个区间内的收入总体集中起来。为避免出现歧义，最好确保在每个区间内总体集中在（该区间）中心附近。这可以通过使每个区间的"最小分布"服从 λ - 挤压来实现。尽管如此，最小分布的形状或许引起其他歧义的可能性仍然存在，因此我们也将限定分布的形状。①

下面的例子似乎是毫无异议的。对于某个有限支撑集 $[a,b]$ 上的均匀分布，现在考虑将支撑集划分成 n 个长度为 $\frac{b-a}{n}$ 的相等区间。因此，整个分布可被看作互不重叠的 n 个相同的均匀密度，每一个的总量为 $\frac{1}{n}$。假设每一个这样的均匀密度受到 λ - 挤压。直觉明确地告诉我们，极化程度应当提高，因为我们已将其从一个没有任何极点的均匀分布转变为一个对称的、围绕 n 个极点或局部众数（local modes）的聚集分布。　134

我们的公理 2 所描述的情况与此类似。这里假设的三个基本密度可以采取均匀分布。然而，对于有三个区间的情况而言，公理 2 的表述似乎更强：在那里，只有外部分布受到挤压，而在这里，我们挤压了所有三个密度。同样，公理 2B 的定义域只挤压了两个外部区间，这样才能与该公理完全相容。对所有三种密度的挤压将导致收入从中位数一侧转移到另一侧，而公理 2B 的条件将不适用。因此，我们（或许）得到了可以在一定程度上减少度量方法类型的无争议性质。具体如下。

　　性质 1. 考虑在支撑集 $[a,b]$ 上的均匀分布。将该支撑集划分为 n 个等长度区间。那么，对 n 个相同的子密度施加一个 λ - 挤压将不会降低极化程度。

我们的下一个性质表明，在一类特殊的变化情况下，极化可能以非单调方式表现出来。考虑一个类似于公理 3 中所设想的情形，它具有由四个不重叠基本密度构成的对称分布。不同于该公理中将基本密度的位置进行移动，而是将总体进行对称的转移，即从内部密度向外部密度一

---

① 例如，考虑一个具有四个局部众数的对称分布，并在所有收入的中点处将其划分为两个区间。在每个区间进行 λ - 挤压将使两个众数更加接近。就总极化程度而言，总效应确实是模棱两可的：两个位于中心的众数移走了，而两个位于极端处的众数更接近了。我们希望避免这种情况，就像我们在研究单峰核时在公理中所做的那样。

次一点进行转移。因此，我们从位于内部密度的最大总体开始，结束于位于外部密度的最大总体。显然，最终分布的极化程度比初始分布的极化程度更高。

然而，在整个转移范围内的极化行为是有意思的问题。在这个过程的"开始"阶段，只有两个群体（内部密度）。因此，随着外部密度开始提高，这个过程的开始阶段将我们从两群体社会转移到四群体社会。数量更少的群体可能对极化产生积极作用，从这个角度讲，我们不妨把总体的初始运动描述为极化程度降低。当然，一旦外部密度已经"充分地"建立起来，疏离感的提升必定最终抵消认同感的下降，极化程度"最终"将高于开始时。我们把这些思想正式表示为以下的非单调性质。

性质 2. 考虑一个如同公理 3 中所描述的对称分布，有四个来源于同一内核的非重叠基本密度。对于某些这样的结构，极化程度不应随着内部密度而单调变化。

这是一个非常弱的表述，它仅简单地要求存在某个四群体的对称情形，在这种情况下，极化度量方法对于总体在从内部群体向外部群体移动时表现出非单调性。值得注意的是，这一性质不能与公理 3B 相容。毕竟，在性质 2 设想的情况下，总体从内部密度向外部密度转移所产生的分布序列满足公理 3B 的条件——相对于中值的距离均匀增加。因此，公理 3B 要求分布序列显示出单调递增的极化程度。

我们指出这一点并不是为了断然否定公理 3B，仅是为了表明该公理非常强烈地聚焦远离中间值的两极分化运动。（从这个公理的观点来看）是否存在一些既"两极化"又同时创造新集群从而分裂社会过程，这并不重要。这种分裂可能会很好地缓解紧张局势，因为它减轻了深层次裂痕。无论如何，这都是性质 2 尝试捕捉的内容。

我们的性质 3 正式表述了这样的观点，即极化完全是群体和群体间距离的一个特征，并且基本变量在某种意义上没有不对称性。例如，我们可能希望要求两个不同规模的群体的分布的极化程度不应取决于两个群体中哪一个是富有的，哪一个是贫穷的。同样，这样的特征是否应该被赋予公理的地位尚不明确①，但它是一个有趣的性质，值得探索，因为它完全脱离了贫困或不平等概念的度量方法。② 此外，它在诸如政治立场等变量的背景下具有特殊力量。

性质 3. 对于在支撑集 $[a, b]$ 上具有密度函数 f 的任意分布 F，定义一个密度函数为 g 的分布 G 且 $f(x) = g(a + b - x)$。那么 F 和 G 有相同的极化程度。

我们利用这些性质获得文献中提出的有关极化度量方法的更多见解。

4. 比较极化度量方法

4.1　极化度量方法

极化是人际疏离感在认同感推动下的结果，基于这个观点，埃斯特班和雷（Esteban，Ray，1991）以及杜克洛、埃斯特班和雷（Duclos，Esteban，Ray，2004）得出了极化度量方法：

$$P^{DER} = K \iint f(x)^{1+\alpha} f(y) |y - x| dy dx \tag{5}$$

在这里，$\alpha \in [0.25, 1]$ 且 $K > 0$ 是可被用于标准化的任意常数。

命题 1. 一个极化度量方法满足公理 1 至公理 4，以及初始限制 1，当且仅当对于某个 $\alpha \in [0.25, 1]$ 时，它与 P_α^{DER} 一致。③ 而且：

136

---

① 埃斯特班和雷（Esteban，Ray，1994）研究了单侧疏离模型，其中这种不对称性质没有被满足。

② 在我们的例子中，两个群体的收入排列确实会影响不平等情况。

③ 埃斯特班和雷（Esteban，Ray，2011b）证明，如果以下公理得到满足，则 $\alpha = 1$。
公理：假设一个分布由三个大小为 r、p、q 的等间隔均匀基本密度组成，每个基本密度的支撑集为 2ε。假设 $p = q + r$，那么存在 $\eta > 0$，使得当 $0 < \gamma < \eta$ 且 $0 < \varepsilon < \eta$ 时，总体的体量从 r 到 q 的任意均匀转移都不会降低极化程度。
直观地说，这个公理表明，如果 r 群体的规模非常小，它就不能单独对社会紧张度造成很大的影响。反之，如果总体从这一群体转移到第二大群体，而该群体与大小为 p 的最大群体"同等反向"，那么这两个群体的规模将变得更加均等，因而极化程度不会下降。

（1）P_α^{DER} 满足性质 1 至性质 3 和公理 4B；

（2）P_α^{DER} 不满足公理 2B 和公理 3B 以及初始限制 1B。

证明：第一个论断恰好是在杜克洛、埃斯特班和雷（Duclos，Esteban，Ray，2004）中的特征定理。

现在转向第（1）部分。为了证明 P^{DER} 满足性质 1，考虑在 $[a,b]$ 上的均匀分布。把这个支撑集划分成 n 个相同的区间，形式为 $[a_i,b_i)$，$i = 1,\cdots,n$，每个长度为 $\dfrac{b-a}{n}$，总量为 $\dfrac{1}{n}$。在每一个区间中，我们有（非标准化的）均匀分布，其密度为 $\dfrac{1}{b-a}$。显然对于所有 i，$a_1 = a$，$a_{i+1} = a_i + (b-a)/n$ 且 $b_i = a_{i+1}$。

现在将 n 个相同的密度进行 λ – 挤压。为了计算出对应于每一个 λ 的结果，我们采取与杜克洛、埃斯特班和雷（Duclos，Esteban，Ray，2004）的研究中同样的步骤。将总体极化程度分解为所有"内部密度"极化程度 W_i 与所有"交叉密度"有效对抗 A_{ij} 之和。采用杜克洛、埃斯特班和雷（Duclos，Esteban，Ray，2004）文章中的引理 6，并且把常数 K 正规化为 1，就可以得到：

$$\sum_{i=1}^n W_i = 2^{1+\alpha}\left[\lambda(b-a)\right]^{1-\alpha} n^{-2} \int_0^1 f^*(x)^{1+\alpha}\left\{\int_0^1 f^*(y)(1-y)dy + \int_0^1 f^*(y)(y-x)dy\right\}dx$$

$$= 2^{1+\alpha}\left[\lambda(b-a)\right]^{1-\alpha} n^{-2}\int_0^1 2^{-1-\alpha}\left\{\int_0^1 2^{-1}(1-y)dy + \int_x^1 2^{-1}(y-x)dy\right\}dx$$

$$= 2^{-1}(b-a)^{1-\alpha} n^{-2}\lambda^{1-\alpha}\int_0^1\left\{\int_0^1(1-y)dy + \int_x^1(y-x)dy\right\}dx$$

$$= \frac{1}{3}(b-a)^{1-\alpha} n^{-2}\lambda^{1-\alpha}$$

现在让我们计算 A_{ij}。利用杜克洛、埃斯特班和雷（Duclos，Esteban，Ray，2004）文章中的引理 7，我们有：

$$A_{ij} = 2|\mu_i - \mu_j| n^{-2-\alpha}\left(\frac{b-a}{2n}\right)^{-\alpha}\lambda^{-\alpha}\int_0^1 f^*(x)^{1+\alpha}dx$$

$$= |i-j| n^{-3}(b-a)^{1-\alpha}\lambda^{-\alpha}$$

因此，将所有交叉对抗加总，我们得到 $A = n^{-3}(b-a)^{1-\alpha}\lambda^{-\alpha}\sum_i\sum_j|i-j|$。 [137]

所以，对于总极化程度，我们最终得到：

$$P^{DER}(\lambda) = W + A = \frac{1}{3}(b-a)^{1-\alpha}n^{-2}\lambda^{1-\alpha} + n^{-3}(b-a)^{1-\alpha}\lambda^{-\alpha}\sum_i\sum_j|i-j|$$

$$(6)$$

式（6）关于 λ 微分，那么我们有：

$$\frac{\partial P^{DER}}{\partial\lambda} = (b-a)^{1-\alpha}n^{-2}\lambda^{-1-\alpha}\left(\frac{1-\alpha}{3}\lambda - \alpha\frac{\zeta(n)}{n}\right)$$

在这里，$\zeta(n) \equiv \sum_i\sum_j|i-j|$。

该导数的符号只取决于括号中的项，我们用 B 来表示。显然 $B \leqslant \left\{\frac{(1-\alpha)}{3} - \alpha\frac{\zeta(n)}{n}\right\}$。

现在观察到 $\frac{\zeta(n)}{n}$ 随 n 的增加递增，且 $\frac{\zeta(2)}{2} = 1$。[①] 因此，对于 $\alpha \geqslant 0.25$，$B \leqslant (1-4\alpha) \leqslant 0$。

由此得出，对于 $\alpha \geqslant 0.25$，一个 λ - 挤压，也就是减少 λ，对于均匀分布支撑集每个可能划分形成的 n 个区间，极化程度将提高。因此 P_α^{DER} 满足性质 1。

现在让我们转向性质 2。关于 P_α^{DER} 满足这个性质的论证可以分解为两步：（1）在全部总体由内部密度向外部密度移动之后，此时的极化程度应当高于过程开始之时；（2）当全部总体在内部密度上时，总体向外部密度转移会使极化程度下降。

作为一个回顾，我们考虑一个由四个有着不相互重叠支撑集的密度函数组成的对称分布。将总体由内部密度向部外密度转移。这表明，在对初始分布的某些限定下，在这一过程结束时，P_α^{DER} 更高些，并且其在这一过程开始时实际上升了。

---

① 首先观察到 $\zeta(n+1) = \zeta(n) + n(n+1)$，因此，$\frac{\zeta(n+1)}{n+1} - \frac{\zeta(n)}{n} = n - \frac{\zeta(n)}{n(n+1)}$。我们知道，$\zeta(n) \leqslant n \cdot n^2 = n^3$，因此，$\frac{\zeta(n+1)}{n+1} - \frac{\zeta(n)}{n} \geqslant \frac{n}{(n+1)} > 0$。

从一个对称的不相互重合的四密度结构开始，其中每个密度都由相同的基本密度构建而成。令每个内部密度的总量为 $\frac{1}{2} - \delta$，每一个外部密度的总量为 δ。令每一个密度具有相同的宽度 $2s$。令 D 表示两个内部密度条件均值之间的距离，令 d 表示一个内部密度及其邻近外部密度之间同样的距离。

138 我们希望考察当 δ 增加时 P_α^{DER} 的变化。为了计算 P_α^{DER}，我们再一次将总极化程度分解为内部密度极化程度以及交叉密度对抗程度之和。利用杜克洛、埃斯特班和雷（Duclos, Esteban, Ray, 2004）文章中的引理 6，我们得到：

$$P^{DER}(\delta) = 2W_{inner}(\delta) + 2W_{outer}(\delta) + \sum_i \sum_j A_{ij}$$

$$= K \left\{ \left[\left(\frac{1}{2} - \delta \right)^{2+\alpha} + \delta^{2+\alpha} \right] 2s \right.$$

$$\left. + \left[\left(\frac{1}{2} - \delta \right)^{1+\alpha} \frac{4\delta d + D}{2} + \delta^{1+\alpha} \frac{2d + D}{2} \right] \psi(f, a) \right\}$$

这里：

$$K = 4s^{-\alpha} \int_0^1 f^*(x)^{1+\alpha} \left\{ \int_0^1 f^*(y)(1-y)dy + \int_x^1 f^*(y)(y-x)dy \right\} dx \quad (7)$$

$$\psi(f, a) = \frac{\int_0^1 f^*(x)^{1+\alpha}dx}{\int_0^1 f^*(x)^{1+\alpha} \left\{ \int_0^1 f^*(y)(1-y)dy + \int_x^1 f^*(y)(y-x)dy \right\} dx}$$

$$(8)$$

这同杜克洛、埃斯特班和雷（Duclos, Esteban, Ray, 2004）文章中引理 8 的式（39）一样。

可直接证明，$P^{DER}(\frac{1}{2}) > P^{DER}(0)$；这是第一步。

为了证明 P^{DER} 关于 δ 的非单调性，或许在某些关于 d、D 和 s 的限制条件下，证明它在 $\delta = 0$ 处严格递减就足够了。P_α^{DER} 关于 δ 微分，我们有：

$$\frac{\partial P_\alpha^{DER}}{\partial \delta} = K\left[-(2+\alpha)\left(\frac{1}{2}-\delta\right)^{1+\alpha}+(2+\alpha)\delta^{1+\alpha}\right]2s +$$

$$K\left[\left(\frac{1}{2}-\delta\right)^\alpha\left(\frac{2d-4\delta d}{2}-(1+\alpha)\frac{4\delta d+D}{2}\right)\right.$$

$$\left.+(1+\alpha)\delta^\alpha\frac{2d+D}{2}\right]\psi(f,\alpha)$$

在 $\delta = 0$ 处计算此表达式的值，我们得到：

$$\frac{\partial P_\alpha^{DER}}{\partial \delta}\bigg|_{\delta=0} = K\left(\frac{1}{2}\right)^\alpha\left\{-(2+\alpha)2s+\left[d-(1+\alpha)\frac{D}{2}\right]\psi(f,\alpha)\right\}$$

因为 s 可以任意小，不需要对 $\psi(f,a)$ 强加任何限制，我们得到 $d < \frac{1+\alpha}{2}D$（或对于任何可容许的 α，$d < \frac{5}{8}D$）。在总体从内部密度向外部密度转移的最初阶段上，极化程度下降是足够的。[①] 于是可以得到 P_α^{DER} 满足性质 2。

很直接地可以表明，P_α^{DER} 满足性质 3。在这种情况中，我们有一个密度为 $g(x)$ 的新分布，且具有在 $M = \frac{a+b}{2}$ 处，$g(x) = f(2M-x)$ 的性质。利用式（5）中这个相等的性质并采取变换 $x' = 2M-x$ 和 $y' = 2M-y$，立刻可以得到 $P_\alpha^{DER}(F) = P_\alpha^{DER}(G)$。

最后，在比较的两个方面上，由 P_α^{DER} 产生的排序对于收入规模的放缩显然是不变的，因此公理 4B 满足。这就完成了命题中第一个论断的证明。

我们现在处理第二个部分，它表明 P_α^{DER} 不满足公理 2B、公理 3B 和初始限制 1B。

为了考察公理 2B，考虑一个来自相同内核，由 6 个不相互重合的基本密度构成的对称分布。从左到右，每一个密度函数的总体大小分别是 $\left(\frac{1}{4}-\delta, 2\delta, \frac{1}{4}-\delta, \frac{1}{4}-\delta, 2\delta, \frac{1}{4}-\delta\right)$，其中 $\delta \in \left[0, \frac{1}{4}\right]$。将每个基本密度函数支撑集的大小设为 $2s$，令 d 表示均值两侧中每一侧相邻基本密

139

---

① 可以容易地计算出 $\frac{\partial P}{\partial \delta}\bigg|_{\delta=\frac{1}{4}} < 0$。

度中心之间的距离。最后，将第三个密度函数和第四个密度函数（位于均值两侧）之间的距离记为 D。

当 $\delta = 0$ 时，我们有一个总体聚集在四个基本密度上的分布（"开始密度"，它是第一个、第三个、第四个和第六个密度）。当 $\delta = \dfrac{1}{4}$ 时，我们有一个总体聚集在两个密度上的分布（第二个和第五个密度），每一个都位于两个"开始密度"之间，在中值/均值的每一侧上。

现在，当 δ 由 0 上升至 1/4 时，我们在低于和高于中值/均值收入的总体中创造了累进的道尔顿转换（在中值的每一侧，我们缩小了最富有和最贫穷的总体规模，扩大了在两者之间的规模）。

同以前一样，我们用每个密度内部极化程度加总和密度之间有效对抗加总来计算 $P^{DER}(\delta)$。我们将继续使用杜克洛、埃斯特班和雷（Duclos, Esteban, Ray, 2004）文章中的引理 6 和引理 7。

我们从内部极化程度 W 开始。有四个总体总量为 $\dfrac{1}{4} - \delta$ 的相同密度，且两个总体的总量为 2δ。因此，使用引理 6，我们有 $W = 8s^{1-\alpha}K\left\{(2\delta)^{2+\alpha} + 2\left(\dfrac{1}{4} - \delta\right)^{2+\alpha}\right\}$，在这里，$K$ 由式（7）定义。

140　　因为这个分布是对称的，群体间对抗是三个平均收入在中值/均值之下群体对抗之和的 2 倍，将它们分别称作 A_1、A_2 和 A_3。利用杜克洛、埃斯特班和雷（Duclos, Esteban, Ray, 2004）文章中的引理 7，我们看到：

$$A_1 = 2(\tfrac{1}{4} - \delta)^{1+\alpha}s^{-\alpha}K\psi(f,\alpha)\left(2d + \tfrac{D}{2}\right),$$

$$A_2 = 2(2\delta)^{1+\alpha}s^{-\alpha}K\psi(f,\alpha)\left(\tfrac{3}{2}d - 2d\delta + \tfrac{D}{2}\right),$$

$$A_3 = 2(\tfrac{1}{4} - \delta)^{1+\alpha}s^{-\alpha}K\psi(f,\alpha)\left(d + \tfrac{D}{2}\right)。$$

这里 ψ 由式（8）定义。

加总所有部分并重新整理，我们得到了总的极化程度：

$$
P^{DER}(\delta) = 4Ks^{-\alpha}\left\{
\begin{array}{l}
2\left(\dfrac{1}{4} - \delta\right)^{1+\alpha}\left(2\left(\dfrac{1}{4} - \delta\right)s + \psi(f,\alpha)\dfrac{1}{2}(3d + D)\right) \\[2mm]
+ (2\delta)^{1+\alpha}\left(2\delta s + \psi(f,\alpha)\dfrac{1}{2}(3d + D - 4d\delta)\right)
\end{array}
\right\}
$$

将 $P^{DER}(\delta)$ 对 δ 微分，并在 $\delta = 0$ 处计算，我们最终得到：

$$
\frac{\partial P^{DER}(\delta)}{\partial \delta}\bigg|_{\delta = 0} = 4Km^{-\alpha}\left\{-\frac{1+\alpha}{2}\left(\frac{s}{2} + \psi(f,\alpha)\frac{1}{2}(3d + D)\right) - s4^{-\alpha}\right\} < 0
$$

因此，当 $\delta = 0$ 时，也就是在这个过程开始时，改变总量以产生一个中间密度确实降低了由 P^{DER} 测度的极化程度，违反了公理 2B 的要求。

现在让我们考虑公理 3B。十分相似的论证表明，P_{α}^{DER} 满足性质 2，然而公理 3B 不能被满足。这个论证涉及一个例子，其中公理 3B 的条件全部得以满足，但 P_{α}^{DER} 仍表现出非单调性质。

最后，很明显，直接验证发现 P_{α}^{DER} 不满足初始限制 1B。

4.2　两极分化的度量方法

我们将考察由沃尔夫森（Wolfson，1994，1997）、王有强和崔启源（Wang，Tsui，2000）提出的两极分化度量方法，前者以福斯特和沃尔夫森（Foster，Wolfson，1992，2010）的研究为基础。这两种两极分化度量方法有一个共同特征：两种方法都是计算从任一特定分布到位于支撑集极值处的退化对称双峰分布距离的不同方法。

我们将给出可微分布 F 的极化指数，其相应的密度函数为 f。沃尔夫森（Wolfson，1994）的两极分化度量方法可以写作：

$$
P^{W}(F) = \frac{\mu(F)}{m(F)}\left[\frac{1}{2} - L(F) - \frac{G(F)}{2}\right] \tag{9}
$$

在这里，m 表示中值收入，μ 是平均收入，G 是基尼系数，L 是洛伦兹曲线（Lorenz Curve）在收入中值处纵坐标的值，所有这些都是分布函数 F 的函数。[①]

①　P^{W} 的另一种表达方式是 $P^{W} = \dfrac{2\mu}{m}\left[\dfrac{\mu_{H} - \mu_{L}}{\mu} - G\right]$，在这里，$\mu_{H}$ 和 μ_{L} 分别是在中值收入之上和之下的条件均值。

现在，我们根据前面一节中介绍的一系列公理和性质来评估这一度量方法。

命题 2. 极化度量方法 P^W

（1）满足公理 2B 至公理 4B 和公理 1 至公理 4；

（2）不满足性质 1 至性质 3。

证明：王有强和崔启源（Wang，Tsui，2000）已经证明，P^W 满足公理 2B 至公理 4B。从观察 1 中可以得到，P^W 满足公理 1 至公理 3。由于 P^W 是标准化的总体，它也满足公理 4。

现在让我们转向第二个判断。为考察性质 1，我们从 $[a,b]$ 上的均匀分布开始。这一均匀分布有密度函数 $f(x) = \dfrac{1}{b-a}$，且均值/中值为 $\mu = m = \dfrac{a+b}{2}$。我们把这一均匀分布划分为 n 个大小相等的子区间，并对其中的每一个进行 λ - 挤压。我们希望了解这种变化对 P^W 的影响。

让我们首先假设 n 是偶数。在这种情况下，这种挤压会使 L 的值保持不变，因为没有收入从均值/中值的一侧转移到另一侧，且 G 将减少。所以 P^W 必须增加，这符合性质 1。

现在假设 n 是奇数。现在，虽然 G 继续下降，但 L 将上升，因为对这个包含均值/中值收入在其内部区间进行挤压，会使在这个区间内的收入从较高收入向较低收入进行转移。这两种变化将使 P^W 朝着两个相反的方向变动。为了确定净效应的符号，我们需要明确计算出两种变化情况。这就是我们现在要做的。

我们用 $L(n,\lambda)$ 表示当一个均匀分布的 n 个区间受到 λ - 挤压时，低于均值/中值的收入在总收入中所占的比例。显然，我们应该只关注那些条件均值/中值收入与总均值/中值收入一致的区间。因为总均匀分布的支撑集是 $[a,b]$，所以任意区间的长度是 $\dfrac{b-a}{n}$，且总量为 $\dfrac{1}{n}$。我们感兴趣的是，分布进行 λ - 挤压时区间 $\left[\mu - \dfrac{b-a}{2n}, \mu\right]$ 中的个体在总收入中所占份额。

为了达到这个目的，我们首先观察发现 $L(n,\lambda) = L_- + L_m(\lambda)$，其中，第一项代表中值区间以下的区间所占份额，$L_m$ 是在其中值/均值收入以上的区间所占的份额。在计算 $L_m(\lambda)$ 时，我们必须牢记，相应支撑集是 $\left[\mu - \dfrac{b-a}{2n}, \mu\right]$，也就是 $\left[\dfrac{a+b}{2} - \dfrac{b-a}{2n}, \dfrac{a+b}{2}\right]$。那么，我们有：

142

$$L = L_- + L_m(\lambda) \tag{10}$$

$$= \frac{2}{a+b}\sum_{i=1}^{m-1}\frac{\mu_i}{n} + \int_{\frac{a+b}{2} - \frac{b-a}{2n}}^{\frac{a+b}{2}} \frac{\lambda 2x + (1-\lambda)(a+b)}{a+b} \frac{1}{b-a}dx \tag{11}$$

$$= \frac{2}{a+b}\sum_{i=1}^{m-1}\frac{\mu_i}{n} + \frac{1}{2n} - \frac{\lambda}{4n^2}\frac{b-a}{a+b} \tag{12}$$

对于 λ 微分，我们有：

$$\frac{\partial L}{\partial \lambda} = -\frac{1}{4n^2}\frac{b-a}{a+b} \tag{13}$$

为计算在 G 上 λ – 挤压的影响，我们可以使用关于 P^{DER} 所得到的结果。事实上，在 $\alpha = 0$ 时，G 等于 $\dfrac{1}{2}P^{DER}$（请注意，为了使 P^{DER} 满足相应的公理，必须有 $\alpha \geq 0.25$）。使用式（7），计算在 $\alpha = 0$ 处的值，我们有：

$$\frac{\partial G}{\partial \lambda} = \frac{1}{3n^2}\frac{b-a}{a+b} \tag{14}$$

式（9）对 λ 进行微分，利用式（13）和式（14）我们得到：

$$\frac{\partial P^W}{\partial \lambda} = -\frac{\mu}{m}\left[\frac{1}{6n^2}\frac{b-a}{a+b} - \frac{1}{n^2}\frac{b-a}{a+b}\right] = \frac{1}{12n^2}\frac{b-a}{a+b} > 0 \tag{15}$$

由此得到，当 n 是奇数时，1 个 λ – 挤压将减少 P^W，这违反了性质 1。

正如我们已经指出的那样，P^W 满足公理 3B 这一事实意味着它违反性质 2。

最后，我们证明 P^W 不能满足性质 3。考虑下面的例子。我们有一个退化分布，对于 $\dfrac{2}{3}$ 的总体，$y_1 = 0$，对于 $\dfrac{1}{3}$ 的总体，$y_2 = 1$。可以很容易地证明，P^W 大于由初始值翻转得到的分布下的值。由此完成了证明。

因此，沃尔夫森的度量方法 P^W 满足四个公理以及刻画 P^{DER} 的初始条件 1，但并不满足性质 1 至性质 3。

正如性质 1 中描述的那样，P^W 如何对挤压子区间做出反应特别引人关注。对度量方法产生的影响似乎主要取决于区间个数是奇数还是偶数。这不令人惊讶：沃尔夫森的度量方法最好被理解为两极分化的度量方法。具体而言，它可以看作对最为分化的两极分布的距离的度量方法，即总体集中在位于分布支撑集极端的两个尖端处的一种分布。围绕奇数个群体的概率群聚使这一分布"远离"极端双峰分布。

143　　同时，从多群体角度看，性质 1 是符合直觉的。同样，它本质上与两极分化有关。事实上，性质 1 在这方面做得很好。

对于第二个两极分化的度量方法，我们希望考察王有强和崔启源（Wang, Tsui, 2000）的公理化的方法。他们的度量方法是：

$$P^{WT} = P(F) = k \int \left| \frac{x-m}{m} \right|^r f(x)\, dx \tag{16}$$

其中，$r \in (0,1]$。

因此，根据这种度量方法，极化程度由相对于中值收入距离的一个凹转换的平均值来刻画。它本质上是对一种所有总体集中于中值收入的最小极化分布的距离的度量方法。

命题 3. 考虑极化度量方法 P^{WT}。

（1）当且仅当它可以被写为式（16）时，一种极化度量方法满足公理 2B 至公理 5B，并因此满足公理 1、公理 2 和公理 3。

（2）式（16）的极化度量方法 P^{WT} 满足公理 4，但违反性质 1 至性质 3。

证明：王有强和崔启源（Wang, Tsui, 2000：360）文章中的命题 6 已经证明了该命题的第一个判断。

因为 P^{WT} 关于全部总体进行了标准化，它确定满足公理 4。

与之前的原因相同，P^{WT} 不满足性质 2。P^{WT} 不满足性质 1 和性质 3 还有待证明。

我们从不满足性质 3 的一个例子开始。假设一个退化分布中有 $\frac{1}{3}$ 的总体的收入分布在三个水平（0，1，4）中。立即可以计算出 $P^{WT} = \frac{4}{3}$。将之前的分布进行翻转，得到收入（0，3，4）相应的极化程度 $P^{'WT} = \frac{4}{9} < P^{WT}$。

最后，我们证明不满足性质 1。考虑将一个均匀分布划分为三个相等区间的情况。这种情况适用于公理 2 中描述的场景。挤压 P^{WT} 的效应可以看作由挤压两侧密度效应和挤压内部密度效应组成。根据公理 2，前者提高 P^{WT}；对于后者，根据公理 1，将降低 P^{WT}。我们需要举例说明第二种效应超过了第一种效应，并且使总 P^{WT} 下降。考虑下面的例子：具有支撑集 [0,12] 的一个均匀分布被划分为三个支撑集 [0，4]、[4，8]、[8，12] 上的均匀分布。我们现在挤压它们，得到具有支撑集 [1，3]、[5，7]、[9，11] 的新均匀分布。计算结果表明，挤压后，P^{WT} 会变小。[①] 这就完成了证明。

命题 2 和命题 3 证实了王有强和崔启源（Wang，Tsui，2000）以及沃尔夫森（Wolfson，1994，1997）提出的度量方法，因为这两种方法都满足同一套公理，并不满足同一套性质。

5. 关于多维极化的一些评论

极化的多维度量方法是指，任意一个度量指标中至少有两个特征成为极化的决定因素。第二个特征成为决定因素的一种明显方式是通过决定疏离感和/或认同感实现，这是埃斯特班和雷（Esteban，Ray，1994）的方法中初始限定条件 1 的组成部分。

当一些特征，例如宗教、种族或地域，用来定义群体时，多维性的一种特别鲜明的表达方式就产生了，而收入聚集（在群体内）或收入距离（群体间）被用来定义认同和疏离，从而构建这种度量方法。

张和坎布尔（Zhang，Kanbur，2001）提出了这种度量方法的一个例

---

① 请注意，如果将最初分布划分为偶数个区间，那么对每一个均匀密度的挤压都将增加 P^{WT}。

子。① 他们的方法是以泰尔（Theil）发展的一系列熵指数为基础来度量不平等。$I(f) = \int \log \frac{\mu}{x} f(x)\,dx$ 给出了泰尔不平等指数。

假设以非收入特征（例如种族或地域）为基础，可以将总体划分为 K 组。令 π_i 表示第 i 组中的总体所占份额，$f_i(x)$ 是该组收入的密度，μ_i 是第 i 组的平均收入。现在，这个组的总不平等程度由 $I^W \equiv \sum_{i=1}^{K} \pi_i I(f_i)$ 给出，而组间不平等程度由 $I^B \equiv \sum_{i=1}^{K} \log \frac{\mu}{\mu_i} \pi_i$ 给出。

张和坎布尔（Zhang, Kanbur, 2001）将 I^B（群体间的部分）视为总疏离感的一种表达，将 I^W（群体间的部分）的倒数作为群体内部总认同感的度量。这就产生了如下形式的由极化程度相乘形成的度量方法：

$$P^{ZK} = \frac{I^B}{I^W} = \frac{\sum_{i=1}^{K} \log \frac{\mu}{\mu_i} \pi_i}{\sum_{i=1}^{K} \pi_i I(f_i)} \tag{17}$$

如果我们接受在多维情形下，收入可被用来决定认同感和疏离感，那么 P^{ZK} 是一个很好的极化度量方法。例如，我们恰当地重新定义，只有在外生给定的群体中才进行挤压，可以证明这种度量方法满足公理 1 至公理 4 的各种表述。

然而，我们认为有必要对多维情况下极化度量方法的构建和使用给出一些警示说明。这些警示说明准确地适用于前一段中所强调的内容。

为了解决这个问题，假设社会上只有两个群体（让我们称他们为当地人和移民），考虑两种情况：（1）移民与当地人竞争相同的工作；（2）移民选择具有互补性的工作或不同的工作。很容易认为，第一种情况会比第二种情况展示出更高的紧张程度，因为两个群体都在同一领域进行竞争。因此，给定两个群体的（非经济因素）定义，收入的相似性而非差异性将加剧群体间的紧张关系是完全可能的。

这里的要点是，群体间的疏离感可能由其他特征来定义，例如，对

---

① 还可参见杜克洛、埃斯特班和雷（Duclos, Esteban, Ray, 2004）的研究，他们将其公理化定义的度量方法扩展至多维情形。本节中的评论也适用于他们的度量方法。

待外国人的态度或宗教间相互不容忍程度。我们并不完全排斥收入不平等影响这种疏离感的可能性。我们应当乐于接受这样的情形，即收入相似性也可以作为竞争程度的代理变量。[①]

更一般的是，考虑两种冲突形式：一种是再分配冲突，另一种是排他性冲突。再分配冲突一般会随着收入差距扩大而加剧。排他性冲突会随着收入相似性的提高而加剧。

接下来要解决两个群体间的收入差异，并将重点放在群体内部的"认同"上。类似地，这是一个复杂的问题，并且完全不清楚群体内部收入平等是否会明确加剧群体间的紧张程度。和前面的例子一样，收入有两种功能。收入相似性可能代表群体成员间普遍的文化和社会凝聚力，在这种情况下，群体认同感确实可以得到增强，而且有时会以群体间社会冲突为代价。通过类似于 P^{ZK} 的度量方法可以很好地证明这一点。另外，收入差异可能会使实施冲突更加容易。群体内部的巨大不平等意味着，个体的某些子集可以资助冲突，而另一些子集可以提供体力劳动。

埃斯特班和雷（Esteban，Ray，2008，2011a）最近的研究强调了后一个方面。在第一篇文章中我们发现，冲突可能在不同民族之间非常突出，因为每个民族都有富人和穷人，这使从事"冲突活动"更为容易（每个群体中的穷人提供的"冲突劳动"可以得到富人的补偿）。这一点在埃斯特班和雷（Esteban，Ray，2011a）的文章中得到了更详细的阐述，并在他们的命题 4 进行了总结，该命题认为，群体内收入的洛伦兹不平等恶化将加剧群体间冲突。

本章没有详细研究多维极化。在我们看来，这是一个丰富而复杂的议题，它是需要探究的开放领域。张和坎布尔（Zhang，Konbur，2001）以及杜克洛、埃斯特班和雷（Duclos，Esteban，Ray，2004）都讨论了极化的度量方法，其中群体是外生定义的，而收入差异（和相似性）都被作为群体间疏离感（和群体内认同感）的代理变量。鉴于这一节中所给出的原因，我们认为这样的度量方法必须被谨慎对待。

146

[①] 米特拉和雷（Mitra，Ray，2010）从经验上研究了印度的印度教和伊斯兰教暴力事件，并认为穆斯林人均收入的增加对暴力产生了积极影响。因为从平均情况来看，穆斯林比印度教徒穷，这被归结为一种群体间收入的均等。

6. 结论

我们回顾了一维极化的几种不同度量方法,可以分为两大类:极化度量方法和两极分化度量方法。以描述极化度量方法 P^{DER} 的一系列公理为基础,我们证明了每一类方法中的所有度量方法都满足杜克洛、埃斯特班和雷(Duclos, Esteban, Ray, 2004)中的四个基本公理。由此可见,这些公理捕捉了所有极化度量方法的共同特征。[①] 但是,使用本章介绍的另外三个性质,我们还发现,这两类方法存在很大的不同。

两类极化度量方法存在差异的根源在哪里?我们不能提供这个问题的完整答案。然而,本章朝着更好地理解两类方法之间差异的方向迈出了一步。根据我们的结果,存在两条偏离路径。第一条路径是,两极分化度量方法满足的公理的要求比杜克洛、埃斯特班和雷(Duclos, Esteban, Ray, 2004)提出的更强,尽管这背后的思想是相同的。第二条路径是,初始限制 1 和初始限制 1B 所描述的假设的"度量方法类型"存在本质差异。这些基本上都是"黑盒子"。埃斯特班和雷(Esteban, Ray, 1994)以及杜克洛、埃斯特班和雷(Duclos, Esteban, Ray, 2004)为初始限制 1 提供了一个"行为"动机,它以构建人际对抗中的认同感与疏离感的相互作用为基础。但这不能替代精确的公理化。因此,初始限制 1 和初始限制 1B 需要分解成一组更简单的公理。[②] 只有这样,我们才能清楚地看到具体的偏离之处。

在某种程度上,这部分地是因为性质 1 至性质 3 发挥的作用,这又将我们带回到上面论述的第一条。我们不把这些称作"公理",因为我们不认为它们是不言自明的真理。它们是具有吸引力且值得探索的次要属性。性质 1 和性质 2 指向同一个方向:极化的出现不需要只发生在两极附近,它可以发生在任何数量的极点附近。当然,极点数量越少(但不小于两个),极化程度越高。

[①] 然而,对于两极分化的两个基本公理(公理 2B 和公理 3B),并不能这么说,因为 P^{DER} 不满足它们。

[②] 博塞特和施沃尔姆(Bossert, Schworm, 2008)沿着这些路径为两极分化度量方法做出了宝贵贡献。

性质 1 准确地捕获到这一点，因为它考虑了任意数量极点的形成情况。它与杜克洛、埃斯特班和雷（Duclos, Esteban, Ray, 2004）的公理相容，但与描述两极分化的更强的公理不相容。因此，现有的两极分化度量方法不满足性质 1。考虑到该性质所依赖的对多个极点的直觉，这并不奇怪。性质 2 也是如此，其中对很多极点，而不是仅仅两个极点的直觉，起到了重要作用。

最后，性质 3 在这些特征的高值和低值之间创建了对称性，认为对特征分布的"翻转"不应影响极化程度。我们再次提出，这可能是不平等和极化之间有趣的区别，但并不把它作为毫无疑问的定论。所有不平等的度量方法都会一致认为，9 人收入为 0、1 人收入为 10 的分布，要比 1 人收入为 0、9 人收入为 10 的分布更加不平等。然而，如果我们对这两种分布是如何"极化"的感兴趣，那么断言极化程度相同可能是合理的。

在本章最后一节中，我们对多维极化进行了一些简短总结，这是我们在主要分析中没有考虑的。我们的主要保留意见是，当群体本身是由收入以外的特征定义时，必须使用收入作为群体内部认同感和群体间疏离感的代理变量。我们认为，此类代理变量可能导致产生误导性结果。多维极化度量方法是一个开放且重要的研究领域。

致　谢

琼·埃斯特班是加泰罗尼亚政府资助的巴塞罗那经济学研究生院研究网络（Barcelona GSE Research Network）成员。他感谢 AXA 研究基金（AXA Research Fund）和西班牙政府科学技术部委员会（Comisión Interministerial de Ciencia y Tecnología, CICYT；项目编号 SEJ2006 – 00369）的资助。德布拉吉·雷感谢来自国家科学基金会（National Science Foundation）、富布莱特基金会（Fulbright Foundation）以及新德里印度统计研究所（Indian Statistical Institute）的支持。我们感谢哈维·拉莫斯（Xavi Ramos）的评论和米歇尔·加芬克尔（Michelle Garfinkel）对本章的精心编辑。我们特别感谢彼得·兰伯特（Peter Lambert）对本章前一版本深刻而详细的评论。

参考文献

Alesina, A. , A. Devleeschauwer, W. Easterly, S. Kurlat, and R. Wacziarg. 2003. Fraction-alization. *Journal of Economic Growth* 8: 155 – 94.

Bossert, W. , and W. Schworm. 2008. A class of two-group polarization measures. *Journal of Public Economic Theory* 10: 1169 – 87.

Chakravarty S. R. , and C. D'Ambrosio. 2010. Polarization ordering of income distributions. *Review of Income and Wealth* 56: 47 – 64.

Chakravarty, S. R. , A. Majumder, and S. Roy. 2007. A treatment of absolute indices of polarization. *Japanese Economic Review* 58: 273 – 93.

Collier, P. , and A. Hoeffler. 2004. Greed and grievance in civil war. *Oxford Economics Papers* 56: 563 – 95.

Duclos, J-Y. , J. Esteban, and D. Ray. 2004. Polarization: Concepts, measurement, estimation. *Econometrica* 72: 1737 – 72.

Easterly, W. , and R. Levine. 1997. Africas growth tragedy: Policies and ethnic divisions. *Quarterly Journal of Economics* 111: 1203 – 50.

Esteban, J. , C. Gradín, and D. Ray. 1999. An extension of a measure of polarization, with an application to the income distribution of five OECD countries. Luxembourg Income Study Working Paper 218, Maxwell School of Citizenship and Public Affairs, Syracuse University, Syracuse, NY.

Esteban, J. , C. Gradín, and D. Ray. 2007. An extension of a measure of polarization, with an application to the income distribution of five OECD countries. *Journal of Economic Inequality* 5: 1 – 19.

Esteban, J. , L. Mayoral and D. Ray. 2011. Ethnicity and conflict: An empirical study. *American Economic Review*, forthcoming.

Esteban, J. , and D. Ray. 1991. On the measurement of polarization. Working Paper 18, Boston University, Institute for Economic Development.

Esteban, J. , and D. Ray. 1994. On the measurement of polarization. *Econometrica* 62: 819 – 852.

Esteban, J. , and D. Ray. 1999. Conflict and distribution. *Journal of Economic Theory* 87: 379 – 415.

Esteban, J. , and D. Ray. 2008. On the salience of ethnic conflict. *American Economic Review* 98: 2185 – 2202.

Esteban, J. , and D. Ray. 2011a. A model of ethnic conflict. *Journal of the European*

Economic Association 9: 496 – 521.

Esteban, J., and D. Ray. 2011b. Linking conflict to inequality and polarization. *American Economic Review* 101: 1345 – 74.

Fearon, J., and D. Laitin. 2003. Ethnicity, insurgency, and civil war. *American Political Science Review* 97: 75 – 90.

Foster, J., and M. C. Wolfson. 1992. Polarization and the decline of the middle class: Canada and the US. Working Paper no. 31. Oxford Poverty and Human Development Initiative, University of Oxford.

Foster, J., and M. C. Wolfson. 2010. Polarization and the decline of the middle class: Canada and the US. *Journal of Economic Inequality* 8: 247 – 273.

Horowitz, D. L. 1985. *Ethnic groups in conflict*. Berkeley, CA: University of California Press.

Lasso de la Vega, M. C., and A. M. Urrutia. 2006. An alternative formulation of the Esteban Gradín-Ray extended measure of bipolarization. *Journal of Income Distribution* 15: 42 – 54.

Miguel, E., S. Satyanath, and E. Sergenti. 2004. Economic shocks and civil conflict: An instrumental variables approach. *Journal of Political Economy* 112: 725 – 753.

Mitra, A., and D. Ray. 2010. Implications of an economic theory of conflict: Hindu-Muslim violence in India, Mimeo, Department of Economics, New York University.

Montalvo, J. G., and M. Reynal-Querol. 2005a. Ethnic diversity and economic development. *Journal of Development Economics* 76: 293 – 323.

——. 2005b. Ethnic polarization, potential conflict and civil war. *American Economic Review* 95: 796 – 816.

Reynal-Querol, M. 2002. Ethnicity, political systems, and civil wars. *Journal of Conflict Resolution* 46: 29 – 54.

Rodríguez, J. G., and R. Salas. 2003. Extended bipolarization and inequality measures. *Research on Economic Inequality* 9: 69 – 83.

Sen, A. K. 1973. *On economic inequality*. Oxford: Clarendon Press.

Wang, Y. Q., and K. Y. Tsui. 2000. Polarization orderings and new classes of polarization indices. *Journal of Public Economic Theory* 2: 349 – 363.

Wolfson, M. C. 1994. When inequalities diverge. *American Economic Review P&P* 94: 353 – 58.

Wolfson, M. C. 1997. Divergent inequalities: Theory and empirical results. *Review of Income and Wealth* 43: 401 – 21.

Zhang, X., and R. Kanbur. 2001. What difference do polarisation measures make? An application to China. *Journal of Development Studies* 37: 85 – 98.

第8章 不平等、极化与冲突

约瑟·G. 蒙塔尔沃

玛尔塔·雷纳尔-克罗尔

1. 引言

近年来，关于冲突的实证研究引起了社会科学家尤其是经济学家的浓厚兴趣。许多因素被认为是内战的原因。这一系列变量往往包括经济不平等的度量指标，以及最近出现的极化度量指标。本章旨在回顾不平等和极化影响社会冲突和内战的可能性，以及有关极端暴力周期的各种理论和证据。最初的实证研究采取宏观经济视角（跨国），而新近的研究则采取微观经济度量方法（在国家内部）。大部分文献是相当新的，因此这将是未来几年非常富有成果的研究方向。

应当把冲突的动态变化理解为一个过程，它由某种冲击引发，并受多种不同机制的影响而扩大。例如，这种冲击可能是初级商品价格的突然变化、自然灾害、行刺政治领导人等。潜在传播机制的类型包括经济不平等、社会性差异、种族分化以及制度不健全等。在所有情况下，传播机制对于理解哪些国家在发生冲击时能够应对冲突是至关重要的。贫困、制度不健全、种族差异和丰富的自然资源等可能是重要的传播机制。不平等和极化应被理解为特定的传播机制，与其他传播因素共同存在。

本章结构如下。我们首先讨论度量不平等和极化中的一些概念性问题。第2节说明不同的不平等和极化度量方法之间的理论联系，还考察了基于二分法（属于或不属于）标准的度量方法的经验应用。第3节分析不平等、极化的经验度量方法，以及社会差异性的其他度量方法，并讨论了使用不同种族/宗教群体数据库和分类对不平等和极化度量的影响。第 3 节还介绍了采用不同数据集计算这些指标对分化和极化水平的影响，并对此还进行了新的比较。第 4 节总结了有关不平等、极化和冲突可能性的经验研究。最后一节给出结论并提出未来的研究设想。

2. 关于不平等和极化测度的概念性问题

度量不平等在经济学中有着悠久的传统。这个主题巨大，因此我们将把我们的讨论限定在与冲突或内战有关的不平等概念和度量方法上。首先，尽管最近有人提出度量不平等的新概念，如机会的不平等（Roemer，1998），但我们仍将使用常规概念（结果不平等）。虽然已有关于机会不平等的研究［参见，如世界银行（World Bank，2006）］，但是至今它还没有被用于解释冲突的可能性。其次，存在诸多不平等的度量方法：基于分位数的方法（例如，收入最高的 5% 高于收入最低的 25% 的程度）、收入标准差、基尼系数（Gini Index）、阿特金森指数（Atkinson Index）、泰尔指数（Theil Index）等。因为我们试图将不平等概念与极化度量方法相联系，且我们需要灵活性来适应二分法的类别，本章在很大程度上依赖于对基尼系数的使用。最后，还有一些其他度量方法，严格来说，其既不属于不平等度量方法类别，也不属于分析冲突原因所使用的任何一类极化指标。然而，这些变量反映了特定维度的多样性。例如，在离散类别的情况下，优势群体的规模被用作冲突概率的预测指标。严格来说，这个指标既非不平等指标，也非极化指标，只是衡量多样性或优势地位的一个维度。在本章中，我们考虑其中一些特别的度量方法，尽管重点是不平等和极化的度量方法。

本节中采取的基本分类基于欧几里得距离的不平等（极化）度量方法以及离散距离度量方法之间的区别。第一类度量方法（基于欧几里得距离）主要用于包含收入或财富之类的连续变量情况。第二类度量方法（基于离散距离）用于分析离散维度中的不平等和极化，如作为种族或宗教群体一部分。在这种情况下，我们并不试图衡量两个个体之间的收入差异，而是度量其是否属于同一个种族、宗教或文化群体。因此，我们使用离散距离度量方法（属于或不属于某一特定群体）。

153

2.1 欧几里得距离的情况

尽管我们通常采用"收入"一词,但这些度量方法适用于任何可以按照实际情况排序的社会维度,如收入、意识形态、财富等。在大多数情况下,我们把收入不平等作为一个典型例子。

2.1.1 收入不平等

基尼系数 G 是最常见的不平等的度量方法之一,其一般形式为:

$$G = \sum_{i=1}^{N} \sum_{j=1}^{N} \pi_i \pi_j |y_i - y_j|$$

其中,y_i 代表群体 i 的收入水平,π_i 是群体 i 占全部人口的比例。这个公式特别适合度量收入和财富不平等。如前所述,还存在许多其他不平等的度量方法,但基尼系数最受欢迎,这是冲突原因经验研究中一个相当常用的解释变量。基尼系数的公式与极化(Polarization)指数密切相关。

2.1.2 收入的极化

极化的概念更加难以理解。原因之一是直到最近才正式明确了其特征,而不平等指数在经济学中有着悠久的传统。沃尔夫森(Wolfson,1994)以及埃斯特班和雷(Esteban,Ray,1994)开创了极化测度的一维设定方法。但他们说的极化是什么?埃斯特班和雷(Esteban,Ray,1994)专门给出了极化的概念,强调不平等和收入极化之间的差异。一群个体可以基于一些特征向量分组成为"集群",使每个集群在成员属性方面是相似的,但不同集群的成员具有"不相似"的属性。这样的社会是极化的,即便不平等的度量结果可能很低。下面的例子给出了对极化含义的直观理解:假设最初的人口在收入的十分位数上均匀分布。假设在第三个十分位数和第八个十分位数上将分布折叠为大小相等的两组。由于"中产阶级"消失,极化程度增加了,在第二种情况下,群体认同感更强了。用基尼系数或其他不平等度量方法测度的不平等程度却降低了。

通过采用三个公理,埃斯特班和雷(Esteban,Ray,1994)将可行的（一维设定下）极化度量方法类型缩减为只有一种度量方法 P，其具有如下形式：

$$P = k \sum_{i=1}^{N} \sum_{j=1}^{N} \pi_i^{1+\alpha} \pi_j |y_i - y_j| \tag{1}$$

式（1）对于某些常数 $k > 0$ 且 $\alpha \in (0, \alpha^*]$ 成立，这里 $\alpha^* \simeq 1.6$。当 $\alpha = 0$ 且 $k = 1$ 时，这个收入极化测度恰好就是基尼系数。每个群体的占比被提升至其 $1 + \alpha$ 次幂，超过 1，这个事实使收入极化度量方法不同于不平等的度量方法。参数 α 可被视为"极化敏感性"程度。度量方法对于 α、群体数量以及收入分组离散化程度的依赖性产生了对于相同收入分布的许多不同的经验指数。埃斯特班、格拉丁和雷（Esteban，Gardín，Ray，2007）展示了极化指数在收入分配上的应用。

杜克洛、埃斯特班和雷（Duclos，Esteban，Ray，2004）提出了收入分配极化度量方法的理论，收入分配可用密度函数来描述。首先，主要定理以独特的方式刻画了一类极化度量方法，这类度量方法符合他们所谓的"认同—疏离"（identity-alienation）框架，并同时满足一组公理。其次，他们提供人口极化指数的样本估计量，其可用于比较不同时间或不同实体之间的极化水平。为了确保各实体之间的极化排序不受简单抽样误差的影响，他们还采用非分布统计推断的结果。使用来自 21 个国家的数据对这些度量工具的使用进行说明，结果表明，在实践中，极化和不平等的排序往往会有所不同。

2.2　离散距离的情况

收入极化（作为一维极化的一个重要特例）和基尼系数都假设，群体间距离是沿着实数轴连续测量的。从连续度量转变到离散度量具有重要意义。在群体间距离自然为离散的情况下（属于或不属于一个特定群体），群体不能如收入那样沿着实数轴以连续方式进行排序。

例如，是否可能度量各民族之间的"距离"？原则上或许可能，但与相比收入，这会是相当主观的做法。此外，"我们"与"你们"之间区别的动态变化，要比由"我们"与"你们"之间"距离"产生的对抗更加强烈。

此外，对族群的任何分类都需要一个标准，将族群特征的差异转换

155

为一个离散决策规则（例如，相同的家族—不同的家族）。例如，按照《世界基督教百科全书》（*World Christian Encyclopedia*）的分类，卢巴族（Luba）、蒙古族（Mongo）和恩古尼族（Nguni）等少数民族属于班图族（Bantu）语言族群。阿肯族（Akan）、埃多族（Edo）和埃维族（Ewe）属于克瓦族（Kwa）语言族群。这意味着班图族子族群之间的"文化距离"（该百科全书非正式地进行了定义）小于班图族某个子族群与克瓦族某个子族群之间的距离。就离散度量而言，使用族群分类作为群体间差异的基础意味着，班图族子族群在球的半径 r 之内，半径 r 定义了离散度量，而克瓦族子群体则位于该球体之外。因此，任何族群分类都隐含着一个概念和一种离散化的"距离"度量方法。由于这个原因，我们可能只想考虑个人是否属于或不属于一个族群。

此外，在民族多样性的情况下，族群身份的争议比不同族群之间"距离"的争议更小，而后者比收入或财富更加难以度量。那么，合理的处理方法是由离散度量（1—0）生成群体之间的"距离"$\delta(.,.)$。存在两种与基尼系数和极化指数相似但适用于离散情况的度量方法：一种是分化指数，另一种是离散极化指数。在第 2.3 节中，我们将展示，离散情况下的这些度量方法如何可以与欧式距离下的度量方法进行比较。

2.2.1 分化指数

分化指数是基尼系数的离散形式。[1] 这类指数中的一种特殊指数是民族语言分化指数（Index of Ethnolinguistic Fractionalization，ELF），该指数被广泛用作族群异质性指标。[2] 分化指数一般可表示为：

$$FRAC = 1 - \sum_{i=1}^{N} \pi_i^2 = \sum_{i=1}^{N} \pi_i(1 - \pi_i) \tag{2}$$

其中，π_i 是属于民族（宗教）群体 i 的人口所占比例，N 是群体数量。族群分化指数有一个简单解释，它是从一个给定国家中被随机选取

---

[1] 蒙塔尔沃和雷纳尔 - 克罗尔（Montalvo，Reynal-Querol，2002，2005c）坚持认为存在这种关系。

[2] 构建民族语言分化指数的数据通常来自 1960 年苏联编制的《世界地图集》（Atlas Narodov Mira，1964）。民族语言分化指数最初由泰勒和哈德森（Taylor，Hudson，1972）计算给出。关于可用于构建分化指数的数据集的完整讨论请参见第 3 节。

的两个个体都不属于同一个族群的概率。①

2.2.2　离散极化指数

我们也可以基于离散度量推导出极化指数。如何构建这样一个适合度量极化的指数，这个问题是蒙塔尔沃和雷纳尔－克罗尔（Montalvo，Reynal-Querol，2005c，2008）所讨论的基本问题。让我们设想有两个国家 A 和 B，每个国家有三个族群。在 A 国中，族群的分布为（0.49，0.49，0.02），在国家 B，族群的分布为（0.33，0.33，0.34）。哪个国家发生社会冲突的可能性更高？若采用分化指数，答案是 B 国。然而，蒙塔尔沃和雷纳尔－克罗尔（Montalvo，Reynal-Querol，2005c，2008）认为，答案是 A 国。在这个例子中，我们发现两个规模相等的大群体，因此，我们遇到了大规模多数群体面对大规模少数群体的情况（在这种情况下，两个族群的规模相等）。描述这类情况的一种正式方法最初是由雷纳尔－克罗尔（Reynal-Querol，2002）构建的 RQ 族群极化指数（index of ethnic heterogeneity）。其所提出的族群异质性指数 RQ 旨在捕捉极化，而不是使用离散度量的分化：

$$RQ = 1 - \sum_{i=1}^{N} \left(\frac{1/2 - \pi_i}{1/2} \right)^2 \pi_i \tag{3}$$

该指数的最初目的是刻画、描述族群的分布与来自代表最高极化水平的分布（1/2，0，0，…，0，1/2）（两极分布）之间的距离。

类似于分化指数，RQ 指数隐含地考虑距离为 0（个体属于该群体）或为 1（个体不属于该群体）。

2.3　比较度量方法

在前面几小节中，我们介绍了两种情况即连续变量和离散（或离散化）变量情况下不平等和极化的各种度量方法的讨论。这两类度量方法之间的差异与相关变量沿实数轴排序的可能性有关。例如，如果考虑收入，我们就可以按照收入将个人沿着实数轴进行排序。当我们分析种族时，各群体之间的距离是离散的（由属于或不属于某一特定族群标准所

---

① 莫罗（Mauro，1995）把该指数作为工具，分析了腐败对投资的影响。

描述）。在本节中，我们根据其主要目标（度量不平等或极化）比较这些度量方法，而不像前几节那样根据相关变量连续或离散的性质进行比较。蒙塔尔沃和雷纳尔 - 克罗尔（Reynal-Querol，2002，2005c）表明，分化指数可以被解释为离散距离上的基尼系数。此外，通过对基尼系数和分化系数之间的关系进行类推，他们还发现，种族极化的度量方法 RQ，可以被解释为埃斯特班和雷（Esteban，Ray，1994）在离散距离上的极化指数。本节其余部分将阐明这些关系。

2.3.1 收入不平等与种族分化

157 分化指数至少有两个基于完全不同背景的理论依据。在产业组织中，关于市场结构和赢利能力之间关系的文献采用赫芬达尔—赫尔希曼指数（Herfindahl-Hirschman Index）度量垄断市场中的市场力量。分化指数的第二个理论基础来自测度不平等的理论。最常用的不平等度量方法之一就是基尼系数 G，它的一般形式为 $G = \sum_{i=1}^{N} \sum_{j=1}^{N} \pi_i \pi_j |y_i - y_j|$，其中，$y_i$ 表示群体 i 的收入水平，π_i 是群体 i 占全部人口的比例。如果我们用离散度量（属于/不属于）代替收入的欧氏空间距离 $\delta(y_i, y_j) = |y_i - y_j|$，则：

$$\delta(y_i, y_j) = 0 \quad \text{如果 } i = j$$
$$= 1 \quad \text{如果 } i \neq j$$

那么，离散基尼系数（Discrete Gini，DG）可写作 $DG = \sum_{i=1}^{N} \sum_{j \neq i} \pi_i \pi_j$。

很容易证明，采用离散度量计算的离散基尼系数就是分化指数：

$$DG = \sum_{i=1}^{N} \sum_{j \neq i} \pi_i \pi_j = \sum_{i=1}^{N} \pi_i \sum_{j \neq i} \pi_j = \sum_{i=1}^{N} \pi_i (1 - \pi_i) = 1 - \sum_{i=1}^{N} \pi_i^2 = FRAC$$

2.3.2 收入极化与离散极化

我们可以使用极化指数进行类似前一节描述的演算。如果我们以离散度量代替欧氏空间距离 $\delta(y_i, y_j) = |y_i - y_j|$，则：

$$\delta(y_i, y_j) = 0 \quad \text{如果 } i = j \tag{4}$$
$$= 1 \quad \text{如果 } i \neq j$$

这类离散极化指数（Discrete Polarization，DP）可被描述为：

158

$$DP(\alpha,k) = k \sum_{i=1}^{N} \sum_{J \neq i} \pi_i^{1+\alpha} \pi_j \qquad (5)$$

它取决于参数 α 和 k 的数值。

在埃斯特班和雷（Esteban，Ray，1994）的极化度量方法中嵌入一个离散度量 P，改变了该指数作为一种极化度量方法的原始公式。众所周知，离散度量和欧氏度量在 R 上是不等价的。由于这个原因，显然，度量方法上的微小变化意味着，离散极化度量方法没有在 α 全部可能取值的范围内满足极化的性质[①]。因此，对于每个可能的 α，我们的离散极化指数具有不同的形式。蒙塔尔沃和雷纳尔 – 克罗尔（Montalvo，Reynal-Querol，2008）表明，满足极化性质的唯一一类离散极化度量方法是 $\alpha =$ 1，$DP(1，k)$。如果我们固定 $\alpha = 1$，并选择 $k = 4$［这意味着指数 DP $(1，k)$ 的范围位于 0 和 1 之间］，于是我们得到族群极化指数（RQ）[②]：

$$DP(1,4) = 4 \sum_{i=1}^{N} \sum_{j \neq i} \pi_i^2 \pi_j = 4 \sum_{i=1}^{n} \pi_i^2 (1 - \pi_i) = \sum_{i=1}^{n} \pi_i [1 - (1 + 4\pi_i^2 - 4\pi_i)]$$

$$= \sum_{i=1}^{n} \pi_i - 4 \sum_{i=1}^{n} (0.5 - \pi_i)^2 \pi_i = 1 - \sum_{i=1}^{N} \left(\frac{0.5 - \pi_i}{0.5} \right)^2 \pi_i = RQ \quad (6)$$

2.4　族群异质性的其他度量方法

度量种族的不同维度还有其他指标，例如，科利尔和霍夫勒（Collier，Hoeffler，1998）引入优势指数（Index of Dominance）作为一个虚拟变量，如果最大群体的规模占比为 45% ~ 60%，那么它取值为 1。[③] 其他学者把最大族群规模作为单一的族群指数。许多指数由分化指数变形得到。费伦（Fearon，2003）构建了一个文化分化指数，它把语言之间的结构距

① 关于离散极化指数性质的讨论，参见蒙塔尔沃和雷纳尔 – 克罗尔（Montalvo，Reynal-Querol，2008）。

② 有关所有详细信息，参见蒙塔尔沃和雷纳尔 – 克罗尔（Montalvo，Reynal-Querol，2005a，2005b，2008）。

③ 科利尔和霍夫勒（Collier，Hoffler，1998）将优势定义为"最大群体的规模为 45% ~ 90%"这一情况。

离作为一个国家中群体之间文化距离的代理变量。塞德曼和吉拉尔丹（Cederman，Girardin，2007）提出了一种星形的族群结构，它抛弃了分化指数所隐含的对称交互拓扑结构。基于两个假设，即国家在冲突中发挥核心作用，以及冲突发生在群体而非个体之间，塞德曼和吉拉尔丹（Cederman，Girardin，2007）构建了 N^* 指数，这是一个以当权族群为中心的星形结构。博塞特、安布罗西奥和拉·费拉拉（Bossert，D'Ambrosio，La Ferrara，2011）描述了一个比常用的民族语言分化指数信息更为丰富的指数。他们对分化的度量基于个体而非群体，并利用个体之间具有相似性的信息。与现有指数相比，他们的度量方法不要求将个体预先分配到由外生因素决定的类别或群体中。① 德斯梅特、奥图诺-奥尔丁和瓦克奇亚格（Desmet，Ortuño-Ortin，Wacziarg，2009）提出了一个度量民族语言多样性的新方法，并提供了将这种多样性与一系列政治、经济结果——国内冲突、再分配、经济增长以及公共品提供相联系的新结论。他们使用了描述世界上全部 6912 种语言系谱关系的语言树，在不同语言聚合程度上计算了分化和极化的测度。通过这种计算，他们利用数据获知哪些语言分化是最重要的，而不是选择特定的语言类型。他们发现，在不同聚合水平上，语言多样性的影响差异巨大：起源于数千年前的深度分化导致了对多样性的度量，比那些解释最近以来以及解释表面分裂的因素更能预测国内冲突和再分配情况。语言多样性对增长和公共产品提供的影响出现相反的情况，这是因为语言之间的细微差异很重要。

前一节中描述的数据使我们能够在国家层面上计算分化和极化水平。最近的研究建议，在计算族群多样性指数时应考虑族群的空间分布。阿莱西纳、伊斯特利和马茨泽斯基（Alesina，Easterly，Matuszeski，2011）计算了国家的"人为化"（artificiality）测度，这基于直线边界如何将族群划分为两个不同的相邻国家。他们能够证明，这种度量指标与国家经济和政治的成功相关。马茨泽斯基和施耐德（Matuszeski，Schneider，2006）构建了一个新的族群多样性和聚类指数（Index of Ethnic Diversity and Clustering，EDC），它使用超过 7000 种语言和 190 个国家的数字地

---

① 他们提供了一个经验例子说明他们的指数可以如何应用，以及它与标准的民族语言分化指数相比有什么不同。

图，度量了国家内部族群的聚类或分散情况。他们认为，在国家维度上关注族群多样性忽略了一个事实，即不同族群之间的地理重叠可能是冲突的根源。设想国家 1 有两个同等大小的族群，其中一个位于该国东部，另一个位于西部，没有任何地理上的重叠。国家 2 也有两个相同规模的族群，但其共处于相同的地理区域。在这两个国家的地理区域内，族群的分布模式大相径庭，这可能对政治稳定、再分配政策、公共支出等产生重要影响。尽管这种新的区域方法十分有趣，但在本节中，我们只比较国家间存在差异的传统数据集，而不考虑国内族群的分布模式。

3. 种族分化和极化度量方法的实证应用

在前一节中，我们讨论了与度量不平等和极化相关的概念问题。在本节中，我们考虑当尝试采用基于离散分类的分化和极化度量方法时出现的那些实证问题。[①] 我们之前指出，例如，收入极化的度量方法很复杂，因为必须先建立定义每个群体的先验收入区间。原则上，当群体被事先定义下来，而不需要进行任何离散化处理时，应当不存在任何问题。因此，离散的极化或分化计算不受这个问题的影响。然而，群体（种族、宗教、文化等）的先验性质并不能完全将离散度量方法与分类所产生的问题分离开来。例如，如果我们希望度量语言分化，那么什么才是语言聚类的适当水平？其可以用来计算分化指数或离散极化指数吗？存在一些语系，但还存在数千种语言和方言。如果他们说相同的语言（包含不同的方言），那么他们属于不同族群吗？属于相同种族亚科的人应被看作不同的种族还是相同的种族？

使用几种聚合水平可以解决基于聚合水平的各种分类问题［参见德斯梅特、奥图诺－奥丁和瓦克奇亚格（Desmet, Ortuño-Ortin, Wacziarg, 2009）］。种族的其他维度难以分类，或从实证角度看，操作起来很复杂。例如，在拉丁美洲有三个基本族群：白人、混血和土著。然而，白人和混血，或混血和土著之间的界限是模糊的。[②] 费伦（Fearon, 2003）

160

---

① 我们将不再讨论不平等的度量问题，这是因为，目前，这是一个众所周知的话题。
② 此外，许多个体可能与多个群体有从属关系。

提出采用调查方法（如果可行的话）对族群进行编码，以确定对特定族群定义的社会共识度（包括自我认同）①。这种方法可能会为其他族群结构相同的国家生成一个不同的族群列表，这是一个有趣的建议，卡塞利和科尔曼（Caselli，Coleman，2006）也提出过。波斯纳（Posner，2004）提出了具有政治重要性族群的分化指数。如果得到的群体被用来构建在回归中使用的指数，那么就存在一个严重缺陷：群体分类将是内生的，与群体间冲突的强度有关。对族群多样性或族群极化的恰当度量方法应当衡量群体间的潜在冲突，而非实际冲突或敌意。因此，族群的聚合/分离水平不应将语族、亚语族和民族等混为一谈，而应保持一个特定的聚合水平。否则，很可能会使用冲突作为一个解释变量去解释冲突的原因。

对于种族特征突出的问题，例如，当一个国家有多个族群、多种宗教和多种语言时，为了构建相关指标，应该考虑哪一个维度？族群的划分是复杂的，因为种族根本上是一个多维度概念。种族至少包括语言、人种、肤色和宗教。这些不同的维度并不必完全重叠，这意味着我们的种族分类可以与我们能够构造的特征的凸组合（convex combinations）一样多。一些分类可能仅基于语言差异，其他分类可能基于人种等，一些分161 类可能混合了语言和人种差异，或语言和肤色等，蒙塔尔沃和雷纳尔 – 克罗尔（Montalvo，Reynal-Querol，2002）在计算任意维度（人种、语言或宗教）分化（极化）水平极大值的指标中综合了种族的不同维度。因此，他们认为，显著的维度是具有最高分化（极化）水平的维度。卡塞利和科尔曼（Caselli，Coleman，2006）认为，任何容易被他人感知，但难以改变的特征（如肤色）应当比那些易于变化或难以评估的特征更重要。

3.1 数据来源和分类标准

在给出实证研究的注意事项之后，我们现在转而讨论可用于衡量异质性的数据。近年来，很多学者着手构建国家的族群数据集，以检验各种假说的经验预测。本节旨在阐明并对比关于民族语言多样性的不同数据集之间的相似性和差异性。此外，我们还对比、分析了最为流行的民族语言群体多样性指数，以及将其归纳为一个单一指数的聚合指数。本节的最终目

---

① 由于这些调查无法获得，费伦（Fearon，2003）最终使用了标准的族群分类数据来源。

标是回答几个问题：这些不同分类彼此之间有很大的不同吗？如果我们使用一种特定分类或其他分类，那么对于构建一个单一指标是否重要？

研究人员使用了关于民族多样性的几个数据来源。最受欢迎的是《世界地图集》（*Atlas Nadorov Mira，ANM*）、美国中央情报局《世界各国概况》（*CIA World Factbook*）、《不列颠百科全书》（*British Encyclopedia*）、《危机中的少数民族项目》（*Minorities at Risk Project*）和《世界基督教百科全书》（*World Christian Encyclopedia*）。综合使用这些数据集及特定分类标准，不同学者构建了关于各国族群和族群多样性的数据集。

《世界地图集》是最早也是最流行的各国民族语言族群信息来源。它由苏联科学家编制，并于 1964 年出版。它主要采用语言维度划分族群，不过有时也使用人种或国籍来区分族群。多年来，《世界地图集》一直是种族多样性的主要数据来源。事实上，长期以来，泰勒和哈德逊（Taylor，Hudson，1972）使用这些数据构建的分化指数（也被称为民族语言分化指数，ELF）是度量种族多样性的标准指标。传统的民族语言分化指数［例如，参见伊斯特利和莱文（Easterly，Levine，1997）］均从《世界地图集》数据集中得到。

最近，一些研究人员构建了关于种族多样性的数据集，成为《世界地图集》的替代或补充。费伦（Fearon，2003）综合使用多种数据来源：以美国中央情报局《世界各国概况》为基础，并与《不列颠百科全书》进行比对，如果可能，还与《美国国会图书馆国别研究》（Library of Congress County Study）和《危机中的少数民族项目》数据库进行比较。定义一个族群的基本标准是要反映社会对特定国家的族群认同达成共识的实际程度。它包括以政治重要性为分类标准。《世界各国概况》仅包括大型族群，且对很多国家的分类标准不够清晰。由于《世界各国概况》没有提供关于非公民的信息，费伦（Fearon，2003）使用了经济合作与发展组织（Organisation for Economic Cooperation and Development，OECD）国家人口普查数据，以及关于海湾国家的其他数据来源。非洲的情况也比较特殊。《世界各国概况》提供的分类方法在不同国家之间并不一致，甚至在一国之内都不完整。费伦（Fearon，2003）对 48 个非洲国家使用了斯卡里特和莫扎法（Scarritt，Mozaffar，1999）的数据表，该数据表以"当前和过去政治重要性"为基础，如果斯卡里特和莫扎法

162

（Scarritt，Mozaffar，1999）中的族群占比之和小于95%，则使用莫里森、米切尔和帕登（Morrison，Mitchell，Paden，1989）的研究。

阿莱西纳等（Alesina et al.，2003）在每个国家的特定族群列表中，区分了不同的种族维度。基本目标是在最分散的层次上收集数据。他们将《不列颠百科全书》作为对124个国家语言分类的主要来源。有25个案例使用了美国中央情报局的《世界各国概况》，23个案例以莱文森（Levinson，1998）的研究为基础，在计算13个国家的分类时使用了《危机中的少数民族项目》。阿莱西纳等（Alesina et al.，2003）对法国、以色列、美国和新西兰使用了全国人口普查数据。资料来源的选择是明确规定的：如果两个或更多的来源是相同的，那么其会考虑《不列颠百科全书》中的分类。如果存在差异，那么阿莱西纳等（Alesina et al.，2003）使用覆盖最广泛人口的数据来源。如果有几个数据来源覆盖了100%的人口，但这些族群所占比例不同，那么他们使用分类最细的数据。

蒙塔尔沃和雷纳尔-克罗尔（Montalvo，Reynal-Querol，2005a，2005c）把《世界基督教百科全书》作为基本数据来源，该百科全书是关于种族多样性数据最为详尽的来源之一。《世界基督教百科全书》给出的分类方法既不纯粹以种族为依据，也不纯粹以语言或文化为依据，而以民族语言为依据。在这一点上，它接近《世界地图集》的基本准则。《世界基督教百科全书》的分类以现存的各种语言近似度，加上种族、民族、文化和文化—地域特征近似度构成的体系为基础。它将种族、语言和文化融合在一个单一分类中，命名为民族语言，它包括几个逐步递进、更为细化的层次：5个主要种族、7种肤色、13个地理种族和4个亚种族、71个民族语言族、432个主要民族（亚家族或民族文化区）、7010种不同语言、8990个亚民族，以及17000种方言。由于不同国家的人口普查在每个种族维度上有不同的侧重点，因此在全球范围内要形成一致的族群分类非常困难。对于模棱两可的情况，《世界基督教百科全书》采用的主要标准是每个人对以下问题的回答，"这个人用来标识自己的，或被周围的人所识别的首要的或主要的，或最早的种族或民族语言要素是什么？"

《世界基督教百科全书》详细记录了每个国家最为多样化的分类级别。在一些国家，最为多样化的分类可能与种族相吻合，而在其他国家则可能是亚民族。万哈宁（Vanhanen，1999）认为，只考虑最重要的民

族划分而不是所有可能的种族差异或族群，这一点很重要。其使用一种 163
非正式的遗传距离（genetic distance）度量方法来区分种族分裂的不同程
度。遗传距离的表示方式是"两个或两个以上被比较的族群彼此分离的
时间长度，从这个意义上说，群体间通婚的情况非常罕见。同族结婚导
致的分离时间越久，群体分化时间就越长"。

3.2　分化和极化的度量：来自不同数据集的结果

我们已经看到，存在一些可用于计算分化和离散极化的数据集。在
这一小节中，我们讨论使用这些数据集对指数的影响。我们分析《世界
地图集》（ANM）、蒙塔尔沃和雷纳尔 – 克罗尔（Montalvo, Reynal-
Querol, 2005a, 2005c）研究中综合使用的数据来源（MRQ）、费伦
（Fearon, 2003）研究中综合使用的数据来源（FEA），以及阿莱西纳等
（Alesina et al., 2003）研究中的分类（ADEKW）。我们也区分了可获取
的各国最大样本和标准样本。最大样本包括数据集或每位研究者使用的
综合数据来源所覆盖的所有国家。标准样本确定了一些国家，这些国家
被有效地包含在研究人员用来评估社会分化（极化）对国内冲突可能性
的统计影响的回归分析中。这意味着样本还受到解释变量可用性的限制。
其中一个最具约束性的解释变量是以各国间相同可比的方式表示的国内
生产总值。出于此种原因，我们将巴罗 – 李（Barro – Lee）样本中包含
的一组国家作为参考回归样本。我们将标准样本定义为，存在于巴罗 –
李样本中，代表在四个数据集中所有国家的最小样本。

表 8 – 1 显示了在各个数据集中最大样本和标准样本的各国族群分布
的基本特征。MRQ 数据集样本最大，包括 190 个国家，接下来是
ADEKW 数据集，样本量与 MRQ 数据集很接近，ANM 数据集的样本最小
（147 个国家）。第三列是各国族群的平均数量（平均族群数）。尽管最大
平均值与 MRQ 数据集的数据有关，但正如我们在标准样本中所看到的，
ANM 数据集的平均族群数几乎是 MRQ 数据集的平均族群数的 2 倍。FEA
数据集的平均族群数最小。值得注意的是，对于 MRQ 数据集而言，两个
样本（可获取的最大样本和标准样本）的平均族群数十分接近，而在
FEA 数据集和 ADEKW 数据集中则非常不同。与平均族群数相对应，最
大样本的最大值（44 个）出现在 ANM 数据集中，而最小值（20 个）出

现在 ADEKW 数据集中。图 8 - 1 至图 8 - 7 描述了在全样本（图 8 - 1 至图 8 - 4）和标准样本（图 8 - 5 至图 8 - 7）中每个数据集中族群的详细分布情况。

表 8 - 1　按数据来源和样本类型的基本统计

单位：个

	数据来源	国家数量	平均族群数	最小值	最大值	中位数
最大样本	ANM	147	—	—	—	—
	MRQ	190	9.711	2	44	8
	ADEKW	186	7.086	1	20	5
	FEA	160	5.143	0	22	4
标准样本	ANM	130	20.557	2	94	12
	MRQ	137	10.41	2	44	8
	ADEKW	137	5.594	1	20	5
	FEA	119	7.492	0	22	5

164

资料来源：ANM：《世界地图集》；MRQ：蒙塔尔沃和雷纳尔 - 克罗尔（Montalvo, Reynal-Querol, 2005a, 2005b）；ADEKW：阿莱西纳、德维斯切沃、伊斯特利、库拉特和瓦齐亚格（Alesina, Devleeschauwer, Easterly, Kurlat, Wacziarg, 2003）；FEA：费伦（Fearon, 2003）。

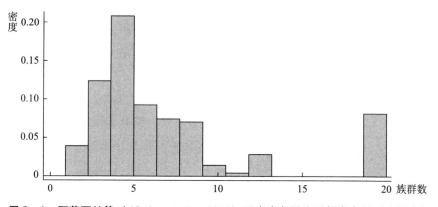

图 8 - 1　阿莱西纳等（Alesina et al. , 2003）研究中各国族群数直方图（全样本）

表 8 - 2 描述了根据四个数据集计算得出的分化和极化的主要特征。[①] 极化指标平均值的最高水平（约 0.58）出现在 FEA 数据集，而最低水平（约 0.45）出现在 ANM 数据集，差距很大（超过了 25%）。分化指标也

---

① 注意，用于构建《世界地图集》分化指数的样本限定在小样本上，这是因为在收集数据时，当前的许多国家并不存在。

是如此：FEA 数据集的平均值（0.50）最大，而 ANM 数据集的平均值（约 0.40）最小。ADEKW 和 MRQ 数据集的平均值（约 0.44）处于中间。

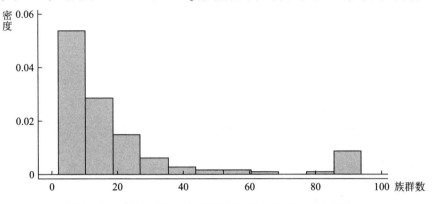

165

图 8-2　《世界地图集》中各国族群数直方图（全样本）

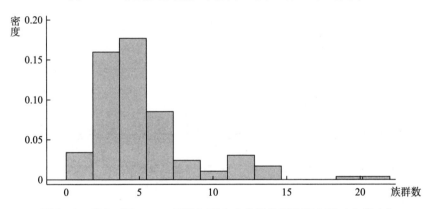

图 8-3　费伦（Fearon，2003）研究中各国族群数直方图（全样本）

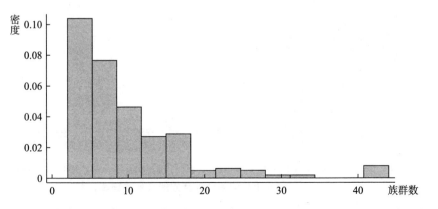

166

图 8-4　蒙塔尔沃和雷纳尔-克罗尔（Montalvo，Reynal-Querol，2005a，2005b）研究中各国族群数直方图（全样本）

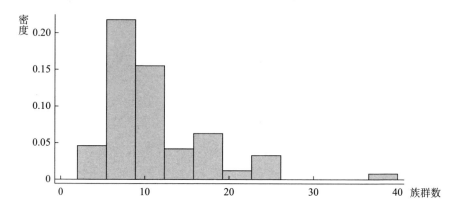

图 8 – 5　阿莱西纳等（Alesina et al.，2003）研究中各国族群数直方图（标准样本）

167

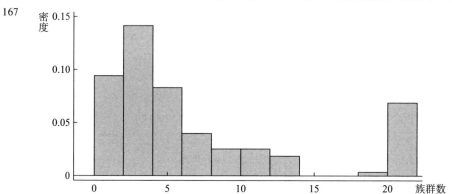

图 8 – 6　费伦（Fearon，2003）研究中各国族群数直方图（标准样本）

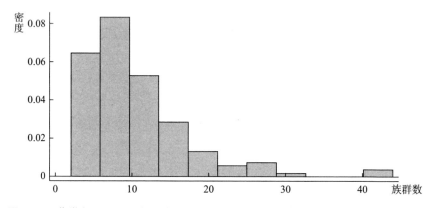

图 8 – 7　蒙塔尔沃和雷纳尔 – 克罗尔（Montalvo，Reynal-Querol，2005a，2005b）
研究中各国族群数直方图（标准样本）

表 8 - 2 各数据来源中标准样本的分化与极化的描述性统计 168

	数据来源	平均值	最小值	最大值
极化	FEA	0.5788	0	0.9856
	ADEKW	0.5355	0	0.9676
	ANM	0.4545	0.008	0.964
	MRQ	0.5157	0.016	0.982
分化	FEA	0.500	0.004	1
	ADEKW	0.4407	0	0.9302
	ANM	0.4046	0.004	0.9250
	MRQ	0.4418	0.009	0.958

在这些数据集中，分化和极化有怎样的关联？表 8 - 3 包含了两类样本各数据来源中分化和极化测度值之间的相关系数。最大样本中的最高相关系数（约 0.73）出现在 ADEKW 数据集，而最低值（约 0.6）出现在 MRQ 数据集。可以预计，这个结果可从每个数据集的各国族群均值中得到。然而，如果我们限定使用标准样本，那么最高的相关系数将出现在 ANM 数据集中，而该数据集的各国族群数量平均值也最高。MRQ 数据集显示出标准样本中的相关系数（0.61），与基于最大样本计算得到的相关系数极为相似。在 FEA 数据集，分化与极化在标准样本的相关系数和最大样本的相关系数之间存在很大差异。

表 8 - 3 各数据来源中分化与极化指标之间的相关性

数据来源	最大样本	标准样本
FEA	0.6457	0.5381
ADEKW	0.7314	0.7093
ANM		0.7477
MRQ	0.5987	0.6127

最后，我们分析了四个基础数据集中分化与极化计算值之间的关系。表 8 - 4 包含一个数据集的分化程度对另一个数据集同一概念的回归结果。在第 1 列中，我们可以看到 MRQ 数据集分化指标对 FEA 数据集分化指标的回归系数为 0.79，非常显著地异于 0。在所有计算中都是如此，这意味着，尽管在它们的构建过程中采用了不同的数据集，但不同测度 169

仍是高度相关的。总之，我们可以认为：MRQ 数据集和 ANM 数据集的分化测度指标高度相关。ADEKW 数据集和 FEA 数据集的测度指标也是高度相关的，但比 MRQ 数据集和 ANM 数据集的相关性低一些。然而，对于极化指标，这个关系就不同了，因为除了 ANM 数据集外，所有的测度指标都是极为相关的。与前面类似，计算得到的 FEA 数据集和 ADEKW 数据集之间的相关程度最高。

表 8 - 4   对分化的回归结果（标准样本）

	MRQ	MRQ	MRQ	FEA	FEA	ADEKW
FEA	0.79 (13.67)	—	—	—	—	—
ADEKW	—	0.83 (16.60)	—	0.89 (20.90)	—	—
ANM	—	—	0.82 (18.62)	—	0.70 (12.68)	0.71 (13.31)
Constant	0.07 (2.26)	0.08 (3.14)	0.12 (5.50)	0.08 (3.34)	0.20 (6.90)	0.16 (6.01)
N	118	136	129	118	116	129
R^2	0.6171	0.6728	0.7319	0.7901	0.5853	0.5825

4. 不平等、极化和冲突的实证研究

本节介绍关于不平等、极化和冲突之间关系的实证研究。在这些研究中，森（Sen，1973）认为，不平等与冲突之间具有极为密切的关系。然而，这种联系对于进行经验分析的研究者来说是非常难以验证的。[①]科利尔和霍夫勒（Collier，Hoeffler，1998）的研究是对不平等与冲突之间关系进行实证分析的早期研究之一。他们发现，收入不平等解释内战

---

① 在本节中，我们使用"不平等"一词来表示纵向不平等。一些学者，如斯图尔特（Stewart，2001）强调，我们还需要关注横向不平等的作用，这也是奥斯特比（Ostby，2005）所探讨的主题。纵向不平等包括个人或家庭之间的不平等。横向不平等是指群体之间的不平等，通常基于种族、民族等在文化层面进行定义。

肇始在统计意义上不显著。科利尔和霍夫勒（Collier，Hoeffler，1998）还发现，民族语言分化程度（ELF）对内战发生概率的影响在统计上也不显著，但对内战持续时间的影响是弱显著的。不过，即使在这种情况下，这种影响也是非线性的，因为作者发现，分化指数的平方也是在统计上显著的。科利尔和霍夫勒（Collier，Hoeffler，2004）证实了在经验证据中，收入不平等与冲突的无关性〔收入不平等用基尼系数或使用戴宁格尔和斯夸尔（Deininger，Squire，1996）研究中的数据，对收入用自上而下的五分位数的比例来度量〕。费伦和莱廷（Fearon，Laitin，2003）也发现不平等（以基尼系数度量）在统计上并不显著。

克莱默（Cramer，2003）探讨了为什么文献很少关注不平等，因为它可能是冲突的一个重要决定因素。他发现的第一个问题是，这种关系的经验基础薄弱；第二个问题是，"在我们定义和分析不平等的方法中存在共同问题，我们测度不平等的能力也存在不足"。在测度多样性时存在两类问题。首先，跨国数据的质量是一个问题。其次，关于衡量多样性的适当指标存在问题。我们将在后续两个小节中讨论这些问题。

4.1　数据质量和不平等的度量

前文提及的研究使用了跨国数据。收入不平等无法作为冲突的解释变量可能与国家层面的收入分配数据的不规则、缺失和低质量有关。然而，最近关于冲突与种族多样性之间关系的研究提供了更为详细的数据。桑巴尼斯（Sambanis，2005）描述了若干研究案例，其中不平等似乎是解释内战的一个重要因素。巴罗、凯撒和普拉丹（Barron，Kaiser，Pradhan，2004）研究了印度尼西亚的村级冲突，发现贫困与冲突几乎无关，但经济条件和失业水平的变化很重要。他们还发现，地方冲突与失业、不平等、自然灾害、收入来源变化以及村庄内族群聚集度之间存在正相关关系。穆尔希德、曼索布和盖茨（Murshed，Mansoob，Gates，2005）使用全地区数据得出的结论是，空间上的横向不平等或地理上集中起来的族群间的不平等是尼泊尔冲突强度（用死亡人数衡量）的一个重要解释变量。马库尔斯（Macours，2008）也对尼泊尔不平等加剧的影响进行了研究，得到了类似的结论。

4.2 分化与极化的对比

有众多研究论文已经发现，民族语言分化指数在解释经济现象方面很重要。伊斯特利和莱文（Easterly, Levine, 1997）采用民族语言分化指数首次证明了种族多样性与经济增长之间存在负相关关系。之后，阿莱西纳等（Alesina et al., 2003）采用更新的民族分化数据集，提供了民族分化对制度建设和经济增长具有负面影响的证据。在宏观层面（使用跨国数据），经济学家已经证明了种族多样性与经济增长（Montalvo, Reynal-Querol, 2005a）、社会资本（Collier, Gunning, 2000）、识字率和学历（Alesina et al., 2003），以及政府执政水平（La Porta et al., 1999）或政府社会支出及转移支付规模占 GDP 的比重（Alesina, Glaeser, Sacerdote, 2001）之间存在负相关关系。在微观层面，诸多研究结果显示，种族多样性与经济现象之间是高度关联的。格莱泽、沙因克曼和施莱弗（Glaeser, Scheinkman, Shleifer, 1995）使用美国县级数据，发现民族分化和人口增长之间并无关系。阿莱西纳、巴基尔和伊斯特利（Alesina, Baqir, Easterly, 1999）使用城市样本，证明了更强的民族多样性意味着公共品的供给更少。最后，阿莱西纳和拉·费拉拉（Alesina, La Ferrara, 2005）发现，种族分化程度越高，意味着有利于少数民族的再分配政策越少，且以信任衡量的社会资本水平越低。相比之下，奥塔威亚诺和佩里（Ottaviano, Peri, 2005）发现，移民人口规模与生产和消费的正外部性之间呈正相关关系。

然而，很多实证研究发现，若使用《世界地图集》数据，用民族语言分化指数度量的民族分化程度与冲突之间并无相关性。科利尔和霍夫勒（Collier, Hoeffler, 2004）发现，在内战爆发的计量经济学解释中，民族分化（用民族语言分化指数表示）和宗教分化［采用巴雷特等（Barrett et al., 1982）的数据计算］在统计意义上并不显著。费伦和莱廷（Fearon, Laitin, 2003）也发现，用民族语言分化指数衡量的种族分化对于内战肇始没有解释力。

对于这种缺乏解释力的现象，至少有两种不同的解释。第一种解释是，可能的情况是，在传统的民族语言分化指数数据来源《世界地图集》中的族群分类不合理。但是，正如我们在第 3 节中讨论的，使用这

些不同的数据来源所得到的分化指数之间具有极高的相关性（大于
0.8）。因此，第一种解释不太可能是分化指数缺乏解释力的原因。第二
种解释是，计算了对冲突很重要的异质性，将其作为分化指数。原则上，
主张分化指数与冲突之间存在正相关关系意味着，族群越多则发生冲突
的可能性就越大。很多学者对这种观点提出异议。如前所述，霍洛维茨
（Horowitz, 1985）认为，族群多样性与内战之间的关系并不单调：在高
度同质性和高度异质性的社会中，暴力现象较少，在众多少数民族面对
一个多数民族的社会中，冲突较多。如果是这样，那么一个极化指数应
该比一个分化指数能更好地捕捉冲突的可能性或潜在冲突的强度。蒙塔
尔沃和雷纳尔 - 克罗尔（Montalvo, Reynal-Querol, 2005b）发现，用 *RQ*
指数衡量的种族极化对内战发生率具有统计意义上显著的影响。[1] 表 8 -
5 表明，极化与内战发生率之间的关系与用于计算极化测度指标的特定
数据集无关。逻辑回归（logit regressions）被分为两组：5 年期面板分析
和截面分析。回归方程中包含的解释变量是在研究内战发生率时常见的
疑点。在 5 年期面板分析中，所有极化的测度指标在统计上都是显著的。
在截面分析中，这种关系弱于面板分析的结果，但系数估计值在 5% 的
置信水平上时仍是统计显著的（它们中只有一个在 10% 的水平上显著）。
如果我们将分化指数包括在内，则无论采用哪个数据集来构造指数，它
在统计上均不显著。

表 8 - 5　对于内战发生率的回归（Logit 模型、标准样本、PRIO23 关于内战的定义）

	5 年期				截面			
	（1）	（2）	（3）	（4）	（5）	（6）	（7）	（8）
C	-6.49 (2.33)	-6.59 (-2.35)	-7.51 (-2.51)	-6.22 (-1.93)	-2.22 (-0.87)	-2.00 (-0.77)	-2.68 (-1.02)	-1.82 (-0.69)
LGDP	-0.47 (2.11)	-0.36 (-1.58)	-0.33 (-1.49)	-0.44 (-1.99)	-0.43 (-1.56)	-0.39 (-1.48)	-0.35 (-1.26)	-0.46 (-1.72)
LPOP	0.41 (2.90)	0.40 (2.81)	0.44 (2.94)	0.41 (2.40)	0.41 (2.13)	0.39 (2.08)	0.43 (2.24)	0.41 (2.14)

172

---

[1]　蒙塔尔沃和雷纳尔 - 克罗尔（Montalvo, Reynal-Querol, 2010）分析了将内战发生率分
　　解为肇始与持续时间乘积的方法。他们认为，种族极化对内战发生率的影响主要与战
　　争持续时间有关。

续表

	5 年期				截面			
	(1)	(2)	(3)	(4)	(5)	(6)	(7)	(8)
PRIMEXP	−1.07 (0.60)	−0.822 (−0.46)	−1.09 (−0.61)	−1.01 (−0.54)	−0.99 (−0.51)	−0.64 (−0.33)	−1.01 (−0.50)	−0.63 (−0.32)
MOUNTAINS	0.00 (0.00)	−0.00 (−0.00)	0.002 (0.24)	−0.002 (−0.25)	0.00 (0.42)	0.00 (0.53)	0.01 (0.86)	−0.004 (0.42)
NONCONT	0.37 (0.58)	0.24 (0.40)	0.13 (0.21)	0.29 (0.49)	−0.32 (−0.43)	−0.35 (−0.47)	−0.43 (−0.58)	−0.313 (−0.42)
DEMOCRACY	0.14 (0.39)	0.05 (0.14)	0.03 (0.07)	0.03 (0.09)	−0.18 (−0.33)	−0.17 (−0.32)	−0.39 (−0.69)	−0.26 (−0.48)
FEA_POL	2.72 (2.87)				2.10 (2.00)			
ADEKW_POL		1.93 (2.32)				1.56 (1.46)		
ANM_POL			2.35 (3.33)				1.99 (2.10)	
MRQ_POL				2.37 (2.97)				2.03 (1.92)
Pseudo R^2	0.1245	0.1110	0.1247	0.1218	0.1275	0.1201	111	0.1369
N	838	854	838	846	109	112	0.1412	111

注：估计方法采用 Logit 回归。括号中的绝对 z 统计值是使用经聚类调整后的标准差计算得到的。

其他研究将内战强度（通常用伤亡人数衡量）与社会多样性联系起来。杜和伊耶（Do，Iyer，2010）使用尼泊尔各地区跨空间和时段的伤亡数据得出结论，有一些证据表明，较高的社会极化程度（以尼泊尔种姓多样性度量）与较高水平的冲突有关。他们还发现，语言分化和极化对冲突强度没有显著影响。

关于种族多样性影响种族灭绝和大屠杀的证据较少。哈尔夫（Harff，2003）构建了一个关于种族灭绝和政治屠杀的数据集，并检验了种族灭绝和政治屠杀前因变量的结构模型。哈尔夫（Harff，2003）识别了六个因果性因子，并特别检验了如下假说，即种族和宗教多样性程度越高，社会认同导致动乱的可能性就越大；如果冲突持续，则会促使精英决定清除事实上或有可能形成挑战的群体基础。然而，其并没有找到支持这一假说的经验证据，用于捕捉潜在冲突的变量是对多样性的测度指标

（种族分化）。因此，与大多数关于内战决定因素的文献一致，哈尔夫（Harff，2003）得出以下结论：种族多样性与种族灭绝在统计意义上不相关。伊斯特利等（Easterly et al.，2006）分析了大屠杀的决定因素，澄清了以下内容：不应将大屠杀与种族灭绝相混淆。他们发现，大屠杀与种族分化水平的平方相关。这表明，即使是在大屠杀的情况下，将一个社会极化为两大群体也是最危险的。最后，蒙塔尔沃和雷纳尔 - 克罗尔（Montalvo，Reynal-Querol，2008）发现，种族极化和发生种族灭绝的可能性之间存在密切的关系。

4.3　冲突和种族多样性的其他指标

关于这些不同的测度方法与冲突可能性之间的关系的证据较少。科利尔和霍夫勒（Collier，Hoeffler，1998）发现，种族优势是对内战具有统计上显著影响的衡量种族性的唯一指标。塞德曼和吉拉尔丹（Cederman，Girardin，2007）研究的结论是，与传统分化指数相比，N^* 指数[①]的系数在解释内战爆发方面是统计上显著的。利姆、麦茨勒和巴特亚姆（Lim，Metzler，Bar-Yam，2007）认为，用种族和宗教分化（和极化）来度量多样性没有考虑到种族和宗教全体的空间结构。他们的模型将人口的地理分布作为冲突的预测指标。具有一定特征规模的群体一旦形成，预计暴力活动将发生，当群体规模比这个规模小得多或大得多时，则不会发生暴力活动。因此，高度混杂的地区以及被很好地分隔开的群体预计不会发生暴力事件。[②] 相反，当群体规模足够大，能够实施文化规范时，没有清晰界定边界的部分的分隔状态更容易引发冲突。利姆、麦茨勒和巴特亚姆（Lim，Metzler，Bar-Yam，2007）根据人口普查数据和一个代理人模型，对南斯拉夫和印度的情况进行了模拟。他们只使用族群位置的像素化分布地图，就能高度准确地预测被报道发生暴力冲突的地区。

173

[①] N^* 指数指代一个以当权族群为中心的星形族群结构。
[②] 请注意，这个假说意味着，即使是在详细的地理层次上构建分化度量指标，其也不会与冲突高度相关，而极化可能具有高度相关性。

5. 结束语

本章总结了有关不平等、极化与冲突之间关系的基础文献。本章还提供了一个新颖的比较研究，即对比了不同数据集对计算国家层面分化和极化指数的影响，这可能是实证研究者感兴趣的内容。传统上，收入、财富和土地分配等方面的不平等与社会冲突的可能性有关系。然而，经验文献并未发现内战爆发可能性与不平等程度之间具有统计意义上的关系。种族多样性也被认为是造成不满的可能动因，因而或许与内战的可能性相关。但是，一旦将标准的解释变量纳入回归方程，种族多样性的常规度量指标，即分化指数，对冲突概率就没有解释力了。极化指数是用单一指标概括民族语言异质性的另一种方法。当规模相似的两个总体覆盖全部人口时，极化指数达到最高水平。因此，很多社会学家认为，当一个多数民族面对众多的少数民族时，这种社会结构产生冲突的可能性最大。经验证据支持了这一说法。

174 　　这一领域的研究正在快速转向更为专门化的民族语言多样性测度方法，该方法考虑了族群空间分布指数、群体间边界的明确度，以及同一地理区域内族群间的重叠程度。尽管关于这些测度指标与冲突可能性之间关系的研究成果还比较少，但这是一个非常令人兴奋的研究领域或未来的发展方向。

致　谢

雷纳尔 – 克罗尔感谢欧洲研究理事会 （European Research Council）根据欧洲共同体第七框架规划 （European Community's Seventh Framework Programme）（FP7/2007 – 2013）/ERC 第 203576 号拨款协议提供的资助。笔者感谢西班牙教育部 （Spanish Ministerio de Educación）SEJ2007 – 64340 拨款、巴塞罗那 GSE 研究网络 （Barcelona GSE Research Network）以及加泰罗尼亚政府提供的资金支持。

参考文献

Alesina, A., R. Baquir, and W. Easterly. 1999. Public goods and ethnic divisions. *Quarterly Journal of Economics* 114: 1243 – 84.

Alesina, A., A. Devleeschauwer, W. Easterly, S. Kurlat, and R. Wacziarg. 2003. Fractionalization. *Journal of Economic Growth* 8 (2): 155 – 94.

Alesina, A., E. Glaeser, and B. Sacerdote. 2001. Why doesn't the United States have a European – style welfare state? *Brookings Paper on Economics Activity* 2: 187 – 278.

Alesina, A., W. Easterly, and J. Matuszeski. 2011. Artificial states. *Journal of the European Economic Association* 9 (2): 246 – 77.

Alesina, A., and E. La Ferrara. 2005. Ethnic diversity and economic performance. *Journal of Economic Literature* 43 (3): 762 – 800.

Barrett, D., ed. 1982. *World Christian Encyclopedia*. New York: Oxford University Press.

Barron, P., K. Kaiser, and M. Pradhan. 2004. Local conflicts in Indonesia: Measuring incidence and identifying patterns. Working Paper 3384, Washington, DC: World Bank.

Bhavnani, R., D. Miodownik, and J. Nart. 2008. REsCape: An agent – based framework for modelling resources, ethnicity and conflict. *Journal of Artificial Societies and Social Simulation* 11 (2), < http://jasss. soc. surrey. ac. uk/11/2/7. html > .

Bossert, W., C. D'Ambrosio, and La Ferrara E. 2011. A generalized index of fractionalization. *Economica* 78 (312): 723 – 50.

S. I., Bruck, and V. S. Apenchenko, eds. Atlas Narodov Mira [Atlas of the People of theWorld]. Moscow: Glavnoe Upravlenie Geodezii i Kartografii, 1964.

Caselli, F., andW. J. Coleman, II. 2006. On the theory of ethnic conflict. Working Paper 12125. Cambridge, MA: National Bureau of Economic Research.

Cederman, L., and L. Girardin. 2007. Beyond fractionalization: Mapping ethnicity onto nationalist insurgencies. *American Political Science Review* 101 (1): 173 – 85.

Collier, P., and J. W. Gunning. 2000. African trade liberalisations: Alternative strategies for sustainable reform. In *Trade and fiscal adjustment in Africa*, D. L. Bevan, P. Collier, N. Gemmell, and D. Greenaway, eds., 36 – 55, London: Macmillan.

——. 2004. Greed and grievance in civil wars. *Oxford Economic Papers* 56: 563 – 595.

Central Intelligence Agency, *The World Factbook* (updated weekly) < http://www. cia. gov/library/publications/the – world – factbook/index. html > .

Collier, P., and A. Hoeffler. 1998. On economic causes of civil wars. *Oxford Economic*

Papers 50: 563 – 73.

Cramer, C. 2003. Does inequality cause conflict? *Journal of International Development* 15 (4): 397 – 412.

Deninger, K., and N. D. Squire. 1996. A new data set measuring income inequality. *World Bank Economic Review* 10 (3): 565 – 91.

Desmet, K., I. Ortuñortin, and R. Wacziarg. 2009. The political economy of ethnolinguistic cleavages. Working Paper 15360. Cambridge, MA: National Bureau of Economic Research.

Do, Q., and L. Iyer. 2010. Geography, poverty and conflict in Nepal. *Journal of Peace Research* 47 (6): 735 – 48.

Duclos, J., J. Esteban, and D. Ray. 2004. Polarization: Concept, measurement and estimation. *Econometrica* 72 (6): 1737 – 72.

Easterly, W., R. Gatti, and S. Kurlat. 2006. Development, democracy, and mass killings. *Journal of Economic Growth* 11 (2): 129 – 56.

Easterly, W., and R. Levine. 1997. Africa's growth tragedy: Policies and ethnic divisions. *Quarterly Journal of Economics* 111: 1203 – 50.

Encyclopedia Britannica. 2000. Chicago: Encyclopedia Britannica.

Esteban, J., C. Gardín, and D. Ray. 2007. An extension of a measure of polarization, with an application to the income distribution of five OECD countries. *Journal of Economic Inequality* 5 (1): 1 – 19.

Esteban, J., and D. Ray. 1994. On the measurement of polarization. *Econometrica* 62 (4): 819 – 51.

Fearon, J. 2003. Ethnic and cultural diversity by country. *Journal of Economic Growth* 8 (2): 195 – 222.

Fearon, J., and D. Laitin. 2003. Ethnicity, insurgency, and civil war. *American Political Science Review* 97 (1): 75 – 90.

Glaeser E., A. Schleifer, and J. Scheinkman. 1995. Economic growth in a cross-section of cities. *Journal of Monetary Economics* 36: 117 – 43.

Harff, B. 2003. No lessons learned from Holocaust? Assesssing risks of genocide and political mass murder since 1955. *American Political Science Review* 97 (1): 57 – 73.

Horowitz, D. 1985. *Ethnic groups in conflict*. Berkeley: University of California Press.

La Porta, R., F. Lopez de Silanes, A. Shleifer, and R. Vishny. 1999. The quality of government. *Journal of Law, Economics and Organization* 15 (1): 222 – 79.

Levinson, D. 1998. *Ethnic groups worldwide: A ready reference handbook*. Phoenix: Oryx Press.

Lim, M. , R. Metzler, and Y. Bar – Yam. 2007. Global pattern formation and ethnic/cultural violence. *Science* 317: 1540 – 44.

Mauro, P. 1995. Corruption and growth. *Quarterly Journal of Economics* 110: 681 – 712.

Matuszeski, J. , I. and F. Scheneider. 2006. Patterns of ethnic group segregation and civil conflict. Unpublished paper, Harward University.

Macours, K. 2008. Increasing inequality and civil conflict in Nepal. Mimeo, John Hopkins University.

Montalvo, J. G. , and M. Reynal-Querol. 2002. Why ethnic fractionalization? polarization, ethnic conflict and growth. Working Paper 660. Department of Economics and Business, Universitat Pompea Fabra.

——. 2005a. Ethnic diversity and economic development. *Journal of Development Economics* 76: 293 – 323.

——. 2005b. Ethnic polarization, potential conflict and civil wars. *American Economic Review* 95 (3): 796 – 816.

——. 2008. Discrete polarization with an application to the determinants of genocides. *Economic Journal* 118 (533): 1835 – 65.

——. 2010. Ethnic polarization and duration of civil wars. *Economics of Governance* 11 (2): 123 – 43.

Morrison, D. , R. Mitchell, and J. Paden. 1989. *Black Africa: A comparative handbook*, 2nd ed. New York: Paragon House.

Murshed, S. M. , and S. Gates. 2005. Spatial-horizontal inequality and the Maoist insurgency in Nepal. *Review of Development Economics* 9 (1): 121 – 34.

Ottaviano, G. I. P. , and G. Peri. 2005. Cities and cultures. *Journal of Urban Economics* 58 (2): 304 – 7.

Ostby, G. 2005. Horizontal inequalities and civil conflict. Paper presented at the 46th Annual Convention of the International Studies Association, Honolulu, HI.

Posner, D. 2004. Measuring ethnic fractionalization in Africa. *American Journal of Political Science* 48 (4): 849 – 63.

Reynal – Querol, M. 2002. Ethnicity, political systems and civil war. *Journal of Conflict Resolution* 46 (1): 29 – 55.

Roemer, J. 1998. *Equality of opportunity*. Cambridge, MA: Havard University Press.

Sambanis, N. 2005. Conclusion: Using case studies to refine and expand the theory of civil wars. In eds P. Collier and N Sambanis. *Understanding civil wars: Evidence and analysis*, Washington, DC: World Bank.

Scarritt, J. , and S. Mozaffar. 1999. The specification of ethnic cleavages and ethnopolitical groups for the analysis of democratic competition in Africa. *Nationalism and Ethnic Politics* 5 (384): 82 – 117.

Sen, A. K. 1973. *On economic inequality.* Oxford: Clarendon Press.

Stewart, F. 2001. *Horizontal inequalities: A neglected dimension of development.* United Nations University, World Institute for Development Economics Research.

Taylor, C. , and M. C. Hudson. 1972. *The world handbook of political and social indicators,* 2nd ed. New Haven, CT: Yale University Press.

Vanhanen, T. 1999. Domestic ethnic conflict and ethnic nepotism: A comparative analysis. *Journal of Peace Research* 36 (1): 55 – 73.

Wolfson, M. C. 1994. When inequalities diverge. *American Economic Review* 84 (2): 353 – 58.

World Bank. 2006. *Development report: Equity and development.* Washington, DC: World Bank.

第9章 内战的原因

安珂·霍夫勒

1. 引言

自第二次世界大战以来，约有1600万人死于国内战争。什么会导致内战？当以和平方式来解决争端对大多数人更有利时，为什么仍然存在代价高昂的暴力冲突？又是何种原因使人们拿起武器，冒生命危险加入暴乱？经济学家和其他社会科学家试图利用经济理论与实证检验探究这些重要的问题。这些分析研究被寄予厚望，如果我们能更好地理解内战的起因，或许我们就能够预防未来的暴力冲突，并有助于结束正在进行的战争。本章概述了现有的研究工作。从对理论的讨论开始，而后提供了对经验证据的检验。在大多数情况下，经验检验并不是建立在理论上的，其结果无法让我们区分不同的理论解释。定义和测度各种理论性概念，诸如动机、机会等是有问题的，因此增加了解释经验结果的困难。尽管在内战起因的理论与经验研究之间仍存在脱节，但目前已有大量实证研究。在这个非常活跃的研究领域，经济学家和政治学家通过研究个体、团体和国家来探究战争的原因。对战争原因的跨国研究是实证研究的最大组成部分，一些稳健的模式似乎正在出现。经历过战争、收入水平低、增长缓慢、人口众多的国家更有可能经历内战。其他的测度指标与战争爆发之间的相关性不那么稳健，这些将在第3节中详细讨论。

当我们在内战爆发的回归中发现了稳健的局部相关性时，我们就可以称其为"战争的原因"了吗？许多变量，例如收入和增长，都是内战风险的内生因素。内生性问题在大量研究中并没有得到处理，因而与其说是战争的起因，不如说是战争的相关因素。

如果我们不能真正区分彼此对立的理论，并且没有关于战争"原因"的明确的经验证据，那么以预防冲突和干预冲突为既定目标，沿着这样的路径进行研究是否有益？本章认为，对战争原因的研究不太可能有助于解决内战问题。不论冲突的最初起因是什么，在冲突发生时还会出现大量其他问题。例如，贫困和不满的增加可能会提高冲突解决的复杂性，甚至可能比最初的争端更加重要。因此，理解和讨论战争"原因"并不是解决冲突的同义词。然而，我们对战争爆发相关因素的了解可能对预防冲突很有帮助。认识到冲突后，社会更容易发生冲突，贫困与冲突高度相关，有助于我们聚焦重点。全球大约有 60 个脆弱的国家，拥有 12 亿人口。他们的生活受到不安全和贫穷的困扰。这些国家包括处于战争中的国家、冲突后国家和至今并未发生过大规模暴力冲突的贫穷国家。由于冲突后国家的数量很少，学术界应该能够进行深入研究，并提出摆脱冲突陷阱的建议。此外，我们还应当特别关注那些非常贫穷但至今依然和平的国家所面临的发展挑战。把我们的注意力转向这些国家，可能会有很大的收益。这些国家面临很高的战争风险，根据大量实证研究我们知道，内战一旦爆发就很难停止，它往往会持续很长时间，并给国际社会带来巨大的溢出成本，如恐怖主义、毒品生产和人口贩卖。

2. 战争原因的理论

哪些理论有助于我们解释内战的爆发？本节对主要的理论方法进行简要概述，并对可检验的假说进行评论。布拉特曼和麦圭尔（Blattman, Miguel, 2010）提供了一个很好的综述，本手册的其他章节也有关于冲突的详细理论模型。

2.1 叛乱组织

在内战中，叛乱分子挑战政府，叛乱行动可被认为是一种公共物品。如果叛乱成功，那么每个人都将生活在新政权下，不管他们是否积极支持叛乱活动。这种为变革而进行的暴力斗争需要组建并维持一支叛军。根据集体行动理论（Olson, 1965），群体的共同利益并不足以产生公共物品。任何群体中的个体都有动力"搭便车"，因为他们不能被排除在公共物品的消费之外。如果只有积极的参与者才能获得个人收益，那么"搭便车"的动机就会减少。因此，如果没有这些选择性的激励措施来鼓励参与，即使群体有共同的利益，集体行动也不太可能发生。奥尔森（Olson，1965）还认为，群体规模对实现集体行动至关重要。大型群体不仅面临相对较高的组织成本，而且成员在成功的集体行动中获得的人均收益相对较少。随着群体规模的扩大，群体行动的激励减弱；在面对群体共同利益时，大群体比小群体更难行动。因此，根据集体行动理论，群体越小越容易叛乱，为了招募到追随者，他们必须提供选择性的激励。

通常情况下，叛乱始于一小部分叛乱分子，然后逐渐发展成需要资金和一些"黏合剂"以将他们团结在一起的大型、自我维持的组织。叛乱的最初动机是许多争议的中心，很多讨论是基于"贪婪还是怨恨"的争论。叛乱领导人从共同利益的角度为动机提供了一种解释。需要解决由宗教、种族或阶级而产生的不满通常被认为是一种共同利益，这种共同利益会引发叛乱。同时，有组织的暴力活动能带来的私人收益机会也可能激励叛乱者。因此，叛乱理论应当把共同利益和私人收益作为可能的动机一并考虑。由于无法直接观察到动机，因此很难确定我们所认为的冲突的根本原因到底是不是人们拿起武器的动机，或者是私人利益发挥重要作用。显示出来的偏好有时可以为占据主导地位的动机提供线索。叛乱也可能以解决不满开始，但在战争过程中，寻求正义可以转变为寻求战利品。韦恩斯坦（Weinstein，2005）的叛军招募模型表明，如果存在获取巨额利润的机会，那么叛乱群体就会逐渐转向那些具有私人收益动机的群体：叛军在动机上存在逆向选择。

在叛乱组织的微观经济模型中，选择性激励的收益是关键特征。格罗斯曼（Grossman，1991，1999）提出了一个模型，其中，农民家庭决定如何将劳动时间分配给生产、参军或参加暴乱。统治者与农户之间的 181 互动结果产生了劳动时间的均衡分配和从三种活动中得到收入的概率分布。一个可能的均衡结果是，如果时间被分配给参加暴乱，那么存在机会成本，但预期收入较多。盖茨（Gates，2002）认为，领导者面临委托—代理问题，他试图通过提供选择性激励来克服这一问题。领导者和新招募人员之间的地理距离或社会差距越大，监管问题以及对私人收益的需求也就越多。

这些经济模型假设潜在的新兵基于成本—收益分析做出参加叛乱的理性决定。然而，许多招募活动使用胁迫手段。贝伯和布拉特曼（Beber，Blattman，2008）认为，威胁和惩罚可以作为选择性激励。他们提供了一个框架，在这个框架中，叛乱领导人使用武力而非奖励来解决集体行动问题是理性的。

其他模型不依赖选择性激励的提供，因为在群体内，对公共物品的不同偏好不会产生"搭便车"问题。库兰（Kuran，1989）假设，有很多人受到共同利益的充分激励，开始参加叛乱。换句话说，对革命有强烈偏好的人很可能是第一批加入者。一旦成功的机会增加了，对革命偏好不那么强烈的人更有可能加入。因此，一旦叛乱活动达到一定规模，他们就更有可能加入。如果偏好是均匀分布的，那么这种"从众效应"最有可能导致对叛乱的强烈支持。聚集的偏好使叛乱的可能性较低。

这种对战争原因的讨论集中在对内战的理性解释上，它往往强调冲突的经济动因。心理或社会因素不能很好地融入正式方法中。例如，具有超凡魅力的领袖也许对叛军的组建至关重要。已有一些经验证据表明，领导能力对经济结果非常重要（Jones，Olken，2005），在内战研究中考虑领导能力是很有意思的。领导者（Gartzke，2003）和追随者（Mueller，2004）的其他"非理性"行为或许更难纳入正式的模型中。

2.2 暴力的理论

上述讨论集中在叛乱作为集体行动的问题上，因为内战的关键特征是叛军的形成和持续。因此，叛乱的理论应当集中解释这种现象。然而，仍有很多其他的冲突经济理论方法可以帮助我们解释冲突的原因。参考布拉特曼和麦圭尔（Blattman，Miguel，2010）的研究，这些理论可大致划分为两类：竞赛模型和讨价还价模型。

2.2.1 竞赛模型

在竞赛模型中，两个相互竞争的群体决定将资源分配给生产和掠夺（Garfinkel，1990；Hirshleifer，1988，1989；Skaperdas，1992）。关于生产的模型具有标准形式，而掠夺则取决于竞赛成功函数（contest success function）。这个函数描述了两个群体的相对军事能力，以确定成功掠夺的可能性。竞赛模型使用一般均衡框架，其中，一些武装被视为正常的产出。这些模型的另一假设是，它们往往把竞争者视为单一行动者，而不是必须解决集体行动问题的领导者。关于资源作用的预测在这个框架中是模糊的。在竞赛模型中，获胜者消费获胜的资源，失败者也是如此。国民收入和资产越多，能够投入战斗中的努力也就越多。然而，在生产率水平低下时，掠夺可能具有吸引力，但回报较少，因此战斗更不可能发生。

2.2.2 讨价还价模型

掠夺性行为是高风险且成本高昂的，通过先发制人的再分配能够避免暴力争夺资源（Azam，1995；Roemer，1985）。相比暴力冲突，理性行动者应该更偏好讨价还价的解决方式。文献列出了关于资源讨价还价失败的许多原因。费伦（Fearon，1995）提出了三种与战争理性主义解释相容的机制。首先，信息不对称导致对手间不了解彼此的军事能力。如果参与者过于乐观，就可能不存在双方都认可的互利的和平结果。这类似于"赢者的诅咒"（winner's curse），当战斗开始时，参与者发现自身太弱而无法赢得战争。因此，不对称信息模型更适于解释那些历时短的，而不是持久的内战。其次，讨价还价失败的第二个原因是承诺问题。鲍威尔（Powell，2012）认为，承诺问题来自未来力量分布的大转移。一旦缔约方的相对实力发生改变，他们就很有可能违背约定。当政府在冲突后恢复实力时，他们更有可能违背在战争结束后政府实力相对较弱时通过谈判达成的和解方案。这就限制了在最初讨价还价过程中承诺资源转让的可信度。薄弱的制度和缺乏外部合同执行机制加剧了承诺问题。最后，第三种理性主义解释依赖问题的不可分性。一些争斗是为不可妥协的问题而进行的，例如具有特殊宗教或文化意义的地方。由于几乎没有不可分割的问题，这种解释不太可能成为内战的一般原因。不可分割性也可以被看作承诺问题的一种特例。如果没有承诺问题，各参与方就将接受一种随机分配的结果，即将不可分割的奖励授予其中一方（Powell，2012）。

各种冲突理论为我们提供了广泛可验证的预测。以集体行动为基础的方法认为，共同利益和选择性激励都是发生大规模暴力冲突的原因。

竞赛模型关于资源对暴力影响的预测是模糊不清的，讨价还价模型表明，国家能力应减少承诺问题，从而促使问题和平解决。我们现在来回顾经验证据。

3. 经验证据

3.1 内战的定义

对内战成因的研究需要定义内战。内战是一个没有得到很好观察的现象，因为通常很难确切指明冲突的开始、结束时间和强度。然而，严格的经验分析必须基于精确的定义。目前，最常使用的数据库是乌普萨拉冲突数据项目/奥斯陆国际和平研究所（UCDP/PRIO）武装冲突数据集（Armed Conflict Dataset），它是乌普萨拉冲突数据项目（Uppsala Conflict Data Program，UCDP）和奥斯陆国际和平研究所（International Peace Research Institute，Oslo，PRIO）的合作成果。格莱迪奇等（Gleditsch et al.，2002）对数据集的细节进行了讨论。其他数据集包括战争相关（Correlates of War，COW）项目（Singer，Small，1994）、政治不稳定工作组（Political Instability Task Force，PITF)[1]，以及由一些研究者个人搜集的数据集，如费伦和莱廷（Fearon，Laitin，2003b）的研究。通常来说，内战的定义以使用暴力为基础，不以主要参与者的目标或冲突的结果来界定。内战被定义为在一个国家内部的战争，其中一个或多个有组织团体与政府对抗。如果这些团体之间相互争斗，则不会被定义为内战，而是被定义为公共暴力行为。叛乱群体必须给政府方面造成死亡，否则暴力行为就会被划归为大屠杀、集体迫害或种族灭绝。国内战争可能由于叛军或政府得到国际支持而成为国际化的冲突。在过去50年中，大多数国家经历过暴力冲突（Blattman，Miguel，2010），然而暴力冲突何时才会演变为一场战争呢？这一研究领域有一个约定俗成的做法，将每年导致至少1000名军人和平民的战斗相关死亡的大规模暴力行为归类为内战。其中不包括因其他战争死亡的情况，例如，营养不良和传染病导致的更高死亡率。此外，内战开始和结束的时间也很难确定。有时，

---

[1] http://globalpolicy.gmu.edu/pitf/.

内战由低水平暴力冲突慢慢升级而来；有时某个特定事件，如政变，会触发内战。内战的结束或许更难确定，例如，敌对状态的结束和签署和平协议可能相隔数月。战争中暴力程度较低的时期也存在问题，必须确定这一时期是处于战争状态还是和平状态。考虑到所有这些问题，各种数据集构建了不同的内战列表就不足为奇了。有趣的是，使用不同内战数据得到的经验研究结果似乎是稳健的（Sambanis，2004）。

　　构建内战的全球数据集并将其应用在大范围研究上，不仅需要对复杂现象进行量化，还需要相信可以发现一般模式，这些模式能进一步加深我们对内战的理解。这种水平的一般化有其弊端，但重要的是应记住，大范围研究只是补充而不是代替案例研究工作。

　　现在我们继续讨论关于内战的不同类型的实证研究。

3.2　内战实证研究的类型

　　关于内战起因的实证研究大致可分为对个体、团体和国家的研究。

3.2.1　对革命的态度

　　一类文献分析了个体对叛乱的态度（MacCulloch，2004；MacCulloch，Pezzini，2007）。《世界价值调查》（The World Value Survey）提供了过去25年对61个国家的调查数据，其中一个问题询问人们对其所居住社会的态度。参加者可以从三个选项中选择一个作为答案：一个选项是"我们社会的整个组织方式必须通过革命行动彻底改变"。选择这个答案的参加者将被归为倾向或偏好革命的一类。麦卡洛克和佩奇尼（MacCulloch，Pezzini，2007）使用 probit 回归发现，很多特征似乎与革命偏好有强烈的相关性。男性、年轻人、未婚人士以及中心政治观点"左倾"的人更可能偏好革命。国家人均收入增加，是基督徒，以及属于收入水平最高的3/5 的群体，具备这些特征的人对革命的偏好水平比较低。人均收入和个人受教育程度没有显著影响。这些结果告诉我们一些关于革命偏好的事情，但目前还没有研究将这些态度与实际行动联系起来。在倾向于革命与参与革命之间可能存在相当大的差距。我们还必须谨慎地归纳这些结果，因为《世界价值调查》没有在诸多贫困国家展开；这些信息主要基于富裕和中等收入国家。但这些研究可能提供一些有用的指向性线索，如哪些个人特征和社会经济环境最可能使个体倾向于参加叛乱。

3.2.2 参 与

目前用于分析参与武装组织情况的调查寥寥无几 [例如，阿尔霍纳和卡尔维亚（Arjona，Kalyvas，2006），维姆普（Verwimp，2005）]。由于进行这些调查很危险，它们或以回忆性问题为基础（Humphreys，Weinstein，2008），或在尚未完全升级为冲突的情况下开展调查（Oyefusi，2008）。汉弗莱和温斯坦（Humphreys，Weinstein，2008）在其开创性研究中，根据对塞拉利昂的调查数据考察了参加叛军和正规军的情况。对于叛军 [革命联合阵线（Revolutionary United Front，RUF）]，很大比例（88%）的新兵称他们是被绑架、被胁迫加入的，这便引发一个问题，即在模型分析时，他们的参与是否可以被当作一种选择。有趣的是，被绑架者和志愿者之间似乎没有系统性的不同。汉弗莱和温斯坦试图通过将解释变量分为对不满、选择激励和社会制裁的解释，来区分个体参与叛乱的不同原因。那些贫穷和/或受教育程度较低的男性更有可能参与叛乱。贫穷（这里用栖身于泥土中的建筑来度量）可以被解释为一种不满的因素，也是这些人面对低机会成本的证据。然而，汉弗莱和温斯坦小心地试图从选择激励中分离出不满因素。他们通过估计加入正规武装部队的可能性提供了额外证据。同加入叛军一样，贫困似乎是参加政府军的重要动力。这个证据很难与因不满而参加叛军的结论一致。因此，在这种情况下，贫穷不太可能代表不满，而是代表由于低机会成本而接受选择性激励的可能性。

金钱激励和社会制裁一样，使参与的可能性更大。因此，有证据表明，积极和消极的激励措施被用来解决"搭便车"问题①。志愿者更可能加入，因为他们觉得在团体内更安全。被绑架者和志愿者仅仅在最后一个变量上有所不同；毫不奇怪，被绑架者不觉得在团体内更安全。

3.2.3 为什么团体会转向暴力？

内战需要一个有组织的团体来挑战政府。微观调查工作确定了个人

---

① 参见卡利瓦斯和科彻（Kalyvas，Kocher，2007）对内战中"搭便车"行为从不同视角进行的研究。

更有可能参与叛乱活动的因素。另一个更有趣的问题是，什么使群体决定以暴力方式追求他们的目标。危机中的少数民族（Minorities at Risk，MAR）数据集提供了全球大约 280 个种族政治团体的信息①。珍妮、塞德曼和罗维（Jenne，Saideman，Lowe，2007）和托夫特（Toft，2003）使用这些数据分析为什么团体会叛乱。他们关于地理方面的发现非常相似：那些集中在农村地区的团体相比那些集中在城市或分散在全国各地的团体更加可能转向暴力。托夫特（Toft，2003）将这些结果解释为对如下假说的支持，即这些比较集中的团体更有能力，也更具合法性。珍妮、塞德曼和罗维（Jenne，Saideman，Lowe，2007）还发现，外部军事支持以及低平均国民收入水平使对抗政府的暴力运动更有可能发生。他们没有发现任何证据表明政治歧视或经济差异使团体更容易诉诸暴力。

　　尽管这提供了一些有趣的见解，说明哪些团体更可能诉诸暴力以达成他们的要求，但这项工作遇到的问题是，无法定义可能反叛的全部团体。正如费伦（Fearon，2003）所指出的那样，"种族是一个棘手的概念"，不可能制定一份完整的族群名单。危机中的少数民族数据集追踪"处于风险"状态的少数群体，将其定义为与社会中的其他群体相比，正在集体受害于或受益于系统性的差异化待遇的群体。因此，这个定义可能会引入选择性偏差。在理想情况下，全面调查将确定所有大型群体，无论他们是否受到歧视还是从歧视中受益。②

3.2.4　什么致使国家倾向于发动内战？

　　关于个体和团体行为的研究对于人们为什么加入叛乱组织，以及那些为了实现目标而诉诸暴力的组织的特征是什么都具有指导意义。然而，大多数研究是从国家层面考察内战的原因的。有大量案例研究考察了单个国家发生内战的原因。科利尔和桑巴尼斯（Collier，Sambanis，2005）的文章有一些重要案例研究的出色汇编。另一类文献利用跨国数据来研究是什么原因使各个国家更容易发生内战。这类关于内战爆发文献中的核心文章包括科利尔和霍夫勒（Collier，Hoeffler，2004）、费伦和莱廷

①　http://www.cidcm.umd.edu/mar/.
②　《危机中的少数民族》编码书称，最近的更新已经解决了这个选择问题。

186

（Fearon，Lattin，2003b）和赫格雷等（Hegre et al.，2001）的文章。尽管他们使用不同的数据集、方法和模型，但他们得出了很多共同的结果。那些人均收入水平更高、人口数量更多和出口初级商品的国家更易发生战争。民主和内战风险之间并不存在线性关系；赫格雷等（Hegre et al.，2001）表明，它们之间存在一种倒 U 形关系，即当国家是不民主国家，或是完全民主国家时，战争爆发的风险会较低。费伦和莱廷（Fearon，Laitin，2003b）也认为存在非线性关系；无政府国家发生战争的风险更大。

3.2.5 发生率和流行率

到目前为止，讨论集中于内战的爆发。还有一些关于内战盛行情况的研究（Besley，Persson，2008；Djankov，Reynal-Querol，2010；Elbadawi，Sambanis，2002；Reynal-Querol，2002）。发生率和流行率这两个术语来自流行病学，在对内战的研究中，它们的使用有时令人困惑。流行病学家把流行率定义为在给定时间内的病例总数；把发生率定义为在给定时间内新发病例的数量。因此，发生率分析与内战爆发分析相对应，只考虑特定时期的战争爆发情况，而不考虑战争的延续情况。相反地，内战流行率分析考虑所有的内战观测，不管它表示战争开始还是战争继续。关于流行率的研究是有问题的，因为它们混淆了两个研究目标：内战肇始的研究和内战持续的研究。立克里德（Licklider，2005）认为，无论冲突的初始原因是什么，在冲突期间都会出现一些其他问题。例如，贫穷和不满的加剧可能使引发冲突的问题变得更加复杂，而且这些问题可能比最初的争端更为重要。费伦和莱廷（Fearon，Laitin，2003a）使用动态 Logit（或马尔科夫）模型考察战争肇始和持续的概率。[①] 战争肇始和持续系数之和可以理解为解释变量对内战持续时间的影响。结果表明，同样的解释变量对内战肇始和持续时间有不同的影响。这一点已被内战持续时间的研究所证实（Collier，Hoeffler，Söderbom，2004；Fearon，2004）。

本节其余部分详细审查了内战实证研究中使用不同测度方法得出的

---

① 参见费伦和莱廷（Fearon，Laitin，2003a：12，Model 2）。

结果。这些测度方法涵盖了关于内战在历史、经济、社会、人口和地理维度的解释。

3.3　对经验证据的更详细考察

3.3.1　历史

强有力的证据表明，发生过内战的国家更有可能经历另一场内战［例如，科利尔和霍夫勒（Collier，Hoeffler，2004）；赫格雷等（Hegre et al.，2001）］。在很大一部分国家中，内战在十年内再次发生。科利尔、霍夫勒和苏德邦（Collier，Hoeffler，Söderbom，2004）发现，他们研究的约40%的冲突后国家就是如此。然而，他们没有区分是不是同一场内战，也就是说，是不是就同一个问题和同一个交战方发生争斗；他们只分析发生在同一个国家的内战。[①] 尽管这些国家很可能掉入冲突陷阱，但冲突后社会仍有希望实现和平。和平持续的时间越长，各国经历另一场内战的可能性就越小（Hegre，Sambanis，2006）。一种可能的解释是，叛乱分子在战斗中积累的专用于冲突的资本要么被摧毁，要么在和平时期迅速贬值。随着和平的持续，经济开始复苏，参与叛乱的机会成本上升，使招募叛军变得更加困难。如何实现和维持持久和平是本手册其他部分的主题。

3.3.2　收入

现有研究从诸多不同方面分析收入和内战之间的关系。研究人员分析了收入水平、收入增长、收入结构和收入分配与内战之间的关系。

3.3.2.1　收入水平

大多数有关内战的实证研究考虑了人均收入水平。对待叛乱态度的研究（MacCulloch，Pezzini，2007）、参与叛乱的分析（Humphreys，Weinstein，2008）以及团体行为研究（Jenne Saideman，Lowe，2007）均发现收入水平的影响很显著。跨国研究结果表明，收入水平和内战之间存在强烈的联系（Collier，Hoeffler，2004；Fearon，Laitin，2003b；Hegre，

188

---

① 参见沃尔特（Walter，2004）对冲突反复发生的分析。

Sambanis, 2006）。这一部分相关的符号显然是负的，也就是说，低平均收入使内战更有可能发生。尽管这是文献中最常见的结果之一，但我们仍担心这是否真的可以解释为两者之间存在因果关系。历史证据表明，许多国家掉入了冲突陷阱（Collier, 2008；Collier et al., 2003），因此低收入可能是之前冲突的结果，也可能是新冲突的原因。科利尔和霍夫勒（Collier, Hoeffler, 2004）试图通过排除重复内战来解决这一内生性问题。该结果对于这种删减方法是稳健的，因此，这提供了收入可能导致战争的某些证据。这个面板研究的另一个特点是，他们测量每五年的收入，并考察在接下来五年中内战的肇始情况。因此，可以说，收入在他们的研究中是预先确定的。大多数其他研究使用年度数据，因此收入是否为预先确定的尚不清楚。预期内战爆发可能已经抑制了经济活动和收入水平。进而备受争议的一个问题是如何解释这一结果。人均收入代表什么？它不仅代表主要由国家实力带来的经济成果，还代表由于贫困而产生的不满和招募新兵的机会成本。因此，哪种类型的解释（可行性或是不满）能从这个实证结果中得到更多支持，尚不清楚。

3.3.2.2　收入增长

收入增长是与内战肇始具有强相关性的另一变量。通常来说，各项研究会测量内战爆发前的收入增长。然而，测量战前收入增长仍会引起对内生性的担忧，因为在经济主体察觉到战争风险高的情况下，增长率可能会降低。麦圭尔、塞提纳斯和塞尔真蒂（Miguel, Satyanath, Sergenti, 2004）提出了一种工具变量方法来解决这个问题。他们将其分析限定于非洲内战，并且使用降雨量数据作为增长率的工具变量。在他们的研究中，降雨量是一个很好的工具，因为非洲的经济增长在很大程度上取决于农业产量，而且这种产出几乎完全依赖雨水浇灌而非人工灌溉的农业活动。这一工具使我们能够更加确定地认为，增长冲击会导致发生内战（在非洲）。

3.3.2.3　收入结构

大量文献分析了对初级产品的依赖性是否会使这个国家更容易发生冲突。对初级商品的依赖会产生租金，而冲击会抑制长期收入。对初级商品的依赖通常与国民收入中特定地点的大量"租金"有关。反过来，租金与国家或者任何其他可以控制产生租金的领地组织的大量非税收收

入有关。对初级商品的依赖性也与易受冲击有关：全球初级商品价格比 189
其他商品价格的波动性大得多。这些冲击意味着不稳定的增长率，使经
济管理困难得多。因此，租金和冲击创造了多种途径，通过这些途径，
对初级商品的依赖性可能与冲突风险相关。因此，自然资源和冲突之间
存在联系的经验证据是混杂的，这就不足为奇了。①

科利尔和霍夫勒（Collier, Hoeffler, 2004）发现，初级商品出口额
占本国国内生产总值比例高的国家更容易发生冲突。他们认为此解释支
持了当地租金有助于资助叛乱这一假说。他们采用了萨克斯和沃纳
（Sachs, Warner, 2000）首次使用的一般初级商品出口测量方法，其中包
括农产品、石油和矿产，但不包括钻石。这种测量方法受到批评，因为
它将如此多种类的资源汇总在一起。正如勒·比龙（Le Billon, 2001）
所称，点资源（如石油）和分散资源（例如，咖啡、钻石）会产生不同
类型的租金。分散资源带来的租金可被用来资助叛乱，而点资源却会激
励叛乱。费伦（Fearon, 2005）和罗斯（Ross, 2004）对萨克斯和沃纳
（Sachs, Warner, 2000）的测度指标是否与内战有强烈的相关性提出了
质疑。很多研究，如费伦和莱廷（Fearon, Laitin, 2003b）的研究发现
石油生产国发生内战的风险更高。这可以用不同的方式解释。石油生产
国的治理能力往往较弱（Isham et al., 2005）。这些国家可能没有能力或
者不愿意平均分配石油财富，从而引起不满进而导致内战。他们可能无
法有效阻止叛乱，或者说石油财富正是引发叛乱的诱因。汉弗莱斯
（Humphreys, 2005）通过研究石油储量而非当前石油产量的作用检验了
后一种可能性。他得到的结果不是结论性的，这可能是由于目前石油产
量和已探明储量高度相关。已探明储量更像是一个经济概念而非地质学
概念。例如，科利尔（Collier, 2010）指出，非洲国家已知的地下自然
资源只有经济合作与发展组织（Organisation for Economic Cooperation and
Development, OECD）国家的1/5左右。对此有两种可能的解释。要么是
非洲的资源比其他地区少得多，要么更有可能的是，只有在政治和经济形
势有利于开采的条件下，非洲才会开采地下资源（Collier, Hoeffler, 2005）。

---

① 关于自然资源和发展之间关系的详细讨论可参见奥提（Auty, 2001）的研究。《冲突解
决杂志》（*Journal of Conflict Resolution*）的一个专辑（2005年第49卷第4期）考察了
自然资源与冲突之间的关系。

贝斯度和雷（Basedau，Lay，2009）区分了石油的丰裕性和依赖性。他们将资源丰裕性定义为人均资源财富，将依赖性定义为经济体依赖资源开采获取租金的程度。他们表明，人均资源财富水平高的国家往往与较少的暴力相关联。他们建议，政府利用大量的资源收入，通过将庞大的安全机构与慷慨的分配政策相结合，以维持国内和平。与人均石油收入水平较低的国家相比，石油丰裕国家的制度似乎并不具有互惠互利的"政治分赃"和庇护主义的特征。然而，他们的结论以一个小样本为基础，深入分析自然资源、制度和内战之间的关系似乎是未来一个非常有潜力的研究领域。德·索伊莎和诺伊迈尔（de Soysa，Neumayer，2007）使用资源租金的度量指标来区分两个相反的假说：（1）资源提供资金和动机；（2）资源削弱国家能力。他们发现，能源部门的高租金与内战风险具有正相关关系。这支持了关于国家能力的假说。他们没有发现矿产租金增加内战风险的证据。因为能源租金更可能归国家所有，而矿产租金可以被国家或者叛乱分子挪用，他们拒绝了资金和动机假说。

这与鲁加拉、格莱迪奇和吉尔摩（Lujala，Gleditsch，Gilmore，2005）的研究形成了鲜明的对比。他们利用次国家数据，发现暴力冲突的地点与钻石产地之间存在正相关关系，这提供了一些资源可能曾被用于为冲突融资的证据。罗斯（Ross，2006）表明，陆上石油生产与内战爆发有关，但海上石油开采与内战爆发无关。由于这两种类型的生产都为政府带来了类似的收入，但只有陆上石油生产设备才能被叛乱分子掠夺，这表明石油与内战爆发的联系不是通过国家能力效应，而是通过为叛军提供资金形成的。

杜比和瓦格斯（Dube，Vargas，2006）采用哥伦比亚的事件数据研究了不同初级商品价格冲击对暴力的影响。他们发现，当咖啡价格下降时，咖啡产地的暴力行为急剧上升。而石油的情况则恰恰相反：较高的价格增加了石油产地或铺设了输油管道的地区的冲突。这种对比鲜明的证据表明，价格冲击的影响取决于它是影响劳动密集型行业，还是影响资本密集型行业。对劳动密集型行业（咖啡）的冲击导致农民贫困。较大的经济压力和较低的战斗机会成本导致暴力行为增加。对资本密集型行业（石油）的正向价格冲击增加了资源价值和对战斗的激励。

总之，即使传导渠道并不总是很明确，但有很多证据表明，资源依赖会使国家更容易发生冲突。然而，关于资源稀缺和气候变化是否引起冲突也有相关文献。荷马·迪克逊（Homer-Dixon，1999）认为，环境稀缺性是导致发生暴力冲突的一个关键因素。德·索伊莎（de Soysa，2002）没有发现生态暴力的证据，格莱迪齐（Gleditsch，1998）认为，环境退化与贫困密切相关，因此环境冲突最有可能由经济欠发达导致。

荷马·迪克逊（Homer-Dixon，1999）的预测表明，气候变化会导致全球范围内发生更多的冲突。关于这个问题的文献越来越多。亨德里克斯和格莱泽（Hendrix，Glaser，2007）考察了撒哈拉以南非洲地区气候变化与内战爆发之间的关系。首先，他们证实了麦圭尔、塞提纳斯和赛尔真蒂（Miguel，Satyanath，Sergenti，2004）的结论，即降雨量的冲击会引发冲突。这也可以作为水资源缺乏导致冲突的证据。然而，亨德里克斯和格莱泽（Hendrix，Glaser，2007）也使用其他水资源的测量指标，发现人均淡水资源较多的国家更有可能发生冲突。他们没有找到证据表明，环境退化，即人类行为导致土地生产能力暂时或永久性下降，是冲突的原因。简言之，除降雨量的冲击之外，他们没有发现稀缺性导致冲突的证据。他们的研究中进行的气候预测表明，南部非洲的降雨量将更少，但撒哈拉以南非洲并非所有地区都是如此。

3.3.2.4 收入分配

导致发生战争最常见的因素之一是不平等。例如这样的假说：攻击是由挫折引起的，而挫折又根源于"相对剥削"（Gurr，1970）。另一种观点认为，不平等和叛乱之间的关系确实是密切的（Sen，1973：Chap.1）。据我们所知，常用的不平等衡量指标在任何对内战肇始的回归中都不显著。

假设不平等对人们很重要，足以引发叛乱可能是错误的。斯蒂文森和沃尔夫（Stevenson，Wolfers，2008）认为，个体更重视绝对收入而非相对收入。

然而，关于不平等与内战风险之间的联系没有统计证据的原因还有很多。首先，各国数据的可获得性较差。对于很多国家来说，在过去的40 年中，不平等仅仅被测量过一次或两次。数据的可获得性和质量可能太差了，以至于无法发现不平等对内战的任何影响。其次，正如麦卡洛克和佩奇尼（MacCulloch，Pezzini，2007）的研究所表明的，社会中最贫穷的人更有可能遭受挫折，感到愤怒，并偏好于叛乱，但他们可能缺少组织大规模叛乱的手段。因此，尽管他们并不缺少叛乱的动机，但是完全做不到。最后，有人认为，常用的衡量不平等的方法（如基尼系数）只反映了"纵向"不平等（即个体之间的均等性）。更重要的是群体之间的不平等，它被称为"横向"不平等（Stewart，2005）。这种不平等是在可造成不平等的社会中歧视群体的结果。里根（Regan，2009）关于"结构性"贫困的概念似乎基于类似的想法。斯图尔特（Stewart，2005）提出了9个案例研究，其中"横向"不平等导致出现严重的政治不稳定。

麦考斯（Macours，2009）以及穆尔西德和盖茨（Murshed，Gates，2005）提供了更多国家层面的证据。这两项研究均使用地区和家庭层面的数据，并令人信服地表明，不平等的加剧恶化了尼泊尔的叛乱活动。也许更多的微观层面研究有助于理解不平等与内战之间的关系。然而，对尼泊尔和其他案例的研究并不能使我们就不平等和内战之间的关系得出一般性结论。

奥斯特比（Østby，2008）进行了有关该主题的跨国研究，提出假说，横向不平等增加了相对贫困群体的不满，增强了相关群体的凝聚力，从而促进冲突动员。奥斯特比使用36个发展中国家的"横向"不平等数据，样本包括22场内战，发现，"横向"不平等的确增加了战争的风险。然而，其样本量相对较少，而且样本中战争的高发率与其他大样本研究有很大的不同，在这些研究中，战争肇始往往是罕见事件。

192　　没有证据表明，纵向不平等会导致发生冲突，也有一些有限的证据表明横向不平等（在某些情况下）可能增加发生内战的风险。进一步的研究可能会有益于这个研究领域。尚不明确的是，这两个关于不平等的概念和代理变量是如何相互联系的。如果群体规模合理且横向不平等程度高，那么这也应该在纵向不平等度量方法中体现出来。群体内部不平等可能是一个有趣的研究领域。埃斯特班和雷（Esteban，Ray，2008）的文章指出，虽然群体内部的异质性可能使集体行动更难实现，但异质性会促进劳动力有效分工。团体中较富有的成员提供资金支持，较贫穷的成员提供进行冲突的劳动力。他们提出假说，基于种族形成的群体比基于阶级形成的群体具有更大的群体内部异质性。族群可以利用这些群体的内部差异进行融资和组织叛乱活动。

3.3.3　种族

引发大规模暴力冲突最主要的原因可能是种族、宗教和阶级的差异。费伦和莱廷（Fearon，Laitin，2011）对第二次世界大战以来的内战进行了分类，并将 57% 的内战标注为种族内战。由于大多数实证研究已经考察了种族对内战风险的研究，本部分将集中在把种族作为内战原因进行分析上。

在一个族群中，人们彼此认同，通过真实或设想的共同传承联系在一起。从广义上讲，原生主义者认为，群体是由具有相同生物学特征、信仰和文化传统的人组成的。他们认为，群体之间深刻和长期的差异导致发生不同社会冲突（Horowitz，1985；Huntington，1996）。另外，建构主义者借鉴安德森（Anderson，2006）想象社区的概念，强调族权的社会建构性质的重要性。人们必须把自己想象成一个群体的一部分，因为与实际的群体不同，他们不能与所有其他群体成员一对一地交流。杜班（Dunbar，1992）[①] 的人类学研究表明，一个人直接接触的人数约为 150人。这意味着，任何超过 150 名成员的群体都可能必须依赖这种构建的社区意识才能形成共同的身份认同。

3.3.3.1　种族多样性

强有力的证据表明，具有种族多样性的社会其发展会更为缓慢（Easterly，Levine，1997；Mauro，1995），公共物品的供给水平更低（Alesina，Baqir，Easterly，1999；Habyarimana et al.，2005；Miguel，Gugerty，2005）。有关跨国经济增长的文献使用民族语言分化的测量方法，它衡量在一个给定国家中随机抽取两个人不使用同一种语言的概率。最初，研究者使用来自《世界地图集》（*Atlas Narodov Mira*，1964）的数据，但是最近的研究更普遍地使用阿莱西纳等（Alesina et al.，2003）的分化数据。对于种族分化和内战之间的关系，科利尔、霍夫勒和罗纳（Collier，Hoeffler，Rohner，2009）以及费伦和莱廷（Fearon，Laitin，2003b）发现了正相关关系，科利尔和霍夫勒（Collier，Hoeffler，2004）发现了负相关关系，而赫格雷等（Hegre et al.，2001）则并未发现显著

193

---

① 格拉德维尔（Gladwell，2000）推广了这一结论。

相关性。维默尔、塞得曼和敏（Wimmer, Cederman, Min, 2009）得出了相同的结论，然而，他们将"种族政治群体"定义为被驱逐或被歧视的群体。那些被驱逐种族所属的政治群体的规模相对较大的国家更有可能发生内战。赫格雷和桑巴尼斯（Hegre, Sambanis, 2006）得出结论，种族多样性与内战肇始之间的关联并不稳健。然而他们发现，种族多样性与较低层次暴力冲突的发生有着稳健的相关性。

为什么我们无法找到种族多样性和内战肇始之间的稳健联系呢？如果一个社会是非常多样化的，也就是说，不同群体的规模非常小，那么种族的不满可能会促使一个群体拿起武器，但它们的规模太小而无法发动大规模叛乱。由于不同群体的偏好不同，不同群体之间很难进行合作，任何由此产生的联盟都是脆弱的。

更根本的是，从人们为自己民族而战的意义上讲，事实或许是内战不是"种族战争"（Regan, 2009：Chap. 7）。叛乱领导人可能受到不满或贪婪驱使，但他们不会从全体民众中随机招募。种族群体提供了一个理想的招聘渠道。他们共同的经历（可能真实或感知到的歧视）使激励一个群体中的成员变得更加容易。他们拥有的共同的语言和偏好使其更容易协调和进行集体行动。威胁和使用社会制裁减少了"搭便车"行为。导致内战爆发的环境通常是复杂的，种族是一种动员工具，[①] 但它不是内战的起因。

几乎没有系统性的证据表明宗教多样性和阶级与内战肇始有关。蒙塔尔沃和雷纳尔 – 克罗尔（Montalvo, Reynal-Querol, 2005）发现，宗教多样性的衡量方法与内战之间没有稳健的关系。麦克卡洛和佩齐尼（MacCulloch, Pezzini, 2007）发现，"左倾"态度与革命偏好有相关性，麦卡斯（Macours, 2009）发现，尼泊尔的毛派成员主要为收入水平处于底层的成员。由宗教或阶级定义的群体可能并不如种族群体那样具有凝聚力。另外，可能的事实是，以阶级为基础形成的叛乱活动获得的资源较少，因此，其很难为内战提供资金。埃斯特班和雷（Esteban, Ray, 2008）认为，叛乱活动可能需要利用群体内部的异质性；富人为武装斗争提供资金，而穷人进行战斗。基于阶级组织的战争在某种程度上较为

---

① 对卢旺达动员的详细描述可在延吉萨瓦（Yanagizawa, 2009）中找到。

罕见，因为根据定义，阶级在群体内部的异质性较低。

一条有趣的研究线索是种族与其他形式的社会分化之间是如何相互作用的。塞尔维（Selway，2011）使用了关于种族和宗教的交叉（cross-cutting）数据。在种族群体成员信奉同一宗教的社会中，种族和宗教的社会分化被认为是"加强的"。如果种族完全独立于宗教，这个社会就被定义为是完美交叉的。有着低交叉水平的国家更容易发生冲突，这意味着根据种族定义的群体，以及由他们的宗教所定义的群体，最容易动员成员参加内战。如果种族和宗教是交叉的，那么信奉同一宗教的子种族的规模更小，以如此小的群体的利益为基础，叛乱就变得不可行了。

托夫特（Toft，2003）研究了领土和种族之间的联系。当种族群体集中在农村地区时，他们更可能诉诸暴力。冲突争夺的是对领土的控制权，当种族群体集中在一个地区时，他们可以更容易主张合法的自决权。这可能有助于激励群体成员参与。与首都的距离使政府很难对种族群体的活动进行监管。地理空间上的集中使协调和沟通更加容易，因而提高了该群体动员叛乱的能力。

3.3.3.2　极化

种族因素似乎无法解释内战的一个原因是我们通常用于衡量种族多样性的方式。群体规模和群体之间的文化差异很重要。如果群体规模太小，那么他们可能无法获得足够的支持，而彼此相似的族群可能不会将族群视为一个显著的区别。有证据表明，种族占优与更高的冲突风险有关（Collier，Hoeffler，2004；Hegre，Sambanis，2006），种族占优被定义为一个社会的最大族群占人口的45%～90%。这是一个简单的种族划分方法。正如蒙塔尔沃和雷纳尔－克罗尔（Montalvo，Reynal-Querol，2005）所指出的那样，存在占人口多数的种族群体不是充分条件。少数派的规模必须大，且未被分割成许多不同的小群体。埃斯特班和雷（Esteban，Ray，1994）提出了一个测度极化的理论概念，蒙塔尔沃和雷纳尔－克罗尔（Montalvo，Reynal-Querol，2005）将这个概念应用于测度种族和宗教极化上。具有种族两极分化（1/2，0，…，0，1/2）的国家有着最高的极化水平。他们使用这种极化衡量方法发现，极化程度更高的社会更加容易发生冲突。然而，他们的研究考虑的是内战的流行率，而不是肇始。极化的概念与分化密切相关，有证据表明，分化会延长内战（Collier，Hoeffler，Söderbom，2004；Fearon，Laitin，2003a）。因此，极化结果可能是由其对冲突持续时间的影响所驱动。科利尔和霍夫勒（Collier，Hoeffler，2004）发现，没有任何证据表明种族或宗教分化与内战肇始是相关的。

3.3.4 政治体系

在民主国家中，领导层的变动通过选举实现，远比发生武装斗争的风险和成本更低。完全民主的制度允许进行和平的集体行动，因此没有必要使用武力来实现政治目标。在民主社会中，导致群体间不平等，进而导致不满的歧视现象不那么普遍。因此，民主国家应该不太容易发生暴力冲突。然而，经验证据是混杂的。科利尔和霍夫勒（Collier，Hoeffler，2004）以及费伦和莱廷（Fearon，Laitin，2003b）均未发现民主和内战之间存在线性关系的证据。存在一些非线性关系的证据，如独裁国家发生暴力冲突的风险更高（Fearon，Laitin，2003b；Hegre et al.，2001）。如加格斯和格尔（Jaggers，Gurr，1995）[①] 所述，民主程度通常采用政体Ⅳ（Polity Ⅳ）指标的21分制来度量，民主为10分，独裁国家被定义为得分为 -5~5 的政体。政体Ⅳ对民主的测度由五个不同的部分组成，如弗里兰（Vreeland，2008）指出，当一个国家正在经历内战时，这对两个组成部分的编码会有影响。这意味着，政体Ⅳ不是一个合理的解释变量，因为它可能得出同义反复式的结果。一个可能的解决方法是只使用政体Ⅳ指数的部分内容，不包括关于政治暴力的信息。弗里兰（Vreeland，2008）发现，当使用这个修正后的指数时，独裁的影响就消失了。弗里兰建议，未来对这个主题的研究应该采用更为明确定义的变量来捕捉政治制度的影响。

还有证据表明，政治不稳定与内战有关（Hegre，Sambanis，2006）。这个结果与分析民主程度和战争间的关系一样，遇到了同样的问题。政治不稳定性部分地由政体Ⅳ数据集中的内战所定义。

国家能力也是被经常提到的引发内战的因素。然而，由于测度问题，统计分析很有限。最近才可以获得大量国家机构与政府部门的数据。贝

---

① 年度更新数据可从 http://www.systemicpeace.org/polity/polity4.htm 中获得。

茨（Bates，2008）将经验证据与国家基础和政治秩序逻辑的分析性叙述结合在一起，针对大量非洲国家如何陷入政治混乱和发生内战进行了政治经济学解释。

3.3.5　人口统计学

这些文献中为数不多的稳健结果之一是，较大的国家有较多的武装冲突（Hegre，Sambanis，2006）。内战的界定是以战斗相关死亡人数为1000人为门槛的，更大的国家有更多的人可能发动战争，也有更多的人可能被杀死。然而，国家规模大可能是人口规模大，或者领土规模大。规模可能很重要，因为较大的国家可以有大量不同群体居住在其领土内，这意味着政府必须能够在很远的距离，以及很长的国境线上进行控制。罗利和赫格雷（Raleigh，Hegre，2009）考察了为什么更大的国家更容易发生冲突[①]。他们使用武装冲突地点和事件数据集（Armed Conflict Location and Events Dataset，ACLED）[②] 中的非洲次国家数据，这使他们可以检验国家规模的哪个方面对内战风险至关重要。他们发现，冲突事件集中发生在人口密度高的周边地区。这个结果在某种程度上与科利尔和霍夫勒（Collier，Hoeffler，2004）的研究有一定的联系，后者在跨国研究中使用了人口集中度的测度方法。他们发现，人口更加分散的国家面临内战的风险更高。罗利和赫格雷（Raleigh，Hegre，2009）认为，人口规模代表一个地区的价值，因此冲突争夺的是更有价值的地区。这些有趣的发现可能基于他们研究的样本，刚果民主共和国的国内冲突可能促成了这些结果。虽然貌似合理，但目前没有证据表明这是一个普遍结果，因此这是一个有前景的研究领域。[③]

3.3.5.1　青年群体膨胀

对态度和参与的研究表明，年轻男性有叛乱倾向，他们更可能参与叛乱。乌尔达尔（Urdal，2006）在跨国研究中将青年群体膨胀（youth bulges）作为战争的起因。青年群体膨胀被定义为 14～25 岁人口所占比

196

[①]　布豪格和盖茨（Buhaug，Gates，2002）是这个议题的较早期研究。

[②]　数据可从 http://www.acleddata.com/中获得。

[③]　鲁斯塔德等（Rustad et al.，2009）考察了亚洲次国家冲突风险的变化情况，得出了类似的结论。

例，这可能既提供了叛乱机会，又提供了叛乱的动机。如果青年群体规模庞大，那么青年在劳动力市场上的机会是有限的，因此招募成本较低。另外，大规模青年群体面临失业、制度瓶颈和城区中心拥挤，因而感到不满。乌尔达尔（Urdal，2006）没有发现青年群体膨胀对内战肇始的回归是显著的证据。这证实了科利尔和霍夫勒（Collier，Hoeffler，2004）以及费伦和莱廷（Fearon，Latin，2003b）的发现。然而，乌尔达尔（Urdal，2006）指出，青年群体膨胀在尝试解释恐怖主义、暴乱、暴力示威和低水平暴力冲突的回归时是显著的。

3.3.5.2 国外人口

有证据表明，大量侨民和跨国种族关系使国家更容易发生冲突。例如，厄立特里亚、库尔德和泰米尔的侨民数量众多，他们是叛乱的主要资金来源（Angoustures，Pascal，1996）。分析侨民作用的跨国研究存在难度，有两个原因：第一，目前，国际移民数据非常粗略，第二，移民是内战风险的内生因素。科利尔和霍夫勒（Collier，Hoeffter，2004）使用定居美国的移民数据，并通过集中分析非战争因素导致的移民来解决内生性问题。他们发现，在美国有大量侨民的国家更有可能经历内战。

此外，可能会支持叛乱的群体是跨国的种族或宗教团体。例如，阿富汗和巴基斯坦的叛乱分子就得到了国外资金的援助。很多国家有跨国的种族联系。跨国的种族间合作不仅可以提供资金支持，还可以提供士兵、安全的训练营地和暴力事件之间的"隐蔽"机会。格莱迪齐（Gleditsch，2007）表明，跨国种族群体的数量与内战肇始正相关。

来自国外的支持似乎是使叛乱可行的一个重要因素。

3.3.6 地理特征

某些地理特征可能有利于叛乱。山区和森林密布的地形更难以控制。正如前面的讨论所表明的，种族、人口和地理之间的联系似乎对某些特征是否使国家更容易发生冲突至关重要。有证据表明，山区地形使国家更容易发生冲突（Collier，Hoeffler，Rohner，2009；Fearon，Laitin，2003b；Hegre，Sambanis，2006）。关于森林地区的证据不稳健。

另一个让政府难以控制的地理特征是"不相连"。费伦和莱廷（Fearon，Laitin，2003b）将那些拥有以土地或水域与首都城市分隔开的控制领土的国家编码为"不相连"。这些国家更容易发生冲突，表明地理上的不相连使叛乱更可行。

没有强有力的证据表明与邻国的战争使内战更可能发生（Hegre，Sambanis，2006）。然而，一些证据显示，岛屿发生战争的风险更小（Chauvet，Collier，Hoeffler，2010）。地理上的孤立似乎使国家更安全。

4. 结论

本章着重分析了关于内战"起因"文献的一些问题。理论模型和实证模型之间存在差距。理论模型提出了诸多导致内战的原因，而实证模型往往是特定的，结果难以解释，也不允许我们区分不同的理论。许多解释变量具有内生性，表述为战争的相关因素或许比起因更为合适。许多解释因素，例如不满，很难找到代理变量。有些变量可以有多种解释。越贫困的国家越容易发生冲突，但这是因为参与叛乱的机会成本较低还是国家能力较差？有些解释变量受到广泛关注，例如，不平等和种族，但几乎没有证据表明它们与内战肇始之间有着稳健的联系。另外一些解释变量之间高度相关，如收入水平、民主和自然资源之间密切相关。这也使厘清传导机制更加困难。其他一些变量的影响似乎取决于它们之间的相互作用。这些讨论已表明，种族、地理和历史因素的某种组合可能与冲突风险有关，而其他组合则没有。在边界地区有种族群体聚集的大国似乎更容易发生冲突。

值得注意的是，大多数解释变量不随时间改变，或随着时间缓慢变化，因此，与冲突相关的风险也随着时间缓慢改变。这类研究通常不考虑会促使内战爆发的临界点或触发因素，且这些模型也不适用于预测内战爆发。早期预警系统需要更详细的特定地区的数据。邦德等（Bond et al.，2003）的研究是事件数据如何应用于早期预警系统的一个例子。

即使我们可以精确地指出内战的"起因"，这种知识也不太可能帮助我们解决冲突。关于内战肇始及持续时间的研究表明，它们与不同因素有关。一旦战争开始，诸如贫困和不满加剧等新的问题就会与最初的起因叠加，甚至可能取代它们。

如果大样本研究不能区分研究内战起因的不同理论，或者不能用于

解决冲突或预测冲突，那么大样本研究有什么用呢？研究人员最近才开
始在内战肇始的固定样本研究中使用定量数据。以前，我们的知识基于
案例研究证据，这些证据提供了对单个战争的详细描述，但不允许我们
推广至一般情况。对不满的解释作为战争的起因是这种论述的主要观点。
对于政策制定者来说，大样本研究是有益的。首先，它们有助于在经济
发展和安全的讨论中确定优先事项。经历了冲突后的社会面临特别高的
战争风险。研究表明，发展援助与维和行动有助于建立持久和平（见本
书其他部分）。其次，现有证据表明，叛乱的可行性取决于获得资金的途
径。这不排除对不满的解释，但提供了不同的政策选择。金伯利流程
（Kimberly Process）就是一个例子，这是一个认证计划，它对成员提出了
广泛的要求，要求其证明毛坯钻石的运输是"无冲突"的。[1] 这将减少
为叛乱活动进行融资的机会，进而减少了大规模暴力冲突产生的风险。
另一项国际倡议是采掘业透明度倡议（Extractive Industries Transparency
Initiative, EITI），该倡议通过审查并全面公布公司支付情况以及政府的
石油、天然气和采矿业收入，支持改善资源丰富国家的治理能力。[2] 这
将提高政府的问责性，从而优化资源收入使用情况，促进经济发展。

参考文献

Alesina, A., R. Baqir, and W. Easterly. 1999. Public goods and ethnic divisions. *Quarterly Journal of Economics* 114（4）：1243 – 84.

Alesina, A., R. Wacziarg, A. Alesina, A. Devleeschauwer, W. Easterly, and S. Kurlat. 2003. Fractionalization. *Journal of Economic Growth* 8（2）：155 – 94.

Anderson, B. 2006. *Imagined communities*. London：Verso.

Angoustures, A., and V. Pascal. 1996. Diasporas et financement des conflits. In *Economie des Guerres Civiles*, ed. F. Jean and J. -C. Rufin. Paris：Hachette.

Azam, J. -P. 1995. How to pay for the peace? A theoretical framework with references to African countries. *Public Choice* 83：173 – 84.

---

① 从 http://www.kimberleyprocess.com/中可获得更多信息。
② 从 http://eitransparency.org/中可获得更多信息。

Auty, R. 2001. *Resource abundance and economic development.* Oxford: Oxford University Press.

Arjona, A. M. , and S. Kalyvas. 2006. Preliminary results of a survey of demobilized combatants in Colombia. Mimeo, Yale University. http://stathis. research. yale. edu/ documents/Report5 – 06. pdf.

Atlas Narodov Mira. 1964. Moscow: Department of Geodesy and Cartography of the State Geological Committee of the USSR.

Basedau, M. , and J. Lay. 2009. Resource curse or rentier peace? The ambiguous effects of oil wealth and oil dependence on violent conflict. *Journal of Peace Research* 46 (6): 757 – 76.

Bates, R. H. 2008. *When things fell apart: State failure in late-century Africa.* Cambridge, MA: Cambridge University Press.

Besley, T. , and T. Persson. 2008. On the incidence of civil war: Theory and evidence. Mimeo. http://people. su. se/ ~ tpers/papers/civilwar_ paper081203. pdf.

Beber, B. , and C. Blattman. 2008. Rebels without a cause: The use of coercion and children in guerrilla warfare. Mimeo, Columbia University.

Blattman, C. and E. Miguel. 2010. Civil War. *Journal of Economic Literature*: 48 (1): 3 – 57.

Bond, D. , J. Bond, C. Oh, J. C. Jenkins, and C. L. Taylor. 2003. Integrated data for events analysis (IDEA): An event typology for automated events data development. *Journal of Peace Research* 40 (6): 733 – 45.

Buhaug, H. , and S. Gates. 2002. The geography of civil war. *Journal of Peace Research* 39 (4): 417 – 33.

Chauvet, L. , P. Collier and A. Hoeffler. 2010. Paradise Lost: The cost of state failure in the Pacific. In. *Understanding small-island developing states: Fragility and external shocks* (A. Santos-Paulino, M. McGillivray andW. Naudé, eds.) Special Issue of *the Journal of Development Studies* 46 (5): 961 – 980.

Collier, P. 2008. *The bottom billion: Why the poorest countries are failing and what can be done about it.* Oxford: Oxford University Press.

——. 2010. *The plundered planet: How to reconcile prosperity with nature.* Penguin: London.

Collier, P. , L. Elliot, H. Hegre, A. Hoeffler, M. Reynal-Querol, and N. Sambanis. 2003. *Breaking the conflict trap: Civil war and development policy.* Washington, DC: World Bank.

Collier, P. , and A. Hoeffler. 2004. Greed and grievance in civil wars. *Oxford Economic*

Papers 56: 563 – 95.

——. Resource rents, governance, and conflict. *Journal of Conflict Resolution* 49: 625 – 33.

Collier, P. , A. Hoeffler, and D. Rohner. 2009. Beyond greed and grievance: Feasibility and civil war. *Oxford Economic Papers* 61: 1 – 27.

Collier, P. , A. Hoeffler, and M. Söderbom. 2004. On the duration of civil war. *Journal of Peace Research* 41 (3): 253 – 73.

Collier, P. , and N. Sambanis, eds. 2005. *Understanding civil war: Evidence and analysis.* Washington, DC: World Bank.

de Soysa, I. 2002. Ecoviolence: Shrinking pie, or honey pot? *Global Environmental Politics* 2 (4): 1 – 34.

de Soysa, I. , and E. Neumayer. 2007. Natural resource wealth and the risk of civil war onset: Results from a new dataset of natural resource rents, 1970 – 1999. *Conflict Management and Peace Science* 24: 201 – 18.

Djankov, S. , and M. Reynal-Querol. 2010. Poverty and civil wars: Revisiting the evidence. *Review of Economics and Statistics* 92 (4): 1035 – 41.

Dube, O. , and J. F. Vargas. 2006. Are all resources cursed? Coffee, oil, and armed conflict in Colombia. Working Paper 07 – 01. Weatherhead Center of International Affairs, Harvard University.

Dunbar, R. I. M. 1992. Neocortex size as a constraint on group size in primates. *Journal of Human Evolution* 22: 469 – 93.

Easterly, W. and R. Levine. 1997. Africa's Growth Tragedy: Policies and Ethnic Divisions. *The Quarterly Journal of Economics* 112 (4): 1203 – 1250.

Elbadawi, I. , and N. Sambanis. 2002. How much civil war will we see? Explaining the prevalence of civil war. *Journal of Conflict Resolution* 46: 307 – 34.

Esteban, J. , and D. Ray. 1994. On the measurement of polarization. *Econometrica* 62 (4): 819 – 51.

——. 2008. On the salience of ethnic conflict. *American Economic Review* 98 (5): 2185 – 202.

Fearon, J. 1995. Rationalist explanations for war. *International Organization* 49 (3): 379 – 414.

——. 2003. Ethnic and cultural diversity by country. *Journal of Economic Growth* 8: 195 – 222.

——. 2004. Why do some wars last so much longer than others? *Journal of Peace Research*

41: 275 – 301.

——. 2005. Primary commodities exports and civil war. *Journal of Conflict Resolution* 49 (4): 483 – 507.

Fearon, J., and D. Laitin. 2003a. Additional tables for ethnicity, insurgency, and civil war. http://www. stanford. edu/ ~ jfearon/papers/addtabs. pdf.

——. 2003b. Ethnicity, insurgency, and civil war. *American Political Science Review* 97: 75 – 90.

——. 2011. Sons of the soil, migrants, and civil war. *World Development* 39 (2): 199 – 211.

Gartzke, E. 2003. War is in the error term. *International Organization* 53 (3): 567 – 87.

Garfinkel, M. R. 1990. Arming as a strategic investment in a cooperative equilibrium. *American Economic Review* 80: 50 – 68.

Gates, S. 2002. Recruitment and allegiance: The microfoundations of rebellion. *Journal of Conflict Resolution* 46: 111 – 30.

Gladwell, M. 2000. *The tipping point: How little things make a big difference.* London: Little, Brown.

Gleditsch, K. S. 2007. Transnational dimensions of civil war. *Journal of Peace Research* 44: 293 – 309.

Gleditsch, N. P. 1998. Armed conflict and the environment: A critique of the literature. *Journal of Peace Research* 35 (5): 381 – 400.

Gleditsch, N. P., P. Wallensteen, M. Eriksson, M. Sollenberg and H. Strand. 2002. Armed conflict 1946 – 2001: A new dataset. *Journal of Peace Research* 39 (5): 615 – 637.

Grossman, H. I. 1991. A general equilibrium model of insurrections. *American Economic Review* 81: 912 – 21.

——. 1999. Kleptocracy and revolutions. *Oxford Economic Papers* 51: 267 – 83.

Gugerty, M. K. and E. Miguel. 2005. Ethnic diversity, social sanctions, and public goods in Kenya. *Journal of Public Economics* 89 (11 – 12): 2325 – 2368.

Gurr, T. R. 1970. *Why men rebel.* Princeton-NJ: Princeton University Press.

Habyarimana, J., M. Humphreys, D. N. Posner, and J. Weinstein. 2005. Why does ethnic diversity undermine public goods provision? *American Political Science Review* 101 (4): 709 – 25.

Hegre, H., T. Ellingsen, S. Gates, and N. P. Gleditsch. 2001. Towards a democratic civil peace? *American Political Science Review* 95: 33 – 48.

Hegre, H. , and N. Sambanis. 2006. Sensitivity analysis of empirical results on civil war onset. *Journal of Conflict Resolution* 50 (4): 508 – 35.

Hendrix, C. , and S. M. Glaser. 2007. Trends and triggers: Climate, climate change and civil conflict in sub-Saharan Africa. *Political Geography* 26: 695 – 715.

Hirshleifer, J. 1988. The analytics of continuing conflict. *Synthese* 76: 201 – 33.

——. 1989. Conflict and rent-seeking functions: Ratio versus difference models of relative success. *Public Choice* 63: 101 – 12.

Homer-Dixon, T. 1999. *Environment, scarcity, and violence.* Princeton, NJ: Princeton University Press.

Horowitz, D. L. 1985. *Ethnic groups in conflict.* Berkeley: University of California Press.

Humphreys, M. 2005. Natural resources, conflict, and conflict resolution: Uncovering the mechanisms. *Journal of Conflict Resolution* 49 (4): 508 – 37.

Humphreys, M. , and J. M. Weinstein. 2008. Who fights? The determinants of participation in civil war. *American Journal of Political Science* 52: 436 – 55.

Huntington, S. 1996. *The clash of civilizations and the remaking of world order.* New York: Simon & Schuster.

Isham, J. , M. Woolcock, L. Pritchett, and G. Busby. 2005. The varieties of resource experience: Natural resource export structures and the political economy of economic growth. *World Bank Economic Review* 19 (2): 141 – 74.

Jaggers, K. , and T. R. Gurr. 1995. Tracking democracy's third wave with the Polity III data. *Journal of Peace Research* 32: 469 – 82.

Jenne, E. K. , S. M. Saideman, and W. Lowe. 2007. Separatism as a bargaining posture: The role of leverage in minority radicalization. *Journal of Peace Research* 44 (5): 539 – 58.

Jones, B. F. , and B. A. Olken. 2005. Do leaders matter? National leadership and growth since World War II. *Quarterly Journal of Economics* 120: 835 – 64.

Kalyvas, S. , and M. A. Kocher. 2007. How free is "free riding" in civil wars? Violence, insurgency, and the collective action problem. *World Politics* 59 (2): 177 – 216.

Kuran, T. 1989. Sparks and prairie fires: A theory of unanticipated political revolution. *Public Choice* 61: 41 – 74.

Le Billon, P. 2001. The political ecology of war: Natural resources and armed conflicts. *Political Geography* 20: 561 – 84.

Licklider, R. 2005. Comparative studies of long wars. In *Grasping the nettle: Analyzing cases of intractable conflict*, ed. C. A. Crocker, F. O. Hampson, and P. Aall, 33 – 46. Washington,

DC: U. S. Institute of Peace.

Lujala, P. , N. P. Gleditsch, and E. Gilmore. 2005. A diamond curse? Civil war and a lootable resource. *Journal of Conflict Resolution* 49: 538 – 62.

Mauro, P. 1995. Corruption and growth. *Quarterly Journal of Economics* 110: 681 – 712.

Miguel, E. , S. Satyanath, and E. Sergenti. 2004. Economic shocks and civil conflict: An instrumental variables approach. *Journal of Political Economy* 112: 725 – 53.

MacCulloch, R. 2004. The impact of income on the taste for revolt. *American Journal of Political Science* 48 (4): 830 – 48.

MacCulloch, R. , and S. Pezzini. 2007. Money, religion and revolution. *Economics of Governance* 8: 1 – 16.

Macours, K. 2009. Increasing inequality and civil conflict in Nepal. Mimeo, Johns Hopkins University.

Montalvo, J. G. , and M. Reynal-Querol. 2005. Ethnic polarization, potential conflict, and civil wars. *American Economic Review* 95 (3): 796 – 816.

Mueller, J. 2004. *The remnants of war*. Ithaca, NY: Cornell University Press.

Murshed, S. M. , and S. Gates. 2005. Spatial-horizontal inequality and the Maoist insurgency in Nepal. *Review of Development Economics* 9 (1): 121 – 34.

Olson, M. 1965. *The logic of collective action: Public goods and the theory of groups*. Cambridge MA: Harvard University Press.

Østby, G. 2008. Polarization, horizontal inequalities and violent civil conflict. *Journal of Peace Research* 45 (2): 143 – 62.

Oyefusi, A. 2008. Oil and the probability of rebel participation among youths in the Niger Delta of Nigeria. *Journal of Peace Research* 45 (4): 539 – 55.

Powell, R. 2012. Commitment problems and shifting power as a cause of conflict. In *The Oxford handbook of the economics of peace and conflict*, ed. M. R. Garfinkel and S. Skaperdas. New York: Oxford University Press.

Raleigh, C. , and H. Hegre. 2009. Population size, concentration, and civil war. A geographically disaggregated analysis. *Political Geography* 28: 224 – 38.

Regan, P. M. 2009. *Sixteen million one: Understanding civil war*. Boulder CO: Paradigm Publishers.

Reynal-Querol, M. 2005. Does democracy preempt civil wars? *European Journal of Political Economy* 21: 445 – 65.

Roemer, J. E. 1985. Rationalizing revolutionary ideology. *Econometrica* 53: 85 – 108.

Ross, M. L. 2004. What do we know about natural resources and civil war? *Journal of Peace*

Research 41: 337 – 56.

——. 2006. A closer look at oil, diamonds, and civil war. *Annual Review of Political Science* 9: 265 – 300.

Rustad, S. C. A. , H. Buhaug, Å. Falch, and S. Gates. 2009. All conflict is local: Modeling subnational variation in civil conflict risk. Mimeo, Peace Research Institute of Oslo.

Sachs, J. , and A. M. Warner. 2000. Natural resource abundance and economic growth. In *Leading issues in economic development*, 7th ed. , ed. G. M. Meier and J. E. Rauch. Oxford: Oxford University Press.

Sambanis, N. 2004. What is a civil war? Conceptual and empirical complexities. *Journal of Conflict Resolution* 48: 814 – 58.

Selway, J. S. 2011. Cross-cuttingness, cleavage structures and civil war onset. *British Journal of Political Science* 41: 111 – 38.

Sen, A. K. 1973. *On economic inequality*. Oxford: Oxford University Press.

Singer, D. J. , and M. Small. 1994. *Correlates of War Project: International and civil war data, 1816 – 1992*. Ann Arbor, MI: Inter-University Consortium for Political and Social Research.

Skaperdas, S. 1992. Cooperation, conflict, and power in the absence of property rights. *American Economic Review* 82 (4): 720 – 39.

Stevenson, B. , and J. Wolfers. 2008. Economic growth and happiness: Reassessing the Easterlin paradox. *Brookings Papers on Economic Activity Spring* 2008: 1 – 102.

Stewart, F. 2005. Horizontal inequality: A neglected dimension of development. In *Wider perspectives on global development*, ed. United Nations University, World Institute for Development Economics Research. London: Palgrave.

Toft, M. D. 2003. *The geography of ethnic violence: Identity, interests, and the indivisibility of territory*. Princeton, NJ: Princeton University Press.

Urdal, H. 2006. A Clash of Generations? Youth Bulges and Political Violence. *International Studies Quarterly* 50 (3): 607 – 30.

Verwimp, P. 2005. An economic profile of peasant perpetrators of genocide: Micro-level evidence from Rwanda. *Journal of Development Economics* 77 (August): 297 – 323.

Vreeland, J. 2008. The effect of political regime on civil war: Unpacking anocracy. *Journal of Conflict Resolution* 52 (3): 401 – 25.

Walter, B. F. 2004. Does conflict beget conflict? Explaining recurring civil war. *Journal of Peace Research* 41: 371 – 88.

Weinstein, J. M. 2005. Resources and the information problem in rebel recruitment. *Journal of Conflict Resolution* 49: 598 – 624.

Wimmer, A. , L. -E. Cederman, and B. Min. 2009. Ethnic politics and armed conflict: A configurational analysis of a new global data set. *American Sociological Review* 74 (April): 316 – 37.

Yanagizawa, D. 2009. Propaganda and conflict: Theory and evidence from the Rwandan genocide. Mimeo, Institute for International Economic Studies, Stockholm University.

第 10 章　对非洲战争的思考

让·保罗·阿扎姆

1. 引言

　　和平是政府为促进经济发展必须提供的关键公共品。没有长期和平的可信前景，就不会有任何政策框架能够说服投资者通过投资于生产性和基本上不可回收的项目来"押注"一个国家未来的发展。因为一旦爆发冲突，投资可能会面临严重风险。内战主要发生在发展中国家，这一众所周知的事实表明，内战风险与较低发展水平之间存在双向因果关系。尤其是，非洲自冷战结束后一直是许多场内战的战场，尽管有十几个国家的发展前景光明，但其仍然是最为落后的大洲。富裕国家是那些政治和制度发展到一定水平的国家，使投资者可以忽略其内战风险。

　　冲突预防理论提出了一个具有和平主义倾向的政府必须提供的主要投入。阿扎姆（Azam，1995）描述了如何重新分配政府控制下的资源，一般来说必须与获取和平的军事开支结合在一起。这篇文章的写作动机是研究非洲各个国家，包括一些冲突后国家，如 20 世纪 90 年代的埃塞俄比亚和乌干达，以及一些在那时没有经历过类似冲突的国家（如科特迪瓦和塞内加尔）。阿扎姆、伯斯勒米和卡利普尔（Azam，Berthélemy，Calipel，1996）的一个具有启发性的计量分析似乎证实了这个理论预测，该分析显示了具有高度再分配性质的公共开支，如医疗支出与教育支出，是如何显著地减少政治暴力的发生。

　　然而，正如这篇文章所示，这种政策的成功完全取决于政府有能力可信地采取这样的行动，也就是，政府在博弈论中扮演好"斯塔克尔伯格领导者"（Stackelberg leader）的角色。此外，这篇文章还表明，外国援助也需要以提高社会福利水平而不是增加军事开支的方式使用。费伦（Fearon，1995）独立地提出了承诺与和平之间存在联系的相关观点，并在一篇工作论文中将这个观点应用于对 1991～1992 年克罗地亚战争的分析中。在一篇探讨非洲国家采取措施提高承诺可信性的文章中，阿扎姆（Azam，2001）进一步发展了这个观点。一般来说，它们可以分为两类。第一类是制度解决方案，政府可以通过建立各种各样的"制衡"措施，包括所谓的约束机制来"束缚自己的双手"。这一观点也因此表明，政治和制度发展必须与经济发展齐头并进。正如诺斯（North，1990）所强调的那样，制度发展的关键是提供有助于保护产权和人类安全的可信承诺机制［还可参见诺斯、沃利斯和温加斯特（North，Wallis，Weingast，2009）］。第二类是统治者在严格信守承诺记录的基础上，建立具有诚信的可信声誉，其缺点是，这种个人化的政治资本很可能在统治者去世后就消失了。科特迪瓦的例子在这方面很有启发性，科特迪瓦总统乌弗埃－博瓦尼（Houphouet-Boigny）去世后，其在多年执政期间积累的政治资本被他所挑选的继任者亨利·科南·贝迪埃（Henri Konan-Bédié）迅速侵蚀。因此，从长远来看，制度框架是建立可信性的关键因素，统治者的声誉在其去世之后就难以发挥作用了。然而，可信的承诺并不是可能阻止统治者通过再分配与威慑结合的手段来实现持久和平的唯一一个难题。许多制度缺陷，如低效的公共服务或严重的分散化腐败，都可能使和平过于昂贵，以至于统治者难以承担。对于这一点，本节稍后将加以说明。

此外，制度不可能凭空建立，近期的经验研究结果表明，一个国家的自然禀赋是其有能力构建适当的制度框架以使政府承诺可信的重要决定因素。费伦（Fearon，2005）的经验研究显示，石油出口国面临特殊挑战，这些挑战可能会破坏政府的信誉，并往往会使内战发生的可能性更大。阿扎姆（Azam，2009）基于对尼日利亚与石油相关冲突的分析叙述，对这种现象进行了解释。这篇文献描述了尼日利亚冲突的动态变化，显示了相比之前对平民实施无差别暴力行为，制度缺陷（如国家和地方层面的政府腐败）是如何最终使在文职政府统治下发生低烈度冲突成为一种成本更低的解决方案的。然而，正如罗科和巴罗（Rocco，Ballo，2008）精彩阐释的那样，石油并不是非洲国家发生内战的唯一原因。他们指出，

2000 年，在由"军事独裁者"罗伯特·盖伊（Robert Gueï）组织的不公正选举中当选的劳伦特·巴博（Laurent Gbagbo）具有动机挑起科特迪瓦内战，以避免进行第二次选举，这是因为他在一场新的、公平的选举中没有多少获胜的机会。此外，尽管石油生产对一国经济至关重要，但有些国家还是成功地避免了内战。在非洲，加蓬和喀麦隆就维持了和平状态，部分原因是这两个国家中存在复杂的中央集权的"腐败制度"［参见索雷斯·德·奥利维拉（Soares de Oliveira，2007）］。

本章首先为讨论这些问题构建一个简单的理论框架。它强调，政府必须如何平衡开支，以形成恰当的再分配和威慑组合，建立持久和可信的和平均衡。这项理论工作的关键贡献是指出，足够高水平的行政和军事效率是使和平可信的必要条件。没有它们，政府投资和平的政治意愿就将动摇，从而为暴力冲突敞开大门。因此，该模型为布雷顿森林机构（Bretton Woods Institutions）最近强调冲突后国家的制度重建提供了理论支撑。例如，国际货币基金组织和世界银行联合发布的一份文件称，它们的目标是为重建"实施全面经济计划所需的行政和制度能力"提供帮助（IMF，World Bank，2001：8－9）。此外，它还表明，这种在制度建设方面的努力能够有效地与旨在增强军事能力的类似努力结合起来，因为这两种努力的结合已被证明可以最大限度地降低获得和平的成本。这就赋予该理论框架以明显的"霍布斯主义"色彩，因为它表明，由于威慑是购买和平均衡的一个关键组成部分，和平通常会在威胁之下得到强制执行。

第 3 节讨论了贫穷国家为应对实施这种政策组合时面临的特殊挑战而尝试过的各种制度解决方案。特别地，这一节讨论了权力共享和联邦主义问题，这些方案在过去被尝试过，以减轻存在种族分裂的社会中多数人统治的规则容易引发战争的可能。这一节简要讨论的案例研究证明了前面提到的理论预测，即管理效率低下可能会阻碍善意的政治改革实现和平。这也为帕里斯（Paris，2004）主张增强行政能力应优先于民主化或其他形式政治自由化的观点提供了一些支持。此处需给出一个重要提醒，对于换取和平而言，要在威慑与可信的再分配之间找到一个微妙的平衡。此外，对这些案例的研究表明，需要将后面描述的简单的两人模型在一个关键维度上进行扩展，以便通过考察族群联盟模式的变化阐

释许多非洲国家预防冲突的案例。案例研究表明，力量平衡是使和平均
衡可信的关键因素。

2. 冲突预防理论概要

和平不是一种自然状态，而是昂贵的公共物品。和平的产生需要两
种投入：威慑和再分配［参见，阿扎姆（Azam，1995，2006a）］。本节
把冲突预防理论描述为统治者和潜在反叛者之间的两阶段博弈：（1）在
第一阶段，统治者在战争与和平之间进行选择；（2）在第二阶段，如果
选择了和平，考虑到潜在反叛者的参与约束，那么统治者会选择成本最
低并且能确保和平得以实现的威慑与再分配的组合。该博弈可通过逆向
归纳法（backward induction）求解，因为第二阶段确定了统治者选择和
平的成本，然后将这个成本与战争成本进行比较，以确定第一阶段的选
择。这种方法把博弈双方描述为单一的参与者，不考虑任何集体行动问
题。后文将讨论这种简化。请注意，这一框架赋予统治者主导角色，明
确了战争/和平结果责任的归属。相比之下，科利尔（Collier，2000）和
世界银行（World Bank，2003）倡导的以反叛者为中心的方法为政府开
脱责任，但似乎这是同义反复。这种方法基本认为，因为有反叛，所以
有内战，但也同样可以合理地说因为有内战，所以有反叛者。正如贝茨
（Bates，2008）所强调和解释的那样，以政府为中心的方法具有更好的
解释力。它们把所谓的政治意愿置于中心环节，但它们并没有假设政治
意愿是外生给定的。它们提出了一些更深层次的因素，这可能会使和平
或其他方面发生变化。

2.1　威慑的均衡水平

必须明确区分防御和威慑。前者指的是如果统治者选择对潜在反叛
者发动战争，将使用的军事开支数量。根据定义，在这种情况下，统治
者对军事开支和再分配的投入不会超过遏制潜在反叛者发动叛乱的水平。
特别是，统治者不会把任何资源转移给对手。相反，如果统治者选择实
施和平，那么可能会投入更多军费，以阻止潜在对手挑战其统治。这就
是威慑，它可以采取不同的形式。阿扎姆和霍夫勒（Azam，Hoeffler，

2002）已表明，要利用针对平民的、不加区分的暴力来削弱潜在反叛者的战斗能力，首先应削弱他们发动叛乱的动机。阿扎姆和萨迪 - 塞迪科（Azam，Saadi-Sedik，2004）分析了制裁威胁的情况。只有在政府无法有效阻止潜在反叛者提出挑战的情况下，才会进行制裁。在这两种情况下，防御指的是用于战斗而发生的军事开支，而威慑指的是为避免战斗而发生的军事开支，也就是让潜在对手信服地接受和平，而不是发动叛乱。

208

令 a 表示统治者选择维持和平的军队规模，一般来说，它与统治者选择战争时所需的国防开支不同。很多外生因素会影响统治者威慑的有效性，包括国家的地理环境和盛行的文化环境。山区或茂密雨林的特点使叛乱更加难以威慑，而一些传统的政治体制，如种姓制度或根深蒂固的等级制，可能使威慑比实施其他制度更加容易 [参见费伦和莱廷（Fearon，Laitin，2003）]。我们用参数 θ 表示这种威慑的效力。

统治者也可以把再分配作为一种换取和平的方式，通过提供一个隐含或明确的契约，承诺如果潜在反叛者不通过军备来挑战统治者，则给予其一定资源 g。为使上述契约有效，后面的转移支付必须使潜在反叛者获得的满意水平至少不低于其在战争情况下的预期收益。定义 $E(a,\theta)$ 为潜在反叛者在战争情况下的预期收益。假设它随着统治者用于威慑的投入 a 和威慑效力 θ 而递减。用 $E_a(a,\theta) < 0$ 表示对 a 的偏导数。于是，为换取和平而进行的转移支付 g，必须满足潜在反叛者的参与约束：

$$g \geq E(a,\theta) \qquad\qquad (1)$$

如果式（1）不成立，那么反叛者发动叛乱的收益更大，战争也将随之发生。这个条件表明：（1）潜在反叛者在和平时获得的收益必须至少不低于战争情况下的预期收益；（2）换取和平所需的最小转移支付是统治者威慑投入和威慑效力的递减函数。因此，这种参与约束使统治者在增加转移支付和增加威慑支出之间进行权衡。由于 g 是统治者的成本，因此在均衡条件下，这个式子中的等号成立。统治者没有理由向潜在反叛者转移超过换取和平所必需的支付数量，因此 $E(a,\theta)$ 给出了换取和平转移支付的均衡值。

这一非常简单的设定使我们可以得到如下令人惊奇的结果。

新霍布斯定理（Neo-Hobbesian theorem）：如果（1）$E(a,\theta)$ 关于 a

是严格凸的，（2）$E_a(0,\theta) < -1$，那么统治者将选择严格为正的威慑水平以便以最低成本实现和平。

证明：条件（1）是统治者在潜在反叛者参与约束式（1）之下，最小化和平成本 $g + a$ 所必需的二阶条件；条件（2）确保最小化问题的一阶条件 $E_a(0,\theta) = -1$ 存在 a 的一个严格为正的解，记作 a^*。**证毕**。

209

这一定理显然是霍布斯的利维坦理论（Hobbes' Leviathan Theory）的一个缩影，它认为，需要一种专制力量将人类社会从自然状态，即一种"肮脏、野蛮和短暂"的无政府状态中解救出来（Hobbes，1968）。和平时期为正的威慑水平意味着，和平或多或少地建立在战争威胁之上。在旧世界中，拉丁谚语"si vis pacem，para bellum"（如果想要和平，就请准备战争）就描述了这个含义。从好的方面看，这个定理还表明，再分配与威慑之间存在权衡，表明统治者还可以利用"胡萝卜"以及必要的"大棒"来实现和平，从而减小恐惧的影响。

2.2 战争与和平之间的选择

现在，我们把注意力转向博弈的第一阶段，即统治者通过考虑战争与和平这两种选择的相对成本之后做出选择。让我们引入一个额外的交易成本 $\gamma > 0$，它是统治者必须承担的，以便通过这个系统获得最优的购买和平支出，该支出用 a^* 和 g^* 表示。这个参数可能捕捉到许多发展中国家统治者面临的典型制度难题。公共管理的效率可能极低，包括由各种形式效率损失（腐败、冗员等）导致的沉重负担。支付系统可能存在缺陷，因此需要雇用大量中间机构以便将资金输送给军队以实施威慑政策，或者输送给潜在反叛者以执行购买和平政策中的再分配部分。豪依（Howe，2001）阐明了威慑与再分配之间的界限有时很难划分。他还给出一些例子，如尼日利亚的将军为了从供应商那里获得尽可能多的回扣而购买有缺陷的装备。一些文献尤为关注可信性问题（Azam，1995，2006a；Fearon，1995，1998）。下一节将说明如何通过投资各种机构使关于再分配的承诺变得可信，这些机构的成本需要增加到常规支出之上，以弥补由此产生的可信性差距［还可参见贝茨（Bates，1997）］。我们对交易成本的简单设定也可以体现这个问题。总的和平成本是 $(1 + \gamma)(a^* + g^*)$。与假设外生给定的战争成本 ω 相比，它包括某些可能与战争相关的特定交易成本，以在战争与和平之间做出选择。那么，和平会出现，如果：

$$(1 + \gamma)\left[a^* + E(a^*,\theta)\right] \leqslant w \tag{2}$$

因而，式（2）定义了战争与和平之间的界限，图 10 - 1 合理描述了对于给定的 ω 值，分界线在 $\{\gamma,\theta\}$ 空间中的位置。只要换取和平的交易成本过于高昂，也就是对于位于边界线上方的任何一点，统治者就会选择战争。后者正的斜率意味着，对于任何给定的无效管理水平，只要威慑足够有效，就可以消除战争风险。边界线是凸形意味着，当统治者非常有效地进行威慑时，即使管理效率极低，和平对它而言也是有吸引力的。截距为正表明，如果交付购买和平资金的交易成本可以忽略不计，则和平将出现，且独立于统治者威慑的效率水平。虽然有些例外，但多数冲突模型具有这样的性质。它反映了战争需要付出的巨大社会成本，战争有可能破坏许多宝贵的资源。因此，在补偿潜在反叛者接受和平的机会成本之后，和平对统治者来说是一种奖励。因此，如果这种转移支付没有成本，那么统治者通常会更加倾向于选择和平。

图 10 - 1 提供了一个分析战争与和平原因的简单工具，它指出了决定统治者在战争与和平之间进行选择的两个关键参数。交易成本参数 γ 的作用很关键，它强调这样的理论观点，即任何能够预测暴力发生是一个均衡结果的模型都势必在违反科斯定理的条件下才能成立。科斯定理认为，在没有任何交易成本的情况下，不管产权最初是如何精确分配的，参与者之间的自由讨价还价将产生最优结果，当然这要假定产权是被明确界定并能够在参与者之间自由转让。冲突理论精准地讨论了产权以一

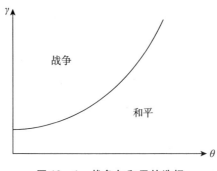

图 10 - 1　战争与和平的选择

定可能性被成功挑战的情况［参见什卡佩尔达斯（Skaperdas，1992）］。这是一种负外部性，在没有交易成本的情况下，通过科斯讨价还价（Coasian Bargain）可以解决。

图 10 - 1 还指出参数 θ 的关键作用，它衡量了统治者威慑的效率。在非洲，民主政权通常会发现维持和平政策组合的这个部分很难掌控，特别是因为在这种情况下控制军队是一项困难的任务。军事政体不愿意将针对平民、不加区分的暴力行为作为先发制人的抵制叛乱的策略，尽管它是一种借助恐惧进行统治的有效方式。这有助于弄清近期在几内亚发生的事件。在年迈的"独裁者"兰萨纳·孔戴（Lansana Conté）的统治时期，随着其统治走向终结，几内亚政府做出可信承诺的能力逐渐下降。采矿业收入的分配政策相当不稳定。这个国家严重依赖主要出口商品，即铝土和黄金。这引发了大量政治骚动，最终导致对示威者的残酷镇压，在 2007 年科纳克里的一次事件中，200 多名平民死亡。2008 年 12 月兰萨纳·孔戴去世时，几内亚发生了一场不流血的政变，一些在这些残酷镇压事件中成名的军官掌握了政权。和平由恐惧维持，但这个例子形象地说明了如何利用图 10 - 1 来阐释一些国家对外生冲击的反应。脆弱国家几乎可以被定义为一个和平国家，其 $\{\gamma, \theta\}$ 位于非常接近向上倾斜的边界线的地方，这使内战的诱惑非常强烈。任何奇怪的冲击都可能打破和平均衡，加速暴力冲突的发生。在孔戴政权的最后几年，政治骚乱随着 γ 的逐步上升而不断加剧。最后，军队接管了政权，摧毁了宪政进程，对抗议者进行镇压。θ 的上升最终足以补偿 γ 的恶化，并维持了和平。

下一节将说明这个简单的框架是如何揭示在内战阴影下非洲出现的许多政治发展的事例。继阿扎姆（Azam，2006a）之后，这些例子阐明了这片大陆上战争与和平之间的界限是多么模糊。此外，这些例子还表明，单一行为体的简化方法存在缺陷，需要放松假设，以解释非洲从战争走向和平所需的种族联盟的变化。

3. "霍布斯热带地区"的制度发展

乍得的例子表明，为和平构建一个可信的制度框架是经济与政治发

211

展的先决条件。乍得在 1974 年石油危机后探测到储量可观的石油，但直
到 2003 年才开始开采。用阿扎姆和迪吉姆通戈（Azam，Djimtoïngar，
2008：87）的话说，"只有在和平得到保障，并建立了使和平可信的制度
之后，外国石油公司才愿冒险进入开采石油"。所以，乍得石油在被探明
之后又在地下埋藏了近 30 年，而石油公司则一直在等待乍得人解决其政
治问题。西方石油公司的这种坚持态度是可能的，因为缺乏外部竞争。
贾克（Jok，2007）的研究显示，在苏丹，加拿大塔利斯曼能源公司
（Talisman Energy Inc.）尝试坚持却未成功，因为它立即被别国的石油公
司取代了。在乍得，一旦石油公司认为开采石油的时机成熟，技术问题
212 很快就会得到解决，在几个月内就建成了一条横穿喀麦隆的石油管道。
这个例子所展现的观望态度，是非洲，或更一般地讲，是所有发展中国
家的许多其他潜在投资者的特征。它可以作为衡量政治均衡可信性的一
个很好的指标。因此，关键问题是确定什么样的政治发展能使制度框架
足够可信，从而说服潜在投资者跨越门槛，在这个国家建设生产能力。
对乍得例子的详细分析表明，政治均衡实际上取决于所涉及各族群之间
的力量平衡。

3.1 制度背后的利益集团

在致力于研究欧洲发展的历史文献中，这一问题已经得到了深入讨
论。诺斯和温加斯特（North，Weingast，1989）的著名文章展示了从
1688 年英格兰"光荣革命"（Glorious Revolution）中产生的宪法如何对
后来的国王施加足够的约束，为投资者提供了一个相对安全的环境，并
最终导致发生工业革命。然而，斯塔萨维奇（Stasavage，2003）的研究
表明，这一宪法框架仅仅提供了故事的一个方面，而由此产生的议会内
部权力平衡实际上才是后来投资者友好环境的支柱。与之类似，在今天
的一些发展中国家，宪法或其他制度框架只是一个空壳，除非它们反映
了主要利益集团之间的力量平衡。这就是为什么新保守主义的全面民主
化进程导致出现许多政治灾难：制度在很大程度上是内生的，反映了明
确界定的群体之间的和平或暴力互动。阿西莫格鲁和罗宾逊（Acemoglu，
Robinson，2006）对以收入分配为主要议题的经济体中独裁和民主的决
定因素进行了基本分析。然而，在非洲和其他许多发展中国家，群体是

按照种族或宗教进行划分的，必须制定不同的解决办法。多数人统治未必创造合适的环境，因为它可能导致多数人的暴政，从而可能将少数群体排除在外，进而将后者逼入暴力反抗的死角。费伦（Fearon，1998）的研究表明，多数人统治的前景可能在一个种族分裂的国家引发暴力冲突。谢弗（Schaffer，1998）对塞内加尔沃洛夫语中"民主"一词进行了富有启发意义的语言学分析，这一分析强烈表明，多数人统治本身并不是非洲人民的目标。这篇文章似乎自然地坚持民主的古典自由主义观点，即根据讨论，政府的目标是建立共识，而不是排除少数人的观点。为更好地把握非洲社会政治博弈的风险，阿扎姆（Azam，2006a）提供了关于内生政治体制的不同分析。这个模型一方面提出了在战争与和平之间进行选择的基本决定因素；另一方面提出了在和平情况下，在再分配型政权或军事独裁之间进行选择的基本决定因素。特别是，它显示了各族群的相对禀赋如何与政府的可信性相互作用，这决定了均衡的政治体制。 213

　　为建立必需的"制衡"，以增强政府承诺在族群之间进行再分配的可信性，非洲已经尝试了两种主要的制度框架，即联邦主义和权力分享协议。然而，后面讨论的例子表明，当其他形式的制度缺陷干扰再分配计划顺利进行，使资金无法给予目标人群时，此类计划可能无法提供所需的可信性。

　　肯尼亚在 2008 年 3 月和 4 月的经历生动地阐释了狭隘地运用新保守主义可以导致一个国家走向灭亡。自 20 世纪 70 年代末以来，由丹尼尔·阿拉普·莫伊（Daniel Arap Moi）领导的少数派政府成功地把国家维系在一起，暴力活动也很有限，毫无疑问的是，粗暴地进行多数人统治导致大规模暴力事件爆发。莫伊（Moi）是一个卡伦津人（Kalendjin），来自一个非常小的族群，该族群因在奥运会上为肯尼亚赢得大量金牌而闻名。因此，他错过了来自大型族群统治者所拥有的民众支持。他掌权的能力因此依赖其策略，即在更大的族群之间，主要是在他们的精英之间的战利品分配中保持公正的平衡。用吉姆因和恩东古（Kimenyi，Ndung'u，2005：154）的话说，"多种族统治阶级没有打破等级，所以我们没有看到一个强大的精英运动来建立一个基于种族的反叛组织"。因此，莫伊作为一名民族领袖的弱点是使其承诺可信的关键因素。在以科林·鲍威尔（Colin Powell）为代表的美国力量的干预下，肯尼亚在 21 世纪初期成立了一个多数派政府。该政府完全由肯尼亚最大族群基库尤人（Kikuyu）统治。不幸的是，多数人统治后来被解释为剥夺另一个大族群——卢奥人（Luo）权力的许可。在基库尤人政权的第一个任期内，卢奥人保持相对平静，等待上台的机会。然而，2008 年的选举使时任联合政府再次掌权，这使卢奥人在下一个任期执政的前景又被剥夺了。这引发了一场民众起义，出现了大量无辜的受害者。只有在推翻选举结果，并建立一个包括少数派卢奥族代表在内的权力分享计划后，才能阻止随后发生的民众起义。因此，纯粹的常识战胜了新保守主义教条，恢复了和平。

乍得提供了一个更加戏剧化的例子，权力分享成功终结了数十年的暴力，并说服投资者回归。因为由此产生的政治均衡已经存在了近 20 年，对此进行分析可以为理解这种方案获得成功所需条件提供更多见解。对于冲突后的乌干达也可以进行类似的相关分析，在那里，穆塞韦尼（Museveni）的全国抵抗运动（National Resistance Movement，NRM）建立了一种形式上饱受争议的包容性"民主"，致力于经济复苏，这被国际社会看作整个非洲大陆的榜样（Mutibwa，1992）。当时，除了该国北部的一次小规模叛乱外，大多数少数民族在政府中有代表。

在乍得，从独立到内战，南方人一直统治该国。自 1965 年以来，北

214 方一直在进行低强度的起义，起义由乍得民族解放阵线（Front de Libération Nationale du Tchad，Frolinat）和两个相互敌对的图布族人（Toubou）——古库尼·韦戴（Goukouni Oueddeï）和侯赛因·哈布雷（Hissein Habré）领导。古库尼是其所属族群最高传统权威热德尔（Gedré）的儿子，哈布雷来自同一族群，即戈兰族（Goranne），但等级较低。然而，哈布雷是内战前推翻弗朗西斯·托拜巴（François Tombalbaye'）"独裁政府"政变之后的最后一位总理，也是战后直到 1990 年该国的第二位总统。在古库尼短暂的临时领导时期后，胜利的北方人开始统治这个国家。古库尼与利比亚统治者穆阿迈尔·卡扎菲（Moammar Khadafi）建立了非常密切的关系，而哈布雷是一位坚定的民族主义者，他一直努力把卡扎菲驱逐出乍得，有时还会获得美国的大力支持，这对法国在这些问题上采取坚定的立场施加了竞争压力。法国向哈布雷提供军事支持，输送武器和"技术顾问"以助其把利比亚军队驱逐出乍得。1987 年，当哈布雷向美国出售截获的苏联高科技军用设备时，甚至没让法国人看一眼，之

后，其就失去了法国的支持。因此，1990 年，哈布雷的昔日盟友伊德里斯·代比（Idriss Déby）在苏丹境内对他发起攻击，并迅速占领恩贾梅纳（N'Djamena），之后，哈布雷就被法国抛弃了。

代比来自扎格哈瓦（Zarghawa）族群，该族群的领土位于苏丹边境两侧，只有 30%～40% 的人口生活在乍得境内，其余居住在与苏丹邻近的达尔富尔（Darfur）地区。直到现在，代比的总统卫队都是由大量讲阿拉伯语的苏丹籍精英士兵组成。扎格哈瓦是讲阿拉伯语的穆斯林，与戈兰人有着天然的联系。内战结束之后，这个国家并没有立即实现和平。除了前面提到的利比亚失败的入侵之外，这一时期还发生了大量的军事活动。1983～1986 年、1992～1999 年，南方出现了"科多斯"（Codos）叛乱运动。这引发了两次政府镇压，首先是哈布雷政府的大规模镇压，其次是代比政府的大规模镇压，导致无辜平民惨遭屠杀，许多村庄被付之一炬。布伊滕惠杰（Buijtenhuijs，1998）毫不犹豫地将这些屠杀定性为"种族灭绝"。他估计，在这两次屠杀期间，每年有 1000 多名南方人丧生。此外，由于北方是十多年大多数战斗的发生地，来自北方的武装牧民开始渡过沙里河（Chari River），以便在棉花田地里养牛，他们射杀任何进行抵抗的无辜农民却不受惩罚。无论是政府，还是司法当局，均由北方人控制，不会对这些流寇采取任何行动，因为这些牲畜中有相当一部分实际上由高级官员所有。因此，犯罪在南方成为"以其他方式继续的战争"。目前还没有准确数据表明有多少南方农民移居到邻近的喀麦隆、中非共和国和尼日利亚。然而，令大多数观察家惊讶的是，在 1996 年大选之前，北方人在选举普查中获得多数选票［参见布伊滕惠杰（Buijtenhuijs，1998）］。有人称，许多农民因为感受到威胁已弃田而去，这也是本国货币贬值后由棉花主导的繁荣时期结束的根源。由于大多数袭击未被报道，没有数据可以对这些主张的确切意义进行统计检验。

215

3.2　力量平衡的关键

代比政权自 1990 年以来一直掌权，恰当地被认为是一个更令人满意的政权。相对成功的关键在于，其在政府领导层中建立了一种地区平衡。代比选择瓦达勒·阿卜杜勒卡德尔·卡穆古伊（Wadel Abdelkader Kamougue）担任国民议会主席（这在形式上是国家等级制度中排名第二的职位），他是内战和随后的大屠杀期间组织南方抵抗运动的将军。此外，南方叛乱的所有军队都没有被解散，而是加入乍得军队。因此，卡穆古伊代表一种真正的个人权力，因为他可以在需要时调动几支军队。代比留给南方人的反击能力是一个关键的承诺工具，这可以让南方人相信，他将为他们提供一份公平合理的石油收入，因为如果他在非均衡路径上违背承诺，南方人能够对他实施惩罚。阿扎姆（Azam，2006b）对这种策略提供了一个理论分析。用图 10-1 中的术语来讲，尽管南方发生过残酷的大屠杀，但代比因此选择重点减少 γ，同时可能降低 θ，这意味着临界线在相关邻近区域相当平坦。此外，1996 年 3 月 31 日公投通过的新宪法采纳了一定的权力下放措施。乍得按照法国模式建立了三级地方政府，底层是公社（包括城市和乡村），中层是部门，上层是地区。因此，代比维持和平的战略部分地建立在可信地与南方人分享权力的基础上，并因此成功解决了内战前经济螺旋下行的问题。乍得经济在一定程度上得以恢复，在 20 世纪 90 年代，以当地不变价格计算的人均国内生产总值出现正增长。至少在石油部门，在油田被发现超过 25 年后，投资者恢复了足够的信心，开始开采石油。2001 年 4 月，南方人纳古姆·亚马苏姆（Nagoum Yamassoum）当选总理；2001 年 5 月，代比以 67.35% 的得票率再次赢得选举，再次加强了这种地区平衡策略。从 2003 年开始，乍得国库中的石油收入突然增加，没有发生旨在决定每个群体分享收益的新一轮政治暴力。1998 年 12 月 30 日，乍得国民议会通过一项法律，旨在为使用石油收入提供各种保障。该项法律将直接或间接来自石油的收入分配给政府预算中的不同账户，以尽量避免这些资金被挪用，并成立了一个监督委员会即"石油资源控制和监督委员会"（Collège de Contrôle et de Surveillance des Ressources Pétrolières）来负责监督石油收入的使用情况。2000 年 6 月 21 日通过的一项法律加强了民间社会与议会、中央银行和财政部以及最高法院的代表参与该监督委员会的监察活动。

和平与这种法律手段的实施是由政府成员共同决定的。到目前为止，原来敌对的北方穆斯林和南方基督徒之间的和平依然存在。然而，该国一些地区仍然有零星的暴力活动，比较典型的是，2001 年初，乍得陆军参谋长在该国北部的一次伏击中被杀害。最近，一种新型的军事活动爆发了，因为代比家族的一些成员，尤其是他的两个侄子，在苏丹总统奥马尔·巴希尔（Omar Al Bachir）的支持下试图推翻他。世界银行已经同意伊德里斯·代比使用以信托形式留给后代的部分石油收入来资助军队平复叛乱。这是一种不同类型的政治暴力，它发生在统治集团内部，这是由于对换取了近 20 年和平的再分配政策存在分歧而爆发。

当一个需要照顾许多族群利益的大国必须确立一个和平的制度框架时，权力共享似乎达到了极限。因此，联邦主义提供了一个具有吸引力的解决方案，它在战后的埃塞俄比亚成功应用。在那里，在长达 30 年的内战结束之后的 1991 年，获胜的提格雷人（Tigrayans）把这个国家划分为许多种族单一的省份。此外，胜利的提格雷军队没有解散并遣返被打败的阿姆哈拉（Amhara）军队。相反，阿姆哈拉军队的许多单位被保留下来，并与提格雷军队的一些单位合并，组建了新的埃塞俄比亚军队，同时一些胜利者直接被送回他们的山区。与前文提及的乍得的例子一样，埃塞俄比亚的经验支持了这样一种观点，即如果希望建立持久的和平，那么解散败军武装并不明智。新军队由双方共同组成的更为平衡的结果似乎更可取。到今天为止，近 20 年来，埃塞俄比亚国内和平得以维持，尽管这一期间内其与厄立特里亚发生过短期战争。类似的是，在 20 世纪 90 年代上半期发生的低烈度内战之后，马里政府给予北方人很大的自治权。就像乍得和埃塞俄比亚的案例一样，马里政府把许多前图阿雷格（Tuareg）叛军编入正规军。联盟制或区域自治的吸引力来自这样的事实，即它赋予地方精英一定权力来处理他们所在族群的大部分事务。通过调解当地族群和中央政府之间的关系，这种做法缓解了紧张局势，而中央政府经常被当地人视为异族。此外，它还让地方精英忙碌起来，分散了他们对中央政府的关注，并可能干扰他们与中央政府对控制权的竞争。这就减少了影响全国政治的因素，从而降低了爆发大规模国内冲突的风险。

4. 尼日利亚再现冲突

尼日利亚的例子表明，联邦政府换取和平的解决方案还需要额外的制度条件。从独立到内战，尼日利亚被分成三个行政区域，每个区域主要依靠自己的资源。北部有棉花和花生；西部有可可、橡胶、木材和棕 217

榈油，以及拉各斯港（Port of Lagos）的服务业；东部有棕榈油和石油。
比夫拉（Biafra）战争促使政府将石油国有化，如通过 1969 年《石油法
案》（Petroleum Act）集中管理石油收入在地区间的再分配。一项在 1975
年颁布的总统法令进一步提高了中央政府在石油繁荣时期的收入份额，
即从 50% 提高到 80%。1978 年，中央政府通过《土地使用法令》（Land
Use Decree）进一步攫取石油资源，该法令给予地方政府官员（当时是
军方任命的人员）征用当地社区土地的权利，以便于石油和矿业公司轻
松找到劳动力（Ghazvinian，2007）。与此同时，军政府试图通过把三个
区域细分为 12 个权力有限的州来削弱地区权力。到 1991 年，尼日利亚
共有 30 个州，随着平民暴动在许多地方增加，对建立更多州的需求也增
加了（Gboyega，1997）。在大多数时候，平民起义是由各种少数族群感
受到不公平引发的，他们寻求建立新的州并在其中占据主导地位。这些
要求在很大程度上被军政府忽视了。鲁斯塔德（Rustad，2008：24）指
出，"许多州的边界不是按照种族分布划分的，而是建立了多种族州"。
1996 年，已经有 36 个州。此外，相当多的政治争论是围绕向各州和各级
政府分配收入的比例展开的。正如吉博耶加（Gboyega，1997）强调的那
样，暴力在整个军政府时期稳步上升，尤其集中在生产石油的尼日尔三
角洲各州。军政府主要依靠镇压和针对平民的、无差别的暴力来遏制民
众的不满情绪。阿扎姆（Azam，2009）提供了关于这种暴力及其影响的
分析性叙述。

4.1　地方腐败造成的障碍

事实上，联邦制似乎并未缓解尼日利亚的紧张局势。在 1999 年的大
选开始恢复文官统治之后，联邦制的缺点显著体现出来。前将军、比夫
拉战争英雄奥卢塞贡·奥巴桑乔（Olusegun Obasanjo）赢得选举，且从
一开始就有良好的民众舆论。奥巴桑乔出生于约鲁巴（Yoruba），真正获
得了全国声望，却被所属族群中最激进的成员反对。1976～1979 年，他
以军人总统身份首次统治尼日利亚，1979 年，组织向文官政府首次进行
权力移交。这赋予他一种可信的民主合法性，加上他在萨尼·阿巴查
（Sani Abacha）将军"独裁统治"下被关入牢狱数月，这种合法性得到
了增强。奥巴桑乔试图通过减少使用暴力和更多地依靠再分配政策来解

决尼日利亚的主要政治难题,即产油州的暴力冲突。他解雇了数百名将军和军官,并采取多种措施遏制军队的权力(Soares de Oliveira,2007)。此后,他努力通过所谓的衍生基金(derivation fund)将回流至产油州的石油收入份额从 3% 提高到 13%,从而提升了再分配的作用。不幸的是,州政府一级的腐败程度很高,以至于很少资金流入当地民众手上。因此,这种措施未能为产油州换取和平,这不是因为奥巴桑乔不值得信赖,而是因为他无法克服阻碍资金到达目标受众手中的腐败问题。

218

一个极具启发意义的事件清晰地说明奥巴桑乔的和解策略。21 世纪初,尼日利亚发生的最危险的叛乱活动来自尼日尔三角洲中最重要的族群伊加人(Ijaws)。虽然它的规模相当小,但它是尼日利亚的第四大族群,仅次于豪萨人(Hausa)、约鲁巴人(Yoruba)和伊博人(Igbo)。2004 年夏,一场伊加青年运动演变成一场武装叛乱,由大约 2000 名男子组成,由多库布·阿萨里(Dokubo Asari)领导。他的财政资源主要来自"燃料箱"(bunkering),也就是从输油管中盗取煤油,然后通过一些组织良好的非法网络走私到世界市场。尽管尼日利亚军方派出直升机进行干预,但该叛乱组织还是在 2004 年 8 月成功地接管了哈科特港(Port Harcourt),并造成数百人死亡。在美国政府不时施压的情况下,为了迅速解决这个问题,奥巴桑乔邀请阿萨里前往位于阿布贾(Abuja)的总统宅邸阿索岩(Aso Rock)。两人在一名美国官员在场和见证下达成了协议。根据协议,阿萨里以 100 万美元将叛乱武器(主要是一些 AK47)"卖"给奥巴桑乔(International Crisis Group,2006)。阿萨里同意停止叛乱活动,以换取大赦和不被尼日利亚军队攻击的承诺(Ghazvinian,2007)。至少对西方经济学家来说,这似乎有些难以置信,但这项协议成功地阻止了这一时期暴力事件的发生,并确保恢复石油生产。

事实证明,这种具有非洲特色的方法比前文提到的增加衍生基金更为有效。这个国家的联邦制由军政府设计,用来收买地方精英,以将他们的政治野心从中央政府转移。这意味着流向各州政府的大部分资金被各州州长转移,以支持他们的亲密客户(Ghazvinian,2007)。因此,在尼日利亚,有利于叛乱组织或其支持者的再分配的社会成本是非常高的,即理论模型中的 γ 非常高。奥巴桑乔可能在执政初期低估了这一点。最后,阿萨里被关进监狱,表明这种和解方法达到了极限(International

Crisis Group，2006）。

4.2 战争成本更低

这一缓和期是短暂的，2005～2006年，暴力冲突再次发生。加兹维尼恩（Ghazvinian，2007）提到每年1000人死亡的估计值，当然，该数据无法被验证。最终，尼日尔三角洲地区各州的冲突在这段时间变得更加激烈，因为文官政府又重新采取威慑政策，而再分配被证明是不可行的。正如阿扎姆（Azam，2002）所描述的那样，这种冲突可以被刻画为互相掠夺（reciprocal-looting）型冲突。叛乱分子窃取大量燃料并将其在黑市上出售，及通过绑架和勒索一些石油公司员工来增加收入。政府和石油公司正在日益破坏尼日尔三角洲各州的环境。这削弱了当地居民从事农业、渔业等合法活动以维持生计的能力，增加了他们去盗取输油管燃料的动机。这种现象在博弈论中被描述为"策略互补"（strategic complementarity），因为一方的掠夺行为强化了另一方的掠夺动机，从而形成一种乘数效应（Azam，2002）。石油公司几乎没有动力将资源用于控制污染，事实上，它们已经减少了在污染最严重地区的活动。据估计，尼日利亚石油产量降低了25%，这对世界市场价格具有潜在影响。由于近海深水开采技术的发展，石油公司的应对措施是重新安排它们在非洲不断增加石油生产。安哥拉如今即将取代尼日利亚在过去数十年的位置，成为非洲最大的石油生产国。这表明存在制度缺陷，如困扰尼日利亚联邦体系的大范围腐败，其通过使代价高昂的暴力冲突持续存在，进而阻碍经济发展。

5. 结论

本章构建了一个理论框架以解释制度缺陷和军事力量薄弱如何结合在一起阻碍国家实现和平。这个博弈理论模型展示了寻求和平的政府如何将威慑与再分配结合起来，以"生产"和平——这一代价高昂的公共品。此外，它还表明，除非政府的威慑效力足够高，否则低水平的制度效力可能会激励政府放弃预防冲突。因此，这个模型表明，政府最终要对战争与和平之间的选择负责，而它可能面临的叛乱只是对其决定的可预期的反应而已。

本章展示了主要政治制度背后的力量平衡如何在持久和平中发挥关键作用。讨论集中于乍得和尼日利亚两个产油国的例子。在伊德里斯·代比掌权并与南方反叛领导人达成一个可信的权力分享协议之后，乍得从 30 年的内战中走出来，并在近 20 年的时间里享有持续的和平。这项协议之所以可信，是因为制度安排背后存在一种力量平衡。反叛者的军队并没有全部被解散，其中一些士兵被编入国家军队。这赋予了前叛军将军瓦达勒·阿卜杜勒卡德尔·卡穆古伊在受到欺骗时有能力进行反击的权力，从而使伊德里斯·代比关于重新分配石油收入的承诺变得可信。与之相 220 反，在尼日利亚，军政府实施的联邦制却无法换取和平。随着奥卢塞贡·奥巴桑乔统治下的文官政府的回归，该国有望出现一个不那么暴力的政权。奥巴桑乔的良好声誉和民主信誉最终无法克服尼日利亚联邦制的缺陷。腐败在各级政府中都很猖獗，奥巴桑乔实施再分配策略的努力最终是无效的，暴力事件稳定增加。最后，尼日利亚受到广泛暴力的影响，发展前景受到威胁。

致　谢

非常感谢米歇尔·加芬克尔（Michelle Garfinkel）极为有益的评论。

参考文献

Acemoglu, D. , and J. A. Robinson. 2006. *Economic origins of dictatorship and democracy.* Cambridge：Cambridge University Press.

Azam, J. -P. 1995. How to pay for the peace? A theoretical framework with references to African countries. *Public Choice* 83（1/2）：173 – 84.

——. 2001. The redistributive state and conflicts in Africa. *Journal of Peace Research* 38（4）：429 44.

——. 2002. Looting and conflict between ethno-regional groups：Lessons for state formation in Africa. *Journal of Conflict Resolution* 46（1）：131 – 53.

——. 2006a. The paradox of power reconsidered: A theory of political regimes in Africa. *Journal of African Economies* 15 (1): 26 – 58.

——. 2006b. Should you arm your future victims? *Economics and Politics* 18 (3): 313 – 38.

——. 2009. Betting on displacement: Oil, violence, and the switch to civilian rule in Nigeria. Working Paper 533. Industrial Economic Institute, Toulouse, France.

Azam, J. -P. , J. -C. Berthélemy, and S. Calipel. 1996. Risque politique et croissance en Afrique. *Revue Economique* 47 (3): 819 – 29.

Azam, J. -P. , and A. Hoeffler. 2002. Violence against civilians in civil wars: Looting or terror? *Journal of Peace Research* 39 (4): 461 – 85.

Azam, J. -P. , and N. Djimtoïngar. 2008. Cotton, war, and growth in Chad, *1960 – 2000*. In *The political economy of economic growth in Africa, 1960 – 2000*, ed. B. J. Ndulu, S. A. O'Connell, J. – P. Azam, R. H. Bates, A. K. Fosu, J. W. Gunning, and D. Njinkeu. 86 – 115. Cambridge: Cambridge University Press.

Azam, J. -P. , and T. Saadi-Sedik. 2004. Aid v. sanctions for taming oppressors: Theory and case study of the Iraqi Kurds. *Defence and Peace Economics* 15 (4): 343 – 64.

Bates, R. H. 1997. Institutions as investments. *Journal of African Economies* 6 (3): 272 – 87.

——. 2008. *When things fell apart: State failure in late-century Africa.* Cambridge: Cambridge University Press.

Buijtenhuijs, R. 1998. *Transitions et élections au Tchad 1993 – 1997: Restauration autoritaireet recomposition politique.* Paris: ASC-Karthala.

Collier, P. 2000. Rebellion as a quasi-criminal activity. *Journal of Conflict Resolution* 44 (6): 839 – 53.

Fearon, J. D. 1995. Ethnic war as a commitment problem. Paper presented at the annual meeting of the American Political Science Association, New York, September 1 – 4, 1994.

——. 1998. Commitment problems and the spread of ethnic conflict. In *The international spread of ethnic conflict*, ed. D. A. Lake and D. Rothchild, 107 – 26. Princeton, NJ: Princeton University Press.

——. 2005. Primary commodity exports and civil war. *Journal of Conflict Resolution* 49 (4): 483 – 507.

Fearon, J. D. , and D. D. Laitin. 2003. Ethnicity, insurgency, and civil war. *American Political Science Review* 97 (1): 75 – 90.

Ghazvinian, J. 2007. *Untapped: The scramble for Africa's oil*. Orlando, FL: Harcourt.

Gboyega, A. 1997. Nigeria: conflict unresolved. In *Governance as conflict management; Politics and violence in West Africa*, ed. I. W. Zartman, 149 – 96. Washington, DC: Brookings Institution.

Hobbes, T. 1968 [1651] . *Leviathan*. New York: Penguin Books.

Howe, H. 2001. *Ambiguous order: Military forces in African states*. Boulder, CO: Lynne Rienner.

IMFandWorld Bank. 2001 Assistance to post-conflict countries and the HIPC framework. Joint policy statement. Washington, DC: IMF and World Bank.

International Crisis Group. 2006. Fuelling the Niger Delta crisis. Africa Report 118. Brussels: International Crisis Group.

Jok, J. M. 2007. *Sudan: Race, religion, and violence*. Oxford: Oneworld.

Kimenyi, M. S. , and N. S. Ndung'u. 2005. Sporadic ethnic violence: Why has Kenya not experienced a full-blown civil war? In *Understanding civil war*, Vol. 1, *Africa*, ed. P. Collier and N. Sambanis, 123 – 56. Washington, DC: World Bank.

Mutibwa, P. 1992. *Uganda since independence: A story of unfulfilled hopes*. London: Hurst &Co.

North, D. C. 1990. *Institutions, institutional change and economic performance*. Cambridge: Cambridge University Press.

North, D. C. , J. J. Wallis, and B. R. Weingast. 2009. *Violence and social orders: A conceptual framework for interpreting recorded human history*. Cambridge: Cambridge UniversityPress.

North, D. C. , and B. R. Weingast. 1989. Constitutions and commitment: The evolution of institutions governing public choice in seventeenth century England. *Journal of Economic History* 69: 803 – 32.

Paris, R. 2004. *At war's end: Building peace after civil conflict*. Cambridge: Cambridge University Press.

Rocco, L. , and Z. Ballo. 2008. Provoking a civil war. *Public Choice* 134 (3 – 4): 347 – 66.

Rustad, S. A. 2008. Federalism, wealth sharing, ethnicity and conflict management: Casestudy of Nigeria. Oslo: Peace Research Institute Oslo.

Schaffer, F. C. 1998. *Democracy in translation: Understanding politics in an unfamiliar culture*. Ithaca, NY: Cornell University Press.

Skaperdas, S. 1992. Cooperation, conflict, and power in the absence of property rights.

American Economic Review 82: 720 – 39.

Soares de Oliveira, R. 2007. *Oil and politics in the Gulf of Guinea.* New York: Columbia University Press.

Stasavage, D. 2003. *Public debt and the birth of democracy: France and Great Britain, 1688 – 1789.* Cambridge: Cambridge University Press.

World Bank. 2003. *Breaking the conflict trap: Civil war and development policy.* Washington, DC: World Bank.

第三部分

冲突的结果与成本

第 11 章　冲突总成本的测度方法

哈维尔·加德亚萨瓦尔

1. 引言

冲突表现为多种形式：从罢工、游行和暴乱到游击战、恐怖主义活动和内战。反过来，这些形式的冲突会产生经济、社会、心理和其他类型的成本。尽管其他类型的成本也很重要，但本章着重讨论在总体水平上测度冲突的经济成本。

估算冲突经济成本是一项艰巨的任务。这相当于在给定经济规模，比如国内生产总值（GDP）的条件下，计算如果没有发生冲突的情况下经济规模应当是什么，这种反事实计算是难以进行的。无法观测冲突本身的程度，导致统计推断是有问题的，因为研究人员必须诉诸冲突水平的代理指标，例如，战争中的伤亡人数或政治暗杀的数量。因此，尽管很重要，但与其他主题相比，这个问题几乎没有受到关注就毫不奇怪了。最近发生的事件，如"9·11"事件和伊拉克战争引起了人们对这一研究领域新的兴趣。虽然估计冲突经济成本大小仍是一个悬而未决的问题，但本章综述的经验证据表明，成本是显著且巨大的。

在研究冲突经济成本时，我们将区分各种类型的成本。经济成本可被分为直接成本和间接成本。例如，一场内战的直接经济成本等于所有被毁坏的财产，间接成本包括在冲突期间及冲突之后由冲突导致的人员伤亡和资本毁坏进而形成的生产损失。从时间维度进行分析，我们可以将冲突的经济成本分为当期成本和累积成本。当期成本也被称为冲击成本（impact costs），是在与冲突发生的同时期内产生的成本。累积成本或长期成本是当期成本与未来成本贴现值之和。

估计冲突经济成本所采用的方法多种多样：从时间序列方法到横截面和面板数据方法。文献中使用的方法取决于研究目的和数据的可获得性。当研究目的是评估特定国家、地区或部门的冲突经济成本时，通常使用时间序列方法，而当研究目的是评估冲突对一组国家的经济影响时，研究人员就会使用面板数据方法。

在本章的综述中，我们回顾了文献中估算冲突经济影响所使用的不同方法。关于暴力的经济成本还有其他的有趣讨论［例如，什卡佩尔达斯（Skaperdas，2011）］，但我们关注的是方法。第 2 节回顾了成本核算的方法。第 3 节对使用截面数据的回归分析进行了评论。第 4 节考察了时间序列方法的贡献，特别是间断时间序列、传递函数和向量自回归方法。使用面板数据的回归分析在第 5 节进行了回顾。第 6 节涵盖了来自金融经济学的事件研究法。第 7 节回顾了自然实验方法。第 8 节回顾了比较案例研究方法。最后，第 9 节以讨论结束，并提出了未来的研究展望。

2. 成本核算方法

成本核算方法可能是估算冲突经济成本最简单且最直接的方法了。它只是简单地将直接成本和间接成本的货币价值进行加总。直接成本估算基于公共账目和统计记录的实际数据。冲突间接成本的估计值包括由资本毁坏导致的生产损失，以及冲突后时期生产后续损失的复利值（compounded value）。对生产损失的估算受到了批评，因为它们需要一些反事实估算，这通常来自回归模型，还需要一些用于计算复利值的利率假设。

这种方法的一个很好的例子是阿鲁纳蒂拉克、贾亚苏里亚和凯利亚马（Arunatilake，Jayasuriya，Kelegama，2001）估算 1984～1996 年斯里兰卡内战的成本。他们估算了直接成本和间接成本。通过比较实际数据与无冲突情况下成本大小的有依据推测值，他们得到了对于给定规模的直接成本的估算值。根据他们的估算，斯里兰卡战争的直接成本是斯里兰卡 1996 年国内生产总值的 61.9%，按当时通行的汇率计算超过 60 亿美元。这一估计包括由战争引起的政府额外的军费支出（占斯里兰卡 1996 年国内生产总值的 41.3%）、泰米尔伊拉姆猛虎解放组织（Liberation Tigers of Tamil Eelam，LTTE）军费支出（4.1%）、用于难民的费用（3%）、资本资产和土地损失（13.5%）。利用回归分析估计值和合理场景设定下获得的反事实，他们还提供了由于投资损失（8.61%）、游客减少（17%）、外国投资损失（71.2%）、人力资本损失和人员受伤（2.5%）和其他成本而造成的间接成本的估计值。直接成本和间接成本总计达到斯里兰卡 1996 年国内生产总值的 168%。

成本核算方法也适用于评估参与战争的经济成本。戴维斯、墨菲和托佩尔（Davis，Murphy，Topel，2009）估计了美国入侵伊拉克的战争成本现值。这些成本包括军事资源、美国士兵死亡和持久伤痛的价值，以及治疗受伤士兵的终生医疗费用、人道主义援助和战后重建的成本。他们估计了不同情景下的年度战争成本，然后使用各种贴现方案计算现值。他们估计，按 2003 年美元价格计算，伊拉克战争对美国造成的损失为 1000 亿～8700 亿美元（占美国 GDP 的 0.9%～7.8%）。在另一篇文章中，比尔米斯和斯蒂格利茨（Bilmes，Stiglitz，2006）采用类似的方法估计了美国在伊拉克战争中的总经济成本：从保守情况下的 1 万亿美元到适度情况下的 3 万亿美元。

成本核算方法提供的成本估算，在计算上易于操作，并且可以在多种情景中进行计算。不足之处是，成本核算方法需要专业知识以能够列出所有类型的成本；否则成本列表可能不详尽，一些成本可能会被忽略或被重复计算。此外，对于不同情景的设定是有问题的，因为它们可能并不会发生。从统计角度来看，成本核算方法不允许研究人员进行统计推断，因为这样的估计并没有标准误差。

3. 基于截面数据的推断

估计冲突经济影响的一种简单方法是使用简单回归模型。回归方程通常被假定为对冲突的测度和其他一些控制变量与一些经济变量（即对结果）进行回归。当这些变量的横截面数据集可获得时，我们可以利用冲突测度在横截面上的变化来评估它对结果变量的影响。这些估计的数值可以被解释为冲突对分析单位平均影响的计算值。下面是采用这种方法的一些例子。

维内里斯和古普塔（Venieris，Gupta，1986）提供了采用这种方法的一个简单例子。他们认为，一个由死亡人数、示威游行和政体类型构成的综合指标，即社会政治不稳定指数（Sociopolitical Instability，SPI）对储蓄产生了负面影响。他们使用了 49 个非社会主义国家的样本，得到了如下估计结果：[1]

$$\frac{S}{Y} = -0.022\text{SPI} + 其他协变量$$
$$\quad\quad\quad (-3.27)$$

其中，被解释变量是储蓄占 GDP 的比例。这一证据支持了较高的社会政治不稳定程度导致出现较低储蓄率的假说。事实上，社会政治不稳定变量作为一个指标是存在问题的，因为当评估它对于储蓄率的定量影响时，我们不知道如何解释社会政治不稳定指标的变化。使用社会政治不稳定指标的标准差可以解释其影响。不幸的是，作者没有报告关于社会政治不稳定指标的描述性统计结果，因此我们不能准确地阐述社会政治不稳定对储蓄占 GDP 比例的定量影响。

但定量估计社会政治不稳定对投资的影响是可行的，阿莱西纳和佩罗蒂（Alesina，Perotti，1996）提供了采用这种方法的第二个例子。他们认为社会政治不稳定的程度，即一个反映政治暗杀、政变和其他变量的指标，应该对投资产生负面影响。他们使用 71 个国家的样本，以及 1960～1985 年的样本平均值，得到了下面的方程：

$$\frac{I}{Y} = -0.50\text{SPI} + 其他协变量$$
$$\quad\quad\quad (-2.39)$$

其中，被解释变量是投资占 GDP 的比例。阿莱西纳和佩罗蒂（Alesina，Perotti，1996）注意到，可能存在投资影响社会政治不稳定的反向因果关系。为了避免反向因果关系偏差，阿莱西纳和佩罗蒂使用工具变量。回归系数的估计值是无意义的，除非规定解释变量的取值范围。当解释变量是一个指标时，这就是一个问题，就像这个例子一样。一种对社会政治不稳定指标影响投资率进行简单定量评估的方法如下。阿莱西纳和佩罗蒂给出了社会政治不稳定指标的标准差为 11.95。为了说明这一标准差意味着什么，我们将美国的社会政治不稳定水平与智利的进行比较，11.95

---

[1]　这里数据后面括号中的内容是 t 统计量。

是两个国家社会政治不稳定指数的差值。社会政治不稳定指标每增加 1 个标准差，将导致投资占 GDP 的比例下降 5.975（0.5 × 11.95 = 5.975）个百分点。[1] 需要对这个定量结果进行两个说明。第一，社会政治不稳定指标一个标准差的变化是该指标从低的社会政治不稳定值变化到高的社会政治不稳定值，这在任何特定国家在很短时间内是难以观察到的。第二，对冲突成本的横截面估计代表对所有国家的平均影响。因此，特定的冲突事件对投资比例可能有更小或更大的影响。

巴罗（Barro，1991）的一篇文章被高频引用，其以 98 个国家为样本，从实证角度研究了经济增长的来源。估计结果如下：

$$\Delta y_i = \underset{(-6.25)}{-0.0075} y_{0i} - \underset{(-3.10)}{0.0195} REV_i - \underset{(-2.15)}{0.0333} ASSASS_i + 其他协变量$$

$$\left(\frac{I}{Y}\right)_i = \underset{(-2.04)}{-0.0098} y_{0i} - \underset{(-2.62)}{0.055} REV_i - \underset{(-2.52)}{0.068} ASSASS_i + 其他协变量$$

其中，Δy_i 是国家 i 在 1960 ~ 1985 年的人均增长率的平均值，$\left(\frac{I}{Y}\right)_i$ 是同时期私人投资占 GDP 比例的平均值，y_{0i} 是初始人均 GDP 水平，REV 衡量了每年革命和政变的次数，而 $ASSASS$ 记录了每年每百万人口的政治暗杀次数。为了避免出现从经济增长到政治不稳定的反向因果关系问题，巴罗使用工具变量估计方法。根据他的发现，REV 和 $ASSASS$ 度量的政治不稳定与经济增长之间呈现负相关关系。使用这些变量的标准差，我们可以再次计算定量影响。每年革命和政变次数每增加 1 个标准差，人均增长率将下降大约 0.5（-0.0195 × 0.23 = -0.0045）个百分点，私人投资占 GDP 的比例将下降 1.26（-0.055 × 0.23 = -0.0126）个百分点。同样，每年每百万人口的政治暗杀次数每增加 1 个标准差将使人均增长率下降 0.29（-0.0333 × 0.086 = -0.0029）个百分点，投资占比下降 0.58（-0.068 × 0.086 = -0.0058）个百分点。

阿巴迪和加德亚萨瓦尔（Abadie，Gardeazabal，2008）分析了恐怖主义对净外国直接投资头寸（net foreign direct investment position）在 2003 年 98 个国家样本中的影响。估计结果如下：

[1] 将系数估计值乘以解释变量的标准差相当于计算标准化的解释变量的回归系数，这是一种经常被应用于对比不同解释变量的影响的技术。

$$\frac{NFDI\ position}{Y} = -\underset{(-2.0833)}{0.0025}\ GTI + 其他协变量$$

其中，被解释变量是净外国直接投资头寸（$NFDI_{position}$，即外国投资者持有的国内资产减去本国投资者持有的外国资产）占 GDP 的比例。GTI 是全球恐怖主义指数。恐怖主义指数的标准差为 19.82。如果我们比较意大利和美国（意大利的恐怖主义风险较低），那么这个指标 1 个标准差的变化表示恐怖主义风险的变化。根据他们的发现，恐怖主义风险每增加 1 个标准差就将导致净外国直接投资头寸占国内生产总值比例下降将近 5（$0.0025 \times 19.82 = 0.0495$）个百分点。

有趣的是，寇碧（Koubi，2005）研究了战争期间和战争结束后，战争对经济增长的影响。其使用 78 个国家的样本对跨国经济增长进行了如下回归：

$$\Delta y_{60-89} = -\underset{(-1.87)}{0.266} \times BD_{60-89} + 其他协变量$$

231

$$\Delta y_{75-89} = \underset{(1.94)}{3.25} \times BD_{60-74} + 其他协变量$$

其中，Δy_{60-89} 和 Δy_{75-89} 分别是 1960～1989 年和 1975～1989 年实际人均年度增长率均值，BD_{60-74} 和 BD_{60-89} 分别是 1960～1974 年和 1960～1989 年的战斗死亡人数。[1] 她的发现表明，战争对增长的当期影响是消极的，但战争对后战争时期增长率的影响是积极的，这就是所谓的和平红利效应。寇碧报告的战争死亡人数变量的标准差为 230635.3，它可用于计算冲突成本的定量值。在这 30 年内，战斗死亡人数每增加 1 个标准差将导致平均增长率下降 0.61（$-0.266 \times 10^{-7} \times 230635.3 = 0.0061$）个百分点，这比该 30 年内的增长率低 0.5 个百分点还多。

基于横截面数据的推断方法存在一些缺陷。第一，在通常情况下，多个协变量可能是与因变量一起确定的，或者存在从前到后的因果关系（反向因果关系），因此，参数估计可能受到内生性偏差的影响。为了规避这个问题，可以使用工具变量。这是阿莱西纳和佩罗蒂（Alesina，Perotti，1996）以及巴罗（Barro，1991）采用的方法。第二，使用横截面数据估计的冲突经济影响要被解释为对分析单位的平均效应。因此，

---

① 寇碧（Koubi，2005）报告的实际值是将上面所报告的这些值乘以 10^{-7}。

特定冲突事件可能会产生更小或更大的影响。第三，横截面数据推断迫使研究人员采用静态设定，无法考察冲突对经济结果造成的动态影响。

4. 使用时间序列数据的推断

在以往的研究中，时间序列方法被用来评估冲突特别是恐怖主义活动的经济影响。识别策略利用对单个个体（地区或国家）冲突测度随时间的变化情况。这些方法已经被应用在总量数据上，如人均国内生产总值和双边国际贸易流量，以及部门数据，如旅游业收入。过去使用的三种方法是：间断时间序列（Interrupted Time Series，ITS）方法、传递函数（Transfer Function）方法和向量自回归（Vector Autorregresions）方法。

4.1 间断时间序列方法

间断时间序列方法有时也被称为准实验时间序列分析（quasi-experimental time series），是一种为分析各种类型干预或政策而设计的分析方法。这种方法要求获得每个主体结果的时间序列数据。虽然分析多个主体的结果会更加稳健，但该方法可以用于单个主体。

232

在分析冲突的经济影响时，所分析的干预是一个特定的冲突时期。一个简单的间断时间序列模型假设结果变量 y_t 可以表示为：

$$y_t = \beta_0 + \beta_1 \times Intervention\ Level_t + \beta_2 \times Trend_t + \beta_3 \times Intervention\ Trend_t + \varepsilon_t \tag{1}$$

其中，$Intervention\ Level_t$ 是一个虚拟变量，如果是干预期（冲突时期）则取 1，其他时期为 0；$Trend_t$ 是一个计数变量，在样本的第一个时期等于 1，在第二个时期等于 2，依此类推；$Intervention\ Trend_t$ 是一个计数变量，在从样本开始至干预开始时期取 0，在干预时期的第一个时期取 1，在干预时期的第二个时期取 2，依此类推；ε_t 是均值为 0 且不相关的随机扰动项。回归结果 β_1 显著，说明干预之后水平值发生了变化；回归结果 β_3 显著，则说明干预之后时间趋势发生了变化。

安德顿和卡特（Anderton，Carter，2001）使用间断时间序列方法分析了战争对国际贸易的影响。他们的模型设定与式（1）略有不同，考虑了两种干预：战争与和平。他们给出了对 14 场战争的间断时间序列估计。例如，使用 1904～1928 年法国和德国双边贸易（实际出口加进口）的年度数据，并考虑 1914～1918 年战争和之后的和平时期的数据，安德顿和卡特给出了以下估计：

$$
\begin{aligned}
\ln(France/Germany\ Trade)_t = \underset{(16.74)}{7.03} + \underset{(0.75)}{0.06} \times Trend_t - \underset{(1.41)}{1.21} \times War\ Level_t \\
- \underset{(5.63)}{1.35} \times War\ Trend_t + \underset{(9.19)}{6.80} \times Peace\ Level_t \\
+ \underset{(5.71)}{1.37} \times Peace\ Trend_t + \varepsilon_t \qquad (2)
\end{aligned}
$$

根据这些结果，1914～1918 年法德战争导致国际贸易显著下降，而在战争结束后的和平时期内在水平和趋势上出现了显著增长。有趣的是，战争与和平趋势几乎有着相同程度的影响，只是符号不同。

式（1）可能是最简单的间断时间序列模型，它非常简单地假设把结果变量的时间序列表示为趋势加噪声模型，并增加了水平和趋势干预变量。更复杂的间断时间序列模型可以包含其他协变量、季节因素和干扰项的序列相关性，从而可以把结果变量表示为更灵活的时间序列。

间断时间序列方法允许研究者对干预之后的结果随时间演化的情况进行推断。特别是，间断时间序列方法能够考察经济结果在水平和趋势方面的变化，这是其他方法无法做到的。间断时间序列方法需要确定干预开始和结束的确切时间，因此把冲突视为一种干预时就会出现问题，因为很难准确地确定一场特定冲突是何时开始，何时结束的。此外，人为构建的水平和趋势干预变量假设冲突强度在冲突期间是不变的，这一假设可能不符合诸多冲突情形。

233

4.2 传递函数方法

与间断时间序列方法不同，传递函数方法借助冲突的度量方法，例如伤亡人数、政治暗杀数量等。因此，它避免了冲突时期的确切日期，并考虑到冲突程度随时间变化而不同。传递函数模型提供的框架可以定量评估冲突的当期经济影响，还可以评估逐期动态影响和长期的累积影响。例如，考虑所有可能的传递函数中最简单的情况：

$$
y_t = a y_{t-1} + b x_t + \varepsilon_t \qquad (3)
$$

其中，结果变量 y_t 取决于滞后变量 y_{t-1}、当期冲突测度值 x_t 和均值为 0 的冲击 ε_t。假设在 t 时期冲突测度增加 1 个单位，并从 $t+1$ 时期开始恢复到初始水平。结果变量在当期的反应等于 b，在 $t+1$ 时期结果变量增加 ab，在 $t+2$ 时期增加 $a^2 b$，在 $t+3$ 时期增加 $a^3 b$，依此类推。在参数 a 的绝对值小于 1 的假设下，结果变量的时间序列是平稳的，我们能够计算冲突测度每增加 1 个单位的积累反应为 $b(1+a+a^2+a^3+\cdots)=b/(1-a)$。因此，$b$ 的值越大，结果变量的反应就越大，且 a 的值越接近于 1，这种反应就越持久。理论上，b 的值应该为负值，也就是，冲突测度的增加应当减少结果变量的值。

一般的传递模型为：

$$y_t = \frac{B(L)}{A(L)} x_t + \frac{C(L)}{D(L)} \varepsilon_t \qquad (4)$$

其中，y_t 是结果变量，如人均 GDP；x_t 是对冲突强度的测度；$A(L)$、$C(L)$ 和 $D(L)$ 是 $A(L)=1-a_1 L - a_2 L^2 - \cdots - a_p L^p$ 形式的多项式；L 是滞后算子，$B(L)=b_0 - b_1 L - b_2 L^2 - \cdots - b_q L^q$，而 ε_t 是均值为 0 的白噪声。很容易看到，假设 $A(L)=D(L)=1-aL$，$B(L)=b$ 且 $C(L)=1$，可以从式（4）得到式（3）。

对于测度来说，传递函数方法是一种强大的工具，并提供了对冲突成本动态变化的一种简单解释。下面选择了一些应用这种方法的研究。在一篇颇具影响的文章中，恩德斯、桑德勒和帕里斯（Enders，Sandler，Parise，1992）使用传递函数方法估计了 1968～1988 年希腊、意大利和奥地利的跨国恐怖主义对旅游收入的影响。结果变量 y_t 是季度旅游业收入占样本中所有其他国家旅游业收入比例（市场份额）的对数形式。他们对恐怖主义的测度 x_t 是跨国恐怖主义事件的次数。比如，对于希腊，恩德斯、桑德勒和帕里斯（Greece，Enders，Sandler，Parise，1992）估计了如下形式的传递函数：

$$y_t = \underset{(7.39)}{0.7085} y_{t-1} - \underset{(-2.23)}{0.0064} x_{t-3} + \varepsilon_t - \underset{(3.19)}{0.4076} \varepsilon_{t-4}$$

他们发现，恐怖事件的次数 x_t 每增加 1 个单位，希腊旅游业所占市场份额在三个季度之后将降低 0.0064。对于冲突反应存在滞后的原因，作者认为是"游客要花费时间来修改计划；如果不支付相当多的额外费用，那么许多航空公司和游轮的预订是不能更改的"。因此，一次额外的恐怖事件会导致希腊旅游业所占市场份额（的对数）在三个季度后降低0.0064（即损失 $e^{0.0064}=1.0064$ 个百分点的市场份额），在四个季度后会降低 $0.0064 \times 0.7085 = 0.0045$ （即损失 $e^{0.0045}=1.0045$ 个百分点的市场份额）。①

传递函数方法的另一个应用是恩德斯和桑德勒（Enders, Sandler, 1996）的研究，他们分析了恐怖主义对外国直接投资（FDI）的影响。由于引发恐慌并提高了财务风险，恐怖主义会阻止外国资本流入，吓跑国内资本。使用西班牙的净（流入减流出）外国直接投资，以及 1975 ~ 1991 年跨国恐怖事件数据，他们得到了以下传递函数：

$$y_t = \underset{(1.713)}{23.663} - \underset{(-5.989)}{0.593} y_{t-1} - \underset{(-2.900)}{23.817} x_{t-11} + \varepsilon_t - \underset{(-3.763)}{0.459} \varepsilon_{t-6}$$

其中，y_t 是用（1990 年实际价格）百万美元表示的净外国直接投资的变化值，x_t 是跨国恐怖事件发生的次数。根据他们的估计结果，在西班牙发生一次额外的跨国恐怖主义事件，会导致 11 个季度之后损失 2380 万美元的净外国直接投资。由于净外国直接投资一阶滞后的系数估计值为负值，净外国直接投资对事件的反应从负值变为正值。在恐怖事件发生 12 个季度后，净外国直接投资会回升 $23.8 \times 0.593 = 1411.3$ 万美元。

传递函数方法构成了在总体（国家或部门）层面上对冲突经济影响进行个案分析的有力手段，并可能被用于分析冲突的微观经济后果，尽管我们尚未在文献中找到任何此类应用。与间断时间序列方法相比，传递函数方法的应用通常通过考虑结果变量和冲突测度的滞后项，以及扰动项灵活的动态变化形式，为结果变量提供了一个更好的时间序列表示方法。然而，传递函数方法无法将除了冲突测度之外的结果变量的其他潜在决定性因素纳入分析范畴。此外，传递函数方法依赖冲突测度严格外生的假设，在存在从结果变量到冲突变量的反向因果关系时，会产生不一致的估计结果。

4.3 向量自回归方法

建立结果变量和冲突测度之间动态关系模型的另外一种方法是向量

---

① 由于 0.0064 代表额外一次恐怖事件对市场份额取对数后的条件均值的影响，不等于条件均值的对数值，因此幂值只是一个近似值。

自回归（Vector Autorregresion，VAR）方法。在这种方法下，结果变量 235
和冲突测度以及其他变量都由考虑的所有变量的滞后值共同决定。所有
向量自回归模型中最简单的是关于结果变量 y_t 和冲突测度 x_t 的双变量一
期滞后模型，形式为：

$$
\begin{aligned}
y_t &= a_{11}y_{t-1} + a_{12}x_{t-1} + \epsilon_{yt} \\
x_t &= a_{21}y_{t-1} + a_{22}x_{t-1} + \epsilon_{xt}
\end{aligned}
\tag{5}
$$

在这里，a_{ij} 是参数，ϵ_{yt} 和 ϵ_{xt} 是均值为 0 的随机扰动项，它们可能是
同期相关的。当右侧变量集合对于所有方程都相同，且不存在向量自回
归参数的约束条件时，对于每个方程的估计方法就归结为一个简单的普
通最小二乘法。向量自回归通过第一个方程捕捉冲突对结果变量的因果
性影响，并且通过第二个方程体现出经济结果对冲突测度的影响。

　　向量自回归技术允许我们估计结果变量对冲突测度冲击的反应。例如
假设 $y_0 = x_0 = 0$；我们使冲突测度变化 1 个单位 $\epsilon_{x1} = 1$，并保持所有其他
冲击等于 0，即 $\epsilon_{x2} = \cdots = \epsilon_{xt} = \epsilon_{y1} = \cdots = \epsilon_{yt} = 0$。作为这个冲击的结果，
结果变量的时间路径为 $y_1 = 0$，$y_2 = a_{12}$，$y_3 = (a_{11} + a_{12})a_{22}$，$\cdots$，冲突测
度的时间路径为 $x_1 = 1$，$x_2 = a_{22}$，$x_3 = a_{21}a_{12} + a_{22}^2$，$\cdots$。这些序列是脉冲
反应函数（Impulse Response Functions，IRF），并且可以作为向量自回归系
数的函数被计算出来。将这些反应加在一起，我们得到累积反应。需要注
意的是，如果冲击能够对结果变量产生任何影响，a_{12} 必须异于 0。否则，
结果变量的时间规律将不会被冲击改变。在后一种情况下，即当 $a_{12} = 0$
时，我们就说 x_t 不是 y_t 的格兰杰原因 [参见格兰杰（Granger，1969）]。

　　恩德斯和桑德勒（Enders，Sandler，1991）对于访问西班牙的游客
数量 n_t，以及西班牙发生的跨国恐怖主义事件数量 i_t，使用向量自回归
模型进行分析。他们的设定与式（5）所示的最简单模型略有不同：

$$
\begin{aligned}
n_t &= \alpha_1 + A_{11}(L)n_{t-1} + A_{12}(L)i_{t-1} + \epsilon_{nt} \\
i_t &= \alpha_2 + A_{21}(L)n_{t-1} + A_{22}(L)i_{t-1} + \epsilon_{it},
\end{aligned}
$$

其中，系数 α 包含常数项和季节虚拟变量，且 $A_{ij}(L)$ 是滞后算子多项式。
使用 1970 ~ 1988 年的月度数据，他们拟合了一个滞后 12 个月的向量自
回归模型，发现恐怖事件数量是游客数量的格兰杰原因 [例如，他们拒

绝了假设 $A_{12}(L) = 0$], 但游客数量不是恐怖事件数量的格兰杰原因。向量自回归模型允许他们计算对 ϵ_{it} 冲击的脉冲反应函数。对恐怖事件方程扰动项的 1 个单位冲击, 对游客数量的累积效应是访问西班牙游客减少140847 人次。

除了格兰杰因果检验和脉冲响应函数分析外, 向量自回归还可用于在冲突测度未来路径不同场景的设定下建立短期预测。埃克斯坦和齐东(Eckstein, Tsiddon, 2004) 是应用这种短期预测能力的一项研究。他们使用向量自回归模型分析了 1980 ~ 2003 年以色列的经济情况, 该模型包括四个宏观经济变量: 人均 GDP、投资、出口和不可持续的消费(的对数值)。他们把恐怖主义指标作为向量自回归模型所有四个方程的前定解释变量。他们发现, 恐怖主义在除消费方程外的所有方程中均显著且为负。[1] 利用截至 2003 年第三季度数据估计的向量自回归模型, 埃克斯坦和齐东在三种情境下模拟了 2003 年第四季度至 2005 年第三季度所有四个变量的路径, 这三种情境是: (1) 恐怖事件在 2004 年第四季度结束; (2) 恐怖事件持续至 2004 年第三季度; (3) 恐怖事件持续至 2005 年第三季度。在这三种情境下, 人均 GDP 增长率将分别为 2.5%、0 和 − 2%。

由于向量自回归模型易于估计, 向量自回归方法非常流行且提供了计算脉冲响应函数、格兰杰因果检验和短期预测的简单方法。然而, 向量自回归方法只能用于进行单一主体分析。随着计算能力和数据可获得性日益提高, 通常来说, 研究人员拥有关于一组主体的时间序列信息, 也就是面板数据集。我们接下来将转向对这种数据类型进行分析并介绍其中使用的方法。

5. 面板数据方法

通常情况下, 冲突成本评估会尝试使用一些国家的时间序列数据, 即面板数据集。识别策略利用冲突水平在时间和横截面维度的变化。这些类型的数据允许研究者控制不可观测的异质性, 那是时间序列或横截面分析都无法解释的因素。

---

[1] 请注意, 由于所有方程都包含所有变量的滞后项, 恐怖主义指数仅在一个方程中显著就足够了, 因为它对所有变量都有影响。

使用面板数据研究冲突经济影响的现有经验证据聚焦经济增长的决定性因素，将冲突测度作为解释变量。由于其目标是研究经济增长的长期决定性因素，它们使用长时间跨度，把 10 年或 5 年作为单位时间间隔。其基本设定如下：

$$\Delta y_{it} = \alpha_t + \gamma_i + X_{it} \beta + \varepsilon_{it} \qquad (6)$$

其中，Δy_{it} 是国家 i 在时期 t 的人均 GDP 增长率，α_t 是该时期特定的无法观测的影响，γ_i 是特定国家的无法观测的影响；X_{it} 是 $1 \times K$ 维解释变量向量，β 是参数的一致向量，ε_{it} 是均值为 0 的随机扰动项。

研究人员使用不同的方法解释不可观察的异质性：似乎不相关回归（Seemingly Unrelated Regressions，SUR）方法、固定效应虚拟变量（fixed effect dummy-variable）方法和张伯伦（Chamberlain，1982）方法。接下来将分析这三种方法。此外，进一步的分析方法涉及在研究冲突对双边国际贸易流量影响中出现的三维数据结构。

237

5.1 似乎不相关回归方法

似乎不相关回归方法将每个时期（10 年）的数据都看成一个横截面数据，并估计与时期（10 年）数量相同的方程。例如把 T 时期的观测值叠加起来，$\Delta Y_i = (\Delta y_{i1}, \dots, \Delta y_{iT})'$，$X_i = (X_{i1}', \dots, X_{iT}')'$，$U_i = (\varepsilon_{i1} + \gamma_i, \dots, \varepsilon_{iT} + \gamma_i)'$，未被观测到的时间效应 $\alpha = (\alpha_1, \dots, \alpha_T)$，我们构造了一个 T 维系统 $\Delta Y_i = \alpha + X_i \beta + U_i$，可以采用似乎不相关回归方法进行估计。需要注意，约束条件是，协变量对于经济增长的影响 β 在各方程（10 年）中都相等。这种方法考虑到了未被观测到的国家的特定随机效应和固定时间效应，它们由不同时期特定的截距项来表示。下面是这个方法的两个例子。

在关于经济增长决定性因素的研究中，巴罗和李（Barro，Lee，1994）使用了 95 个国家在 1965 ~ 1975 年及 1975 ~ 1985 年两个 10 年的样本。因此，他们分析了两个时期（10 年）的面板数据集。他们的协变量之一革命发生次数，是对冲突的测度，这类似于前面所讨论的横截面回归中的政治不稳定协变量。他们使用似乎不相关回归技术，得到了以下方程的估计结果：

$$\Delta y_{it} = -\underset{(-2.09)}{0.0171} revolutions_{it} + 其他协变量$$

其中，Δy_{it}是国家 i 在时期 t 内人均 GDP 的增长率。因此，在 10 年内多爆发一场革命会使这 10 年的平均增长率下降 1.71 个百分点。

伊斯特利和莱文（Easterly，Levine，1997）使用 95 个国家在 1960 ~ 1989 年三个 10 年的非平衡面板，阐明了种族多样性对经济增长的影响。虽然他们的目标并不是测度冲突对经济增长的影响，但其回归包含了 10 年人均政治暗杀数量的平均值（作为政治不稳定程度水平指标），这是一个控制变量。使用似乎不相关回归方法，他们得到了以下方程：[①]

$$\Delta y_{it} = -\underset{(-2.26)}{0.024} \times assassinations_{it} + 其他协变量$$

他们的研究结果表明，10 年中每多发生 1 次政治暗杀（人均值）就将导致 10 年的平均增长率下降 2.4 个百分点。

5.2 固定效应虚拟变量方法

固定效应虚拟变量方法假设无法观测的时间效应和国家效应 α_t 和 γ_i 是固定的，并使用特定时期和国家的虚拟变量。这是迄今为止在文献中最流行的方法。下面给出了应用这种方法估计战争和恐怖主义影响经济增长的一些研究。

科利尔（Collier，1999）使用 1960 ~ 1989 年三个 10 年期 78 个国家的样本（三个时间单位，每个时间单位为 10 年），给出了内战影响经济增长率的证据。他发现内战对经济增长具有显著的负向影响。他给出了以下固定效应估计结果：

$$\Delta y_{it} = -\underset{(-2.34)}{0.00020} W_{it} + 其他协变量$$

在这里，Δy_{it}是国家 i 在第 t 个 10 年内人均 GDP 的年度平均增长率，W_{it}是国家 i 在第 t 个 10 年内有内战发生的月份数。W_{it}的系数告诉我们，每增加 1 个发生内战的月份对 10 年平均年度增长率的边际影响。因此，整个 10 年的战争（120 个月）将使平均增长率下降 2.4 个百分点（0.0002 ×

---

① 事实上，伊斯特利和莱文（Easterly，Levine）使用了 10 年内每千人中政治暗杀次数的平均值，得出的估计值为 -23.78。

$120 = 0.024$）。

卡普兰（Caplan，2002）分析了在国外和国内领土上进行的战争对于经济增长、通货膨胀、公共支出、税收收入和货币增长的不同影响。使用 1953～1992 年 66 个国家年度数据的样本，他得出了以下固定效应估计结果：

$$\Delta y_{it} = \underset{(1.80)}{2.333FW_{it}} - \underset{(2.00)}{2.027DW_{it}} + 其他项$$

其中，FW_{it} 和 DW_{it} 是虚拟变量，如果国家 i 在第 t 年在国外或者国内领土上进行战争，就定义为 1，否则为 0。国外战争虚拟变量的系数为正值，且只在 10% 的水平上显著。国内战争虚拟变量的系数为负值，且在边际上显著。因为增长率是按百分比计算的，国内战争每增加 1 年，增长率就会下降 2.03 个百分点。与科利尔（Collier，1999）不同，卡普兰没有控制任何协变量，但他对国内战争影响的估计与科利尔对内战影响的估计非常相似。

布隆贝格、海思和欧菲尼德斯（Blomberg，Hess，Orphanides，2004）提供了各种形式的冲突影响经济增长的经验证据。他们考虑了恐怖主义、内部冲突和外部冲突。他们使用 177 个国家 1968～2000 年非平衡面板数据，拟合了如下面板形式的经济增长回归方程：

$$\Delta y_{it} = \underset{(-12.002)}{-5.545y_{it-1}} - \underset{(-1.773)}{0.438T_{it}} - \underset{(-5.226)}{1.270I_{it}} - \underset{(-4.458)}{3.745E_{it}} + 其他协变量$$

其中，Δy_{it} 是国家 i 在 t 时期的人均 GDP 增长率，T_{it}、I_{it} 和 E_{it} 分别代表国家 i 在 t 时期是否发生恐怖主义活动、国内冲突和外部冲突的虚拟变量。恐怖主义活动似乎比内部冲突有着更低的经济影响，而内部冲突比外部冲突的影响更小，事实上，作者也这样认为。然而，用参数估计值乘以协变量标准差分别得到 $0.438 \times 0.443 = 0.194$、$1.270 \times 0.355 = 0.451$ 以及 $3.745 \times 0.094 = 0.352$，表明外部冲突的影响实际上低于内部冲突的影响。与卡普兰（Caplan，2002）的发现相反，外部冲突的影响显示为负。[①]

239

---

① 布隆贝格、海思和欧菲尼德斯（Blomberg，Hess，Orphanides，2004）对外部冲突的定义包括在本国领土上进行的对抗外国的战争，而卡普兰（Caplan，2002）则将其视为国内战争。

塔瓦雷斯（Tavares, 2004）也提供了恐怖主义活动影响人均 GDP 增长的经验证据。他使用 1987～2001 年未指明国家的样本，得到以下回归估计结果：

$$\Delta y_{it} = \underset{(4.80)}{0.261} \Delta y_{it-1} + \underset{(1.20)}{0.017} y_{it} - \underset{(-2.89)}{0.029} T_{it} + \underset{(3.15)}{0.121} (T_{it} \times PR_{it}) + 其他协变量$$

其中，T_{it} 是每 1000 万名居民所遭受的恐怖袭击次数，PR_{it} 是政治权力水平，该指数取值范围从 0 到 1。根据他得到的结果，恐怖主义水平每增加 1 个标准差将导致人均 GDP 增长率在政治权力指数得分最低的国家下降 0.17（$0.029 \times 5.99 = 0.17$）个百分点，人均 GDP 增长率在政治权力指数得分最高的国家增加 0.55 [（$-0.029 + 0.121$）$\times 5.99 = 0.55$] 个百分点。

诺伊迈尔（Neumayer, 2004）使用 1977～2000 年 194 个国家的面板数据，估计政治暴力对游客数量的影响。他给出了以下估计结果：

$$n_{it} = \underset{(3.56)}{0.63} n_{it-1} - \underset{(3.51)}{0.12} c_{it} + 其他协变量$$

其中，n_{it} 是每年（过夜）的游客数量（的对数值），c_{it} 是乌普萨拉冲突数据项目（Uppsala Conflict Data Project）的武装冲突强度指数。冲突指数每增加 1 个标准差将导致同年游客数量下降 9.8%（$0.12 \times 0.82 = 0.0984$），下一年下降 6.2%（$0.0984 \times 0.63 = 0.062$），依此类推。

5.3　张伯伦方法

使用面板数据估算冲突经济成本的第三种方法是张伯伦（Chamberlain, 1982）方法。不同于假设未观测到的效应是固定或随机的，张伯伦认为未观测到的效应可能是协变量的线性函数，也就是 $\gamma_i = \psi + \sum_{t=1}^{T} X_{it} \lambda_t + \nu_{it}$。在这个假设下，忽略时间效应，式（6）变为：$\Delta y_{it} = \psi + X_{i1}\lambda_1 + \ldots + X_{it}(\beta + \lambda_t) + \ldots + X_{iT}\lambda_T + r_{it}$，其中 $r_{it} = \varepsilon_{it} + \nu_{it}$。为了进行说明，考虑 $T = 2$ 的情况，其中 $\Delta y_{i1} = \psi + X_{i1}(\beta + \lambda_1) + X_{i2}\lambda_2 + r_{i1}$，$\Delta y_{i2} = \psi + X_{i1}\lambda_1 + X_{i2}(\beta + \lambda_2) + r_{i2}$。张伯伦提出了一个两步估计过程来估计结构参数向量 $\theta = (\psi, \lambda_1', \lambda_2', \beta')'$。在第一步中，将最小二乘法应用于每个方程，得到简化形式参数向量 $\pi = (\psi, \beta' + \lambda_1', \lambda_2', \psi, \lambda_1', \beta' + \lambda_2')'$ 的估计。在第二步中，通过经典的最小距离估计方法，也就是最小化二次形式 $(\hat{\pi} - H\theta)' \Xi (\hat{\pi} - H\theta)$，估计结构参数，在这里，$\Xi$ 是一个正

定矩阵，H 是由 0 和 1 构成的一致辅助矩阵（conformable auxiliary matrix）。

　　奈特、洛艾萨和维拉纽瓦（Knight，Loayza，Villanueva，1996）应用张伯伦方法量化了战争对人均 GDP 增长率和投资的影响：GDP 比例使用了从 1971 年到 1985 年三个 5 年期 79 个国家的面板数据。他们得到以下估计结果：

$$\Delta y_{it} = \underset{(-1.51)}{-0.0132} W_{it} + \underset{(2.92)}{0.0165} \left(\frac{I}{Y}\right)_{it} + 其他协变量$$

$$\left(\frac{I}{Y}\right)_{it} = \underset{(-6.78)}{-1.3232} W_{it} + 其他协变量$$

　　其中，W_{it} 是样本中在一个特定 5 年期内发生战争的年数占总年数的比例。他们发现战争对人均 GDP 增长和投资占产出比例具有负向影响，尽管前者在统计上不显著。

　　奈特、洛艾萨和维拉纽瓦（Knight，Loayza，Villanueva，1996）认为，战争通过两种渠道影响人均 GDP 增长。增长方程描述了战争的直接影响，并通过投资产生间接影响。根据他们的估计，如果样本中战争年数增加 1.5 年（样本中存在战争的年数增加 10%），战争总成本将使人均 GDP 增长率下降 3.5 [（-0.0132 - 0.0165 × 1.3232）× 0.1 = -0.035] 个百分点。

5.4　重力方程

　　重力方程在国际贸易研究中非常普遍。它们是专门为适用于特殊类型三维数据阵列而设计的。为了便于说明，考虑一组由 J 个国家组成的样本，令 x_{ijt} 为国家 i 在 t 时期向国家 j 的出口量（对数值）。因此，在给定时期内，存在 $J \times (J-1)$ 个贸易流量。重力模型假设贸易流量与国家收入水平、国家间距离和其他控制变量存在一定的比例关系，形式如下：

$$\ln(x_{ijt}) = \beta_1 \ln(1 + z_{it} z_{jt}) + \beta_2 \ln(y_{it} y_{jt}) + \beta_3 \ln(y_{it} y_{jt}/p_{it} p_{jt})$$
$$+ \beta_4 \ln(d_{ij}) + 其他协变量$$

　　其中，$z_{it} z_{jt}$ 是在时期 t 两个国家冲突测度的乘积，$y_{it} y_{jt}$ 是国家 i 和国家 j 在 t 时期实际人均 GDP 的乘积，$p_{it} p_{jt}$ 是两个国家人口数量的乘积，d_{ij} 是两个国家之间的距离。

尼区和舒马赫（Nitsch，Schumacher，2004）研究了 1968 ~ 1979 年超过 200 个国家的各种冲突类型对贸易影响的经验证据。他们发现，如果用 z_{it} 表示国家 i 在时期 t 发生的恐怖事件次数，β_1 的估计值为 - 0.041（t 统计量为 - 5.87）。由于贸易量和冲突用对数表示，系数可以被解释为弹性。因此，$z_{it}z_{jt}$ 100% 的变化将导致出口减少 4%。[1] 尼区和舒马赫还把政治暗杀次数作为测度冲突的一种方式，在这种情况下，他们对 β_1 的估计为 - 0.160（t 统计量为 - 16.0）。用样本期内发生外部战争时期所占比例作为对冲突的测度值，重复相同的操作，他们对 β_1 的估计为 - 0.395（t 统计量为 - 14.1）。

格里克和泰勒（Glick，Taylor，2010）使用重力模型估算了战争对贸易的影响。他们从各种数据来源汇总了 172 个国家在 1870 ~ 1997 年的样本，并使用国家之间出口和进口的平均流量。与对冲突的连续测度不同，格里克和泰勒引入了一个虚拟变量 D_{ijt}，当国家 i 和国家 j 在 t 时期进行战争时，它等于 1，否则为 0，还包括直至 10 期滞后的虚拟变量。他们得到的固定效应估计结果如下：

$$\ln(x_{ijt}) = \underset{(-8.09)}{-1.78\,D_{ijt}} \underset{(-4.74)}{-1.28\,D_{ijt-1}} \underset{(-6.00)}{-1.32\,D_{ijt-2}} \underset{(-7.47)}{-1.12\,D_{ijt-3}}$$
$$\underset{(-5.38)}{-0.70\,D_{ijt-4}} \underset{(-6.11)}{-0.55\,D_{ijt-5}} \underset{(-4.63)}{-0.37\,D_{ijt-6}} \underset{(-3.14)}{-0.22\,D_{ijt-7}}$$
$$\underset{(-3.00)}{-0.24\,D_{ijt-8}} \underset{(-1.83)}{-0.11\,D_{ijt-9}} \underset{(-0.50)}{-0.03\,D_{ijt-10}} + 其他协变量$$

参数估计值显然存在衰减模式，直到滞后 8 期在统计上都是显著的。由于贸易用对数形式衡量，而战争不是，因此对系数的解释会更复杂。与没有战争，即与为 0 的情况相比，战争虚拟变量对贸易量（对数值）的当期贡献为 - 1.78。因此，战争在当期将使贸易量减少 83%（$e^0 - e^{-1.78} = 0.83$），使一年后的贸易量减少 72%（$e^0 - e^{-1.28} = 0.72$），依此类推。[2]

---

[1] 这个影响看上去可能很小，但实际很大。$z_{it}z_{jt}$ 增加 100% 并没有要求两个国家都有如此大的变化。例如，如果国家 i 和国家 j 经历了 5 次恐怖袭击，则 $z_{it}z_{jt} = 25$。然后，两国的恐怖袭击均增加到 7 次（增长 40%），结果是 $z_{it}z_{jt} = 49$，$z_{it}z_{jt}$ 几乎增加了 100%。

[2] 因为所估计的方程是贸易流量对数的条件均值，取幂不会产生贸易流量的条件均值。然而，它应该被看作一个近似值。

6. 事件研究

用于评估冲突产生的经济影响的另一种方法是事件研究方法。事件研究方法通常用于分析某类事件对于股票价格的影响，例如，发布利润信息、股利支付信息、企业债务发行信息、投资决策等。这种方法依赖有效市场假说，根据这一假说，股票价格应当反映所有可获得的信息，包括所有经济和社会事件。因此，如果冲突影响经济，那么与冲突有关的事件会引起股票价格波动。

事件研究方法要确定股票价格的异常回报，它是股票的实际回报与正常回报之间的差值。用 P_t 表示 t 时刻的股票价格，$R_t = (P_t - P_{t-1})/P_{t-1}$ 表示回报率。把每个事件发生前 T 个交易日（作为窗口期）的平均每日收益作为正常回报：如果 $t = 0$ 是事件日，则正常回报通过计算从 $t = -t_1$ 到 $t = -t_2$ 每日收益的算术平均值得到。异常回报为 $AR_t = R_t - \dfrac{1}{T} \sum\limits_{t = -t_1}^{-t_2} R_t$，它被认为是事件对股票回报的影响。除异常回报之外，事件研究方法还考虑累积异常回报，其被定义为 $CAR_t = \prod\limits_{i = 0}^{I} (1 + AR_{t+i}) - 1$，在这里，$I$ 是计算累积回报的时期数。这种方法的一些应用如下。

陈和西姆斯（Chen，Siems，2004）考察了道琼斯工业指数对 14 起恐怖主义事件和军事事件的反应。在其所分析的 14 起事件中，有 12 起具有统计上的显著异常回报，"9·11" 事件是异常回报最高（-7.14%）的事件。陈和西姆斯还采用相同的方法评估了 "9·11" 事件对 28 个国家 33 个股票市场指数的影响，其中 31 个呈现负向、统计显著的异常回报。

计算正常回报更为精细复杂的方法是金融经济学的市场模型 $R_{it} = \beta_i R_{Mt} + u_{it}$，这里 R_{it} 是股票 i 在第 t 天超过无风险回报率的回报，R_{Mt} 是市场投资组合的回报（也以超出无风险回报率来衡量），u_{it} 是一个零均值的扰动项。将正常回报确定为前一个方程的系统部分意味着该方程的残差是异常回报。市场模型有时会扩展至法玛和法兰奇三因子模型（Fama，French，1993，1996）。利用这一分析框架，其他一些文章提供的证据支持了恐怖主义活动和暴力冲突对资产价格具有负面影响的假说〔参见切斯尼、雷希塔尔和卡拉曼（Chesney，Reshetar，Karaman，2011），德拉克斯（Drakos，2004，2010），吉多林和拉·费拉拉（Guidolin，La Ferrara，2010）〕。

卡洛伊和马特尔（Karolyi，Martell，2006）提供了恐怖主义对股票价格影响的货币数值，他们发现，1995～2002 年，对美国上市公司的 75 次恐怖袭击直接影响了公司股票的回报率，平均值为 - 0.83%，这相当于 4.01 亿美元的市值。

冲突并不总是对股票价格产生负面影响，吉多林和拉·费拉拉（Guidolin，La Ferrara，2007）发现，2002 年，安哥拉反叛领导人的死亡和战争的突然结束导致在安哥拉拥有开采钻石特许权公司的投资组合出现了 - 0.032 的异常回报。这一发现表明，战争冲突对这些股票产生了积极的影响。类似地，巴比和克劳（Berrebi，Klor，2010）发现，恐怖主义对以色列防务企业股票投资组合产生了 7% 的正异常回报，对以色列非防务企业股票投资组合产生了 5% 的负异常回报。

7. 自然实验

在一项实验中，科学家通过与非处理控制组样本进行对比，研究一项处理对处理组样本的影响。在对照实验中，随机将实验对象分配给实验组和对照组。在社会科学研究中，将实验对象分为实验样本和对照样本通常是不道德、不合法或不可行的。在这种情况下，科学家采用准实验方法，这有时被称为观察研究或自然实验〔参见罗森鲍姆（Rosenbaum，2005）〕。在自然实验中，科学家不控制实验对象在实验组和对照组间的分配：有时实验对象自己选择成为实验组，其他时候他们所处的环境将实验施加给他们。自我选择进入实验可能会在结果中产生严重偏差。自然实验利用一个不相关的事件，将实验主体随机分配到实验组和对照组。当研究人员观察到在实验中有部分人员受到影响，出现巨大而清晰的变化时，自然实验对于因果效应就更具信息价值。

准实验方法已被用于衡量恐怖主义冲突对各种经济指标的影响。下面是有关这种方法的两个例子。阿巴迪和加尔德亚萨瓦尔（Abadie，Gardeazabal，2003）把 1998 年 9 月 18 日至 1999 年 11 月 28 日，恐怖组

织埃塔 [ETA，即巴斯克祖国与自由组织（Euskadi Ta Askatasuna）] 宣布停火，作为评估恐怖主义对西班牙公司股票市场价值影响的自然实验。用实验术语表述，停火是"处理"。如果恐怖主义活动被认为对巴斯克的经济造成负面影响，如果停战是可信的，那么巴斯克股票（在巴斯克地区拥有相当比例业务的公司的股票）相对于非巴斯克股票（并未在巴斯克地区拥有相当比例业务的公司的股票）应该具有更好的表现。类似地，在停战结束时，巴斯克股票相对于非巴斯克股票应当表现得非常不好。巴斯克股票组合可以被看作实验组，非巴斯克股票组合是控制组。阿巴迪和加尔德亚萨瓦尔得到了以下回归估计结果：

$$R_{Basque} = \underset{(18.41)}{0.6739} R_{Market} + \underset{(2.33)}{0.0049} D_{Good} - \underset{(-2.13)}{0.0017} D_{Bad} + 其他协变量$$

$$R_{Non-Basque} = \underset{(43.53)}{0.8096} R_{Market} + \underset{(0.56)}{0.0005} D_{Good} + \underset{(0.25)}{0.0001} D_{Bad} + 其他协变量$$

244

其中，R_{Basque} 和 $R_{Non-Basque}$ 表示巴斯克和非巴斯克股票组合的回报，R_{Market} 是市场投资组合的回报，D_{Good} 和 D_{Bad} 是虚拟变量，停火变得可信时，即在"好消息"期间，D_{Good} 取值为 1；当和平进程崩溃时，即在"坏消息"期间，D_{Bad} 取值为 1。根据理论预测，虚拟变量对于巴斯克投资组合是显著的，对于非巴斯克投资组合是不显著的。将好消息期间 22 个交易日中的好消息虚拟变量系数 0.0044 加总在一起，得到巴斯克投资组合相对于非巴斯克投资组合的复合异常回报率，为 10.14%。通过类似的计算得出在坏消息期间的 66 个交易日中，相对于非巴斯克投资组合，巴斯克投资组合的复合异常回报率为 −11.21%。

本梅来奇、巴比和克劳（Benmelech，Berrebi，Klor，2010）分析了用就业机会和工资表示的在巴勒斯坦地区庇护恐怖主义的成本。他们以从 2000 年 9 月到 2006 年 12 月巴勒斯坦人对以色列实施的所有 143 次自杀式袭击作为样本。本梅来奇、巴比和克劳注意到，一些自杀式袭击事件被安全部队或平民阻断，而其他袭击则实现了目标。这个事实允许对他们的结果进行实验性解释。这个例子中的"处理"是袭击的"成功"。实验样本是所有实现了目标的袭击，对照样本是被阻断的袭击。作者得到了以下估计结果：

$$\Delta u_{it} = \underset{(4.00)}{0.0140} D_{it} + 其他协变量$$

其中，i 表示袭击发生的地区，Δu_{it} 是当袭击发生时，地区 i 在本季度到下个季度失业率的变化，D_{it} 是一个虚拟变量，当袭击达到目标时取 1，否则为 0。发生"成功"袭击地区的失业率上升了 1.4 个百分点。

随机实验具有良好的内部有效性，也就是说，它们有利于建立因果关系。同这里综述的其他方法一样，自然实验的内部有效性比随机实验要低。有时，自然界提供了随机的实验分组，从而提供了相当高的内部有效性。外部有效性，即将自然实验结果推广到其他群体的可能性，可能很低，特别是在如同巴斯克和巴勒斯坦的例子中那样，那些分析只针对特定的冲突。

8. 比较案例研究

案例研究是社会科学研究的一种工具。它是对单一单元的细致研究。这种方法也被用来评估冲突国家或地区的冲突经济成本。在分析一组国家集合时，对冲突经济成本的估计结果可以被解释为平均效应。冲突的平均影响肯定高估了对一些国家的影响，低估了对其他国家的影响。案例研究可以确定对特定对象产生的特别大或特别小的影响。此外，仔细研究单一单元可以使研究人员更加关注特定的机制，这在总体研究中可能被忽略了。因此，案例研究方法成为强有力的研究工具。然而，深入分析单个单元的可能性是以牺牲外部有效性为代价的，因为结果可能是由所分析的特定单元的特定性质导致的。

事实上，前面提到的许多文章是案例研究，如有关尼加拉瓜（DiAddario，1997）、尼泊尔（Kumar，2003）和斯里兰卡（Arunatilake，Jayasuriya，Kelegama，2001）武装冲突影响的案例研究。为了研究恐怖主义在以色列（Eckstein，Tsiddon，2004）和西班牙（Enders，Sandler，1991，1996）的经济影响，一些文章也使用了案例研究。还有一些对于特定部门受到冲突经济影响的案例研究，比如"9·11"恐怖袭击事件对航空公司股票（Drakos，2004）和芝加哥房地产市场的影响（Abadie，Dermisi，2008；Dermisi，2007）。这些研究的共同点是，它们都集中分析一个单元。这些文章使用了前面提到的一些技术来评估冲突的经济影响，在此不再赘述。

一种特殊类型的案例研究更加值得关注：比较案例研究。研究人员通常使用比较案例来研究事件或政策手段对诸如地区或国家这样的总体单元的影响。这些研究的目标是估计受事件影响单元的结果的演变过程，并将其与对照组的演变进行比较。通常情况下，不存在与暴露于冲突中的单元具有相同特征的单一控制单元，因此，控制单元的组合是比任何单个单元更好的比较组。进行这种比较的一种特殊方法是由阿巴迪和加尔德亚萨瓦尔（Abadie，Gardeazabal，2003）提出，并由阿巴迪、戴蒙得和汉穆勒（Abadie，Diamond，Hainmueller，2010）进行改进的合成控制法。

下面的内容简单描述了合成控制法。令 J 为可用的控制单元的数量，$W = (w_1,\cdots,w_J)$ 是一个非负的权重向量，总和为 1。令 X_1 为实验单元 K 个重要特征在冲突之前的值，它是一个（$K \times 1$）维向量，X_0 是一个（$K \times J$）阶矩阵，包含 J 个可能的控制单元相同变量的值。研究者认为这 K 个协变量是影响结果变量的因素。令 V 是具有非负分量的对角矩阵。V 中对角线元素的值反映了不同协变量的相对重要性。选择权重向量 W^* 在 $w_j \geq 0(j = 1,2,\ldots,j)$ 和 $w_1 + \ldots + w_J = 1$ 的条件下，最小化 $(X_1 - X_0W)'V(X_1 - X_0W)$。以这种方式选择的权重定义了由协变量值 X_0W^*，即由潜在控制单元特征线性组合构成的合成控制单元。一旦完成了实验单元和合成控制单元间的匹配，剩下的就是要在处理期结束后计算结果变量的反事实值。令 Y_1 为（$T \times 1$）维向量，其中的要素是处理期结束后实验单元结果变量的测度值。同样地，令 Y_0 为（$T \times J$）阶矩阵，它包含与控制单元相同的变量的值。结果变量的反事实值由 $Y_1^* = Y_0W^*$ 计算得到。结果变量的实际值和反事实值之间的差异为 $Y_1 - Y_1^*$。

阿巴迪和加尔德亚萨瓦尔（Abadie，Gardeazabal，2003）使用这种方法估计了恐怖主义对巴斯克地区经济的影响。使用合成控制法，阿巴迪和加尔德亚萨瓦尔构造了一个对照组，它由在巴斯克地区恐怖主义发生之前在各个经济维度（被认为是经济增长的潜在决定因素）上与巴斯克地区经济情况"相似"的西班牙其他地区组合而成。实际产出值和反事实产出值之间的差距是 20 年内年度人均 GDP 损失 10%，这是一个相当大的产出损失。

合成控制方法允许研究人员通过将相同方法应用于未处理的实验对

象来进行安慰剂分析。阿巴迪和加尔德亚萨瓦尔将同样的方法应用在西班牙另一个地区——加泰罗尼亚，这个地区没有直接受到恐怖主义冲突的影响。对加泰罗尼亚进行安慰剂的比较分析显示出非常小的产出差距。此外，对所有未处理的实验对象进行安慰剂研究得到了结果变量差距（实验对象及其合成控制组结果之间的差异）的经验分布。这种经验分布可用于评估实验对象结果差距的统计显著性。这种方法特别适用于对单一单元的分析。然而，将该方法应用于多个单元可能也是有用的，尽管不能保证为所有单元找到良好的匹配单元。

9. 讨论

本章回顾了评估冲突经济成本的方法，并通过精选示例对它们进行了说明。总体来说，回顾的这些文献表明，冲突造成了严重的经济成本。由于冲突是一种潜变量，只能得到对其代理变量的测度值，经典的变量误差计量经济学表明，在假设测量误差与潜在变量不相关的情况下，对冲突影响的回归估计应该存在向下的偏差。

在回顾文献后，我们认为有几个值得进一步关注的问题。首先，回顾的文献提供了从低到高的取值广泛的估计结果，对于面板数据的经验证据尤其如此。有几个原因造成了结果存在这种差异。第一个原因是，并不是所有类型的冲突都有相同的经济成本。政治不稳定、恐怖主义和战争具有截然不同的经济影响。第二个原因来自研究人员使用的不同样本（单元和时期）及方法。因此，一些独立研究的结果需要进行整合。尽管荟萃分析（meta-analysis）似乎相当困难，但需要在这方面付出更多努力。

247

其次，本章综述回顾的经验证据主要集中于建立冲突与一些经济变量之间的因果联系，几乎没有关注定量影响。如前文所述，通常在通过参数估计在统计上的显著性建立因果关系之后，研究人员有时并没有进一步量化这些影响。我们所回顾的大部分涉及横截面和面板数据的经验分析就是这样。我们有时能够进行更进一步的研究。例如，在所回顾的横截面数据和面板数据研究中，我们能够通过简单的数学计算量化成本。这需要了解冲突测度的规模，而这并不总是能够得到。

最后，政策分析领域有待进一步研究。对政策的经济成本及其带来的收益进行估计，以便进行成本—收益分析，这将是很有意思的。然而，政策有效性及其定量评估仍然有待探讨。

致　谢

我要感谢阿尔贝托·阿巴迪（Alberto Abadie）、埃斯特班·克劳（Esteban Klor）、米歇尔·加芬克尔（Michelle Garfinkel）和斯特吉奥斯·什卡佩尔达斯（Stergios Skaperdas），以及参加了 2010 年 2 月在柏林由德国经济研究所（DIW）举办的"全球冲突成本研讨会"的人员，感谢他们的有益评论。衷心感谢西班牙科学部的资助（ECO2009 - 09120）。

参考文献

Abadie，A.，and S. Dermisi. 2008. Is terrorism eroding agglomeration economies in central business districts? Lessons from the office real estate market in downtown Chicago. *Journal of Urban Economics* 64（2）：451 – 63.

Abadie，A.，A. Diamond，and J. Hainmueller. 2010. Synthetic control methods for comparative case studies：Estimating the effect of California's tobacco control program. *Journal of the American Statistical Association* 105：493 – 505.

Abadie，A.，and J. Gardeazabal. 2003. The economic costs of conflict：A case study of the Basque Country. *American Economic Review* 93（1）：113 – 32.

——. 2008. Terrorism and the world economy. *European Economic Review* 52（1）：1 – 27.

Alesina，A.，and R. Perotti. 1996. Income distribution，political instability，and investment. *European Economic Review* 40（6）：1203 – 28.

Anderton，C. H.，and J. R. Carter. 2001. The impact of war on trade：An interrupted times-series study. *Journal of Peace Research* 38（4）：445 – 57.

Arunatilake，N.，S. Jayasuriya，and S. Kelegama. 2001. The economic cost of the war in Sri Lanka. *World Development* 29（9）：1483 – 500.

Barro，R. J. 1991. Economic growth in a cross section of countries. *Quarterly Journal of Economics* 106（2）：407 – 43.

Barro，R. J.，and J. W. Lee. 1994. Sources of economic growth. *Carnegie-Rochester Conference*

Series on Public Policy 40 (1): 1 – 46.

Benmelech, E. , C. Berrebi, and E. F. Klor. 2010. The Economic cost of harboring terrorism. *Journal of Conflict Resolution* 54 (2): 331 – 353.

Berrebi, C. , and E. Klor. 2010. The impact of terrorism on the defense industry. *Economica* 77: 518 – 43.

Bilmes, L. , and J. E. Stiglitz. 2006. The economic costs of the Iraq War: An appraisal three years after the beginning of the conflict. Working Paper 12054, Cambridge, MA: National Bureau of Economic Research.

Blomberg, S. B. , G. D. Hess, and A. Orphanides. 2004. The macroeconomic consequences of terrorism. *Journal of Monetary Economics* 51 (5): 1007 – 32.

Caplan, B. 2002. How does war shock the economy? *Journal of International Money and Finance* 21: 145 – 62.

Chamberlain, G. 1982. Multivariate regression models for panel data. *Journal of Econometrics* 18: 5 – 46.

Chen, A. H. , and T. F. Siems. 2004. The effects of terrorism on global capital markets. *European Journal of Political Economy* 20 (2): 349 – 66.

Chesney, M. , G. Reshetar, and M. Karaman. 2011. The impact of terrorism on financial markets: An empirical study. *Journal of Banking and Finance* 35: 253 – 67.

Collier, P. 1999. On the economic consequences of civil war. *Oxford Economic Papers* 51 (1): 168 – 83.

Davis, S. J. , K. M. Murphy, and R. H. Topel. 2009. War in Iraq versus containment. In *Guns and butter*, ed. G. D. Hess. Cambridge, MA: MIT Press.

Dermisi, S. 2007. The impact of terrorism fears on downtown real estate Chicago office market cycles. *Journal of Real Estate Portfolio Management* 13 (1): 57 – 73.

DiAddario, S. 1997. Estimating the economic costs of conflict: An examination of the two-gap estimation model for the case of Nicaragua. *Oxford Development Studies* 25 (1): 123 – 41.

Drakos, K. 2004. Terrorism-induced structural shifts in financial risk: Airline stocks in the aftermath of the September 11th terror attacks. *European Journal of Political Economy* 20 (2): 435 – 46.

——. 2010. Terrorism activity, investor sentiment and stock returns. *Review of Financial Economics* 19: 128 – 35.

Easterly, W. , and R. Levine. 1997. Africa's growth tragedy: Policies and ethnic divisions. *Quarterly Journal of Economics* 112 (4): 1203 – 50.

Eckstein, Z. , and D. Tsiddon. 2004. Macroeconomic consequences of terror: Theory and the case of Israel. *Journal of Monetary Economics* 51 (5): 971 – 1002.

Enders, W. and T. Sandler. 1991. Causality between transnational terrorism and tourism: The case of Spain. *Terrorism* 14: 49 – 58.

Enders, W. T. Sandler, and G. F. Parise. 1992. An econometric analysis of the impact of terrorism on tourism. *Kyklos* 45: 531 – 54.

——. 1996. Terrorism and Foreign Direct Investment in Spain and Greece. *Kyklos*, 49 (3): 331 – 52.

Fama, E. F. , and F. R. French. 1993. Common risk factors in the returns on stocks and bonds. *Journal of Financial Economics* 33: 3 – 56.

——. 1996. Multifactor explanations of asset pricing anomalies. *Journal of Finance* 51 (1): 55 – 84.

Glick, Re. and A. M. Taylor. 2010. Collateral damage: Trade disruption and the economic impact of war. *Review of Economics and Statistics* 92: 102 – 127.

Granger, C. W. J. 1969. Investigating causal relations by econometric models and cross-spectral methods. *Econometrica* 37: 424 – 38.

Guidolin, M. and La Ferrara. E. 2007. Diamonds are forever, wars are not. Is conflict bad for private firms? *American Economic Review* 97: 1978 – 93.

——. 2010. The economic effects of violent conflict: evidence from asset market reactions, *Journal of Peace Research* 47: 671 – 84.

Karolyi, G. A. , and R. Martell. 2006. Terrorism and the stock market. Available at SSRN: http://ssrn. com/abstract = 823465.

Knight, M. N. Loayza, and D. Villanueva. 1996. The peacedividend : Military spending cuts and economic growth, Policy Research Working Paper Series 1577. Washington DC: World Bank.

Kumar, D. 2003. Consequences of the militarized conflict and the cost of violence in Nepal. *Contributions to Nepalese Studies* 30 (2): 167 – 216.

Koubi, V. 2005. War and economic performance. *Journal of Peace Research* 42: 67 – 82.

Neumayer, E. 2004. The impact of political violence on tourism. Dynamic cross-national estimation. *Journal of Conflict Resolution* 48 (2): 259 – 281.

Nitsch, V. , and D. Schumacher. 2004. Terrorism and international trade: An empirical investigation. *European Journal of Political Economy* 20: 423 – 33.

Rosenbaum, P. R. 2005. Observational study. In, ed. B. S. Everitt and D. C. Howell. *Encyclopedia of statistics and behavioral science*. New York: JohnWiley & Sons.

Skaperdas, S. 2011 The costs of organized violence: A review of the evidence. *Economics of Governance* 12 (1): 1 – 23.

Tavares, J. 2004. The open society assesses its enemies: shocks, disasters and terrorist attacks. *Journal of Monetary Economics* 51: 1039 – 70.

Venieris, Y. P. , and D. K. Gupta. 1986. Income distribution and sociopolitical instability as determinants of savings: A cross-section model. *Journal of Political Economy* 94: 873 – 83.

第 12 章　一场冲突要花费多少钱：
关于冲突经济成本的估算

蒂尔曼·布吕克

奥拉夫·J. 德·格罗特

卡洛斯·布左力

1. 引言

对于冲突经济成本的估算是一个相对较新的研究领域。尽管关于经济学与冲突之间关系的讨论有很长一段时间了，但这主要集中在创造经济能力以发动战争［例如，克劳塞维茨（Clausewitz, 2004）］以及存在不利的经济状况是否会增加冲突可能性的问题上［例如，列宁（Lenin, 1996）］。从非策略性视角分析暴力冲突经济后果是从近期才开始的。本章综述了有关冲突成本分析的现有文献。我们特别讨论了一些案例研究，以及并未包含在这些案例研究中的考察成本来源的研究。我们还讨论了文献中缺失的环节，并指出我们认为能够弥补这些不足的未来研究方向。

这是一个包含许多不同主题和方法论的广泛领域。许多有价值的案例研究使用各种不同的技术估算了特定冲突的直接成本。范·瑞姆东科和迪尔（Van Raemdonck, Diehl, 1989）及布左力等（Bozzoli et al., 2008）对已有文献进行了概述，本章以此为基础突出了现有研究中最重要的内容。

我们的综述有四点主要发现。第一，由于成本估算大相径庭，很难说明一个典型冲突的后果是什么。就其本身来说，不难推测，冲突之间的差异应当是由特定冲突和特定国家特征的差异造成的。然而，即使在

252

讨论同一个特定冲突的成本时，不同研究也会得出截然不同的结果。[①]这是因为涉及的许多成本难以量化，难以选择包括哪些成本，不包括哪些成本，而且要面对缺乏相关数据的挑战。大部分研究的一个共同特征是，它们都把冲突的经济后果表示为国内生产总值（GDP）的一部分。

第二，我们指出，许多案例研究只包括可直接归因于冲突的影响，而忽视了加重冲突成本的众多间接影响。之后，我们讨论一些这样的研究，并从方法和结果方面进行对比。

第三，还有一些文献讨论冲突的间接成本。这些成本包括通过其他渠道发生的成本，以及更加难以用货币形式表示的成本。这类文献包括对冲突影响教育、不公平和投资的分析。我们认为，未来研究要考虑这些已有研究，以便在估算总成本时把冲突的间接成本也包括在内，这非常关键。

第四，另外一大类研究分析了冲突带给邻国的成本以及军事支出对GDP的影响。这种影响的大小甚至方向仍然处于争论之中，但忽略其重要性是错误的。

本章结构如下。在第 2 节中，我们讨论大量案例研究，并对比它们的方法和结果。我们以斯里兰卡为例，对比了关于一场特定冲突的研究方法和结果。在第 3 节中，我们考察关于间接影响的文献，特别讨论了军事支出对经济增长的影响，冲突影响经济增长的跨国和跨期溢出效应，以及暴力冲突影响人力资本的途径。在第 4 节中，我们讨论了未来的研究方向。第 5 节为结论。

2. 关于冲突直接影响的案例研究

在关于冲突直接成本的文献中，有两条研究主线：一条使用所谓的会计方法；另一条使用反事实分析法（Lindgren，2006）。接下来，我们将详细讨论这两种方法。

253

---

① 布左力等（Bozzoli et al., 2008）表明，例如，尼加拉瓜在 1981～1985 年的冲突成本估计为年均 8000 万美元至 11.3 亿美元，相差了约 13 倍。虽然不同研究有不同的目标，在计算中包含不同的要素，但这些结果确实表明，具体案例研究的结果不可直接比较。

2.1 方法

会计方法旨在通过计算被毁坏物品的全部重置价值，以作为冲突的结果；反事实分析方法估算如果没有冲突发生时可能的结果，并考虑这样一种反事实情况与实际情况之间的差距，以作为冲突造成的成本。反事实分析的基本假设是，除实际发生的冲突之外，冲突地区的情况可以明确地或隐含地人为复制出来。例如，通过以其他没有发生冲突的国家为基础，生成一个虚构的国家，或者通过利用潜在的经济基本面数据去估计如果没有发生冲突时可能的经济绩效，就可以实现这一点。图12－1给出了一个例子，其中某个国家的 GDP 水平随时间发生变化，在时间轴上的 C 点，冲突发生且 GDP 水平下降（实线）。反事实分析复制出该国在没有发生冲突时的 GDP（虚线）。在这个例子中，用 GDP 表示的冲突经济成本等于介于真实 GDP 和人为复制结果之间的阴影区域。当然，这个例子是高度简化的，但它解释了反事实分析的概念。

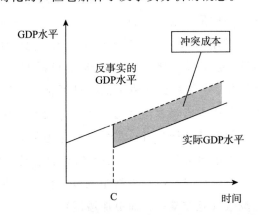

图 12－1 对冲突成本计算的反事实分析方法概念

最早考察冲突成本的主要案例研究之一是菲茨杰拉德（FitzGerald，1987）对尼加拉瓜发生冲突期间产生的成本的分析。他使用时间序列分析方法估算冲突的总成本，并用单独回归方法分析总成本的构成要素。菲茨杰拉德考察了 5 年时间（1981～1985 年）的情况并得到结论，尼加拉瓜冲突的总成本共计 20.9 亿美元（用 2000 年不变美元表示），这意味着每年损失 4.2 亿美元（相当于每年损失约 5% 的 GDP）。分解成本分析显示，第一产业和第二产业的产出下降了大约 10% ，出口收入下降了 30% ，

254　财政赤字占 GDP 的比例上升了 5 个百分点，并且年通货膨胀率增加了 13个百分点。然而，值得注意的是，其他研究得出了完全不同的结果，从每年 0.8 亿美元（Stewart，Huang，Wang，2001）至 11.3 亿美元［根据1988 年拉丁美洲经济和社会规划研究所（Instituto Latinoamericano de Planificacion Economica y Social）进行的一项研究得到，由达达里奥（Di-Addario，1997）报告］之间不等，所有数据都用 2000 年不变美元价格表示。这表明选择冲突定义和计量方法对于一项冲突成本研究的最终结果是重要的。

　　另一项有价值的贡献来自诺德豪斯（Nordhaus，2002），他采用会计核算与反事实分析两种方法考察伊拉克战争的（事前）潜在成本。他仅分析了对于美国的成本，这包括：（1）直接军事支出；（2）占领和维持和平的成本；（3）重建支出；（4）人道主义援助转移支出；（5）对石油市场的影响；（6）对美国的宏观经济影响。除此之外，应当注意的是，他给出的（1）和（2）两项的数据中还包括了相关的医疗保健成本。他设定了两种场景，一种是"短暂且有利的"场景，另一种是"持久且不利的"场景，成本都用 2002 年不变美元价格表示，他估计这种潜在成本为 1210 亿 ~ 15950 亿美元。然而，比尔米斯和斯蒂格利茨（Bilmes，Stiglitz，2008）表明，这是对最终成本的一种低估，他们的估算认为入侵和占领的全部军事成本已经超过 3 万亿美元。显然，比尔米斯和斯蒂格利茨的优势是，他们的计算具有后见之明且考虑的因素与诺德豪斯略有不同，例如，军人退休金和未来债务还本付息的情况，我们可以认为，偏差是非常小的，特别是因为伊拉克战争的具体情况接近诺德豪斯设定的持久且不利的场景（且在某些方面更加糟糕）。

　　洛佩兹和沃顿（Lopez，Wodon，2005）采用了一种不同的方法进行反事实分析。他们分析了卢旺达 GDP 的时间序列数据以寻找是否存在异常值［使用的方法基于蔡瑞雄（Tsay，1988）的工作］。如果发现了任何与冲突有关的异常值，他们就认为粗略估计卢旺达在没有冲突情况时的经济增长是可能的。他们认为异常值是可加的（单次冲击）、持续的（水平移动）或暂时的。洛佩兹和沃顿使用了三个不同的回归模型，并都得出了 1994 年包含负异常值、1995 年包含一个正异常值的结论。负向冲击占 GDP 的 37.4% ~ 39.9%，而正向冲击占 GDP 的 28.9% ~ 31.0%；

根据这些数据，作者认为，如果没有发生冲突，那么 2001 年的 GDP 将比实际情况高 25% ~ 30%。

最后，阿巴迪和加尔德亚萨瓦尔（Abadie，Gardeazabal，2003）用反事实方法分析了巴斯克地区冲突的成本（用 GDP 表示）。他们在正式确定反事实地区的基础时更为严格，从这个意义上讲，他们的方法不同于前面的研究者。他们认为，西班牙巴斯克地区的冲突仅局限在巴斯克地区，并且用令人信服的证据支持了这一论点。根据这个论断，西班牙非巴斯克地区因此可以用作没有发生冲突的可选地区。然而，除了在巴斯克地区发生冲突之外，由于不同地区之间显然存在许多差异，因此不能直接这样使用。相反，阿巴迪和加尔德亚萨瓦尔把巴斯克地区在冲突发生前的基本经济情况同其他地区的特征组合进行匹配，以便重新创造出一个合成的冲突前的巴斯克地区。他们实现这一点的方法是将其他地区进行组合，以最小化其他地区经济基本面的加权平均值与巴斯克地区经济基本面的差值。[①] 通过这种方法，作者创造了一个虚拟地区，它与冲突前真实的巴斯克地区有着相同的基本特征。因此，基本假设是，如果没有发生冲突，那么巴斯克地区的宏观经济变化将与反事实的虚拟地区相同。比较真实巴斯克地区（发生冲突的地区）和虚拟地区（没有发生冲突的地区）时发现，真实巴斯克地区比虚拟地区的 GDP 大约低 10%。从事实中可以发现更多证据，这表明，随着冲突烈度提高，GDP 差距会更大。

2.2　对于斯里兰卡的研究

斯里兰卡是研究冲突成本的学者经常会采用的案例，因为可获得数据的质量好并且该地区已经发生过激烈的冲突。在这一节中，我们讨论这类研究，目的是比较不同作者解决同样问题所使用的方法存在多大差异。此外，不同研究的结果表明，最终结论存在巨大差异。

1983 ~ 2009 年，斯里兰卡卷入一场国内冲突，据估计造成 75000 人死亡（Fisas，2009），这还不包括无数人受伤和致残。西方的观点是，这只是政府与泰米尔猛虎组织（Tamil Tigers）之间的一场冲突，这个组

---

① 结果表明，最优合成地区由加泰罗尼亚与马德里组合形成。所有其他地区的权重均为 0。

织试图建立独立的国家。与此同时，另一个高烈度冲突发生在政府和人民解放阵线（Janatha Vimukthi Peramuna，Peoples' Liberation Front）之间。自1990年以来，五个不同研究分析了这两场冲突的经济成本。

2.2.1 方法

有两项研究采用经济学模型仅仅估计了冲突对GDP的影响，而另外的研究采用混合方法框架。对比不同研究的结果需要对比它们所采用的方法以及涵盖的冲突成本。

格罗巴和格纳纳瑟尔凡（Grobar，Gnanaselvam，1993）建立模型，提出假说，由于增加军事支出而减少投资从而阻碍经济发展。他们的基本观点是军事支出会挤出资本投资。长期来看，这会将资本存量降至低于和平时期潜在水平的程度。使用时间序列数据，作者估计了军事支出影响投资率的系数。接下来，用这个系数乘以冲突期间军事支出的增加值，然后再乘以增量资本产出比（Incremental Capital Output Ratio，ICOR），以衡量损失的资本投资对经济（负）增长的影响。计算冲突爆发前十年中增量资本产出比的平均值以作为对该系数的取值。使用这种方法需要注意的重要一点是，它不考虑由冲突造成的资本损失。这将恶化资本存量的差距并因此增加冲突的实际成本。

哈里斯（Harris，1997）关注储蓄及其影响。他使用冲突开始前到开始后10年的调查数据，估计了理想消费率和实际消费率之间的差距，并用它推算出储蓄率。然后，他使用前面提到的增量资本产出比计算了冲突通过资本存量对GDP造成的影响。这种方法与前文提到的格罗巴和格纳纳瑟尔凡（Grobar，Gnanaselvam，1993）的研究有着类似的缺陷。

其他三项研究考察了造成冲突成本的众多渠道。例如，理查德森和萨马拉辛哈（Richardson，Samarasinghe，1991）核算了基础设施的破坏、为难民提供帮助的花费、移民的成本（旅行票务），以及国际资本流出。除了这些体现在会计报表上的损失之外，他们还利用冲突前经济增长趋势进行预测，通过反事实分析估算出损失的GDP增长量。

科勒格玛（Kelegama，1999）使用与格罗巴和格纳纳瑟尔凡（Grobar，Gnanaselvam，1993）相似的方法，计算了由于军事支出而放弃投资和生产机会所带来的成本。除此之外，他还考虑把生产和旅游业的暂时性损失作为破坏和不安全的一种结果，以之前的旅游业收入为基础计算被毁坏资产本应创造的服务价值以及潜在旅游业预期收入。他还考虑了无家可归者的安置成本，特别是救济援助的成本。

最后，阿如那提拉克、贾亚苏利亚和科勒格玛（Arunatilake, Jayasuriya, Kelegama, 2001）考虑了直接成本，如与战争相关的支出，并在损失投资差分模型的基础上使用时间序列数据回归进行了估计。与格罗巴和格纳纳瑟尔凡（Grobar, Gnanaselvam, 1993）及科勒格玛（Kelegama, 1999）相比，他们使用回归分析重新估计了每一年增量资本产出比的数值。其他回归用于估计旅游业损失和外国投资损失。人员伤亡被计算为劳动力损失，即采用平均非熟练劳动力工资乘以预计的工作年限来计算。

2.2.2　结果

表 12 - 1 总结了上述研究结果。为了增强不同研究之间的可比性，我们重新计算了所有的结果，并将数据调整为年度成本，用 2000 年不变美元价格表示。

表 12 - 1　关于斯里兰卡冲突成本的早期研究结果

成本（10 亿美元，2000 年不变美元价格）	理查德森和萨马拉辛哈（Richardson, Samarasinghe, 1991）	格罗巴和格纳纳瑟尔凡（Grobar, Gnanaselvam, 1993）	哈里斯（Harris, 1997）	科勒格玛（Kelegama, 1999）	阿如那提拉克、贾亚苏利亚和科勒格玛（Arunatilake, Jayasuriya, Kelegama, 2001）
发生战争的时间	1983～1988 年	1983～1988 年	1983～1992 年	1983～1987 年及 1990～1994 年	1994～1996 年
总成本（亿美元）	61.5	19.9	63.1	167.4	223.4
每年平均成本（亿美元）	10.2	3.3	6.3	17.2	19.3
每年占 GDP 的比重（%）	2.2	0.7	1.3	3.3	3.5

表 12 - 1 清晰地显示，对于在斯里兰卡发生的大规模暴力冲突的经济成本的估算存在巨大差异。事实上，年均成本最低估计值和最高估计值相差了 6 倍。在可获得分解数据的研究中，由经济增长损失表示的成

本所占比重非常大。这意味着，仅使用 GDP 的时间序列数据就可以捕捉
257 到由冲突造成的大部分损失。然而由于缺少一致的分析框架，不同研究之
间难以进行比较。在最近的研究中（Arunatilake，Jayasuriya，Kelegama，
2001），减少的投资和旅游业导致的 GDP 损失大约占总成本的 60%。

3. 间接影响

尽管前一节讨论的研究致力于从全面视角分析冲突成本，但本节关
注的研究侧重于形成冲突后果的特定机制。这里的大多数研究分析了冲
突如何影响经济福利的某一特定属性。这些研究是非常重要的，因为它
们强调的一些传导机制可能是之前的分析尚未充分考虑的内容，却值得
引起我们注意。这表明早期的某些研究可能是不足的，需要一些方法去
填补这些空白。

需要谨记的一件重要的事情是，在分别讨论传导途径时存在重复计
算的风险。因此，我们不建议研究人员单独考察所有渠道，并把这些单
独成本简单加总。聚焦特定传导途径的文献仅仅是表明，具备什么样特
点的成本应当被纳入一个统一的分析框架。

相关研究在四个不同的小节中讨论。第一，考察关于军事支出的文
献。早期研究已经重点讨论过与军事支出有关的经济成本了（例如，对
投资的挤出作用），我们认为，还有其他因素需要纳入考虑范围之中。第
二，只有一小部分研究涉及冲突是否影响其他国家经济增长的问题。如
果冲突发生在极度贫困的国家中，而其邻国是富裕国家，那么这个国际
溢出问题对于总成本而言就可能非常重要了（贫困国家 GDP 的一个相当
258 大比例或许也只是以美元度量的一个小成本）。第三，考察在经历过冲突
的国家中，冲突对经济增长的跨时期影响，即冲突后的发展是如何造成
高度路径依赖及代价高昂的。第四，我们考察了分析冲突影响人力资本
传导途径的研究，重点是健康和教育。冲突对人力资本的重大影响尤其
会影响国家长期经济增长的能力。这些方面并非总能通过金钱价值来表
示，但确实构成了冲突总成本的一部分。

3.1 军事支出

史密斯（Smith，1989）估计了英国军事支出的需求函数。他赞同采

用依猜测估计（guesstimation）的非传统方法来分析哪些因素是最重要的。根据史密斯的分析，最重要的因素有政治因素、美国和苏联的军事支出以及几个衡量通货膨胀的指标。类似于史密斯的研究非常重要，因为建设和维持军队的成本能够对冲突的总成本产生重大影响。斯蒂格利茨、比尔米斯（Stiglitz，Bilmes，2008）的著作也阐明了这一点，他们估计，到 2008 年，伊拉克战争带给美国的累计军事成本总计将达到 3 万亿美元。斯蒂格利茨和比尔米斯的研究也凸显了估计军事行动实际成本的困难。同样地，布吕克、德·格罗特和施耐德（Brück，de Groot，Schneider，2011）估计了德国参与阿富汗冲突的经济成本大约为 350 亿欧元，这比政府承认的 3 倍还多。

邓恩和帕罗·弗里曼（Dunne，Perlo-Freeman，2003）在使用发展中国家横截面数据估计军事支出函数时有着类似的目标。在他们的分析中有一个重要元素，即关于安全网的想法，它代表可以被看成敌国或联盟国的邻近国家的军事支出。他们的研究结果显示，如果周边存在潜在敌人，周边国家的军事支出总体增加，这些都是增加军事负担的因素。另外，人口数量和民主程度也会影响发展中国家的军事负担。

史密斯（Smith，1989）以及邓恩和帕罗·弗里曼（Dunne，Perlo-Freeman，2003）都没有试图分析军事支出对 GDP 增长的影响，但其他学者已经这么做了。表 12-2 显示了预设的冲突能够影响经济的不同渠道。重要的是应注意到，既存在正向影响的渠道，也存在负向影响的渠道，净影响应当是正向或负向在事前是不清楚的。早期文献认为军事支出产生积极影响的观点很普遍（Benoit，1973），但近期文献往往揭示出相反的观点 [例如，邓恩和沃加斯（Dunne，Vougas，1999）]。

表 12-2　与军事支出相关的各种途径

途径	方向	解释
挤出	−	挤出是指由于军事支出对稀缺资源的竞争而导致有用的投资减少
研发	+	有人认为，军事研究和发展（向民用）的溢出将有利于经济发展
需求	+／−	军事支出可以成为凯恩斯主义一揽子刺激手段的一部分，如利用公共需求来刺激经济。与此同时，当经济增长时，增加公共需求可能会造成经济过热
竞争资源	−	军事复合体对有限资源的需求提升了私人部门中这些资源的价格，从而损害了经济

续表

途径	方向	解释
出口	+	拥有生产性军事复合体可以形成一个重要的出口市场
债务/税收增加	−	军事支出或者由当前纳税人以更高税收负担来支付，或由未来的纳税人以更高的债务来支付，这两者都可能导致经济净损失

　　卡佩伦、格莱迪奇和比耶克霍尔特（Cappelen，Gleditsch，Bjerkholt，1984）从跨国家角度提供了一个典型例子，他们使用经济合作与发展组织（Organization for Economic Cooperation and Development，OECD）成员的面板数据得到结论，总体来看，防务支出对经济增长有负向影响。有趣的是，他们发现这一结果是由两种相反效应共同造成的，其中通过挤出效应对投资产生的负面影响大大超过了国防支出对制造业产出的正面作用。

　　对两个特定国家的研究进一步表明研究国防支出对 GDP 影响的必要性。邓恩和沃加斯（Dunne，Vougas，1999）提议使用更加先进的标准格兰杰因果分析方法分析南非的军事支出。南非是一个有趣的例子，因为军事支出以及政治环境有很大的变化。他们的研究结果显示，在军事支出和经济增长之间存在显著的负相关关系。然而，在对危地马拉的研究中，赖斯库勒和洛宁（Reischuler，Loening，2005）确实发现在军事支出水平较低时，存在积极影响。这两位作者使用要素生产率方法进行分析表明，军事支出对经济增长具有强烈的非线性影响。国防支出占 GDP 的比例上升至 0.33% 以前，为正相关关系，但超过之后就变为负相关关系，尽管不再显著了。

3.2　国际溢出效应

　　在一般的冲突文献中，冲突对邻国经济增长的影响是一个没有得到充分研究的议题。这是令人惊讶的，由于外溢效应可以显著地增加单个冲突的成本，因此应当是任何冲突成本分析中的一个组成部分，也应当是对干预进行成本—收益分析研究要考虑的一部分。

　　默多克和桑德勒（Murdoch，Sandler，2004）发起了对这个议题的研究，采用基本的索洛增长模型来分析邻国冲突对增长的影响。在不同的论文中，他们采用不同样本和邻近性定义，但结论仍然相同：冲突会影响邻国和东道国的经济增长。默多克和桑德勒强调的有趣的一点是，用不同方式定义邻近性。在他们 2004 年发表的开创性论文中，使用了五种不同的邻近性度量方法：直接邻近性、边界长度邻近性以及最近临界点之间的距离是否在 100 公里、300 公里或 800 公里内的虚拟变量。

为了回应他们的文章，德·格罗特（Groot，2010）提议使用一种不同的方法衡量距离，这种方法不再假设冲突的影响是线性的。这种不同的假设导致出现不同的结果。使用非洲的数据，他得出结论，与冲突国家直接接壤的国家确实受到冲突存在的负向影响，而不接壤的邻近国家实际上获益了。

3.3　跨期效应

除了在冲突发生期间的影响外，还存在一些影响只有在战争结束后才变得重要。考虑冲突的这些跨时期影响，就可以看到一个清晰的文献演进过程。奥甘斯基和库格勒（Organski，Kugler，1977）的研究是一项得到高度重视的经典研究，他们认为，冲突的发生并不会显著改变一个国家的增长潜力，因此经济增长将回归到长期趋势。[①] 显然，即使他们认为冲突对经济增长没有影响的结论是成立的，也并不意味着在从冲突时期低速经济增长恢复到均衡增长路径的过渡期内，会有很多年产出水平低于潜在水平，因此这些年的福利水平实际是降低的。此外，近年来，更多的研究并不总是得到与奥甘斯基和库格勒（Organski，Kugler，1977）的研究相同的结论。经济发展的不同路径如图 12-2 所示，图 a 显示了，冲突并未影响到增长率，仅具有水平效应；奥甘斯基和库格勒的收敛模型如图 b 所示；图 c 显示了另外一种情形，即由于种种原因，冲突结束后，增长率较低，且真实 GDP 水平与反事实 GDP 水平之间的差距随时间推移会进一步增加；图 d 反映了比奥甘斯基和库格勒所考察的影响更为极端的情形，即因为增长率提高了很多，实际 GDP 水平最终比不发生冲突时的应有水平高出很多。[②]

范·雷门多克和迪尔（Van Raemdonck，Diehl，1989：249）进行了

---

① 这基本上是一种条件收敛的观点。

② 可能是这种情况，冲突可能摧毁了一项过时的技术，并采用更为现代化的设备重建国家。第二次世界大战之后的德国就是这样一个例子。

261 关于冲突影响冲突后经济增长动态变化的理论和实证结果的全面综述，
即便如此，他们也意识到直至那时为止，"战争对经济增长的长期影响一
般会被忽略"。他们在内容丰富的文献回顾中表明，冲突前的情况通过多
种渠道对冲突后的情况带来或正向或负向的影响，这取决于采取的政策
或人们的视角。[①]

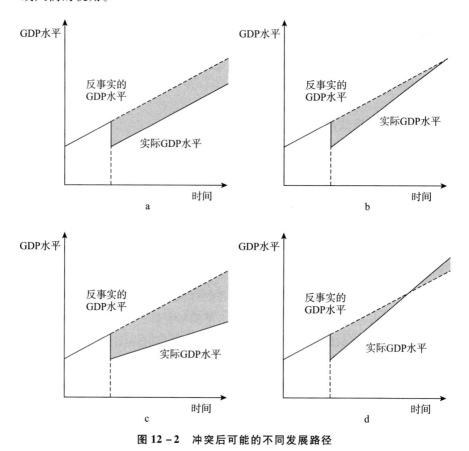

图 12-2　冲突后可能的不同发展路径

在促进冲突后社会高速或低速增长的一系列单独因素中[②]，首要因
素与政府的作用有关。冲突往往极大增强政府在经济中的作用。如果在
冲突结束后依然如此，这可以被认为是积极的或消极的，其取决于个人

① 特别是当涉及政府角色时，一些人可能会争辩说，根据定义，政府作用的增强是好的，
而另一些人则认为这往往是坏的。

② 这些独立要素以范·瑞姆东科和迪尔（Van Raemdonck, Diehl, 1989）的研究为基础。

对政府角色的看法。然而，军事预算往往长期持续膨胀，冲突期间要偿还的债务负担也会逐渐增加，这无疑是净损失。最后，在冲突期间，增加的军事产出很可能导致对自然资源需求的增加。如果这会增强勘探能力，那么我们可以预期这对未来增长是有积极效应的。另外，如果更强的需求增强了政府在资源分配中的作用，那么这可能会导致经济效率低下。[①]　262

从人力资本渠道考虑，不同视角也可能得到不同结论。最明显的是，人力资本会在战场上被摧毁，在大规模战争的情况下，这会导致出现人口统计意义上的扭曲。此外，去军事化可能使劳动力非常迅速地增加，从而造成进一步的失衡。另外，范·雷门多克和迪尔（Van Raemdonck, Diehl, 1989）认为，冲突会导致有利于经济发展的管理和组织能力提升。此外，按照条件趋同的观点，可以认为，民众对战争前发展水平的记忆为国家重建并回归到冲突前的增长路径提供了额外动力。

最后，可能也是最重要的，就是资本和技术途径。乍看上去，工厂和设备损毁似乎显然不利于经济发展，并确实阻碍了冲突后的经济增长。然而，如果一个经济体之前的过时技术已根深蒂固，那么这种破坏可以被视为跨越技术门槛的机会。[②] 如果冲突后可以重建更具生产力的工业部门，那么这将使民众经济状况大幅改善。最后，冲突以及随之而来的研究和开发可能导致技术进步，这有利于经济发展。

科利尔（Collier, 1999）提出了对战后经济增长效应进行实证计算的一项重要理论改进。他具有影响力的贡献是引入了战争遗产的概念，计算了由平均冲突水平造成的经济增长下降。除了描述战后时期的战后变量之外，遗产捕捉到了战争持续时间与战后时期之间的交互作用，这共同解释了冲突的延续。他的结论是，摆脱冲突的国家的增长率取决于这个国家在冲突期间遭受的累计 GDP 的减少量。科利尔认为，遭受长期冲突重创的国家更有可能获得增长速度的提升，而仅遭受一点创伤的国家则有可能经历更长时期较低的增长率。我们看一下范·雷门多克和迪尔（Van Raemdonck, Diehl, 1989）所描述的潜在影响，就会发现这是

---

① 当然也存在这样的情况，即无效率的市场需要政府参与才能自由运行。在这种情况下，增强的政府作用有利于经济发展。

② 这是奥甘斯基和库格勒（Organski, Kugler, 1977）的观点之一，它支持所谓的凤凰效应（phoenix effect）。

非常正确的。毕竟，短期冲突不太可能从技术创新、更换过时基础设施、改善管理经验或增加资源勘探等积极效应中受益。与此同时，未偿付的债务、永久增加的军费和贸易中断都可能继续影响一个国家。

科利尔和霍夫勒（Collier, Hoeffler, 2004）将重点转移到战后时期的一个重要方面：国际援助的作用。他们表明，国际援助能够减少一些威胁冲突后社会的现实因素。特别地，他们从经验上表明，从 GDP 增长率角度看，在恢复到稳态水平之前，冲突后前四年内增加国际援助能够产生最好的结果。总的来说，不考虑国际援助，作者发现，冲突后国家的增长水平高于如果没有冲突情况下可能的增长水平。同样，世界银行（World Bank，2003）发布了一份报告，强调援助对于冲突后国家的重要性。这显示了国际捐赠者作用的重要性，这是对冲突成本进行全面计算具有重大意义的另一个因素。

3.4 对人力资本的影响

冲突对人力资本的影响是计算冲突成本的一个重要因素，迄今为止，典型的冲突成本案例分析都不包括这些成本。冲突通过人力资本渠道对 GDP 产生影响有几种不同的形式。除了用死亡人数表示的显而易见的影响外，冲突对可能由疾病增加和医疗保健质量降低而造成的发病率提升趋势的影响，也是一个重要议题。这两种影响都属于健康的主题。然而，还存在第二种人力资本效应，通过这种效应，冲突会对增长产生长期影响，那就是教育。教育对长期发展很重要，事实上，适龄儿童是冲突中最易受到伤害的群体，冲突对他们在困难时期接受教育的成效的影响强烈。本节将分别讨论有关影响健康和影响教育的文献，虽然两者之间存在明显的互相作用（例如，儿童因为冲突造成的健康问题而无法上学）。

3.4.1 健康

冲突导致死亡率提高，这直接由冲突中的战斗相关死亡情况造成，但更重要的是，这也是发病率提升的间接后果 [例如，德戈姆和古哈·萨丕尔（Degomme, Guha-Sapir, 2010）]。在冲突期间，战斗相关死亡很重要，但难民在难民营生存下来的情况，以及冲突期间暴力和杀人事件的发生率不断上升也很重要。此外，各国政府可能将资金从医疗保健中转移出去，而冲突会破坏正常的经济交易和基础设施，如果还有医疗保健的话，这可能会限制人们获得医疗保健的机会。有趣的是，只有直接的战斗相关死亡才有可能从签署和平协议中即刻受益。事实上，已经表明，这些健康方面的影响会持续到冲突结束后的十年（Ghobarah，Huth，Russett，2003）。冲突与健康和死亡之间的关系本身就是一个研究领域，我们在这里只讨论几个有趣的研究实例。

伯纳姆等（Burnham et al.，2006）研究了美国入侵伊拉克后的总的超额死亡率，他们访问了 1849 户家庭，共 12801 人，询问他们有关出生和死亡的问题。然后，他们构建了估算的冲突前死亡率，并与冲突开始后的死亡率进行比较。他们发现，死亡率从每年 5.5‰ 上升到 13.3‰，且在不同年份差异相当大。根据这个估计，他们继续估计得到，从冲突开始以来，死亡人数增加了大约 65.5 万人。

高巴拉、胡思和拉西特（Ghobarah，Huth，Russett，2003）使用伤残调整生命年数（Disability - adjusted Life Years，DALY）损失数据（伤残由不同原因导致），分析冲突对不同人群由于不同疾病导致的伤残调整生命年数损失的影响。他们尝试证明，冲突结束后还会产生长期影响，因此，他们分析了一些国家的横截面数据，以确定 1991 ~ 1997 年国内冲突[1]对 1999 年伤残调整生命年数的影响。他们的结论值得关注，因为他们表明，对于 1999 年而言，更多伤残调整生命年数损失是由 1991 ~ 1997 年的国内冲突，而不是 1999 年实际发生的冲突导致的。此外，作者还表明，妇女和儿童受到的影响较大，居住在一个冲突不断的国家也产生了强烈的负面影响。以往的冲突影响人们的途径不仅包括疟疾、肺结核和其他呼吸系统疾病的发生率提高，也包括交通事故和杀人事件增加。李和闻（Li，Wen，2005）扩展了高巴拉、胡思和拉西特（Ghobarah，Huth，Russett，2003）的研究，他们表明，如预期的一样，更大的冲突对人口健康情况造成更大的影响。此外，他们还表明，国内冲突尤其会影响冲突期间的人口，国际冲突的后果更为持续。

以上作者都没有试图以 GDP 损失来表示健康成本。这是文献中缺失

264

---

① 请注意，高巴拉、胡思和拉西特（Ghobarah，Huth，Russett，2003）特别提到，该分析特别适用于国内冲突，他们不考虑国家间冲突。

的、需要进行讨论的环节，因为只有在对冲突影响健康的经济重要性进行量化后，才有可能将其纳入总冲突成本的分析范围中。当然，如果我们试图将这个成本包括进来，那么处理重复计算的问题就很重要了；也就是说，在第一阶段分析冲突影响 GDP 增长时，就可能已经包括如死亡率提高这样的问题了。

3.4.2 教育

关于冲突与教育之间关系的重要贡献之一是赖和泰恩（Lai, Thyne, 2007）的文章，他们使用横截面数据分析方法和时间序列探讨了这一问题。他们考虑了两种不同的影响途径：第一种途径涉及这样的情况，即国内冲突很可能通过人员和基础设施损失，破坏一个国家的教育系统；第二种途径涉及从教育中转移资源进行再分配。赖和泰恩（Lai, Thyne, 2007）使用了 1980～1997 年联合国教育、科学及文化组织（United Nations Educational, Scientific, and Cultural Organization, UNESCO）所有国家的相关数据，考察了由冲突导致的各级教育支出占比的变化，为他们主张的第一种途径找到了经验证据，因为在冲突期间，支出水平和入学人数都在下降。但他们没有找到任何证据证明教育资金被重新分配到其他（军事）支出上。一个重要的说明是，这种结果仅对更高强度的冲突成立。

阿拉左拉和德·维亚（Arrazola, de Hevia, 2006）使用西班牙内战作为工具变量研究男性和女性的教育回报率。他们认为，有三种主要原因解释了为什么受教育程度在战争期间会降低。

（1）上学的实际困难越来越大。

（2）支持上学的融资方式减少了。

（3）越来越需要适龄儿童离开学校以补贴家庭收入。

然而，前面两篇文章都主要从供给侧效应方面考虑冲突对教育的影响。另外，德·格罗特和格克塞尔（de Groot, Göksel, 2009）分析了巴斯克冲突，以考察在不那么引人关注的冲突中，通过阿拉左拉和德·维亚（Arrazola, de Hevia, 2006）的研究认为并不重要的途径会发生什么。相反，德·格罗特和格克塞尔研究了冲突如何影响教育。他们采用的分析方法类似于阿巴迪和加尔德亚萨瓦尔（Abadie, Gardeazabal, 2003），并得出结论：冲突的存在实际上增加了对教育的需求。这种影响在教育分布的中间部分尤为明显。

这里最后一篇探讨冲突如何影响教育的文章由布拉特曼和安南（Blattman，Annan，2010）撰写，他们调查了由来自乌干达北部 741 名年轻人组成的样本，其中，462 人曾经被圣主抵抗军（Lord's Resistance Army，LRA）绑架了一段时间。尽管不可能将受冲突影响的儿童的经验证据与另一组未受任何冲突影响的儿童进行比较，但可以将被圣主抵抗军绑架的儿童与未被绑架的儿童进行比较，由于在这种特殊情况下，绑架显然是一种随机试验，因此被绑架的儿童和未被绑架的儿童拥有同样的基线特征。结果表明，当其他条件保持不变时，那些被绑架的儿童接受教育的年限大约减少了 10%。

4. 前进之路

在前几节中，我们回顾了冲突成本这一主题在文献中的研究情况，但考虑未来需要做什么也很重要。我们提出一些问题，它们应当是希望计算冲突经济成本的研究人员要考虑的最紧迫的问题。我们将这一分析分为两个单独的小节，分别是估计单个冲突成本的案例研究分析，与考察平均冲突或所有冲突总和的冲突成本的估计。案例研究一直是这个领域的重点，但对于跨国和全球情况的分析也得到了重要的经验教训。

266

4.1 案例研究

案例研究可能特别有趣，因为这种估计比基于跨国分析的估计更精确（因为研究者可以把当地情况考虑进来），而且它们为处理冲突后果的优先事项提供了很好的背景。当我们考虑减少冲突及其后果时，分析应该总是针对所关注的冲突而专门进行。然而，如前所示，大部分案例研究只讨论影响冲突总成本的有限因素。例如，比尔米斯和斯蒂格利茨（Bilmes，Stiglitz，2008），布吕克、德·格罗特和施耐德（Brück，de Groot，Schneider，2011）及赖特舒勒和洛宁（Reitschuler，Loening，2005），他们特别选择讨论一个特定因素（分别是干预的军事成本以及军事支出对 GDP 增长的影响）。但是，如果着手分析一个特定冲突的总成本，那么必须考虑到所有可能影响总成本的因素。

关于这一点存在两种主要方法。一种是相加的方法，其最大问题是重复计算；另一种是统一化方法，其最大问题是是否可以包含所有相关影响。

4.1.1 相加的方法

在相加的方法中，我们分析冲突通过单独的渠道对经济的影响，随后尝试将这些单独渠道的影响加总起来。这意味着我们必须考虑从生命损失或教育损失的角度看冲突意味着什么，然后使用这些估计值看一看如果用货币来度量，这些后果是什么。这看起来很简单，但正如对斯里兰卡的研究所看到的，很难对如用投资、生命或旅游表示的实际损失进行准确量化。因此，我们必须仔细考虑如何构建替代性的非冲突场景。使用定义明确、可比较的反事实［例如，阿巴迪和加尔德亚萨瓦尔（Abadie，Gardeazabal，2003）］是解决这一问题的重要途径。

第二个要考虑的问题是，当必须权衡全面性、效率和相关性的要求时，要考虑将哪些单独的影响包括在内［还可参见布左力等（Bozzoli et al.，2008）］。研究需要包括所有对总成本有重要作用的渠道（全面性），但也必须记住，一定要为包含另一个渠道所需的工作量（效率）设置一个截止点。最后，只有那些确实对冲突有重要影响，且确实对冲突很重要的途径才能被包括进来（相关性）。

表 12-3 凸显了此类研究中最重要的因素以及它们为什么重要。在这种相加性分析中，最重要的是避免重复计算。例如，当冲突期间教育水平下降了，因为所有 20~30 岁的男性（他们的学历往往是相对较高的）死于战场，这项成本已被包含在生命损失部分中。同样，军事支出对资本积累中公共投资的影响应当作为也仅作为资本积累的一个组成部分，而不应在军事支出的讨论中被重复计算。

表 12-3 采用相加方法的案例研究的重要影响因素

渠道	解释
资本积累	估计冲突对国内和国外投资的影响，以及其对 GDP 增长的相关影响
军事支出	军事支出的近似影响，包括宏观经济刺激（如果是在国内生产）、作为出口市场的潜力，以及成本净损失

续表

渠道	解释
生命的有效成本	计算生命损失数量的估计值，以及它们对未来经济的贡献，尽管对于量化人类生命价值存在很多批评
教育差距	尤其在暴力冲突长期持续的情况下，获取教育资源可能会受到干扰，导致一代人的受教育机会减少
基础设施	国家能力被破坏，这包括有形基础设施（路、桥）和社会性的基础设施（信任、合作）
难民	分析冲突对个人及其生计的影响。大量难民的生产效率低下，给国家带来更多负担。所以这些数据必须牢牢记录
未来的损失	利用前述因素来考察冲突对 GDP 的总影响，并估计这些因素在未来的恢复情况。这使人们能够用损失的 GDP 来量化未来的影响
债务还本付息	与前面的因素相关，以债务以及还本付息占 GDP 的比例表示冲突的遗留影响

4.1.2 统一化方法

与相加方法不同，统一化方法旨在将所有与冲突相关的成本纳入一项分析中。这种方法的一个基本假设是，所有成本都被表示为 GDP 的一部分。这意味着，不必单独解释每一项损失，例如，教育，因为这一损失已经作为相关 GDP 时间序列的一部分出现了。[①] 可使用的最明显的方法类似于阿巴迪和加尔德亚萨瓦尔（Abadie, Gardeazabal, 2003）的方法，为冲突地区构建一个合理的（假想的）替代地区，并考察冲突地区与相应的无冲突地区之间的差异。这样的分析包括影响 GDP 增长的大多数因素。为了能够包括冲突的长期影响（例如，教育或更高的债务还本付息），需要长时间序列数据。这似乎使这种方法不适合针对特定冲突情况直接计算冲突成本。然而，人们现在需要对假想地区进行预测，并使用能够合理预测冲突国家自身未来发展的类似方法。这使研究人员只考虑对 GDP（增长）产生长期影响的冲突相关要素即可。

这里没有包括的另一种影响是国际溢出效应。这是一种特殊情况，因为在计算特定冲突成本时包括溢出效应可能是有问题的。然而，我们认为，这些成本是冲突的一部分，应当被包括在内。实现这一点的方法

268

---

① 以教育为例，只有教育影响生产率时，这才成立，这似乎是一个合理的假设，因为它与一般关于生产率的文献一致。

实际上重复着这种方法最初的前提条件。我们必须为邻国复制出一个假想的国家，它没有受到冲突溢出效应的影响，并分析对这些国家 GDP（增长）的影响是什么。尤其是当富裕国家与一个相对贫困且受冲突影响的国家相邻时，这种类型的成本可能很重要。

统一化方法要应对的一个重要挑战是构造假想地区。在阿巴迪和加尔德亚萨瓦尔（Abadie, Gardeazabal, 2003）的研究中，他们可以使用来自同一个国家的不同地区，因为冲突明确地仅影响了该国的部分地区。这是最理想的，因为利用其他国家来复制发生冲突的国家困难重重。希望采用统一化方法进行案例研究、分析冲突的研究人员必须认识到这一困难。

4.2 跨国及全球分析

尽管本章主要着眼于案例研究，但也考察了来自跨国分析得到的重要经验。在跨国分析中，一个重要因素是假设与所有冲突相关的成本实际上都包含在 GDP 增长中了。例如，与案例研究一样，人类自身所遭受的痛苦被排除在分析之外，因为它不会影响 GDP 趋势。对于跨国分析，基本前提是以简单索洛增长模型（Mankiw, Romer, Weil, 1992）为基础，在此模型中可以直接添加许多与冲突相关的虚拟变量[①]来分析冲突对经济增长的影响。或者这个问题的真正解决方式更为复杂吗？

跨国分析的主要思想与前面所描述的完全相同，但精确执行需要更多努力。最重要的问题是，采用科利尔（Collier, 1999）的方法进行估计，实际是否正确？简言之，这种简单处理可能导致出现不一致的参数估计值，因此更复杂的处理方法确实是必要的。尽管实际解决方案超出了本章的范围，但可以这么说，使用动态面板数据技术（Blundell, Bond, Windmeijer, 2000）可以解决参数一致估计中涉及的许多问题，尽管这种方法免不了受到批评（Roodman, 2009）。

然而，除了这些计量经济方面的复杂性之外，还有一系列问题需要解决，以便对冲突成本进行一致的估计。对数据的处理应当引起相当大

269

---

① 研究人员可能想将冲突的存在与邻国冲突的存在包括在内，但这取决于其自身视角。此外，研究人员可能希望认识到存在一系列不同类型的冲突。

的关注。关于数据处理的讨论有两个重要方面：数据的可获得性和数据的差异性。由于数据可获得性的内生性质，这是估计冲突成本的一大问题。毕竟，那些基础设施和生活设施（由于冲突）被破坏的国家，也是最有可能不报道这些数据的国家。由于这样的原因，研究人员必须找到适当的方法来填补缺失数据，以确保缺失值符合更加随机的模式。数据的差异性是指特定数据点所包含的信息量。特别地，我们应该考虑冲突数据，经常使用的是"如果存在冲突，则观测值 dummy = 1"，而这没有充分利用冲突类型、强度、地理分布等信息。在简单分析框架中识别这些不同类型的数据非常重要，以确保最终估计的一致性。

在估算冲突的跨国影响时，另一个需要牢记的重要注意事项是，增长方程使用了控制变量。我们在这里提出的简单增长方程包含对增长产生直接影响的某些要素，如物质资本和人力资本的增长。尽管控制这些因素很重要，但问题仍然是这些因素的变化是不是外生的。如果它们不是外生的，反而是由冲突的存在导致的，那么控制它们将导致对冲突成本的错误估计。[1] 由于这个原因，应该估计冲突对该方程使用的控制变量造成了什么样的影响，并分析其对增长的影响。除了这些考虑之外，相关控制变量缺失是在经济增长回归中经常出现的一个风险。

最后一个需要注意的重要部分是冲突成本随时间增加而累积。如图 12 - 1 所示，冲突可能对一个国家的经济发展产生持久影响。在这种情况下，实际成本不是在冲突发生时下降的 GDP，而是在未来将发生损失的净现值（Net Present Value，NPV）。同奥甘斯基和库格勒（Organski，Kugler，1977）一样，很多学者认为一个经济体可能会回到先前的增长路径上，但他们并没有意识到 GDP 是一个流量，而不是一个存量。[2] 确定合适的贴现率以及如何估计正遭受冲突国家未来的经济发展情况是研究人员需要处理的另一个重要问题，建议进行广泛的敏感性分析，以衡量估计中存在的不确定性。

---

[1] 这种观点假设在初始估计中包含的控制变量实际上是重要且显著的。误差的方向取决于冲突与控制变量之间的协方差以及那些变量系数的符号，但最有可能的是低估冲突的总成本。

[2] 奥甘斯基和库格勒（Organski，Kugler，1977）的观点是，如果一个国家有两年的 GDP 为 0，然后恢复到冲突前的水平，那么这个国家将不会有任何损失。当然这不是事实，因为其失去了两年的产值。

5. 结论

在回顾了有关冲突成本计算的文献后，显然仍有许多需要改进的地方。探讨特定冲突总成本的案例研究继续提出各种不同的估计，由于没有清晰的框架表明什么是最优的估计策略，因此这些研究既存在重复计算的风险也存在低估的风险。因此，不同研究者决定解决不同的特定问题，而不是总成本。虽然这本身就很有趣，但它没有解决冲突的确切成本到底是多少的问题。为了能够回答这个问题，必须认识到需要处理固有的困难。

（1）受冲突影响地区的数据度量，即使是相对简单的变量也是有问题的，如死亡率，因此数据的可获得性往往有限。即使数据是可获得的，它们也会受到高度不确定性的影响。

（2）结果可能远远超出传统上使用的 GDP 衡量标准。毕竟，GDP 不包括收入分配、环境恶化或人类痛苦等造成的影响。对这些结果的量化是困难的，但需要加以解决。

（3）一般均衡效应强烈影响结果。经济中某一领域的积极（或消极）影响可能会在其他领域产生意想不到的消极（或积极）后果。例如，在第二次世界大战期间，增加的军事开支提供了短期刺激，或配给制度改善了英国的医疗状况。

这些要素以及前面讨论的所有其他要素，在未来研究中值得关注。毕竟，冲突的成本不仅从学术角度看是重要的，而且提出相关不同策略的政策以尽量减少或预防这些成本增加也是重要的。研究影响冲突成本的渠道，以及政策变化，可能有助于将资源分配给特定类型的冲突后重建政策。

除跨国分析外，基于经济和人口家庭调查的微观层面分析值得进一步探索，对容易发生冲突国家的政策干预进行评估也是如此。这些研究对于冲突与资本形成、移民及流离失所和应对策略等影响冲突成本的渠道之间的联系具有很强的指导意义。这些研究还可以提供国内脆弱群体的信息，并因此对制定微观层面的政策非常重要。

致　谢

我们衷心感谢德国和平研究基金会（German Foundation for Peace Research，DSF）通过冲突的全球经济成本项目提供的资助。此外，我们感谢罗恩·史密斯（Ron Smith）、哈维尔·加尔德亚萨瓦尔（Javier Gardeazabal）、丽莎·乔维（Lisa Chauvet）、扎比亚·尤素弗（Zahbia Yousuf）和米歇尔·加芬克尔（Michelle Garfinkel）的有益评论。仍然存在的错误由我们负责。

271

参考文献

Abadie, Alberto and Javier Gardeazabal. 2003. The Economic Costs of Conflict: A case study of the basque country. *American Economic Review* 93 (1): 113 – 132.

Arrazola, María and José De Hevia. 2006. Gender differentials in returns to education in Spain. *Education Economics* 14 (4): 469 – 486.

Arunatilake, Nisha, Sisira Jayasuriya and Saman kelegama. 2001. The economic cost of the war in Sri Lanka. *World Development* 29 (9): 1483 – 1500.

Benoit, Emile. 1973. *Defense and economic growth in developing countries*. Boston: Heath, Lexington Books.

Bilmes, Linda J. and Joseph E. Stiglitz. 2008. *The three trillion dollar war: The true cost of the Iraq conflict*, New York: W. W. Norton & Co.

Blattman, Chris and Jeannie Annan. 2010. The consequences of child soldiering. *Review of Economics and Statistics* 92 (4): 882 – 898.

Blundell, R., S. Bond, and F. Windmeijer. 2000. Estimation in dynamic panel data models: Improving on the performance of the standard GMM estimator. In *Advances in econometrics*, Vol. 15, *Nonstationary panels, panel cointegration, and dynamic panels*, ed. B. Baltagi. Amsterdam: JAI Elsevier Science.

Bozzoli, Carlos, Tilman Brück, Thorsten Drautzburg and Simon Sottsas. 2008. Economic costs of mass violent conflicts. Politikberatung Kompakt 42, Berlin: DIW Berlin.

Brück, T., O. J. de Groot and F. Schneider. 2011. The economic costs of the German participation in the Afghanistan war. *Journal of Peace Research* 48 (6): 793 – 805.

Burnham, Gilbert, Rihadh Lafta, Shannon Doocy and Les Roberts. 2006. Mortality after the 2003 invasion of Iraq: A cross-sectional cluster sample survey. *Lancet* 368 (9545): 1421 – 1428.

Cappelen, Ådne, Nils Petter Gleditsch and Olav Bjerkholt. 1984. Military spending and economic growth in the OECD countries. *Journal of Peace Research* 21 (4): 361 – 373.

Clausewitz, C. v. 2004 [1812]. *On war*. Whitefish: Kessinger Publishing.

Collier, Paul. 1999. On the economic consequences of civil war. *Oxford Economic Papers* 51: 168 – 183.

Collier, Paul and Anke Hoeffler. 2004. Aid, policy and growth in post-conflict societies. *European Economic Review* 48: 1125 – 1145.

Degomme, O., and D. Guha-Sapir. 2010. Patterns of mortality rates in the Darfur conflict. *Lancet* 375 (9711): 294 – 300.

de Groot, Olaf J. 2010. The spill-over effects of conflict on economic growth in neighbouring countries in Africa. *Defence and Peace Economics* 21 (2): 149 – 164.

de Groot, Olaf J. and Idil Göksel. 2011. Conflict and education demand in the Basque Region. *Journal of Conflict Resolution* 55 (4): 652 – 677.

DiAddario, Sabrina. 1997. Estimating the economic costs of conflict: An examination of the two-gap estimation model for the case of Nicaragua. *Oxford Development Studies* 25 (1): 123 – 142.

Dunne, J. Paul and Sam Perlo-Freeman. 2003. The demand for military spending in developing countries. *International Review of Applied Economics* 17 (1): 23 – 48.

Dunne, J. Paul and Dimitrios Vougas. 1999. Military spending and economic growth in South Africa: A Causal Analysis. *Journal of Conflict Resolution* 43 (4): 521 – 537.

Fisas, Vicenç, 2009, 2009 *yearbook on peace processes*. Barcelona: Icaria International.

FitzGerald, E. V. K. 1987. An evaluation of the economic costs to Nicaragua of U. S. aggression: 1980 – 1984. In *The political economic of revolutionary Nicaragua*, ed. Rose J. Spalding, 195 – 213. Boston: Allen & Unwin.

Ghobarah, Hazem, Paul Huth and Bruce Russett. 2003. Civil wars kill and maim people-Long after the shooting stops. *American Political Science Review* 97 (2): 189 – 202.

Grobar, Lisa Morris and Shiranthi Gnanaselvam. 1993. The economic effects of the Sri Lankan civil war. *Economic Development and Cultural Change* 41 (2): 395 – 405.

Harris, Geoff. 1997. Estimates of the economic cost of armed conflict: The Iran-Iraq war and the Sri Lankan civil war. In *Economics of conflict and peace*, ed. Jurgen Bruaer and

William G. Gissey 269 – 291. Aldershot: Avebury.

Kelegama, Saman. 1999. Economic costs of conflict in Sri Lanka. In *Creating peace in Sri Lanka: Civil war and reconciliation*, ed. Robert I. Rotberg 71 – 87. Washington DC: Brookings Institution Press.

Lai, Brian and Layton Thyne. 2007. The Effect of Civil War on Education 1980 – 97. *Journal of Peace Research* 44 (3): 277 – 292.

Lenin, Vladimir I. 1996 [1916]. *Imperialism: The highest stage of capitalism*, London: Pluto Press.

Li, Quan and Ming Wen. 2005. The Immediate and lingering effects of armed conflict on adult mortality: A time-series cross-national analysis. *Journal of Peace Research* 42 (4): 471 – 492.

Lindgren, Göran. 2006. The economic costs of civil war. In *Studies in conflict economics and economic growth*, ed. Göran Lindgren. Uppsala, Sweden: Uppsala University Press.

Lopez, Humberto and Quentin Wodon. 2005. The economic impact of armed conflict in Rwanda. *Journal of African Economices* 14 (4): 586 – 602.

Mankiw, N. Gregory, David Romer and David N. Weil. 1992. A contribution to the empirics of economic growth. *Quarterly Journal of Economics* 107: 31 – 77.

Murdoch, James C. and Todd Sandler. 2004. Civil wars and economic growth: Spatial dispersion. *American Economic Review* 71 (4): 1347 – 1366.

Nordhaus, William D. 2002. The economic consequences of a war with Iraq. Working Paper 9361, National Bureau for Economic Research, Cambridge, MA.

Organski, A. F. K. and Jacek Kugler. 1977. The costs of major wars: The phoenix factor. *American Political Science Review* 71 (4): 138 – 151.

Reitschuler, Gerhard and Josef L. Loening. 2005. Modeling the defense-growth nexus in Guatemala. *World Development* 33 (3): 513 – 526.

Richardson Jr. , John M. and S. W. R. de A. Samarasinghe. 1991. Measuring the economic dimensions of Sri Lanka's ethnic conflict. In *Economic dimensions of ethnic conflict*, ed. S. W. R. de A. Samarasinghe and Reed Coughlan, 194 – 223. London: Pinter Publishers.

Roodman, David. 2009. A note on the theme of too many instruments. *Oxford Bulletin of Economics and Statistics* 71 (1): 135 – 158.

Smith, Ron. 1989. Models of military expenditures. *Journal of Applied Econometrics* 25: 821 – 846.

Stewart, Frances, Cindy Huang and Michael Wang. 2001. Internal wars: An empirical overview of the economic and social consequences. In *War and underdevelopment*, ed. Valpy FitzGerald and Frances Steward, 67 – 103. Oxford: Oxford University Press.

Tsay, R. S. 1988. Outliers, Level shifts and variance changes in time series. *Journal of Forecasting* 7: 1 – 20.

Van Raemdonck, Dirk C. and Paul F. Diehl. 1989. After the shooting stops: Insights on postwar economic growth. *Journal of Peace Research* 26 (3): 249 – 64.

World Bank. 2003. Breaking the conflict trap: Civil war and development policy. Washington DC: World Bank.

第 13 章　估算战争成本：方法论问题及其在伊拉克战争和阿富汗战争上的应用

约瑟夫·E. 斯蒂格利茨

琳达·J. 比尔米斯

1. 引言

政府在战争中花费了大量金钱，但直到最近，这些花费还没有得到严格分析。原因很明显：在一场战争中，首要任务是获胜。没人想质疑将军们怎么花钱。战争结束后，资金花费是否合理是历史学家感兴趣的问题；公众的注意力集中在更紧迫的问题上，包括处理战后创伤。

然而，伊拉克战争和阿富汗战争不一样。与大多数战争不同，它们是可选择的战争。伊拉克没有攻击美国。美国入侵伊拉克是其所谓的"先发制人"战争新政策的一部分。2001 年 9 月 11 日袭击发生后，美国率先空袭阿富汗，发起了根除"基地"组织的行动。随后，美国决定推翻塔利班政府，在阿富汗发动了一场持续将近十年的全面战争。在伊拉克战争和阿富汗战争中，战争的支持者一直坚持认为军事行动是确保美国安全的必要措施。然而，美国在很大程度上能够决定战争的节奏、美国军事干预的范围、部署的军队数量和投入这些活动的资金。

这两场战争持续时间长，可以说是美国有史以来持续时间较长的战争①。一两年之后，很清晰的是，这两场战争将持续，这足以对其收益

---

① 在这本书即将出版之际，阿富汗战争已经进行了 10 年有余，而美国终于在伊拉克战争进行了 8 年之后将大部分军队撤出伊拉克。这是美国历史上直接参与作战时间最长的战争了。美国在这之前的参战纪录是"越战"［从 1964 年 8 月东京湾决议（Gulf of Tonkin resolution）到 1973 年 1 月美国撤军，共 8.4 年］。此前的较长时间的战争（转下页注）

和成本进行分析。

此外，伊拉克战争和阿富汗战争是不受欢迎的[①]，同时，伴随着对进行战争方式的普遍不安。许多参战人员对很多方面持有异议，比如，部署的时长和频次、"止损"政策[②]、对承包商严重依赖、撤回防弹服和防地雷运输车资金的决定，缺乏医疗服务以及拖延批准退伍军人伤残赔偿，还有与许多和战争相关的其他方面的问题。因此，质疑战争是如何进行的并未被认为是不爱国的。

与其他战争相比，经济方面的考虑在这两场战争中或许更重要。有人认为，美国入侵伊拉克在很大程度上是为了控制石油供给。伊拉克战争在其他方面也不寻常：这是第一次完全靠借贷融资的战争，也是第一次如此严重依赖私人承包商的战争，甚至在提供核心安全职能方面也依赖私人承包商。政府似乎认为国家应当拥有"枪支"和"黄油"，甚至要比越南战争时拥有的还多。这一次很清楚的是，我们这代人的"枪支"和"黄油"可能要以未来几代人的"黄油"为代价。

很多研究人员估算了这些战争的成本，我们是其中之一[③]。随着研

（接上页注①）为美国独立战争（American Revolutionary War，历时 6.7 年）、南北战争（American Civil War，历时 4 年）、第二次世界大战（历时 3.8 年）、朝鲜战争（历时 3.1 年）、1812 年战争（历时 2.5 年）、美墨战争（历时 1.8 年）、第一次世界大战（历时 1.6 年）、西班牙—美国战争（历时 8 个月）、海湾战争（历时 1.5 个月）。

① 美国有线电视新闻网（CNN）/民意调查公司（Opinion Research Corporation）的调查显示，2006 年初，绝大多数美国民众（占 60% ~68%）反对美国入侵伊拉克。至于阿富汗战争，在最初发动战争时，52% 的美国民众认为政府并没有错（Gallup，2010），但在 2010 年 6 月，反对发动阿富汗战争的美国人已占 56% ~ 42%（CNN/ Opinion Research Corporation，2010）。在被问到"总而言之，考虑到美国承担的成本以及给美国带来的好处，你认为阿富汗战争是否值得进行？"时，美国民众认为不值得进行的比例为 42% ~55%（*Washington Post*，2010）。

② "止损"（Stop – loss）是指服役人员的服役期非自愿延长，以便在最初服役期结束后继续服役。在 2004 年的一次竞选演说中，参议员约翰·克里（John Kerry，当时是民主党总统候选人）将止损描述为"后门草案"（backdoor draft）。2002 ~ 2008 年，58300 名军人受到了"止损"的影响；2008 年，军队超额服役期平均为 6.6 个月（Brook，2008）。2009 年 3 月，国防部长罗伯特·盖茨（Robert Gates）呼吁军方减少使用这项政策。

③ 专著《三万亿美元的战争：伊拉克战争的真实成本》（*The Three Trillion DollarWar：The True Cost of the Iraq Conflict*）在 2008 年 2 月出版。这本书估计，伊拉克战争和阿富汗战争的总预算成本和经济成本将超过 3 万亿美元，这取决于美国参与战争的时间与范围。很多经济学家试图预测战争的成本，尽管这些研究使用了不同的方法，且在不同时间进行研究，但预测的成本在类似范围内。这些研究包括威廉·诺德豪斯（William Nordhaus，2002）、卡特里娜·科斯克和斯科特·沃斯登（Katrina Kosec，（转下页注）

究的推进，我们发现大量需要剖析的问题。在专著《三万亿美元的战争：伊拉克冲突的真实成本》（*The Three Trillion Dollar War：The True Cost of the Iraq Conflict*，Bilmes，Stiglitz，2008）中，我们直接讨论了其中的一些问题，但由于时间的限制，我们无法涵盖其他许多问题。本章总结了关键的分析性问题，解释我们是如何解决这些问题的，并建议如何通过进一步的研究获得更好的结果。

2. 收益

量化战争的收益比较困难。例如，如何确定提升安全水平的价值，甚至确定安全水平究竟提升了多少？伊拉克战争和阿富汗战争在某种程度上直接针对的是位于单一民族国家中的复杂组织，而不是单纯对抗单一民族国家本身。因此，在这些战争中有两个问题被认为是至关重要的：

第一，领土安全并不必然带来更高的安全水平。转移威胁和消灭威胁是有区别的。奥巴马政府在决定延长阿富汗战争时，强调了使"基地"组织无法为训练和战斗提供安全的避风港的重要性。乔治·W.布什（George W. Bush）也以类似的理由在为最初入侵阿富汗和发动伊拉克战争进行辩护。

只有在没有其他地区可以采取类似敌对行动的情况下，避免一片特定领土被用于如上目的的确实可以提高安全水平。"基地"组织曾被称为一个"千变万化"的敌人（Stern，2003）。它已在许多国家建立分支，确实有能力把作战基地转移到巴基斯坦、也门、索马

（接上页注③）Scott Wallsten，2005）、美国国会联合经济委员会（Joint Economic Committee of the U. S. Congress，2007）。来自芝加哥大学的斯蒂芬·J. 戴维斯、凯文·M. 墨菲和罗伯特·H. 托佩尔（Steven J. Davis，Kevin M. Murphy，Robert H. Topel，2006）则是例外，他们的文章试图比较推翻萨达姆·侯赛因的成本与容忍他的成本。2008 年，戴维斯称他低估了这一成本。"事后来看，战争之所以如此昂贵，原因是显而易见的，我们现在在战场上保持超过 10 万名甚至接近 20 万名士兵已有五年了"（Coile，2008）。在 2008 年总统竞选期间，戴维斯曾经建议参议员约翰·麦凯恩（John McCain）考虑"（布什）政府曾积极抵制考虑（入侵伊拉克）这个决定对成本的长期影响"。瑞恩·爱德华（Ryan Edwards，2010）对比并描述了核算战争成本的多种方法。

里，或在全球众多失败国家中的任何一个实现自身的重建。① 对于美国而言，从人力资源或资金角度讲，采取无限期地从一个地方到另一个地方追捕恐怖分子的战略是不可持续的。这仅仅是强调，在评估安全影响时我们要采取全球视角。

第二，反对力量的内生性。传统战争需计算敌人军队中要死伤多少才足以使他们远离战场（或者要摧毁多少坦克和其他装备）。典型的情况是，敌人有一个固定的能力水平，因此，如果我们摧毁其30%的能力，那么他方相对于我方的战斗力就减弱了，这样考虑是合理的。但最近发生的这些战争具有完全不同的性质。大多数"敌人"不是义务兵，而是志愿者。战争进行的方式可能会影响这些志愿者的供给，还会影响东道国人民向反对组织提供物质保障。

在这些冲突中，确保经济稳定，包括确保参与冲突的战斗人员的就业机会，可能是解决战争问题的关键。例如，在马来西亚抵抗激烈叛乱的12年斗争中，只有在政府采取了所谓的"KESBAN"② 的经济安全和发展战略之后才取得成功。重视加强治理、培训军队、在农村地区提供就业机会（这里是招募叛乱分子的地方）、提供社会服务，最终抑制叛乱，带来了持续的经济增长。这是在伊拉克的主要问题，美国入侵伊拉克并且在美国驻伊拉克行政长官保罗·布雷默（L. Paul Bremer）决定取缔复兴社会党（Baath Party）及解散拥有50万名士兵的伊拉克军队之后，数以百万计的人无法生存，其中主要是逊尼派穆斯林。③

---

① 在防止犯罪的努力中也存在类似情况。例如，如果把更多的警察安排在一个郊区，就能够减少该郊区的犯罪情况，但从罪犯角度看，他们或许很容易就能找到其他同样令人满意的地方以实施犯罪行为。哥伦比亚政府成功的禁毒行动导致其他国家的贩毒集团增加了，例如，墨西哥，这是因为发达国家对毒品的潜在需求并没有减少。

② KESBAN是当地语言中"安全与发展"的缩写，它是马来西亚军方和其他政府部门在20世纪70年代采用的一种镇压"马共"成员的战略。

③ 2003年5月，在美国入侵伊拉克两个月之后，布雷默辞去了所有高级官员的政府职务并解散了伊拉克军队。2003年11月，布雷默成立了伊拉克去复兴党全国最高委员会（Supreme National Debaathification Commission）以从伊拉克各政府部门中铲除复兴党的高级成员。拥有上校以上军衔的所有军官都被禁止返回工作岗位，伊拉克各情报部门的所有10万名员工也是如此。2004年，去复兴党全国最高委员会被正式解散，但在随后几年里，伊拉克国内的政治派系也一直在有效地实施禁令。

每当一个国家入侵并占领另一个国家时，占领者就要面对敌人在"爱国主义"名义下团结起来的风险，即使被推翻的政府是被民众普遍厌恶的。在这种情况下，赢得当地民心更为重要，也更为困难。

美国所实施的两种主要策略可以被看作"胡萝卜"与"大棒"。在这种情况下，"胡萝卜"是指要说服民众相信，在入侵国家所支持的新体制下生活确实将变好。"大棒"则是要说服民众相信在任何情况下，入侵者及其盟友都将获胜。因此，对民众来说理性的且对其最有益的是把自身命运与入侵者联系在一起，换句话说，要让民众害怕反对侵略者的后果。

当然，另外一方也面对类似的选择。对双方战略的讨论中还有一种情况是两种策略混合使用。但侵略者处于不利地位，尤其是在采取后一种策略时［例如，参见卡尔多（Kaldor，2006）］。

首先，政府（国家参与者）通常有一个制度化的问责体系（而反叛分子则没有）。例如，国家参与者可能已经签署了关于囚犯待遇的公约（即使军方没有完全遵守，国内公民也会要求其遵守，如果他们不遵守可能会有麻烦）。其次，那些保卫国家的人在针对那些帮助和支持其敌人的民众采取极端行动时，可能会感到在道义上是正义的。再次，那些被入侵的国家更接近于战场，可能有更广泛的报复机制，包括社会制裁。最后，"恐吓"策略可能会适得其反。以美国为首发动的阿富汗战争和伊拉克战争造成大量的"附带损害"，包括广泛报道的平民伤亡情况，以及许多丑闻，例如阿布格莱布监狱虐待囚犯。[①] 信息劣势或许会使这种附带损害更有可能发生。"敌人"可能会蓄意增加这种附带损害，因为知道这样做可以削弱对侵略者的支持。因此，这些政策往往起到与意愿截然相反的作用。美国在伊拉克战争的某些阶段，杀害或监禁一名伊拉克反抗分子可能导致反抗程度大幅提升。美国的政策甚至已成为反对派招募策略的一个重要组成部分。

美国镇压叛乱的主要目的之一是改变这种对比。在 2006 年逊尼派和什叶派之间宗派暴力冲突达到高峰时，美国军方实施了一项政策，通过招募并对加入亲美的"觉醒委员会"（awakening councils）实施奖励来削弱

---

① 2004 年 5 月，《纽约客》（New Yorker）揭露了著名的阿布格莱布事件，在一篇报道中发布了虐待囚犯的照片（Hersh，2004）。这是一桩国际丑闻。

反对派的控制力。根据《纽约时报》的报道，美国向逊尼派觉醒运动
(Sunni Awakening movement) 成员每月支付大约 300 美元，以 "保卫检查
站、建筑物，并防止那些曾被反对派使用的设施不再用于轰炸美国车队和
射杀美国军队"。① 新战略的这一思想被广为赞誉，它改变了与叛乱分子的
力量对比。

在这种对 "恐惧平衡" 的计算中，如果民众认为从长远来看，"入
侵者" 将离开，那么就将很难说服其不再支持叛乱分子。叛乱分子知道
这一点，也理解西方民主国家面临的政治两难局面。在面对最强有力的
选区强烈反对升级阿富汗战争时，奥巴马总统除将向阿富汗增兵描述为
一个 "暂时性" 措施之外，几乎别无选择。② 然而，这样做为那些在阿
富汗怀疑美国是不是可靠盟友的人提供了进行战斗的手段。塔利班因此
有了等待美国离开的选项。③

---

① 参见《纽约时报》（*The New York Times*）网站，http://topics. nytimes. com/top/news/in-
ternational/countriesandterritories/iraq/awakening_ movement/index. html? inline = nyt – clas-
sifier（2010 年 9 月 8 日访问）。美国大卫·彼得雷乌斯（David Petraeus）将军在 2007
年被授予指挥权之后，执行了 "反叛乱" 战略，该战略的一个关键组成部分是向逊尼
派前叛乱者支付现金，以改变对他们的经济激励。许多观察家称赞这项努力，认为它
减少了逊尼派和什叶派之间的暴力循环，并阻止爆发全面内战。批评者则警告说，这
种试图 "购买" 忠诚的做法没有更深入、更持久地解决伊拉克的经济、社会和政治问
题，只是在拖延时间。只有资金源源不断，并且没有更高出价与其竞争时，他们的支
持才会持续下去。这一讨论说明，这种复杂多阶段行为分析必须是任何战略分析的一
部分，它在很多方面比冷战时期早期军事战略分析所依据的博弈分析复杂得多。

② 当奥巴马总统在 2009 年 12 月宣布向阿富汗增兵 30000 人时，他还宣布他们将于 2011
年被召回。2009 年 12 月 1 日的演讲可以从白宫网站获取，http://www. whitehouse. gov/
the – press – office/remarks – president – addressnation – way – forward – afghanistan – and –
pakistan（2010 年 9 月 8 日访问）。

③ 这可能会存在经济学家所说的多重均衡情况。比如，如果国内民众相信，塔利班将获
胜，他们就不会支持 "西方国家入侵"，这会使其成功的可能性降低——这是一个自我
实现的预言。同理，如果 "入侵者" 的国内民众相信入侵将失败，那么他们提供的支
持会减少，这样的话，招募民众参加战争将更为困难。双方的政治和军事战略都会尽
力朝着他们所偏爱的均衡推动冲突发展。对伊拉克的打击与威吓旨在让伊拉克人相信
他们将失败；在越南的新年攻势（Tet offensive）（很多人认为，对越南来说，这是一次
军事灾难）旨在说服美国民众他们将要失败，并由此削弱民众的支持。在我们早期的
著作中，我们认为，伊拉克战争将人们的注意力从阿富汗转移到了伊拉克。阿富汗战
争持续如此之久却几乎没有取得令人满意的结果，这样的事实削弱了北大西洋公约组
织（North Atlantic Treaty Organization, NATO）盟友的支持，它们在布什政府期间承担战
争的责任。"战争疲劳" 已经开始显现，实现有利于塔利班的均衡的可能性越来越高。

虽然"恐惧"策略对侵略者而言不太可能成功，但"赢得人心"的"胡萝卜"策略也是问题重重。军事组织并不是基于这个目的而设计的。如果入侵者的声誉已经被先前的事件和策略所破坏，那么军方要恢复与民众之间的信任即便不是不可能，也是非常困难的。当军方试图与民众建立更紧密的关系时，当地民众可能会非常警觉。即使军方把重心放在恢复基础生活设施，如水、电设施上，如果不是不可能，那么可能也很难建立一个足够安全和正常的环境。美国政府在伊拉克重建中投入了大约 550 亿美元，自 2007 年以来，军方实施了重点为民众提供支持的"镇压叛乱"策略。然而，宗教派别冲突的本质使其难以建立稳定的经济和公民基础。

伊拉克的局势（本章后续内容中讨论）证实了这一问题：中产阶级专业人士的大规模流失致使国家受损，现在，只有其中一小部分人决定在数年后返回伊拉克。①

战争和冲突的复杂性使量化这些收益即便不是不可能，也是非常困难的。在国家 A 的军事行动中，对把在国家 B 中已经根深蒂固的敌人赶出国家 A 的收益如何评估？或者，在国家 B 建设的基础设施是由国家 A 中反抗美国的当地力量资助的，收益又如何？如果一个政权比其前任政权更加亲美，而又与那些不那么亲美的政权结为更亲密的联盟，那么如何评估这样一个政权的收益呢？时间表也会影响对收益的量化。乍看上去是收益，但从长期来看可能就是成本，例如，第一次冲突导致另一个国家对美国怀有敌意，而之后美国又卷入了同这个国家的第二次冲突。②

3. 估算冲突的成本

收益问题的核心是通过战争带来的更高安全水平的价值。这是一个理性人可能并不认同的议题，因为它必须假设（往往是无法验证的）在

---

① 定期更新的布鲁金斯伊拉克指数（Brookings Iraq Index）追踪这种统计数据（参见 Brookings Iraq Index，2010）。

② 这一论点可以从许多政治视角展开。有些人相信，伊拉克冲突是在 1991 年海湾战争中未能追捕到萨达姆·侯赛因的结果。在这种分析中，海湾战争一开始似乎是成功的，且代价并不高，但一旦将伊拉克战争的成本考虑在内，成本就会高得多。

没有冲突的情况下会发生什么。估算战争成本比较容易,虽然在成本计算中有一些元素非常有问题。毫无疑问的是,战争会耗尽资源。这些问题是解析性的:首先,估算所使用资源的全部规模;其次,为它们赋予价值。每一个问题都特别困难。

成本的分类主要是:(1)到当前为止所使用的资源;(2)预计在未来要使用的资源;(3)政府的预算成本;(4)由经济体其他部分所承担的成本。最后一类成本被称为"经济性"成本,与冲突的"预算"成本不同。在经济成本方面,有微观经济成本,即由特定个人或企业承担的成本;有宏观经济成本,即对整个经济体的影响,它是所有微观成本的总和。在每个步骤中,我们必须估计所使用资源的数量以及这些资源的"价值"。

政府会计核算系统并不是以一种容易估算直接使用资源或估算全部预算影响的方法来记录大部分项目的,这使这项研究特别具有挑战性。正如我们下面所要说明的,在会计核算操作中经常出现这样的问题,但在战争会计核算中,还有一个透明度问题。政府往往会向选民隐瞒战争的真实成本,尤其是当战争不受欢迎时。[①]但这些会计核算扭曲并不都是片面的。有时,防务机构有动机利用战争资金隐藏非战争事项支出,以便为其最得意的项目获取额外资金(在我们的认知中,往往就是这样,国会难以拒绝战争拨款的要求,也很难确定军事拨款的确切用途)。[②]

[①] 当然,在会计核算中进行欺骗的动机普遍存在。企业想要说服税务人员其收入水平比实际水平低,想要说服投资者其收入水平比实际水平高。这两者之间的紧张关系可能导致进行更为"诚实"的会计核算,只要不允许企业保留两份独立的账目[参见斯蒂格利茨和沃尔夫森(Stiglitz, Wolfson, 1988)的研究]。近年来,财务和会计部门的部分创新就是为了找到使企业可以向税收部门报告低利润,并向投资者报告高利润的方法[参见斯蒂格利茨(Stiglitz, 2003)]。

[②] 自美国对阿富汗进行军事干预以来,美国全部军事基地的总预算已经增加了1万亿美元。对于包含数以万计的条目的这些资金,区分其中与战争直接有关的条目、与战争间接有关的条目是很困难的。例如,美国军队民用医疗系统(TRICARE)的成本,即军队为现役军事人员提供的"健康医疗计划"的成本从2001年的190亿美元增至2010年的507亿美元。这毫无疑问与伊拉克战争和阿富汗战争有关,当然还可能有其他因素,如一般医疗护理价格上升、战地医疗技术进步。参见美国国会研究服务处(Congressional Research Service)报告对难以将军事支出从战争支出中分离出来的讨论(Belasco, 2005年更新);政府问责局(Government Accountability Office, 2005)和慧勒(Wheeler, 2007)。

　　全部经济成本往往比预算成本高得多，但也有例外情况。政府向私人部门的支付超过所采购资源的价值就是一个例子。用经济语言说，这些可以被称为"转移支付"；① 用普通语言讲，这就是所谓的战争暴利。在伊拉克战争期间，有证据表明存在广泛的战争暴利。很多公正的组织记录了一些情况，包括从粉刷墙壁和修理卡车等简单任务支付过高的总款项，到支付给如哈里伯顿（Halliburton）和黑水（Blackwater）公司的超额款项。还有不计其数的欺诈案例，如发现美国政府为从未提供过服务的承包商付款。②

　　尽管在所有政府采购中都出现过这样的问题，但通常都有适当的保障措施来限制其规模。在伊拉克战争期间，这些保障措施被暂停或被放松了。美军在伊拉克和阿富汗的军事行动的绝对规模（这是自1973 年建立全志愿武装力量以来最大的战时动员）向招募军队施加了压力，导致前所未有地依赖私人承包商。被雇用的承包商提供了许多通常被认为是政府的固有职能，如审讯囚犯和广泛使用武装保安。在2007 年私人保安在巴格达尼苏广场打伤或打死 34 名伊拉克平民时，对后者的争议达到了顶峰。③

　　在许多方面使用承包商是成本高昂的。很多研究确定了人力和预算成本。例如，从 2007 财年到 2008 上半财年的这 18 个月时间内，美国将340 亿美元花费在了近 57000 个关于基础设施建设、能力建设和安全的应

280

---

①　转移支付仅是一方向另一方支付，不涉及使用资源。

②　国防部副监察长（Department of Defense Deputy Inspector General）、国防合同审计局（Defense Contract Audit Agency）、伊拉克重建特别监察长（Special Inspector General for Iraqi Reconstruction, SIGIR, 2009）、阿富汗重建特别监察长（Special Inspector General for Afghanistan Reconstruction, SIGAR, 2010）、政府问责局（Government Accountability Office, 2008, 2010a - c）的声明，以及由国会授权由两党代表组成的伊拉克和阿富汗战时合同委员会（Commission on Wartime Contracting）都报告存在广泛牟利与欺诈行为，包括受贿、吃回扣、将利润高昂的合同授予亲属、成立欺骗性"壳公司"以及其他行为。对伊拉克战争诈骗案进行调查时出现了数百起指控，其中数十起已定罪。

③　参见战时合同委员会（Commission on Wartime Contracting, 2010）的报告。委员会联合主席、国会前议员克里斯托弗·谢斯（Christopher Shays）指出："政策界在激烈地争论，是否可以以及在多大程度上应当把战区的安全外包出去。正如我们看到的，承包商造成的这些事件对美国的目标以及公众对美国存在的支持产生了直接且具有毁灭性的影响。"

急合同以及为在伊拉克和阿富汗的美军提供一系列的保障服务上。① 这些行动雇用了 20 万名承包商员工，在此期间，至少有 455 名承包商被杀，15787 人受伤。② 严重依赖承包商还有其他负面后果。在以往的战争中，军事指挥官能够临时将其部队分配到较轻的保障任务上，从而缓解冲突施加给军队的沉重压力（例如，打扫厨房等传统的"削土豆"任务，运输、建筑、车辆修理或保管任务）。这种灵活性为指挥官提供了一种工具，帮助士兵应对压力，或帮助那些长期经历异常沉重战斗的士兵。但在伊拉克战争和阿富汗战争中，几乎所有这些保障任务都是由私人承包商承担的。这毫无疑问会导致"战争无情"的后果，并可能造成创伤后应激障碍（PTSD），在退伍军人中已经出现了这种情况。

据美国政府问责局提供的资料，管理这些合同的美国机构［国防部、国务院和美国国际开发署（U. S. Agency for International Development, USAID）］并没有关于这些合同完整的或可靠的数据。美国的政府机构也依赖次级承包商来跟踪和监控主要合同，例如，承包商为在伊拉克和阿富汗的建筑项目提供质量保证，而这些合同是美国空军授予其他承包商的。然而，美国政府机构缺乏关于应被其监督的次级承包商的信息（Government Accountability Office，2008，2010 TK，2011a，2011b）。

伊拉克重建特别监察长、战时合同委员会以及国防部、国务院及其他美国签约机构的审计长报告显示，合同拟定、授予、实施、监督、支付和审计方式存在广泛的系统性问题。许多因素造成了这些问题，包括日益依赖非竞争性投标、薄弱的内部控制和承包商业务系统，薄弱的控制成本系统，不良及无力的监督，沟通不畅以及不熟悉商业市场运作流程的知识，安全问题和极度失职，所有这些都已导致严重滥用权力，浪

---

① 美军一般使用两种类型的承包商支持军事行动：系统承包商和应急承包商。系统承包商通常为特定武器系统或指定部件提供支持。他们倾向于执行非常具体和被精确定义的活动，且在战时和平时提供服务。应急承包商主要在军事行动中提供各种支持服务。他们通常提供更为一般化的后勤保障。在伊拉克战争和阿富汗战争中被授予的大部分合同都是这一类，包括授予哈里伯顿子公司 KBR 的大型民事物流增强计划（Logistics Civil Augmentation Program，LOGCAP）的服务合同。有关数据参见政府问责局（Government Accountability Office，2008）。

② 参见政府问责局（Government Accountability Office，2008，2010a－c）的报告。注意，美国政府并未追踪记录死亡及受伤的承包商的数量，因此，这些数据基于美国劳工部（由该机构提供保险）的报告，且很有可能是被低估的。

费纳税人数十亿美元。① 美国也无法监督本应在伊拉克发展基金（Iraq Development Fund）中持有的 91 亿美元资金，而持有这些资金是为了伊拉克人的利益。这些资金（主要来自石油收入）由伊拉克重建特别监察长审计，他发现有 87 亿美元的资金控制系统不严格，有 26 亿美元完全无法追踪核算（Office of the Special Inspector General for Iraq Reconstruction，2010）。

281

3.1　会计核算

准确的会计核算很重要，因为它提供了对于良好治理必不可少的资源使用信息。当存在代理问题，即一个人代表另一个人行动时，这些信息尤为重要。只要有行政授权，代理人就可能牺牲他所代理的应当为其服务的委托人利益，而追求自身利益。降低这种风险的唯一途径是提高"透明性"，由此委托人知道代理人在做什么。

这一代理问题在公共部门尤其严重，政府官员应该代表"公众利益"行事。他们容易根据自己的利益或特定群体的利益行事，或者简单做出不当决定，最终导致浪费纳税人的金钱。透明——以有用且及时的方式获得清晰、准确的财务信息，是民主治理和问责制的基本要素。

一旦政府发动战争，就需要做出无数决定。其中至少包括何时退出的决定。准确评估战争的全部成本是做出正确决策的重要因素。预算和会计核算系统应当能够准确追踪已发生的支出，并预测未来成本的规模。举例来说，如果 5 万名士兵已经受伤，那么政府为这些老兵提供医疗服务及残疾补偿会产生成本，估计未来责任的近似最小值是可行的（如果一家企业负有为员工受伤进行补偿的责任，那么这些成本会作为一项"递延负债"出现在其财务报表上；在最低程度上，资

---

① 参见战时合同委员会（Commission on Wartime Contracting，2009）的报告，还可参见来自伊拉克重建特别监察长办公室的副监察长基辛格·科鲁兹（Ginger Cruz）、联邦调查局刑事调查处助理处长凯文·L. 帕金斯（Kevin L. Perkins）以及国防部国防刑事调查处副监察长詹姆斯·伯奇（James Burch）在 2010 年 5 月 24 日的书面证词。所有这些证词都可以从委员会网站（http://www.wartimecontracting.gov/index.php/hearings/commission/hearing2010 - 05 - 24）获得（2010 年 9 月 8 日访问）。

产负债表的附注要提示这种情况，或者要有预留储备金的条款）。① 对于正在进行的战争而言，准确会计核算已发生成本是评估未来可能发生的成本的重要信息。

财务和会计核算信息也会影响对有关冲突行为的决策。人们总是在嘴上说生命无价，现实中，在军事上要对此进行权衡。国防部长唐纳德·拉姆斯菲尔德（Donald Rumsfeld）于 2004 年在科威特对一位士兵的提问进行了著名的回应，他把这一点表述得无比清晰。当被问到为什么没有足够的物资加固军用车辆时，这位五角大楼负责人回答说："你去打仗，用的是已有的装备，而不是用你可能想要的，或者将来可能拥有的装备。"②

拉姆斯菲尔德回复中真正的要点是决定已经做出了。政府已做出决策，因为直接入侵的预期收益超过了由缺乏足够防护可能带来的生命和伤痛成本。几乎没有人会相信，只要给出足够的时间和资源，军方不可能打造装备充分的军队；毕竟，许多父母为他们穿着制服的孩子从网上购买防务装备。同样地，五角大楼决定不购买或许可以挽救许多人生命，但每辆成本为 100 万美元的防地雷伏击保护车。③

282

在私人部门，企业需要准确、全面的财务和成本会计系统以做出好的决策。在公共部门也是如此。军事决策都受到成本的影响（即使军方只承担一部分成本），其他政府机构承担部分预算成本，社会其他部分要承担一些经济成本。从军队会计核算的单一角度看，一个人的生命成本

---

① 很难预测受伤退伍士兵的"准确成本"，因为每名伤者在医疗救治的长期过程中存在不确定性。估计结果的大致范围，并预测需要为基于残疾补偿的最小额度是可能的。参见比尔米斯和斯蒂格利茨（Bilmes, Stiglitz, 2008）第 3 章"护理退伍士兵的真实成本"；还可参见比尔米斯和斯蒂格利茨（Bilmes, Stiglitz, 2010）。

② 国防部长唐纳德·拉姆斯菲尔德于 2004 年 12 月在与 2000 名驻科威特美军士兵举行的市政厅会议上回答了陆军专家托马斯·威尔逊（Thomas Wilson）的问题。威尔逊向拉姆斯菲尔德提出的问题是："为什么我们的士兵必须在当地的垃圾填埋场挖出废金属碎片和被损坏的弹道玻璃碎片来加固我们的车辆？为什么我们无法使用现成的资源？"（CNN, 2004）

③ 防地雷伏击保护车采用 V 形外体，它们能够更好地防护简易爆炸装置（Improvised Explosive Devices, IEDs）带来的袭击，大部分在伊拉克丧生的美军士兵死于这种装置。美国海军陆战队在 2004 年对其进行了测试，并在 2005 年初要求大量采购防地雷伏击保护车。然而，五角大楼直到 2007 年 5 月才批准大量采购这种车。在这段时间内，超过 1000 名美国士兵死于简易爆炸装置。

等于 50 万美元，其中包括 40 万美元的人寿保险和 10 万美元的"死亡抚恤金"。这一数字并没有充分反映出军方要承担的成本，包括招募和训练一名士兵以代替失去的士兵，以及对士兵士气和心理健康的影响，这会导致更高的医疗费用。从经济角度看，经济的实际损失，更不用说人员损失，接近 700 万美元，这接近民事政府机构使用的"基于统计的生命价值"（value of statistical life）。然而，这一数字似乎并没有出现在对战争成本的任何估算中。

运行最好的政府组织采用成本会计核算来估算其活动的直接和间接成本。他们还利用基于权责发生制的会计核算把未来的成本考虑在内。对当年现金预算的关注会导致代价高昂的错误。例如，在战争早期不为军队购买更多防护装备以及不购买防地雷伏击保护车的决策，确实会节约资金，这是以现金来衡量的。但可预见的是，这些决策导致更高的死亡率和受伤率。因此，同样地，在 2005 年、2006 年和 2007 年不为退役军人事务部（Department of Veterans Affairs）提供充足资金的决定，确实减少了当年的预算支出，但代价是为退伍军人提供服务的长期预算和经济成本增加了。这些以及类似的决定是由会计核算系统和预算系统制定的，这个会计核算系统没有为当前的政策提供全面、长期的预算成本评估，而预算系统没有评估经济体的成本。

我们在本章中讨论的许多问题是众所周知、长期存在的问题。例如，大多数政府仍然采用收付实现制，而法律要求所有大型企业采用权责发生制，众所周知，五角大楼在政府部门中拥有最糟糕的会计系统。[①] 这些会计核算问题在现代冲突中变得日益重要。得益于现代军事医学的发展，战场上的生存率已经高多了，然而，照顾军队中伤残人员的成本要

---

① 1990 年，国会颁布了《1990 年首席财务官和联邦财政改革法案》（Chief Financial Officer and Federal Financial Reform Act of 1990，也称 CFO 法案），它要求联邦政府机构编制并审计年度财务报表，使财务管理系统现代化，加强内部控制，开发成本信息，整合项目、预算和财务系统。从那时起，24 个内阁级政府部门中的 20 个能够得到清洁审计意见。国防部一直无法编制可审计的财务报表，因此，每年的审计均不合格（由外部及内部审计员进行审计）。这已经妨碍美国政府实现 CFO 法案的目标，CFO 法案包含一套完整、无限制的准确财务报表。五角大楼也缺乏成本会计核算体系。

延续到冲突结束后几十年。[①] 2008 年，我们保守估计，伊拉克战争的这些预算成本将超过 5000 亿美元，这一总额是在那时对冲突作战成本的估计值。根据退伍军人的实际医疗索赔率，在 2010 年 9 月，我们修订了对这些成本的估算值，将其上调到 6000 亿～9340 亿美元。然而，政府的会计核算制度未能追踪或确认这些未来的债务责任。

在本章中，我们专注于对这个"问题"领域的成本进行计算，未来在这些领域的研究需要在进行成本估算时改进方法论。

283

3.2　预算成本

估计战争对预算的影响涉及三个关键问题：（1）已发生的支出；（2）预期支出；（3）对利率的处理。人们可能会认为，第一个问题很直观，即确定截至目前关于冲突的所有支出。但事情从来没有这么简单。我们可以确定政府声称在冲突中花费了多少，但出于各种各样的原因，这可能比实际支出的数额或大或小。通常来说，正如我们已经注意到的那样，政府有动机尽量在公众面前把冲突描绘得不如实际"昂贵"，因此正常的推测是，这些数据低估了总支出。

要估计仍在进行中的战争的未来成本，关键问题之一是未来军事行动和政治决策的结果总是存在相当大的不确定性。政府往往有低估这些开支的倾向，希望战争是短暂的，而军方往往倾向于要求尽可能多的资源以确保胜利。在越南是这样，在伊拉克和阿富汗也是这样。

对于分析人员而言，在这种情况下，最明智的做法是识别不确定性，并基于不同场景进行分析，如快速胜利、持久斗争，以及某些中间情况。对这些场景可能的概率进行加权，从而得到一个期望结果。

在战争结束后，成本在继续发生。下面的大部分讨论集中在照顾残疾退伍士兵的持续成本上。在冲突结束后，维持和平与稳定也存在成本。

---

① 在敌对性战斗中，伊拉克战争和阿富汗战争的死亡人数与受伤人数之比为1：8，与越南战争之比为1：36，以及与之前战争的1：2或更低形成对比。如果将非敌对性事件（例如，夜晚的车辆事故、往返于战场的交通意外、疾病以及必需的医疗后的其他问题）中的受伤人员计算在内，那么伊拉克战争和阿富汗战争的死亡人数与受伤人数之比为1：15［参见利兰和奥伯龙（Leland, Oboroceanu, 2010）］。

冲突结束的几十年后，在日本、韩国和德国仍有美国的身影。[①]

　　本章假设分析人员能够收集或利用足够的数据以合理预测战争所必需的资源。我们关注与计算冲突预算影响有关的问题。

4. 估算预算成本

　　存在以下七大类困难。

（1）分摊联合成本。

（2）确认增量成本：确定反事实。

（3）隐性的冲突开支。

（4）预测未来成本。

（5）对非国防预算的影响。

（6）时效性——递延支出。

（7）收付实现制还是权责发生制。

284

4.1　分摊联合成本：概览

　　分摊联合成本，特别是共同的间接成本，是会计核算中的一个标准问题。出现分摊联合成本的问题是因为一些战争支出是相互关联的，并与非战争支出掺杂在一起。无论是否发生战争，国防部长都要拿工资。从这个意义上讲，不存在增量成本。但冲突会占用他或她的大部分时间，如果不考虑其及在"总部"的其他人花费在管理冲突上的时间价值，则是错误的。即使没有明显的增量预算成本，也存在机会成本。

　　另外还存在各种重要成本，它们是共享的且无法分摊到单个冲突上，例如，招募成本（如果战争不受欢迎，那么该项成本会增加）、为正在执行任务的部队提供医疗服务的成本（如果军事部署的数量多、时间长、强度高，则该项成本会增加）、在各个战场上所使用的装备的折旧成本（如航空母舰）和专业培训的成本。通常情况下，这些间接成本中的任何一种都无法归属于一场特定战争。如果军方有更好的会计核算程序，

---

① 2008 年，美国军队驻扎在全球 130 多个国家。较大的特遣部队在德国（56222 人）、日本（33122 人）以及韩国（26339 人）（Department of Defense，2008）。

那么它至少可以将人员和其他支出的某些成本划归到某个冲突上。

虽然在分配"联合成本"方面存在根深蒂固的问题，但还存在许多情况，军方及退伍军人预算之外所支付的直接成本应当被划归在冲突上。这包括社会保障残疾补偿金等，它支付给由战争导致伤残不能再工作的退伍军人。在战争会计核算中特别重要的是，需要有一个综合全面的会计核算方法，涉及所有"直接"以及间接冲突支出（例如，不仅考虑在战区的人员，还要考虑提供后勤及其他支持的人员，无论他们被部署在什么地方）。

"成本分摊"问题是普遍存在的，下面的例子很好地说明了这一点。考虑这样一种情况，一名士兵已参加过三次任务，其中两次在伊拉克，一次在阿富汗，其一半时间花在轮换回美国。退役后六个月，他表现出严重的创伤后应激障碍症状，并被评级为严重残疾。因此，他将得到残疾赔偿以及余生的健康福利。这些成本中有多少应该划归阿富汗战争？仅把成本中的50%"分配"到这场战争是不对的，因为战争的累积效应导致其出现这样的心理状态。另外，将所有成本分配到最后一次任务（在阿富汗）也是不合理的。如果之前没有在伊拉克出过两次任务，那么他或许可以在不受心理伤害的情况下完成在阿富汗的任务。

或者考虑这样的情形，一名在伊拉克受伤的士兵，恢复后返回战场，在阿富汗又一次受伤。同样地，累积影响可能要比"单次"影响大得多。照顾一名两次受伤的病人的成本可能要高于照顾一名伤者的相关成本的两倍，因为其中存在不良的交互影响。

4.2 增量成本

原则上，阿富汗冲突的成本应该是增量成本，但在实践中，我们按照花费时间的比例把成本划归到每场冲突中。随着战争的拖延，如果常备武装力量规模不扩大，那么这种方法导致的扭曲会变得越来越严重。一个更好的成本核算体系要注意不断扩大的常备军队规模带来的高昂成本；这些信息有助于更好地决定是否应该扩大武装力量规模。

例如，医学研究表明，士兵经历的枪战次数与其发展成创伤后应激障碍患者的可能性之间存在很强的相关性［参见西尔等（Seal et al., 2009）］。根据目前武装部队的规模，我们可以估计不得不执行第三、第四或第五次任务的士兵比例，以及在不同战场环境中进行两次部署之间所需要的时间。基于过去的数据，我们可以预测与每次连续部署相关的伤残率，在此基础上，我们能够估计总伤残率和总成本。然后，我们可以在武装部队规模扩大的假设下，重新计算。这使我们能够估计武装部队规模扩大后的损伤情况带来的期望成本。

一些对我们关于伊拉克战争成本早期研究的批评者指出，与损伤有关的成本被夸大了，因为年轻男性即使不在军队服役，他们的损伤率（甚至死亡率）也非常高。相关批评认为我们应该将研究限定在增量成本上。这种观点在估算经济成本方面或许是正确的，但对于估计预算成本，无论损伤率是否确实存在于民众生活中，政府都要承担这种损伤的成本。了解冲突对伤害、死亡和疾病发生率的增量影响一定是非常重要的。为确定这一点，我们分析了和平时期（在战争前的一段时间）的军事死亡率，并把它与伊拉克战争中出现的数字进行比较。[①]

这是一个需要进一步研究的课题。例如，我们需要考虑"选择性偏差"。随着军队规模扩大，人口特征已经发生变化。军队的人口特征不同于总体人口的特征，这就是为什么我们不能使用总体人口的统计数据，如发病率或死亡率（以年龄和性别进行校正）进行简单比较。

286

4.3　机会成本

任何成本核算都必须考虑机会成本，即使在没有增量现金开支时也是如此。在一场特定冲突中，军事参与总会带来机会成本。例如，将国民警卫队（National Guard）部署到伊拉克战场的机会成本在 2005 年新奥尔良的卡特里娜飓风过后体现得非常明显，这场飓风导致近 2000 名居民死亡，造成 800 亿美元的财产损失。当时，路易斯安那州和邻近的密西西比州的 7000 名国民警卫队队员及大部分装备"驻扎"在伊拉克。虽然这些职位得到了补充，但许多有经验和娴熟的国家警卫队队员没有在国内处理这项紧急事件。

---

① 参见霍尔顿（Horton，2007）的文章。这篇文章显示，与和平时期的部署发生的情况相比，伊拉克战争和阿富汗战争导致的意外死亡人数要多 190 人，这是通过比较入侵伊拉克前五年和后五年的意外死亡率得到的。把这一数据外推至意外受伤情况，然后进行分析，可以得出非敌对性受伤率在当前冲突中要比和平时期高出 50 个百分点。

4.4　未来的成本

评估长期健康（和残疾）成本的困难部分在于这些成本只有随时间推移才会表现出来，而且它们是否与战争服役直接相关可能是存在争议的。例如，与越南战争的橙剂、海湾战争综合征相关的问题表明，这样的成本可能需要几十年才能被认识到，并直接归因于冲突。参加过越南战争的退伍军人在接触到橙剂近 50 年之后，在 2010 年 7 月才得到国会 130 亿美元的福利拨款。[①] 同样地，这个问题既涉及增量经济成本，也涉及预算成本。

"延迟"开支往往是政府会计长期赤字的一个反映。大多数公司（比一个杂货店的规模大些）使用权责发生制，而不是收付实现制。人们只想知道与生产相关的今年发生的成本。但可以通过各种不同的方式使今年发生的成本不在今年支出。大多数企业有退休福利，退休福利增加值经贴现后的预期现值就是一种应计成本（accrued cost）；如果公司实际留出资金（支付到退休账户中），那么当然存在现金流出。如果没有，那么便形成了应付负债。在军队中，由于多种原因，当期费用和应计费用之间的差距巨大且在不断增长。把政府会计制度转换为权责发生制并以成本为基础不是一件轻而易举的事。部分困难在于评估政府资产。即便如此，在《首席财务官法案》（Chief Financial Officers Act）实施大约 20 年之后，在这方面五角大楼在所有的政府部门中进步最为缓慢。

4.5　战争如何导致非战争支出增加？

另一个复杂的问题是战争可以导致非战争采购成本增长。例如，在伊拉克战争进行得最糟糕的那几年，美国陆军和陆军预备役面临招募新士兵的困境，因为战争不得人心，且人们预计战争情况还会恶化。[②] 作为

[①]　橙剂是一种在越南战争期间被美国军队广泛使用的化学物质。近期的研究显示，接触橙剂会增加罹患某些癌症的风险［参见如夏米等（Chamie et al.，2008）和沙阿等（Shah et al.，2009）］。

[②]　根据皮尤研究所（Pew Research）在 2008 年 2 月进行的一项调查，54% 的美国人表示，美国做出了错误的决定（在伊拉克使用军事力量），而 38% 的美国人表示这是正确的决定。自 2003 年以来，这一比例稳步上升。从 2005 年 2 月至 2007 年 3 月，认为战争"进展不顺利"的美国人的占比从 42% 上升至 56%。在这段时间内，美国陆军、陆军预备役和海军陆战队难以实现招募目标。

回应，陆军增加了补贴和入伍奖金，并降低了新战士的健康和教育标准。 287
这些额外成本由整个军队承担，包括没有在冲突地区服役的人员。

　　军队必须为招募新兵支付更多是明确的事实；[1] 但另一个困难是，
如何估计这些成本在多大程度上是由冲突本身导致的。可能还有其他因
素导致成本增加。即使在没有战争的情况下，成本可能也会增加。还有
一个众所周知的问题是反事实，即如果没有战争发生，世界将是什么
样子。

　　美国现在面临经济衰退，失业率很高。这可能促使军方降低招聘成
本，或许甚至降低到战争之前的通行水平。但就此得出结论，冲突并没
有带来成本则是错误的。考虑到经济衰退，招聘成本甚至可能比没有战
争时更低。多元回归技术可用于估算招募的追加成本；这些很可能不仅
与战争本身及其声望有关，还与战争进行的方式有关，包括残疾和死亡
风险、多次部署的风险，以及强制服役至超出任务标准时长的风险。

4.6　战争对其他冲突开支的影响

　　对计算伊拉克战争成本产生影响的第四个复杂问题是，估计通过进
行冲突而节省的开支。在伊拉克战争期间，从 1991 年到 2003 年入侵日，
美国及其盟国一直在伊拉克北部和南部保持活跃的禁飞区。一旦战争爆
发，这就不再需要了。在我们估算战争成本时，我们减掉了这些成本。[2]
然而，我们无法罗列出对军事力量的全部影响，例如，禁飞行动主要是
由空军和海军执行的，而陆军和海军陆战队是伊拉克战争的主要力量。

4.7　防务之外的增量预算成本

　　完整的预算会计核算如此困难的原因之一是，冲突会对预算的其他
方面施加无数成本。利息成本可能是其中最大的数额，如果战争是由债

---

[1]　人员素质下降是非货币成本的一个方面，在进行成本计算时，应将其考虑在内。如果
　　有一个很好的绩效指标，那么每个效率单位的工资就会增加。很不幸，在军事上，这
　　种度量可能并不存在。

[2]　设立禁飞区的目的是阻止伊拉克军用飞机飞越伊拉克北部（库尔德地区）和伊拉克南部
　　（科威特附近）。1998 年之前，美国和英国军队执行了大部分架次的飞行任务，法国也参
　　与了相关飞行任务。我们估计，北部守望（Northern Watch）和南部守望（Southern
　　Watch）军事行动使美国每年需负担 120 亿美元，我们认为这是通过战争可以节约的成本。

务来融资的，伊拉克战争正是这种情况。我们的研究还确认了，战争成本中相当大一部分并不是由军事预算直接所覆盖的那些机构来支付的。其中许多是给退伍军人提供的服务，例如，劳工部（Department of Labor）为退伍军人提供职业培训，由住房和城市发展部（Department of Housing and Urban Development）支付部分住房福利，联邦和州一级向退伍军人提供援助，以及教育和培训福利。规模最大的是由社会保障局（Social Security Administration）提供的伤残保险和卫生与公共服务部（Department of Health and Human Services）提供的医疗、福利等额外成本。① 另一个例子是劳工部门要支付军工承包商死亡和伤残保险的大部分成本。

在每一种情况下，评估与冲突相关的增量成本都是一项困难的任务。平均而言，即使退伍军人使用公共服务的概率更高，也可能会存在选择性偏差，也就是选择进入军队的人多多少少总是和那些没有这么做的人有所不同。参加过冲突的退役士兵与没有参加过冲突的退役士兵之间的成本差异可能为增量预算成本提供一个更好的估计量。

在某些情况下，这可以节省预算。如果从战场回来的士兵的预期寿命较短，那么他们的社会保障福利的预期值将减小。②

4.8 利息和金钱的时间价值

由于成本在长期内发生，过去和未来的支出必须转化为"当前"美元，以反映出金钱的时间价值。关于在公共成本—收益分析中如何使用恰当贴现率已有相当多的文献。③ 大部分与经济成本折现有关的复杂问题会在后面的第 5 节中进行讨论。在估计预算成本时，使用以 10 年期政府债券利率表示的政府实际借贷成本是合理的。

---

① 未来医疗成本增长是可能的，因为对 200 万名参加伊拉克战争和阿富汗战争的退伍军人中的大多数人来说，他们的医疗成本可能高于平均水平。这些人在五年免费服务期结束之后就会被移出退伍军人医疗护理系统。这种医疗成本最终可能非常巨大，我们无法在分析中进行估计。

② 这是预算核算与经济核算之间存在差异的一个明显且引人关注的例子。尽管较短的寿命预期会降低对社会保障的预算支出水平，但很少有人认为较短的生命期限会产生总体为正值的经济福利。

③ 关于这些文献的讨论以及一些核心文献，参见比尔米斯和斯蒂格利茨（Bilmes, Stiglitz, 2008：Chap. 2）。

另一个问题是未来通货膨胀率的不确定性。即使我们准确知道实际需要多少资源，如照顾一位残疾老兵，但我们不知道未来的预算成本（在把过去支出转换为当前的"实际"美元价格时不存在这样的问题，因为我们知道过去的名义利率和通货膨胀率）。

市场可以提供部分答案。自 1997 年以来，美国财政部一直在发行通货膨胀指数型债券［财政部通货膨胀保值债券（Treasury inflation-protected securities，TIPS）］，旨在保护投资者免受通货膨胀影响。可以把这些债券的利率从传统债券的名义利率中减去，由此提供了市场对未来价格上涨的最佳预测。然而，这个通货膨胀指标与一般物价指数最为相关，适用于未来医疗保健支出的通货膨胀率可能会大大高于一般的通货膨胀率。[①]

5. 融资方式的影响

与伊拉克战争和阿富汗战争相关的最大成本之一是为战争融资产生的利息成本。任何拥有房产（或购买汽车）的人都知道这个问题：30 年抵押贷款所支付利息的总额可能比借贷本金的数额大得多。但在估计战争成本时把利息支出计算在内引起了大量争论。

289

一些经济学家指出包括这些成本实际是重复计算了，认为我们应该仅考虑用于战争的花费的现期贴现值，就像我们在谈论买车或买房的价格时不会把支付的利息计算在内一样。

冲突的现期贴现值是一个重要信息。但总的预算成本也是重要信息，它包括与支付费用有关的利息。

把这种成本考虑在内的原因之一是政府不同于个人。对政府而言，筹集资金很昂贵。征税会带来扭曲。如果不提高税收水平，就必须削减其他支出。我们知道，政府投资的边际回报率是非常高的，借贷成本和这些收益之差就是税收高成本的证明（如果没有这样的成本，那么公共

[①] 例如，在 2005 年 5 月至 2010 年 5 月，消费者价格指数的平均年增长率为 2.0%，医疗费用（考虑通货膨胀）的增长率为 3.4%（事实上，方差很大，因为某些医疗费用已被纳入消费者价格指数的计算中）。1980～2010 年，医疗费用（考虑通货膨胀）的增长率都高于消费者价格指数的增长率。参见国会预算办公室（Congressional Budget office，2007）以及《医疗费用通胀新闻》（Health Inflation News，2010）。

投资应该发生在边际回报等于借贷边际成本这一点上）。

一个原因是，以储蓄资金供给为政府借贷融资并不是完全弹性的。金融市场有一个观点，债务占国民生产总值（GDP）的比例有一个可接受的值。较小的国家对这种约束更为敏感，但在任何情况下，如果债务和赤字占国内生产总值的比例增长至某个水平之上，国家就会发现它想继续为目前赤字进行融资越来越困难，越来越昂贵。部分南欧国家最近已经遇到了这些限制，迫使其政府大幅且前所未有地削减政府开支，以保持金融市场的信心。市场关注的焦点不是基础盈余或赤字（不支付利息时的盈余或赤字），而是全部盈余或赤字。因此，战争负债的影响在多年后才开始显现。

这些都是我们关心战争总体预算成本的原因，政府如何为战争融资与其预算影响息息相关。但量化这些影响并不那么容易。反事实分析也是一个问题：如果不是为了冲突，那么政府将怎样借贷？借贷的增量成本是什么？随着债务水平越来越高，政府可能不得不为此付出越来越高的利息。借贷的这种增量成本会不同，它取决于以前的负债水平、经济情况的其他方面，以及一国对外国借贷的依赖程度。例如，日本国内储蓄率很高，即使在债务占国内生产总值比例很高的情况下，其似乎也能够以低利率借贷。

通常情况下，政府综合运用借贷、削减其他方面的开支以及提高税收水平来筹措战争资金。① 伊拉克战争极不寻常，因为可以说它完全是靠债务融资进行的。尽管国家赤字水平很高，但当国家卷入战争时，税收会削减，而其他开支会增加。当涉及为未来支出融资，如为未来利息成本融资时，也会提出类似的问题。（我们是否应该假设，在边际意义上，政府用借款来支付因战争已发生的借款的利息？）②

290

虽然可以说伊拉克战争和阿富汗战争是完全靠债务融资进行的，但在未来冲突中，情况或许不是这样。我们需要知道是否已提高了税收水

---

① 参见霍马茨（Hormats，2007）对以往战争如何融资的有趣讨论。

② 在我们的著作中，我们考虑了三个项目：（1）到目前为止为战争军事行动所借款项已支付的利息；（2）到目前为止所借款项到 2017 年需要支付的利息；（3）在不同战争情景下，在未来为战争军事行动所借款项需支付利息的估计值。为得到较为保守的估计，我们没有考虑"（4）为支付这些利息需要借贷的额外资金"（尽管这是非常有可能的）、"（5）2017 年之后的利息成本"。如果我们将（4）和（5）包括在内，那么战争的预算成本会高得多（Bilmes, Stiglitz, 2008）。

平以支付部分成本。在过去，各国政府没有强制当前的纳税人支付所有当前的战争成本。将战争支出会挤出一些其他支出作为一个有效假说并非没有道理。一种方法是在其他情景下考察预算成本，例如，战争支出（包括为支付冲突花费而增加的利息）不会挤出任何其他支出，这是一种完全依靠债务融资的情景，或者比如，假设通过减少非战争开支，可以"支付"1/4 的费用。

　　另一个原因是，伊拉克战争的真实增量预算成本可能特别高：通过"追加"拨款的方式，国防部不断为战争支出进行授权。[①] 这一过程扭曲了我们对年度预算中花费了多少的认知，这导致出现比国会预期更高的赤字，如果所有支出被合并进年度预算，那么这会远远超出可容忍的水平，此时国防部必须为资金要求准备更为详细的解释。由于战争拨款是单独处理的，国会没有机会有针对性地削减战争开支，而且可以说，没有压力在其他领域削减开支（进行抵销）。

　　为伊拉克战争和阿富汗战争而增加的债务相当可观。自"9·11"事件以来，美国的债务水平已从 6 万亿美元增加到 2010 年的 14 万亿美元。即使是适度的估算也表明，战争债务是这种增长的主要推动力。

　　接下来我们要谈到，战争总体经济成本的分析对其中一些问题不那么敏感，但对很多其他因素是非常敏感的。然而，预算分析不能完全从经济分析中分离开来。例如，通过挤出政府投资可以减少预算成本（通过支付利息），接着又出现了一系列新的预算影响：较少的投资支出降低了经济增长水平，而较低的经济增长水平对政府预算产生间接影响。

6. 经济成本

6.1　预算和经济成本的一般原则与区别

　　冲突的成本是最重要的，且通常来说根本无法计算，它是复杂的经济成本，用于冲突斗争所消耗的资源价值，其中包括在战争中受伤或死亡

---

① 伊拉克战争和阿富汗战争几乎完全是通过一系列"追加"拨款法案来融资的，其绕过了对年度预算法案的正常审查程序。这种做法会造成很多后果，其中，较麻烦的是国会拨款无法同通过正常程序那样获得支出计划同等程度的详细内容，这导致国会在进行最低限度的审查后批准了数十亿美元的战争支出。

291 的人力资源的价值。

预算成本和经济成本之间有明显的差异。在某些情况下，预算成本超过经济成本（例如，正如我们之前指出的，支付给承包商的费用①）。在许多其他情况下，预算成本比经济成本小。例如，对于那些在战争中受伤的人，其家庭面对的成本往往远高于政府支付的医疗费用甚至残疾补偿的成本。

在这一节中，我们对这些经济成本进行广泛分类，重点介绍在测度并估算冲突消耗资源以及更广泛的经济影响中关键的解析性问题。

有两种经济成本：微观经济成本，即个人、家庭和企业承担的成本；宏观经济成本，即整体经济承担的成本。

同样，一个反复出现的问题是反事实，即如果没有冲突会发生什么？例如，如果一名士兵的服役期没有被延长，那么他会得到什么？如果预备役军人没有被召集服现役，那么他会得到什么？

大规模冲突（如第二次世界大战）带来了更为复杂的情况。通常，在评估成本时，我们假设一个政府项目是不变的，比如，工资或商品成本不变。但这个假设对于一场大规模战争不成立，因为政府招募了劳动力中的相当大一部分。这种情况会对工资产生影响。类似地，当一场战争占据某个行业产出的一大部分时，就会对价格产生影响。在本章中，我们将忽略这些影响，因为最近的冲突成本高昂，但并没有对一般均衡产生影响。②

6.2 微观经济成本

即使是一场规模相对较小的战争，如伊拉克战争，也可能产生广泛且持久的影响（用占 GDP 的比例来度量）。它可能激起反美情绪，导致美国企业亏本销售。正如我们在前面提到的，国民警卫队被部署到国外导致国内民众无法获得相应服务。由于近年来撤回部队的增加，对退伍军人服务（特别是健康服务）的需求增加了（预算分配没有相应地增

---

① 对承包商的支付是转移支付，这增加了预算成本，但其不是对所部署的资源的支付。在这种情况下，对承包商的超额支付直接影响预算，因为这超过了任何经济活动的价值。

② 石油可能是一个例外。美国成为全世界最大的单一燃料购买方后，或许会存在这样的观点，伊拉克战争和阿富汗战争需要耗费大量石油，这会对石油价格产生某些影响。

加，提供护理的能力也没有提升），可能会使参加以往战争的老兵遭受损失。事实上，近期，参加伊拉克战争和阿富汗战争的退役军人的伤残索赔和医疗需求的数量及复杂程度已经对其他退伍军人产生影响：老年退伍军人进行索赔的等待时间有所增加，对他们而言，在退伍军人事务部系统（VA System）中预约某些专科医生更为困难。当然，这也可能有附带（但重要）的收益：为严重受伤人员提供护理的技术发展了，包括设计更好的义肢，这将有助于那些因其他方式遭受伤害的人。重要的是识别出这些影响，即使我们不能完全量化它们。[①]

292

　　量化其中的某些影响或许是可能的。首先，我们可以评估美国公司在中东损失的销售额（如使用多元分析，以确认作为美国企业，对公司销售额的影响）。

　　最困难的问题产生于非市场化的商品和服务方面，例如，国家警卫队处理紧急情况，提供"保险"的价值。在处理常规事务中他们的服务所挽救的人身与财产价值，为这些服务的价值提供了一个下限，因为个人是厌恶风险的，愿意为避免产生这样的损失支付风险溢价。

　　在下面的小节中，我们讨论一些可能进行量化的重要领域，以及在试图对成本做出准确估算时所遇到的一些问题。

　　最重要的非市场化"成本"是与生命损失和持续性损失相关的成本。失去一个生命的预算成本是由政府向单个幸存者支付的款项（目前由美国军方以人寿保险加上"死亡抚恤金"的形式进行支付）。真正的（经济）成本远高于此。

　　已经有大量文献估计生命损失的价值。尽管提供了一个下限，但它与商品和服务的价值不同，因为商品和服务消失了可以再生产。[②] 标准方法试图估计个人愿意为避免被杀害的风险支付多少，个人选择往往会暴露这些信息。例如，个人愿意接受一份死亡风险更高的工作，以换取更高的补偿。

　　政府机构在做决策时经常使用生命价值的估计值，例如，衡量汽车

---

① 参见比尔米斯和斯蒂格利茨（Bilmes, Stiglitz, 2008）在第 3 章和第 4 章对这些影响的全面梳理。

② 事实上，情况要比这更为复杂，因为有人可能认为，人们应该减去维持生计的食品和其他资源的价值。

安全监管或道路安全改善、环境监管等的成本和收益。在制定法规时，政府机构为生命赋值，然后权衡一项拟制定规则的成本与保护生命安全的收益。对政府而言，生命价值越低，对管制的需求就越低，例如，更严格地限制污染。

举例来说，假设考虑这样一条规定，要花费 180 亿美元的成本但可避免 2500 人死亡。如果生命价值是每人 780 万美元［美国环境保护局（U. S. Environment Protection Agency，EPA）使用的数据］，那么保护生命的收益超过了成本，所以采用这条规定是合理的。各个政府部门都在使用这种方法，比如，食品和药品评估、交通及环境保护等监管领域。①

类似地，法院也必须对非正常死亡的损害赔偿金进行合理评估。系统地看，在公共部门和私人部门，为生命赋予的价值比预算成本要高出一个数量级。②

同样的方法可以用来评估伤残的价值，如断臂。发生伤残后必须进行不间断的护理，另外还存在额外成本，首先发生的是医疗护理成本，其中包括其他费用。

估计未来医疗费用本身是很复杂的。它不一定可以由以前的冲突情况外推出来。每一次冲突都是不同的。许多从伊拉克战争和阿富汗战争中幸存的人都受到严重的多重伤害，这被称为"多发伤害"。在以往战争中，受到如此多重伤害的士兵通常不能生存下来。现代战地医疗技术的进步使人们有可能在伊拉克和阿富汗就地治疗受伤严重人员，然后将他们空运到德国兰施图尔地区医疗中心（Landstuhl Regional Medical Center）。然而，许多受害者虽然存活下来，却永远无法完全恢复原本的肌体或精神功能。没有办法量化痛苦与创伤——我们知道，他们所遭受的伤害远远小于汽车事故中的伤害，即便他们能获得数百万美元的赔偿。

---

① 2008 年，美国环境保护署降低了对基于环境法规的生命价值的估值（从 780 万美元降至 690 万美元），这引起公众的强烈抗议，因为这被视为弱化了环保法规的作用。然而，美国环境保护署的水务部门仍使用 870 亿美元这一数据。参见美联社（Associated Press，2008）。

② 在我们的著作中，我们对"基于统计的生命价值"（VSL）使用的数据是 720 万美元，它在各个政府民事部门所使用的数据范围之内（Bilmes, Stiglitz, 2008）。大量文献讨论了这个问题。参见基普·维斯库西（W. Kip Viscusi）、约瑟夫·E. 阿尔迪（Joseph E. Aldy）关于基于统计的生命价值以及对不同年龄估计值的文章（Aldy, Viscusi, 2008）。

　　在写这篇文章的时候，大约有 140 万名退伍军人从伊拉克和阿富汗返回。大约 6300 名美国现役男性军人和女性军人死亡，超过 10 万人在行动中严重受伤，甚至需要接受医疗救助后被送回。然而，有近 65 万人已在退伍军人事务部的医疗机构中接受了治疗，涉及的问题包括从大脑损伤到丧失听力。

　　与受伤和损害有关的成本主要有两大方面：（1）在退伍军人生命期限内接受护理的医疗成本；（2）发放给合格退伍军人及幸存者的现金补偿及福利（例如，住房贷款和康复费用）。其中一些福利会支付给所有退伍军人，无论伤残情况如何，他们都可以在退伍军人事务部医疗系统中获得，他们在退出现役后可以享受五年的免费医疗服务。经退伍军人事务部的医疗和行政部门批准后，退伍军人可以获得一系列补偿性福利和现金津贴。此外，退伍军人还可能获得来自其他政府机构的援助，例如，社会保障管理局（Social Security Administration）为那些不能再工作的人士提供追加伤残赔偿。以往战争的证据显示，护理参战老兵的成本在冲突结束 30～40 年后达到峰值。随着退伍军人年龄增长及其医疗需求增加，成本会随时间推移急剧上升。

　　有资格获得终身医疗护理和伤残赔偿的退伍军人数量众多，目前接近返回军人数量的 50%。我们考虑了在战斗中的受伤人员和在非战斗情况下（例如，交通、建筑、心理健康诊断、罕见疾病）伤残比例超过和平时期伤残比例的受伤人员的所有成本。这是通过比较 2001 年前五年和之后五年军队中非战斗受伤人员的比例来确定的（Horton，2007）。

　　我们最初对护理伊拉克战争和阿富汗战争退伍军人成本的估计是基于对历史模式的研究。我们预计，向参加伊拉克战争和阿富汗战争的退伍军人提供医疗护理和支付伤残赔偿的长期成本为 4000 亿～7000 亿美元，具体数值取决于战争的持续时间和强度，以及未来的部署情况。

294

　　我们现在已经分析了近期超过 40 万名退伍军人的真实记录。基于这些数据，我们修订了估计结果，上调至 5890 亿～9340 亿美元（具体数值取决于战争时长及强度）。①

---

　　① 3/4 的增长是由参加伊拉克战争和阿富汗战争的退伍军人进行更多的索赔活动和使用更多的医疗服务推动的，其中，18% 是由军队部署数量增加推动的，6% 是由国会预算办公室（Congressional Budget office，2010）的预测是到 2020 年而不是 2017 年造成的差异推动的。

我们先前的估计已被证明过于保守。2008 年，我们预计，到 2010 年，有 36.6 万 ~ 39.8 万名从伊拉克和阿富汗返回的退伍军人申请伤残补偿。事实上，超过 60 万名退伍军人已经申请了退伍军人伤残赔偿。我们还低估了这些索赔的复杂性，已明示的致残情况的数量，以及被诊断患有创伤后应激障碍的退伍军人的伤残率随着时间推移而提高的情况。

同样，我们原来对医疗费用的估计被证实太低了。在较早期的分析中，我们估计到 2010 年，会有不到 40 万名退伍军人在退伍军人事务部医疗系统中接受治疗。事实上，退伍军人事务部已经向 65 万名退伍军人提供了医疗救治服务。

与以往战争相比，参与伊拉克战争和阿富汗战争的退伍军人正在使用退伍军人医疗服务及申请伤残补偿的比例要高得多。出现更多的医疗服务和赔偿要求是多种因素作用的结果，包括：（1）严重受伤的退役军人的生存率更高；（2）创伤后应激障碍和其他心理健康疾病的发生率更高；（3）更多退伍军人愿意寻求心理健康问题的治疗；（4）在某些分类下有更慷慨的医疗福利、更多的假定性条件及更高的福利。退伍军人事务部已经扩展了多个程序以加快索赔，并增加了一些类别的福利和外展服务。

创伤后应激障碍的高发率很可能使当前冲突的医疗成本在几十年内继续上升。参加过越南战争而被诊断为创伤后应激障碍的退伍军人就是这种情况，最近研究已证明，创伤后应激障碍患者患心脏病、类风湿性关节炎、支气管炎、哮喘、肝疾病和外周动脉疾病以及其他疾病的风险更高。创伤性脑损伤会使患者有更高风险终身患有疾病，如癫痫、神经认知功能下降、阿尔茨海默病和其他慢性疾病。据估算，大约有 20% 参加过伊拉克战争和阿富汗战争的退伍老兵（通常也患有创伤后应激障碍）有创伤性脑损伤。[①]

此外，无法再次工作的退伍军人可以申请社会保障残疾福利。我们估计，这些退伍军人在生命期限内该福利的现值为 330 亿 ~ 520 亿美元。

---

① 参见霍格等（Hoge et al., 2002）的研究，还可参见退伍军人健康研究局（Veterans Health Research Institute）的成果。

6.3　其他预算成本

这些数据没有包括将由不同政府部门支付的一系列额外费用，如退伍军人住房贷款担保、退伍军人就业培训及同时领取的养老金，以及没有登记在退伍军人事务部系统中的退伍军人更为高昂的终身医疗成本和美国军队民用医疗系统（Medicare and TRICARE for Life）的成本。这还不包括各州和其他地方政府支付的费用，以及退伍军人权利法案（GI Bill），这是一项投资，能够产生显著的经济效益，但也会增加战争的预算成本。考虑到这些成本，参与伊拉克战争和阿富汗战争的美国退伍军人相关的总预算成本接近 1 万亿美元。

2008 年，我们考察了早期返回的退伍军人的成本并根据在以往战争中观察到的模式对成本进行推算，得到了初步的估计结果。这些估计值极大地高于国会预算办公室的估计值，在很大程度上是因为国会预算办公室使用的是从伊拉克返回的退伍军人的早期数据，该数据显示，这些退伍军人的护理成本低于退伍军人的平均成本。我们推测，这些成本将变得更加明显，并随着老兵年龄增长而增长，国会预算办公室只估计了十年内的情况。

我们认为这些退伍军人的成本上升主要有四个原因：（1）早期成本以诊断、初步检查为基础，而不是与更昂贵的长期护理相关联；（2）那些早期返回的军人被派遣多次的可能性较低，我们可以预期，与多次派遣相关的成本，尤其是创伤后应激障碍和其他心理问题导致的成本会不成比例地增加；（3）之前有关战争的证据显示，护理老兵的成本在未来会增加（支付参加第一次世界大战的退伍军人的伤残补贴的峰值年是在 1969 年，即在战争结束 50 多年后；对参加第二次世界大战老兵的最大支出出现在 1982 年，对参加越南战争和第一次海湾战争退伍军人的支出仍在攀升）；（4）随着年龄的增长，许多成本日益显露出来，例如，很多健康问题发生在退伍军人的晚年，如前列腺癌，这很自然地被认为与老兵服役有关，因此，允许退伍军人有权得到一些经济补偿。我们还观察到这样的事实，即伊拉克战争和阿富汗战争造成的伤亡人数比之前发生的冲突更多，并且大部分申请残疾赔偿的退伍军人依据更多单个致残条件提交索赔要求。所有这些因素都向我们表明，这些退伍军人的长期成本甚至会比历史平均成本更高。[1]

截至 2010 年，已有超过 200 万名士兵在伊拉克和阿富汗服役，其中超过一半人已退役。收集到的关于这些退伍军人的实际数据，包括他们身体的医疗需求、心理健康问题的发生、残疾索赔，已经远远超出了我们的预测。[2] 这些数据表明，我们过于保守，且国会预算办公室最初低估了这些费用及其对退伍军人预算的影响。此外，与衰老和残疾相互作用有关的长期成本还尚未发生。

2010 年 10 月，国会预算办公室发布了一份新报告，其中极大地提高了对老兵医疗保健成本的预测值（Congressional Budget Office，2010）。国会预算办公室的这项分析预测，为参加伊拉克战争和阿富汗战争的退伍军人支付的医疗成本从 2010 年的 20 亿美元上升到 58 亿美元，再上升到 2020 年的 83 亿美元。国会预算办公室预测，参加伊拉克战争和阿富汗战争的退伍老兵在 2011～2020 年所需要的医疗成本在退伍军人事务部系统中累计为 400 亿～540 亿美元（具体数值取决于部队的部署情况）。它还预测，随着退伍军人年龄增加，这些成本将急剧上升。国会预算办公室公布的数据与我们的发现一致。[3] 然而，国会预算办公室公布的数据没有包括支付伤残福利的成本、社会保障补偿或其他在退伍军人余生中支付的补偿。

这一讨论凸显了估计冲突增量经济成本的另一方面困难。无论冲突是否增加了与年龄增长相关的真实经济成本，预算成本都是存在的。所有老兵都享有一定福利的原因之一是基于这样的事实，即很难确认某种

296

---

[1] 数据涵盖活着的退伍军人及家属得到幸存者津贴的已故退伍军人。数据来源于退伍军人事务秘书处（Secretary of Veterans Affairs）的年度报告、退伍士兵系统年度审计报告、美国人口普查局（U. S. Census Bureau）的《美国统计摘要》和医学研究所（Institute of Medicine Studies），还可参见爱德华兹（Edwards，2010）。

[2] 截至 2010 年 9 月，有 210 万名美军士兵参加在伊拉克和阿富汗的全球反恐战争（Global War on Terror，GWOT），125 万名士兵退役。我们预测，到 2010 年，这些退伍军人中会有 29.7%（最好的情况）和 3.7%（中等的情况）提出伤残索赔。事实上，到 2010 年 9 月，超过 40% 的退伍军人已经申请伤残津贴，每项索赔的致残性疾病的平均数量也超过了我们的估计。同样，我们预计，到 2010 年，33% 的退伍军人将在退伍军人医疗系统接受治疗。实际数字超过了 45%。参见比尔米斯和斯蒂格利茨（Bilmes，Stiglitz，2010）。

[3] 我们估计，这些退伍军人生命期限内全部医疗护理成本的现值（从 2001 年开始，预测未来 40 年的情况，覆盖年龄段为 25～65 岁）为 2010 亿～3550 亿美元。

特定疾病是不是由战争中受伤而导致的滞后结果。出于我们研究分析的目的，即试图确认冲突的真实成本，我们想了解的是增量成本。比较研究有和没有受到某些伤害的人的成本如何随年龄增长而增加，可以为分析这些增量成本提供基础。

我们预测，受到多重伤害的老兵的预期寿命会缩短，全面的经济分析试图评估预期寿命损失的价值（这指出了与预算成本和经济成本可能不同的另一领域。较短的预期寿命可能会反映在节约的社会保障支出中）。

预算成本和经济成本之间存在差异的又一例证来源于受伤者家庭需要负担的巨额护理成本。例如，15%～24%的军事人员报告，一位朋友或家庭成员被迫离开工作岗位以便可以同他们在一起或者成为照料者的角色。我们可以计算这些工人的机会成本，它是巨大的。

6.3.1 对女性服役人员的经济影响

在几十年内，没有人会全面了解众多与战争有关的经济和社会成本。对女性服役人员的影响就是一个例子，她们占部署到伊拉克和阿富汗服役人员的11%。其中超过40%的女性现役人员育有子女。女性服役人员还比男性军人更有可能成为单亲父母，令人难以置信的是，截至2009年3月，30000名单身妈妈已被部署到海外（在被部署到战区完成标准的12个月派驻任务之前，军方只给女性4个月时间可以留在美国与其新生儿在一起）。由于缺乏与其新生儿在一起的时间，对女性官兵的工作与生活平衡、心理健康和社会融合问题、离婚问题产生的影响都刚刚开始出现。[①] 美国伊拉克和阿富汗退伍军人组织（Iraq and Afghanistan Veterans of America）最近的一份研究报告说，女性士兵的离婚率比男性士兵高3倍，且女性退伍军人无家可归的可能性是普通妇女的4倍以上（Mulhall，2009）。

6.3.2 时间的机会成本

从历史上看，大多数国家依靠征兵来打仗。这种士兵非自愿服役的情况表明，平均而言，他们得到的报酬少于自愿服役所必需的补偿。因此，考虑到非货币性成本和收益（如死亡和受伤的风险），预算成本低

---

① 即使是这个分析也忽略了对儿童的潜在影响。

297

于时间的机会成本。在这些情况下，全面的成本计算应当包括对时间机会成本的估计，并对非货币性成本进行调整。后者尤其难以估计，即使是前者，由于一些原因也存在问题。如果每个人都被征召，那么就不会有"选择性偏差"，我们便可以使用平均工资来衡量机会成本。但通常情况下，由于存在选择标准，因此那些服役人员不具备完全的代表性。然而，做出适当的定性调整应当是可能的。

第二项调整与这样的事实有关，即在军事职业中的"学习"情况可能不同于那些已进入普通职业道路的人的学习情况。因此，由于这种"学习"的价值，年轻人的工资水平可能低于或高于其做其他选择的工资水平。

第三项调整是，由于税收（以及可能的其他市场扭曲），个人得到的工资可能低于工人（边际）产出的价值。

就美国而言，由于采取的是完全的志愿兵役制，似乎上述这些考虑都不太重要。但这可能是错的，有以下几个原因。首先，有证据表明，可能存在"欺骗性"征兵行为，一些狂热的招募人员并未向征募者完全告知其可能面临的风险。其次，已招募的年轻人可能并未充分理解这些风险，尤其是这场战争进行的方式与以往的战争非常不同。特别是，预备役军人和那些参加预备役的人员绝不可能预测到其部署的时间和强度。

这个论点对于那些报名参加国民警卫队的人来说更具说服力。国民警卫队被视为国家的"守卫"，而不是被派驻国外的队伍，但在伊拉克战争时，这种情况突然且毫无预兆地变化了。许多人志愿参加国民警卫队的动机是让所在地区更少受到洪水、龙卷风、地震、飓风、森林火灾、石油泄漏和其他紧急情况等的影响。因此，我们可以合理地假设，其进入国民警卫队得到的报酬没有完全补偿其在伊拉克所提供的勤务。[1]

在这种情况下，将时间的机会成本（与其所承担的其他成本）与由于服役而得到的工资进行比较是很自然的。有一项研究表明，这两者大致相当（Klerman，Loughran，Martin，2006）。虽然这项研究存在技术问题，但它提出了一些概念性议题。第一，我们前面提到，一份工作的价值应当包括学习的收益以及对未来工作前景的影响。学习一种技术技能，

---

[1] 参见比尔米斯和斯蒂格利茨（Bilmes，Stiglitz，2008）在第 3 章和第 4 章中的研究。

比如如何排雷，在个人回归日常生活后，它的价值可能十分有限。第二，与维持两个家庭相关的大量经济成本。第三，暂时中断一种职业带来的高额经济成本。大部分自愿加入国民警卫队的人员没有预料到会有这样的中断，这与将此视为职业道路一部分（或因为没有其他选择而进入军队）的征募者是截然不同的。这对那些个体经营者来说尤其如此，对他们的部署使其无法继续维持生计。

6.3.3 贴现

与预算成本一样，冲突的经济成本也是在很长时间内发生的。把这些成本转化成用当前美元表示的贴现值是必要的。关键问题是贴现所使用的利率。一个人借贷（如果在总体上他是一个净借贷者）或投资（如果在总体上他是一个净投资者）时的利率大概是合适的利率。因为在实践中，我们通常不知道适用于每个人的利率，能使用的最好的办法是采用一系列合理利率计算贴现值的一个范围，比如从 2%（个人投资国债的利率）到 30%（个人从信用卡公司借款的利率）。有些人认为适当的贴现率是资本的平均边际收益率，大约是 7%。其他人认为，特别是如果影响是长期存在的，我们应当把重点放在不同世代所承担的成本上，并使用"社会贴现率"，它不反映任何特定个体未来消费的贴现情况，但反映社会如何对后代资金进行贴现。这种贴现率通常较低（低于 7% 的资本平均回报率）。

尽管对于合适的贴现率并未达成共识，但成本对利率无论如何都是敏感的，尤其是当成本会持续很长时间时（医疗服务和残疾成本就是这样）。低贴现率将导致贴现值高得多。

6.3.4 伊拉克的成本

到目前为止，讨论集中在冲突一方所面对的成本上。但冲突双方都面临成本。在伊拉克战争的例子中，从财产、生命和社会制度的破坏来看，带给伊拉克的成本是巨大的。很难衡量一个几乎完全被破坏的社会和经济体的全部成本，并将它与一个刚刚开始恢复的社会收益进行比较。在这一点上，估计反事实情况几乎也是不可能的，即估计如果萨达姆·侯赛因（Saddam Hussein）仍在伊拉克掌权，那么该地区将发生什么？

对伊拉克成本的分析提出了一系列不同的问题。最困难的问题之一是如何量化战争对伊拉克社会的影响。难民和流离失所者造成广泛影响，与之相关的成本仅是其中一个方面。伊拉克人口约为 3000 万人。在美国入侵之前，有 50 名万名伊拉克人生活在国外。战争期间，200 万名伊拉克人逃到叙利亚、约旦和其他地方。① 到目前为止，尽管政府提供了慷慨的、有吸引力的经济条件，但这些难民中只有一小部分，约 51000 人返回了伊拉克（Brookings，2010）。难民对他们现在所居住的国家产生了重大的经济影响，而且他们的离去对伊拉克的生活质量也产生影响。

即便这样也不是事情的全部。在离开这个国家的人口中，包括很多构成社会中坚力量的中产阶级专业人士。例如，在美国入侵前，伊拉克有 34000 名医生；据估计有 20000 人逃离该国，另有 2000 名被杀害。到 2008 年 12 月，尽管政府努力培养新医生，而且也有少量之前离开伊拉克的医生返回，但伊拉克只有 16000 名医生。因此，在战争最糟糕的那几年，缺少医生导致成千上万名伊拉克人死亡、生病和残疾（Brookings，2010）。

除 200 万名逃到国外的难民之外，伊拉克还有 270 万名"国内流离失所者"。他们中的大部分是在 2005～2007 年被宗派暴力扰乱了生活的人以及无法重返家园的人。尽管政府付出了大量努力，但这些人中只有不到 20 万人能够回到以前居住的社区。这意味着近 16% 的伊拉克人口（难民和国内流离失所者）在战争期间无家可归。由于时间的限制，我们无法衡量其对社会的影响以及对个人造成的损失，但它们是相当可观的。

衡量伊拉克承担成本的另一个议题是经济方面的成本，包括最重要的石油生产。在 2003 年之前，伊拉克每天生产 250 万桶原油，每天出口约 200 万桶。到 2006 年 1 月，石油产量下降了 40%，出口量减少了一半。直到 2008 年年中，产量和出口量才恢复到战前水平。在这之后，伊拉克一直难以实现石油生产方面的任何增长，围绕油田所有权的斗争仍在持续。② 这种波动本身就导致伊拉克经济受到严重破坏，在很多方面

---

① 截至 2009 年 1 月，在叙利亚的伊拉克难民有 120 万人，在约旦的有 45 万人，在中东其他国家的有 30 万人，还有数以千计的伊拉克难民在欧洲等待政治避难（Brookings，2010）。

② 布鲁金斯（Brookings，2010）。然而在 2008 年，伊拉克从较少的石油出口中获得了较多的收入，因为此时世界石油价格很高。

影响了伊拉克人的生活（例如，缺乏收入、电力及公共服务，并对医院服务、水处理、学校和企业产生影响），这导致了更高的死亡率和疾病发生率。

其中最有趣、最困难的研究问题是在试图估计失去生命的数量和价值时遇到的。

在战争期间，很难收集到有关被杀害平民的精确数量。一方面，有动机尽力最小化所公布的数字；另一方面，有动机不遗余力地将其最大化。关于伊拉克的情况，有两项研究强调了一种新的方法论。将战争时期死亡率的调查结果与战争爆发之前的死亡率进行对比。这种做法不仅考虑由暴力导致的死亡，而且包括由不断恶化的环境导致的死亡，例如，缺乏清洁水源，缺少冰箱致使更多食物无法食用，大量医生的死亡或外流导致医疗服务减少。这些研究表明，战争在最初几年导致额外 42 万 ~ 80 万人死亡（Burnham et al.，2006）。其他研究采用不同的方法，得出的结论是，战争暴力直接导致大约 15 万名平民死亡（Iraq Family Health Survey Study Group，2008）。后一项研究还发现，由战争导致的总死亡率几乎提高了 1 倍。由此可见，这两者并不必然一致，因为上面所描述的间接影响远远大于直接影响。[①]

300

6.4　宏观经济成本

战争会产生宏观经济成本和收益。人们通常认为第二次世界大战将美国带出了大萧条，但这也再次凸显了反事实的问题：如果我们将相同数额的资金用在国内投资上，那么国家的长期增长及人民的生活水平会不会更高？（当然人们可能会说，这并不能准确地描述可行选择：在没有战争的情况下，政府不可能维持这个水平的支出与赤字）战争中使用的资源可能用于其他目的，这可能会影响经济增长。

6.4.1　除汇总微观经济损失及反事实情况之外：还会出现什么情况？

在没有达到充分就业状态时，战争支出可以刺激经济。如果政府面

[①] 这样的研究往往以抽样技术为基础，例如，随机选择分层样本。这种方法比直接列举法好得多，尤其是并非所有死亡都被报告或记录下来，比如，在农村地区。

临预算约束，战争支出就会取代其他形式的支出，那么战争支出可能导致经济萎缩。原因很简单：与战争支出相关的乘数效应①（尤其当这些开支用于支付给外国承包商时）通常低于其他支出形式的乘数效应。

类似地，如果战争支出来源于增加的税收，那么这些影响可能取决于增加的税收的特点。一般而言，税收增加导致支出增加存在乘数效应。如果这些支出是付给外国承包商（因此没有第二轮乘数效应）且税是对穷人征收的，则影响可能是经济收缩。

确定恰当的反事实并不容易。在伊拉克战争中，有一个令人信服的案例，布什的税收政策基本独立于战争，尽管他的一些首席经济顾问公开宣称赤字无关紧要，但对赤字的担忧，尤其是来自布什所在党内的担忧的确限制了支出，因此战争开支的一部分挤出了其他形式的支出。②

在伊拉克战争中，比这些"支出—税收"的宏观经济影响更重要的是由石油价格上升产生的影响。战争经常造成某些关键物资短缺。在正常市场经济中，这会引起价格大幅变动，这种价格变化反过来又会产生巨大的宏观经济后果。

在伊拉克战争中，石油价格从战争爆发前的每桶 23 美元上升到每桶 140 美元的峰值。石油价格大幅上升导致石油消费国（如美国）向石油生产国进行大规模的收入转移。这种体量巨大的再分配对全球宏观经济产生影响，特别是当收入转入国意识到这一价格不可能一直维持如此高的水平时，就会有强烈的动机将相当一部分收入存储起来。美国在进口石油时的支出日益增加，这意味着美国人民在其他商品上的支出减少，包括对美国本土制造商品的消费会减少。如果货币和财政当局不采取抵销行动，那么结果就是总需求减弱，鉴于美国经济处于疲软状态，才刚刚摆脱了经济衰退，这会导致失业人数增加。

高油价还会产生另一个宏观经济影响，即通货膨胀压力增加。20 世纪 70 年代之所以会爆发引人关注的通货膨胀，被人们广泛认同的原因之一就是石油价格大幅上涨。石油价格上涨会引发其他能源价格上涨，随

---

① 乘数是当政府支出增加 1 美元时 GDP 增加的数额。不同种类的支出具有不同的乘数。

② 副总统切尼援引财政部长保罗·奥尼尔（Paul O'Neill）的话说，"里根证明赤字并不重要"（Weisman，2004）。然而，其他政府官员，包括奥尼尔及其继任者——财政部长约翰·斯诺（John Snow）和亨利·鲍尔森（Henry Paulson）都对日益增加的国债感到担忧。

着生物燃料发展，将耕地用于满足能源的需求增加，而不是提供食物。因此，高油价最终导致高食品价格。在美国，由于整体经济疲软，这些通胀压力并不明显，但在发展中国家，食品和能源占据了商品篮子中相当大的一部分，通货膨胀率开始显著上升。

当然，当这些影响开始显著时，货币和财政当局不会袖手旁观。这些国家面临通货膨胀时，利率往往会提高，特别是在中央银行将通胀目标作为主要原则时。虽然利率的这种提高对平衡全球粮食和能源价格几乎没有作用，但它们通过减少国内总需求（提高失业率）和提高汇率（相对于它们在其他情况下可能的水平而言）对国内通货膨胀产生一些影响。综合影响是降低了全球总需求。

在美国，人们更关心经济疲软，而不是通货膨胀。由于大量赤字限制政府通过财政政策做出应对的能力，维持经济接近充分就业状态给联邦储备局（Federal Reserve）施加了巨大压力，美联储只得大量释放流动性并放松监管（如关于住房问题），从而助推房地产泡沫形成。[①]

我们现在知道，泡沫及其破裂使我们的经济（和全球经济）付出了巨大代价，这些成本将延续很多年，高达数万亿美元。不仅泡沫在破裂之前会导致巨大的资源错配，而且泡沫的破裂会导致经济运行速度远低于最大速度，预计这种情况至少会持续五年。

虽然估算这些泡沫及其破裂后短期和长期的全部成本是可能的，但问题是，这些成本有多少应当被归因于战争？要回答这个问题，我们必须回答另外两个问题。

第一，在多大程度上我们可以把战争成本归因于对战争的宏观经济后果的管理方式？如果以更好的方式管理成本，那么在这样的情况下这些成本将显著减少。在估计一场战争的成本时，我们不会去问如果仗打得更好，战争成本会是多少。在理想状态下，以低得多的代价赢得战争是可能的。人类容易犯错误，而且我们知道一旦进入战争就会犯错。当估计战争成本时，我们根据实际发生的情况（或很可能发生的情况）估

302

_____

① 有趣的是，尽管战争可能间接导致泡沫形成，但随着战争继续，它可能有助于泡沫破裂。尽管高油价最初可能导致出现低利率，但随着高油价最终导致出现范围更大的高价格，如能源和食品出现高价格，通货膨胀压力增加，它还可能部分导致利率提高。正是利率的提高导致泡沫破裂。当然，无论如何，泡沫最终都会破裂，这只是时间的问题。

算成本。当我们估计这场战争的宏观经济成本时，同样要估计它们实际上的成本是多少，而不是它们可能是多少。

第二，石油价格上涨在多大程度上可以被"归咎于"伊拉克战争（类似的问题出现在所有冲突中）。石油价格由全球经济的许多条件决定，显然伊拉克战争只是其中的一种诱因。偶然的历史事件只具有有限的相关性：随着战争结束，石油价格也下降了，这一事实或许意味着战争是关键因素，但这种相关性并不是因果关系。随着战争走向终结，泡沫破裂且全球经济走弱，石油需求减少了。

确定油价上涨中有多少是由战争引起的，是我们估算伊拉克战争成本时遇到的一个更为困难的问题。我们认为油价的总增长额中只有 5 ~ 10 美元是由战争引起的，因为我们不希望这成为争论的焦点。至少这样一个数额由战争引起，在这一点上达成了广泛的共识。

在提出论点时，我们使用来自期货市场的证据，在战前，我们预测，石油价格将维持在大约每桶 25 美元。市场会觉察到，需求的大量增长来源于快速成长的新兴市场，似乎也有充足的供给来满足这些需求，特别是来自中东地区的供给。我们可以貌似合理地得出结论，战争给低成本生产商所在地区带来了高度不稳定性，由此打破了这一平衡。[①]

人们通常会担心战争引发物资短缺造成的价格波动会对分配产生影响。结果是政府对价格进行管制并实施配给制。这会给经济带来其他扭曲和成本。

石油价格上涨还会影响战争的预算成本。美国军方是世界上最大的单一燃料采购商，伊拉克战争和阿富汗战争极为密集地使用燃料，这需要石油产品，以为在伊拉克建造的数百个军事基地发电，其还要为飞机、坦克、运输工具、武器和其他装备提供动力。[②]

---

① 有两个因素在同一时期变得越来越重要。第一个因素是全球变暖的重要性日益提高，这意味着国际社会越来越有可能最终对碳排放施加更大的限制，这降低了石油的市场价值（需求）。第二个因素是似乎人们日益认识到石油供给总量是有限的。石油峰值理论获得了广泛认可，尽管我们从来都不清楚，到底在何种程度上这个理论是由石油生产国促成的，以证明它们在这段时间内制定的油价是合理的。对石油市场进行这一分析尤为困难，因为它与竞争市场相去甚远，政府或直接或间接地做出关键的供应决策，所以很难将 20 世纪 70 年代石油价格的大幅变动与石油需求与供给的基本变化联系在一起。

② 国防部独自消耗了美国全部燃料的 2%，是全球液体燃料的最大单个购买者（U. S. Defense Energy Support Center, 2004）。

6.4.2 充分就业与未充分就业经济的对比：短期影响

伊拉克战争发生在美国经济走弱时期，因此，宏观经济分析聚焦对总需求的影响。但一些战争（或战争的某些阶段）发生在充分就业时期。战争支出挤占了其他形式的支出。财政和货币政策决定被挤出的是消费、投资还是公共支出。在这种情况下，所使用资源的价值（前面所描述的）成为对战争短期经济成本的合理估计。

303

6.4.3 对投资的长期影响

还可能存在于对经济增长的长期影响，其影响程度取决于战争是如何融资的。

我们在前文提到，比如，几乎可以确定伊拉克战争挤出了其他政府支出，而且在政府支出中最容易被挤出的通常是投资，因为削减这些开支的影响会在危机结束多年后显现出来（政客往往是短视的，他们的眼界不会超过下一个选举周期）。政府在教育、基础设施、技术上的投资已被证明具有很高的经济效益；减少这类支出会影响长期经济增长。

许多这样的投资是与私人投资互补的。例如，互联网原本是由公共资金资助的，对私人投资也有巨大的吸引力。现在削减公共投资会导致未来的私人投资减少。

战争的融资方式也会产生长期影响。通过举债为战争融资往往导致出现更高的长期利率（从而降低实际投资水平）。一种资产（政府债券）被创造出来而部分地代替了私人资本品。

计算对经济增长的长期影响并不容易，部分原因是需要进行长期一般均衡分析：在政府债务没有增加时，投资水平会如何。一个现代开放经济体可以从国外借款，因此这种计算尤为困难。

当然，即使国家从国外借债，私人投资不被挤出，但未来生活水平还是会受到影响。债务必须偿还。

如果经济体由生命永续的个体组成，并且如果资金从私人部门转移到公共部门是没有成本的，或者市场是不完美的，那么在现有资源成本上加入未来的影响是错误的：这将造成重复计算。但正如我们在前面已经注意到的，这些假设不成立。公共投资的回报率往往超过长期国债回报率，并且是远远超出。因此，存在放弃的成本（此外，实际上还存在跨期分配的影响，即后代要承担现在为战争融资的成本。评估这些分配后果是一个有争议的问题，它需要评估人均收入可能的增加额）。[①]

6.4.4 评估间接影响：预算影响及动态变化

到目前为止，我们主要讨论了预算成本和经济成本，但它们之间还存在一些需要被考虑的重要相互作用，这是最为重要的。正如我们所指出的那样，如果冲突对国内生产总值（在短期和长期内）能够产生重大影响，那么这些宏观经济影响将作用于税收收入。这将对预算带来影响（可能存在第二轮和第三轮影响：对预算的影响反过来可能迫使进一步削减公共投资，而这不利于经济增长，从而进一步造成不好的预算后果）。

7. 结论性评述

如今，政府对单个项目和法规采取广泛的成本—收益分析进行评估，且在可能的情况下量化收益与成本已是司空见惯的事了。我们对于战争的分析遵循这一传统。在某些方面，我们的分析与其他公共领域的成本—收益分析类似：许多成本和收益涉及无法市场化的商品和服务，因此很难确定其价值；我们关注的市场往往是扭曲的，因此人们不能确定市场价格是否反映正确的社会价值。随着时间推移，在对商品和服务的估价中出现了特殊的问题。可能存在对收入分配的巨大影响（既存在于当代，也存在于代际之间），而且这些也是需要估算的。此外，当一个典型的道路工程或环境法规产生的影响非常小时，人们可以忽略其对宏观经济或市场价格的影响，但对伊拉克战争和阿富汗战争则不能这样处理。

在评估这些广泛影响时，讨论反事实往往是必要的，即如果没有战争，情况将怎样？理性的人们会给出不同的答案。在基础设施上的支出会更多吗？税收会降低吗？债务会变少吗？我们只知道，一些（在大多数情况下，许多）事情会非常不同。

[①] 也就是说，我们必须比较 1 美元对当代人的价值与对后代人的价值。即使我们对不同代际赋予的权重不同，如果后代人生活得更好，那么 1 美元的价值就更小。

一旦长期预算成本和经济成本被考虑进来，伊拉克战争和阿富汗战争的真实成本很可能为 4 万亿～6 万亿美元，甚至更高。除了已知的进行当前和未来军事行动、照顾参战退役军人的成本和宏观经济影响之外，伊拉克战争最明显的成本在"可能是"这一类别之下，也就是经济学家所说的机会成本。具体而言，如果没有入侵伊拉克，美国会如此长期深陷阿富汗战争的泥潭吗？石油价格会上涨得如此迅速吗？美国联邦政府的债务会如此之多吗？经济危机会如此严重吗？

也许，这四个问题的答案都是"不"。

第一，入侵伊拉克转移了美国对阿富汗的关注，这场战争现在进入了第十年，威胁到拥有核武器的巴基斯坦的稳定局面。在阿富汗是否取得了"成功"可能一直是模糊的，如果美国维持最初的势头，没有被伊拉克战争所牵制，那么可能已经控制了塔利班，花费更少，减少了生命的损失。2003～2006 年，美国在伊拉克的支出是在阿富汗的 5 倍。如果这些资源在塔利班重新建立控制权之前都投入阿富汗，那么美国和北约部队可能会取得好得多的结果。

305

第二，战争使石油价格更高，这已对经济产生破坏性影响。在 3 万亿美元的保守估计中，我们仅将石油价格 10 美元的增幅归因于战争。但是，鉴于我们对进口石油的极度需求，即使规模不大也会产生巨大影响，它转化成了美国规模极大的账单。现在我们相信，更现实的估计是，在过去十年中，石油价格每桶 10～15 美元的增幅由战争导致。这意味着战争成本还要多出 2500 亿美元。

第三，这场战争极大地增加了美国联邦政府的债务。这是美国历史上第一次在发动战争后减税，即使它已面临持续的财政赤字。金融危机之前，美国的负债从 2003 的 6.5 万亿美元上升到 2008 年的 10 万亿美元。其中至少 1/4 债务直接由战争产生。当然，这还不包括没有经费准备的未来负债，比如，未来有超过 5000 亿美元的医疗护理费用和伤残抚恤金要支付给退伍军人。

增加的债务意味着在应对全球金融危机方面，美国的操作空间非常小。对债务和赤字的担忧限制了美国刺激计划的规模。

危机本身部分是由战争引起的，在我们的研究中，我们提供的估计值整体上过于保守（例如，在估计未来医疗和伤残成本方面），对战争的宏观经济后果的低估最为严重。石油价格上涨减少了国内总需求，因为资金用于从海外购买石油，而无法用于进行国内的支出。这场战争的开支本身对经济的刺激作用要小于其他形式的支出（与在教育、基础设施或技术方面的投资相比），因为将钱付给在伊拉克工作的外国承包商既不能在短期内刺激经济增长，也没有为长期经济增长提供基础。宽松的货币政策和宽松的监管使美国出现房地产泡沫，泡沫破裂引发全球金融危机。

反事实，即如果我们没有进入这场战争会发生什么，这总是难以构建的，尤其是像全球金融危机这样复杂的现象，它由多种因素导致。我们知道的是，战争的真实成本之一是它导致经济衰退，带来了比没有战争发生时更高的失业率和更大的赤字。

虽然对许多国家而言，军事支出是最大的单项支出，但战争支出在很大程度上免于审查。即使这样的分析也不会改变进行战争的决定，它能改变战争如何进行，甚至可能改变如何以及何时退出。我们认为，有缺陷的预算编制和不完善的会计制度，以及向公众掩盖冲突真实成本的大量努力，都在事实上提高了这些成本；限制短期预算影响的努力可能已经增加了长期影响；限制政府成本的努力可能已经增加了整个经济体的成本。战争预算成本和全部经济成本之间的巨大差距意味着，需要对整体经济的成本进行全面测算。进而重要的是，军事领域的重大决策，特别是当它们面临决定如何选择时，应当对预算成本和经济成本进行同样严谨的分析。没有任何一种估计和会计核算方法是完美的。但是，通常应用这些技术方法得到的基本准则可以提升争论的水平，使国家和政府在未来能做出更加明智的决定。

我们希望，我们对伊拉克战争和阿富汗战争所做的分析成为惯例，目前，国会预算办公室已做过了这样的分析。战争不仅耗尽资源，还会产生更加广泛的社会影响，其中一些影响正在逐渐显现。从战场返回的军事人员的自杀率和暴力发生率令人震惊。[①] 更重要的是，其他成本，例如对平民的附带伤害，在国家考虑进行战争时，这些成本很少被计算

---

① 新闻报道称，在 2010 年 6 月发生了 32 起军人自杀事件，这是"自越战以来的单月最高数字"（Mount, 2010）。2009 年，《纽约时报》报道，士兵自杀率已达到近三十年来的最高值（Alvarez, 2009）。同时，国防部报告，退伍军人自杀事件占全美自杀事件的比例为 20%（Miles, 2010）。

在内。我们所做的这种计算只能反映广泛战争代价的一小部分，但我们相信，即使是对这些巨大经济成本的认知程度提高了，也可能会产生有益的效果。

至少，我们认为，民主进程需要知情的公民，而知情的公民必须在战争发动之前就要意识到可能面临的成本。

参考文献

Aldy, J. E., and W. K. Viscusi. 2008. Adjusting the value of a statistical life for age and cohort effects. *Review of Economics and Statistics* 90（3）：573 – 81.

Alvarez, L. 2009. Suicides of soldiers reach high of nearly 3 decades. *New York Times*, January 29. http：//www. nytimes. com/2009/01/30/us/30suicide. html.

http：//www. msnbc. msn. com/id/5129079/（accessed September 2, 2010）.

Associated Press. 2008. How to value life？ EPA devalues its estimate. July 10. http：// www. msnbc. msn. com/id/25626294/（accessed September 9, 2010）.

Belasco, A. 2005. The cost of Iraq, Afghanistan and other global war on terror operations since 9/11. Congressional Research Service, Washington, DC. ［Updated June 2006, September 2006, March 2007, July 2007, July 2010, September 2010, March 2011.］

Bilmes, L. J., and J. E. Stiglitz. 2008. *The three trillion dollar war：The true cost of the war in Iraq*. NewYork：W. W. Norton.

——. 2010. Statement to the House Committee on Veterans' Affairs hearing on the true cost of war. September 30.

Brook, T. V. 2008. DODdata：More forced to stay in Army. *USA Today*, April 23. http：// www. usatoday. com/news/military/2008 – 04 – 21 – stoploss_N. htm（accessed September 2, 2010）.

Brookings Iraq Index. 2010. Iraq index：Tracking variables of reconstruction & security in post-Saddam Iraq. August 24. http：//www. brookings. edu/~/media/Files/Centers/Saban/ Iraq% 20Index/index20100824. pdf（accessed September 9, 2010）.

Burnham, G., R. Lafta, S. Doocy, and L. Roberts. 2006. Mortality after the 2003 invasion of Iraq：A cross-sectional cluster sample survey. *Lancet* 368（9545）：1421 – 28.

Chamie, K., R. W. deVere White, D. Lee, J. Ok, and L. M. Ellison. 2008. Agent Orange exposure, Vietnam War veterans, and the risk of prostate cancer. *Cancer* 113：2464 –

70.

CNN. 2004. Troops put Rumsfeld in the hot seat. December 8. http://www. cnn. com/2004/ US/12/08/rumsfeld. kuwait/index. html (accessed September 8, 2010).

CNN/Opinion Research Corporation. 2010. Release date May 29, 2010, p. 3. http:// i2. cdn. turner. com/cnn/2010/images/05/28/rel8g. pdf (accessed September 2, 2010).

Coile, Z. 2008. Only World War II was costlier than Iraq war. *San Francisco Chronicle*, March 18. http://articles. sfgate. com/2008 - 03 - 18/news/17168215_1_war - s - price - tagwar - cost - care - for - iraq - war (accessed September 2, 2010).

Commission on Wartime Contracting. 2009. At what cost? Contingency contracting in Iraq and Afghanistan. Interim report. http://www. wartimecontracting. gov/docs/CWC _ Interim _ Report_At_What_Cost_06 - 10 - 09. pdf (accessed September 8, 2010).

———. 2010. Wartime Contracting Commission team in Iraq to examine issues with private security contractors. Press release CWC - NR - 25. May 14. http://www. wartimecontracting. gov/index. php/pressroom/pressreleases/145 - cwc - nr - 25 (accessed September 8, 2010).

Congressional Budget Office. 2007. The long-term outlook for health care spending. November. Congressional Budget Office, Washington, DC.

———. 2010. Potential costs of veterans care. October. http://www. cbo. gov/doc. cfm? index = 11811 (accessed December 21, 2010).

Davis, S. J. , K. M. Murphy, and R. H. Topel. 2006. War in Iraq versus containment. Working Paper 12092, National Bureau of Economic Research, Cambridge, MA.

Department of Defense. 2008. Active duty military personnel strengths by regional area and by country (309A) . March 31. http://www. globalsecurity. org/military/library/report/ 2008/hst0803. pdf (accessed December 21, 2010).

Edwards, R. D. 2010. A review of war costs in Iraq and Afghanistan. Working Paper 16163, National Bureau of Economic Research, Cambridge, MA.

Gallup. 2010. Thinking now about the U. S. military action that began in Afghanistan in October 2001, do you think the United States made a mistake in sending military forces to Afghanistan, or not? http://www. gallup. com/poll/116233/afghanistan. aspx (accessed September 2, 2010).

Government Accountability Office. 2005. DOD needs to improve the reliability of cost data and provide additional guidance to control costs. GAO - 05 - 882. http://www. gao. gov/ new. items/d05882. pdf (accessed September 8, 2010).

———. 2008. Contingency contracting: DOD, state and USAID contracts and contractor personnel in Iraq and Afghanistan. GAO – 09 – 19. http://www. gao. gov/new. items/d0919. pdf (accessed September 8, 2010).

——. 2010a. Agencies face challenges in tracking contracts, grants, cooperative agreements and associated personnel. GAO – 10 – 509T.

——. 2010b. Contingency contracting: Improvements needed in management of contractors supporting contract and grant administration in Iraq and Afghanistan. GAO – 10 – 357. http://www. gao. gov/new. items/d10357. pdf (accessed September 8, 2010).

——. 2010c. Continued actions needed by DOD to improve and institutionalize contractor support in contingency operations. GAO – 10 – 551T.

Health Inflation News (based on Bureau of Labor Statistics). July 26, 2010. http://www. healthinflation. com/ (accessed September 8, 2010).

Hersh, S. 2004. Torture at Abu Ghraib: Annals of national security. *New Yorker* 80 (11): 42 – 47.

Hoge, C. W., S. E. Lesikar, R. Guevara, J. Lange, J. F. Brundage, C. C. Engel, Jr., S. C. Messer, and D. T. Orman. 2002. Mental disorders among US military personnel in the 1990s: Association with high levels of health care utilization and early military attrition. *American Journal of Psychiatry* 159 (9): 1576 – 83.

Hormats, R. D. 2007. *The price of liberty: Paying for America's wars from the Revolution to the War on Terror.* New York: Times Books.

Horton, J. 2007. Army accident fatalities attributable to Iraq War. Unpublished paper, National Bureau of Economic Research and Harvard Kennedy School.

Iraq Family Health Survey Study Group. 2008. Violence-related mortality in Iraq from 2002 to 2006. *New England Journal of Medicine* 358: 484 – 93.

Joint Economic Committee of the U. S. Congress. 2007. *War at any price? The total economic costs of the war beyond the federal budget.* http://maloney. house. gov/documents/economy/20071113IraqEconomicCostsReport. pdf (accessed September 2, 2010).

Kaldor, M. 2006. *New and old wars: Organised violence in a global era*, 2nd ed. Cambridge: Polity Press.

Klerman, J. A., D. S. Loughran, and C. Martin. 2006. Early results on activations and the earnings of reservists. Report of the National Defense Research Institute prepared for the Office of the Secretary of Defense. http://www. rand. org/pubs/technical _ reports/2005/RAND_ TR274. pdf (accessed September 9, 2010).

Kosec, K., and S. Wallsten. 2005. The economic costs of the war in Iraq. Working Paper 05 – 19. AEI-Brookings Joint Center for Regulatory Studies, Washington, DC.

Leland, A., and M. -J. Oboroceanu. 2010. American war and military operations casualties: Lists and statistics. CRS 7 – 5700, Congressional Research Service. http://www. fas. org/ sgp/crs/natsec/RL32492. pdf (accessed September 8, 2010).

Miles, D. 2010. VA strives to prevent veteran suicides. American forces press service, April 23. http://www. defense. gov/news/newsarticle. aspx? id = 58879 (accessed September 2, 2010).

Mount, M. 2010. June was worst month for Army suicides, statistics show. CNN. com, July15. http://www. cnn. com/2010/US/07/15/army. suicides/index. html (accessed September 2, 2010).

Mulhall, E. 2009. Women warriors: Supporting she "who has borne the battle." Issue Report, Iraq and Afghanistan Veterans of America. http://media. iava. org/IAVA _ WomensReport_ 2009. pdf (accessed September 9, 2010).

Nordhaus, W. 2002. The economic consequences of a war with Iraq. *New York Review of Books* 49 (19): 9 – 12.

Office of the Special Inspector General for Afghanistan Reconstruction (SIGAR). 2010. ANP district headquarters facilities in Helmand and Kandahar Provinces have significant construction deficiencies due to lack of oversight and poor contractor performance. SIGAR Audit – 11 – 3 (October 27, 2010).

Office of the Special Inspector General for Iraq Reconstruction (SIGIR). 2009. Iraq reconstruction funds: Forensic audits identifying fraud, waste and abuse. Interim Report 1 (October 28, 2009); Interim Report 2 (January 28, 2010); Interim Report 3 (April 28, 2010); Interim Report 4 (July 26, 2010).

——. 2010. Development fund for Iraq: Department of Defense needs to improve financial and management controls. SIGIR – 10 – 020 (July 27, 2010).

Pew Research Center for People and the Press. 2008. Public attitudes toward the war in Iraq. http://pewresearch. org/pubs/770/iraq – war – five – year – anniversary (accessed September 8, 2010).

Seal, K. H., T. J. Metzler, K. S. Gima, D. Bertenthal, S. Maguen, and C. R. Marmar. 2009. Trends and risk factors for mental health diagnoses among Iraq and Afghanistan veterans using Department of Veterans Affairs health care, 2002 – 2008. *American Journal of Public Health* 99 (9): 1651 – 58.

Shah, S. R., S. J. Freedland, W. J. Aronson, C. J. Kane, J. C. Presti, Jr., C. L. Amling, and M. K. Terris. 2009. Exposure to Agent Orange is a significant predictor of prostate – specific antigen (PSA) – based recurrence and a rapid PSA doubling time after radical prostatectomy. *BJU International* 103 （9）：1168 – 72.

Stern, J. 2003. The protean enemy. *Foreign Affairs* 82 （4）：27 – 40.

Stiglitz, J. E. 2003. *The roaring nineties.* NewYork：W. W. Norton.

Stiglitz, J. E. , and M. Wolfson. 1988. Taxation, information, and economic organization. *Journal of the American Taxation Association* 9 （2）：7 – 18.

U. S. Defense Energy Support Center. 2004. *Defense energy support center fact book.* Fort Belvoir, VA：Defense Energy Support Center.

Washington Post. 2010. Washington Post-ABC News poll. July 7 – 11. http：//www. washing-tonpost. com/wp – srv/politics/polls/postpoll_ 07132010. html （accessed September 2, 2010）.

Weisman, J. 2004. Reagan policies gave green light to red ink. *Washington Post*, June 9, A11.

Wheeler, W. T. 2007. Another unknown：Afghanistan costs. Center for Defense Information, Washington, DC. http：//www. cdi. org/friendlyversion/printversion. cfm? documentID = 4072.

第14章　估算战争的人力成本：
抽样调查方法

迈克尔·斯普盖特

1. 引言

2006 年 10 月，伯汉姆等（Burnham et al. , 2006）宣布了其十分有名、以抽样调查为基础的估计结果，即从 2003 年 3 月到 2006 年，伊拉克因暴力导致的死亡人数达到了 601000 人。14 个月后，伊拉克家庭健康调查研究小组（Iraq Family Health Survey Study Group，2008）公布了另外一份调查结果，它估计在与伯汉姆等（Burnham et al. , 2006）调查完全相同的时期内，因暴力致死的人数为 151000 人。两份估计结果基本上是截然不同的。例如，伯汉姆等估计中 95% 置信区间的下限几乎是伊拉克家庭健康调查研究小组估计中 95% 置信区间上限的 2 倍（426000 对223000）。15 个月后，在一场长期调查之后，伯汉姆等调查团队中的主要研究人员遭到了美国舆论研究协会（American Association for Public Opinion Research，AAPOR）的谴责，因为其"一直拒绝公开其研究的基本事实"（AAPOR，2009a）。与此同时，美国舆论研究协会主席理查德·库尔卡（Richard Kulka）写道：

当研究人员基于调查研究数据得出重要结论并且公开发表声明和论断，之后却又拒绝回答他们是如何进行研究这样的基本问题时，就违反了科学的基本准则，这严重破坏了对于重大问题的公开讨论，并且削弱了所有调查和公众舆论研究的可信性（AAPOR，2009a）。

不久之后，约翰·霍普金斯大学取消了伯汉姆等主要研究人员在五年内作为首席调查员参加任何以人为对象展开研究的资格（Bloomberg School of Public Health，2009），因为该学校一个未公开身份的机构认定，他违反了向学校机构审查委员会（Institutional Review Board）做出保护调查对象秘密的承诺。现在有相当多的文献剖析了伯汉姆等调查的不足之处，一些文章发表在同行评议的期刊上，包括达庞特（Daponte，2007）、约翰逊等（Johnson et al.，2008）、拉克索宁（Laaksonen，2008）、罗森布拉姆和范·德·拉恩（Rosenblum，van der Laan，2009）以及斯普盖特（Spagat，2010a，2011）。伯汉姆等对于这些研究从未做出过任何实质性的回应。[①]

国际救援委员会（International Rescue Committee，IRC）对刚果民主共和国（Democratic Republic of Congo，DRC）的"非正常死亡"（excess deaths）（定义在下文中给出）进行了一系列估计，这些与伯汉姆等的调查齐名，特别是科格伦等（Coghlan et al.，2006）估计，在 1998 年 8 月到 2007 年 4 月，非正常死亡人数为 390 万人，之后将估计值提高到 540 万人（Coghlan et al.，2008）。[②] 然而，《人类安全报告》项目（Human Security Report Project，2011）仔细考察了国际救援委员会公布的数据，认为这些数据本身只能支持 2001 年 5 月至 2007 年 4 月的 860000 人的非正常死亡的估计值，95％的置信区间为 - 5.5 万人到 240 万人。[③] 然而，《人类安全报告》项目（Human Security Report Project，2011）再次进行估计，认为就统计再分析的目的而言，国际救援委员会的数据是准确的，尽管国际救援委员会对儿童死亡率的估计值大约是另外一个可信调查估计值的 2 倍（Macro International Inc.，2008）。

因此，在过去几年中，这两个以调查数据为基础估计战争死亡人数

[①]　约翰·霍普金斯大学彭博公共卫生学院（Bloomberg School of Public Health of Johns Hopkins University）在网站上发布了两次对批评者不准确的一般性回应，不过，之后将其删除了（Spagat，2011）。

[②]　然而，这篇论文发表在期刊上的版本［即科格伦等（Coghlan et al.，2009）］并没有提及非正常死亡。

[③]　不管是 390 万人的死亡估计值还是 540 万人的死亡估计值，国际救援委员会都没有给出适当的置信区间，而仅提供了模糊的估计范围，这大大低估了其估计值的不确定性。

的研究显而易见是失败的，这已动摇了这种方法的可信性。[①] 然而，也有一些鲜为人知的成功研究。本章会重新考察使用抽样调查方法估计死亡人数，并且考虑这一领域未来的发展。第 2 节对这种方法进行重要的概述。第 3 节对科索沃、达尔富尔、刚果民主共和国和伊拉克的例子进行分析。第 4 节将给出结论并展望未来。

受到篇幅限制，这一章有许多不足之处。第一，所考虑的人力成本只是死亡，没有考虑诸如受伤、流离失所和强暴等重要成本。现有文献主要关注死亡，或许是因为这是最引人关注的战争人力成本。[②] 然而，冲突研究领域在未来应当更多关注对其他人力成本的度量。事实上，特别是在抽样调查中，几乎没有人去测度受伤，这一点令人困惑。[③] 受伤相对来说更好测量，而且相比死亡，它们毫无疑问对于政策更加重要，因为伤者需要后续治疗以及其他政策支持。第二，几乎只关注测度战争死亡的调查方法，因为这是一个重要议题，很难在一个章节中恰当地阐述。然而，对于这一领域更为全面的综述必须包括许多其他项目实际采用的测度战争死亡的方法，包含乌普萨拉大学（Uppsala University）、奥斯陆国际和平研究所（International Peace Research Institute Oslo）、伊拉克罹难人数统计组织（Iraq Body Count）、贝塞林和贝尼特克倡议（B'Tselem and Benetech Initiative）使用的方法以及人口统计学方法。[④]

319

[①] 事实上，测度对伊拉克进行经济制裁造成的死亡人数的调查方法也遇到了类似的问题。扎伊迪（Zaidi，1997）在重新访问最初调查的家庭后，由于未能得出之前测算的许多死亡人数，她收回了基于调查做出的制裁造成 567000 名儿童死亡的估计（Zaidi, Fawci，1995）。根据联合国儿童基金会（United Nations Children's Fund，UNICEF）随后进行的调查，当时伊拉克的儿童死亡率较 20 世纪 90 年代几乎翻了一番（Ali, Blacker, Jones，2003；Ali, Shah，2000），估计结果为 400000~500000 名儿童"非正常死亡"。然而，戴森（Dyson，2009）指出，这些估计结果与基于一系列可靠的经验证据得到的结果并不一致，并认为联合国儿童基金会的"调查数据可能被当时的伊拉克政府刻意操纵"。还可参见斯普盖特（Spagat，2010b）。

[②] 佩德森（Pedersen，2009）对有关健康和冲突的文献进行了全面概述。

[③] "2004 年伊拉克生活状况调查"（The Iraq Living Conditions Survey 2004，2005b）度量了近期伊拉克战争导致的相关残疾情况。残疾与伤害有关，但并不完全相同。例如，有些残疾不是由暴力伤害造成的，一些暴力伤害并不会造成慢性残疾。

[④] 其中一些方法包含在阿舍尔、朔伊伦和班克斯（Asher, Scheuren, Banks，2008），布伦堡、塔布和乌尔达尔（Brunborg, Tabeau, Urdal，2006），希克斯等（Hicks et al.，2008）和乌普萨拉数据项目（Uppsala Conflict Data Program，2010）中。

2. 应用于冲突的抽样调查方法

2.1 理论和抽样

我们可以通过对整个受冲突影响的人口进行普查来估计在特定时期内死于冲突的人员总数。这种方法需要对受冲突影响地区的每个家庭进行访谈，以尽量追踪记录每个人的命运。然而，冲突人口普查成本极其高昂，因此相当罕见。[①]

与人口普查相比，抽样调查是明显节约成本的方法，从理论上讲，只要样本容量足够大且代表受冲突影响的全部人口，那么这个方法就能够很好地估计冲突死亡人数。相比普查，抽样可能还具有某些进一步的优势。例如，抽样调查范围更小，可能会比普查更关注数据质量，尽管归根结底，这种对比取决于这两种方法相对于其调查范围的资金状况。

使用抽样方法估计战争死亡人数背后的思想非常直接，但为了清晰起见，有必要进行一个简短的讨论。例如，假设我们抽取一个样本，使受影响人口中的每个家庭以同样的概率入选这个样本。[②] 进一步假设，对于我们样本中的每个家庭，我们能够准确地测量出幸存的家庭成员数量和由于战争已经死亡的前家庭成员数量。[③] 如果发现样本人口中的 $x\%$ 因战争死亡，那么 x 就成为受战争影响的全部人口中死亡人数占比的无偏估计。如果我们知道这个总体的规模，那么通过乘以这个数据，就能够得到总体上战争死亡人数的无偏估计。如果还有更多关于抽样设计的详细信息，我们还可以构建一个置信区间来量化这个估计值的抽样（但不是非抽样）误差。不幸的是，尽管这些步骤简单且很少，但充满了潜

[①] 此外，在暴力受害者以及可能的肇事者被驱逐出国时，即使是全国人口普查也可能无法充分衡量冲突死亡率。在这种情况下，良好的测量方法需要接触这些流离失所者。衡量冲突死亡率的努力需要解决受影响人口分散的问题，但进行普查的成本对这个问题特别敏感。

[②] 每个家庭都不必以相同的概率被选择。只要每个家庭都以一个已知且非零概率被选择，我们就可以进行有效的估计。

[③] 在这里，我们忽略定义家庭的所有问题，尽管在冲突环境中做到这一点是特别棘手和有问题的。这些问题包括出生、死亡、迁入、迁出、多个家庭共用一个被隔离开的住所、家庭的合并与分开、被迫背井离乡以及其他使家庭定义复杂化的现象。

在的误区。

任何调查的质量都在很大程度上取决于样本如何构建，然而，抽取一个好样本往往非常具有挑战性。研究人员如果拥有一份受冲突影响人口相对完整的家庭名单，那么将是非常幸运的。例如，如果最后进行了人口普查，则可能存在这样一份名单。如果真是如此，那么就有可能抽320 取一个简单随机抽样样本。我们可以设想按照下面的方法进行，在受影响的总人口中给每个家庭分配一个数字，将这些数字写在完全相同的球上，并把它们放在一个巨大的瓮中。随机抽取球，并确实对这些球所对应的家庭进行访谈。

即使简单随机抽样是可行的，它仍然存在一个很大的问题，那就是对用这种方法选择出来的所有家庭进行访谈可能是成本高昂、让人望而却步的。受冲突影响的人口可能分布在大片地区上。在这种情况下，对随机抽样样本中的所有家庭进行访谈需要实地调查队走很远的路，或许可能在崎岖的地形上行进几百英里（1 英里相当于 1.609344 千米），只是为了进行一次访谈。对于这个勤务问题，一个常见的降低成本的对策是采访附近聚居在一起的家庭。集中对这些家庭进行采访减少了出行时间和其他费用。[①] 这也是在冲突死亡率调查研究中广泛采用聚类抽样（cluster sampling）的主要现实原因。

相比简单随机抽样，使用聚类抽样通常会扩大置信区间，因为彼此邻近的家庭可能有类似的冲突死亡情况。这种影响在小的聚类调查中可能会相当大，因为在聚类数量较少的调查中，非代表性聚类会进行极具误导性的估计（Spagat，2009）。然而，对家庭数量相同的聚类样本和简单随机样本进行比较本身就可能产生误导，因为一般来说，在固定预算下，从前者转向后者是不可行的。从经济学角度来看，在固定预算下要得到更大的样本，聚类抽样可能要比简单随机抽样更具优势。

如果在受影响人口中的家庭数量没有合理可靠的统计，那么关于如何选择样本仍然是一个严重的问题。很多技术已被用来解决这个问题。简言之，这些方法的关键步骤是用某种方式将一个地理空间划分为可管

---

① 与简单随机抽样相比，聚类样本的第二个潜在优势是，通过缩短旅行时间，聚类样本减少了访问团队面临的危险。这一点很重要，因为冲突调查通常是在相对危险的环境中进行的，在这种环境中旅行会带来风险。

理的单元，如城镇、乡村或者城市社区。接下来，估计这些单元的总体人口数量，并用其占全体人口数量估计值的比例作为概率，以选择各个单元。当然，样本质量将在很大程度上取决于这些人口数量估算的质量。在这个阶段，至少可以遵循两大思路。第一个思路，更为谨慎的方法是充分列举选定单元内的家庭。尽管制作这样的名录会花费时间，但相比列举全部受影响人口中的所有家庭（即实际上进行普查）而言，这种方式的成本仍然低得多。然后，在这些特别创建的聚类家庭名单中，随机选择家庭进行访谈，通常采用简单随机抽样方法。第二个思路要比第一个思路的成本更加低廉，但准确度也低很多，通常使用某种类型的定向抽样（directional sampling）。例如，调查小组从地理空间的某一中心位置出发，旋转一支笔，沿着笔尖所指方向随机选择第一个家庭，并继续对第一个家庭附近的其他家庭进行进一步的采访（Grais，Rose，Guthmann，2007）。[①] 此类程序的一个严重问题是，它们通常没有确定将要采访的家庭，因此允许采访小组根据主观判断表达自己的想法。例如，在城市环境中，沿着笔尖所选择的方向往往不可能走很远，因此必然改变路线，至于应当如何改变仍不明确。尽管可能有多种定义，但在调查报告中即使有，也极少对邻近给出定义。缺乏明确的指引可能使现场调查人员根据自己的判断走访一家又一家，这破坏了对于家庭的随机选择。一般来讲，人们对定向抽样的性质知之甚少，因此这是未来研究的一个非常重要的议题。

　　另一个关键问题是调查实际覆盖的人口与研究人员和公众感兴趣的受冲突影响的全部人口之间的关系。一些冲突死亡率调查是针对或者主要在流离失所者的特定居住地进行的。有时，特别是在冲突期间进行调查时，某些受影响人口是无法安全接触到的。在这种情况下，调查实际覆盖的人口只是研究人员感兴趣的全部受影响人口的一个子群体，而且我们无法得知前者能够在多大程度上代表后者。根据定义就可得到，由冲突导致的流离失所者已遭受到冲突的某些影响，因此，这意味着相对于受冲突影响的全部人口，他们的死亡率可能高于平均水平。另外，流

321

---

① 约翰逊等（Johnson et al.，2008）认为伯汉姆等（Burnham et al.，2006）使用的定向抽样程序可能引入了巨大的向上偏误。

离失所者已设法到达安置地点，可能是因为相对于死亡者而言，他们获得了高于平均水平的资源，或者面对的风险低于平均水平。因此，难民营的存在可能实际与低于平均水平的死亡率相关。事实上，在流离失所者群体中存在许多潜在偏差，这使我们通常无法得知流离失所者群体对于更大范围受冲突影响人口的代表性是怎样的。这意味着，从流离失所者子样本进行推断非常不可靠，不应尝试。[①] 同样地，假设调查研究小组当前无法接近的地区比当前可接近的地区在过去经历了更多的暴力事件，尽管可以进行这样的假设，但这个假设实际上很可能并不真实。举例来说，一群武装人员在最近一段时间里已控制了某一地区，并且目前能够为研究人员的进入提供安全保障。但这个地区可能已经出现了非常高的死亡率，因为这个武装团体把建立控制权放在第一位（Kalyvas，2006）。反之亦然。对于一个目前处于争议的地区，调查小组无法进入，它在不久之前或许是相对安全的。再一次，根据被调查地区的情况推测其他没有被调查地区的结果可能会产生偏误。

2.2　测度什么

在已经出版的文献中，有三大类与战争相关死亡的估计：暴力死亡、死亡率和非正常死亡（它以死亡率为基础）。暴力死亡通常被假设为与战争相关，尽管即使没有战争，某些暴力死亡也可能会发生。有时，仅简单用死亡率作为估计值。死亡率用多种单位表示，如每天每10000人中的死亡人数，或每年每1000人中的死亡人数。非正常死亡的概念用来衡量如果冲突没有发生就不会发生的暴力或非暴力死亡。这意味着，非正常死亡的概念基本是以反事实分析为基础的，这使所有对非正常死亡的估计在本质上都是推测性的。对非正常死亡进行估计的关键是要构建一个合理的基线死亡率，作为一个反事实。在实践中，通常采用的方法是，把一个地区的平均死亡率或战前死亡率作为没有战争情况下会出现的假定的死亡率。这两种假设都不是非常合理。许多国家往往会系统性地高于或低于所处地区的平均死亡率，而与它们是否经历了战争无关。

[①]　美国联邦审计总署（General Accounting Office，2006）考察了对达尔富尔战争死亡人数广泛不一致的估计，并认为这些分歧中的大部分可能是根据对流离失所者的分析结论不恰当地外推至一般群体造成的。

此外，从非正常死亡概念所隐含的意思来看，没有理由假定与战争同时期出现的死亡率的所有变化都是由战争造成的。例如，战争期间可能伴随着干旱。在这种情况下，把战争作为导致死亡率提高的唯一因素是非常错误的，典型的非正常死亡计算就是这样做的。因此，《人类安全报告》项目（Human Security Report Project，2011）认为，非正常死亡率计算的基础十分脆弱，因此应当放弃，除非可能在少数数据特别丰富的情况下可以使用。

2.3　田野调查

对于调查数据在现场是如何被收集起来的，对其细节进行评估是了解一项调查质量的另一个关键要素。[①] 这种看法特别适用于进行冲突调查，因为冲突调查通常在高度紧张的政治环境中进行，并不可避免地陷入谁应该为暴力和暴行负责的问题中。特定的宗教、种族、社会或阶级群体的成员或许希望将杀戮的责任归咎于对手，而这种动机会影响调查人员和调查对象的行为。在极端情况下，调查人员或调查对象都可能会简单地编造未曾发生的死亡，[②] 真实死亡的责任可能被任意一方从实际应该对此负责的一群人，或者未知的一群人转移到另外一群人。一些调查为了减少歪曲信息的动机，不会询问调查对象谁应该为暴力死亡负责。[③]

调查对象和调查人员也许都会将调查视为一种手段，以吸引国际援助或者鼓励国际力量干预或者撤出冲突地区（General Accounting Office，2006：15）。基于这种情况，这种动机可能会导致对死亡人数的低估或高估，以及调查结果中存在其他失真情况。调查对象或调查人员可能认为，对死亡人数估值高是引起疲惫且精力分散的国际社会的关注、将注意力集中在冲突参与方，或者吸引援助或赔款的必要条件。此外，调查对象和调查人员也许认为较低的死亡率可能有助于避免外部干预或保持一种

[①]　阿舍尔（Asher，2009）很好地处理了冲突调查中的田野调查问题。

[②]　斯普盖特（Spagat，2010a）对伯汉姆等（Burnham et al.，2006）调查中伪造的死亡数据提出了证据。

[③]　举例来说，对于确定战争相关死亡原因，《SMART 方法论》（第 1 版）（Methodology Version 1，2006）建议的问题并不能确定肇事者的群体成员身份。

323 持续干预，因为如果当前死亡率较低的话，国际社会可能会认为干预产
生了积极影响。的确，许多有关冲突死亡率的研究报告包含对干预的呼
吁或者对缺乏干预的指责。这样的主张或许是恰当的，但同时它凸显出
需要仔细审查数据收集工作的质量，以及这些与调查参与者期望的结果
之间的关系。

　　所有调查研究共同存在的更为普遍的问题也体现在冲突调查中。出
于各种原因，调查对象也许不会遵守正常的流程。一种极端行为是简单
地编造调查问卷答案，却没有实际进行访谈（AAPOR，ASA，2003）。有
时，对完成的问卷进行检查可以发现这种行为，计算机程序也可用来检
测具有伪造特点的模式（Bredl，Winker，Kötschau，2008）。调查人员可
能以更加微妙的方式作弊，比如，在一个更为便利的地方进行调查而不
是去按照抽样程序选定的偏远地区。或者，如果调查人员在压力之下要
迅速完成许多访谈，那么他们可能会在漫长的一天结束的时候马虎大意。
在冲突调查中，偷工减料的动机可能尤为强烈，因为现场调查很可能非
常耗费体力，且可能很危险。因此，在冲突研究中，实施可靠的质量检
查制度尤为重要。这些制度包括对比不同调查人员和现场调查小组上交
的结果，联系那些应该已经进行了访谈的样本家庭来确认其确实接受了
调查，并让第二个调查组对随机选择的家庭样本再次进行访谈，以检验
第一个调查组的工作质量（AAPOR，ASA，2003）。重要的是，田野调查
小组事前知道他们将受到这样的审查，以促使他们从一开始就做到最好。

　　还要考虑调查小组的背景以及他们与调查对象之间的关系。如果调
查人员与冲突中的一方有密切联系，那么调查对象在回答问题时就会做
出相应调整。另一个问题是，当地文化可能会妨碍女性对男性进行坦诚
的采访，反之亦然。

　　调查对象可能难以准确地记住信息，或者可能少报告令人不快的信
息。例如，一些分析家认为，调查对象倾向于低报低龄儿童死亡人数
（Sullivan，Mashkeev，Katarbayev，2000），尽管希尔和崔（Hill，Choi，
2006）几乎找不到支持这种观点的证据。人们或许会记住实际死亡人数，
但可能会无意识地改变这些人的死亡时间。例如，时间不准确可能对调
查的影响很大，如果战争之前的死亡被报告为战后死亡，那么由战争导
致的死亡人数就会增加。由于记忆会随时间而消退，覆盖较长时间段的

调查相对于覆盖较短时间段的调查的准确性要差一些。随着回顾期限的延长，家庭构成也有可能越来越不准确。大家族成员可能在不同时间点居住在不同的家庭，特别是那些经历过流离失所的家庭。如果临时家庭成员的死亡被当作常住家庭成员的死亡，那么死亡率就会被夸大。

324

3. 对特定冲突的调查

3.1 科索沃

施皮格尔和萨拉马（Spiegel，Salama，2000）使用了一项有 50 个聚类且每个聚类有 24 个家庭的聚类抽样调查，估计在从 1998 年 2 月到 1999 年 6 月的科索沃战争中，"战争相关创伤"造成的死亡人数为 12000 人，95% 的置信区间为 5500 ~ 18300 人。研究人员根据 1991 年的一项普查，利用来自不同来源的最新信息进行调整后，随机选择了 50 个村庄或社区。尽管他们没能将人口少于 100 人的村庄包括在内，但这份调查似乎确实成功地较好覆盖了受影响人口。田野调查小组从每个单元的中心出发，根据一种并未指明的方法随机挑选一个方向，并向这个单元的边缘前进，记录到达边缘的距离或者沿途房屋的数量。然后，他们在这个半径范围内随机选择一个家庭，进行这个聚类中的第一次访谈，然后向右移动到最近的家庭，再到其最近的家庭，直到完成对 24 户家庭的采访。对于抽样程序的描述还存在许多模糊的地方。这一描述似乎假设房屋是分散的，因此如何处理公寓式建筑并不清楚。此外，还不清楚每个单元的中心是如何定义的，以及从这个中心随机选择一个方向的确切含义。例如，在城市环境中，街道布局可能仅允许有两个或四个可行的方向可以离开中心地区。这个调查可能还有许多无法到达的地区，这取决于如何处理这些模糊的细节。如果这些无法到达地区的死亡率与可到达地区的死亡率显著不同，那么样本可能就是有偏的了。例如，南斯拉夫联盟政府进行的"种族清洗运动"在相对不容易接近的地区要比容易接近的地区渗透得不那么深入，这是可能的。而北大西洋公约组织的空袭行动遵循这种模式似乎就不太可能了。

除了田野调查由 14 个现场调查小组完成，每个小组由 2 名说阿尔巴尼亚语的人员组成外，作者几乎没有给出关于田野调查的其他信息。可能的情况是，一些阿尔巴尼亚调查对象或者讲阿尔巴尼亚语的调查人员或许想要通过夸大死亡人数来提升对他们这个群体受害者的关注度。事实上，没有要求调查对象识别导致暴力死亡的施暴者，这样他们就没有直接机会将其亲人的死亡归咎于塞尔维亚人，由此减少了夸大死亡人数的动机，但不会完全消除。作者没有描述任何质量控制程序，比如对比各个小组的访谈结果，由监督者检查访谈是否进行，或再次进行采访以确保访谈是正确的。回顾期为 17 个月，这看起来似乎是相当合理的。[1]

325　　这项研究取得了一个值得注意且意外的发现，即 50 岁以上的男性与战争相关的死亡率异常高，据估计，他们的死亡率超过中年男性死亡率 3 倍多。如果这是真的，就意味着年纪较大的男性成为这次"种族清洗运动"的特定目标。

3.2　达尔富尔

德沃特等（Depoortere et al., 2004）在西部达尔富尔的四个地点进行了聚类调查，调查涵盖境内流离失所者。这项调查测度了在这些地点，以及在到达该地点前在四个地点中的其他三个地点的家庭的死亡率。在这些地方的一些人生活在为流离失所者准备的专属营地中，在其他地区，流离失所者与常住居民混居在一起。研究人员在三个地点抽样了 30 个聚类，每个聚类包括 30 个家庭；在第四个地点，由于时间有限，抽样了 30 个聚类，每个聚类包括 15 个家庭。作者遵守良好的操作指南，并没有将其结果外推到西部达尔富尔全部受影响的人口，或者达尔富尔的全部人口。境内流离失所者这个子群体本身就是令人感兴趣的。

抽样过程与施皮格尔和萨拉马（Spiegel, Salama, 2000）所采用的类似。其选择了相对较小的片区。在每个片区，一个田野调查小组以一种未指明的方法随机选择方向（从中心走向边缘），并列举了中间所有的家庭。然后，他们随机选择一个家庭，并对这个家庭及其附近的 29 个（或 14 个）家庭进行访谈。它的一个明显缺陷是没有定义"附近"，这就为访谈小组在他们挨家挨户行动中自由裁量选择家庭创造了可能性。

---

① 《SMART 方法论》（第 1 版）（SMART Methodology Version 1, 2006）明确指出，回顾期不应长于一年，但这似乎是一个非常保守的准则。

明确规定的抽样程序应当排除这种自由裁量权，不管是有意识的还是无意识的，以便调查人员不能自由选择那些看起来可能会得出调查人员希望结果的方向。

对抽样方法的这种描述并未强烈暗示这些被调查地区存在无法到达的部分。然而，很可能的是，那些靠近聚类中心的地方被选中的概率要高于那些位于边缘的地方。[①] 想象一下，一个田野调查小组从一个近乎圆形的营地中心出发。指引调查小组通过并因此列出位于营地边缘附近家庭的随机方向的选择范围，远远小于要求这个小组必须通过且列出一个接近中心的家庭的选择范围。因此，如果营地中心附近的死亡率与边缘地区的死亡率存在系统性差异，那么这种抽样方案就会引入偏差。例如，这个营地是由连续几批流离失所者组成的，其中第一批人员确定了中心地带，而后续数批人员将营地或多或少地向外扩展到非中心区域。尽管没有理由认为后面几批人员的死亡率要低于或高于前面几批的死亡率，但这些批次人员的死亡率可能有系统性差异。事实上，德沃特等（Depoortere et al.，2004）有一个有趣的发现，营地附近家庭的死亡率往往非常相似，即使是到达营地之前也是这样。这表明，流离失所者的营地死亡率的空间分布模式相当复杂和微妙，这意味着抽样方案的细节对于确定结果至关重要。

一些不明数量的调查人员被描述为"本地人、受过良好教育"，在一些不明背景的讲阿拉伯语的翻译陪同下进行了访谈。这些调查小组与调查对象之间有何种关联尚不清楚。由于调查对象是现在及未来国际援助的接受者，他们可能认为夸大死亡情况会使其受益，同时调查人员可能同样具有引起国际关注的目的。对田野调查工作的主要质量检查似乎是每天检查填写调查问卷的准确性。回顾期非常短，很保守，从 39 天到193 天不等。

在到达营地之前，粗死亡率的中间值估计为每天每 1 万人中死亡5.9~9.5 人，95% 置信区间的上限和下限分别是每天每 1 万人中死亡2.2 人和每天每万人中死亡 15.7 人。所有这些数字均远远超过一般紧急

---

① 《SMART 方法论》（第 1 版）（SMART Methodology Version 1，2006）在第 56 页提出了这一点。

状态下每天每 1 万人中死亡 1 人的临界值。即使在营地内，粗死亡率也往往超过这个临界值，有一个地点至少超过其 4 倍。简言之，德沃特等（Depoortere et al.，2004）的研究使我们非常确信在达尔富尔发生了人道主义危机。进一步的结果是，尽管据估计，被暴力致死的人员中绝大部分是成年男性，但也有相当数量的女性和儿童被杀害。

达尔富尔冲突的暴力死亡和非正常死亡数据引起公众的极大关注。然而，还没有哪个调查在冲突期间的任何时点恰当地随机覆盖了达尔富尔全部地区，也没用明显的死亡率作为计算非正常死亡率的基准。然而不管怎样，已经出现了很多对达尔富尔的估计，这满足了通过单个数字加总得到战争人力成本的需求。美国联邦审计总署（General Accounting Office，2006）评估了六次不同的估计，它们覆盖了不同时间段，提出 63000 人的非正常死亡人数到 400000 人的总死亡人数。德戈姆和古哈 - 萨丕尔（Degomme, Guha-Sapir，2010）以及哈根和帕洛尼（Hagan，Palloni，2006）进行了后续估计，但仍然缺少恰当的随机样本或者一个清晰的基准。尽管存在上述问题，但德戈姆和古哈 - 萨丕尔（Degomme, Guha-Sapir，2010）从 63 项当地调查中获得了证据，并非常令人信服地表明，2004 ~ 2008 年，死亡率急剧下降了，暴力死亡率要比与痢疾相关的死亡率下降得更快。

3.3 刚果民主共和国（DRC）

从 2000 年开始，国际救援委员会发布了关于刚果民主共和国非正常死亡的五项估计，其覆盖的时间一次比一次长，所估计的非正常死亡人数分别为 170 万人、250 万人、330 万人、390 万人和 540 万人，最后一个数据覆盖 1998 年 8 月至 2007 年 4 月。[①]《人类安全报告》项目（Human Security Replrt Project，2011）非常细致地审查了这些估计结果，并得出两个主要结论。首先，国际救援委员会的中值估计过高，超出的幅度很大。其次，经过仔细计算的置信区间过于宽泛，国际救援委员会的中值估计没有多大意义。在本节中，笔者总结了对《人类安全报告》项

---

① 这些数据分别来自罗伯茨（Roberts，2000）、罗伯茨等（Roberts et al.，2001）、罗伯茨等（Roberts et al.，2003）、科格伦等（Coghlan et al.，2006）和科格伦等（Coghlan et al.，2008）。

目的分析，并仔细考察科格伦等（Coghlan et al., 2006）的研究，这项研究是国际救援委员会估计中的一些主要问题的缩影，并且这是这个系列中唯一一篇发表在知名同行评议期刊上的文章。

327

国际救援委员会的前两项研究，即罗伯茨（Roberts, 2000）和罗伯茨等（Roberts et al., 2001）根据对刚果民主共和国的 8 个非随机选择且非常小的地区进行的 11 次单独抽样调查得出估计值。由于非随机选择机制，这些调查不适用于推断所有刚果民主共和国东部地区非正常死亡的估计。然而，国际救援委员会还是这样做了，估计有 170 万人和 250 万人非正常死亡。[①]《人类安全报告》项目正确地认为，这些估计结果应该被忽略，而且国际救援委员会的数据对于估计 1998 年 8 月至 2001 年 3 月整个地区的情况毫无用处。[②]

对于 2001 年 5 月至 2007 年 4 月，国际救援委员会的调查合理地覆盖了全国，因此，其可用于估计全国死亡率。国际救援委员会向前推进了一步，估计了非正常死亡。如前所述，这需要指定一个假设的基线死亡率，并假设如果没有战争，那么刚果民主共和国适用于这个死亡率。国际救援委员会让人难以置信地假设了，如果没有战争，那么刚果民主共和国的死亡率与撒哈拉以南非洲所有地区的平均死亡率相同：每月每 1000 人中有 1.5 人死亡。[③] 这并不可信，因为蒙博托·塞塞·塞科（Mobutu Sese Seko）政府几十年的暴政使刚果民主共和国的死亡率不太可能达到撒哈拉以南非洲所有国家的主流死亡率。当然，我们并不知道什么是恰当的反事实死亡率。这也是为什么非正常死亡率这个概念一开始就存在问题。然而，为了讨论方便，《人类安全报告》项目提出把每月每 1000 人中 2 人死亡作为基准，这是国际救援委员会在刚果民主共和国西部所采用的衡量标准。这个地区基本上没有受到战争的影响，因此这个地区

---

① 请注意，国际救援委员会所做的正是德沃特等（Depoortere et al., 2004）恰当地避免要做的：从对非随机选择的地区进行调查外推到对整个地区的估计。

② 《人类安全报告》项目（Human Security Report Project, 2011）还表明，即使假设的情况与实际相反，如罗伯茨（Roberts, 2000）研究的五个地区是随机选择的，正确的估计值仍然只是国际救援委员会估计值的一半左右。罗伯茨（Roberts, 2000）的估计被夸大了，这是由一个死亡率特别高的极小地区被给予了极高的权重造成的。

③ 在科格伦等（Coghlan et al., 2008）的研究中，国际救援委员会在几年后将这个基线死亡率下调到每月每 1000 人中有 1.4 人死亡。

似乎可以合理地代表东部地区在没有战争时所经历的情况。国际救援委员会进行的三次覆盖全国的调查所测得的死亡率非常接近这个可参考的基线。因此，对基线死亡率进行合理调整会使非正常死亡人数的估计值从280万人下降到90万人（也就是相差2倍多）。

国际救援委员会从未公布过非正常死亡估计值的恰当置信区间。[①] 然而，它确实给出了关于死亡率估计值的置信区间，这使构建非正常死亡估计值的置信区间成为可能。《人类安全报告》项目进行了这些计算，并发现，如果认可国际救援委员会提出的基线值，那么非正常死亡人数95%的置信区间为130万~450万人。反之，如果认可《人类安全报告》项目提出的基线值，那么95%的置信区间变为-55万~240万人，这意味着国际救援委员会的数据甚至不足以在标准显著性水平下拒绝非正常死亡人数为负值的假说。假设在国际救援委员会和《人类安全报告》项目基准之间存在一种概率分布，那么当然会产生一个更为宽泛的置信区间。此外，这些置信区间充其量只包含抽样误差，而非抽样误差很可能非常大。[②] 简言之，国际救援委员会的估计值如此不精确，以至于它们没有什么意义。

科格伦等（Coghlan et al., 2006）清楚阐明了刚果民主共和国非正常死亡率基准和置信区间存在的问题。对于2003年1月到2004年4月内全国粗死亡率的估计是每月每1000人中死亡2.1人，95%的置信区间为1.6~2.6人。在国际救援委员会的基准假设下，该计算给出了非正常死亡率的估计值，在15个月的一段时间内，每月每1000人中死亡2.1-1.5=0.6人。将这个比例应用于国际救援委员会所估计的6370万人口中，得到（每月每1000人非正常死亡0.6人）×（15个月）×（63700000人）/（1000）=573300人非正常死亡，即约60万人非正常死亡。[③] 继续认为这个基准完全属实，并使用国际救援委员会对于死亡率95%的置信区间1.6~2.6人，这个估计值95%的置信区间变成了10万~110万人。

328

---

① 国际救援委员会确实在不同假设所运行的数个场景的基础上，给出了一些受限的范围，但它们从未给出以标准方式计算得到的真实置信区间。

② 重要的非抽样误差包括基线死亡率本身的不确定性、确定家庭边界的不准确性，以及由翻译事务引起的误解问题。

③ 与国际救援委员会一样，这一计算忽略了这样一个事实，即8%的人口无法被调查。

如果我们把国际救援委员会的基准换成《人类安全报告》项目的基准，那么中值估计的结果变为 10 万人，95% 的置信区间是 – 40 万 ~ 60 万人。因此，以看似合理的方式改变基准水平，就会将国际救援委员会的估计值缩小 6 倍。此外，相比他们进行的中值估计，我们注意到这些置信区间的范围是非常大的，并且不可能排除非正常死亡人数为负值的情况。

我们还注意到，之前的分析都将国际救援委员会的死亡率估计值视为给定。然而，这些结果很可能过高了。事实上，国际救援委员会的儿童死亡估计值大约是人口与健康调查（Demographic and Health Surveys，DHS）项目（Macro International Inc.，2008）测度值的 2 倍，人口与健康调查项目通常被认为是质量非常高的调查（Human Security Report Project，2011）。这两种估计不可能都正确。

3.4　伊拉克

有五项著名的调查估计了在持续进行的伊拉克战争中的暴力死亡和非正常死亡情况。这些调查分别来自罗伯茨等（Roberts et al.，2004）、伊拉克生存条件调查（Iraq Living Conditions Survey，ILCS，2005）、伯汉姆等（Burnham et al.，2006）、伊拉克家庭健康调查（Iraq Family Health Survey，2008）和民意调查公司意见研究企业（Opinion Research Business，ORB，2008）。如前文所述，伯汉姆等（Burnham et al.，2006）关于暴力死亡的估计和伊拉克家庭健康调查的结果根本上是相互矛盾的，伯汉姆等 95% 置信区间的下限几乎是伊拉克家庭健康调查 95% 置信区间上限的 2 倍。这是一种简单的比较，因为伯汉姆等和伊拉克家庭健康调查实际上覆盖了相同的时间段。如果调查所覆盖的时间段不同，那么比较就会更为困难，因为暴力死亡率随时间会发生急剧变化。因此，为了可以进行比较，我们采用了另外一个被广泛引用的伊拉克战争暴力死亡资料来源，即伊拉克罹难人数统计（Iraq Body Count，IBC）。伊拉克罹难人数统计记录的平民死亡情况以监测大量数据来源为基础，它们包括媒体、医院、停尸房、非政府组织和政府（Hicks et al.，2009，2011）。伊拉克罹难人数统计的数据很容易与这五项调查中的任何一项数据进行比较，因为伊拉克罹难人数统计的数据以天为单位，覆盖整个冲突期间并使用统一的方法进行编制。

表 14-1 选自斯普盖特和多尔蒂（Spagat，Dougherty，2010）的研
329 究，从不同维度对五项调查进行了比较，其中某些行以伊拉克罹难人数
统计的数据为测度基准。表中暴力死亡估计值有非常明显的巨大差异，
这不得不让我们对于测度冲突暴力死亡调查方法的正确性产生疑虑。其
中一些调查一定是错误的，且存在很大的偏差。为了保持采用调查方法
估计暴力冲突死亡人数的可信性，我们需要解释这些调查中哪些是错误
的，以及为什么是错误的。否则，在未来将不可避免地出现类似的错误。
在接下来的内容中，笔者将对这些调查进行梳理，以寻找一条可行的前
进道路。

表 14-1　关于 2003 年 3 月以来伊拉克暴力死亡人数的五项调查

	ILCS	L1	IFHS *	L2	ORB
覆盖时间段的结束时间	2004 年 5 月 1 日	2004 年 9 月 20 日	2006 年 6 月 30 日	2006 年 7 月 10 日	2007 年 8 月 31 日
调查对暴力死亡人数的估计（人）	26000	56700	98000 或 151000	601000	1033000
与 IBC 的比值	1.7	3.0	2.0 或 3.1	12.2	12.2
巴格达的暴力死亡人数（人）	8063	18900～27000	52920 或 81540	150000	600000
占 IBC 对巴格达死亡人数估计值的比例（%）	1.0	1.9～2.7	1.9 或 2.9	5.2	12.5
聚类数量（人）	2200	32	971	47	112
田野调查问卷是否可得	是	否	是	否	否
是否有家庭花名册	是	是	是	否	否

注："ILCS"代表伊拉克生存条件调查（Iraq Living Conditions Survey，2004）的研究结果；"L1"
代表罗伯茨等（Roberts et al.，2004）的研究结果；"IFHS"代表伊拉克家庭健康调查（Iraq Family
Health Survey）的研究结果；"L2"代表伯汉姆等（Burnham et al.，2006）的研究结果；"ORB"代表
民意调查公司意见研究企业（Opinion Research Business，2008）的研究结果；"IBC"代表伊拉克罹难
人数统计（Iraq Body Count）的研究结果。* 伊拉克家庭健康调查认为，在家计调查中，低报死亡人数
的趋势普遍存在。基于这些理由，伊拉克家庭健康调查将其估计值上调了 50% 以上，然而，表中所有
其他调查均采用传统估计方法，没有进行这样的调整。因此，在比较不同调查时，最好消除这种调
整，因此 IFHS（伊拉克家庭健康调查）这一栏，总是提供两种估计结果，第一种是常规估计，第二种
是像伊拉克家庭健康调查那样进行了有关调整的估计。

资料来源：Spagat，Dougherty（2010）。

以对国家的估计为基础，这五项调查自然可分为两组。一组是伊拉
克生存条件调查、罗伯茨等的调查研究和伊拉克家庭健康调查，它们的

估计值是可比时期伊拉克罹难人数统计数值的 2～3 倍。[①] 另一组是伯汉姆等的调查研究和民意调查公司意见研究企业的调查研究，它们的估计值均超过伊拉克罹难人数统计估计值的 12 倍。如果仅关注巴格达地区，伯汉姆等和民意调查公司意见研究企业的调查研究这一组内的差异非常明显，而伊拉克生存条件调查、罗伯茨等的调查研究和伊拉克家庭健康调查这一组则相当一致。表 14-1 最下面三行突出显示了一些质量指标，表明伊拉克生存条件调查、罗伯茨等的调查研究和伊拉克家庭健康调查的估计值可能比伯汉姆等调查研究和民意调查公司意见研究企业的调查研究估计值更加接近真实情况。罗伯茨等、伯汉姆等以及民意调查公司意见研究企业使用很少的聚类数量，因此容易受到抽取非代表性样本的影响，其中包含太多的高度暴力聚类（Spagat，2009）。伊拉克生存条件调查和伊拉克家庭健康调查中有多得多的聚类，因此可以避免这个问题。而且，伊拉克生存条件调查和伊拉克家庭健康调查对其方法是最为公开的。表 14-1 中的一个简单事实体现了这一点，只有伊拉克生存条件调查和伊拉克家庭健康调查满足公开调查问卷的极端最小标准。近些年来，职业问卷调查领域正在努力建立披露基本方法信息的标准（AAPOR，2006）。事实上，伯汉姆等的调查研究的首席调查员被发现严重违反了这些标准，因此受到美国舆论研究协会的正式谴责。[②] 民意调查公司意见研究企业拒绝公布它在田野调查时的提问，尽管民意调查公司意见研究企业已经发布了这些问题的英文版本。最后，这个表格关注伯汉姆等的调查研究和民意调查公司意见研究企业相对于其他调查在方法上的一个缺点：它们没有编制样本中每位家庭成员基本人口信息和每个家庭所有成员的名录（一个家庭花名册）。[③] 没有制作家庭花名册通常被视为一种糟糕的做法（例如，SMART Methodology Version 1，2006：75）。

330

---

① 伊拉克罹难人数统计的数据和基于调查得出的数据之间的部分差异来自这样的事实：伊拉克罹难人数统计的数据只涉及死亡平民，而基于调查得出的数据则既包括平民也包括死亡的战斗人员。

② 美国舆论研究协会（AAPOR，2009b）列举了伯汉姆等（Burnham et al.，2006）主要研究人员曾拒绝披露的方法细节。

③ 斯普盖特（Spagat，2010a）包括对伊拉克生存条件调查（ILCS）、伊拉克家庭健康调查（IFHS）和伯汉姆等（Burnham et al.，2006）对方法论质量的评估，以及斯普盖特和多尔蒂（Spagat，Dougherty，2010）对意见研究企业调查质量的评估。

　　进一步分析伯汉姆等和民意调查公司意见研究企业的估计强化了它们都与现实不符的观点。斯普盖特和多尔蒂（Spagat, Dougherty, 2010）重点分析了民意调查公司意见研究企业的调查。一个重要发现是，民意调查公司意见研究企业的数据来源于三个独立的调查，其中一个调查是估计民意调查公司意见研究企业暴力死亡的基础，这种严重的不一致性意味着数据收集中存在折中的做法。民意调查公司意见研究企业估计的死亡人数中有80%以上来自伊拉克四个相邻省份。在这些省份中，报告有家庭人员死亡的调查对象的比例要远远大于民意调查公司意见研究企业仅在6个月前进行的一项单独调查中报告有"大家庭"成员死亡的调查对象的比例。这种情况并不可信，因为大家庭网络的范围要远远大于家庭的边界。事实上，在伊拉克南部省份的调查对象中确实体现了这种预期模式，即家庭成员死亡人数要远远少于大家庭成员的死亡人数。但难以置信的是，中值朝着相反的方向移动了，并且这种情况占据了民意调查公司意见研究企业估计的绝大多数。斯普盖特和多尔蒂（Spagat, Dougherty, 2010）进一步认为，民意调查公司意见研究企业调查中存在许多关键的质量缺陷，例如，一些问题模棱两可，不能完全排除调查对象报告非暴力死亡或大家庭成员死亡的情况，对于未回答问题的处理方式不完善，也没有正确计算置信区间。总之，证据显示，民意调查公司意见研究企业的调查估计是非常不可信的，而且远远地高估了。

　　伯汉姆等（Burnham et al., 2006）的调查与伊拉克暴力死亡的广泛证据之间的差异并非仅仅体现在表14-1所呈现的对比结果中。在这里，笔者仅通过两个关于暴力死亡时间和空间模式的例子来进行说明。[1] 从2005年6月到2006年6月的这段时间里，伯汉姆等测度的暴力死亡率超过了伊拉克家庭健康调查研究小组估计的7倍还多，伯汉姆等的研究的95%置信区间的下部几乎是伊拉克家庭健康调查研究小组95%置信区间上部的3倍（Iraq Family Health Survey, 2008）。伯汉姆等对于伊拉克五个中央省份的估计结果是伊拉克生存条件调查估计结果的近12倍，且超过伊拉克生存条件调查95%置信区间上部7.5倍（Spagat, 2010a）。

　　许多文献在尝试解释伯汉姆等的调查的误差。罗森布拉姆和范·德·

331

―――――――――

　　① 在斯普盖特（Spagat, 2010a, 2011）中可以找到更多详细信息。

拉恩（Rosenblum, van der Laan, 2009）注意到，在伯汉姆等研究的样本中，不同聚类之间的暴力水平差异非常大，而且样本规模比较小。这些因素意味着，样本中聚类的暴力水平分布与得到数据的基本分布有很大的差异。他们认为，在这样的条件下，通过假设正态分布或者使用蒙特卡罗（Monte Carlo）方法来计算置信区间都是不恰当的。他们提出了另外一种可以在这样的条件下计算置信区间的方法，这种方法允许生成数据时设定的分布与仅在样本数据中呈现的数据的模式不一致。他们使用这种方法重新计算了伯汉姆等的研究的置信区间，所有结果都比伯汉姆等（Burnham et al., 2006）公布的置信区间宽得多；其中一个甚至增加了近 1 万人。在类似的指导思想下，斯普盖特（Spagat, 2009）使用伊拉克生存条件调查数据进行模拟分析，表明类似于伯汉姆等这样的小聚类调查是不可靠的，并且如果选择少数异常暴力的聚类，那么很容易将暴力死亡高估 3 倍或是更多。约翰逊等（Johnson et al., 2008）和奥内拉等（Onnela et al., 2009）认为伯汉姆等所使用的最后阶段抽样是偏向于暴力地区的，这种偏差可能导致极大的高估，甚至可能导致模型中的参数值高出 3 倍。斯普盖特（Spagat, 2010a）提供的证据表明，在伯汉姆等的调查中存在虚构和篡改数据的情况，这也是造成伯汉姆等的估计结果和其他证据之间存在巨大差异的原因。[1]

　　通过对民意调查公司意见研究企业和伯汉姆等调查的仔细考察，现在有充分理由可以放弃这两种估计了。剩余的三个调查高度一致（见表 14-1）。然而，由于包含的聚类非常少，罗伯茨等（Roberts et al., 2004）的估计非常不准确，因此这份调查不应当受到太多重视。[2] 这样，我们基本留下了伊拉克生存条件调查和伊拉克家庭健康调查。

　　可获得的资料（Iraq Family Health Survey, 2008; Iraq Family Health Survey Study Group, 2008; Iraq Living Conditions Survey, 2005a）表明，伊拉克生存条件调查和伊拉克家庭健康调查在收集数据方面做得很仔细。伊拉克生存条件调查（田野调查）的高质量得益于它开展田野调查时伊拉克处于相对和平的时期。此外，伊拉克生存条件调查在战争死亡估计

---

[1]　关于对这一证据的简要总结，可参见斯普盖特（Spagat, 2010a）的结论。

[2]　罗伯茨等（Roberts et al., 2004）给出了该国除一个省外的非正常死亡人数的置信区间，即 8000～192000 人，其并没有对包含该省在内的任意估计值给出置信区间。

方面的一个弱点是，向报告死亡情况的调查对象继续询问死亡原因的问题并不理想，因为它要求必须在"疾病"、"交通事故"、"与战争相关"、"在怀孕期间、分娩或者分娩后40天内"、"其他（具体说明）"或者"不知道"中选择。战争相关死亡与暴力死亡之间的对应关系似乎很强，如果在伊拉克生存条件调查的调查问卷中把它们界定得更加清楚就更好了。

伊拉克家庭健康调查明显存在的一个问题是，由于安全原因，田野调查小组未能走访选定的1086个聚类中的115个。也就是说，调查小组仅走访了在安巴尔（Anbar）选定的108个聚类中的37个、在巴格达选定的96个聚类中的65个、在尼尼微（Nineveh）选定的72个聚类中的60个，以及在瓦西特（Wassit）选定的54个聚类中的53个。伊拉克家庭健康调查（IFHS, 2008a）仅对巴格达和安巴尔就缺失的聚类访问进行了调整，但没有给出未对尼尼微尝试做出调整的任何原因。对于巴格达的调整，伊拉克家庭健康调查（IFHS, 2008a）假设，对于巴格达地区，伊拉克家庭健康调查的数值/伊拉克罹难人数统计数值与其他六个死亡率较高省份的伊拉克家庭健康调查的数值/伊拉克罹难人数统计数值一样。通过向没有走访的巴格达地区的聚类赋予必要的暴力水平，伊拉克家庭健康调查（IFHS, 2008a）采用这一假设，将巴格达的伊拉克家庭健康调查的数值/伊拉克罹难人数统计数值设置为与其他六个死亡率较高省份的伊拉克家庭健康调查的数值/伊拉克罹难人数统计数值相等的水平。[①] 这个假设的含义是很强的，要求两个比值相等，必须假设巴格达没有被访问聚类的暴力水平是在伊拉克家庭健康调查所估计的整个3.3年内所走访聚类的4倍。这是一个非常强的假设，因为它仅以在单个时点的一个观测（一个无法去走访的聚类）为基础。这一假设的影响是，相比未走访的聚类和走访的聚类具有相同暴力水平的情况，伊拉克家庭健康调查的最终估计值要增加30000例暴力死亡。这种调整暗含的一个

332

---

① 相同的程序也被用于对安巴尔的调整中，但与巴格达不同的是，缺失的安巴尔聚类遭遇的暴力水平被证明与那些被调查的聚类所遭遇的暴力水平类似。这个程序中非常奇怪的是，实际上，伊拉克家庭健康调查忽略了巴格达和安巴尔的所有数据。对省级层面的估计完全取决于对六个高死亡率省中伊拉克罹难人数统计与伊拉克家庭健康调查的比例，以及伊拉克罹难人数统计中巴格达和安巴尔的相关数据。

假设是，伊拉克罹难人数统计调查所覆盖的巴格达经受暴力的家庭的比例与在其他六个高死亡率省份所覆盖的比例相同。事实上，伊拉克罹难人数统计调查在巴格达覆盖的范围比它在其他地区覆盖的范围要大，因此，从这个角度讲，这种向上调整可能过大。① 在发布伊拉克家庭健康调查数据库后，将有可能使用地区级伊拉克罹难人数统计信息和在伊拉克家庭健康调查中按地区分类的缺失聚类，重新评估对缺失聚类的调整。在重新分析之前，应当以质疑的态度看待伊拉克家庭健康调查对于巴格达的调整。

伊拉克家庭健康调查估计的另一个问题是，在考虑到可能存在低报死亡人数的情况后做出上调的文献中，它是唯一以调查为基础估计冲突死亡的研究。这种调整幅度很大，约为 54%，由此造成了两个问题。第一个问题是，这次史无前例的调整使其与其他调查的比较变得复杂，因为伊拉克家庭健康调查（IFHS，2008a）是唯一做出了这样调整的调查。伊拉克家庭健康调查（IFHS，2008a）做出调整的情况适用于所有冲突调查。因此，如果出于这些原因伊拉克家庭健康调查进行上调是正确的，那么其他调查做出类似的调整也将是正确的。这就意味着，在比较不同调查的估计值时，我们应当用未调整的估计值同未调整的估计值进行比较，或是用调整过的估计值同调整过的估计值进行比较。不幸的是，在讨论对伊拉克的估计结果时经常忽略这一点，调整过的伊拉克家庭健康调查估计值往往与来自其他调查的未经调整的估计值进行比较。②

第二个问题是，这种调整本身的思路有问题，并且在任何统计程序中都没有找到依据。伊拉克家庭健康调查（IFHS，2008a）做出上调的唯一理由是"在家庭成员死亡后，家庭会解散"。这种想法似乎是，举例来说，如果家庭 A 中有人死亡，它之后和家庭 B 合并组成一个新家庭，我们称之为家庭 AB。一个代表家庭 AB 的调查对象，最初在家庭 B，那么其很有可能不去报告家庭 A 和家庭 B 合并前家庭 A 中的死亡情况。这

---

① 相反，如果伊拉克罹难人数统计在巴格达的覆盖范围不如它在六个高死亡率省大，那么伊拉克家庭健康调查的调整幅度就会变小。

② 请注意，由于这种混淆，在表 14-1 中，笔者报告了调整和未调整的伊拉克家庭健康调查数据。当然，只报告未调整的数据也是正确的。然而，这样做会使一些读者感到困惑，他们习惯于只看伊拉克家庭健康调查调整后的数据。

的确是有可能发生的。但是，也有可能的是，在家庭 A 有人死亡后，剩
333　余成员分开，一些人加入家庭 B，其余人加入家庭 C。在这样的情况下，
合并后的家庭 AB 或者合并后的家庭 AC 都可能报告家庭 A 的死亡情况。①
这样，在样本中，家庭 A 的原始死亡情况很容易得到过大的权重，而不
像伊拉克家庭健康调查（IFHS，2008a）所假定的那样权重过小。因此，
伊拉克家庭健康调查（IFHS，2008a）给出进行上调的理由可能导致进
行相反方向的调整，而且我们不能确定家庭解体是否确实是造成向下偏
差的原因。然而，这只是这种调整带来问题的一部分。如果伊拉克家庭
健康调查（IFHS，2008a）希望对家庭解体进行调整，那么它应该构造
模型并应用一种基于数据的统计性校正程序。相反，伊拉克家庭健康调
查（IFHS，2008a）只是简单地将其估计随意扩大了 54%（围绕这个扩
大倍数还提升了随意指定的不确定性）。这就意味着，在伊拉克家庭健康
调查（IFHS，2008a）估计的因暴力死亡的 151000 人中大约有 50000 人
是几乎没有数据或统计方法基础的。

4. 结论

本章明确了评估冲突调查需要考虑的众多因素，包括抽样过程、确
保数据收集过程完整性的机制、推测的适当性，以及在计算非正常死亡
（如果需要计算这些）情况时对基线的设定。公开发表的方法描述有时
是模糊或模棱两可的，但当它们相对清晰时，往往指向许多缺陷。这些
缺陷包括抽样偏差，用相对小的调查总体推测大得多的受影响总体，调
查人员或调查对象动机不明确，监督方法或许不能完全克服这些动机，
以及对所做出估计中暗含的不确定性的认识不充分。不幸的是，研究人
员没有公布采用的方法往往妨碍对冲突调查进行质量评估。方法公开不
充分，无论是无意的还是企图蒙混过关，都违背了科学原则和公众信任，
这是学术界不应容忍的。

国际救援委员会对刚果民主共和国战争死亡的估计水平总体偏高，伯

---

①　请注意，根据伊拉克家庭健康调查，伊拉克的平均家庭规模为 6.4 人，因此，如果 1
人死亡，那么平均会有 5 名幸存者。很难将 5 个人合并为一个家庭，因此，许多家庭
解散后，可能会分成几个部分。

汉姆等（Burnham et al.，2006）和民意调查公司意见研究企业（ORB，2008）调查对伊拉克的估计已经动摇了人们对于调查方法测度战争死亡的信心。然而，对于这些研究的分析表明，它们的错误全是清晰可辨的，并且指出了为什么会犯错。这是好消息。如果一项估计极度偏离事实仍无法被辨别出来，那么调查方法就无法存在了。

这些文献也取得了一些成功。西格尔和萨拉马（Spiegel，Salama，2000）的估计似乎在战争受害人口年龄分布方面已经取得了重要洞见。德沃特等（Depoortere et al.，2004）的研究在并未做出不恰当推测的情况下明确了达尔富尔危机的严重性。

我们还需要对测度战争死亡调查方法进行更多的研究以阐明其劣势和优势。需要从头开始发展某些知识，例如，用于估计暴力死亡的各种抽样设计的表现和有效性。同时，某些相关知识，例如大量关于调查质量的文献［例如，别梅尔和吕贝里（Biemer，Lyberg，2003）］以及在发展中国家进行调查的文献［例如，阿舍尔（Asher，2009）］目前仍被束之高阁，基本未引起关注，将它们吸纳进冲突研究领域相对容易。

334

致　谢

笔者由衷感谢哈米特·达尔达甘（Hamit Dardagan）、约瑟普·达索维奇（Josip Dasovic）、乔希·多尔蒂（Josh Dougherty）、米歇尔·加芬克尔（Michelle Garfinkel）、玛德琳·希克斯（Madelyn Hicks）、安德鲁·麦克（Andrew Mack）和保罗·西格尔（Paul Spiegel）的诸多有益建议。笔者全权负责本章的内容。

参考文献

Ali, M., J. Blacker, and G. Jones. 2003. Annual mortality rates and excess deaths of children under five in Iraq 1991–98. *Population Studies* 57（2）：217–26.

Ali, M., and I. Shah. 2000. Sanctions and childhood mortality in Iraq. *Lancet* 355（9218）：1851–93.

American Association for Public Opinion Research. 2006. AAPOR code of professionalethics and practice. http://www. aapor. org/Content/Navigation Menu/AboutAAPOR/Standardsamp Ethics/AAPORCodeofProfessionalEthicsampPractice/default. htm. Lastaccessed November 3, 2011.

——. 2009a. AAPOR finds Gilbert Burnham in violation of ethics code. http://www. aapor. org/AAPOR_Finds_Gilbert_Burnham_in_Violation_of_Ethics_Code/1383. htm. Last accessed November 3, 2011.

——. 2009b. AAPOR releases additional detail on AAPOR standards violation. http:// www. aapor. org/uploads/AAPOR_Press_Releases/BurnhamDetailWebsite. pdf. Last accessed November 3, 2011.

American Association for Public Opinion Research and American Statistical Association. 2003. Interviewer fabrication in survey research. http://www. amstat. org/sections/srms/ falsification. pdf. Last accessed November 3, 2011.

Asher, J. 2009. Developing and using surveys to estimate casualties post-conflict: Developments for the developing world. Paper presented at the International Conference on Recording and Estimation of Casualties, Carnegie Mellon Universityand University of Pittsburgh.

Asher, J., F. Scheuren, and D. Banks, eds. 2008. *Statistical methods for human rights.* Dordrecht: Springer.

Biemer, P., and L. Lyberg. 2003. Introduction to survey quality. Hoboken, NJ: Wiley.

Bloomberg School of Public Health. 2009. Review completed of 2006 Iraq mortality study. http://www. jhsph. edu/publichealthnews/press_releases/2009/iraq_review. html. Lastaccessed November 3, 2011.

Bredl, S., P. Winker, and K. Kötschau. 2008. A statistical approach to detect cheating interviewers. Working Paper 39, Zentrum für Internationale Entwicklungs, Universität Gießen.

Brunborg, H., E. Tabeau, and H. Urdal, eds. 2006. *The demography of armed conflict.* Dordrecht: Springer.

Burnham, G., R. Lafta, S. Doocy, and L. Roberts. 2006. Mortality after the 2003 invasion of Iraq: A cross-sectional cluster sample survey. *Lancet* 368 (9545): 1421–28.

Coghlan, B., R. J. Brennan, P. Ngoy, D. Dofara, B. Otto, and T. Stewart. 2006. Mortality in the Democratic Republic of Congo: A nationwide survey. *Lancet* 367 (9504): 44–51.

Coghlan, B., P. Ngoy, F. Mulumba, C. Hardy, V. N. Bemo, T. Stewart, J. Lewis, and R. Brennan. 2008. *Mortality in the Democratic Republic of Congo: An ongoing crisis.* New York: International Rescue Committee. http://www. theirc. org/sites/default/files/migrated/resources/2007/2006 – 7_congomortalitysurvey. pdf. Last accessed November 3, 2011.

——. 2009. Update on mortality in the Democratic Republic of Congo: Results from a third nationwide survey. *Disaster Medicine and Public Health Preparedness* 3 (2): 88 – 96.

Daponte, B. 2007. Wartime estimates of Iraqi civilian casualties. *International Review of the Red Cross* 89 (868): 943 – 57.

Degomme, O., and D. Guha-Sapir. 2010. Patterns of mortality in the Darfur conflict. *Lancet* 375 (9711): 294 – 300.

Depoortere, E., F. Checchi, F. Broillet, S. Gerstl, A. Minetti, O. Gayraud, V. Briet, J. Pahl, I. Defourny, M. Tatay, and V. Brown. 2004. Violence and mortality in West Darfur, Sudan (2003 – 04): Epidemiological evidence from four surveys. *Lancet* 364 (9442): 1315 – 20.

Dyson, T. 2009. New evidence on child mortality in Iraq. *Economic and Political Weekly* 44 (2): 56 – 59.

General Accounting Office. 2006. Darfur crisis: Death estimates demonstrate severity of crisis, but their accuracy and credibility could be enhanced. GAO – 07 – 24. Washington, DC: General Accounting Office.

Grais, R., A. M. C. Rose, and J. P. Guthmann. 2007. Don't spin the pen: Two alternative methods for second-stage sampling in urban cluster surveys. *Emerging Themes in Epidemiology* 4: 8.

Hagan, J., and A. Palloni. 2006. Social science: Death in Darfur. *Science* 313 (5793): 1578 – 79.

Hicks, M. H. – R., H. Dardagan, G. G. Serdán, P. M. Bagnall, J. A. Sloboda, and M. Spagat. 2009. The weapons that kill civilians—deaths of children and noncombatants in Iraq, 2003 – 2008. *New England Journal of Medicine* 369 (16): 1585 – 88.

——. 2011. Violent Deaths of civilians in Iraq from 2003 – 2008: Analysis by Perpetrator, Weapon, Time and Location. *PLoS Medicine*, 8 (2), e1000415. doi: 10.1371/journal. pmed. 1000415.

Hill, K., and Y. Choi. 2006. Neonatal mortality in the developing world. *Demographic Research* 14 (18): 429 – 52.

Human Security Report Project (2011) *Human Security Report 2009/2010: The Causes of Peace and the Shrinking Costs of War.* New York, Oxford University Press.

Iraq Family Health Survey. 2008. http://www. emro. who. int/iraq/surveys_ifhs. htm. Last accessed November 3, 2011.

Iraq Family Health Survey Study Group. 2008. Violence – related mortality in Iraq from 2002 to 2006. *New England Journal of Medicine* 358 (5): 484 – 93.

Iraq Living Conditions Survey. 2005. Overview. http://reliefweb. int/node/412194. Last accessed November 3, 2011.

Johnson, N. , M. Spagat, S. Gourley, J. Onnela, and G. Reinert. 2008. Bias in epidemiological studies of conflict mortality. *Journal of Peace Research* 45 (5): 653 – 64.

Kalyvas, S. 2006. *The logic of violence in civil wars.* Cambridge: Cambridge University Press.

Laaksonen, S. 2008. Retrospective two – stage cluster sampling for mortality in Iraq. *International Journal of Market Research* 50 (3): 403 – 17.

Macro International Inc. 2008. Democratic Republic of the Congo: Demographic and health survey 2007 key findings. http://www. measuredhs. com/pubs/pdf/SR141/SR141. pdf. Last accessed November 3, 2011.

Onnela, J. P. , N. F. Johnson, S. Gourley, G. Reinert, and M. Spagat. 2009. Sampling bias due to structural heterogeneity and limited internal diffusion. *European Physics Letters* 85 (2): 28001.

Opinion Research Business. 2008. Update on Iraqi casualty data. http://www. opinion. co. uk/Newsroom_details. aspx? NewsId = 120. Last accessedNovember 3, 2011.

Pedersen, J. 2009. *Health and conflict: A review of the links.* Oslo: Fafo. http://www. fafo. no/pub/rapp/20110/20110. pdf. Last accessed November 3, 2011.

Roberts, L. 2000. *Mortality in eastern DRC: Results from five mortality surveys.* NewYork: International Rescue Committee. http://www. rescue. org/sites/default/files/resourcefile/ IRC_SUR_MOR_DRC_2000. pdf. Last accessed November 3, 2011.

Roberts, L. , F. Belyakdoumi, L. Cobey, R. Ondeko, M. Despines, and J. Keys. 2001. *Mortality in eastern Democratic Republic of Congo: Results from eleven mortality surveys.* NewYork: International Rescue Committee. http://www. grandslacs. net/doc/3741. pdf. Last accessed November 3, 2011.

Roberts, L. , R. Lafta, R. Garfield, J. Khudhairi, and G. Burnham. 2004. Mortality before and after the 2003 invasion of Iraq: Cluster sample survey. *Lancet* 364 (9448): 1857 – 64.

Roberts. L. , P. Ngoy, C. Mone, C. Lubula, L. Mwezse, M. Zantop, and M. Despines.

2003. Mortality in the Democratic Republic of Congo: Results from a nationwide survey. New York: International Rescue Committee. http://www. kongo – kinshasa. de/dokumente/ngo/drc_mortality_iii_full. pdf. Last accessed November 3, 2011.

Rosenblum, M., and M. J. vander Laan. 2009. Confidence intervals for the population mean tailored to small sample sizes, with applications to survey sampling. *International Journal of Biostatistics* 5 (1): Article 4.

SMART Methodology Version 1. 2006., http://www. smartindicators. org/. Last accessed November 3, 2011.

Spagat, M. 2009. The reliability of cluster surveys of conflict mortality: Violent deaths and non – violent deaths. Presentation given at the International Conference on Recording and Estimation of Casualties, Carnegie Mellon University and University of Pittsburgh. http://personal. rhul. ac. uk/uhte/014/Pittsburgh% 202009. pdf. Last accessed November 3, 2011.

——. 2010a. Ethical and data – integrity problems in the Second Lancet Survey of Mortality in Iraq. *Defense and Peace Economics* 21 (1): 1 – 41.

——. 2010b. Truth and Death in Iraq under Sanctions. *Significance* 7 (3): 116 – 120.

——. 2011. Mainstreaming an outlier: The quest to corroborate the Second Lancet Survey of Mortality in Iraq. *Defense and Peace Economics* 22 (3): 299 – 316.

Spagat, M., and J. Dougherty. 2010. Conflict deaths in Iraq: A methodological critique of the ORB survey estimate. *European Survey Research* 4 (1): 3 – 15.

Spiegel, P. B., and P. Salama. 2000. War and mortality in Kosovo, 1998 – 99: An epidemiological testimony. *Lancet* 355 (9222): 2204 – 09.

Sullivan, J., A. Mashkeev, and A. Katarbayev. 2000. Infant and child mortality. In *Kazakhstan demographic and health survey 1999.* Washington, DC: MacroInternational Inc. http://www. measuredhs. com/pubs/pdf/FR111/09Chapter9. pdf. Last accessed November 3, 2011.

Uppsala Conflict Data Program. 2011. UCDP Data. http://www. pcr. uu. se/research/ucdp/datasets/. Last accessed November 3, 2011.

Zaidi, S. 1997. Child mortality in Iraq. *Lancet* 350 (8988): 1105.

Zaidi, S., and M. C. Fawzi. 1995. Health of Baghdad's children. *Lancet* 346 (8995): 1485.

第 15 章　冲突后的心理健康

杜贵全

拉克希米·艾耶

1. 引言

战争对受其影响国家的人口和经济是不利的。除了冲突期间死亡和痛苦造成的人力成本之外，冲突的幸存者往往饱受贫困的经济环境和心理健康的困扰，即使在冲突结束之后也是如此。这些成本有多大？受冲突影响的人们需要花费多长时间才能从冲突的心理压力中恢复过来？什么样的政策适合帮助心理健康的恢复？尽管对战后物质和人力资本恢复的相关政策已经给予了相当的重视，但心理健康得到的关注相对较少。

在本章中，我们回顾了关于冲突后心理健康的最新文献。我们相信心理健康是值得学者和政策制定者更多关注的结果。[①] 心理健康是个人福利（或者说缺少福利）的一个维度，它与其他传统的冲突结果指标，比如贫困、消费或者收入，并不是完全相关的：例如，达斯等（Das et al.，2007，2008）提供证据表明，在五个发展中国家中，心理健康状况和贫困之间缺乏相关性。这个结果与文献中关于幸福的伊斯特林悖论（Easterlin Paradox）相呼应，该悖论表明，无论在一国之内还是在不同国家之间，收入水平与平均幸福感之间几乎没有相关性（Easterlin，1974，1995）；事实上，收入与生活满意度或者幸福感之间的关系是一个极具争议的话题［参见其他学者的讨论，如迪顿（Deaton，2008）及史蒂文森

341

和沃尔弗斯（Stevenson，Wolfers，2008）]。此外，心理健康是人力资本的一个重要方面。尽管经济学家极为关注身体健康对受教育程度和劳动生产率的影响（Kremer，Miguel，2004；Maccini，Yang，2009），但关于不佳的心理健康对人力资本或劳动生产率的影响，我们还知之甚少。

在冲突的特定背景下，除了身体健康和经济受到影响之外，人们还可能遭受严重的心理健康问题。遭遇冲突的人们常常遭受人身伤害，亲友离去，目睹暴力事件。这些精神痛苦就其本身而言是一个令人关切的问题，在后冲突时期，还有可能对个人的劳动参与率和劳动生产率产生负面影响，进而延迟了冲突结束后的经济复苏。因此，量化冲突对心理健康的影响对于设计恰当的战后经济复苏政策可能是重要的。

在本章中，我们回顾了衡量冲突对心理健康的影响在方法上一直存在的挑战。

第一，我们回顾了用于衡量心理健康状况的经典调查方法，并讨论了在横截面数据分析中与使用心理健康量表相关的潜在问题。与其他衡量福利，如与幸福水平或生活满意度的调查相比，衡量心理健康的好处是可以评估其预测焦虑或者临床抑郁症的能力。通过把心理健康模块如生活水平测量研究（Living Standards Measurement Study，LSMS）调查，系统地纳入多目标家庭调查中，并且不断努力去验证心理健康量表，可以缓解目前关于这个议题数据匮乏的问题。

第二，我们归纳了文献中的冲突度量方法。我们强调，使用调查获取的冲突烈度主观评价具有局限性，因为存在潜在的记忆偏差；研究心理健康时这些偏差有可能会更大，因为心理健康状况本身可能会影响调查对象准确回忆事件的能力。

第三，我们在此背景下讨论了因果推断的特定问题。冲突与大量人口流离失所有关，这可能导致不仅在调查对象的组成，而且在其报告的心理健康方面出现系统性偏差。事实上，移民和心理健康的联系可能会是一个富有成果的研究领域。此外，冲突常常发生在易受其他导致心理健康问题风险因素影响的地方（例如，在社会两极分化的地方），这意味着在冲突烈度和心理健康状况之间的正向关系并不必然建立在前者对后者的因果影响之上。

第四，我们讨论了冲突可以影响心理健康的潜在机制。冲突可以影

响个人对于未来的预期，对于过去极其不幸事件的记忆会妨碍人们从冲
342 突中恢复，或者冲突后重建的艰辛本身可能就是压力来源。尽管医学文
献几乎全部强调第二种途径，但是很好地理解心理健康恢复的障碍有助
于合理设计冲突后的重建政策。我们回顾了近期的一些经验研究，看一
看它们如何能够很好地解决这些概念性和经验性问题，并强调这些问题
对于评估冲突后重建政策的影响也是适用的。

最后，我们在一个具体的冲突后场景中阐述了我们关于心理健康研
究的发现，这个案例就是波斯尼亚和黑塞哥维那。我们的方法避免了之
前所描述的一些典型经验研究困难，比如，我们根据一个国际组织提供
的对冲突的客观度量，而不是以调查对象记忆为基础的主观评价，并且
我们的心理健康测度已经得到了医学验证。我们发现，这在某种程度上
是令人惊讶的，尽管遭遇冲突确实提高了调查对象回忆起战争不幸事件
的可能性，但是这些经历过不同程度冲突的人们在总体心理健康方面没
有显著差异。这表明，任何冲突对心理健康的影响很可能是由于回顾机
制（例如，通过回顾创伤事件）产生的。即使这种差别会在三年后消
失，也意味着随着时间的推移，人们总会从心理健康的影响中相对恢复
过来。我们发现，受教育程度更高以及在冲突后搬到不同地方的人，出
现与冲突相关的心理健康问题的情况更少。

本章剩余部分结构如下。第 2 节回顾了评估冲突与心理健康之间关
系的数据、度量方法和推断挑战。第 3 节阐述了对波斯尼亚和黑塞哥维
那的分析。第 4 节总结推进这个领域研究议程的策略。

2. 评估冲突对心理健康的影响

解决冲突影响心理健康这个重要问题提出了方法论方面的挑战，我
们在本节中回顾这些挑战。这些挑战可以分为两大类：与测度和比较心
理健康和冲突强度的现有数据相关的问题，以及与解释观测到的冲突和
心理健康关联性相关的问题。我们将详细讨论每一个问题。[①]

———————————

① 请注意，这些问题并不是心理健康和冲突文献所独有的，而是对冲突后果微观经济分析
的通病。对于这些文献的回顾，请参见布拉特曼和麦圭尔（Blattman, Miguel, 2010）。

2.1　衡量心理健康

文献中的大多数研究通过汇总对在调查环境中提问的回应，来构造衡量心理健康的方法［这方面的综述参见达斯等（Das，2007，2008）］。343
这些调查方法具有一些共同特征。它们通常会问调查对象的内心状态
（"感到悲伤""感到没有价值"等）和相关行为（"无故而泣""做噩梦"等）。答案是对给定的内心状态或行为的频率或突出性的主观评价，
比如，采用有 3 ~ 5 个类别的李克特（Likert，1932）量表，其上标有"经常"、"非常频繁"、"有时"、"从不"或者"总是"。附录给出了 2001 年
在波斯尼亚和黑塞哥维那向调查对象提问的完整列表。

调查问卷通常要适应不同的文化背景，很多学者已经在努力检验调查方法的内部一致性［参见史密斯等（Smith et al.，2007）；威特钦
（Wittchen，1994）］。在必要情况下，创伤后应激障碍作为一个补充项目已经被系统地加入现有抑郁症或者焦虑量表中了。[1] 哈佛创伤问卷（Harvard Trauma Questionnaire）（Dubois et al.，2004；Lopes Cardozo et al.，
2000；Mollica et al.，1999；以及其他人）和创伤后应激障碍清单（Pham，
Weinstein，Longman，2004；Terhakopian et al.，2008）是主要的调查工具，用于评估在发生诸如人身伤害、战争、自然灾害或者经济危机等悲惨事件后，人群中创伤后应激障碍的发生率。类似于其他心理健康量表，这些量表是自我报告的测量工具。

由于几乎所有的心理健康调查数据都是基于主观评价得到的，人们担心这些问题的答案在不同个体之间或许不是完全可比的。无论一个事件被认为是"经常的"，还是一个陈述被认为是"基本真实"，都建立在个人内心参照点之上，这些参照点毫无疑问与社会经济地位、职业、宗教、文化认同或者分析中的其他解释变量相关。使调查工具适应文化背

---

[1]　抑郁和焦虑是常见的心理疾病，不一定是由特定事件引起的，而与遗传倾向和环境因素有关。它们的表述有一些重叠，也存在分歧。例如，焦虑症往往涉及避免焦虑诱导的情况（例如，广场恐怖症），抑郁症往往涉及低动机。创伤后应激障碍是与之相关的，在某种程度上涉及对创伤事件的反思或避免，它往往随着时间推移自然消解，但不是每个人都能消解，特别是那些容易焦虑的人。创伤后应激障碍的症状可能与抑郁症或焦虑症一样，因此，一般的心理健康调查模块可以测算出与抑郁症或焦虑症重叠的创伤后应激障碍的发病率。

景旨在根据具体国家修订调查问卷，而不是考虑一国之内不同地区的文化差异。这一点也适用于旨在反映关于幸福的其他主观度量的调查方法 [参见迪·特里亚和麦卡洛克（Di Tella，MacCulloch，2006）对于幸福经济学文献的综述]。

　　然而，与幸福和生活满意度量表相反，心理健康的度量能够通过定义良好的客体来进行验证，尤其是，它预测临床抑郁症、焦虑或其他精神紊乱的能力能够被检验。在波斯尼亚和黑塞哥维那生活水平测度研究（Bosnia and Herzegovina's Living Standards Measurement Study，LSMS）开展的三轮调查的背景下，就进行了这样一项实验。该国的一个代表性人口样本参与了拉德洛夫（Radloff，1977）的流行病学研究中心抑郁量表 [Center of Epidemiological Studies Depression（CESD）Scale] 的调查。为了验证流行病学研究中心抑郁量表，184 名曾在波斯尼亚和黑塞哥维那中部一个行政区的基层卫生保健机构接受治疗的病人参与了问卷调查，并接受了一项心理诊断。研究发现，使用 1.86 作为临界值来评估抑郁症具有 97.5% 的敏感性和 75% 的特异性（Kapetanovic，2004）。[①] 在第 3 节所做的分析中，这些流行病学研究中心抑郁量表构成主要的结果变量。

344　　尽管这种验证对于评估来自调查的心理健康度量的准确性至关重要，但在临床环境下的正规验证确实还存在某些局限。这些检验是在选定的寻求治疗的样本上进行的，验证时设定了适用于全部人口的关于特异性和敏感性数字的阈值，然而群组之间也许存在相当大的异质性。因此，通过诱发偏好或者感觉（与观测到的行为相反，例如，实际消费、投资或储蓄决策）测度幸福感仍然有许多需要注意的地方，即需要仔细解释结果；无论如何，进一步的验证研究都应该得到鼓励。将心理健康量表更为系统地纳入多目标家庭调查中无疑有助于实现这个目标。

2.2　测量遭受的暴力冲突

　　在医学文献中，大量研究依赖个人自我报告遭遇的冲突情况。一个令研究者感兴趣的问题是，心理健康状况和对过去遭遇冲突的自我评估

---

① 敏感性是指当个体实际患病时，二元检验会产生为正结果的概率（1 减去错误负值或类型 Ⅱ 错误的概率）。特异性是指当个体实际没有患病时，二元检验会产生为负结果的概率（1 减去错误正值或类型 Ⅰ 错误的概率）。

之间的联系。例如，很多研究使用自我报告的创伤度量指标，就像哈佛大学创伤问卷所度量的那样。尽管对过去创伤性事件的描述和焦虑及抑郁症状之间的关系具有另外的意义，潜在的记忆偏差会影响对冲突影响心理健康状况做出因果推断的能力。尤其是，受到抑郁或焦虑折磨的个体或许更不愿意"向前走"，并因此更有可能回忆起过去的创伤性事件。这个问题或许也会影响其他对冲突影响心理状态和信任的研究，比如，贝洛斯和麦圭尔（Bellows, Miguel, 2009），他们把对四个与冲突相关问题的自我报告的答案进行了平均，形成了对塞拉利昂冲突强度的度量。

　　在分析冲突对福利的影响中，很多社会学家转而使用了二手来源的冲突数据［参见阿克雷什和瓦克（Akresh, Walque, 2008）；舍米亚基纳（Shemyakina, 2009）］。伤亡数目或者对实物破坏的评估通常是由非政府组织或者政府机构报告的。在尼泊尔，非正式部门服务中心（Informal Sector Service Center, INSEC）报告了在各个人权年鉴中发布的个别派别冲突中的伤亡数量（Do, Iyer, 2010）。在本章介绍的对于波斯尼亚和黑塞哥维那的研究中，战争伤亡数据可以从萨拉热窝研究和文献研究中心（Sarajevo Research and Documentation Center, RDC, http://www. idc. org. ba/）获得。一个值得高度关注的重要来源是战争相关数据库（Correlates of War Project），它是由密歇根大学的学者于 1963 年发起的（http://www. correlatesofwar. org/）。这个数据库使 1816～2001 年国家间、超国家和国家内的战争及军事争端的异常丰富的信息得以公开，供整个科学界使用。

　　尽管这些度量肯定比自我报告的遭遇冲突的情况更加客观，但它们也存在一定局限性。第一，行政记录或者官方信息也许与在现场实际经历的情况极为不同。这类典型测量误差很可能会影响估计的精度。第二，对于战争伤亡在当地展开的调查也不能避免非典型测量误差。例如，战争损伤报告的准确性很可能依赖一些因素（比如，地方治理、经济发展水平，以及更广泛的社会资本），这反过来会对人们的心理健康产生影响。因此，在对报告中的战争损伤情况和随后而来的心理健康状况之间的联系所做的分析中，在解释其实证结果时，必须把报告存在偏差的可能性考虑在内。

　　同样重要的是，只有在假设个人在冲突爆发时实际居住在被指定的社区的情况下，度量社区层面的冲突强度才有意义。因为战争常常与人们流离失所相联系，这样的假设并不是无关紧要的。在我们对波斯尼亚和黑塞哥维那的研究中，波斯尼亚和黑塞哥维那生活水平测度研究调查确认了每一位调查对象在冲突发生时所居住的社区，这一事实缓解了这个问题。此外，流离失所者可能成为全部人口中的一个选定样本。尽管一些学者正朝这个方向努力，但这样的选择性迁移往往难以控制。例如，在贝拉特曼和安南（Blattman，Annan，2010）对乌干达儿童士兵的研究中，他们试图以观测值为基础估计人员损耗的概率以克服选择性人员损耗的影响。

2.3 建立遭遇冲突和心理健康之间的因果关系

学者和政策制定者对三个主要问题感兴趣：（1）战争对受影响人口心理健康的因果性影响有多大？（2）如果确实可以恢复，那么恢复的速度有多快？（3）隐含于恢复或者没有恢复之下的机制是什么？

文献中的大部分研究以同一个国家遭受不同冲突强度的两个个体在心理健康状况方面的横向对比为基础。根据构建方式，这种比较无法评估冲突作为一个整体的任何"总影响"。这是很重要的，因为即使个体没有直接遭遇冲突，也几乎不会不受到心理方面的影响。因此，横向比较使我们可以解决战争影响在人群中分布的异质性问题，但在反事实是和平的情况下，这并没有解决战争全部影响的问题。当没有人可以置身冲突之外，正如彭、韦恩斯坦和朗曼（Pham，Weinstein，Longman，2004）在卢旺达的例子中所假设的那样，这个问题变得更为突出了。

在心理健康成为人们所关注结果的情况下，我们应当注意到这个问题不是其特有的。如果没有进一步（且可以说是很强的）假设，那么考察冲突在国内对于健康或者经济发展影响的研究也无法确定冲突的总影响。[①] 尤其是，没有观察到在受冲突影响的不同地区在结果上存在异质性，并不能被解释为"完全"复苏或者冲突影响程度较低的证据，这是因为，

346

---

① 参见贝洛斯和麦圭尔（Bellows，Miguel，2009），布雷克曼、加雷森和施拉姆（Brakman，Garretsen，Schramm，2004），戴维斯和韦恩斯坦（Davis，Weinstein，2002），杜（Do，2009），科迪利斯（Kondylis，2009）和麦圭尔和罗纳德（Miguel，Roland，2006），其估计了冲突对信任和政治参与、劳动力市场参与、健康和经济增长的影响。

在不同地区，经济复苏的速度不同，保险机制或者政府对资源的转移导致的地区间趋同可能促成了这些结果。贝拉特曼和麦圭尔（Blattman，Miguel，2010）对现有文献进行了全面回顾。

要估计冲突的总成本，我们需要使用各个国家的横截面数据。当心理健康是人们关心的结果时，当前的调查方法是依具体情况而定的，并因此难以在各个国家间进行比较，同时，当前数据的可获得性还不允许甚至都不能考虑使用足够大的样本量来进行这方面的尝试。

最后，正如在任何观察研究中一样，冲突对心理健康的影响需要处理对条件相关性进行因果性解释的问题。类似于国家间冲突的发生率，冲突在一国之内的扩散依赖诸如地形、基础设施，或更一般地，经济发展水平等地方性条件［参见杜和伊耶（Do，Iyer，2010）］。未观测到的焦虑和抑郁的风险因素同样也是暴力的风险因素，从这个角度讲，仅仅通过横向比较难以做出因果推断。

2.4 理解遭遇冲突与心理健康的联结机制

遭遇冲突和心理健康之间简化形式的联系混淆了几个影响渠道，它们具有非常不同的政策含义。在关于遭遇暴力冲突与心理健康联结机制的医学文献中，隐含假设基本都是回溯：过去创伤性事件的记忆对个人心理健康有着长期影响。创伤后应激障碍被认为是冲突后心理健康水平持续低下的主要原因。救助受到创伤的个体，帮助其从过去遭遇的暴力中恢复过来很自然地成为政策对于这种情况的一个反应。

然而，遭遇暴力和心理健康状况之间的关系也会受到环境的影响。比如，遭遇暴力冲突也许与失去家庭收入来源，或者仅是财富损失相关。这样一种生活水平的降低也许会导致出现糟糕的心理健康状况。这种经济观点意味着，经济复苏将在很大程度上有助于改善冲突后的心理健康状况。最后也可能存在前瞻性的影响，因为遭遇冲突会改变人们的心态，比如，对政府的信任、与他人合作的意愿，或者对更美好未来的预期。这种心态的变化会导致产生更差的心理健康自我报告。

关于自然灾害和经济危机之后心理健康的经验证据表明，回溯的观点是最有可能的机制。德·梅尔、麦肯齐和伍德拉夫（de Mel，Mackenzie，Woodruff，2008）发现，2004 年海啸后，人们的心理健康的恢复主要依

347

靠灾难过后的"时间流逝",而不是个人生活水平的恢复。弗里德曼和托马斯（Friedman，Thomas，2008）也发现，在1997~1998年东南亚金融危机过后，即使收入恢复到危机之前的水平，人们的心理健康状况也没有恢复。这些结果与情绪悲痛的回溯性性观点相一致；由危机导致的非正常死亡造成的家庭成员损失可能是观察到的持续情绪悲痛的根源。

遭遇冲突影响心理健康状况的根本机制值得进一步考察，因为它们决定了适当的战后重建政策。然而，评估现有援助政策对于恢复的影响面临实证方面的挑战。重建与和解努力更有可能是针对遭受战争影响较多的地区或人的。援助项目的这种"内生性"使难以从其他因素（例如，冲突暴力）中分离出援助本身的影响，其他因素决定了战后重建援助的救助地点及规模。

3. 波斯尼亚和黑塞哥维那冲突后的经济复苏和心理健康

我们估计了波斯尼亚和黑塞哥维那（简称"波黑"）冲突强度与冲突后心理健康之间的关系。尽管我们能够克服前文所描述的一些度量方面的挑战，但我们无法完全解决所有可能的解释问题，其中选择性迁徙问题最突出。

3.1 冲突的历史背景

波黑冲突发生在南斯拉夫联邦解体的背景下。1980年总统铁托（Tito）去世后，六个共和国（塞尔维亚、黑山、波斯尼亚和黑塞哥维那、克罗地亚、斯洛文尼亚和马其顿）和两个自治地区（科索沃和伏伊伏丁那）的领导人轮流担任这个不稳定集体的总统，掌控权力。1990年11月，波黑举行多党派选举。对于南斯拉夫联邦改革的异议最终导致斯洛文尼亚和克罗地亚在1991年寻求独立。在1992年全民公决中，波黑人民以压倒性多数选择从南斯拉夫联邦独立。波斯尼亚于1992年3月5日宣布独立，并于4月得到了美国和欧共体的承认。

宣布独立以后，波斯尼亚塞族封锁了波斯尼亚所有的主要城市，塞族控制的南斯拉夫人民军（Jugoslav National Army，JNA）控制了全国

70% 以上的土地。1992 ~ 1993 年，国内三个主要民族，即波斯尼亚人（绝大部分为穆斯林）、塞族（绝大部分信仰东正教）和克族（绝大部分信仰罗马天主教），在波斯尼亚的东部和西北部地区进行激烈的交火。描述性记录表明，发生冲突的主要原因是战略性因素或种族矛盾：塞尔维亚人和克罗地亚人都坚信"种族清洗计划"，试图建立一个种族单一的国家（Burg，Shoup，1999）。这种动机表明，在最具民族多样性的地区，争斗也是最激烈的；确实，我们发现战前种族多样性越强的地方冲突强度就越大（可依据读者要求提供相关结果）。

1994 年 2 月，波斯尼亚人和克罗地亚人签订了停火协议。1994 年 3 月，在美国的调停下，双方达成协议，波斯尼亚和克罗地亚在波斯尼亚人和克罗地亚人控制的全部领土上成立联邦，从而建立了波斯尼亚和黑塞哥维那（FBiH）联邦。1995 年 7 月，"斯雷布雷尼察屠杀"（大约 8000 名波斯尼亚人被塞族武装杀害）导致北大西洋公约组织对塞族进行了长达一个月的轰炸。随着 1995 年 11 月 21 日签订《代顿和平协议》（Dayton Peace Agreement），战争终于结束了。这项协议将波黑划分为由波斯尼亚人和克罗地亚人领导的波斯尼亚和黑塞哥维那联邦，以及由塞族占据主导的塞族共和国（Republika Srpska，RS）。1996 年，联合国难民事务高级专员公署（United Nations High Commissioner for Refugees，UNHCR）估计，波斯尼亚和黑塞哥维那联邦有 244 万人，塞族共和国有 148 万人。在我们全国性的抽样调查中，大约 55% 的家庭来自波斯尼亚和黑塞哥维那联邦。

波黑战争造成了严重的人口伤亡。南斯拉夫国际刑事法庭（International Criminal Tribunal，ICTY）最保守的估计显示，在这场冲突中，至少有 102000 人被杀害，联合国难民事务高级专员公署估计约有 130 万人流离失所。在《代顿和平协议》签订后，全国有超过 100 万名流离失所者重新定居下来，截至 2007 年，据估计有 46 万人回到原来的家园（UNHCR，2007）。1996 年，59 个国家和组织捐助了 19 亿美元支持其重建。

3.2 测量心理健康

基于在波黑进行的波斯尼亚和黑塞哥维那生活水平测度研究调查的

家庭调查数据，我们构造了心理健康度量方法。① 这些调查连续进行了四年（2001 年、2002 年、2003 年和 2004 年）。尽管心理健康问题在 2001 年、2003 年和 2004 年进行了询问，但只有 2001 年和 2004 年的消费和收入总量可以获得。2001 年的调查在全国抽样，包含超过 5400 个家庭和超过 9000 个个体。我们从 2001 年的调查中获得了近 7000 个个体的心理健康状况信息，他们中约 63% 的人在 2004 年又被再次进行访问。在我们的结果中，我们将给出基于全样本的比较，以及仅使用面板观测进行的比较。

使用在两个时间段内共有的问题，我们构建了在两个时段内测量心理健康的一致度量。这些问题与精神不振、自责、睡眠困难、感觉无望、感觉担忧、感觉忧郁和感觉"一切事情都很吃力"等有关。在 2001 年的调查中，我们发现，使用这七个变量构造的心理健康度量指标与使用 14 点流行病学研究中心抑郁量表的度量高度相关（相关系数是 0.96）。此外，如第 2 节所探讨的，流行病学研究中心抑郁量表已得到验证，这是超越很多其他实证研究的优势。

其中也有一个单独的问题会询问调查对象，即多久会回忆起在战争期间经历的痛苦事件，类似于其他心理健康问题，答案以 4 分制度量。对这个问题的答案与整体心理健康度量之间存在中度相关性（相关系数为 0.58）。

我们掌握了人口特征方面的信息，例如，调查对象的年龄、性别、受教育年限和民族：44% 的调查对象是塞尔维亚人，40% 为波斯尼亚人，14% 为科罗尼亚人；52% 的个体为女性；17% 的调查对象在冲突于 1991 年开始后迁移到了当前的住址。我们也提取了家庭以救助形式和其他政府援助形式获得的转移支付信息：在 2001 年的调查中，28% 的受访者接受过来自政府的某种形式的救助。② 像大部分波斯尼亚和黑塞哥维那生活水平测度研究调查中的情况一样，也有关于家庭消费模式的详细信息，

---

① 这些家庭调查由世界银行、联合国开发计划署（United Nations Development Program, UNDP）和国际发展部（Department of International Development, DfID）与塞尔维亚共和国统计研究所（Institute for Statistics of Republika Srpska, ISRS）、联邦调查局统计研究所（Statistics Institute of the FBiH）和波黑统计局（Agency for Statistics of BiH）合作进行。

② 包括领取的养老保险金、伤残抚恤金、遗属抚恤金、军事抚恤金、战争伤残抚恤金和来自战争平民受害者（Civil Victims of War）的资金。

对各年份不同行政区域调整地区价格差异后，可以利用这些信息构造总体消费数据。我们发现，2001 ~ 2004 年，名义人均消费仅增加了 3%。

3.3　衡量战争强度

我们在行政区域维度上衡量战争强度，所用数据来自萨拉热窝研究和文献中心，该中心会发布定期更新的波黑各政区失踪和死亡人口数据。这些数据也被称为"1991 ~ 1995 年波斯尼亚死亡之书项目"或者"波斯尼亚和黑塞哥维那人口损失项目"（Swee，2009）。鲍尔、塔布和韦维普（Ball，Tabeau，Verwimp，2007：59）已经讨论了数据的可靠性，他们得出结论，"这个数据库是一个独特且宝贵的资料来源，在关于波斯尼亚和黑塞哥维那 1992 ~ 1995 年战争中受害者信息的各种来源中应当占据突出地位"。我们使用萨拉热窝研究和文献中心关于人口失踪或者死亡人数的数据，并结合来自 1991 年普查的人口数据，构建了各行政区的战争强度度量指标。这个度量指标是每百名居民中的伤亡（失踪或者死亡）数量。这个变量的均值为 0.021，在不同省份之间，差异非常大：从接近于 0 到 0.10 以上。

350

波斯尼亚和黑塞哥维那生活水平测度研究记录了当前的居住地区信息以及战争爆发前的居住地区信息。因此，我们为每个个体匹配其目前居住地区的冲突程度，以及其战前居住地区的冲突程度。[①] 对于因冲突而进行了迁移的人们来说，前者和后者是不同的。这与其他使用自我报告的冲突强度度量指标形成了对比［参见杜布瓦等（Dubois et al.，2004）；洛佩斯·卡多佐等（Lopes Cardozo et al.，2000，2004）；莫利卡等（Mollica et al.，1999，2001）；斯科尔特等（Scholte et al.，2004）］。因为波黑冲突主要是由民族动机驱动的，我们还控制了调查对象当前居住地区的民族多样化程度，因为生活在一个民族两极分化的社会也许会对心理健康或者经济福利产生直接影响。

3.4　实证策略

本章的目的是比较个体间受到冲突不同影响的轨迹。将要估计的经

---

① 科迪利斯（Kondylis，2009）和瑞（Swee，2009）还将冲突数据分配给个人战前所居住的城市。

典方程如下：

$$Y_{ijkt} = \alpha + \beta Conflict_k + \gamma X_{ijkt} + \varepsilon_{ijkt} \tag{1}$$

这里，Y_{ijkt}是我们所关注的个体i在t（$t = 2001$年，2004年）时期的结果，其现在生活在行政区j，战争爆发前居住在行政区k，X_{ijkt}是控制变量向量。变量$Conflict_k$衡量了个体i在战前所居住行政区的战争强度。我们主要的结果变量是心理健康的度量。我们首先介绍使用2001年数据估计方程（1）的结果。我们的控制变量包括标准的个体和家庭特征：年龄、性别、受教育年限和民族。人们生活在同一地区会导致结果具有相关性，我们把所有的标准差在当前居住地区层面进行聚类。我们还回归了X_{ijkt}（包括当前居住地区民族多样性度量以及调查对象的某些经济福利信息的方程，如其是否有工作，以及当前的人均家庭消费水平）。

分析的一个重点是方程（1）所描述的冲突与结果之间关系的异质性。我们考虑了冲突强度变量与人口特征，比如性别、年龄、民族和受教育程度的交叉项。因此，我们将估计如下形式的方程：

$$Y_{ijkt} = \alpha + \beta Conflict_k + \delta Conflict_k \times X_{ijkt} + \gamma X_{ijkt} + \varepsilon_{ijkt} \tag{2}$$

351 向量δ表示个人特征是否影响冲突强度与结果之间的关系。

3.5 波黑冲突后心理健康的变化情况

我们首先观察到全部样本的心理健康随着时间的推移都普遍恶化（见表15-1）。平均心理健康得分从2001年的1.63提升至2004年的1.91，表明心理健康状况恶化。得分增长部分是由于样本中调查对象的年龄在变大；有相当多的文献证明年龄越大的人的心理健康状况往往越差，同时，我们在横截面回归模型中也发现了这样的结论。另外一个可能的假说是，这种恶化是由相对暗淡的经济增长引起的。

遭受较高冲突强度的人们要比遭受较低冲突强度的人们在某种程度上有更差的心理健康状况，这与用七个问题衡量得到的测量结果一样（见表15-2，A）。这些差别在统计上并不显著，2004年的差别更小，表明时间

352 流逝确实有助于改善冲突幸存者的整体心理健康状况。这与所记录的自然灾害幸存者的情况类似［参见例如范·格里森等（van Griensven et al.，2006）］。

表 15 - 1　波斯尼亚 **2001** 年和 **2004** 年心理健康结果

1~4 度量（1 = 根本没有，4 = 异常频繁）	2001 年		2004 年	
	观测量	均值	观测量	均值
你感觉精神不振吗？	6437	1.664	4482	1.886
你因为不同的事物责备自己吗？	6439	1.380	4473	1.655
你有失眠或睡眠问题吗？	6439	1.551	4482	1.747
你对于未来感到无望吗？	6439	1.707	4466	2.033
你感到忧郁吗？	6440	1.617	4480	1.904
你对不同事物感到过分忧虑吗？	6438	1.889	4480	2.172
你感觉所有事情都很吃力吗？	6440	1.592	4479	1.987
心理健康（七问题度量）	6441	1.629	4483	1.913
你常常回忆起你在战争期间经历过的最痛苦的事件吗？	6441	1.769	4481	1.890
异常频繁地回忆起战争经历	6441	0.077	4481	0.080

表 15 - 2　遭遇高强度冲突的家庭心理健康状况更糟糕？

		2001 年	2002 年
A：心理健康，七问题度量	低强度冲突地区	1.571	1.895
	高强度冲突地区	1.769	1.962
	差值	0.197（0.147）	0.067（0.060）
	差值（表内家庭）	0.130（0.132）	0.068（0.059）
B：回忆战争经历的频率	低强度冲突地区	1.671	1.808
	高强度冲突地区	2.002	2.101
	差值	0.33（0.202）	0.293 ** （0.099）
	差值（表内家庭）	0.212（0.174）	0.295 ** （0.098）
C：异常频繁的回忆战争经历	低强度冲突地区	0.057	0.06
	高强度冲突地区	0.124	0.132
	差值	0.067（0.042）	0.072 ** （0.034）
	差值（表内家庭）	0.037 * （0.022）	0.073 ** （0.034）

注：括号中为稳健标准差在居住城市水平上的聚类；* 表示 10% 的显著水平，** 表示 5% 的显著水平，*** 表示 1% 的显著水平。

不同于整体心理健康状况不存在显著差异，我们发现遭遇更强冲突的个人会更为频繁地一直回忆战争中的不幸经历。这种情况显而易见，许多报告说其在过去一周"异常频繁"地回想起战争经历（见表 15 - 2，

C）。尽管随着时间流逝，这个数据对处于低强度冲突地区的人一直是稳定的，但对处于高强度冲突地区的人来说是增加的，并且这两组之间的差异仍然在统计上显著。当我们仅使用家庭面板数据时，所有结果依然类似。

在控制了人员特征，如年龄、性别、民族和受教育年限后，我们使用式（1）考察受冲突影响的个人是否更有可能具有较差的心理健康状况。我们也将使用式（2）考察某类人群是否更有可能受到冲突经历的影响。回归方程的形式允许我们采用对遭遇冲突的连续度量方法，而不是二元虚拟变量。我们也能够将因冲突而进行迁移的人和那些没有迁移的人分别进行考察。

353 我们的回归结果与表 15－2 所记录的结果类似：如果人们在战前就居住在受冲突影响的地区，那么其回忆战争经历的可能性更大，但我们没有发现有不同冲突经历的人在整体心理健康状况方面有任何显著差异（见表 15－3 中的第 1、3、5 列）。在控制一些因素之后，这些结论是稳健的，例如，在 2001 年调查对象居住地区的民族分化程度，在 2001 年调查对象是否有工作，以及人均消费水平（见表 15－3 中的第 2、4、6 列）。和其他关于心理健康的研究一样，我们的结果也表明，年龄越大的人和女性显著地更有可能具有较差的心理健康状况，而受教育程度越高的人，心理健康状况越好。相比波斯尼亚人和塞尔维亚人，克罗地亚人可能具有更好的心理健康状况；他们具有更高的消费水平，这或许能够部分解释这种差异。

冲突导致的心理健康差异程度并不大。例如，冲突经历每增加 1 个标准差会引起心理健康评分增加 0.065 个标准差、回忆战争经历的频率增加 0.09 个标准差。对比而言，人口指标的影响要大得多：如果是女性，心理健康会变差 0.21 个标准差，年龄每增加 1 年，心理健康状况会降低 0.027 个标准差（这可以推算出，年龄增加 1 个标准差，心理健康会降低 0.46 个标准差），同时，受教育年限每增加 1 年会提高心理健康水平 0.04 个标准差（受教育年限每增加 1 个标准差会提高心理健康 0.14 个标准差）。对回顾战争经历频率的相应影响是，年龄每增加 1 个标准差会提高 0.59 个标准差，受教育年限每增加 1 个标准差会增加 0.17 个标准差。

表 15－3　遭遇冲突和心理健康结果（回归分析）

	2001 年						2004 年					
	心理健康（七问题变量）		回顾战争经历的频率（1～4取值）		回顾战争经历 非常频繁		心理健康（七问题变量）		回顾战争经历的频率（1～4取值）		回顾战争经历 非常频繁	
	(1)	(2)	(3)	(4)	(5)	(6)	(7)	(8)	(9)	(10)	(11)	(12)
冲突强度	1.652 (1.186)	1.446 (1.160)	3.491* (1.896)	3.356* (1.889)	0.813* (0.424)	0.842* (0.450)	0.181 (0.707)	-0.353 (0.772)	3.338** (1.585)	2.337 (1.451)	0.572 (0.397)	0.496 (0.398)
年龄	0.017*** (0.004)	0.022*** (0.005)	0.033*** (0.009)	0.038*** (0.010)	0.004 (0.003)	0.005* (0.003)	0.024*** (0.004)	0.027*** (0.004)	0.028*** (0.006)	0.029*** (0.006)	0.003 (0.002)	0.003* (0.002)
年龄的平方	-0.007 (0.005)	-0.012** (0.005)	-0.027** (0.010)	-0.033*** (0.010)	-0.003 (0.003)	-0.004 (0.003)	-0.013** (0.005)	-0.016*** (0.005)	-0.024*** (0.007)	-0.025*** (0.007)	-0.002 (0.002)	-0.003 (0.002)
女性	0.130*** (0.023)	0.118*** (0.027)	-0.002 (0.043)	-0.024 (0.044)	0.001 (0.010)	-0.003 (0.010)	0.158*** (0.018)	0.154*** (0.018)	-0.040 (0.044)	-0.031 (0.051)	0.001 (0.008)	0.001 (0.011)
塞尔维亚人	0.113 (0.099)	0.095 (0.079)	0.143 (0.155)	0.172 (0.140)	0.030 (0.030)	0.029 (0.026)	0.066 (0.050)	0.083* (0.049)	0.145 (0.097)	0.213** (0.094)	0.046 (0.029)	0.041* (0.024)
克罗地亚人	-0.373*** (0.085)	-0.381*** (0.090)	-0.503*** (0.136)	-0.472*** (0.143)	-0.036* (0.019)	-0.045* (0.023)	-0.268** (0.110)	-0.252** (0.103)	-0.442** (0.179)	-0.362** (0.151)	-0.019 (0.022)	-0.026 (0.026)
受教育年限	-0.026*** (0.007)	-0.017** (0.008)	-0.032** (0.012)	-0.030** (0.012)	-0.006* (0.003)	-0.006* (0.003)	-0.027*** (0.005)	-0.021*** (0.004)	-0.023*** (0.007)	-0.022** (0.008)	-0.004* (0.002)	-0.002 (0.003)
居住地区的民族分化		-0.077 (0.190)		0.157 (0.290)		-0.025 (0.055)		0.166 (0.121)		0.481** (0.200)		-0.009 (0.050)
调查对象有工作		-0.120*** (0.028)		-0.098* (0.052)		-0.020** (0.009)		-0.086*** (0.022)		0.013 (0.075)		-0.020 (0.018)

续表

	2001 年						2004 年					
	心理健康（七问题度量）		回顾战争经历的频率（1~4 取值）		回顾战争经历非常频繁		心理健康（七问题度量）		回顾战争经历的频率（1~4 取值）		回顾战争经历非常频繁	
	(1)	(2)	(3)	(4)	(5)	(6)	(7)	(8)	(9)	(10)	(11)	(12)
人均消费的对数值		-0.105** (0.045)		-0.000 (0.052)		0.023 (0.015)		-0.152*** (0.052)		-0.152 (0.095)		-0.028 (0.024)
观测数	5702	5696	5702	5696	5702	5696	3976	3947	3974	3945	3974	3945
R^2	0.23	0.25	0.12	0.12	0.04	0.04	0.21	0.23	0.08	0.10	0.02	0.02

注：括号中是稳健的标准差（经过了在居住地区水平上聚类的修正）；* 表示 10% 的显著性水平；** 表示 5% 的显著性水平；*** 表示 1% 的显著性水平。

2004 年的回归结果显示，遭遇不同冲突程度的地区在心理健康方面的差别更小。所有的系数在数值上都小于 2001 年的系数。七个问题的心理健康度量没有显著差异（见表 15－3 表中的第 7、8 列）。遭遇高强度冲突的人们仍然可能非常频繁地回想起他们的战争经历（见表 15－3 中的第 9 列），但这似乎主要是由居住在民族分化地区引发的（见表 15－3 中第 10 列）。所有的人口特征变量的系数都仍然非常相似。

是否某类人群更有可能因冲突而损害心理健康？对于遭遇相同冲突强度的人，我们发现，受教育年限越长的人的心理健康状况越好，因冲突而进行迁移的人回顾战争经历的次数更少，并且相比其他民族，克罗地亚人更频繁地回顾战争经历（见表 15－4 中的第 1～3 列）。除了克罗地亚人的系数之外，冲突造成的这些差别影响都没有持续到 2004 年（见表 15－4 中的第 4～6 列）。最后，我们发现接受救助与心理健康更快的恢复有关联（结果未给出），但我们想要强调的是，我们不能排除这种关联是伪命题，它体现了冲突对心理健康的高阶影响在逐渐降低，因为救助可能（且应当）定位于冲突强度更高的地区。

354

4. 结论

我们讨论了实证检验冲突影响心理健康的三个主要障碍：度量、比较和解释。大部分大规模家庭调查没有包含心理健康方面的信息。即使调查证据是可获得的，构建一个临床有效的心理健康度量标准往往也很困难。就对比而言，调查对象心中特定的量表存在概念性困难，这可能会随着时间推移而改变。找到合适的反事实来评估冲突的影响也存在困难。因为通过调查来测度心理健康是一个相对新的趋势，往往没有战前的测度来进行比较，所以实证研究也会遇到横截面数据分析中所有常见的问题。此外，严格进行国内比较也许会忽略冲突对整个国家的总体影响。因此，发现高冲突地区和低冲突地区没有显著差异（如我们对波斯尼亚的研究）并不能排除存在大规模的总体影响。解决这个实证问题的最好办法是将心理健康度量纳入定期的家庭调查中，就像在很多调查中包含了身体健康模块一样。

表15-4 某些人受到冲突的影响是否比其他人更大？

	2001年			2004年		
	心理健康（七问题度量）	回顾战争经历的频率（1~4取值）	回顾战争经历非常频繁	心理健康（七问题度量）	回顾战争经历的频率（1~4取值）	回顾战争经历非常频繁
	(1)	(2)	(3)	(4)	(5)	(6)
冲突强度	3.362 (5.747)	21.764*** (7.641)	5.346** (2.330)	-2.139 (3.938)	-0.669 (8.048)	-0.650 (1.732)
冲突×迁移	0.632 (3.971)	-11.825** (5.390)	-2.845* (1.424)	2.421 (2.670)	-7.386 (5.669)	-0.110 (1.626)
冲突×回归者	3.624 (5.992)	-16.645 (9.951)	-3.394 (3.018)	-0.784 (2.423)	-8.451 (9.460)	-0.798 (2.805)
冲突×年龄	0.036 (0.039)	0.045 (0.044)	0.013 (0.014)	0.024 (0.039)	0.125 (0.088)	0.025 (0.024)
冲突×女性	0.177 (0.828)	0.112 (1.321)	0.124 (0.317)	-0.821 (1.464)	1.547 (1.749)	-0.240 (0.546)
冲突×塞尔维亚人	3.487 (4.156)	-8.656 (6.552)	-1.294 (1.286)	0.403 (2.370)	-10.650 (6.593)	-0.702 (1.738)
冲突×克罗地亚人	20.723*** (5.618)	14.652** (6.310)	-0.883 (1.494)	23.492** (6.051)	34.188** (12.794)	2.656 (2.007)
冲突×受教育年限	-0.531** (0.203)	-1.070*** (0.270)	-0.285** (0.121)	-0.070 (0.224)	0.450 (0.341)	0.046 (0.087)
观测数	5702	5702	5702	3976	3976	3976
R^2	0.25	0.14	0.05	0.23	0.13	0.03

注：括号中是稳健的标准差（经过了在居住地区水平上聚类的修正）；* 表示10%的显著性水平；** 表示5%的显著性水平；*** 表示1%的显著性水平。

　　尽管存在这些局限性，我们在最新文献中确实看到了某些相似的趋势。第一，冲突发生后的时间流逝似乎确实缩小了经历不同冲突强度的人们在心理健康状况上的差异。然而，心理健康恢复的路径并不必然遵循与经济活动或者政治发展恢复路径相同的时间表。第二，某些小群体确实会存在延续效应，这能够为政府的救助提供指导。这给我们提出了文献中尚未探讨的课题：冲突经历影响心理健康状态的机制是什么？是因为冲突导致收入损失或者生活水平下降吗？如果是这样，那么政府救助项目应该会有帮助。然而，在我们对波斯尼亚和黑塞哥维那的研究中，我们没有发现太多证据支持这种观点。这也许会是经济学家、医学家和其他社会科学工作者通过合作在未来取得丰富成果的一个领域。

致　谢

　　这些是笔者的观点，并不反映世界银行及其执行董事或其他国家的观点。我们感谢杰德·弗里德曼（Jed Friedman）、米歇尔·加芬克尔（Michelle Garfinkel）、彼得·兰乔（Peter Lanjouw）、奥尔加·舍米亚基纳（Olga Shemyakina）的有益评论，以及玛雅·西瓦库玛（Maya Shiva-kumar）提供的出色研究帮助。

357

参考文献

Akresh, R., and D. de Walque. 2008. Armed conflict and schooling: Evidence from the 1994 Rwandan genocide. Working Paper 4606, World Bank, Washington, DC.

Ball, P., E. Tabeau, and P. Verwimp. 2007. The Bosnian book of dead: Assessment of the database. Research Design Note 5, Households in Conflict Network, Institute of Development Studies, University of Sussex.

Bellows, J., and E. Miguel. 2009. War and local collective action in Sierra Leone. *Journal of Public Economics* 93 (11 – 12): 1144 – 57.

Blattman, C., and J. Annan. 2010. The consequences of child soldiering. *Review of Economics and Statistics* 92 (4): 861 – 81.

Blattman, C., and E. Miguel. 2010. Civil war. *Journal of Economic Literature* 48 (1): 3 – 57.

Brakman, S. , H. Garretsen, and M. Schramm. 2004. The strategic bombing of German cities during World War II and its impact on city growth. *Journal of Economic Geography* 4 (2): 201 – 18.

Burg, S. , and P. Shoup. 1999. The war in Bosnia-Herzegovina: Ethnic conflict and international intervention. Armonk, NY: M. E. Sharpe.

Das, J. , Q. T. Do, J. Friedman, and D. McKenzie. 2008. Mental health patterns and consequences: Results from survey data in five developing countries. *World Bank Economic Review* 23 (1): 31 – 55.

Das, J. , Q. T. Do, J. Friedman, D. McKenzie, and K. Scott. 2007. Mental health and poverty: Revisiting the relationship. *Social Science and Medicine* 65 (3): 467 – 80.

Davis, D. , and D. Weinstein. 2002. Bones, bombs, and breakpoints: The geography of economic activity. *American Economic Review* 92 (5): 1269 – 89.

Deaton, A. 2008. Income, aging, health and wellbeing around the world: Evidence from the Gallup world poll. *Journal of Economic Perspectives* 22 (2): 53 – 72.

de Mel, S. , D. Mackenzie, and C. Woodruff. 2008. Mental health recovery and economic recovery after the tsunami: High-frequency longitudinal evidence from Sri Lankan small business owners. *Social Science and Medicine* 66 (3): 582 – 95.

DiTella, R. , and R. MacCulloch. 2006. Some uses of happiness data in economics. *Journal of Economic Perspectives* 20 (1): 25 – 46.

Do, Q. T. 2009. Agent Orange and the prevalence of cancer in the Vietnamese population 30 years after the end of the war. Working Paper 5041, World Bank, Washington, DC.

Do, Q. T. , and L. Iyer. 2010. Geography, poverty, and conflict in Nepal. *Journal of Peace Research* 47 (6): 735 – 48.

Dubois, V. , P. Hoyois, K. Sunbaunat, J. P. Roussaux, and E. Hauff. 2004. Household survey of psychiatric morbidity in Cambodia. *International Journal of Social Psychiatry* 50 (2): 174 – 85.

Easterlin, R. 1974. Does economic growth improve the human lot? Some empirical evidence. In *Nations and households in economic growth: Essays in Honor of Moses Abramovitz*, ed. P. David and M. Reder, 89 – 125. New York: Academic Press.

——. 1995. Will raising the incomes of all increase the happiness of all? *Journal of Economic Behavior and Organization* 27 (1): 35 – 47.

Friedman, J. , and D. Thomas. 2008. Mental health before, during and after an economic crisis: Results from Indonesia 1993 – 2000. *World Bank Economic Review* 23 (1): 57 – 76.

Kapetanovic, A. 2004. Validation of depression and PTSD scales used in the 2001 Living Standards Measurement Surveys (LSMS) in Bosnia and Herzegovina. Unpublished paper, World Bank, Washington, DC.

Kondylis, F. 2009. Conflict-induced displacement and labor market outcomes: Evidence from post-war Bosnia and Herzegovina. Unpublished paper, World Bank, Washington, DC.

Kremer, M. , and E. Miguel. 2004. Worms: Identifying impacts on education and health in the presence of treatment externalities. *Econometrica* 72 (1): 169 – 217.

Likert, R. 1932. A technique for the measurement of attitudes. *Archives of Psychology*, 140: 1 – 55.

Lopes Cardozo, B. , O. O. Bilukha, C. A. Crawford, I. Shaikh, M. I. Wolfe, M. L. Gerber, and M. Anderson. 2004. Mental health, social functioning, and disability in postwar Afghanistan. *Journal of the American Medical Association*, 292: 575 – 84.

Lopes Cardozo, B. , A. Vergara, F. Agani, and C. A. Gotway. 2000. Mental health, social functioning, and attitudes of Kosovar Albanians following the war in Kosovo. *Journal of the American Medical Association* 284 (5): 569 – 77.

Maccini, S. , and D. Yang. 2009. Under the weather: Health, schooling, and economic consequences of early-life rainfall. *American Economic Review* 99 (3): 1006 – 26.

Miguel, E. , and G. Roland. 2006. The long-run impact of bombing Vietnam. Manuscript, University of California, Berkeley.

Mollica, R. F. , K. McInnes, N. Sarajlic, J. Lavelle, I. Sarajlic, and M. P. Massagli. 1999. Disability associated with psychiatric comorbidity and health status in Bosnian refugees living in Croatia. *Journal of the American Medical Association*, 282: 433 – 39.

Mollica, R. F. , N. Sarajlic, M. Chernoff, J. Lavelle, I. S. Vukovic, and M. P. Massagli. 2001. Longitudinal study of psychiatric symptoms, disability, mortality, and emigration among Bosnian refugees. *Journal of the American Medical Association*, 286: 546 – 54.

Pham, P. N. , H. M. Weinstein, and T. Longman. 2004. Trauma and PTSD symptoms in Rwanda: Implications for attitudes toward justice and reconciliation. *Journal of the American Medical Association*, 292: 602 – 12.

Radloff, L. S. 1977. The CES-D scale: A self-report depression scale for research in the general population. *Applied Psychological Measurement* 1: 385 – 401.

Scholte, W. F. , M. Olff, P. Ventevogel, G. de Vries, E. Jansveld, B. Lopes Cardozo, and C. A. Gotway Crawford. 2004. Mental health symptoms following war and repression in eastern Afghanistan. *Journal of the American Medical Association* 292: 585 – 93.

Shemyakina, O. 2009. The effect of armed conflict on accumulation of education: Results from Tajikistan. Working Paper 12, Households in Conflict Network, Institute of Development Studies, University of Sussex.

Smith, T. C. , B. Smith, I. G. Jacobson, T. E. Corbeil, and M. A. Ryan. 2007. Reliability of standard health assessment instruments in a large, population-based cohort study. *Annals of Epidemiology* 17: 525 – 32.

Stevenson, B. , and J. Wolfers. 2008. Economic growth and subjective well-being: Reassessing the Easterlin paradox. Working Paper 14282, National Bureau of Economic Research, Cambridge, MA.

Swee, E. L. 2009. On war and schooling attainment: The case of Bosnia and Herzegovina. Working Paper 57, Households in Conflict Network, Institute of Development Studies, University of Sussex.

Terhakopian, A. , N. Sinaii, C. C. Engel, P. P. Schnurr, and C. W. Hoge. 2008. Estimating population prevalence of post-traumatic stress disorder: An example using the PTSD checklist. *Journal of Traumatic Stress* 21 (3): 290 – 300.

UNHCR. 2007. Statisticspackage. http://www. unhcr. ba/updatejuly/SP 06 2007. pdf (accessed January 2008) .

vanGriensven, F. , M. L. S. Chakkraband, W. Thienkrua, W. Pengjuntr, B. Lopes Cardozo, P. Tantipiwatanaskul, P. Mock, S. Ekassawin, A. Varangrat, C. Gotway, M. Sabin, and J. Tappero. 2006. Mental health problems among adults in Tsunami-affected areas in southern Thailand. *Journal of the American Medical Association* 296 (5): 537 – 48.

Wittchen, H. -U. 1994. Reliability and validity studies of the WHO Composite International Diagnostic Interview (CIDI): A critical review. *Journal of Psychiatric Research* 28: 57 – 84.

World Bank. 2009. Mental health, conflict and development: An annotated bibliography. Washington, DC: World Bank.

附录　波斯尼亚和黑塞哥维那
心理健康调查问卷

2001 年生活水平测量研究〔模块 4，部分 B：健康状况（问题 9 ~ 24）〕

9. 在前一周，包括今天，你有多少次感到精力不足，行动迟缓？

（一点也不——1 分；有一点——2 分；相当多——3 分；极为频繁—— 4 分）

10. 在前一周，包括今天，你有多少次因为不同的事情指责自己？

（一点也不——1 分；有一点——2 分；相当多——3 分；极为频繁—— 4 分）

11. 在前一周，包括今天，你有多少次轻易就开始哭泣？

（一点也不——1 分；有一点——2 分；相当多——3 分；极为频繁—— 4 分）

12. 在前一周，包括今天，你有多少次感觉食欲不振？

（一点也不——1 分；有一点——2 分；相当多——3 分；极为频繁—— 4 分）

13. 在前一周，包括今天，你有多少次有入睡或睡眠问题？

（一点也不——1 分；有一点——2 分；相当多——3 分；极为频繁—— 4 分）

14. 在前一周，包括今天，你有多少次对未来感到绝望？

（一点也不——1 分；有一点——2 分；相当多——3 分；极为频繁—— 4 分）

15. 在前一周，包括今天，你有多少次感到忧郁？

（一点也不——1 分；有一点——2 分；相当多——3 分；极为频繁—— 4 分）

16. 在前一周，包括今天，你有多少次感到孤独？

（一点也不——1 分；有一点——2 分；相当多——3 分；极为频繁—— 4 分）

17. 在前一周，包括今天，你有多少次想过结束你的生命？

（一点也不——1分；有一点——2分；相当多——3分；极为频繁——4分）

18. 在前一周，包括今天，你有多少次感觉自己被困或被俘？

（一点也不——1分；有一点——2分；相当多——3分；极为频繁——4分）

19. 在前一周，包括今天，你有多少次觉得你对不同的事情担心得太多了？

（一点也不——1分；有一点——2分；相当多——3分；极为频繁——4分）

20. 在前一周，包括今天，你有多少次觉得自己对周围的环境不感兴趣？

（一点也不——1分；有一点——2分；相当多——3分；极为频繁——4分）

21. 在前一周，包括今天，你有多少次觉得每件事都很艰难？

（一点也不——1分；有一点——2分；相当多——3分；极为频繁——4分）

22. 在前一周，包括今天，你有多少次觉得自己一文不值？

（一点也不——1分；有一点——2分；相当多——3分；极为频繁——4分）

23. 在前一周，包括今天，你有多少次经常回忆起你在战争中经历的最痛苦的事？

（一点也不——1分；有一点——2分；相当多——3分；极为频繁——4分）

24. 在前一周，包括今天，你是否经常做噩梦？

（一点也不——1分；有一点——2分；相当多——3分；极为频繁——4分）

2002 年生活水平测量研究不包含心理健康模块。2003 年和 2004 年的生活水平测量研究提出了问题 10、13、14、15、19、21 和 23。

第 16 章　度量恐怖主义的经济成本

沃尔特·恩德斯

埃里克·奥尔森

1. 引言

精确分析恐怖主义经济成本的一个必要前提条件是仔细地将恐怖主义与其他类型的犯罪及其他类型的冲突区分开来。因为恐怖主义是一种难以界定的犯罪活动，从恐怖行为的动机、实施者和受害者特点来比较两种广泛使用的定义是有益的。联合国在 1999 年发布的《制止向恐怖主义提供资助的国际公约》(International Convention for the Suppression of the Financing of Terrorism) 认定:[①]

> 意图在武装冲突局势中造成平民或未积极参与敌对行动的任何其他人员死亡或严重身体伤害的行为，如果这种行动的目的，就其性质或背景而言，是恐吓人们，或是迫使政府或国际组织采取或不采取任何行动。

相比之下，《美国法典》(United States Code) 第 22 条第 2656f (d) 节将恐怖主义定义为[②]，"次国家组织或者秘密代理人针对非战斗目标实

---

① 围绕联合国在正式定义恐怖主义方面所面临困难的讨论，参见 http://www.un.org/News/Press/docs/2009/l3145.doc.htm 和 http://www.un.org/News/Press/docs/2005/gal3276.doc.htm。

② 关于美国定义的讨论可以从 http://www.nctc.gov/site/other/definitions.htm 中找到。英国的定义可以从 http://www.homeoffice.gov.uk/documents/carlile – terrorism – definition? view = Binary 中获得。

施的有预谋、有政治动机的暴力行为，通常旨在影响大众"。

两种定义都清晰地表明，恐怖主义的受害者必然是非战斗人员。针
362 对战斗人员的行动是战争行为，不是恐怖主义行为。同样地，针对美国
在伊拉克作战士兵的简易爆炸装置（Improvised Explosive Device，IED）
的爆炸不是恐怖主义事件。然而，当维和人员和被动军事目标成为一场
袭击的预定受害者时，存在一定程度的模糊性。

犯罪还必须具有政治或者社会动机才能被定义为恐怖主义。尽管有
32 人在 2007 年 4 月 16 日在弗吉尼亚理工大学（Virginia Tech University）
被残杀，但凶手赵承熙（Seung-Hui Cho）因为没有政治动机，不是恐怖
分子。恐怖主义的两种定义还表明，恐怖分子的动机包括恐吓比直接受
害者更广泛的民众。出生在巴勒斯坦的希尔汉·比沙拉·希尔汉（Sirhan
Bishara Sirhan）宣称，他杀害罗伯特·肯尼迪（Robert Kennedy）是因为
美国在中东地区的政策，但人们把他当作刺客而非恐怖分子，因为他没
有试图影响广大民众。相比之下，刺杀安瓦尔·萨达特（Anwar Sadat）
的哈立德·伊斯兰布利（Khalid Islambouli）显然是恐怖分子，因为他的
行为旨在造成世界性后果。

美国的定义表明，恐怖主义行为的实施者必须是次国家组织或秘密
代理人。与之不同，联合国的定义没有提及实施者，因此它允许将政府
机构采取的某些行动认定为恐怖主义行为。2008 年 11 月 8 日，以色列国
防军（Israeli Defense Force，IDF）对加沙地区的炮击造成 23 名巴勒斯坦
平民死亡，以及另外 40 人受伤。人权观察组织（Human Rights Watch）
报告称，没有任何证据显示任何战斗人员伤亡是由向平民区发射炮弹所
导致的。[①] 因此，尽管以色列国防军的攻击是针对几千枚正在射向以色
列的卡萨姆火箭弹（Qassam）而做出的反击，但一些坚持联合国恐怖主
义定义的人会将这种行为划归为恐怖主义行为。类似地，由于平民成为
袭击目标，二战期间，德国德累斯顿（Dresden）遭遇燃烧弹攻击，以及
向日本投放原子弹都可能被划归为恐怖主义行为。我们并不希望在这里
解决这样的分歧。因此，我们认为，国家恐怖主义或国家资助的恐怖主

---

① 有关加沙地区敌对情况的信息可以在人权观察组织（Human Rights Watch）网站的"胡乱
开火"（Indiscriminate Fire）一栏中找到，http://www.hrw.org/en/node/10911/section/3。

义指政府参与计划、资助或实施一项行动的情况。于是，恐怖主义指的是次国家组织可以作为实施者的行为。当在一个国家发生的事件涉及另一个国家的犯罪者、受害者、机构、政府或者公民时，恐怖主义就是跨国的。

　　请注意，尽管不一定必然如此，内战、革命、叛乱和其他形式的政治暴力可能会包括作为一种战术使用的恐怖主义。因此，恐怖主义的成本只是冲突总成本的一部分。因为这个定义有很多含糊之处，我们应当对恐怖主义成本任何高度精确度量的合理性保持怀疑态度。同时，当试图度量不同时期或不同国家的恐怖主义成本时，使用一致的定义尤为重要。例如，从不同来源收集、合并的数据集很可能充满不一致性。类似地，如果单一来源没有在不同时期内使用一致定义，那么任何动态度量恐怖主义成本的方法都是有问题的。然而，有了适当的定义，就有可能在不同时段和不同地理区域之间获得对恐怖主义成本的相对测度。

363

　　本章有四个目的。第一，综述相关文献，并评估恐怖主义的方法论和经济后果。第二，突出恐怖主义直接成本和间接成本之间的区别。第三，区分恐怖主义的宏观经济后果与微观经济后果，并考察它们在不同经济体中的结果。第四，考察可能的化学、生物、放射性和核攻击（Chemical，Biological，Radiological and Nuclear，CBRN）的成本。本章其余部分的结构如下。第 2 节考察国内和跨国恐怖主义数据的趋势。在第 3 节中，我们区分了与恐怖袭击相联系的直接成本和间接成本，尤其是"9·11"事件的成本。第 4 节回顾与恐怖袭击有关的部门的损失。第 5 节考察了由恐怖主义造成的经济增长成本。在第 6 节和第 7 节中，我们从人类生命和生活质量损失、国土安全的角度报告恐怖袭击的成本。第 8 节强调由恐怖袭击导致的生活满意度成本。第 9 节报告了由恐怖袭击导致的间接成本。第 10 节展望未来研究。第 11 节是结论。

2. 准备工作

　　图 16-1 显示了几种类型的跨国恐怖主义事件的时间序列，使用的数据来自预防恐怖主义纪念研究所（Memorial Institute for the Prevention of Terrorism，MIPT）网站，恩德斯、刘和普罗丹（Enders，Liu，Prodan，

2009）对其进行了介绍。第1组显示了年度所有事件总数以及炸弹袭击事件数量。第2组显示了年度劫持人质和暗杀事件总数。第3组显示了武装袭击数量。第4组显示了死亡人数（不是造成死亡的事件数量）。请注意，2001年的死亡人数是3399人，这一数据没有在图中标示出来，因为由"9·11"导致的死亡人数明显超过了图中所有其他年份的数据。

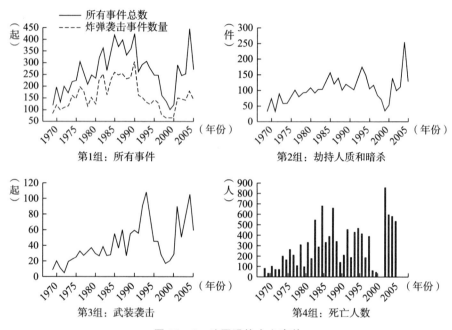

图16-1 跨国恐怖主义事件

从第1组可以清楚地看到，跨国恐怖主义事件在20世纪70年代末平稳增长，每年大约增加375起，到20世纪90年代初开始稳步减少。在经历了1999年的低谷之后，又再次急剧上升。恩德斯和桑德勒（Enders，Sandler，2006）以及霍夫曼（Hoffman，2006）详细描述了这段时间内整体状况形成的原因。在1979年美国驻德黑兰大使馆被占领之前，跨国恐怖主义的动机主要是民族主义、分离主义及无政府主义。事件数量在20世纪80年代早期的快速增长对应基于宗教的原教旨主义的兴起。20世纪90年代早期的下降趋势主要归因于苏联解体以及支持恐怖主义的国家的数量减少。宗教热情高涨以及伊拉克和阿富汗的敌对状态解释了当前较高水平的跨国恐怖主义。

炸弹袭击、劫持人质加上暗杀和武装袭击等子类别都具有相同的总

体趋势。然而，炸弹袭击是恐怖分子的首选；有时，炸弹袭击事件数量 　364
占所有袭击事件总量的 2/3。对于恐怖分子而言，炸弹袭击在所有类型
的袭击中具有最高的成本收益比。炸弹，例如被媒体广泛报道的简易爆炸
装置，通常成本低，会造成巨大经济损失，并可能导致大量人员死亡。

　　恩德斯和桑德勒（Enders，Sandler，2000）第一次记录了典型跨国
恐怖主义事件随时间推移已变得更加致命这一事实。在第 1 组和第 4 组
中显示的预防恐怖主义纪念研究所数据中，如果将"9·11"事件排除
在外，那么从 1968 年第二季度至 1979 年第四季度，平均每个季度有 50
起恐怖主义事件，造成 32 人死亡。从 1980 年第一季度至 2000 年第四季
度，每个季度的平均恐怖主义事件数量增加到 72 起，同时平均死亡人数
上升至 81 人。从 2002 年第一季度到 2006 年第四季度，每个季度的平均
死亡人数从 81 人增加到 150 人，而平均恐怖主义袭击次数只增加 3 起。
令人特别感兴趣的是，自 1990 年以来，大多数死亡者是平民，不是政治
领导人，也不是受到保护的目标。布兰特和桑德勒（Brandt，Sandler，
2010）发现，加强军事设施和政府设施将导致更多平民成为被袭击的目
标。一个特别重要的含义是，恐怖主义成本与恐怖事件数量之间不存在简
单关系。随着恐怖主义行为变得更加致命，每起事件的成本增加了。

　　图 16 - 2 显示了每年的（国内的和跨国的）恐怖主义事件总数。①
尽管比较不同数据集是有风险的，但很明显，图 16 - 2 中包含的国内恐怖
主义事件数量要远远超过图 16 - 1 显示的跨国恐怖主义事件数量。然而，　365
典型跨国恐怖主义事件对于东道国的成本很可能远远高于纯粹的国内事件。
为最大限度地减少恐怖袭击造成的破坏，恐怖分子往往以外国游客或外国
企业为目标。外国企业通常能为外国直接投资找到可替代的东道国，游
客一般也可以发现新的旅行地点。国内恐怖主义的目标通常具有很少的
替代可能性。跨国事件还会造成跨国的负外部性。尽管在美国本土发生
的跨国恐怖袭击相对较少，但恩德斯和桑德勒（Enders，Sandler，2006）
发现，在所有跨国袭击中，大约一半以美国为目标，或有一个或多个美
国受害者。因此，在世界某一地区发生的袭击经常会涉及千里之外的国

---

　①　图 16 - 2 中的数据来自全球恐怖主义数据库（GTD）光盘。对数据库的描述可在 ht-
tp：//www. start. umd. edu/gtd/about/History. aspx 中获得。

366 家的政府和公民。

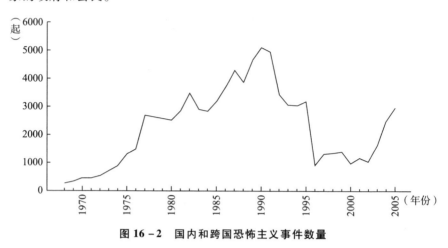

图 16 - 2　国内和跨国恐怖主义事件数量

3.　直接成本与间接成本

恐怖主义的直接成本包括如工厂、设备、住房设施和商品等有形资产受损或被破坏的价值。因为经济活动会受到干扰，那么损失的工资和其他形式的收入也是恐怖主义直接成本的一部分。尽管这些成本非常难以度量，但疼痛、苦难以及损失的生命价值都应该被包括在内。考虑一下美国经济分析局（Bureau of Economic Analysis，BEA，2001）所报告的"9·11"袭击的直接成本。毁坏的私人财产（包括四架坠毁的飞机的价值）是 140 亿美元，政府实体的损失是 22 亿美元。袭击导致的工资和薪酬损失是 33 亿美元。然而，根据美国经济分析局的报告，某些政府工作人员由于"9·11"袭击获得了额外 8 亿美元的加班费。因此，所报告的总体工资减少了 25 亿美元。清理成本估计在 100 亿美元左右。

表 16 - 1　"9·11"袭击直接成本的估计值

单位：亿美元

指标	估计值
建筑和设备	
私营企业	140
州和地方政府	15

续表

指标	估计值
联邦政府	7
清理	100
薪资	33
私人部门员工	25
政府员工	8（净增长）

　　在最近的一份备忘录中，美国交通部（U. S. Department of Transportation, 2005）建议，580 万美元是人类生命适当的统计价值。如果我们使用这个度量方法，那么非劫持者生命损失的经济价值是 172 亿美元［（2993 − 19）×580 万美元］。因此，排除袭击中造成疼痛和痛苦的成本，对"9·11"袭击直接成本的合理估计是 459 亿美元。

　　尽管经济处于衰退期，"9·11"袭击之后失业率急剧升高。劳工统计局（Bureau of Labor Statistics, 2003）报告说，14.5 万名员工的失业是由袭击直接导致的。纳瓦罗和斯宾塞（Navarro, Spencer, 2001）计算的总产出损失为 470 亿美元。昆瑞瑟、迈克尔 - 克尔詹和波特（Kunreuther, Michel-Kerjan, Porter, 2003）还考虑了业务中断的收入损失，报告由"9·11"事件造成的直接损失总额为 800 亿~900 亿美元。我们没有考虑重建世贸中心的成本，因为这会造成重复计算。我们也没有包括保险公司的损失，因为它们是用来应对直接损失的。即便如此，这次袭击还是造成很多间接损失。袭击的间接成本是最难以衡量的。当然，这些损失并没有在各个部门之间平均分配。旅游业受到的打击尤其严重。伊藤和李（Ito, Lee, 2005）估计，这次袭击导致对航空旅游的需求下降了30% 以上。无法加强航空公司安保人员迅速处理游客问题导致对航空公司的需求再次下降 7.4%。总的来说，客运收入减少了 15 亿美元。纳瓦罗和斯宾塞（Navarro, Spencer, 2001）计算了"9·11"事件前后在纽约、纳斯达克和美国证券交易所交易的股票资本化价值。他们发现，股票的总市值减少了 17 万亿美元。然而，我们需要小心地解释这个数据，因为市场反弹相当迅速。

　　"9·11"事件的其他间接成本可能包括受害者及其亲属的疼痛和痛苦，以及一个受到惊吓的民族所遭受的心理创伤。然而，度量"9·11" 367

事件的全部成本是有问题的，因为特别难以确定在哪里"划定界限"。例如，全球安全分析研究所（Institute for the Analysis of Global Security, 2004）估计，"9·11"事件的成本超过了 1000 亿美元，因为它们包括 400 亿美元的"联邦应急资金"（用于加强机场安保、空中警察，政府接管机场安保，用反恐装置改造机场，以及阿富汗军事行动的成本）。由于这些支出旨在防止未来遭到袭击，因此还不清楚是否应该完全将其归于"9·11"事件本身的成本。相反，将其归入"反恐战争"的总成本可能会更好。

4. 不同部门对恐怖主义的反应

经验研究文献表明，一个国家平安度过恐怖袭击的能力通常更多地取决于经济和政治体制的性质，而不是袭击本身的性质。恐怖主义活动的持续性以及经济的规模、开放程度和市场取向都起着重要作用。

4.1 恐怖主义活动的持续性

贝克尔和墨菲（Becker, Murphy, 2001）及夏皮罗（Shapiro, 2004）都指出，大规模恐怖事件和自然灾害之间存在重大区别。恐怖分子试图通过制造普遍的恐惧和威吓氛围来获得让步的可能。孤立的自然灾害和一次性恐怖袭击被视为短期威胁。相比之下，在长期存在恐怖主义的地区，例如在以色列、哥伦比亚、克什米尔和巴斯克地区生活的人们，都会预期恐怖事件将要发生。因此，他们使用资源来保护自己及财产免受未来的攻击。这些国土安全的成本，以及高于正常风险溢价的成本，成为经济活动的长期税收。

阿巴迪和加尔德亚萨瓦尔（Abadie, Gardeazabal, 2003）测度了巴斯克祖国与自由组织（Euskadi Ta Askata-suna's, ETA; Basque Fatherland and Liberty，简称"埃塔"）25 年来实现区域自治的运动。在他们看来，巴斯克地区持续的恐怖主义水平应当表现为较高的风险溢价，这导致资本形成水平降低了。为了检验其假说，他们通过将西班牙其他地区的关键绩效指标进行加权，构建了一个反事实的巴斯克地区。这个合成地区扮演"控制组"角色，它与恐怖主义活动开始之前的巴斯克地区有着完全相同的实际人均国内生产总值（GDP）、投资占 GDP 的比例、人口密度，以及人力资本水平。重要发现是，1976～1996 年，控制组地区的实际人均 GDP 比巴斯克地区高出大约 10%。在一些恐怖主义高发时段，这个差距达到了 12%，在一些恐怖主义低发时段是 8%。阿巴迪和加尔德亚萨瓦尔（Abadie，Gardeazabal，2003）还比较了两种不同股票组合的回报率。1998 年底，埃塔宣布停火后，在巴斯克地区有相当多业务往来的公司的普通股票上涨了 10.14%。在 14 个月后再次开火时，相同的股票组合下跌了 11.21%。作为控制组，与巴斯克地区几乎没有任何联系的公司的股票组合对于同样的公告并未做出反应。

4.2　经济规模

大型经济体的政策制定者有能力使用宏观经济政策工具抵消大规模恐怖袭击的影响。恩德斯和桑德勒（Enders，Sandler，2006）记录了美国的货币和财政当局如何协同行动以抵消"9·11"袭击的宏观经济影响。为了应对私人部门对流动性需求的激增，美联储大幅降低了短期利率，并于 9 月 12 日将其短期贷款（折扣和回购）从每日平均 240 亿美元增加到 610 亿美元。在四处坠机地点，为机场安保和搜救工作提供 400 亿美元的应急支出计划成为强有力的财政刺激措施。"持久自由行动"（Operation Enduring Freedom）于 2001 年 10 月 7 日发起了对阿富汗的入侵，进一步扩张了总需求。相比之下，许多小型经济体的政府没有能力实施逆周期的货币或财政政策。在发展中国家，中央银行无法随时进入国际资本市场，财政当局无法重新调配已经日益紧张的支出。

正如桑德勒和恩德斯（Sandler，Enders，2008）所指出的，存在一个规模效应，其中任何给定程度的损害在小国都会比在大国产生更显著的影响。此外，大型经济体往往比小型经济体更加多元化。例如，针对游客的恐怖活动可能对于一个旅游业产值占其 GDP 比重很高的小国来说是灾难性的。相比之下，美国的旅游业收入在"9·11"事件之后迅速反弹了。

4.3　开放程度

文献表明，高度依赖国际商业活动，特别是旅游业、贸易和外国直接投资的国家，最易受到恐怖主义的影响。

恩德斯和桑德勒（Enders，Sandler，1991）通过使用1970~1991年西班牙旅游业和跨国恐怖主义数据，估计了向量自回归模型（Vector Autoregression，VAR）。在这段时间内，埃塔及其分支组织专门针对位于西班牙的旅游业酒店和美国的商业企业。如果我们从确定性回归因子中进行提炼，就可能将它们写成如下双变量的向量自回归形式：

$$N_t = A_{11}(L)\ N_{t-1} + A_{12}(L)\ T_{t-1} + e_{1t} \tag{1}$$

$$T_t = A_{21}(L)\ N_{t-1} + A_{22}(L)\ T_{t-1} + e_{2t} \tag{2}$$

其中，N_t是去西班牙旅游的游客数量；T_t是在西班牙发生的跨国恐怖主义事件数量；t是时间下标；$A_{ij}(L)$是滞后算子L的多项式；e_{it}是序列不相关干扰项，$E(e_{1t}e_{2t})$不一定为0。

恩德斯和桑德勒（Enders，Sandler，1991）发现，在向量自回归中包括12个月滞后是必要的，这说明旅游业对恐怖主义做出反应至少需要一年的时间。此外，旅游业水平在恐怖主义方程中几乎没有解释力。这与恐怖分子不会对旅游业水平的短期波动做出反应的观点一致。考虑到在36个月内发生的所有动态调整，在西班牙发生的一起典型跨国恐怖主义事件减少了140847人次的外国访问次数。由于有41起明确针对游客的恐怖袭击事件，估计总体减少了5774727名游客。在1988年有5392000名游客访问西班牙，22年的总损失大约为一年的旅游业产值。

这些结果在很多重要方面得到拓展。由于缺乏从旅游业到恐怖主义的影响机制，很多研究人员估计了式（1），将它作为一个明确包括当期恐怖主义程度的简约传递函数。恩德斯、桑德勒和帕里塞（Enders，Sandler，Parise，1992）计算了奥地利、意大利、希腊和整个欧洲大陆的恐怖主义成本，分别为其各自一年旅游业收入的40.7%、6.0%、23.4%和29.6%。他们未能发现法国和德国遭受了任何显著的损失。[1] 德拉克斯和库坦（Drakos，Kutan，2003）考虑了溢出效应，即一国发生的恐怖主义对另一国旅游业的影响。就我们的目的而言，有趣的结果是希腊、土耳其以及以色列都遭受了恐怖主义造成的重大旅游业损失；损失程度与恩

---

[1] 没有遭受恐怖主义袭击的国家（荷兰、挪威和瑞士）没有显著的收入损失。

德斯和桑德勒（Enders，Sandler，1991）的研究结果相似。相比之下，斯洛博达（Sloboda，2003）估计了美国的传递函数，发现自第一次海湾战争以来的恐怖主义给美国旅游业收入造成的损失仅为 5600 万美元。

所有这些文章的一致发现是，恐怖主义对大国旅游业造成的损失很小。对于恐怖主义程度高且持续的小型发达国家来说，损失则要多得多（通常在 5% 左右）。

尼奇和舒马赫（Nitsch，Schumacher，2004）使用重力模型评估了 1968 ～ 1979 年 200 多个国家的恐怖主义活动对贸易的影响。他们报告称，被恐怖主义活动作为目标的国家，贸易量远远少于没有成为目标的国家。关键发现是，恐怖主义对贸易的影响很小，但在统计上显著：假设恐怖主义事件数量加倍将导致双边贸易流量减少 4%。在一项最新研究中，布隆贝格和赫斯（Blomberg，Hess，2006）使用重力模型和 1968 ～ 1999 年 177 个国家的数据发现了相似结果。他们报告称，恐怖主义的存在导致双边贸易量减少了 5.1%。然而，恐怖主义和内部及外部冲突同时存在，相当于对贸易征收了 30% 的关税。这一幅度大于与边界和语言壁垒等价的关税成本。

还有大量关于恐怖主义对外国直接投资影响进行研究的文献。恩德斯和桑德勒（Enders，Sandler，1996）估计了传递函数，发现恐怖主义导致西班牙和希腊的净外国直接投资分别减少了 13.5% 和 11.9%。恩德斯、萨希达和桑德勒（Enders，Sachsida，Sandler，2006）也估计了传递函数，表明"9·11"事件对美国的外国直接投资流量几乎没有持续影响。此外，对于一组国家来说，他们考察了针对美国的袭击对于美国的外国直接投资存量的影响。他们估计的重力模型表明，在经济合作与发展组织国家中，恐怖袭击对美国的外国直接投资产生了显著但很小的影响。美国在希腊和土耳其的外国直接投资的下降幅度最大，分别减少 5.7% 和 6.5%。阿巴迪和加尔德亚萨瓦尔（Abadie，Gardeazabal，2008）在标准的内生增长模型中把恐怖主义作为灾难性风险，考察了恐怖主义风险变化对两国间资本分配的影响。他们的模型表明，恐怖主义风险的增加减少了投资的预期回报，这导致生产性资本被重新分配。为了衡量恐怖主义风险，他们使用世界市场研究中心（World Markets Research Centre）的全球恐怖主义指数（Global Terrorism Index）。他们测度了由恐

370

怖主义风险解释的净外国直接投资存量的方差。利用 110 个国家的面板数据，他们发现，恐怖主义风险每增加 1 个标准差，净外国直接投资头寸的减少量相当于 GDP 的 5%。

值得注意的是，恐怖主义的持续性、国家大小、开放程度以及市场导向不是相互独立的，这很重要。我们可以预期，持续的恐怖主义水平对于小型开放型经济体的影响最大，如以色列。埃克斯坦和西德登（Eckstein，Tsiddon，2004）估计了四方程的向量自回归模型，考察了 1980 年第一季度至 2003 年第三季度恐怖主义对以色列实际人均 GDP（ΔGDP_t）、投资（ΔI_t）、出口（ΔEXP_t）和非耐用品消费（ΔNDC_t）增长率的影响。不同于用事件数量来度量恐怖主义，恐怖主义的变量是由国内和跨国袭击导致的以色列出现的死亡、受伤以及非伤亡事件情况进行加权平均得到的。就我们的目的而言，他们模型的关键部分可以表示为：

$$
\begin{bmatrix} \Delta GDP_t \\ \Delta I_t \\ \Delta EXP_t \\ \Delta NDC_t \end{bmatrix} = \begin{bmatrix} A_{11}(L) & \cdots & A_{14}(L) \\ \vdots & \ddots & \vdots \\ A_{41}(L) & \cdots & A_{44}(L) \end{bmatrix} \begin{bmatrix} \Delta GDP_{t-1} \\ \Delta I_{t-1} \\ \Delta EXP_{t-1} \\ \Delta NDC_{t-1} \end{bmatrix} + \begin{bmatrix} c_1 T_{t-1} \\ c_2 T_{t-1} \\ c_3 T_{t-1} \\ c_3 T_{t-1} \end{bmatrix} + \cdots + \begin{bmatrix} e_{1t} \\ e_{2t} \\ e_{3t} \\ e_{4t} \end{bmatrix} \quad (3)
$$

371

其中，$A_{ij}(L)$ 是滞后算子 L 的多项式，c_i 衡量了恐怖主义对变量 i 的滞后影响，e_i 是回归误差。

向量自回归模型的本质是 ΔGDP_t、ΔI_t、ΔEXP_t 和 ΔNDC_t 全部被共同决定。相比而言，恐怖主义变量（T_t）作为独立变量可以影响其他四个变量。在估计了模型的系数后，他们采用反事实分析来估计恐怖主义的宏观经济成本。具体而言，他们使用这个模型以获得对 ΔGDP_t、ΔI_t、ΔEXP_t 和 ΔNDC_t 在样本外的预测，假设所有的恐怖主义实际上已在 2003 年第四季度结束（对于 $j >$ 2003 年第四季度，有 $T_j = 0$）。在基线预测中，到 2005 年第三季度，GDP 年增长率的估计值是 2.5%。当把 T_j 固定在 2000 年第四季度至 2003 年第四季度时，GDP 年增长率的估计值为 0。因此，稳态的恐怖主义水平将使以色列损失所有的实际产出收益。恐怖主义对投资的影响是实际 GDP 的 2 倍，是非耐用品消费的 3 倍。最后，当埃克斯坦和西德登（Eckstein，Tsiddon，2004）将恐怖主义水平设定为以色列占领区的巴勒斯坦人暴动中所观察到的水平时，用实际 GDP 表示的恐怖主义成本在 2001 年底为人均 1000 美元，在 2002 年底为人均 1700 美元，在 2003 年底为人均 2500 美元。

4.4　市场经济

恩德斯和桑德勒（Sandler，Enders，2008）认为，以市场为基础的经济体能够相对更好地应对由恐怖主义导致的风险变化。总的观点是，恐怖主义经常使资源在部门之间进行重新分配。因为消费者和生产者回避高风险活动并试图寻找安全活动以进行替代，易受恐怖袭击影响的部门会萎缩。适当反映风险的价格体系有助于资源进行必要的再分配。例如，阿巴迪和德米西米（Abadie，Dermisi，2008）表明，芝加哥市中心房地产市场的空置率在"9·11"事件之后迅速调整，反映出恐怖主义的风险。商业地产价格在空置率高的地方下跌，在空置率低的地方上涨。因此，价格体系会引导那些对恐怖主义风险特别敏感的企业迁移到相对安全的地区，引导那些对恐怖主义风险不特别敏感的企业迁移到芝加哥市中心。相比而言，这种类型的发送信号机制在指令型经济中并不存在。

一个特别重要的市场是保险市场。正如昆瑞瑟和迈克尔·克尔詹（Kunreuther，Michel-Kerjan，2009）所详述的，并非所有市场都是完美的，存在许多没有恰当定价的风险。对于涉及潜在灾难性损失的大规模风险，如恐怖主义风险，尤其如此。在"9·11"事件之前，恐怖主义造成的保险损失不大：1993 年伦敦国民西敏大厦（NatWest tower）爆炸案是 7000 万美元，1993 年 2 月世贸中心爆炸案是 7.25 亿美元，1992 年伦敦金融区爆炸案是 6.71 亿美元。"9·11"袭击造成 400 亿美元的保险损失。这些损失导致保险行业将恐怖主义排除在承保范围之外或者收取极高的保费。昆瑞瑟和迈克尔·克尔詹（Kunreuther，Michel-Kerjan，2004）报告，芝加哥奥黑尔机场的保险费从每年 12.5 万美元剧增至 7.5 亿美元。斯梅特斯（Smetters，2004）报告说，旧金山金门公园无法获得任何恐怖主义保险，非恐怖主义承保范围从 1.25 亿美元下降到 2500 万美元，而保费增加了 1 倍还多。关键在于，市场失灵的原因是保险成本过高。与市场失灵相关的低效率成本当然是恐怖主义总成本的一部分。

为了规避与这种大规模风险相关的市场失灵，国会通过了《恐怖主义风险保险法案》（Terrorism Risk Insurance Act，TRIA），要求商业财产/

伤亡承保人为经认证的恐怖主义事件提供保险。根据《恐怖主义风险保险法案》，在保险公司支付免赔额后，政府赔偿承保人 85% 的损失。2007年，国会将这个计划延长至 2014 年，现在，其被称为《恐怖主义风险保险项目再授权法案》（Terrorism Risk Insurance Program Reauthorization Act，TRIPA）。尽管《恐怖主义风险保险法案》和《恐怖主义风险保险项目再授权法案》提升了可负担的恐怖主义承保范围的可获得性，但从2008 年的政府问责局（Government Accountability Office，GAO）报告中发现，保险公司通常不会为由化学、生物、放射性或核袭击而产生的损失提供保险。因此，由于这些大规模风险的不可保险性，市场依然存在某些失灵。

5. 恐怖主义在众多经济体中的经济增长成本

通过破坏商业、摧毁如工厂和基础设施等有形资产，以及造成人员伤亡，恐怖主义可以带来经济成本。正如前面所讨论的，袭击可以通过转移外国直接投资、旅游业收入、国际贸易收入和短期资本流动而产生其他间接成本。乍一看，似乎可以通过将每个经济部门的成本加总起来，再加上单个成本来度量恐怖主义的成本。然而，这种方法存在问题。即使能够精确地度量单个部门的成本，但也是不清楚如何避免重复计算。举一个简单的例子，陈和西姆斯（Chen，Siems，2004）、德拉克斯（Drakos，2004）及埃尔德和梅尔尼克（Eldor，Melnick，2004）发现，恐怖主义对股票价格的影响通常是显著的。然而，如果资产市场是有效的，这些影响仅仅反映出由恐怖主义造成的实际损失的当前贴现值。航空工业盈利能力的下降以及旅游业收入的损失实际上是表达同一现象的不同方式。把它们加总在一起显然是重复计算了。避免加总部门损失的另一373 个原因是，大规模恐怖袭击导致人力和资源在各个部门间进行再分配。例如，随着"9·11"事件导致航空旅行减少，对许多美国旅游胜地的需求增加了，因为人们几乎不再选择必须乘坐飞机的度假地，那些从家开车就能到达的地方成为更多人的选择。为了计算"9·11"事件损失的净成本，有必要把这些地区所获得的收益包括在内。当然，问题在于度量某些地区遭受的严重损失相对容易，但度量数千个地区获得的小规模间接收益则非常困难。相反，利用考虑到部门变化的宏观经济工具来计算恐怖主义成本似乎是更好的方式。然而，当考虑到大量经济体时，埃克斯坦和西德登（Eckstein，Tsiddon，2004）使用的时间序列方法就不可行了。

布隆贝格、赫斯和欧菲尼德斯（Blomberg，Hess，Orphanides，2004）度量了遭受一次或多次跨国恐怖事件的国家的人均收入损失。具体而言，布隆贝格、赫斯和欧菲尼德斯（Blomberg，Hess，Orphanides，2004）使用 177 个国家在 1968 ~ 2000 年的面板数据，估计得到以下关系：

$$\Delta y_i = -1.200 COM_i - 1.358 AFRICA_i - 0.461 \ln y_0 + 0.142 I/Y_i - 1.587 T_i \tag{4}$$

其中，Δy_i 是国家 i 在整个样本期内的人均平均增长率，COM_i 是虚拟变量，如果是非石油商品出口国则等于 1，AFRICA 是虚拟变量，如果是非洲国家则等于 1，$\ln y_0$ 是 GDP 初始值的对数形式，I/Y_i 是国家 i 在整个样本期内投资占 GDP 比重的人均值，T_i 是国家 i 至少发生一次恐怖事件的平均年份数。所有变量在 1% 的水平上都是统计显著的。

点估计表明，非洲国家和非石油商品出口国的增长率分别比其他国家低 1.2 个百分点和 1.358 个百分点。$\ln y_0$ 的系数反映了大国增长率低于小国的趋势，而 I/Y_i 的系数反映了投资占收入份额较大的国家具有高增长率的趋势。对于我们的目标而言，关键的一项是恐怖主义变量的系数。该系数为 1.587，表明当一个国家每年经历一次恐怖事件时，人均增长率下跌 $1.587/33 = 0.048$ 个百分点。类似地，如果它在样本期内每年经历至少一次恐怖主义事件，那么它的增长率将比没有经历恐怖事件时低 1.567 个百分点。这些结果看起来是合理的，他们的发现对于其他回归方程设定和各种估计技术都相当稳健。布隆贝格、赫斯和欧菲尼德斯（Blomberg，Hess，Orphanides，2004）在式（4）中增加了其他形式的政治暴力，这是一个有趣的扩展。在同一个方程中包含恐怖主义和其他形式冲突的情况下，他们指出，外部战争和内部冲突对经济增长的影响大于恐怖主义的影响。然而，这是预期中的结果，因为恐怖主义是一种策略，可能在战争中使用，也可能不使用。包含恐怖主义在内的内部冲突比其他内部冲突给经济增长造成了更大的损失。

在一个类似研究中，塔瓦雷斯（Tavares，2004）认为，恐怖主义的总体宏观经济成本是低的。下面来看他的模型，使用未指定国家样本在 1987 ~ 2001 年的数据对该模型进行估计：

$$\Delta y_{it} = \beta_1 \Delta y_{it-1} + \beta_2 Y_{it} + \beta_3 T_{it} + \text{其他协变量} + \varepsilon_{it} \qquad (5)$$

其中，Δy_{it} 是国家 i 在时期 t 实际人均 GDP 增长，Y_{it} 是国家 i 在时期 t 的实际人均 GDP 水平。采用两种恐怖主义的度量方法，T_{it} 可以是总的人均袭击次数，也可以是总的人均伤亡数量。其他协变量包括自然灾害指数和货币风险指数。[①]

不管采用哪种恐怖主义度量方法，T_{it} 对年度 GDP 增长有着小的负面影响。而且，当增长的其他决定性因素（例如，教育变量、贸易开放度、初级商品出口和/或通货膨胀率）被引入估计方程时，T_{it} 在统计上变得不显著且为正。对于所有国家和所有时期而言，恐怖主义的经济增长成本基本为 0 是不太可信的。一个问题是，面板数据估计"平均"了差异广泛的多个国家的恐怖主义成本。研究某些国家的某个子面板是否经历了相当程度的恐怖主义将是很有意思的。对这些发现的另一种解释是，恐怖主义与教育变量、贸易开放度、初级商品出口和/或通货膨胀率相关，因此系数大小和通常的 t 检验具有误导性。

塔瓦雷斯（Tavares，2004）还比较了民主国家和非民主国家的恐怖主义成本。他的回归方程的关键部分是处理政治权利的影响：

$$\Delta y_{it} = 0.0261 y_{it-1} - 0.029 T_{it} + 0.121 (T_{it} \times R_{it}) + \text{其他协变量} \quad (6)$$

其中，R_{it} 是国家 i 在时期 t 政治权利的度量。R_{it} 的取值范围为 0 ~ 1，样本均值为 0.53。

与塔瓦雷斯最初的设定不同，该方程中所有涉及恐怖主义的系数在统计上都是显著的。交互项 $T_{it} \times R_{it}$ 的系数为正，意味着当政治自由度上升时，典型恐怖袭击的影响会减小。相应的观点是，民主国家比缺少灵活机制的其他类型政府更能够抵御恐怖袭击。这与恩德斯和桑德勒（En-

---

① 塔瓦雷斯（Tavares，2004）使用工具变量校正恐怖主义和实际人均 GDP 增长的同时性。然而，不同于布隆贝格、赫斯和欧菲尼德斯，塔瓦雷斯（Tavares，2004）没有控制国内冲突。

ders，Sandler，2008）所讨论的观点一致，即民主国家遭受袭击的成本要低于其他政府形式的国家，因为它们依靠市场分配资源。点估计表明，国家 i 在时期 t 发生一次恐怖主义事件的增长效应是 $-0.029 + 0.121R_{it}$ 个百分点。因此，对于一个几乎没有政治权利（R_{it} 几乎为 0）的国家来说，恐怖主义使年增长率降低 0.029 个百分点。因为模型是动态的，这种增长效应具有某种程度的持续性。然而，结果存在一点问题，因为点估计的系数意味着，恐怖主义能够促进增长。对于一个政治权利为平均水平（即 $R_{it}=0.53$）的国家来说，恐怖袭击对增长的影响为 0.03513 个百分点。如果采用 T_{it}、R_{it} 和 $T_{it} \times R_{it}$ 作为协变量，那么得到的结果是有意思的。通过这种方式，能够确定 R_{it} 对增长的独立影响。同时，因为 R_{it} 的独立影响被排除在回归之外，$T_{it} \times R_{it}$ 的系数可能存在向上偏差。

375

　　桑德勒、阿尔塞和恩德斯（Sandler，Arce，Enders，2009）使用布隆贝格、赫斯和欧菲尼德斯的研究计算了恐怖主义导致的 GDP 总损失。具体来说，他们使用式（4）进行反事实分析以确定假设在没有恐怖主义时的人均 GDP 水平。实际 GDP 和估计 GDP 水平之间的差值就是恐怖主义导致的 GDP 损失。使用人口（Pop）、2005 年实际人均 GDP 以及 2004~2005 年人均 GDP 增长率，就有可能计算出恐怖主义导致的 GDP 损失。给定恐怖主义的系数为 -1.587 且恐怖主义变量是国家 i 至少发生一次恐怖事件的平均年数，桑德勒、阿尔塞和恩德斯（Sandler，Arce，Enders，2009）通过式（7）计算了每个国家的恐怖主义成本（C_i），他们使用的公式为：

$$C_i = (T_i/5)(Pop \times 人均 GDP) \times (2005 年增长率 /100) \times 0.048 \quad (7)$$

　　其中，$0.048=(1.587/33)$ 表示布隆贝格、赫斯和欧菲尼德斯（Blomberg，Hess，Orphanides，2004）估计的在 33 年样本期中任意一年恐怖主义的增长成本，$(T_i/5)$ 是 2001~2005 年一个国家经历的一次或多次跨国恐怖袭击的年数占比。

　　除布隆贝格、赫斯和欧菲尼德斯（Blomberg，Hess，Orphanides，2004）度量恐怖主义的方法外，桑德勒、阿尔塞和恩德斯（Sandler，Arce，Enders，2009）还使用了 2005 年发生事件的实际数值以及比例（$T_i/5$）。如果使用第一种度量恐怖主义的方法，2005 年，GDP 的总损失大约是 194.12 亿美元。如果使用第二种方法，2005 年的成本是 173.63 亿美元。使用 5% 的利率将五年内的这些损失资本化，桑德勒、阿尔塞和恩德斯（Sandler, Arce, Enders, 2009）计算了所有国家在 5 年内的 GDP 成本现值是 834.07 亿美元。

布隆贝格（Blomberg, 2009）提出了另外一种建模策略，也得到了和桑德勒、阿尔塞和恩德斯（Sandler, Arce, Enders, 2009）的研究相似的结论。特别地，布隆贝格（Blomberg, 2009）注意到，恐怖主义与其他形式的冲突是联系在一起的。因此，他认为，任何由恐怖主义导致的冲突都应该被包含在间接成本中。他计算得出一种冲突形式的出现会使另一种冲突发生的概率提高 7.7%。如果使用 0.05 的贴现因子，在 5 年内，恐怖主义事件的出现会使冲突发生的可能性提高 35%。考虑到恐怖主义和内部冲突对增长影响的不同权重，布隆贝格（Blomberg, 2009）认为，恐怖主义的影响应扩大 25%，以解释恐怖主义对其他形式冲突的诱发效应。

376

6. 死亡和受伤的成本

除 GDP 的损失外，恐怖主义的直接成本包括生命死亡、受伤和由恐怖袭击导致的个人痛苦。尽管许多人不愿向人的生命赋予经济价值，但桑德勒、阿尔塞和恩德斯（Sandler, Arce, Enders, 2009）假设普通工人每年挣 5000 美元。显然，在工业化国家中，5000 美元对于个人来说很少，但是远远超过许多国家的水平。因此，2005 年，跨国恐怖主义导致 550 人死亡，这相当于 275 万美元的经济损失。之后，桑德勒、阿尔塞和恩德斯使用关于预期寿命和贴现率的几种假设，计算了损失收入流的当前贴现值。他们使用 5% 的贴现率和 62.5 年预期寿命计算得到的总经济损失为 43471000 美元。

尽管度量由创伤和其他伤亡导致的成本充满难度，但桑德勒、阿尔塞和恩德斯（Sandler, Arce, Enders, 2009）设计了以下方法。第一步，他们使用阿本哈姆、戴布和萨尔米（Abenhaim, Dab, Salmi, 1992）关于恐怖袭击所导致身体和心理创伤的调查结果。例如，在一场典型袭击的受害者中，46.9% 遭受听力损伤，15.4% 遭受严重烧伤，28% 遭受头部或眼部创伤，6.7% 遭受呼吸系统损害，4.5% 发生骨折和/或截肢，31.4% 出现创伤后应激障碍或抑郁症，总计占比超过 100%，这是因为有些人出现多种症状。这些状况中的每一种都可以应用于典型的恐怖主义事件的分析中。因此，如果在特定时期内有 100 人受伤，那么该方法将假设 46.9 人遭受听力损伤、15.4 人遭受严重烧伤、31.4 人遭受压力或重度抑郁，依此类推。基于马瑟斯、洛佩兹和莫里（Mathers, Lopez, Murray, 2003）的研究，对身体机能的每一种失调都可赋予一个伤残权重。这些伤残权重代表个人生产率损失的比例。一些其他的伤残权重有：头部创伤 = 0.15，严重烧伤 = 0.26，呼吸功能障碍 = 0.26，呼吸功能障碍 = 0.28。这个概念的意思是，典型个体由恐怖袭击造成了严重烧伤，那么其生产率要比没有受伤的人低 26%。当然，死亡的权重为 1，因为收入全部损失了。

　　一旦将伤残权重集完全应用于受伤类型上，就有可能确定伤亡损失的总价值。鉴于 2015 年的伤亡人数为 864 人，据估计有 133 人严重烧伤。使用 0.26 的权重，则每年损失 172900（5000 × 133 × 0.26）美元。使用 5% 的贴现率并假设烧伤患者平均寿命为 31.1（62.2/2）年，这种类型的伤残损失估计为 2681700 美元。对于每种残疾类型重复这样的计算，总共得到 21622000 美元。将生命的损失与伤亡成本加总在一起，总计得到 65093083 美元。

377

　　请注意，对于直接成本的这种度量排除了恐怖袭击中人们所遭受的疼痛和精神痛苦，也没有考虑由恐怖分子造成恐惧的价值。

7.　国土安全成本

　　国土安全成本无疑是恐怖主义更大的成本之一。然而，这个数据特别难以计算，因为国家预算没有直接报告用于国土安全方面的数据。此外，很难将支出分配于不同类型行为的用途上。例如，除了保护国家免受恐怖主义袭击之外，海岸警卫队还要保护国境以避免非法移民进入，并协助商业和私人船只的运输活动。

　　霍比恩和萨格（Hobijn, Sager, 2007）估计，国土安全成本从 2001 年的 560 亿美元增至 2005 年的 995 亿美元。联邦政府支出增加了 324 亿美元，州和地方政府支出增加了 17 亿美元，私人部门支出增加了 94 亿美元。国土安全成本增加的这 435 亿美元相当于美国 GDP 的 0.35%。把这种增长的大部分归因于恐怖主义看起来是合理的，因为"9·11"事件之后，联邦政府支出大幅增加，此后只有小幅变化。私人部门国土安全成本占GDP 的比例仍相当稳定地保持在 0.46% 以上。然而，国土安全成本涉及情报、边境和交通安全、反恐、保护重要基础设施、防御灾难性威胁以及紧急准备和应对。就我们的目的而言，关键是要认识到，这些支出中只有 7% ~ 10% 明确地用于反恐。如果这些数据是准确的，那么美国的资源只有极小一部分用于打击恐怖主义。

桑德勒、阿尔塞和恩德斯采用了霍比恩和萨格（Hobijn，Sager，2007）的结果，即国土安全成本占美国 GDP 的比重增加了 0.35 个百分点。特雷弗顿等（Treverton et al.，2008）发现，英国国土安全支出占英国 GDP 的比重增加了 0.146 个百分点。在他们所建议的情景下，桑德勒、阿尔塞和恩德斯将美国的比例应用于美国、以色列和俄罗斯，将英国的比例应用于英国，且将 0.05% 的比例应用于所有其他国家 2005 年的GDP 水平。所有国家加总得到 644.2 亿美元。

布隆贝格（Blomberg，2009）修改了桑德勒、阿尔塞和恩德斯的方法，假设国土安全成本是总军事支出（不是 GDP）的一个不变比例。此外，他也考虑了国际组织［例如，国际刑警组织（INTERPOL）和国际378 货币基金组织（International Monetary Fund，IMF）］增加的成本，并通过计算美国军事介入伊拉克和阿富汗的成本，考虑了增加积极措施的成本。尽管如此，他的结果与桑德勒、阿尔塞和恩德斯的结果非常相似。虽然有些重复计算，但 2005 年 GDP 的损失大约为 194.12 亿美元，死亡和受伤的成本为 65093083 美元，国土安全成本为 644.2 亿美元，总计大约1500 亿美元。

8. 生活满意度

或许最难衡量的成本是由可能的恐怖袭击造成的心理成本。弗雷、卢辛格和斯图泽（Frey，Luechinger，Stutzer，2009）使用生活满意度方法（Life Satisfaction Approach，LSA）度量"恐惧、悲伤和哀悼"，它们都是恐怖主义成本的一部分。现在的问题是，需要支付多少才能完全脱离恐怖主义？生活满意度方法要求在问卷调查的反馈中报告生活满意度分数，该分数足以反映对个人生活的"整体"评价，且在个人之间是可比较的。因此，尽管生活满意度量表是序数的，如果个体 A 报告了比个体 B 更高的分数，那么个体 A 就比个体 B 更满意现在的生活。重点是，报告的个人主观幸福感可以用来评估个人对公共物品或外部性的偏好。

考虑一个假想的实验，使在易受恐怖袭击区域中的个人报告的生活满意度低于生活在和平地区的人。适当控制其他解释变量（包括地区固定效应和时间效应），那么这些差异可归因于恐怖主义。

从方法论看，找到仅在恐怖主义程度上有差异的非常相似的地区似乎是可取的。幸运的是，法国和英国有良好的调查数据。关于法国的研究，弗雷、卢辛格和斯图泽（Frey，Luechinger，Stutzer，2009）研究了法兰西岛（包括巴黎）、普罗旺斯—阿尔卑斯—科特迪瓦（包括科西嘉岛）以及其余的法国地区。在巴黎发生了许多恐怖事件，但地区之间的其他主要差异很小。类似地，在一定时期，科西嘉岛也经历了多次袭击。不列颠群岛、大不列颠、北爱尔兰和爱尔兰共和国都经历了非常不同的恐怖主义模式。

这些作者使用了个人报告的生活满意度的度量。具体来说，在 1973 年至 2002 年的大部分年份，会询问个人："从整体来看，你对你的生活是非常满意［4］、相当满意［3］、不是非常满意［2］或一点不满意［1］？"问卷还包括个人和人口特征，例如个人的收入等级、性别、年龄、婚姻状况和就业状况。这些作者收回了 30244 份来自大不列颠的问卷、7891 份来自北爱尔兰的问卷、24185 份来自爱尔兰的问卷以及 38062 份来自法国的问卷。恐怖主义是用恐怖袭击次数和袭击导致的死亡人数来衡量的。

根据我们的目的，这篇文章的关键之处在于回归方程：

$$LS_{irt} = \beta_0 + \beta_1 T_{rt} + \beta_2 \ln(m_{irt}) + \beta_3 Z_{irt} + \cdots + \varepsilon_{irt} \qquad (8)$$

379

其中，LS 是生活满意度，T 是恐怖主义程度，m 是个人的家庭收入，Z 是个人特征向量，下标 i、r 以及 t 是指在时期 t 居住在地区 r 的个人 i。其他回归因子包括时间固定效应。

对于两种恐怖主义两种度量方法 β_1 的估计值如表 16 – 2 所示。

表 16 – 2　生活满意度的度量

	事件	死亡人数
不列颠群岛	-7.6×10^{-5} （ -3.90 ）	-6.4×10^{-4} （ -3.45 ）
法国	-2.2×10^{-3} （ -2.74 ）	-5.00×10^{-2} （ -2.50 ）

注：括号内是 t 统计量。

请注意，在所有情况下，恐怖主义都会降低生活满意度。在不列颠群岛发生的事件次数每增加 1 个标准差，就将使生活满意度降低 0.012 个点。类似地，对于法国而言，事件次数每增加 1 个标准差，就将使生活满意度降低 0.013 个点。这种效应看起来似乎相当大，因为它们相当于将大约 1% 的人口从非常满意变为相当满意。

这种方法的关键是确定为恢复生活满意度必须增加的收入。例如，如果不列颠群岛的收入增长 1 倍，生活满意度就将上升 0.116 个点。因此，找到人们愿意为消灭恐怖主义而付出的代价是可能的。这篇文章报告了个人愿意为将恐怖主义减少到该国相对平静地区的水平而付出的代价。

表 16 – 3 显示了各个地区为减少恐怖主义的补偿性剩余。例如，在北爱尔兰，家庭平均年收入为 20501 美元，人们愿意平均支付 7641 美元来消除 1022.76 起恐怖主义行动。尽管这个数据似乎很大，但弗雷、卢辛格和斯图泽（Frey，Luechinger，Stutcer，2009）认为，鉴于北爱尔兰冲突的激烈程度、宵禁、大规模暴乱和公民自由的减少，这些数据是合理的。

380

表 16 – 3　补偿性剩余

	北爱尔兰		巴黎	
家庭平均年收入（美元）	20501		26067	
减少的恐怖主义	1022.76 起行动	77.04 例死亡	9.58 起行动	2.16 例死亡
支付意愿（美元）	7641	5252	2149	1099
占收入的比例（%）	37.3	25.6	8.2	4.2

9. 为什么间接成本超过了直接成本?

许多人认为,恐怖主义的主要成本是第 3 节中讨论的各种直接成本。然而,正如"9·11"事件一样,袭击的间接成本远远超过直接成本。直接成本相对于间接成本比例低的一个原因是,两者之间可能具有负相关关系,一些间接成本,例如,旨在挫败恐怖主义而增加的支出,起到了减少恐怖主义直接成本的作用。如果国土安全支出能够完美地保护国家免受恐怖主义袭击,那么恐怖袭击的所有直接成本将为 0。总体观点是,直接成本对间接成本的低比例可能意味着国土安全支出是有效的。

此外,恐怖组织往往更关心最大化袭击的间接成本,而不是最大化直接成本。恐怖主义被认为是非对称战争行为。因为其明确地攻击非战斗人员,恐怖分子通常对取得直接的军事胜利抱有很小的希望。相反,其目标是向普通民众强加成本,以便使政府屈服于恐怖分子的某些(或所有)要求。恐怖分子明白,私人和政府部门将承担旨在减少恐怖袭击次数、降低严重程度的支出。由于用于保护的资源原本可以用于生产最终产品和服务,因此安全成本不断增长。

有几篇文章已在尝试度量政治暴力、安全支出和增长之间的联系。布隆贝格、赫斯和欧菲尼德斯(Blomberg, Hess, Orphanides, 2004)估计了很多面板回归以确定恐怖主义对投资和政府支出的影响。考虑下面的式子:

$$G/Y_{it} = 2.925 \ln op_{it-1} - 2.238 \ln y_{it-1} + 0.490 T_{it} + 其他协变量 (9)$$

其中,G/Y_{it} 是国家 i 在时期 t 政府支出占 GDP 的比例,op_{it-1} 是国家 i 对开放程度度量的滞后变量,y_{it-1} 是国家 i 实际人均 GDP 的滞后变量,T_{it} 是国家 i 在时期 t 对恐怖主义程度的度量,所有系数在 1% 水平上显著。

请注意,开放程度和恐怖主义都与政府支出占 GDP 的较大比例相关联,然而,G/Y_{it} 与 GDP 水平的滞后变量负相关。当因变量代之以实际投资时,恐怖主义系数变为负数且统计上显著。这与旨在减少恐怖主义的政府支出代替私人资本形成的观点是一致的。净效应是政府支出挤出了私人资本,导致经济增长率下降。

古普塔等（Gupta et al.，2004）使用不同方法衡量冲突、政府支出和经济增长之间的关系。我们可以把增长方程写成下面的形式：

$$\Delta y_{it} = \beta_0 + \beta_1 Y_{it} + \beta_2 Def_{it} + \beta_3 Conf_{it} + \beta_4 Inv_{it} + 其他协变量 + \varepsilon_{it} \quad (10)$$

其中，y_{it} 是国家 i 在时期 t 的实际人均 GDP，Y_{it} 是样本期初始年份的实际人均 GDP 水平，Def_{it} 是国防支出占政府支出总额的比例，$Conf_{it}$ 是对内部冲突和恐怖主义的度量，Inv_{it} 是投资占 GDP 的比例。他们使用的不是年度数据，时间下标指 1980～1984 年、1985～1989 年、1990～1994 年以及 1995～1999 年的年平均值。

该模型通过确定国防支出和税收收入 Tax_{it} 的方程，成为一个封闭系统。由于该模型允许把 Def_{it} 和 Tax_{it} 作为冲突变量的函数，因此实际上存在两种冲突影响增长的渠道：冲突直接影响 y_{it} 和冲突影响 Def_{it}，Def_{it} 直接影响增长。

因为 $Conf_{it}$ 可能会受到增长水平和/或 Def_{it} 的影响，为了控制同时性，使用广义矩估计（Generalized Method of Moments，GMM）来估计方程。尽管在文章中报告了许多不同的回归方程设定，但 Def_{it} 在统计上降低了增长率，且 $Conf_{it}$ 显著增加了 Def_{it}。在基线模型中，β_3 的估计值是 -0.37。不幸的是，$Conf_{it}$ 没有分别识别国内恐怖主义和跨国恐怖主义影响的差异，或者说不同冲突类型对增长的影响。因此，他们只报告了恐怖主义严重抑制增长，而不是研究中所使用的国家的实际成本估计值。此外，正如布隆贝格、赫斯和欧菲尼德斯所指出的那样，Inv_{it} 与冲突和政府支出赤字高度相关。因此，不清楚为什么这个变量被当作解释变量。毕竟，一些恐怖分子的目标是瞄准外国企业，以减少外国直接投资和外国对其经济的积极影响。

盖布洛夫和桑德勒（Gaibulloev，Sandler，2009）考察了 1974～2004 年亚洲国家恐怖主义及其他形式的冲突对增长的影响。具体地说，他们在类似于布隆贝格、赫斯和欧菲尼德斯使用的标准增长模型中加入了恐怖主义和冲突变量。他们报告称，每百万人口中每多发生 1 次恐怖事件就会使人均 GDP 增长率降低大约 1.5 个百分点。与之前的文献一致，他们发现，跨国恐怖主义对发展中国家的经济增长有显著影响，但发达国家并没有表现出不利的增长结果。他们将发展中国家存在的负面经济后

果归因于政府增加的安全支出挤出了生产性私人投资。　　　　382

10. 未来

到目前为止描述的所有成本都与已经发生的事件有关。尽管没有再发生如"9·11"袭击那般成本高昂的袭击，但令人担忧的是，若未来发生化学、生物、放射性和核袭击则可能更加可怕。化学、生物、放射性和核袭击在逻辑上比常规袭击更为复杂，且成本呈几何级数增长。政府问责局（GAO，2008）报告了几项测量在纽约发生化学、生物、放射性及核袭击潜在损失的不同研究结果。

化学袭击可分为四类：神经性毒剂、血液毒剂、窒息毒剂和起泡毒剂。1995 年，奥姆真理教（Aum Shinrikyo）成员在东京地铁上发动的沙林神经性毒气袭击造成 12 名通勤人员死亡、1000～5000 人受伤。由于气体比预期更加难以扩散，因此这次袭击的影响不是很严重。政府问责局报告说，在纽约发生类似沙林神经性毒气袭击可能会导致 340 亿美元的损失，并造成 6000 人伤亡。虽然这一估计明显高于 1995 年袭击造成的损害，但政府问责局的数据假设了神经性毒气是有效扩散的。

生物袭击分为四类：毒药、病毒、细菌和瘟疫。库夫曼、梅尔泽和施密特（Kaufmann，Meltzer，Schmid，1997）计算得出生物恐怖袭击的经济影响范围估计值：每 10 万人受到影响时，从布鲁氏菌病袭击造成的 4.777 亿美元到炭疽病毒袭击造成的 262 亿美元之间。每 10 万人中因炭疽病毒袭击的死亡人数大约为 32000 人，还有 50000 人可能被感染。这些数据与政府问责局得到的结果非常相似：政府问责局指出，10 公斤炭疽菌浆可能导致 80000 人死亡，造成 2540 亿美元损失。2001 年 9 月和 10 月的炭疽病毒袭击使本已对"9·11"事件敏感的公众更加恐慌。总共有 5 人死亡，另外 17 人被炭疽孢子感染，这些炭疽孢子被邮递到美国参议员汤姆·达施勒（Tom Daschle）和帕特里特·利希（Patrick Leahy）以及许多新闻机构的办公室。然而，清理成本远远小于库夫曼、梅尔泽和施密特（Kaufmann，Meltzer，Schmid，1997）或政府问责局（GAO，2008）的估计值。政府问责局报告称，大约 2700 万美元的环境保护署超级基金（Environmental Protection Agency's Superfund）花费在了国会山的清理工作上，总共 3 亿美元被用于清理其他政府建筑和处理炭疽信件的两个邮政局。造成实际成本和预期成本存在差异的原因是生物制剂特别难以武器化。

放射性袭击所必需的材料，特别是脏弹，相对容易获得，并且可以通过常规恐怖袭击手段散布。戈登等（Gordon et al.，2005）估计了对洛杉矶两个港口同时进行两次放射性袭击可能造成的总成本是 340 亿美元，其中 212000 个工作岗位受到影响。政府问责局（GAO，2008）报告说，在纽约市引爆一枚脏弹的成本为 430 亿美元。脏弹袭击造成的人员伤亡可能只发生在爆炸或毒剂散布之后，这导致极少数人员死亡，然而，这种影响会急剧降低生活质量。

383 　　对核袭击所报告的成本纯粹是推测的。核袭击可能体现为由核电站遭到蓄意破坏或者小型核装置爆炸。政府问责局（GAO，2008）估计，核电站被破坏可能产生 2170 亿美元的损失，但造成的死亡人数相对较少。一枚 5000 吨级的战术炸弹预计能造成 5840 亿美元损失和 300 万人死亡。从兰德公司对加利福尼亚州长滩港发生核爆炸的模拟情况来看，这将导致 60000 人立即死亡、150000 人受伤，经济损失达到 1 万亿美元。

阿奎拉、朗菲尔德和扎尼尼（Arquilla，Ronfeldt，Zanini，1999）以及恩德斯和苏（Enders，Su，2007）认为，"基地"组织实施高度复杂、高度协调行动的能力已经被削弱了，因为它的网络结构已变得更为松散。这很重要，因为把生物制剂武器化或引爆核装置的后勤复杂程度已远远超过了实施化学或放射性袭击的后勤复杂程度。这支持了恩德斯和桑德勒（Enders，Sandler，2006）的说法，即化学袭击似乎是未来最可能发生的袭击，因为它们易于获得并以高成本效益方式散布。

11. 结论

最近恐怖袭击的数量和致命性都在提升，这很可能意味着与恐怖主义有关的成本将继续增加。总体而言，对于依赖价格机制的大型、多元化经济体来说，预计此类成本相对较小。尽管自由民主国家普遍比小型、高度专业化的经济体遭受更多的恐怖主义，但这是事实。发达国家可以依靠价格机制在各部门间重新分配资源，它们能够通过使用财政和货币政策来缓解大规模袭击造成的长期后果。恐怖主义的宏观经济增长成本是旨在遏制后续袭击而增加反恐政策的结果。然而，这些增加的政府支出挤出了私人部门投资。恐怖主义的微观经济成本往往集中于旅游业、贸易和交通运输部门，以及一个国家的净外国直接投资上。小型、开放型经济体往往高度集中于此类部门。虽然可能的化学、生物、放射性与核袭击的成本纯粹是推测的，但即使是在纽约市发生一次小型放射性袭击也可能会产生与"9·11"事件规模相当的直接成本。

384

参考文献

Abadie, Alberto and S. Dermisi. 2008. Is terrorism eroding agglomeration economies in central business districts? Lessons from the office real estate market in downtown Chicago. *Journal of Urban Economics* 64 (2): 451 – 63.

Abadie, Alberto and Javier Gardeazabal. 2003. The economic cost of conflict: A case study of the Basque Country. *American Economic Review* 93 (1): 113 – 32.

——. 2008. Terrorism and the world economy. *European Economic Review* 52 (1): 1 – 27.

Abenhaim, L., W. Dab, and L. R. Salmi. 1992. Study of civilian victims of terrorist attacks (France 1982 – 1987). *Journal of Clinical Epidemiology* 45 (2): 103 – 9.

Arquilla, John, David Ronfeldt, and Michele Zanini. 1999. Networks, netwar, and information-age terrorism. In *Countering the New Terrorism*, ed. Ian Lesser, Bruce Hoffman, John Arquilla, David Ronfeldt, and Michele Zanini. Santa Monica, CA: RAND.

Becker, Gary S. and Kevin M. Murphy. 2001. Prosperity will rise out of the ashes. *Wall Street Journal* (Eastern edition), 29 October 2001, A. 22.

Blomberg, S. Brock. 2009. Transnational terrorism. In *Global Crises, Global Solutions*, 2nd ed., Bjorn Lomborg, 563 – 76. Cambridge : Cambridge University Press.

Blomberg, S. Brock and Gregory D. Hess. 2006. How much does violence tax trade? *Review of Economics and Statistics* 88 (4) 599 – 612.

Blomberg, S. Brock, Gregory D. Hess, and Athanasios Orphanides. 2004. The macroeconomic consequences of terrorism. *Journal of Monetary Economics* 51 (5): 1007 – 32.

Brant, Patrick and Todd Sandler. 2010. What do transnational terrorists target? Has it changed? Are we safe? *Journal of Conflict Resolution* 54 (2): 214 – 36.

Bureau of Economic Analysis. 2001. Business situation. *Survey of Current Business* 81 (11), www. bea. doc. gov/bea/ARTICLES/2001/11november/1101bsa. pdf. (accessed October 30, 2011).

Bureau of Labor Statistics. 2003. Extended mass layoffs and the 9/11attacks, *Monthly Labor Review: The Editor's Desk*. www. bls. gov/opub/ted/2003/sept/wk2/art03. htm. (accessed October 30, 2011).

Chen, Andrew H. and Thomas F. Siems. 2004. The effects of terrorism on global capital markets. *European Journal of Political Economy* 20 (2): 249 – 66.

Drakos, Konstantinos. 2004. Terrorism-induced structural shifts in financial risk: Airline stocks in the aftermath of the September 11th terror attacks. *European Journal of Political Economy* 20 (2): 436 – 46.

Drakos, Konstantinos and Ali M. Kutan. 2003. Regional effects of terrorism on tourism in three mediterranean countries. *Journal of Conflict Resolution* 47 (5): 621 – 41.

Eckstein, Zvi and Daniel Tsiddon. 2004. Macroeconomic consequences of terror: Theory and the case of Israel. *Journal of Monetary Economics* 51 (5): 971 – 1002.

Eldor, Rafi and Rafi Melnick. 2004. Financial markets and terrorism. *European Journal of Political Economy* 20 (2): 367 – 86.

Enders, Walter, Ruxandra Prodan, and Yu Liu. 2009. Forecasting series containing offsetting breaks: Old school and new school methods of forecasting transnational terrorism. *Defense and Peace Economics* 20 (60): 441 – 63.

Enders, Walter and Todd Sandler. 1991. Causality between transnational terrorism and tourism: The case of Spain. *Terrorism*: 14 (1): 49 – 58.

——. 1996. Terrorism and foreign direct investment in Spain and Greece. *Kyklos* 49 (3): 331 – 352.

——. 2000. Is transnational terrorism becoming more threatening? A time-series investigation. *Journal of Conflict Resolution* 44 (3): 307 – 32.

——. 2006. *The political economy of terrorism*. Cambridge : Cambridge University Press.

Enders, Walter, Todd Sandler, and Gerald F. Parise. 1992. An econometric analysis of the impact of terrorism on tourism. *Kyklos* 45 (4): 531 – 54.

Enders, Walter andXuejuan Su. 2007. Rational terrorists and optimal network structure. *Journal of Conflict Resolution* 51 (1): 33 – 57.

Frey, Bruno, SimonLuechinger, and Alois Stutzer. 2009. The life satisfaction approach to valuing public goods: The case of terrorism. *Public Choice* 138 (3 – 4): 317 – 45.

Gaibulloev Khusrav and Todd Sandler. 2009. The impact of terrorism and conflicts on growth in Asia. *Economics and Politics* 21 （3）: 359 – 83.

Gordon, Peter, James Moore, Harry Richardson and Qisheng Pan. 2005. The economic impacts of a terrorist attack on the twin ports of Los Angeles—Long Beach. In *The Economic Impacts of Terrorist Attacks*, ed. Richardson, and Moore, 262 – 86. Cheltenham, UK: Edward Elgar.

General Accounting Office. 2008. Terrorism insurance: Status of coverage availability for attacks involving nuclear, biological, chemical, or radiological weapons. http://www. gao. gov/products/GAO – 09 – 39. （accessed October 30, 2011）.

Gupta, S., B. Clements, R. Bhattacharya, and S. Chakravarti. 2004. Fiscal consequences of armed conflict in low-and middle-income countries. *European Journal of Political Economy* 20 （2）: 403 – 21.

Hobijn, B., and E. Sager. 2007. What has homeland security cost? An assessment: 2001 – 2005. *Current Issues in Economics and Finance* 13 （2）: 1 – 7. http://www. newyorkfed. org/research/current_ issues.

Hoffman, Bruce. 2006. *Inside terrorism* （revised and expanded edition）. New York: Columbia University Press.

Institute for the Analysis of Global Security. 2004. How much did the September 11 terrorist attack cost America? www. iags. org/costof911. html. （accessed October 30, 2011）.

Ito, H. and D. Lee. 2005. Assessing the impact of the September 11 terrorist attacks on U. S. airline demand. *Journal of Economics and Business* 57 （1）: 79 – 95.

Kaufmann, Arnold, Martin I. Meltzer, and George Schmid. 1997. The economic impact of a bioterrorist attack: Are prevention and postattack intervention programs justifiable? *Emerging Infectious Diseases* 3 （2）: 93 – 94.

Kunreuther, Howard and Michel-Kerjan Erwann. 2004. Policy watch: Challenges for terrorism risk insurance in the United States. *Journal of Economic Perspectives* 18 （4）: 201 – 14.

——. 2009. *At war with the weather: Managing large scale risks in a new era of catastrophes.* MA: MIT Press: Cambridge.

Kunreuther, Howard, Erwann Michel-Kerjan and Beverly Porter. 2003. Assessing, managing and financing extreme events: Dealing with terrorism. Working Paper 10179, National Bureau of Economic Research, Cambridge, MA.

Mathers, C. D., A. D. Lopez, and C. J. L. Murray. 2003. The burden of disease and mortality by condition: Data, methods and results for 2001. http://files. dcp2. org/pdf/ GBD/GBD03. pdf. （accessed October 30, 2011）.

Navarro, Peter andAron Spencer. 2001. September 11, 2001: Assessing the costs of terrorism. *Milken Institute Review* Fourth Quarter: 16 – 31.

Nitsch, Volker and Dieter Schumacher. 2004. Terrorism and international trade: An empirical investigation. *European Journal of Political Economy* 20 (2): 423 – 33.

Sandler, Todd, Dann Arce and Walter Enders. 2009. *Transnational terrorism.* In *Global Crises, Global Solutions*, 2nd edition. ed. Bjorn Lomborg, 516 – 62. Cambridge: Cambridge University Press.

Sandler, Todd and Walter Enders. 2008. Economic consequences of terrorism in developed and developing countries: An overview. In *Terrorism, economic development, and political openness*, ed. Philip Keefer and Norman Loayza, 17 – 47. Cambridge: Cambridge University Press.

Shapiro, Robert. 2004. Al-Qaida and the GDP: How much would terrorism damage the U. S. economy? Less than you'd expect. *Slate*, http://slate. msn. com/id/2079298/ (accessed September 25, 2009).

Sloboda, Brian W. 2003. Assessing the effects of terrorism on tourism by the use of time series methods. *Tourism Economics* 9 (2): 179 – 90.

Smetters, Kent. 2004. Insuring against terrorism: The policy challenge. In *Brookings-Wharton Papers on Financial Services: 2004*, ed. Robert E. Lilan and Richard Herring, 139 – 82. Washington, DC: Brookings Institution Press.

Tavares, Jose. 2004. The open society assesses its enemies: Shocks, disasters and terrorist attacks. *Journal of Monetary Economics* 51 (5): 1039 – 70.

Treverton, G. , J. Adams, J. Dertouzos, A. Dutta, S. Everingham, and E. Larson. 2008. The costs of responding to the terrorist threat: The U. S. case. In *Terrorism, economic development, and political openness*, ed. P. Keefer and N. Loayza. Cambridge: Cambridge Univ. Press. 48 – 80.

U. S. Department of Transportation. 2005. *Treatment of the economic value of a statistical life in departmental analyses.* http://ostpxweb. dot. gov/policy/reports/080205. htm (accessed October 12, 2009).

第17章 评估军事支出对增长的影响

乔治·达戈斯蒂诺

J. 保罗·邓恩

卢卡·佩罗尼

1. 引言

特别是考虑到近年来军事支出增长和近期金融危机及经济衰退情况，评估军事支出对经济的重要性仍然是一项重要工作。根据斯德哥尔摩国际和平研究所（Stockholm International Peace–Research–Institute, SIPRI, 2008）的数据，2007年，世界军事支出为13390亿美元，占世界GDP的2.5%，实际支出相比2006年增加了6%。事实上，1998~2007年，实际军事支出增加了45%，这一趋势至少部分是由第二次海湾战争及"9·11"恐怖袭击后美国在阿富汗的大规模干预导致的。如图17–1所示，20世纪90年代末期，地区军事支出占GDP的比重的趋势出现变化，最明显的变化是美国军事负担（Military Burden）在20世纪90年代下跌触底后反弹，以及东亚和南美的军事负担不断增加。在此期间，世界军事支出占世界GDP的2.5%~3%。

尽管大多数情况下增加军事支出的政治理由是基于维护国家安全的需要，然而近年来这些新的变化引发了对于增加军事支出是促进还是恶化了经济增长与福利的新争论。尽管在20世纪80年代和20世纪90年代这是经济学争论的核心问题，但学者们并没有在经验研究方面达成明确的共识，这是由方法的巨大不同，以及样本所覆盖国家和覆盖时间段的差异导致的（Dunne, Smith, Willenbockel, 2005）。贝努瓦（Benoit, 1973, 1978）利用跨国数据的早期相关性分析很快让位于代表不同理论观点的各种计量模型。凯恩斯主义、新古典主义和结构主义模型为不同的国家样本提供了多种回归方程。结果的多样性引发争论，应对单个国家及相对同质的国家进行案例研究（Dunne，1996）。

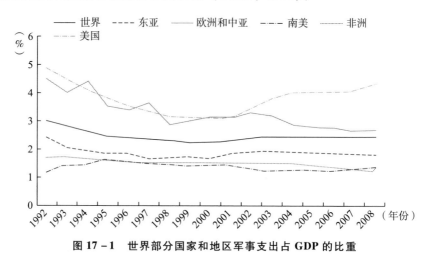

图 17 - 1　世界部分国家和地区军事支出占 GDP 的比重

本章对分析军事支出影响增长中所涉及的问题进行回顾。第 2 节介绍一般经济理论，它们体现了在进行经验分析时所使用模型的发展情况，第 3 节给出对计量估计问题的讨论。第 4 节介绍了文献中常见的各种正式模型：费德尔—拉姆模型（Feder-Ram-Model）、修正的索洛模型（Solow Model）和内生增长模型。第 5 节提供了一些实证结果，用于阐明估计模型所涉及的问题，并对比模型的表现。最后，第 6 节提供了一些结论性观点。

2. 军事支出经济学的一般理论

即使理论本身可能是不能验证的，为了解释实证研究结果，理论是必需的。由于大多数经济理论没有解释军事支出作为一种独特经济活动的明确作用，这使研究军事支出的经济影响更加复杂。然而，这并没有妨碍理论分析的发展，形成了三种基本观点，研究发达国家和发展中国家的文献都采用这三种基本观点。新古典主义方法将国家视为一个理性行为者，它会权衡军事支出的机会成本和安全收益，以最大化体现在社会福利函数中定义良好的国家利益。军事支出因此可以被视为纯公共物品，并且军事支出的经济影响取决于机会成本，即民事支出与军事支出之间清晰的权衡取舍。这种方法很容易开发一致的正式理论模型以为经验工作提供支撑，并对文献产生重要影响。然而，有人批评它缺乏历史背景，总是能够证明观察到的行为是合理的，专注于供给侧，忽视军事部门和军事利益的内部作用，暗示存在国家共识，并要求理性行为者具有极端知识和不现实的计算能力（Smith，1977）。

最有影响力的新古典主义模型是费德尔—拉姆模型（Biswas，Ram，1986；Mintz，Huang，1990），但最近它受到了邓恩、史密斯和威伦博克尔（Dunne，Smith，Willenbockel，2005）的严厉批评。此类新古典主义文献长期以来最有影响力，这些模型将在第 4 节中进行更详细的讨论。其他理论发展有，新古典经济学家将军事支出视为对系统的一个重要冲击，可能对产出产生动态实际影响，而且最近的研究还尝试将军事支出引入内生增长模型中。

另外一种凯恩斯主义方法认为，积极型国家使用军事支出作为政府支出的一个方面，在总需求不足的情况下，通过乘数效应增加产出（Pieroni，d'Agostino，Lorusso，2008）。军事支出能够提高生产能力利用率，增加利润，并因此增加投资和促进经济增长（Faini，Annez，Taylor，1984）。它因没有考虑供给侧方面的问题而受到批评，许多研究者在他们的凯恩斯模型中引入明确的生产函数 [例如，德格和史密斯（Deger，Smith，1983）]。更为激进的凯恩斯主义观点聚焦巨额军事支出可能导致工业效率低下，形成由个人、公司和机构组成的受益于国防支出的强大利益集团，即通常所说的军事—工业复合体（Military-Industrial Complex，MIC）。军事—工业复合体通过国家的内部压力增加军事支出，即使没有任何威胁表明这种支出是合理的（Dunne，Sköns，2010）。

马克思主义方法认为，军事支出对资本主义发展的作用是重要的，但相互矛盾。这种方法存在很多分支，它们在危机处理方式、军事支出对资本主义发展必要程度，以及军事—工业复合体在阶级斗争中的作用方面存在分歧。这种方法的一个分支提供的唯一理论认为，军事支出不仅本身是重要的，也是相关理论如消费不足主义者理论的一个组成部分。经巴兰和斯威齐（Baran，Sweezy，1966）发展的该理论认为，军事支出对于克服现实危机是重要的，它可以在不增加工资的情况下吸收闲置资源，从而维持利润水平。而其他形式的政府开支都不具备这个作用。虽然这种方法在一般经济发展文献中极具影响力，但这种方法下的实证研究往往局限在对发达经济体的分析上（Coulomb，2004；Smith，1977）。

从广泛的理论理解转向实证分析，有必要对有待解决的问题，以及分析这些问题的方式进行更具体的分析。我们还需要做出选择，其中大多数选择将以所采取的理论观点和数据的可获得性为基础。需要确定开展实证分析进行抽象的程度；需要将理论具体化，确定用理论指导实证分析所使用的具体概念；必须确定经验分析的类型，定性、定量、历史、制度视角，还是它们的某种组合；必须根据可获得数据的限制选择时间段；必须选择国家样本；必须选择实证方法。如果采取的是单个国家的案例研究，那么它们提供了进行更详细研究的机会，且提供了不同于跨国研究的信息。军事支出在不同时期也可能产生不同的影响，对工业化起到促进作用，但最终会拖累其进一步发展。经验研究的结果对变量的度量和定义、估计方程的识别（特别是所包含的其他变量）、使用的数据类型以及估计方法（Dunne，1996）非常敏感。

3. 估计问题

在军事支出影响的应用研究中，采用多种计量经济方法。第一种方法是单一方程分析，基于反映前一节中讨论的方法的结构模型，或受到结构模型启发，将经济增长作为因变量，将军事支出（军事负担、人均值或绝对值）作为自变量（或自变量之一）。其他研究采取另一种方法，在不建立结构模型的情况下，考察军事支出与经济增长之间的因果关系［使用因果关系的统计定义，即用所谓的"格兰杰因果关系"（Granger causality）来区分理论因果关系概念］（Joerding，1986）。使用动态回归或向量自相关（Vector Autoregressive，VAR）模型的好处是，它们是动态模型，不需要预先做出经济假设。邓恩、尼古拉多和沃加斯（Dunne，Nikolaidou，Vougas，2001），邓恩和沃加斯（Dunne，Vougas，1999），金塞拉（Kinsella，1990）以及金塞拉和钟（Kinsella，Chung，1998）开始在分析中考虑数据中的长期信息，近期的文献使用了约翰逊的协整向量自回归框架（Johansen，1988）。这带来很多跨国及案例研究，近期的研究包括阿布－巴德和阿布－盖伦（Abu-Bader，Abu-Qarn，2003），克里亚斯、马诺拉斯和帕里奥里古（Kollias，Manolas，Paleologou，2004）以及唐、赖和林（Tang，Lai，Lin，2009）的研究。一些研究在开始确定向量自回归时考虑了结构模型，而其他研究则没有。一篇对此类研究进行批判和全面回顾的综述文章（Dunne，Smith，2010）表明，结构模型对确定因果关系的方向是重要的。其他实证研究聚焦阈值分析［如赖特舒勒和洛宁（Reitschuler，Loening，2005）］和非线性分析。

布斯艾勒米、赫雷拉和森（Berthelemy，Herrera，Sen，1994）使用以罗默（Romer）研究为基础的内生增长模型，分析了军事支出对印度和巴基斯坦的经济影响。这促进了内生增长模型的应用，以模拟（Sheih，Chang，Lai，2002，2007）和估计军事支出对增长的影响，并考虑非线性关系［最近一个研究是佩罗尼（Pieroni，2009）的研究］。这些模型也得到发展以解释公共开支的分配和互补性（d'Agostino，Dunne，Pieroni，2011）。

第二种方法采用联立方程组，它强调军事支出、增长和其他变量之间相互依赖的重要性（Deger，1986；Deger，Smith，1983；Gyimah-Brempong，1989；Mohammed，1993；Scheetz，1991；Smith，Smith，1980）。这些研究在使用数据方面存在差异。一些研究采用横截面数据均值［例如，德格和史密斯（Deger，Smith，1983）］，另一些研究采用单个国家的时间序列数据［例如，邓恩和尼古拉多（Dunne，Nikolaidou，2001）；谢茨（Scheetz，1991）］，还有一些研究更加全面［例如，邓恩和穆罕默德（Dunne，Mohammed，1995）］。这些模型的使用已经减少了，最近的研究是艾特索格鲁（Atesoglou，2009）的研究。

第三种方法使用宏观计量经济及其他形式的世界模型。列昂惕夫和德勤（Leontief，Duchin，1983）的开创性研究使用了世界经济的宏观计量模型，分析了主要大国裁军的全球影响，以及资源向低收入国家的转移效应。卡宾、比耶特库尔特和格耶维奇（Cappelen，Bjerkholt，Gleditsch，1982）得到了类似的研究发现，基根加科、德·哈恩和贾玛（Gigengack，de Haan，Jepma，1987）使用系统分析研究单元模型（Systems Analysis Research Unit Model，SARUM）和军备的行为反应动态方程模拟了不同安全情景下的影响。其他的世界模型引入了前瞻性预期机制［例如，麦基宾（McKibbin，1996）］。还用很多研究使用格莱迪奇等（Gleditsch et al.，1996）的宏观模型，但由于显而易见的原因，很少有针对发展中国家和中等收入国家的单个国家研究使用相对较大的宏观模型。有些研究是例外，包括使用凯恩斯宏观计量模型的亚当斯、马里亚诺和帕克（Adams，Mariano，Park，1992）与玛沃、克莱恩和斯黑兹（Marwah，Klein，Scheetz，2002）的研究，以及使用可计算一般均衡（CGE）模型的艾森阿修等（Athanassiou et al.，2002）的研究，以及厄兹代米尔和巴亚尔（Ozdemir，Bayar，2009）的研究。关于军事支出机会成本或军事开支与其他形式福利支出的平衡，已有进一步的研究［例如，厄兹萨伊（Ozsoy，2002）］。然而这种方法存在一些问题，如它认为如果资金没有被用于军事支出，就将被用于其他方面，它往往不会考虑这样一个事实，即随着经济增长，两者可能同时增加（Dunne，Uye，2010）。

392

估计增长模型的主要问题在于数据中缺乏独立的外生变化。一种解决办法是在相对同质的国家组中同时使用横截面数据和时间序列数据（Murdoch，Pi，Sandler，1997）。这里的一个问题是，横截面数据和时间序列系数可能度量不同的内容。前者可以代表长期效应，后者代表短期影响，混合后的关系则是二者的加权平均。由于难以将周期性需求侧影响从中期供给侧增长的影响中区分出来，增长方程在横截面数据分析中最为有效。近年来，随着数据序列不断增长、可靠的跨国数据的可获得性不断提升，以及面板数据估计方法的发展，它们都促进了经济增长（Smith，Fuertes，2010）及其与军事支出关系面板分析的显著增加（Dunne，Smith，Willenbockel，2005）。

可用的方法提供了试图解决这些问题的不同途径。混合最小二乘方法（OLS）的公式为：

$$y_{it} = a + bx_{it} + u_{it} \tag{1}$$

假设每个国家的所有系数都相同且不随时间变化，固定效应估计量允许不同国家的截距项不同，不考虑横截面关系中的所有信息。

$$y_{it} = a_i + bx_{it} + u_{it} \tag{2}$$

在双向固定效应模型中，时间固定效应可以单独或与国家固定效应一起使用：

$$y_{jt} = a_t + a_i + bx_{it} + u_{it} \qquad (3)$$

动态模型如下所示：

$$y_{jt} = a_i + bx_{it} + l_{it-1} + u_{it} \qquad (4)$$

由于滞后因变量偏差使 λ 的普通最小二乘法估计量存在向下偏差，因此固定效应估计量无效。然而，当数量接近无穷时，其极限是一致估计量，对于这里使用的样本，偏差是微小的。因此，动态固定效应回归方程可以提供一个有用的起点（Dunne，Nikolaidou，Smith，2002）。为大样本量研究发展出来的另一种动态方法采用差分去除固定效应，然后对滞后因变量使用工具变量进行估计，通常使用广义矩估计（GMM）而不是回归方法［最近的例子是耶尔德勒姆、塞兹金和欧盖尔（Yildrim，Sezgin，Ocal，2005）］。如果不同组别之间的系数不同，则存在进一步的异质性偏差，可以通过单独估计每个方程，并取单独估计值均值的方法来处理（Smith，Fuertes，2010）。

393

4. 建立军事支出经济影响模型

为了对军事支出影响经济增长进行经验分析，我们基于理论构建一个可应用的模型。这带来了各种各样的经验研究：从应用计量经济学到更加关注制度的案例研究。当进行统计分析时，通常基于凯恩斯主义或者新古典主义方法，因为这些方法最适合创建正式模型（Dunne，1996）。这场争论有一个有趣的特点，尽管邓恩、史密斯和威伦博克尔（Dunne，Smith，Willenbockel，2005）指出了一些不足之处，但费德尔—拉姆模型仍然广为流行。其他主要方法包括修正的索洛增长模型和使用日益增多的内生增长模型。本节将回顾这些模型。

4.1　费德尔—拉姆模型

创建这个供给侧模型最初是为了分析发展中国家出口部门对经济增长的影响。用它来分析军事支出，是将军事部门视为经济体中的一个部门，并在一个单一方程中区分这个部门的外部性影响及其生产率差异效应。这些明显的优势使其在国防经济领域的成就远远超过在其他领域的成就。

这个两部门基础模型区分了军事产出（M）和民用产出（C），两个部门均采用同质的劳动力（L）和资本（K），军事生产活动会影响民用生产活动，用 θ 表示 C 关于 M 的弹性：

$$M = M(L_m, K_m), C = C(L_c, K_c) = M^\theta c(L_c, K_c) \tag{5}$$

约束条件为：

$$L = \sum_{i \in S} L_i, K = \sum_{i \in S} K_i, S = \{m, c\} \tag{6}$$

国内收入为：

$$Y = C + M \tag{7}$$

正如邓恩、史密斯和威伦博克尔（Dunne，Smith，Willenbockel，2005）所指出的，如果把 C 和 M 理解为以货币衡量的产出价值而非产出数量，式（7）中对"大炮"和"黄油"的加总才是可以被接受的。将式（7）中的隐含价格标准化，显然可以将它重写为以下等价的形式：

$$Y = P_c Cr(L_c, K_c) + P_m Mr(L_m, K_m) \tag{8}$$

394　　此处 P_m 和 P_c 分别表示与真实产出数量 Mr 和 Cr 相关的（不变的单一）货币价格。这个模型中劳动力的边际产出价值（M_L，C_L）和资本边际产出价值（M_K，C_K）在部门间是不同的，即相差一个恒定统一的比例，也就是：

$$\frac{M_L}{C_L} = \frac{M_K}{C_K} = \frac{P_m Mr_L}{P_c Cr_L} = \frac{P_m Mr_K}{P_c Cr_K} = 1 + \mu \tag{9}$$

以评估部门产出中使用的价格关系为基础，将式（7）、式（5）、式（6）微分，得到增长方程：

$$\hat{Y} = \frac{C_L L}{Y} \hat{L} + C_K \frac{I}{Y} + \left(\frac{\mu}{1+\mu} + C_M\right) \frac{M}{Y} \hat{M} \tag{10}$$

在这里，"∧"用于表示变化比例，$I = dK$ 表示净投资。利用式（1）等号最右侧是 C 关于 M 的常弹性的事实，式（9）可重写为：

$$\hat{Y} = \frac{C_L L}{Y} \hat{L} + C_K \frac{I}{Y} + \left(\frac{\mu}{1+\mu} - \theta\right) \frac{M}{Y} \hat{M} + \theta\hat{M} \tag{11}$$

这至少在原则上允许单独识别外部性效应和"边际要素生产率差异效应"。正如邓恩、史密斯和威伦博克尔（Dunne，Smith，Willenbockel，2005）所指出的，在这个模型中，边际要素生产率概念在部门间的差异是解释性缺陷的一个来源。非零的 μ 被解释为由于存在某种组织冗余或 X 无效率，一个部门在要素使用上与另一个部门相比是"效率较低"或"生产率较低"的，这种解释与基础理论模型不一致。

除了这些理论问题外，在估计费德尔—拉姆模型时还存在若干计量经济学问题。在早期的研究中，模型是用横截面数据进行估计的。在这种情况下，主要问题是估计方程中最后两项之间的多重共线性，以及使用可能不显著的系数去计算外部性效应。模型的扩展版本也存在这个问题。当使用时间序列数据估计模型时，多重共线性问题依然存在，而且增加了其他问题。首先，在数据中通常缺乏独立的外生变化，尽管如后面讨论所示，使用面板数据分析方法可以在一定程度上克服这个问题。其次，在该模型中使用增长率，限制了单一滞后变量的动态变化。试图提供更一般模型识别方程的努力增加了多重共线性和识别复合系数的问题。所有这些问题在某种程度上解释了经验分析中所出现的不同结果，当与解释问题结合在一起时，其导致许多研究的结果并不让人满意［邓恩、史密斯和威伦博克尔（Dunne，Smith，Willenbockel，2005）提供了一个综述］。

395

4.2　新古典主义增长模型

邓恩、史密斯和威伦博克尔（Dunne，Smith，Willenbockel，2005）认为，费德尔—拉姆模型的问题很严重，足以影响到它在经验研究中的价值，他们同时建议采用另一个模型，该模型基于修正的索洛增长模型，采取哈罗德中性（Harrod – neutral）技术进步形式，由曼昆、罗默和威尔（Mankiw，Romer，Weil，1992）进行跨国分析。该模型的出发点是具有劳动增进型技术进步特点的新古典主义总生产函数：

$$Y(t) = K(t)^\alpha \left[A(t) L(t) \right]^{1-\alpha} \qquad (12)$$

其中，Y 代表实际总收入，K 是实际资本存量，L 是劳动力，A 则代表技术参数，它根据下式演变：

$$A(t) = A_o e^{gt} m(t)^\theta \qquad (13)$$

其中，g 是外生的哈罗德中性技术进步率，m 是军事支出指标，例如，军事支出占 GDP 的比重。采取标准的索洛模型假设（不变的储蓄率 s，不变的劳动增长率 n，不变的资本折旧率 d），资本积累的动态变化情况为：

$$\dot{k}_e = sk_e^\alpha - (g + n + d)k_e \Leftrightarrow \frac{\partial \ln k_e}{\partial t} = se^{(\alpha-1)\ln k_e} - (g + n + d) \quad (14)$$

其中，$k_e := \frac{K}{[AL]}$ 代表有效的资本—劳动力比，α 是不变的资本—产出弹性。k_e 的稳态水平为：

$$k_e^* = \left[\frac{s}{g + n + d}\right]^{1/(1-\alpha)} \quad (15)$$

在稳态①附近通过截断的泰勒级数展开，将式（14）线性化并利用式（15）得到：

$$\frac{\partial \ln k_e}{\partial t} = (\alpha - 1)(g + n + d)\left[\ln k_e(t) - \ln k_e^*\right] \quad (16)$$

每个有效劳动力的稳态产出水平为：

$$y_e^* = \left[\frac{s}{(g + n + d)}\right]^{\alpha/(1-\alpha)} \quad (17)$$

其中：

$$\frac{\partial \ln y_e}{\partial t} = (\alpha - 1)(g + n + d)\left[\ln y_e(t) - \ln y_e^*\right] \quad (18)$$

为了运用式（18）进行经验研究，我们将这个公式从 $t-1$ 时期到 t 时期积分，得到：

396

$$\ln y_e(t) = e^z \ln y_e(t-1) + (1 - e^z)\ln y_e^*, z \equiv (\alpha - 1)(n + g + d) \quad (19)$$

利用式（13）、式（17）和式（19），y_e 和可观测的人均收入 $y = Y/L$ 通过下式联系在一起：

---

① 将式（3）重写为 $du/dt = f(u)$，$u := \ln(ke)$ 的形式，线性化的形式是 $f(u^*) + f'(u^*)\left[u(t) - u^*\right]$。

$$\ln y(t) = e^z \ln y(t-1) + (1-e^z)\left\{\ln A_o + \frac{\alpha}{1-\alpha}\left[\ln s - \ln(n+g+d)\right]\right\}$$
$$+ \theta \ln m(t) - e^z\theta \ln m(t-1) + (t-(t-1)e^z)g \qquad (20)$$

式（20）意味着动态面板模型为：

$$\ln y_{i,t} = \beta_0 \ln y_{i,t-1} + \sum_{j=1}^{4} \beta_j \ln x_{j,i,t} + \eta_t + \mu_i + \nu \qquad (21)$$

其中，$x_1 = s = $ 总投资/GDP，$x_2 = n + g + d = $ 劳动力增长率 $+0.05$，$x_3 = m = $ 军事支出/GDP，以及 $x_4 = m^{t-1}$。[①] 根据奈特、洛艾萨和维拉纽瓦（Knight，Loayza，Villanueva，1993，1996）和伊斯兰姆（Islam，1995）的研究，s 和 n 被视为随国家和时间的变化而变化，而 g 和 d 被认为是不随时间变化的恒定值，A_0 为国家特定值，根据建模情况，它不随时间改变。

邓恩、史密斯和威伦博克尔（Dunne，Smith，Willenbockel，2005）表明，这个模型可以进行扩展，依照曼昆、罗默和威尔（Mankiw，Romer，Weil，1992）的方法来考察人力资本，并将总生产函数重新设定为[②]：

$$Y(t) = K(t)^\alpha H(t)^\beta \left[A(t)L(t)\right]^{1-\alpha-\beta} \qquad (22)$$

给定实际劳均收入方程，这提供了进行实证分析的基础：

$$\ln y(t) = e^z \ln y(t-1) + (1-e^z)$$
$$\left\{\ln A_o + \frac{\alpha}{1-\alpha-\beta}\ln s_k + \frac{\beta}{1-\alpha-\beta}\ln s_h - \frac{\alpha+\beta}{1-\alpha-\beta}\ln(n+g+d)\right]\right\}$$
$$+ \theta \ln m(t) - e^z\theta \ln m(t-1) + (t-(t-1)e^z)g \qquad (23)$$

这意味着动态面板模型的形式为：

$$\ln y_{i,t} = \beta_0 \ln y_{i,t-1} + \sum_{j=1}^{5} \beta_j \ln x_{j,i,t} + \eta_t + \mu_i + \nu \qquad (24)$$

其中，$x_1 = s = $ 总投资/GDP，$x_2 = n + g + d = $ 劳动力增长率 $+0.05$，

[①] 其中，$\gamma = e^z > 0$；$\beta_1 = \frac{(1-e^z)\alpha}{1-\alpha} > 0$；$\beta_2 = -\beta_1 < 0$；$\beta_3 = \theta$；$\beta_4 = -e^z\theta = -\gamma\beta_3$；$\eta_t = g(t-(t-1)e^z)$；$\mu_i = (1-e^z)A_o$。

[②] 坦布尔（Temple，2006）提供了对这种回归模型设定合理性的一些批评性思考。

$x_3 = m =$ 军事支出/GDP，$x_4 = m_{t-1}$，$x_5 =$ 人力资本投资/GDP。[①]

这个模型代表对费德尔—拉姆模型的改进，并被近期很多研究采用（Yakovlev，2007）。它提供了一个一致的设定，对系数提出了可检验的假说，其在估计时易于解释。

尽管这些外生增长模型为国家间增长趋同提供了有价值的解释，但它们由于未能解释观测到的生活水平是否提高而受到批评。内生增长模型可以用来考虑增长率和收入的差异，考虑资本回报不变或递增的情况。

4.3 内生增长模型

文献中另一种在研究中日益受到青睐的方法使用了最早由巴罗（Barro，1990）建立的内生增长模型。原则上，它提供了更为一般性的分析框架，而代价是提高了复杂性并增加了解释的困难。

基本模型首先假设一个代表性参与者使用通用型函数生产单一商品，即利用私人资本 k 和总公共支出 g：

$$y = Af\left(\frac{g}{k}\right) \tag{25}$$

其中，A 代表外生的技术进步率，f 是一个正规化为常替代弹性（Constant Elasticity Function，CES）、柯布—道格拉斯函数或对数函数形式的通用型函数。私人资本增长被模型化为：

$$\dot{k} = (1 - \tau)y - c \tag{26}$$

其中，$\dot{k}$ 是私人资本增长率，τ 是统一的收入税率，c 代表私人消费。参与者选择私人消费水平以最大化未来效用函数流，可表示为：

$$U(c) = e^{-\rho t}u(c) \tag{27}$$

其中，ρ 代表时间偏好率。如果这个效用函数采用常替代弹性函数，那么：

---

① $\beta_0 = e^z > 0$；$\beta_1 = \dfrac{(1 - e^z)\alpha}{1 - \alpha - \beta} > 0$；$\beta_2 = -(\beta_1 + \beta_5) < 0$；$\beta_3 = \theta$；$\beta_4 = -e^z\theta = -\beta_0\beta_3$；

$\beta_5 = \dfrac{(1 - e^z)\beta}{1 - \alpha - \beta} > 0$；$\eta_t = g(t - (t-1)e^z)$；$\mu_i = (1 - e^z)A_0$。

$$u(c) = \frac{c^{1-\sigma} - 1}{1 - \sigma} \tag{28}$$

由于 $\sigma > 0$，边际弹性为 $-\sigma$。政府支出 G 取决于来自私人部门缴纳的税收数量，则：

$$G = \tau y \tag{29}$$

由此，参与者在私人资本累积约束 ［式（26）］ 和政府预算约束 ［式（29）］ 下，选择最优增长率，以最大化效用函数式（28），得到：

$$\gamma = \frac{1}{\sigma} \left[(1 - \tau) f'\left(\frac{g}{k}\right) - \rho \right] \tag{30}$$

可以写为：

$$\gamma = \frac{1}{\sigma} \left[(1 - \tau) f\left(\frac{g}{k}\right)(1 - \eta) - \rho \right] \tag{31}$$

398

其中，η 是 γ 对于 g 的弹性（对于给定 k 的值），因此 $0 < \eta < 1$。

政府支出对增长率产生两种影响。第一，τ 的增加会使 γ 降低，第二，g/γ 的增加会使 $\partial y/\partial k$ 提高，从而使 γ 提高。通常来说，当政府支出较高时，第一种影响占主导地位；当政府支出占 GDP 的比重较低时，第二种影响占主导地位。

为了说明这一点，使用柯布—道格拉斯生产函数而非常替代弹性函数。y 对于 g 的弹性是常数，且 $\eta = \alpha$，例如，条件 $\tau = g/y$ 与 $g/k = (g/y)\varphi(g/k)$ 意味着，γ 对于 g/y 的导数为：

$$\frac{d\gamma}{d(g/y)} = \frac{1}{\sigma}\varphi\left(\frac{g}{k}\right)(\varphi' - 1) \tag{32}$$

因此，如果 g/k 足够小使 $\varphi' > 1$，那么增长率随 g/y 增加而增长，如果 g/k 足够大使 $\varphi' < 1$，那么增长率随 g/y 递减。在柯布—道格拉斯函数中，最大化增长率的最优政府规模与生产效率条件相对应，即 $\varphi' = 1$。因为 $\alpha = \eta = \varphi'(g/y)$，由此得到 $\alpha = g/y = \tau$。这意味着，在政府支出和增长率之间存在倒驼峰形（inverse hump-shaped）关系，并因此得到政府支出的最优水平。

引入军事支出，扩展式（31），得到：

$$y = Ak^{1-\alpha-\beta} g_1^{\alpha} g_2^{\beta} \quad 0 < \alpha, \beta < 1 \quad (33)$$

其中，k 是私人资本存量，g_1 是政府军事支出，g_2 是政府非军事支出。于是私人资本增长率为：

$$\dot{k} = (1 - \tau) Ak^{1-\alpha-\beta} g_1^{\alpha} g_2^{\beta} - c \quad (34)$$

现在，代表性家庭在政府支出约束条件下，选择最优的私人消费量：

$$g = g_1 + g_2 = \tau y \quad (35)$$

用 ψ 和 $1 - \psi$ 分别代表分配于军事支出和非军事支出的资源比例，政府支出流根据下面的规则进行分配：

$$g_1 = \psi \tau y \quad (36)$$

$$g_2 = (1 - \psi) \tau y \quad (37)$$

通过求解模型，相应的稳态增长率可以写为：

399

$$\frac{\dot{c}}{c} = \gamma = \left[(1 - \alpha - \beta)(1 - \tau) \psi^{\alpha} (1 - \psi)^{\beta} A \left(\frac{g}{k} \right)^{(\alpha+\beta)} - \rho \right] \quad (38)$$

使用 ψ，如 $g/k = (\tau A \psi^{\alpha} (1 - \psi)^{\beta})^{1-\alpha-\beta}$，并对 ψ 求导，重新整理式（38），我们得到：

$$\frac{\partial \gamma}{\partial \varphi} = \frac{1}{\theta} \left\{ j \varphi^{\frac{\alpha}{1-\alpha-\beta}} (1 - \varphi)^{\frac{\beta}{1-\alpha-\beta}} \left[\alpha \psi^{-1} - \beta (1 - \psi)^{-1} \right] \right\} \quad (39)$$

其中，$j = (1 - \alpha - \beta)(1 - \tau) A^{\frac{1}{1-\alpha-\beta}} (\tau)^{\frac{\alpha+\beta}{1-\alpha-\beta}}$。

为了预测军事负担对增长率影响的符号，将式（39）对政府军事支出占比 ψ 求导。由此得到：

$$\left\{ \frac{\alpha}{\psi} < \frac{\beta}{1-\psi} \Rightarrow \frac{d\gamma}{d\psi} < 0 \right\} \quad (40)$$

$$\left\{ \frac{\alpha}{\psi} > \frac{\beta}{1-\psi} \Rightarrow \frac{d\gamma}{d\psi} > 0 \right\}$$

这意味着，军事支出对增长率的影响取决于与军事支出占总支出初始比例相关的生产率系数。如果 ψ 高于最优水平，则军事负担对增长率有负向影响。

巴罗（Barro，1990）将政府支出作为公共品引入生产函数，这意味着私人资本回报率会提高，而这能够刺激私人投资和发展。一个简化的可估计模型将军事支出从一般支出中区别出来，并假设它通过提供抵御外部威胁的安全与产权保护，从而提高投资者获得资本边际产品的可能性，由此可能间接影响经济增长（Barro，Sala-i-Martin，1992）。

这个基本模型促进了理论的大发展。德瓦拉金、斯沃鲁普和邹（Devarajan，Swaroop，Zou，1996）建立了一个跨期优化的内生增长模型，以考察政府各部门的资源分配情况，而国防部门与非国防部门是其中的特例。达戈斯蒂诺、邓恩和佩罗尼（d'Agostino，Dunne，Pieroni，2011）对该模型进行了直接扩展，其中非军事政府支出由具有不同潜在生产率的公共投资和当期政府消费组成。尽管没有明确地构建内生增长模型，斯特鲁普和赫克尔曼（Stroup，Heckelman，2001）通过扩展巴罗型计量方程以包括军事支出，并验证了数据所支持的非线性关系形式。随后，艾泽曼和格里克（Aizemann，Glick，2006）承担起识别军事支出与增长非线性关系的工作，他们使用一个内生增长模型，其中军事支出的影响被衡量外部威胁的交互变量所增强。然而，这个模型没有考虑每种公共物品相互之间对资源分配的竞争。事实上，如佩罗尼（Pieroni，2009）所示，军事支出对增长的部分影响可能因政府支出占非军事类型支出的初始比重不同而异，即使在估计中包含威胁的代理变量。艾泽曼和格里克（Aizemann，Glick，2006）使用相同样本得到的非参数结果表明，军事负担变化的边际影响在不同水平的变量与经济体之间不是恒定不变的，在极端情况下，可能导致存在多个增长机制。

最近的文献试图通过识别一国治理质量的突出作用来扩展内生增长模型［参见古普塔、沙兰和德·梅洛（Gupta，Sharan，de Mello，2001）；莫罗（Mauro，1995）］。它的作用是直接影响一国的经济表现，并间接影响军事支出的分配。达戈斯蒂诺、邓恩和佩罗尼（d'Agostino，Dunne，Pieroni，2011）考虑了军事支出与腐败之间的互补性，其中腐败将资源转移至军事部门，从而减少了更高效公共部门的资源投入（民用投资）。扩展的内生增长模型的重要意义是，它可能包括所讨论关系的其他内容，并评估军事支出影响经济增长的相互作用效应。

400

5. 应用

为了阐明费德尔—拉姆模型和修正的索洛模型的应用，以及运用面板数据所涉及的问题，我们使用 1960～1997 年 28 个国家的 GDP、人均GDP，以及衡量投资的国内固定资本形成总额数据。这些都是以 1990 年汇率和价格水平的不变美元价值计算的（World Bank，2010）。此外，军事支出占 GDP 的比例数据来源于斯德哥尔摩国际和平研究所（SIPRI）。样本由两组国家构成：17 个经济合作与发展组织（OECD）国家（德国、法国、意大利、荷兰、比利时、英国、丹麦、西班牙、希腊、葡萄牙、美国、加拿大、日本、澳大利亚、挪威、瑞典和土耳其）以及 11 个其他国家（阿根廷、巴西、智利、委内瑞拉、南非、马来西亚、菲律宾、印度、以色列、巴基斯坦和韩国）。

为了运用费德尔—拉姆模型进行实证应用，将变量的即期变化率替换为其等价的离散变量，得到：

$$\frac{\Delta Y_t}{Y_{t-1}} = \alpha_0 + \alpha_1 \frac{\Delta L_t}{L_{t-1}} + \alpha_2 \frac{I_t}{Y_{t-1}} + \alpha_3 \frac{\Delta M_t}{M_{t-1}}\left(\frac{M_t}{Y_{t-1}}\right) + \alpha_4 \frac{\Delta M_t}{M_{t-1}} \quad (41)$$

利用 28 个国家的数据对这个方程进行估计，表 17－1 报告了单向与双向固定效应及斯瓦米（Swamy）随机系数估计结果。

表 17－1　费德尔—拉姆模型

	预期	单向固定效应	双向固定效应	随机系数模型
$\Delta L_t / L_{t-1}$	+	0.074 (0.8)	0.147 (1.7)	0.149 (0.3)
I_t / Y_{t-1}	+	0.002 (1.1)	0.003 (2.2)	0.471 (2.7)
$\Delta M_t / M_{t-1}(M_t / Y_{t-1})$	-／+	-0.072 (-0.7)	-0.008 (-1.5)	11.15 (-0.1)
$\Delta M_t / M_{t-1}$	-／+	0.016 (1.8)	0.025 (2.9)	-0.161 (0.0)
T	-	-0.001 (-8.2)		-0.0005 (-0.8)

续表

	预期	单向固定效应	双向固定效应	随机系数模型
θ 规模效应		0.016	0.025	− 0.161
μ 外部性		− 1.112	0.017	

注：因变量是 GDP 增长率，我们在括号中报告了 P 值。

使用单向固定效应模型对增长方程进行回归得到的结果较差：劳动力与资本变量不显著，趋势项显著，但为负。军事支出项也不显著。双向固定效应模型在变量的显著性方面有了改进，且规模和外部性效应均为正。随机系数估计值不同，只有资本项显著，且数值明显更大。军事支出项也是不显著的。

正如所预期的那样，这些结果相当差，表明使用并一致性地解释来自费德尔—拉姆模型的结果存在问题和局限性。尽管存在这些问题和局限性，应用费德尔—拉姆模型仍旧为"大炮"与"黄油"的争论提供了相当多的贡献；[①] 这些例子包括安东纳科斯（Antonakis，1997，1999），艾特索格鲁和穆勒（Atesoglu，Mueller，1990），巴彻勒、邓恩和萨尔（Batchelor，Dunne，Saal，2000），明茨和史蒂文森（Mintz，Stevenson，1995）以及塞兹金（Sezgin，1996）。使用跨国数据［例如，比斯瓦斯和拉姆（Biswas，Ram，1986）］、单一国家的时间序列数据［例如，黄和明茨（Huang，Mintz，1991）；塞兹金（Sezgin，1996）；沃尔德、戴维斯和陈（Ward，Davis，Chan，1993）］、混合横截面与时间序列数据［例如，亚历山大（Alexander，1990）；默多克、皮和桑德勒（Murdoch，Pi，Sandler，1997）］对各种不同形式进行估计。过去，这些结果导致学者建议扩展模型以引入更多部门，包括亚历山大（Alexander，1990）、黄和明茨（Huang，Mintz，1991）以及默多克、皮和桑德勒（Murdoch，Pi，Sandler，1997），或者尝试改进动态性，例如，波蒂和邓恩（Birdi，Dunne，2002）以及耶尔德勒姆和塞兹金（Yildrim，Sezgin，2002）。然而，考虑到邓恩、史密斯和威伦博克尔（Dunne，Smith，Uillenbockel，2005）早先提出的批评，最好的回应是考虑使用一种替代模型。

───────────

[①]　参见拉姆（Ram，1995）对截至 20 世纪 90 年代初研究的综述、邓恩与乌耶（Dunne，Uye，2010）对之后研究的综述。

前一节中发展的修正索洛增长模型意味着如下动态面板数据模型：

$$\ln y_{i,t} = \gamma \ln y_{i,t-1} + \sum_{j=1}^{4} \beta_j x_{j,i,t} + \eta_t + \mu_i + \nu_{i,t} \qquad (42)$$

402 其中，$x_1 = s = I/Y$，$x_2 = n + g + d = \Delta L/L$，$x_3 = m = M/Y$，及 $x_4 = m_{t-1}$。

从理论发展中，我们得到了系数符号和大小的预期：$\gamma = e^z$ 应当在 $0 < \gamma < 1$ 范围内，对于在经验分析上相关的范围 $z = (\alpha - 1)(n + g + d) < 0$ 中，它应当接近于 1；$\beta_1 = (1 - e^z)\alpha/(1 - \alpha) > 0$，且对于由 γ 和 β_1 共同确定的 α 值，该取值应当在资本占 GDP 比重的特定范围内，为 $0.3 \sim 0.5$；$\beta_2 = -\beta_1 < 0$；$\beta_3 = \theta$ 衡量长期人均收入关于军事支出比重的弹性；$\beta_4 = -e^z\theta = -\gamma\beta_3$。

利用单向固定效应模型、双向固定效应模型和随机系数模型对这个模型进行估计，结果由表 17 - 2 给出。这些结果提供了与理论预测完全一致的估计值。滞后的对数产出系数 γ 为正，且接近 1，正如我们所预期的那样，投资份额的系数 β_1 同样与预期的符号一样。在固定效应模型中，由 γ 和 β_1 的估计系数所隐含的资本产出弹性 α 的值为 0.5，并因此与可观测到的资本份额数值大致一致，而误差修正模型（Error Correction Model，ECM）回归所隐含的 α 值为 0.73，是相当高的。在固定效应模型中，劳动力增长项的系数 β_2 不仅为负，接近 β_1 的绝对值，而且显著。在固定效应模型中，军事支出份额对数的系数 β_3 为负且显著，表明 m 永久性增加 1%，将使人均长期收入永久地减少 0.03% ~ 0.04%（或意味着，m 永久性增加 1% 将使人均收入的稳态增长路径永久性地减少 0.03% ~ 0.04%）。正如预期的那样，固定效应模型中的 β_4 与 β_3 符号相反，大小相似且显著。趋势项系数 η_t 代表技术进步率的影响，它被假设为在不同国家间是相同的。在随机系数模型（Random Coefficients Model，403 RCM）中，它显著且为正，然而在单向固定效应模型中，却不显著。

表 17 - 2　修正的索洛模型

	单向固定效应	双向固定效应	随机系数模型
$\log Y_{t-1}$	0.96 (14.9)	0.96 (15.1)	0.96 (9.1)

续表

	单向固定效应	双向固定效应	随机系数模型
$\log\left(I/Y\right)_t$	0.04 (8.8)	0.04 (9.2)	0.11 (2.7)
$\log\left(n+g+d\right)_t$	-0.05 (-4.9)	-0.04 (-4.8)	-0.14 (-1.2)
$\log\left(M/Y\right)_t$	-0.04 (-5.3)	-0.03 (-3.5)	-0.06 (-1.0)
$\log\left(M/Y\right)_{t-1}$	0.03 (3.7)	0.02 (2.9)	0.06 (1.2)
趋势项	0.27 (1.5)	—	0.01 (1.4)

注：因变量是 GDP 增长率，我们在括号中报告了 P 值。

显然，固定效应模型与随机系数模型中系数的大小与显著性是不同的。异方差的存在将使 γ 偏向于 1，因而我们预期随机系数模型中的系数可能会偏小，但实际上，所有模型的估计值都相同。当然，这些结果是相当令人鼓舞的，其给出了一个合理的模型形式，并似乎对费德尔—拉姆模型进行了重大改进。近期，其他的研究体现了这个模型的价值，例如雅科夫列夫（Yakovlev，2007）的研究。

为了阐述如何应用巴罗模型，达戈斯蒂诺、邓恩和佩罗尼（d'Agostino，Dunne，Pieroni，2011）开发了 53 个非洲国家 2003～2007 年的跨国面板数据。[①] 为了从式（28）获得一个进行经验分析可采用的模型，固定效应的面板回归模型假设技术系数 A 解释了初始 GDP 水平（对数形式）。其他变量是以不变价格表示的人均 GDP 年增长率（γ）和军事支出（mil）以及用国内生产总值占比表示的消费与投资。

表 17-3 的第一列报告了固定效应估计结果，之后的结果将非军事支出细分为公共投资和当期政府支出。[②] 结果与理论预期一致，表明军事部门对增长产生负面影响。作为一项政策建议，军事支出占国内生产总值的很大份额似乎是经济增长表现不佳的原因。第二列显示了使用动态面板数据方法对增长方程式（28）进行两步广义矩估计（GMM）的结

404

---

① 我们所使用数据的主要来源是世界银行公布的不同年份的"非洲发展指数"。
② 当期政府支出是政府总支出的剩余部分。

果［参见阿雷亚诺和邦德（Arellano，Bond，1991）；阿雷亚诺和博威尔
（Arellano，Bover，1995）；布伦德尔和邦德（Blundell，Bond，1998）］。
使用有限样本校正法对第二步的标准误差进行校正，并将其用于进行推
断（Windmeijer，2005）。虽然之后因变量不显著，但结果与固定效应模
型相似。军事支出对增长率有显著影响，且估计结果意味着军事负担对
经济增长影响的弹性为 - 0.6，这与包括麦隆尼蒂斯（Mylonidis，2008）
和雅科夫列夫（Yakovlev，2007）在内的最新研究结果一致。

表 17 - 3　内生增长模型

	固定效应	动态面板
$\log \text{GDP}_{t-1}$	- 15.124 ** （ - 5.926）	—
γ_{t-1}	—	- 0.058 （0.116）
军事支出	- 0.982 ** （0.386）	- 0.697 ** （0.332）
公共投资	0.453 *** （0.137）	0.607 * （0.396）
政府消费	- 0.089 （0.127）	- 0.299 * （0.163）
私人投资	0.372 ** （0.145）	0.037 *** （0.014）
常数项	6.332 * （ - 4.289）	—

注：因变量是 GDP 增长率；我们在括号中报告了标准误差，* 号代表 p 值；* $p < 0.01$，** $p <$ 0.05，*** $p < 0.10$。

　　还有另一些文献关注军事支出对增长率影响的时间序列案例研究，其
中清晰地考量了非线性问题。例如，杰拉切（Gerace，2002）检验了美国
军事支出与增长率和 GDP 之间的反周期交互作用，未得到支持这些支出与
GDP 增长率负相关这一假说的发现。尽管发生在美国之外的事件的重要性
可能影响该结果，但库华雷斯玛和瑞切乐（Cuaresma，Reitschuler，2004，
2006）检验了这一关系，并指出，主要问题是数据中存在非线性关系。
通过使用军事部门的阈值，他们估计了在高于或低于此阈值时，军事支
出对人均增长率的影响。与普遍的理论一致，他们发现，对于低水平的

军事支出，它对增长率有积极影响，对高水平军事支出进行估计，结果亦然。

使用内生增长模型，我们可以考虑技术对增长率的影响，并提供一个更加一般的框架。对于处理研究过程的某些方面，它提供了灵活性，但需要付出一定的代价。这些模型很快变得复杂，难以用于进行计量经济分析并进行解释。很可能的是，修正后的索洛增长模型在未来研究中仍将发挥重要作用。

6. 结论

军事支出是一种政府支出，其影响超过了其所占用资源的影响，特别是当它会引发或促进冲突时。尽管各国需要一定水平的安全防卫以应对来自国内外的威胁，但存在机会成本，因为这使资源不能用于可能加快发展速度的其他目的。这些问题对最贫穷的经济体而言显然十分重要。目前随着国际军事支出的增长，理解它的经济意义十分重要。此外，还有一些发展对研究人员有帮助。我们可以获得更长的数据序列，这有助于应用迅速发展的面板数据系列估计方法，可使用更多冷战后的数据，提高了信噪比（signal-to-noise ratio）。

在这个日益丰富的数据环境中，理论也在不断发展。费德尔—拉姆　405
模型是过去大量研究的首选模型，已被证明存在许多不足之处和曲解，研究重点正转向其他理论模型。尽管存在重要的非正统方法，但主要的发展还是使用外生和内生增长模型。正如本章所示，简单的修正索洛模型表现良好，其中军事支出通过影响技术而对增长产生影响，显然优于费德尔—拉姆模型。使用内生增长模型的优势在于提供了处理增长方面的灵活性，但这以复杂性为代价。

对于可获得的相对较长的时间序列，使用面板数据方法已被证明是该领域研究的一个潜在、重要的新发展。费德尔—拉姆模型使用面板数据而不是简单的均值横截面数据来估计，产生了较差的结果；而对于新增长模型而言，结果是可喜的，体现了内生增长模型的价值。对 28 个国家的外生增长模型和非洲国家的内生增长模型的研究都表明，军事支出对增长率具有负向影响。

在文献背景下看这些结果，陈（Chan，1985，1987）对军事支出与增长的文献进行了综述，发现结果缺乏一致性，拉姆（Ram，1995）考察了 29 项研究，结论是几乎没有证据表明军事支出对增长有积极影响，但也很难说有证据显示军事支出对增长有消极影响。邓恩（Dunne，1996）考察了 54 项研究，得出结论，军事支出最好的结果是对增长没有影响，且很可能产生负向影响，当然没有证据表明存在积极影响。史密斯（Smith，2000）认为，大量文献并没有显示出任何稳健的实证规律性，无论正向的还是负向的，从长期来看，可能存在较小的负向影响，这需要借助相当复杂的方法才能发现。邓恩和乌耶（Dunne，Uye，2010）总结了 103 项研究的结果，发现对于发展中国家而言，39% 的跨国研究和 35% 的案例研究显示，军事支出对增长有负向影响，而这两类研究中只有大约 20% 的研究被发现具有正向影响。他们还补充说，如哈特利与桑德勒（Hartley，Sandler，1995）所指出的，如果我们区分供给侧与需求侧模型，那么结果将更加一致。考虑需求侧的模型，并因此考虑到挤出投资的可能性，往往会被发现具有负向影响，除非存在重新分配，这涉及分配至其他部门支出形式，而那些只考虑供给侧的模型会发现正向的，或正向但不显著的影响。因此，供给侧模型发现正向结果的事实并不令人意外，因为该模型的固有结构就是为了发现这样的结果（Brauer，2002）。

这似乎表明，存在足够的证据反对军事支出对经济的积极影响。这表明，削减军事支出不太可能产生媒体经常宣称的负向经济影响；这一发现与冷战后大多数主要经济体的经验是一致的，这些国家似乎在没有经济问题的情况下，可以主动应对军事支出减少的情况。

406

参考文献

Abu-Bader, S., and A. Abu-Qarn. 2003. Government expenditures, military spending and economic growth: Causality evidence from Egypt, Israel, and Syria. *Journal of Policy Modeling* 25: 567–83.

Aizenman, J., and R. Glick. 2006. Military expenditure, threats, and growth. *Journal of International Trade and Economic Development* 15: 129–55.

Alexander, W. R. J. 1990. The impact of defence spending on economic growth: A multi-sectoral approach to defence spending and economic growth with evidence from developed economies. *Defence and Peace Economics* 2: 39 – 55.

Antonakis, N. 1997. Military expenditure and economic growth in Greece, 1960 – 90. *Journal of Peace Research* 34: 89 – 100.

——. 1999. Guns versus butter: A multisectoral approach to military expenditure and growth with evidence from Greece, 1960 – 1993. *Journal of Conflict Resolution* 43: 501 – 20.

Arellano, M., and S. R. Bond. Some tests of specification for panel data: Monte Carlo evidence and an application to employment equations. *Review of Economic Studies* 58: 277 – 97.

Arellano, M., and O. Bover. 1995. Another look at the instrumental variable estimation of error-components models. *Journal of Econometrics* 68: 29 – 51.

Atesoglu, S. H. 2009. Defense spending and aggregate output in the United States. *Defence and Peace Economics* 20: 21 – 26.

Atesoglu, S. H., and M. J. Mueller. 1990. Defence spending and economic growth. *Defence and Peace Economics* 2: 19 – 27.

Athanassiou, E., C. Kollias, E. Nikolaidou, and S. Zografakis. 2002. Greece: Military expenditure, economic growth and the opportunity cost of defence. In *Arms trade and economic development: Theory, policy and cases in arms trade offsets*, ed. J. Brauer and J. P. Dunne. London: Routledge: 291 – 318.

Baran, P., and P. Sweezy. 1966. *Monopoly capital*. London: Monthly Review Press.

Barro, R. J. 1990. Government spending in a simple model of endogenous growth. *Journal of Political Economy* 98: 103 – 26.

Barro, R. J., and X. Sala-i-Martin. 1992. Public finance in models of economic growth. *Review of Economic Studies* 59: 645 – 61.

Batchelor, P., J. P. Dunne, and D. Saal. Military spending and economic growth in South Africa. *Defence and Peace Economics* 11: 553 – 71.

Benoit, E. 1973. *Defense and economic growth in developing countries*. Boston: Lexington Books.

——. 1978. Growth and defence in LDCs. *Economic Development and Cultural Change* 26: 271 – 80.

Berthelemy, J. -C., R. Herrera, and S. Sen. 1994. *Military expenditure and economic development: An endogenous growth perspective*. Mimeo, Birmingham, UK.

Birdi, A., and J. P. Dunne. 2002. Defence industrial participation: The experience of South

Africa. In *Arms trade and economic development*: *Theory*, *policy and cases in arms trade offsets*, ed. J. Brauer and J. P. Dunne. London: Routledge: 221 – 234.

Biswas, B., and R. Ram. 1986. Military expenditure and economic growth in less developed countries: An augmented model and further evidence. *Economic Development and Cultural Change* 34: 361 – 72.

Blundell, R., and S. R. Bond. 1998. Initial conditions and moment restrictions in dynamic panel data models. *Journal of Econometrics* 87: 115 – 43.

Brauer, J. 2002. Survey and review of the defense economics literature on Greece and Turkey: What have we learned? *Defence and Peace Economics* 13: 85 – 107.

Brauer, J., and J. P. Dunne. 2002. *Arms trade and economic development*: *Theory*, *policy and cases in arms trade offsets*. London: Routledge.

Cappelen, A., O. Bjerkholt, and N. P. Gleditsch. 1982. *Global conversion from arms to development aid*: *Macroeconomic effects on Norway*. Oslo: PRIO.

Chan, S. 1985. The impact of defence spending on economic performance: A survey of evidence and problems. *Orbis* 29: 403 – 34.

——. 1987. Military expenditures and economic performance. In *World military expenditures and arms transfers*, ed. U. S. Arms Control and Disarmament Agency Washington, DC: U. S. Government Printing Office: 29 – 38.

Coloumb, F. 2004. *Economic theories of peace and war*. London: Routledge.

Cuaresma, J. C., and G. Reitschuler. 2004. A non-linear defence-growth nexus? Evidence from the US economy. *Defence and Peace Economics* 15: 71 – 82.

——. 2006. Guns or butter? revisited: Robustness and nonlinearity issues in the defense-growth nexus. *Scottish Journal of Political Economy* 53: 523 – 41.

d' Agostino, G., J. P. Dunne, and L. Pieroni. 2011. Optimal military spending in the US: A time series analysis. *Economic Modelling* 28: 1068 – 1077.

d' Agostino, G., J. P. Dunne, and L. Pieroni. 2011. Corruption, military spending and growth. University of the West of England Discussion Paper 1103 *Defence and Peace Economics*. http://ideas. repec. org/p/uwe/wpaper/1103. html.

Deger, S. 1986. Economic development and defence expenditure. *Economic Development and Cultural Change* 35: 179 – 96.

Deger, S., and R. Smith. 1983. Military expenditure and growth in LDCs. *Journal of Conflict Resolution* 27: 335 – 53.

Devarajan, S., V. Swaroop, and H. -F. Zou. 1996. The composition of public expenditure and economic growth. *Journal of Monetary Economics* 37: 313 – 44.

Dunne, J. P. 1996. Economic effects of military spending in LDCs: A survey. In *The peace dividend*, ed. N. P. Gleditsch, A. Cappelen, O. Bjerkholt, R. Smith, and J. P. Dunne, 439 – 64. Amsterdam: North Holland.

Dunne, J. P., and N. Mohammed. 1995. Military spending in sub-Saharan Africa: Evidence for 1967 – 85. *Journal of Peace Research* 32: 331 – 43.

Dunne, J. P., and E. Nikolaidou. 2001. Military spending and economic growth: A demand and supply model for Greece 1960 – 96. *Defence and Peace Economics* 12: 47 – 67.

Dunne, J. P., E. Nikolaidou, and R. Smith. 2002. Military spending and economic growth in small industrialised economies: A panel analysis. *South African Journal of Economics* 70: 1 – 20.

Dunne, J. P., E. Nikolaidou, and D. Vougas. 2001. Defence spending and economic growth: A causal analysis for Greece and Turkey. *Defence and Peace Econo*mics 12: 5 – 26.

Dunne, J. P., and E. Sköns. 2010. Military industrial complex. In *The global arms trade*, ed. A. Tan. 281 – 292. London: Routledge.

Dunne, J. P., and R. Smith. 2010. Military expenditure and Granger causality: A critical review. *Defence and Peace Economics* 21: 427 – 41.

Dunne, J. P., R. Smith, and D. Willenbockel. 2005. Models of military expenditure and growth: A critical review. *Defence and Peace Economics* 16: 449 – 61.

Dunne, J. P., and M. Uye. 2010. Military spending and development. In *The global arms trade*, ed. A. Tan. 293 – 305. London: Routledge.

Dunne, J. P., and D. Vougas. 1999. Military spending and economic growth in South Africa: A causal analysis. *Journal of Conflict Resolution* 43: 521 – 37.

Faini, R., P. Annez, and L. Taylor. 1984. Defence spending, economic structure and growth: Evidence among countries and over time. *Economic Development and Cultural Change* 32: 487 – 98.

Gerace, M. P. 2002. US military expenditures and economic growth: Some evidence from spectral methods. *Defence and Peace Economics* 13: 1 – 11.

Gigengack, A. R., J. de Haan, and C. J. Jepma. 1987. Military expenditure dynamics and a world model. In *Peace, defence and economic analysis*, ed. C. Schmidt and F. Blackaby. Basingstoke: Palgrave Macmillan: 321 – 341.

Gleditsch, N. P., A. Cappelen, O. Bjerkholt, R. Smith, and J. P. Dunne. 1996. *The peace dividend.* Amsterdam: North Holland.

Gupta, S., R. Sharan, and L. de Mello. 2001. Corruption and military spending. *European*

Journal of Political Economy 17: 749 – 77.

Gyimah-Brempong, K. 1989. Defense spending and economic growth in sub-Saharan Africa: An econometric investigation. *Journal of Peace Research* 26: 79 – 90.

Hartley, K. , and T. Sandler. 1995. *Handbook of defense economics*, vol. 1. Elsevier Amsterdam.

Huang, C. , and A. Mintz. 1991. Defence expenditures and economic growth: The externality effect. *Defence Economics* 3: 35 – 40.

Islam, N. 1995. Growth empirics: A panel data approach. *Quarterly Journal of Economics* 110: 1127 – 70.

Joerding, W. 1986. Economic growth and defence spending: Granger causality. *Journal of Development Economics* 21: 35 – 40.

Johansen, S, 1988. Statistical analysis of cointegration vectors, *Journal of Economic Dynamics and Control*, vol. 12: 231 – 254.

Kinsella, D. 1990. Defence spending and economic performance in the United States: A causal analysis. *Defence and Peace Economics* 1: 295 – 309.

Kinsella, D. , and S. -M. Chung. 1998. The long and the short of an arms race. In *The political economy of war and peace*, ed. M. Wolfson, 223 – 46. Boston: Kluwer Academic.

Knight, M. , N. Loayza, and D. Villanueva. 1993. Testing the neoclassical theory of economic growth: A panel data approach. *IMF Staff Papers* 40: 512 – 41.

——. 1996. The peace dividend: Military spending cuts and economic growth. *IMF Staff Papers* 43: 1 – 44.

Kollias, C. , G. Manolas, and S. – M. Paleologou. 2004. Defence expenditure and economic growth in the European Union: A causality analysis. *Journal of Policy Modelling* 26: 553 – 69.

Leontief, W. , and F. Duchin. 1983. *World military spending*. Oxford: Oxford University Press.

Mankiw, G. N. , D. Romer, and D. N. Weil. 1992. A contribution to the empirics of economic growth. *Quarterly Journal of Economics* 107: 407 – 37.

Marwah, K. , L. R. Klein, and T. Scheetz. 2002. The military-civilian tradeoff in Guatemala: An econometric analysis. In *Arms trade and economic development: Theory, policy and cases in arms trade offsets*, ed. J. Brauer and J. P. Dunne, 337 – 72. London: Routledge.

Mauro, P. 1995. Corruption and growth. *Quarterly Journal of Economics* 110: 681 – 712.

McKibbin, W. 1996. Military spending cuts and the global economy. In *The peace dividend, Contributions to economic analysis*, vol. 235, ed. B. H. Baltagi and E. Sadka, 465 – 89. Bingley, UK: Emerald Group.

Mintz, A. , and C. Huang. 1990. Defence expenditures, economic growth and the peace dividend. *American Political Science Review* 84: 1283 – 93.

Mintz, A. , and R. Stevenson. 1995. Defence expenditures, economic growth, and the "peace dividend": A longitudinal analysis of 103 countries. *Journal of Conflict Resolution* 39: 283 – 305.

Mohammed, N. 1993. Defence spending and economic growth in sub-Saharan Africa: Comment on Gyimah-Brempong. *Journal of Peace Research* 30: 97 – 98.

Murdoch, J. C. , C. – R. Pi, and T. Sandler. 1997. The impact of defense and non-defense public spending on growth in Asia and Latin America. *Defence and Peace Economics* 8: 205 – 24.

Mylonidis, N. 2008. Revisiting the nexus between military spending and growth in the European Union. *Defence and Peace Economics* 19: 265 – 72.

Ozsoy, O. 2002. Budgetary trade-offs between defense, education and health expenditures: The case of Turkey. *Defence and Peace Economics* 13: 129 – 36.

Ozdemir, D. , and A. Bayar. 2009. The peace dividend effect of Turkish convergence to the EUI: A multi-region dynamic CGE model analysis for Greece and Turkey. *Defence and Peace Economics* 20: 69 – 78.

Pieroni, L. 2009. Military spending and economic growth. *Defence and Peace Economics* 20: 327 – 29.

Pieroni, L. , G. d'Agostino, and M. Lorusso. 2008. Can we declare military Keynesianism dead? *Journal of Policy Modelling* 30: 675 – 91.

Ram, R. 1995. Defense expenditure and economic growth. In *Handbook of defense economics*, ed. K. Hartley and T. Sandler, 251 – 73. Amsterdam: Elsevier.

Reitschuler, G. , and J. L. Loening. 2005. Modeling the defence-growth nexus in Guatemala. *World Development* 33: 513 – 26.

Scheetz, T. 1991. The macroeconomic impact ofdefence expenditures: Some econometric evidence for Argentina, Chile, Paraguay and Peru. *Defence and Peace Econ*omics 3: 65 – 81.

Sezgin, S. 1996. Country survey X: Defence spending in Turkey. *Defence and Peace Economics* 8: 381 – 409.

Shieh, J. – Y. , W. – Y. Chang, and C. – C. Lai. 2002. The impact of military burden on long-run growth and welfare. *Journal of Development Economics* 68: 443 – 54.

——. 2007. An endogenous growth model of capital and arms accumulation. *Defence and Peace Economics* 18: 557 – 75.

SIPRI (Stockholm International Peace Research Institute). Various years. *World armament and disarmament yearbook*. Oxford: Oxford University Press.

Smith, R. P. 1977. Military expenditure and capitalism. *Cambridge Journal of Economics* 1: 61 – 76.

Smith, R. P. , and A. -M. Fuertes. 2010. *Panel time series*. (Notes for Cemmap course, latest version).

Smith, R. P. , and D. Smith. 1980. *Military expenditure, resources and development*. Birkbeck College Discussion Paper 87, University of London.

Smith, R. P. 2000. Defence expenditure and economic growth. In *Making peace pay: Abibliography on disarmament and conversion*, ed. N. P. Gleditsch, G. Lindgren, N. Mouhleb, S. Smit, and I. de Soysa, 15 – 24. Claremont, CA: Regina Books.

Stroup, M. D. , and J. C. Heckelman. 2001. Size of the military sector and economic growth: A panel data analysis of Africa and Latin America. *Journal of Applied Economics* 4: 329 – 60.

Tang, J. -H. , C. -C. Lai, and E. S. Lin. 2009. Military expenditure and unemployment rates: Granger causality tests using global panel data. *Defence and Peace Economics* 20: 253 – 68.

Temple, J. R. W. 2006. Aggregate production functions and growth economics. *International Review of Applied Economics* 20: 301 – 317.

Ward, M. D. , D. R. Davis, and S. Chan. 1993. Military spending and economic growth in Taiwan. *Armed Forces & Society* 19: 533 – 50.

Windmeijer, F. 2005. A finite sample correction for the variance of linear efficient two-step GMM estimators. *Journal of Econometrics* 126: 25 – 51.

World Bank (various years) *Africa Development Indicators*, Washington, DC: World Bank.

World Bank (various years a) *Main Economic Indicators*, Washington, DC: World Bank.

Yakovlev, P. 2007. Arms trade, military spending, and economic growth. *Defence and Peace Economics* 18: 317 – 38.

Yildrim, J. , S. Sezgin, and N. Ocal. 2005. Military expenditure and economic growth in Middle Eastern countries: A dynamic panel analysis. *Defence and Peace Economics* 16: 283 – 95.

第18章 冲突的经济福利成本：一个经验估计

S. 布洛克·布隆伯格

格雷戈瑞·D. 赫斯

"……久暴师则国用不足。"

——《孙子兵法》，孙子（Sun – Tzu，1963：73）

"人类确实有能力随着时间的推移，将所有事业的成本和收益联系起来。自有关于人类行为的记载以来，大部分时间内，人们或者是通过亲身经历，或者是经由推断，都明显认为战争的收益大于成本。现在计算的结果反了过来。成本明显超过了收益。"

——《战争史》，约翰·基根（John Keegan，1993：59）

"有时候，战争也许是一个必要的恶魔。但是，不管多么必要，它终究永远是一个恶魔，而绝非福音。"

——诺贝尔和平奖授奖演说，吉米·卡特（Jimmy Carter，2002） 412

1. 引言

冲突对人们的福利会产生很多有害影响。首先，战争直接造成生命毁灭和消失。动乱会导致必需品供应减少和不稳定，因为生产资料从消费品转向了战争必需品。除了死亡的真实可能性外，还有情感上的痛苦与创伤，强行征兵，虽然这些难以量化，却极大地增加了冲突的成本。

有些（战争）成本是物质的。军费的猛增就连富国的预算也承受不起，穷国为了强军牺牲经济发展的机会。真正打起仗来，人的生命的成本就更高。富国知道这个代价太高，所以彼此不会打仗。

和富国打仗的穷国无异于以卵击石，必然战败受辱。穷国彼此作战，或发生内乱，其结果是破坏了它们自己的福祉，甚至毁掉使它们战后赖以复原的社会结构。战争真正成了灾祸，正如疾病在人类历史的大部分时间内一直是灾祸一样［基根（Keegan），1993：59）］。

许多作者提出，20世纪政体的变化以及大规模杀伤性技术的变化，使任何国家都不能期望从冲突中获得经济利益［例如，霍华德（Howard，1983：22）；庇古（Piguo，1940：21－22）；罗宾斯（Robbins，1942：68，71）；赖特（Wright，1965：242，1367）］。① 毋庸置疑，对改善普通民众的经济或个人利益而言，战争都无法提供合理可预期的前景。②

当然，这引发了一个问题，即为什么即使个人的情况变得更加糟糕，我们还是会看到冲突。赫斯和欧菲尼德斯（Hess，Orphanides，1995，2001a，2001b）广泛讨论了这些问题。简单地说，虽然民众不可能通过战争获得利益，但是领导人而不是民众选择参与战争。特别地，赫斯和欧菲尼德斯（Hess，Orphanides，2001b）认为，非民主国家的领导人通过其权力享有来自冲突的收益，而让民众面对冲突的成本，从而参与有潜在收益的掠夺性冲突。相反，虽然由民主选举产生的领导人无法避免民众所要承担的战争潜在成本，但希望继续任职并享有特定公职租金的意愿会进一步激励他们。事实上，赫斯和欧菲尼德斯（Hess，Orphanides，1995，2001a，2001b）证明了这种"本末倒置"的战争动机如何获得理性选民的支持。③

---

① 穆勒（Mueller，1989）甚至认为，现代化国家之间的主要战争不仅无利可图，而且会使相关国家走向灭亡。事实上，他推测战争会随着决斗和奴隶制的发展而演变，从令人反感，到过时，最后变得不可思议。霍华德（Howard，2000）持一种不太乐观的观点："因此，尽管人们很容易相信，随着国际上资产阶级社会扩大其影响力，一个新的、稳定的世界秩序将逐渐形成，但我们期待这种情况是不明智的。"

② 参见劳、波特瓦拉和瓦格纳（Lau，Poutvaara，Wagener，2002）和诺德豪斯（Nordhaus，2002）最近的研究，他们考察了冲突成本的特定方面。特别是，前一项研究考察了应征入伍的成本，后一项研究探讨了美国政府用于应对伊拉克潜在冲突的费用，还可参见斯蒂格利茨和比尔米斯（Stiglitz，Bilmes，2008）及戴维斯、墨菲和托佩尔（Davis，Murphy，Topel，2009）对美国在伊拉克战争中的成本（从事前和事后角度）进行的评估。

③ 参见加芬克尔和什卡佩尔达斯（Garfinkel，Skaperdas，1996）关于对冲突的掠夺性经济动机进行的更深入的思考。

在本章中，通过仅考察陷入冲突的经济体损失的"消费"，我们提供了对冲突福利成本下限的估计。按照卢卡斯（Lucas，1987）的方法，我们表明了如何从理论上为战争对消费增长和波动的影响定价。直观地说，这些来自战争的消费增长成本在一个永远和平的世界中是可以避免的，这使我们能够计算出为了生活在和平世界中，人们愿意放弃多少消费。[①]

413

值得注意的是，这一方法论中隐含了一个假设，即避免冲突是可能的。此外，我们所考虑的和平世界使所有参与者都避免了战争的影响。也就是说，我们所提供的成本估计并不是一些人选择了和平道路而其他人没有进行这样选择的情况（也就是，"完全容忍退让"的成本）。相反，我们估计的成本是某个国家能够从和平世界中享受到的净经济利益。

本章其余部分安排如下。第 2 节给出估计冲突经济福利成本的理论度量方法。第 3 节和第 4 节讨论数据来源及计算冲突的福利成本的经验值。第 5 节进行总结。

2. 理论

为了进行冲突成本下限的估计，我们采用卢卡斯（Lucas，1987）最先提出的用来估计消除商业周期潜在收益的方法。[②] 我们的模型不同于卢卡斯（Lucas，1987），因为对经济的破坏来自冲突而不是传统的商业活动中断。在我们的估计中，我们将比较两条消费路径：一条路径受到冲突的干扰；另一条路径没有受到这种干扰。然后比较这两条路径在福利计算中的差异，以作为改进的效用水平。这个框架延续了巴罗（Barro，2009）及布隆伯格和赫斯（Blomberg，Hess，2009）的工作。我们会向读者提供更加正式的解释。

---

① 其他研究者还考察了冲突如何影响金融市场，例如弗雷和瓦尔登斯特伦（Frey，Waldenstrom，2003）的研究。

② 使用美国战后时期的数据，卢卡斯（Lucas）估计，完全消除商业周期的确定性等价是微不足道的，平均不到消费增长（1%）的 1/10。此外，这种增加幅度只是因为风险厌恶系数相对较大（$\rho = 10$）。这种测度方法也被用于其他情况。例如，衡量国际风险分担的福利成本［参见克鲁奇尼和赫斯（Crucini，Hess，2000）和范·温库普（van Wincoop，1994）］。

我们的理论框架假设国家 i 的代表性参与者通过以下过程获得效用：

$$U_{it} = E_t \left\{ \sum_{s=t}^{\infty} (1+\theta)^{-(s-t)} \left[\frac{C_{is}^{1-\rho}}{1-\rho} \right] \right\} \tag{1}$$

在这里，$C_{is} = (1+\mu_i)^{s-t} \overline{C}_i \exp^{\left[\epsilon_{is} - \frac{1}{2}\sigma_{\epsilon_{is}}^2 \right]}$，$\theta$ 是贴现率，$\Delta\epsilon_{is} = \nu_{is}$ 是一个性质良好的冲击，方差为 σ_i^2，$\sigma_{\epsilon_{is}}^2 = (s-t) \cdot \sigma_i^2$，$\mu_i$ 是消费增长率，$\overline{C}_i$ 是国家 i 在 t 时期的基线消费水平。这也是假设在没有冲突情况下的消费水平。基于 $\exp[1-\rho]\epsilon_{is}$ 服从对数正态分布的事实，可以得到：

$$E\{C_{is}^{1-\rho}\} = (1+\mu_i)^{(1-\rho)(s-t)} \overline{C}_i^{1-\rho} \exp \left[-\left\{ (1-\rho)\rho\sigma_i^2/2 \right\}(s-t) \right] \tag{2}$$

同布隆伯格和赫斯（Bloomberg，Hess，2009）一样，我们假设下面的式子对于所有国家 i 成立：

$$\Phi_i \equiv (1+\theta)^{-1} (1+\mu_i)^{1-\rho} \exp - \left\{ (1-\rho)\rho\sigma_i^2/2 \right\} < 1 \tag{3}$$

将式（2）代入式（1）得到：

$$U_{it} = \left[\frac{\overline{C}_i^{1-\rho}}{1-\rho} \right] [1-\Phi_i]^{-1} \tag{4}$$

式（4）提供了一个基线效用水平，用于比较和平状态与战争状态下的消费。这使我们可以比较消费的历史路径，其中存在一些观察到的进入战争状态的可能性，以及消除战争影响的反事实路径，用"*"来标识。[1] 在这种情况下，我们可以考察消费水平 τ_i^*，它包含与和平相关的福利改进和当前路径的对比，即：

---

[1] 在新古典增长模型中，影响投资回报的冲击，如战争，对经济增长率和产出水平有短期影响，但不影响经济体稳态增长率。内生增长模型考虑到扭曲性税收和（非）生产性支出对稳态增长率的影响。布利尼、格默尔和科内尔（Bleaney, Gemmell, Kneller, 2001）发现了支持内生增长模型的强有力证据。特别是，他们发现，当同时使用非生产性支出和非扭曲税收进行融资时，增加生产性支出和扭曲性税收会降低增长率。还可参见夸哈（Quah, 1997）对于外生增长模型缺点的更广泛观点。此外，产出与消费之间的关系将受到冲突的影响，而后者在测度福利时是必需的。事实上，布劳恩和麦克格拉顿（Braun, McGrattan, 1993）认为，两次世界大战期间，美国和英国的"产出增加，私人投资和消费都被挤出了"（第 198 页）。还可参见麦克格拉顿和瓦尼安（McGrattan, Ohanian, 1999）的研究。

$$\tau_i^* = \left[\frac{1 - \Phi_i}{1 - \Phi_i^*} \right]^{\frac{1}{1-\rho}} - 1 \qquad (5)$$

有些人可能会质疑这一反事实的有效性，也就是说，是否确实有可能在所有情况下避免冲突？或者，预期准备和预防冲突的最终成本是否高于参与战争的成本？[①] 虽然已经认识到这些问题，但我们相信根本问题是有价值的，即冲突造成的直接经济福利损失是什么？即使当前的争议解决方法和机制不能避免所有冲突，指出这些潜在收益或许会促使新制度发展，或者更好地实施并坚持和平解决方案，这反过来能够使一些国家远离暴力。通过计算这种成本，我们揭示了人们为享受和平带来的经济利益而愿意付出的绝对最小值。

暂时来说，我们先不考虑在创建合成"和平"消费路径中的估计问题。从理论角度看，在这两种情况下，平均消费增长率和消费波动都可能有所不同。例如，由于一国经济基础设施遭到破坏，消费增长率在战争期间（或之后）可能会下降。此外，战争期间，经济波动可能会加剧，这是因为各个交战国的财富在不断消长。为了简化问题，我们将和平世界中人均消费变化的对数的均值和方差分别表示为 μ_i^* 及 σ_i^{2*}。

在以下各节中，我们估计了冲突对消费增长路径的历史影响。实际上，我们估计的是，当从当前发生战争的路径转移到没有发生战争的路径时，每个国家人均消费增长率变化及波动。这就要估计参数 μ_i，μ_i^*，σ_i^2 以及 σ_i^{2*}。这样，消除冲突对来自消费的预期经济福利影响的价值就可以被确定下来了。

应当清楚的是，我们提供的是对冲突真实成本下限的估计，因此先前讨论的许多成本没有被包含在这个计算中。被忽略的成本有很多：失去生命、失去亲朋好友或家庭、被迫参军、分配成本等。相反，通过只关注由消费引起的冲突福利成本，可以估计战争真正的最终成本下限。

3. 数据

本节从数据描述开始。经济数据来自萨默斯和赫斯顿（Summers，

415

---

① 参见凯森（Kaysen，1990）对穆勒（Mueller，1989）观点的回顾，其就这一点进行了深入讨论。

Heston, 1991) 数据集的最新更新。为了衡量内部和外部冲突影响消费的实证情况，我们使用三个主要数据来源。为了测度内部冲突，我们使用古尔和哈夫 (Gurr, Harff, 1997) 构建的数据集。外部冲突数据来自布雷切尔、威肯费尔德和莫泽 (Brecher, Wilkenfeld, Moser, 1988) 及布雷切尔和威肯费尔德 (Brecher, Wilkenfeld, 1997) 的国际危机行为 (International Crisis Behavior) 数据集，以及斯莫尔和辛格 (Small, Singer, 1982) 战争相关 (Correlates of War, COW) 数据库中的更新数据。两个冲突数据集都用于构造下面讨论的八种类型冲突的虚拟变量。

内部冲突数据从国家失败数据集 (State Failure Dataset) 中选取，该数据集是在马里兰大学的泰德·罗伯特·古尔 (Ted Robert Gurr) 和美国海军学院 (U. S. Naval Academy) 的芭芭拉·哈夫 (Barbara Harff) 指导下由一个研究小组编纂的，最初供中央情报局 (Central Intelligence Agency, CIA) 使用。该数据集最早从 1994 年收集并在 2006 年更新。国家失败数据集将内部冲突划分为四类。第一，民族冲突 (ETHN)，被定义为政府与谋求改变其地位的国内民族、宗教或其他社会少数群体之间的冲突。如果将其称为一场战争，那么在给定的一年内参与人数必须超过 1000 人，且死亡人数必须超过 1000 人。第二，种族屠杀 (GENO)，包括由统治精英或其代理人推动、实施和/或同意持续实施的政策，这些政策导致公民团体或政治化的非公民团体 (政治屠杀) 的年死亡人数超过 1000 人。这与民族冲突有所不同，因为所计算的受害者是非战斗人员。第三，革命战争 (REVO)，被定义为政府与试图推翻当权者的有组织的政治团体之间的冲突。这些团体包括政治党派、劳工组织或政权本身的一部分。同样，如果被称为战争，参与人数每年必须在 1000 人以上，且每年的死亡人数必须超过 1000 人。第四，政权更替 (REGM)，包括国家崩溃，以及从民主或专制统治发生转变，这种转变应该使自由之家政体 (Freedom House Polity Scale) 得分至少浮动 3 分。此外，与之相关联的暴力程度至少必须包括发生在首都的武装暴力活动 (如暴力政变)。这种度量方法不包括非暴力转型。[①] 总之，民族冲突 (ETHN)、种

---

① 参见科利尔和桑巴尼斯 (Collier, Sambanis, 2002) 及其引用文献对内战经济原因及后果给出的更广泛的描述。

族屠杀（GENO）、革命战争（REVO）和政权更替（REGM）均为虚拟
变量，如果发生该类型的内部冲突，则取值为1，否则为0。

416

　　外部冲突数据来自布雷切尔、威肯费尔德和莫泽（Brecher，Wilkenfeld，
Moser，1988）以及布雷切尔和威尔肯费尔德（Brecher，Wilkenfeld，1997）
所进行的国际危机行为项目，其中包括达到最高级别严重性的冲突的肇
始与升级。另外，从这个数据集中还可以确定冲突持续的时期。其将外
部冲突（EXT）———一种外交政策危机的触发因素定义为：

　　　　一种特定的行为、事件或情况变化，使决策者察觉到对基本价
　　值观的威胁、应对的时间压力以及卷入军事敌对行动的可能性提升。
　　触发因素可以由敌对国家、非国家参与者或国家集团（军事联盟）
　　发起。它可能是环境变化引起的，也可能是从内部产生的（Brecher，
　　Wilkenfeld，Moser，1988：53）。

　　具有最高暴力强度的外交政策危机，即"全面战争"被认为是一种
暴力外部冲突。[1]

　　由斯莫尔和辛格（Small，Singer，1982）发起的战争相关数据库
（Correlates of War Data）中含有国家间以及超国家外部冲突，我们用这个
数据库来确定冲突是不是大规模的（B）。战争相关数据库在这方面很有
帮助，因为至少有1000名军事人员伤亡的冲突才能被包括在数据集中。
那些没有被认定为大规模的外部冲突，都被认定为是小规模的（S）。[2]
这两种类型的外部冲突都使用国际危机行为项目的数据划分为本国冲
突（H）和国外冲突（A），其分别表示发生在参与者国内的冲突，以
及没有发生在参与者国内的冲突。总的来说，外部冲突有四种类型：
在本国领土上发生的大规模外部冲突（EXTBH）、在国外发生的大规
模外部冲突（EXTBA）、在本国领土上发生的小规模外部冲突（EXT-
SH）和在国外发生的小规模外部冲突（EXTSA）。每种类型的外部冲

---

[1]　布隆伯格、赫斯和萨克尔（Blomberg，Hess，Thacker，2006），赫斯和欧菲尼德斯
　　（Hess，Orphanides，1995，2001a）以及布隆伯格和赫斯（Blomberg，Hess，2002）采
　　用了类似的定义。
[2]　赫斯和欧菲尼德斯（Hess，Orphanides，2001a）对美国的研究使用了类似的分类方法。

突是虚拟变量，如果该类型的外部冲突发生了，那么取值为 1，否则为 0。

最后，经济数据来自萨默斯和赫斯顿（Summers，Heston，1991）的数据集。我们计算了从 1950 年到 2004 年大多数国家的人均年消费增长率的对数，虽然有一些国家的数据直到 1960 年或更晚才开始出现。表 18 - 1 显示了实证分析中所使用的每个国家的观测数量，其中严格的约束条件是从最新版本的跨国经济数据集中获得的经济变量数据。人口数据和描述性数据来自世界银行的社会指标和固定要素数据集（World Bank's Social Indicators and Fixed Factors Dataset），以及萨拉·伊·马丁（Sala-i-Martin，1997）研究中的各种数据来源（见数据附录）。

4. 证据

在下面的小节中，我们量化了冲突对消费平均增长率和波动的影响。4.1 节给出了每一个国家的汇总统计数据。4.2 节量化了冲突对消费在统计意义上的影响。4.3 节计算了冲突的福利成本，并改变了冲突对消费影响的估计方法，表明了这些计算的稳健性。

4.1 经验规律

本节首先考察每种类型冲突的平均发生率。我们考虑八种不同类型的冲突：在本国领土上发生的大规模外部冲突（EXTBH）、在本国领土上发生的小规模外部冲突（EXTSH）、在国外发生的大规模外部冲突（EXT-BA）、在国外发生的小规模外部冲突（EXTSA）、种族屠杀（GENO）、民族冲突（ETHN）、突发性和破坏性的政权更替（REGM）以及革命战争（REVO）。表 18 - 1 报告了 1950 ~ 2004 年样本期内至少发生过一次冲突的部分国家的冲突时间占比情况。此外，观测数量（OBS）中列出了在数据集中可用的观测数量，其中限制因素是最新版本的萨默斯—赫斯顿（Summers - Heston，1991）数据集中的经济数据的可用性。数据附录报告了那些既没有内部冲突也没有外部冲突的国家，它们是根据上述数据集定义的，或者没有消费数据的国家。① 表 18 – 1 提出了几个关于冲突编码方式的问题。例如，根据表 18 – 1，南斯拉夫没有被包括在数据中，它从 1960 年到 1990 年没有发生冲突。然而，许多（尽管不是所有）从之前国家独立出来的国家确实卷入了冲突。因此，根据国际关系数据集，波黑和克罗地亚都被确定为发生过冲突的国家。塞尔维亚和黑山则没有。因此老挝和科威特没有出现在表 18 – 1 中，但众所周知是发生了"冲突"的例子。事实上，内部战争数据确实表明，老挝在 20 世纪 60 年代和 20 世纪 70 年代一直处于持续的民族冲突和革命状态中。老挝（1985 ~ 1991 年）消费增长数据的可获得性是限制因素。由于可以获得超过五年的消费增长数据，老挝被包括在样本中。但是，由于冲突数据与消费增长数据不是同时期的，在此期间没有记录任何冲突。类似地，海湾战争（1990 年）被记录为一场全面战争，但只能获得科威特在 1989 年之前的消费增长数据。这种数据的缺失再次表明福利成本的测度是对其下限估计的观点。

419

421

表 18 – 1 1950 ~ 2004 年处于各种类型冲突状态的时间比例

单位：%，起

国家和地区 *		冲突类型								OBS
		EXTBH	EXTSH	EXTBA	EXTSA	GENO	ETHN	REGM	REVO	
撒哈拉以南地区	贝宁							7.3		45
	布基纳法索							1.8		46
	布隆迪					20.0	32.7	14.5		44
	中非共和国							1.8		34
	乍得		3.6		3.6		54.5	10.9		44
	科摩罗							7.3		44
	刚果（金）		9.1			9.1	38.2	32.7	25.5	35
	刚果（布）							3.6	5.5	44

① 请注意，萨默斯和赫斯顿（Summers, Heston, 1991）的数据集无法获取一些非常贫穷国家（如安哥拉）的数据。因为很多这类国家已经被冲突所吞噬，缺失这些国家可能会进一步对我们估算的冲突成本下限产生向下的偏差。参见数据附录中列出的被省略的国家。

* 本章表中所列出的国家和地区所属区域遵照原书。——译者注

续表

国家和地区		冲突类型							OBS
		EXTBH	EXTSH	EXTBA	EXTSA	GENO	ETHN	REGM	REVO	
撒哈拉以南地区	科特迪瓦						5.5	5.5	5.5	44
	赤道几内亚					20.0		1.8		44
	厄立特里亚	5.5	5.5							13
	埃塞俄比亚	9.1	9.1	14.5		7.3	56.4	9.1	30.9	54
	冈比亚							1.8		44
	加纳							3.6		49
	几内亚								3.6	46
	几内亚比绍							5.5	3.6	44
	肯尼亚						10.9	1.8		54
	莱索托							5.5	1.8	44
	利比里亚							12.7	18.2	34
	马里						10.9			45
	莫桑比克								30.9	44
	尼日尔			3.6				1.8		45
	尼日利亚					7.3	9.1	7.3	10.9	55
	卢旺达					5.5	25.5	1.8		44
	塞内加尔			3.6			14.5	3.6		44
	塞拉利昂			3.6				14.5	20.0	34
	索马里		1.8	3.6		7.3	30.9	27.3	12.7	35
	南非						18.2		12.7	55
	苏丹					70.9	70.9	9.1		34
	斯威士兰							1.8		35
	坦桑尼亚	3.6	3.6	3.6						44
	乌干达	3.6	3.6			29.1	47.3	10.9	5.5	54
	赞比亚							10.9	1.8	49
	津巴布韦						12.7	1.8	14.5	50
	总计	0.6	1.1	0.9	0.1	6.3	14.0	6.5	7.3	42.1
拉丁美洲	阿根廷		1.8	3.6		9.1		3.6		55
	巴西							9.1		54
	智利					7.3		1.8		54

续表

国家和地区		冲突类型								OBS
		EXTBH	EXTSH	EXTBA	EXTSA	GENO	ETHN	REGM	REVO	
拉丁美洲	哥伦比亚			5.5					58.2	54
	古巴			3.6	3.6			12.7	7.3	34
	多米尼加							7.3	1.8	53
	厄瓜多尔							5.5		54
	萨尔瓦多		1.8							54
	危地马拉					23.6	36.4		56.4	54
	海地							5.5		31
	洪都拉斯	1.8	1.8							55
	尼加拉瓜		3.6				7.3	5.5	18.2	55
	巴拿马							1.8		54
	秘鲁							5.5	29.1	54
	乌拉圭							5.5		55
	总计	0.1	0.6	0.8	0.2	2.5	2.7	4.3	10.7	50.1
中东	阿尔及利亚					1.8	1.8	1.8	27.3	44
	巴林									34
	埃及	10.9	10.9	18.2	10.9				14.5	54
	希腊			12.7				1.8		54
	伊朗	16.4	5.5	18.2		21.8	12.7	14.5	10.9	49
	伊拉克	20.0	14.5	20.0		30.9	56.4	1.8	1.8	34
	以色列	18.2	12.7	14.5	1.8		32.7			55
	约旦	1.8	3.6	10.9	3.6			1.8	3.6	50
	科威特		3.6	5.5						34
	黎巴嫩						30.9	29.1	1.8	13
	摩洛哥			3.6			27.3	1.8		54
	阿曼			1.8					12.7	34
	卡塔尔			1.8						34
	沙特阿拉伯		3.6	7.3	5.5					34
	叙利亚	9.1	7.3	5.5	5.5	3.6		10.9		44
	也门		12.7						21.8	15
	总计	3.6	3.5	5.8	1.6	2.8	7.7	3.0	4.5	38.3

续表

国家和地区		冲突类型							OBS
		EXTBH	EXTSH	EXTBA	EXTSA	GENO	ETHN	REGM	REVO	
亚洲	阿富汗	1.8	1.8			27.3	23.6	16.4	49.1	35
	澳大利亚			29.1						55
	孟加拉国		1.8	3.6			29.1	3.6		32
	柬埔寨	18.2	9.1	29.1		9.1		5.5	34.5	34
	斐济							1.8		34
	印度	7.3	7.3				54.5		7.3	54
	印度尼西亚					36.4	54.5	5.5	25.5	45
	韩国		3.6	7.3						34
	朝鲜	7.3	3.6	23.6				3.6		52
	老挝						34.5	29.1	36.4	34
	马来西亚					1.8	80.0	1.8	3.6	49
	马尔代夫						1.8			35
	尼泊尔							3.6	16.4	44
	新西兰			20.0						55
	巴基斯坦	3.6	5.5	9.1			9.1	40.0	3.6	55
	巴布亚新几内亚							16.4		34
	菲律宾			21.8		9.1	60.0	7.3	45.5	55
	新加坡							5.5		45
	所罗门群岛							7.3		34
	斯里兰卡					3.6	40.0		5.5	54
	泰国			18.2			1.8	3.6	34.5	54
	越南	29.1	5.5	29.1	9.1	20.0			14.5	15
东欧	阿尔巴尼亚							1.8	1.8	15
	亚美尼亚			7.3				3.6		9
	阿塞拜疆			7.3			12.7	5.5		1
	白俄罗斯							3.6		9
	波斯尼亚和黑塞尔哥维那		7.3			7.3	7.3	7.3		14
	克罗地亚		3.6		7.3					15
	捷克							3.6		15
	格鲁吉亚						5.5		3.6	13

续表

国家和地区		冲突类型								OBS
		EXTBH	EXTSH	EXTBA	EXTSA	GENO	ETHN	REGM	REVO	
东欧	匈牙利	1.8						3.6	1.8	35
	罗马尼亚								1.8	45
	俄罗斯			14.5			16.4	1.8		14
	斯洛伐克			1.8						18
	斯洛文尼亚		1.8				3.6	1.8		15
	塔吉克斯坦			1.8					12.7	11
	土耳其			16.4	3.6		32.7	3.6		55
	乌兹别克斯坦			1.8						14
	总计	0.1	0.8	3.2	0.7	0.5	4.9	2.3	1.4	19.2
西欧	比利时			9.1						55
	塞浦路斯		3.6	1.8			5.5	12.7		35
	法国			12.7	9.1			1.8		55
	德国			3.6						35
	意大利			3.6						55
	西班牙			5.5						55
	英国			14.5	9.1		21.8			55
	总计		0.5	7.3	2.6		3.9	2.1		49.3
G7	加拿大			12.7						55
	法国			12.7	9.1			1.8		55
	德国			3.6						35
	意大利			3.6						55
	英国			14.5	9.1		21.8			55
	美国			32.7	12.7					55
	总计			13.3	5.2		3.6	0.3		51.7

注：冲突类型包括发生在本国的大规模外部战争（EXTBH）、发生在本国的小规模外部战争（EXTSH）、发生在国外的大规模外部战争（EXTBA）、发生在国外的小规模外部战争（EXTSA）、种族屠杀（GENO）、民族战争（ETHN）、政权更替（REGM）和革命（REVO）。OBS 是能够从最新版本的萨默斯–海斯顿（1991）数据集中获得的每个国家经济数据的观测数量。

4.2　估计

　　我们从根据永久收入假说（Permanent Income Hypothesis，PIH）中得到的基准设定开始，永久收入假说意味着，如果参与者是理性的且贴现率等于利率，消费的变化是不可预测的。那么在这种情况下，我们估计：

$$\Delta \log(c_{it}) = \alpha_1 \cdot INIT_{it} + \alpha_2 \cdot CONT_{it} + \alpha_3 \cdot COMPL_{it} + I_i + T_t + e_{it} \quad (6)$$

其中，$\Delta \log(c_{it})$ 表示国家 i 在 t 时期的人均消费取对数后的差分，I_i 和 T_t 分别是个体和时间固定效应。关于冲突变量，$INIT$ 表示冲突开始或冲突升级，$CONT$ 表示冲突除其开始年份外在当前年度依然持续，$COMPL$ 表示冲突结束。更正式地，如果国家 i 在 t 时期发生了战争类型的冲突，那么 $W_{it} = 1$。如果 $\Delta W_{it} > 0$，则 $INIT_{it} = 1$；如果 $W_{it} = 1$ 且 $\Delta W_{it} = 0$，则 $CONT_{it} = 1$；如果 $\Delta W_{it} < 0$，则 $COMPL = 1$。[①]

式（6）中所体现的经验设定允许在冲突如何影响消费增长方面存在广泛的动态变化。例如，只要 $INIT$ 的系数 α_1 异于 0，冲突发生就将对一个国家的消费增长率产生暂时影响，但对消费水平的对数产生永久影响。此外，单独考察冲突持续对消费的影响意味着要捕捉这样的可能性，即持续时间超过一年的冲突 $CONT$，与短暂、只持续一个时期的冲突相比，可能会导致出现不同的预期消费途径。最后，一旦冲突结束，冲突对消费增长的影响会逆转，这是有可能的。通过在设定中加入 $COMPL$ 可以代表这种反弹效应。总之，式（6）中的实证设定考察了冲突开始对消费的影响、冲突持续对消费的影响，以及冲突结束后这些影响的逆转。

---

① 请注意，虚拟变量在观测到的冲突状态演化过程中包含一个隐含的结构。例如，对于一种给定类型的冲突（如在本国发生的大规模战争），如果在时间 t 为和平状态，则令 $s_{1t} = 1$，否则为 0；如果在时间 t 为 $INIT$，则令 $s_{2t} = 1$，否则为 0；如果在时间 t 为 $CONT$，则令 $s_{3t} = 1$，否则为 0；如果在时间 t 为 $COMPL$，则令 $s_{1t} = 1$，否则为 0。观测的状态服从受到如下约束的转移矩阵：

$$\begin{bmatrix} s_{1t} \\ s_{2t} \\ s_{3t} \\ s_{4t} \end{bmatrix} = \begin{bmatrix} \phi_{11} & 0 & 0 & \phi_{14} \\ \phi_{21} & 0 & 0 & \phi_{24} \\ 0 & \phi_{32} & \phi_{33} & 0 \\ 0 & \phi_{42} & \phi_{43} & 0 \end{bmatrix} \begin{bmatrix} s_{1t-1} \\ s_{2t-1} \\ s_{3t-1} \\ s_{4t-1} \end{bmatrix}$$

转移矩阵表明，和平状态之后只能是和平或冲突爆发。冲突爆发之后只能是冲突持续或冲突结束。冲突持续之后只能是冲突进一步持续或冲突结束。冲突结束之后只能是和平或者新的冲突爆发。还要注意的是，$\phi_{11} = 1 - \phi_{21}$，$\phi_{14} = 1 - \phi_{24}$，$\phi_{32} = 1 - \phi_{42}$ 和 $\phi_{33} = 1 - \phi_{43}$。按照标准程序，我们可以估计每个国家在稳态中和平与冲突的占比。不幸的是，为了获得这些稳态时的向量，转移矩阵的规模变得过于庞大而无法估计八种不同类型的冲突。然而，这项研究比较了在历史上所观察到的和平与冲突占比下（而不是稳态时的比例）消费的增长与波动情况及只观测到和平时的消费增长与波动情况。

然而，在表 18 - 2 中，我们探讨了设定中的一些变化以检验我们对冲突福利成本下限估计的稳健性。①②

表 18 - 2 报告了使用总共 184 个国家消费和冲突数据（见数据附录）对式（6）的估计结果。③ 括号中报告了系数估计的标准差，它们对于未知形式的异方差和序列相关是稳健的［参见纽维和韦斯特（Newey，West，1987）］。表 18 - 2 的第 1 列显示了在控制单个国家和时间固定效应后，冲突开始对一国人均消费增长率的平均影响。在回归中包含了我们考虑的所有 8 种类型的冲突。④ 表 18 - 2 的第 2 列和第 3 列分别显示了冲突持续和冲突结束的平均影响。我们在最后三列中报告了来自简化设定的结果，即仅包括那些所有系数在联合估计时统计显著性水平在 0.1 之下显著的变量。重要的是，第 4 列至第 6 列中报告的结果被用于下面给出的福利计算中。

以第 1 列中 EXTSH 的估计系数为例，估计结果为负且在小于 0.05 的

423

---

① 模型设定中另一个潜在的误差来源是所估计的关系可能具有动态性质。虽然这不会使冲突影响增长的估计系数产生偏差，但所估计的系数标准差将是有偏的。事实上，简单最小二乘法可以提供一致但无效的系数估计值，尽管如此，但如上所述，涉及标准误的非稳健估计将是有偏的。后者在下面的结果中不是问题，因为所估计的标准差是按照纽维和韦斯特（Newey，West，1987）的方法计算的，我们已经对未知形式的异方差进行了校正，并考虑了最多四阶移动平均序列相关情况。阿雷拉诺和邦德（Arellano，Bond，1991）提出了一种替代方法，他们使用包括滞后因变量的式（6）清晰地估计了具有固定效应的动态面板数据模型。请注意，在比较阿雷拉诺和邦德（Arellano，Bond，1991）战争平均影响估计值（未给出）与表 18 - 2 的估计值时，显著性情况是相同的，系数在大小上也非常相近。

② 将经济增长文献中经常使用的其他经济变量包含在内，不会影响下文所述的冲突影响的估计值，例如，人口数量的对数、开放程度等。参见布隆伯格、赫斯和欧菲尼德斯（Blomberg，Hess，Drphanides，2004）考虑了其他这些因素时分析冲突经济影响的实证设定。

③ 也就是说，回归使用了 111 个面临某种类型冲突的国家以及 73 个没有冲突的国家的数据进行估计。根据那个时间段的数据共有 188 个国家，但安哥拉、圭亚那、利比亚和塞舌尔没有足够的经济数据，参见后面的讨论。

④ 表 18 - 1 表明，某些类型的冲突（如种族灭绝、民族冲突）之间存在正相关关系。在至少有一次种族灭绝的国家中，种族灭绝与民族冲突的平均相关系数是 0.51。在至少有一次民族冲突的国家中，种族灭绝与民族冲突的平均相关系数是 0.41。类似地，在至少有一次政权更替或革命的国家中，政权更替与革命的平均相关系数分别是 0.36 和 0.12。然而，这并不会对后面的结果产生实质性影响。例如，当我们尝试使用一个融合这些冲突的变量以确保多重共线性不是一个问题时，显著性情况并没有发生变化，系数大小相似。

表 18 - 2　冲突对实际人均消费增长率影响的估计结果

	单个回归			联合回归		
	INIT	CONT	COMPL	INIT	CONT	COMPL
EXTBH	- 2.917 (2.006)	- 5.683 (3.784)	4.936 (4.022)			
EXTSH	- 4.808 ** (1.908)	- 0.335 (7.530)	- 2.597 (3.222)	- 5.841 *** (1.682)		
EXTBA	- 0.364 (1.140)	2.363 (1.872)	- 1.710 (1.801)			
EXTSA	- 2.923 ** (1.477)	1.166 (2.226)	1.056 (1.206)	- 3.087 ** (1.411)		
GENO	- 2.379 (1.953)	- 1.263 (1.292)	4.121 (2.753)			
ETHN	- 5.585 ** (2.474)	0.991 (0.671)	2.234 (1.788)	- 5.916 ** (2.406)		
REGIM	- 4.268 *** (1.381)	- 1.814 (1.425)	- 0.104 (1.194)	- 4.177 *** (1.371)		
REVO	- 4.574 *** (1.667)	- 2.110 ** (0.940)	1.532 (1.815)	- 5.193 *** (1.668)	- 2.151 ** (0.904)	
观测数	7146	7146	7146	7146	7146	
R^2	0.04	0.03	0.03	0.04	0.04	

注：括号内给出的是稳健标准误。*, ** 和 *** 分别表示统计显著性水平在 10%、5% 和 1% 以上；数据是 184 个国家 1950～2004 年的非平衡面板数据（见数据附录）；回归结果的前三列是来自式（5）的影响估计，即对冲突开始（INIT）、冲突持续（CONT）和冲突结束（COMPL）分别进行的回归；结果中的最后三列是同时包括冲突的全部三种测度方式，并且只在设定中保留那些统计显著水平低于 10% 的变量。

水平上统计显著。这意味着，在本国领土上发生的小规模外部战争的开始或升级将使人均消费增长率降低 4.8 个百分点。[1] 我们可以把这一发现解释为，对于陷入发生在本国小规模外部战争的国家来说，如果该国能以某种方式避免冲突发生，那么这一年的消费增长将比观察到的高出近 5 个百分点。同样，在国外发生的小规模外部战争（EXTSA）、民族冲突（ETHN）、政权更替（REGIM）和革命战争（REVO）的发生都使消费增长率极大地下降了。[2] 有趣的是，如回归结果第 2 列所示，除了革命

---

[1]　有些令人惊讶的是，本国发生的大规模战争的系数并没有显著异于 0。

[2]　这些结果大体上与卡普兰（Caplan, 2002）得到的一致，他发现，实际产出在国内发生战争期间大幅下降，然而，与之相反，卡普兰发现实际产出在国外发生战争期间略有上升。我们认为，这可能是由于他使用较小的数据集（66 个国家），而且没有分解内部冲突和外部冲突以及内部冲突的开始、持续和结束。

战争（REVO）外，冲突持续似乎并没有造成消费增长率的持续下降。⁴²⁴此外，在冲突结束后，消费增长率似乎没有持续下降或反弹。最后，为了更加简化设定，表 18 - 2 右侧三列报告了只包含显著变量的估计结果。这些研究结果再次表明，冲突发生导致消费的波动最大，冲突持续和冲突结束几乎没有改变消费增长的模式。

有趣的是，通过从式（6）中剔除战争对消费增长的影响，估计过程考察了国家的个体效应以及总时间效应对变化的影响。从本质上讲，$\widehat{\mu}_i^*$ 综合了两种影响，因此即使一个国家没有经历战争，也会因为其他国家变得更加和平，由总消费增长势头加强而受益。为了区分这两种效应，定义 $\widehat{\mu}_i^{*\,'} = \hat{I}_i + \sum_{t=1}^{T} \hat{T}_t'$，其中，$\hat{T}_t'$ 可以在式（6）中通过施加约束 $\alpha_1 = \alpha_2 = \alpha_3 = 0$ 得到。^① 简单来说，$\widehat{\mu}_i^{*\,'}$ 表示国家 i 仅从本国和平中直接获益的消费增长，而 $\widehat{\mu}_i^*$ 包括消费增长从本国和全球和平中得到的积极影响。^②

现在转入讨论冲突对经济波动的影响，表 18 - 3 给出了不同类型冲突对经均值调整后的消费增长方差影响的单独和联合估计结果。^③

与表 18 - 2 相同，表 18 - 3 的前三列显示了对冲突开始、冲突持续和冲突结束单独进行估计的结果，最后三列给出了排除不显著回归变量的简化联合回归结果。再次以第 1 列为例，我们发现 EXTBA 的系数为正，且在 0.01 的水平上统计显著。这意味着，在国外发生的大规模战争的开始使消费增长的波动较大。^④ 另外，第 1 列结果表明，在本国领土上发生的小规模外部冲突（EXTSH）、民族冲突（ETHN）和政权更替（REGM）的开始，也会提高消费的波动性。然而，与表 18 - 2 的结果一样，冲突开始均匀地提高消费波动率的方式似乎与我们所发现的减缓消费增长的方式相同。最后，在国外发生的小规模战争和革命的持续显著

---

① 也就是说，$\hat{T}_t'$ 从回归 $\Delta \log(C_{it}) = I_i + T_t' + \varepsilon$ 中估计得到。

② 在一篇重要的文献中，阿莱西纳和斯波劳雷（Alesina, Spolaore, 2006）表明，这种全球性的"和平红利"可能不会在一个"国家数量和规模为内生，并且国防开支的人均成本随国家规模的扩大而降低的"世界中实现。

③ 布隆伯格和赫斯（Blomberg, Hess, 2009）的研究对如何进行波动率测度给出了正式的解释。

④ 回顾一下表 18 - 2 中的结果，在国外发生的大规模外部冲突的爆发对消费增长率并没有产生显著影响。

提高了消费的波动性，国外发生的大规模战争的结束也是如此。有点令人惊讶的是，国外发生的小规模战争的结束显著降低了消费的波动性。

利用表 18 – 3 最后三列给出的式（8）的估计结果，我们能够计算出和平状态下消费增长平方的预期值，即将式（7）写为 $\left[\widehat{X_{it}^*}\right]^2 = \exp\left\{2 \cdot \left[\hat{I}_i + \hat{T}_t + \hat{u}_{it}\right]\right\}$。从这个表达式中我们可以计算和平状态下消费增长的方差 $\widehat{\sigma}_i^{2*} = (1/T) \sum_{t=1}^{T} \left[\widehat{X_{it}^*}\right]^2 - \left[\widehat{\mu}_i^*\right]^2$。同样，在这种情况下，对于平均消费增长，$\widehat{\sigma}_i^{2*}$ 综合了一国自身消费增长率的提升与来自和平世界更快的消费增长间接带来的好处。因此，根据前面对 $\widehat{\mu}_i^*$ 的定义，我们定义 $\widehat{\sigma}_i^{2*}$ 为消费的全球波动，假设如果世界朝着和平方向发展，则其不变。[1]

表 18 – 3 冲突对实际人均消费波动的影响

| | 分别回归 | | | 联合回归 | | |
	INIT	CONT	COMPL	INIT	CONT	COMPL
EXTBH	– 0.221 （0.235）	0.232 （0.183）	– 0.126 （0.291）			
EXTSH	0.344 ** （0.135）	0.574 ** （0.245）	0.091 （0.184）	0.308 ** （0.141）	0.621 *** （0.231）	
EXTBA	0.216 * （0.125）	0.013 （0.113）	0.348 *** （0.111）	0.225 * （0.123）		0.328 *** （0.115）
EXTSA	0.062 （0.251）	0.276 （0.312）	– 0.424 * （0.217）			– 0.391 * （0.217）
GENO	0.007 （0.201）	0.039 （0.104）	– 0.065 （0.250）			
ETHN	0.545 *** （0.154）	– 0.039 （0.070）	0.081 （0.210）	0.545 *** （0.146）		
REGIM	0.246 ** （0.123）	0.132 （0.120）	0.037 （0.131）	0.233 * （0.119）		

---

① 更正式地，这是分两步计算的。首先，计算：

$$[X_{it}^*]'^2 = \exp\left\{2 \cdot \left[\hat{I}_i + \hat{T}_t' + \hat{a}_{it}\right]\right\} \tag{7}$$

其中，$\hat{T}_t'$ 从下面的回归中得到：

$$\log(|X_{it}^*|) = I_i + T_t + \varepsilon \tag{8}$$

然后，计算 $\widehat{\sigma}_i^{2*'} = (1/T) \sum_{t=1}^{T} [X_{it}^*]'^2 - [\widehat{\mu}_i^{*'}]^2$。

续表

	分别回归			联合回归		
	INIT	CONT	COMPL	INIT	CONT	COMPL
REVO	0.200 (0.184)	0.152 * (0.091)	0.145 (0.156)		0.145 ** (0.089)	
观测数	7146	7146	7146	7146	7146	7146
R^2	0.03	0.02	0.02	0.03	0.03	0.03

注：括号内给出的是稳健标准误；*，** 和 *** 分别表示统计显著性水平在 10%、5% 和 1% 以上；数据是 184 个国家 1950 ~ 2004 年的非平衡面板数据（见数据附录）；回归结果的前三列是来自式（5）的影响估计，即对冲突开始（INIT）、冲突持续（CONT）和冲突结束（COMPL）分别进行的回归；结果中的最后三列是同时包括冲突的全部三种测度方式，并且只在设定中保留那些统计显著水平低于 10% 的变量。

综上所述，由表 18 - 2 和表 18 - 3 可以得出一个明显的结论：类型非常不同的冲突影响消费增长水平和波动性。革命的发生和持续，在国内外发生的小规模冲突的开始，以及民族战争的开始和破坏性政权更替均降低了人均消费增长的平均水平。在国外发生的大规模战争的开始、持续和结束，革命的持续，民族战争的开始以及破坏性政权更替的发生均提高了人均消费增长的波动性，而小规模外部战争的持续则降低了其波动性。

426

4.3　福利计算

为了进行式（5）中所体现的福利计算，除了要用表 18 - 2 和表 18 - 3 中对消费增长和波动测度的计算结果之外，还必须提供贴现率（θ）和相对风险规避系数（ρ）的参数值。表 18 - 4 的第 1 ~ 6 列提供了消费增长和波动的测度，也就是它们给出了进行冲突福利计算所需的每个国家经济特征的观测值和构建值。第 7 列和第 8 列给出了相对于本国和平与世界和平收益的冲突福利成本。表 18 - 4 的最后两列提供了这些福利计算随 θ 和 ρ 变化的敏感度。

表 18 - 4 的第 1 列和第 3 列给出了观测到的人均消费平均增长率 $\hat{\mu}_i$，以及消除冲突影响后反事实或合成的人均消费平均增长率 $\hat{\mu}_i^*$。我们还在第 2 列中报告了消除了减少冲突的潜在全球利益后，合成的和平状态下消费增长 $\hat{\mu}_i^{*'}$。第 4 列和第 6 列分别给出了观测到的人均消费增长的标准差 $\hat{\sigma}_i$，以及消除冲突影响后经调整的消费增长方差 $\hat{\sigma}_i^*$。同样，第 5 列

报告了消除了减少冲突的潜在全球利益后，合成的和平状态下消费的标准差 $\widehat{\sigma}_i^{*'}$。重申一下，虽然式（6）和式（8）的实证设定施加了一种限制，即一种给定的冲突类型在某一年对每个国家有着相同的影响，然而，无论从各国所发生的冲突类型看，还是从其卷入冲突的频率看，受益于和平的消费增长和波动都是不同的。

按照式（5）进行福利计算的最后一步是确定 θ 和 ρ 的值。显然，θ 和 ρ 的变化将影响 τ_i。表 18 - 4 中第 7 列和第 8 列提供了使用 $\theta = 0.08$ 和 $\rho = 2$ 的福利测算结果。基于刚刚讨论的标准，选择这些值的原因如下。首先，这些参数值肯定是合理的，即便 θ 看起来略高，ρ 看起来略低。其次，当在这些 θ 和 ρ 取值下进行估算时，对于所有国家而言，$\Phi_i < 1$ 和 $\Phi_i^* < 1$。最后，最重要的是，这些参数为福利计算提供了一个相对稳健的下限值。为了说明这一点，表 18 - 4 中第 9 列和第 10 列分别展示了相对于 ρ 和 θ 的 τ_i 的点弹性测度值 $\epsilon_{\tau i\theta}$ 和 $\epsilon_{\tau i\rho}$。[①] 这些弹性测量回答了下述简单问题：如果 ρ（θ）的值变化 x 个百分点，那么 τ_i 变化多少个百分点？也就是说，$\% \Delta \tau_i = x \cdot \epsilon_{\tau i\rho}$。

表 18 - 4 肯定了世界可以从消除冲突中大大受益。[②] 第 7 列和第 8 列给出了每个国家冲突经济成本的估计值。这些估计值的差异取决于，如果所有冲突被消除，某个国家是否可获得全球和平收益。表 18 - 4 按地区排列。表 18 - 4 有两个主要发现。首先，大部分国家，其中大多数是非常贫困的国家，为生活在和平的世界中会愿意永久地付出很多。例如，在非洲，从和平中获得最大收益的国家是利比里亚和刚果民主共和国（原扎伊尔）。我们发现，安哥拉公民愿意永久放弃当前消费水平的

427

---

① 这些测度的公式是

$$\epsilon_{\tau i\rho} = \left[\frac{\rho/(1-\rho)}{\tau_i/(1+\tau_i)} \right] \cdot \left[\log(1+\tau_i) + \left(\frac{\Phi_i(\log(1+\mu_i) + (1-2\rho)\sigma_i^2/2)}{1-\Phi_i} \right) \right. $$
$$\left. - \left(\frac{\Phi_i^*(\log(1+\mu_i^*) + (1-2\rho)\sigma_i^{2*}/2)}{1-\Phi_i^*} \right) \right]$$

$$\epsilon_{\tau i\theta} = \left[\frac{\theta/(1+\theta)}{(1-\rho)\tau_i/(1+\tau_i)} \right] \left[\left(\frac{\Phi_i}{1-\Phi_i} \right) - \left(\frac{\Phi_i^*}{1-\Phi_i^*} \right) \right]。$$

② 尽管所有国家都将从冲突减少中受益，这是消费提升产生的全球效应，但如表18-4报告的结果所示，只有直接参与冲突的国家的福利得到改善，没有参与冲突的国家的 τ_i 的平均值为3.3。人们可以认为这衡量了全球"和平红利"。

64.73% 以生活在一个和平世界中（如果只考虑本地直接影响，则为 38.35%），而刚果民主共和国的公民愿意放弃 59.1%（49.46%）。阿根廷、塞浦路斯、印度和伊拉克是在各自地区中为了生活在一个更加和平的世界中愿意支付最多的国家。[1] 危地马拉为了可以和平生活愿意永久放弃约 16.98% 的当前消费，老挝为 20.52%，伊拉克愿意牺牲约 77% 的当前消费。

表 18 - 4　福利计算

国家和地区		经济增长			波动			成本		弹性	
		$\hat{\mu}_i$	$\hat{\mu}_i'$	$\hat{\mu}_i^*$	$\hat{\sigma}_i$	$\hat{\sigma}_i^{*'}$	$\hat{\sigma}_i^*$	$\tau_i^{*'}$	τ_i^*	$\epsilon_{\tau_i^*,\rho}$	$\epsilon_{\tau_i^*,\theta}$
撒哈拉以南地区	贝宁	1.22	1.38	1.63	3.84	3.75	3.7	1.78	4.56	- 0.23	- 0.88
	布基纳法索	- 0.43	- 0.33	- 0.07	5.39	5.37	5.29	1.44	5.09	0.22	- 1.10
	布隆迪	0.10	0.42	0.68	7.00	6.85	6.76	4.40	7.91	0.14	- 1.05
	中非共和国	0.31	0.38	0.63	5.83	5.83	5.75	0.91	4.22	0.04	- 1.00
	乍得	- 0.86	- 0.56	- 0.30	7.19	6.89	6.79	5.26	9.38	0.45	- 1.21
	科摩罗	- 0.56	- 0.35	- 0.09	5.4	5.21	5.13	3.33	7.04	0.45	- 1.12
	刚果（金）	- 3.97	- 2.68	- 2.43	8.98	8.37	8.25	49.46	59.10	0.85	- 2.65
	刚果（布）	- 0.76	- 0.48	- 0.22	10.75	10.57	10.42	5.46	10.28	0.75	- 1.32
	科特迪瓦	0.84	1.20	1.45	5.22	5.16	5.08	4.18	7.18	- 0.13	- 0.93
	赤道几内亚	3.32	3.42	3.68	16.59	16.59	16.35	1.18	4.96	0.36	- 0.94
	厄立特里亚	- 3.74	- 4.04	- 3.78	16.47	14.89	14.68	15.17	42.88	5.69	- 6.34
	埃塞俄比亚	1.28	2.43	2.69	4.75	4.22	4.16	12.82	15.57	- 0.25	- 0.88
	冈比亚	0.45	0.55	0.81	9.30	9.25	9.12	1.51	5.18	0.26	- 1.06
	加纳	2.17	2.33	2.58	11.27	11.19	11.03	1.95	5.12	0.03	- 0.90
	几内亚	0.22	0.37	0.62	3.73	3.72	3.72	1.81	4.99	- 0.04	- 0.99
	几内亚比绍	- 0.08	0.17	0.43	9.73	9.57	9.43	4.16	8.21	0.43	- 1.15
	肯尼亚	- 0.33	- 0.05	0.21	6.33	6.32	6.23	3.98	7.67	0.19	- 1.10
	莱索托	2.60	2.83	3.09	6.44	6.42	6.33	2.16	4.66	- 0.39	- 0.79

---

[1]　针对七国集团、东欧及西欧的计算结果要低得多，所以没有详细讨论。然而，值得注意的是，使用卢卡斯最初计算消除商业周期的收益的方法，美国的收益为 0.08%，其中假设对数消费水平的冲击围绕确定趋势服从独立同分布（i.i.d.）。如果我们使用相同的方法并采用卢卡斯对消除创新对消费增长率收益的方式进行计算，那么这个值上升至 0.32%。美国从消除冲突中得到的全球性收益为 4.5%，显然超过了这两种计算结果。

续表

国家和地区		经济增长			波动			成本		弹性	
		$\hat{\mu}_i$	$\hat{\mu}_i^{*\prime}$	$\hat{\mu}_i^*$	$\hat{\sigma}_i$	$\hat{\sigma}_i^{*\prime}$	$\hat{\sigma}_i^*$	$\tau_i^{*\prime}$	τ_i^*	$\epsilon_{\tau_i^*,\rho}$	$\epsilon_{\tau_i^*,\theta}$
撒哈拉以南地区	马里	0.68	0.81	1.06	6.11	6.12	6.03	1.53	4.69	− 0.04	− 0.96
	莫桑比克	0.57	1.14	1.39	4.20	3.99	3.93	6.89	9.91	− 0.12	− 0.95
	尼日尔	− 0.68	− 0.58	− 0.32	6.41	6.33	6.24	1.71	5.63	0.37	− 1.16
	尼日利亚	0.11	0.65	0.91	8.46	8.37	8.25	7.58	11.28	0.18	− 1.08
	卢旺达	0.46	0.79	1.05	6.83	6.76	6.67	4.31	7.63	0.03	− 1.00
	塞内加尔	− 0.36	− 0.18	0.08	3.95	3.94	3.88	2.47	5.95	0.11	− 1.07
	塞拉利昂	− 0.93	− 0.52	− 0.26	5.96	5.58	5.50	6.92	10.91	0.36	− 1.19
	索马里	− 1.74	− 1.31	− 1.05	7.00	6.76	6.67	8.44	13.26	0.67	− 1.40
	南非	1.34	1.77	2.03	2.2	2.16	2.13	4.55	7.22	− 0.32	− 0.86
	苏丹	1.12	1.75	2.00	5.74	5.72	5.64	7.00	9.92	− 0.20	− 0.91
	斯威士兰	4.01	4.08	4.34	6.28	6.25	6.16	0.64	2.79	− 0.57	− 0.70
	坦桑尼亚	0.49	0.62	0.88	4.76	4.65	4.59	1.65	4.78	− 0.03	− 0.97
	乌干达	1.02	1.65	1.90	4.76	4.43	4.37	7.3	10.18	− 0.18	− 0.91
	赞比亚	1.54	1.78	2.03	9.92	9.89	9.75	2.82	6.05	0.00	− 0.94
	津巴布韦	0.36	0.87	1.12	8.84	8.72	8.59	6.99	10.60	0.15	− 1.06
	总计	0.39	0.78	1.04	7.39	7.20	7.10	6.77	11.75	0.34	− 1.37
拉丁美洲	阿根廷	0.61	0.87	1.13	5.33	5.21	5.14	3.22	6.32	− 0.06	− 0.96
	巴西	2.95	3.02	3.28	3.85	3.81	3.76	0.72	3.00	− 0.51	− 0.75
	智利	2.11	2.19	2.45	6.06	6.02	5.93	0.87	3.50	− 0.30	− 0.82
	哥伦比亚	1.31	2.66	2.91	1.88	1.81	1.79	13.98	16.61	− 0.33	− 0.86
	古巴	3.52	4.31	4.56	7.22	7.20	7.10	6.82	9.11	− 0.50	− 0.73
	多米尼加	2.81	2.98	3.24	6.04	6.00	5.92	1.60	4.02	− 0.42	− 0.77
	厄瓜多尔	1.61	1.69	1.94	3.04	3.04	3.00	0.85	3.47	− 0.33	− 0.84
	萨尔瓦多	1.37	1.47	1.73	2.97	2.96	2.92	1.13	3.83	− 0.29	− 0.86
	危地马拉	1.06	2.39	2.65	1.81	1.72	1.70	14.28	16.98	− 0.29	− 0.89
	海地	1.56	1.64	1.89	6.17	6.12	6.03	0.92	3.74	− 0.19	− 0.87
	洪都拉斯	0.77	0.88	1.13	2.49	2.48	2.44	1.24	4.14	− 0.19	− 0.92
	尼加拉瓜	0.21	1.00	1.25	7.34	6.90	6.80	10.92	14.37	0.08	− 1.04
	巴拿马	2.43	2.51	2.76	4.96	4.96	4.89	0.74	3.21	− 0.41	− 0.79
	秘鲁	1.73	2.61	2.86	5.32	5.07	5.01	9.25	11.90	− 0.30	− 0.85

续表

国家和地区		经济增长			波动			成本		弹性	
		$\hat{\mu}_i$	$\hat{\mu}_i^{*\prime}$	$\hat{\mu}_i^{*}$	$\hat{\sigma}_i$	$\hat{\sigma}_i^{*\prime}$	$\hat{\sigma}_i^{*}$	$\tau_i^{\prime}$	τ_i^{*}	$\epsilon_{\tau_i^{*},\rho}$	$\epsilon_{\tau_i^{*},\theta}$
拉丁美洲	乌拉圭	1.07	1.15	1.40	5.42	5.42	5.34	0.89	3.83	−0.15	−0.91
	总计	2.15	2.54	2.80	4.66	4.58	4.52	4.49	7.20	−0.28	−0.86
中东	阿尔及利亚	0.48	1.21	1.47	8.18	8.02	7.90	9.66	13.10	0.05	−1.02
	埃及	2.55	3.42	3.68	3.27	3.1	3.06	8.07	10.39	−0.47	−0.77
	希腊	3.18	3.27	3.52	2.43	2.32	2.29	0.75	2.93	−0.57	−0.73
	伊朗	0.84	1.90	2.15	6.89	6.59	6.49	12.86	15.95	−0.11	−0.96
	伊拉克	0.43	1.26	1.52	21.68	17.74	17.49	67.44	76.99	0.52	−2.2
	以色列	3.18	3.76	4.02	3.74	3.50	3.45	5.13	7.33	−0.54	−0.73
	约旦	0.14	0.58	0.84	7.49	7.05	6.95	6.71	10.24	0.18	−1.06
	黎巴嫩	3.89	4.44	4.69	6.72	6.72	6.62	4.50	6.69	−0.57	−0.71
	摩洛哥	1.95	2.13	2.38	5.01	4.93	4.86	1.89	4.49	−0.32	−0.83
	阿曼	4.00	4.32	4.57	16.38	15.46	15.24	6.35	9.67	0.36	−0.87
	卡塔尔	−2.49	−2.44	−2.19	12.17	12.07	11.89	2.00	10.04	2.22	−2.04
	沙特阿拉伯	0.94	1.13	1.39	9.41	8.49	8.37	4.44	7.81	0.33	−0.99
	叙利亚	1.49	1.91	2.16	10.58	9.94	9.80	6.43	9.73	0.16	−0.96
	也门	0.09	1.97	2.23	9.90	9.90	9.76	26.29	30.16	0.08	−1.13
	总计	1.99	2.55	2.81	8.85	8.27	8.15	11.61	15.39	0.09	−1.07
亚洲	阿富汗	−1.84	−1.2	−0.94	9.44	8.44	8.32	16.27	21.70	0.85	−1.53
	澳大利亚	1.94	1.95	2.20	2.24	2.17	2.14	0.08	2.58	−0.39	−0.81
	孟加拉国	1.29	1.59	1.85	3.14	3.06	3.02	3.24	5.96	−0.28	−0.87
	文莱	0.89	0.94	1.19	6.25	6.25	6.16	0.56	3.64	−0.06	−0.94
	柬埔寨	−1.54	−0.71	−0.46	5.05	4.54	4.47	14.48	18.77	0.37	−1.29
	斐济	1.43	1.50	1.76	6.50	6.49	6.39	0.82	3.71	−0.16	−0.89
	印度	1.73	2.60	2.86	2.67	2.54	2.50	8.69	11.23	−0.38	−0.83
	印度尼西亚	2.71	4.14	4.40	3.56	3.56	3.51	12.75	15.02	−0.49	−0.76
	韩国	4.11	4.16	4.42	5.32	5.32	5.24	0.38	2.46	−0.63	−0.68
	朝鲜	4.32	4.48	4.74	3.45	3.39	3.34	1.25	3.22	−0.69	−0.67
	老挝	0.65	2.15	2.41	4.93	4.85	4.78	17.53	20.52	−0.18	−0.95
	马来西亚	3.33	3.63	3.89	3.72	3.68	3.63	2.57	4.75	−0.58	−0.72
	马尔代夫	5.67	5.76	6.02	3.78	3.79	3.74	0.59	2.34	−0.84	−0.60
	尼泊尔	0.93	1.53	1.78	2.83	2.83	2.79	6.64	9.47	−0.24	−0.91
	新西兰	1.47	1.47	1.73	2.96	2.90	2.85	0.09	2.76	−0.29	−0.85

国家和地区		经济增长			波动			成本		弹性	
		$\hat{\mu}_i$	$\hat{\mu}_i^{*'}$	$\hat{\mu}_i^{*}$	$\hat{\sigma}_i$	$\hat{\sigma}_i^{*'}$	$\hat{\sigma}_i^{*}$	$\tau_i^{*'}$	τ_i^{*}	$\epsilon_{\tau_i^*,\rho}$	$\epsilon_{\tau_i^*,\theta}$
亚洲	巴基斯坦	1.83	2.51	2.76	3.29	3.06	3.01	6.87	9.40	-0.37	-0.83
	巴布亚新几内亚	2.06	2.14	2.40	10.31	10.29	10.14	0.95	4.03	-0.03	-0.89
	菲律宾	1.89	3.09	3.34	2.23	2.16	2.13	11.68	14.14	-0.41	-0.82
	萨摩亚	0.72	0.77	1.02	4.29	4.29	4.22	0.56	3.56	-0.12	-0.94
	新加坡	3.58	3.69	3.94	3.18	3.17	3.12	0.87	2.99	-0.62	-0.70
	所罗门群岛	-1.62	-1.55	-1.29	8.86	8.77	8.64	1.69	6.87	1.00	-1.44
	斯里兰卡	3.30	3.58	3.83	4.88	4.88	4.81	2.35	4.58	-0.55	-0.73
	泰国	2.91	4.04	4.30	3.54	3.32	3.27	10.05	12.28	-0.51	-0.75
	汤加	3.77	3.82	4.08	6.97	6.97	6.87	0.40	2.65	-0.52	-0.72
	瓦努阿图	1.29	1.34	1.59	5.84	5.84	5.76	0.53	3.42	-0.17	-0.90
	越南	2.73	4.36	4.61	2.49	2.49	2.45	14.32	16.54	-0.50	-0.75
	总计	2.10	2.48	2.73	4.57	4.48	4.42	4.12	6.85	-0.29	-0.86
东欧	阿尔巴尼亚	4.23	3.92	4.17	4.85	4.78	4.71	-2.43	-0.38	-1.08	-0.68
	亚美尼亚	5.31	5.45	5.71	1.93	1.89	1.87	0.98	2.75	-0.83	-0.61
	阿塞拜疆	1.54	1.88	2.14	6.59	6.53	6.44	3.75	6.60	-0.21	-0.88
	白俄罗斯	9.21	9.35	9.61	3.58	3.58	3.53	0.72	2.05	-1.10	-0.49
	波斯尼亚和黑塞尔哥维那	8.69	8.06	8.31	19.94	14.27	14.07	10.49	12.75	0.91	-0.65
	克罗地亚	0.14	-0.16	0.09	8.56	7.27	7.16	-1.32	2.35	1.73	-1.08
	捷克	1.85	2.01	2.26	4.13	4.13	4.07	1.62	4.22	-0.35	-0.83
	格鲁吉亚	-1.36	-1.09	-0.83	14.55	14.29	14.08	8.23	15.54	1.67	-1.80
	匈牙利	2.52	2.90	3.16	2.89	2.89	2.85	3.54	5.88	-0.49	-0.77
	罗马尼亚	3.88	4.00	4.25	4.39	4.39	4.33	0.96	3.05	-0.63	-0.69
	俄罗斯	0.57	-0.06	0.19	14.33	12.01	11.84	-0.37	4.24	3.36	-1.23
	斯洛伐克	1.08	1.11	1.37	5.11	5.11	5.04	0.38	3.30	-0.16	-0.91
	斯洛文尼亚	3.23	2.68	2.93	3.38	3.15	3.10	-4.56	-2.34	-0.69	-0.73
	塔吉克斯坦	4.20	3.76	4.02	6.29	5.67	5.59	-2.90	-0.79	-1.86	-0.69
	土耳其	2.14	2.56	2.82	4.90	4.56	4.49	4.39	6.91	-0.34	-0.81
	乌兹别克斯坦	-1.10	-1.09	-0.83	11.02	10.89	10.73	0.75	6.01	1.13	-1.41
	总计	2.88	2.83	3.09	7.28	6.59	6.49	1.51	4.51	0.07	-0.89

续表

国家和地区		经济增长			波动			成本		弹性	
		$\hat{\mu}_i$	$\hat{\mu}_i'$	$\hat{\mu}_i^*$	$\hat{\sigma}_i$	$\hat{\sigma}_i'$	$\hat{\sigma}_i^*$	τ_i'	τ_i^*	$\epsilon_{\tau_i,\rho}$	$\epsilon_{\tau_i,\theta}$
西欧	比利时	2.15	2.16	2.41	1.51	1.46	1.44	0.06	2.49	−0.44	−0.79
	塞浦路斯	4.62	5.15	5.40	4.75	4.14	4.08	4.33	6.26	−0.62	−0.66
	法国	2.61	2.85	3.11	1.47	1.41	1.39	2.22	4.51	−0.52	−0.76
	德国	2.23	2.27	2.53	1.19	1.13	1.12	0.45	2.85	−0.46	−0.79
	意大利	3.17	3.18	3.43	1.93	1.91	1.88	0.05	2.22	−0.59	−0.72
	西班牙	3.27	3.27	3.53	2.65	2.63	2.59	0.05	2.22	−0.59	−0.72
	英国	2.12	2.45	2.71	1.86	1.86	1.83	3.15	5.57	−0.45	−0.8
	总计	2.88	3.05	3.30	2.20	2.08	2.05	1.47	3.73	−0.52	−0.75
G7	加拿大	1.75	1.76	2.01	1.58	1.56	1.54	0.05	2.6	−0.38	−0.82
	法国	2.61	2.85	3.11	1.47	1.41	1.39	2.22	4.51	−0.52	−0.76
	德国	2.23	2.27	2.53	1.19	1.13	1.12	0.45	2.85	−0.46	−0.79
	意大利	3.17	3.18	3.43	1.93	1.91	1.88	0.05	2.22	−0.59	−0.72
	英国	2.12	2.45	2.71	1.86	1.86	1.83	3.15	5.57	−0.45	−0.8
	美国	2.25	2.47	2.73	1.50	1.48	1.46	2.12	4.51	−0.47	−0.79
	总计	2.35	2.50	2.75	1.59	1.56	1.54	1.34	3.71	−0.48	−0.78

注：参见表 18-2 和表 18-3；前六列提供了各国消费增长的平均值和标准差的观测值与合成值。$\hat{\mu}_i$ 和 $\hat{\sigma}_i$ 分别是国家 i 消费增长的均值和标准差的观测值；$\hat{\mu}_i'$ 是如果只享有和平的本地直接效应，国家 i 消费增长率的估计值，$\hat{\mu}_i^*$ 包括消费增长从和平中获得的本地直接收益和全球收益；$\hat{\sigma}_i'$ 和 $\hat{\sigma}_i^*$ 是类似的对国家消费增长波动（即标准差）的计算值；使用式（6），取值 $\rho=2.0$ 和 $\theta=0.08$，可以得到福利计算值；请注意，面对世界消费增长的全球影响，所有国家都将受益于更少的冲突，但我们在表 18-4 中只展示了直接参与冲突的国家的福利改善情况；表 18-4 的最后两列展示了 τ_i^* 相对于 ρ 和 θ 的的弹性。

其次，使用较低的 ρ 值和较高的 θ 值意味着，平均而言，我们计算的是和平收益下限的估计值。回到利比里亚的例子，τ_i 相对于 ρ（$\epsilon_{\tau_i\rho}$）的弹性为 2.65，这意味着，ρ 从 2 到 4 的加倍变化会使 τ_i 增加 265%，即当前消费的 171%。类似地，τ_i 相对于 θ（$\epsilon_{\tau_i\theta}$）的弹性为 −6.06，意味着 θ 从 0.08 减少到 0.04，τ_i 将增加 600%，即超过当前消费的 360%。然而，从表 18-4 可以看出，所有的 $\epsilon_{\tau_i\theta}$ 都是负值，这表明选择高贴现率 $\theta=0.08$ 低估了用消费表示的冲突福利成本的估计值。相反，增加相对风险厌恶系数 ρ，对 τ_i 的影响并不明确。事实上，对于许多国家来说，如七国集团中的国家（加拿大、法国、德国、意大利、日本、英国和美国），得出的 $\epsilon_{\tau i \rho}$ 的值也是负的。事实上，对美国而言，ρ 从 2 到 4 的加倍变化将使 τ_i^* 降低约一半，使用消费表示的冲突福利成本约占当前消费的 2.3%。然而，如表 18 – 5 所示，平均来说，$\epsilon_{\tau i \rho}$ 的值几乎为 0（平均值为 – 0.01），所以，选择相对较低的 ρ 值（$\rho = 2.0$）并不会系统地降低一般国家的 τ_i^* 值。

表 18 – 5 最上面的表格总结了表 18 – 4 中报告的发现。就世界范围内的平均情况而言，在所考虑时期内（最上面一行）所生活的国家如果经历了冲突，那么这个消费者愿意放弃大约 9% 的年度消费以作为为生活在一个永久和平世界中的一次性支付。看一下表 18 – 5 中的第一组表格，第 1 行表明，在合成的无冲突消费途径上的年均人均消费增长率 $\widehat{\mu}^*$ 比观测到的平均消费增长率 $\widehat{\mu}$ 高出 0.62 个百分点。同样，"和平的"消费增长率的标准差的均值 $\widehat{\sigma}^* = 5.79$，小于观测到的消费增长波动率 $\widehat{\sigma} = 6.15$。此外，福利测度 τ_i^* 相对于 ρ 和 θ 的平均弹性分别为 0 和 –1，表明较高的 ρ 值和较低的 θ 值可能会使平均战争成本更高。[1]

在表 18 – 5 的其余表格中，我们尝试利用更广泛的方法设定冲突如何影响一个国家的预期消费路径。也就是说，我们考虑 $\widehat{\alpha}$ 和 δ 依据特定地区而不同。我们还尝试控制可能的反向因果关系，即弱消费增长导致冲突，例如，赫斯和欧菲尼德斯（Hess, Orphani des, 1995）提出的"转移性战争"（diversionary wars）的情况。赫斯和欧菲尼德斯（Hess, Orphani des, 1995）发展了一种外部冲突转移理论，其中具有特定但未知冲突处理技能的当选领导人可能在经济衰退期间发起冲突，以展示这些技能并帮助其在再次选举中赢得机会。[2] 因此，我们考察了截断数据，即如果某一年人均消费增长率低于这个国家平均人均消费增长率 1 个标准差以上，之后紧接着发生了冲突，那么这次冲突不算作已经发生的冲突。

表 18 –5 最后三组表格中呈现的结果大体上与基线设定一致。一般来说，这些修改略微增加了平均的冲突成本估计值。不考虑地区差异的

---

[1] 一个简单的检验表明，$\varepsilon_{\tau i \theta}(\varepsilon_{\tau i \rho})$ 的平均值在双尾检验中在或低于 0.1 的水平下显著（不显著）异于 0。

[2] 正如米德（Meade, 1940: 15）指出的那样："贫穷，特别是在国家经济崩溃时期从舒适状态坠落到贫穷，滋生了这样一种心态，在这种心态下，军事冒险看起来比其他情况更有吸引力。"

表 18 – 5　福利计算的稳健性

未做截断数据处理且未考虑地区层面参数变化

	增长			波动			成本		弹性	
	$\hat{\mu}_i$	$\hat{\mu}_i^{*'}$	$\hat{\mu}_i^*$	$\hat{\sigma}_i$	$\hat{\sigma}_i^{*'}$	$\hat{\sigma}_i^*$	$\tau_i^{*'}$	τ_i^*	$\epsilon_{\tau_i^*,\rho}$	$\epsilon_{\tau_i^*,\theta}$
均值	1.71	2.08	2.33	6.15	5.87	5.79	5.73	9.28	-.001	-1.04
标准差	2.38	3.1	3.1	3.98	3.56	3.51	9.31	11.43	0.89	0.76
中位数	1.51	1.86	2.12	5.22	5.11	5.04	3.15	6.05	-0.21	-0.88

做截断数据处理且未考虑地区层面参数变化

	增长			波动			成本		弹性	
	$\hat{\mu}_i$	$\hat{\mu}_i^{*'}$	$\hat{\mu}_i^*$	$\hat{\sigma}_i$	$\hat{\sigma}_i^{*'}$	$\hat{\sigma}_i^*$	$\tau_i^{*'}$	τ_i^*	$\epsilon_{\tau_i^*,\rho}$	$\epsilon_{\tau_i^*,\theta}$
均值	1.3	1.97	2.07	6.19	5.99	6.02	12.24	13.53	-0.06	-1.19
标准差	2.5	4.83	4.83	3.98	3.92	3.94	30.75	32.16	2.08	1.46
中位数	1.1	1.42	1.52	5.28	5.1	5.12	9.12	10.22	-0.18	-0.93

未做截断数据处理且考虑了地区层面参数变化

	增长			波动			成本		弹性	
	$\hat{\mu}_i$	$\hat{\mu}_i^{*'}$	$\hat{\mu}_i^*$	$\hat{\sigma}_i$	$\hat{\sigma}_i^{*'}$	$\hat{\sigma}_i^*$	$\tau_i^{*'}$	τ_i^*	$\epsilon_{\tau_i^*,\rho}$	$\epsilon_{\tau_i^*,\theta}$
均值	1.20	1.60		6.16	6.38		5.10		-0.02	-1.08
标准差	2.02	2.14		3.95	4.03		18.79		0.80	0.83
中位数	1.39	1.55		5.32	5.39		2.35		-0.17	-0.92

做截断数据处理且考虑了地区层面参数变化

	增长			波动			成本		弹性	
	$\hat{\mu}_i$	$\hat{\mu}_i^{*'}$	$\hat{\mu}_i^*$	$\hat{\sigma}_i$	$\hat{\sigma}_i^{*'}$	$\hat{\sigma}_i^*$	$\tau_i^{*'}$	τ_i^*	$\epsilon_{\tau_i^*,\rho}$	$\epsilon_{\tau_i^*,\theta}$
均值	1.06	1.48		6.18	6.31		7.20		-0.24	-1.33
标准差	2.09	2.21		3.96	4.26		22.96		2.46	2.41
中位数	1.23	1.51		5.28	5.41		3.38		-0.23	-0.90

注：参见表 18 – 4；最上面一组表格提供了表 18 – 4 中数据的跨国汇总统计信息；行报告了每列数据跨国统计量的均值、标准差和位数；第 2 组表格在所有冲突按照如下方法做了截断处理后重新进行了汇总：如果某一年人均消费增长率低于这个国家平均人均消费增长率 1 个标准差以上，之后紧接着发生冲突，那么这次冲突不算作已经发生的冲突。虽然没有展示出来，但这将改变表 18 – 2 和表 18 – 3 中参数的估计值；第 3 组表格回到了没有做截断处理的冲突定义，且通过单独回归以下地区子样本得到式（8）中的参数估计值，涉及撒哈拉以南地区、中东、亚洲、西欧、东欧、拉丁美洲和北美；第 4 组表格考虑了对冲突定义进行截断处理和各个地区层面的参数变化，在对地区子样本进行估计时，只报告了冲突的本地直接影响。

截断战争数据（第 2 组）略微提高了来自和平的全球和本地直接福利收益的均值，也提高了收益的中位数。截断处理显著提高了来自和平的本地直接收益均值，但再次降低了考虑地区差异变化的中位数（第 2、3、4 组）。不考虑截断处理，逐个地区估计冲突对增长的影响时，来自和平收益的均值与中位数都提高了。除第 4 组外，所有组中的 τ_i 相对于 ρ 的平均弹性仍位于 0 附近，而 τ_i 相对于 θ 的弹性基本上不受影响，一直为 -1.0。

为了进一步理解一个国家从生活在和平世界中所获得的潜在收益，表 18-6 列出了影响这些收益的因素的实证结果。特别的是，我们对地区、经济和政府影响感兴趣，这些因素指出了一个国家是否更有可能从和平世界中获益。每个回归中的因变量是一个国家愿意为实现更和平的世界而付出的代价。在这些实证估计中，我们使用所有有数据的国家，因为所有国家都可以享受减少冲突带来的全球性收益。因此，总共有 184 个国家的数据，而不仅仅是表 18-4 中列出的国家。一般形式的回归方程是：

$$\tau_i^* = Constant + R_i + \theta_1 \cdot Economics_i + \theta_2 \cdot DEMO_i + \theta_3 \cdot (Ecnomics_i \times DEMO_i) + \nu_i \tag{9}$$

其中，R_i 表示估计的地区效应。回归中的治理变量是 $DEMO_i$，它表明在样本时期开始时，政府是否被认为是民主的 [参见格尔和哈夫（Gurr，Harff，1997）]。所考虑的经济变量有，该国在初始时的实际人均国内生产总值的对数，该国出口中与石油相关的出口是否超过 50%（$EXPFUEL$），以及每个国家经济的初始开放程度（$OPEN$），它用初始出口额加进口额除以国内生产总值来衡量（参见数据附录）。

表 18-6　影响一国从和平中获得潜在收益的因素

（$\tau_i^* = \alpha_0 + R_i + \theta_1 Economics_i + \theta_2 DEMO_i + \theta_3 (Economics_i \times DEMO_i) + \varepsilon_i$）

	1	2	3	4	5	6	7
东亚	2.697 ** (1.268)	0.178 (1.235)	3.355 *** (1.256)	2.602 ** (1.285)	2.533 * (1.313)	0.341 (1.253)	-0.056 (1.212)
东欧	0.531 (1.014)	-0.618 (1.080)	1.347 (0.996)	0.531 (1.017)	0.376 (0.996)	-0.158 (1.014)	-0.401 (0.992)
中东	5.530 ** (2.217)	3.250 (2.051)	6.569 *** (2.289)	5.121 ** (2.254)	5.237 ** (2.191)	3.124 (2.050)	2.958 (2.205)
南亚	5.686 ** (2.368)	1.786 (2.945)	6.335 *** (2.183)	5.686 ** (2.375)	5.632 ** (2.307)	2.249 (2.718)	1.585 (2.923)

续表

	1	2	3	4	5	6	7
西欧	−0.551	−1.252	−0.377	−0.551	−0.663	−1.303	−1.781 *
	(0.752)	(0.897)	(0.656)	(0.754)	(0.790)	(0.853)	(0.962)
撒哈拉以南地区	2.984 ***	−0.566	3.869 ***	2.857 ***	2.784 ***	−0.310	−0.655
	(0.842)	(1.369)	(0.796)	(0.840)	(0.923)	(1.425)	(1.412)
拉丁美洲	1.664 *	0.009	2.418 **	1.586	1.485	0.261	0.131
	(0.981)	(1.108)	(0.986)	(0.992)	(1.101)	(1.213)	(1.266)
$\ln(GDP_{ini})$		−1.633 ***				−1.649 ***	−1.199 **
		(0.489)				(0.492)	(0.573)
$OPEN_{ini}$			−0.014 ***			−0.013 **	−0.027 ***
			(0.007)			(0.006)	(0.008)
$EXPFUEL$				2.654		3.446 **	4.797 ***
				(1.723)		(1.356)	(1.497)
$DEMO$					−0.381	−0.698	2.970
					(0.703)	(0.703)	(5.918)
$DEMO \times OPEN_{ini}$							0.018 *
							(0.010)
$DEMO \times \ln(GDP_{ini})$							−0.626
							(0.672)
$DEMO \times EXPFUEL$							−3.899
							(2.555)
观测数	170	170	170	170	170	170	170
R^2	0.13	0.19	0.19	0.15	0.14	0.26	0.28

注：回归包括了170个有数据的国家，因为所有国家都可以享受减少冲突的全球性收益；每个回归中的因变量 τ^* 是在 $\rho = 2.0$，$\theta = 0.08$ 时计算得到的；R_i 表示地区虚拟变量。$DEMO_i = 1$ 表示该国政府在样本时期开始时被认为是民主政府；所考虑的经济变量包括每个国家初始时人均 GDP 的对数 $\ln(GDP_{ini})$，该国出口中与石油相关的出口是否超过 50%（$EXPFUEL = 1$），以及每个国家经济初始时的开放程度（$OPEN_{ini}$），它由初始时期出口额加进口额除以 GDP 来衡量。

在表 18-6 的第 1 列中，我们给出了仅估计地区影响时的实证结果。请注意，尽管 G7 不再作为解释变量，但为了避免共线性，回归时包含一个常数。有趣的是，地区差异表明，相对于 G7 国家，除东欧和西欧以外的所有地区都明显从一个更加和平的世界中获得了更多收益。在第 2~5 列中，我们给出了经济因素对冲突福利成本更多影响的证据。回归结果表明，主要经济因素是国家贸易开放程度和国内生产总值的初始水平——

第 2 列和第 3 列。关于前一项发现，一国贸易部门的增长往往会降低来自和平的预期收益。换句话说，封闭经济体比开放经济体能从和平中获益更多。当然，考虑到布鲁斯·拉塞特（Bruce Russett，2002）和其他支持自由和平假说的强有力经验证据，这可能是因为更开放的经济体更不可能参与冲突。对于后一项发现来说，较贫困的国家从和平中获益更多，也许部分原因是长时期的冲突历史使它们较为贫穷。另一个有趣的发现是，一个国家实际国内生产总值的初始水平影响来自和平的收益——第2 列。第 4、5 列中呈现的实证结果表明，一个国家石油出口国的身份和民主治理不会直接影响来自和平的收益。表 18-6 的第 6 列表明，当所有这些变量被同时包含在内时，地区差异减少了，GDP 的初始水平和开放程度仍然重要，并且如果一个国家是石油出口国，则来自和平的收益会增加。

为了探讨一个国家的民主治理是否会通过经济条件间接影响来自和平的收益，在表 18-6 第 7 列中，我们给出了包括经济变量与民主交互项的估计结果。虽然这些新的交互变量通常是不显著的，但贸易更加开放的民主国家从和平中获得的收益明显更多。其他系数估计结果在很大程度上没有受到是否包含这些附加变量的影响。

5. 结论

根据卢卡斯（Lucas，1987）的研究，本章估计了和平带来的潜在经济收益，用个人愿意放弃多少当前消费以生活在一个和平世界中的确定性等价来衡量。使用 184 个国家的（非平衡）面板数据，我们计算了合成的消费路径，也就是消除战争后对消费增长率均值和波动性的影响。[①]从这些估计中计算冲突的成本。主要发现是，消除战争的平均收益下限的估计值大约为人均年消费的 9%。另外，虽然许多较贫困的国家一定会从和平中受益匪浅，但经济发达国家的获益往往是巨大的。该结果对于赫斯和欧菲尼德斯（Hess，Orphanides，1995）所考虑的地区效应和可

---

① 参见布隆伯格、赫斯和欧菲尼德斯（Blomberg，Hess，Orphanides，2004）及埃克斯坦和西德登（Eckstein，Tsiddon，2004）对恐怖主义经济成本的分析。前一篇文章发现恐怖主义对长期经济增长只有很小的影响，后一篇文章发现恐怖主义对以色列的影响较大。

能的反向因果关系来说是稳健的。此外，数据限制和这种技术的性质均表明，我们计算的是消除冲突后可能获得收益下限的估计。

　　为了将战争成本的这个下限估计值用实际美元价值表示出来，在可接受的损失某些一般性的情况下，将计算得到的每个国家的冲突成本（τ_i）乘以其以 2000 年国际美元计算的实际人均消费和总消费。通过这一方法，样本中 184 个国家的平均（世界）冲突成本为每人 224 美元。人们为了避免冲突而愿意付出最多的国家是伊拉克（1428 美元）、美国（1070 美元）、英国（903 美元）、塞浦路斯（872 美元）和以色列（851美元）。回想一下，这些并不是一次性支付，而是永久性的人均支付，因此，简单现期贴现值要比无风险利率为 5% 时的值高出 21 倍。同样地，用 2000 年美元价格以及 2000 年人口数量计算的世界冲突总成本为 9180亿美元，这一永久性支付将按人口增长率增长。以 2000 年美元价格和人口数量衡量，美国、印度、印度尼西亚和英国是冲突成本较高的国家，冲突成本分别为 2100 亿美元、830 亿美元、510 亿美元和 350 亿美元。用消费表示的消除冲突的潜在福利和用美元表示的收益的规模应当引起经济学家、政治学家和政策制定者继续探索并倡导改进国内和国际机制以实现这种收益。

致　谢

　　我们非常感谢马克·比尔斯（Mark Bils）、查克·卡尔斯特伦（Chuck Carlstrom）、伊赫桑·乔德利（Ehsan Choudhri）、阿列桑德罗·奇尼奥（Allesandro Cigno）、托德·克拉克（Todd Clark）、本·克雷格（Ben Craig）、安迪·费尔滕斯坦（Andy Feltenstein）、埃德·曼斯菲尔德（Ed Mansfield）、杰拉德·罗兰（Gerard Roland）、马克·维登迈尔（Marc Weidenmier），以及 ASSA、克里夫兰联邦储备银行（Federal Reserve Bank of Cleveland）、国际货币基金组织研究所（IMF Institute）、CREI－CEPR战争与宏观经济会议（CREI－CEPR－Conference on War and the Macroeconomy）和 CESifo 公共部门经济学会议（CESifo Conference on Public Sector Economics）的与会者提出的有益评论。对于埃德·佩尔茨（Ed Pelz）的贡献和帮助，我们也由衷表示感谢。本章部分内容是 G. D. 赫斯

（G. D. Hess）在克利夫兰联邦储备银行（Federal Reserve Bank of Cleve-
land）和国际货币基金组织研究所做访问学者时撰写的。本章所表达的
观点是笔者自己的，并不代表克利夫兰联邦储备银行、联邦储备系统
（Federal Reserve System）或国际货币基金组织。

参考文献

Alesina, A., and E. Spolaore. 2006. Conflict, defense spending and the size of countries. *European Economic Review* 50 (1): 91 – 121.

Arellano, M., and S. Bond. 1991. Some tests of specification for panel data: Monte Carlo evidence and an application to employment equations. *Review of Economic Studies*, 58: 277 – 97.

Barro, R. 2009. Rave disasters, asset prices and welfare costs. *American Economic Review* 99 (1): 243 – 64.

Bleaney, M., N. Gemmell, and R. Kneller. 2001 Testing the endogenous growth model: Public expenditure, taxation, and growth over the long run. *Canadian Journal of Economics* 34: 36 – 57.

Blomberg, S. B., and G. Hess. 2002. The temporal links between conflict and economic activity. *Journal of Conflict Resolution* 46: 74 – 90.

——. 2009. Estimating the macroeconomic consequence of 9/11. *Peace Economics, Peace Science and Public Policy*, 15: 1 – 26.

Blomberg, S. B., G. Hess, and A. Orphanides. 2004. The macroeconomic consequences of terrorism. *Journal of Monetary Economics* 51: 1007 – 32.

Blomberg, S. B., G. Hess, and S. Thacker. 2006. Is there evidence of a poverty-conflict trap? *Economics and Politics* 18: 237 – 67.

Braun, R. A., and E. McGrattan. 1993. The macroeconomics of war and peace. In *NBER Macroeconomics Annual*. Cambridge, MA: MIT Press.

Brecher, M., J. Wilkenfeld, and S. Moser. 1988. Crises in the twentieth century. In *Handbook of International Crises, Vol. I.*, Oxford: Pergamon.

——. 1997. *A study of crisis*. Ann Arbor, MI: University of Michigan Press.

Caplan B. 2002. How does war hit the economy? *Journal of International money and Finance* 21 (2): 145 – 62.

Collier, P. , and N. Sambanis. 2000. Understanding civil war: A new agenda. *Journal of Conflict Resolution* 46: 3 – 12.

Crucini, M. , and G. D. Hess. 2000. International and intranational risk sharing. In *Intranational Macroeconomics*, ed. Gregory D. Hess and Eric Van Wincoop, 37 – 59. Cambridge: Cambridge University Press.

Davis, S. , K. Murphy, and R. Topel. 2009. War in Iraq versus containment. In *Guns and butter: The economic causes and consequences of conflict*, ed. Gregory D. Hess, Cambridge, MA: MIT Press.

Eckstein, Z. , and D. Tsiddon. 2004. Macroeconomic consequences of terrorism: Theory and the case of Israel. *Journal of Monetary Economics* 51: 971 – 1002.

Frey, B. , and D. Waldenstrom. 2003. Markets work in war: World War II reflected in the Zurich and Stockholm bond markets. Mimeo.

Garfinkel, M. R. , and S. Skaperdas. 1996. Introduction: Conflict and appropriation as economic activities. In *The political economy of conflict and appropriation*, ed. M. R. Garfinkel and S. Skaperdas. Cambridge: Cambridge University Press.

Gurr, T. R. , and B. Harff. 1977. *Internal wars and failures of governance*, 1954 – 1996. State Failure Task Force, University of Maryland, College Park.

Hess, G. D. , and A. Orphanides. 1995. War politics: An economic, rational voter framework. *American Economic Review* 85: 828 – 46.

——. 2001a. Economic conditions, elections, and the magnitude of foreign conflicts. *Journal of Public Economics* 80: 121 – 40.

——. 2001b. War and democracy. *Journal of Political Economy* 109: 776 – 810.

Howard, M. 1983. *The causes of war*. Cambridge, MA: Harvard University Press.

——. 2000. *The invention of peace: Reflections on war and international order*. New Haven, CT: Yale University Press.

Kaysen, K. 1990. Is war obsolete? *International Security* 14: 42 – 64.

Keegan, J. 1993. *A history of warfare*. New York: Random House.

Lau, M. I. , P. Poutvaara, and A. Wagener. 2002. The dynamic cost of the draft. *CESifo Working Paper* 774, CESIfo Group, Munish, Germany.

Lucas, R. E. , Jr. 1987. *Models of business cycles*. Oxford: Basil Blackwell.

McGrattan, E. , and L. Ohanian. 1999. The macroeconomic effects of big fiscal shocks: The case of World War II. Working Paper 599. Federal Reserve Bank of Minneapolis.

Meade, J. E. 1940. *The economic basis of a durable peace*. New York: Oxford University Press.

Mueller, J. 1989. *Retreat from doomsday: The obsolescence of major war*. New York: Basic Books.

Newey, W. K. , and K. D. West. A simple, positive semi-definite, heteroskedasticity and autocorrelation consistent covariance matrix. *Econometrica* 55: 703 – 8.

Nordhaus, W. 2002. The economic consequences of a war with Iraq. Working Paper 9361, National Bureau of Economic Research, Cambridge, MA.

Pigou, A. C. 1940. *The political economy of war*. London: MacMillan.

Quah, D. 1997. Empirics for growth and distribution: Stratification, polarization, and convergence clubs. *Journal of Economic Growth* 2: 27 – 59.

Robbins, L. 1942. *The economic causes of war*. London: Jonathan Cape.

Russett, B. 2003. Violence and disease: Trade as suppressor of conflict when suppressors matter. In *Economic interdependence and international conflict: New perspectives on an enduring debate*, ed. E. Mansfield and B. Pollins, Ann Arbor, MI: University of Michigan Press.

Sala-i-Martin, X. 1997. I just ran two million regressions. *American Economic Review* 87 (2): 178 – 83.

Small, M. , and J. D. Singer. 1982. *Resort to arms: International and civil wars, 1816 – 1980*. Beverly Hills, CA: Sage.

Stiglitz, J. , and L. Bilmes. 2008. *The three trillion dollar war: The true cost of the war in Iraq*. New York: W. W. Norton.

Summers, R. , and A. Heston. 1991. The Penn world tables (Mark 5): An expanded set of international comparisons. *Quarterly Journal of Economics* 106: 327 – 68.

van Wincoop, E. 1994. Welfare gains from international risk sharing. *Journal of Monetary Economics* 34: 175 – 200.

Wright, Q. 1965. *A study of war*. Chicago: University of Chicago Press.

数据附录

A.1 被省略的国家和地区以及没有发生所编码的冲突的国家和地区

以下国家（地区）没有发生所编码的冲突：安提瓜和巴巴多斯、奥地利、巴哈马、巴林、伯利兹、百慕大、不丹、玻利维亚、博茨瓦纳、文莱、保加利亚、喀麦隆、佛得角、哥斯达黎加、丹麦、吉布提、多米尼加、爱沙尼亚、芬兰、加蓬、格林纳达、中国香港、冰岛、爱尔兰、牙买加、日本、哈萨克斯坦、基里巴斯、吉尔吉斯共和国、拉脱维亚、立陶宛、卢森堡、中国澳门、北马其顿、马达加斯加、马拉维、马耳他、毛里塔尼亚、毛里求斯、墨西哥、密克罗尼西亚、摩尔多瓦、蒙古国、纳米比亚、荷兰、荷属安的列斯、挪威、帕劳、巴拉圭、波兰、葡萄牙、波多黎各、萨摩亚、圣多美和普林西比、塞尔维亚、圣基茨和尼维斯、圣卢西亚、圣文森特、苏里南、瑞典、瑞士、中国台湾、汤加、特立尼达和多巴哥、突尼斯、土库曼斯坦、乌克兰、阿拉伯联合酋长国、瓦努阿图和委内瑞拉。

以下国家由于缺乏数据未考虑在内：安哥拉、圭亚那、利比亚和塞舌尔。

A.2 经济数据

- 宾夕法尼亚世界表（PennWorld Table，PWT）［萨默斯和赫斯顿（Summers，Heston）］

— $\Delta\log(c_{it})$：以不变美元表示的实际人均 GDP 对数的差分形式，使用环比指数（PWT5 中 1985 年国际价格）乘以消费占 GDP（用

1985 年国际价格表示）的比例。

— GDP_{ini}：以不变美元表示的实际人均 GDP 的初始水平，使用环比指数（用 1985 年 PWT5 国际价格）。

— $OPEN_{ini}$：初始开放度，以出口额加进口额占 GDP 的比例衡量。

A. 3　外部冲突

- 国际危机行为项目（International Crisis Behavior Project）：参与者层面的数据集 [布雷切尔、威肯费尔德和莫泽（Brecher, Wilkenfeld, Moser, 1997）]

  —EXTS：全面战争（SEVVIO = 4）。

  —本国（H）：危机发生在危机参与者本国领土上（CRACTLOC = 1）。

  —国外（A）：危机没有发生在参与者本国领土上（CRACTLOC ≠ 1）。

- 国际和平科学协会（Peace Science Society International）：战争相关数据集中的 1816 ~ 1997 年国家间战争数据；战争相关数据集中的 1816 ~ 1997 年超国家战争数据

  —EXTB：国家之间的军事冲突（国家间战争）或国家和非国家参与者之间的冲突（超国家战争）。

  —如果一个冲突同时满足 EXTB 和 EXTS，那么它被认为是大规模战争。两者的区别在于 EXTB 表示每年死亡人数超过 1000 人的战争。

A. 4　内部冲突

- 国家失败工作组（State Failure Task Force）：内战和治理失败，1954 ~ 1996 年数据集 [参见格尔和哈夫（Gurr, Harff, 1997）]

  —GENOCIDE：每年伤亡人数超过 1000 人的种族屠杀/政治屠杀。

  —ETHNIC：每年死亡人数超过 1000 人的民族战争。

  —REGIME：导致突发性或破坏性政权更替的重大武装暴力活动。

  —REVOLT：每年死亡人数超过 1000 人的革命战争。

A.5　全球发展网络增长数据集（Global Development Network Growth Database）：社会指标和固定因素（Social Indicators and Fixed Factors）［伊斯特利和塞瓦得（Easterly，Sewadeh）］

- 世界银行集团：全球发展网络增长数据库
  —EXPFUEL：主要燃油/石油出口国（占商品和服务出口总额的 50% 以上）。
  —ETHFRAC：民族细分。
  —DEMO：来自格尔和哈夫（Gurr，Harff，1997）定义的民主。若为民主则取值 1，否则为 0。

第四部分

冲突的机制

第 19 章 冲突的技术

贾 浩

斯特吉奥斯·什卡佩尔达斯

1. 引言

战争是一种成本高昂的经济活动，它与各种普通经济活动一样，将各种投入品结合起来。例如，现代战争需要许多不同类型的劳动力：普通士兵、军官、坦克和飞机技师、电子专家、熟练飞行员、复杂物流专家、核科学家与工程师、间谍以及其他在民用经济中没有同样职业的专业人员。与普通生产相比，武器系统及其设计与制造方法既可以是常规的，也可以是高度专业化的。劳动力、资本和土地这三大通用生产要素都可以在战争中使用。这不仅是现代战争的真实情况。在农业革命以及可识别的国家出现之后，战争成为一种高度组织化的活动，物流、工程和等级制度通常都超越了民用生产中相应的部分。例如，古代攻城机械的复杂程度相当高，在民用项目中很少有类似的情况（Landels，1978）。

与一般生产不同，其最终产出通常是具体的且可以测量，而战争的最终产出则不是可以清晰定义的。武器以及军事人力本身就是所谓的军事能力的投入品，但军事能力自身只能被视为一种中间投入。不同于普通经济生产中投入品合作性地结合在一起，相反地，竞争对手的军事能力对抗性地结合在一起。在战争中，军事能力对抗性地结合在一起，最终结果即战争的最终产出可以被认为是获胜或者失败，每个参与者获胜或失败的概率取决于相对于对手的军事能力。

由于军事能力建设遵循一般经济生产规律，对手之间的军事能力怎样转化为获胜与失败的概率是本章的重点。据我们所知，赫什利弗

449

（Hirshleifer，1989）是第一位将这样的函数称为冲突的技术（technologies of conflict）的研究者，这也是本章所采用的术语。冲突技术是概率选择函数的一种情况，卢斯（Luce，1959）首先在个人选择的情况下考察了概率选择函数，20 世纪 70 年代的计量经济学家［如麦克法登（McFadden，1974)］也独立地对其进行了检验。这个函数不仅适用于战争的博弈分析，还适用于所有投入品对抗性地结合在一起的情况——从体育到诉讼、游说和寻租——这些函数被称为竞争或竞赛成功函数。[①] 这种函数的理论逐渐变得成熟起来。然而，很少有实证研究在战争或更一般的竞赛情况下估计这种函数。

在第 2 节中，我们介绍一些常用的函数形式，然后对两种不同类型的理论基础进行概述：随机性基础与公理性基础。在第 3 节中，我们讨论使用计量经济学方法估计冲突技术时的一些技术问题。

2. 函数形式及理论基础

在本节中，我们的目的是介绍并讨论冲突技术不同函数形式的性质，并探讨它们可能基于的理论基础。我们要考虑的两种主要理论基础是被我们称为随机性的理论基础，以及通常被称为公理性的理论基础。随机性基础基于冲突的结果，即获胜与失败的概率，可能是关于军事能力的受"噪声"影响的函数。公理性基础来源于人们认为冲突技术具有的一般性质（或公理）以及这些性质组合对于函数形式的影响。

考虑两个敌对者（用 1 和 2 表示），他们对军事能力的选择用 M_1 和 M_2 表示。我们假设军事能力是各种投入通过生产函数形成的产出。对于对手或他们自己来说，这些生产函数可能相同也可能不同。与军事能力相关的成本函数是 $c^1(M_1)$ 和 $c^2(M_2)$。因为在本节中，我们只关心敌对双方的军事能力如何转化为获胜和失败的概率，而不是如何选择军事能力，我们将这些成本函数和生产函数视为给定。对于任何给定的军事能力组合，每位参与者具有一个获胜的概率和一个失败的概率（陷入僵局

450

---

① 关于竞赛理论和冲突理论的回顾分别参见康纳德（Konrad，2009）及加芬克尔和什卡佩尔达斯（Garfinkel，Skaperdas，2007）。

或"平局"的概率被认为是 0，我们确实会讨论这一假设不成立的情况）。参与者 $i = 1$ 获胜的概率表示为 $p_1(M_1, M_2)$，参与者 $i = 2$ 获胜的概率表示为 $p_2(M_1, M_2)$。

因为 p_i 表示概率，其取值需要在 0 ~ 1 之间，并且加起来等于 1：$p_2(M_1, M_2) = 1 - p_1(M_1, M_2) \geq 0$。此外，我们可以预期一个参与者军事能力增强可以提高这个参与者的获胜概率并降低对手的获胜概率；也就是说，我们应该有 $p_1(M_1, M_2)$ 随着 M_1 严格递增 [当 $p_1(M_1, M_2) < 1$ 时]，同时随着 M_2 严格递减 [当 $p_1(M_1, M_2) > 0$ 时]。

已被广泛研究的一类技术采取如下相加的形式：

$$p_1(M_1, M_2) = \begin{cases} \dfrac{f(M_1)}{f(M_1) + f(M_2)} & \text{如果} \sum_{i=1}^{2} f(M_i) > 0 \\ \dfrac{1}{2} & \text{其他情况} \end{cases} \tag{1}$$

其中，$f(\cdot)$ 是一个非负、严格递增的函数。这类形式被应用于许多领域，包括广告经济学（Schmalensee，1972，1978）、体育经济学（Szymanski，2003）、寻租（Nitzan，1994；Tullock，1980），以及一般的竞赛分析中（Konrad，2009）。

式（1）中的这类冲突技术具有独特且吸引人的特征，即它可自然地扩展到超过两个参与者的情况。因此，如果有 n 个参与者参与冲突，参与者 i 的军事能力表示为 M_i，而其他参与者 i 的军事能力择向量用 M_{-i} 表示，那么 i 获胜的概率为：

$$p_i(M_i, M_{-i}) = \begin{cases} \dfrac{f(M_i)}{\sum_{j=1}^{n} f(M_j)} & \text{如果} \sum_{j=1}^{n} f(M_j) > 0 \\ \dfrac{1}{n} & \text{其他情况} \end{cases} \tag{2}$$

最普遍使用的函数形式是 $f(M_i) = M_i^{\mu}$，[①] 其中 $\mu > 0$（通常来说，考虑到存在纯策略纳什均衡的技术原因，要求 $\mu \leq 1$），因此：

---

① 这种形式的一种变体是 $f(M_i) = M_i^{\alpha} + b$，其中 $\alpha = b > 0$。阿莫加西（Amegashie，2006）考察了这种形式的性质。

$$p_1(M_1, M_2) = \frac{M_1^{\mu}}{M_1^{\mu} + M_2^{\mu}} = \frac{\left(\frac{M_1}{M_2}\right)^{\mu}}{\left(\frac{M_1}{M_2}\right)^{\mu} + 1} \qquad (3)$$

这个函数形式有时被称为"幂"形式或"比率"形式，这被塔洛克（Tullock，1980）以及随后大量研究寻租的文献所使用。这也是冲突经济学采用的主要函数形式。正如赫什利弗（Hirshleifer，1989）所提到的那样，在这种函数形式下，获胜概率取决于参与双方军事能力的比值 $\frac{M_1}{M_2}$。

另一个著名的函数形式采取下面的"逻辑"（logit）形式，其中 $f(M_i) = e^{\mu M_i}$，在这里，$\mu > 0$，因此：

$$p_1(M_1, M_2) = \frac{e^{\mu M_1}}{e^{\mu M_1} + e^{\mu M_2}} = \frac{1}{1 + e^{\mu(M_2 - M_1)}} \qquad (4)$$

如赫什利弗（Hirshleifer，1989）所述，从式（4）第二个等号后面的表达式显然可以看出，在这种函数形式下，获胜概率取决于参与双方枪支数量的差值。正如我们将要看到的，一般的相加形式以及两种特定的函数形式都具有随机性及公理性基础。

2.1 随机性基础

一场特定战斗或战争的结果可被视为是关于两个竞争对手军事能力受"噪声"影响的函数。特别地，我们可以假设每位参与者在战斗中的"表现"用 Y_i 表示，它是军事能力和噪声的函数，因此 $Y_i = h(M_i, \theta_i)$，其中，θ_i 代表随机变量，且 $h(\cdot, \cdot)$ 是这两个变量的函数。那么，参与者 1 获胜的概率可以用其表现好于对手表现的概率来表示，所以：

$$p_1(M_1, M_2) = \Pr[Y_1 > Y_2] = \Pr[h(M_1, \theta_1) > h(M_2, \theta_2)] \qquad (5)$$

从随机角度来看，每个参与者获胜的概率不仅取决于双方军事能力，还取决于 $h(\cdot, \cdot)$ 的函数形式以及 θ_i 的分布。

线性形式是 $h(\cdot, \cdot)$ 最常使用的形式，即 $h(M_i, \theta_i) = M_i + \theta_i$。在这种情况下，当 θ_i 独立同分布且服从正态分布时，双方获胜或失败概率被描述成"概率"（probit）形式［参见阿尔伯特和奇布（Albert，Chib，

1993）；特瑞恩（Train, 2003）]:

$$p_1(M_1, M_2) = \Phi(M_1 - M_2) \tag{6}$$

其中，Φ 是标准正态分布的累积分布函数。

很可能是因为没有解析式来表示概率形式，它在冲突博弈中使用得不像式（2）或者更一般的形式如式（1）那样广泛。

然而，当 $h(M_i, \theta_i) = M_i + \theta_i$ 时，如果 θ_i 是独立同分布且服从极端值分布（Extreme Value Distribution），就可以得到逻辑形式（McFadden, 1974）：

$$p_i(M_i, M_{-i}) = \frac{e^{\mu M_i}}{\sum_{j=1}^{n} e^{\mu M_j}} \tag{7}$$

452

极端值分布的累积分布函数（类型 I）为 $G_{\theta_i} = \exp(-\exp(-z))$，这就是我们熟知的双指数分布（double exponential distribution）（Luce, 1977；Yellott, 1977）或者对数威布尔分布（log-Weibull distribution）。

受推导 Probit 和 logit 形式的启发，贾（Jia, 2008b）通过假设表现函数具有相乘形式，即 $h(M_i, \theta_i) = M_i \theta_i$，对式（3）的比率形式提供了一种基于随机性的解释。这个结果扩展到 n 个参与者的冲突模型为：

$$p_i(M_i, M_{-i}) = \frac{M_i^{\mu}}{\sum_{j=1}^{n} M_j^{\mu}} \tag{8}$$

贾（Jia, 2008b）表明，对于 $n > 2$，当且仅当独立随机冲击 $\{\theta_i\}_{i=1}^{n}$ 具有一个特定分布，即众所周知的逆指数分布（inverse exponential distribution）时，冲突模型才能得到式（8）所示的比率形式。

具体来说，当且仅当随机变量的概率密度函数具有以下形式时，一个随机变量才是参数为 α 和 μ 的逆指数分布，其中 $\alpha, \mu > 0$ [简写为 $IEXP(\alpha, \mu)$]:

$$g(z) = \alpha \mu z^{-(\mu+1)} \exp(-\alpha z^{-\mu}) I_{[z>0]} \tag{9}$$

其中，I 是指示函数，当 $z > 0$ 时，I 等于 1，其他情况下为 0。因此，$IEXP(\alpha, \mu)$ 的累积分布函数为：

$$G(z) = \int_0^z h(s) ds = \exp(-\alpha z^{-\mu})$$

对于一个服从 $IEXP(\alpha,\mu)$ 分布的随机变量，我们可以验证，它的期望和方差都不存在，但其众数位于 $\left(\dfrac{\mu\alpha}{\mu+1}\right)^{1/\mu}$。当 α 增加时，其概率密度函数变得平坦，越向右就越集中。参数 μ 发挥相反的作用。当 μ 减小时，概率密度函数变得平坦。

贾（Jia，2008b）将式（7）和式（8）中的参数 μ 解释为冲突中的"噪声"。对所有参与者而言共同的是，参数 μ 描述了由于资源支出增加而导致的获胜概率的边际递增。μ 值较低的冲突可被视为基本没有歧视或受"噪声"影响的冲突。当 μ 趋于 0 时，冲突结果收敛于一个随机的、不依赖冲突双方军事能力的事件。μ 值较高的冲突可被视为是高度歧视性的；当 μ 趋于无穷时，冲突结果则由一个全支付拍卖（all-pay auction）决定（在这种情况下，军事能力最高的一方的获胜概率为 1）。

傅和鲁（Fu，Lu，2008）对 μ 给出了一个的清晰解释是从式（9）得到式（8）的另一种推导。傅和鲁（Fu，Lu，2008）注意到，当 $\mu=\alpha=1$ 时，对应的冲突模型具有传统的塔洛克形式（Tullock，1980），如式（8）所示，其中 $f(M_i)=M_i$。

现在考虑 μ 从分布 $IEXP(1,1)$ 中独立地抓取[①]，并将其命名为 θ_1，θ_2，…，θ_μ，即 $\theta_i \overset{i.i.d.}{\sim} IEXP(1,1)$ 或 $G_{\theta_i}(z)=\exp(-z^{-1})$。对这些 θ_i 进行对数变换，从而得到一系列新的随机变量 $\left\{\zeta_i\right\}_{i=1}^n$，在这里，$\zeta_i=\ln\theta_i$。我们可以推导出 ζ_i 的分布，并找到其累积分布函数 $G_{\zeta_i}(z)=\exp(-\exp(-z))$，正如前面所提到的，它被称为"双指数分布"（Luce，1977；Yellott，1977）或者类型 I 极值（最大值）分布（McFadden，1974）。后一个名称显示了其性质：考虑这些随机变量 μ 的最大值，并用 $\zeta_{(\mu)}$ 表示它。那么，对于任何 $z>0$，随机变量 $\zeta_{(\mu)}$ 的累积分布函数表示为：

$$\Pr(\zeta_{(\mu)}<z)=\Pr(\zeta_i<z,\forall\,1\leqslant i\leqslant n)=\prod_{i=1}^{\mu}\Pr(\zeta_i<z)=\prod_{i=1}^{\mu}G_{\zeta_i}(z)$$

$$=\prod_{i=1}^{\mu}\exp(-\alpha z^{-1})=\exp(-\mu\alpha z^{-1})$$

---

① 在这里，我们假设 μ 是一个整数。

我们可以证明，$\zeta_{(\mu)} \sim IEXP(\alpha, \mu)$。也就是说，一个具有式（8）成功函数的竞赛可以被视为如下情况。每位参与者 i 都通过创造更好的表现来与他人竞争。M_i 数量的努力允许参与者 i 拥有数量为 μ 的独立的尝试。每个尝试允许参与者的表现是一个随机的数值 $\theta \overset{i.i.d.}{\sim} IEXP(1, 1)$。如果因为参与者 i 的进入，竞赛选择了实际值最高的表现，那么相应的竞赛成功函数采用式（8）的形式。

由贾（Jia, 2008b）发展的随机方法可以很容易地扩展到如式（2）的一般冲突模型，因为如式（7）的 logit 形式与经过对数变换的式（8）所示的比率形式或幂形式是同构的。此外，通过放松所有随机变量 θ_i 同分布的假设可以合理地得到不对称的函数形式。

贾（Jia, 2009）进一步扩展了随机方法以便考虑冲突中平局（或陷入僵局）的可能性，即任何一方都无法赢得胜利的情况。通过在表现比较过程中引入一个"临界值" c 就可以实现这一点。直觉上是很简单的。如果每次表现比较都由具有误差的对手间表现差值的估计值来决定，那么平局就可能会出现，并且如果这个差值小于"临界值" c，则是一个平局。事实上，在大多数冲突中，结果不是由各参与者的表现来决定，而是由其表现的测度来决定，这是根据某些测度指标估计所有参与者表现大小程度的过程。采取的假设包括：（1）敌对双方的表现取决于他们的军事能力和某些随机变量 θ_i；（2）随机变量服从独立同分布的逆指数分布，贾推导出如下函数形式：

$$p_i(M_i, M_{-i}) = \frac{f(M_i)}{f(M_i) + c \sum_{j \neq i} f(M_j)}, \quad c > 1 \qquad (10)$$

454

以及：

$$p_i(M_i, M_{-i}) = \frac{f(M_i)}{(n-1)c + \sum_{j=1}^{n} f(M_j)}, \quad c > 0 \qquad (11)$$

同样，通过放松独立同分布的假设，只要求分布相互独立，我们就可以很容易地得到更一般的非对称形式。

2.2　公理化基础

卢斯（Luce, 1959）首先基于效用理论将类似于式（2）的概率选择函数进行了公理化，而什卡佩尔达斯（Skaperdas，1996）则提供了关于竞赛和冲突的公理化证明。这两种公理化的关键之处都是不相关选择独立的性质。在冲突背景下，这个性质要求任何两个参与方之间争斗的结果只取决于参与双方的军事能力，而不依赖任何争斗第三方的军事能力。

这种特殊的"比率"形式，即 $f(M_i) = M_i^\mu$，具有军事能力的零阶齐次性，或者对于所有 $t > 0$，有 $p_i(tM_i, tM_{-i}) = p_i(M_i, M_{-i})$。这是一种使解析方便的属性，很可能也是这种函数形式被普遍应用的原因。

"逻辑"形式，即 $f(M_i) = e^{\mu M_i}$ 可以从这样的性质中推导出来，也就是，每个对手的军事能力增加一个常数 D，其获胜概率不变［即对于所有 j，使 $M_j + D > 0$ 的所有的 D，$p_i(M_i + D, M_{-i} + D) = p_i(M_i, M_{-i})$］。[①]虽然逻辑形式也具有解析优势，但它并不如式（3）所示的幂形式应用得那么广泛。原因在于对于许多设定良好的模型，其存在纯策略纳什均衡。

因此，式（3）中的"比率"函数形式和式（4）中的"逻辑"形式既可以公理化地推导出来，也可以随机地推导出来。

式（1）中的一类以及式（3）和式（4）中特殊的形式都具有对称性或匿名性，从这个意义上说，如果敌对双方的军事能力互换，那么其获胜概率也会互换。因此，当敌对双方拥有相同的军事能力时，其获胜或失败的概率相同。然而，在一些情况下，一个参与者可能会比另一个参与者具备一定的优势，尽管其军事能力可能相同。一种显然会导致这种不对称性的情况是，一方相对于对手处于防御态势［参见格罗斯曼和金（Grossman，Kim，1995）］。防御者往往但并不总是具有优势。一种扩展式（1）以考虑这种不对称性的简单方法采取了下面形式：

455

$$p_1(M_1, M_2) = \frac{a_1 f(M_1)}{a_1 f(M_1) + a_2 f(M_2)} \tag{12}$$

其中，a_1 和 a_2 为正值常数。注意，当敌对双方拥有相同军事能力，即 $M_1 = M_2$ 时，参与者 1 的获胜概率为 $\dfrac{a_1}{a_1 + a_2}$，参与者 2 的获胜概率为

---

① 赫什利弗（Hirshleifer，1989，1995，2000）提供了关于冲突技术的许多深刻讨论以及式（3）和式（4）中函数形式的比较。

$\dfrac{a_2}{a_1 + a_2}$。因此，当 $a_1 > a_2$ 时，参与者 1 具有优势，当 $a_1 < a_2$ 时，参与者 2 具有优势。克拉克和瑞斯（Clark，Riis，1998）在比率形式的情况下［即 $f(M) = M^\mu$］对这种非对称形式进行了公理化证明。莱和沙林（Rai，Sarin，2009）提供了这种形式更为一般的公理化证明，还允许函数 $f(\cdot)$ 成为多种投入之一，而不仅仅是军事能力（在这里我们假设，一般来说，还有其他投入）。最后，明斯特（Münster，2009）通过考虑对手是团体成员，将什卡佩尔达斯（Skaperdas，1996）以及克拉克和瑞斯（Clark，Riss，1998）的公理进行了重新解释与扩展。

对于考虑平局可能性的函数形式，布莱瓦茨基（Blavatskyy，2010）对以下扩展形式给出了公理化证明：

$$p_1(M_1, M_2) = \frac{f_1(M_1)}{1 + f_1(M_1) + f_2(M_2)} \qquad (13)$$

其中，$f_1(\cdot)$ 和 $f_2(\cdot)$ 是非负且严格递增的函数。值得注意的是，这本质上是式（11）在两个参与者下的非对称情况，由贾（Jia，2009）随机化地推导出来。[①] 也就是说，"1" 在式（13）的分母中并没有任何特殊意义，因为如果把分子和分母同时乘以任意正数，我们就会得到等价的函数形式。探讨式（13）的一种方法是考虑一个第三方，比如 "自然"，它具有一个固定的军事能力 M'，由 $f(M') = 1$ 来定义［其中 $f(\cdot)$ 是非负且递增的］。当自然 "获胜"，则是平局。布莱瓦茨基（Blavatskyy，2010）将式（3）扩展到两个以上的敌对方，而不是采用式（2）扩展式（1）的直接方法。

2.3 差分形式

有关竞赛的文献已经使用或衍生出一些在和平与冲突文献中并没有使用过的其他函数形式。其中，一类函数形式是 "差分" 形式：

$$p_1(M_1, M_2) = \alpha + h_1(M_1) - h_2(M_2) \qquad (14)$$

其中，$\alpha \in (0,1)$，函数 $h_1(M_1)$ 与 $h_2(M_2)$ 在一定的合理约束之下使

---

① 我们可以通过定义 $f_i(M_i) \equiv \dfrac{1}{(n-1)c} f(M_i)$ 得出此结果。

$p_1(M_1, M_2) \epsilon [0,1]$。拜克（Baik，1998）以及车和盖尔（Che，Gale，2000）在这种函数类型的特殊设定下探讨了竞赛博弈。什卡佩尔达斯和瓦迪亚（Skaperdas，Vaidya，2010）在贝叶斯框架下推导出这种类型的函数，其中观众（例如，法官）根据两名参赛者给出的"证据"做出决定，其中，$h_1(M_1)$ 和 $h_2(M_2)$ 表示概率。也就是说，差分类型的函数是针对非暴力冲突，如由诉讼、游说和政治竞选活动推导出来的。科孔和达姆（Corchón，Dahm，2010）在一种公理化的设定下，即竞赛成功函数被认为是份额而不是概率的设定下，推导出一种特殊的差分形式［与车和盖尔（Che，Gale，2000）所考察的类似］。

456

我们在这一节中所回顾的冲突技术大部分通过公理化或随机化地推导出来。因此，从生产函数和效用函数的基础角度看，它们具有可比性，而且该领域的理论研究相当成熟。接下来，我们将转向从经验上估计这些函数的问题。

3. 一些经验估计中的问题

只有一小部分文献致力于对冲突技术的经验估计和检验。也许其中一个原因是冲突数据有限，特别是战争数据有限。不同于体育经济学和劳动经济学中关于锦标赛的文献，冲突数据的可用性要差很多且不好获得，当然更难构建。此外，由于所有的冲突技术都是非线性的，比较不同的函数形式成为一项艰巨的任务。在这一节中，我们回顾一些关于这个主题的少数实证研究，并讨论在经验估计方面的四个主要问题。

3.1 数据与近期经验估计

大多数关于冲突的实证研究基于两个主要数据集之一。它们是由杜普伊研究所（Institute of Dupuy）收集的营级数据集（Battalion-level Dataset，HERO）[①] 和战争相关项目（Correlates of War，COW）关于国家间战争和内战的数据集[②]。关于战斗的数据最适合到目前为止我们所讨论

---

① 这个数据集可从 http：//www. dupuyinstitute. org/dbases. htm 中获得。

② 这个数据集可从 http：//www. correlatesofwar. org/datasets. htm 中获得。

的冲突技术类型。关于战斗的 HERO 数据包括 1600～1989 年发生的所有主要战役。军事历史学家根据一手和二手资料对每一场战役的数十个方面进行了评估和系统编码；他们的判断后来被美国政府人员进行了批判性评估。尽管这些数据有一些特殊之处，但它们已经被用来预测战斗的结果（Dupuy，1985），并且这个数据集是目前唯一一个关于各个战役的跨时、大样本、定量数据集。值得注意的是，HERO 数据集只考虑了营级水平上的参与情况，在通常情况下，最多只有一天时间。

从原则上讲，数据集提供了卷入每场战役的军队的定量及定性信息，比如人员的力量和炮兵部队、坦克以及近距离空中支援阵地的数量。该数据集还包含专家对于定性因素评估的信息，这些因素包括主动性、士气、技术、后勤、情报和领导力。可能需要注意的 HERO 数据集的问题包括以下内容。第一，这些数据都基于事后判断。当然，在军事历史学家们进行编码时，他们是知道战斗的结果的。因此，一个合理的担忧是，这些数据受到事后偏见的影响。例如，编码人员或许更可能推断一方士气高昂，因为它赢了战斗。然而，考虑到 HERO 项目的任务是建立一个冲突结果的复杂模型，可以解释一系列有形和无形因素，人们会合理地认为已经采取了措施来避免这种偏差。此外，瑞特和斯塔姆（Reiter，Stam，1998）给出的证据表明，这种偏差并不严重。他们认为，如果这种偏差是真实的，那么人们就会观察到胜利的决定性因素（士气、主动性等）与结果之间存在极其强烈的相关性，事实上，只发现了少数显著的相关性。

HERO 数据集第二个可能的问题是，除了人员力量之外，关于某些变量还存在许多缺失的观测值，特别是关于重型装备（火炮、坦克）和支持系统的变量。当然，这部分地是由于它们在相关子时期［比如 1618～1648年的三十年战争（Thirty Years War）］并不存在，部分是由于信息缺失。

第三，作为数据集的主体，第二次世界大战的数据只包括战斗力量的比值，而不是实际数据。这个特点降低了数据集的实用性，并使模型比较更加困难。例如，如式（4）所示，在竞赛成功函数的逻辑形式中，获胜概率取决于参与双方军事能力的差值。因此，不能用 HERO 数据来估计 logit 模型。同样的逻辑也适用于更一般的 probit 模型。容易看出，HERO 数据也不适合于 probit 模型。

    许多学者使用了 HERO 数据集。例如，瑞特和斯塔姆（Reiter，Stam，1998）表明，政治体制在决定战斗成功方面发挥了重要作用。具体来说，他们认为，民主国家的军队在战场上以更高的军事效率作战，因为统计数据显示，民主国家的军队在战斗中往往具有相当高的主动性和更加优异的领导力和士气。通过估计一个有序 probit 模型，瑞特和斯塔姆首先确定了战场上成功的 6 个关键指标：后勤、情报、技术、主动性、领导力和士气。他们将前三个指标划归为军队组织方面，将后三个指标划归为军队的兵力因素。通过进一步估计一系列二元回归模型，并使用国家的民主程度作为一个自变量，将这 6 个战场成功的关键指标作为因变量，瑞特和斯塔姆断言，一方面，相对民主程度与战场成功组织方面的任何因素既没有实质性的联系，也没有统计上的联系；另一方面，三个兵力因素中的两个（主动性和领导力）与民主程度之间的关系似乎相当强。他们的研究结果汇总在表 19-1 中。

表 19-1　民主与成功指标之间的关系

自变量	因变量					
	后勤	情报	技术	主动性	领导力	士气
民主	0.016 (1.42)	0.0028 (0.16)	0.0059 (0.66)	0.086 (3.31)	0.093 (3.33)	0.011 (0.56)
常数项	-0.0064 (-0.09)	0.039 (0.45)	-0.044 (-0.77)	-0.16 (-1.15)	-0.31 (-2.13)	-0.00006 (0.001)
调整后的 R^2	0.02	0.001	0.003	0.11	0.12	0.01
概率大于 F	0.16	0.87	0.51	0.001	0.001	0.56

注：单元格中的值是在 9 点量表上的最小二乘估计值，括号中是 t 值。

    罗特和施密特（Rotte，Schmidt，2002）进行了类似的研究，其目的是明确战场成功的决定因素。使用相同的数据集，罗特和施密特发现，与强调技术相反，在整个历史上，数量优势以及诸如领导力、士气和奇袭等其他人员要素一起对战场表现一直发挥至关重要的作用。他们的结论来自对两个 probit 模型参数的估计。第一个模型（模型 1）采用军力比、态度、奇袭、领导力、训练、士气、后勤、情报和技术作为解释变量。第二个模型（模型 2）用军力比的平方代替军力比变量，其他变量保持不变。他们对每个解释变量的边际效应进行了评估，边际效应是在军力比平均值（2.1641）处计算的，相应变量从 0 变化到 1 时预测概率的差值。他们的结果汇总在表 19 - 2 中。

表 19 - 2　攻击者战斗成功决定因素的边际效应

边际效应	模型 1	模型 2
军力比	0.0516（4.01）	0.0953（2.42）
态度	− 0.0153（0.28）	− 0.0255（0.46）
奇袭	0.1423（2.76）	0.1412（2.72）
领导力	0.4530（9.17）	0.4630（9.32）
训练	− 0.0181（0.27）	0.0046（0.07）
士气	0.2683（5.25）	0.2607（5.02）
后勤	0.2019（2.53）	0.1996（2.49）
情报	0.2585（3.39）	0.2584（3.36）
技术	− 0.0616（0.53）	− 0.0852（0.72）

注：括号中是 t 值。

3.2　内生性

在估计冲突技术的问题中，潜在的内生性需要特别关注。在计量经济学模型中，当变量和误差项之间存在相关性时，该变量被认为是内生的。一般来说，一个模型的自变量和因变量之间的因果循环会导致内生性。正如政治经济学文献以及更普遍的观点所强调的那样［例如，参见麦圭尔·萨蒂亚纳斯和赛尔真蒂（Miguel Satyanath，Sergenti，2004)］，内生性会对未知参数产生不一致且有偏差的估计，这对模型的解释力产生不利影响［参见肯尼迪（Kennedy，2008）更为详细的讨论］。就我们这里的目的而言，内生性主要来自三种可能的途径。

内生性影响冲突的一种途径是通过测量误差。估计冲突的技术需要测量两个参与者向冲突所投入的资源。然而，即使可能，测量这些资源也是一项非常艰巨的任务。主要困难是因为一些资源是不可量化的。例如，士气、情报和后勤可能是决定战场成功与否的关键因素，但因为这些因素难以量化，它们有时被排除在数据之外。为了解决这一难题，研究人员建议使用多种代理变量来表示实际资源支出。例如，科利尔和霍夫勒（Collier，Hoeffler，1998）建议使用伤亡人数来近似表示投入内战

459

的资源。黄（Hwang，2009）提出使用人员优势作为资源的代理变量。这些方法都引入了测量误差并因此可能产生内生性问题。

将冲突技术与生产函数进行比较，可以为潜在内生性问题提供另一个视角。正如我们在上一节所讨论的那样，每个对手的军事能力 M_i 可以被认为是一个生产函数 F，它使用 m 种投入品（x_1，x_2，$\cdots$，x_m）。从克劳塞维茨（Clausewitz，1990）到杜普伊（Dupuy，1990）等学者都认为，在整个历史上决定军事成功或失败的因素包括兵力、士气、技术和后勤等因素。这些因素通常被解释为初始条件，在战斗过程中会发挥作用，并最终导致胜利或失败的结果。尽管总军事能力不能被直接观察到，但我们可以把它视为一个潜变量，并假设战斗的实际结果，即胜利或失败是通过比较敌对双方的军事能力来决定的，这和我们在前一节中假设的一样。然而，即使军事能力是可以观测的，但是从统计学家的角度看，估计"生产函数"仍然是有问题的。例如，马尔沙克和安德鲁斯（Marschak，Andrews，1944）认为，在一个简单的"生产函数"中，有：

$$M = F(x_1, x_2, \cdots, x_m) \tag{15}$$

自变量 $x_1, x_2, \cdots, x_m$ 不是"独立的"，因为它们不由公司所有者控制，而公司所有者追求利润最大化。也就是说，$x_1, \cdots, x_m$ 的大小由公司利润最大化选择内生决定，因此，经济学家不仅面对的是单一的式（15）这个令其感兴趣的式子，还要面对由 m 个利润最大化条件组成的方程组。由生产率和投入品需求之间关系所产生的同时性问题是文献中的一个主要议题。研究人员花费了大量精力来解决由这个同时性产生的计量经济学问题［例如，参见莱文森和佩特林（Levinsohn，Petrin，2003）；奥利和帕克斯（Olley，Pakes，1996）］。由于生产函数与冲突技术之间的相似性，我们很容易看出，冲突的技术也存在同时性问题，这也为我们的模型引入了另一种内生性来源。

内生性的第三个可能的原因是因变量，即战争结果，其可能对解释变量存在一些因果效应，例如，在战场上投入的资源。战场成功是通过一系列策略性互动来实现的。在此期间，每一个对手不断更新有关战场形势的信息，例如，位置和人员伤亡，然后做出相应的行动以增强其获胜的可能性。显然，两个对手在战场上投入的全部资源都可能受到当时作战结果的影响。更具体地说，这种反馈效应可以通过两种潜在渠道发生。（1）一方已经获得压倒性优势，可以确保战斗的最终胜利。在这种情况下，具有优势的一方可能会在战斗的最后阶段，甚至在整个战争的最后阶段，撤回努力和资源（人力、火炮等）。（2）一方参与者打得太糟糕，以至于失去了取得最终胜利的希望。在这种情况下，该参与者也有可能在接下来的战役中选择放弃。这种效应可以解释许多军事专家的一个共同信念：当一个参与者的伤亡率超过 50% 时，它通常无法继续战斗，应该从战场撤退。在这两种情况下，同一时期的战斗结果都会影响当前以及未来投入战场的资源，这表明可能存在一种双向因果关系，因此产生内生性问题。当我们考虑更大的战斗环境时，这个问题不一定存在了，因为敌对双方只是为了胜利才进行战斗。根据预期的胜利或失败相应调整投入，这更可能发生在较小的战斗或子战斗中。也就是说，内生性在大型战斗中不大可能成为一个问题，而在较小的战斗中更容易发生。

　　除非经济变量的内生性问题得到充分解决，否则很难建立起令人信服的因果关系。内生性经常导致对重要系数的有偏估计，并得出错误的政策含义。为了在估计冲突技术时避免内生性问题，研究者建议采取两种方法：（1）使用工具变量来缓解潜在的测量误差问题；（2）仔细审查数据并删除可能受到反馈影响的观测。461

　　一般来说，一个工具变量应该是在给定其他解释变量的情况下，其本身并不属于解释变量方程但又要与内生解释变量相关。珀尔（Pearl，2000）采用反事实和图形标准给出了工具变量的正式定义。赫克曼（Heckman，2008）也针对计量经济学中工具变量的方法和因果关系之间的联系进行了全面讨论。根据经验法则，使用工具变量有两个主要要求。

　　（1）在给定其他解释变量的条件下，该工具变量必须与内生解释变量相关。

　　（2）该工具变量不能与解释方程中的误差项相关，也就是说，工具变量不能与原始预测变量存在相同的问题。

　　第二种处理方法是数据清洗，要求研究人员识别误差项和解释变量之间潜在的反馈效应。在当前情况下，任何涉及两个竞争对手间策略性互动的冲突观测都应该从数据集中删除。

3.3 结构性突变

由于军事技术会随时间发生变化,考虑到这些变化是很重要的。杜普伊(Dupuy, 1990)以及杜普伊和杜普伊(Dupuy, Dupuy, 1993)对 17 世纪以来战争基本技术的发展和变化进行了概述。这两篇文章为基于战争技术特点将现代战争时代划分为几个子时期提供了指引。例如,罗特和施密特(Rotte, Schmidt, 2002)提出,自公元 1600 年以来,主流的战斗技术应有七个截然不同的时期,对战术理念、组织和其他关键变量产生重大影响(1600 ~ 1700 年、1701 ~ 1779 年、1780 ~ 1889 年、1850 ~ 1889 年、1890 ~ 1929 年、1930 ~ 1960 年和 1961 年至今)。

还有其他方法可以将现代战争历史划分为子时期。例如,斯尼克斯比(Snickersbee, 2006)将 1600 年以来的战争时期划分为两个子时期:火药时代(1600 ~ 1800 年)和工业时期(1800 年至今)。根据斯尼克斯比(Snickersbee, 2006)的说法,火药时代"见证了中央集权的复兴,来自大草原的威胁的最终失败,防御工事被淘汰,以及将加农炮安置在船上作为一项重要的创新,这为并非基于移民的殖民贸易帝国提供了基础"。工业时期不同于火药时代,因为它"见证了各种形式的机械力量被运用于战争,这给工业化强国带来了压倒性的力量。这使战争或成为对士兵和平民的大规模屠杀,或受到当地人的抵制"。

在现代战争历史中,识别结构性突变看起来是一种有些主观的行为。如果突变点的时间是未知的,那么或许需要特别的处理方法来识别突变点。尽管在计量经济学文献中可以使用如累积和(Cumulactive Sums, CUSUM)和汉森检验(Hansen tests)等处理方法[参见例如格林(Greene, 2008)],但众所周知,它们缺乏普适性,一般只适用于线性回归模型。鉴于冲突技术是高度非线性的,我们需要开发新的计量工具来识别冲突数据中未知的结构性突变。据我们所知,尚不存在此类关于冲突技术的研究。

3.4 模型识别

正如上一节所讨论的,冲突技术有许多类型的函数形式。最著名的是广义的式(3)所示的比率模型,式(4)的 logit 模型,以及式(6)

的 probit 模型。从计量经济学角度来看，正如在第 2.1 节中已经说明的那样，这三种模型之间的主要区别在于有关误差项分布的假设。因此，我们很自然地想知道哪种模型更好地捕捉到了特定冲突的特征，并给出最准确的预测。

在冲突研究之外的其他领域中，从这三种模型中进行选择的努力受到了挫折，因为尽管这三个模型具有非常不同的理论结果，但实际上无法利用数据将它们区分，所以在其他领域这三种函数形式都已被估计了。例如，布尔克和辛尼斯（Burke, Zinnes, 1965）比较了 probit 模型（$\mathcal{T}$）和 logit 模型（$\mathcal{L}$），并称：

> 不幸的是，解的性质使设计一个实验确定理论基础是非常困难的……对于古利克森－图基（Gulliksen-Tukey, 1958）、吉尔福德（Guilford, 1954）和瑟斯通（Thurstone, 1959）的数据，$\mathcal{T}$ 的预测比 $\mathcal{L}$ 的预测要好得多。

然而，霍勒（Hohle, 1966）发现：

> （1）两种模型都不能一致地令人满意地体现数据信息；（2）（对于）所有 6 组数据来说，模型 II（$\mathcal{L}$）相比模型 I（$\mathcal{T}$）更能精确地表示这些数据。

在一项全面调查中，巴彻尔德（Batchelder, 1986）得出结论，从统计上检验模型要取得任何合理的说服力，需要一个不切实际的数据量。斯特恩（Stern, 1990）利用伽马分布来近似 probit 模型和 logit 模型，并将它们的结果与国家职业棒球联盟（National League Baseball）1986 年赛季的比赛结果进行了比较。他还发现这两个模型之间的差异如此之小，令人感到不安。

463

两个原因导致出现这个问题。首先，所有三种模型都是高度非线性的，尚不存在一种普遍可接受的拟合优度测量方法得到令人信服的结论。其次，广义比率模型与 logit 模型是一种对数变换下的同构模型，因此是嵌套在一起的。经典计量经济理论无法解决这两个问题。

贝叶斯计量经济学提供了一种可能的补救方法。与经典方法不同，贝叶斯方法将任意两个候选模型都视为待验证的假说。与人为设计出某些拟合优度的统计指标相反，贝叶斯主义者选择了一个自然准则，即贝叶斯因子（Bayes factor）来比较不同的模型。模型 A_1 对模型 A_2 的贝叶斯因子被定义为 $B_{12} = \dfrac{\Pr(y \mid A_1)}{\Pr(y \mid A_2)}$，其中 $\Pr(y \mid A_i) = \int_{\Theta_i} \Pr(\theta_i \mid A_i) \Pr(y \mid \theta_i, A_i) d\theta_i$ 是给定模型 A_i 正确的情况下，观测到 y 的概率或模型 i 的边际或然性，$i = 1，2$。$\Pr(\theta_i \mid A_i)$ 代表在给定候选模型 A_i 的条件下，关于参数 θ_i 的先验信息，$\Pr(y \mid \theta_i, A_i)$ 代表了数据产生的过程 ［参见卡斯和拉夫特里（Kass，Raftery，1995）］。

杰弗里斯（Jeffreys，1961：Appendix B）及卡斯和拉夫特里（Kass，Raftery，1995）给出了对贝叶斯因子的解释。杰弗里斯（Jeffreys，1961）提出了以下准则作为对 B_{12} "数量级" 的解释：

1	$< B_{12}$	$< \infty$，	证据支持 A_1；
$10^{-1/2}$	$< B_{12}$	$\leqslant 1$，	非常轻微的证据反对 A_1；
10^{-1}	$< B_{12}$	$\leqslant 10^{-1/2}$，	轻微的证据反对 A_1；
10^{-2}	$< B_{12}$	$\leqslant 10^{-1}$，	强烈的证据反对 A_1；
0	$< B_{12}$	$\leqslant 10^{-2}$，	决定性的证据反对 A_1。

贝叶斯模型比较中的关键步骤是计算边际似然比的一个很好近似值。就我们的非线性回归模型（广义比率、logit、probit）而言，主要困难是边际似然函数不能直接表示为一些后验矩，因此计算不能被直接解释为后验矩的模拟一致近似值的特例。幸运的是，有专门为解决这类问题而制定的计算方法。这些方法虽然在贝叶斯计量经济学中得到广泛应用，但并没有出现在冲突文献中。对感兴趣的读者来说，简要介绍这些强大的工具可能会提供一些信息。在附录中，我们计算了 probit 模型和 logit 模型的边际似然率。

贝叶斯模型比较的思想是相当直观的。这是一种基于模拟的方法，它要进行高强度计算，但计算正变得越来越容易并且耗时更少。贾（Jia，2008a）使用这种方法利用国家篮球协会（National Basketball Association，NBA）的数据对比了竞赛成功函数的广义比率形式、logit 形式和 probit 形式。他表明，NBA 数据更适合于 probit 形式。同样的方法也可以应用于冲突数据。

此外，贾（Jia，2010）提出了另外一种经典方法来比较广义比率形式和 logit 函数形式。在其文章的推论 2 中，他推导出了以下统一模型：

$$p_i(M_i, M_{-i}) = \frac{\exp\left[\dfrac{\alpha\gamma}{1-\gamma}\left(\eta + \dfrac{\beta}{\gamma}M_i\right)^{1-\gamma}\right]}{\sum_{j=1}^{n}\exp\left[\dfrac{\alpha\gamma}{1-\gamma}\left(\eta + \dfrac{\beta}{\gamma}M_j\right)^{1-\gamma}\right]} \qquad (16)$$

其中，广义比率形式和 logit 形式都是它的极限情况。例如，如果 $\eta = 0$，$\beta = \gamma^{-\gamma/(1-\gamma)}$ 且 $\gamma = 0$，式（16）就变成了 logit 形式；如果 $\eta = 0$，$\beta = \gamma^{-\gamma/(1-\gamma)}$，且 $\gamma = 1$，式（16）就变成广义比率形式。

这个结果表明，与其在统计上比较广义比率形式与 logit 形式的拟合优度，我们可以通过考察参数 γ 来估计式（16）的统一模型，并得到哪种形式更好地捕捉到数据信息：如果 γ 接近于 1，则比率形式更好地拟合了数据；如果 γ 接近 0，则差分形式对于冲突来说更为合理。黄（Hwang，2009）对 HERO 数据应用了类似的处理方式，并得出冲突模型的广义比率形式适合于 17 世纪欧洲战争的数据。

4. 结语

战争和其他形式的冲突通常是不确定的，但其结果取决于敌对双方所消费的资源。我们认为，冲突技术是基于敌对双方军事能力的概率选择函数，而军事能力本身依赖进入普通生产函数的经济投入品。我们研究了冲突技术的理论基础以及实证估计中的各种问题。

不同类型的函数形式都可以随机地或公理化地推导出来。特别是相加形式（包括 logit 与特殊的比率函数形式）都具有随机性和公理性基础。我们探讨了实证估计冲突技术中的各种问题。它们包括对数据、内生性、结构性突变和模型比较的问题。尽管对理论基础的研究相当成熟，但关于这个议题的实证研究不多见，这显然是未来研究中很有前景的领域。

附录 A

A.1 估计 Probit 模型中的边际似然率

估计 probit 模型边际似然率的方法从条件概率公式开始:

$$\Pr(\beta \mid y, A) = \frac{\Pr(\beta \mid A) \Pr(y \mid \beta, A)}{\Pr(y \mid A)} \tag{17}$$

其中, A 代表特定的模型, $\Pr(\beta \mid A)$ 和 $\Pr(\beta \mid y, A)$ 分别是观测到数据 y 前我们感兴趣的参数 β 的先验概率和观测到 y 之后的后验概率。式 (17) 中的其他两项 $\Pr(y \mid \beta, A)$ 和 $\Pr(y \mid A)$ 是数据 y 的似然率 (或数据产生过程) 以及边际似然率。

为了计算方便, 在对等式两边进行对数变换后, 式 (17) 可以整理为:

$$\ln\Pr(y \mid A) = \ln\Pr(\beta \mid A) + \ln\Pr(y \mid \beta, A) - \ln\Pr(\beta \mid y, A) \tag{18}$$

估计模型 A 的边际似然率现在等价于估计式 (18) 右侧。由于先验概率是预先指定的, 且已知似然函数 $\Pr(y \mid \beta, A)$ 是正态分布的密度函数, 因此, 式 (18) 左侧可以简化为估计后验概率 $\ln\Pr(\beta \mid y, A)$。如果通过选择一个适当的先验概率很容易地确定后验概率, 这被称为共轭先验 (conjugate prior), 我们就能够很容易地从式 (18) 左边的三个函数生成结果并从数值上估计它们。这就是我们在 probit 模型中使用的方法。

具体来说, 假设在一个 probit 模型 A 中, 观测值被表示为协变量 $X = [x_1, \cdots x_T]'$ 的 $T \times K$ 矩阵和一组相应的 T 个二元结果 y:

$$\Pr(y_t = 0 \mid x_t, A) = 1 - \Phi(\beta' x_t) = \Phi(-\beta' x_t)$$

$$\Pr(y_t = 1 \mid x_t, A) = \Phi(\beta' x_t)$$

在冲突情况下, 矩阵 X 包含决定冲突结果的所有因素, 观测值 y_t 是冲突 t 的结果, 其中, 如果一个预先指定的参与者在冲突 t 中获得了胜利, 则 $y_t = 1$, 否则 $y_t = 0$。如果我们引入一系列潜变量 $\tilde{y}_t = \beta' x_t + \epsilon_t$, $\epsilon_t \sim \mathcal{N}(0,1)$, 则第一个结果 $y_t = 0$, 对应 $\tilde{y}_t \leq 0$, 且第二个结果对应 $\tilde{y}_t > 0$。

令 $\Im$ 是一个指标函数:

$$\Im(\tilde{y}_t) = \begin{cases} 1 & \text{如果 } \tilde{y}_t \geq 0 \\ 0 & \text{其他情况} \end{cases}$$

466

很清楚, $\Im(\tilde{y}_t)$ 与 y_t 应该是相同的。用 $\beta \mid X, A \sim \mathcal{N}(\underline{\beta}, \underline{H}^{-1})$ 表示条件共轭先验分布, 一个均值为 $\underline{\beta} = 0_{K \times 1}$ 且协方差矩阵为 $\underline{H}^{-1} = c \times I_{K \times K}$ 的正态分布, 其中, $I_{K \times K}$ 是 K 阶单位矩阵, c 是任意预先指定的正常数。[①] 使用一个适当, 但相当平坦的先验概率的理由如下: (1) 一个恰当的先验概率确保后验概率也是恰当的, 这保证了边际似然率收敛; (2) 平坦的概率密度函数表明先验概率的准确性非常差, 这避免了对选择特定具有信息的先验概率的可能的批评。

经过一些运算后, 我们可以把后验分布表示为 $\beta \mid \tilde{y}, \Im, A \sim N(\overline{\beta}, \overline{H}^{-1})$, 它服从正态分布, 均值及协方差矩阵为 $\overline{H} = \underline{H} + X'X$, $\overline{\beta} = \overline{H}^{-1}(\underline{H}\underline{\beta} + X'\tilde{y})$。此外, 在分布 $\tilde{y} \mid \Im, \beta, X, A$ 中, 被视为概率 (probits) 的元素 $\tilde{y}_t$ 是独立的。这些条件后验分布是一个简单的吉布斯采样算法的基础, 该方法首先由阿尔伯特和希伯 (Albert, Chib, 1993) 提出。

我们现在可以按照希伯 (Chib, 1995) 的方法在构建后验分布模拟器后, 从吉布斯输出结果中提取出边际似然率。

因为式 (18) 总是成立的, 我们可以估算对数边际似然率, 即式 (18) 右端在某一点 β^* 上的取值。给定吉布斯抽样结果 $\{\beta^{(l)}\}_{l=1}^L$, 其中, L 表示迭代次数, 令 β^* 为模拟的后验均值, 即 $\beta^* = \dfrac{1}{L}\sum_{l=1}^L \beta^{(l)}$。

式 (18) 现在可以表示为 $\ln\Pr(y \mid A) = \ln\Pr(\beta^* \mid A) + \ln\Pr(y \mid \beta^*, A) - \ln\Pr(\beta^* \mid y, A)$。对于我们所考虑的 probit 模型, 右侧第一项 $\Pr(\beta^* \mid A) = \phi(\beta^* \mid \underline{\beta}, \underline{H}^{-1})$ 是先验的正态分布密度, 第二项是在 β^* 处估计的对数似然函数。最后一项在一些正则条件下可近似为 $\widehat{\Pr}(\beta^* \mid y, A) = L^{-1}\sum_{l=1}^L \phi(\beta^* \mid \beta^{(l)}, \overline{H}^{-1})$。

根据遍历定理 [参见蒂尔尼 (Tierney, 1994)], 当 L 变得足够大

---

① 　常数 c 应该相对较大 (例如, 超过 1000)。这种设定对应非常不具信息的先验分布。

时，$\widehat{\Pr}(\beta^* \mid y, A)$ 几乎确定收敛于 $\Pr(\beta^* \mid y, A)$。因此，根据斯勒茨基定理（Slusky theorem），$\ln\left[\widehat{\Pr}(\beta^* \mid y, A)\right] \xrightarrow{a.s.} \ln\left[\Pr(\beta^* \mid y, A)\right]$。将这三467 个部分放在一起，可以计算出 probit 模型的近似边际似然率。

A.2　估计 logit 模型边际似然率

logit 模型的似然函数不同于 probit 模型。特别地，logit 模型的似然函数由以下式子给出：$\ln\Pr(y \mid A) = \prod\limits_{t=1}^{T} \Pr(y_t \mid \beta, X, A) = \prod\limits_{t=1}^{T} \left[\dfrac{\exp(\beta' x_t)}{1 + \exp(\beta' x_t)}\right]^{y_t}$ $\left[\dfrac{1}{1 + \exp(\beta' x_t)}\right]^{1-y_t}$，其中，$T$ 是观测值的数量。对于这样的似然函数，不存在共轭先验，这意味着后验分布 $\beta \mid y, A$ 没有封闭的解析形式。因此，我们不能直接应用式（18）去估计一个 logit 模型的边际似然率，需要采取一种替代路径。

同样，根据贝叶斯定理，我们得到：

$$\Pr(y \mid A) = \int_{\Theta_A} \Pr(\beta \mid A) \Pr(y \mid \beta, A) d\beta \qquad (19)$$

因此，估计边际似然或者式（19）左侧，等同于对其右侧的积进行数值估计。格尔芬德和戴伊（Gelfand，Dey，1994）提出一种被称为"密度比近似法"的方法，可用于我们的分析。

更具体地说，为了进行比较，我们再次将 $\beta \mid A \sim \mathcal{N}(\underline{\beta}, \underline{H}^{-1})$ 指定为先验分布。"密度比近似法"要求随机样本来自后验分布 $\Pr(\beta \mid y, A)$。因为这个后验分布没有解析上的表示方法，直接从中进行抽样几乎是不可能的。幸运的是，统计学家提出了一个名为"梅特罗波利斯—黑斯廷斯（Metropolis-Hastings）抽样程序"的抽样方案以克服这个困难。[①] 一般来说，梅特罗波利斯—黑斯廷斯算法是一种马尔可夫链蒙特卡罗方法，可以从直接抽样存在困难的概率分布中获取一系列随机样本。这样的样本可用于粗略估计分布（即生成一个直方图）或者计算一个积分（比如

---

① 希伯和格林伯格（Chib，Greenberg，1995）为梅特罗波利斯—黑斯廷斯算法提供了一个极好的描述，并对其适用原因进行了解释。

一个期望值）。

　　需要注意的是，尽管后验分布不能在解析上识别，但贝叶斯定理表明 $\Pr(\beta\,|\,y,A)\propto \Pr(\beta\,|\,A)\Pr(y\,|\,\beta,A)$。也就是说，如果我们能从先验概率 $\Pr(\beta\,|\,A)$ 和似然率 $\Pr(y\,|\,\beta,A)$ 抓取许多样本点，则后验分布的形状可以通过这些样本点的乘积来决定。但是，为了确定后验分布，保证概率加总为 1 的标准化因子通常是极难计算的。梅特罗波利斯—黑斯廷斯算法的一个主要优点是，它能够在不知道这个比例常数的情况下生成样本。注意，从梅特罗波利斯—黑斯廷斯抽样中得到的样本点是序列相关的，因为每次抓取都依赖之前的抓取。在使用这些样本时，需要考虑这种序列相关性。这就是为什么在经过梅特罗波利斯—黑斯廷斯程序多次迭代之后，我们应该计算所有模拟的均值，并把它叫作来自后验概率 $\Pr(\beta\,|\,y,A)$ 的一次抽样。[①] 有了这种抓取样本的方法，我们就可以继续从吉布斯采样中抓取另一个样本。换句话说，一个梅特罗波利斯—黑斯廷斯抽样过程需要嵌入每一个吉布斯采样迭代中。特别地，为了从数值上估计 logit 模型的边际似然函数，需要记录所有的后验模拟。

　　给定后验模拟的结果，$\beta^{(l)}\sim\Pr(\beta\,|\,y,A)$，以及先验密度 $\Pr(\beta\,|\,A)$ 和数据密度 $Pr(y\,|\,\beta^{(l)},A)$ 的估计，我们就可以依照格韦克（Geweke，1999）的方法，将式（19）近似为：

$$L^{-1}\sum_{l=1}^{L}\frac{\Pr(\beta^{(l)})}{\Pr(y\,|\,\beta^{(l)},A)\Pr(\beta^{(l)}\,|\,A)}\xrightarrow{a.\,s.}\left[f(y\,|\,A)\right]^{-1}\qquad(20)$$

　　其中，L 表示迭代次数。显然，$\Pr(y\,|\,\beta^{(l)},A)$ 是先验的，它可以在一个正态分布的密度函数中被估计，并且：

$$\Pr(y\,|\,\beta^{(l)},A)\prod_{t=1}^{T}\left[\frac{\exp(\beta^{(l)'}x_t)}{1+\exp(\beta^{(l)'}x_t)}\right]^{y_t}\left[\frac{1}{1+\exp(\beta^{(l)'}x_t)}\right]^{1-y_t}\qquad(21)$$

　　式（21）可以被快速计算达到机器精度。式（20）左侧剩下的唯一未知项是 $\Pr(\beta^{(l)})$，它是由后验模拟结果构造的概率分布函数。根据格韦克（Geweke，2005）的定理 8.1.2，其可以被构造成：

---

　　① 对于更详细的讨论，参见特瑞恩（Train，2003）。

$$\widehat{\Pr}(x,\alpha) = \frac{(2\pi)^{-K/2}|\Sigma_{(L)}|^{-1/2}}{1-\alpha}\exp\left[-\frac{1}{2}(x-\mu^{(L)})'\Sigma_{(L)}^{-1}(x-\mu^{(L)})\right]I_{x_\alpha(L)}(x)$$

$$(22)$$

其中，$\mu^{(L)}$ 和 $\Sigma_{(L)}$ 分别是样本均值和方差，α 是预先确定的数值（范围为 0~1），$X_\alpha^{(L)}$ 是大小为 1 - α 的截断最高密度区域。

将三个部分，即先验概率 $\Pr(\beta^{(l)}|A)$、式（21）的似然率和式（22）整合在一起，那么就可以对 logit 模型的边际似然率进行数值估计了。特 469 别地，我们可以选择 α = 5% 和 L = 1000。

参考文献

Albert, J., and S. Chib. 1993. Bayesian analysis of binary and polychotomous response data. *Journal of the American Statistical Association* 88：669 – 79.

Amegashie, J. A. 2006. A contest success function with a tractable noise parameter. *Public Choice* 126：135 – 44.

Baik, K. H. 1998. Difference-form contest success functions and effort levels in contests. *European Journal of Political Economy* 14：685 – 701.

Batchelder, W. H. 1986. Cognitive psychology and individual decision making, B. Grofman and G. Owen (Eds.) *Information Pooling and Group Decision Making：Proceedings of the Second University of California, Irvine Conference on Political Economy.* Greenwich, CT：JAI Press Inc.

Blavatskyy, P. R. 2010. Contest success function with the possibility of a draw. Axiomatization. *Journal of Mathematical Economics* 46：267 – 76.

Burke, C. J., and J. L. Zinnes. 1965. A paired comparison of pair comparisons. *Journal of Mathematical Psychology* 2（16）：53 – 76.

Che, Y. -K., and I. Gale. 2000. Difference-form contests and the robustness of all-pay auctions. *Games and Economic Behavior* 30：22 – 43.

Chib, S. 1995. Marginal likelihood from the gibbs output. *Journal of the American Statistical Association* 90：1313 – 21.

Chib, S., and E. Greenberg. 1995. Understanding the metropolis-hastings algorithm. *The American Statistician* 49：327 – 35.

Clark, D. J., and C. Riis. 1998. Contest success functions. An extension. *Economic Theory* 11: 201 −4.

Clausewitz, C. 1990. *Vom Kriege*. Weltbild: Augsburg.

Collier, P., and A. Hoeffler. 1998. On economic causes of civil wars. *Oxford Economic Papers* 50: 563 −73.

Corchón, L., and M. Dahm. 2010. Foundations for contest success functions. *Economic Theory* 43: 81 −98.

Dupuy, E. R., and T. N. Dupuy. 1993. *The Harper encyclopedia of military history: From 3500 B. C. to the present*. 4th ed. New York: Harper Collins.

Dupuy, T. N. 1985. *Numbers, predictions and war: Using history to evaluate combat factors and predict the outcome of armed conflict*. Fairfax, VA: HERO Books.

——. 1990. *The evolution of weapons and warfare*. New York: Da Capo Press.

Fu, Q., and J. Lu. 2008. A micro foundation of generalized multi-prize contests: A noisy ranking perspective. Working paper, National University of Singapore.

Garfinkel, M. R., and S. Skaperdas. 2007. Economics of conflict: An overview, In *Handbook of defense economics*, vol. 2, 649 −709, ed. K. Hartley and T. Sandler, New York: Elsevier.

Gelfand, A. E., and D. K. Dey. 1994. Bayesian model choice: Asymptotics and exact calculations. *Journal of the Royal Statistical Society, Series B* 50: 462 −74.

Geweke, J. 1999. Using simulation methods for bayesian econometric models: Inference, development and communication (with discussion and rejoinder). *Econometric Reviews* 18: 1 −126.

——. 2005. *Contemporary Bayesian econometrics and statistics*. New York: John Wiley &Sons.

Greene, W. H. 2008. *Econometric analysis*. 6th ed. Upper Saddle River, NJ: Prentice Hall.

Grossman, H. I., and M. Kim. 1995. Swords or plowshares? A theory of the security of claims to property. *Journal of Political Economy* 103: 1275 −88.

Heckman, J. J. 2008. Econometric causality. Prentice Hall Working paper, Geary Institute, University College Dublin. Available at http://ideas. repec. org/p/ucd/wpaper/200826. html.

Hirshleifer, J. 1989. Conflict and rent-seeking success functions: Ratio vs. difference models of relative success. *Public Choice*, 63: 101 −12.

——. 1995. Theorizing about conflict. In *Handbook of defense economics*, vol. 1, 165 −89, ed. K. Hartley and T. Sandler, NY: Elsevier.

——. 2000. The macrotechnology of conflict. *Journal of Conflict Resolution* 44 (6): 773 −92.

Hohle, R. H. 1966. An empirical evaluation and comparison of two models for discriminability scales. *Journal of Mathematical Psychology*, 3: 174 – 83.

Hwang, S. H. 2009. Contest success functions: Theory and evidence, Working Paper 2009 – 04, University of Massachusetts Amherst, Department of Economics. Available at http://ideas. repec. org/p/ums/papers/2009 – 04. html.

Jeffreys, H. 1961. *Theory of probability*, 3rd ed. Oxford: Clarendon.

Jia, H. 2008a. An empirical study of contest success functions: Evidence from the NBA. Working paper, Department of Economics, University of California, Irvine.

——. 2008b. A stochastic derivation of the ratio form of contest success functions. *Public Choice* 135: 125 – 30.

——. 2009. Contests with the probability of a draw: A stochastic foundation. Working paper, School of Accounting, Economics, and Finance, Deakin University.

——. 2010. On a class of contest success functions. *B. E. Journal of Theoretical Economics* 10: 1 – 12. Available at http://www. bepress. com/bejte/vol10/iss1/art32/.

Kass, R. E. , and A. E. Raftery. 1995. Bayes factors. *Journal of the American Statistical Association* 90: 773 – 95.

Kennedy, P. 2008. *A guide to econometrics*, 6th ed. Malden, MA: Wiley-Blackwell.

Konrad, K. A. 2009. *Strategy and dynamics in contests*. New York: Oxford University Press.

Landels, J. G. 1978. *Engineering in the ancient world*. Los Angeles: University of California Press.

Levinsohn, J. , and A. Petrin. 2003. Estimating production functions using inputs to control for unobservables. *Review of Economic Studies* 70: 317 – 41.

Luce, R. D. 1959. *Individual choice behavior: A theoretical analysis*. New York: Wiley.

——. 1977. The choice axiom after twenty years. *Journal of Mathematical Psychology* 15: 215 – 33.

Marschak, J. , and W. H. Andrews. 1944. Random simultaneous equations and the theory of production. *Econometrica* 12: 143 – 205.

McFadden, D. L. 1974. Conditional logit analysis of qualitative choice behavior, In *Frontiersin econometrics*, ed. P. Zarembka, 105 – 42. New York: Academic Press.

Miguel, E. , S. Satyanath. , and E. Sergenti. 2004. Economic shocks and civil conflict: An instrumental variables approach. *Journal of Political Economy* 112 (4): 725 – 53.

Münster, J. 2009. Group contest success functions. *Economic Theory* 41: 345 – 57.

Nitzan, S. 1994. Modeling rent-seeking contests. *European Journal of Political Economy* 10: 41 – 60.

Olley, G. S., and A. Pakes. 1996. The dynamics of productivity in the telecommunications equipment industry. *Econometrica* 64: 1263 – 97.

Pearl, J. 2000. *Causality: Models, reasoning, and inference.* Cambridge: Cambridge University Press.

Rai, B., and R. Sarin. 2009. Generalized contest success functions. *Economic Theory* 40: 139 – 49.

Reiter, D., and A. C. Stam. 1998. Democracy and battlefield military effectiveness. *Journal of Conflict Resolution* 42: 259 – 77.

Rotte, R., and C. M. Schmidt. 2002. On the production of victory: Empirical determinants of battlefield success in modern war. IZA Discussion Papers 491, Institute for the Study of Labor (IZA). Available at http://ideas. repec. org/p/iza/izadps/dp491. html.

Schmalensee, R. 1972. *The economics of advertising.* Amsterdam: North-Holland.

——. 1978. A model of advertising and product quality. *Journal of Political Economy* 86: 485 – 503.

Skaperdas, S. 1996. Contest success functions. *Economic Theory* 7: 283 – 90.

Skaperdas, S., and S. Vaidya. 2010. Persuasion as a contest. *Economic Theory* 7 (2): 283 – 90. Available at http://www. springerlink. com/content/032m65h065380177/fulltext. pdf.

Snickersbee, P. 2006. Did military technology influence history. Blog article. Available at http:// www. helium. com/items/596575 – did – military – technology – influence – history.

Stern, H. 1990. A continuum of paired comparisons models. *Biometrika* 77: 265 – 73.

Szymanski, S. 2003. The economic design of sporting contests. *Journal of Economic Literature* 41: 1137 – 87.

Tierney, L. 1994. Markov chains for exploring posterior distributions. *The Annals of Statistics* 22: 1701 – 62.

Train, K. E. 2003. *Discrete choice methods with simulation.* Cambridge: Cambridge University Press.

Tullock, G. 1980. Efficient rent seeking in ed. *Toward a theory of the rent-seeking society,* J. M. Buchanan, R. D. Tollison, and G. Tullock, ed. 97 – 112. College Station: Texas A&M University Press.

Yellott, J. I. 1977. The relationship between Luce's choice axiom, Thurstone's theory of comparative judgement, and the double exponential distribution. *Journal of Mathematical Psychology* 15: 109 – 44.

第 20 章　冲突中联盟的内生形成

弗朗西斯·布洛克

1. 引言

在许多冲突情况中，参与者会集中资源和努力以战胜对手。形成联盟以赢得战争、政治选举或进行寻租竞赛。从古代中国群雄间的联盟到 19 世纪欧洲多极世界中的复杂联盟体系，战争的历史是联盟随时间不断形成和瓦解的历史。在两次海湾战争中形成了支持美国的国家联盟，这表明联盟的形成依然是国际关系的根本内容。

政治学家和经济学家都已研究了联盟的形成。政治学家的贡献集中在以下一系列问题上：为什么国家间会形成正式联盟？联盟是抑制还是促进了战争？国家在什么时候会遵守联盟条约？谁会和谁组成联盟？为了回答这些问题，国际关系学者运用多种方法，包括正式的博弈论模型、案例研究，以及基于大量战争和联盟历史数据的经验研究。相比之下，经济学家主要关注以塔洛克（Tullock，1967）寻租竞赛的开创性理论为基础的有关冲突的理论模型。通过向各种维度扩展该模型，经济学家分析了在何种环境下可以维持普遍的和平、理性参与者会内生地形成哪种联盟、联盟中参与者如何分享获得的奖励，以及如何解决连续嵌套型竞赛的问题。

在本章中，我们寻求两个目标。我们的第一个目标是对有关联盟形成的理论文献进行广泛的评述，这包括来自政治学和经济学的文献，以比较并对比联盟形成不同模型。由于受到篇幅限制，我们无法对国际关系领域关于联盟形成的经验研究文献进行详尽的描述，只能简要地介绍一些参考文献，有兴趣的读者可以参考它们从而了解该领域学者已做出的丰富案例研究和实证工作。我们的第二个目标是通过考察涵盖了大多数关于公共和私人商品竞赛文献的统一冲突模型，提出竞赛中联盟形成的新结果。在这个统一的模型中，我们得到了关于群体规模和冲突的新的比较静态结果（第 3 节）以及关于内生的联盟形成的新结果（第 4 节），由此将现有结果一般化，并将分散于文献中的结果连接起来。

　　由于政治学和经济学中关于联盟形成的理论文献关注不同的问题，且使用不同的基本模型，我们选择分别呈现它们，并从讨论联盟形成的正式政治模型开始。在国际关系的新现实主义视角下，在条约得不到履行、各国采取独立外交政策的无秩序世界中，联盟是国家组织的模式之一（Snyder, 1997；Waltz, 1979）。在 19 世纪末期的多极世界中形成的联盟不同于第二次世界大战后两极世界中形成的联盟，因为联盟的成员资格在多极世界中是完全开放的（任何国家都可以与其他任何国家结盟），而在两极世界中是受到限制的（各国只有一种选择，结盟或者不结盟）。当然，在这两种情况下，形成联盟都是为了恢复权力平衡，稳定的联盟结构需要形成联盟的国家具有相似的规模。盟国面临的主要利益权衡是放弃（事实是盟国没有履行它们的承诺）与诱捕（国家在联盟形成的鼓舞下可能选择发起冲突或者以其盟友为代价采取高风险行动，这样的事实造成了道德风险）之间的紧张局面。我们通过讨论尼乌和奥德舒克（Niou, Ordeshook）在 20 世纪 80 年代末期的一系列论文所使用的博弈论模型，从新现实主义视角阐明了联盟形成与权力平衡的观点。①

　　制度主义（或新自由主义）关于联盟形成的观点在很多重要方面不同于新现实主义。第一，新制度主义不认为国际关系世界是个无政府世界，而是关注国际关系领域中正在发挥效力的制度和组织。在联盟形成的情况下，这意味着其重视国际条约的细节，除权力平衡的一般原则之外，这还包括联盟国之间精确的协同效应。国际条约是经长期谈判形成的，且盟国维护它们的成本高昂，这样的事实表明国际关系中联盟具有重要性和相关性。莫罗（Morrow, 1994）将联盟的形成解释为一种发送

---

① 尼乌和奥德舒克（Niou, Ordeshook, 1991）没有将他们的分析方法视为"新现实主义"方法，并且正确地指出，他们的理论模型可以用来研究有关国际关系的新现实主义观点和自由主义观点。然而，由于他们的模型关注权力平衡，我们选择把它作为对新现实主义观点的一种阐述。

信号的机制，即国家希望传递信号，表达如果受到挑战者攻击时愿意与其盟友并肩作战。史密斯（Smith，1995，1998）给出了一个类似的解释，但把联盟的形成看作一种承诺机制，即国家给自己施加约束（因为如果它们没有遵守协议帮助其盟友的话，就要付出"诚信成本"）以阻止挑战者的攻击。费伦（Fearon，1997）将这两种分析结合在一起，表明在一般的威慑模型中，承诺是比发送信号更加有效的工具。

谈到研究联盟形成的经济学文献，我们首先考虑集体行动模型。在奥尔森和泽克豪泽（Olson，Zeckhauser，1966）的开创性文章后，有一大批重要文献关注与联盟有关的公共品问题，如桑德勒（Sandler，1993）及桑德勒和哈特利（Sandler，Hartley，2001）。在一个联盟中，各方都有动机"搭便车"以享用联盟其他成员的努力和资源，小的参与者倾向于依赖大的参与者。因此，联盟的总体努力水平是次优的，这是典型的公共品问题，大的参与者承担联盟成本中不成比例的份额，美国在北大西洋公约组织（NATO）和其他国际组织中的情况可以说明面临的这种利用问题。

奥尔森（Olson，1965）关于集体行动的早期理论已经强调了这种"搭便车"问题。虽然奥尔森和泽克豪泽（Olson，Zeckhauser，1966）关注面对外生威胁的单一联盟中的"搭便车"问题，但后续研究考虑不同群体之间的冲突，其中每一个群体都面临"搭便车"问题。在这种情况下，奥尔森（Olson，1965）假定小群体应当是更有效的，且更有可能赢得冲突，因为其面对的"搭便车"问题不像较大群体那样严重。这种"群体规模悖论"已形成了相当多的政治学和经济学文献，它们试图将奥尔森（Olson，1965）的思想正规化，并提出小群体在冲突中更加有效的条件。

塔洛克（Tullock，1967）将寻租竞赛正式化，提供了能够表述奥尔森（Olson，1965）思想的框架。然而，塔洛克（Tullock，1967）的冲突概率模型结构过于复杂，对于需要建立的小群体是否更加有效的比较静态结果依然是不确定的。张伯伦（Chamberlin，1974）、麦圭尔（McGuire，1974）、桑德勒（Sandler，1992）和其他学者的早期研究证明了，在某些特定条件下，当冲突涉及一种竞争性私人商品时，小群体是更有效的，当参与者为一种非竞争性公共物品进行争斗时，大群体更有效。

鲍伊克和李（Baik，Lee，1997）、卡茨和托卡特里杜（Katz，Tokat-

lidu，1996）、塔洛克（Tullock，1980）以及韦内吕德（Wärneryd，1998）
分析了具有不同奖励形式的两群体竞赛，并得到了关于群体规模的部分
比较静态结果，再一次得到小群体更加有效，以及当两个群体更加对称
时，对冲突的总花费更高的结论。埃斯特班和雷（Esteban，Ray，1999，
2001）在一个更加一般化的冲突模型中重新考察了奥尔森（Olson，
1965）的观点，强调不同规模群体间进行的非合作博弈式冲突的复杂性。
埃斯特班和雷（Esteban，Ray，2001）特别表明，由于小群体在关于私
人物品的冲突中总是更有效的，在考虑一般的冲突技术时，"公共智慧"
并不必然成立。

　　对冲突中群体规模影响的比较静态分析是理解联盟形成的必要基础。
利用联盟形成理论的最新进展，如布洛克、桑切斯·帕热内和苏贝朗
（Bloch，Sanchez-Pages，Soubeyran，2006），埃斯特班和沙科维奇（Es-
teban，Sakovics，2003），加芬克尔（Garfinkel，2004），桑切斯·帕热内
（Sanchez-Pages，2007），什卡佩尔达斯（Skaperdas，1998），谭和王
（Tan，Wang，1997）试图在竞赛模型中将联盟形成内生化。然而，这些
文章中的每一篇关注的是联盟形成的不同形式和不同过程，从这一批文
献得到了两个一般的直觉。

　　第一个直觉是，如埃斯特班和沙科维奇（Esteban，Sakovics，2003）、
什卡佩尔达斯（Skaperdas，1998）、谭和王（Tan，Wang，1997）的三参
与者模型所显示的那样，除非联盟形成产生的协同效应提高了联盟的获
胜概率，否则各参与者没有动力形成一个两方联盟来对抗第三方。这一
否定性结果被康拉德（Konrad，2009）冠以"联盟形成悖论"，它建立
在非常基本的直觉之上。在联盟内部，参与者没有激励提供努力有两点
原因：一是其仅能获得奖励的一部分，而非其全部价值，因为其仍然不
得不与联盟其他成员分享奖励（可能不得不在第二场竞赛中进行争斗）；
二是联盟中选择努力水平受到"搭便车"的影响。如果"联盟形成悖
论"成立，那么经济学家需要解释为什么在冲突中确实形成了国家或参
与者之间的联盟。

　　这些文献给出的第二个直觉是，大联盟（grand coalition）发挥特别
作用。在大联盟里，联盟成员和平地共享奖励，没有资源浪费在冲突上。
在大联盟和其他任何联盟结构中，参与者的支付存在巨大的、本质上的差

475

距。在一个所有联盟都可能形成的模型中，布洛克、桑切斯·帕热内和苏贝朗（Block, Sanchez-Pages, Soubeyran, 2006）及桑切斯·帕热内（Sanchez-Pages, 2007）观察到大联盟具有特殊作用，这意味着它将经常作为联盟形成过程中的均衡出现。这个结果给经济学家带来了另一项挑战，他们需要解释为什么世界和平并不总是普遍出现，为什么形成的是较小的、相互竞争的联盟。

有关联盟形成的经济学文献沿着另外两个主题发展起来。第一个主题延续尼灿（Nitzan, 1991a）的研究，关注联盟内部的分享规则。尼灿（Nitzan, 1991a）提出一种分享规则，即平等法则（一种不给群体成员高力度激励的"软"规则）和相对努力法则（一种激励付出高程度努力的"硬"规则，就像在激烈竞赛中一样）的凸组合。尼灿（Nitzan, 1991a, 1991b）[由戴维斯和赖利（Davis, Reilly, 1999）以及上田（Ueda, 2002）进行了修改] 计算了不同规则下冲突的均衡水平。鲍伊克和李（Baik, Lee, 1997）、鲍伊克和肖格伦（Baik, Shogren, 1995）、李（Lee, 1995）及诺奥（Noh, 1999, 2002）将分享规则和联盟规模内生化了。他们分析得到的最有趣的结论之一是，在两个规模相同的群体之间进行的竞赛中，两个群体都有激励选择"硬"的相对努力法则，即便"软"的平等法则可能是更好的——囚徒困境就是一个典型例子。这一结果让人回忆起博弈论的策略性委托（strategic delegation）模型，双方都有激励选择硬规则（或者一个强硬代表）以便提高获胜的概率，即使这会导致冲突支出的巨大浪费。

第二个主题是静态与动态团体竞赛之间的区别。在静态团体竞赛中，奖励是即时在联盟成员之间分享的；在动态团体竞赛（或"嵌套竞赛"）中，联盟成员通过一系列连续竞赛获得奖励，这些竞赛一直持续到仅剩两个竞争者才会结束。竞赛的动态模型仅在近些年才受到关注——埃斯特班和沙科维奇（Esteban, Sakovics, 2003）、加芬克尔（Garfinkel, 2004）、科夫诺克和康拉德（Kovenock, Konrad, 2008）、什卡佩尔达斯（Skaperdas, 1998）、谭和王（Tan, Wang, 1997）、韦内吕德（Warneryd, 1998）提出了这类模型的不同形式，且仅在限制非常强的情况下才会研究这些模型。

本章其余部分结构如下。第 2 节讨论联盟形成的政治模型。第 3 节考察群体规模对冲突的影响。第 4 节基于博弈论最新进展研究内生性联盟形成的一般模型。第 5 节给出了关于联盟内部分享规则的详细分析。第 6 节考察了竞赛和联盟形成的动态模型。第 7 节得出结论并提出未来的研究方向。

2. 联盟形成的政治模型

政治科学领域有大量研究国家间联盟形成的文献。[①] 国际关系学者认识到，国家间可以达成一系列广泛的协议，包括从默许的结盟、非正式协约到正式、明确的结盟。关于联盟形成的政治学文献侧重于最后一种类型的协议，提出联盟形成和服从联盟的理论模型，介绍联盟形成的详细案例研究，并使用大型冲突数据集分析联盟形成对战争的影响。

联盟分类区分了在多极世界中形成的联盟（如 19 世纪末 20 世纪初）和在两极世界中形成的联盟（如二战后到 20 世纪末），前者中的国家可以自由地选择盟友，而后者中的国家只能选择是否加入一个固定的联盟。政治学家还关注到各种各样的联盟条约，包括从进攻型联盟（国家同意联合作战）到防御型联盟（国家仅承诺在一国受到攻击时进行干预），以及签订不侵犯和中立条约（国家承诺不进行干预）。另一个重要区分是，区别了具有相似能力、相似规模的国家间形成的对称联盟与实力强大的国家和较小国家结成的非对称联盟。

经验研究已分析了联盟形成、战争爆发和盟友遵从协议之间的关系。第一类文献使用辛格和斯莫尔（Singer, Small, 1967）构建的"战争相关"（Correlates of War）数据库得出结论，进攻型联盟的形成会增加战争风险，而防御型联盟的形成会降低战争爆发的可能性（Siverson, King, 1980）。令人奇怪的是，同样的数据集显示，结盟国家履行承诺的比例非常低；根据萨布罗斯基（Sabrosky, 1980）的研究，只有 27% 的盟国履行了承诺。利兹、隆和麦克劳克林·米切尔（Leeds, Long, Maclaughlin Mitchell, 2000）最近对最后这个结论提出了质疑，他们创建了新的联盟数据集——联盟条约义务与条款（Alliance Treaties Obligations and Provisions,

477

---

① 参见莫罗（Morrow, 2000）对文献的精彩说明。

ATOP），该数据集囊括了关于联盟条约内容的具体信息。根据使用联盟条约义务与条款数据集进行研究的新一批文献，利兹（Leeds，2003），利兹、隆和麦克劳克林·米切尔（Leeds，Long，Maclaughlin Mitchell，2000）发现，如果考虑到联盟条约的具体条款会造成某种特定条件下某个盟友进行干预，那么履行承诺的实际比例接近75%。

联盟形成的理论研究反映出国际关系理论家的新现实主义者和制度主义者之间的争议。从新现实主义者的观点来看［参见斯奈德（Snyder，1997）；沃尔特（Walt，1979）］，国家间的国际体系是无政府状态的，国家间的联盟无法被强制实施。形成正式联盟是为了恢复国家间的"权力平衡"，盟国面临两类对立的风险：被放弃的风险（一个盟国变得更加疏远并没有履行其承诺）和被诱惑的风险（一个盟国因结盟变得有恃无恐，采取过度冒险行为并参与过多冲突）。与之相反，制度主义者［参见费伦（Fearon，1997）；莫罗（Morrow，2000）］强调，国际制度和联盟发挥积极作用，比如，差异较大的国家间形成的联盟并不必然以恢复权力平衡为目标，而是可以被看作盟国选择的信号或承诺机制。我们即将针对政治联盟形成的正式博弈论模型给出一个更为广泛的描述。

2.1 联盟形成与权力平衡

在一系列文章中，尼乌和奥德舒克（Niou，Ordeshook，1986，1991）引入了一个正式的权力平衡博弈模型。他们将一国的政治体系用向量 $\mathbf{s} = (S, r_1, \cdots, r_s)$ 来描述，其中，S 表示国家集合，r_s 表示国家 s 的资源。如果国家通过拥有超过一半的总资源而获胜，那么其就能通过武力获取其他国家的资源。因此，这种情形可以用合作博弈来表示，其中，$\nu(S) = R$，当且仅当 $\sum_s r_s \geq \dfrac{R}{2}$。

尼乌和奥德舒克（Niou，Ordeshook，1986）介绍了国际政治体系稳定性的两种定义。他们引入了一系列关于偏好和行动的公理，认为国家领袖对于和平谈判存在偏好排序，只有在国家生存没有受到威胁（例如，最终实现的状态中不存在国家被消灭的情况）时，他们才会偏好于增加资源。在这种假设下，国家将永远不会寻求获取整个体系中的过半资源；如果一个国家恰好拥有 $\dfrac{R}{2}$ 的资源，则会被视作"占据优势"。资源稳定对应于核稳定的一般定义：体系的一种状态 **s** 是稳定的，当且仅当不存在一种国家联盟使它形成的新状态 **s′** 能够严格使各方获益。给定这个合作博弈的结构（它相当于在没有参与者拥有多数票时，核为空的"多数"博弈），唯一稳定的状态是其中一个国家"占据优势"且恰好拥有体系中一半资源的状态。稳定性的另一个含义是系统稳定性，它以威胁和反威胁过程为基础，这类似于讨价还价集合的合作概念。一个国家体系被称为是系统稳定的，如果任何消灭系统中某个国家的威胁能够被反威胁所挫败。在一个引人关注的结果中，尼乌和奥德舒克（Niou，Ordeshook，1986）表明，一个国家体系是系统稳定的，当且仅当它只包含基本国家，即那些隶属于某些获胜的最小联盟的国家。

尼乌和奥德舒克（Niou，Ordeshook，1991）通过将稳定性的合作概念改变为对谈判/战争过程的非合作性描述，扩展了分析。在这个扩展模型中，国家被确认为制造威胁（形成联盟并要求转移资源），随后而来的可能是反威胁，如此循环往复。尼乌和奥德舒克（Niou，Ordeshook，1991）关注的是这一非合作博弈的稳定完美均衡，他们描述了一组"主要"威胁的特征，且表明这种威胁不会产生进一步的偏差。他们得到的结论扩展了系统稳定性分析：一国会在谈判/战争过程的稳定完美均衡中生存下来，当且仅当它是基本国家。

2.2　作为信号或承诺机制的联盟形成

费伦（Fearon，1997）、莫罗（Morrow，1994）和史密斯（Smith，1995，1998）在一个冲突的三国博弈模型中分析了联盟形成，把联盟形成作为发送信号或承诺的机制。模型中有三个参与者：挑战国 A、目标国 B 和同盟国 C。参与者间的互动被描述为一个多阶段博弈：

1. 最初，B 国和 C 国选择是否结盟；
2. 然后，A 国决定是否攻击 B 国；
3. 接下来，B 国决定是否抵抗；
4. 最后，C 国决定是否支持其同盟国。

为了将参与者行为转化为用概率表示，假设各国面对一个随机的战争成本 w_A、w_B、w_C，为简化起见，假设它们在 $[0,1]$ 上均匀分布。用 0 表示对每个参与者而言最糟结果的价值（被参与者 B 国和 C 国打败后，　479

A 国的情况），用 1 表示对参与者而言最好结果的价值（A 国胜利、B 国和 C 国的情况）。还假设 A 国赢得仅与 B 国进行的冲突的概率为 p_A，它高于 A 国与两个国家作战时的获胜概率 q_A。最后，B 国和 C 国必须支付一项固定成本 F 以维持联盟（可体现为损失自治权、联合军事演习等形式）。图 20-1 描绘了这一博弈的扩展式。

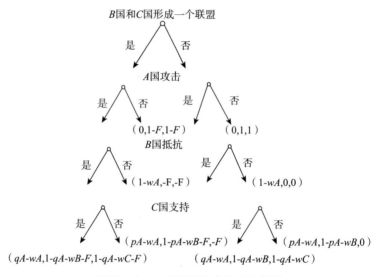

图 20-1　三方联盟形成的政治模型

在莫罗（Morrow，1994）的分析中，C 国利用形成联盟发送战争成本的信号，并因此传递出其支持其盟国的意愿。莫罗（Morrow，1994）给出了博弈的分离均衡和混同均衡。他指出，当 C 国的战争成本较低时，它有激励向 B 国提出结盟，并发出信号，即如果 A 国发动攻击，那么两国都会回击，这最终会遏制挑战者。如果战争成本高，C 国就没有动力实施这一策略，在 B 国受到攻击时，它也永远不会支持 B 国，B 国就不会抵抗，而 A 国也不会被遏制。这个结论表明，存在分离均衡，即低成本的 C 国选择结成联盟以阻止 A 国发动攻击，而高成本国家不会提出结盟，让 B 国遭受攻击，且不会提供支持。

史密斯（Smith，1995，1998）指出联盟的另一种作用。在模型中，C 国在联盟形成后才了解其战争成本，所以，形成联盟不能作为 C 国支持其盟国意愿的信号。相反，形成联盟是一种承诺机制，即一个签订联盟协议的国家在其盟国受到攻击时没有提供支持，则必须付出"荣誉"

成本。通过与 B 国结盟，C 国给自己施加了约束，更有可能遵守联盟协议，并因此减少了 A 国发起攻击的激励。形成联盟通过增加不遵守联盟协议的成本，改变了后续博弈的支付，由此形成联盟会产生威慑作用。

480

费伦（Fearon，1997）在一个统一的框架内比较了这两个模型。他将形成联盟看作增加旁观成本（即一国从联盟退出后的国内成本）的一种方式，并表明，平均而言，国家更倾向于通过给自己施加约束，而不是通过发送成本高昂的信号以遏制攻击。这样，他的分析涵盖了莫罗（Morrow，1994）和史密斯（Smith，1995）的模型，并证明使用联盟作为一种承诺机制是正确的。

3. 联盟、集体行动和群体规模

3.1　联盟与集体行动

奥尔森（Olson，1965）关于集体行动的开创性研究是对联盟形成进行经济学分析的起点，经济学将联盟形成作为一系列国家提供的一种公共品（集体安全）。在第二次世界大战结束后的两极世界中，北约和华约是联盟的典型例子，即一个大国为一系列较小国家提供安全。奥尔森和泽克豪泽（Olson，Zeckhauser，1966）将对集体行动的分析应用于军事联盟。他们认为，联盟的形成是联盟向其成员提供纯的公共品。如同在任何提供公共品模型中那样，他们发现联盟中防务支出水平是次优的，大国在（按比例）提供公共品方面比小国付出更多。使用北约的军事开支检验了最后这个结论，数据支持了大国（尤其是美国）承担了军事联盟集体开支中不相称的数额。这一分析提出了一系列重要问题，将冲突中投入资源数量与联盟规模联系起来。在冲突中，与较大的团体相比，较小团体的支出更多还是更少？为分析这个问题，我们现在要考虑一种特殊的冲突模型。

3.2　冲突模型

根据塔洛克（Tullock，1967）对概率型竞赛的著名设定，我们现在引入一个研究群体规模影响冲突的简单模型。考虑 n 个同质的参与者结成了 m 个联盟 $A_1, \cdots, A_m$。我们用 a_j 表示联盟 A_j 的规模。每个参与者

$i = 1, \cdots, n$ 选择一个冲突中的投资水平 s_i。我们令 $s(A_j) = \sum_{i \in A_j} s_i$ 表示联盟 A_j 的总投资，而 $s(N)$ 是所有参与者的总投资。联盟 A_j 赢得竞赛的概率由逻辑形式给出：[1]

481

$$p_j = \frac{s(A_j)}{s(N)} \tag{1}$$

如果联盟 A 赢得冲突，则奖励根据一个固定的分享比例由其成员所共享。我们假设在每个联盟 A 内部的分享规则独立于联盟间冲突参与者的投资，$\mathbf{s} = (s_1, \cdots, s_n)$，并假设所有参与者都是对称的。

假设 1：对于一个联盟 A 的成员而言，奖励的价值为函数 $V(a)$，它仅取决于联盟的规模 a。

在这一假设下，联盟 A_j 中参与者的效用可表示为：

$$U_i = V(a_j)p_j - c(s_i) \tag{2}$$

其中，$c(\cdot)$ 是一个递增的凸成本函数。分享规则的这种一般形式涵盖了文献中的大部分案例研究。如果 V 是一个非递减函数，则奖励是由所有联盟成员所共享的非竞争性公共品；[2] 如果 V 是一个非递增函数，则奖励是私人物品。此外，这种设定可以被解释为参与者协调其策略或参与多阶段竞赛的复杂冲突模型的简化形式。为理解这一点，考虑以下两个例子，它们描述了这一模型的两种极端情况。

例 1：完全协调的公共品。

联盟成员的平均效用可以表示为 $U_i = \max_{s} \dfrac{a_j s}{s(N)} V - c(s)$。

假设最优投资 s 是内部解，用于描述它的一阶条件为：

$$a_j V \frac{\sum_{k \neq j} s(A_k)}{s(N)^2} - c'(s) = 0$$

由这个公式得到的投资水平与如果每个联盟成员获得奖励 $V(a_j) = Va_j$ 的一个份额时的投资水平相等。

例 2：多阶段竞赛。

与之相反，考虑另外一个模型，联盟中的参与者获得私人奖励，它根据随后的联盟内部竞赛结果进行再次分配，在联盟内部竞赛中参与者使用加芬克尔（Garfinkel，2004）、卡茨和托卡特里杜（Katz, Tokatlidu, 1996）的线性投资技术。在第二阶段的竞赛中，每个参与者的效用为：

$$U_i = \max_{s_i} \frac{s_i}{s(A_j)} V - s_i = \frac{1}{a_j} - \frac{a_j - 1}{a_j^2} = \frac{1}{a_j^2}$$

因此，在第一阶段的联盟间竞赛中，规模为 a_j 的联盟的参与者预期将获得奖励的份额为 $V(a_j) = V/a_j^2$。

两种分享规则 $V(a_j) = Va$ 和 $V(a) = \dfrac{V}{a^2}$ 代表合理分享规则的两种极端情况。其他一般分享规则有公共品函数 $V(a) = V$ 和私人物品平均分享规则 $V(a) = \dfrac{V}{a}$。

3.3　两团体冲突

我们首先分析这样一种情形，有两个团体在竞赛中相互对抗，即 A_1 和 A_2，其规模为 a_1 和 a_2。[①] 我们要稍微多用一些符号，令 S_1 和 S_2 代表两个团体在冲突中的总投资，S 是冲突的总体水平。为了计算均衡的冲突水平，我们推导一阶条件，对式（2）中两个团体的 s_i 进行微分，以得到最优反应函数系统：

[①]　在塔洛克（Tullock，1980）的原文中讨论了两团体模型，鲍依克和李（Baik, Lee, 1997）、卡茨和托卡特里杜（Katz, Tokatlidu, 1996）以及韦内吕德（Wärneryd, 1998）对其进行了分析。

$$V(a_1)S_2 - c'\left(\frac{S_1}{a_1}\right)S^2 = 0 \qquad (3)$$

$$V(a_2)S_1 - c'\left(\frac{S_2}{a_2}\right)S^2 = 0 \qquad (4)$$

图 20 - 2 描绘了团体冲突水平的最优反应选择，$\phi_1(S_2)$ 和 $\phi_2(S_1)$。分析中的一个复杂问题（它使难以对竞赛博弈进行比较静态分析）是，正如附录所显示的那样，最优反应函数不是单调的：当 $S_i > S_j$ 时，最优反应函数 $\phi_i(S_j)$ 随着 S_j 递增，而当 $S_j > S_i$ 时，则随 S_j 递减。

图 20 - 2 也说明了为什么两团体竞赛的均衡必须是唯一的。如果存在一个均衡 (S_1^*, S_2^*) 且 $S_1^* > S_2^*$，如图 20 - 2 所示，在 $S_1 > S_2$ 的区域内就不可能存在任何其他均衡，因为最优反应函数 $\phi_1(S_2)$ 是递增的，且最优反应函数 $\phi_2(S_1)$ 是递减的。此外，如果我们令 $\tilde{S}_1$ 和 $\tilde{S}_2$ 代表最优反应函数和45 度线的交点，存在均衡解且 $S_1^* > S_2^*$，则必然意味着 $\tilde{S}_1 > \tilde{S}_2$，排除了在 483 $S_1 < S_2$ 区域中存在其他均衡。

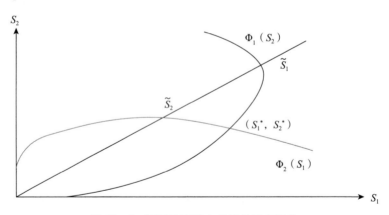

图 20 - 2　两团体竞赛中的最优反应函数

利用式（3）和式（4），我们计算得到：

$$\frac{c'(s_1)s_1}{c'(s_2)s_2} = \frac{\dfrac{V(a_1)}{a_1}}{\dfrac{V(a_2)}{a_2}} \qquad (5)$$

因为 $c'(s)s$ 是递增的，我们得到了关于小团体有效性的第一个结论。

结论 1：如果 $\dfrac{V(a)}{a}$ 非递增，那么在较小团体中的个人投资较大。

我们可以类似地写出：

$$\frac{S_1}{S_2} = \frac{\dfrac{V(a_1)}{c'(s_1)}}{\dfrac{V(a_2)}{c'(s_2)}} \qquad (6)$$

结论 2：如果 $V(a)$ 非递减，那么较大团体的团体投资较大。

结论 1 和结论 2 使我们得到结论，当分享规则随 a 严格递减时，小团体是有效的，而当分享规则随 a 非递减时，大团体是有效的。为了得到中间状态的结果，我们参照埃斯特班和雷（Esteban，Ray，2001），考虑等弹性成本函数族 $c(s)=s^\alpha$，且 $\alpha>1$。对于这些成本函数，我们得到：

$$\frac{S_1 c(S_1)}{S_2 c(S_2)} = \frac{a_1^{-\alpha} V(a_1)}{a_2^{-\alpha} V(a_2)} \qquad (7)$$

结论 3：如果成本函数是等弹性的，且由 $c(s)=s^\alpha$ 给出，$V(a)\ a^{-\alpha}$ 是非递减的，那么较大团体的团体投资较大。

结论 3 表明，大团体或小团体的有效性与分享规则和成本函数的相对曲率有关。如果分享规则相对于成本函数而言不是递减得太快，那么大团体将更加有效。分享规则和成本函数曲率的这种相对关系在下面对团体规模变化影响的一般分析中也发挥作用。考虑一个给定社会中有 n 个参与者，被分成两组，规模分别为 a 和 $n-a$，令 a 在 $1\sim n$ 中取值。采用迪克西特（Dixit，1986）引入的博弈中的比较静态分析技术，我们在附录中计算了团体投资随着 a 递增和递减的准确条件。

命题 1：如果 $\inf_a \dfrac{aV'(a)}{V(a)} \geqslant \sup_s \dfrac{-sc''(s)}{c'(s)}$，那么当 $a \geqslant \dfrac{n}{2}$ 时，大

团体的团体投资 S_a 是 a 的增函数。如果 $\sup_a \dfrac{aV'(a)}{V(a)} \leqslant \inf_s \dfrac{-sc''(s)}{c'(s)}$，那么当 $a \leqslant \dfrac{n}{2}$ 时，小团体的团体投资 S_a 是 a 的减函数。

命题 1 对于成本与分享规则曲率之间此消彼长的关系给出了另外一个说明。对于等弹性成本函数 $c(s) = s^{\alpha}$，$\inf_s \dfrac{-sc''(s)}{c'(s)} = \sup_s \dfrac{-sc''(s)}{c'(s)} = 1 - \alpha$，对于大团体而言，只要 $\dfrac{aV'(a)}{V(a)} \geqslant 1 - \alpha$，团体投资就会随着 a 的增加而增加；只要 $\dfrac{aV'(a)}{V(a)} \leqslant 1 - \alpha$，小团体的团体投资就会随着 a 的增加而减少。

3.4　多个对称团体间的冲突

分析两个以上团体的冲突则复杂得多。我们报告的结果是在 $k \geqslant 2$ 个具有相同规模的对称团体间进行冲突的情况下得到的，团体规模为 $a = \dfrac{n}{k}$。对于 k 个对称团体，唯一的对称均衡可以表示为：

$$V\left(\frac{n}{k}\right)(k-1) - c'\left(\frac{Sk}{n}\right)k^2 S = 0 \tag{8}$$

直接计算得到：

$$\text{sign}\frac{\partial S}{\partial k} = \text{sign}\left\{ -\frac{n}{k^2}V'\left(\frac{n}{k}\right)(k-1) + V\left(\frac{n}{k}\right) - \frac{S}{n}c''\left(\frac{Sk}{n}\right)k^2 S - 2kSc'\left(\frac{Sk}{n}\right)S \right\}$$

由此得到以下结果。

命题 2：在公共品情况下［当 $V(a)$ 非递减时］，k 的增加导致对称团体的投资 S 减少。在私人物品情况下，当 $\inf_a \dfrac{aV'(a)}{V(a)} \leqslant 1 - \sup_s \dfrac{sc''(s)}{c'(s)}$ 时，k 的增加导致对称团体的投资 S 增加。

命题 2 再一次阐释了在关于团体投资的比较静态分析中，分享规则和成本规则之间的紧密关系：在公共品条件下，分裂毫无疑问地导致团体投资减少；在私人物品条件下，如果成本函数的曲率相对于分享规则而言不太高，那么分裂程度提高导致团体投资增加。例如，对于等弹性成本函数 $c(s) = s^\alpha$，如果 $\dfrac{aV'(a)}{V(a)} \leqslant -\alpha$，则团体投资随 k 增加。

485

4. 联盟规模与内生的联盟形成

什么时候形成的一个独特和平联盟是稳定的？稳定联盟的规模是否存在限制？参与了连续冲突的参与者会形成哪种联盟？为了回答这些问题，我们在这节中介绍了内生的联盟形成模型，并给出稳定联盟结构的特征。我们首先假设参与者具有线性投资成本，且分享规则是简单的幂函数形式，由此给出特定的冲突模型。[1]

假设 2：令 $c(s) = s$ 且 $V(a) = a^\rho$，$-2 \leqslant \rho \leqslant 1$。

4.1　具有外部性的联盟形成模型

由于联盟中参与者的支付取决于整个联盟的结构（包括其他参与者形成的联盟），关于内生联盟形成的重要模型是雷（Ray，2007）讨论的具有外部性联盟形成的最新模型。我们重点介绍由哈特和库尔茨（Hart, Kurz，1983）提出的两个模型，即参与者同时宣布他们所隶属的联盟 C_i。在 γ 型博弈中，当且仅当对所有 $i \in C$，$C_j = C$ 时，联盟 C 形成。因此，联盟形成需要取得一致同意。这种形式意味着，如果参与者发现有人背叛了联盟，那么其预期联盟将瓦解，所有成员会像单独的参与者那样行动。在 σ 型博弈中，当且仅当存在某个联盟 $D \supset C$，使对于所有的 $i \in C$，$C_j = D$ 时，联盟 C 形成。在这种情况下，即便预期某些成员拒绝

---

[1] 布洛克、桑切斯·帕热内和苏贝朗（Bloch, Sanchez – Pages, Soubeyran，2006）考虑了另外一种设定，其中封闭解可以这样计算：他们假设一种二次函数形式的成本函数 $c(s) = \dfrac{1}{2}s^2$ 以及平等的分享规则 $V(a) = \dfrac{1}{a}$。埃斯特班和雷（Esteban，Ray，1999）还在 $V(a) = v$ 独立于 a 且 $c(s) = s^\alpha$ 是等弹性成本函数的情况下，进行了精确的计算。

提议，联盟也会形成。一旦发现有人背叛，每个参与者预期其他联盟成员会团结在一起。

4.2 什么时候和平是可持续的？

我们首先分析下面的问题：什么时候大联盟 $\{N\}$ 是稳定的？为了回答这些问题，我们计算了参与者 i 在三个联盟结构中的均衡效用，这三种联盟结构是：大联盟、单个参与者形成的联盟（$\{1\},\{2\},\cdots,\{n\}$）以及单独一个参与者形成一个联盟而其他 $n-1$ 个参与者形成一个联盟。它们可表示为：

$$U_i(\{N\}) = n^\rho$$

$$U_i(\{1\,|\,1\,|\,\cdots\,|\,\}) = n^{-2}$$

$$U_i(\{i\,|\,N\setminus i\}) = \frac{1}{(1 + (n-1)^\rho)^2}$$

命题 3：大联盟 $\{N\}$ 总是联盟形成 γ 型博弈的一个均衡。如果 $\rho\log n + 2\log((1 + (n-1)^\rho)) \geqslant 0$，那么大联盟也是联盟形成 σ 型博弈的一个均衡。

隐含在这一命题后的直觉很容易理解。因为我们假设 $\rho \geqslant -2$，大联盟参与者不会比其单独作战的处境更差：和平的大联盟因此总会是一个均衡结果，如果参与者预期到在有成员离开后联盟会瓦解成单人作战。另外，如果参与者预期其离开后，其他联盟成员会团结一致，大联盟就仍然是一个均衡，只要 ρ 足够大的话。如果 $\rho \geqslant \rho^*(n)$，那么参与者没有任何激励离开大联盟，发起一场单人面对 $n-1$ 个成员组成的联盟的冲突，这里 $\rho^*(n)$ 隐含地由 $\rho\log n + 2\log((1 + (n-1)^\rho)) \geqslant 0$ 定义。需要注意的是，因为 $2\log 2 > 0$ 且 $\log(n-1) - \log n < 0$，我们有 $-1 \leqslant \rho^*(n) \leqslant 0$。此外，$\rho^{*\prime}(n) > 0$ 和 $\lim_{n\to\infty}\rho^*(n) = 0$ 反映出"搭便车"动机在较大社会中更高的事实，并且只有在分享规则不是递减太快时，大联盟才能保持稳定。

4.3 稳定联盟的规模

现在假设参与者形成了一个规模为 a 的单一联盟，其他参与者都保持孤立。经简单计算给出独立参与者的效用水平 U_i 和联盟成员的效用水平 U_a，具体如下：

$$U_i = \frac{1}{(1 + k^\rho(n-k))^2}$$

$$U_a = \frac{k^{\rho-1}(k^\rho(n-k) - (n-k-1))(k^{\rho+1}(n-k) - n + 2k)}{(k^\rho(n-k) + 1)^2}$$

如果 $k^\rho(n-k) - (n-k-1) \geqslant 0$ 且 $U_i = \frac{1}{(n-a)^2}$，否则 $U_a = 0$。

我们首先比较一个联盟中成员的效用水平与单个结构中参与者的效用水平，注意到当 $k^\rho(n-k) - (n-k-1) \geqslant 0$，$U_a$ 随 ρ 严格递增，得到下面的命题。

命题 4： 对于任何 n 和规模为 $2 \leqslant a \leqslant n-1$ 的任何联盟，当且仅当 $\rho \geqslant \rho^*(a,n)$ 时，存在 $\rho^*(a,n) \in (-1,0)$ 使联盟结构 $\{A \mid 1 \mid \cdots \mid 1\}$ 是联盟形成 γ 型博弈的一个均衡。并且，$\rho^*(a,n)$ 不是 a 的单调函数。

487

表 20-1 γ 型稳定联盟

a	$\rho^*(a)$
2	-0.1563
3	-0.1221
4	-0.1179
5	-0.1267
6	-0.1521
7	-0.1957
8	-0.3112
9	-1

命题 4 描述了 γ 型稳定联盟集合的特点。如果 $\rho < -1$，则唯一的 γ 型稳定结构是大联盟。如果 $\rho > 0$，则"搭便车"行为将不会发生，并且任何联盟都能作为 γ 型博弈的一个均衡。对于 $\rho \in (-1, 0)$，不同联盟结构或许都能成为 γ 型稳定。$\rho^*(a,n)$ 是 a 的非单调函数的事实可以由下

面 $n = 10$ 的例子加以解释。注意在这个例子中，当 $\rho = -0.13$ 时，规模为 2、6、7、8 和 9 的联盟是稳定的，但规模为 3、4 和 5 的联盟不稳定。

例 3：令 $n = 10$。ρ 的临界值由表 20 - 1 给出。

为了考察哪种联盟是 σ 型稳定的，我们需要考虑参与者为了成为联盟结构 $\{A \setminus i \mid 1 \mid \cdots \mid 1\}$ 中的独立个体，离开联盟结构 $\{A \mid 1 \mid \cdots \mid 1\}$ 的激励，则：

$$\Delta(\rho, a, n) \equiv \frac{1}{(1 + (k - 1)^{\rho}(n - k + 1))^2}$$
$$- \frac{k^{\rho - 1}(k^{\rho}(n - k) - (n - k - 1))(k^{\rho + 1}(n - k) - n + 2k)}{(k^{\rho}(n - k) + 1)^2}$$

容易验证，对于所有的 a 和 n，Δ 随着 ρ 递减（当分享规则变得更加突出时，个体参与者有强烈的激励离开联盟），且有 $\frac{1}{(1 + (k - 1)^{\rho}(n - k + 1))^2} \geq \frac{1}{n^2}$（当其他联盟成员仍然联合在一起时，个体参与者有更强的激励离开联盟）。

命题 5：对于任何 n 和规模为 $2 \leq a \leq n - 1$ 的任何联盟，当且仅当 $\rho \geq \tilde{\rho}(a, n)$ 时，存在 $\tilde{\rho}(a, n) \in (-1, 0)$ 且 $\tilde{\rho}(a, n) > \rho^*(a, n)$，使联盟结构 $\{A \mid 1 \mid \cdots \mid 1\}$ 是联盟形成 σ 型博弈的一个均衡。并且，$\tilde{\rho}(a, n)$ 不是 a 的单调函数。

因此我们发现，在联盟形成 σ 型博弈中维持联盟要比在联盟形成 γ 型博弈中更加困难，并且，即便两个联盟 a 和 a' 是稳定的，规模在 a 和 a' 之间的所有联盟是稳定的，这并不必然准确。

4.4 有远见的参与者形成联盟

开放的成员制以及 γ 型和 σ 型联盟形成模型假设参与者的眼光有局限，不考虑行为的长期后果。相比而言，布洛克（Bloch，1996）引入了联盟形成的序贯博弈，将参与者设定为有远见的参与者，他们能预期到其决策对后续参与者的影响。在这个博弈中，根据一个外生协议确定参与者的行动顺序。第一个参与者宣布她希望形成的一个联盟。如果所有成员都同意，则该联盟形成，然后轮到下一个参与者（在剩余的参与者集合中）给出提议。如果联盟中的某个成员反对，则其会在下个时期成为反提案者。在这个序贯博弈中，稳定完美均衡所形成的联盟结构自然会成为关注的重点。

在完美信息有限博弈中，联盟形成的序贯模型允许有唯一的均衡联盟结构。然而，这个唯一的联盟结构通常很难计算，因为它要求完全描述参与者决策所形成的所有子博弈最优策略的特征。完全描述均衡联盟结构的特征只有在某些特殊情况下才能够实现。[1]

在附录中，我们计算了 ρ 取某个特殊值，即 $\rho = 0, -1, -2$ 时的均衡联盟结构，图 20-3 给出了 ρ 取不同值的均衡联盟结构。

图 20-3 显示了某些空白区域——在某些参数取值区间内，均衡联盟结构是无法确定的。[2] 有趣的是，这表明在 ρ 的值高和低时，大联盟都是均衡的联盟结构。对于高的 ρ 值，这是因为大联盟占优于任何其他联盟结构；对于低的 ρ 值，这是因为第一个参与者的任何行动后，随之而来的都会是形成各自为战的情况，因此第一个参与者有效地在形成大联盟或各自为战的结构之间进行选择。[3]

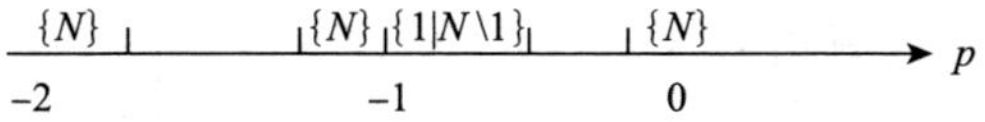

$$
\begin{array}{c}
\{N\} \qquad\quad \{N\}\,\{1|N\backslash 1\} \qquad \{N\} \\
\underset{-2}{\rule{0pt}{0pt}}\;\vert\!\!\!\!\!\!\!\!\!\!\!\!\!\!\xrightarrow{\qquad\qquad\qquad\qquad\qquad\qquad\qquad\qquad\qquad}\;p \\
-2 \qquad\qquad\quad -1 \qquad\qquad\qquad 0
\end{array}
$$

图 20-3　序贯博弈中的均衡联盟结构

489

加芬克尔（Garfinkel, 2004）在赫韦（Chwe, 1994）具有远见的占优（farsighted dominance）概念的启发之下，采用了一个不同的均衡概念研究了 $V(a) = \dfrac{1}{a^2}$ 时的模型。其发现，任何对称的均衡结构——规模为

---

① 下面的讨论以桑切斯·帕热内（Sanchez-Pages, 2007）的研究为基础。

② 然而，我们推测，$\{N\}$ 仍然是所有 $\rho \in (-2, -1)$ 的均衡结构。

③ 在布洛克、桑切斯·帕热内和苏贝朗（Bloch, Sanchez-Pages, Soubeyran, 2006）的模型中，大联盟也是作为唯一的均衡联盟结构出现的，其中，$V(a) = \dfrac{1}{a}$，且参与者要付出二次函数形式的成本。

$\dfrac{n}{k}$ 的联盟集合是稳定的，并且联盟结构由"几乎对称"的联盟构成。这个结果背后的直觉如下。如果任何参与者偏离了形成各自为战结构的策略，则将触发各自为战的联盟的形成，此时偏离者得到的支付为 $\dfrac{1}{n^2} <$

$\dfrac{1}{k\left(\dfrac{n}{k}\right)^2} = \dfrac{k}{n^2}$。因此，偏离离开一个联盟的策略是无利可图的。另外，

在模型中，大型联盟成员的支付水平较低。这意味着参与者没有激励偏离均衡策略去加入一个现有联盟，这个联盟规模要大于其离开的那个，因为在对称的联盟中，所有联盟最初都具有相同规模。

5. 具有内生分享规则的联盟形成

5.1 内生的分享规则

我们已经假设每个联盟的分享规则独立于参与者的投资。作为一种选择，我们还可以考虑这样的情况，即每个参与者在联盟间冲突中的努力会影响奖励在联盟成员间的分享。尼灿（Nitzan，1991a）提出了如下形式的团体竞赛，其分享规则取决于对冲突的投资。在他的模型中，联盟 A 中参与者 i 得到的奖励份额由 $f_i(s_1,\cdots,s_n) = (1-\alpha)\dfrac{s_i}{\sum_{j\in A}s_j} + \alpha\dfrac{1}{a}$ 给出。

分享规则是平等分享规则和相对努力规则的凸组合，它与每个参与者在冲突中的投入成比例。在这种分享规则下，联盟 A 中参与者 i 的预期效用是：$U_i = (1-\alpha)\dfrac{s_i}{\sum_j s_j} + \alpha\dfrac{\sum_{j\in A}s_j}{a\sum_j s_j} - c(s_i)$。

当 $\alpha = 0$ 时，该竞赛恰好等同于所有参与者各自为战的竞赛，且形成团体无关紧要。在另一种极端情况下，即当 $\alpha = 1$ 时，冲突等同于第 2 节所讨论的在分享规则 $V(a) = \dfrac{1}{a}$ 下的团体冲突。当一个规模为 a 的团体面对 $n-a$ 个独立的参与者时，如果用 s_a 和 s_i 分别代表团体成员的个人努力，那么最优反应的映射为：

$$(1 - \alpha)(a - 1)s_1 + (n - a)s_i = (as_a + (n - a)s_i)^2$$

$$as_a = (as_a + (n - a)s_i)^2$$

团体成员的最优反应映射 $\phi_a(s_i)$ 随着 α 递减，个人的最优反应映射　490
$\phi_i(s_a)$ 独立于 α。当 α 增加时，团体成员的投资会减少，独立参与者的
投资会增加。较低的 α 值对应团体行为更具攻击性的情况，结果是联盟
的投资水平更高且赢得冲突的可能性更高。这个结果很容易理解。通过
提高赋予相对投入的权重，联盟引致参与者在冲突上投入更多，如同在激
烈竞赛中一样，参与者的支付取决于其相对于团体的努力程度。因此，正
如尼灿（Nitzan，1991a）所指出的那样，α 的增加降低了对冲突的总投入。

尼灿（Nitzan，1991a）的分析将分享规则视为外生。鲍依克和李
（Baik，Lee，1997）、鲍伊克和肖格伦（Baik，Shogren，1995）、李（Lee，
1995）考虑了内生决定的权重 α，以在不同的联盟结构中最大化期望支
付。[①] 在鲍伊克和肖格伦（Baik，Shogren，1995）的分析中，规模为 a
的单个团体面对单个个体的集合。在那种情况下，在一个内部均衡点上，
最优分享规则由 $\alpha^* = 1 - \dfrac{2an - 2a^2 - n}{2(a - 1)(n - 1)}$ 给出。

我们观察到 α^* 随着 a 而递减。对较大的团体而言，激烈竞赛的结果
是对冲突的过度支出，当团体使用平等分享规则时可以得到最优投入水
平。给定最优的分享规则，可以计算成员和非成员的均衡支付。图 20-4
表明，成员和非成员的支付取决于 a。

鲍伊克和肖格伦（Baik，Shogren，1997）以及李（Lee，1995）在
一个两阶段模型中，分析了两个团体策略性选择的内生分享规则，其中
两个团体同时选择在第一阶段分享规则的参数 α_i，并在第二阶段的联盟
内部冲突中进行竞争。[②] 考虑对李（Lee，1995）建立模型的简化形式，假

① 鲍伊克和肖格伦（Baik，Shogren，1995）、李（Lee，1995）和尼灿（Nitzan，1991a）
的分析关注内部均衡，忽略了某些团体的最优选择是不参与竞赛的角点均衡。上田
（Ueda，2002）通过描述尼灿（Nitzan，1991a）竞赛模型的所有均衡的特征（包括角
点均衡）纠正了这个错误。

② 尼灿（Nitzan，1991b）最初观察到，当两个团体选择不同的分享规则时，内部纯策略
均衡可能不存在。戴维斯和赖利（Davis，Reilly，1999）后来发现均衡总是存在的，但
可能某些团体会选择零投入且从竞赛中退出。

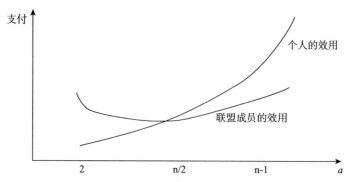

图 20 – 4　个人和联盟成员在最优分享规则下的支付

设两个团体规模相同，$a_1 = a_2 = \dfrac{n}{2}$，并在相对努力规则（$\alpha = 0$）和平等规则（$\alpha = 1$）之间进行选择。简单计算两个团体在任意选择（α_1, α_2）时得到均衡冲突水平和效用水平后，我们可以列出下面的矩阵，以研究两个团体在最初阶段如何进行博弈。

	$\alpha_2 = 0$	$\alpha_2 = 1$
$\alpha_1 = 0$	$\left(\dfrac{1}{n^2}, \dfrac{1}{n^2} \right)$	$\left(\dfrac{4}{(n+2)^2}, \dfrac{8}{n\,(n+2)^2} \right)$
$\alpha_1 = 1$	$\left(\dfrac{8}{n\,(n+2)^2}, \dfrac{4}{(n+2)^2} \right)$	$\left(\dfrac{1}{2n}, \dfrac{1}{2n} \right)$

　　这个博弈具有囚徒困境的结构。两个团体都有一个占优策略：选择进攻性的相对努力规则 $\alpha = 0$，即使选择更加温和的平等规则 $\alpha = 1$ 会更好。李（Lee，1995）把这种直觉推广到 $\alpha \in [0,1]$ 的任何选择，并且观察到，如果形成了规模相同的两个联盟，那么唯一的均衡是两个团体都选择最具进攻性的分享规则，让 α 等于 0。另外，如果团体的规模不同（且 α 可以为负值），鲍伊克和李（Baik，Lee，1997）表明，两个团体很可能采取不同的分享规则，那么较小的团体采取更具进攻性的分享策略（$\alpha = 0$），而较大的团体偏爱更为平衡的分享规则（$\alpha > 0$）。诺奥（Noh，1999）分析了一个关于异质参与者之间内生分享规则的模型，这些参与者拥有不同的资源，可以使用这些资源生产或者进行冲突。[1] 他

---

[1]　还可参见诺奥（Noh，2002）对三个非对称参与者的联盟形成模型。

表明，与李（Lee，1995）不同，这种设定下的竞赛要么导致两个团体都选择平等规则，要么小团体选择相对努力规则，而大团体选择 $\alpha \in (0, 1)$。诺奥（Noh，1999）和李（Lee，1995）结论的差异源于这样的事实，在诺奥（Noh，1999）的模型中，两个团体更具进攻性的行为减少了公有资源，导致团体成员的效用水平降低了。

6. 动态的联盟形成

6.1　带有外生努力的动态联盟形成

到目前为止，所分析的模型都假设奖励是根据分享规则 $V(a)$ 或 $V(a, s)$ 在联盟成员中一次性地分享的。即使是假设参与者在联盟内部进行争斗以获得奖励［比如，当投入成本为线性时，可得到 $V(a) = \dfrac{1}{a^2}$］，联盟内部竞赛也被假定为是最后的斗争。在联盟内部有可能进一步形成小联盟，冲突在这两个阶段后终止。

492

这种对冲突的设定忽略了联盟形成中的一个重要因素，在第一阶段冲突（能够形成联盟）和第二阶段冲突（不能形成小联盟）之间引入了不对称。相反，持续冲突模型（或"嵌套竞赛"）将联盟形成和冲突作为动态过程加以分析，其结果是参与者逐个被消灭直到最终的竞赛是最后两个参与者之间的博弈。

为了理解冲突和联盟形成的动态过程，我们重点考察一个有三个参与者 $i = 1, 2, 3$ 的模型。每个参与者有固定的外生资源禀赋 y_i。赢得竞赛的概率由 $p_i = \dfrac{y_i}{\sum_j y_j}$ 外生给定。

在初始阶段，要么三个参与者各自为战进行竞争，要么两个参与者形成一个联盟。如果联盟赢得竞赛，那么两个成员随后就得到奖励进行竞争。[1] 我们对比参与者 1 在全部竞赛中得到的效用与其同参与者 2 形成

---

[1]　如果有三个参与者，那么连续冲突模型等同于一个阶段为联盟间冲突、一个阶段为联盟内冲突的两阶段模型。模型间的差别只有在超过三个参与者时才能显现出来。

联盟时得到的效用。在第一种情况下，参与者 1 得到 $U_1 = V \dfrac{y_1}{y_1 + y_2 + y_3}$，

在第二种情况下得到 $U_1' = V \dfrac{y_1 + y_2}{y_1 + y_2 + y_3} \dfrac{y_1}{y_1 + y_2} = U_1$。

因此，看上去参与者没有动机形成联盟。康拉德（Konrad，2009）将这个结果称为"联盟形成悖论"。

为了允许在两个联盟成员投入间产生协同效应，我们考虑递增函数 $f(y_i)$，使赢得竞赛的概率为 $p_i = \dfrac{f(y_i)}{\sum_j f(y_j)}$。

在这个模型中，当且仅当函数 f 是超加性的，即对所有的 y_i、y_j，$f(y_i + y_j) > f(y_i) + f(y_j)$ 时，两个参与者会形成联盟。两个经常被采用的函数形式为概率（probit）形式和逻辑（logit）形式：

$$f_i(y_i) = y_i^m$$
$$f_i(y_i) = e^{k y_i}$$

什卡佩尔达斯（Skaperdas，1998）提供了两个较强参与者或两个较弱参与者形成联盟的一般条件。特别是，他注意到，对于概率形式而言，将永远在两个最弱参与者间形成联盟。对于逻辑形式而言，最弱参与者间形成联盟，当且仅当 $H(y_1, y_2, y_3) = e^{k(y_1 + y_2 + y_3)} - e^{k(y_1 + y_2)} - e^{k(y_1 + y_3)} - e^{k(y_2 + y_3)} \geqslant 0$。

谭和王（Tan，Wang，1997）独立分析了自由参与者间的联盟形成，并得到了基本相同的结论，他们的研究显示，当 $f(y) = \exp \gamma y - 1$ 时，在概率模型中两个弱势参与者之间形成联盟。他们注意到，强大的参与者赢得竞赛的概率或许不是最大的 [举例而言，$f(y) = y^2$，$y_1 = 0.6$，$y_2 = 0.5$，$y_3 = 0.2$，三个参与者的获胜概率分别为 0.42、0.5 和 0.08]。考虑有四个参与者 $y_1 > y_2 > y_3 > y_4$ 的更为复杂的情况，谭和王（Tan，Wang，1997）表明，如果 $y_1 > y_3 + y_4$，则唯一的均衡联盟结构是 $\{1 \mid 234\}$，且如果联盟 234 获胜的话，那么之后是 $\{2 \mid 34\}$ 获胜。因此，在每一个阶段，最弱的参与者形成联盟对抗最强参与者。[1] 如果 $y_1 < y_3 + y_4$，那么唯一的均衡联盟结构是 $\{ij \mid kl\}$，形成两个联盟，每个联盟中有两个参与者。

---

[1] 当对所有的 i 有 $y_i > \sum_{k=i+1}^{n} y_k$ 时，这个结论可以推广至有 n 个参与者的情况。

6.2　具有内生努力的动态联盟形成

现在考虑参与者内生地选择其努力水平的情况。根据韦内吕德（Wärneryd，1998）的研究，等级竞赛的第一个结果表明，在等级竞赛中为冲突花费的总资源水平要低于在单个、同时发生的冲突中的花费。考虑两个地区居民之间具有线性成本的冲突，这两个地区记为 A 和 B，规模为 n_A 和 n_B。在同时进行的冲突中，冲突中的总支出为 $\delta^s = V \dfrac{n_A + n_B - 1}{n_A + n_B}$。接下来考虑一个两阶段冲突，其中两个地区在第一阶段相互争斗，获胜地区的成员随后为获得奖励而争斗。两个地区在第二阶段的支付分别是 $\dfrac{1}{n_A^2}$ 和 $\dfrac{1}{n_B^2}$，因此，为冲突花费的期望资源为 $\delta^H = V\left(\dfrac{n_A^2 + n_B^2}{(n_A^2 + n_B^2)^2} + \dfrac{n_A^2}{n_A^2 + n_B^2} \dfrac{n_B - 1}{n_B} + \dfrac{n_B^2}{n_A^2 + n_B^2} \dfrac{n_A - 1}{n_A} \right) < \delta^s$，表明在等级竞赛中租金消耗更少。这个结果容易解释。在等级竞赛中，在第一阶段花费的资源要更低，因为参与者在获胜的情况下仅能获得奖励的一部分。在第二阶段的竞赛中，涉及的参与者更少，在冲突上消耗的资源数量也相应减少了。

埃斯特班和沙科维奇（Esteban，Sakovics，2003）分析了一个类似的具有二次投资成本项的三参与者模型。他们得到了一个负面的结论："搭便车"的激励很强，以至于在两个参与者间永远不会形成联盟。这个"联盟形成悖论"的新例证阐释了冲突模型中联盟形成背后的两种力量。一方面，即使努力是外生的，参与者也不会有动机形成联盟，除非两个参与者的努力程度展现出某些协同效应；另一方面，当努力选择是内生的时，联盟中的"搭便车"行为会降低提供努力的激励，并会降低联盟获胜的概率。这两种效应同时发生使形成联盟无利可图。

6.3　存在预算约束的动态联盟形成

康拉德和科夫诺克（Konrad，Kovenock，2008）在无噪声的歧视性竞赛中重新考察了联盟形成之谜，贝耶、科夫诺克和德弗里斯（Baye，Kovenock，de Vries，1996）以及希尔曼和赖利（Hillman，Riley，1989）也是如此。令三个参与者存在的预算约束为 b_1、b_2 和 b_3，且 $b_1 > b_2 = b_3$。

在一个全支付拍卖（all-pay auction）中，每个参与者选择一个投入水平 $s_i \in [0, b_i]$，如果 $s_i > \max\{s_j, s_k\}$，则参与者 i 获胜的概率为 1；如果 $s_i < \max\{s_j, s_k\}$，则获胜概率为 0；如果 m 个参与者选择了同样的努力水平 S_i，那么各参与者的获胜概率为 $\dfrac{1}{m}$。在这种情况下，存在这样一个均衡，其中，最强参与者即参与者 1 的期望支付为 $U_1 = b_1 - b_2$，而最弱参与者的期望支付为 $U_2 = U_3 = 0$。

接下来，考虑参与者 2 和参与者 3 最初共同努力的情况（并对应于 s_1，选择一个共同努力水平 s_{23}），然后，如果其赢得了第一阶段的竞赛，就在第二阶段相互竞争。在这个博弈中，当 $b_2 \in \left(\dfrac{b_1}{2}, \dfrac{1-b_1}{2}\right)$ 时，康拉德和科夫诺克（Konrad，Kovenock，2008）证明存在一个子博弈完美均衡，其期望支付为 $U_1 = 0$，$U_2 = U_3 = \dfrac{1 - b_1 - 2b_2}{2}$。因此，与埃斯特班和沙科维奇（Esteban，Sakovics，2003）相反，在没有噪声的竞赛中，两个弱参与者有激励形成联盟，且得到的支付要高于强参与者。

采取同样的方法，科夫诺克和罗宾逊（Kovenock，Roberson，2007）分析了一个单个参与者 A 在两个不同战场上面对两个敌对者 B 和 C 的模型。通过组成联盟，敌对者 B 和 C 能够选择单方面资源转移。该分析表明，存在一系列参数使在资源不对称的兵力分配博弈（Colonel Blotto）进行前，转移资源对联盟成员双方均有好处。

7. 结论

本章重点介绍了博弈论的最新进展（关于联盟形成、全支付拍卖、博弈中的比较静态分析）如何帮助我们进一步理解冲突中的联盟形成。许多问题仍有待进一步研究。

第一，到目前为止，对分享规则的分析还局限于平等规则与相对努力规则的凸组合上。而对分享规则的这种单参数设定作为第一步是有益 的，但人们想知道，引入更加一般化的分享规则是否就不能帮助我们理解团体冲突和内部分享规则之间的相互影响？第二，目前对动态竞赛的分析限定在三个参与者上，并且假设参与者在竞赛的第一阶段和第二阶段获得了相同的资源。将这个结果推广到有任意数量参与者进行的竞赛是一项颇具挑战性的任务，但应当在未来展开研究。另外，还应当考虑这样的嵌套竞赛，其中参与者要决定在连续进行的竞赛间分配固定资源的方式。第三，虽然文献已经关注联盟中的"搭便车"问题，但尚未分析对联盟成员具有激励的合约细节。因为每个联盟都面临道德风险问题，委托人在每个联盟中订立合约似乎是很自然的事情。这也意味着，要研究联盟间冲突和联盟内合约之间的互动关系，以及这种互动如何影响对团体规模的内生选择。第四，到目前为止，对联盟形成的分析都假设参与者生活在一个完全信息的世界中，完美地知道彼此在冲突中的力量。实际上，不同的联盟成员可能拥有关于其类型的私人信息（冲突技术及/或支付），这将导致采用不完全信息博弈来研究联盟形成。

参考文献

Baik, K. H., and J. Shogren. 1995. Competitive-share group formation in rent-seeking contests. *Public Choice* 83: 113 – 26.

Baik, K. H., and S. Lee. 1997. Collective rent seeking with endogenous group sizes. *European Journal of Political Economy* 13: 121 – 30.

Baye, M., D. Kovenock, and C. de Vries. 1996. The all-pay auction with complete information. *Economic Theory* 8: 362 – 80.

Bloch, F. 1996. Sequential formation of coalitions with externalities and fixed payoff division. *Games and Economic Behavior* 14: 90 – 23.

Bloch, F., S. Sanchez-Pages, and R. Soubeyran. 2006. When does universal peace prevail? Secession and group formation in conflict. *Economics of Governance* 7: 3 – 29.

Chamberlin, J. 1974. Provision of collective goods as a function of groups size. *American Political Science Review* 68: 707 – 16.

Chwe, M. 1994. Farsighted coalitional stability. *Journal of Economic Theory* 63: 299 – 325.

Davis, D. D., and R. J. Reilly. 1999. Rent-seeking with non-identical sharing rules: An equilibrium rescued. *Public Choice* 100: 31 – 38.

Dixit, A. 1986. Comparative statics for oligopoly. *International Economic Review* 27: 107 – 22.

Esteban, J. , and D. Ray. 1999. Conflict and distribution. *Journal of Economic Theory* 87: 379 – 415.

——. 2001. Collective action and the group size paradox. *American Political Science Review* 95: 663 – 72.

Esteban, J. , and J. Sakovicz. 2003. Olson vs. Coase: Coalitional worth in conflict. *Theory and Decision* 55: 339 – 57.

Fearon, J. D. 1997. Signaling foreign policy interests: Tying hands versus sinking costs. *Journal of Conflict Resolution* 41: 68 – 90.

Garfinkel, M. R. 2004. Stable alliance formation in distributional conflict. *European Journal of Political Economy* 20: 829 – 52.

Hart, S. and M. Kurz. 1983. Endogenous formation of coalitions. *Econometrica* 51: 1047 – 64.

Hillman, A. L. , and J. G. Riley. 1989. Politically contestable rents and transfers. *Economics and Politics* 1: 17 – 39.

Katz, E. , S. Nitzan, and J. Rosenberg. 1990. Rent seeking for pure public goods. *Public Choice* 65: 49 – 60.

Katz, E. , and J. Tokatlidu. 1996. Group competition for rents. *European Journal of Political Economy* 12: 599 – 607.

Konrad, K. A. 2009. *Strategy and dynamics in contests.* Oxford: Oxford University Press.

Konrad, K. A. , and D. Kovenock. 2008. The alliance formation puzzle and capacity constraints. Discussion Paper 6333, Center for Economic and Policy Research Washington, DC.

Kovenock, D. , and B. Roberson. 2007. Coalitional Colonel Blotto games with applications to the economics of alliances. Discussion Paper 1207, Krannert Graduate School of Management, Purdue University.

Lee, S. 1995. Endogenous sharing rules in collective rent-seeking. Public Choice 85: 31 – 44.

Leeds, B. A. 2003. Do alliances deter aggression? The influence of military alliances on the initiation of militarized interstate disputes. *American Political Science Review* 47: 427 – 39.

Leeds, B. A. , A. G. Long, and S. MacLaughlin Mitchell. 2000. Reevaluating alliance reliability: Specific threats, specific promises. *Journal of Conflict Resolution* 44: 686 – 99.

McGuire, M. C. 1974. Group size, group homogeneity and the aggregate provision of a public good under Cournot behavior. *Public Choice* 18: 107 – 26.

Morrow, J. D. 1994. Alliances, credibility and peacetime costs. *Journal of Conflict Resolution* 38: 270 – 97.

——. 2000. Alliances: Why write them down? *Annual Review of Political Science* 3: 63 – 83.

Niou, E. M. S. , and P. C. Ordeshook. 1986. A theory of the balance of power in international systems. *Journal of Conflict Resolution* 30: 685 – 715.

——. 1991. Realism versusneoliberalism: A formulation. *American Journal of Political Science* 35: 481 – 511.

Nitzan, S. 1991a. Collective rent dissipation. *Economic Journal* 101: 1522 – 34.

——. 1991b. Rent-seeking with non-identical sharing rules. *Public Choice* 71: 43 – 50.

Noh, S. J 1999. A general equilibrium model of two-group conflict with endogenous intra-group sharing rules. *Public Choice* 98: 251 – 67.

——. 2002. Resource distribution and stable alliances with endogenous sharing rules. *European Journal of Political Economy* 18: 129 – 51.

Olson, M. 1965. The logic of collective action. Cambridge, MA: Harvard University Press.

Olson, M. and R. Zeckhauser. 1966. An economic theory of alliances. *Review of Economics and Statistics* 47: 266 – 79.

Ray, D. 2007. *A game-theoretic perspective on coalition formation.* New York: Oxford Universtity Press.

Sabrosky A. N. 1980. Interstate alliances: The reliability and the expansion of war. In J. D. Singer, *The correlates of war II: Testing some realpolitik models.* New York: Free Press.

Sandler, T. 1992. *Collective action: Theory and applications.* Ann Arbor, MI: University of Michigan Press.

Sandler, T. 1993. The economic theory of alliances: A survey. *Journal of Conflict Resolution* 37: 446 – 83.

Sandler, T. , and K. Hartley. 2001. Economics of alliances: The lessons for collective action. *Journal of Economic Literature* 39: 869 – 96.

Sanchez-Pages, S. 2007. Endogenous coalition formation in contests. *Review of Economic Design* 11: 139 – 63.

Singer, J. D. , and M. Small. 1967. National alliance commitments and war involvement 1815 – 1945. *Peace Research Papers* 36: 110 – 40.

Siverson, R. , and J. King 1980. Attributes of national alliance membership and war participation. *American Journal of Political Science* 24: 1 – 15.

Skaperdas, S. 1996. Contest success functions. *Economic Theory* 7: 283 – 90.

——. 1998. On the formation of alliances in conflicts and contests. *Public Choice* 96: 25 – 42.

Smith, A. 1995. Alliance formation and war. *International Studies Quarterly* 39: 405 – 25.

——. 1998. Extended deterrence and alliance formation. *International Interactions* 24: 315 – 43.

Snyder, G. H 1997. *Alliance politics.* Ithaca, NY: Cornell University Press.

Tan, G. , andR. Wang. 1997. Endogenous coalition formation in rivalry. Working Paper 956, Queen's University, Kingston, ON, Canada.

Tullock, G. 1967. The welfare costs of tariffs, monopolies and theft. *Western Economic Journal* 5: 224 – 32.

——. 1980. Efficient rent seeking. In *Towards a theory of the rent seeking society*, ed. J. Buchanan, R. Tollison, and G. Tullock. College Station, TX: Texas A&M University Press.

Ueda K. 2002. Oligopolization in collective rent-seeking. *Social Choice and Welfare* 19: 613 – 26.

Waltz, K. N. 1979. *The theory of international politics.* New York: Random House.

Wärneryd K. , 1998. Distributional conflict and jurisdictional organization. *Journal of Public Economics* 69: 435 – 50.

附　录

A.1　两团体竞赛的最优反应函数

$$\phi_1'(S_2) = \frac{V(a_1) - 2c'\left(\dfrac{S_1}{a_1}\right)S}{\left(S2c'\left(\dfrac{S_1}{a_1}\right) + c''\left(\dfrac{S_1}{a_1}\right)\dfrac{S}{a_1}\right)}$$

$$= \frac{c'\left(\dfrac{S_1}{a_1}\right)(S_1 - S_2)}{S_2\left(2c'\left(\dfrac{S_1}{a_1}\right) + c''\left(\dfrac{S_1}{a_1}\right)\dfrac{S}{a_1}\right)}$$

$$\phi_2'(S_1) = \frac{c'\left(\dfrac{S_2}{a_2}\right)(S_2 - S_1)}{S_1\left(2c'\left(\dfrac{S_2}{a_2}\right) + c''\left(\dfrac{S_2}{a_2}\right)\dfrac{S}{a_2}\right)}$$

定理 1 的证明

定义：

$$F[a, S_a, S_b] \equiv V(a)S_b - c'\left(\frac{S_a}{a}\right)S^2 \tag{9}$$

$$G[a, S_a, S_b] \equiv V(n-a)S_a - c'\left(\frac{S_b}{n-a}\right)S^2 \tag{10}$$

499

接下来计算：

$$\frac{\partial F}{\partial S_a} = -\frac{1}{a}c''\left(\frac{S_a}{a}\right)S^2 - 2Sc'\left(\frac{S_a}{a}\right) < 0$$

$$\frac{\partial F}{\partial S_b} = V(a) - 2c'\left(\frac{S_a}{a}\right)S$$

$$\frac{\partial F}{\partial a} = V'(a)S_b + \frac{S_a}{a^2}c''\left(\frac{S_a}{a}\right)S^2$$

$$\frac{\partial G}{\partial S_a} = V(n-a) - 2c'\left(\frac{S_b}{n-a}\right)S$$

$$\frac{\partial G}{\partial S_b} = -\frac{1}{n-a}c''\left(\frac{S_b}{n-a}\right)S^2 - 2Sc'\left(\frac{S_b}{n-a}\right) < 0$$

$$\frac{\partial G}{\partial a} = -V'(n-a) - \frac{S_b^2}{(n-a)}c''\left(\frac{S_b}{n-a}\right)S^2 \, 。$$

如果 $S_a > S_b$，则 $\frac{\partial F}{\partial S_b} > 0$ 且 $\frac{\partial G}{\partial S_a} < 0$。相反地，如果 $S_a < S_b$，则 $\frac{\partial F}{\partial S_b} < 0$ 且 $\frac{\partial G}{\partial S_a} > 0$。因此我们有：

$$\begin{vmatrix} \dfrac{\partial F}{\partial S_a} & \dfrac{\partial G}{\partial S_a} \\[2mm] \dfrac{\partial F}{\partial S_b} & \dfrac{\partial G}{\partial S_b} \end{vmatrix} > 0 \, 。$$

此外，如果 $\inf_a \dfrac{aV'(a)}{V(a)} \geqslant \sup_s \dfrac{-sc''(s)}{s}$，则 $\frac{\partial F}{\partial a} > 0$ 且 $\frac{\partial G}{\partial a} < 0$。回顾一下，当 $a = n-a$ 时，$S_a = S_{n-a}$，对于 $a \geqslant n-a$，我们得到结论：

$$\begin{vmatrix} \dfrac{\partial F}{\partial a} & \dfrac{\partial G}{\partial S_a} \\[2mm] \dfrac{\partial F}{\partial b} & \dfrac{\partial G}{\partial S_b} \end{vmatrix} > 0$$

因此，S_a 随着 a 递增。而如果 $\sup_a \dfrac{aV'(a)}{V(a)} \leqslant \inf_s \dfrac{-sc''(s)}{s}$，则 $\frac{\partial F}{\partial a} < 0$ 且 $\frac{\partial G}{\partial a} > 0$，一个类似的结论表明，对于 $a \leqslant n-a$，S_a 随着 a 递减。

A.2 联盟形成的序贯博弈均衡

首先，我们注意到，当成本为线性且参与者是异质时，可能会出现角点解。参考希尔曼和赖利（Hillman，Riely，1989）及桑切斯·帕热内（Sanchez-Pages，2007）的研究，我们将联盟按照其规模升序排列，$a_1 \leqslant a_2 \leqslant a_3 \cdots \leqslant a_m$。如果 $\rho > 0$，则较大的联盟更可能是活跃的；在均衡时，如果 $\kappa = \min\left\{ k, a_k^\rho \geqslant (m - k - 2) \sum_{j=k+1}^{m} a_j^{-\rho} \right\}$，则联盟 $A_\kappa, \cdots, A_m$ 是活跃的。

500

与之相反，如果 $\rho < 0$，则小联盟更可能是活跃的，在均衡时，如果 $\kappa = \max\left\{ k, a_k^\rho \geqslant (k - 2) \sum_{j=1}^{k-1} a_j^{-\rho} \right\}$，则联盟 $A_1, \cdots, A_\kappa$ 是活跃的。

例如，假设 $\rho = 0$，因此每个参与者在任何联盟中都得到 $V(a) = 1$。在这种情况下，容易看到，通过形成大联盟，参与者得到的支付为 1，而在任何其他的联盟结构中，其得到的支付更少，因为以 $p < 1$ 的概率得到奖励，而且必须进一步在冲突上投入资源。因此，大联盟是联盟形成序贯博弈的唯一子博弈精炼均衡结果。

如果所有联盟成员以相同份额分享支付，$\rho = 1$，则均衡效用由下式给出：

如果 $a_i \leqslant \dfrac{n}{\kappa - 1}$，$U_i = \dfrac{V}{a_i n^2}(n - a_i(\kappa - 1))(n - (\kappa - 1))$，否则 $U_i = 0$。

下面将要表明，只要 $\kappa \geqslant 1$ 且活跃参与者的数量满足 $s < n - 1$，那么每个参与者的最优策略是宣布各自为战。显然，对于最后一个参与者 n，这个结论是正确的。考虑这样一种情况，$\kappa \geqslant 1$，$s < n - 1$ 且在参与者 $n - s + 1$ 行动后，所有参与者选择各自为战。参与者 $n - s + 1$ 的最大化问题因此可以写为：$\max\limits_a \dfrac{1}{a}(n - a(\kappa + s - a))(n - (\kappa + s - a))$。

容易验证，只要 $\kappa \geqslant 1$ 且 $s + \kappa < n$，就有 $(n - a(\kappa + s - a)) < n - (s + \kappa - 1)$，$\dfrac{1}{a}(n - (\kappa + s - a)) < n - (s + \kappa - 1)$。由此得到结论。这个归纳得到的论断表明，如果 $s < n - 1$，那么在形成联盟之后的任何子博弈中，所有参与者都会各自为战。如果 $s = n - 1$ 且 $\kappa = 1$，那么参与者 2 在各自为战或规模为 $n - 1$ 的联盟之间是无差异的（如果 $\rho < 1$，她将严格偏好各自为战，如果 $\rho > -1$，那么其将严格偏好形成规模为

$n-1$ 的联盟）。我们得到结论：存在两个子博弈精炼均衡。一个是第一个参与者选择独自作战且第二个参与者选择规模为 $n-1$ 的联盟；另一个是第一个参与者形成大联盟。

最后，考虑 $\rho=-2$ 的模型，其中在一个规模为 a 的联盟中的参与者得到支付 $V(a)=\dfrac{1}{a^2}$，它是联盟参与者在后续竞赛中的均衡支付。我们将通过推理再次表明，在形成 $\kappa \geq 1$ 的联盟后，每个参与者的最优策略是形成各自为战的局面。对于参与者 n 而言，该结论显然是对的，因此我们考虑参与者 $n-s$ 在 κ 联盟形成后的选择。通过简单计算，我们可以验证，如果参与者各自为战，那么其他任何规模 $a \geq 2$ 的联盟都是非活跃的。我们还可以验证，在活跃的联盟中，较小联盟投入更多，且有更高的概率赢得竞赛。

如果在参与者 $n-s$ 行动之前，两个参与者形成了各自为战的局面，那么参与者 $n-s$ 的最优策略因此也是各自为战。如果一个参与者已经选择了各自为战，那么参与者 $n-s$ 在两个策略间进行选择：各自为战［并得到支付 $\dfrac{1}{(s+1)^2}$］，或者形成规模为 s 的联盟并以 $p<\dfrac{1}{2}$ 的概率在竞赛中获胜，结果是支付小于 $\dfrac{1}{2s^2}$。因为 $s \geq 2$，$2s^2>(s+1)^2$，参与者 $n-s$ 的最优策略是选择各自为战。最后，假设在参与者 $n-s$ 之前，没有任何人选择各自为战。如果参与者 $n-s$ 形成了规模为 $a<s-2$ 的联盟，那么随之而来的是两人选择各自为战，且是非活跃的。如果形成了规模为 s 的联盟，那么它将得到小于 $\dfrac{1}{s^2}$ 的支付。如果形成了规模为 $s-1>1$ 的联盟，随之而来的是一人选择各自为战且得到小于 $\dfrac{1}{2(s-1)^2}$ 的支付。如果形成了一人独自为战，那么它将得到 $\dfrac{1}{s^2}$ 的支付。因此，对于参与者 $n-s$ 而言，个人独自为战是最优策略。博弈中的第一个参与者在个人独自为战或形成大联盟之间是无差异的，因此在两种情况下都将得到同样的支付 $\dfrac{1}{n^2}$。然而，如果 $\rho>-2$，那么大联盟占优于各自为战的分割，且第一个参与者将选择形成联盟 N。

第 21 章　多战场冲突

丹·科夫诺克

布莱恩·罗伯森

1. 引言

在经济、信息、军事和政治科学中，对冲突的研究通常考察的是一场既定冲突的结果由多个组元冲突（component conflicts）或"战场"表现决定的环境。在大多数研究中，组元冲突之间存在联系，这要求把它们作为一个完整的体系来研究。在这篇综述中，我们考察构成组元冲突的冲突，它们是胜者通吃（winner-take-all）的竞赛。也就是说，组元冲突的两个参与方之一（参与者）赢得组元冲突，而另一方则失败。此类冲突的例子包括：（1）产品创新，通常涉及获取一套相互关联的专利；（2）反恐活动和信息系统安全，这涉及因防护不同目标构成的复杂网络，其中每个目标都可被视为一个战场；（3）总统竞选活动，涉及在每个州内通过竞争赢得多数选票，并综合各州的竞争情况获得总统选举团（Electoral College）的胜利。在每一个例子中，整体竞赛的行为和支付都取决于单个竞赛的结构联系。这些联系来源于战场结果和成本如何共同决定整体冲突绩效时的经济或不经济情况，还可能取决于每个战场内的冲突技术。

与总统竞选或产品创新一样，参与者之间的结构性联系可能是对称的，在这种情况下，参与者的共同目标是获取能保证赢得比赛的组合，要么是赢得选举团的州组合，要么是进行创新的专利组合。相反，各个参与者之间的结构性联系可能是非对称的，例如源自防御恐怖主义的"最弱联结和最佳射击目标"，其中损失任何一个单一目标可能足以造成一起严重的恐怖主义事件，因此所有目标必须被保护起来，以防止此类事件发生。

包含彼此间具有结构性联系的多个组元竞赛的冲突在博弈论历史上发挥了重要作用。在现代博弈论最早考察的一个问题中，博雷尔（Borel，1921）提出了一个具有联系的多重竞赛基本模型。博雷尔的模型被称作兵力分配博弈（Colonel Blotto Game），是一个常和博弈（constant-sum game），有两个参与者，每个参与者必须将固定数量的资源分配到有限次的竞赛上。每个参与者必须在不知道对手资源分配的情况下分配自己的资源。在每次竞赛中，分配资源水平更高的参与者获胜，且整个博弈的支付是单个竞赛获胜总数的函数。这个特殊博弈突出了预算约束作为一种结构性联系的作用，是早期博弈文献的焦点，并引起了多个学科杰出学者的关注 [参见，如贝尔曼（Bellman，1969）；布莱克特（Blackett，1954，1958）；格罗斯和瓦格纳（Gross，Wagner，1950）；舒比克和韦伯（Shubik，Weber，1981）；图基（Tukey，1949）]。兵力分配博弈最近再次引起人们的兴趣 [参见，如戈德曼和波热（Golman，Page，2009）；哈特（Hart，2008）；科夫诺克和罗伯森（Kovenock，Roberson，2008a，2009）；卡瓦索夫（Kvasov，2007）；拉斯利耶（Laslier，2002）；拉斯利耶和皮卡德（Laslier，Picard，2002）；罗伯森（Roberson，2006，2008）；韦恩斯坦（Weinstein，2005）]。兵力分配博弈的主要吸引力之一是，它提供了一个统一的理论框架，揭示了广泛环境中的一系列重要问题。本章所考察的大多数模型都可以看作博雷尔最初研究的变体和扩展。

我们关注的是，冲突中两个风险中性参与者中每一方的支付都由"目标"函数和成本函数之差给出，目标函数将单个组元竞赛的结果（胜或负）加总，得到来自参与冲突的总收益，成本函数将分配给单个组元竞赛的努力加总得到冲突的总成本。我们将分析分成两部分，分别对应战场之间的联系是通过战场结果加总（目标侧联系）产生的，以及通过战场成本加总（成本侧联系）产生的。在成本方面，我们考察了结构性联系，例如，预算约束和投资在所有组元竞赛间提供了统一的力量，我们称之为"基础设施投资"。在目标方面，我们考察了几个目标，其中，参与冲突的收益由获胜的战场价值总和的某个函数来衡量。这包括将收益作为总和来衡量的目标，以及只有当总和达到某个临界值时才产生正收益的目标，临界值可以是可能获得的总收益的一半。

除根据竞赛之间联系的性质分解我们的分析之外，我们还根据每个战场竞赛所使用的竞赛成功函数（Contest Success Function，CSF）的类型划分这项分析。竞赛成功函数将参与者在竞赛中使用的资源映射到其各自赢得竞赛的概率上。我们关注两种类型的竞赛成功函数，之所以选择它们，是因为它们在文献中的地位突出，还因为它们在每个地方以不同方式强调了随机噪声在决定竞赛结果中的作用。在拍卖型竞赛成功函数（Auction CSF）下，在战场上拥有较多资源支出的参与者一定会获胜。在彩票型竞赛成功函数（Lottery CSF）下，参与者在战场上获胜的概率等于参与者资源支出在所有参与者战场支出总和中的占比。

可以认为拍卖型竞赛成功函数刻画了这样的环境，即随机噪声在决定竞赛结果方面几乎不起作用。此外，可以把它看作一种建模策略，在该策略中，所有影响竞赛结果的因素都体现在该模型中，没有被模型刻画的因素作用很小或不起作用。因为拍卖型竞赛成功函数在参与者支出相同的情况下是不连续的，支出资源的微小差异可能导致获胜概率存在巨大差异。因此，拍卖型竞赛成功函数代表着沉没支出方面的残酷竞争。在单一战场竞赛中，采用拍卖型竞赛成功函数通常会导致不存在纯策略纳什均衡，并且要求在均衡中存在非退化混合策略。我们的分析表明，拍卖型竞赛成功函数的这种特点会延伸至多战场竞赛，其中混合策略是多元变量联合分布的函数。在考察这种策略时，我们关注分配给每个战场的资源的随机化，以及战场间的结构性联系如何导致以参与者联合分布中内生关联结构形式的行为联系。

彩票型竞赛成功函数或许是构建单一战场竞赛模型最流行的方法。在彩票型竞赛成功函数下，两个参与者的支出可被看作购买彩票，从未售出彩票中随机抽取决定获胜者。以参与者支出为条件，随机噪声持续存在的结果之一是，相对于拍卖型竞赛成功函数，在彩票型竞赛成功函数下竞争被弱化了。在标准成本假设下，彩票型竞赛成功函数在单一战场竞赛中产生一个凹支付函数，这反过来导致存在纯策略纳什均衡。我们的分析表明，竞赛如果具有彩票型竞赛成功函数的特点，那么这一性质通常会扩展至多战场冲突。然而，也有结构性联系产生非拟凹目标并需要混合均衡策略的例子。

第 2 节介绍本章使用的正式框架。这包括以目标函数和成本函数表示的支付的设定，以及确定战场结果。我们对目标函数和成本函数的处理方法包括对结构性联系的概述，这是我们分析的焦点。第 3 节考察了产生于成本侧联系的行为联系。第 4 节考察了产生于目标侧联系的行为联系。第 5 节是总结，讨论了扩展研究并指出未来研究领域，包括其他的竞赛成功函数、n 个参与者的模型、不完全信息、动态模型和实证评估。

2. 多战场冲突

考虑两个参与者 A 和 B，在由 n 个战场构成的冲突中展开竞争。两个参与者同时支出 n 元非负的（沉没）资源，$\mathbf{x}_i = (x_{i,1}, \ldots, x_{i,n})$，$i \in \{A, B\}$，这里 $x_{i,j}$ 是参与者 i 向战场 j 分配的资源（或分配的武力）。如果两个参与者向战场 j 分配资源 $x_{A,j}$ 和 $x_{B,j}$，那么每个参与者在战场 j 的结果 $\nu_{i,j}(x_{i,j}, x_{-i,j}, \widetilde{\omega}_j)$，$i \in \{A, B\}$ 是资源分配 $(x_{A,j}, x_{B,j})$ 和实值随机变量 $\widetilde{\omega}_j$ 实现值的实值函数，这里假设随机变量 $\widetilde{\omega}_1$，$\widetilde{\omega}_2$，…，$\widetilde{\omega}_n$ 是相互独立的。假设参与者 i 参与多战场冲突获得的总收益是参与者各战场结果的实值函数，$\nu_i(\nu_{i,1}(x_{i,1}, x_{-i,1}, \widetilde{\omega}_1), \ldots, \nu_{i,n}(x_{i,n}, x_{-i,n}, \widetilde{\omega}_n))$，我们称其为参与者 i 的目标函数。参与者 i 支出向量的成本由 $c_i(x_i)$ 给出。我们假设每个参与者 i 都是风险中性、最大化期望支付的，且参与者 A 的期望支付等于期望收益减成本：[①]

$$U_A(\mathbf{x}_A, \mathbf{x}_B) \equiv E(\nu_A(\nu_{A,1}(x_{A,1}, x_{B,1}, \widetilde{\omega}_1), \ldots, \nu_{A,n}(x_{A,n}, x_{B,n}, \widetilde{\omega}_n))) - c_A(\mathbf{x}_A)$$
$$= V_A(\mathbf{x}_A, \mathbf{x}_B) - c_A(\mathbf{x}_A) \tag{1}$$

在探究由目标函数和成本函数产生的战场间联系之前，我们必须首先考察战场结果如何确定。

2.1 战场结果

本章关注由胜者通吃的战斗构成的冲突。也就是说，对于任何给定

[①] 如果参与者不是风险中性的，那么任意参与者 A 将 $V_A(V_{A,1}(x_{A,1}, x_{B,1}, \widetilde{\omega}_1), \ldots \nu_{A,n}(x_{A,n}, x_{B,n}, \widetilde{\omega}_n)) - c_A(x_A)$ 的非仿射函数最大化，且支付对目标和成本将不再是可分的。这创造了一个不同但有趣的战场间的行为联系集合，本章并没有对此进行考察。

的 $(x_{A,j}, x_{B,j}, \omega_j)$，两个参与者中恰有一个"赢得"比赛而另一个则"失败"了，这样的战斗结果显然取决于是赢还是输的情况。正如下面所描述的，我们关注的是一个竞赛公式，其中对于任何给定的一对 $(x_{A,j}, x_{B,j})$，随机变量 $\tilde{\omega}_j$ 的值仅决定获胜者的身份，而不是依获胜或胜败而异的战斗的价值。在这个式子中，$(x_{i,j}, x_{-i,j}, \omega_j) \in \mathcal{W}_{i,j}(\mathcal{W}_{-i,j})$ 表明，给定资源水平 $x_{i,j}$ 和 $x_{-i,j}$，以及随机变量 $\tilde{\omega}_j$ 的实现值 ω_j，参与者 $i(-i)$ 是战场 j 上的胜利者〔并因此参与者 $-i(i)$ 是失败者〕。在组元竞赛 j 中，我们可以定义 $p_{A,j}(x_{A,j}, x_{B,j}) = \Pr((x_{A,j}, x_{B,j}, \omega_j) \in \mathcal{W}_{A,j})$ 为，给定两个参与者竞赛支出的条件下，参与者 A 赢得组元竞赛 j 的概率，且 $p_{B,j}(x_{A,j},$ $x_{B,j}) = 1 - P_{A,j}(x_{A,j}, x_{B,j})$ 是与之相对应的参与者 B 赢得竞赛的概率。与通常的用法一致，我们用 $p_{i,j}(x_{A,j}, x_{B,j})$ 表示战场 j 的竞赛成功函数。

506

在接下来的内容中，我们将只考虑独立的随机变量 $\tilde{\omega}_1$，$\tilde{\omega}_2$，$\cdots$，$\tilde{\omega}_n$，它们将产生以下两种竞赛成功函数中的一种（通常被称为"拍卖型"和"彩票型"竞赛成功函数），它们在不同战场间是相互独立的。

（1）在拍卖型竞赛成功函数下：[①]

$$p_{A,j}(x_{A,j}, x_{B,j}) \begin{cases} 1 & \text{如果 } x_{A,j} > x_{B,j} \\ I_C & \text{如果 } x_{A,j} = x_{B,j} \\ 0 & \text{如果 } x_{A,j} < x_{B,j} \end{cases}$$

（2）在彩票型竞赛成功函数下：

$$p_{A,j}(x_{A,j}, x_{B,j}) \begin{cases} \dfrac{x_{A,j}}{x_{A,j} + x_{B,j}} & \text{如果 } (x_{A,j}, x_{B,j}) \neq (0,0) \\ \dfrac{1}{2} & \text{如果 } (x_{A,j}, x_{B,j}) = (0,0) \end{cases}$$

对每个参与者 $i \in \{A, B\}$，我们为每个战场 j 赋予一个该战场特定的获胜价值，即 $w_{i,j} > 0$，以及一个该战场特定的失败价值，$l_{i,j}$，它们独立于支出 $(x_{A_j}, x_{B,j})$ 和现实值 ω_j。为便于说明，我们进一步假设 $l_{i,1} = \cdots = l_{i,n} = 0$，使 $\nu_{A,j}(x_{A,j}, x_{B,j}, \omega_j)$ 取 0，或 $w_{A,j} > 0$。因此我们可以写成：

---

① I_c 在这个公式中指的是取决于正在考察的特定冲突模型的一个指标。通常，在具有不连续支付的博弈中，如拍卖型竞赛成功函数的赢者通吃竞赛，建模者必须明智地选择一种打破平局的规则，以避免不得不使用 ε - 均衡概念。

$$\nu_{A,j}(x_{A,j}, x_{B,j}, \omega_j) = \begin{cases} w_{A,j} & \text{如果}(x_{A,j}, x_{B,j}, \omega_j) \in \mathcal{W}_{A,j} \\ 0 & \text{如果}(x_{A,j}, x_{B,j}, \omega_j) \notin \mathcal{W}_{A,j} \end{cases}$$

2.2 目标函数

在分析战争结果的汇总情况时，我们会考察计数目标，也就是说，来自全部冲突的总收益目标以战斗获胜价值总和的某种函数来衡量。更正式地说，令 $I_{\{(x_{A,j}, x_{B,j}, \omega_j) \in \mathcal{W}_{A,j}\}}$ 表示指示函数，如果参与者 A 是获胜者，$(x_{A,j}, x_{B,j}, \omega_j) \in W_{A,j}$，则取值为 1，反之则取 0。我们说参与者 A 有一个"计数目标"（count objective），如果存在一个函数 f 使对于每个 n 元的战场结果 $(\nu_{A,1}(x_{A,1}, x_{B,1}, \omega_1), \ldots, \nu_{A,n}(x_{A,n}, x_{B,n}, \omega_n))$ 可表示为：

$$\nu_A(\nu_{A,1}(x_{A,1}, x_{B,1}, \omega_1), \ldots, \nu_{A,n}(x_{A,n}, x_{B,n}, \omega_n)) \equiv f\left(\sum_{j=1}^{n} w_{A,j} I_{\{(x_{A,j}, x_{B,j}, \omega_j) \in \mathcal{W}_{A,j}\}}\right)。$$

本章将研究两种著名的计数目标类型，即"线性计数目标"和"临界值计数目标"。在线性计数目标下，f 为：

$$\nu_A(\nu_{A,1}(x_{A,1}, x_{B,1}, \omega_1), \ldots, \nu_{A,n}(x_{A,n}, x_{B,n}, \omega_n)) = \sum_{j=1}^{n} w_{A,j} I_{\{(x_{A,j}, x_{B,j}, \omega_j) \in \mathcal{W}_{A,j}\}}$$

(2)

在这个式子中，参与者最大化胜利时的战场价值总和期望值减成本支出。在临界值计数目标之下，有：

$$\nu_A(\nu_{A,1}(x_{A,1}, x_{B,1}, \omega_1), \ldots, \nu_{A,n}(x_{A,n}, x_{B,n}, \omega_n)) = \begin{cases} w_A & \text{如果} \sum_{j=1}^{n} w_{A,j} I_{\{(x_{A,j}, x_{B,j}, \omega_j) \in \mathcal{W}_{A,j}\}} \geq m_A \\ 0 & \text{其他} \end{cases}$$

(3)

在这种情况下，如果参与者 A 获胜的战场价值总和至少为 m_A，那么他在减去所有支出成本之前得到的收益是常数，为 $w_A > 0$。否则，参与者 A 什么也得不到，且损失了成本。

我们通常会关注的情况是，所有获得胜利的战斗都具有相同的单个价值，并标准化为 1，也就是 $w_{A,1} = \cdots = w_{A,n} = 1$。经过此种标准化后，获胜的战场价值之和等于战斗获胜的次数，$\sum_{j=n}^{n} w_{A,j} I_{\{(x_{A,j}, x_{B,j}, \omega_j) \in W_{A,j}\}} = $

$\sum_{j=1}^{n} I_{\{(x_{A,j}, x_{B,j}, \omega_j) \in W_{A,j}\}}$。满足这个约束条件的计数目标被称为纯计数目标，式（2）和式（3）给出的两种类型计数目标分别被称为"线性纯计数目标"和"临界值纯计数目标"。

本章研究三种特殊的临界值纯计数目标，分别是"多数目标"（majoritarian objective），其中，如果 n 为奇数，则 $m_A = \dfrac{n}{2}$；"最弱环节目标"（weakest-link objective），其中 $m_A = n$；"最佳打击目标"（best-shot objective），其中 $m_A = 1$。

应当强调的是，我们考察的模型通常具有某种类型的计数目标，但两个参与者可能完全相同，也可能不同。因此，在下面两节中，我们将考察这样的博弈：（1）两个参与者具有线性计数或线性纯计数目标；（2）两个参与者都具有多数目标；（3）一个参与者具有最弱环节目标，另一个参与者具有最佳打击目标。

2.3 成本函数

在我们考察的多战场冲突中，成本函数 $c_A(\mathbf{x}_A)$ 对战场支出可能是或不是加性可分的。如果这个函数是加性可分的，则采取 $c_A(\mathbf{x}_A) = c_{A,1}(x_{A,1}) + \cdots + c_{A,n}(x_{A,n})$ 的形式，其中，分配 x_A 的总成本是特定战场资源分配成本的总和。一个在连续情况下使用的特例是，相同的特定战场成本函数为线性形式的情况，$c_A(\mathbf{x}_A) = c \cdot (x_{A,1} + \cdots + x_{A,n})$，其中，$c > 0$。我们将其称为"线性成本"情况。在下面的章节中，我们会使用两种类型的不可分离成本函数。一种是满足总预算约束的线性技术情况，我们称之为"预算约束下的线性成本"，则：

$$c_A(\mathbf{x}_A) = \begin{cases} c \cdot (x_{A,1} + \cdots + x_{A,n}) & \text{如果} (x_{A,1} + \cdots + x_{A,n}) \leqslant \mathcal{B}_A \\ \infty & \text{如果} (x_{A,1} + \cdots + x_{A,n}) > \mathcal{B}_A \end{cases}$$

在这里，对 $\mathcal{B}_A$ 的解释是，对分配给 n 个战场的一维资源约束或预算约束，其中这种资源用于其他地方的机会成本为常数 c。在经典兵力分配博弈中使用的一种特殊情况是，在预算约束下每单位资源的机会成本为 0，即 $c = 0$，因此，资源约束就是使用它或失去它（use-it-or-lose-it）。我们把这种情况称为"预算约束下使用它或失去它的成本"。

要考察的第二类不可分离成本函数是包含基础设施投资多战场成本函数。所谓基础设施投资，我们指的是在所有战场间提供统一资源分配的非目标技术。考虑这种投资的一个自然方式是把它看作一种"公共物品"，因为它提供的资源投入在所有战场之间是非竞争的。例如，在军事环境中，对创新型武器系统或高科技指挥和控制中心的固定投资可以被同时应用于所有战场，其成本与应用于部分战场的成本相同。

在我们的研究中，假设在每一个战场中与基础设施投资相对应的资源是有目标资源的完美替代品。这个假设允许把参与者 i 的基础设施投资总和以及其分配于特定战场 j 的目标资源作为一个单一选择变量 $\widehat{x}_{i,j}$，我们称其为"参与者 i 向战场 j 的有效力量配置"。正是这种配置进入战场的竞争成功函数中。

此外，如果基础设施投资的（常）单位成本 c_u 小于将有目标资源平均分配于所有 n 个战场的单位成本 nc，那么成本最小化意味着我们可以把成本函数写为：$c_A(\widehat{\mathbf{x}}_A) = c \cdot ((\widehat{x}_{A,1} - \min_j \widehat{x}_{A,j}) + \cdots + (\widehat{x}_{A,n} - \min_j \widehat{x}_{A,j})) + c_u \cdot \min_j \widehat{x}_{A,j}$。这个式子清晰表明，利用基础设施投资为所有战场提供达到最小有效力量的配置是成本最小化的，这种最小有效力量配置与有目标资源在任何其他给定战场的资源配置之间存在的差异由有目标资源决定。我们将这种情况称作"基础设施成本"。[①]

2.4　具有结构性联系的多战场冲突

在概述本章要考察的结构性联系之前，进行以下简单的观察是有益的：如果每个参与者 $i = A, B$ 有一个线性计数目标和一个加性可分离成本函数，那么每个参与者 i 的期望支付可以写为 $[Ev_{i,1}(x_{i,1}, x_{-i,1}, \widetilde{\omega}_1) - c_{i,1}(x_{i,1})] + \cdots + [Ev_{i,n}(x_{i,n}, x_{-i,n}, \widetilde{\omega}_n) - c_{i,n}(x_{i,n})]$。在这种情况下，最大化全部冲突的期望支付等价于分别最大化每个战场竞赛的期望支付，$Ev_{i,j}(x_{i,j}, x_{-i,j}, \widetilde{\omega}_j) - c_{i,j}(x_{i,j})$，$j = 1, \ldots, n$。求解多战场冲突的纳什均衡就可简化为同时求解 n 个独立的单一投入赢者通吃的竞赛。引理 1 正式地阐述了这一点。

---

① 根据定义，由于基础设施投资会使所有战场的分配增加与投资额相等的数量，因此，存在一个具有成本效益的基础设施投资，其产生的成本函数在战场分配数量的取值范围的各个区域上是递减函数。

引理 1：如果每个参与者 $i = A$，B 有一个线性计数目标和一个加性可分离成本函数，那么，在给定式（1）的情况下，最大化全部冲突的期望支付等价于分别最大化每个战场竞赛的期望支付，$E_{vi,j}(x_{i,j}, x_{-i,j}, \widetilde{\omega}_j) - c_{i,j}(x_{i,j})$。

在接下来的几页内容中，我们详细说明了在改变线性技术目标的假设或在成本函数不是加性可分的情况下，竞赛之间出现的复杂联系。本章结构如下。在第 3 节中，我们在具有线性计数目标和纯计数目标，以及非可分成本函数的博弈中，考察了成本侧联系。第 3.1 节研究了由预算约束下"使用它或失去它"成本函数导致的行为联系。在拍卖型竞赛成功函数下，线性纯计数目标和对称预算约束下"使用它或失去它"成本函数结合在一起，便产生了博莱尔（Borel，1921）提出的经典兵力分配博弈。这个模型可以扩展至非对称预算约束模型（Roberson，2006），以及第 3.2 节中预算约束下的线性成本模型（Kvasov，2007；Roberson，Kvasov，2008）。我们还展示了一类经典模型，源于弗里德曼（Friedman，1958）和罗布森（Robson，2005），它们讨论相同的问题，但在每个组元竞赛中使用了彩票型竞赛成功函数。我们在这一节结尾处考察了基础设施投资的情况。

在第 4 节中，我们研究了目标侧联系。第 4.1 节考察了线性成本下的多数目标，并简单讨论了预算约束下"使用它或失去它"的成本情况。克伦普和波尔本（Klumpp，Polborn，2006）及施耐德（Snyder，1989）采用彩票型竞赛成功函数和线性成本函数的一般形式，研究了解决这个问题的方法。博雷尔和维尔（Borel，Ville，1938）首先解决了假设拍卖型竞赛成功函数和预算约束下"使用它或失去它"成本的多数目标问题，他们分析了三个战场的情况。[1] 森特什和罗森塔尔（Szentes，Rosenthal，2003b）在三个战场的多数目标和线性成本下，求解了均衡解，森特什和罗森塔尔（Szentes，Rosenthal，2003a）研究了超过三个战场和线性成本的博弈均衡，其中参与者必须在战场上取得同样的绝对多数胜利。

第 4.2 节关注这样的情况，即一个参与者具有最佳打击目标，其对

---

[1]　还可参见拉斯利耶（Laslier，2003），他考虑了三个战场具有不同权重的情况。

手具有最弱环节目标。对于彩票型竞赛成功函数而言,这种情况的均衡由克拉克和康纳德(Clark,Konrad,2007)给出。对于拍卖型竞赛成功函数而言,科夫诺克和罗伯森(Kovenock,Roberson,2009)提供了一个(非退化混合策略)均衡,以及任意均衡所满足的性质。在第4.3节中,我们简要研究了一种扩展情况,即多战场资源支出对构建资源分配总量指标的贡献,它将战场资源分配向量映射到实线上。因此,冲突中的成功或失败是两个参与者总量指标的(潜在随机)函数。

3. 具有成本联系的多战场冲突

我们首先在第3.1节中采用线性计数和纯计数目标,并考察源自预算约束下"使用它或失去它"成本的联系。在第3.2节,我们将分析扩展至预算约束下的线性成本,在第3.3节,我们的研究扩展至基础设施成本。

3.1 预算约束下"使用它或失去它"成本

博雷尔(Borel,1921)的兵力分配博弈采用了拍卖型战场竞赛成功函数、线性纯计数目标和预算约束下的"使用它或失去它"成本,它突出了对加性可分战场支出总和的约束条件所导致的联系的性质。在兵力分配博弈中,两个参与者中的每一个都有资源限制(或预算约束)。令 A 表示强大参与者,其资源约束为 $\mathcal{B}_A$,令 $\mathcal{B}$ 表示弱小参与者,其资源约束为 $\mathcal{B}_B$,这里 $\mathcal{B}_A \geq \mathcal{B}_B$。对于参与者 i 来说,在 n 个战场间可行的力量配置集合可表示为 $S_i = \left\{ \mathbf{x} \in \mathbb{R}_+^n \,\middle|\, \sum_{j=1}^n x_{i,j} \leq \mathcal{B}_i \right\}$。

尽管下面的定理1能够扩展至不同多战场价值的情况[①],但我们将关注最简单的情况,即所有战场都有相等的单个价值,并标准化为 1(即对于 $i = A,B$ 和所有的 j,$w_{i,j} = 1$)。那么,在兵力分配博弈中,存在争斗的战场总价值是 n。每个参与者的目标都是最大化在单个战场上获胜的期望数量。

[①] 对于对称资源约束的情况,$B_A = B_B$,参见拉斯利耶(Laslier,2002)。对于非对称资源约束($B_A > B_B$),定理1可以扩展至这样的情况,即只要对于每个不同的战场评价值存在至少三个具有该评价值的战场,则允许战场评价值在各个组元竞赛之间变化。

在每个战场或组元竞赛 j 中，当参与者 $-i$ 分配 $x_{-i,j}$ 单位力量时，参与者 i 分配 $x_{i,j}$ 单位力量，并且在战场 j 上获胜的概率由拍卖型竞赛成功函数决定。因此，对于任何可行的 n 元力量分配 $\mathbf{x} \in S_i$，参与者 i 的期望支付由 $U_i(\mathbf{x}_A, \mathbf{x}_B) = \sum_{j=1}^{n} p_{i,j}(x_{A,j}, x_{B,j})$ 给出，这里 $p_{i,j}(x_{A,j}, x_{B,j})$ 表示拍卖型竞赛成功函数。

511

如果强大参与者（A）有足够的资源远远超过弱小参与者（B）在所有 n 个战场间的最大力量分配（即如果 $\mathcal{B}_A \geq n\,\mathcal{B}_B$），那么，一般来说，存在一个纯策略均衡，且强大参与者（A）在所有战场上获胜。[1] 我们都知道，对于其他的参数设定，$(1/n)\,\mathcal{B}_A < \mathcal{B}_B \leq \mathcal{B}_A$，这类博弈不存在纯策略均衡。我们把一个混合策略称为"力量分布"，即对于参与者 i 是一个 n 元分布函数 $P_i : \mathbb{R}_+^n \to [0,1]$，其支撑集 [表示为 Supp（$P_i$）] 包含在参与者 i 的可行力量分配集合 S_i 中，且对于每个战场 j 有一维边际分布函数 $\{F_{i,j}\}_{j=1}^{n}$ 集合和一元单变量边际分布函数。参与者 i 向 n 个战场中每一个的 n 重力量分配是服从 n 变量分布函数 P_i 的 n 重随机变量。

最优策略

定理 1 总结了罗伯森（Roberson，2006）对于兵力分配博弈均衡特征的描述，所讨论的情况是 $n \geq 3$，且 $\mathcal{B}_B / \mathcal{B}_A$ 满足 $(2/n) < (\mathcal{B}_B / \mathcal{B}_A) \leq 1$。参见罗伯森（Roberson，2006）对于剩余情况的分析，即 $n \geq 3$ 和 $(1/n) < (\mathcal{B}_B / \mathcal{B}_A) \leq (2/n)$。格罗斯和瓦格纳（Gross，Wagner，1950）以及麦克唐纳和马斯特洛纳迪（Macdonell，Mastronardi，2010）分析了 $n = 2$ 的情况。下面的结论在一系列打破平局规则下仍然成立，包括公平的随机化规则 $[I_C = (1/2)]$。

定理 1（Roberson，2006）　如果 $n \geq 3$ 且 $\mathcal{B}_B / \mathcal{B}_A$ 满足 $(2/n) < (\mathcal{B}_B / \mathcal{B}_A) \leq 1$，那么 n 元变量分布函数对 P_A^* 和 P_B^* 构成了兵力分配博弈的一个纳什均衡（即拍卖型竞赛成功函数、线性纯计数目标和

---

[1]　当 $B_A = B_B$ 时，在每一个战场上，我们都必须采取选择较强参与者（A）作为获胜者的打破平局规则。

预算约束下"使用它或失去它"的成本），当且仅当它满足如下两个条件：（1）对于每个参与者 i，$\mathrm{Supp}(P_i^*) \subseteq \mathcal{S}_i$；（2）$P_i^*$，$i = A, B$，提供了单变量边际分布函数 $\left\{ F_{i,j}^* \right\}_{j=1}^n$ 相应的唯一集合，对该函数的描述如下：

$$\forall j \in \{1,\ldots,n\} \quad F_{B,j}^*(x) = \left(1 - \frac{\mathcal{B}_B}{\mathcal{B}_A}\right) + \frac{x}{\frac{2}{n}\mathcal{B}_A}\left(\frac{\mathcal{B}_B}{\mathcal{B}_A}\right) \quad \text{对于 } x \in \left[0, \frac{2}{n}\mathcal{B}_A\right]$$

$$\forall j \in \{1,\ldots,n\} \quad F_{A,j}^*(x) = \frac{x}{\frac{2}{n}\mathcal{B}_A} \quad \text{对于 } x \in \left[0, \frac{2}{n}\mathcal{B}_A\right]$$

此外，这样的策略是存在的，且在任意纳什均衡中，弱小参与者（B）的期望支付是 $n(\mathcal{B}_B/2\mathcal{B}_A)$，强大参与者（$A$）的期望支付是 $n - n(\mathcal{B}_B/2\mathcal{B}_A)$。

对于定理 1 的证明，参见罗伯森（Roberson，2006）。这个证明的主要部分是建立一对 n 元变量分布 P_A^* 和 P_B^* 的存在性，具有规定的单变量边际分布函数以及包含在可行力量分配集合，即 S_A 和 S_B 中的支撑集。请注意，兵力分配博弈是常和博弈，从这个事实立即可以得到均衡期望支付的唯一性。

在兵力分配博弈中，主要的联系是一个隐含的机会成本，它源于这样的事实，即用于一个特定战场上的资源不能再被用于其他任何一个战场上。结果，即使资源是"使用它或失去它"，隐含机会成本创造了一种激励，其表现非常像线性成本。事实上，如果 $\mathcal{B}_B/\mathcal{B}_A$ 满足 $(2/n) < (\mathcal{B}_B/\mathcal{B}_A) \leq 1$，那么，在兵力分配博弈中，单变量边际分布的唯一集合就对应于两个参与者都没有预算约束，且进行 n 个独立的全支付拍卖博弈中的单变量边际分布的唯一集合，其中每个拍卖对于参与者 B 的价值为 $(2/n)\mathcal{B}_A$，对于参与者 A 的价值为 $(2/n)(\mathcal{B}_A^2/\mathcal{B}_B)$。

在非对称兵力分配博弈中，均衡的另一个显著特征是劣势参与者使用"游击战"策略，它包含对战场的一个子集随机分配为零的力量。相反，拥有较大预算的参与者会采取"随机完全覆盖"策略，即在所有战场上随机分配兵力，每个战场都会以 1 的概率得到严格为正的兵力水平。这个特点在由彩票型竞赛成功函数决定战场结果的相应博弈中并不会出现。

弗里德曼（Friedman，1958）分析了一个兵力分配型博弈，用彩票型竞赛成功函数[1]代替了最初兵力分配博弈中的拍卖型竞赛成功函数，并且用线性计数目标和公共但存在差异的战场价值 $\{v_j\}_{j=1}^n$ 代替了线性纯计数目标（即对于 $i \in \{A,B\}$ 和所有的 j，$w_{i,j}=v_j$）。也就是，弗里德曼的兵力分配型博弈的构成为：（1）彩票型组元竞赛成功函数，（2）具有差异的战场价值 $\{v_j\}_{j=1}^n$ 的线性计数目标函数，该价值在参与者间是对称的，（3）预算约束下"使用它或失去它"成本，资源约束为 $\mathcal{B}_A$ 和 $\mathcal{B}_B$。定理 2 描述了弗里德曼兵力分配型博弈的特征。

> **定理 2**（Friedman，1958） 一对 n 重 $\mathbf{x}_A^*$ 和 $\mathbf{x}_B^*$ 构成了一个兵力分配型博弈的纳什均衡，该博弈采用彩票型竞赛成功函数，不同的战场价值 $\{v_j\}_{j=1}^n$ 和预算约束下"使用它或失去它"成本，资源约束为 $\mathcal{B}_A$ 和 $\mathcal{B}_B$，如果：
>
> $$\forall j \in \{1,\dots,n\} \quad x_{A,j}^* = (\mathcal{B}_A) \frac{v_j}{\sum_{j'=1}^n v_{j'}} \text{ 和 } x_{B,j}^* = (\mathcal{B}_B) \frac{v_j}{\sum_{j'=1}^n v_{j'}}$$
>
> 那么，对于弱小参与者（B）而言，均衡期望支付为 $(\mathcal{B}_B/(\mathcal{B}_A+\mathcal{B}_B))\sum_{j=1}^n v_j$，对于强大参与者（$A$）而言，是 $(\mathcal{B}_A/(\mathcal{B}_A+\mathcal{B}_B))\sum_{j=1}^n v_j$。

在这个采用彩票型竞赛成功函数的兵力分配型博弈中，隐含的机会成本联系出现了，且每个参与者使用"确定性的完全覆盖"策略，即基于战场的相对价值，按比例分配力量。罗布森（Robson，2005）表明，如果彩票型竞赛成功函数被什卡佩尔达斯和瑟罗普洛斯（Skaperdas，Syropoulos，1998）所考察的塔洛克（Tullock）竞赛成功函数的一种变体所取代，那么或许存在"非参与均衡"，其中，一方或者双方参与者确定退出部分战场。不过，请注意，这种确定的非参与策略从定性地角度看不同于在兵力分配博弈中弱小一方采用的随机游击战策略，在兵力分配

---

[1] 还可参见罗布森（Robson，2005），他考察了对于 $r \in (0,1]$，一个范围更广的具有 $p_i(x_{i,j}, x_{-i,j}) = x_{i,j}^r/(x_{i,j}^r + x_{-i,j}^r)$ 形式的塔洛克竞赛成功函数下的这种情况。

513 博弈中，（只有）较弱的参与者在部分战场中随机分配为零的力量。

3.2 具有预算约束的线性成本

兵力分配博弈的经典常和公式设定为策略性多维冲突研究提供了一个重要的基准。在这个公式中，任何未被使用的资源都没有价值。卡瓦索夫（Kvasov，2007）引入了一个两参与者非常和兵力分配博弈，放松了原始公式设定中"使用它或失去它"的特点，并且对于对称的资源禀赋，发现常和博弈中均衡单变量边际分布函数的唯一集合与非常和博弈中的均衡单变量边际分布函数的唯一集合之间存在一对一映射。罗伯森和卡瓦索夫（Roberson，Kvasov，2008）将这一分析扩展到了非对称资源禀赋的情况，并且发现，只要参与者预算之间的非对称水平低于一个临界值，常和博弈与非常和博弈之间的关系就保留下来了。

在第 2 节的分类中，非常和兵力分配博弈的公式采用了拍卖型组元竞赛成功函数，具有公共价值 v 的 n 个相同战场的线性计数目标（对于 $i = A, B$ 和所有的 j，$w_{i,j} = v$），预算约束下的线性成本 $c = 1$，且资源约束为 $\mathcal{B}_A$ 和 $\mathcal{B}_B$，$\mathcal{B}_A \geqslant \mathcal{B}_B$。

令 $\widehat{\mathcal{B}}_i : \mathbb{R}^4 \to \mathbb{R}$ 表示参与者 i 修正后的资源约束，参与者 B 的预算约束为 $\widehat{\mathcal{B}}_B(B_A, B_B, v, n) = \min\left\{\mathcal{B}_B, \dfrac{nv}{2}\right\}$，参与者 A 的预算约束为 $\widehat{\mathcal{B}}_A(\mathcal{B}_A, \mathcal{B}_B, v, n) = \min\left\{\mathcal{B}_A, \dfrac{nv}{2}, \left(\dfrac{nv\,\mathcal{B}_B}{2}\right)^{\!1/2}\right\}$。显然，$\mathcal{B}_A \geqslant \mathcal{B}_B$，这意味着 $\widehat{\mathcal{B}}_A \geqslant \widehat{\mathcal{B}}_B$。在 $\widehat{\mathcal{B}}_B / \widehat{\mathcal{B}}_A$ 满足 $(2/n) < \widehat{\mathcal{B}}_B / \widehat{\mathcal{B}}_A \leqslant 1$ 的情况下，对定理 1 修正后的表述成立，即每个参与者 i 的资源约束 B_i 由其修正后的资源约束 $\widehat{\mathcal{B}}_i$ 代替。也就是说，对于 $(2/n) < (\widehat{\mathcal{B}}_B / \widehat{\mathcal{B}}_A) \leqslant 1$，任何具有 n 个战场及资源约束 $\widehat{\mathcal{B}}_A(\mathcal{B}_A, \mathcal{B}_B, v, n)$ 和 $\widehat{\mathcal{B}}_B(\mathcal{B}_A, \mathcal{B}_B, v, n)$ 的常和兵力分配博弈都是具有公共价值 v 的 n 战场及资源约束 $\mathcal{B}_A$ 和 $\mathcal{B}_B$ 的常和兵力分配博弈的一个均衡。参见罗伯森和卡瓦索夫（Roberson，Kvasov，2008）对于 $(\widehat{\mathcal{B}}_B / \widehat{\mathcal{B}}_A) \leqslant (2/n)$ 时其余情况的描述。

定理 3（Roberson，Kvasov，2008） 如果 $n \geqslant 3$ 且 $\widehat{\mathcal{B}}_B / \widehat{\mathcal{B}}_A$ 满足

$(2/n) < (\widehat{\mathcal{B}}_B / \widehat{\mathcal{B}}_A) \leq 1$，那么，$n$ 元变量分布函数对 P_A^* 和 P_B^* 构成了非常和兵力分配博弈的纳什均衡（即拍卖型竞赛成功函数、具有公共战场价值 v 的线性计数目标，以及 $c = 1$ 和资源约束为 $\mathcal{B}_A$ 和 $\mathcal{B}_B$ 的预算约束线性成本），当且仅当它满足如下两个条件：（1）对于每个参与者 i，$\mathrm{Supp}(P_i^*) \subseteq \mathcal{S}_i$；（2）$P_i^*$，$i = A, B$，产生相应的单变量边际分布函数的唯一集合 $\{F_{i,j}^*\}_{j=1}^n$，描述如下：

514

$$\forall j \in \{1, \ldots, n\} \quad F_{B,j}^*(x) = \left(1 - \frac{\widehat{\mathcal{B}}_B}{\widehat{\mathcal{B}}_A}\right) + \frac{x}{\frac{2}{n}\widehat{\mathcal{B}}_A}\frac{\widehat{\mathcal{B}}_B}{\widehat{\mathcal{B}}_A} \quad \text{对于} \ x \in \left[0, \frac{2}{n}\widehat{\mathcal{B}}_A\right]$$

$$\forall j \in \{1, \cdots, n\} \quad F_{A,j}^*(x) = \frac{x}{\frac{2}{n}\widehat{\mathcal{B}}_A} \quad \text{对于} \ x \in \left[0, \frac{2}{n}\widehat{\mathcal{B}}_A\right]$$

此外，这样的纳什均衡存在，且在任意纳什均衡中，弱小参与者（B）的期望支付是 $nv(\widehat{\mathcal{B}}_B/2\widehat{\mathcal{B}}_A) - \widehat{\mathcal{B}}_B$，强大参与者（$A$）的期望支付是 $nv - nv(\widehat{\mathcal{B}}_B/2\widehat{\mathcal{B}}_A) - \widehat{\mathcal{B}}_A$。

修正后的预算约束描述了非常和兵力分配博弈的三类均衡。如果对于每个 $i = A, B$ 有 $\widehat{\mathcal{B}}_i = \mathcal{B}_i$，那么参与者的资源约束非常低，以至于在均衡时，两个参与者都支出了他们所有可用资源。相反，如果对于每个 $i = A, B$ 有 $\widehat{\mathcal{B}}_i = (nv/2)$，那么参与者的资源约束非常高，以至于在均衡时没有参与者支出他们所有的可用资源。最后，如果 $\widehat{\mathcal{B}}_B = \mathcal{B}_B$ 且 $\widehat{\mathcal{B}}_A = (nv\,\mathcal{B}_B/2)^{\frac{1}{2}}$，那么弱小参与者（$B$）的资源约束是紧的，但强大参与者（$A$）的资源约束不是紧的。

以相同的方式，弗里德曼采用彩票型竞赛成功函数的兵力分配型博弈也可以扩展至允许预算约束下线性成本且 $c = 1$ 的情况。在这种情况下，可以很容易地证明，定理 2 的一个修正形式适用于每个参与者的资源约束 B_i 被其修正的资源约束所代替的情况，修正后的资源约束对于参与者 B 而言，定义为 $\widehat{\mathcal{B}}_B = \min\left\{\mathcal{B}_B, \dfrac{\sum_{j=1}^n \nu_j}{4}\right\}$，对于参与者 A 而言，定义为 $\widehat{\mathcal{B}}_A = \min\left\{\mathcal{B}_A, \dfrac{\sum_{j=1}^n \nu_j}{4}, \left(\mathcal{B}_B \sum_{j=1}^n \nu_j\right)^{\frac{1}{2}} - \mathcal{B}_B\right\}$。如前所述，$\mathcal{B}_A \geq \mathcal{B}_B$ 意味着 $\widehat{\mathcal{B}}_A \geq \widehat{\mathcal{B}}_B$。

定理4 n 重 $\mathbf{x}_A^*$ 和 $\mathbf{x}_B^*$ 构成了具有彩票型竞赛成功函数、差异战场价值 $\{\nu_j\}_{j=1}^n$ 和预算约束下线性成本 $c=1$ 且资源约束为 $\mathcal{B}_A$ 和 $\mathcal{B}_B$ 的兵力分配型博弈的一个纳什均衡，如果 $\forall j \in \{1,\ldots,n\}$ ，有

$$x_{A,j}^* = (\widehat{\mathcal{B}}_A) \frac{\nu_j}{\sum_{j'=1}^n \nu_{j'}} \text{ 和 } x_{B,j}^* = (\widehat{\mathcal{B}}_B) \frac{\nu_j}{\sum_{j'=1}^n \nu_{j'}}。$$

弱小参与者 (B) 的均衡期望支付是 $(\widehat{\mathcal{B}}_B/(\widehat{\mathcal{B}}_A + \widehat{\mathcal{B}}_B)) \sum_{j=1}^n \nu_j - \widehat{\mathcal{B}}_B$ ，强大参与者 (A) 的均衡期望支付是 $(\widehat{\mathcal{B}}_A/(\widehat{\mathcal{B}}_A + \widehat{\mathcal{B}}_B)) \sum_{j=1}^n \nu_j - \widehat{\mathcal{B}}_A$ 。

515 同样，修正后的预算描述了在未被使用资源具有正价值的情况下出现的三类均衡。正如兵力分配博弈和弗里德曼兵力分配型博弈中常和的设定一样，各个组元冲突之间的主要联系是通过资源的隐含机会成本实现的。因此，在常和博弈中，激励的本质在很大程度上对于放松"使用它或失去它"成本特征是稳健的。

3.3 基础设施成本

基础设施投资产生的成本提供了不可分离成本函数的另一个例子。回忆一下，所谓基础设施投资，指的是在所有战场上提供统一力量水平的非目标力量技术。我们还假设，基础设施投资可以成为每个战场上有目标力量的完美替代品。这个假设允许我们把每个参与者 i 的基础设施投资和其赋予给定战场 j 的目标力量视为一个单一选择变量 $\widehat{x}_{i,j}$ ，我们称之为参与者 i 对战场 j 的有效力量分配。正是这种分配进入了战场的竞赛成功函数中。

应用这种不可分成本函数源于利泽尔里和珀西科（Lizzeri，Persico，2001），他们考察了两个政党参与再分配竞争，且都具有连续人数选民、有目标税收和转移支付并提供公共品。[①] 我们延续利泽尔里和珀西科的研究重点，考察0或1基础设施技术的情况，在采用这种技术时，为所有战场提供了统一的力量水平。然而，我们的结论可以直接扩展，以考

---

① 因为利泽尔里和珀西科（Lizzeri，Persico，2001）中的模型假设连续的选民和混合策略均是一维的。罗伯森（Roberson，2008）研究了这个博弈的另一种形式，即具有有限的选民集合以及多维混合策略。

虑更一般的聚集或离散的基础设施技术。

考虑这样的博弈，即采用拍卖型战场竞赛成功函数，以及具有公共价值 v 同质战场的线性计数目标函数。为了简便起见，我们关注非对称的情况，其中，两个参与者都具有线性成本 $c=1$，但只有参与者 B 有机会投资于基础设施。也就是，除直接的有目标力量之外，参与者 B 有机会做出 0 或 1 的基础设施投资（以一个指示函数 l_I 来表示），其成本为 c_I，它对 n 个战场中的每一个都提供了有效的力量分配 I。我们重点讨论这样一种情况，其中基础设施投资是有效的，$c_I < nI$，并且每个战场的价值要远远大于每个战场平均的基础设施投资成本，$v > (c_I/n)$。如果参与者 B 采用基础设施技术（$l_I = 1$），那么参与者 B 分配到每个战场 j 的总力量可以计算为有目标力量 $x_{B,j}$ 与基础设施投资 I 之和。令 $\widehat{x}_B \equiv (x_{B,1} + l_I I, x_{B,2} + l_I I, \ldots, x_{B,n} + l_I I)$ 表示参与者 B 的有效力量分配。[①] 当两个参与者向战场 j 分配相同水平的有效力量 $x_{A,j} = \widehat{x}_{B,j}$ 时，假设参与者 B 会赢得这个战场的胜利。

显然，对于这类博弈没有纯策略均衡。对于参与者 A 来说，一个混合策略是一个 n 元变量分布函数，它确定了参与者 A 将有目标力量在战场间随机分配。因为（1）参与者 B 的有效力量分配由 n 维向量 $\widehat{\mathbf{x}}_B = (\widehat{x}_{B,1} + I_{l_I}, \ldots, x_{B,n} + I_{l_I})$ 给出，（2）对于任何 n 维有效力量，存在有目标力量和基础设施投资的唯一成本最小化组合，可以方便地用参与者 B 的 n 维有效力量表示其混合策略。

516

定理 5 假设 $v > I > (c_I/n)$ 且 $c=1$。非对称基础设施投资博弈的纳什均衡是每个参与者根据以下 n 维变量分布函数分配其力量。对于参与者 A 和 $\mathbf{x} \in [0, v]^n$，有：

$$P_A^*(\mathbf{x}) = \left(1 - \frac{v - I + (c_I/n)}{v}\right) + \frac{\min_j\{\min\{x_j, c_I/n\}\}}{v} +$$

$$\frac{\min_j\{\max\{x_j - I, 0\}\}}{v}。$$ 同样对于参与者 B 的有效力量为 $\widehat{P}_B^*(\widehat{\mathbf{x}}) =$

---

① 在这些假设下，基础设施投资的单位成本是 $c_u = (c_I/I)$。这种 0-1 型基础设施投资对应一种简化形式的基础设施成本，其中 $\min_j \widehat{x}_{B,j}$ 被 $l_I \cdot I$ 所替代，如果 $\min_j \widehat{x}_{B,j} \geq I$，则取值为 1。

$$\left\{ \begin{array}{ll} \dfrac{\min_j\{\min\{\widehat{x}_j, c_I/n\}\}}{\nu} & \text{如果 } \widehat{\mathbf{x}} \in \left\{\left[0, \nu\right]^n - \left[I, \nu\right]^n\right\} \\[3ex] \dfrac{\min_j\{\widehat{x}_j\}}{\nu} & \text{如果 } \widehat{\mathbf{x}} \in \left[I, \nu\right]^n \end{array} \right\}。\text{参与者 } B$$

选择进行基础设施投资的概率为 $1 - \dfrac{c_I/n}{\nu}$。参与者 A 的期望支付为 0，

参与者 B 的期望支付为 $nI - c_I$。

很容易证明，这一组策略确实是一个均衡。还请注意，可以证明，如果一个 n 重有效力量 $\widehat{\mathbf{x}}_B$ 包含在参与者 B 的混合策略的支撑集中（Supp $(\widehat{P}_B)$），那么，或者 $l_i = 0$ 且 n 重有目标力量 $\mathbf{x}_B$ 包含在集合 $\left[0, (c_I/n)\right]^n$ 中，或者 $l_i = 1$ 且 n 重有目标力量 $\mathbf{x}_B \in \left[0, \nu - I\right]^n$ 中。参与者 B 力量分配中的联系来自这样的事实，即参与者 B 选择 n 重有目标力量 $\mathbf{x}_B \in \left[(c_I/n), I\right]^n$ 且不进行基础设施投资，$l_I = 0$，是次优选择，这一策略相应的成本为 $\sum_{j=1}^{n} x_{B,j} \in \left[c_I, nI\right)$。通过选择只进行基础设施投资，$l_I = 1$，成本为 $c_I \leqslant \sum_{j=1}^{n} x_{B,j}$，对于任何 $\mathbf{x}_B \in \left[(c_I/n), I\right)^n$，参与者 B 得到一个严格更高的有效力量水平，$(I, \ldots, I) > \mathbf{x}_B$。也就是，通过以成本 c_I 选择基础设施投资，$l_I = 1$，而不是 n 重有目标力量 $\mathbf{x}_B \in \left[(c_I/n), I\right)^n$（不进行基础设施投资，$l_I = 0$），参与者 B 严格提升了他的有效力量水平，但并不会增加其成本。那么，因为在任何均衡中，参与者 B 有效力量随机选择的支撑集在集合 $\left[(c_I/n), I\right)^n$ 中都不包含 n 重 $\widehat{\mathbf{x}}_B$，那么直接可以得到，对于参与者 A 来说，任何均衡策略 P_A，Supp (P_A) 与 $\left[(c_I/n), I\right)^n$ 的交集也必然是空集。

直观地说，当参与者 B 随机使用基础设施投资时，该投资为每个战场提供相同的（正）力量水平，这一事实意味着，战场之间的有效力量分配自动地存在联系。此外，这种不稳定的基础设施选择也会导致战场间有目标力量分配的相互关联。由于混合策略均衡的构建，在参与者 A 的策略中出现了相似类型的关联结构，尽管事实是其没有获得进行基础设施投资的机会。

这个例子直观上也能扩展至预算约束下"使用它或失去它"的成本

结构的情况。只要我们继续采用拍卖型竞赛成功函数的假设，目标性和效率之间的权衡就可以体现在混合策略均衡产生的内生关联结构中。在彩票型竞赛成功函数和线性计数目标下，均衡一般不需要混合策略。结果就是，合并基础设施投资并不会在效率和目标性之间产生与拍卖型竞赛成功函数相同的权衡问题。据我们所知，在此背景下，基础设施投资尚未得到正式地考察，尽管由于提供不同有效力量水平的成本是非单调的，但我们预计会出现大量的均衡行为。

4. 具有目标关联的多个战场

在兵力分配博弈的标准公式中，最大化的目标函数是线性纯计数目标。这只是与模型应用相关的众多目标中的一个。例如，考虑非线性多数者目标，其中全部冲突是胜者通吃博弈，且获胜者是在大多数战场上获胜的参与者（n 是战场数量，为奇数）。这种结构性关联在参与者集合中可能也是非对称的。例如，在目标网络攻击和防守的情况下，失去单个目标或目标的特定构成，可能足以使整个网络瘫痪。因此，攻击者有一个最佳打击目标，并试图摧毁任何一个目标的子集，以让整个网络瘫痪。相反，防守者有一个最弱环节目标，并试图防止网络被摧毁。

4.1 多数目标

具有多数目标和拍卖型战场竞赛成功函数的多战场冲突，其纳什均衡的特征在很大程度上是悬而未决的。文献中只讨论了具有对称战场价值和成本的三战场的情况。我们从线性成本的情况开始，然后考察预算约束下"使用它或失去它"成本的情况。

假设赢得多数战场的收益在参与者之间是对称的，在式（3）中，$w_A = w_B = w = 2$，参与者有对称的线性成本，$c = 1$。森特什和罗森塔尔（Szentes，Rosenthal，2003a）提供了一个均衡，总结在下面的定理中。

定理 6（Szentes，Rosenthal，2003b） 令四面体 T 由四个点 $(1, 1, 0)$，$(1, 0, 1)$，$(0, 1, 1)$ 和 $(0, 0, 0)$ 的凸包所定义。对称多数目标博弈，其中，$n = 3$，$w = 2$，线性成本 $c = 1$，采用拍卖 518

型竞赛成功函数，该博弈的均衡是每个参与者按照如下方式分配其力量。每个参与者从 T 的表面 S 的均匀概率测度上抽取三维向量 (x_1, x_2, x_3)，并按照 $((x_1)^2, (x_2)^2, (x_3)^2)$ 分配资源。每个参与者的均衡期望支付为 0。

尽管在森特什和罗森塔尔（Szentes, Rosenthal, 2003b）的文章中，每个战场都被模型化为一个标准的第一价格（胜者支付）拍卖，但为了解决沉没支出的问题，我们采用森特什（Szentes, 2005）把一个均衡策略组合从一个拍卖转换到另一个拍卖的结果。考虑到从第一价格获胜者支付拍卖的均衡策略组合转换到全支付拍卖的均衡策略组合，定理 6 的证明沿用了森特什和罗森塔尔（Szentes, Rosenthal, 2003b）给出的第一价格拍卖的论证线路。

在 $n = 3$ 的对称兵力分配多数目标博弈中（例如，拍卖型竞赛成功函数、多数目标、预算约束"使用它或失去它"成本且具有对称的资源约束 $\mathcal{B}_A = \mathcal{B}_B = \mathcal{B}$），对纯计数目标博弈的任何解也是多数目标博弈的解 [参见博雷尔和维尔（Borel, Ville, 1938）]。[①] 具有拍卖型竞赛成功函数和三战场的多数目标博弈已经在几个方向进行了扩展。拉斯利耶（Laslier, 2003）考察了对称兵力分配多数目标博弈的另一种形式，其中三个战场以不同权重进入临界值计数函数。韦恩斯坦（Weinstein, 2005）给出了非对称预算的兵力分配多数目标博弈的均衡支付的界限。最后，还应该注意的是，可以很直接地证明，兵力分配博弈与非常和兵力分配博弈的数学表示（Kvasov, 2007; Roberson, Kvassov, 2008）之间的关系，可以扩展考察具有预算约束的线性成本对称兵力分配多数目标博弈的非常和数学表示。特别是，在三个同质战场和对称预算约束下线性成本且资源约束为 $\mathcal{B} \leqslant (w/2)$ 及 $c = 1$ 的情况下，任何对称兵力分配纯计数目标博弈的均衡是具有预算约束下线性成本的对称兵力分配多数目标博弈的均衡。

在塔洛克竞赛成功函数（见本书第 585 页脚注①）下，克伦普和波尔本（Klumpp, Polborn, 2006）及施耐德（Snyder, 1989）研究了具有多数

---

① 有关进一步的细节，参见本章的工作论文版本。

目标（$w_A = w_B = w$）和线性成本（$c = 1$）的对称博弈。[①] 考虑彩票型竞赛成功函数的特例以及战场数量为奇数的情况。对于战场的任意分布 C，参与者 i 每一次获胜以及每个战场在集合 C 中，没有战场在集合 C 外的概率由下式给出：

$$f_i(C) = \left[\prod_{j \in c} p_{i,j}(x_{i,j}, x_{-i,j})\right]\left[\prod_{j \notin c}(1 - p_{i,j}(x_{i,j}, x_{-i,j}))\right]$$

参与者 i 在多数战场上获胜的可能性可以表示为：$q_{i,m}(\mathbf{x}_i, \mathbf{x}_{-i}) =$

$$\sum_{S = \frac{n+1}{2}}^{n} \sum_{C\#C = S} f_i(C)$$

参与者 i 的期望支付可以表示为：$u_i(\mathbf{x}_i, \mathbf{x}_{-i}) = wq_{i,m}(\mathbf{x}_i, \mathbf{x}_{-i}) - \sum_{j=1}^{n} x_{i,j}$。

定理 7 讨论了具有彩票型竞赛成功函数和线性成本的对称多数目标博弈的特殊情况。对于塔洛克竞赛成功函数的情况参见克伦普和波尔本（Klumpp，Polborn，2006）及施耐德（Snyder，1989）。

　　定理 7　假设战场数量 n 为奇数。在对称的多数目标博弈中，$w_A = w_B = w$，线性成本 $c = 1$，且采用彩票型竞赛成功函数。

　　（1）（Snyder，1989）当 $n \leq 5$ 时，存在一个纯策略纳什均衡。任何纯策略纳什均衡（$\mathbf{x}_A^*$，$\mathbf{x}_B^*$）满足：

$$\forall j \in \{1, \cdots, n\} \quad x_{A,j}^* = x_{B,j}^* = \frac{w}{4}\left[\frac{(n-1)!}{[((n-1)/2)!]^2}\left(\frac{1}{2}\right)^{(n-1)}\right]$$

　　每个参与者的均衡期望支付是 $\left(\dfrac{w}{2}\right) - \dfrac{nw}{4}\left[\dfrac{(n-1)!}{[((n-1)/2)!]^2} \cdot \left(\dfrac{1}{2}\right)^{(n-1)}\right]$。

　　（2）（Klumpp，Polborn，2006）对于 $n \geq 7$，不存在纯策略纳什均衡。在任何混合策略均衡中，参与者随机地在各战场之间均匀分配资源［即具有(x，x，$\cdots$，x)的形式］，且得到等于 0 的期望支付。存在一个对称的混合策略均衡。

[①]　施耐德（Snyder，1989）考察了一种竞赛成功函数，而塔洛克竞赛成功函数是其特例。

519

作为一个参考点，在具有公共价值 v、线性成本 $c=1$ 和彩票型竞赛成功函数的单一对称竞赛情况中，每个参与者 i 的均衡资源分配为 $x_i = (v/4)$。在任意多数目标博弈的纯策略纳什均衡中，定理 7 的第 1 部分表明，每个参与者 i 在战场 j 上分配的资源都等于战场 j 是关键战场概率的 $(w/4)$ 倍，其中，战场 j 成为关键战场的概率等于参与者 i 恰好赢得其他 $(n-1)$ 个战场中的 $(n-1)/2$ 个战场的概率。在对称均衡中，每个参与者以 $(1/2)$ 的概率在每个战场上获胜，因此，参与者 i 恰好赢得其他 $(n-1)$ 个战场中的 $(n-1)/2$ 个战场的概率由下式给出：[1]

$$\binom{n-1}{(n-1)/2}\left(\frac{1}{2}\right)^{(n-1)} = \left[\frac{(n-1)!}{[((n-1)/2)!]^2}\left(\frac{1}{2}\right)^{(n-1)}\right]$$

正如克伦普和波尔本（Klumpp，Polborn，2006）所表明的，对于 $n \geq 7$，定理 7 的第 1 部分给出的期望支付严格为负，并因此对于超过这个范围的参数，不存在纯策略纳什均衡。对于这个结论的直觉是这样的，战场数量 n 的增加必然减少了全部竞赛中的噪声水平，因为彩票型竞赛成功函数的随机性在各个战场之间是独立的。正如具有塔洛克竞赛成功函数的单一竞赛，只要竞赛成功函数的价值对参与者的相对资源分配是足够敏感的，那么纯策略均衡无法存在。[2] 对于 $n \geq 7$，克伦普和波尔本（Klumpp，Polborn，2006）提供了一个对称混合策略均衡，其中，参与者的随机分配形式为 $(x, x, \ldots, x)$，即在各个战场上均匀分布。这些均衡包含完全的租金耗散。

多数目标只是众多可能的临界值纯计数目标之一。森特什和罗森塔尔（Szentes，Rosenthal，2003a）考察了临界值为 $m = n-1$（例如，成功要求赢得除一个战场之外的所有战场）以及有足够数量参与者（严格大于两个）的临界值纯计数目标的情况，他们描述了一个均衡。对于三个战场的情况，临界值 $m=2$ 与多数目标相对应；对于四个或更多战场，$m = n-1$

---

① 使用斯特林（Stirling）的因式分解公式，这一重要概率近似等于 $[\pi(n-1)/2)]^{-1/2}$，当 n 变得任意大时，它接近于零，但正如张伯伦和罗斯柴尔德（Chamberlain，Rothschild，1981）所讨论的，收敛速度相对较慢。

② 对于具有塔洛克竞赛成功函数和线性成本的两参与者对称竞赛，当指数 $r > 2$ 时，这种情况就会出现。参见阿尔卡德和达姆（Alcalde，Dahm，2010），巴伊、科夫诺克和德·弗里斯（Baye，Kovenock，de Vries，1994）。

临界值与最弱环节目标有密切的联系，因为成功需要赢得绝大多数战场。

4.2　最弱环节目标和最佳打击目标

一系列研究考察了参与者具有非对称目标函数的多战场攻击与防御博弈，包括格罗斯（Gross，1950）、库珀和雷斯特罗（Cooper，Restrepo，1967）、舒比克和韦伯（Shubik，Weber，1981）、科格林（Coughlin，1992）以及克拉克和康纳德（Clark，Konrad，2007）。[①] 例如，克拉克和康纳德（Clark，Konrad，2007）使用"最弱环节目标"和"最佳打击目标"这两个术语分别描述防守者和攻击者，他们在战场网络里对抗，在战场网络中，成功防守要求网络中的所有目标都被成功防守，而成功攻击仅仅要求至少在一个战场上获得胜利。[②] 最弱环节目标和最佳打击目标的结合准确地捕捉了由许多单个组元构成的网络的攻击和防守，但其中单个组元的失败或丧失可能足以导致整个网络瘫痪。这种关联出现在许多基础设施网络中，包括电力网络、输油管道、运输系统、通信系统和网络安全。

考虑一个博弈，具有 n 个战场、一个具有最佳打击目标的攻击者、一个具有最弱环节目标的防守者及线性成本 $c=1$。令 A 表示攻击者，如果其赢得一个或者多个战场，则获得支付 w_A，令 B 表示防守者，如果其赢得每个战场，则获得支付 w_B。在参与者将相同水平资源分配给一个战场的情况下，我们假设防守者赢得了这个战场的胜利。我们以这样的情况开始，即在每个战场上，参与者 i 胜利的概率由拍卖型竞赛成功函数决定，然后再考察彩票型竞赛成功函数的情况。

在拍卖型竞赛成功函数下，显然这类博弈没有纯策略均衡。如前所

[①] 与此相关的还有关于恐怖主义和最佳防御策略的文献［参见桑德勒和恩德斯（Sandler，Enders，2004）或卡德斯和霍尔（Kardes，Hall，2005）对此的综述）］。在这类文献中，研究的重点通常是，在攻击者目标是成功攻击一个目标，而不是目标的子集，且防御者的目标是成功防御所有目标的情况下，对攻击和防守进行分析［参见比尔、奥利弗里奥斯和萨缪尔森（Bier，Oliverios，Samuelson，2007）及鲍威尔（Powell，2007a，2007b）］。这类文献与本章所讨论的不同，因为攻击者的策略空间受限于选择要攻击的单个目标（或混合策略，即各目标上的概率分布）。本章所研究的竞赛结构允许攻击者内生性地选择要攻击目标的数量、攻击的相关性，以及每次攻击中使用的力量的水平。

[②] 还可参见赫什利弗（Hirshleifer，1983），他在自愿提供公共品的背景下创造了"最佳打击"和"最弱环节"的术语。

述，一个混合策略，或者力量分布，对于参与者 i 而言，是一个 n 元变量分布函数 $P_i: \to \mathbb{R}_+^n \to [0,1]$。科夫诺克和罗伯森（Kovenock，Roberson，2009）给出了定理 8 的证明。这个定理考察了 $w_B > n w_A$ 的博弈。定理 8 后面的讨论总结了其余参数设定下的均衡。

定理 8（Kovenock，Roberson，2009） 考虑一个 n 战场攻击和防守博弈，其中参与者 A 有最佳打击目标且价值为 w_A，参与者 B 有最弱环节目标且价值为 w_B，两个参与者都有线性成本，$c = 1$，且战场结果由拍卖型竞赛成功函数所决定。如果 $w_B > (n - 1)w_A$，那么博弈的纳什均衡就是每个参与者根据如下 n 元变量分布函数来分配其力量：对于参与者 A 和 $\mathbf{x} \in [0, w_A]^n$，$P_A^*(\mathbf{x}) = \left(1 - \dfrac{n w_A}{w_B}\right) + \left(\dfrac{x_1 + x_2 + \ldots + x_n}{w_B}\right)$，对于参与者 B 和 $\mathbf{x} \in [0, w_A]^n$，$P_B^*(\mathbf{x}) = \dfrac{\min\{x_1 + x_2 + \ldots + x_n\}}{w_A}$。参与者 A 的期望支付为 0，且参与者 B 的期望支付为 $w_B - n w_A$。

为定理 8 提出一些直觉上的解释是很有用的。回顾一下，在 n 目标最弱环节网络中，攻击者为了赢得网络，只需要在网络中赢得一个目标，而赢得多于一个目标无法获得额外利益。在定理 8 刻画的均衡中，对于任何实现的随机分配 $\mathbf{x}_A$，攻击者在网络中最多为一个目标最优地分配一个严格为正的力量水平。给定防守者的均衡力量分布，攻击者从攻击超过一个目标中得到较低的期望支付。尽管在均衡中，攻击者以相同概率随机选择每个目标，攻击者对所选目标的力量分配在数量上随机变化。科夫诺克和罗伯森（Kovenock，Roberson，2009）证明了这种单一攻击的属性，其中攻击者最多为一个目标分配一个严格为正的力量水平，这适用于定理 8 中博弈的纳什均衡。他们还将分析扩展到所有其他参数设定，以及攻击和防御博弈在最佳打击和最弱环节网络的最弱环节上层网络进行的情况。

克拉克和康纳德（Clark，Konrad，2007）分析了这种具有彩票型竞赛成功函数的博弈情况，对于 $w_B > (n - 1)w_A$，下面的定理 9 刻画了均衡的特征。参见克拉克和康纳德（Clark，Konrad，2007）对于 $w_B \le (n - 1)w_A$ 其他情况的分析。

定理 9（Clark，Konrad，2007）　考虑攻击和防守的 n 战场博弈，其中参与者 A 有最佳打击目标且价值为 w_A，参与者 B 有最弱环节目标且价值为 w_B，两个参与者都有线性成本 $c = 1$，战场结果由拍卖型竞赛成功函数决定。如果 $w_B > (n-1)w_A$，那么 n 维向量 $\mathbf{x}_A^*$ 和 $\mathbf{x}_B^*$ 构成了这个博弈的纳什均衡，如果：

$$\forall j \in \{1, \ldots, n\} \quad x_{A,j}^* = \frac{(w_A)^2 (w_B)^n}{(w_A + w_B)^{n+1}} \quad x_{B,j}^* = \frac{(w_A)(w_B)^{n+1}}{(w_A + w_B)^{n+1}}$$

两个参与者在均衡时有严格正的期望支付。

定理 8 和定理 9 所描述的均衡行为的主要区别在于，在拍卖型竞赛成功函数下，攻击者通过攻击最多一个目标，随机选择攻击目标的身份，随机选择攻击中使用的力量大小，最优地选择使用"随机游击战"策略。而防守者，尽管选择了一个共同的、正的力量水平去覆盖每个目标，但也随机分配力量的大小。相比之下，在彩票型竞赛成功函数中，以分配为条件的结果中的噪声足以消除对分配随机化的需要。即使成功的攻击只需要摧毁最弱环节网络中的单个目标，攻击者也会采用给每个目标分配严格为正的共同力量水平的纯策略。防守者以同样的方式做出回应。

4.3　多种投入

在将多个战场模型化时，我们已假设每个组元竞赛 j 的结果仅由每个参与者分配给该竞赛的一维资源和特定竞赛随机变量 $\tilde{\omega}_j$ 决定。[①] 这里也有许多例子，其中组元竞赛的结果由多个投入品相互影响决定。戈尔曼和佩奇（Golman，Page，2009）考察了一个博弈，它具有预算约束下"使用它或失去它"成本和增广型线性纯计数目标，该目标将 n 个战场的结果和额外竞赛的结果加总在一起，额外竞赛通过取 n 个战场的子集

---

① 一个例外是基础设施成本，其中两个完全可替代的投入品转变为一维分配。

合，并将每个参与者的分配等于其分配给该子集合中战场的乘积形成。例如，考虑一个线性纯计数目标的另一种形式，这种形式允许通过所有战场的两两组合，形成了 $\binom{n}{2}$ 个额外的竞赛。每个额外竞赛用 j，k 表示，其结果由拍卖型竞赛成功函数应用于资源配置 $x_{A,j} \cdot x_{A,k}$ 和 $x_{B,j} \cdot x_{B,k}$ 来确定。那么结果函数采取如下形式：$V_A(\mathbf{x}_A, \mathbf{x}_B) = \sum_{j=1}^{n} p_{A,j}(x_{A,j}, x_{B,j}) + \sum_{j=1}^{n-1} \sum_{k>j}^{n} p_{A,j,k}(x_{A,j} \cdot x_{A,k}, x_{B,j} \cdot x_{B,k})$。在这里，$p_{A,j}(x_{A,j}, x_{B,j})$ 表示在组元竞赛 j 中的拍卖型竞赛成功函数。多战场模型的这种变化造成了一个价值为 $n + \binom{n}{2}$ 的常和博弈。戈尔曼和佩奇（Golman，Page，2009）表明，尽管在这种具有 $\binom{n}{2}$ 个额外竞赛的博弈的变体中没有纯策略纳什均衡，但在相应的 n 个分配的每个可能的非空子集都在一个竞赛博弈中，确实存在一个纯策略纳什均衡。

与此相关的还有阿尔巴特亚和米隆（Arbatskaya，Mialon，2010），他们考察了具有线性成本的单个竞赛，其中使用柯布—道格拉斯生产函数将多种投入品（或"活动"）映射到总努力变量上，它反过来作为彩票型竞赛成功函数中的投入要素。投入品可能不对称地进入生产函数，单位成本在投入品和参与者之间而异。在这个模型中，对每个参与者使用给定投入品设定一个共同的约束上限，往往会降低竞赛的歧视性力量，从而弱化了竞争。与此同时，这个上限可能会改变参与者的相对力量。因为参与者之间的对称性往往会增加竞争，这可能会产生一种抵消效应。结果，除非这个上限使冲突更加对称，否则它往往会减少租金耗散。

5. 结论

尽管自博雷尔（Borel，1921）提出基本模型以来，研究取得了重大进展，但对于多战场冲突的研究仍然是一个重要且有待研究的理论问题，新的概念性公式设定方法、实际应用和实证检验可能会在这个领域取得丰硕成果。空间限制使我们无法考察本章所述的基本模型的许多重要扩展。我们在这里简要讨论其中一些。

首先，很明显，其他竞赛成功函数也可以应用于对战场的分析，如指数大于 2 的塔洛克竞赛成功函数、[1] 拉齐尔和罗森（Lazear，Rosen，1981）差分形式的竞赛成功函数[2]、康纳德（Konrad，2002）在拍卖型竞赛成功函数情况下对仿射障碍的处理，或什卡佩尔达斯和瑟罗普洛斯（Skaperdas，Syropoulos，1998）对加权不对称彩票型竞赛成功函数的处理。最后这两种竞赛成功函数可能在分析冲突中特别有用，在这种冲突中，每个竞争对手在战场的子集中都有优势（或许是由于地理位置或在冲突前对防守位置进行了投资）。

此外，尽管现有文献已引导我们将多战场冲突的一般问题设定为一个具有竞赛沉没成本和赢得每个战场得到固定奖励的冲突，但是在每个战场上对竞赛的其他函数设定是有用的。一个重要的例子是计数目标，其中，单个战场价值取决于两个参与者在战场上花费的兵力。例如，具有线性计数目标、拍卖型竞赛成功函数和预算约束下线性成本的博弈可以被改变，以便每个战场胜利者的支出超过对手支出的部分得到补偿。当胜利者支出超过其对手支出部分完全得到补偿时，每个战场上的竞赛就如同一场消耗战，且以己方出价作为在各个战场上支出总额的界限。[3]

以往关于对多战场冲突的研究几乎全部集中在两个参与者的博弈上。$n > 2$ 个参与者参与冲突的均衡特征具有重要意义。扩展到 n 个参与者出现了很多问题，这些问题在两个参与者的博弈中要么不存在，要么不重

---

[1] 在单个竞赛背景下，该模型均衡的部分特征的离散值可近似为阿尔卡德和达姆（Alcalde，Dahm，2010）及巴伊、科夫诺克和德·弗里斯（Baye，Kovenock，de Vries，1994）推导的连续策略空间。

[2] 拉泽尔和罗森（Lazear，Rosen，1981）先前对单个竞赛差分形式竞赛成功函数的分析一般假设，在结果和/或效用函数的凸性或成本函数的凹性方面存在足够多的噪声，以确保纯策略均衡。然而，纯策略均衡一般不存在于对噪声和成本的所有形式的设定中，且在这些模型中，对均衡特征的描述并不完整。例如，车和盖尔（Che，Gale，2000）提供了一组带有特定类型外生噪声的混合策略纳什均衡的部分特征。迪克西特和朗德里根（Dixit，Londregan，1995，1996）利用拉泽尔和罗森竞赛成功函数模型化了多个战场上的政治竞争。他们的模型可以解释具有线性计数目标和预算约束下"使用它或失去它"成本的多战场冲突，参见考克斯和麦克库宾斯（Cox，McCubbins，1986）及林德贝克和威布尔（Lindbeck，Weibull，1987）。

[3] 巴伊、科夫诺克和德·弗里斯（Baye，Kovenock，de-Vries，2010）采用拍卖型竞赛成功函数，乔杜里和舍列梅塔（Chowdhury，Sheremeta，2011）采用彩票型竞赛成功函数，分析了对手报价具有等级顺序外部性的标准（单战场）竞赛。

要，它们包括冲突外生或内生的分割，以及关于全部竞赛获胜者或单个战场获胜者或许存在身份依赖外部性的可能性。

弗里德曼（Friedman，1958）研究了定理 2 中描述的 n 个参与者的扩展模型，该模型采用了彩票型竞赛成功函数，具有在参与者间对称的异质战场评价值的线性计数目标，以及不对称预算约束下的"使用它或失去它"成本。他发现，每个参与者将其各自预算的相同部分分配给一个给定的战场，这个部分是战场价值占战场价值总和的比例。对具有拍卖型竞赛成功函数的 n 个参与者多战场冲突进行分析的初步方法是，科夫诺克和罗伯森（Kovenock，Roberson，2008b）对具有线性纯计数目标的对称 n 个参与者兵力分配博弈的分析。在这种扩展中，不仅存在每个参与者在每个战场上竞争的均衡，而且存在分段均衡，其中，在 n_p 参与者集合的一个分区中，不相交参与者的子集与在 n_b 个战场的一个分区中的不相交战场子集相匹配。在这些分段均衡中，每个参与者子集只为那些得以匹配的战场子集中的战场而相互竞争。科夫诺克和罗伯森也表示，在非对称预算下存在一种分段均衡。

不完全信息的多战场冲突也仍然是相对被忽视的。自然的备选参数是私人信息，它们是参与者目标函数的参数，比如战场价值，或成本参数，比如预算约束或支出的单位成本。据我们所知，迄今为止，在这方面几乎没有发表过什么成果。例外情况是马特罗斯（Matros，2008）及阿达莫和马特罗斯（Adamo，Matros，2009），他们分别在彩票型竞赛和拍卖型竞赛成功函数下，研究了具有线性计数目标的博弈，其中参与者是对称的，并且采用预算约束下"使用它或失去它"的成本，而参与者的预算是私人信息。

本章考察的所有模型都是同时行动的单一阶段博弈。可以采取几种形式引入动态分析。首先，可以放松同时进行竞赛的假设。阿伽达萨和麦卡菲（Agastya，McAfee，2006）、哈里斯和维克瑞（Harris，Vickers，1987）、克伦普和波尔本（Klumpp，Polborn，2006）、康纳德和科夫诺克（Konrad，Kovenock，2005，2009）和塞拉（Sela，2008）考察了在战场上序贯进行竞赛的模型。可以放松在一个给定战场内的竞赛涉及同时一次性支出的假设。根据舒比克（Shubik）"美元拍卖博弈"的思想［参见莱宁格尔（Leininger，1989，1991）和奥尼尔（O'Neill，1986）］，在单一竞赛环境中，沉没支出的交替行动模型已被扩展到德克尔、杰克逊和沃林斯基（Dekel，Jackson，Wolinsky，2008，2009）包含多战场冲突的分析上。[①] 最后，本章的主要结果提供了以外部参数表示的均衡支付，这些参数如资源约束、战场数量、战场价值、支出的单位成本和网络结构，这个事实有助于使用这些模型作为多阶段博弈的最后阶段，其中，这些值是内生决定的。这提供了一个冲突理论框架，用于形成内生决定战场配置（包括内生的网络结构和网络冗余）[②]、资源约束和成本结构[③]及联盟形成[④]的均衡模型。

最后，我们注意到，对本章所述模型的均衡预测进行实证检验的工作已经开始了。阿夫拉哈米和卡雷耶夫（Avrahami，Kareev，2009），阿拉德和鲁宾斯坦（Arad，Rubinstein，2009）及乔杜里、科夫诺克和舍列梅塔（Chowdhury，Kovenock，Sheremeta，2009）对第 3 节描述的兵力分配博弈的几种不同形式进行了实验研究。科夫诺克、罗伯森和舍列梅塔（Kovenock，Roberson，Sheremeta，2009）已考察了第 4.2 节中具有最弱环节和最佳打击目标的攻击和防御博弈。显然，目前来看，这仍然是一个相对空白的研究领域。

525

致　谢

与米歇尔·加芬克尔（Michelle Garfinkel）、马蒂亚斯·波尔本

① 对于更多动态冲突的分析，参见本卷中康纳德所著的章节。本卷无此内容，疑原文有误。——译者注

② 戈亚尔和维吉耶（Goyal，Vigier，2010）研究了冲突中的稳健网络设计，参与者受到预算约束，在攻击者分配兵力之前，防守者选择网络设计及其在战场之间的力量分配，并采用改进了的彩票型竞赛成功函数。科夫诺克、茂布辛和罗伯森（Kovenock，Mauboussin，Roberson，2010）研究了一个两阶段博弈，其中任何一个参与者可以通过支付费用在第一阶段增加战场数量，参与者在第二阶段展开具有拍卖型竞赛成功函数的兵力分配博弈。怀泽（Wiser，2010）研究了十六进制博弈（game Hex）的一个简单竞赛理论版本，其中参与者同时将资源分配到具有线性成本的单元格上，单元格获胜者由独立的彩票型竞赛成功函数决定。

③ 例如，经典的兵力分配博弈产生的支出涉及各参与者预算和战场价值及数量的函数。可以将各自的预算视为一维资源分配，也可以将该博弈嵌入一个多阶段博弈中，其中预算是由内生决定的。

④ 参见科夫诺克和罗伯森（Kovenock，Roberson，2008a）。

（Mattias Polborn）、斯特吉奥斯·什卡佩尔达斯（Stergios Skaperdas）、巴尔茨·森特什（Balázs Szentes）和阿兰·沃什伯恩（Alan Washburn）的有益讨论使我们受益匪浅。

参考文献

Adamo, T. , and A. Matros. 2009. A Blotto game with incomplete information. *Economics Letters* 105: 100 – 102.

Agastya, M. , and R. P. McAfee. 2006. Continuing wars of attrition. Unpublished manuscript, University of Sydney.

Alcalde, J. , and M. Dahm. 2010. Rent seeking and rent dissipation: A neutrality result. *Journal of Public Economics* 94: 1 – 7.

Arad, A. , and A. Rubinstein. 2009. Colonel Blotto' stop secret files. Unpublished manuscript, Tel Aviv University and University of Tel Aviv Cafes.

Arbatskaya, M. , and H. M. Mialon. 2010. Multi-activity contests. *Economic Theory* 43: 23 – 43.

Avrahami, J. , and Y. Kareev. 2009. Do the weak stand a chance? Distribution of resources in a competitive environment. *Cognitive Science* 33: 940 – 50.

Baye, M. R. , D. Kovenock, and C. G. de Vries. 1994. The solution to the Tullock rent-seeking game when R > 2: Mixed-strategy equilibria and mean dissipation rates. *Public Choice* 81: 363 – 80.

Baye, M. R. , D. Kovenock, and C. G. de Vries. 2010. Contests with rank-order spillovers. *Economic Theory*, forthcoming in 2012.

Bellman, R. 1969. On Colonel Blotto and analogous games. *Siam Review* 11: 66 – 68.

Bier, V. M. , S. Oliveros, and L. Samuelson. 2007. Choosing what to protect: Strategic defensive allocation against an unknown attacker. *Journal of Public Economic Theory* 9: 563 – 87.

Blackett, D. W. 1954. Some Blotto games. *Naval Research Logistics Quarterly* 1: 55 – 60.

——. 1958. Pure strategy solutions to Blotto games. Naval Research Logistics Quarterly 5: 107 – 9.

Borel, E. 1921. La theorie du jeu les equations integrales a noyau symetrique. *Comptes Rendus del Academie* 173: 1304 – 8. English translation by Savage, L. 1953. The theory of play and integral equations with skew symmetric kernels. *Econometrica* 21: 97 – 100.

Borel, E., and J. Ville. 1938. Application de la théorie des probabilitiés aux jeux de hazard Reprinted in Borel, E., and Chéron, A. 1991. *Théorie mathematique du bridge à laportée de tous* Paris: Editions Jacques Gabay.

Chamberlain, G., and M. Rothschild. 1981. A note on the probability of casting a decisive vote. *Journal of Economic Theory* 25: 152 – 62.

Che, Y. – K., and I. Gale. 2000. Difference-form contests and the robustness of all-pay auctions. *Games and Economic Behavior* 30: 22 – 43.

Chowdhury, S. M., D. Kovenock, and R. Sheremeta. 2009. An experimental investigation of Colonel Blotto games. Working Paper 2688, CESifo Group, Munich, Germany.

Chowdhury, S. M., and R. Sheremeta. 2011. A generalized Tullock contest. *Public Choice* 147 (3): 413 – 20.

Clark, D. J., and K. A. Konrad. 2007. Asymmetric conflict: Weakest link against best shot. *Journal of Conflict Resolution* 51: 457 – 69.

Cooper, J. N., and R. A. Restrepo. 1967. Some problems of attack and defense. *Siam Review* 9: 680 – 91.

Coughlin, P. J. 1992. Pure strategy equilibria in a class of systems defense games. *International Journal of Game Theory* 20: 195 – 210.

Cox, G. W., and M. D. McCubbins. 1986. Electoral politics as a redistributive game. *Journal of Politics* 48: 370 – 89.

Dekel, E., M. O. Jackson, and A. Wolinsky. 2008. Vote buying: General elections. *Journal of Political Economy* 116: 351 – 80.

——. 2009. Vote buying: Legislatures and lobbying. *Quarterly Journal of Political Science* 4: 103 – 28.

Dixit, A., and J. Londregan. 1995. Redistributive politics and economic efficiency. *American Political Science Review* 89: 856 – 66.

——. 1996. The determinants of success of special interests in redistributive politics. *Journal of Politics* 58: 1132 – 55.

Friedman, L. 1958. Game-theory models in the allocation of advertising expenditures. *Operations Research* 6: 699 – 709.

Golman, R., and S. E. Page. 2009. General Blotto: Games of strategic allocative mismatch. *Public Choice* 138: 279 – 99.

Goyal, S., and A. Vigier. 2010. Robust networks. Unpublished manuscript, University of Cambridge.

Gross, O. 1950. *Targets of differing vulnerability with attack stronger than defense.* RM – 359, RAND Corporation, Santa Monica, CA.

Gross, O. , and R. Wagner. 1950. *A continuous Colonel Blotto game.* RM – 408, RAND Corporation, Santa Monica, CA.

Harris, C. , and J. Vickers. 1987. Racing with uncertainty. *Review of Economic Studies* 54: 1 – 21.

Hart, S. 2008. Discrete Colonel Blotto and general lotto games. *International Journal of Game Theory* 36: 441 – 60.

Hirshleifer, J. 1983. From weakest-link to best-shot: The voluntary provision of public goods. *Public Choice* 41: 371 – 86.

Kardes, E. , and R. Hall. 2005. Survey of literature on strategic decision-making in the presence of adversaries. CREATE Report, University of Southern California, National Center for Risk and Economic Analysis of Terrorism Events.

Klumpp, T. , and M. K. Polborn. 2006. Primaries and the New Hampshire effect. *Journal of Public Economics* 90: 1073 – 114.

Konrad, K. A. 2002. Investment in the absence of property rights. *European Economic Review* 46: 1521 – 37.

Konrad, K. A. , and D. Kovenock. 2005. Equilibrium and efficiency in the tug-of-war. Discussion Paper 5205, Center for Economic Policy Research, London, UK.

——. 2009. Multi-battle contests. *Games and Economic Behavior* 66: 256 – 74.

Kovenock, D. , M. Mauboussin, and B. Roberson. 2010. Picking (the number of) your battles: Colonel Blotto with an endogenous number of battlefields. Unpublished manuscript, Purdue University.

Kovenock, D. , and B. Roberson. 2008a. Coalitional Colonel Blotto games with application to the economics of alliances. Working Paper SP II 2008 – 02, Social Science Research Center Berlin (WZB), Berlin, Germany.

——. 2008b. The n-player Colonel Blotto game. Unpublished manuscript, Purdue University.

——. 2009. The optimal defense of networks of targets. Unpublished manuscript, Purdue University.

Kovenock, D. , B. Roberson, and R. Sheremeta. 2009. The attack and defense of weakest-link networks. Unpublished manuscript, Chapman University.

Kvasov, D. 2007. Contests with limited resources. *Journal of Economic Theory* 127: 738 – 48.

Laslier, J. F. 2002. How two-party competition treats minorities. *Review of Economic Design*

7: 297 – 307.

Laslier, J. F. 2003. Party objectives in the "divide a dollar" electoral competition. In *Social choice and strategic decisions: Essays in honor of Jeffrey S. Banks*, ed. D. Austen-Smithand J. Duggan. Berlin: Springer.

Laslier, J. F. , and N. Picard. 2002. Distributive politics and electoral competition. *Journal of Economic Theory* 103: 106 – 30.

Lazear, E. P. , and S. Rosen. 1981. Rank-order tournaments as optimum labor contracts. *Journal of Political Economy* 89: 841 – 64.

Leininger, W. 1989. Escalation and cooperation in conflict situations—the dollar auction revisited. *Journal of Conflict Resolution* 33: 231 – 54.

——. 1991. Patent competition, rent dissipation, and the persistence of monopoly: The role of research budgets. *Journal of Economic Theory* 53: 146 – 72.

Lindbeck, A. , and J. Weibull. 1987. Balanced-budget redistribution as the outcome of political competition. *Public Choice* 52: 272 – 97.

Lizzeri, A. , and N. Persico. 2001. The provision of public goods under alternative electoral incentives. *American Economic Review* 91: 225 – 39.

Macdonell, S. , and N. Mastronardi. 2010. Colonel Blotto equilibria: A complete characterization in the two battlefield case. Unpublished manuscript, University of Texas.

Matros, A. 2008. Chinese auctions. Unpublished manuscript, University of Pittsburgh.

O'Neill, B. 1986. International escalation and the dollar auction. *Journal of Conflict Resolution* 30: 33 – 50.

Powell, R. 2007a. Allocating defensive resources with private information about vulnerability. *American Political Science Review* 101: 799 – 809.

——. 2007b. Defending against terrorist attacks with limited resources. *American Political Science Review* 101: 527 – 41.

Roberson, B. 2006. The Colonel Blotto game. *Economic Theory* 29: 1 – 24.

——. 2008. Pork-barrel politics, targetable policies, and fiscal federalism. *Journal of the European Economic Association* 6: 819 – 44.

Roberson, B. , and D. Kvasov. 2008. The non-constant-sum Colonel Blotto game. CESifo Working Paper 2378.

Robson, A. R. W. 2005. Multi-item contests. Working Paper 446, Australian National University.

Sandler, T. , and W. Enders. 2004. An economic perspective on transnational terrorism. *European Journal of Political Economy* 20: 301 – 16.

Sela, A. 2008. Sequential two – prize contests. Discussion Paper 6769, Center for Economic Policy Research, London, UK.

Shubik, M. , and R. J. Weber. 1981. Systems defense games: Colonel Blotto, command and control. *Naval Research Logistics Quarterly* 28: 281 – 87.

Skaperdas, S. , and C. Syropoulos. 1998. Complementarity in contests. *European Journal of Political Economy* 14: 667 – 84.

Snyder, J. 1989. Election goals and the allocation of campaign resources. *Econometrica* 57: 637 – 60.

Szentes, B. 2005. Equilibrium transformations and the revenue equivalence theorem. *Journal of Economic Theory* 120: 175 – 05.

Szentes, B. , and R. W. Rosenthal. 2003a. Beyond chopsticks: symmetric equilibria in majority auction games. *Games and Economic Behavior* 45: 278 – 95.

——. 2003b. Three-object two-bidder simultaneous auctions: Chopsticks and tetrahedra. *Games and Economic Behavior* 44: 114 – 33.

Tukey, J. W. 1949. A problem of strategy. *Econometrica* 17: 73.

Weinstein, J. 2005. Two notes on the Blotto game. Unpublished manuscript, Northwestern University.

Wiser, M. 2010. Optimal effort in a simultaneous move game of Hex. Unpublished manuscript, Louisiana State University, Deparment of Economics.

第 22 章　对于冲突的实验室实验

克劳斯·阿宾克

1. 引言

在最近十年中，对冲突的实证分析已经取得了极大进展（参见本卷其他章节）。尽管取得了这些成功，但在现实世界中还存在数据可获得性方面的天然局限。幸运的是，战争仍然是罕见事件，每一次战争都有自己的历史、政治背景、种族构成等。从来没有两场战争仅在一个变量上存在不同，因此分离出该因素的影响也是不可能的。如果研究的焦点是冲突中的个体行为，那么会更为困难。微观层面的数据难以获得，特别是因为在战区难以进行调查。

近年来，研究人员引入经济实验，作为观察冲突情境中人们行为的一种补充方法。在实验室实验中，创造一种模仿真实生活中冲突场景的相似环境是可能的，尽管是程式化的，但可以受控方式得到数据。本章回顾了这种研究。

在实验室实验中，实验对象——主要是学生，因为他们在大学校园中很容易找到——他们根据实验人员给出的指定规则进行决策。依据他们所做出的决策，他们得到支付，这是博弈规则不可或缺的一部分。在经济实验中，通常的做法是实验对象得到的报酬与他们在实验中获得的支付成比例。这种特点确保实验对象有恰当的激励以最大化其支付并小心做出决策。因此，与大多数调查研究不同，实验对象是为真实的金钱而战。

实验方法可以应用于三种目的。第一是检验理论模型。在将真实生活的策略环境模型化时，理论家依赖对行为的假设，特别对完全理性的自利的效用（或利润）最大化假设。如果这些假设与现实不符，理论结论可能就被曲解了。对模型行为基础的严格检验可以在实验室中开展。第二是在研究冲突时，实验室的实验能够代替通常无法获得的现场数据。第三是即使可以获得一些数据，实验室数据也可与现场数据并行收集。这两种方法间有很强的互补性，因为一种方法的弱点是另一种方法的优点。一方面，现场数据是真实的，因为它们来自现实生活，但受到一些干扰、存在识别问题并缺乏可控性；另一方面，实验室容许使用受控的环境，在这样的环境中，可以在保持其他因素不变的条件下检验个体因素的变化。不会产生内生性问题。然而，在人工环境中收集数据，这可能会削弱结论在实验室之外的正确性。

本章回顾了现有关于冲突的实验研究文献。冲突实验是一个相对较新的研究领域，在 20 世纪 90 年代末才开始进行研究。总共有大约 15 项对于冲突的实验经济学研究。文献稀少的好处是可能写出一篇尽我所知全面的综述，并概述每个已完成的研究。然而，这种情况可能不会持续太久；有几项研究正在进行中，但在本书出版时，它们可能仍未完成。

冲突实验数量少也可能与笔者使用的将一项研究归为冲突实验的标准有关。标准非常简单：作者如果说一项实验"是"冲突实验，那么它就是。如果实验以一个冲突模型呈现出来，且题目或摘要提及它，就被认为是冲突实验；如果没有，则不是。这并不是说，没有被认作冲突实验的实验完全与该领域无关。相反，因为大多数用于实验研究的基本博弈都不是针对一个情景的，它们也经常被应用在冲突上。每个公共品博弈都可以被解释为在动员武力进行战争时人们所面对的困境。每个讨价还价模型在某种程度上是在讨论冲突后的谈判问题。每一项带有风险的选择任务都可以应用在和平协议与发动攻击之间的选择上。因此，放松标准会导致或对实验研究进行一般性回顾，或完全随意选择具有通用目的的模型。然而，这篇综述应当显示出关注冲突采用实验方法的研究者是如何探索这个问题的。

在某种意义上，笔者以这个规则的一个例外开始进行综述。一个通用模型，即由塔洛克（Tullock, 1980）提出的寻租竞赛似乎确实是冲突研究的基础，也是实验经济学家日益喜爱的工具，尽管它原本并不是一个战争模型，但它值得单独加以介绍。在这个序幕之后，笔者将围绕四大主题介绍目前已有的冲突研究。第 3 节以寻租型模型为基础，描述关于无政府状态的传统实验研究。第 4 节分析推翻独裁统治者中的协调问题。第 5 节是其他问题，综述了讨论冲突特定方面的研究，这些方面彼此之间没有太多关联。第 6 节介绍了两项研究，它们以不同方式使用了实验方法，没有设定冲突场景模型，但测度了真实冲突对人类行为的影响。最后以简要的展望进行总结。

2. 序幕：寻租模型

尽管寻租形式的博弈并不是为模型化冲突而构建的，但它们在冲突实验（或理论）文献中占有非常重要的地位。由塔洛克（Tullock，1980）提出的寻租竞赛中存在一个外生奖励 P 和 n 个为赢得奖励而竞争的参与者。奖励可能来自政府合同的垄断租金（因此有寻租这个术语），或来自一场体育比赛的胜利，也可能是战争各方努力要保护的一种资源。在开始时，每个竞争者决定要为赢得奖励投入多少（努力、金钱或其他资源）。投入是一种浪费，也就是说，它不创造任何财富，而且如果没有赢得奖励，那么就会损失掉投资。

在第二阶段，以抽奖方式确定竞赛的赢家。获胜概率取决于相对投入水平。在最简单的函数形式中，获胜概率与投入成正比。更一般的形式增加了一个决定性参数，然后得到了著名的竞赛成功函数：

$$p_i = \frac{x_i^m}{\sum_{j=1}^{n} x_i^m}$$

在这里，p 是获胜概率，x 是投入，指数 m 是决定性参数。容易看出 m 是怎样影响获胜概率的。如果 m 值较大，那么只要投入水平略微超过竞争对手，获胜概率会急剧提升。如果 m 值较小，那么只有非常高的投入才能确保高的获胜概率。在极端情况下，当 $m = 0$ 时，"竞赛"变成纯粹的随机抽签；当 $m = \infty$ 时，竞赛变成了一个全支付拍卖，最高的竞价者赢得标的物，但所有参与者都要支付其报价。

竞争者最大化其期望支付，即 $p_i P - x_i$。由此可以推导出每个竞争者的均衡投入为：

$$x_i^* = \frac{n-1}{n}mP$$

这样，一个较低的决定性参数导致对战争投入的努力较少。这是符合直觉的，因为当随机影响成为主要决定因素时，自己的努力就会付出得更少。实际上，当 $m = 0$ 时，投入变得毫无意义，因为结果完全随机决定。相反，当 m 值较高时，在投入方面的小优势可以带来获胜概率的巨大差距；因此，竞赛变成更具竞争性。然而，要注意，从公式中推导出的投入水平从某一点后会超过奖励的期望值，因此理性投资者将不会参与（即投入为0）。那么，只存在混合策略均衡。

尽管寻租模型主要在经济背景中用来解释像游说这样的现象，但它们本身的性质意味着可以将其作为研究战争的天然工具。该模型捕捉了军事冲突的某些基本特征。军备投入本身是非生产性的，但它增加了获得战争胜利的机会。尽管这样，但战争结果仍然是高度不确定的。最强的军队依然面对失败的可能性。所以，或许丝毫不令人惊奇的是，军事冲突的经典模型（Grossman, Kim, 1995; Hirshleifer, 1989, 1991; Skaperdas, 1992）中的竞赛在本质上类似于寻租博弈。或许这样说过于简单了，但典型寻租博弈与典型冲突博弈的主要差别是，后者的奖励被内生化了，不再是固定的给定值。两个（或更多）部落（国家、宗派、运动）被赋予某个财富水平 W_i，并决定其在军备中投入多少。然后，他们相互斗争，胜利者获取两个部落没有投入军备的全部财富，也就是 $W_1 + W_2 - x_1 - x_2$ 的一部分。这意味着，从两个方面看，军备投入都是浪费。同寻租博弈一样，它是一种没有消费价值的支出，除此之外，它也减少了对获胜者的奖励。

对寻租模型的实验研究主要关注竞赛设计。波特、德弗里斯和范文登（Potters, de Vries, van Winden, 1998）以及米尔纳和普拉特（Millner, Pratt, 1989）改变了决定性参数，发现其结果从定性角度看符合预期。卡迪根（Cadigan, 2007），舍列梅塔（Sheremeta, 2010），魏曼、杨和沃格特（Weimann, Yang, Vogt, 2000）研究了序贯寻租竞赛。安德森和斯塔福德（Anderson, Stafford, 2003）考虑允许参与者进入的情况，并因此将参与者数量内生化了。施密特等（Schmitt et al., 2004）考察了动态寻租实验。阿宾克等（Abbink et al., 2010）及舍列梅塔和张（Sheremeta, Zhang, 2009) 考察了团体间的寻租行为。一个规律性发现是, 实验对象大幅度地过度投资了, 也就是, 他们的行为远比他们在均衡中应有的情况激进得多, 从冲突的角度看, 这有些令人担忧。似乎他们更想去赢得一次斗争, 而不仅仅是赢得奖励本身 [参见赫尔曼和奥泽恩 (Herrmann, Orzen, 2008) 使用恶意偏好一词做出的解释]。

3. 无政府状态和冲突

源自寻租博弈的冲突模型描述了一种情形, 其中两个参与者投资于生产和军备, 然后为掠夺对手的产品而战斗。因此, 它们可以被看作无政府状态模型, 在这种状态下, 没有中央政府保护产权, 而保护自己财产的唯一方式是使用武力。这是第一类关于冲突实验研究论文的共同主题。

535

3.1 力量悖论

被称为冲突实验的第一项研究是德拉姆、赫什利弗和史密斯 (Durham, Hishleifer, Smith, 1998) 对力量悖论 (Paradox of Power, POP; Hirshleifer, 1991) 进行的实验检验。这个悖论描述了一种违反直觉的观察, 即尽管较富有的一半人比较贫穷的一半人应当有更多的力量, 并因此能够剥削穷人从而变得更加富有, 但现实生活中的经济政策通常涉及将财富从富人转移向穷人进行再分配。所以为什么富人变得可以被 "剥削" 了? 从正式冲突模型中得出的一个解释是, 穷人有强烈的动机为再分配而斗争, 而更具生产力的富人注重对生产活动进行投资, 即使这意味着某些产出会被掠夺。

实验以赫什利弗 (Hirshleifer, 1989, 1991) 的冲突模型为基础。两个参与者是代表社会群体的领导者, 能够决定将其资源禀赋 R_i 分配在生产性活动 E_i 和战斗 F_i 上。完成这样的分配之后, 两个参与者的总产出根据竞赛成功函数 $F_i^m/(F_1^m + F_2^m)$ 来分享。指数 m 是决定性参数, 与在标准的寻租公式中一样。[①]

---

① 注意, 在这个模型中, 根据投资分享产出。在大多数寻租模型中, 由抽签确定唯一的获胜者 (尽管存在其他模型)。对于博弈的理论结果, 只要参与者是风险中性的且最大化期望收入, 那么这两种形式是相同的。

根据初始分配 R 和决定性参数 m，纳什均衡预测存在一种强形式的"力量悖论"（事后财富在两个团体间平分），一种弱形式的"力量悖论"（穷人能够提升他们的相对地位，但仍然是较贫困的群体），或没有"力量悖论"（富人仍然是富有的，或甚至变得更为富有）。在实验中，作者检验了这个理论预测。在不少于 12 次实验中，他们改变资源禀赋（从非常不平等到平等）、决定性参数（$m = 1$ 或 $m = 4$）和匹配规程（伙伴和陌生人匹配）。

作为一种一般趋势，实验中的战斗努力水平往往低于博弈论的预测。这与在寻租实验中普遍发现的过度投资恰好相反。但投资仍接近均衡，且远离合作解，在合作解中，对浪费性的战斗活动投入最少。正如所预测的那样，当决定性参数较高时，战斗更为激烈。关于力量悖论的预测得到了广泛证实。从定性方面讲，当力量悖论应该成立时，它成立了；当它不应该成立时，它没有成立，但穷人普遍未能像理论要求的那样，为战斗贡献其全部力量。然而，作者注意到在这种情况下，预测是一个角点解，因此，任何偏差，无论什么原因，可能都只是降低了战斗的努力水平。考虑到这点，理论似乎预测得非常好了。

3.2 选择成为掠夺者

卡特和安德顿（Carter，Anderton，2001）进行了一项实验，类似于德拉姆、赫什利弗和史密斯（Durham，Hishleifer，Smith）的开创性文章，但采用非对称分配的方式。根据格罗斯曼和金（Grossman，Kim，1995）掠夺者—猎物理论模型，他们构建了一项实验博弈，其中两个参与者投资于生产和军备，但只有一个参与者的产品会遭受掠夺。这个参与者被称为防守方，投资于防御 f 以保护自己的财富，而另一个参与者被称为攻击方，投资于攻击能力 a。防守方获得的产品份额是 $f/(f + \theta a)$，在这里，θ 是攻击有效性参数。另一个不同于德拉姆、赫什利弗和史密斯所使用模型之处是，两个参与者序贯行动且防守方首先行动。

博弈理论分析预测，在 θ 值较低时没有掠夺；攻击方对攻击的投入为 0。当 θ 超过一个临界值时，解从 0 直接飞越到全部掠夺，也就是说，攻击方将全部资源投入掠夺，不对生产进行投资。当 θ 进一步增加时，在某个点上会出现存在部分掠夺的区域，在这里，两个参与者均投资生产和军备。为了进行这三项实验，卡特和安德顿选择了 θ 的三个取值，分别来自取值范围中的一部分。

实验结果为理论预测提供了强有力支撑。总的来说，一半以上的观测正好是理论结果；在最后阶段（博弈在固定的对手之间重复进行了 8 次），这个数据超过 2/3。在 83.6% 的情况中，给定防守方的行为，攻击方选择了最优反应。注意，攻击方是第二个行动的，它知道防守方的选择。尽管扮演防守方的实验对象更加难以猜测攻击方将如何选择，但他们还是在甚至占比为 64.8% 的时间里能够对攻击方选择做出最优反应。具有较低军备投入的合作性非均衡解几乎没有，但确实没有观察到如同寻租实验中经常会见到的系统性过度投资现象。

3.3　实验中的无政府状态

对冲突模型进行传统实验检验的第三项研究是达菲和金（Duffy，Kim，2005）挑战格罗斯曼和金（Grossman，Kim，1995）及格罗斯曼（Grossman，2002）的理论模型。如同卡特和安德顿（Carter，Anderton，2001）一样，他们的模型由或是生产者，或是掠夺者的参与者组成，但参与者不能同时具备这两种身份。生产者必须决定在防务中投入多少，掠夺者只进行战斗而不生产。这与之前模型的主要区别是：（1）该模型包含更大的群体，有 10 个参与者而不是一对；（2）参与者选择他们扮演的角色，因此，生产者和掠夺者的数量是内生的。均衡中存在某个数量的掠夺者，但既然所有参与者都相同，该理论不能预测谁将扮演哪个角色。这为实验对象带来了一个协调问题。

这项研究的另一个主要创新点是在第二个实验中引入政府代理人。政府能够选择生产者不得不在防务上支出的资源数量，也就是说，决策权从参与者手里被拿走了。接下来，参与者必须选择他们希望成为生产者（并支付政府施加的防务负担）还是掠夺者。政府受到激励以最大化产出水平。这意味着，在均衡中它将选择这样一种最优的防务水平，即在这一点上防务支出恰好足以威慑掠夺者，因此没有掠夺发生。在均衡状态中，有政府代理人的结果要比无政府状态均衡有效率得多。

由于独立观察数量少（每项实验中有 3 个）以及在没有政府的实验中各个场景存在差异，数据分析受到了一定的阻碍。在其中之一的这些场景中，防务支出特别少，导致出现一些只有掠夺者而什么也不生产的"无效"结果。除去这些观察，数据呈现向均衡预测的收敛，无论是掠夺者的数量还是生产者（或是政府）选择的防务水平都是这样。如果有政府存在，那么这种收敛会更快且更明显。

3.4 实时的霍布斯丛林

关于无政府状态模型的最新研究建立在前人努力的基础之上，但它们没有着手检验某些冲突模型预测的纳什均衡。相反，它们设计了一种弱结构化的实验环境，可以在几乎连续的时间点上做出决策，用户界面令人想到电子游戏。在一次检验中，在每个场景中有六个实验对象获取一种资源禀赋。他们可以决定将其资源禀赋投入进攻或者防守之中，或对两者都不进行投资。进攻和防守是非生产性的；只有保留下来的资源禀赋才能在这个阶段结束时得到报酬。一个实验对象能决定是否攻击其他实验对象，而且胜利者得到失败者的资源禀赋，获胜概率与攻击方的进攻型投资和目标方的防御型投资份额成正比。这种一般设定类似于之前的实验，一个重要区别是在鲍威尔和威尔逊（Powell，Wilson，2008：673）的研究中，实验对象可以在任何时间做任何事情，不必遵守一个强制的行动顺序。这种非结构化的设定应该是模仿了霍布斯丛林（Hobbesian jungle），即一种不存在社会秩序且至少可能在任何时候都存在所有人对所有人战争的无政府状态。作者不得不牺牲博弈理论易处理的特性，但正如鲍威尔和威尔逊所写，"用一个通过解析方法可求解的模型代表霍布斯丛林现象……或许是矛盾的"。

在后续研究中，史密斯、斯卡尔贝克和威尔逊（Smith，Skarbek，Wilson，2009）容许实验对象形成群体。这些内生的群体把其防御型或攻击型能力汇聚起来。设计这个实验是要检验由诺齐克（Nozick，1974）提出的哲学理论。根据这个理论，即使在缺少中央命令的情况下，个人也将形成保护性协会，然后，这些协会集中并最终从无政府状态中形成一种垄断性秩序。史密斯、斯卡尔贝克和威尔逊也引入参与者之间的交流，以便促进群体形成或者达成合作性的、非暴力协议。

连续时间方法是新奇且令人着迷的。它提供了仍然在受控环境中研究冲突行为的一种途径，但比非常程式化的普通方法更丰富且更自然。

获得丰富环境的代价是实验结果有些难以解释。问题并不是缺少博弈理 538
论基准（实验经济学领域或许过高评价了它的重要性），而是结果存在
巨大的差异。在原始数据中，效率，以实际实现收入占潜在收入的比例
来测度，其范围从低值（14%）变化到高值（71%）。某些场景中参与
者随着时间推移，在了解信息后相互合作，而在其他场景中效率恶化了。
引入群体并没有显著影响效率，但极少量的数据点和强异质性可能是由
缺乏统计功效（statistical power）导致的。总体印象是，无政府状态环境
既没有导致一场所有人对所有人的持续战争，也没有导致乌托邦式的普
遍合作。艰难的结果不应当被认为是令人失望的。简单博弈实验也经常
得出有差异的结果，但因为现有数据规模庞大，它们看上去似乎更容易
理解。这样的参考在目前的情况中还不存在，因此需要更多数据做出更
为系统的推断。

4. 冲突中的协调问题

第二类冲突实验研究背离了无政府状态模型，转而研究与其相反的
力量展示：独裁。一旦一个独裁统治者获得权力，那么是怎样维护其地
位的？什么阻止了受压制和受剥削的民众发动起义来推翻他？

一些学者提出了民众和群体领导人面对的协调问题。对于个人而言，
只要是单独一人，谴责或反抗专制体制是不明智的。只有足够多的人加
入反抗力量，挑战才能成功。所以，即使每个人都想反抗并且人们能够
团结起来，但什么都没有发生的情况也是可能的，因为没有人预期其他
人会涌上街头。这种协调问题是第二类冲突实验的核心问题。

4.1　实验室革命

民众起义的一个特点是其不可预测性。2000～2011 年，发生了一连
串成功的革命（南斯拉夫，2001 年；格鲁吉亚，2003 年；乌克兰，2004
年；吉尔吉斯斯坦，2005 年和 2010 年；突尼斯和埃及，2011 年），也见
证了一些不成功的起义（缅甸，2007 年；伊朗，2009 年）。可论证的是，
所有这些或多或少在意料之外出现的事件提出这样的问题：它为什么会
发生，它为什么会在当时发生？对于这个问题的经验研究受到了阻碍，

原因是事件稀少、存在许多特殊情况以及无法观测到那些尽管环境条件可能适宜，但并"没有"发生的革命。阿宾克和佩齐尼（Abbink，Pezzini，2005）提示用国内起义的博弈论架构来解释它们的不可预测性。革命想成功，不仅需要行为是可取的这一共同的情绪，还需要大家同时相信关键数量的人们会在同一时间涌向街头。信念什么时候以及怎样激发出一场自发的起义是不可预知的，但可能的是，通过经验方法确定哪个因素更可能引发革命。

阿宾克和佩齐尼（Abbink，Pezzini，2005）综合分析了调查数据和一项可控的实验室实验，以发现革命偏好和行动之间的关系。为了评估偏好，他们使用来自世界价值观调查（World Value Survey）的数据进行了计量经济分析，特别考察了实验对象是否认为政治领域的革命性变革是可行的问题。为了研究革命行为，作者设计了 1 位统治者和 7 个公民间的三阶段博弈。在第一阶段，统治者决定关于三个政策方面的问题：收入分配、对自由交流的限制以及镇压失败反对派的程度。在第二阶段，公民可以发出关于他们是否希望反对统治者的信息。如果统治者已选择了限制交流的政策，那么表达反对意愿的公民面对被罚款的风险。在第三阶段，公民决定是否实际反对该政策。如果少于 5 个人反对，那么统治者依然掌权，不成功的反叛者将被罚款。如果有 5 个人或更多人反对，那么不反对的公民处境恶化（因为他们会被指责为与旧体制合谋），且统治者被随机选取的新统治者所取代。

结果显示，从行动方面看，贪婪的统治者很有可能被推翻，而限制交流和惩罚反对者会减弱公民的革命意愿。从偏好方面看，对于统治者的贪婪得到了类似结果，因为贪婪往往会点燃革命情绪。然而，对于交流的自由和镇压，限制性政策对偏好和行为产生了相反的效果。因为调查数据显示，它们使公民更愿意去革命，实验结果显示，它们导致实际实施这些行动的可能性更低。因此，希望继续掌权的统治者将不会窃取太多，但应该会强硬对待反对者。

4.2 暴乱

巴黎郊区（banlieues）是个缺衣少食的法国城市的卫星城镇，低收入群体居住在那里，迁入该地区的青年人在 2005 年发动了暴乱并持续数周，他们焚毁汽车，破坏公共设施。许多评论员认为，不平等和缺乏见解是暴乱的根本原因。受这些事件的启发，阿宾克、马斯克里特和米扎尔（Abbink，Masclet，Mirza，2008）在受控的实验室实验中研究了不平等和暴乱之间的关系。他们设计了包括一组有优势和一组没有优势的两组参与者间的两阶段博弈。在博弈的第一阶段，参与者在寻租博弈中获得一项收入。没有优势的参与者投入竞赛中的努力的生产率要低得多；事实上，设定这个博弈的参数时，要让它们满足参与者根本不应该做任何投资，以及全部收入由具有优势的参与者获得（在这个实验中，这样的寻租竞赛中的行为并不是我们所关注的）。

在博弈的第二阶段，群体成员决定是否发起暴乱。与阿宾克和佩齐尼（Abbink，Pezzini，2005）的设定类似，暴乱是多个参与者的协调博弈。只有很多人参与，暴乱才能成功（在这种情况下，参与者的最优反应是加入）；如果参与的人太少，暴乱者就会受到惩罚。与前面的研究相反，暴乱是纯粹的破坏性的；暴乱成功的唯一影响是另一个群体的收入减少了。因此，实验设计排除了如获得权力或得到公众关注这样有利于自己的目标。

作者在三项实验中改变了不平等的程度，包括一个没有任何不平等的情景。如预期的那样，当没有优势的群体与具有优势的群体冲突时，前者更有可能发动暴乱。然而，实验对比带来了一个意想不到的结果：较高的不平等程度引致的暴乱较少。事实上，当两个同样具有优势的群体冲突时，暴乱最可能发生。作者对这个结果提出了两种相互矛盾的解释。第一，没有优势的群体由于惧怕随后轮次中（实验在固定的群体中重复进行）的反击，可能会控制自己不发动暴乱。第二，没有优势的参与者或许能够容忍他们的"不幸"地位，因此放弃参与暴乱。为了检验哪个假说成立，作者使用相匹配的陌生人进行了一项新的实验，那就是，在每一轮中群体要重组。对反击的担忧现在不存在了，虽然如此，但暴乱的频率事实上保持不变。因此，顺从可以被看作对这一现象最可能的解释了。

4.3　在实验室中分而治之

"分而治之"（Divide and Conquer，DAC）描述了一种古老的策略，军事领导人争取敌方阵营中一些领导人的支持，以便巧妙地赢得其他人的支持。温格斯特（Weingast，1997）设计了关于这种政策的正式博弈论模型，揭示了它背后的协调问题。在其博弈模型中，统治者面对两个群体（例如，种族或阶级）的领导人。在第一阶段，统治者决定侵犯这些群体（意味着打劫他们的资源）或不这么做。如果统治者决定要侵犯，那么其还可以选择侵犯两个群体或只侵犯其中的一个。如果统治者决定侵犯一个群体，那么为了赢得支持，其可以让另外一个群体的情况稍微得到改善。

在第二阶段，群体领导人同时决定默许还是挑战统治者。如果两个领导人都决定要挑战，那么挑战才会成功（这意味着统治者受到惩罚，群体保留他们的资源），这是关键的一点。如果只有一个群体的领导人进行挑战，那么发起挑战的领导人要付出一定成本，因为革命不会成功，他就要受到惩罚。

温格斯特（Weingast，1997）表明，在所有均衡中，统治者都会进行侵犯，因为没有被侵犯的群体的占优策略是默许。子博弈精炼均衡涉及至少侵犯一个群体的选择（可能是侵犯两个群体，但这是一个不太合理的均衡）。统治者侵犯其中一个群体，该群体不挑战统治者的均衡就是博弈分而治之的均衡。

运用温格斯特的博弈，卡森和梅（Cason，Mui，2007，2009）检验了实验对象是否能够阻止统治者的侵犯。虽然在一次性博弈中这不是一个均衡，但有很好的理由相信，关心他人的偏好和群体团结一致或许是足够强大的力量，让群体领导人相互协调选择非均衡的挑战策略，且这种威胁可能会阻止统治者进行侵犯，因为这一点在实验研究文献中存在充分的证据。作者分析了两种机制的影响：预先交流和重复博弈。预先交流由一个单独的标准化信息构成，在这个信息中领导人能够发送关于他们挑战或不挑战意图的信号。在 2007 年的研究中，关注点放了在随机再次匹配环境中的各种交流模式上。领导人或者彼此之间交换私人信息，或者他们发出公告，统治者也会收到这个公告。2009 年的研究关注重复博弈，但以不同方式进行，采用有限的已知水平或概率型停止规则（这模仿了无限重复博弈）。

结果表明，交流和重复博弈都是减少统治者侵犯的有效工具。有趣的是，最有效的交流模式是私下事前交流，也就是在统治者做出决策前，群体领导人交换私人信息。因此，尽管统治者甚至没有获得这些信息，但它们似乎是比公告更加可信的威胁。在没有交流的情况下，不侵犯的结果几乎不存在。卡森和梅（Cason，Mui，2007）指出，公开交流也许不那么有效，因为它能够使统治者采取分而治之的策略。

重复博弈本身的效果也差得多。最有效的重复，即在长时间内重复博弈，将侵犯率从 93.5% 减少到 67.4%，而概率型的重复（在实验中选择参数使一连串博弈是相当短暂的）几乎没有任何效果。重复博弈的效果和交流似乎在很大程度上是可以相加的，也就是说，两种机制的综合影响与两者各自影响的加总类似。

5. 怎样阻止冲突

本节也可命名为"多个主题"，因为这部分中的研究事实上并没有遵循一条共同的主线（除建立冲突情况的模型之外）。它们代表通过实验室实验方法来解决与冲突有关的特定环境和问题的尝试。一个共同的问题是，哪种环境使冲突更有可能发生或更加激烈，因此结果可以为阻止冲突的可能方法提供一些见解。

542

5.1　独立斗争

阿宾克和布朗兹（Abbink，Brandts，2009）使用寻租博弈的一个变体建立了特定类型的国内冲突模型，即多种族国家中少数派为自治而进行斗争。他们构建了一个相当复杂的多参与者多阶段博弈，用来研究和平解决方案存在或不存在的条件。他们的博弈由 n 个代表 A 地区中多数种族的参与者和 B 地区中为独立而奋斗的少数派的 m 个参与者构成，B 地区可以获得从完全集中到完全独立之间不同程度的自治权。A 地区公民和 B 地区公民的偏好是相反的：A 地区公民偏好于更多自治权而不是更少，而 B 地区公民的偏好相反。

在一个投票博弈中，两个地区的公民可以就双方都能够接受的自治水平进行谈判。首先，A 地区的一位公民提出一个自治水平，所有公民对此进行投票。如果该提案得到多数人赞同，那么它就是新的局面，否则实行完全集中制。不管怎样，B 地区公民中存在另外一个投票阶段，决定是否为完全独立而进行冲突。如果决定反对冲突，那么就维持现状；如果选择冲突，那么就进行群体间的寻租博弈。所有公民都对各自的战争基金（war chests）进行投资。竞赛获胜者由随机抽签确定，获胜概率与各自战争基金的总投入成正比。获胜地区得到其最想要的结果，即如果 A 地区公民获胜，则采取完全集中制，如果 B 地区公民获胜，则完全自治。

作者分析了和平的内部解可能存在的条件。这依赖对自治的相对偏好。如果偏好是凹的，也就是说，如果存在一个内部解，其中两个地区得到的支付高于冲突时的期望支付，那么和平解就应当出现在博弈的理论均衡中。如果偏好是非常凸的，那么不存在和平解的可能性，冲突不可避免。

实验结果反驳了理论预测。作者构造了由 A 地区的 6 位公民和 B 地区的 3 位公民进行重复博弈的情景。尽管参数设定应该是非常有利于和平的，偏好强凹，且非常明显存在内部解，但冲突仍频繁发生。在这三项实验中，随着偏好凹度的改变，冲突频率从 38% 变为 64%。但不仅是冲突比预测的频繁得多，而且激烈得多。当冲突阶段到来时，对战争基金的捐助比子博弈均衡中的高出 4 倍还多。

在实验中所观察到的过度斗争现象暗示着，策略性环境施加给参与者一种强烈的情感负载。这可能是由于这个博弈是在独立斗争背景下向实验对象介绍，并且由在巴塞罗那的西班牙学生和加泰罗尼亚学生进行。因此，作者在阿姆斯特丹进行了另一次实验，那里没有分离主义运动。在这两个地方，还进行了措辞抽象的指导。然而，仍存在相当多的过度斗争。冲突频率并没有显著受到言辞或实验对象群体类型的影响。言辞降低了巴塞罗那实验对象群体的冲突烈度，但对阿姆斯特丹实验对象则没有作用。因此，只有实验对象已经在感情上卷入分离主义斗争，真实世界的背景才会发挥作用。

5.2　未来的阴影

无限冲突博弈理论的一个标准结果是，当参与者非常看重未来支付时，对未来支付的贴现率就非常高，那么这易于形成合作。麦克布莱德和什卡佩尔达斯（McBride，Skaperdas，2009）认为，这个结论无法直接应用于冲突情况。这是因为在部落或国家间，冲突除了仅仅是重复之外，还具有强烈的动态特征：冲突的获胜者得到了在未来相遇时相对强势的地位，而失败者的地位则被削弱了。结果是，当"未来的阴影"赫然显现时，冲突甚至变得更可能发生。

麦克布莱德和什卡佩尔达斯（McBride，Skaperdas，2009）在一个非常简单的两人博弈中检验了这个假说。在每一轮中，参与者或选择和平解决，两个参与者每人接受 20 个货币单位，或选择冲突，获胜方得到 40 个货币单位，失败者净损失 30 个货币单位，每种情况发生的概率相同。如果至少一个参与者选择冲突，那么冲突爆发。

若冲突的期望支付是 5 个货币单位，因此对于这一时期，冲突是不值得的。然而，这种设计的主要特征是时期 1 的决策对未来时期是有意义的。尤其是，在时期 1 的冲突获胜者会在未来每一轮中得到 100 个货币单位，失败者则得到 0。如果在时期 1 实现了和平解决，那么每个参与者在未来每个时期都得到 20 个货币单位。是否还有一个未来时期由每个时期结束时的随机抽签决定。继续进行的概率是主要的实验变量，它的取值为 0、0.5 和 0.75。容易看到，在这样的支付下，随着继续进行的概率越来越高，冲突变得更具吸引力。实际上，风险中性参与者会在 $p = 0.5$ 和 $p = 0.75$ 时选择冲突，在 $p = 0$ 时选择和平解决。[1]

结果显示，定性的预测得到了证实：在继续进行的概率升高时，参与者选择更多的冲突。然而，这种影响并不像支付结构所暗示的那样剧烈。在 $p = 0$ 时，只有极端爱好风险的参与者才希望发生冲突，据观察，在全部时期中大约 1/4（27%）是这种情况。在 $p = 0.75$ 时，冲突的期望支付几乎是和平解决时的两倍，但仍然并非人人选择冲突，大约 1/3 的人没有选择（冲突频率是 66%）。但从总体上看，理论预测得到了数据支持。

5.3 对反恐策略的分析

科隆比耶等（Colombier et al.，2009）强调国际反恐策略的公共品

---

[1] 严格来说，结论是不确定的。冲突总是一种均衡结果，这是一个弱被占优策略的结果，并因此在某种程度上是不可能的。

性质。他们考察了国家能够采用的两种基本策略。一国可以投资于单边

544　措施，例如，边境控制活动。这降低了遭受恐怖袭击的概率，但不能帮
助其他国家。在极端情况下，正如研究中模型所显示的那样，它们甚至
产生了负的外部性：边境控制措施或许有助于恐怖分子远离自己的领土，
但其影响是恐怖分子会转而袭击其他地方。相反，对国际合作（例如，
协调一致的政策或军事行动）的投资降低了每个国家受到攻击的概率，
从而有益于整个国际社会。这就产生了"搭便车"的动机，因为它容许
一国在自己不投资的情况下从其他国家的努力中受益。

　　为了使情况简化（并保持大量公共品实验文献的传统），作者建立
了一个线性模型，其中均衡预测是一个角点解。在这个模型中，只有投
资于国家保护，而不投资于国际合作才是占优策略。另外，只有当所有
国家在国际合作中投入一切时才会达到帕累托最优。这是"搭便车"效
应的一种极端表现，且毫无疑问是背离现实的，在现实中，个体的最优
解可能是同时选择国家保护和国际合作。然而，线性设定具有两个优势。
首先，相比具有内点解的非线性设定，它在实验中更容易处理；其次，
它以一种理想的方式模型化了国家利己主义和国际团结之间的紧张关系，
并因此允许我们鲜明地辨识出由它导致的行为模式。

　　该项实验由三个部分组成。在基线实验中，各国决定在国家保护或
国际保护上花费多少。对任何一个方面的投资都意味着遭受恐怖袭击的
概率降低了。袭击在模型中是一个外生随机事件，因为恐怖分子的策略
性是这里的关注点。不同之处是，如果一个国家投资于国家安全，那么
其他国家遭受袭击的概率会上升（因此产生负外部性）；对国际行动的
投资降低了所有国家遭受袭击的可能性（外部性是正的）。其他两个实
验检验了可能对加强国际合作起作用的制度。在惩罚条件下，所有参与
者被告知其他国家已投入了多少，并有机会惩罚其他国家（提出经济或
政治制裁）。在实验中，惩罚意味着目标国的支付减少了，对惩罚者而言
要付出成本［受到费尔和加赫特（Fehr, Gächter, 2000）的启发］。每
减少目标国 20 个货币单位，惩罚者要付出 5 个货币单位的成本。第三个
实验与之类似，参与者现在可以奖励其他人，而不是惩罚，并再次付出
成本。如果参与者决定奖励其他参与者，捐赠人每投入 5 个货币单位奖
励，受惠者的收入就会增加 20 个货币单位。

在实验中，如果没有惩罚或奖励机会，实验对象就不会设法实现大量的国际合作。多数实验对象仅仅投资无效率的国内安全。许多风险爱好者根本不在安全中投入。惩罚和奖励实质地提升了国际合作，奖励比制裁更具效率。通过奖励产生的效率改进肯定有助于形成后一种效果：为奖励支付的每 1 个货币单位，受益人收获 4 个货币单位。无论何时参与者决定奖励，这意味着 3 个货币单位不劳而获。这种设置通过惩罚保持了一些对称性，但现实中，人们不容易看出如何实施一个拥有巨大的效率收益的奖励系统。

5.4 胜利者应该贪婪还是慷慨？

战斗结束后，麻烦并不总会结束。有时，就像最近伊朗的例子所显示的那样，管理冲突后阶段甚至可能比赢得战争本身面临更多问题。胜利者应该强硬并尽可能多地剥削受害者，还是应该宽宏大量甚至给予帮助。失败者最终能赢得一场失败的战争吗？拉孔巴等（Lacomba et al., 2008）的研究探讨了冲突后行为。该研究将赫什利弗（Hirshleifer, 1989, 1991）和什卡佩尔达斯（Skaperdas, 1992）的冲突模型与第二阶段博弈结合在一起，在第二阶段，参与者在了解他们赢得或输掉战争后，还有另外的选择。

同前面的模型一样，博弈的第一阶段是一个抽奖竞赛。两个国家将其禀赋分配到生产活动投资和军备投资上。在同时做出这些决策后，就可以抽签定胜负，每个国家的获胜概率与其对武器的投资成正比。所争夺的奖励是两个国家的产出。如果两个国家都没有投资，那么就没有战争。因此，战争是可以避免的。但这是世界的一个不稳定状态：如果一个国家没有投入，那么另一个国家只需最少的军备投入就可以确定地赢得战争，因此几乎是免费得到全部奖励。

这种设定的创新之处在于作者引入了另一个阶段。在之前所描述的标准冲突模型中，获胜者自动地得到全部产出，而拉孔巴等（Lacomba et al., 2008）把这个结果作为一个内生选择。获胜者得到了他们想要多少就攫取多少的权力，但他们可以选择全部数量。此外，根据实验情况，失败者仍然能通过毁坏部分或全部产出而影响获胜者得到多少。作者考虑了博弈的三种变体。在完全投降（Complete Surrender, CS）的实验中，获胜者单方面决定拿走多少。显然，自利的获胜者不会拿走少于全部的数量，但作者假设获胜者可能会留下一些钱以表现出他们的善意或慷慨。

在其他两个实验中，失败者也做决策。反抗（RE）实验在完全投降实验（CS）中加入了第三阶段，在这个阶段中，在了解到获胜者拿走多少之后，失败者能毁坏部分或全部产出。这反映了这样的情形，即虽然获胜者掠夺了失败者的财富，但仍然无法完全控制失败者的产出，且失败者可以诉诸蓄意破坏，或者尽其所能给获胜者的生活制造麻烦，即使失败者不能马上从这样的做法中受益。如果获胜者留下了一部分，那么毁坏对失败者来说也是有代价的。但失败者仍然可能选择破坏，目的是惩罚获胜者或者迫使获胜者在未来做出更加慷慨的行为。

第三个实验被称为焦土策略（SE），与反抗实验类似，但博弈的第二阶段和第三阶段要倒置过来。在这里，失败者首先决定要毁坏多少，之后，了解到失败者的破坏情况，获胜者决定从剩余部分中拿走多少。支付结果与反抗实验中相同，但两种设定下的行为可能是完全不同的，因为失败者必须在了解获胜者会有多慷慨或贪婪之前做出决定。

博弈重复进行 10 次，可以在伙伴间进行（同样的两个实验对象反复地相遇），也可以在相匹配的陌生人间进行（每一轮中每对参与者随机重新组合）。在基线完全投降实验中，没有毁坏，获胜者几乎总是拿走 100% 的奖励。这是自利参与者的做法，但结果依然令人惊奇。完全投降实验的最后阶段基本上是一个独裁者博弈，与在实验中得到广泛研究的一样，一个参与者在自己和一个匿名接受者之间划分给定的奖励。在这些博弈中，通常来说，参与者为了自身利益而付出大量的金钱，很可能是出于利他动机或公平考虑。很显然，彼此间刚刚打过一场战争会相当有效地压制这种动机。

对比焦土策略实验和反抗实验中的掠夺和毁坏比例是很有意思的。回忆一下，这些实验具有相同的行动和支付结果，只是行动顺序相反。在焦土策略实验中，失败者首先进行决策，触发比反抗实验更高的毁坏比例和更高的掠夺比例，而在反抗实验中获胜者首先行动。在焦土策略实验中，掠夺比例几乎与基线完全投降实验中的一样高，在后者中，失败者根本没有任何权利。这似乎是，如果获胜者首先行动，其就可以通过留下金钱展现其慷慨，失败者以不进行破坏作为报答。如果失败者不得不首先做出不利行动，就会制造一个充满不信任的氛围。

随着时间推移，后冲突行为的差异对博弈第一阶段的冲突烈度产生了影响。军备投入在完全投降实验中最高，在反抗实验中最低，在焦土策略实验中位于中间。因此，一种善待失败者的情形要比获胜者拿走全部奖励更不易引发激烈的战争。

6. 冲突后的行为

在本章最后部分，笔者介绍两个研究，它们使用实验室实验方法探讨冲突问题，但具有完全不同的视角。它们没有尝试将冲突模型化为一个实验博弈，相反，采用标准的实验博弈作为度量工具，测度了冲突对人类行为的影响。这些博弈在实验研究中是标准工具，例如独裁者博弈、信任博弈或公共品博弈。

547

6.1 公平能从血腥战争中恢复吗？

惠特和威尔逊（Whitt，Wilson，2007）研究了之前处于战争状态的族群间的民事关系是否能够维持或有所改观。他们研究的案例是战后的波斯尼亚。在 1992 年和 1995 年，在波斯尼亚人、塞尔维亚人和克罗地亚人间的种族战争造成超过 100000 人伤亡，数百万人无家可归（准确数字有争议）。在战争结束七年后，惠特和威尔逊进行了一项实验，旨在研究在三个族群之间的种族关系。作者特别感兴趣的是公平准则，他们使用经过验证的独裁者博弈作为工具进行检验。在这个"博弈"中（严格来说没有策略互动的个体决策），要求发送者在自己和第二个人（接受者）之间分配一些钱。接受者是被动的，他只能得到发送者分配给他的那些。自私且理性的发送者会给自己留下所有的钱；但在多次实验中［参见卡默勒（Camerer，2003）的综述］发现，许多发送者会给出大量的钱，经常是平分。因此，这个博弈经常被用作度量公平准则和利他动机的工具。

惠特和威尔逊（Whitt，Wilson，2007）在实验对象内部的设定上改变了发送者和接受者的种族情况。发送者做出两个独裁决定。首先，他们决定分配多少给他们本族的匿名接受者。之后，他们做出第二个类似的决定，但这次他们将被如实告知这次的匿名接受者是从两个族群中的哪个中选出的。发送给其本族群成员和发送给不同族群成员的数量差异度量了一个族群内部普遍对外部族群的歧视程度。

结果显示，实验对象送给接受者很大数量，即使接受者来自之前敌对的族群。这个数量与文献中主要以学生为实验对象进行的独裁者博弈接近。因此，这表明，在战后七年，公平准则或是一直保持不变，或是已被重建。这是数据令人鼓舞的方面。然而，数据也揭示出对其他种族相当的歧视。所有三组实验对象群体给其他群组成员的数量显著少于同种族。此外，克罗地亚人往往比波斯尼亚或塞尔维亚人发送的更少，无论是给同族人还是其他族人。

战争结束七年后，公平准则和利他动机没有被动摇的结果令人鼓舞。然而，缺乏适当的控制条件使结果难以解释。我们不知道在波斯尼亚的人们在战争前怎样行动，因为自然没有人能够回到那时去做实验。所以，我们不知道观察到的种族成员对其他种族的歧视在多大程度上代表一种普遍的敌意，还是一种更为平常的群体内的认同效应。

548

6.2 战后的发展与合作

科尔曼和洛佩兹（Coleman，Lopez，2010）采用的方法与惠特和威尔逊（Whitt，Wilson，2007）的类似。科尔曼和洛佩兹也使用了简单实验博弈评估战后社会中的合作。与之前的研究不同，他们并未着手研究冲突本身的影响，而是研究了一项政策工具的影响，这项政策工具是为哥伦比亚设计的，旨在通过"完善当地的民主制度，逐渐灌输人权价值并提供基本的经济产品和人类社会服务"增加持久和平机会（Coleman，Lopez，2010：5）。这个计划被称为和平与发展（Peace and Development），资助了从支持农民增加粮食产量到提供公民教育或艺术的多种活动。该计划于1995年被引入该国的一个地区，并于2002年、2003年和2006年扩大了范围。

科尔曼和洛佩兹的研究旨在评估和平与发展计划的影响。因为多数政策目标难以衡量，作者选择考察受益人在社会内部建立合作的意愿与能力。为了衡量合作，他们进行了三个简单实验博弈。选择博弈来测度"孤立型"和"包容型"合作的不同水平。作者承认合作并不总是有益的。如果人们只同范围非常小的同组成员合作（孤立型合作）而放弃其他人，那么这对社会可能是有害的，例如，有组织的帮派内部的合作。有益的合作应该扩大到整个社会（包容型合作）。

这三个博弈反映出不同的包容程度。代表最为孤立型合作的博弈是两个参与者的信任博弈。委托人是首先行动者，拥有一定的资源禀赋，他既能保留这些资源，也可以送给第二个行动者，即托管人。送给托管人的每一货币单位被实验人员变成了三倍，以创造剩余。然后，托管人决定将他得到的这些钱中的多少钱返还给委托人。乘数效应保证两个参与者都能从信任和互惠中受益。然而，纯粹自私的托管人将不会送还任何金额，反过来，委托人也不会发送任何东西，如果他们相信托管人是自私的。

在接下来的信任博弈中，实验对象被询问是否希望向一项公共服务捐赠他们的收入（或部分收入）。这是一个真实的机构，像学校或医疗中心。这种捐赠衡量了最具包容的合作，因为收益（通常是）非常广泛地分布于整个社会。一个多参与者的公共品博弈涵盖了两个博弈之间的情况。在这个博弈中，给定参与者拥有一种禀赋，他们既可以保留，也可以将其投入一项共同资金中。如果参与者投资了，那么其从投资中得到的要比他保留这些资金时少，但其他每个人都会受益。如果每个人都投资，则实现了帕累托最优解，但个人的占优策略是保留这些禀赋。与标准的公共品实验的参与者数量通常为 3~5 人不同，科尔曼和洛佩兹（Coleman，Lopez，2010）在超过 20 人的更大群体中进行了他们的实验。 549

为了评估和平与发展计划是否成功，需要一个控制组。因此作者在该计划已经产生效用的 5 个地区和另外一个已经被确认为是该计划的目标地区，但尚未进行资助的地区进行了他们的实验。这使这个地区具备了控制组资格：它满足引入该计划的标准（因此避免选择产生的影响），由于计划尚未开始，它无法产生任何效果。尽管不是一个完全随机的试验（在其中，实验组和控制组在实验前是被随机指定的），但控制地区的出现构成了检验计划对合作影响的一个有益的自然实验。

结果显示，和平与发展计划对于促进受益人之间的合作具有中等程度但显著的影响。令人惊奇的是，不同类型的合作之间只具有弱相关性。这三个博弈似乎衡量的是不同类型的合作，而并不是亲社会性的一般概念。

7. 展望

对冲突的实验研究还非常不成熟，只是刚刚起步。关于冲突相关主题的研究数量仍然非常少，主题广泛，只能对文献的现状进行集中概述。关于无政府状态模型的一系列文献确实遵循某种共同思路，但可能除此之外，统一的主题或标准范式仍然没有建立起来。

在未来，随着实验研究数量的增长，这种情况可能会改变。笔者看到了这种新方法的巨大潜力，因为实验允许我们做一些以其他方式不可能做到的事。仅进行理论推理无法解决行为有效性的问题，对现场数据的分析往往缺乏对特定变量的控制，使在其他条件不变下的同类分析非常困难。实验室实验能缩小这种差距。我们可以创造受控的且可重复的冲突环境，在保持其他事物不变的情况下，改变某个变量。

和往常一样，这些优势也是有代价的。实验博弈是非常程式化的战争模型，但它们并不是真正的战争。没有人在实验中的实验室里死去。问题在于，在给定实验对象为了少量金钱而参与游戏，在真实战争事关生与死的情况下，我们能否相信来自实验室战争的结论。毋庸置疑，这是一个合理的问题。实验结果的外部有效性和实验室洞察的一般化问题最终超出了实验室的范围。

既然这些问题是合理的，笔者不认为它们会阻止我们。认为我们在实验室中创造的环境必须或应当与现实完全相符，并且认为如果存在差异，那么它们直接使结果无效，这是对实验方法的误解。在大多数情况下，实验推理来自实验比较。比如，当我们考察来自冲突实验的数据时，冲突频率是30%或60%，通常是无意义的。博弈的参数是设定的，而且目的并不是要反映任何真实值。如果我们比较两个实验冲突设定并发现，冲突频率在一种情况下是30%，在另一种情况下是60%，那我们能够推断出，后面的环境比前面的环境更容易引发冲突。因为除了我们改变过的变量之外，两种情况完全相同，我们能够推断出变量的改变已造成了冲突可能性的提高。我们有理由相信在现实生活环境中，类似变量的类似变化也会导致冲突可能性提高吗？好吧，或许我们有更多理由相信它成立，而不是相信相反的结论，即一个在实验室中导致冲突增加的变量将在现实生活中减少冲突。当然，我们不能完全确定。也许实验模型忽略了一个关键特征，它会使所有影响逆转过来。或许实验设计得很糟糕并且强调了一种在真实世界中根本不重要的影响。这可能会造成实验推论是错的，但这与方法无关——它只是可能被一种奇怪的理论或错误设定的计量模型所误导。因此，笔者想说的是，尽管实验室和现实间存在差异，但我们可以从设计良好的实验中得到许多经验教训。

外部有效性问题最终需要在实验室和现场之间建立更紧密的联系。这当然是困难的，因为进行实验的真正原因往往就是我们无法在我们希望研究的现场中进行观察。田野实验日益流行〔参见哈里森和李斯特（Harrison，List，2004）的介绍〕表明，在实验室和现场之间存在广阔的研究空间。在第 4 节中，我们讲述了实验人员怎样将实验室博弈带入现实世界，并从中获得有趣的见解。因此，随着冲突的实验文献越来越多且越来越多样化，我们有理由期待实验方法成为理解冲突的越来越有用的工具。

参考文献

Abbink, K. , and J. Brandts. 2009. Political autonomy and independence: Theory and experimental evidence. Working paper, University of Amsterdam.

Abbink, K. , J. Brandts, B. Herrmann, and H. Orzen. 2010. Inter-group conflict and intra-group punishment in an experimental contest game. *American Economic Review* 100: 420 – 47.

Abbink, K. , D. Masclet, and D. Mirza. 2008. Inequality and riots – Experimental evidence. Working paper, University of East Anglia.

Abbink, K. , and S. Pezzini. 2005. Determinants of revolt: Evidence from survey and laboratory data. Working paper, University of Nottingham.

Anderson, L. R. , and S. L. Stafford. 2003. An experimental analysis of rent seeking under varying competitive conditions. *Public Choice* 115: 199 – 216.

Cadigan, J. 2007. Two-stage team rent-seeking: Experimental analysis. *Southern Economic Journal* 74: 85 – 103.

Camerer, C. 2003. Behavioral game theory: Experiments on strategic interaction. Princeton,

NJ: Princeton University Press.

Carter, J. R. , and C. H. Anderton. 2001. An experimental test of a predator-prey model of appropriation. *Journal of Economic Behavior and Organization* 45: 83 – 97.

Cason, T. N. , and V. -L. Mui. 2007. Communication and coordination in the laboratory collective resistance game. *Experimental Economics* 10: 251 – 67.

——. 2009. Coordinating collective resistance through communication and repeated interaction. Workingpaper, Monash University.

Coleman, E. A. , and M. -C. Lopez. 2010. Reconstructing cooperation from civil conflict: Experimental evidence from Colombian development policy. Working paper, Florida State University.

Colombier, N. , D. Masclet, D. Mirza, and C. Montmarquette. 2009. Global security policies against terrorism and the free riding problem: An experimental approach. Working paper, University of Rennes.

Duffy, J. , and M. Kim. 2005. Anarchy in the laboratory (and the role of the state). *Journal of Economic Behavior and Organization* 56: 297 – 329.

Durham, Y. , J. Hirshleifer, and V. L. Smith. 1998. Do the rich get richer and the poor poorer? Experimental tests of a model of power. *American Economic Review* 88: 970 – 83.

Fehr, E. , and S. Gächter. 2000. Cooperation and punishment in public goods experiments. *American Economic Review* 90: 980 – 994.

Grossman, H. I. 2002. Make us a king: Anarchy, predation, and the state. *European Journalof Political Economy* 18: 31 – 46.

Grossman, H. I. , and M. Kim. 1995. Swords or plowshares? A theory of the security of claims to property. *Journal of Political Economy* 103: 1275 – 88.

Harrison, G. W. , and J. A. List. 2004. Field experiments. *Journal of Economic Literature* 42: 1009 – 55.

Herrmann, B. , and H. Orzen. 2008. The appearance of homo rivalis: Social preferences and the nature of rent-seeking. Working paper, University of Nottingham.

Hirshleifer, J. 1989. Conflict and rent-seeking success functions: Ratio vs. different models of relative success. *Public Choice* 63: 101 – 12.

——. 1991. The paradox of power. *Economics and Politics* 3: 177 – 200.

Lacomba, J. A. , F. M. Lagos, E. Reuben, and F. van Winden. 2008. After the war: An experimental study of post-conflict behaviour. Working paper, University of Amsterdam.

McBride, M. , and S. Skaperdas. 2009. Conflict, settlement, and the shadow of the future.

Working paper, University of California, Irvine.

Millner, E. L. , and M. D. Pratt. 1989. An experimental investigation of efficient rent-seeking. *Public Choice* 62: 139 – 51.

Nozick, R. 1974. *Anarchy, state, and utopia.* New York: Basic Books.

Potters, J. , C. G. deVries, and F. vanWinden. 1998. An experimental examination of efficient rent-seeking. *European Journal of Political Economy* 14: 783 – 800.

Powell, B. , and B. J. Wilson. 2008. An experimental investigation of Hobbesian jungles. *Journal of Economic Behavior and Organization* 66: 669 – 86.

Schmitt, P. , R. Shupp, K. Swope, and J. Cadigan. 2004. Multi-period rent-seeking contests with carryover: Theory and experimental evidence. *Economics of Governance* 5: 187 – 211.

Sheremeta, R. M. 2010. Experimental comparison of multi-stage and one-stage contests. *Games and Economic Behavior* 68: 731 – 47.

Sheremeta, R. M. , and J. Zhang. 2009. Can groups solve the problem of overbidding incontests? Working paper, McMaster University.

Skaperdas, S. 1992. Cooperation, conflict, and power in the absence of property rights. *American Economic Review* 82: 720 – 39.

Smith, A. C. , D. B. Skarbek, and B. J. Wilson. 2009. Anarchy, groups, and conflict: An experiment on the emergence of protective associations. Working paper, George Mason University.

Tullock, G. 1980. Efficient rent-seeking. In *Toward a theory of the rent-seeking society*, ed. J. M. Buchanan, R. D. Tollison, and G. Tullock, 97 – 112. College Station: Texas A&M Press.

Weimann, J. , C. -L. Yang, and C. Vogt. 2000. An experiment on sequential rent-seeking. *Journal of Economic Behavior and Organization* 41: 405 – 26.

Weingast, B. 1997. The political foundations of democracy and the rule of law. *American Political Science Review* 91: 245 – 63.

Whitt, S. , and R. K. Wilson. 2007. The dictator game, fairness and ethnicity in postwar Bosnia. *American Journal of Political Science* 51: 655 – 68.

第五部分

经济背景下的冲突与和平

第23章 战争、贸易与自然资源：
一个历史的视角

罗纳德·芬德利

凯文·H. 欧洛克

1. 引言

战争与贸易是人类的两种活动，它们是人们非常本能的行为，以至于不可能在人类演进过程中确定它们中任何一种行为最初"出现"的时刻。在社会政治演化的每一个阶段，从狩猎和采摘到农耕畜牧，直到今天的商业和工业国家，都见证了人们进行贸易和战争，不仅存在于各自的疆域内，也存在于其疆域之间。对于贸易和战争，或托马斯·霍布斯（Thomas Hobbes）更强调地称之为"战争"（warre），其目标在大多数时候都是为获得和控制稀缺的自然资源，只是实现这一目标的手段有所不同。贸易试图通过提供一些有价值的东西，通常是从自己拥有的不同自然资源组合中得到的产品，以确保获得他人拥有的自然资源的产物，从而使双方都"得到改善"。然而，战争试图通过武力剥夺他人掌控的资源，但不提供任何有价值的东西作为回报。但使用武力本身需要使用者投入并消耗自己的稀缺资源。因而，从这个角度看，战争和贸易都是为提高自身福利水平，用自己的稀缺资源换取他人资源的不同选择，区别在于贸易同时提高了他人的福利水平，战争则降低了他人的福利水平。在任意给定时刻，在何种程度上，将采用何种选择，当然将取决于环境和参与者对所涉及的利益、成本和风险的偏好。

战争和贸易在理性的治国方略考虑中可以相互支持，比如，在同时追求权力与富足生活的 17 世纪重商主义者那里，雅各布·维纳（Jacob

Viner，1948）在其经典文章中极为清楚地做出了解释。其中，国家使用武力或者威胁使用武力，为最终产品创造市场，并保护原材料来源，因而提高国家的产出水平和收入水平，反过来也提高了可维持的武力水平。

莱昂内尔·罗宾斯（Lionel Robbins）对经济学非常著名的定义是，研究最终用途与具有可替代用途的稀缺手段之间的关系。这就把合理使用武力明确地放在了经济学学科内，因此，原则上，经济学对战争的研究应该和对贸易的研究一样多。然而，正如我们所知道的，经济学家对贸易的研究远远超过其关于战争的论述，亚当·斯密在《国富论》第五卷的精彩开篇语"论国防开支"则是一个显著的例外。在这方面值得注意的还有特里夫·哈维尔默（Trygve Haavelmo，1954：91－98）对国际关系简短但有启发性的正式讨论，他在其中指出，一个国家可以选择将其部分资源用于"非生产性"或"掠夺性"目的，"抢夺"他人获取商品，这导致其他人反过来需要"非生产性地"利用他们的资源，以威慑侵略者，因此导致全球产出水平全面下降。

虽然学习贸易理论的学生可能对战争几乎没有任何研究，但学习战争理论的学生普遍认识到，从有人类开始到今天，对稀缺资源，特别是对自然资源的竞争，一直都是战争的根本原因。最近，阿扎·盖特（Azar Gat，2006）在其著名论著中最有力、最令人印象深刻地论述了这个观点，他以动物王国中的战斗和侵略开始，作为从旧石器时代至今人类冲突进化的前奏。我们发现，有趣的是，盖特所写的战争历史必须讨论生产和贸易的程度，几乎与我们同时代的著作《权力与富足：第二个千年中的贸易、战争和世界经济》（Findlay，O'Rourke，2007）必须讨论战争的程度相同。战争和贸易在麦克尼尔（W. H. McNeill，1982）与查尔斯·梯利（Charles Tilly，1990）非常有名的著作中也有着密切的联系。显然，人性中这两个看似矛盾的方面，即一方面是冲突，另一方面是合作，在整个历史过程中不可分离地交织在一起。

既然有这么广阔的领域需要讨论，我们在一章的篇幅中能说些什么有用的内容呢？由于任何尝试全面综合的研究显然都是以过于肤浅为代价的，因此我们选择重点介绍两个相关的分析性模型，这两个模型在早些年由芬德利（Findlay，1996）及芬德利和阿明（Findlay，Amin，2008）建立，并将其应用于某些特定的历史时期。"帝国"模型首先应用于时间

跨度巨大的三个主要帝国：罗马帝国、蒙古帝国以及 15 世纪欧洲航海大 558
发现后出现的欧洲海洋帝国。然后将"国家安全与国际贸易"模型应用
于美国和苏联的"全球冷战"例子，并在最后一节将其应用于当今的地
缘政治场景中。我们的目的不是试图对这些重大历史事件进行分析得出
实质性的新内容，而是希望证明经济学理论和历史可以有益地被应用于
统一分析战争、贸易以及与之相关的自然资源问题中。

2. 帝国的扩张

帝国的生命周期可以有效地分为三个阶段。它们是：（1）最初的扩
张阶段，在此阶段，未来的帝国利用其在军事技术或组织上获得的相比
周边人民和国家的某些"优势"，将周边国家变成附庸国或恭顺的盟国
并置于自己的统治之下，或直接将周边国家吞并，并管理它们的领土；
（2）第二阶段巩固对"大"帝国中获得的土地和被征服的民众的统治；
（3）第三阶段是收缩、衰落和崩溃，这是由被征服人民自身的抵抗和叛
乱，或者来自外部力量和他国攻击，以及丧失内部凝聚力和控制力导致
的。在这里，虽然我们也会对第二阶段和第三阶段进行一些评论，但几
乎完全关注第一阶段。与帝国有关的"自然资源"不是某些特定的资
源，而是如"土地"这样的一般自然资源，它可以涵盖从农业到林业和
采矿业的所有特定类型。

从经济学角度看，帝国的概念以一种历史性的、非常重要的方式统
一了战争、贸易和自然资源之间关系的主题。每一个成功的帝国都试图
通过首先发动战争来最大化其可防御领土的范围，然后希望持久维持这
个领域的和平，促进经济活动、贸易和自然资源的开发，以提供必要的
财政收入，维持武装力量和行政服务，并尽可能提升精英人士以及普通
民众的福利水平。因此，帝国总是努力在自己的疆域内维持和平，同时
警惕地保护其不受敌对帝国、国家或游荡的掠夺者侵犯。因此，一方面，
我们在《权力与富足》中描述了过去 1000 年的世界贸易历史，发现它在
很大程度上与帝国为建立和维护自己的斗争有关，这同时促进了国内和
国际贸易。另一方面，在历史上，特别是在上一个世纪中，这些建立和
捍卫帝国的努力引发的战争往往是世界贸易中断的主要原因。

559　　　我们首先介绍基于芬德利（Findlay，1996）的"领土扩张与帝国界限"的简单正式模型，但在一个重要方面进行了扩展。接下来的三个部分简要讨论三个主要的历史案例，即古罗马帝国、中世纪的蒙古帝国和近代早期的西欧帝国，考虑的是帝国作为一个整体与世界其他部分的关系，而不是它与涉及其中的各个民族国家之间的关系。这些例子中的每一个都将根据模型进行分析，以明确这个模型如何与每种情况相"吻合"，无论是松散的还是宽泛的。关于每个历史案例以及对帝国比较研究的文献，数量巨大且令人震惊，尽管我们为获得特定观点或证据而收集的所有相关资料都会被提及，但不会徒劳地去追求完整性。帝国主题在"9·11"事件后被赋予新的生命，因此，根据查（Chua，2007）的研究，很难不论及帝国的历史经验与当代议题之间的关系，查的研究只是这一领域中几项值得注意的努力中的最新研究。

3. 帝国模型

　　　设想一个部落，有 N 个人，聚居在一个为地理理论家所钟爱的"无特色平原"上。他们被其他部落的人包围，他们认为这些人是"野蛮人"，还未获得必要程度的政治正确性。为了获得和保护周围用于耕种的土地，他们需要投入一些人力来组建一支军队，其能够掌控的领土范围半径体现为军队规模的递增函数，但增加的速度是递减的。更正式地说，存在函数 $r(A)$，r 是半径，A 是军队的规模，其一阶导数为正值且二阶导数为负值，这表明军事扩张的回报递减。给定一个 A 值，控制范围半径的长度 r 取决于部落军队与包围他们的野蛮部族军队的相对有效性。所获取的任何土地都必须被保护和控制，因此，必须将 A 视为一个永久稳定的流量，而不是一次性的军事力量投入。对于任何的 A，因此也是 $r(A)$，所获得的部落控制下的圆形领土面积可以用我们熟悉的公式 πr^2 表示。得到的区域或领域的产出为 Q，可用生产函数 $Q = F(T, L)$ 表示，其中，$L = [N - A]$，即没有参军的人数。我们可以认为，土地和劳动力在生产产出时是可相互替代的，所以，可以用教科书中熟悉的"等产量线"来表示生产函数。土地和劳动的边际产出均为正，但都是递减的，任何一种要素的增加都会提高另一种要素的边际生产率。

考虑部落应当如何将其人力资源 N 分配于 A 和 L 的问题。如果将全部 N 都分配给 A，那么可以最大化部落占据和掌握的领土 T，但没有留下劳动力 L 来生产 Q。没有军队则会最大化 L，但是因为没有 T，Q 又会变成 560 0。我们可以将部族的问题描述为，在满足生产函数 F(T, L)，"军事范围"函数 r(A) 以及人力限制 A + L = N 的条件下，努力最大化 Q。对这个问题的简单图形解法是建立一条"因子转换曲线"，它显示了 A 从 0 增加到 N 如何导致领土 T 从 0 增加到最大可达值 r(A)=r(N)（见图 23 –1）。该曲线是凹向原点的，也就是说，它显示了递减的回报，因为 r(A) 的二阶导数被假设为负值，这是由于延长的供给线和距离位于中心的基地越来越远带来了其他困难。将等产量图与因子转换曲线相叠加，根据因子转换曲线和对应于 Q* 的等产量图之间的切点来确定可达到的最大产出值 Q*。这个切点的坐标也给出了军队规模 A* 的最优值，并因此得到平民劳动力的最优值（N – A*）和土地范围的最优值 T*。在一般的经济学术语中，这个切点使生产产出中使用的土地和劳动力之间的边际替代率等于通过征兵入伍分配劳动力以获取土地所确定的土地和劳动力之间的边际转化率。

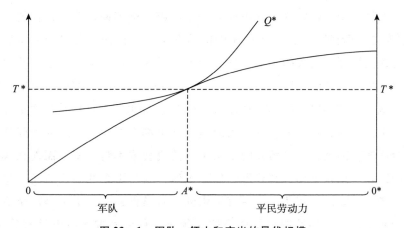

图 23 –1　军队、领土和产出的最优规模

然而，这个"一阶条件"的基本逻辑直观上看是清晰的，可以非常简单地解释和理解。同古罗马人一样，一个人可以做农民或士兵，甚至在一年中的不同时间里同时具有两种身份，因为战斗的发生在很大程度上取决于天气状况。把一个人安置于军队中的机会成本是其作为农民所

能生产的东西，即其在土地上的边际产出。使其成为士兵的收益将是由
561 此获得的额外土地乘以该额外土地与从事农业的剩余劳动力结合生产的
额外产出。因此，军队规模 A^*、产出规模 Q^* 和"帝国"领土范围 T^* 为
最优值的必要条件是：罗马人作为军团士兵获得的额外土地的边际产出
等于同一个罗马人作为农民的边际产出。

帝国最优范围问题的这个解假设，被征服土地上的原居民被杀害或
被驱逐，且只有土地被获取，由帝国中原来的公民在土地上劳作。显然
可以对这个模型进行扩展，帝国将被征服的民众变成奴隶或者类似于斯
巴达人治下的希洛人，因此扩充了帝国可以使用的非军事劳动力。每一
种可能性都能够求解出来，但是最有趣的是，帝国不仅像雅典或罗马在
其历史早期那样，将被征服的人民作为盟友或附庸与自己联结在一起，
而且像罗马人在帝国后期那样，千方百计地将全部公民身份赋予所有愿
意接受它的人。因此，军队不仅扩大了帝国的领土，也增加了亦兵亦农
的劳动力。考虑到这一重要修改，扩展模型的最简单方法是假设随着军
队规模的扩大，获得的额外劳动力与额外领土是呈一定比例的。事实上，
获取土地的回报率递减，而获取劳动力与土地成比例，这确保了在这个
扩展的例子中，帝国的最优规模有一个上限。很容易证明，这样的一个
"包容性"帝国，在其他条件相同的情况下，不仅拥有更多的人口和劳
动力，而且拥有更大的土地疆域。为了证明这一点，考虑在没有获得劳
动力的情况下，已经得到的解。用 n 来表示每一单位土地的额外劳动力，
从土地 T^* 中获得的额外劳动力总和为 nT^*。如果所有这些劳动力都在土
地上工作，那么每一名农场工人的边际产出都会减少，土地的边际产出
就会增加。因此，一名额外的军队士兵的机会成本将下降，而他在军队
中的边际产出将增加，其获得的额外土地会因为更多的平民劳动力而更
具生产力。因此，军队应当一直扩张到一阶条件成立，结果是一个更广
阔的领土，帝国将控制权扩展至这片领土。在许多古代历史学家看来，
罗马人愿意将公民身份给予被统治的臣民，是他们能如此长久地获得并
维持如此庞大帝国的原因，而希腊城邦国家在这方面戒备森严的排他性，
使他们无法在任何时间内获得并维持其统治下的任何广袤土地。

虽然很简单，但我们的模型能够对关于帝国研究中的一些重要观点
进行精确的分析。一个观点是由社会学家斯坦尼斯拉夫·安德烈斯基

（Stanislav Andreski，1968）提出的"军事参与率"（military participation ra-
tion，MPR）概念，它表示劳动力分配给军事活动的程度。在我们的模型
中，这被定义为 A/N。这个比例在每个社会中被安德烈斯基视为给定，
但在我们的模型中，可以将其内生性地推导出来，记为 A^*/N^*，其中，
军队规模 A^* 和人口总量 N^* 本身是由民用与军事技术函数来决定的。

562

　　另一个更为重要的概念是"帝国过度扩张"，由保罗·肯尼迪（Paul
Kennedy，1987）提出。因此，假设像亚历山大或拿破仑一样，帝国政治
领袖被征服土地的欲望所诱惑，这样做是为了"荣耀"，而不仅仅是为
了征服所带来的经济利益。为了满足其对荣耀的渴望，会将军队扩张到
超过 A^*，攫取比 T^* 更多的土地，获取比 N^* 更多的人口，但代价是低于
Q^* 的产出水平，以牺牲经济富足来满足对权力的欲望。相对于最优解，
军事预算占总产出的比重 wA/Q 会更高，其中，w 是士兵的真实工资，
等于劳动的边际产出，A 本身也是这样，而 Q 会更低，这意味着税收或
贡税与产出的比例必须高于最优解的情况。这意味着帝国将更难以承受防
御外来攻击或内部叛乱的财政负担，从而加速了帝国衰落和灭亡的前景。

　　这里使用的函数 $r(A)$ 及其性质受到社会的"军力范围"概念的启
发，即武装力量能够发挥有效打击力量的区域，欧文·拉蒂摩尔（Owen
Lattimore，1957）将这个概念引入他对封建主义比较研究的简要回顾中。
他比较了军力范围与"施政范围"，即社会能够实施直接集中管控的区
域。他认为，封建主义起源于军力范围超过施政范围时，也就是说，中
央政权发现将地方行政管理权让渡给附属国或委托人实体更为方便，同
时却又可以通过必要时使用武力以确保其对贡税的权利主张。在帝国语
境中，这意味着对于两个同心圆，中央政权只能在内部的圆实行直接管
理，因而允许在两个圆之间的区域内下放权力。两个圆之间的距离代表
了这样一个区域，在该区域内，额外的成本超过由中央直接统治的收益。
同样的图景完全独立地出现在爱德华·鲁瓦克（Edward Luttwak，1976）
的名著《罗马帝国大战略》的图 1.2 中。他的"霸权帝国"有三个同心
圆：第一个是"直接统治区"；第二个是对附庸国的"外交控制内部
区"；第三个是对"附庸部落存在影响的外围区"。此外，他的"领土帝
国"只有一个圆，代表"直接统治下的帝国的整体"，包括所有联结在
一起的附庸国和吸纳到帝国政治体的附庸部落。因此，在这一点上，可

以考虑将我们的模型应用于所有帝国中最为有名的罗马帝国。

4. 罗马帝国

563　　从"狼孩"罗慕路斯（Romulus）与雷穆斯（Remus）在公元前753年的神秘日创立罗马开始，它以惊人的速度扩张。在经过几位国王的黑暗统治之后，贵族革命在公元前509年建立了共和国，吞并了在拉丁姆的"小邻居"，在战争中打败其之后，给予其完全或部分的罗马公民权。公元前396年，罗马打败并洗劫了靠近罗马台伯河北面富裕而强大的伊特鲁里亚城邦维伊。与拉丁人就划分劫掠维伊的战利品产生的争端以及与坎帕尼亚的关系导致其对罗马进行反抗，直到公元前338年才被镇压，但是拉丁城邦与罗马的关系保持了下来，即便关系不像原来那般平等了。按照格兰特（Grant，1978：57）的研究，这时，罗马的面积为4500平方英里（相当于11655平方千米），人口至少为100万人，但罗森斯坦（Rosenstein，1999）认为，自由人口大约仅有35万人，土地面积为5500平方公里。接下来是公元前327年至公元前302年被称为第二次或大萨莫奈战争（Great Samnite War）的漫长冲突，这是由罗马人入侵萨莫奈势力范围引发的，并最终导致了从公元前298年到公元前290年的第三次萨莫奈战争。拉夫劳伯（Raaflaub，1996：277）认为，罗马"帝国主义"真正开始的日期就是对萨莫奈人的战争，因为被打败的这些城邦没有被纳入胜利一方的政体中，而是被它所管控。罗森斯坦（Rosenstein，1999）指出，公元前264年，即第一次布匿战争（First Punic War）爆发前，自由人口数量是90万人，面积超过26000平方公里。公元前3世纪行将结束时，在第二次布匿战争中击败汉尼拔（公元前218年至公元前202年）后，罗马变成了中地中海地区的主宰者，占据西西里岛、撒丁岛、科西嘉岛，并将整个半岛置于直接控制或臣服盟友的支配下。公元前2世纪见证了针对马其顿人的两次大战，在公元前200年至公元前196年和公元前171年至公元前167年，其分别在东部赢得了希腊的大部土地，在西部开始了对高卢和西班牙的征服。按照罗森斯坦（Rosenstein，1999：196）的论述，大约在公元前130年，罗马控制了整个地中海盆地。对罗马人而言，地中海真的变成了内海——"我们的海"，在之后的几个世纪中，在那里进行的所有贸易关系都处于他们的庇护之下。

这个台伯河边的小城邦如何以及为什么能够如此成功地进行持久扩张呢？早期的罗马历史学家似是而非地主张，罗马所有的战争都起源于防御，威廉·哈里斯（William Harris，1979）对此进行了激烈的争论并有效地推翻了这一观点。他的著作以及后来许多其他学者的著作都强调，罗马的社会结构和政治制度如何将精英公民的野心引导到对政治职位和军事指挥权的激烈竞争中，以满足他们对荣耀和尊严的渴望，更不用说成功的征伐可以带来财富与战利品。被征服的土地也可以分配给那些构成军队核心力量的小农阶级。正如罗森斯坦（Rosenstein，1999：200）所观察到的，"在罗马，战争变成了连接富人和穷人、罗马及其盟友、贵族与富有的平民、初级参议员与前执政官利益的纽带"，并因此维持国家的社会平衡。在军队服役及其持续成功还发挥将不同阶级联结在共同的罗马身份之下的重要作用。如拉夫劳伯（Raaflaub，1996）和哈里斯（Harris，1979）等学者强调，正是罗马社会政治体系的这种结构特征，而不是符合他们神秘起源的"天生就是狼"的概念，解释了他们为什么如此热衷战争，这几乎成为他们社会的内在特征。最高职位是每年选出的两位执政官，任期一年，不可连任，这意味着几乎每年每个在位执政官为了有机会获得胜利的荣耀，都会去寻求战争。维持这种模式的能力假定，这些战争是成功且有利可图的，不仅对于执政官如此，对于较低级别的官员以及最终对平民士兵也是如此。为了回答为什么是这样的问题，我们必须考虑罗马人建立起的独特军事战术和组织。

罗马军团作为基本的军事单位，源自希腊城邦国家在互相交战中发展出来的重装步兵方阵。重装步兵（手持大圆盾或盾牌的人）是一个装甲步兵，右手拿着一支长矛，用一个巨大的椭圆形盾牌来保护他左侧和旁边人的右侧，同时站在一个被称为方阵的矩形队列中。方阵作为一个单独的单位移动和战斗，所以，每个人必须相信战友不会破坏队列。因此，集体团结是必不可少的，并由这样一个事实来保证，即士兵一般都是来自同一地方的农民，他们在农闲时打仗。重装步兵方阵的纪律和坚韧在希腊城邦之间以及与外来敌人之间的冲突中经受了一次又一次考验。斯巴达人在温泉关战役中英勇地面对数量远超自己的波斯人，这很好地诠释了这种类型的战争。马其顿的菲利普和他的儿子亚历山大在 4 世纪下半叶创建了马其顿方阵，使用了更长的矛，减少了传统方阵中笨重的防御装甲和大盾牌，使方阵的进攻力量更强。他们还实现了方阵重装步兵与辅助性装甲重骑兵之间的有效协作，并在后勤和军事科学的其他方面进行了创新。

罗马人从所有这些战争艺术的发展中受益，随着军团的建立，作为一种更机动和更灵活的方阵的改进，他们超越了所有这些发展。方阵的优点和弱点都在于它作为一个整体在行动。罗马人将方阵分成几个次级单位，称为"中队"或小队，大约由 160 人组成，30 个这样的中队组成约有 5000 人的军团。如果必要，那么他们可以像方阵一样作为一个单独的单位作战，但每个中队可以根据战斗的起伏变化使用不同战术，独立行动。装备也有显著差异。插入式长矛被一种投掷型武器，即投枪或标枪所取代，当这些武器一起投射时特别有效，此外，锋利、强大的双刃剑，即短剑，也可以用于近距离的砍和刺。巨大的带弧度矩形盾牌，即长型盾，也可以用于进攻，像剑一样刺出。后来的发展创造出由三个中队组成的队列，作为军团的基本单位。数百年来，罗马军团几乎战无不胜，可以想起的失败只发生在公元 9 年，在极为不利的地形条件下，在条顿堡森林中被日耳曼人打败，以及在公元前 53 年被帕提亚人在卡雷所击败，在这场战役中，克拉苏（Crassus）在一片开阔的平原上被骑马的弓箭兵阵雨般的箭头所吞没，又或是被汉尼拔这个迦太基天才将军在公元前 216 年在坎尼所击溃。支持骑兵和其他部队的军团通常来自野蛮部落。罗马人还擅长建造军事工程，建造道路、桥梁、港口以及城墙和其他防御工事，以有助于他们的军事行动。

在共和国早期，军团士兵在每一次战役后都会重返农业活动，但是随着战场的扩大，一开始是在整个意大利半岛，后来是在整个地中海地区，甚至更远的地方，服役期必然延长，军队逐渐变成由领取工资的能长期服役的专业士兵组成。这些变化产生了若干重要后果，其中最重要的是，军队的忠诚度逐步落到他们自己的将军、军政大员身上，如庞贝（Pompey）和尤里乌斯·恺撒（Julius Caesar），而不再是共和国本身。恰是军队在对外战争中赢得领土、奴隶和战利品的胜利，削弱了军队和共和国的自耕农基础，因为土地日益集中在大地主手中，他们利用奴隶劳动力饲养牲畜，种植葡萄和橄榄，并在这个过程中剥夺小耕种者和饲养者的财产。随着战争获利和成本的增加，对权位的竞争日渐激烈，导致出现一系列内战和野心勃勃的将军之间的权力斗争。庞贝、克拉苏和恺撒组成了一个临时联盟，被称为前三头同盟（the First Triumvirate），该联盟在公元前 53 年克拉苏在帕提亚被杀后解体。随后，恺撒和庞贝展开争斗，并以公元前 48 年一场以庞贝大败和被杀为结局的大战结束。公元前 49 年，恺撒跨过卢比孔河，从对高卢的巨大破坏但又获利丰厚的征服中归来。由此，恺撒清除了成为独裁者道路上的障碍，但这也导致他在公元前 44 年被布鲁斯图、卡修斯以及其他试图恢复共和国的人所刺杀。恺撒的侄子和养子屋大维（Octavian）与马克·安东尼（Mark Antony）和雷比达（Lepidus）组成了后三头同盟（the Second Triumvirate），并在公元前 43 年于菲利普击溃了恺撒刺杀者的军队。在此之后，屋大维和马克·安东尼之间爆发冲突，直至公元前 31 年的阿克提姆海战。战败后，安东尼和他的情妇克里奥帕特拉逃往埃及，并在那儿自杀身亡，使屋大维成为唯一一个存活下来的"军阀"，独自掌控罗马帝国。他很快以恺撒·奥古斯都（Caesar Augustus）之名掌权，成为朱利奥—克劳狄安王朝的第一位皇帝，这个王朝在公元 68 年终结于尼禄（Nero）。虽然我们承认人性和环境的作用，但值得注意的是，正是那些使罗马变成一个无与伦比战争机器的社会体系和政治制度使罗马共和国主宰了从亚特兰大到幼发拉底河，从莱茵河到多瑙河，从撒哈拉沙漠的边缘到尼罗河上游的广袤土地，并不可避免地将其转变为一个本质上实施军事独裁的世袭君主政体的国家。

　　在阿克提姆海战后，奥古斯都拥有 60 个军团的庞大军力，显然，由于长期的内部权力斗争已经结束，这么一支军队因为规模太大和太昂贵而无法维持。他重组了军队，将更为专业的常备军削减到约 30 个军团，566 为 15 万～20 万人，并以一支大约同样规模的辅助部队作为补充，总兵力约为 40 万人，这个规模在接下来的几个世纪里基本保持不变。在条顿堡森林惨败后，以及公元 9 年昆克蒂利乌斯·瓦卢斯（Quinctilius Varus）麾下的三个军团及其鹰标的覆灭，奥古斯都理智地决定抵制任何将他已经很庞大的帝国扩张到莱茵河和多瑙河之外的诱惑。克劳狄乌斯（Claudius）在公元 43 年将英国作为布里塔尼亚省（province of Brittannia）并入帝国版图，其首府位于科尔切斯特（Colchester）。多瑙河以北，现今的罗马尼亚地区被图拉真（Trajan）入侵，并于公元 106 年被吞并入达契亚行省，这场战争还带来了巨额财富，超过了为获得这些财富进行了五年战争所需的耗费。在东部，塞普谛米犹斯·塞外拉斯（Septimius Severus）于公元 195~197 年入侵美索不达米亚，并从衰落的帕提亚帝国手中夺取美索不达美亚。坎贝尔（Campbell，1999，218）有一幅有趣的地图，展示了公元 200 年罗马军团的部署情况。在英国有 3 个军团，西班牙有 1 个，莱茵河西岸有 4 个，沿着多瑙河向东延伸有不少于 10 个，多瑙河北面的达契亚有 2 个，在东部，从土耳其到埃及有 11 个，在现在的利比亚地区的努米底亚有 1 个。值得注意的是，在意大利只有 1 个军团。这些军团守卫的广袤土地上大约有 6000 万人。公元 225 年，帕提亚人被充满活力的新伊朗萨桑王朝推翻后，美索不达米亚变得难以控制。公元 260 年，萨桑王朝统治者沙普尔一世在与瓦莱里安（Valerian）皇帝作战时俘虏了他，瓦莱里安皇帝死于囚禁中，给罗马带来无以复加的耻辱。那时就如现在一样，底格里斯河和幼发拉底河之间的土地诱惑着来自西方的入侵者。

据估计，帝国军事建设的成本相当于总收入的 40%~50%。对加恩西和萨勒（Garnsey，Saller，1987：Chap. 2）而言，罗马的公共管理部门很少，以至于可以称为"无官僚主义的政府"，其中的秘密在于国家是由自治城市和相对自主的行省组成的体系。实际上，罗马军队的力量和希腊罗马文化的诱惑力有效地吸引了从高卢、西班牙、英国到叙利亚、巴勒斯坦和埃及的当地精英，使他们为帝国服务，而无须消耗资源来控制他们。军队本身有着庞大的军事殖民地和定居地网络，是罗马化的主要推手。公民权的自由授予打开"有能者居之"的大门，最终，元老院和皇帝越来越多地从西部和东部行省被吸引过来。罗马人显然认为自己是更高等的人，但他们似乎没有种族或宗教偏见。迫害犹太人和基督徒是因为他们难以接受罗马权威的象征，而不是反对他们的宗教习俗。这并没有阻止罗马以野蛮的暴行镇压犹太人起义，并慷慨地满足早期基督徒对殉道的渴望。

虽然"衰落和崩溃"的问题已经超出了本章的讨论范围，但我们还是简单说几句。一个趋势是，新兵越来越多地从意大利以外的地方招募，而不是意大利本身，这可能导致平均而言对帝国的忠诚度有所下降。另一个军事趋势是，将野蛮部族完整地编入军队，作为独立的单位由其领袖所领导，这显然是一个危险的举措。日耳曼部落的罗马化也使他们成为更可怕的对手。用我们的模型来说，对于任意给定的 A 值，$r(A)$ 的值都会变小，导致相对（如果不是绝对的）军事效率的损失，这意味着要么安全程度降低，要么成本增加，因此也使税收增加。因此，我们的模型虽然有局限，但即便不能有助于从基督徒的角度解释罗马衰亡，也可能有助于从"野蛮人胜利"的角度进行解释。

5. 蒙古帝国

虽然罗马帝国扩张的速度和广度惊人，但在 13 世纪，成吉思汗及其继承者统治下的蒙古帝国的速度和广度大大超过罗马帝国。将我们的模型应用到帝国扩张这个最引人入胜的案例中，首先需要对模型做一个重要扩展。前面提出的模型对于军队规模有唯一最优解，因为一个新增加的士兵对产出的边际贡献总是递减的，而以失去的产出表示的边际成本又总是递增的，这两条曲线有唯一一个交点。然而，边际收益曲线完全有可能反映这样一个事实，即军队规模在最初阶段收益递增，可能是首先增加，然后达到最大值再减小。在这种情况下，可能有三种均衡的军队规模 A_1、A_2 和 A_3，正如芬德利（Findlay, 1996: 46, Figure, 3 - 1）以及芬德利和伦达尔（Findlay, Lundahl, 2006: 39, Figure, 3 - 2）所示，这里复制在图 23 - 2 中。很容易看出，A_1 和 A_3 是稳定点，而 A_2 是不稳定点。如果决策者是"短视的"，并在 A_1 点建立均衡，那么就不会有动机进一步向右扩张（增加军队规模），因为这样做的边际成本会超过边际收益，即使移到 A_3 确定会达到更高的全局最优结果。这种情况正好符合发展经济学中的"低水平均衡陷阱"概念。然而，如果军队规模在 A_2 之外稍微扩大一点，那么就会有动机一直朝着 A_3 移动，因为在 A_2 右侧，边际收益超过了边际成本。

所有这些与成吉思汗和蒙古人有什么关系呢？先不说军队，考虑中亚广阔草原上的游牧部落。个体家庭和宗族有一种动机，为了互相保护而联合成更大的单位或部落，在狩猎或抢掠定居人口时提高效率，等等，也就说，这是为了经济利益。给定环境和技术，这个群体的均衡规模是

A_1，因为任何更大的规模都不会带来净收益，也无法超越 A_2，即使有人能预想到存在一个潜在的更具吸引力的点 A_3。然而，假设某个小部落有一位魅力超凡的领袖，其看到了团结成一个远大于 A_1 的超级部落，如 A_3，可以获得巨大收益，尽管这种可能性非常渺茫。如果其能以某种方式诱骗、威胁或吸引足够多的其他宗族或部落加入，并将群体规模扩大到 A_2 以上，那么逐步扩张就是一个自然的过程，这最终将使群体规模达到 A_3。

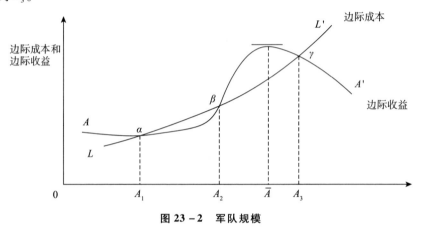

图 23 - 2　军队规模

我们所讨论的是程式化地再现成吉思汗所做的一切。他把中亚众多不同的游牧部落和突厥—蒙古部落结成一个强大的只效忠于他的联盟，如果跟随他，那么将获得土地和战利品；如果不服从，则要面对引发他怒火导致悲惨后果的可怕威胁。成吉思汗原名叫铁木真，约在 1162 年出生于一个相对较小的部落，他集结了足够多的追随者，在 1206 年库尔泰（Kurutai）的大部落集会上，被推举为所有蒙古部落的成吉思汗（意思是"世界统治者"）。他如何成就这般伟业的细节过于复杂，我们无法在这里详述。爱尔森（Allsen，1994）、巴菲尔德（Barfield，1989）、比朗（Biran，2007）和拉奇涅夫斯基（Ratchnevsky，1991）都是知名专家，撰写了相关著作，有兴趣的读者可以自行参考。正如比朗（Biran，2007，27）所说，"与征服半个世界相比，成吉思汗统一东部大草原中的部落花了更多时间"。一旦统一部落的最初任务完成（即在我们程式化描述中超过了 A_2 点），他就可以利用骑射者无与伦比的机动性和高超技艺，攻击和征服东西方定居的文明国家。

蒙古征服的关键并不是其受害者通常所描述的那种纯粹天生的残暴。甚至他们的屠杀也不是嗜血成性的产物，而是来自对于利用恐怖以大规模减少抵抗影响的冷酷计算。在每一次作战之前，对于物资的组织和军队调动，以及对敌人弱点的探查，都经过了一丝不苟的计划与深思熟虑，这似乎已是常态。拉蒂摩尔（Lattimore，1963）甚至认为，成吉思汗在征服东方之前，首先在消灭了西方所有可能的反抗之时，他的头脑中已有一个亚欧大陆的宏伟战略，这确保他不会被强大的敌对游牧民族从后面攻击。另一个关键之处是，他将来自不同部落的人混合编到每一个图门（tumen）中，即军队的基本单位，"千户"（thousand）类似于罗马的阵列，从而取代军队中的"特殊主义"式的只忠于自己部落人民的价值观。指挥官的选择完全基于能力和功绩，而不是部落或亲族关系，这样做的结果是让哲别（Jebe）和速不台（Subotai）这样的超群天才领袖来领导主要战役，他们几乎从未输过。蒙古人的战术精妙灵活，采用佯攻、假装撤退或集中兵力于决胜点，经常在使用轻骑兵的机动性迷惑对手后用重装骑兵来终结他们。他们还雇用了在军事工程、围攻战和蒙古人所缺乏的其他技能方面的专家，并以重金犒赏。契丹外交官和政治家耶律楚材（Yeliu Chutsai）是成吉思汗和窝阔台在各方面政策的主要顾问。有用的实践和制度只要被发现就被采用。在 13 世纪后半叶的鼎盛时期，蒙古帝国占据亚欧大陆，只有从海上入侵日本和向越南推进失败了。南亚和东南亚没有被征服，可能更多的是由于气候，而不是它们能组织军事防御，而西欧则是因为远离草原，无法为蒙古战马提供所需的草料，蒙古马在世界战马中所占比例非常高，因为它们与其骑手一样健壮和有耐力。埃及、叙利亚和巴勒斯坦被马穆鲁克人（Mamluks）所救，马穆鲁克在 1260 年巴勒斯坦的阿音札鲁特战役（Battle of Ain Jalut）中阻止了旭烈兀（Hulagu）基督徒将军基特博加（Kitbhoga）前进，在那之前，他在 1258 年摧毁了巴格达并杀死了阿巴斯哈里发（Abbasid Caliph），伊斯兰世界似乎一直都未从这个打击中恢复过来。

"蒙古治下的和平"（Pax Mongolica）的建立刺激了丝绸之路沿线贸易，促使相关技术传播，将欧亚大陆整合到前所未有的程度，可能对西欧和东欧产生了有益的重大影响。简妮特·阿布－卢赫德（Janet Abu-Lughod，1989）在广受好评的著作中生动和准确地讲述了这个故事。然而，不幸的是，正是这种融合也给欧洲带来了黑死病的灾难，正如芬德利和欧洛克（Findlay, O'Rourke, 2007：Chap. 3）以及芬德利和伦达尔（Findlay, Lundahl, 2003）所说，至少对欧洲而言，黑死病带来的不全是负面后果。如赫利希（Herlihy, 1997）所论证的，最初人口的下降提高了人均收入和实际工资，刺激了来自东方的奢侈品贸易，也可能刺激了技术进步和生育率下降。但这对伊斯兰世界而言无疑是有害的，这可能是由于马穆鲁克统治者在埃及和叙利亚成功地将农业、工业和贸易税收提高到过高水平，以维持他们的收入，却扼杀了人口和经济复苏的自然力量。

570 不同于罗马人和阿拉伯人，蒙古人一直就不多，也没有发展到通过赋予一种语言或一种宗教来永久地"蒙古化"其臣民的程度。相反，他们倾向于被其他文化所吸收，不管是忽必烈（Kublai Khan）还是伊尔汗（Ilkhans）。金帐汗国（The Golden Horde）对俄国的宗主统治持续了更长时间，这是因为蒙古人留在萨莱的大草原上，保留了他们的文化身份。然而，蒙古人的继承者，中亚的帖木儿和印度的莫卧儿都在世界历史上留下了永恒的遗产。

6. 欧洲海洋帝国

到目前为止，我们只讨论了拉蒂摩尔的"军力范围"函数 $r(A)$ 在陆地上的应用，包括纵横地中海沿岸和西欧大陆的罗马军团，以及从中亚大平原向东西方向扩张的蒙古骑兵。从葡萄牙一位年轻的航海家亨利王子（Prince Henry）于 1415 年占领北非的休达（Ceuta）开始，一系列新兴的欧洲民族国家将其触角扩展到世界各大洋，建立了贸易点和定居地，攫取了丰厚的物品，却牺牲了新大陆（New World）和大洋洲原土著居民和亚洲的古老文明。除了在公元前第二个千年可能出现的米诺斯（Minoan）"制海权"以及腓尼基人殖民地的问题外，古代世界并没有出现许多海洋帝国的例子。在中世纪，威尼斯和热那亚确实使用了海军力量来支持地中海贸易，波罗的海和北海的汉萨同盟也是这样，但在所有这些情况下，$r(A)$ 的范围都是非常有限的。面对大西洋，狭小而紧凑的葡萄牙王国定都于里斯本，1147 年在摩尔人的帮助下，一步一步地冒险进入了这片大洋，并沿着西非海岸向南，最终在 1487 年由巴尔托洛梅乌·迪亚士（Bartolemeu Dias）绕过好望角。这为瓦斯科·达·伽马（Vasco da Gama）在 1498 年到达卡利卡特（Calicut）的划时代航行奠定了基础。与此同时，热那亚的克里斯托弗·哥伦布（Christopher Columbus）在西班牙的资助下于 1492 年穿越大西洋，不久之后，葡萄牙人卡布拉尔（Cabral）在巴西海岸登陆，而他是由于在从大西洋到印度的途中，向西偏转过大而到达巴西。1519 年，一支为西班牙王室效力，由葡萄牙人费迪南德·麦哲伦（Ferdinand Magellan）率领的舰队环游世界。哥伦布、达·伽马和麦哲伦的航行可以看作欧洲的 $r(A)$ 函数在世界海洋上的非连续性跳跃。从这时开始，除非在大陆中心深处的地方，世界上就没有任何地点是他们无法探及的了。小帆船的发展，并与方帆和三角帆相结合，以及海洋探险所需航海技术的发展，使这些航行成为可能，而它们都是从地中海早期的多元文化航海传统中发展出来的。事实上，这些为了权力和财富的航海突破不是由一个国家单独进行，而是由多个相互竞争的民族国家相继完成的，这意味着一种更为积极和强烈的对外扩张和开发过程，尽管毫无疑问的结果是资源在它们之间几乎连续不断的战争中浪费了。

571

　　15 世纪上半叶，在郑和的带领下，明朝人在印度洋的航行与欧洲人的航行形成了很有启发的对比。郑和舰队的船只和船员本身都要比欧洲的商队更大、装备更精良，适航性更强。它们也是由一个绝对统治者领导的单一庞大的统一国家派遣的。在 15 世纪 30 年代，当帝国官僚认为这些航行没有什么好处而且太浪费资源，不如将这些资源用于边境防御，防止游牧民族入侵时，航海活动就永久地停止了，航海技术不断萎缩。明朝和之后的清朝再也没有冒险驶出中国南海（South China Sea）。历史证明，中国确实具有技术实力，但相比西欧，没有足够的物质动机去开启远程贸易和航行。

　　葡萄牙属印度（Portuguese Estado da India）在阿方索·德·阿尔布克尔克（Afonso de Albuquerque）及其继承者领导下，设计了一套包含从中国澳门、马六甲到果阿和霍尔木兹的战略性贸易点和防御布局体系，通过许可证系统控制印度洋的香料贸易。事实证明，这只是部分有效的，尽管托米·皮雷斯（Tome Pires）有著名论断："马六甲之主把手放在威尼斯的喉咙上。"正如弗里德里克·莱恩（Frederick Lane）和其他学者已表明的那样，在 1498 年之后相当长的一段时间内，有大量香料能够躲避葡萄牙人的拦截，由古吉拉特（Gujerati）和其他本地商人通过红海最终运至威尼斯人手中［参见莱恩（Lane，1940）给出的例子］。因此，尽管有相当大的比较优势，但在印度洋上葡萄牙人绝对无法垄断 "炮和舰"（Cipolla，1965）。葡萄牙人无法进入澳门之外的中国，但他们进入日本确实产生了重大影响，即在被称为日本 "基督教世纪" 的 16 世纪 30 年代到 17 世纪 30 年代，直到后来德川幕府（Tokugawa）实施锁国政策将他们驱逐。除使一些包括部分著名的武士家庭的日本人皈依基督教和进行贸易之外，葡萄牙入侵的最大影响是将火器引入日本，这些火器在 16 世纪后半叶的 "战国" 时期被相互敌对的日本军阀狂热地采用。葡萄牙雇佣军在这个时期的缅甸与暹罗之间的战争中也扮演了活跃的角色。

572 除了在香料贸易中起主导作用之外，葡萄牙人还利用明朝禁止与日本直接进行贸易的规定，将中国丝绸出口到日本来换取日本在这个时期大量生产的白银。西班牙的大型帆船将堆积在从阿卡普尔科到马尼拉的白银运到中国，在那里，白银再次换得中国丝绸。哥伦布对中国的另一显著影响是引入了美洲的食用作物，如红薯和花生，这促进了农业生产率的提高，大大刺激了清朝在 18 世纪的人口增长。根据《托尔德西里亚斯条约》（Treaty of Tordesillas），西班牙和葡萄牙在世界上瓜分势力范围，美洲基本上被归入西班牙的势力范围，而印度洋则归葡萄牙，从波托西和其他大型矿场开采和出口的白银以及香料出口，分别是两个伊比利亚大国的主要经济活动，这两个国家还曾在 1580～1640 年统一过。

但是，世界不是只留给西班牙和葡萄牙的，因为荷兰共和国和英国的新教徒势力在 1600 年前后积极加入争夺，它们成立了自己的大贸易公司——东印度公司。荷兰人迅速在印度尼西亚胜过英国人，后者在印度相对更为成功，昂贵的印度棉花出口在欧洲和东方市场贸易中发挥了重要作用，在那里，它们被用来交换香料。1641 年，荷兰人从葡萄牙人手中夺得了马六甲的控制权，并将他们赶出了锡兰茶和利润丰厚的肉桂贸易领域。在这些群岛上，荷兰东印度公司在雅加达建立了总部，在 17 世纪 20 年代将其更名为巴达维亚（Batavia）。他们还在 17 世纪 60 年代推翻了麻烦不断的西里伯斯岛（Celebes）当地的马卡萨尔国（Makassar）。所有这些军事行动的目的都是试图垄断香料贸易，对于供应量越来越少的丁香、肉豆蔻和肉豆蔻衣，这种尝试是成功的，而对于较为丰富的胡椒而言则是失败的。荷兰人还成立了一家西印度公司来发展他们与非洲和美洲的贸易。到了 17 世纪 50 年代，在脱离西班牙哈布斯堡王朝取得独立之后，荷兰共和国成为世界上遥遥领先的海洋贸易国。经过 17 世纪后半叶三次商业驱动的重商主义的荷兰—英国战争，荷兰的海上地位被其新教徒同盟英国成功挑战。随着奥兰治的威廉和玛丽·斯图亚特（Mary Stuart）在 1688 年"光荣革命"（Glorious Revolution）之后登上英国王位，这两个新教国家之间的商业和海军竞争实际上结束了。斯蒂夫·平克斯（Steve Pincus, 2009）撰写了关于这一著名事件的重要著作——《1688 年：第一次现代革命》（1688: *The First Modern Revolution*），他认为，"光荣革命"并非"不流血的、达成共识的、贵族的以及最重要是明智的"，这个从麦考利（Macaulay）流传而来、历史悠久的传统"辉格式解释"（Whig interpretation），是真正意义上的革命，事实上是"第一次现代革命"，它以荷兰共和国模式建立了一个商业和制造业国家，而不是如被废黜的詹姆斯二世所希望的法国路易十四式的中央集权的官僚专制国家。

漫长的重商主义时代冲突的下一阶段发生在英国和法国之间，这两个国家都在部署自己的"现代性"模式，这就是所谓的第二次百年战争（Second Hundred Years War）。这场战争开始于 18 世纪早期的西班牙继承权战争（War of the Spanish Succession），并以英军在 1805 年特拉法加（Trafalgar）和 1815 年对拿破仑的滑铁卢战役的决定性胜利告终。1756 ~ 1763 年的七年战争是英国建立全球霸权的关键一步，在此次战争中，英国获得了从加拿大和加勒比地区到印度的广袤土地。在印度，法国人杜普莱克斯（Dupleix）首次意识到利用欧洲军官训练印度本土军队以击败传统印度王公军队的可能性，但是罗伯特·克莱夫（Robert Clive）和英国东印度公司在 1757 年通过普拉西战役（Battle of Plassey）夺取了对印度的霸权，获得了富裕的孟加拉省，并使它成为他们后来占领整个次大陆的"桥头堡"。正是从孟加拉邦，英国东印度公司获得鸦片，去交换中国的茶叶，这是东印度公司与亚洲贸易的下一个重要阶段的情况，最终导致鸦片战争发生并占据中国香港。

到了 1815 年，英国的工业革命已然如火如荼。正如我们在《权力与富足》中已经指出的，在重商主义时代战争中，夺取海外市场和原料产地对于新技术的突破有着关键意义，19 世纪兰开夏郡生产的棉纺产品出口到全世界就应用了这项新技术。我们也论证了，如果没有非洲奴隶的"三角贸易"的决定性作用，那么这些都不可能发生，由于新大陆对棉花的需求，"三角贸易"在 18 世纪末达到顶峰。我们从这个角度讨论了威廉姆斯（Williams）关于工业革命和西印度奴隶制颇具争议的论文。其他学者也同样相信，如果除棉纺业之外的其他部门需要的话，那么技术进步和企业家活力的绝对力量本身就足以实现同样的效果，在 19 世纪之交的年代里，投入战争的资源，即便是胜利的战争，总的来说也对英国经济产生了负面影响。

工业革命使欧洲大国将其影响从亚洲和非洲的沿海地区深入内陆，使用装甲蒸汽船沿河航行，使用后膛装弹式步枪以及后来的机关枪横扫本土反抗势力。奎宁被发现可用来防治疟疾，这是增强 19 世纪欧洲帝国 $r(A)$ 函数的另一个原因。随着工业革命在欧洲，后来在美国和日本进行，对初级产品的需求不断增加，1870～1914 年，在东南亚、非洲和拉美出现了出口经济。丹尼斯·罗伯逊（Dennis Robertson）称之为"大分工"（Great Specialization），贸易成为世界经济的"增长引擎"，伴随着欧洲的资本和劳动力大规模流入"新移民地区"。从滑铁卢战役到第一次世界大战爆发之间的一个世纪，特别是 1870～1914 年，在"不列颠治下的和平"（Pax Britannica）的护佑下，通常被称为"全球化的黄金时代"，这一时期在《权力与富足》第 7 章中有详细的描述。

这里对"帝国扩张"的描述太过简单和程式化，主要集中在欧文·拉蒂摩尔关于社会的"军力范围"的概念上，具有代表性的例子包括：罗马军团带着剑和投枪行进在大路上，辅以朴实但同样有效的铁锹和其他"帝国工具"类武器；蒙古骑兵及其强壮的马匹，以及复杂而致命的反射弓；最后是欧洲海上强国的"坚船利炮"，从哥伦布和达·伽马的轻快帆船发展到荷兰和英国东印度公司的武装商人，武装蒸汽船沿着伊洛瓦底河、长江和尼日尔河而上，扩张其势力范围。正如"罗马治下的和平"、"蒙古治下的和平"与"不列颠治下的和平"的鲜活例子所表明的，帝国不仅对战争重要，对贸易也重要。

7. 两次世界大战和大萧条

1815～1914 年，世界经济总体上经历了一个和平与繁荣的世纪，但紧接着的是 1914～1945 年灾难性的三十年，包括两次世界大战和大萧条。20 世纪 20 年代的十年见证了美国的繁荣，但欧洲的政治和经济不稳定后来导致了希特勒的崛起。正如芬德利和奥鲁克（Findlay，O'Rourke，2007：506：Figure 9.3）所展示的，直到 1972 年，世界贸易才达到 3.49% 的年均增长趋势线，恢复到 1913 年前的世界贸易水平，因此"第一次世界大战的后果用了 60 年才得以消除"。在那个时候，所有欧洲帝国都已从海外殖民地中撤出，这主要是第二次世界大战的直接或间接后果。第一次世界大战发生的部分原因是帝国主义之间的竞争，一方面是英国和法国；另一方面是英国和德国。第二次世界大战中，德国和日本在很大程度上都是为了缓解感受到的原材料和能源缺乏以及缺少获取途径的压力。按照亚当·图泽（Adam Tooze，2006）的说法，德国入侵挪威是为了保证纳尔维克（Narvik）成为至关重要的瑞典铁矿石出口地，甚至在 1941 年针对苏联发动的巴巴罗沙计划（Operation Barbarossa）最终表明是灾难性的决定，也是为了确保从东方获得自然资源，而不是继续依赖与斯大林达成的协议来提供在西方发动战争的必要给养。整个"生存空间"（Lebensraum）政策是基于德国需要通过领土扩张和"种族清洗"殖民东方，以找到一种方式，能够媲美美国在其陆地疆域上控制对军事及民用目的而言所必需的农业和矿物资源，从而获得与大英帝国平起平坐的地位和同样多的海外资产。对苏联的进攻是经过计算的，是为了让东方的日本可以腾出手来在东南亚对抗富有石油和其他自然资源的英国、法国和荷兰殖民地。日本敏锐地意识到自身在自然资源上的匮乏，在 1932 年占领了中国东北来攫取铁矿石，发展重工业，在 1937 年挑起了与 575 中国的全面战争。引用图泽（Tooze，2006：424）的话，"按照希特勒的说法，俄罗斯是'英国和美国的远东之剑'，矛头指向日本"。

因此，"中心地带"和"边缘地区"之间全面冲突的舞台就此搭建，亚欧大陆的陆地大国对抗大西洋和太平洋的海洋大国，地缘政治学家哈尔福德·麦金德（Halford Mackinder，1904）和阿尔弗雷德·赛耶·马汉

（Alfred Thayer Mahan，1957）很早就预见到了这一点。在全球范围内，战争、贸易和自然资源再次决定性地交织在一起。

巴巴罗沙计划的失败，以及最初由于美国走出经济大萧条为盟国带来的压倒性"战争力量"优势，使它们能够"将它们的经济实力转化为有效的战斗力"（Overy，1995：325），确保在1945年击败轴心国。盟国的胜利使战后世界的命运主要掌握在美国和苏联手中。英国、荷兰以及法国最终妥协，从其之前在第三世界国家的殖民领地中撤出。这奠定了韦斯塔德（Westad，2007）所谓的"全球冷战"的基础，其中两个超级大国互相竞争，建造了核武库，并在第三世界进行外交和军事干涉。这段历史以1989年柏林墙倒塌后苏联解体而结束，经济学理论和历史学说对理解世界历史的这个阶段有什么帮助呢？

"军备竞赛"模型建立在理查德森（Richardson，1960）、布里托和英特里盖特（Brito，Intrilligator，1976）以及其他众所周知的贡献之上。然而，似乎仍然缺少这样一个模型，即同时考虑在霍布斯世界中为"国家安全"的敌对性互动所驱动的军费开支，以及为民用目的而进行的生产和交易。下一节概述了这样一个模型，它基于芬德利和阿明（Findlay，Amin，2008）的研究，在此之后，我们将尝试把该模型应用于"全球冷战"所提出的一些问题上。

8. 关于贸易和国家安全的模型

考虑两个经济体，每个经济体都拥有两种固定数量的生产要素，资本和劳动。一个经济体（记为 A）的资本—劳动比高于另一个经济体（记为 R）。两个国家都生产可以用于贸易的民用消费品 X 与 Y，以及不可贸易的公共品，即以 D 表示的"国防"，正如定义良好的规模报酬不变的新古典生产函数所描述的那样，生产要使用资本和劳动，X 产品的资本—劳动比最低，而 D 最高。这些生产函数对于 D 是相同的，但对于 A 中的 X 和 Y，它们可能在同等程度上具有希克斯中性优势。两国消费者对于消费品 X 和 Y 具有相同和同位的效用函数。然而，福利取决于被称为"国家安全"的无形公共品，在每个国家中，国家安全是其自身国防支出水平的增函数，是另一个国家国防支出水平的减函数。每个国家有一个总体福利函数，它采取可分形式，一方面，取决于普通消费者从 X 和 Y 中得到的效用；另一方面，取决于前文所确定的国家安全。福利函数可以相同，也可以是 R 国对国家安全赋予的权重高于 A 国。每个国家的国防支出给对方施加了负的外部性。

求解这个模型，得到国防支出的一个纳什均衡，以及民用生产和国际贸易的一个竞争均衡，其中，国防部门的要素价格等于用于私人物品部门的机会成本，从而满足完全帕累托最优条件。国防产品最优定价的林达尔—萨缪尔森条件（Lindahl-Samuelson Conditions）可以通过以下两种方式求解，即通常使用的将个人边际效用纵向加总，或简单地作为一个中央计划者。因此，我们可以将 R 国想象成一个根据兰格—勒纳线（Lange-Lerner lines）运行的有效计划经济体，或者社会主义经济计算得到的其他某些理性方案，而 A 国则是一个完全竞争的资本主义经济体，其政府能够反映它所代表的个体在公共品提供上的偏好，公共品在这里指国防。给定每个国家的国防支出，两国消费者会尽可能地实现富足，自由贸易的结果是资本更加充裕的 A 国出口资本密集型商品 Y，而 R 国出口劳动密集型商品 X。

按照模型原来的样子，它可被用于一系列比较静态分析中，比如，从自给自足转向自由贸易或从自由贸易转向自给自足对国防支出的影响，在部分或完全裁军的情况下评估"和平红利"的性质，或评估对要素增广形式的经济增长或三种商品中任何一种的技术进步对消费者福利和国防水平的影响。也许最有趣的一个结果是，由于"国家安全"在霍布斯世界中并不是一个劣等商品，任何推动贸易自由化的行为将刺激双方增加国防支出，这是对贸易收益带给消费者更高福利的反应。因为在最优均衡的情况下，每个国家的民用消费的边际效用必须等于总体福利函数中国家安全部分带来的边际效用，因此，为了保持最优解，对于由自由或更自由贸易的收益导致的民用消费边际效用的减少，需要增加国防支出以使国家安全的边际效用减少。

9. 全球冷战

全球冷战主导了 20 世纪后半叶国际关系的方方面面，我们仍在承受

577 其后果，而且毫无疑问将长期承受下去。正如韦斯塔德（Westad，2007）在其书的名称中所强调的那样，冷战不仅是两个拥有空前大规模杀伤性武器的大陆强国之间的双边较量，也是超级大国在第三世界国家中争夺权力和影响力的一系列"代理人"冲突，其中著名的战场大概是越南和阿富汗了。美国和伊斯兰"极端分子"之间的持续冲突本身就是美国于1954年针对伊朗摩萨台（Mossadeq）政权进行干预，以及在伊斯兰教圣地麦加和麦地那所在地沙特阿拉伯驻军的直接的、"非有意的"后果。当然，这与我们的主题"战争、贸易与自然资源"的联系是显而易见的，因为所有这些行动都由确保中东重要的石油供给安全的愿望所推动。这种联系的另一个早期例子是1954年美国干预反对危地马拉的阿本斯（Arbenz）政府，该国的经济被联合水果公司（United Fruit Company）和对香蕉与其他热带水果的出口业务主导。美国与菲德尔·卡斯特罗（Fidel Castro）之间的对峙导致1962年古巴导弹危机发生，这也是美国长期参与加勒比地区与蔗糖相关的政治和经济事务的结果。

韦斯塔德不无讽刺地将争夺权力的两个大国分别称为"自由之帝国"与"正义之帝国"。在我们看来，他正好将这两者与我们在这章前面考察的罗马帝国和蒙古帝国这样的传统领土帝国和欧洲海洋帝国的经典概念区分开来。他认为，每一个帝国都由一种"普世主义"的意识形态所驱动，对美国而言是个人的自由、民主和自由市场，对苏联而言则是被压迫阶级和受压迫人民的社会和政治解放，共产党作为他们的"先锋队"和保护者，抵抗西方资本主义和帝国主义。韦斯塔德认为，尽管或可能是因为这些"善意"，但两个大国并不反对使用比19世纪欧洲帝国建造者更为暴力和不受约束的手段来实现其目的。韦斯塔德还指出，有意思的是，美国发动全球冷战的理念在很大程度上基于自觉反马克思主义理论（self-consciously contra-Marxist theories），这个理论与剑桥大学教授丹尼尔·勒纳（Daniel Lerner）、马克斯·米利坎（Max Millikan），特别是沃尔特·罗斯托（Walt Rostow）的研究相关，罗斯托非常有影响力的著作《经济发展的阶段》（*Stages of Economic Growth*）有一个直白的副标题，即"一个反共产主义宣言"（An Anti-Communist Manifesto）。

为了将前一节的模型应用到全球冷战中，我们将资本充裕的国家确定为美国，劳动充裕的国家确定为苏联。我们还可以让民用商品 X 和 Y

的生产函数希克斯中性地在美国更优，但保持国防技术在最初时一致。此外，在总体福利函数上，我们让苏联在国家安全方面的权重高于民用消费者的效用权重。在模型中引入"第三国"或"第三世界"，将其作为一个区域，两个超级大国通过给予单边转移支付形式的对外援助 F，在这个区域展开竞争，而对外援助由接受国用于购买民用商品。因此，两个大国通过提供一种复合公共品来进行竞争，公共品用 G 来表示，它等于国防部分 D 和对外援助部分 F 之和，两者都是以民用物品作为计价物来衡量的。第三世界对可交易民用物品有一个外生的供给曲线或超额供给函数，在这条曲线上，第三世界还会花费来自两个相互竞争的超级大国的对外援助。这个模型的解是一个纳什均衡，包括由双方选择的复合公共品 G，在 D 和 F 之间的最优分配，以及在所有三个"国家"之间生产和贸易的竞争性均衡，来自两个超级大国的对外援助提升了第三世界的消费支出水平，使贸易逆差等于两个超级大国的援助之和，每个超级大国拥有的民用商品贸易顺差等于它选择的 F，F 是"实际的转移支付"。第三世界的国防支出、要素禀赋、技术和偏好都包含在外生的供应曲线或设定的超额供给函数中，并用来确定世界市场出清时 X 和 Y 的相对价格，同时也内生地推导出两个相互竞争的超级大国的超额供给函数，这也确定了模型中所有变量的最终解。

为什么苏联解体了？一个流行的解释是，罗纳德·里根（Ronald Reagan）发起的"星球大战"计划给苏联带来了十分沉重的负担，苏联必须做出适当反应，它无法继续进行长期的全球范围消耗战，并将胜利拱手让于美国。就我们的模型而言，这可以表示为美国国防部门生产函数上的一项重大技术创新。在新的均衡中，即使在苏联根据已有能力采取了最优应对措施之后，其结果是以消费者满意度和国际安全衡量的福利水平如此之低，以至于党的领导层放弃了对日益动荡的东欧卫星国和俄罗斯自身的控制权。

一个不同但并不相互排斥的假说强调，美国日益增长的技术优势和经济效率，不是在国防部门本身，而是在民用部门，这可能使美国既可将国防支出提高到苏联难以充分应对的水平，还可以给第三世界的冲突地区提供更多的对外援助和军事援助，阿富汗就是一个典型例子，同时通过贸易和对外援助提高国内人均实际收入和私人消费水平，并提高其盟友和附庸国的收入和消费水平。尽管出现了 20 世纪 70 年代的石油危机和通货膨胀，以及 20 世纪 80 年代早期的经济衰退，但美国还是做到了所有这些事情。苏联长期以来试图"赶上和超越"其资本主义对手，尼基塔·赫鲁晓夫自信地向约翰·肯尼迪吹嘘，"我们会埋葬你们"，其背后的理念在苏联人造卫星爆炸后，被证明仅是一个幻觉，米哈伊尔·戈尔巴乔夫从阿富汗撤军并最终认输。戈尔巴乔夫的经济改革（Perestroika）政策试图通过推行经济改革来解决这个问题，但放松政治控制刺激了民众对长久饱受国家经济不振且无法提高生活水平的不满，也破坏了传统经济体系在转型之前的运作机制。因此，"自由之帝国"最终能够以其在国防和民用领域的技术优势战胜"正义之帝国"。正如韦斯塔德（Westad，2007：403）所言，他并不是美国的不加批判的崇拜者，"美国只是拥有的更多一些：力量、增长、理念、现代化"。即使苏联最主要的经济资产之一，即丰富的石油供给，实际上也可能成为其劣势，这是因为 20 世纪 70 年代石油价格上涨而导致了"荷兰病"。

10.21 世纪早期的地缘政治

冷战的结束并不完全是纯粹的幸事。在漫长的时间中，两个超级大国都觉得要为依附自己的国家的行为负责，即使只是因为担心其超级大国对手的反应，也会准备好去限制它们，以维持可接受的现状。然而，在冷战结束后不久，这些约束就被解除了。较小国家的领导人在采取机会主义单边行动的诱惑下愿意押上高赌注搏一把，在萨达姆·侯赛因那里这个诱惑被证明是无法抗拒的，他假定美国不会有足够的动机来惩罚他发动的侵略战争，这位伊拉克复兴党的"独裁者"占领了石油丰富的邻居——科威特。但在这点上萨达姆被证明是错误的，该国被沙漠风暴行动（Operation Desert Storm）和第一次海湾战争所打倒，只是因为当时美国觉得不值得继续攻打巴格达，才使萨达姆在其军队从科威特被驱赶出去以后在政治上存活了下来。美国已经清楚地表明，它是全球唯一的超级大国，而且准备像"世界警察"一样行动。反抗美国强势干预中东以保障中东的石油能够输送到世界其他地方的做法，并非来自伊拉克或其他国家，而是来自"基地"组织，这个由逊尼派阿拉伯伊斯兰人建立的影子组织，其中很多成员曾得到美国中央情报局的支持，在阿富汗与苏联军队作战。2011 年 9 月 11 日，他们袭击了曼哈顿世贸中心双子塔和五角大楼，导致美国进行"反恐战争"和入侵阿富汗并推翻塔利班政权作为回应，塔利班政权曾庇护和支持发动"9·11"袭击的"基地"组织成员。美国的行动曾得到国际社会的广泛支持，但是 2003 年的第二次伊拉克战争及占领伊拉克则难以为之辩护，引起广泛争议。在奥巴马总统的领导下，美国希望从伊拉克撤军，不会留下权力真空，同时也尝试在撤出阿富汗之前，在阿富汗启动一系列最后的"增强行动"来扶持卡尔扎伊政权。

美国拥有 2% 的世界石油储量，却消费了世界上 25% 的石油，是世界上最大的石油净进口国，但是经济快速增长的中国和印度显然也大大 580 增加了石油和其他能源价格上涨的压力。特别是中国，不仅对石油，而且对铁矿石、煤炭和其他各种自然资源有着很大需求，显然，石油和其他基础燃料及能源的短缺将不仅是 21 世纪经济学的关键，也会是地缘政治的核心。由于石油供应集中在中东、俄罗斯和中亚（在巴西外海也发现了新的资源），而需求则遍布全球，特别是美国、欧盟，现在越来越多的是中国和印度，因此石油运输不仅成为贸易的关键问题，而且是供求平衡方面涉及所有国家的国家安全的关键问题。

哈尔福德·麦金德（Halford Mackinder, 1904）的著名文章表达的主要信息是，"谁控制了中心地带，谁就控制了边缘地带"。他指出，在过去四个世纪里，西欧大国基于其对海洋的控制获得了全球优势，但他认为这是历史的异常。从斯基西亚骑兵时代起，权力从欧亚大陆的中心向外扩张，蒙古人和土耳其人跟随斯基西亚人的步伐。哥伦布、达·伽马和麦哲伦改变了这个模式，但在煤和铁的时代，中心地带将再次夺得主动权，以火车代替了帆船并作为地缘政治统治的象征和工具。他是以大英帝国忠诚仆人的身份来写作的，据他所说，未来属于德意志或俄罗斯帝国，它们之间将争夺欧亚大陆的中心地带。我们不知道希特勒是否读过麦金德的著作，但地缘政治在很大程度上是德国的一门学科，麦金德的思想很可能来自许多熟悉德国地缘政治的理论家。"巴巴罗沙行动"在理念上纯粹是麦金德式的，目的是在日本盟友的帮助下，让第三帝国这个陆地强权统治盎格鲁-撒克逊海洋大国。但是，美国依靠拥有丰富煤炭和铁资源的大陆中心地带，能够为英国和俄罗斯提供物资，并最终获胜。

无论是麦金德（Mackinder）还是马汉（Mahan，2005）都没有想到，在他们的《亚洲问题》出版一个世纪后，中国成为欧亚大陆的主要竞争者，在他们写作时，清朝在义和团暴动和"北京之困"（Siege of Peking）之后奄奄一息，整个国家处于欧洲列强和日本的控制之下。中国现在是世界上领先的出口国，位列德国和美国之前，英国只位列第 10，不仅落后于中国和日本，甚至排在韩国之后。中国从澳大利亚和巴西大量进口铁矿石，进口的石油 2/3 来自波斯湾。我们在前面引用了 15 世纪葡萄牙人托梅·皮莱资（Tome Pires）的话，"马六甲之主把手放在威尼斯的喉咙上"。今天真正的"马六甲之主"是美国海军，这是一个地缘政治事实，毫无疑问，这对中国领导人来说并不陌生。自 15 世纪郑和下西洋以来，中国军舰首次在印度洋航行。如我们早前提到的，国家安全是一种"正常商品"，其需求的收入弹性可能远远大于 1。俄罗斯仍然拥有庞大的核武库，但它更为强大的武器是控制从俄罗斯自己和中亚到欧盟的能源供应，这些供应管道可以取代"麦金德的铁路"，成为地缘政治影响力的关键指标。

毫无疑问，世界将继续见证相对低烈度、非对称的"战斧对 AK47"式的战争，正如迈克·霍华德（Michael Howard，2002）所描述的那样，也如美国在阿富汗对塔利班发动的战争那样。国家间战争的主要威胁来自伊朗和朝鲜以及其核野心和意图。人们希望俄罗斯能从获益良多的全球化进程中继续受益，而这会减弱想挑衅美国的欲望，以和平解决分歧。同时，印巴克什米尔僵局仍在继续，看不到结束的可能，某些事件可能会启动这个定时炸弹。

2008～2009 年，由于金融危机，世界贸易规模萎缩了 20% 以上。尽管这场危机是可悲且危险的，但这个危机也可能是有益的，如果把它视为一个警示，则提醒我们，世界贸易的无限扩张并不是必然的，金融监管的强化与其他经济和地缘政治架构中的其他改进很必要且早就应该进行了。

致　谢

本章的早期版本于 2010 年 4 月在耶鲁—普林斯顿贸易与战争会议（Yale-Princeton Conference on Trade and War）上宣读过。我们非常感谢这次会议的与会者，特别是本卷书的编辑迈克尔·加芬克尔（Michelle Garfinkel）和斯特吉奥斯·什卡佩尔达斯（Stergios Skaperdas），感谢他们的有益评论。

参考文献

Abu-Lughod, J. 1989. *Before European hegemony: The world system AD 1250 – 1350*. New York: Oxford University Press.

Allsen, T. 1994. The rise of the Mongol Empire and Mongolian rule in north China. In *Cambridge history of China*, Vol. 6, *Alien states and border regimes 907 – 1368*, ed. H. Franke and D. Twitchett, 321 – 413. Cambridge: Cambridge University Press.

Andreski, S. 1968. *Military organization and society*. Berkeley: University of California Press.

Barfield, T. J. 1989. *The perilous frontier: Nomadic empires and China*. Cambridge, MA: Blackwell.

Biran, M. 2007. *Chinggis Khan*. Oxford: Oneworld.

Brito, D., and M. J. Intrilligator. 1976. Formal models of arms races. *Journal of Peace Studies* 2: 77 – 88.

Campbell, B. 1999. The Roman Empire. In *War and society in the ancient and medieval worlds*, ed. K. Raaflaub and N. Rosenstein, 217 – 240. Cambridge, MA: Harvard University Press.

Chua, A. 2007. *Day of empire*. New York: Doubleday.

Cipolla, C. M. 1965. *Guns, sails and empires: Technological innovation and the early phases of European expansion 1400 – 1700*. New York: Pantheon Books.

Findlay, R. 1996. Towards a model of territorial expansion and the limits of empire. In *The political economy of conflict and appropriation*, ed. M. Garfinkel and S. Skaperdas. Cambridge:

Cambridge University Press.

Findlay, R. , and M. Amin. 2008. National security and international trade: A simple general equilibrium model. In *Frontiers of economics and globalization*, vol. 4, ed. S. Marjit and E. Yu. Bingley, UK: Emerald Group Publishing.

Findlay, R. , and M. Lundahl. 2003. Towards a factor proportions approach to economic history: Population, precious metals and prices from the Black Death to the price revolution. In *Bertil Ohlin: A centennial celebration*, ed. R. Findlay, L. Jonung, and M. Lundahl. Cambridge, MA: MIT Press.

——. 2006. The first globalization episode: The creation of the Mongol Empire, or the economics of Chinggis Khan. In *Asia and Europe in globalization: Continents, regions and nations*, ed. G. Therborn and H. H. Khondker. Leiden: Brill.

Findlay, R. , and K. H. O'Rourke. 2007. *Power and plenty: Trade, war and the world economy in the second millennium.* Princeton, NJ: Princeton University Press.

Garnsey, P. , and R. Saller. 1987. *The Roman Empire: Economy, society and culture.* Berkeley: University of California Press.

Gat, A. 2006. *War in human civilization.* Oxford: Oxford University Press.

Grant, M. 1978. *History of Rome.* New York: Charles Scribner's Sons.

Haavelmo, T. 1954. *A study in the theory of economic evolution.* Amsterdam: North-Holland.

Harris, W. V. 1979. *War and imperialism in republican Rome 327 – 70 BC.* Oxford: Oxford University Press.

Herlihy, D. 1997. *The Black Death and the transformation of the West.* Cambridge, MA: Harvard University Press.

Howard, M. 2002. *The invention of peace and the reinvention of war.* London: Profile Books.

Kennedy, P. 1987. *The rise and fall of the great powers.* New York: Random House.

Lane, F. 1940. The Mediterranean spice trade: Further evidence of its revival in the sixteenth century. *American Historical Review* 45: 581 – 90.

Lattimore, O. 1957. Feudalism in history. *Past and Present* 12: 47 – 57.

——. 1963. The geography of Chingis Khan. *Geographical Journal* 129: 1 – 7.

Luttwak, E. 1976. *The grand strategy of the Roman Empire.* Baltimore: Johns Hopkins University Press.

Mahan, A. T. 1957 [1890] . *The influence of sea power upon history.* New York: Sagamore Press.

——. 2005 [1900] . *The problem of Asia.* Boston: Elibron Classics.

Mackinder, H. 1904. The geographical pivot of history. *Geographical Journal* 23: 421 – 44.

McNeill, W. H. 1982. *The pursuit of power: Technology, armed force and society since AD 1000*. Chicago: University of Chicago Press.

Overy, R. 1995. *Why the allies won*. London: Pimlico.

Pincus, S. 2009. 1688: *The first modern revolution*. New Haven, CT: Yale University Press.

Raaflaub, K. 1996. Born to be wolves? Origins of Roman imperialism. In *Transitions to empire: Essays in Graeco-Roman history in honor of E. Badian*, ed. R. W. Wallace and E. M Harris. Norman: University of Oklahoma Press.

Ratchnevsky, P. 1991. *Genghis Khan: His life and legacy*. Oxford: Blackwell.

Richardson, L. F. 1960. *Arms and insecurity*. Pittsburgh, PA: Boxwood Press.

Rosenstein, N. 1999. Republican Rome. In *War and society in the ancient and medieval worlds*, ed. K. Raaflaub and N. Rosenstein. Cambridge, MA: Harvard University Press.

Smith, A. 1776. An inquiry into the nature and causes of the wealth of nations. Available online at http://www. econlib. org/library/Smith/smWN. html.

Tilly, C. 1990. *Capital, coercion and European states AD 990 – 1990*. Oxford: Blackwell.

Tooze, A. 2006. *The wages of destruction: The making and breaking of the Nazi economy*. New York: Penguin Books.

Viner, J. 1948. Power versus plenty as objectives of foreign policy in the seventeenth and eighteenth centuries. *World Politics* 1: 1 – 29.

Westad, O. A. 2007. *The global cold war*. Cambridge: Cambridge University Press.

第 24 章　国家力量阴影下的贸易

米歇尔·R. 加芬克尔

斯特吉奥斯·什卡佩尔达斯

康斯坦丁诺斯·瑟罗普洛斯

1. 引言

至少从李嘉图（Ricardo，1817）开始，国际贸易理论就一直遵循传统经济学方法，假设所有商品和服务的产权都是被完美定义并且可以无成本地实施。但是，特别是在国际背景下，并不存在一个包揽一切的权威，可以如同在单个国家中那样界定或实施产权，因此这一假设在经验意义上是站不住脚的。并且，正如我们在这一章所讨论的那样，这种假设缺乏经验证据对理论并非没有影响。特别地，放松了完美和无成本实施产权假设的合理模型得出了不同预测，在某些情况下，这些预测与基于传统贸易理论得到的预测大相径庭。

缺乏第三方实施产权意味着各个国家要支出大量资源用于实施产权的努力上。军费开支就是这种昂贵的"自我实施"的一个明显方面，它大约占世界国内生产总值（GDP）的 2.5%（SIPRI，2008）。当然，国家、组织和个人在产权"自我实施"中要承担其他安全和情报成本。虽然这些成本更加难以估计，但它们有助于改变传统模型的结果。

最后，我们认为，国家力量对贸易的关键作用与资源禀赋、偏好和技术等贸易的传统决定因素一样重要。我们在本章中对国家力量类型的研究以使用或威胁使用暴力（这种暴力反过来依赖国家军事力量）为基础。

在几乎全部有记载的人类历史中，贸易总是在国家力量的阴影下进行。贸易的每一方都面对另一方不能就价格达成一致的风险；此外，考虑到威胁或实际使用暴力的可能性，每一方还面对另一方从他这里夺走一切的风险。因此，无政府状态下的贸易双方都必须为暴力的可能性做好准备。事实上，亚欧大陆过去 1000 年的历史充满了国家力量阴影下贸易困境的例子。[①] 正如荷兰东印度公司的一位总督对其公司负责人在上任后所说，"我们不能进行没有贸易的战争，也不能进行没有战争的贸易"（Findlay，O'Rourke，2007：178）。同样，孟买的英国总督查尔斯·布恩（Charles Boone）在 18 世纪评论说，"如果没有海军，就没有贸易"（Chaudhuri，1985：3）。在近代早期，欧洲列强——西班牙、葡萄牙、法国和俄国，在手中的剑及大炮的支持下寻求贸易。在早些时候，北欧海盗、热那亚人和威尼斯人同时在贸易和军事力量的推动下积累自己的财富。

国家力量阴影下的贸易并没有随着工业革命和现代民族国家的兴起而消失。事实上，有人可能会争论说，英国工业革命本身就是由英国海军和英帝国的长途贸易提供保障的。此外，毋庸置疑的是，第一次世界大战前的第一个全球化时期伴随着大国之间的军备竞赛。即使文明的公司或大多数经济学理论几乎并不认可，但很难否认的是，事实上，目前，国际贸易仍在国家力量的阴影下进行。

准确地说，国家力量对贸易到底有多重要取决于特定的环境。在本章中，我们的目的是考察在考虑运用国家力量的情况下，国际贸易理论的一些主要结论会如何改进。我们在两种商品、两个国家的李嘉图和赫克歇尔—俄林（Heckscher-Ohlin）贸易模型的简化形式设定下分析这个问题，对每个模型进行扩展，引入非贸易商品，即"大炮"。在扩展的李嘉图模型中，使用大炮可以获取一些可贸易商品，而在扩展的赫克歇尔—俄林模型中，使用大炮来获取被争夺的资源，比如石油。

在这两个模型中，最终被交易商品的生产不仅取决于参与贸易的国家的资源禀赋、技术和偏好，还取决于利用稀缺资源所生产的军备情况。因此，无论是国内市场价格还是国际市场价格，除反映偏好、资源禀赋和生产技术外，还反映了军备，以及来自军备的国家力量。当然，军备

[①] 参见芬德利和奥洛克（Findlay，O'Rourke，2007，2012）。

本身是内生的。正如我们通过李嘉图模型所展示的那样，那些拥有最具
社会价值商品的国家不一定需要拥有在完全安全的竞争经济环境下享有
的优势。因为生产一种价值很高的产品会使一个国家拥有较少的军备，
并因此在国家力量上处于一种"比较劣势"。

在赫克歇尔—俄林模型中，我们考察了争夺资源的两个小国之间的
互动，并在世界价格视为给定的情况下，比较了两个国家都自给自足以
及两个国家都参与自由贸易的结果。自给自足时的军备情况与自由贸易
条件下的军备情况通常是不相关的，我们发现存在一系列世界价格，在
这些价格下，相对于自由贸易，两个国家都偏好自给自足，尽管事实是
这两个国家都是小国，并因此对世界价格没有影响。尤其是对于这一系
列的世界价格，来自贸易的收益被自由贸易下军备的额外成本所淹没。
此外，对于某些范围内的价格，考虑国家力量和没有这种考虑的情况相
比，一个国家出口的产品会所有不同，这是严格意义的新古典主义模型
的特殊情况；因此，国家力量阴影下的贸易会扭曲比较优势。

2. 带有不安全产出的模型

考虑两个国家 E（表示英国）和 S（表示西班牙）分别拥有初始资
源 R_E 和 R_S，每个国家专业化生产一种最终产品，分别是布（c）和酒
（w）。由于不安全，两个国家还生产另一种商品，我们可以称之为"大
炮"。① 令 g_E 和 g_S 分别代表 E 和 S 生产的大炮数量，最终产品 c 和 w 的
产出为：

$$c = R_E - g_E, w = R_S - g_S \qquad (1)$$

两个国家拥有相同的柯布—道格拉斯效用函数，它们是关于两种最

---

① 我们在本节中假设，尽管不安全带来了问题，但在自由贸易下，它并不需要向 E 国
"付费"来生产葡萄酒，也不用向 S 国"付费"来生产布。具体来说，我们假设每个
国家具有比较劣势的产品的生产技术是极端无效率的，因此，我们基本上可以认为初
始禀赋 R_E 只能用来生产布和大炮，初始禀赋 R_S 只能用来生产酒和枪支。我们注意到，
这种"扩展李嘉图"模型与阿明顿（Armington，1969）模型一致，假设投入品（即资
源禀赋）因国家而不同，所以产出也不同。给定我们在式（2）中设定的柯布—道格拉
斯效用函数，这个模型是一个特例，其替代弹性等于 1。

终产品 c_i 和 w_i 消费数量的函数：

$$U(c_i, w_i) = c_i^\alpha w_i^{1-\alpha}, i = E, S \tag{2}$$

在这里，$\alpha \in (0,1)$。

我们假设两个国家都首先生产大炮。根据式（1），这一选择决定了布和酒的产出。于是，每个国家都企图夺取对方的一些产出[①]。这样的设定描述了，如 17 世纪和 18 世纪英国和西班牙以及英国和法国在大西洋上的互动情况，当时，这些国家的海军和武装民船都想攫取另一个国家的商船和货物。[②] 每个国家夺取多少其他国家的产出，以及能够保护多少自己的产出取决于两个因素：（1）总体不安全程度；（2）两个国家拥有的大炮数量。

令 $\sigma \in [0,1]$ 表示安全程度，也就是每个国家的产出中不会被别国夺走的部分。产出的剩余部分 $1-\sigma$ 容易被抢夺，且在两国间分享的比例取决于两国所拥有的大炮数量。特别地，令 $q(g_E, g_S)$ 表示 E 国所占份额，$1 - q(g_E, g_S)$ 为 S 国所占份额。假设函数 $q(g_E, g_S)$ 是可微的，对 g_E 严格递增且对 g_S 严格递减，其他性质将在下文需要时进行设定。我们使用一种特殊形式：

$$q(g_E, g_S) = \begin{cases} \dfrac{g_E}{g_E + g_S} & \text{如果} \sum_{i=E,S} g_i > 0 \\[2mm] \dfrac{1}{2} & \text{如果} \sum_{i=E,S} g_i = 0 \end{cases} \tag{3}$$

每个国家的安全产出在每个国家中通过大量交易者竞争性地进行贸易，E 国是 σc，S 国是 σw。当然，给定如式（2）所示的柯布—道格拉斯函数形式，如果所有产出以竞争方式进行贸易，包括安全和不安全的产出，那么竞争均衡中的分配、c 和 w 的相对价格，以及每个国家的均衡支付将是相同的。

587

[①] 或者，这两国间的冲突可以被认为是由中间产品不安全所导致的。对于这个解释，式（2）将被视为一个生产函数，c_i 和 w_i 是中间品；在这种情况下，α 和 $1-\alpha$ 可被认为是成本份额或投入的产出弹性。

[②] 对于武装民船的历史证据的回顾参见利森（Leeson，2009），其他很多例子可参见芬德利和奥洛克（Findlay，O'Rourke，2007）。

两国互动中的事件顺序如下。

阶段 1. 两国同时选择军备水平 g_E 和 g_S。给定这些选择，c 和 w 的产出由式（1）决定。

阶段 2. 军备水平决定了每个国家不安全产出如何分割。国家 E 保留 c 的份额为 $\sigma + (1 - \sigma)q(g_E, g_S)$，获得 w 的份额为 $(1 - \sigma)q(g_E, g_S)$，而国家 S 获得 c 的份额为 $(1 - \sigma)[1 - q(g_E, g_S)]$，保留 w 的份额为 $\sigma + (1 - \sigma)[1 - q(g_E, g_S)]$。

阶段 3. c 和 w 中安全的部分（或者等价地，c 和 w 中所有部分）通过竞争市场进行交易。

更正式地，我们定义阶段 3 的结果如下。

定义 1：一个竞争性均衡由分配 $(c_E^*, w_E^*, c_S^*, w_S^*)$ 以及 c 相对于 w 的价格 p^* 构成。

（1）对于 $i = E, S$，(c_i^*, w_i^*) 在 $p^* c_i + w_i = m_i(p^*)$ 的约束条件下使式（2）最大化，其中：

$$m_E(p^*) = p^*[\sigma + (1 - \sigma)q(g_E, g_S)]c + (1 - \sigma)q(g_E, g_S)w$$

$$m_S(p^*) = p^*(1 - \sigma)(1 - q(g_E, g_S))c + [\sigma + (1 - \sigma)(1 - q(g_E, g_S))]w$$

（2）$c_E^* + c_S^* = c$ 和 $w_E^* + w_S^* = w$。

第一个条件要求每个国家都根据预算约束下最大化效用水平选择其消费，支出和预算约束都根据竞争均衡价格来计算。第二个条件要求两种商品的市场都要出清。

使用倒推法从阶段 3 开始求解模型，我们可以得到，对于给定的任何大炮数量的选择，均衡时 c 的相对价格（即使世界市场出清的相对价格）如下：

$$p^* = \frac{\alpha}{1 - \alpha} \frac{w}{c} = \frac{\alpha}{1 - \alpha} \frac{R_S - g_S}{R_E - g_E} \tag{4}$$

需要注意的是，这一价格不仅依赖偏好（在这个简单例子中用参数 α 表示）及资源禀赋 R_E 和 R_S，还依赖两国选择的军备数量。国家 E 军备水平的外生增加，提高了它所生产最终商品 c 的稀缺性和相对价格；同理，国家 S 军备水平的提高，提高了它所生产最终商品 w 的稀缺性和相对价格。

根据定义，式（4）中的均衡价格将 c 和 w 在每个国家攫取他国部分产出之后（即博弈的阶段 2 之后），在两国之间的分布作为初始分配。然而，如果我们要考虑式（1）所示在第一阶段选择了军备水平之后的"初始"分配，并将它们与最终的竞争性均衡分配相比较，那么隐含交换率与式（4）所示的价格通常是不同的。特别地，使用上述竞争性均衡定义以及式（4），我们可以很容易证明，给定 g_E 和 g_S，国家 E 和国家 S 的竞争性均衡分配分别满足：

$$\frac{c_E}{c} = \frac{w_E}{w} = \sigma\alpha + (1 - \sigma)q(g_E, g_S) \tag{5a}$$

$$\frac{c_S}{c} = \frac{w_S}{w} = \sigma(1 - \alpha) + (1 - \sigma)(1 - q(g_E, g_S)) \tag{5b}$$

这样，从阶段 1 做出军备选择后的初始分配开始，E 国拥有其生产的布的所有产出，$c = R_E - g_E$，S 国拥有其生产的酒的所有产出，$w = R_S - g_S$，最终分配结果就像是 E 国用其 $\sigma(1 - \alpha) + (1 - \sigma)(1 - q(g_E, g_S))$ 比例的 c 交换了 S 国 $\sigma\alpha + (1 - \sigma)q(g_E, g_S)$ 比例的 w。事实上，在每个国家军备水平保障下的交换可以作为这个模型的另一种解释。于是，得到的 c 相对于 w 的隐含或有效价格是：

$$\bar{p} = \frac{\sigma\alpha + (1 - \sigma)q(g_E, g_S)}{\sigma(1 - \alpha) + (1 - \sigma)(1 - q(g_E, g_S))}\frac{R_S - g_S}{R_E - g_E} \tag{6}$$

这个价格不同于式（4）中的 p^*，因为有另外两个因素发挥决定性作用：安全程度 σ 及掠夺比例 $q(g_E, g_S)$ 和 $1 - q(g_E, g_S)$。[①] 更高的安全程度 σ 意味着，在其他情况都相同时，$\bar{p}$ 更接近 p^*（只有当完全安全，即 $\sigma = 1$ 时，两个价格相等）。安全程度 σ 越低，掠夺比例 $q(g_E, g_S)$ 和 $1 - q(g_E, g_S)$ 发挥的作用就越显著。事实上，军备水平对有效价格 $\bar{p}$ 的影响不仅通过影响产出、$R_E - g_E$、$R_S - g_S$ 实现，还通过影响这些比例来实现。特别地，对于国家 E，其军备水平的增加提高了它自己的份额 $q(g_E, g_S)$，降低了国家 S 的份额 $1 - q(g_E, g_S)$，并减少了最终产出 c（$= R_E -$

589

---

① 这两个价格之间的差异在埃奇沃思盒中可以看到，它描绘了对应于三个阶段的三个点：最终（阶段 3）分配、初始（阶段 1）分配，以及暂时（阶段 2）分配。连接暂时分配和最终分配的直线斜率表示为 p^*，连接初始分配和最终分配的直线斜率表示为 $\bar{p}$。

g_E）。国家 E 提高军备水平的这三种效应都提高了 $\bar{p}$。同样地，国家 S 提高军备水平会降低有效价格 $\bar{p}$。因此，某个国家（不管是 E 国还是 S 国）提高军备水平都毫无疑问地改善了该国的贸易条件。

当然，对大炮的选择是内生的，由上面描述的该博弈的纳什均衡决定。给定阶段 2 和阶段 3，我们考虑在阶段 1 关于大炮的任意选择推导出的式（5）所示的竞争性均衡，两个国家相应的支付函数可以由下式表示：

$$V_E(g_E, g_S) = [\sigma\alpha + (1-\sigma)q(g_E, g_S)](R_E - g_E)^\alpha(R_S - g_S)^{1-\alpha} \tag{7a}$$

$$V_S(g_E, g_S) = [\sigma(1-\alpha) + (1-\sigma)(1-q(g_E, g_S))](R_E - g_E)^\alpha(R_S - g_S)^{1-\alpha} \tag{7b}$$

给定两国有同样的线性齐次效用函数，如式（2），对于任何给定的大炮选择，存在一个总"剩余"（或可转移效用），可在两个国家之间分割。它等于 $(R_E - g_E)^\alpha(R_S - g_S)^{1-\alpha}$。支付函数式（7）表明，每个国家分享剩余的比例是竞争性和掠夺性份额的凸组合，其权重由安全参数 σ 确定。在确定每个国家的剩余分享比例时，安全参数越大，竞争性份额越重要，掠夺性份额越不重要，对于国家 E 和国家 S 而言，竞争性份额分别为 α 和 $1-\alpha$，掠夺性份额分别为 $q(g_E, g_S)$ 和 $1-q(g_E, g_S)$。

首先考察两种极端情况是有指导意义的，即完全安全（$\sigma=1$）和完全不安全（$\sigma=0$）的情况。然后，我们转向中间情形，即部分安全 $[\sigma\in(0, 1)]$。

2.1　完全安全（$\sigma=1$）作为基准模型

在完全安全的假设情况下，支付函数是给定 $\sigma=1$ 时的式（7），即：

$$V_E(g_E, g_S) = \alpha(R_E - g_E)^\alpha(R_S - g_S)^{1-\alpha} \tag{8a}$$

$$V_S(g_E, g_S) = (1-\alpha)(R_E - g_E)^\alpha(R_S - g_S)^{1-\alpha} \tag{8b}$$

因为在这种情况下，军备成本高昂且不会带来任何收益，每个国家都没有激励选择军备投入：$g_E^1 = g_S^1 = 0$，其中，上标 1 表示 $\sigma=1$。这样，均衡分配、价格和效用与完美且可无成本实施产权的经济体在竞争条件下得到的均衡结果完全相同。特别地，均衡消费水平、价格和支付分别为：

$$c_E^1 = \alpha R_E, \qquad\qquad c_S^1 = (1 - \alpha) R_E$$

$$w_E^1 = \alpha R_S, \qquad\qquad w_S^1 = (1 - \alpha) R_S$$

$$p^{*1} = \frac{\alpha}{1 - \alpha} \frac{R_S}{R_E}, \tag{9}$$

$$V_E^1(0,0) = \alpha R_E^\alpha R_S^{1-\alpha}, V_S^1(0,0) = (1 - \alpha) R_E^\alpha R_S^{1-\alpha}$$

　　偏好参数 α 和资源禀赋 R_E 及 R_S 对均衡值产生了预期中的影响。例 590
如，国家 E 生产的商品价值的相对增加（例如，α 增加）意味着在竞争
性贸易中这个国家获得了优势。此外，无论哪个国家的初始资源禀赋
（R_E 或 R_S）增加，都可以提高两个国家的消费水平（分别对 c 或 w 的消
费），并因此提高了他们的支付水平。

2.2　完全不安全（$\sigma = 0$）

　　在完全或彻底不安全情况下，支付函数式（7）变为：

$$V_E(g_E, g_S) = q(g_E, g_S)(R_E - g_E)^\alpha (R_S - g_S)^{1-\alpha} \tag{10a}$$

$$V_S(g_E, g_S) = (1 - q(g_E, g_S))(R_E - g_E)^\alpha (R_S - g_S)^{1-\alpha} \tag{10b}$$

　　这里，我们的目标在于刻画唯一的内部纳什均衡（g_E^0, g_S^0），我们知
道它是存在的。[①] 该均衡同时满足下面的一阶条件：

$$\frac{\partial V_E(g_E^0, g_S^0)}{\partial g_E} = \frac{\partial q^0}{\partial g_E}(R_E - g_E^0)^\alpha (R_S - g_S^0)^{1-\alpha}$$
$$- \alpha q^0 (R_E - g_E^0)^{\alpha-1}(R_S - g_S^0)^{1-\alpha} = 0 \tag{11a}$$

$$\frac{\partial V_S(g_E^0, g_S^0)}{\partial g_S} = \frac{\partial q^0}{\partial g_S}(R_E - g_E^0)^\alpha (R_S - g_S^0)^{1-\alpha}$$
$$- (1 - \alpha)(1 - q^0)(R_E - g_E^0)^\alpha (R_S - g_S^0)^{-\alpha} = 0 \tag{11b}$$

　　这里，$q^0 = q(g_E^0, g_S^0)$。

---

① 可以在什卡佩尔达斯和瑟罗普洛斯（Skaperdas, Syropoulos, 1997）中找到证明，他们
　分析了更为一般的情况，其中效用函数是线性齐次的。什卡佩尔达斯（Skaperdas,
　1992）介绍并分析了类似的模型，其中 $R_E = R_S$。

每个一阶条件的第一项代表一国本国军备水平小幅增加的边际收益，它等于所获得份额的小幅变化乘以两个国家可争夺的"剩余"的规模。每个一阶条件的第二项代表一国本国军备水平小幅增加的边际成本。这个边际成本等于一国本国产出（对 E 国来说是布，对 S 国来说是酒）的边际效用乘以该国的掠夺性份额。因此，在其他条件相同的情况下，正如上文所提到的，一国产出价值如果相对更高（例如，对于 c，如果 $\alpha > \frac{1}{2}$，则 $1 - \alpha < \frac{1}{2}$）将带给这个国家在完全安全情况下没有的一种优势[参见式（9）]，但也会带给这个国家相比完全不安全情况的一种劣势。

为进一步探讨这个问题，注意式（11）中的两个一阶条件可以简化为如下形式：

$$\frac{\partial q^0}{\partial g_E}(R_E - g_E^0) = \alpha q^0 \tag{12a}$$

591

$$-\frac{\partial q^0}{\partial g_S}(R_S - g_S^0) = (1 - \alpha)(1 - q^0) \tag{12b}$$

合并这两个公式并重新整理后得到：

$$\frac{\dfrac{\partial q^0}{\partial g_E} \Big/ q^0}{-\dfrac{\partial q^0}{\partial g_S} \Big/ (1 - q^0)} = \frac{\alpha R_S - g_S^0}{(1 - \alpha)(R_E - g_E^0)} \tag{13}$$

注意，如果 $q(g_E, g_S)$ 在两个参数的定义上是对称的，并且是第一个参数的凹函数，那么 $\frac{\partial q^0}{\partial g_E}$ 和 $-\frac{\partial q^0}{\partial g_S}$ 分别是 g_E 和 g_S 的减函数。因此，当且仅当 $g_E^0 > g_S^0$ 成立时，$\frac{\partial q^0}{\partial g_E} < -\frac{\partial q^0}{\partial g_S}$ 成立。那么可以得到，当且仅当 $g_E^0 > g_S^0$ 时，式（13）等号左侧小于 1。现在考虑 $R_E = R_S$ 的情况，并不失一般性地假设 $g_E^0 > g_S^0$。因为式（13）等号左侧小于 1，我们必定有 $(1 - \alpha)(R_E - g_E^0) > \alpha(R_S - g_S^0) = \alpha(R_E - g_S^0) > \alpha(R_E - g_E^0)$，只有当 $\alpha < \frac{1}{2} < 1 - \alpha$ 时，或者布相比酒价值量较小，这个条件可能成立。换句话说，假设 $R_E = R_S$，当且仅当国家 E 生产的布相对于国家 S 生产的商品价值更低时，国家 E 比国家 S 更强大，国家 E 将获得总剩余中更大的份额。这个结果与式（9）所示

的完全竞争和完全安全情况下的结果形成了鲜明对比，之所以出现这个结果，是因为生产对消费来说相对更有价值的商品意味着军备的机会成本更高，使生产这种商品的国家在冲突中存在相对劣势。值得注意的是，如果 $q(g_E, g_S)$ 和效用函数取非常一般的函数形式 [例如，除式（3）之外的其他函数形式]，那么这个结论仍保持不变 [参见什卡佩尔达斯（Skaperdas，1992）；什卡佩尔达斯和瑟罗普洛斯（Skaperdas, Syropoulos, 1997）]。

更一般地，对于初始资源 R_E 和 R_S 的任意组合，对布的相对偏好 α 增加会降低 E 国均衡时的军备水平，提高 S 国的军备水平，因此毫无疑问地减少了 E 国均衡时的份额，提高了 S 国的份额 [参见什卡佩尔达斯和瑟罗普洛斯（Skaperdas, Syropoulos, 1997）命题 3，以及本章附录]。我们将这一小节比较静态分析的主要结果总结在下面的命题中。

　　命题 1. *假设存在完全不安全（$\sigma = 0$）*

　　（1）令 $R_E = R_S$。那么以下条件是等价的：（a）$\alpha < 1 - \alpha$；（b）$g_E^0 > g_S^0$；（c）$q^0 > 1/2$。

　　（2）对于 R_E 和 R_S 的任意组合，α 增加导致 g_E^0 减少和 g_S^0 增加，并因此导致 q^0 减少。

因此，一种商品本身价值的外生提高，会降低专业化生产这种商品的国家的军备水平、国家力量以及在均衡时该国所获得的总剩余份额。这一发现听起来似乎很极端，但要注意它成立的条件也是非常极端的。也就是，存在完全不安全，且贸易条件仅仅由相对的军备水平决定。然而，这个结果表明，某种商品具有相对较高的价值和稀缺性，这在决定生产者福利水平中发挥整体性作用，在下一小节中，我们考虑不那么极端的例子，就会看到这一结果的启发性意义。

592

2.3　部分安全（$0 < \sigma < 1$）

不完全（或者部分）安全这一中间情况下相应的支付函数是式（7）的一般形式。纳什均衡（g_E^*, g_S^*）（这里用"＊"表示在均衡点的值）可以从类似于式（12）的条件中推导出来。特别地，均衡条件意味着：

$$(1 - \sigma) \frac{\partial q^*}{\partial g_E}(R_E - g_E^*) = \alpha[\sigma\alpha + (1 - \sigma)q^*] \qquad (14a)$$

$$(1 - \sigma)\left(-\frac{\partial q^*}{\partial g_S}\right)(R_S - g_S^*) = (1 - \alpha)[\sigma(1 - \alpha) + (1 - \sigma)(1 - q^*)] \qquad (14b)$$

正如在式（12）中完全不安全的情况，每个等式左边与军备的边际收益成比例，每个等式右边与军备的边际成本成比例。式（14）中每个式子左边等于式（12）左边乘以不安全程度 $1-\sigma$。毫不奇怪，军备的边际效用越低，安全程度越高。式（14）中每个式子右边与式（12）右边的区别只是对 E 国而言，用 $\sigma\alpha + (1-\sigma)q^*$ 代替了 q^0，对 S 国而言，用 $\sigma(1-\alpha) + (1-\sigma)(1-q^*)$ 代替了 $1-q^0$。给定国家 E 军备边际成本的决定因素是 α，国家 S 军备边际成本的决定因素是 $1-\alpha$，那么偏好参数 α 发挥与完全不安全情况下类似的作用。

事实上，我们可以证明，基于上文分析式（13）使用的类似的推导思路，当 $R_E = R_S$，当且仅当 $\alpha < 1-\alpha$，$g_E^* > g_S^*$。因此，如同 $R_E = R_S$ 时的完全不安全情况，在其他条件相同的情况下，专业化生产价值量较低商品的国家，其军备水平高于对手，并且获得不安全产出中的较大份额。然而，这个国家得到的每种最终商品的总份额不必大于倾向于较低军备水平的另一个国家所获得的总份额。最终份额由大炮和竞争性比例（对国家 E 是 α，对国家 S 是 $1-\alpha$）共同决定。α 越大，对国家 E 来说意味着来自其资源禀赋的安全部分的比例越高，但也意味着来自不安全部分的比例越低。哪种影响占据主导地位显然取决于安全程度 σ。

如同在完全不安全情况下一样，对于资源禀赋 R_E 和 R_S 的任意组合，α 上升会降低国家 E 相对于国家 S 的军备水平，并因此会降低 q^*。更为重要的是，安全程度 σ 降低会提高两国的军备水平。下面的命题总结了这些发现，证明见附录。

命题 2. 假设存在部分安全 $[\sigma \in (0,1)]$

（1）令 $R_E = R_S$。那么下面的条件是等价的：(a) $\alpha < 1-\alpha$；(b) $g_E^* > g_S^*$；(c) $q^* > 1/2$。

（2）对于 R_E 和 R_S 的任意组合，α 增加导致 g_E^* 相对于 g_S^* 降低，

并因此导致 q^* 减少。

593

（3）对于 R_E 和 R_S 的任意组合，σ 增加导致 g_E^* 和 g_S^* 减少。

值得注意的是，对于足够低的安全程度，或者足够小的 σ，α 增加意味着较低的 g_E^* 和较高的 g_S^*，这与命题 1 中（2）的结果一致，它关注完全不安全的情况。然而对于更高的安全程度，α 上升对两个国家均衡军备水平的影响是不明确的。但是，不考虑安全水平（$\sigma \in [0,1]$），一国专业化生产商品的社会价值提升会降低该国在争夺不安全产出冲突中的相对优势。

最后，我们考察不安全对于福利的含义。作为开始，首先考虑两国拥有相同的资源禀赋（即 $R_E = R_S$），且两国消费者认为酒和布的价值相等（即 $\alpha = \dfrac{1}{2}$）的基准情况。因为在存在不安全的情况下，两国都生产数量为正且相同的大炮，并因此分享相同比例的剩余，这是完全安全情况下的均衡，且在完全安全情况下，不生产大炮是更加吸引人的。换句话说，在基准情况下，两个国家是同质的且两种商品价值相同，冲突便有了囚徒困境的特征。而且，由于在部分安全的情况下，提升安全程度（σ）导致两国都生产更少的军备［命题 2 中的（3）］，那么每个国家的福利水平都必然随 σ 单调递增。

然而，在我们考虑不对称情况 $R_E \neq R_S$ 和 $\alpha \neq \dfrac{1}{2}$ 时，这些结论不一定保持不变。即使当 $R_E = R_S$ 时，比如，只要 α 足够小，国家 E 就会偏好冲突。在这种情况下，如前面所指出的那样，较小的 α 意味着国家 E 在来自其资源禀赋安全部分的总剩余中所占份额也较小，还意味着来自不安全部分的份额较大。考虑到不安全的某些程度（$\sigma \in [0,1)$），如果 α 足够小，则后者的影响占主导地位，使国家 E 获得剩余的总份额更大，相对于完全安全的情况，国家 E 的这些收益超过了军备所增加的成本，这种成本反映在更小的总份额上。[1] 同理，如果 α 足够大，则国家 S 偏好

---

[1]　事实上，在部分安全性的情况下（$\sigma \in [0,1]$），随着 α 接近 0，国家 E 在总剩余中占有份额，因此，福利水平是严格为正的。相反，在完全安全的情况下（$\sigma = 1$），E 国在总剩余中所占的份额消失了，因此，福利水平接近 0。

某些程度的不安全，而不是完全安全。这可以从更一般的 $R_E \neq R_S$ 时的情况推理出来。那么，毫不奇怪的是，如果 α 足够小，对于国家 E 而言，安全程度提升不一定意味着福利水平的提升，或者对于国家 S 而言，如果 α 足够大，也是如此。下面的命题总结了这些结果，附录给出了证明。

命题 3. 对于 R_E 和 R_S 的任意组合，

（1）如果 α 足够小（大），那么国家 $i = E$（$i = S$）会偏好某种程度的冲突而不是没有冲突；

（2）如果 α 足够小（大），那么国家 $i = E$（$i = S$）的福利水平不一定必然随安全程度 σ 单调递增。

594　　对于大部分的人类历史，远距离贸易发生在高度不安全的情况下。不安全程度、每个国家主要通过军备降低不安全程度的努力，以及产生经济后果的方式都是传统模型无法预测的。商品生产是由军备决策内生决定的，且偏好无法预期，并似乎对每个国家的最终收益产生了意想不到、看似反常的影响。市场价格或影子价格不仅反映了军备将资源禀赋从最终消费品生产中转移出来，而且反映了军备以及不安全对确定每一方获得多少的影响。[①]

当然，考虑到这个模型的结构仅包含两个国家，人们自然可能把由冲突造成的扭曲归因于贸易条件的影响。然而，正如下一节所显示的，冲突对均衡结果的这种扭曲性影响并不取决于这些影响。

3. 带有不安全资源的模型

鉴于前一节的模型可以看作李嘉图模型，它强调国家间的技术差异，

---

① 有人可能认为这部分模型与现代世界没有关联，然而霍斯特·科勒（Horst Kohler，德国前总统）的发言却表明并不是这样：我们这样规模的国家的重点是出口，并因此依赖对外贸易，我们必须意识到，军事部署对于在紧急情况下保护我们的利益是必要的，例如，当涉及贸易路线时，再如，当涉及防止区域不稳定性可能对我们的贸易、就业和收入产生负面影响时［《纽约时报》（*New York Times*，2010 年 5 月 31 日）］。此外，有趣的是，就在进行这一演讲之后，科勒就感到压力不得不辞职，并不是因为其发言不真实，而可能因为他太直率了。在政治上，即使是上面那样的发言也明显是禁忌，在经济学中可能也有相应的情况，这样的话，考虑安全和贸易政策相互依存关系的研究与模型非常少。

在本节中，我们转向这样一个模型，它源自赫克歇尔—俄林贸易模型，假设技术完全相同。本节模型的另一个不同之处是，不安全仅存在于一种投入品中。并且，尽管前一节中的模型考虑了两个"大"国，但本节中的模型由两个"小"国构成。它们关于军备水平的决定影响自给自足的价格，但不会影响世界价格。

这个模型出现在什卡佩尔达斯和瑟罗普洛斯（Skaperdas，Syropoulos，2001）中，是加芬克尔、什卡佩尔达斯和瑟罗普洛斯（Garfinkel，Skaperdas，Syropoulos，2011）的一个特例。考虑两个国家，每个国家 $i = E$，S 拥有 T_i 单位安全的土地和 L_i 单位安全的劳动力。此外，还存在 T_0 单位两国争夺的不安全的土地。土地是有价值的，因为它含有石油（或水、矿产及其他珍贵资源）。一单位土地能生产一单位石油，且没有其他可替代用途。相反，劳动力可以 $1:1$ 的比例生产大炮以及/或黄油。令 g_i 表示国家 i 控制的大炮数量，那么国家 i 生产黄油的最大量为 $L_i - g_i$。

与前一节一样，两国消费者的偏好定义在两种最终商品——石油和黄油上，而且这些偏好采取柯布—道格拉斯函数形式：

$$U_i(O_i, B_i) = O_i^\alpha B_i^{1-\alpha} \tag{15}$$

其中，$\alpha \in (0, 1)$，O_i 和 B_i 分别是国家 $i = E$，S 消费的石油和黄油总量。

军备水平决定了争议土地 T_0（以及相应数量的石油）在两国之间的划分。延续前一节的分析策略，我们假设每个国家 i 将要获取的份额，对于 $i = E$ 是 $q(g_E, g_S)$，对于 $i = S$ 是 $1 - q(g_E, g_S)$，它们取决于两国的军备水平。但在这里我们使用式（3）的特殊形式。这样我们将国家 $i = E$，S 将要获得的份额写作 $q_i = \dfrac{g_i}{g_E + g_S}$。

两国之间互动的各个阶段也与前一节类似。

阶段 1. 两国同时选择军备水平 g_E 和 g_S，这些选择决定了两国生产的黄油数量（即 $L_i - g_i$）。

阶段 2. 军备水平也决定了不安全的土地如何划分。国家 E 最终得到土地的总禀赋为 $T_E + q_E T_0$，国家 S 最终得到土地的总禀赋为 $T_S + q_S T_0$。这些土地资源禀赋也等于每个国家生产的石油数量。

阶段 3. 黄油和石油以竞争方式交易：（1）每个国家都自给自足，在本国内交易；（2）在国际市场上交易，每个国家将世界价格视为给定。

令 p_i 表示国家 i 中石油（或土地）相对于黄油的价格（也是相对于大炮和劳动的价格）。那么，对于给定的任何军备水平，国家 i 的收入或收益的价值为：

$$R_i = p_i(T_i + q_i T_0) + (L_i - g_i), i = E, S \qquad (16)$$

注意，对于 $j \neq i$，在给定 g_j 时，一国选择较高的军备水平 g_i 对该国收入有两个相反的影响。它增加该国收入 R_i，因为它提高了该国占有争议土地 T_0 的份额，但也会降低该国的收入水平，因为减少了可用于生产黄油的劳动力数量。

在该国总支出等于式（16）中其收入价值的预算约束之下，求解最大化式（15）效用函数的消费者问题，得到下面的间接效用函数：

$$V_i = \gamma p_i^{-\alpha} R_i = \gamma p_i^{-\alpha}[p_i(T_i + q_i T_0) + (L_i - g_i)] \qquad (17)$$

其中，$\gamma \equiv \alpha^\alpha (1 - \alpha)^{1-\alpha}, i = E, S$。$\gamma p_i^{-\alpha}$ 表示国家 $i = E, S$ 收入的边际效用。我们可以证明，给定国家 i 的军备选择以及冲突的结果，该国对石油的需求和供给分别为 $\alpha R_i / p_i$ 和 $T_i + q_i T_0$。因此，根据冲突的不同结果，国家 i 对石油的超额需求为：

$$M_i = \frac{\alpha R_i}{p_i} - [T_i + q_i T_0] \qquad (18)$$

当这个国家进口石油时，上式为正；当这个国家出口石油时，上式为负。

军备对一国福利的影响不一定必然局限在它对收入的影响上。此外，特别是在自给自足情况下，军备可以通过影响价格来影响福利。接下来，596 我们要在两个国家是自给自足和完全自由贸易的情况下，探讨其对军备和福利的意义，并假设两个国家都是世界市场上的小国，因此视世界石油价格为给定不变。为了简便起见，令 $L_i = L, i = E, S$。进一步地，令 T 表示土地总供给，且对两个国家 $i = E, S$，令 $T_i = \frac{\sigma}{2} T$，在这里，σ 表示所有土地中安全的不会被争夺的比例，因而有 $T_0 = (1 - \sigma)T$。

3.1 自给自足

在自给自足的情况下，各国的消费者只消费本国生产的商品数量。令

上标 A 表示自给自足均衡中的变量，这种限定意味着对于 $i = E, S$，$M_i^A = 0$。因此从式（18）和式（16）中，我们可以很容易地证明，对于任意给定的两国军备水平选择，国家 i 中市场出清的石油相对价格（并因此是土地的相对价格）为：

$$p_i^A = \frac{\alpha}{1 - \alpha}\left[\frac{L_i - g_i}{T_i + q_i T_0}\right] = \frac{\alpha}{1 - \alpha}\left[\frac{L - g_i}{T\left[\frac{1}{2}\sigma + q_i(1 - \sigma)\right]}\right], i = E, S$$

（19）

尽管不存在国际贸易，式（19）与式（4）中的价格类似，偏好（由参数 α 体现）和劳动力与土地的相对禀赋决定了价格。这里，各国军备的外生变化对自给自足价格的影响并不明确。具体而言，国家 i 大炮生产的增加会减少本国的黄油供给，而作为提高了争议土地占有份额的结果，又提高了本国的黄油供给，因此国家 i 大炮生产增加降低了自给自足的价格。

将式（19）代入式（17），或者等价地，简单地把各国在选择军备后的资源禀赋代入式（15）的效用函数中，我们得到了每个国家的相关支付函数（在阶段 1 开始时）。可以证明，每个国家在自给自足均衡中对大炮 (g_E^A, g_S^A) 的最优选择满足：

$$p_i^A(1 - \sigma)T\frac{\partial q_i^A}{\partial g_i} - 1 = 0, i = E, S \tag{20}$$

第一项代表大炮的边际效益，它等于军备增加一个单位获得的额外土地（或石油）的价值。第二项只包括大炮的价格。[1] 利用式（19）、式（20）和式（3），我们发现纳什均衡是对称的，两个国家都会选择下面的军备水平：

$$g^A = \frac{1}{4}p^A(1 - \sigma)T = \frac{\alpha(1 - \sigma)}{2(1 - \alpha) + \alpha(1 - \sigma)}L \tag{21}$$

---

[1]　正如前面所讨论的那样，每个国家对武器的选择都影响自给自足情况下的价格。然而，这种影响对于最优化军备选择的效应消失了，因为均衡要求石油的超额需求在自给自足的情况下等于 0（即 $M_i^A = 0$，$i = E, S$）。

正如这个解所示，自给自足情况下的军备水平与劳动力 L 成比例，597 它随着石油在消费中的相对重要性（α）递增，随着不安全土地的比例（$1 - \sigma$）递增。将式（21）代入式（19），我们得到每个国家均衡的自给自足价格：

$$p^A = \frac{\alpha}{1-\alpha} \frac{2L}{T} \left[\frac{2(1-\alpha)}{2(1-\alpha) + \alpha(1-\sigma)} \right] \tag{22}$$

注意，式（22）括号内的这一项在安全问题不存在（$\sigma = 1$）时取得最大值。因此，某种程度的不安全（$\sigma < 1$）导致这个均衡价格 p^A 与完全安全假设下出现的价格（用 p^{A1} 表示）之间存在差异。这个差异意味着 $p^A < p^{A1}$，这是因为不安全导致各国进行军备，因此将劳动力资源从黄油生产中转移出来。不安全程度越高（即 σ 越小），这种差异就越大，并因此降低了 p^A 相对 p^{A1} 的值。

括号内的这一项也出现在每个国家的均衡支付中：

$$V_i^A = V^A = \left[\frac{2(1-\alpha)}{2(1-\alpha) + \alpha(1-\sigma)} \right]^{1-\alpha} (T/2)^\alpha L^{1-\alpha}, \ i = E, S \tag{23}$$

自给自足情况下的均衡支付随着不安全水平递减。我们将自给自足情况下的均衡结果总结如下。

命题 4. 在两个相互竞争的国家是同质的且在自给自足的情况下，

（1）均衡国内价格 p^A 随着安全程度 σ 严格递增，并因此低于完全安全时得到的国内自给自足价格（p^{A1}）；

（2）均衡福利水平（V^A）随着安全程度 σ 严格递增，并因此低于完全安全时得到的福利水平（V^{A1}）。

3.2 自由贸易

现在假设在阶段 3，两个国家都参与世界市场的石油和黄油自由贸易，石油的相对价格为 p。由于两个国家都是小国，它们视世界市场的价格为给定不变。国家 i 在贸易情况下的支付函数 $V_i^F(g_E, g_S)$ 可以在式（17）中用 p 代替 p_i 得到。根据这些支付函数，我们现在可以确定两个国家的均衡军备水平，用 (g_E^F, g_S^F) 表示。均衡条件与自给自足情况下的式（20）似乎非常相似：

$$p(1-\sigma)T\frac{\partial q_i^F}{\partial g_i} - 1 = 0 \, , \, i = E, S \qquad (24)$$

尽管如此，由于现在 p 是外生的，而自给自足条件下的价格由军备水平内生决定，得到的均衡不一定必然与自给自足情况相似。在自由贸易情况下，与自给自足情况一样，大炮的边际成本对于两个国家是相同的；然而，在自由贸易情况下，大炮边际成本的一个重要组成部分，即石油和土地价格，对两个国家而言也是相同的。这两种力量共同发生作用，"公平较量"，使两个国家的军备水平相等。[①]

具体而言，假设劳动力约束并不对任何经济体产生约束力（即 $g_i < L$），两个国家在自由贸易情况下的军备选择的纳什均衡无差异，且等于：

$$g^F = \frac{1}{4}p(1-\sigma)T \, , \, i = E, S \qquad (25)$$

自由贸易情况下的这种军备水平与争议土地的规模和价格成正比，这与自给自足情况下同劳动力禀赋成正比的军备水平形成了对比。当然，世界石油价格和争议资源规模也取决于安全程度，当它们足够大时，劳动力约束是紧的。为简便起见，我们保留了劳动力约束是松弛的假设，因此，$L > \frac{1}{4}p(1-\sigma)T$。那么，自由贸易情况下的均衡支付为：

$$V_i^F(p) = V^F(p) = \gamma p^{-\alpha}\left(\frac{1}{4}pT(1+\sigma) + L\right) \, , \, i = E, S \qquad (26)$$

显然，与自给自足的情况一样，均衡支付随安全程度 σ 严格递增。当所有要素和商品是完全安全时，福利水平是世界价格 p 的严格拟

①　即使在安全的土地（T_i）和劳动力（L_i）禀赋不对称地分布在两个国家时，这种效应也会出现在自由贸易情况下；相反，自给自足情况下的对称均衡只在国家拥有相同的安全的土地和劳动力禀赋时才会出现。加芬克尔、什卡佩尔达斯和瑟罗普洛斯（Garfinkel, Skaperdas, Syropoulos, 2011）表明，在更一般的生产结构中，即土地和劳动力都被用来生产消费品和军备时，以及对效用函数进行更一般的设定时，自由贸易会比自给自足更容易导致军备均等化。

凸函数，在自给自足价格 $p = p^{A1}$ 处达到最小值。因此，在完全安全情况下，以除自给自足价格之外的世界价格进行贸易意味着福利水平的提高，这体现了我们熟知的来自贸易的收益。然而，在存在不安全的情况下，军备水平的内生性意味着生产可贸易商品的可用要素禀赋也是内生的，一般来说，福利水平不一定在自给自足处取得最小值。事实上，由式（26）可以证明，$V^F(p)$ 达到最小值时的 p 为：

$$p^{\min} = \frac{\alpha}{1 - \alpha} \frac{2L}{T} \frac{2}{1 + \sigma} \tag{27}$$

给定某种不安全程度（也就是，任意的 $\sigma < 1$），这个临界价格严格大于式（22）中的自给自足价格 p^A。当我们比较在自给自足和贸易情况下各国的福利水平时，这一点的重要性会立刻显现出来，我们在下一小节中就会分析这一点。我们首先总结本小节的主要结论。

命题 5. 在两个相互竞争的国家是同质且进行自由贸易的情况下，

（1）最小化福利水平的世界价格（$p^{\min}$）随着安全程度 σ 严格递减，且严格大于均衡时的国内自给自足价格（p^A）；

（2）均衡福利水平（V^F）随着安全程度 σ 严格递增，并因此低于完全安全时的福利水平（V^{F1}）。

在我们转向两种贸易体制下的结果比较之前，我们考虑自由贸易情况下冲突的另一含义，即比较优势。将式（18）与式（3）中的冲突技术，在假设两个国家拥有相同安全资源禀赋下的收入表达式（16）以及式（25）中的军备水平解联立，我们可以把国家 i 的石油净进口写作：

$$M_i^F = -\frac{1}{4}T[2(1 - \alpha) + \alpha(1 - \sigma)] + \frac{\alpha}{p}L, \quad i = E, S \tag{28}$$

从式（28）中可以很容易地证明，当 $p > p^A$ 时，两个国家都是石油净出口国，这里的 p^A 如式（22）所示。在式（28）中取 $\sigma = 1$，我们还可以得到在假设无冲突情况下的石油进口量：

$$M_i^{F1} = -\frac{1}{2}T(1 - \alpha) + \frac{\alpha}{p}L, \quad i = E, S \tag{29}$$

在这种情况下，当 $p > p^{A1}$ 时，两个国家都将成为石油净出口国，这里 p^{A1} 如式（22）所示。但如命题 4（1）所表明的，某种不安全程度下的自给自足价格严格低于完全安全时的自给自足价格：$p^A < p^{A1}$。因此，存在一系列世界价格 $p \in (p^A, p^{A1})$，在这样的价格下，相互竞争的国家均出口石油，如果资源完全安全，则会进口石油。[①] 因此，国家力量的影响可以扭曲各国显而易见的比较优势。但是，就式（28）而言，要注意，对于任何给定的世界价格，不安全程度越高（即 σ 越小），各国净进口石油的数量会越少。于是，国家力量的阴影更普遍地扭曲了贸易流量。

3.3 自给自足与自由贸易的比较

给定我们之前描述的自给自足和自由贸易情况下均衡结果的特征，我们现在比较它们的军备和福利水平。我们从军备水平开始。如之前所示，自给自足情况下的军备水平［式（21）］只依赖资源禀赋和模型的其他参数。相反，自由贸易情况下的军备水平［式（25）］主要依赖世界价格，前文也是如此。那么，利用式（21）和式（25）以及自给自足情况下的均衡价格解［式（22）］，我们可以得到：

$$g^F \gtreqqless g^A，当且仅当 p \gtreqqless p^A \qquad (30)$$

600

当世界石油价格相对较高时，土地和它所包含的石油相对更有价值，因此造成两个国家更高的军备水平。更准确地说，世界价格高于 p^A 意味着各国出口石油，此时武装起来的动机要高于自给自足时的情况；世界价格低于 p^A 意味着各国进口石油，此时武装起来的动机要低于自给自足时的情况。[②]

我们现在转向两种贸易体制下的福利比较。正如这种比较会揭示的那样，有两种关键力量在发挥作用。首先，正如第 3.2 节提到的，我们所熟知的来自贸易的收益使各国相比自给自足更偏好于贸易。其次，正如我们刚刚看到的，贸易会影响各国争夺不安全资源的动力；这种影响

[①] 参见达尔·波和达尔·波（Dal Bó, Dal Bó, 2011, 2012），以及加芬克尔、什卡佩尔达斯和瑟罗普洛斯（Garfinkel, Skaperdas, Syropoulos, 2008），他们在本国不安全和自由贸易的情况下发现了类似的结果。

[②] 在国内不安全的设定下出现了一种类似的影响（Dal Bó, Dal Bó, 2011, 2012；Garfinkel, Skaperdas, Syropoulos, 2008）。

是否会使各国偏好贸易而非自给自足,取决于世界价格是低于还是高于自给自足价格。

为继续分析,我们首先注意到,自由贸易情况下的支付与世界价格等于自给自足价格时的支付完全相同:$V^F(p^A) = V^A$。此外,回顾一下,$V^F(p)$ 是世界价格的严格拟凸函数,在 p^{min} 处达到最小值。这种严格拟凸性意味着存在另一个价格 $p' > p^{min}$,由条件 $V^F(p') = V^A$ 唯一定义。由于式(27)所示的 p^{min} 大于 p^A[命题 5(1)],因此存在一系列世界价格,在这些价格之下,对两国而言自给自足占优于自由贸易,也就是如图 24 – 1 给出的价格 $p \in (p^A, p')$。对于这一范围内的世界价格,两国在自给自足情况下的支付都严格大于他们在自由贸易情况下的支付;对于这一范围之外的世界价格,$p \leq p^A$ 或 $p \geq p'$,两国在自由贸易情况下的支付至少与自给自足情况下的支付一样多。① 这些发现总结在下面的命题中。

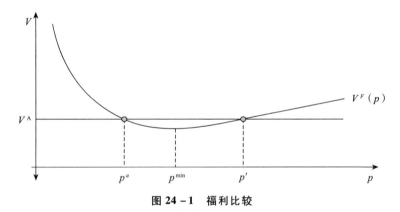

图 24 – 1　福利比较

命题 6. 当世界石油价格在 p^A 和 p' 之间时,自给自足情况下的福利水平高于自由贸易情况下的福利水平;反之,自由贸易情况下的福利水平更高。

601

关于这些发现的直观解释来自上面提到的两种重要力量:一是我们熟知的来自贸易的收益;二是对军备产生的(战略性)影响和不安全的

---

① 可以进一步表明,使自给自足严格占优于贸易的世界价格的取值范围,随着不安全程度提升而递增。这个证明与加芬克尔、什卡佩尔达斯和瑟罗普洛斯(Garfinkel, Skaperdas, Syropoulos, 2008)中所示的类似结果的证明相似,他们考虑了在所有其他情况相同时,国内冲突对自由贸易的相对吸引力的影响。

相关成本。当世界石油价格（p）小于自给自足价格（p^A）时，贸易情况下大炮的产出更低。在这种情况下，从自给自足体制向自由贸易体制过度降低了各国抢夺争议资源的动机。战略性影响代表一种收益，它强化了人所熟知的来自贸易的收益，使福利水平毫无疑问地在自由贸易体制下高于在自给自足体制下的水平。然而，随着世界石油价格上升并接近 p^A，两国之间的冲突会升级，且战略性收益减少，来自贸易的收益也是如此。在自给自足价格处，自由贸易下的不安全成本与自给自足体制下的正好相同，使来自贸易的战略性收益与来自贸易的收益一起趋于消失。因此，在 $p = p^A$ 时，自给自足下的福利水平等于自由贸易下的福利水平（如图 24 – 1 所示）。

随着世界价格超过自给自足时的水平，两国之间的冲突会被进一步强化，这意味着贸易的战略性影响产生了相对于自给自足下结果的福利成本（即更高的军备负担）。当然，来自贸易的收益同时增加至 0 以上。然而，这些收益都被更高的军备负担所淹没；因此，随着世界石油价格超过自给自足时的价格，自由贸易情况下的福利水平降到自给自足水平之下。因此，正如命题 6 所表明的那样，当世界石油价格变得足够高（$p > p'$）时，赢取有价值的土地并在世界市场上出售石油所带来的收益变得非常大，超出了军备的福利成本。

4. 结语

在人类历史的大部分时间里，贸易都是在不安全的环境里进行的，无论是在本国还是在国际环境中，产权都没有被很好地界定或执行。尽管由政府、组织和个人在努力自我保护产权时所承担的成本是巨大的，但这样的成本以及更普遍的国家力量的阴影并没有被正式纳入传统的经济思维中。

在本章中，我们探讨了传统贸易理论思考国家间力量的某些核心结论的稳健性。分析表明，价格依赖军备水平，或更一般地讲，依赖国家力量。这种依赖性意味着，在扩展的李嘉图模型下，与国家力量被忽视的传统贸易理论相反，生产更具社会价值产品的国家面临更高的军备机会成本，并因此在国家力量方面具有相对劣势。在扩展的赫克歇尔—俄

林模型中，这种依赖性意味着，自由贸易相比自给自足更具吸引力。事

602 实上，在世界价格的某一范围内，自由贸易将占优于自给自足。分析结
果进一步表明，依据不同的世界价格，国家在不安全情况下的比较优势
与不考虑不安全因素的传统贸易理论的预测相反。

分析两种模型的关键是安全水平（由 σ 表示），我们视其为外生参
数。显然，一个重要问题是什么决定安全水平。18 世纪英国和法国之间
持续不断的战争大多发生在公海以及它们各自的殖民地。因此，只有那
些不是必须通过船只在殖民地之间往来运输的商品和资源贸易才可以被
认为是安全的。以第一次世界大战结束的漫长的 19 世纪是欧洲强权之间
相对和平的时期。然而，大多数国际贸易仍发生在欧洲强国的势力范围
之内，因此，安全程度未必远远高于 18 世纪。可以肯定的是，在此期间
并未爆发许多战争。但在这个时期的最后 20 年中相当多的军备加速建立
起来了。正式外交的逐步扩展，欧洲皇室婚姻和血缘关系，或许还有新
出现的国际行为准则都对已存在的不安全起到了遏制作用。第二次世界
大战后，这些新兴的规范与令人沮丧的战争经验一起形成了许多国际组
织和机构，大大提高了国际关系的安全感知水平。随着联合国和集体安
全准则的创建与发展，一个国家攻击另一个国家变得相当困难，这可能
会导致军备水平降低至没有这些规则时可能会出现的水平。今天欧盟的
前身——欧洲煤钢共同体的建立是国际组织和机构显著提升昔日宿敌之
间安全水平的又一个例子。而法国和德国在第二次世界大战之前曾是这
样的敌人，现在，它们之间的任何资源和商品交易中没有明显的不安
全感。

因此，安全水平取决于在特定时期盛行的国际制度和规范。但安全
水平也可能部分地取决于一个国家相对于另一个国家的行动。例如，通
过在彼此的首都设立大使馆，各国可以降低发生意外战争的可能性，采
取建立信任的措施以提高它们之间贸易的安全感。法国、德国以及其他
欧洲国家在第二次世界大战之后所进行的制度建设，就是国家行为决定
安全水平的更为明显的例子。这个过程与麦克布莱德、米兰特和什卡佩
尔达斯（McBride, Milante, Skaperdas, 2011）通过模型描述的国家内部
不同派系共同建立国家的行为并没有什么不同。

然而，另一种类型的国家行为，即第三方的影响，可能对于任何两

个特定国家的安全水平是有害的，有这种力量的第三方通常可以被认为是大国。在第二次世界大战之前，曾在交易中有高度接触和安全保障的欧洲国家突然在战后成为敌人，因为它们处在冷战中不同的阵营。这并不是历史上的非典型情况。例如，在第二次世界大战之前，欧洲强国周边的小国不得不选择与哪个强国结盟，这种选择自动暗示着它们将与和竞争对手结盟的邻国成为敌人。

　　更普遍的是，即使不考虑第三方干预，联盟形成似乎也关系到安全问题。正如布洛克（Bloch，2012）所综述的那样，很多学者研究了联盟形成的决定因素，但并没有明确考虑贸易的作用。我们猜想，不同的贸易体制意味着可能存在不同的稳定的国家联盟，这是未来研究的一个重要课题。

致　谢

笔者感谢埃内斯托·达尔·波（Ernesto Dal Bó）和弗朗西斯·冈萨雷斯（Francisco Gonzalez）的有益评论。

参考文献

Armington, P. S. 1969. A theory of demand for products distinguished by place of production. *International Monetary Fund Staff Papers* 16（1）：159 – 76.

Bloch, F. 2012. Endogenous formation of alliances in conflicts. In *Oxford Handbook on the Economics of Peace and Conflict*, ed. M. R. Garfinkel and S. Skaperdas. New York：Oxford University Press.

Chaudhuri, K. N. 1985. *Trade and civilisation in the Indian Ocean：An economic history from the rise of Islam to 1750*. New York：Cambridge University Press.

Dal Bó, E. and P. Dal Bó. 2011. Workers, warriors, and criminals：Social conflict in generale quilibrium. *Journal of the European Economic Association* 9：646 – 77.

——. 2012. Social conflict and policy in a standard trade model. In *Oxford Handbook on the Economics of Peace and Conflict*, ed. M. R. Garfinkel and S. Skaperdas. New York：Oxford University Press.

Findlay, R. and K. O'Rourke. 2007. *Power and plenty Princeton*, NJ: Princeton University Press.

——. 2012. War, trade and natural resources: A historical perspective. In *Oxford Handbook on the Economics of Peace and Conflict*, ed. M. R. Garfinkel and S. Skaperdas. New York: Oxford University Press.

Garfinkel, M. R. , S. Skaperdas, and C. Syropoulos. 2008. Globalization and domestic conflict. *Journal of International Economics* 76 (2): 296 – 308.

——. 2011. Trade and insecure resources: Implications for welfare and comparative advantage. Unpublished paper, University of California-Irvine.

Leeson, P. T. 2009. *The invisible hook: The hidden economics of pirates*. Princeton, NJ: Princeton University Press.

McBride, M. G. Milante, and S. Skaperdas. 2010. War and peace with endogenous state capacity. *Journal of Conflict Resolution* 55: 446 – 68.

Ricardo, D. 1817. *The principles of political economy and taxation*. London: Everyman's Library.

Skaperdas, S. 1992. Cooperation, conflict, and power in the absence of property rights. *American Economic Review* 82 (4): 720 – 39.

Skaperdas, S. and C. Syropoulos 1997. The distribution of income in the presence of appropriative activities. *Economica* 64 (253): 101 – 17.

——. 2001. Guns, butter, and openness: On the relationship between security and trade. *American Economic Review: Papers and Proceedings* 91 (2): 353 – 57.

SIPRI (Stockholm International Peace Research Institute) . 2008. *Yearbook* 2008 *Armaments, Disarmament and International Security*. Oxford: Oxford University Press.

附　录

命题 1 的证明：

（1）这一部分在正文中已证明，（2）这一部分由什卡佩尔达斯和瑟罗普洛斯（Skaperdas，Syropoulos，1997）证明。我们在下一个命题的证明中将（2）作为一个特例进行了证明。

命题 2 的证明：

（1）的证明：假设 $R_E = R_S$，将式（14）中的两个表达式联立，我们得到下面的式子：

$$\frac{\partial q^*}{\partial g_E}(R_E - g_E^*)(1 - \alpha)[\sigma(1 - \alpha) + (1 - \sigma)(1 - q^*)]$$

$$= -\frac{\partial q^*}{\partial g_S}(R_S - g_S^*)\alpha[\sigma\alpha + (1 - \sigma)q^*] \qquad (\text{A.1})$$

现在假设 $g_E^* > g_S^*$。于是，我们有：

- $q^* > \dfrac{1}{2} > 1 - q^*$；

- $\dfrac{\partial q^*}{\partial g_E} < -\dfrac{\partial q^*}{\partial g_S}$，当 $q(g_E, g_S)$ 时，它关于第一项（第二项）是凹的（凸的），就像式（3）中竞赛成功函数若为塔洛克（Tullock）形式的情况一样；

- $R_E - g_E^* < R_S - g_S^*$。

这三个不等式意味着：

$$\frac{\partial q^*}{\partial g_E}(R_E - g_E^*)(1 - \alpha)[\sigma(1 - \alpha) + (1 - \sigma)(1 - q^*)]$$

$$< -\frac{\partial q^*}{\partial g_S}(R_S - g_S^*)(1 - \alpha)[\sigma(1 - \alpha) + (1 - \sigma)q^*] \qquad (\text{A.2})$$

式（A.1）和式（A.2）结合在一起意味着：

$$-\frac{\partial q^*}{\partial g_s}(R_s - g_s^*)(1-\alpha)[\sigma(1-\alpha) + (1-\sigma)q^*]$$

$$> -\frac{\partial q^*}{\partial g_s}(R_s - g_s^*)\alpha[\sigma\alpha + (1-\sigma)q^*] \qquad (A.3)$$

因为 $-\partial q^*/\partial g_s > 0$，这个表达式成立，当且仅当：

$$(1-\alpha)[\sigma(1-\alpha) + (1-\sigma)q^*] > \alpha[\sigma\alpha + (1-\sigma)q^*] \Leftrightarrow$$

$$(1-\alpha)^2\sigma + (1-\alpha)(1-\sigma)q^* > \alpha^2\sigma + \alpha(1-\sigma)q^* \Leftrightarrow$$

$$(1-2\alpha)(1-\sigma)q^* > [\alpha^2 - (1-\alpha)^2]\sigma$$

在这里，最后一个不等式如果成立，则唯一的可能性是 $\alpha < \frac{1}{2}$；否则，左边非正，右边非负，因此这个严格不等式不成立。

（2）和（3）的证明：为了表述方便，令 $V_i \equiv V_i(g_E, g_s)$，$i = E, S$ 且 $\beta \equiv \sigma/(1-\sigma)$。在下文中，我们有时会省略表示均衡的符号"$*$"以避免混乱，但在头脑中一定要明确，这些式子表示的是纳什均衡的情况。g_E 和 g_s 的最优选择必须分别满足：

$$\frac{\partial V_E}{\partial g_E} = V_E\left[\frac{\frac{\partial q}{\partial g_E}}{\beta\alpha + q} - \frac{\alpha}{R_E - g_E}\right] = 0 \qquad (A.4a)$$

$$\frac{\partial V_s}{\partial g_s} = V_s\left[\frac{-\frac{\partial q}{\partial g_s}}{\beta(1-\alpha) + (1-q)} - \frac{1-\alpha}{R_s - g_s}\right] = 0 \qquad (A.4b)$$

使用如式（3）所示的冲突成功函数的设定，令 $\overline{G} = g_E + g_s$[①]，我们可以重新将 g_E 和 g_s 写为 $g_E = q\overline{G}$ 和 $g_s = (1-q)\overline{G}$。此外，式（3）的设定意味着 $\partial q/\partial g_E = (1-q)/\overline{G}$ 以及 $\partial q/\partial g_s = -q/\overline{G}$。将这些关系带入式（A.4a）和式（A.4b），得到：

$$\frac{(1-q)/\overline{G}}{\beta\alpha + q} - \frac{\alpha}{R_E - q\overline{G}} = 0 \qquad (A.5a)$$

---

① 我们使用这种特殊设定以使形式尽量简单，而结论更一般性地成立。

$$\frac{q/\overline{G}}{\beta(1-\alpha)+1-q} - \frac{1-\alpha}{R_S - (1-q)\overline{G}} = 0 \qquad (A.5b)$$

现在通过式（A.5a）和式（A.5b）求解 $\overline{G}$，并把得到的解分别记为 $\overline{G}_E$ 和 $\overline{G}_S$。对于给定的资源禀赋 R_E 和 R_S，定义：

$$\Phi(q,\alpha,\beta) \equiv \overline{G}_E - \overline{G}_S$$
$$= \frac{(1-q)R_E}{q(\alpha+1-q)+\alpha^2\beta} - \frac{qR_S}{(1-q)(1-\alpha+q)+(1-\alpha)^2\beta} \qquad (A.6)$$

Φ 关于 q 连续，$\lim_{q\to 0}\Phi = R_E/(\alpha^2\beta) > 0$，$\lim_{q\to 1}\Phi = -R_S/[(1-\alpha)^2\beta] < 0$；因此，根据隐函数定理，存在 $q^* = q^*(\alpha, \beta)$ 使 $\Phi(q^*, \alpha, \beta) = 0$。

Φ 分别对 q、α 和 β 求微分，得到：

$$\Phi_q = -\left\{ \frac{R_E[\alpha+\alpha^2\beta+(1-q)^2]}{[q(\alpha+1-q)+\alpha^2\beta]^2} + \frac{R_S[1-\alpha+(1-\alpha)^2\beta+q^2]}{[(1-q)(1-\alpha+q)+(1-\alpha)^2\beta]^2} \right\} \qquad (A.7a)$$

$$\Phi_\alpha = -\left\{ \frac{R_E(1-q)(q+2\alpha\beta)}{[q(\alpha+1-q)+\alpha^2\beta]^2} + \frac{R_S q[1-\alpha+2(1-\alpha)\beta]}{[(1-q)(1-\alpha+q)+(1-\alpha)^2\beta]^2} \right\} \qquad (A.7b)$$

$$\Phi_\beta = -\frac{R_E\alpha^2(1-q)}{[q(\alpha+1-q)+\alpha^2\beta]^2} + \frac{R_S(1-\alpha)^2 q}{[(1-q)(1-\alpha+q)+(1-\alpha)^2\beta]^2} \qquad (A.7c)$$

注意，Φ_β 的符号是不明确的，然而，Φ_q 和 Φ_α 的符号都为负。此外，因为 $\Phi_q < 0$，则均衡时的份额 q^* 是唯一的。

现在，考虑 q^* 如何对 α 的外生增加做出反应。根据隐函数定理，我们有 $dq^*/d\alpha = -\Phi_\alpha/\Phi_q$。因为 Φ_α 和 Φ_q 都为负，对于所有的 $\alpha \in (0, 1)$ 有 $dq^*/d\alpha < 0$，这就得到了命题中的（2），同时表明，随着 α 增加，g_E^* 相对于 g_S^* 降低。

然而，这个发现并不必然意味着 g_E^* 随 α 递减或 g_S^* 随 α 递增。考虑到 α 外生增加对 g_E^* 的影响，例如，注意到 $\overline{G}^* = \overline{G}^{E*}$，这意味着 $g_E^* = q^*$

$\overline{G}^{E*}$。在对 $g_E^* = q^* \overline{G}^{E*}$ 求微分时，可相应地得到：

$$\frac{dg_E^*}{d\alpha} = q\frac{d\overline{G}^*}{d\alpha} + \left(\overline{G}^* + q\frac{d\overline{G}^*}{dq}\right)\frac{dq^*}{d\alpha} = q\frac{d\overline{G}^*}{d\alpha} + \left(\overline{G}^* + q\frac{d\overline{G}^*}{dq}\right)\left[-\frac{\Phi_\alpha}{\Phi_q}\right]$$

$$= -\frac{R_E q(1-q)(q+2\alpha\beta)}{[q(\alpha+1-q)+\alpha^2\beta]^2} + \frac{R_E\alpha[q^2+(2q-1)\alpha\beta]\alpha\beta}{[q(\alpha+1-q)+\alpha^2\beta]^2}\left[\frac{\Phi_\alpha}{\Phi_q}\right]$$

一般来说，这个表达式的符号不能确定。然而，发生完全不安全的
608 情况时，这是值得考虑的，即 $\sigma=0$，并因此 $\beta=0$[命题2（2）]。在这种
情况下，上面的表达式简化为：

$$\frac{dg_E^*}{d\alpha}\Big|_{\beta=0} = -\frac{R_E(1-q)}{(\alpha+1-q)^2} + \frac{R_E\alpha}{(\alpha+1-q)^2}\cdot\left[\frac{\dfrac{R_E(1-q)}{q(\alpha+1-q)^2} + \dfrac{R_S q}{(1-q)(1-\alpha+q)^2}}{\dfrac{R_E[\alpha+(1-q)^2]}{q^2(\alpha+1-q)^2} + \dfrac{R_S[1-\alpha+q^2]}{(1-q)^2(1-\alpha+q)^2}}\right]$$

$$= -\frac{R_E\Theta}{(\alpha+1-q)^2\Phi_q} \tag{A.8}$$

其中①, $\Theta = -\left[\dfrac{R_E(1-q)^2}{q^2(\alpha+1-q)} - \dfrac{R_S(1-\alpha-\alpha q+q^2)}{(1-q)(1-\alpha+q)^2}\right] =$
$-\dfrac{2(1-\alpha)\overline{G}}{q(1-\alpha+q)} < 0$。

因为 $-\Phi_q > 0$ 且 $q \leqslant 1$，在式（A.8）中，表达式的符号与 Θ 相同，如
前面所示，Θ 的符号为负。因此，当 $\sigma=0$ 时，α 增加意味着 g_E^* 减小。类
似的计算表明，α 增加意味着 g_S^* 增加。因此，α 的外生增加导致 q^* 降低。

下面转向安全水平 σ 变化所产生的影响，$\beta=\sigma/(1-\sigma)$，首先注意
到，因为 Φ_β 的符号不确定，我们不能确定 $dq^*/d\beta = -\Phi_\beta/\Phi_q$ 的符号。
然而，我们能够确定安全水平外生变化对两个国家军备水平影响的符号。
为了继续分析，回忆一下，$\overline{G}^* = \overline{G}^{E*}$，这意味着 $g_E^* = q^*\overline{G}^{E*}$。现在对后
一个表达式进行微分，得到：

---

① 下面的第二个等式能够通过使用 $\overline{G}^{E*}$ 和 $\overline{G}^{S*}$（在均衡中，两者均等于 $\overline{G}^*$）的定义得到
证明，该定义由式（A.6）剔除掉 R_E 和 R_S 得到。

$$\frac{dg_E^*}{d\beta} = q\frac{d\overline{G}^*}{d\beta} + \left(\overline{G}^* + \frac{d\overline{G}^*}{dq}\right)\frac{dq^*}{d\beta} = q\frac{d\overline{G}^*}{d\beta} + \left(\overline{G}^* + q\frac{d\overline{G}^*}{dq}\right)\left[-\frac{\Phi_\beta}{\Phi_q}\right]$$

$$= -\frac{R_E\alpha^2 q(1-q)}{[q(\alpha+1-q)+\alpha^2\beta]^2} - \frac{R_E\alpha[q^2+\alpha(2q-1)\beta]}{[q(\alpha+1-q)+\alpha^2\beta]^2}\left[\frac{\Phi_\beta}{\Phi_q}\right]$$

简化后，我们得出结论，$dg_E^*/d\beta$ 的符号与 $-\Omega$ 的符号相同，其中：

$$\Omega \equiv \frac{R_E\alpha(1-q)^2}{q(\alpha+1-q)+\alpha^2\beta} + \frac{R_S q[(1-\alpha)^2 q(q+\alpha\beta)+\alpha(1-\alpha+q^2)(1-q)]}{[(1-q)(1-\alpha+q)+(1-\alpha)^2\beta]^2} > 0$$

由此得出结论，$dg_E^*/d\beta < 0$。通过类似的计算可以得到 $dg_S^*/d\beta < 0$。因此，安全水平（σ，并因此是 β）的提高，毫无疑问地降低了两个国家的军备水平，正如命题中第（3）部分所表明的那样。

命题 3 的证明：

（1）的证明：令 $Z^k \equiv (R_E-g_E)^\alpha(R_S-g_S)^{1-\alpha}$ 表示在安全机制 $k(=1,*)$ 下的总剩余，从命题 2 第（3）部分观察发现，$Z^* < Z^1$。着重考虑 $i=E$ 来证明第一点，它充分表明，对于任何 $\sigma \in [0,1)$，$\lim_{\alpha\to 0}V_E^* > \lim_{\alpha\to 0}V_E^1$。这种充分性来自下述原因。正如上文所注意到的，对于 $\alpha = \frac{1}{2}$，有 $V_E^* <$ V_E^1，均衡支付在 α 处连续，这个不等式意味着，存在一个 $\tilde{\alpha} \in (0,\frac{1}{2})$，使对于 $\alpha = \tilde{\alpha}$ 有 $V_E^* = V_E^1$，且对所有的 $\alpha \in [0,\tilde{\alpha})$ 有 $V_E^* > V_E^1$。此外，因为 $Z^k = V_E^k + V_S^k$ 且 $Z^* < Z^1$，由此得到，对于所有的 $\alpha \in [0,\tilde{\alpha})$ 有 $V_S^* < V_S^1$。根据相同的推理，我们还可以得到，存在一个 $\tilde{\tilde{\alpha}} \in (\frac{1}{2},1)$，对于 $\alpha = \tilde{\tilde{\alpha}}$ 有 V_S^* $= V_S^1$，且对于所有的 $\alpha \in (\tilde{\tilde{\alpha}},1]$ 有 $V_S^* > V_S^1$ 和 $V_E^* < V_E^1$。

进一步地，令 $b_S(g_E)$ 和 $b_E(g_S)$ 分别表示国家 S 和国家 E 的最优反应函数。从式（14）可以直接证明，随 $\alpha \to 0$，这个式子满足：

609

$$b_S(g_E) = \max(0, \sqrt{(1-\sigma)g_E(g_E+R_S)} - g_E)$$

其中，对于 $g_S > 0$ 有 $b_E(g_S) = R_E$，且 $b_E(0)$ 等于 $g_E \in (0,R_E]$ 中的任意值①。现在我们能够证明，纳什均衡中的军备由下面的公式给出：

---

① 回顾一下，$\beta \equiv \sigma/(1-\sigma)$，$b_S(g_E)$ 的定义显示，对于所有的 $g_E \in (0,R_S/\beta)$，$b_S(g_E) > 0$，对于所有其他 g_E 的值，$b_S(g_E) = 0$。

$$(g_E^*, g_S^*) = \begin{cases} (R_E, \sqrt{(1-\sigma)R_E(R_E+R_S)} - R_E) & \text{如果 } \sigma \in \left[0, \dfrac{R_S}{R_E+R_S}\right] \\[3mm] \left(\dfrac{1-\sigma}{\sigma}R_S, 0\right) & \text{如果 } \sigma \in \left(\dfrac{R_S}{R_E+R_S}, 1\right) \end{cases}$$

$$(\text{A.9})$$

将这些值代入式（7a）且 $\alpha = 0$，得到国家 $i = E$ 的均衡福利水平：

$$\lim_{\alpha \to 0} V_E^* \begin{cases} R_E(1-\sigma)\left(\sqrt{\dfrac{R_E+R_S}{R_E(1-\sigma)}} - 1\right) & \text{如果 } \sigma \in \left[0, \dfrac{R_S}{R_E+R_S}\right] \\[3mm] R_S(1-\sigma) & \text{如果 } \sigma \in \left(\dfrac{R_S}{R_E+R_S}, 1\right) \end{cases}$$

$$(\text{A.10})$$

注意，对于所有资源禀赋和 $\sigma \in [0,1)$，有 $\lim\limits_{\alpha \to 0} V_E^* > 0$。相反，当式（8a）在 $\alpha = 0$ 时，得到 $\lim\limits_{\alpha \to 0} V_E^1 = 0$。因此，对于 $\sigma \in [0, 1)$，有 $\lim\limits_{\alpha \to 0} V_E^* > \lim\limits_{\alpha \to 0} V_E^1$。

（2）的证明：考察式（A.10）的第一部分，可以推断，V_E^* 不一定必然随安全程度 σ 的提升而增加，这表明，在 $\alpha = 0$ 附近，对于 $\sigma \leqslant \dfrac{R_S}{R_E+R_S}$，$V_E^*$ 可能随 σ 减少、增加，是非单调的。

第25章　一般均衡下的冲突与政策：来自标准贸易模型的见解

埃内斯托·达尔·波

皮德罗·达尔·波

1. 引言

目前，研究社会冲突的文献数量众多且主要讨论冲突的决定因素。其中一些决定因素是经济因素，因此经济政策应当对冲突发生的可能性和冲突强度产生影响。但应当采取哪些具体经济政策以减少冲突的影响，目前仍是一个重要问题。在本章中，从减少冲突并提高福利的适用性角度，我们讨论了对不同经济政策进行排序的可能性。我们在将冲突视为掠夺性活动的模型中展开分析。分析框架取自几年前我们所写的一篇文章（Dal Bó，Dal Bó，2011）。

在那篇文章中，我们首先分析了收入、冲击和冲突之间的关系，然后表明如何利用不同的经济政策来减少冲突。我们研究了对消费品的税收/补贴方案、对生产要素的税收/补贴方案、贸易政策干预和技术政策干预。我们没有得出关于这些政策相对优势的结论。本章重新考察我们早期论文中介绍的框架，以进一步推进政策分析。在此，我们将把握这个机会，遵循模型的逻辑，得出自然的结论，得到一些推论，并在这个框架中融入冲突理论的其他一些结果。

为给这里所采取的建模方法提供一些背景，请注意，关于冲突的文献探讨收入与冲突之间的复杂关系已经有很长时间了。特别是，收入具有两种相反效应的观点长期以来与两种相反方向运作的不同机制联系在一起。越富裕的国家会为个人提供越多的工资，提高了参与冲突活动的机会成本。但是，在较富裕的环境中诉诸暴力掠夺到的财富较多，提升了冲突的回报水平。我们可以建立这样的模型，两种机制分别受到不同冲击的影响，得到一个简单的特征：一些冲击提高了冲突的回报水平，并因此提高了冲突的可能性及强度；而其他冲击提高了冲突的成本，并因此产生了相反的效果。

这种方法存在两个问题。一个问题是，现实生活中的冲击可能同时影响冲突的机会成本与冲突的回报。例如，一次冲击增加了工资，提高了冲击的成本。如果工资收入能够成为掠夺者的目标，那么掠夺动机下的冲突回报必然增加。接下来的问题是，能否简单又系统地解释在冲击发生后哪种力量（成本对收益）占据主导地位。另一个问题是，在建立模型时存在很大的自由度。我们早期的论文通过采用建立在主流经济学基础上的一般均衡方法分析冲突，克服了这两个问题：我们将冲突嵌入一个小型开放经济的经典赫克歇尔—俄林（Heckscher-Ohlin）模型和李嘉图—瓦伊纳（Ricardo-Viner）模型中。

给定这个框架，本章所提供的分析有两个主要部分。一是非常直接地从加入了冲突的基本贸易模型中得出诸多含义。正如我们早期论文所表述的那样，罗伯津斯定理（Rybczinski theorem）意味着，冲突活动改变了一国之内可用于生产的要素的相对数量，并因此改变了生产组合。这会导致该国贸易组合和贸易模式发生变化，这反过来影响政策干预的范围。另一个含义是，在存在冲突的情况下，即使不存在通常被认为是经典贫困化结果所必需条件的贸易条件的影响，增长也可能导致贫困（Bhagwati，1955）。

本章分析的另一个部分对旨在减少社会冲突的政策进行排序。在这里，我们探讨"社会约束"下的政策分析在多大程度上类似于贸易文献中存在扭曲情况下对经典的次优政策分析。为了能够将冲突领域的政策问题与次优理论中的经典结论对应起来，建立这种类比分析的范围和限制是很重要的。我们表明，冲突与传统贸易文献所考虑的两种扭曲，即生产的外部性和要素市场的不完美之间存在重要的相似性。此外，冲突下的政策排序与无冲突经济体中的要素市场的扭曲相对应。然而，社会约束下的政策排序无法从以往有关贸易的文献中自动推演出来。在无冲突经济体要素市场不完美的情况下，政府对产权的完全控制意味着，采取适当的庇古税或补贴方案可以恢复最优状况。在存在冲突的经济中却并非如此，这引发了是否必须对商品市场进行组合干预的问题。答案是，最好对要素市场使用一种干预政策，直到它不再有效为止。然而，在这一点上，其他干预措施不再有效，经典的政策排序保持不变。

本章的内容如下。第 2 节介绍模型及其主要结论。我们特别研究了冲突对福利、生产和贸易模式的影响，以及贸易开放对冲突的影响。第 3 节尝试对冲突经济的政策分析与存在扭曲经济的传统政策分析进行比较，并从福利角度对不同政策排序。第 4 节进行总结。

2. 带有掠夺的开放经济经典模型

2.1　模型

我们考虑经典的 2×2 国际经济模型，沿着斯托尔珀—萨缪尔森（Stolper，Samuelson，1941）的理论，构造了具有两个生产性行业 1 和 2、两种生产要素 K 和 L 的经济体。两个生产性行业由许多使用规模报酬不变的技术、追求利润最大化的厂商组成。在一个行业中的所有厂商都使用相同的技术。行业 1 是比行业 2 更加资本密集型的行业，生产要素可以在两个行业之间充分流动。我们用 r 和 w 分别表示资本和劳动的租金价格。要素禀赋的数量是固定的，分别为 $\overline{K}$ 和 $\overline{L}$。我们用 p_1 表示行业 1 的产品价格，把行业 2 的产品价格正规化为 1（商品 2 是计价单位）。每个行业的生产水平表示为 q_1 和 q_2。

除生产部门外，还存在一个掠夺性部门。原则上，这个部门既使用劳动力也使用资本［参见达尔·波和达尔·波（Dal Bó，Dal Bó，2011）将其扩展到一般情况］，但为了分析简便，在这里，我们假设掠夺性部门仅使用劳动力（L_A）去掠夺财富。[①] 在 L_A 单位劳动力被用于掠夺活动时，总财富中被掠夺的比例由函数 $A(L_A)$ 给出。假设 $A(L_A)$ 是递增且严格凹的，满足 $A(0) \geqslant 0$，$A(\overline{L}) \leqslant 1$。[②] 给定两个行业的生产水平 q_1 和 q_2，被

613

[①] 关键条件是，相比整体经济，掠夺性部门是劳动密集程度更高的部门。如果我们假设掠夺的目标是产出、资源禀赋或支付给要素所有者的报酬，那么均衡条件和结果不会发生变化。

[②] 做出严格凹性的假设只是为了方便，利用具有正截距的线性技术能够得到类似结果。

掠夺的产出价值为 $A(L_A) [p_1 q_1 + q_2]$。在给定的规模报酬不变的条件下，对要素的支付耗尽了生产的价值，被掠夺的数量可以写为 $A(L_A) [r\overline{K} + w(\overline{L} - L_A)]$。$r$ 和 w 表示在生产性部门中资本和劳动的（在掠夺之前）总租金价格。

工人决定进入生产性部门还是掠夺性部门。生产性部门中单位劳动力的回报是工资减掠夺的净值。掠夺性部门中单位劳动力的回报是 $(A(L_A)/L_A) [r\overline{K} + w(\overline{L} - L_A)]$，这里投入掠夺活动的每一单位劳动力平均分享掠夺获得的财富。假设每个劳动力是无限小的，且可以自由进入掠夺性部门。[①] 因此，这个部门中劳动力的数量由生产性部门劳动力回报与掠夺性部门劳动力回报相等处决定。在这个模型中，掠夺者被视为非合作性地利用一种公共资源，我们的均衡条件恰好与自由进入开采公共自然资源模型的标准均衡条件是一致的［参见达斯古普塔和希尔（Dasgupta，Heal，1979）］。

最后，我们假设经济体中的所有个体对于两种商品组合有着相同的同位偏好。在给定产出价格（p_1）和收入 M 的情况下，最大化其效用水平，我们得到总需求函数 $c_1(p_1, M)$ 和 $c_2(p_1, M)$。

2.2 均衡

给定生产技术、产品价格（p_1）和要素禀赋（$\overline{K}$ 和 $\overline{L}$），模型的均衡决定了要素的租金价格（r 和 w）、生产的产出水平（q_1 和 q_2）以及每个部门所使用的生产要素（K_1，K_2，L_1，L_2 和 L_A）。

按照标准做法，我们关注没有生产专业化的均衡（也就是 q_1 和 q_2 均为正）。一个竞争性均衡必须满足四组条件。第一，生产性行业的厂商利润必须为 0，则：

$$ra_{1K} + wa_{1L} = p_1 \tag{1}$$

$$ra_{2K} + wa_{2L} = 1 \tag{2}$$

其中，a_{ij} 表示所需投入品的最小成本：给定技术条件和要素价格（r 和 w）的情况下，生产 1 单位产品 i 所使用投入品 j 的最小成本。在给定

---

① 我们早期的文章表明，在将掠夺性部门的产业组织形式改为寡头垄断和垄断，以及包括内生地实施产权时，结论是稳健的。

技术条件和产品价格（p_1）的情况下，式（1）和式（2）决定了均衡要素价格 r 和 w。

第二，要素市场必须出清：

$$q_1 a_{1K} + q_2 a_{2K} = \overline{K} \tag{3}$$

$$q_1 a_{1L} + q_2 a_{2L} = \overline{L} - L_A \tag{4}$$ 614

给定均衡要素价格（它决定了均衡时所需投入品的最小成本）以及投入生产性行业的要素总供给水平，式（3）和式（4）决定了两个行业中的均衡产出水平（q_1 和 q_2）。

第三，劳动力在生产性部门和掠夺性部门之间的分配必须满足无套利条件：

$$\frac{A(L_A)}{L_A} \left[r\overline{K} + w(\overline{L} - L_A) \right] = \left[1 - A(L_A) \right] w \tag{5}$$

这个条件仅表明个人从掠夺活动中得到的支付（等式左侧），即投入掠夺活动的单位劳动力所掠夺的商品价值必须等于来自工作的回报减去被掠夺损失后的净值（等式右侧）。这个等式决定了给定均衡要素价格和全部要素禀赋条件下，分配给掠夺活动的劳动力数量。

第四，该国对国际贸易可能是开放或是封闭的。如果该经济体对贸易开放，那么我们假设这个国家相对于其余世界市场是小的，并且无法影响商品 1 的国际价格：

$$p_1 = p_1^I \tag{6}$$

在一个封闭经济体中，产品价格必须使产品市场出清。也就是，我们必须在这个体系中假设如下均衡条件：

$$c_1(p_1, M) = q_1 \tag{7}$$

我们最初的文章建立了开放经济下均衡存在的条件，对封闭经济可以进行类似的分析。

在本章剩余部分中，我们将重点考察掠夺程度为正的均衡。如果对于没有掠夺活动的经济体存在无专业化生产的均衡，$A(\overline{L})$ 足够小，且 $A'(0)$ 足够大，那么在有掠夺部门的经济体中，不存在专业化和冲突水平为正的均衡。

2.3 冲突的影响

在本节中，我们重点考察开放经济，分析冲突的存在如何影响经济情况。我们从研究冲突对生产要素回报的影响开始。2×2 斯托尔珀—萨缪尔森型模型设定的关键特征是，在生产多样化设定下，掠夺性部门的存在并不会影响要素的总租金价格。它们仅由生产技术决定。从事掠夺的劳动力数量由式（3）至式（5）决定，以保证要素市场出清。但存在615 掠夺活动确实会降低要素所有者实际获得的租金价格在被掠夺后的净收益，使资本所有者和劳动者的境况严格地恶化了。因为，在均衡时，掠夺部门工人得到与普通工人相同的收益，于是得到，在存在掠夺的均衡中，每个人的境况都恶化了。

命题 1：［达尔·波和达尔·波（Dal Bó, Dal Bó, 2011）］冲突的存在恶化了资本所有者和劳动者的境况。

我们的模型还可以用来研究冲突如何影响两个生产性行业的生产活动水平。掠夺活动减少了可投入生产活动的劳动力数量，使生产性经济中的劳动力不再丰裕。因此，根据著名的罗伯津斯定理（Rybczynski, 1955），我们得到如下命题。

命题 2：［达尔·波和达尔·波（Dal Bó, Dal Bó, 2011）］冲突的存在提高了资本密集型产品的产出水平，降低了劳动密集型产品的产出水平。

事实上，冲突对生产的影响可能非常大，以至于改变了贸易模式。

推论 1：对于任何不存在冲突，且进口商品 1 并出口商品 2 的经济体，存在一个使用技术 $A(L_A)$ 的掠夺性部门，使存在掠夺活动的经济体出口商品 1 并进口商品 2。也就是说，存在一种掠夺技术逆转了贸易模式。

证明：给定同位偏好（homothetic preferences），商品的相对消费水平 $\dfrac{c_1(p_1,M)}{c_2(p_2,M)}$ 仅取决于价格 p_1，而与收入水平 M 无关。这样，在一个给定价格 p_1 的开放经济中，冲突的存在将不会影响两种商品的相对消费数量，就像国内冲突不会影响国际价格一样。因此，为了表明冲突能够改变贸易模式，从进口商品 1 变为出口商品 1，我们必须证明，不发生冲突时 $\dfrac{q_1}{q_2} < \dfrac{c_1}{c_2}$，发生冲突时 $\dfrac{q_1}{q_2} > \dfrac{c_1}{c_2}$ 是可能的。

基于式（3）和式（4），我们得到商品 1 和商品 2 的相对产出水平为：

$$\frac{q_1}{q_2} = \frac{a_{2L}\overline{K} - a_{2K}(\overline{L} - L_A)}{a_{1K}(\overline{L} - L_A) - a_{1L}\overline{K}} \tag{8}$$

那么，如果在没有发生冲突时，这个国家进口商品 1，则一定有：

$$\frac{c_1}{c_2} > \frac{a_{2L}\overline{K} - a_{2K}\overline{L}}{a_{1K}\overline{L} - a_{1L}\overline{K}} \tag{9}$$

对于在发生冲突时出口商品 1 的国家，一定有：

$$\frac{c_1}{c_2} < \frac{a_{2L}\overline{K} - a_{2K}(\overline{L} - L_A)}{a_{1K}(\overline{L} - L_A) - a_{1L}\overline{K}} \tag{10}$$

616

重新排列式（10），我们得到，对于贸易流向的变化，被分配于冲突活动的劳动力数量必须足够大：

$$L_A > \left[\frac{c_1}{c_2}\left(a_{1K}\overline{L} - a_{1L}\overline{K}\right) - \left(a_{2L}\overline{K} - a_{2K}\overline{L}\right) \right] \Big/ \left[a_{2K} - \frac{c_1}{c_2}a_{1K} \right] \equiv \underline{L_A} \tag{11}$$

请注意，根据式（9），式（11）的分子是正的。此外，容易证明，在式（11）中，分配于冲突活动的劳动力临界值 $\underline{L_A}$ 要小于经济体中劳动力总量 $\overline{L}$，并且小于导致专业化生产商品 1 的冲突的数量。

因此，对于导致向冲突活动分配劳动力数量等于 $L_A^* > \underline{L_A}$ 的任何冲突技术，冲突的存在将改变贸易模式。现仅需证明，这样的冲突技术是存在的。通过一个简单的例子可以证明存在性。考虑 $A(L_A) = \dfrac{L_A}{\gamma + L_A}$ 且 $\gamma =$

$$\frac{r}{w}\overline{K} + \overline{L} - L_A^* 。$$

证毕。

贸易方面的重要文献着重分析国家间贸易流动的决定因素［参见迪尔多夫（Deardorff，1984）综述了对贸易理论的检验，回顾了贸易模式决定因素的研究结果］。然而，这些文献是对每个国家可能存在的冲突的抽象。

加芬克尔、什卡佩尔达斯和瑟罗普洛斯（Garfinkel，Skaperdas，Syropoulos，2008）在一个不同的模型框架下，首先建立了上述关于冲突与贸易关系的结果，该模型强调包含一种非生产性商品的贸易模式。冲突被视为掠夺的概念可能会改变可用于生产的相对要素组合，并因此改变贸易模式，这与强调产权安全以及更广泛的制度特征可能影响比较优势的其他研究相呼应［例如，列夫琴科（Levchenko，2007）；纳恩（Nunn，2007）；沃格尔（Vogel，2007）］。

2.4 贫困化增长

巴格瓦蒂（Bhagwati，1955）研究了在一个大型开放经济体中，要素禀赋增加对可达到的福利水平的影响［参见迪克西特和诺曼（Dixit，Norman，1980）使用对偶理论（duality theory）的现代处理方法］。当一个国家获得了额外数量的在其出口行业中密集使用的资源禀赋，其影响将是扩大该国的出口规模。如果这个国家很大，那么这样的增长将导致贸易条件恶化。这种恶化的程度可能是足够大的，使该国福利水平降低到要素禀赋扩大前的水平。众所周知，这个结果与埃奇沃思的转移悖论（Edgeworth's Transfer Paradox）密切相关。

冲突的存在并不能与市场力量相提并论。然而，在存在冲突的情况下，缺乏贸易条件效应的小型开放经济体可能会出现贫困化增长。

617

命题 3：在存在冲突的经济体中，要素禀赋的增加可能会减少收入。换言之，增长可能导致贫困化。

证明：考虑一个国家的资本数量增加了。该国的收入水平由 $M = r\overline{K} + w(\overline{L} - L_A)$ 给出。资本扩张不会影响国际价格以及要素的资金价格。于是，我们可以得到 $\dfrac{dM}{d\overline{K}} = r - w\dfrac{dL_A}{d\overline{K}}$。

因此，为了证明资本数量的增加可能对收入产生负面影响，我们只需要找到一种掠夺技术使在均衡时 $\dfrac{dL_A}{d\overline{K}} > \dfrac{r}{w}$，同时保证解在内部且不会发生专业化生产。例如，考虑这样的技术，$A(L_A) = m + sL_A$，其中 m，$s > 0$。利用式（5），我们得到均衡时的冲突水平为 $L_A = \dfrac{m}{\dfrac{1}{\left(\dfrac{r}{w}\overline{K} + \overline{L}\right)} - s}$。为了得到

在 L_A 中和 $A < 1$ 的内部解，我们分别需要（1）$s < 1 / \left(\dfrac{r}{w}\overline{K} + \overline{L}\right)$ 和（2）$m + sL_A < 1$。为了得到没有专业化生产的解，需要 L_A 足够小，使 $L_A < \overline{L} - \overline{K}\dfrac{a_{1L}}{a_{1K}}$ 和 $q_2 > 0$，而这要求（3）$m < \dfrac{\left(\overline{L} - \overline{K}\dfrac{a_{1L}}{a_{1K}}\right)\left(1 - s\left(\dfrac{r}{w}\overline{K} + \overline{L}\right)\right)}{\left(\dfrac{r}{w}\overline{K} + \overline{L}\right)}$。容易证明

$\dfrac{dL_A}{d\overline{K}} > \dfrac{r}{w}$，当且仅当（4）$m > \left(1 - s\left(\dfrac{r}{w}\overline{K} + \overline{L}\right)\right)^2$ 时。直接进行数学计算得到条件（1）至条件（4）对于所有的 (s, m) 都成立，如果 (s, m) 满足：

$$\left(1 - s\left(\dfrac{r}{w}\overline{K} + \overline{L}\right)\right)^2 < m < \dfrac{\left(\overline{L} - \overline{K}\dfrac{a_{1L}}{a_{1K}}\right)\left(1 - s\left(\dfrac{r}{w}\overline{K} + \overline{L}\right)\right)}{\left(\dfrac{r}{w}\overline{K} + \overline{L}\right)}$$

$$\dfrac{1}{\left(\dfrac{r}{w}\overline{K} + \overline{L}\right)} - \dfrac{\left(\overline{L} - \overline{K}\dfrac{a_{1L}}{a_{1K}}\right)}{\left(\dfrac{r}{w}\overline{K} + \overline{L}\right)} < s < \dfrac{1}{\left(\dfrac{r}{w}\overline{K} + \overline{L}\right)}$$

请注意，参数取值范围的上限均大于下限，因此对于任何生产性经济体，找到 (s, m) 的取值，使资本数量增加导致收入减少是可能的。

证毕。

一些意外导致出现适得其反的结果，这种可能性出现在各种模型中。在托内尔和莱恩（Tornell, Lane, 1999）的研究中，意外的贸易条件增

加了来自对立团体的寻租行为，引发资本外逃，从而降低经济增长水平。在霍特、范·隆和田（Hotte，Van Long，Tian，2000）的研究中，贸易开放的价格效应可能会导致从利用公共资源的开放体制向封闭体制转移，社会成本高昂。此举代价高昂，因为在封闭制度下，资源用于实施排他性产权。更一般地说，有很多关于资源诅咒的文献。我们在这里不会试图去评判它们。我们的最后一个命题通过将经典的贫困化增长的结论与经典贸易模型中冲突的扭曲效应联系起来，补充了现有文献。值得一提的是，命题 3 中所增加的资源禀赋是一种生产性资源，而不仅仅是存在争议、用于直接销售或消费的存货。

618

2.5　当存在社会冲突时贸易开放的影响

我们的模型允许研究什么时候经济体向国际贸易开放会导致冲突增加。该模型的一个重要特征是，它把工人在冲突与生产活动之间的决策纳入标准贸易模型中；这样就可以研究经济体向国际贸易开放如何改变要素的回报，以及在其他众所周知的机制下，改变工人参与冲突活动的动机。事实上，我们早期的论文以及下面修改版本的主要命题直接来自另外两个结论，第一个是将国际价格与国内要素价格联系起来的著名的斯托尔珀—萨缪尔森定理。

引理 1：（Stolper，Samuelson，1941）资本密集型商品价格的增加将导致资本的租金价格上升，而劳动力的租金价格下降$\left(\dfrac{dr}{dp_1}>0\right.$

和$\dfrac{dw}{dp_1}<0\Big)$。

本节中的主要命题所依据的第二个引理是关于冲突如何随要素租金价格的变化而变化。

引理 2：资本相对于劳动的租金价格升高将导致冲突增加$\left(\dfrac{dL_A}{d\,(r/w)}>0\right)$。

证明：掠夺性部门的均衡条件 [式（5）] 可以写为 $A(L_A) = \dfrac{L_A}{\dfrac{r}{w}\overline{K} + \overline{L}}$。该条件满足隐函数定理，因此，我们可以把 L_A 写成 $\dfrac{r}{w}$ 的函数。

前一个等式对 $\dfrac{r}{w}$ 进行微分，我们得到 $\dfrac{dL_A}{d\dfrac{r}{w}} = -\dfrac{\dfrac{\overline{K}L_A}{\left(\dfrac{r}{w}\overline{K} + \overline{L}\right)^2}}{\left[A' - \dfrac{1}{\dfrac{r}{w}\overline{K} + \overline{L}}\right]}$。考虑到

$A(L_A)$ 的凹性，且在均衡时，$A(L_A) = \dfrac{L_A}{\dfrac{r}{w}\overline{K} + \overline{L}}$，这意味着，

$A' - \dfrac{1}{(r/w)\,\overline{K} + \overline{L}} < 0$ 且 $\dfrac{dL_A}{d\,(r/w)} > 0$。

证毕。

根据斯托尔珀—萨缪尔森定理（本章中的引理1），资本密集型商品价格升高，提高了资本相对于劳动的租金价格，根据引理2，我们知道这将增加冲突。因此，资本密集型商品价格的任何提高将导致冲突增加，正如达尔·波和达尔·波（Dal Bó, Dal Bó, 2011）所讨论的那样，特别是，这告诉我们贸易何时会导致冲突增加。

命题4：如果资本密集型商品的国际价格高于自给自足情况下的国内价格，那么开放国际贸易将导致冲突增加。

对这个结果的直观解释涉及两种力量的平衡。第一，贸易影响劳动力的工资，进而影响冲突的机会成本。第二，贸易影响财富，这是冲突的目标。因此，贸易影响掠夺活动成本—收益关系的两个方面 [即分别由式（5）右侧和左侧所描述的情况]。有趣的是，为了理解这两种力量之间的平衡，我们只需要理解在经济中贸易如何影响要素的相对价格。 619

这个命题具有福利方面的意义，情况可能是，贸易带来的收益可能被贸易引发的冲突所掩盖，导致福利水平下降。众所周知，在存在扭曲的情况下，从自给自足转向自由贸易，福利水平可能会下降（尽管未必

一定如此）。这场辩论可以追溯到 20 世纪 50 年代和 60 年代 [参见，例如，巴格瓦蒂和拉玛斯瓦米 （Bhagwati, Ramaswami, 1963）]。在冲突背景下，加芬克尔、瑟罗普洛斯和什卡佩尔达斯 （Garfinkel, Syropoulos, Skaperdas, 2008） 得到了更精确的结果，即当国际价格足够接近自给自足价格时，贸易开放将必然降低福利水平。在冲突背景下仍需要开展一些研究，以分离出一些最一般的条件，在这些条件下，在某些价格范围内，自由贸易必然减少福利，同时要识别出自由贸易必然提升福利的情况。例如，容易证明，即使在存在冲突的情况下，当偏好显示出替代弹性是无穷的性质时，自由贸易必然提升福利水平。

因为，在冲突存在的情况下，贸易可能会减少福利，而贸易干预可能会改善福利。然而，正如在贸易文献中大家达成的共识，即使贸易会减少福利，也不意味着贸易干预就是最好的政策。在第 3 节中，我们讨论了在存在冲突的经济体中，可能的政策干预依据福利水平的排序情况，首先将我们的模型和一个描述了贸易对冲突经济影响的更加简单的模型进行比较。

2.6 与简单模型的比较

正如引言中所预期的那样，有可能写出一个简单模型，其中通过一些限制性假设把特定冲击与影响冲突的力量进行匹配。例如，对一种商品价格的冲击总是会影响冲突和其他任何活动的回报，另一种冲击总是会影响冲突的机会成本，而不会有其他影响。这种方法在描述经济活动的方式中引入了限制性假设，它从将商品价格和要素价格联系起来的一般均衡考虑中抽象出来。

在本节中，我们应用这种方法，并将其与本章前面模型提出的一般均衡效应进行对比。通过对前面所提出的更加一般化的模型施加诸多约束条件，可以得到本节介绍的这个更加简单的模型，它抓住了冲突文献通常所研究的重点。使用这个更加简单的模型，我们给出了与命题 4 相关的关于贸易与冲突的结论。

同之前一样，我们考虑两种商品，即商品 1 和商品 2。现在生产"更简单"了，因为需要的是生产要素的一个严格子集：劳动是唯一的生产要素。商品 2 的生产不再需要资本，而商品 1 不再需要任何生产要素。换言之，商品 1 是不用被生产的；存在商品 1 的禀赋或存量 S 可用于消费。生产性行业 2 由众多以利润最大化为目标，采用相同的规模报酬不变技术的厂商组成。这种技术使用劳动力，其边际生产率等于 α。我们用 w 表示劳动的租金价格。存在固定数量的劳动力禀赋 $\overline{L}$。与前面一样，我们用 p_1 表示商品 1 的价格，商品 2 是计价单位。除生产性部门之外，还存在掠夺性部门，通过将劳动力配置于掠夺活动，能够得到商品 1 的存量比例，为 $A(L_A)$。相对于前面的模型，这是另一个重要简化：我们假设商品 1 是可被掠夺的资源，而商品 2（或者由它产生的收入）根本不会再被当作掠夺的目标。我们还假设经济体中的所有参与者关于两种商品的组合都具有同位偏好。在给定产出价格水平 p_1 和收入 M 下，最大化其效用水平，我们得到总需求函数 $c_1(p_1, M)$ 和 $c_2(p_1, M)$。

这个模型的竞争性均衡必须满足四组条件。

第一，生产性行业中企业获得的利润为 0，则：

$$w = \alpha \tag{12}$$

第二，要素市场必须出清，则：

$$q_2 \frac{1}{\alpha} = \overline{L} - L_A \tag{13}$$

第三，对于劳动力在生产性部门和掠夺性部门之间分配，无套利条件必须成立，则：

$$\frac{A(L_A)}{L_A} p_1 S = w \tag{14}$$

同前文一样，最后这个条件仅是表明，个人从掠夺活动中得到的支付（等式左侧，即投入掠夺活动的每单位劳动力所掠夺的商品价值），必须等于来自工作的回报（等式右侧）。这个等式决定了给定均衡要素价格和全部要素禀赋条件下，分配给掠夺活动的劳动力数量。显然，不同商品的作用现在被分离开来。商品 2 仅与劳动收入和冲突的机会成本有关，而商品 1 仅与冲突的"收入"有关（显然，只有商品 1 仅使用资本生产，才能支持这种整齐的分离）。

第四，这个国家对国际贸易可能是开放或封闭的。如果该国贸易开放，那么我们假设这个国家相对于其余世界市场是小的，并且无法影响商品 1 的国际价格：

$$p_1 = p_1^I \tag{15}$$

在一个封闭经济体中，产出价格必须使商品市场出清。也就是说，我们必须在系统中加入下面的均衡条件：

621

$$c_1(p_1, M) = S \tag{16}$$

我们重点考察掠夺水平为正的均衡。如果 $A(\overline{L})$ 足够小且 $A'(0)$ 足够大，那么存在冲突水平为正的均衡。

命题 5：如果可掠夺资源的国际价格高于自给自足下的价格，那么开放国际贸易将增加冲突。

证明：我们必须证明冲突随着 p_1 而增加。

注意，从式（12）和式（14）中我们得到：

$$A(L_A) = \frac{\alpha L_A}{p_1 S} \tag{17}$$

上面的等式对 p_1 微分，我们得到 $\dfrac{dL_A}{dp_1} = -\dfrac{\dfrac{\alpha L_A S}{(p_1 S)^2}}{\left[A' - \dfrac{\alpha}{p_1 S}\right]}$。给定 $A(L_A)$

是凹的和式（17），$A' - \dfrac{\alpha}{p_1 S} < 0$，$\dfrac{dL_A}{dp_1} > 0$。

证毕。

对这个结果的直观解释很简单：p_1 的增加提高了可掠夺资源的价值以及来自冲突的回报，而工资没有发生变化，因此冲突的机会成本未改变。所以，只有冲突会增加。这些类型的结果出现在许多关于冲突的文献中。一个例子是科利尔和霍夫勒（Collier, Hoeffler, 1998），他们考虑了一个局部均衡模型，其中冲突的收益和成本有可能单独改变。假设发生叛乱的动机与经济体的应税基础有关，而成本取决于工资，工资是由该国人均收入决定的，但没有考虑人均收入与应税基础之间的联系。虽然文献中的这些开创性研究是有价值的，但我们在第 2.1 节提出的一般均衡方法取消了限制性假设，揭示出一些不那么直接且更加稳健的见解。对命题 4 和命题 5 的比较告诉我们，如果我们仍然不知道掠夺者以哪些财富为目标，并且考虑到冲突成本与收益之间的相互关系，那么要素强度就成为预测冲突的关键。

许多关于冲突的传统文献提出了另一个问题。有各种各样的模型可供选择，其中争斗的动机取决于关于什么能够成为掠夺目标，以及生产性努力如何转化为安全的或可被掠夺的财富的不同设定。此外，经济背景在不同模型之间的差异巨大，以不同方式影响争斗还是工作动机的形成。当我们改变价格或生产率参数时，不同假设产生了关于冲突比较静态分析的不同结果。在某些情况下［如赫什利弗（Hirshleifer，1991）］假设是这样的，增加产品价值或者"合法"努力的生产率，会导致战斗努力的回报和成本出现完全相同的变化，这使冲突对价格或生产率冲击没有反应。随之而来的问题是，冲突模型背后的经济理论是否足够普遍，可以使我们相信它们的预测。

622

对于这两个局限的解决方案——局部均衡方法以及特殊的经济环境设定，依赖将经典的一般均衡设定扩展至存在冲突的情况。采用更加广泛和更加现实的一般均衡方法处理这个问题，要求要素价格和可掠夺财富随着经济和政策冲击同时发生变化。第 2 节给出的模型提供了这样一种方法，并为接下来的政策讨论提供了基础。

3. 带有社会约束的政策分析

在早期研究中，我们专注于这样一个事实，即给定存在冲突的情况下，政策制定者可能会支持各种减少冲突的干预措施。我们研究了各种干预措施减少冲突的能力，例如，关税、工业政策及税收与补贴，但我们没有描述它们的相对优势。在这一节中，我们从福利角度对这些政策进行排序，并将这一做法与传统贸易理论中关于存在扭曲情况下政策排序的结果关联起来。①

---

① 格罗斯曼（Grossman，1994）是分析应对冲突的早期研究之一。他研究了土地所有者对某些土地进行控制以防止强制再分配的激励。他还比较了对土地所有者使用工资补贴的相对吸引力。

贸易理论中关于扭曲情况下政策制定的传统研究认为，存在三种主要的扭曲类型：生产的外部性、政策对消费的限制（例如，某些商品的提供需要一定程度的"自给自足"）和要素市场扭曲。如表 25 – 1 所示，每种类型都有应对扭曲从最理想到最不理想的政策排序。[①]

在这里，我们表明，冲突带来一种扭曲，它与有关扭曲情况下政策制定文献中通常分析的扭曲并不能完全匹配；然而，得到的政策排序与要素市场扭曲情况下得到的结果恰好一致（见表 25 – 1）。也就是说，在存在冲突的经济中，首要选择是对要素市场征税和补贴。接下来的最佳选择是对生产征税和补贴，而最不受欢迎的选择是贸易干预。从我们的分析中可以清楚地看出，与贸易文献中要素扭曲情况相比，一个重要的区别在于，当存在冲突时可能无法达到最优结果（主要原因是社会可能无法向分配于掠夺活动的劳动力征税）。换言之，我们扩展了巴格瓦蒂（Bhagwati，1971）的政策分类排序（如表 25 – 1 所示）。

表 25 – 1　扭曲情况下的政策排序

生产外部性	消费约束	要素扭曲	冲突
1. 生产税 + 补贴	1. 消费税 + 补贴	1. 要素税 + 补贴	1. 要素税 + 补贴
2. 贸易或要素税 + 补贴	2. 贸易税 + 补贴	2. 生产税 + 补贴	2. 生产税 + 补贴
—	3. 生产或要素税 + 补贴	3. 贸易税 + 补贴	3. 贸易税 + 补贴

注：在一般情况下，如果两个政策不能彼此比较，进行排序，则将它们一起放入表格中，如贸易及要素税与补贴方案就是应对生产外部性的。

3.1　存在冲突的经济体中的政策排序

在对政策进行排序之前，我们必须描述冲突引起的扭曲。为此，我们需要描述存在和不存在冲突时可能的生产组合以及生产均衡。同经济学中的传统一样，我们把生产可能性边界（Production Possibility Frontier，PPF）定义为最大化产出的生产组合。在图 25 – 1 中，我们给出了不存在冲突时的一条生产可能性边界（PPF）。[②] 生产可能性边界上的每一个点都代表在给定商品 1 产出水平的情况下，商品 2 的最大可能产出。也

---

① 参见巴格瓦蒂（Bhagwati，1971）对不同类型扭曲和福利影响的分类。

② 在图 25 – 1 中，我们假设经济体中的 $\bar{K} = \bar{L} = 100$，$q_1 = L^{\frac{1}{3}} K^{\frac{2}{3}}$ 以及 $q_2 = L^{\frac{2}{3}} K^{\frac{1}{3}}$。

可以认为，生产可能性边界代表给定价格下的均衡生产组合：每一个组合对应于给定价格 p_1 下的一个均衡生产组合。[①] 考虑到没有冲突的经济可以达到最优结果，均衡生产组合最大化了经济体的收入。这意味着生产可能性边界的斜率必须等于经济体所面对的价格 p_1（见图 25-1 中的 A 点）。[②]

在冲突水平为正的情况下，生产性经济会失去劳动力，且生产可能性边界 PPF_C 必然比无冲突时的生产可能性边界（PPF）更接近原点。将存在冲突时的生产可能性边界（PPF_C）看作均衡生产组合的集合是有帮助的。图 25-1 给出了一种特定掠夺技术下的 PPF_C。[③] 正如预期的那样，冲突导致的一种扭曲是减少了可用于生产的资源，这造成生产可能性边界收缩。

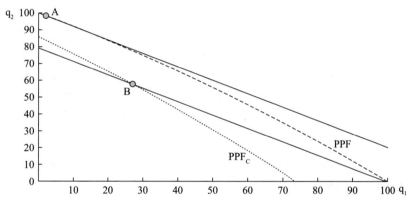

图 25-1　有冲突和无冲突情况下的生产可能性边界和均衡

此外，冲突可能会产生扭曲，使产出组合向存在冲突的生产可能性边界中不能最大化经济收入的方向移动。图 25-1 显示预算线在均衡点 B 的斜率与生产可能性边界不相切。

这并不是所选择例子的特殊结果，而是一般性结果。没有相切的原因如下。如果分配给掠夺活动的劳动力数量是不变的，那么生产可能性边界在 B 点的斜率将与预算线在该点的斜率一致（即 p_1），因为该经济体相当于没有冲突但劳动力较少的经济体，福利经济学第一定理意味着，

---

① 请记住，我们已规范化 $p_2 = 1$，商品 2 为计价单位。

② 假设 $p_1 = 0.8$，计算所有均衡点。

③ 我们假设 $A(L_A) = \dfrac{L_A}{120 + L_A}$。

它是一个能最大化经济体收入的生产组合。然而，在冲突经济中，可用于生产的劳动力数量不是固定不变的。商品 1 产量的降低将减少分配给冲突的劳动力数量（请记住，根据罗伯津斯定理，q_1 与 L_A 是正相关的），从而使商品 2 生产的扩张大于劳动力数量恒定不变时的情况。因此，存在冲突时，对于一个给定价格，相对于均衡生产组合的预算线必须从生产可能性边界下方穿过。这意味着，给定价格 p_1，生产组合不能最大化经济体的收入。

总之，在存在冲突的经济中，给掠夺活动分配劳动力产生了两种扭曲。第一，它缩小了生产可能性边界。第二，它导致均衡时的生产组合没有最大化经济收入。

这两种扭曲意味着，可能需要两种政策工具来改善福利水平：（1）在给定生产可能性边界的情况下，使用生产税和补贴改进生产组合的选择；（2）使用要素税和补贴以实现劳动力从冲突活动中转移出来进行重新分配，使生产可能性边界向最优状态移动。然而，正如我们将要看到的那样，没有必要同时采用这两种干预手段，因为对要素市场的干预占优于对产品市场的干预。在说明这一点之前，我们解释一下为什么可以略去第三种政策工具，即关税。

正如现有讨论存在扭曲时的贸易文献所揭示的那样，生产税和补贴很容易优于关税。任何影响生产者价格的贸易干预措施的积极效果都可以通过生产税和补贴得以实现，同时避免对消费的扭曲。总之，贸易干预在我们的模型中总是排在生产干预政策之后。

现在回到对产品的税收/补贴计划与要素税收/补贴计划的对比中来，让我们首先分析前者。在给定发生冲突的情况下，商品 1 的产量非常多，最优的生产税/补贴计划应降低商品 1 生产者所获得的价格。在图 25 - 1 所描述的情况中，这样一种政策应该把生产从 B 点移动到 C 点，以便在给定存在冲突的生产可能性边界（PPF$_C$）下最大化经济体的收入。但请注意，这种政策不会使经济体达到最优水平。原因是在 C 点，冲突仍然存在，因此，经济体的产出水平低于技术上可能达到的水平。[①] 事实上，

---

① 尽管我们重点考察生产多样化的情况，但在专业化情况下，结果是稳健的。请注意，一旦经济体完全专业化生产一种产品，被生产的产品价格的变化不会改变投入品的相对价格，也不会影响冲突。因此，一旦经济专业化了，对产品征税和补贴就不再可能引发冲突了。

一般来说，很容易证明，产品政策无法使存在冲突的经济体恢复到最优状态。

命题 6：对于一个存在冲突的经济体，在国际价格下仍存在数量为正的掠夺活动，那么生产税和补贴都不可能实现最优结果。

证明：首先考虑这样的情况，其中存在冲突的生产可能性边界相比无冲突情况下的生产可能性边界总是更加接近原点。这意味着，对于每个可能的价格 p_1，分配于掠夺活动的劳动力数量（L_A）在均衡时为正。因为生产税和补贴都会影响生产者价格，但并不存在能够消除冲突的价格，这进一步表明这些干预措施无法得到最优的结果。

现在考虑这样的情况，冲突情况下的生产可能性边界（PPF_C）与无冲突时的生产可能性边界（PPF）部分地重叠在一起（例如，如果存在一系列价格 p_1 使 $L_A = 0$）。因为我们假设在均衡时存在数量为正的掠夺活动，那必然是，价格 p_1 使均衡生产组合位于存在冲突的生产可能性边界 PPF_C 且不与无冲突时的生产可能性边界 PPF 重合的部分上。根据同样的推理，无冲突情况下的均衡生产组合位于 PPF 且不与 PPF_C 重合的部分上。因此，对产品的税收和补贴都不可能将生产组合移动到最优情况，因为这个生产组合不在 PPF_C 上。

证毕。

对要素征税和补贴会比产品政策效果更好吗？答案是肯定的。考虑补贴对（生产性经济部门中）工薪阶层的影响，同时对资本收入征税，以保证收支平衡。

图 25-2 显示了这样的情况，对资本收入征收足够高的税并补贴给生产部门的劳动者，结果是完全消除了冲突，使经济体达到最优水平（我们没有画出这种干预之后的生产可能性边界，因为它与 PPF 一致）。在这种情况下，对资本收入征收足够高的税并补贴给生产部门劳动者的均衡生产组合是图 25-2 中的点 A。这个点最大化了经济体的收入，因为消费者所支付的价格没有被扭曲，它最大化了福利水平。

下面的命题给出了实现这一点的条件。

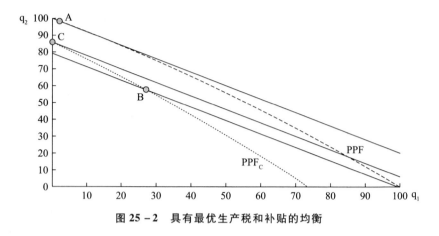

图 25 - 2　具有最优生产税和补贴的均衡

命题 7：在我们的模型中，当且仅当 $A(0) = 0$ 且 $A'(0) < \dfrac{1}{\overline{L}}$ 时，对资本征税并对生产部门劳动力进行补贴，能够使经济体达到最优水平。

证明：请记住，掠夺性部门的均衡条件可以写为：

$$A(L_A) = \frac{L_A}{(r/w)\,\overline{K} + \overline{L}} \tag{18}$$

这个命题中"当"的部分直接来自 $A(L_A)$ 是凹函数的事实，并且如果 $A(0) = 0$ 且 $A'(0) < \dfrac{1}{\overline{L}}$，式（18）的解不可能具有正的冲突水平。为了证明"仅当"的部分，首先，注意到，如果 $A(0) > 0$，则总会存在冲突水平为正的均衡。其次，如果 $A'(0) > \dfrac{1}{\overline{L}}$，那么即使在资本被完全征税之后，也必然存在一个 $L_A > 0$ 的解。

证毕。

图 25 - 3 显示了一种情况使命题 7 中的条件不成立，且要素市场干预并不能恢复到最优水平。[①] 冲突情况下的均衡生产组合（B 点）的收

[①]　图 25 - 3 描述了这样一个经济体，它与图 25 - 1 和图 25 - 2 描述的经济体类似，但采用了不同的冲突技术：$A(L_A) = \dfrac{L_A}{80 + L_A}$。

入水平低于最优生产组合（A 点）的收入水平。产品税和补贴提高了经济体的收入水平，使生产组合从 B 点穿过冲突情况下的生产可能性边界（PPF_C），移动到 C 点。然而，对资本完全征税以补贴生产部门劳动者将生产可能性边界扩展至 PPF_LM，它更接近于最优边界，且使在 D 点的生产组合对应的收入要高于从 C 点获得的收入，C 点是在对产品市场干预下得到的。

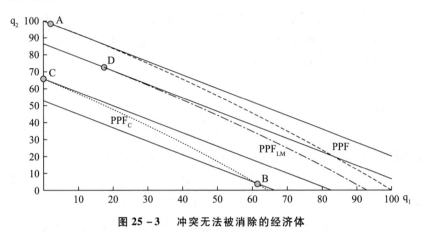

图 25 - 3　冲突无法被消除的经济体

请注意，在对要素市场进行最大程度干预时得到的均衡生产组合处，预算线与生产可能性边界（PPF_LM）相切。原因是，即使在对要素市场进行最大程度干预的情况下，冲突仍无法被消除，通过对资本完全征税，可以达到最低限度的冲突程度。在这种情况下，通过求解下式得到均衡时向冲突分配的劳动力数量（它并不取决于要素价格）：

$$A(L_A) = \frac{L_A}{L} \qquad (19)$$

于是给定这项政策，均衡时的掠夺水平不取决于价格，这意味着生产可能性边界应该在均衡点处与预算线相切。[①] 相切意味着，在对资本全面征税之后，均衡生产组合会使收入最大化，因此，产品税和补贴不会有任何作用。我们在本节的讨论引出如下命题。

───────────

① 如上面所讨论的那样，如果分配给掠夺活动的劳动力的数量恒定，那么这个经济体就相当于一个没有冲突但劳动力数量较少的经济体，且福利经济学第一定理意味着存在一个最大化经济体收益的生产组合。

命题 8：在一个发生冲突的经济体中，对要素征税和补贴排在第一位，对生产征税和补贴排在第二位，贸易干预（关税和出口补贴）排在最后。

3.2 冲突和其他扭曲在政策含义方面的差异

贸易理论中关于扭曲情况下政策制定的传统研究认为，存在三种主要的扭曲类型：生产外部性、政策对消费的限制（例如，需要一定程度的"自给自足"）和要素市场扭曲。在这里，我们讨论这些扭曲与冲突造成的扭曲之间的一些差异。

显然，冲突与自给自足的要求不同。冲突具有外部性（掠夺行为会伤害到受害者）并造成资源错配（一些要素并没有被用于生产，而是用来重新分配财富）。人们可能会问，冲突是否类似于其他扭曲中的某一种。

乍看上去，冲突情况似乎与外部性情况非常对应。经济在生产可能性边界上运行，但与不存在外部性（或冲突）的情况相比，这只是一种次优情况，生产在非相切点上进行。这就意味着，我们可以借鉴扭曲情况下政策理论中众所周知的结果并得出结论，最优政策是对商品 1 征税，对商品 2 进行补贴，并且任何贸易干预都严格地更糟糕，因为它会扭曲消费模式。正如我们已经证明的那样，后者是正确的，而前者是错误的。贸易干预确实比对产品的干预更糟糕，因为它们造成的消费扭曲会导致福利损失。前者是错误的，由于对要素征税和补贴可以扩大生产可能性边界，因此优于产品干预。此外，当对要素市场的干预未能恢复最优结果时，产品市场干预也无法提供更多的改善。

根据达尔·波和达尔·波（Dal Bó, Dal Bó, 2011）的研究，给定国际价格，对资本征税且对生产性部门的劳动力补贴会扩大生产可能性边界。这正是在要素市场存在扭曲时此种干预所产生的效应。研究扭曲情况下有关政策制定的经典文献 [例如，巴格瓦蒂（Bhagwati, 1971）] 处理了要素市场扭曲问题，这种扭曲在不同部门必须支付的工资之间造成了差距。一个典型的例子是，相对于农业部门的劳动力而言，必须向工业部门的劳动力支付工资溢价。考虑到这样的差异，边际生产率价值在各部门之间并不均衡，导致经济体在次优的生产可能性边界上运行。在这种情况下，政策在福利水平方面进行排序是可行的。在要素市场中进行适当的税收加补贴干预，将使生产可能性边界扩展至最优形式并最大化福利水平。对生产进行税收加补贴干预是次优的，然后是关税干预。

冲突造成的扭曲与在贸易文献中引起关注的要素市场扭曲并不完全相同，明显区别之一是，在冲突经济中没有工资差异，工业部门也不是过于资本密集的。在冲突经济中，厂商使用正确的要素组合。因此，在要素市场存在扭曲的情况下，即使在进行干预之后，产业部门也是过于资本密集的，对生产者价格进行干预的主要缺陷在冲突经济体中并不存在。问题是劳动力被掠夺活动挪用了。冲突和要素市场扭曲之间的一个共同方面是，对劳动力补贴和对资本征税可以扩大生产可能性边界。一个不太明显的区别是，在冲突情况下，不可能完全消除这种扭曲：全面对资本征税来补贴生产部门的劳动力，这可能不会消除冲突。然而，我们表明，如果是这样的话，那么就没有更多的余地让其他政策改善这些问题了，因为给定冲突情况下的生产可能性边界得到的生产组合是最优的。

4. 结论

在本章中，我们重新审视达尔·波和达尔·波（Dal Bó, Dal Bó, 2011）提出的框架，来研究冲突作为经济冲击的一般均衡含义。在更为全面地探讨这种设定的含义，并与更简单的局部均衡方法进行比较之后，629 我们探讨了各种政策干预措施对福利的影响。本章特别关注的是，我们是否可以借鉴传统贸易文献对存在扭曲情况下制定政策的研究结论，推导政策效果排序。如果将冲突造成的扭曲完整地置于经典文献所研究的扭曲类型中，我们就可以很容易地通过参考文献来获得政策干预在福利方面的排序情况。

我们认为，冲突造成的扭曲与生产外部性和要素市场缺陷在关键方面非常相似。这种相似性表明，考虑到扭曲的贸易理论的经典结果（比如自由贸易和经济增长会破坏福利的可能性），可以扩展到冲突经济中。然而，冲突造成的扭曲具有特殊性质，它阻碍了最优政策反应的自发衍生。我们发现，冲突经济中的政策排序与在不存在冲突但要素市场存在扭曲的经济体中的政策排序相同，尽管可采取的最优政策（对要素市场征税加补贴政策）可能无法恢复最优结果。

致　谢

我们感谢胡安·卡洛斯·哈勒克（Juan Carlos Hallak）和尚卡尔·萨蒂亚纳斯（Shanker Satyanath）以及主编米歇尔·加芬克尔（Michelle Garfinkel）和斯特吉奥斯·什卡佩尔达斯（Stergios Skaperdas）的有益评论。

参考文献

Bhagwati, J. N. 1955. Immiserizing growth: A geometrical note. *Review of Economic Studies* 25: 201 – 5.

——. 1971. The generalized theory of distortions and welfare. In *Trade, balance of payments, and growth: Essays in honor of Charles P. Kindleberger*, ed. J. N. Bhagwati, R. W. Jones, R. A. Mundell, and J. Vanek. Amsterdam: North Holland.

Bhagwati, J. N., and V. K. Ramaswami. 1963. Domestic distortions, tariffs and the theory of optimum subsidy. *Journal of Political Economy* 71 (1): 44 – 50.

Collier, P., and A. Hoeffler. 1998. On economic causes of civil war. *Oxford Economic Papers* 50: 563 – 73.

Dal Bó, E., and P. Dal Bó. 2011. Workers, warriors, and criminals: Social conflict in general equilibrium. *Journal of the European Economic Association* 9 (4): 646 – 77.

Dasgupta, P. S., and G. M. Heal. 1979. *Economic theory of exhaustible resources*. Cambridge: Cambridge University Press.

Deardorff, A. 1984. Testing trade theories and predicting trade flows. In *Handbook of international economics*, Vol. I, ed. R. W., and P. B. Kenen, 467 – 517. New York: Elsevier.

Dixit, A. K., and V. D. Norman. 1980. *Theory of international trade: A dual, general equilibrium approach*. Cambridge: Cambridge University Press.

Garfinkel, M. R., S. Skaperdas, and C. Syropoulos. 2008. Globalization and domestic conflict. *Journal of International Economics* 76: 296 – 308.

Grossman, H. 1994. Production, appropriation, and land reform. *American Economic Review* 84 (3): 705 – 12.

Hirshleifer, J. 1991. The paradox of power. *Economics and Politics* 3 (3): 177 – 200.

Hotte, L., N. Van Long, and H. Tian. 2000. International trade with endogenous enforcement of property rights. *Journal of Development Economics* 62: 24 – 54.

Levchenko, A. A. 2007. Institutional quality and international trade. *Review of Economic Studies* 74 (3): 791 – 819.

Nunn, N. 2007. Relationship-specificity, incomplete contracts and the pattern of trade. *Quarterly Journal of Economics* 122 (2): 569 – 600.

Rybczynski, T. 1955. Factor endowment and relative commodity prices. *Economica* 22: 336 – 41.

Stolper, W. F., and P. A. Samuelson. 1941. Protection and real wages. *Review of Economic Studies* 9: 58 – 73.

Tornell, A. and P. R. Lane. The voracity effect. *American Economic Review* 89 (1): 22 – 46.

Vogel, J. 2007. Institutions and moral hazard in open economies. *Journal of International Economics* 71 (2): 495 – 514.

第26章 在社会中使用强制力：不安全的产权、冲突与经济落后

弗朗西斯科·M. 冈萨雷斯

1. 引言

相对于发达国家，欠发达国家和转型经济体仅仅是发达经济体在生产率水平较低的形态，还是它们的经济秩序由明显不同的规则支配？大量证据支持这样一种观点，即一个关键区别在于产权不安全程度的不同。但是为什么不安全的产权如此不利于经济发展，为什么它们又如此普遍呢？

当产权不安全时，经济分配既涉及强制也涉及自愿的契约。然而，从传统上看，均衡理论对生产与产出分配问题的分析，将可实施的产权
633 视为给定，关注的是自愿的契约如何能够实现双方共同获益。在笔者看来，采用这种方式导致宏观经济学与发展经济学脱节，这也解释了为什么新古典经济增长理论似乎在解释经济落后方面是无力的。

与自愿缔约不同，使用强制力是一种单边选择。在产权不安全时，个体参与者、国家参与者有动机参与这种掠夺行为。反过来，对掠夺的预期促使其他人转移原本用于生产的资源以保护财富免遭抢夺。结果，创造财富和建立有效产权在使用稀缺资源上相互竞争。资源分配问题就出现了，它集中在任意使用强力分配财富的冲突上。分析这个问题对于理解经济发展中的许多问题至关重要。在本章中，笔者采用的方法是经过深思熟虑的，集中讨论冲突的均衡分析如何重塑我们的认知。

因此，起点是这样一种观察，即冲突是一种普遍的社会现象，易受到均衡分析的影响。

冲突类型不仅包括战争，还包括犯罪、诉讼、罢工和政治力量的重新分配。交换和冲突理论构成了经济分析的两个平等分支，第一个建立在契约与互惠互利之上，第二个建立在不对称优势的竞争之上［赫什利弗（Hirshleifer, 1995）］。

在本章中，笔者提出了一些关于经济落后的基本见解，将冲突理论与生产和产出分配的均衡分析结合在一起就可以得到这些见解。接下来，笔者将冲突视为在建立有效产权过程中耗散的资源在均衡时的总和。这一分析聚焦在激励的结构以及我们可以预期的在产权不安全情况下的宏观经济结果。

2. 论据

人们已逐渐习惯在法律之外生活。偷窃、非法扣押和收购工厂变成了每天都发生的事，而人们的良知没有受到太大触动……与暴力和犯罪渗透到日常生活中相伴而生的是贫穷与匮乏［德·索托（de Soto, 1989: 5-6）］。

法律规则——安全的产权以及法律和秩序——对于经济繁荣至关重要的假说在过去 20 年中经受了大量的实证检验。国家层面的研究结果一致表明，较低的法治水平与较低的总投资水平和较低的增长率相关联［如阿西莫格鲁、约翰逊和罗宾逊（Acemoglu, Johnson, Robinson, 2001），霍尔和琼斯（Hall, Jones, 1999），奈克和基弗（Knack, Keefer, 1995），莫罗（Mauro, 1995）］。

产权安全性，即个人控制资产配置以及分配这种配置带来回报的权力，对经济发展的总体作用几乎是没有争议的［参见诺斯（North, 1990）］。如果产权是可执行的，那么它们可以加速创造财富。然而，实施产权会涉及与保护和夺取权利相关的交易成本。因此，特定制度下的生产潜力必定依赖产权实施，而不仅仅取决于它们的分配。一个核心问题是，如何实施产权制度？

按照韦伯（Weber, 1978）的理论，国家通常被视为在合法使用强制力方面具有垄断地位。传统上，在假定国家力量确实被用于履行契约和实施产权的条件下，经济学家分析了生产和产出分配的问题。相比之下，如今人们普遍认识到，国家未能履行契约和实施产权是经济落后的根源。

履行契约与实施产权之间存在明显的区别。一方面，根据科斯（Coase，1960）和威廉姆森（Williamson，1985）的理论，现在人们普遍认为，在国家无法作为理想的履行契约第三方的情况下，履行私人契约是个体参与者在多大程度上实现实际收益的关键决定因素。另一方面，产权的实施仍普遍是从世界中心执法机构的视角来看待的。根据这种观点，对产权安全的主要威胁在于政府本身，欠发达国家和转型经济体面临的主要挑战是如何建立高质量的政治制度，人们认为高质量的政治制度应当确保统治者使用强制力来实施个人产权，而不是剥夺产权［例如，阿西莫格鲁和约翰逊（Acemoglu，Johnson，2005），菲尔曼·塞勒斯（Firmin - Sellers，1995）］。然而，当法治失败时，个体参与者履行私人契约的能力与不具备抵制统治精英掠夺能力之间形成了鲜明的对比，这与现实中欠发达国家和转型经济体的情况并不一致。

在法律制度较为脆弱时，经济活动不会停止。通常来说，当法律系统无法正常运转时，就会出现商业网络、市场中介以及公共准则来解决合同实施中的问题［例如，法夫尚（Fafchamps，2004）；麦克米伦和伍德拉夫（McMillan，Woodruff，2000）］。当珍贵资源的产权没有被完美界定或不安全时，个体参与者也会寻找方法来建立并实施产权。这样会出现个体之间非正式的安排以缓解公共资源分配的冲突（Ostrom，1990：Chap. 3），且功能不健全的法律体系会促使形成私人保护组织［例如，弗莱（Frye，2002）；弗莱和施莱弗（Frye，Shleifer，1997）］。商业组织的会员制（Frye，2004），以及更为普遍的协调一致的政治行动（Putnam，1994）可以在产权保护方面发挥重要作用。此外，履行合同与实施产权之间的区别有时候是模糊不清的。例如，虽然黑社会可能促进履行私人合同，但也可能会成为产权安全性的一种威胁［例如，甘贝塔（Gambetta，1993）］。

然而，很明显，自治机制既不是自动发生的，也不是有效的，即使在个体数量相对较小的组织中也是如此（Libecap，1989：Chap. 5 - 6；

Ostrom，1990：Chap. 5）。同样明显的是，当产权不安全时，个体参与者 635
单方面参与保护和夺取权利；与中央执法机构的全局视角不同，强制力
的使用非常分散。在个体层面，产权保护和经济行为之间的联系一直是
在一系列特定机制设定下进行微观经济研究的关注点。例如，贝斯利
（Besley，1995）与戈德斯坦和乌德里（Goldstein，Udry，2008）考察了
加纳农村地区的投资与生产率，菲尔德（Field，2007）研究了秘鲁城市
的劳动力供给，约翰逊、麦克米伦和伍德拉夫（Johnson，McMillan，
Woodruff，2002）检验了五个转型经济体中制造业企业的投资情况。大
体上，这些证据支持产权安全促进财富形成的观点。然而，更重要的是，
实证研究一致表明，在合法的产权安全程度和有效的产权安全程度之间
存在关键区别，有效的产权安全程度在每个个体之间极为不同，有效的
产权安全程度和个体经济行为被共同决定［参见潘德和乌德里（Pande，
Udry，2007）］。

　　私人确立并实施产权的重要性在非正式经济的背景下或许最为显著。
对非正式经济规模的估算不可避免是不精确的，但它们确实表明，在欠
发达或者转型经济体中，大量经济活动是非正式活动，非正式活动通常
被定义为未经报告的对总产出做出贡献的经济活动。例如，施耐德
（Schneider，2005）估计，1999～2000 年，非正式经济的平均规模占经
济合作与发展组织国家国内生产总值（GDP）的比例为 17%，占转型经
济体的 38%，发展中国家的 41%。过去十年的实证研究一致发现，拥有
更大规模非正式经济的国家是那些法制更为脆弱、腐败程度更高的国家，
非正式经济活动往往与更小的、生产率更低的企业相关联（Dabla-Norris，
Gradstein，Inchauste，2008；Friedman et al.，2000）。此外，经验证据日
益向传统观点提出挑战，传统观点认为，政府税收是导致个体参与者远
离正式经济的主要驱动力（Johnson，Kaufmann，Shleifer，1997），而现
实需要的是对经济行为与产权安全程度，包括对个体参与者和国家参与
者掠夺行为的共同决定因素进行更深的理解。

　　同样，经验证据表明，将腐败视为一种税收的观点忽略了腐败的部
分成本（Fisman，Svensson，2007），并使腐败的真实情况——滥用公职
来谋取私利，显得微不足道。在许多国家，个体参与者会遇到较低级别
的公职人员，且实施产权是一项权力下放的行为（Reinikka，Svensson，

2004；Shleifer，Vishny，1998）。个体参与者并不是简单地将腐败视为给定，而是通过建立政治联系（Faccio，2006），并且更一般地，通过专门从事这一非生产性活动对腐败做出反应（Fisman，2001；Svensson，2003）。

忽略私人实施产权如何对这些激励做出反应会导致严重的后果，即使在发达国家也是如此。例如，贾菲和勒纳（Jaffe，Lerner，2004）对1982年后美国知识产权的分析就提供了一个教科书式的案例，说明意图良好的法制变革如何强化掠夺行为，通过所有参与方的行为进行了自我实施。该项研究认为，旨在使有效专利更易于实施，并使美国专利局更有效运行的法制变化，反而创造了一个专利系统"激励申请人随意申请专利，专利局随意授予其专利。同样，它鼓励专利持有人提出诉讼，而且迫使那些被控侵犯专利的人在威胁之下屈服并接受罚款，即使所涉及的专利具有可疑的有效性"（Jaffe，Lerner，2004：6）。

当然，在欠发达经济体和转型经济体中，忽视不安全产权激励效应的私人成本和社会成本可能会增加几个数量级。例如，阿尔斯通、利贝普和穆勒（Alston，Libecup，Mueller，2000：163）研究了巴西亚马孙地区与产权不安全相关的冲突，他们得出结论："当前的土地改革进程可能反常地鼓励更多的暴力，这和我们所期望的结果相反。"新兴土地市场和土地改革对资源配置冲突的这些反常影响是有据可查的，例如卢旺达（Andre，Platteau，1998）和乌干达（Deininger，Castagnini，2006）。甚至资源价值的增加也会加剧不安全产权环境中的冲突〔例如，贝茨、格雷夫和辛格（Bates，Greif，Singh，2002）；霍默－迪克森（Homer-Dixon，1994）〕。更一般地，许多人已注意到宏观经济政策（Easterly，2001）、反腐败项目（Svensson，2005）、司法改革（Ensminger，1997；Hay，Shleifer，1998）或者民主化（Snyder，2000）在欠发达经济体和转型经济体中往往造成不幸的"意外后果"。笔者的观点是，与经济资源配置相关冲突的激励和一般均衡效应是这些意外后果的根本原因。

不安全的产权不利于经济发展。再回到引言中提出的问题，为什么它们这么糟糕，为什么还这么普遍？笔者认为，大量证据说明，要回答这些问题必须意识到，薄弱的法律制度往往不是混乱，而是遵循自身规则的经济秩序，这些规则不是从外部强加的，而是在经济秩序内部被共同决定的均衡结果的一部分。重要的是，有证据表明，与集中实施法律权利相反，分散化地创建有效产权在存在不安全产权的经济中发挥重要作用。① 这些观察促成了对本章其余内容的分析。

3. 在社会中使用强制力：基本框架

攫取、抢夺、没收你想要的东西——反过来，捍卫、保护、扣押你已经拥有的东西，这也是经济活动（Hirshleifer，1994）。

637

在这一部分，笔者介绍了一个创建有效产权的基本均衡模型。笔者考虑两种不同形式的模型。在每个模型中，核心经济问题都是社会中的时间分配，重点是在生产产出和主张产出所有权的活动，以及旨在维护自己的所有权或挑战其他人权利的活动之间分配时间。核心的分析框架建立在格罗斯曼和金（Grossman，Kim，1995）、赫什利弗（Hirshleifer，1988，1995）以及什卡佩尔达斯（Skaperdas，1992）的冲突经济学经典论著之上。

3.1　生产、保护和掠夺

下面的模型以迪克西特（Dixit，2004：Chap. 5）、冈萨雷斯（Gonzalez，2007）以及格罗斯曼（Grossman，2001）的研究为基础。考虑一个经济体由连续的完全相同的参与者构成，其规模正规化为 1。每个参与者都被赋予 1 单位不可剥夺的时间。参与者 i 的问题是分配 $l_i \geq 0$ 单位的时间用于生产产出，分配 $x_i \geq 0$ 单位的时间用于保护其对产出的所有权，分配 $z_i \geq 0$ 单位的时间来挑战参与者的权利。这些活动涉及稀缺资源的不同用途。每个参与者 i 的资源约束为：

$$l_i + x_i + z_i \leq 1, \tag{1}$$

劳动根据以下生产技术被转化为产出：

$$f(l_i) = Al_i \tag{2}$$

---

① 从这个意义上讲，本章的分析是对巴泽尔（Barzel，1989）提出的产权一般研究方法的补充。

在这里，$A > 0$ 代表劳动生产率。产品的生产赋予生产者对产出的不安全所有权。这些权利的不安全性使我们可以考虑两类截然不同的非生产性活动：保护自己的权利和挑战其他人的权利。只有后者是一种掠夺性行为，无论保护还是掠夺都依赖对强制力的使用，我们把它作为实施产权的手段。

为尽可能简化分散冲突影响经济资源分配结果的正规化表述，假设每个参与者在同经济中的平均情况进行竞争。令 l、x 和 z 分别表示经济中劳动、保护和掠夺的平均水平，每个参与者 i 成功地保护自己产出中的一个比例 $p(x_i, z)$，并且成功夺取经济体中平均产出水平的一个比例 $1 - p(x_i, z)$，在这里：

$$p(x_i, z) = \frac{\pi x_i^m}{\pi x_i^m + z^m} \text{ 且 } p(x, z_i) = \frac{\pi x^m}{\pi x^m + z_i^m} \tag{3}$$

其中，$x + z > 0$，$\pi > 0$ 且 $0 < m \leq 1$，$p(0, 0) = p_0 \in [0, 1]$。比例 $p(x_i, z)$ 提供了度量参与者 i 对权利主张安全程度的一种自然方法。参数 638 m 决定保护和掠夺回报递减的强度。假设 $m \leq 1$，以确保每个参与者在每项活动的全部过程中都面对递减的回报。参数 π 度量了产权保护相对于掠夺的有效性。只要 $\pi > 1$ 就表示保护比掠夺更有效。当 π 接近无穷大时，每个参与者生产性活动的回报就变得完全安全，而这种安全性的成本可以忽略不计。

在总体水平上，经济体进行分配的所有资源是由某些人生产出来的，必须由某些人来实施所有产出的产权。这就需要一个累加条件：

$$\int_0^1 (p(x_i, z)f(l_i) + (1 - p(x, z_i))f(l)) \, di = f(l) \tag{4}$$

这里的 $f(l)$ 是经济体的产出水平，在这个例子中，它和平均产出恰好一致，因为人口规模被正规化为 1 了。

参与者 i 的问题是在将平均资源配置 $\{l_i, x_i, z_i\}$ 视为给定的情况下，选择配置 $\{l, x, z\}$ 以最大化其支付：

$$U_i = p(x_i, z)f(l_i) + (1 - p(x, z_i))f(l) \tag{5}$$

同时要满足式（1）的资源约束条件。需要注意，在所有参与者选择相同配置 $\{l, x, z\}$ 时，累加条件式（4）是自动满足的。这里考虑的是对称解。

生产技术式（2）、冲突技术式（3）、累加条件式（4）与参与者偏好式（5）和资源约束式（1）一起描述了个体的决策环境。冲突技术总结了保护和掠夺活动转化为有效产权的过程，就像生产技术式（2）描述了生产性投入品转化为产出的过程一样。模型的均衡是每个参与者 i 在工作、保护和掠夺活动上的可行时间配置 $\{l_i^*, x_i^*, z_i^*\}$，使所有参与者同时解决分配问题。笔者将寻找一个对称均衡，也就是说，一个可行的分配 $\{l^*, x^*, z^*\}$ 来最大化每个参与者的效用，假定其他参与者中的每一个都遵循这一配置。

考虑任意参与者 i 的个人选择问题。首先，分配给保护活动时间的内点解必须满足：

$$\frac{\partial p(x_i, z)}{\partial x_i} f(l_i) = p(x_i, z) \frac{\partial f(l_i)}{\partial l_i} \tag{6}$$

也就是说，在内部最优点，保护的边际回报必须等于生产的边际回报。类似地，掠夺的内部最优选择也要使生产和掠夺的边际回报相等：

$$\frac{-\partial p(x, z_i)}{\partial z_i} f(l) = p(x_i, z) \frac{\partial f(l_i)}{\partial l_i} \tag{7}$$

此外，使用所有资源是最优的，即对于所有的 i，有 $l_i + x_i + z_i = 1$。 639

为刻画一个对称均衡，首先注意到，对称性要求对于所有的 i 有 $x_i = x$ 和 $z_i = z$，而这反过来意味着 $p(x_i, z) = p(x, z_i)$。由于对称性也要求 $l_i = l$，个人对保护和掠夺的最优选择必须在边际回报上相等：

$$\frac{\partial p(x, z)}{\partial x} = \frac{-\partial p(x, z)}{\partial z}$$

因为 $\dfrac{\partial p(x, z)}{\partial x} = \dfrac{m}{x} p(1-p)$ 和 $\dfrac{\partial p(x, z)}{\partial z} = \dfrac{-m}{z}(1-p)p$，对称均衡的性质使每个参与者在保护和掠夺上分配相同的时间，即 $x^* = z^*$，这反过来意味着均衡时的产权安全程度由下式给出：

$$p(x^*, z^*) = \frac{\pi}{\pi + 1}$$

这与 $x^* = z^*$ 和 $l^* + x^* + z^* = 1$，以及由式（6）给出的最优保护程度

选择共同意味着，对称的均衡分配 $\{l^*, x^*, z^*\}$ 由下式给出：

$$x^* = z^* = \frac{m}{\pi + 1 + 2m} \tag{8}$$

$$l^* = \frac{\pi + 1}{\pi + 1 + 2m} \tag{9}$$

冲突可以简单地被看作在创造有效产权过程中被耗散掉的资源在均衡时的总额，$x^* + z^*$。均衡分配式（8）和式（9）反映出涉及大量个体参与者的囚徒困境问题，每个参与者没有能力做出承诺成为冲突的根源。在模型中，当每个参与者察觉到自己有足够的力量时，就被排除了做出不使用强制力针对其他人的承诺的可能性。"比率"形式的冲突技术式（3）体现了不完美承诺和冲突之间的清晰联系，因为它意味着，如果每个人在不进行保护的情况下生产产品，那么每个参与者都将有足够的激励来参与掠夺。反过来，均衡分配反映出产权和外部性之间的紧密联系。掠夺的预期增强了每个参与者从生产转移出时间投入保护的动力。因为个人不会将保护与掠夺选择对他人的影响内部化，所以最终其生产的很少。因此，相对于将所有可获得的时间都用来生产产出的最优分配，$\{l^e, x^e, z^e\} = \{1, 0, 0\}$ 这个均衡的分配效率低下。

冲突不仅是经济无效率的一种来源，还以重要的方式扭曲了经济激励的结构。例如，尽管劳动生产率 A 的外生性增长提高了劳动回报率，
640 但它也提供了保护和掠夺的回报。在当前这个例子中，均衡劳动供给对于劳动生产率的变化是不敏感的，因为生产、保护和掠夺的相对回报不受它影响。相反，均衡分配由保护相对于掠夺的有效性（π）和这些活动回报递减的程度（m）决定。

前面均衡的某些显著特征是基于有关偏好和技术的特定假设。特别是，基于均衡时对保护和掠夺活动分配的时间，完全相同的性质在引入各种不对称性后就不再成立了。个体是风险中性的或者生产技术是线性的假设也是特殊的。式（3）这种设定的特点是在参与者之间的对称性，而且 p 是 0 阶齐次的。在不从本质上改变模型的情况下，可以考虑其他假设。

保护和掠夺是独立活动的假设允许我们考虑参与保护和掠夺的不同动机，但是可以考虑其他的设定形式。例如，假设每个参与者 i 的问题是分配数量为 x_i 的资源，以保护自己的产出 $f(1 - x_i)$ 中的 $p(x_i, x)$ 部

分，并掠取平均产出 $f(1-x)$ 中的 $1-p(x,x_i)$ 部分。容易证明，均衡时的劳动供给由式（9）给出，因此，就像前面一样，分配于冲突的总资源仍保持相同。很容易看出，当前模型在 $\pi=1$ 时的特例与从公共资源中掠夺的冲突情况在形式上是相同的。从这个意义上讲，这种熟悉的公共资源问题可以被解释为在初始权利分配完全不重要的情况下创建有效产权的问题。

尽管如果避免实际冲突，掠夺者和生产者一样可以获益，但问题是，无情的掠夺要求个人去应对许多潜在掠夺者，这样才能使其致力于创造不受保护的财富。个体可能会制止一些掠夺者，但并不是所有潜在的掠夺者。将冲突设定为每个个体与平均情况进行的竞赛是捕捉这个问题本质的一种简单方式。正如前面所解释的那样，这种"比率"形式的冲突技术精准地抓住了这样的事实，即当产权不安全时，个体无法承诺在事后不进行机会主义行为。这导致出现了一个"敲竹杠"（holdup）问题，对事后掠夺行为的理性预期降低了事前创造财富的动力。然而，尽管企业理论中常见的"敲竹杠"问题是由事前特定投资对来自贸易收益的事后分配的依赖性导致的，[1] 但在这里，它阻碍了对预期被非特定掠夺者夺取的资源做出承诺，而不仅仅是对特定关系做出承诺。

然而，在一些情况下，我们可能希望更加细致地考虑参与者之间的微观经济联系（参见第 4.3 节）。例如，考虑之前的模型，假设个体随机配对，且个体 i 在每个双边匹配中安全地持有自己的产出 $f(l_i)$ 中的 $p(x_i,z_j)$ 部分，并夺取参与者 j 的产出 $f(l_j)$ 中的 $1-p(x_j,z_i)$ 部分，$i=1$，641 2 且 $i\neq j$。无论参与者的选择是在配对之前还是之后做出的，都容易看出，式（8）和式（9）仍然描述了这种情况下的一个对称均衡分配。在这个简单的例子中，每个参与者以 1 的概率有效地与另一个参与者进行互动，然而，这个模型可以扩展至包括匹配摩擦的情况，并考虑多边匹配，也可采用多边冲突技术的其他设定方式。[2]

---

[1]　参见克莱恩、克劳福德和阿尔钦（Klein，Crawford，Alchian，1978）以及威廉姆森（Williamson，1985）。

[2]　加芬克尔和什卡佩尔达斯（Garfinkel，Skaperdas，2006）讨论了冲突技术的其他表述形式。康纳德（Konrad，2009）回顾了竞赛理论及其应用。埃斯特班和雷（Esteban，Ray，1999）给出了一个更一般的冲突模型。

前面的设定也允许我们分析冲突阴影下的另外一种和解机制，并分析匹配情况下公开冲突的情况。例如，下面的例子将公开冲突描述为一个承诺问题。考虑双边匹配的情况，并假设双边互动由两阶段构成。首先，参与者将其资源在生产、保护和掠夺活动上进行分配，就像前面所描述的那样。然后，每个参与者单独决定是否挑战其他参与者的权利。如果参与者 i 挑战了参与者 j 的产权，参与者 j 产出中的 η 比例就被破坏了，参与者 i 夺取参与者 j 剩余产出 $(1-\eta)\,f(l_j)$ 中 $1-p(x_j,z_i)$ 的份额，参与者 j 得到的份额为 $p(x_j,z_i)$。如果参与者 j 的权利没有受到挑战，那么其可以将全部产出消费掉。容易看到，从第二阶段考虑，对于参与者 i 来说，只要 $z_i>0$，$f(l_j)>0$ 且 $\eta<1$，那么挑战参与者 j 的权利就是严格占优策略，因为参与者 i 不用付出成本，就可夺取参与者 j 某些数量为正的产出。而且，注意到每个参与者 i 无法在第一阶段做出 $z_i=0$ 的承诺。结果，在均衡时，两个参与者都会在第二阶段挑战彼此的权利。因此，公开冲突是一个均衡结果，即便冲突是破坏性的，且信息是完全的。在这个简单例子中，公开冲突来自缺乏承诺。[①]

3.2 职业选择

在前面的模型中，通过选择 $z_i=1$ 或 $z_i=0$，某些参与者完全专业化于掠夺或生产的均衡是不存在的。该模型可扩展以允许存在这样的均衡，即完全专业化且同时存在对称的内部均衡。然而，为了简便起见，笔者考虑这个模型的另一种形式，将重点转移到广延边际上。这种职业选择模型构成了下述研究的基本组成要素，包括盗窃［如亚瑟（Usher，1987）］、寻租［如墨菲、施莱弗和维什尼（Murphy, Shleifer, Vishny, 1993）］、实施产权［如格罗斯曼（Grossman, 2002）］，以及一般的在生产性和非生产性活动之间配置人才［例如，阿西莫格鲁（Acemoglu, 1995）；墨菲、施莱弗和维什尼（Murphy, Shleifer, Vishny, 1991）］。

同前面一样，假设有连续的个人，其规模正规化为 1。与前一节中的模型相反的是，这里假设掠夺要求 1 单位不可分割的时间。因此个人

---

① 传统上，理性参与者之间的公开冲突被视为不对称信息的结果（Brito, Intriligator, 1985），尽管这个观点受到了越来越多的批评（Fearon, 1995；Garfinkel, Skaperds, 2000；Powell, 2004, 2006）。

现在要选择 $z_i = 0$ 或者 $z_i = 1$。选择 $z_i = 0$ 的参与者获得效用：

$$U_i = p(x_i, z)f(1 - x_i)$$

642

与之前一样，这里 $p(x_i, z)$ 由下面的式子给出：

$$p(x_i, z) = \frac{\pi x_i^m}{\pi x_i^m + z^m}$$

其中，$x_i + z > 0$，且 $\pi > 0$，$0 < m \leqslant 1$ 以及 $p(0,0) = p_0 \in [0, 1]$。假设 n 个参与者选择成为掠夺者，注意 $z = n$。为了简化起见，假设掠夺的回报在所有掠夺者之间平均分享。因为每个掠夺者 i 会损失收入 $f(1 - x_i)$ 中的 $1 - p(x_i, n)$ 部分，掠夺的平均回报是：

$$V = \frac{1}{n} \int_0^{1-n} (1 - p(x_i, n))f(1 - x_i)\, di$$

为实现均衡，首先注意，保护的最优内部选择必须满足：

$$\frac{\partial p(x_i, n)}{\partial x_i} f(l_i) = p(x_i, n)\, \frac{\partial f(l_i)}{\partial l_i}$$

这与式（6）是相同的条件，即生产和保护的边际回报相等，不相同的是，现在 $l_i = 1 - x_i$ 和 $z = n$，这里 n 是掠夺者所占比例。因为 $\frac{\partial p(x, z)}{\partial x} = \frac{m}{x}p(1-p)$，最优保护程度要求对于所有 i，下式成立：

$$m(1 - p(x_i, n)) = \frac{x_i}{1 - x_i} \qquad (10)$$

相应地，对于所有 i，有 $x_i = x$，且式（10）给出了 x 的唯一解，它是掠夺者数量 n 的一个函数。这个公式对 n 求导，我们可以证明 $\frac{dx}{dn} > 0$。直观上讲，每个参与者分配时间进行保护而非工作的动机随着经济中掠夺者比例的提升而增加。

如果生产者和掠夺者在均衡中同时存在，那么其在两种活动上必定是无差异的。如果两种活动都可自由进入，调整 n 的大小可以确保：

$$p(x, n)f(1 - x) = \frac{1 - n}{n}(1 - p(x, n))f(1 - x) \qquad (11)$$

式（11）左边是生产的回报，右边是掠夺的回报。为了解释这个均衡条件，考虑 n 的边际增加的影响，即考虑对最优保护的边际影响，也就是说，考虑 $\dfrac{dx}{dn} > 0$，就像之前讨论的那样。由于两者都与平均产出成比例，平均产出水平并没有对人员在生产和掠夺上的分配产生直接作用。注意 n 的变化在同一个方向上改变了生产的平均回报［即式（11）的左侧］以及掠夺的平均回报［即式（11）的右侧］。直观上看，生产者的回报以及掠夺者的回报随着经济中掠夺者比例的提高而减少。然而，问题是生产回报相对于掠夺回报是如何变化的。为了回答这个问题，注意式（11）意味着，进入生产和掠夺活动的人员数量会发生变化直到生产者的相对产权 $\left(\dfrac{p}{1-p}\right)$ 等于经济中生产者的相对数量 $\left(\dfrac{1-n}{n}\right)$，这意味着产权的安全性受到自由进入的影响，使：

$$p(x, n) = 1 - n \tag{12}$$

这给出了在保护和掠夺之间的第二个均衡关系，它决定了掠夺者的比例是个人防护水平的一个函数。这个公式对 x 求微分，我们可以证明 $\dfrac{dn}{dx} < 0$。在这个例子中，当参与者向保护分配更多资源时，生产的相对回报增加，这会使掠夺者变成生产者。

由于所有的生产者都做出相同选择，一个均衡可被描述为掠夺者比例 n^* 和每个参与者在视掠夺者比例 n^* 为给定条件下，最大化其效用所选择的保护水平 $x^* = 1 - l^*$。假设保护和掠夺的回报都是递减的，也就是 $m \leqslant 1$，恰好存在一对 (x^*, n^*) 同时满足式（10）和式（12）。根据 p 的定义，可以发现 $\{l^*, x^*, n^*\}$ 是下式的唯一解：

$$\left(n + \frac{1}{m}\right)^m \left(\frac{1}{n} - 1\right) = \pi，\text{ 这里 } x^* = 1 - l^* = \frac{mn^*}{1 + mn^*} \tag{13}$$

例如，如果 $m = 1$，那么我们会得到：

$$n^* = \sqrt{\left(\frac{\pi}{2}\right)^2 + 1} - \frac{\pi}{2}$$

在这里，$x^* = 1 - l^* = \dfrac{n^*}{1 + n^*}$。

正如第 3.1 节中的模型那样，掠夺通常要付出成本，均衡结果是缺乏效率的。此外，均衡时的劳动供给对劳动生产率的变化仍然是不敏感的。如前所述，这是一种极端结果，但更一般的结论是，在一个产权不安全的社会中，创建有效产权和支配生产性活动的激励结构是密不可分的。

4. 不安全产权下的自发经济秩序

秩序并不是外界施加给社会的一种压力，而是从内部建立起来的均衡［奥特加·伊·加塞特（Qrtega y Gasset，1927）］。[1]　　644

4.1　为什么资源会被吸引到生产率最低的用途上？

自利的参与者有动机寻求私人利润。然而，私人回报与社会回报的一致程度是交易成本的函数。特别地，当考虑到与创建产权的成本，也就是与冲突有关的成本时，私人寻租行为没有理由会自然而然地实现经济效率。因此，根据哈耶克（Hayek，1995）的理论，市场这只假定存在的"看不见的手"本应有助于实现有效的社会分配，在（政治）理想法律规则下运行。从不安全产权和冲突是经济滞后根源的角度看，我们应当意识到私人回报与社会回报之间存在差异，以及没有理想法律规则的激励结构可能与零交易成本的理想情况下的激励结构截然不同的事实。

鲍莫尔（Baumol，1990）和墨菲、施莱弗和维什尼（Murphy，Shleifer，Vishny，1991）以及其他学者强调了在社会中分配才能的重要性，特别是，根据比较优势进行分配的重要性。直观地说，当活动中投入才能的私人回报相对较高，而社会回报相对较低时，才能会出现错配。鲍莫尔（Baumol，1990）认为，这种基本机制的重要性已得到历史的充分证明。然而，就像阿西莫格鲁（Acemoglu，1995）所提及的那样，关键问题是什么决定了不同活动的相对回报？在这里，笔者将着重讨论才能分配核心问题的后一个方面。这里要讨论的更广泛的问题是，在缺少理想法律

---

[1]　如哈耶克（Hayek，1955：29）所引用的那样。

规则的情况下，单个参与者的分散化选择可以支持什么样的激励结构以及什么样的社会产出。

为此，考虑第3.2节中模型的一个扩展形式，其包含两个部门，记为$j = 1$，2。对这个模型的一个解释是，一个经济体有一个正规部门和非正规部门，才能在生产和实施产权之间进行分配，正规部门是相对来说更具生产性的部门，并且这两个部门可能具有不同的制度环境。

经济中存在连续数量的在事前完全相同的参与者，可标准化为1。掠夺活动需要投入1单位不可分割的时间。因此，部门j中的每个参与者必须选择$z_j = 0$还是$z_j = 1$。为简便起见，笔者将不再标识特定参与者，而只标出部门，预计同一部门中同一类型的参与者将做出完全相同的选择。参与者同时且非合作性地选择成为生产者或者掠夺者，并选择进入哪个部门。令N_j表示j部门中参与者的数量，其中包括生产者和掠夺者，令n_j表示j部门中掠夺者的数量。相应地，在每个部门中有$N_j - n_j$个生产者，参与者总数为$N_1 + N_2 = 1$。

645 从两个维度考虑两个部门之间的差异。首先，两个部门的劳动生产率是不同的。将l_j单位劳动力分配在j部门的单个参与者，根据下面的公式得到产出：

$$f_j(l_j) = A_j l_j$$

在这里，$j = 1$，2，且$A_1 > A_2$。因此，部门1的经济活动更具生产性。

其次，每个部门的冲突技术如前所示，为简便起见，笔者假设$m = 1$，由参数π_j来刻画保护相较于掠夺的相对优势，该参数对于不同部门是不同的。因此，部门j中的参与者选择$z_j = 0$并且分配x_j单位时间用于保护，个人得到的效用为$p_j(x_j, n_j) f_j(1 - x_j)$，在这里：

$$p_j(x_j, n_j) = \frac{\pi_j x_j}{\pi_j x_j + n_j} \tag{14}$$

对于$j = 1,2$有$\pi_j \geq 1$，且$p(0,0) = p_0 \in [0,1]$。类似地，正如第3.2节中的单一部门模型，部门j中选择$z_j = 1$的个人享有部门j中掠夺活动的平均回报。

这个模型的主要亮点在于，两个部门的经济回报都在均衡中被决定的这一事实。笔者通过四步来分析这个模型的内部均衡，其中每个部门都有一些参与者进入。

第一步：生产者向保护活动分配较少的时间，向生产活动，即更安全的部门分配较多的时间，也就是当且仅当 $x_1 > x_2$ 时，$p_1 < p_2$。

如果想知道为什么，就应注意到，正如第 3.2 节中的单一部门模型，在 j 部门的最优内部保护水平选择必须满足：

$$\frac{\partial p_j(x_j, n_j)}{\partial x_j} f_j(l_j) = p_j(x_j, n_j) \ \frac{\partial f_j(l_j)}{\partial l_j}, \ j = 1, \ 2$$

在这里，$l_j = 1 - x_j$。有两个条件将每个部门 j 中的 x_i 的最优选择刻画为 n_j 的函数。通过求导，它们可以被重写为：

$$1 - p_j(x_j, n_j) = \frac{x_j}{1 - x_j}, \ j = 1, 2 \tag{15}$$

这意味着，在均衡中，当且仅当 $x_1 > x_2$ 时，$p_1 < p_2$。注意，式（15）在 $0 < p_j(x_j, n_j) < 1$ 时成立，$0 < x_j < \frac{1}{2}$，$j = 1$，2 是必要条件。

此外，将式（14）给出的 p_j 的定义代入式（15），我们可以发现，对于 $n_j \geqslant 0$ 和 $j = 1$，2，有：

$$x_j = \frac{-n_j}{\pi_j} + \sqrt{\frac{n_j}{\pi_j} \left(1 + \frac{n_j}{\pi_j} \right)} \tag{16}$$

直接分析式（16）可以得到，当 $x_j < \frac{1}{2}$ 时，x_j 是 $\frac{n_j}{\pi_j}$ 的递增函数，$j = 1$，2。直观上看，当在所属部门中有更多掠夺者时，且掠夺者总数为给定，在该部门中保护相对于掠夺不是那么具有生产性时，生产者有动机在保护活动上分配更多时间。

第二步：掠夺者所占比例较大的部门是安全性较低的部门，也就是当且仅当 $\frac{n_1}{N_1} > \frac{n_2}{N_2}$ 时，$p_1 < p_2$。

下面来看为什么是这样，注意两种职业的回报在每个部门必须相等。否则，获益较少的参与者将有动机转换职业。给定 N_j，自由进入两种活动意味着调整 n_j 以确保对于 $j = 1$，2 有：

$$p_j(x_j, \ n_j)f_j(1-x_j) = \frac{N_j - n_j}{n_j} \ (1-p_j(x_j, \ n_j))f_j(1-x_j)$$

等式左边是在 j 部门中的生产回报,右边是在同一部门中的掠夺回报。由于两种回报都与该部门中每个生产者的产出成比例,因此,回报水平对人们如何在生产和掠夺之间进行分配并不起直接作用。这意味着在部门 j 中,产权的安全性由该部门中生产者的相对数量决定,也就是,对于 $j=1,\ 2$,有:

$$p_j(x_j,n_j) = 1 - \frac{n_j}{N_j} \tag{17}$$

将两个部门进行对比意味着,在均衡中,当且仅当 $\frac{n_1}{N_1} > \frac{n_2}{N_2}$ 时,$p_1 < p_2$。注意,除式(16)中的两个条件之外,式(17)提供了两个均衡条件。

第三步:越安全的部门,每个工人的产出水平越低,即当且仅当 $p_1 < p_2$,$f_1(l_1) > f_2(l_2)$。

下面看看为什么是这样,注意,掠夺的回报在两个部门之间必须相等:

$$\frac{N_1 - n_1}{n_1} \ (1-p_1(x_1, \ n_1))f_1(1-x_1) = \frac{N_2 - n_2}{n_2} \ (1-p_2(x_2, \ n_2))f_2(1-x_2)$$

这个额外的均衡条件,以及每个部门中不同职业之间回报相等的条件由式(17)给出,确保生产回报在两个部门之间也相等。这意味着:

$$\left(1 - \frac{n_1}{N_1}\right)f_1(1-x_1) = \left(1 - \frac{n_2}{N_2}\right)f_2(1-x_2) \tag{18}$$

因此,(任何)经济活动在部门之间回报均等化意味着,在均衡中,

647 $f_1(l_1) > f_2(l_2)$,当且仅当 $\frac{n_1}{N_1} > \frac{n_2}{N_2}$,在这里,式(18)和式(17)一起意味着当且仅当 $p_1 < p_2$,$f_1(l_1) > f_2(l_2)$。

第四步:生产性越低的部门是越安全的部门,即 $p_1 < p_2$,当且仅当 $A_1 > A_2$。

下面来看看为什么是这样,注意,式(15)和式(17)结合在一起

意味着对于 $j = 1$，2 有：

$$\frac{n_j}{N_j} = \frac{x_j}{1 - x_j} \qquad (19)$$

这与式（18），以及 $f_j(l_j) = A_j l_j$ 一起意味着：

$$\frac{A_1}{A_2} = \frac{1 - 2x_2}{1 - 2x_1} \qquad (20)$$

回顾一下，均衡要求对于 $j = 1$，2，有 $x_j < \dfrac{1}{2}$［参见，例如，式（15）和式（19）］，式（20）的均衡条件意味着 $x_1 > x_2$，因为 $A_1 > A_2$，反过来，根据式（15），$p_1 < p_2$。也就是说，生产性较低的部门是更安全的部门。重要的是，这个部门也是吸引相对较多生产者的部门，因为它相对更加安全，这并不是因为它更具生产性。

为了求解内部均衡，注意对于 $j = 1$，2，式（19）与 $N_1 + N_2 = 1$ 可以被用来剔除 N_1 和 N_2，并写作：

$$\left(\frac{1 - x_1}{x_1}\right) n_1 + \left(\frac{1 - x_2}{x_2}\right) n_2 = 1 \qquad (21)$$

利用式（16），对于 $j = 1$，2，在式（20）和式（21）中代替 x_1 和 x_2，我们得到关于 n_1 和 n_2 的两个等式。虽然，烦琐但直接分析这一系列式子可以证实，存在最多一个唯一内部均衡。我们还可以证明，当且仅当 $\dfrac{A_1}{A_2}$ 不是特别大时，存在一个内部均衡。[①] 在这个均衡中，人均产出（与劳动力人均产出不同）在两个部门中必须相等。

考虑均衡分配 $\{N_j^*, n_j^*, x_j^*, l_j^*\}$，$j = 1$，2。首先，假设两个部门有相同的生产率，即 $A_1 = A_2$。很容易看到，两个部门活跃的内部均衡是唯一均衡。从式（20）可得到 $x_1^* = x_2^*$，从式（19）可得到 $n_1^* / N_1^* = n_2^* / N_2^*$。然后，根据式（17），必须有 $p_1(x_1^*, n_1^*) = p_2(x_2^*, n_2^*)$。使用式

---

① 我们还可以证明，存在角点均衡，即当且仅当 $\dfrac{A_1}{A_2}$ 足够大时，每个参与者都会进入生产率最高的部门。

（16），可以得到 $n_1^* = \frac{\pi_1}{\pi_2} n_2^*$。因此，$N_1^* = \frac{\pi_1}{\pi_2} N_2^*$，由于 $N_1 + N_2 = 1$，对于 $j = 1$，2，必定有：

$$N_j^A = \frac{\pi_j}{\pi_1 + \pi_2}$$

由此，较大的部门是保护效率相对较高的部门。然而，这个部门也吸引了相对较多的掠夺者，直到产权的安全性在两个部门之间相等时为止。

648　　现在考虑不同部门生产率差异的影响。我们可以证明，比例 A_1/A_2 的增加将导致部门 1 的产权安全性下降，而部门 2 的产权安全性将提升。也就是说，$p_1(x_1^*, x_2^*)$ 随着 A_1/A_2 的增加递减，而 $p_2(x_1^*, x_2^*)$ 随着 A_1/A_2 的增加递增。也就是，要么 $\pi_1 < \pi_2$，要么 $\pi_1 > \pi_2$。

前面的分析阐释了在有和没有法律规则的经济中，经济激励如何做出完全不同的反应。模型提供了对两个部门经济体的正式分析，这两个部门缺乏完美界定且无成本实施的产权，模型关注均衡时才能的分配。在均衡中，生产性较低的部门吸引了相对较多的生产者，然而更具生产性的部门吸引了较多的掠夺者。从这个意义上说，才能不仅被错配了，还被"吸引"到了最不具生产性（并且是最安全）的用途上。其中一个含义是，当一个部门变得相对更具生产性时，产权的安全性在这个最具生产性的部门会下降。通过认识到产权是不安全的，模型强调了一个问题，掠夺者而不只是生产者会被最有利可图的机会所吸引。它还阐明了理解生产性和非生产性活动的相对回报作为一个均衡结果的重要性。

正规和非正规部门中经济活动的回报是共同决定的，这一事实会使评估其他政府干预的影响更加复杂。根据以上观点，比如，对正规（更具生产性的）部门劳动力收入征税将为某些参与者转换到非正规部门提供激励。然而，随着两个部门中掠夺者相对比例的调整，产权的安全性在正规部门往往会提高，而在非正规部门往往会下降。在支出方面，如果税收收入被用来提升正规部门中产权的相对有效性（π_1），那么这往往会提高两个部门中产权的安全性。相反，如果税收收入投资给正规部门的基础设施建设，以提高 A_1 的价值，那么正规部门的回报将增加，这为非正规部门中的某些参与者转换到正规部门提供了激励。然而，作为对此的一个反应，正规部门产权的安全性往往会下降，非正规部门的产权将变得更加安全。更一般地，不考虑正规部门和非正规部门均衡回报如何对政策进行调整，就无法理解一项给定政策对产权安全性、经济活动和税收收入的影响。[①]

4.2 带有不安全产权的新古典增长理论

前面的分析凸显了在一个产权不安全的社会中创建有效产权和创造财富之间存在不可分割的联系，并且阐释了如何采用一般的经济学方法分析产权、冲突和宏观经济结果。在本节中，笔者会把前面的冲突经济理论引入经济增长的新古典理论。新古典经济增长理论假定（完美）产权是中性的，对于偏离完美界定且无成本实施产权的假定是否会显著改变我们理解经济增长的方式，这一点是非常重要的。 649

笔者在本节的分析延续了冈萨雷斯（Gonzalez，2007）的研究，并且说明了产权安全性、经济增长和经济效率之间的关系。这一分析表明，为什么即使不考虑公平性，假设相对更加安全的产权对于更加有效的制度安排很必要，也是过于简单的。格罗斯曼和金（Grossman，Kim，1996），以及斯图辛格和托马西（Sturzenegger，Tommasi，1994）给出了纳入了公平性考虑的更精细的模型。[②]

考虑第 3.1 节中的一个静态模型，它包含资本积累和持续的经济增长。假设个人希望并寻求从消费流中获得效用贴现值之和最大化，即：

$$U_i = \sum_{t=0}^{\infty} \beta^t \log(c_i(t)) \qquad (22)$$

在这里，$c_i(t)$ 是参与者 i 在 $t \geq 0$ 时刻的消费水平。在每个时期 t，参与者 i 使用 $k_i(t) \geq 0$ 的资源可以生产 $Ak_i(t)$（$A > 0$）单位产出。参与者 i 的产出在下一个时期才能被使用。然而，其在下一个时期对产出

---

① 例如，马库勒和杨（Marcouiller，Young，1995）认为，对正规部门的回报征税会通过非正规商品的相对市场价格降低非正规部门的回报，因此，提高税率甚至可能导致正规部门扩张。

② 贝哈鲍比和奇尼（Benhabib，Rustichini，1996）以及托内尔和莱恩（Tornell，Lane，1999）使用不同但互补的方法研究冲突与增长。他们关注公共资源问题，其中一些参与者努力将总资源分配给自己。然而，这些模型中的冲突并不使用资源。托内尔（Tornell，1997）正式提出了产权体制变化的可能性。

的主张是不安全的。相反，最初的权利主张必须转换成有效的产权。参与者 i 通过将资源分配到掠夺活动，能够影响这个过程。特别地，参与者 i 可以分配 $x_i(t) \geq 0$ 数量的资源对抗所有其他参与者，以保护自己对于产权的主张，并分配 $z_i(t) \geq 0$ 数量资源挑战其他人的权利。

为尽可能简化分散化冲突对经济分配影响的正式表述，笔者假设每个参与者与经济的平均水平进行竞争，就像第 3.1 节描述的那样。参与者 i 占有其在 t 时期产出 $Ak_i(t)$ 的份额是 $p(x_i(t), z(t))$，占有平均产出 $Ak(t)$ 的份额是 $1 - p(x(t), z_i(t))$，在这里，$x(t)$ 和 $z(t)$ 分别是每一类型的掠夺活动在整体经济范围内的平均水平，且：

$$p(x_i(t), z(t)) = \frac{\pi x_i(t)^m}{\pi x_i(t)^m + z(t)^m} \text{ 和 } p(x(t), z_i(t)) = \frac{\pi x(t)^m}{\pi x(t)^m + z_i(t)^m} \tag{23}$$

其中，$x(t) + z(t) > 0$，且 $\pi \geq 1, 0 < m \leq 1$ 以及 $p(0,0) = p_0 \in [0, 1]$。在 0 时期，每个参与者拥有 $Ak(0) > 0$ 的安全资源。随后，参与者 i 将安全资源 $y_i(t)$ 分配在消费和投资活动中，其面对的资源约束对于所有的 $t \geq 0$，有：

$$y_i(t) = c_i(t) + k_i(t+1) + x_i(t+1) + z_i(t+1) \tag{24}$$

这里，$y_i(t) \equiv p(x_i(t), z(t))Ak_i(t) + (1 - p(x(t), z_i(t)))Ak(t)$，为简单起见，笔者假设所有资本存量在每个时期完全折旧。

650 笔者把关注点放在对称均衡上，并直接重点考察均衡行为。如果个人分配在满足式（24）以及个人分配和平均分配相同的条件下，最大化了式（22），那么个人分配 $\{c_i(t), k_i(t+1), x_i(t+1), z_i(t+1)\}_{t=0}^{\infty}$ 和平均分配 $\{c(t), k(t+1), x(t+1), z(t+1)\}_{t=0}^{\infty}$ 构成了一个均衡。$\frac{\beta \pi A}{\pi + 1} > 1$ 的假设确保了正的经济增长。

直观上看，对称均衡分配必须是内部点。同第 3.1 节中的静态模型一样，所有投资活动的边际收益在均衡时必须相等，对于所有的 $t \geq 0$，则：

$$\frac{\partial y_i(t+1)}{\partial k_i(t+1)} = \frac{\partial y_i(t+1)}{\partial x_i(t+1)} = \frac{\partial y_i(t+1)}{\partial z_i(t+1)}$$

重复第 3.1 节中静态模型的分析，我们可以证明，仅收益均等性就意味着产权的安全性由下面的式子决定，即对于所有的 i 和所有的 $t > 0$，有：

$$p(x_i(t), z(t)) = 1 - p(x(t), z_i(t)) = \frac{\pi}{\pi + 1}$$

其中：

$$x(t) = z(t) = \left(\frac{m}{\pi + 1}\right)k(t) \tag{25}$$

对称均衡具有产权安全性仅是由产权参数 π 决定的性质。反过来，$\frac{m}{\pi + 1}$ 决定了掠夺相对于产出的回报。$x(t) = z(t)$ 这一结果依赖冲突技术的齐次性和对称性、内部均衡的对称性，以及 $x(t)$ 和 $z(t)$ 以相同速率折旧的事实，就像第 3.1 节中的模型一样。这确保参与防护和挑战权利的激励对模型参数的变化做出对称的反应，因此，虽然简化了分析，却不会模糊主要结论背后的经济直觉。

除了前面同时期内的最优条件之外，个人在当前和未来之间还需要权衡，使消费增长满足通常的跨期最优条件：

$$\frac{c_i(t + 1)}{c_i(t)} = \beta p(x_i(t + 1), z(t + 1))A$$

上式等于当前和未来消费的边际替代率 $\frac{c_i(t + 1)}{\beta c_i(t)}$，也等于边际转化率 $p(x_i(t + 1), z(t + 1))A = \frac{\pi A}{\pi + 1}$。

冈萨雷斯（Gonzalez，2007）表明，对于所有的 $t \geq 0$，对称均衡满足：

$$x(t + 1) = z(t + 1) = \left(\frac{m}{\pi + 1}\right)k(t + 1) = \left(\frac{m}{\pi + 1}\right)\left(\frac{\beta\pi}{\pi + 1}\right)Ak(t)$$

$$c(t) = \left[1 - \left(1 + \frac{2m}{\pi + 1}\right)\left(\frac{\beta\pi}{\pi + 1}\right)\right]Ak(t)$$

只要括号中的部分为正就存在一个对称均衡。它表现出无效率地低投资水平和低增长，因为参与者内部化了每个参与者产出中 $\frac{1}{\pi + 1}$ 份额由其他人获得的事实。然而，参与者没有把用当前消费表示的未来消费的社会成本 $1 + \frac{2m}{\pi + 1}$ 内部化。这种冲突的外部性具有重要的福利含义。下面看看为什么这

651

样，首先注意到每个参与者完整的均衡消费路径可以由初始消费水平来描述：

$$c(0) = \left[1 - \left(1 + \frac{2m}{\pi + 1}\right)\left(\frac{\beta\pi}{\pi + 1}\right)\right]Ak(0)$$

且不变的消费增长率为：

$$\gamma \equiv \frac{\beta\pi A}{\pi + 1} - 1$$

于是，我们可以证明，参与者从均衡消费流中获得完全相同的生命周期效用，总计为：

$$U_i = \left(\frac{1}{1 - \beta}\right)\left[\beta\log\,(1 + \gamma) + (1 - \beta)\log c(0)\right]$$

这里，参与者的资源约束与初始消费和经济增长联系在一起，有：

$$c(0) = Ak(0) - \left(1 + \frac{2m}{\pi + 1}\right)(1 + \gamma)\,k(0)$$

下面分析产权、增长和效率之间的关系。我们注意到当 π 接近无穷大时，$(c(0),\gamma)$ 接近无外部性时的最优点 $(c^e(0),\gamma^e) = ((1 - \beta)Ak(0)$, $\beta A - 1)$。相比而言，首先假设 $\pi = \infty$，并考虑任意（非最优）组合 $(\hat{c}(0),\hat{\gamma})$，使 $\hat{c}(0) > c^e(0)$ 且 $\hat{\gamma} < \gamma^e$ 与可行性条件是关联在一起的。注意，如果我们通过加快 $\hat{\gamma}$ 向最优增长政策移动，那么 $\hat{c}(0)$ 会降低。如果存在完美产权就不必担心；福利水平必然会提升，尽管当期消费减少了。

现在从 $\pi = 1$ 开始，并考虑提高 π 接近无外部性最优点的影响。对于足够高的 β 和 m 值而言，上一段中的单调效用路径，即从非最优政策开始的路径，是不能被模仿的。π 朝无外部性最优点移动的路径给沿着这条道路移动造成了很多难题，因为沿着一条更高增长的路径移动，冲突会增加，且增加的错配资源可能会超过经济增长的积极影响。冈萨雷斯（Gonzalez, 2007）表明，如果 β 和 m 足够高，就存在非空区间 $(\underline{\pi}, \overline{\pi})$ 使社会福利 $\sum_{t=0}^{\infty}\beta^t\log(c(t))$ 随着 π 下降，其中 $\pi \in (\underline{\pi}, \overline{\pi})$。下面来看这是为什么，将资源约束写为：

$$Ak(t) = \left(1 + \frac{x(t+1)\ + z(t+1)}{c(t)}\right)c(t) + k(t+1)$$

我们注意到冲突会给消费施加一定比率的税负：

$$\frac{x(t+1)+z(t+1)}{c(t)}=\frac{\dfrac{2m}{\pi+1}(1+\gamma)}{A-\left(1+\dfrac{2m}{\pi+1}\right)(1+\gamma)} \tag{26}$$

这立刻就可以得到，在其他条件不变的情况下，这一消费税是增长率 γ 的增函数。在经济增长时，如果这个税率充分提高，就会导致福利水平下降，然而，当 γ 随着 π 增加时（因为 $\gamma \equiv \dfrac{\beta\pi A}{\pi+1}-1$），由 $\dfrac{2m}{\pi+1}$ 给出的生产性活动的机会成本是 π 的减函数。这些效应的平衡使由式（26）给出的税率随着 π 的增加而增加，只要 π 足够小。当 m 和 β 的值足够大时，增加的冲突必然导致出现一个非单调的区域。

当然，如果完美的产权可以被无成本地实施，经济体中的每个人就将变得更好。尽管如此，之前的分析为传统观点提供了一个简单的反例，传统观点认为，相对更加安全的产权是更加有效的制度安排。潜在机制在根本上是与对经济增长所必需的激励相联系的。在模型中，提升防护活动的有效性（或掠夺活动有效性的下降）必然会转化为更安全的产权，这反过来也会激励资本积累和经济增长。然而，问题是，随着经济增长沿着更高的路径演进，掠夺活动的回报也在增长。伴随经济增长而来的未来冲突的增加可能导致经济中所有参与者的生命周期的效用水平降低。这个观点阐明了产权和经济效率之间关系的复杂性。我们需要认识到激励和一般均衡效应在产权和经济效率间的关系中发挥的核心作用，因为这对于我们思考经济滞后和经济发展来说至关重要，正如笔者在第 5 节进一步讨论的那样。

4.3　冲突与创新

正如莫基尔（Mokyr，1990）和奥尔森（Olson，1982）所讨论的那样，采用的技术影响到财富分配的观点构成了"社会阻碍"技术变革概念的基础。正如克鲁塞尔和里奥·鲁尔（Krusell，Rios-Rull，1996）以及帕伦特和普雷斯科特（Parente，Prescott，1999）的正式分析，这个观点建立在创新不是帕累托改进的前提之上，即创新中存在经济上的"赢家"和"输家"，并且经济上的失败者有动机阻止技术被采用。阿西莫格鲁和罗宾逊（Acemoglu，Robinson，2000）对经济上的"输家"和政 653

治上的"输家"做了鲜明的区分，认为创新对政治权力的影响才是真正重要的。如果其他人通过创新产生的影响只是侵蚀了拥有政治权力的人的经济租金，那么其将乐意且能够允许创新，并利用权力在事后进行重新分配。预期到政治权力会被侵蚀是强大的利益集团可能反对其他人创新的原因之一。然而，这并不能解释为什么那些拥有政治权力的人会拒绝采用更先进的技术，或者为什么采用技术会以这样有违常理的方式影响权力的分配。接下来的分析将通过关注创新和权力之间的互动关系说明这些问题。

我们可以把下面的模型解释为潜在创新者诉诸事后的司法程序来保护知识产权。这种情形对于发达经济体的创新具有实际意义，贾菲和勒纳（Jaffe，Lerner，2004）对此进行了很好的阐述。另外，该模型在有固定数量潜在创新者竞争政府补贴以及/或者通过高成本的政治竞争以确保市场垄断权力的情况下，正式地分析了事后政治权力再分配对于事前创新的影响。斯图辛格和托马西（Sturzenegger，Tommasi，1994）在一个内生的经济全面增长模型中探讨了这些问题。这里，为简便起见，笔者将注意力放在两个孤立的参与者之间的策略问题上。

特别地，笔者会讨论当新创造财富的产权不安全时，为什么采用次等技术会成为对经济分配冲突预期的一个策略性回应。笔者的分析延续冈萨雷斯（Gonzalez，2005）的研究，它建立在什卡佩尔达斯（Skaperdas，1992）的基础上。正如本章其他部分一样，笔者重点关注的问题是在社会中使用强制力、政治和其他手段，以及关于经济分配的冲突和创建有效产权之间的联系。然而，在这一节中，笔者关注的是策略性行为的结果，而不是关注每个独立个体的分散化选择。

考虑如下两时期模型，它是第 4.2 节模型的变体，允许两个投资者之间存在策略性互动，参与者标记为 $i = 1$，2。在第一个时期，每个参与者 i 被赋予一定的初始财富 y_i，并将其初始财富在当前消费（c_i）、生产性投资（k_i）和两种非生产性投资（x_i 和 z_i）上进行分配，非生产性投资所分配的资源分别用于保护产权和进行掠夺。初始财富 y_i 被假设是安全的，因此，参与者 i 的当前消费是：

$$c_i = y_i - k_i - x_i - z_i$$

在第二个时期，参与者 i 拥有自己产出 $f_i(k_i)$ 的比例为 $p(x_i, z_j)$，并且其攫取参与者 j 产出 $f_j(k_j)$ 的比例为 $1 - p(x_j, z_i)$，$i \neq j$。参与者消费掉所有安全的收入。为简便起见，假设在生产发生后所有的资本存量完全折旧。因此，参与者 i 在第二个时期的消费（c_i'）为：

654

$$c_i' = p(x_i, z_j)f_i(k_i) + (1 - p(x_j, z_i))f_j(k_j), \; i \neq j$$

在这里：

$$p(x_i, z_j) = \frac{x_i^m}{x_i^m + z_j^m}, i \neq j,$$

其中，$x_i + z_j > 0$，$0 < m \leq 1$ 且 $p(0,0) = p_0 \in [0,1]$。这是由式（23）给出的冲突技术，为简便起见，假设 $\pi = 1$。

假设每个参与者 i 寻求最大化来自消费流效用的贴现值之和，由 $u(c_i) + \beta u(c_i')$ 给出，这里的 β 是贴现率。具体而言，我们可以假设 $u(c_i) = \log(c_i)$ 和 $f_i(k_i) = A_i(k_i)^\alpha$，$0 < \alpha \leq 1$。下面，笔者将技术采用问题正式表示为两个参与者非合作地选择 A_i 的问题，但现在假设 A_i 的值是外生给定的。

为了描述内部纳什均衡，第一，注意到每个参与者在当前和未来消费之间的权衡必须是最优的，也就是对于 $i = 1, 2$，且 $j \neq i$，有：

$$\frac{\partial u(c_i)/\partial c_i}{\beta \partial u(c_i')/\partial c_i'} = p(x_i, z_j)\frac{\partial f_i(k_i)}{\partial k_i}$$

这是我们熟悉的刻画最优储蓄的欧拉方程，不同之处是，由于不安全的产权，生产性资本的边际回报现在是边际产品的一个部分了。它等于现在和未来消费之间的边际替代率，以及相应的边际转换率。注意这个条件必须对参与者 i 和 j 同时成立。

第二，最优行动要求参与者 i 在投资活动上分配资源直到它们的边际回报相等。因此，在下面两个时期内，最优条件需要满足，即对于 $i = 1, 2$，且 $j \neq i$，有：

$$p(x_i, z_j)\frac{\partial f_i(k_i)}{\partial k_i} = \frac{\partial p(x_i, z_j)}{\partial x_i}f_i(k_i) \tag{27}$$

$$\frac{\partial p(x_i, z_j)}{\partial x_i}f_i(k_i) = \frac{-\partial p(x_j, z_i)}{\partial z_i}f_j(k_j) \tag{28}$$

式（27）表示生产性投资和防护性投资的边际回报相等。式（28）表示防护性投资和掠夺性投资边际回报相等。这两个等式对于参与者双方同时成立，有着重要含义。通过对这四个公式虽然烦琐但直接的运算表明，参与者的内部均衡选择 k_i^*、x_i^* 和 z_i^*，必须满足：

$$p(x_i^*, z_j^*) = 1 - p(x_j^*, z_i^*) = \cfrac{1}{1 + \left(\cfrac{\partial f_i(k_i^*)/\partial k_i}{\partial f_j(k_j^*)/\partial k_j}\right)^{\frac{m}{1+m}}} \tag{29}$$

在这里，$i = 1, 2$，且 $j \neq i$。因此，边际产品收益相对较低的参与者拥有更多安全的产权，并且，其攫取其他参与者产出的比例更大。这个结果是以下这个事实的直接含义，即两个参与者都将储蓄进行分配以使所有投资活动的边际回报相等。直观上讲，它反映了这样的事实，即生产率较低的参与者在生产方面具有比较劣势，在保护产权以及掠夺其他参与者产权方面具有比较优势，因为边际上较低的生产率降低了两种掠夺性活动的机会成本。

$p(x_i^*, z_j^*) = 1 - p(x_j^*, z_i^*)$ 的原因是假设在冲突技术中保护和掠夺同等有效，也就是 $\pi = 1$。因此，在均衡时，每个参与者 i 得到总产出 $f_1(k_1) + f_2(k_2)$ 的比重为 $p(x_i^*, z_j^*)$，因此，这个问题是我们熟知的掠夺公共资源冲突问题的同形问题。在这种情况下，每个参与者 i 占有的产出份额 $p(x_i^*, z_j^*)$ 是对每个参与者力量的自然测度。于是，式（29）意味着，每个参与者的力量与参与者之间生产率的差异相关，因此，相对生产率优势与掠夺的比较劣势相关联。这个值得注意的结果来自什卡佩尔达斯（Skaperdas, 1992）。

此外，不难证明，当且仅当 $c_1 < c_2$ 和 $c_1' < c_2'$，内部均衡点必须满足 $\dfrac{\partial f_1(k_1)}{\partial k_1} > \dfrac{\partial f_2(k_2)}{\partial k_2}$。也就是说，在均衡中，具有最高边际产品的参与者并不只是拥有更少的安全产权、更少的力量，而且在两个时期消费的也更少。

是否存在非平凡的产出均衡分配，如果存在，那么什么决定了在参与者之间的生产率差异？需要注意的是，这些问题的答案取决于生产率准确的决定因素。例如，目前的分析是在 $f_i(k_i) = A_i(k_i)^\alpha$，$0 < \alpha \leq 1$ 下进行的。并且，我们假定 $A_1 = A_2$ 且 $\alpha < 1$，那么生产中的资本回报递减意味着，在均衡中，将相对更多的资本分配给生产的参与者，在边际上其

生产率也相对较低，因此，拥有更多安全产权，以及更多力量，并将在两个时期享受到更高的消费。然而，无论 $k_1 \neq k_2$ 是不是一个均衡结果，它们之间的差异都依赖潜在的环境（例如，初始财富禀赋存在不对称的情况）。因此，生产回报递减提供了一个途径，使更富有的参与者可能拥有相比贫穷参与者的优势。

656

此外，假设生产函数展现出不变的规模报酬，也就是 $\alpha = 1$，因此：

$$f_i(k_i) = A_i k_i$$

在这种情况下，对于 $i = 1，2，j \neq i$，式（29）变为：

$$p(x_i^*，z_j^*) = 1 - p(x_j^*，z_i^*) = \frac{1}{1 + \left(\dfrac{A_i}{A_j}\right)^{\frac{m}{1+m}}}$$

注意，最具生产性的参与者或许是也或许不是拥有初始财富最多的参与者。起作用的是边际生产率，而不是初始财富。

前面的观点认为，在产权不安全时，采用的技术具有战略价值。通过考虑前面模型的一种扩展形式以包含前一个时期，就可以分析这种可能性。在第一阶段，每个参与者 i 选择在区间 $[A_l, A_h]$ 中采用一项技术 A_i，$0 < A_l < A_h$。此外，假设所有技术均可以零成本立即获得。在第二阶段，参与者进行上述两时期博弈，有 $f_i(k_i) = A_i k_i$。

对这个问题的详细分析可参见冈萨雷斯（Gonzalez，2005）。比如，笔者指出，如果冲突技术的递减回报是足够少的，两个参与者将采用最不可获得的技术，例如，$m = 1$。问题出现了，因为生产技术是事前承诺的，而更具生产性的参与者在事后创建产权方面（在保护以及掠夺方面）具有比较劣势。预期到这样，每个参与者尝试在事后掠夺中通过选择相对劣等的技术获取比较优势，这会导致在均衡结果中双方参与者选择 A_l。通过表明即使高端技术可以以零成本即刻获得，但关于经济分配冲突的预期会导致技术滞后，这个结果清楚地说明当私人产权不安全时出现"敲竹杠"问题的潜在严重性。

在前面的例子中，两个参与者都采用生产率最低的技术，因此拥有对称的权力。然而，如果冲突技术的回报比较强烈地递减，也就是说，如果 $0 < m < 1$，则将存在其他可能的均衡，其力量分布是非退化的。此

外，当 m 趋于 0 时，均衡时的技术选择将仍然是无效的，即使掠夺活动的水平变得可以忽略不计。这表明了这样的事实，即使实际掠夺活动的直接成本可以忽略，低效创新也可能会出现。因此，通过测度可观察到的冲突来试图衡量冲突的影响可能会造成误导。特别地，假设没有可观察到的冲突意味着冲突威胁也是不存在的，就忽略了贫穷是和平代价的事实。最后，冈萨雷斯（Gonzalez，2005）表明，只要 π 不是特别高，这些主要结论就可扩展至冲突技术中 $\pi > 1$ 的情况。从这个意义上说，产权的不安全性对于技术的采用是不利的。

657

5. 摆脱经济落后：陷阱与机遇

每当人类遇到新的问题时，他的第一反应仍然是用原始的武力方法进行必要的调整，而不是通过个人自发的相互影响来进行调整 [哈耶克（Hayek，1955：32）]。

同奥尔森（Olson，1996）一样，笔者对经验证据的解读是：经济落后必然涉及没有获得来自贸易的巨大收益。然而，如果仅得出结论说"市场失灵"从根本上造成了这种低效率，或者它们能够很容易地被纠正，仅仅是因为存在更加有效的分配，就过于简单了。类似地，如果得出结论认为"政治失败"从根本上造成了这个问题，或者它们能够很容易地被纠正，因为存在更为有效的政治结果，也是过于简单了。认识到这一点，学者日益呼吁彻底抛弃传统的市场与政府二分法假设，转向市场与政府密不可分，且它们的联系在发展过程中起着关键作用的观点。[1] 在这种思路下，本章剩余部分重新考虑存在政府的情况下分散化使用强制力的情况。

5.1 增长和效率

促进经济增长的传统宏观经济政策不能以效率为理由而不考虑制度

---

[1] 参见亚瑟（Usher，1992）、迪克西特（Dixit，1996，2004）、什卡佩尔达斯（Skaperdas，2003）和格雷夫（Greif，2005）。

环境。特定经济政策通常有赢家和输家，即使人们忽略了这个事实，这样的支持也远远没有说服力。问题是，在糟糕的制度环境背景下，实现有效的资源配置事实上需要以牺牲经济增长来换取冲突的减少。下面看看原因是什么，考虑第 4.2 节模型的扩展形式，加入一个政策制定者。这些分析的细节可在冈萨雷斯和尼瑞（Gonzalez，Neary，2008）的文章中找到。这里概述主要观点。

　　为使讨论尽可能鲜明，假定政策制定者是仁慈的，也就是说，其寻求最大化个体参与者效用之和。此外，假设政策制定者可以使用税收系统，无法区分对待参与者，且必须平衡各个时期的政府预算。当然，如果税收工具的使用不受限制，政策制定者将执行无约束的有效分配，其中资源不会被转移至他用，产权是完全安全的，且经济增长将提高到有效水平。然而，这个理论结果相当于宣称，拥有力量实施产权的仁慈的政策制定者能够解决这个问题。这仅仅将我们带回了过于简单的"世界中央执法者"的观点。为了解决由这种观点产生的问题，假设税收和补贴系统由对每个个体参与者征收税率为 τ 的收入税（正的或负的）和总量税 t 组成。因此，政策制定者能够使用扭曲性的收入税或补贴来影响经济增长率，使用无扭曲的税收来平衡预算，但不能直接以参与者的分散化投资为目标。结果，很容易证明，所有类型的投资活动的边际收益均等化意味着，私人参与者将选择：

$$x(t) = z(t) = \left(\frac{m}{\pi + 1}\right) k(t) \tag{30}$$

　　这同在没有任何财政政策时一样［如同式（25）一样］。因此，也会像之前的情形一样，均衡的产权安全水平独立于税收政策，对于所有的 i，有：

$$p(x_i(t), z(t)) = 1 - p(x(t), z_i(t)) = \frac{\pi}{\pi + 1} \tag{31}$$

　　此外，注意，均衡经济增长率是税率 τ 的函数：

$$\gamma^*(\tau) = (1 - \tau)\frac{\pi \beta A}{\pi + 1} - 1 \tag{32}$$

在这种情况下，最优政策将实现对称的分配，使个体参与者的效用在式（30）和式（31）的约束条件下达到最大化。反过来，这也是如下规划问题的同形变换，即生产性资本和消费在所有参与者之间对称分配，以使在资源约束条件下最大化他们的效用水平，资源约束为：

$$Ak(t) = c(t) + \left(1 + \frac{2m}{\pi + 1}\right)k(t+1)$$

这个问题与最优问题之间的唯一不同是，这里用消费价格表示的资本的相对价格是有效的，由 $1 + \frac{2m}{\pi + 1}$ 给出，而不是 1。这简单地考虑了对于额外每一单位的生产性资本，个体参与者将在分散化投资中多投入 $\frac{2m}{\pi + 1}$ 单位。因此，直观地，约束条件下的有效分配将展示出 $\gamma = \frac{\beta A}{1 + \frac{2m}{\pi + 1}} - 1$ 的增长率。此外，这个解可以通过税率为 τ^* 的（正或负的）收入税和 $t^* = -\tau^* Ak(t)$ 的总量税得以实施，使：

659

$$\frac{1}{1 + \frac{2m}{\pi + 1}} = (1 - \tau^*)\frac{\pi}{\pi + 1} \tag{33}$$

比较式（32）和式（33），我们可以看到最优扭曲税 τ^* 仅仅是可能为个体参与者以社会期望的方式进行投资而提供激励的税收（或补贴，如果 τ^* 为负值）。总量税 t^* 仅仅是被用来平衡预算的税收。

式（33）表明，最优增长政策具有当且仅当 $\frac{\pi}{\pi + 1} > 1/(2m)$ 时，$\tau^* > 0$ 的性质。例如，如果 $m = 1$，那么我们得到，对于所有的 $\pi \geq 1$，$\pi < \infty$，最优增长政策是针对增长征税，而不是进行补贴。此外，即使相对于最优配置，在自由放任的均衡中经济增长的实际效率非常低下时，情况也是如此。当然，这个观点并不意味着经济增长情况不好。而且它说明，经济增长减速可能是必要的，这样可以减轻在给定制度环境条件下，与私人实施产权有关的资源转移的问题。相反，与掠夺相比，保护效力相对较高的经济体能够负担在保持相对更高的经济增长率的情况下，不会引致太多额外的冲突。

前面分析的主要目的是表明，关于不安全产权、冲突和增长之间关系的不同理论会导致在哪一种政策是令人满意的问题上存在极为不同的观点。更重要的是，"令人满意"的意思就是帕累托有效，笔者已将此视为给定，并不是因为笔者认为公平的考虑不重要，而是因为笔者认为那些支持促进经济增长且认为经济增长高于一切的经济学家和政策制定者，以及那些过去对经济发展政策有过巨大影响的经济学家和政策制定者往往将增长和效率等同起来。因此，重要的是要认识到，尽管在传统的新古典增长理论中，增长的目标从效率角度看是合理的，但一旦考虑到不安全的产权、冲突和增长之间相互影响的一般均衡情况，结论就不再如此了。当然，具体的经济政策是否可行还取决于特定的制度环境。例如，产权不安全的国家恰恰是政府提高税收能力可能受到严重限制的国家（参见第 5.2.3 节）。

前面的分析表明，不可能方便地将发展问题分解为冲突管理和经济繁荣这两个能够独立实现的目标。从这个角度看，发展的两难问题是如何实现一个目标而不牺牲另一个目标。当然，个人有强烈的动机提出治理机制。上述分析认为，经济落后是减少治理机制未解决的冲突的手段。笔者的结论是，对发展的研究是对没有冲突的情况下能够支持经济繁荣的治理机制的研究，这在很大程度上符合贝茨（Bates，2001）关于经济发展政治基础的研究方法。

660

5.2　调整协调失灵

如果安全的产权对经济发展至关重要，那么为什么它们如此稀缺？对这个问题的一个回答是，如果安全的产权从社会"内部"出现，那么社会必须解决一个巨大的协调问题。在罗森斯坦·罗丹（Rosenstein Rodan，1943）之后，经济学家将经济落后视为巨大的协调失灵。协调失灵的精确概念自然地产生于这样的均衡模型背景中，也就是个体参与者之间的相互作用由互补性主导，即当其他参与者也从事类似活动时，参与者进行某些活动得到的边际回报会逐渐增加。特别地，具有互补性的模型可能展现出多个帕累托排序的均衡，它们对经济体可能"陷入"无效均衡的概念给出了正式表述。即使所有参与者都知道情况是这样的，他们也无法协调行为以达到每个人都严格偏好的一个均衡结果。① 在这种情况下，政府作为协调者的观点自然就产生了。然而，在本节中，笔者认为，这种观点在应用于产权的安全性时远远没有说服力，因为政府本身就是这个问题的一个组成部分。

5.2.1 冲突陷阱

下面考虑第 3.2 节分析的在职业选择模型中协调失灵如何发生。新的假设是，相对于掠夺，保护的效力由冲突技术中的参数 π 给出，它现在是经济中掠夺者比例 $\pi(n)$ 的一个递减函数，个人做决策时将 $\pi(n)$ 视为给定。除现在我们需要考虑一种新的外部性的影响之外，这一分析与前面完全相同，这种外部性只能通过 π 发生作用。为简便起见，假设 $m = 1$。继续使用式（13），因此任何满足 $\frac{1}{n} - n = \pi(n)$ 的掠夺者比例 n 是一个均衡结果。和前面一样，左边是 n 的减函数。此外，现在 π 会随着 n 的上升相应减少。因此，如果 n 由于一些原因增加，那么 π 会降低，而这反过来将导致 n 进一步增加。这个机制会导致出现多重均衡。如对于具体的例子，$\pi(n) = 1 + \frac{1}{3}\left(\frac{1-n}{n}\right)^2$ 有三个不同的均衡，(x^*, n^*) 分

661 别等于 $(0, 0)$、$(0.21, 0.27)$ 和 $(0.35, 0.56)$。特别地，存在一个稳定均衡，其中相对较高比例的人选择成为掠夺者，而不是生产者，因此有效产权相对较低，这让掠夺具有吸引力。其他外部性也会产生类似的影响。通常的机制是，掠夺者比例的提高减少了生产的相对回报（Acemoglu, 1995；Murphy, Shleifer, Vishny, 1993）。

前面例子的一个关键特征是，均衡分配可能展现出低生产水平（"贫困陷阱"）和高冲突水平（"冲突陷阱"），即使存在另一种每个生产者和掠夺者都严格偏好的均衡分配。就像前几节中的模型一样，现在的模型意味着，不安全的产权和经济落后从社会角度看是无效的事实并不会自动转化为法制和繁荣。然而，多重帕累托排序均衡的存在表明，

---

① 霍夫和斯蒂格利茨（Hoff, Stiglitz, 2001）、雷（Ray, 2007）很好地讨论了这些互补因素在经济发展中的作用，正如库玻（Cooper, 1999）在宏观经济背景下分析的那样。德·梅扎和古尔德（De Meza, Gould, 1992）在实施产权的背景下对这些互补因素的作用进行了有趣的分析。

源于自我实施的悲观预期的协调失灵出现时，预期的协调可能发挥另一种作用。

重要的是，如果将上述结果解释为，它意味着经济繁荣仅是产权安全性的副产品，这将产生误导，反过来也是一样，就如在各均衡之间进行简单比较所表明的那样。相反，帕累托排序均衡的多重性强调繁荣和产权安全性之间的深层次的互补性，以及与这两种结果只能同时实现的事实有关的困难。

5.2.2 政府作为协调者

从发展问题作为巨大协调失灵的角度看，政府可以发挥协调者的作用。特别地，根据霍布斯（Hobbes，1991）和韦伯（Weber，1978）的理论，原则上，政府能够成为第三方，或许可以解决往往使欠发达国家或转型经济体饱受折磨的实际产权不安全的问题。然而，这个观点很快就遇到了问题。当然，一个无所不能的政府能够纠正所有的市场失灵和政治失灵。然而，事实上，政府既不是万能的，本质上也不是仁慈的。即使我们可以采纳这种观点，即发达国家的政府实际上很像仁慈的中央执行者在行事，但这正是需要去解释的事实而不是被假设的事实。此外，经济发展过程的逻辑必须与起点一致，这涉及不安全产权和私人实施产权，与传统的经济观点相反，国家缺乏对使用强制力的完全控制力。

5.2.3 政策作为多重均衡的来源

将政府看作非万能协调者会带来政府本身成为问题一部分的可能性。一个紧迫的问题是，政策本身可能是问题的一部分。格拉斯坦（Gradstein，2004）、罗兰和维迪埃（Roland，Verdier，2003）以及扎克（Zak，2002）认为，这个问题对于实施产权尤其重要。要了解原因，重新考虑之前的例子，但现在假设对 π 的影响来自财政政策。对个体生产者的征税是劳动收入的一个比例 $\tau > 0$，因此，在对称均衡中，政府收入由 $t = (1-n)\tau p(x, n)f(1-x)$ 给出，在这里，为了简便起见，税率 τ 是外生给定的。假设根据某个递增函数 $\pi(T)$，所有收入被用来提高产权的安全性。假设参与者在做决策时，将 T 视为给定。很容易看到，潜在的"财政"外部性如何能够支持多重均衡。特别地，仅仅因为政府不能获得足够的收入，$\pi(T)$ 可能非常低。原因是国民收入水平低，这反过来是由 $\pi(T)$ 低的事实导致的，与它相对应的是产权不安全。

5.2.4 经济决策与政治需求间的相互作用

霍夫和斯蒂格利茨（Hoff，Stiglitz，2004）认为，对安全产权的弱政治需求是 20 世纪 90 年代转型经济体中国有企业大规模私有化的实际结果与改革者意图之间存在巨大差异的主要来源。他们的解释建立在资产所有者的经济决策与政治需求之间的联系上。例如，因为更安全的产权限制了个体剥夺其所控制资产的能力，剥夺资产的决策削弱了对安全产权的需求，这可能导致广泛剥夺资产的"自我实施"。一般机制依赖私人经济决策之间的相互依存，包括创建有效产权和政治需求。

要了解这个机制是如何运作的，再次考虑第 3.2 节分析的独立个人的简单职业选择问题。回顾一下，在均衡中，比例为 $1 - n^*(\pi)$ 的个体选择每人生产 $l^*(\pi)$ 单位产出，这里 $n^*(\pi)$ 和 $l^*(\pi)$ 由式（13）给出，它们是相对于掠夺的保护效率（π）的函数。注意，$n^*(\pi)$ 随着 π 下降，而 $l^*(\pi)$ 随着 π 上升。当 π 更高时，生产相对于掠夺的回报会上升，更多的个体成为生产者，且将更多的时间分配给生产而不是保护，其产权的安全性会提高。还可回顾一下，生产和掠夺的回报在均衡中相等，注意，当 π 更高时，回报 $\left(\dfrac{1 - n^*(\pi)}{1 + n^*(\pi)} \right)$ 也更高。也就是说，当产权更安全时（因为 π 更高了），生产者和掠夺者的情况都更好了。

现在假定存在一个恰当的集体机制，根据这个机制，大多数个体的政治需求可以得到满足。特别地，假设个人在两个可选择的产权制度上进行"投票"。为了简便起见，假设在 $\pi_L > 0$ 和 $\pi_H > \pi_L$ 之间投票。显然，如果个体在做出经济决策之前投票，那么假设根据其偏好投票，他们将都选择 π_H。

然而，假设投票发生在做出经济决策之后。现在的问题是生产者和掠夺者的偏好不同。一旦资源确定被用于生产和保护，当生产者对产权的保护相对更为有效时，即当 π 更高时，生产者可为自己保留下来的产出份额就更高。相反地，只要掠夺者的比例是给定的，当 π 更高时，掠夺者攫取的全部产出份额会更低，因此当 π 较低时，掠夺的平均回报较高。在做出经济决策之后，所有生产者都会投给 π_H，而所有掠夺者都会投给 π_L。假设只要支持提高产权安全性的个体所占比例超过某个数值，如 $N \geqslant 1/2$，产权情况就会得到改善。很容易看到，只要 $n^*(\pi_H) < 1 - N \leqslant N < n^*(\pi_L)$，就存在两个均衡。接下来看看原因，假设个体预期到 $\pi = \pi_L$，那么，掠夺者比例由 $n^*(\pi_L)$ 给出，并因此对提高产权安全性没有足够的政治需求。同样地，如果个人预期到 $\pi = \pi_H$，那么掠夺者比例由 $n^*(\pi_H)$ 给出，且有足够的支持使产权更加安全。

5.2.5 机会主义政府

政府本身使用强制力可能会威胁产权安全，在这种情况下，政府本身可能成为发展的障碍。什么决定国家行为对创建有效产权的影响？几乎不可能打开这个"潘多拉盒子"。尽管如此，如何回答这个问题深刻影响个体思考不安全产权、经济落后和经济发展之间的关系，因此，笔者会讨论其中的一些困难来结束本节内容。

下面的模型在许多方面很简单，但它阐明了许多重要问题。这个模型描述了数量为1的独立个体和单独一个拥有强制力、侵犯个体参与者产权的机会主义统治者之间的相互作用。然而，重要的是，统治者在使用强制力方面没有独断的垄断力。个体和统治者通过如下三个阶段做出决策。

阶段1：每个个体参与者 i 将 1 单位时间分配在生产（l_i）、保护（x_i）和掠夺（z_i）上，并且生产 $f(l_i) = l_i$ 单位产出。

阶段2：为简单起见，模型将统治者行为设定为根据其如何在保护产权方面分配税收收入来进行。假设统治者选择或以 0 成本让 $\pi = \pi_L$，或承担一个固定成本 $g > 0$，以使 $\pi = \pi_H > \pi_L$。给定 π 的值，产出在参与者之间的分配与第3.1节分析的基本模型一样，这里 π 与往常一样，衡量的是私人保护相对于掠夺的效率。现在，统治者对参与者的安全收入征税，税率为 $t \in (0,1)$。因此，参与者 i 的支付由 $(1-t) \cdot \big(p(x_i, z)l_i + (1-p(x, z_i))l\big)$ 给出，这里，函数 p 由式（3）给出，总税收收入仅为 tl，当统治者选择 $\pi = \pi_L$ 时，消费为 tl，当其选择 $\pi = \pi_H$ 时，消费为 $tl - g$。注意，总量和平均量正好一致，为 $\{l, x, z\}$，因为个体参与者数量被标准化为1。税率是外生给定的。

阶段3：参与者"投票"决定是否罢免统治者，如果所有参与者中

比例超过 N 的人投票将罢免统治者,那么统治者将自动下台,其中,$0 <$

664 $N < 1$。广义上,将"投票罢免统治者"解释为统治者的生存威胁,原则上,N 可以小于一半。当且仅当统治者被罢免时,其将遭受损失 $c > g$。

从阶段 3 的角度看,所有参与者在罢免和不罢免统治者之间是无差异的,因为他们已经做出了生产、保护和掠夺的决策,并且产权制度已经存在。参与者有无差异并不重要。例如,我们可以假设,投票罢免统治者,或通常来说,积极地反对统治者,如果统治者确实被罢免,则会给个人带来收益,如果没有被罢免的话,个人就要承担成本了。重要的特征是,在阶段 3 存在多重纳什均衡,从而产生了一个协调问题。

令人毫不意外的是,这个模型有多个子博弈精炼均衡。下面描述其中两个均衡。在阶段 1,对于所有的 i,有 $\{l_i^*, x_i^*, z_i^*\} = \{l(\pi_L), x(\pi_L), z(\pi_L)\}$,在这里有:

$$l(\pi) = \frac{\pi + 1}{\pi + 1 + 2m} \text{且} x(\pi) = z(\pi) = \frac{m}{\pi + 1 + 2m} \tag{34}$$

对于阶段 1 的所有结果:统治者让 $\pi^* = \pi_L$;参与者 i 选择 $\nu_i^*(\pi) = \nu$,在这里,$\nu_i(\pi)$ 表示当产权制度由 π 给定时参与者 i 的投票情况。这一投票定义为,对于 $\pi \in \{\pi_L, \pi_H\}$,$\nu \in \{0, 1\}$,如果投票罢免统治者,则 $\nu_i(\pi) = 1$。两个均衡之间唯一的区别是 $\nu = 0$ 或 $\nu = 1$。无论哪一种情况,阶段 3 中的政治需求对于统治者行为 $\nu(\pi_L) = \nu(\pi_H) = \nu$ 是不敏感的。预期到这一点,统治者会在阶段 2 消费掉所有税收收入。这是最优反应,因为税收收入已被确定,并且保护产权(通过设定 $\pi = \pi_H$)的成本高昂。预期到统治者的策略是 $\pi^* = \pi_L$,无论阶段 1 的结果如何,参与者都会将时间完全分配在生产、保护和掠夺上,就像第 3.1 节中的模型那样,因此,式(34)在 $\pi = \pi_L$ 处取值,构成了阶段 1 中的均衡行为。

现在考虑其他两个均衡,其中参与者的投票行为对统治者行为做出回应。然而,在统治者生存受到威胁的条件下,它们是不同的。在一个均衡中,对于所有的 i,$\{l_i^*, x_i^*, z_i^*\} = \{l(\pi_H), x(\pi_H), z(\pi_H)\}$,在这里,$\{l(\pi_H), x(\pi_H), z(\pi_H)\}$ 由式(34)在 $\pi = \pi_H$ 处给出;统治者总是会保护产权(对于阶段 1 的所有结果,$\pi^* = \pi_H$),当且仅当其不保护产权时,$l_i^*(\pi_L) = 1$ 和 $\nu_i^*(\pi_H) = 0$,每个参与者 i 投票罢免统治者。例如,如果 $\pi_H = \infty$ 且 $t = g$,则这个均衡支持完全安全的产权。在另一个均衡中，对于所有的 i，$\{l_i^*, x_i^*, z_i^*\} = \{l(\pi_L), x(\pi_L), z(\pi_L)\}$，在这里，$\{l(\pi_L), x(\pi_L), z(\pi_L)\}$ 由式（34）在 $\pi = \pi_L$ 处给出；统治者从来不保护产权（对于阶段 1 所有的结果，$\pi^* = \pi_L$），当且仅当其保护产权 $\nu_i^*(\pi_L) = 0$ 和 $\nu_i^*(\pi_H) = 1$ 时，每个参与者 i 投票罢免统治者。后一个均衡要求当统治者行为相对更为仁慈时，统治者的生存恰好受到威胁。

当然，前面的模型在多个方面过于简单化了问题。它从压迫的作用中抽象出一个事实，即并非所有统治者都是相同的，即使我们仅仅关注独裁统治，还有一个事实是，统治者的生存可能受到统治精英内部的威胁（Wintrobe，1998）。它从政治体制和经济不平等之间的相互作用中进行了归纳 [例如，阿西莫格鲁和罗宾逊（Acemoglu，Robinson，2006）；布瓦（Boix，2003）]。然而，前面的例子在很多方面都具有启发性。根据巴泽尔（Barzel，2002：Chap. 7 - 8）的理论，这个模型的主要核心点是在约束保护活动专业化方面采取集体行动的需要。集体行动简单地被模型化为许多个体的同时行动，其中只有许多个体同时行动时，每个个体才会获益。因此，它并不代表创建了集体行动机制，而是代表了为激活现存机制所必要的协调。在前面的模型中，我们可以允许个人组成几个大群体，这些群体在策略上互动，这并不会改变问题的本质。关键特征是统治精英集体行动，而群体单独行动，因此，如果要限制统治精英的强制力，就应协调行动 [例如，温加斯特（Weingast，1997）]。

这个模型认识到，按照诺斯（North，1981）的观点，在存在交易成本的情况下，最大化统治者回报的有效产权与最大化经济效率的有效产权可能是不同的。它还认识到，按照奥尔森（Olson，1993）的观点，统治者的利益和私人参与者的利益可能远非完全对立。特别要注意到，在前面 $\pi^* = \pi_H$ 的均衡中，统治者的支付等于 $tl(\pi_H) - g$，而在 $\pi^* = \pi_L$ 的均衡中，当统治者继续执政时，其回报是 $tl(\pi_L)$，当在均衡中被罢免时，其支付为 $tl(\pi_L) - c$。因此，对统治者来说，最好的选择是只要 $tl(\pi_H) - g > tl(\pi_L)$，就去保护参与者的产权，在这种情况下，如果统治者在参与者做出经济决策之前采取行动，那么统治者确实会选择这样做。然而，模型的时间顺序反映出统治者的承诺问题，在这种情况下，统治者在经济中的"共容利益"不足以确保其将保护产权，无论是针对私人参与者还是针对其自己。注意，如果统治者能够在税率 $t = t_L$ 和 $t = t_H > t_L$ 之间进行选择，那么每一种税率都可以支持这四个相同的均衡结果。

上述问题并没有限定在一次性互动上。因此，与目光短浅的"流动强盗"不同，奥尔森的长期存在的"固定强盗"可能有相对强烈的动机通过保证在短期限制掠夺行为以获取长期收益。然而，这种动机有多强烈取决于统治者的生存威胁如何影响统治者做出承诺的能力，如格罗斯曼和诺（Grossman，Noh，1994）所示。在这一点上，模型中的不同均衡捕捉到统治者及其生存之间的一系列均衡相互作用。根据格罗斯曼和诺（Grossman，Noh，1994）的观点，统治者保证采取相对仁慈行为的承诺要求统治者的生存受其行为的影响，也要求当统治者行为相对更具掠夺性时，统治者的生存受到威胁。相反，该模型支持统治者行为相对更具掠夺性的均衡，因为相对更仁慈的行为会威胁到其生存。这种情况更近似罗宾逊（Robinson，1997）的观点，其考虑这样的情况，即统治者相对仁慈的行为（促进经济发展）危及其生存的可能性（通过对政治权力分配的影响）。然而，什么决定统治者相对更具或更不具掠夺性行为对其生存的影响呢？前面的分析认为这种影响不是外生给定的，而正是需要解释的均衡结果。这意味着，无论国家是有利于还是不利于经济发展，它不仅是一种均衡结果，而且可能本身就是社会所要面对的巨大协调问题的一部分。

多种程度的产权安全水平可以自我实现，这个事实以及所有私人参与者能够从更安全的产权中获益的事实从表面上表明，向具有更加安全产权的均衡移动是可以"设计"出来的。通常来说，无所不能的政府能够做到这一点，且仁慈的政府也乐于这么做。相反，产权不安全经济体的现实问题的本质恰好是，创建有效产权是一个均衡结果。多重均衡仅仅突出了需要解决的巨大的协调问题。一个重要且直观的理解是，私人参与者和政府对产权的威胁不是独立的问题，因此，不能独立地解决。此外，应当认识到，这种相互依赖性来自政府对使用强制力不具有排他性垄断权力的事实。通过展示为什么只有集体行动不足以建立起产权安全的信念，前面的观点强调了制度设计作为发展引擎存在的严重缺陷。社会共识也是必要的。最重要的是，这一观点未能解释社会如何从一个均衡走向另一个均衡。从发展是一个过程而非最终结果的视角来看，认为在不考虑历史的情况下，协调预期能够一下子解决协调失灵的观点过于简单了。我们需要了解如何在现实中实现摆脱经济落后所必需的大规模协调。正如雷（Ray，2007）令人信服地指出的那样，协调本身必须被看作某些包容性过程的一个均衡结果，且对历史具有特定作用。

类似的评论适用于重复互动解决这个问题的观点。一方面，众所周知，通过重复互动形成合作有助于获取来自贸易的收益。当未来合作对个体具有私人价值，且他们可以根据当前的合作决定未来的合作时，这种情况就会发生。我们熟知的重复博弈理论中的无名氏定理（Folk Theorem）很好地将这一机制正式表示出来。贝茨、格雷夫和辛格（Bates，Greif，Singh，2002）就合作如何影响私人参与者和国家使用强制力提供了一个有趣的分析。对他们来说，在没有正式规则的情况下，个体组成的群体解决内部潜在冲突的能力是这个问题的一个关键方面。另外，根据无名氏定理，个体可能或不可能合作要视情况而定。在对商业协会的研究中，格雷夫、米尔格罗姆和温加斯特（Greif，Milgrom，Weingast，1994）强调正式组织在保护私人产权对抗政府掠夺方面可能发挥的作用。然而，显而易见的是，我们对在一个大社会中广泛的产权安全的出现过程知之甚少。

前面的模型是从具体的政治制度中抽象出来的，但是人们倾向于将产权保护得更好，人均收入水平较高的均衡被解释为相对更加民主的制度所支持的均衡。事实上，经验证据支持产权、收入和民主是共同决定的观点［参见阿西莫格鲁、约翰逊和罗宾逊（Acemoglu，Johnson，Robinson，2001）；阿西莫格鲁等（Acemoglu et al.，2008）］。一些研究方向似乎是有希望的。自奥尔森（Olson，1965）的开创性著作发表以来，人们认识到群体规模在集体行动中发挥重要作用，但是需要对群体形成和群体有效性的决定因素进行更多的研究［例如，埃斯特班和雷（Esteban，Ray，2001）］。各种不平等和机制之间的相互作用及其对发展的意义正越来越受到关注［例如，庄和格拉德斯坦（Chong，Gradstein，2007）；恩格曼和索科沃夫（Engerman，Sokoloff，2002）］，仍有许多地方尚不明晰。笔者认为，更好地理解这些问题，就需要更多地研究社会分化和冲突［例如，蒙特利沃和雷纳 – 奎罗尔（Montalvo，Reynal-Querol，2005）］以及国家建设［例如，贝斯利和珀森（Besley，Persson，2009）；布瓦（Boix，2010）］。

6. 结论

为什么不安全的产权对经济发展如此不利，为什么它们如此普遍？为说明这些问题，笔者对激励结构和宏观经济结果进行了均衡分析，它们是在产权不安全的情况下可以预期到的。冲突概念在分析中发挥核心作用；具体来说，冲突可以被看作在创建有效产权过程中所耗散的资源在均衡时的总量。强调强制力的分散使用突出了几个偏离传统的激进观点。第一，核心问题是产权的实施，而不是产权的分配。第二，与韦伯的国家观相反，政府在使用强制力上缺乏排他性的垄断权。第三，关注私人实施产权将注意力从中央政府实施合法产权转移到通过使用强制力分散创建有效产权上。

简言之，第一个问题的答案是，在一个产权不安全的经济体中，激励结构与新古典主义完美且无成本的安全的产权截然不同。在不考虑国家法治的情况下，无法简单地理解激励。重要的是，不安全的产权不仅仅是阻碍财富创造的税收。相反，当产权不安全时，资源会流向生产率最低的地方，创新停滞了，更安全的产权并不必然带来更有效的安排，促进经济增长和提升经济效率之间可能存在冲突。一个核心教训是，自发的经济秩序通过权衡冲突与经济落后来应对潜在冲突。这意味着，发展需要社会找到一种在以不牺牲繁荣的前提下减少冲突的方法。

然而，没有冲突的繁荣难以实现。这有助于解释为什么安全产权如此罕见。在政府作为产权最终执行者的传统观点下，欠发达经济体和转型经济体面临的主要挑战似乎是如何设计制度，以确保统治者利用强制力来实施产权，而不是夺取个人的产权。然而，人们必须认识到，由于现实中政府在运用强制力方面缺乏排他性垄断权，制度设计问题相当复杂，因此，政府可能缺乏必要的资源来保护产权。即使并不缺乏必要的资源，也可能缺失对安全产权充分的政治需求。或许最重要的是，政府使用强制力和私人参与者使用强制力是密不可分的。政府是否使用强制力保护或夺取个人产权本身就是一个均衡结果，这取决于个人如何独自或集体地对保护或侵犯其权利的行为做出反应。笔者认为，没有认识到政府和市场普遍的相互依赖妨碍我们理解经济落后和经济发展。如果本章中的方法有任何价值，那就是在社会中分散使用强制力是经济落后和经济发展的核心问题，一种完全不同于我们思考经济发展的方式是非常必要的。

社会如何对待发展过程具有重要意义。如果历史记录和来自经济理论的经验教训有任何指导作用的话，那么清晰而现实的危险就是落入这样一种陷阱，即假定缺乏安全的产权必然意味着存在对安全产权的政治需求；这个问题仅仅是制度"供给"的技术问题，不管这些制度可能是什么；假定理想的制度变迁要么是零交易成本，要么可以通过中央权力使用强制力强加于社会。造成这种陷阱的部分原因是把发展看作过程的结果，而不是过程本身。前者是传统观点。后者迫使人们处理这样一个事实，即发展的逻辑必须与发展问题的逻辑相一致，而不是与发展的最终结果相一致。必须更好地理解不安全的产权、冲突和经济落后，因为它们是需要解决的问题。

诺斯和托马斯（North，Thomas，1973，2）有力地指出："我们列出的因素（创新、规模经济、教育、资本积累等）不是增长的原因；它们是增长。"笔者认为，这代表了当前的共识。然而，这个共识却没有认识到法律规则不是发展的原因，它是发展本身。

669

致　谢

感谢伊齐亚·拉斯卡诺（Itziar Lazcano）和欧文·罗萨莱斯（Irving Rosales）给予的研究帮助。笔者也从卡雷斯·布瓦（Carles Boix）、安娜·费勒（Ana Ferrer）、米歇尔·加芬克尔（Michelle Garfinkel）、马克·格拉德斯坦（Mark Gradstein）、休·尼瑞（Hugh Neary）、乔安娜·罗伯茨（Joanne Roberts）和弗朗索瓦·文（Jean-Francois Wen）的评论中受益匪浅。

参考文献

Acemoglu, D. 1995. Reward structures and the allocation of talent. *European Economic*

Review 39: 17 – 33.

Acemoglu, D. , and S. Johnson. 2005. Unbundling institutions. *Journal of Political Economy* 113: 949 – 95.

Acemoglu, D. , S. Johnson, and J. A. Robinson. 2001. Colonial origins of economic development: An empirical investigation. *American Economic Review* 91: 1369 – 401.

Acemoglu, D. , S. Johnson, J. A. Robinson, and P. Yared. 2008. Income and democracy. *American Economic Review* 98: 808 – 42.

Acemoglu, D. , and J. A. Robinson. 2000. Political losers as a barrier to economic development. *American Economic Review* 90: 126 – 30.

——. 2006. *Economic origins of dictatorship and democracy*. New York: Cambridge University Press.

Alston, L. J. , G. D. Libecap, and B. Mueller. 2000. Land reform policies, the sources of violent conflict, and implications for deforestation in the Brazilian Amazon. *Journal of Environmental Economics and Management* 39: 162 – 88.

Andre, C. , and J. P. Platteau. 1998. Land relations under unbearable stress: Rwanda caught in the Malthusian trap. *Journal of Economic Behavior and Organization* 34: 1 – 47.

Barzel, Y. 1989. *Economic analysis of property rights*. Cambridge: Cambridge University Press.

Barzel, Y. 2002. *A theory of the state: Economic rights, legal rights, and the scope of the state*. Cambridge: Cambridge University Press.

Bates, R. H. 2001. *Prosperity and violence: The political economy of development*. New York: W. W. Norton.

Bates, R. H. , A. Greif, and S. Singh. 2002. Organizing violence. *Journal of Conflict Resolution* 46: 599 – 628.

Baumol, W. J. 1990. Entrepreneurship: Productive, unproductive, and destructive. *Journal of Political Economy* 98: 893 – 921.

Benhabib, J. , and A. Rustichini. 1996. Social conflict and growth. *Journal of Economic Growth*, 1: 125 – 42.

Besley, T. 1995. Property rights and investment incentives: Theory and evidence from Ghana. *Journal of Political Economy* 103: 903 – 37.

Besley, T. , and T. Persson. 2009. The origins of state capacity: Property rights, taxation, and politics. *American Economic Review* 99: 1218 – 44.

Boix, C. 2003. *Democracy and redistribution*. New York: Cambridge University Press.

——. 2010. *A theory of state formation and the origins of inequality*. Manuscript, Princeton

University.

Brito, D. , and M. Intriligator. 1985. Conflict, war and redistribution. *American Political Science Review* 79: 943 – 57.

Chong, A. , and M. Gradstein. 2007. Inequality and institutions. *Review of Economics and Statistics* 89: 454 – 65.

Coase, R. 1960. The problem of social cost. *Journal of Law and Economics* 13: 49 – 70.

Cooper, R. W. 1999. *Coordination games: Complementarities and macroeconomics.* Cambridge: Cambridge University Press.

Dabla-Norris, E. , M. Gradstein, and G. Inchauste. 2008. What causes firms to hide output: The determinants of informality. *Journal of Development Economics* 85: 1 – 27.

De Meza, D. , and J. R. Gould. 1992. The social efficiency of private decisions to enforce property rights. *Journal of Political Economy* 100: 561 – 80.

De Soto, H. 1989. *The other path: The invisible revolution in the third world.* New York: Harper Collins.

Deininger, K. , and R. Castagnini. 2006. Incidence and impact of land conflict in Uganda. *Journal of Economic Behavior and Organization* 60: 321 – 45.

Dixit, A. 1996. *The making of economic policy: A transaction cost politics perspective.* Cambridge, MA: MIT Press.

——. 2004. *Lawlessness and economics: Alternative modes of governance.* Princeton, NJ: Princeton University Press.

Ensminger, J. 1997. Changing property rights: Reconciling formal and informal rights to land in Africa. In *The frontiers of the new institutional economics*, ed. , J. N. Drobak and J. V. C. Nye, 165 – 96. San Diego: Academic Press.

Esteban, J. M. , and D. Ray. 1999. Conflict and distribution. *Journal of Economic Theory* 87: 379 – 415.

——. 2001. Collective action and the group size paradox. *American Political Science Review* 95: 663 – 72.

Faccio, M. 2006. Politically connected firms. *American Economic Review* 96: 369 – 86.

Fafchamps, M. 2004. *Market institutions in sub-Saharan Africa: Theory and evidence.* Cambridge, MA: MIT Press.

Fearon, J. 1995. Rationalist explanations for war. *International Organization* 49: 379 – 414.

Field, E. 2007. Entitled to work: Urban property rights and labor supply in Peru. *Quarterly Journal of Economics* 122: 1561 – 602.

Firmin-Sellers, K. 1995. The politics of property rights. *American Political Science Review*

89: 867 - 81.

Fisman, R. 2001. Estimating the value of political connections. *American Economic Review* 91: 1095 - 102.

Fisman, R. , and J. Svensson. 2007. Are corruption and taxation really harmful to growth? Firm level evidence. *Journal of Development Economics* 83: 63 - 75.

Friedman, E. , S. Johnson, D. Kaufmann, and P. Zoido-Lobaton. 2000. Dodging the grabbing hand: The determinants of unofficial activity in 69 countries. *Journal of Public Economics* 76: 459 - 93.

Frye, T. 2002. Private protection in Russia and Poland. *American Journal of Political Science* 46: 572 - 84.

——. 2004. Credible commitment and property rights: Evidence from Russia. *American Political Science Review* 98: 453 - 66.

Frye, T. , and A. Shleifer. 1997. The invisible hand and the grabbing hand. *American Economic Review* 87: 554 - 59.

Gambetta, D. 1993. *The Sicilian Mafia: The business of protection.* Cambridge, MA: Harvard University Press.

Garfinkel, M. R. , and S. Skaperdas. 2000. Conflict without misperceptions or incomplete information: How the future matters. *Journal of Conflict Resolution* 44: 793 - 807.

——. 2006. Economics of conflict: An overview. In *Handbook of defense economics*, Vol. 2, ed. T. Sandler and K. Hartley, chap. 22. Amsterdam: North Holland.

Goldstein, M. , and C. Udry. 2008. The profits of power: Land rights and agricultural investment in Ghana. *Journal of Political Economy* 116: 981 - 1022.

Gonzalez, F. M. 2005. Insecure property and technological backwardness. *Economic Journal* 115: 703 - 21.

——. 2007. Effective property rights, conflict and growth. *Journal of Economic Theory* 137: 127 - 39.

Gonzalez, F. M. , and H. M. Neary. 2008. Prosperity without conflict. *Journal of Public Economics* 92: 2170 - 81.

Gradstein, M. 2004. Governance and growth. *Journal of Development Economics* 73: 505 - 18.

Greif, A. 2005. Commitment, coercion, and markets: The nature and dynamics of institutions supporting exchange. In *Handbook of new institutional economics*, ed. C. Menard and M. M. Shirley, chap. 28. Dordrecht: Springer.

Greif, A. , P. Milgrom, and B. R. Weingast. 1994. Coordination, commitment, and enforcement:

The case of the merchant guild. *Journal of Political Economy* 102: 745 – 76.

Grossman, H. I. 2001. The creation of effective property rights. *American Economic Review* 91: 347 – 52.

——. 2002. Make us a king: Anarchy, predation, and the state. *European Journal of Political Economy* 18: 31.

Grossman, H. I. , and M. Kim. 1995. Swords or plowshares? A theory of the security of claims to property. *Journal of Political Economy* 103: 1275 – 88.

——. 1996. Predation and accumulation. *Journal of Economic Growth* 1: 333 – 50.

Grossman, H. I. , and S. J. Noh. 1994. Proprietary public finance and economic welfare. *Journal of Public Economics* 53: 187 – 204.

Hall, R. E. , and C. I. Jones. 1999. Why do some countries produce so much more output per worker than others? *Quarterly Journal of Economics* 114: 83 – 116.

Hay, J. R. , and A. Shleifer. 1998. Private enforcement of public laws: A theory of legal reform. *American Economic Review* 98: 398 – 403.

Hayek, F. A. 1955. *The political ideal of the rule of law.* Cairo: National Bank of Egypt.

Hirshleifer, J. 1988. The analytics of continuing conflict. *Synthese* 76: 201 – 33.

——. 1994. The dark side of the force. *Economic Inquiry* 32: 1 – 10.

——. 1995. Anarchy and its breakdown. *Journal of Political Economy*, 103: 26 – 52.

Hobbes, T. 1991. *Leviathan.* Cambridge: Cambridge University Press.

Hoff, K. , and J. E. Stiglitz. 2001. Modern economic theory and development. In *Frontiers of development economics: The future in perspective*, ed. G. Meier and J. E. Stiglitz, 389 – 485. New York: Oxford University Press.

Hoff, K. , and J. E. Stiglitz. 2004. After the big bang: Obstacles to the emergence of the rule of law in post-communist societies. *American Economic Review* 94: 753 – 63.

Homer-Dixon, T. F. 1994. Environmental scarcities and violent conflict. *International Security* 19: 5 – 40.

Jaffe, A. B. , and J. Lerner. 2004. *Innovation and its discontents: How our broken patent system is endangering innovation and progress and what to do about it.* Princeton, NJ: Princeton University Press.

Johnson, S. , D. Kaufmann, and A. Shleifer. 1997. The unofficial economy in transition. *Brookings Papers on Economic Activity* 2: 159 – 239.

Johnson, S. , J. McMillan, and C. Woodruff. 2002. Property rights and finance. *American Economic Review* 92: 1335 – 56.

Klein, B. , R. G. Crawford, and A. A. Alchian. 1978. Vertical integration, appropriable rents, and the competitive contracting process. *Journal of Law and Economics* 21: 297 – 326.

Knack, S., and P. Keefer. 1995. Institutions and economic performance: Cross-country tests using alternative institutional measures. *Economics and Politics* 7: 207 – 27.

Konrad, K. A. 2009. Strategy and dynamics in contests. New York: Oxford University Press.

Krusell, P., and J. V. Rios-Rull. 1996. Vested interests in a theory of growth and stagnation. *Review of Economic Studies* 63: 301 – 29.

Libecap, G. D. 1989. *Contracting for property rights*. Cambridge: Cambridge University Press.

Marcouiller, D., and L. Young. 1995. The black hole of graft: The predatory state and the informal economy. *American Economic Review* 85: 630 – 46.

Mauro, P. 1995. Corruption and growth. *Quarterly Journal of Economics* 110: 681 – 712.

McMillan, J., and C. Woodruff. 2000. Private order under dysfunctional public order. *Michigan Law Review* 98: 2421 – 58.

Mokyr, J. 1990. *The lever of riches*. New York: Oxford University Press.

Montalvo, J. G., and M. Reynal-Querol. 2005. Ethnic polarization, potential conflict, and civil wars. *American Economic Review* 95: 796 – 816.

Murphy, K. M., A. Shleifer, and R. W. Vishny. 1991. The allocation of talent: Implications for growth. *Quarterly Journal of Economics* 106: 503 – 30.

——. 1993. Why is rent seeking so costly to growth? *American Economic Review* 83: 409 – 14.

North, D. C. 1981. *Structure and change in economic history*. New York: W. W. Norton.

North, D. C. 1990. *Institutions, institutional change and economic performance*. New York: Cambridge University Press.

North, D. C., and R. P. Thomas. 1973. *The rise of the western world: A new economic history*. Cambridge: Cambridge University Press.

Olson, M. 1965. *The logic of collective action: Public goods and the theory of groups*. Cambridge, MA: Harvard University Press.

Olson, M. 1982. *The rise and decline of nations*. New Haven, CT: Yale University Press.

——. 1993. Dictatorship, democracy, and development. *American Political Science Review* 87: 567 – 76.

——. 1996. Big bills left on the sidewalk: why some nations are rich, and others poor. *Journal of Economic Perspectives* 10: 3 – 24.

Ostrom, E. 1990. *Governing the commons: The evolution of institutions for collective action*. Cambridge: Cambridge University Press.

Pande, R. , and C. Udry. 2007. Institutions and development: A view from below. In *Proceedings of the 9th World Congress of the Econometric Society*, ed. R. Blundell, W. Newey, and T. Persson. Cambridge: Cambridge University Press.

Parente, S. L. , and E. C. Prescott. 1999. Monopoly rights: A barrier to riches. *American Economic Review* 89: 1216 – 33.

Powell, R. 2004. The inefficient use of power: Costly conflict with complete information. *American Political Science Review* 98: 231 – 41.

Powell, R. 2006. War as a commitment problem. *International Organization* 60: 169 – 203.

Putnam, R. 1994. *Making democracy work: Civic traditions in modern Italy*. Princeton, NJ: Princeton University Press.

Ray, D. 2007. Development economics. In *The new Palgrave dictionary of economics*, ed. L. Blume and S. Durlauf. London: Palgrave MacMillian.

Reinikka, R. , and J. Svensson. 2004. Local capture: Evidence from a central government transfer program in Uganda. *Quarterly Journal of Economics* 119: 679 – 705.

Robinson, J. A. 1997. When is a state predatory? Unpublished manuscript, University of Southern California.

Roland, G. , and T. Verdier. 2003. Law enforcement and transition. *European Economic Review* 47: 669 – 85.

Rosenstein-Rodan, P. 1943. Problems of industrialization of eastern and southeastern Europe. *Economic Journal* 53: 202 – 11.

Schneider, F. 2005. Shadow economies around the world: What do we really know? *European Journal of Political Economy* 21: 598 – 642.

Shleifer, A. , and R. W. Vishny. 1998. *The grabbing hand: Government pathologies and their cures*. Cambridge, MA: Harvard University Press.

Skaperdas, S. 1992. Cooperation, conflict, and power in the absence of property rights. *American Economic Review* 82: 720 – 39.

——. 2003. Restraining the genuine homo economicus: Why the economy cannot be divorced from its governance. *Economics and Politics* 15: 135 – 62.

Snyder, J. 2000. *From voting to violence: Democratization and nationalist conflict*. New York: W. W. Norton.

Sturzenegger, F. , and M. Tommasi. 1994. The distribution of political power, the costs of rent-seeking, and economic growth. *Economic Inquiry* 32: 236 – 48.

Svensson, J. 2003. Who must pay bribes and how much? *Quarterly Journal of Economics* 118: 207 – 30.

——. 2005. Eight questions about corruption. *Journal of Economic Perspectives*, 19: 19 – 42.

Tornell, A. 1997. Economic growth and decline with endogenous property rights. *Journal of Economic Growth* 2: 219 – 50.

Tornell, A. , and P. R. Lane. 1999. The voracity effect. *American Economic Review* 89: 22 – 46.

Usher D. 1987. Theft as a paradigm for departures from efficiency. *Oxford Economic Papers* 39: 235 – 52.

——. 1992. *The welfare economics of markets, voting and predation*. Ann Arbor: University of Michigan Press.

Weber, M. 1978. *Economy and society*. Berkeley: University of California Press.

Weingast, B. R. 1997. The political foundations of democracy and the rule of law. *American Political Science Review* 91: 245 – 63.

Williamson, O. E. 1985. *The economic institutions of capitalism*. New York: Free Press.

Wintrobe, R. 1998. *The political economy of dictatorship*. New York: Cambridge University Press.

Zak, P. J. 2002. Institutions, property rights and growth. *Louvain Economic Review* 68: 55 – 73.

第 27 章　战争与贫困

帕特里夏·贾斯蒂诺

1. 引言

自冷战以来，内战就成为世界上最常见的暴力冲突形式。内战会在冲突发生期间以及随后很多年内对经济发展和当地居民的生存环境造成极大影响。大多数内战发生在非洲、亚洲和拉丁美洲的贫困国家（Collier，1999，2007；Collier，Hoeffler，Söderbom，2004；Fearon，2004；Stewart，Fitzgerald，2001）。然而，贫困对于内战爆发和持续有什么样的作用，内战对于战区人民的生活有什么样的影响，以及对人们自身摆脱贫困的能力又有什么样的影响，对此，人们并未形成系统的认识。

自 20 世纪 90 年代初以来，经济因素对于内战爆发和持续时间以及战争经济成本的影响已经引起极大的关注。[①] 关于内战经济诱因的研究主要集中在政府与敌对组织之间彼此冲突的利益的相互作用上，[②] 对于其结果的研究则集中在战争给国家造成的成本上。[③] 冲突解决方案通常是由对国家安全和国家能力的关切所推动的（UN，2004，2005）。

最近，这种观点受到了批评，因为它没有充分考虑本地动态发展对于　676
内战爆发和持续时间的作用［参见卡里瓦斯、夏皮罗和马苏德（Kalyvas，

[①] 参见布拉特曼和米格尔（Blattman，Miguel，2010）、古德汉德（Goodhand，2001）和贾斯蒂诺（Justino，2009）的回顾。

[②] 参见加芬克尔（Garfinkel，1990）、赫什利弗（Hirshleifer，2001）和什卡佩尔达斯（Skaperdas，1992）在理论层面的研究，科利尔和霍夫勒（Collier，Hoeffler，2004）以及费伦和莱廷（Fearon，Laitin，2003）在实证层面的研究。

[③] 例如，科利尔（Collier，1999），奈特、洛伊扎和维拉纽瓦（Knight，Loayza，Villanueva，1996）及斯图尔特和菲茨杰拉德（Stewart，Fitzgerald，2001）的研究。

Shapiro，Masoud，2008）］，或没有考虑武装冲突对遭受暴力影响的个人和家庭生计选择及人力资本的作用［参见贾斯蒂诺（Justino，2009）］。近期在微观层面上对暴力冲突原因的研究已开始揭示暴力的一些复杂原因，最近几年，我们看到越来越多的研究关注武装冲突对个人、家庭和社区的影响［参见韦维普、贾斯蒂诺和布吕克（Verwimp，Justino，Brück，2009）］。

本章的主要目的是回顾这些新兴文献的最新进展，以系统地探明可能导致贫穷与战争周期永久持续的战争与贫穷之间的潜在传导渠道。本章的一个特别关注点是内战期间个人（和团体）参与者的概念，以及由于可能在内战期间出现的规范与制度，受暴力影响的人们要面对的参与约束。尽管众所周知，战争的爆发及影响取决于若干经济和政治因素，内战的开始、持续以及内战影响的程度还与暴力冲突期间人们所遭遇的情况以及人们在暴力领域所做的事情密切相关，包括为保障生计、经济生存、人身安全及社会网络而战。这些选择的特点和范围反过来依赖个人和家庭如何适应内战期间社会规范和制度组织形式的变化。

第 2 节探讨战争可能通过哪些经济渠道影响个人经济状况和反应及其在暴力冲突地区的直接关系。这一节利用关于战时行为和当地经济变化的新证据，讨论内战何时以及如何可能导致受暴力影响的个人和家庭出现持续贫穷状况。我们认为，战争与贫困之间关系的性质和重要性在很大程度上取决于不同个人和家庭对战争引发的经济、社会和制度变化做出反应的方式。第 3 节讨论个人和家庭在内战期间为应对和适应生存及经济状况变化而采取的策略，第 4 节则反映了内战期间社会和政治制度转型对个人和家庭贫困的重要作用，这是没有得到充分研究的问题。在第 5 节中，我们转向贫困对内战的影响，并回顾贫困作为内战触发因素作用的现有证据。第 6 节总结本章，并讨论有关战争—贫困循环未来研究的潜在领域。

2. 从战争到贫困：一个微观视角

内战被认为是世界很多地区持续贫困的主要原因之一（Collier，2007）：战争摧毁了基础设施、制度并破坏生产，造成资产损失，破坏了社区和社会网络，造成人员死亡和受伤。尽管已经有大量证据表明战争的破坏性影响，但我们还远远没有理解这些影响是如何持续或者消失的。

近年来，一些研究表明，战争在宏观层面上的系统性影响并不会长期持续（Bellows，Miguel，2006；Ben – David，Papell，1995；Brackman，Garretsen，Schramm，2004；Davis，Weinstein，2002；Miguel，Roland，2005）。与新古典增长理论一致，资本的暂时性损失在长期内可以通过受影响地区更多的投资而得到恢复，从而有效地将总体经济带回稳定增长路径上。贾斯蒂诺和韦维普（Justino，Verwimp，2006）在 1994 年种族屠杀后卢旺达各省份数据中发现了这种收敛模式的证据。

似乎与之矛盾的证据已表明，战争在个人和家庭层面对教育、劳动力和健康的影响直到冲突结束几十年后仍能观察到（Alderman，Hoddinott，Kinsey，2006；Bundervoet，Verwimp，Akresh，2009；Shemyakina，2006）。尽管这些影响在宏观经济层面可能会被平均掉，但它们会导致受冲突影响的某一特定人群落入贫困陷阱。这些文献非常新，且争论仍在继续。

发展经济学文献集中在通过阈值机制解释贫困陷阱出现的原因：如果家庭不能从事生产性活动使物质和人力资本积累超过临界阈值，那么家庭成员就将陷入贫困。除非有意外的巨额收获（比如援助）能推动其走上复苏之路（Banerjee，Duflo，2005；Carter，Barrett，2006；Dasgupta，Ray，1986），否则物质和人力资本低于某一阈值（例如，由于家庭成员的低健康预期、低水平教育或者持有的资产类型）的个人和家庭将无法实现富裕。

研究表明，战争会通过杀戮、伤害、抢劫、掠夺、绑架以及与战斗有关的全面破坏来影响个人和家庭的物质资本和人力资本临界值，从而导致家庭破裂、资产和生计损失以及个人和家庭（并通常是整个社区）流离失所。本节通过分析战争对发生暴力地区的个人和家庭的物质及人力资本阈值的影响，讨论现有关于战争影响持续贫穷的证据。

2.1　内战对家庭物质资本的影响

在暴力冲突中，资产会由于战斗和抢劫而损失或被破坏。这些资产包括房屋、土地、劳动力、器械、牲畜和其他生产性资产（Brück，2001；Bundervoet，Verwimp，2005；González，Lopez，2007；Shemyakina，2006；

Verpoorten，2009）。生产性资产的破坏使个人和家庭难以获取重要的生活
678 物资，这会进一步严重影响其生产能力并损害其经济地位。那些面对土
地、房屋、牲畜和其他资产突然损失的人，将失去赖以谋生或为其家庭提
供食物和住所的手段。这样的损失将严重破坏受影响家庭在冲突结束后恢
复经济和社会地位的能力（Justino，Verwimp，2006；Verpoorten，2009）。

暴力冲突提供的一些机会可以抵消对生产的负面影响。有些人、家
庭和群体通过在冲突中抢劫和再分配资产而受益，[①] 还有些人由于"赢
得"冲突或者在冲突中支持了获胜一方而享有市场和政治体制上的优先
权。对一些领域的私营经济部门如何通过与战争没必然联系的努力在
战争中生存并发展起来，这方面的经验证据已经越来越多了（McDougal，
2008）。这些研究结果表明，刚刚摆脱内战的国家远非处于经济的空白状
态，尽管存在（或因为）暴力，但恢复和发展的空间依然存在。

内战对家庭物质资本存量的净影响主要取决于暴力事件发生对当地
交易、就业、保险和信贷市场的影响。尤其是，必需品和其他农作物价
格的变化对农村家庭的决策至关重要（Singh，Squire，Strauss，1986）。
然而，关于武装冲突对价格影响的经验证据非常稀少。最近的研究表明，
冲突期间必需品价格上涨的现象是由商品短缺，土地、种子和作物遭到
破坏，以及冲突爆发期间与市场交易有关的风险导致的（Bundervoet，
2006；Verpoorten，2009）。[②] 这种价格上涨使作为必需品净生产者的家庭
受益，但可能损害那些（大多数）净消费者的家庭。由于观察到其他商
品和资产（特别是牛及其他牲畜）的价格下降了［参见布德沃特
（Bundervoet，2006）提供的证据］，以及道路、铁路线和其他基础设施
被破坏，这增加了参与市场交易的困难，提高了交易成本，负面影响很
可能普遍存在。

家庭对于价格冲击的反应能力取决于冲击的方向。如果家庭能够调
整经济活动以利用冲击（例如，抢劫，并进入新市场，包括通过与支持

---

① 伍德（Wood，2003）讨论了在20世纪90年代早期萨尔瓦多冲突中，向叛乱团体再次
　分配土地的情况。布罗克特（Brockett，1990）提供了其他拉丁美洲国家的更多证据。
　基恩（Keen，1998）讨论了抢劫和掠夺资源在支撑内战中的作用。
② 如果农民选择藏匿庄稼以避免被掠夺，那么，在冲突期间，价格也会被人为地维持在
　高水平。阿扎姆、科利尔和克拉维尼奥（Azam，Collier，Cravinho，1994）提供了安哥
　拉战争初期有关此类行为的经验证据。

不同战斗群体的人结成联盟以获取非正式的或非法市场），那么损失可能很小，甚至这种影响可能是正的。如果家庭不能随机应变，就无法进入信贷和保险市场，或者不存在替代的活动选择，那么全面的负向冲击将导致家庭资产减少。在极端情况下，这会导致家庭只能勉强维持生活。然而，很少有证据表明，武装冲突对当地市场运作和进入当地市场产生影响。经济主体之间的信任缺失、武装冲突给当地社区和制度造成的动荡，以及基础设施的损坏，都可能严重制约当地正规和非正规信贷及保险市场的运作。当整个社会都受到暴力影响，使收入损失的风险一起变化时，这种影响就会更加强烈。例如，伊巴涅兹和莫亚（Ibáñez，Moya，2006）发现，在哥伦比亚，只有 9.2% 的流离失所家庭有机会向亲戚、邻居和朋友借款，而这一数值在动荡发生前为 18%。当暴力针对特定家庭或家庭成员时，冲击将更为局部化，社区层面的保险机制可以继续运转。

就业市场也可能会受到战争的影响。伊巴涅兹和莫亚（Ibáñez，Moya，2006）发现，之前依赖农业收入却因哥伦比亚冲突而流离失所的家庭，只能慢慢地被城市劳动力市场吸收。在无家可归的前三个月中，失业率从 1.7% 飙升至 50% 以上。在流离失所一年后，失业率下降到 16.1%，流离失所家庭的情况比城市贫困家庭的情况更糟糕。其中一些影响是由于与城市融合的困难造成的，缺乏在城市谋求就业所需要的适当技能、社会网络被破坏、对于流离失所者和难民的歧视及恐惧，甚至有时将他们同武装分子联系到一起导致融合出现困难。通过对 1992～1995 年波斯尼亚战争期间流离失所人口的研究，科迪利斯（Kondylis，2007）表明，流离失所的人们更难以在冲突结束后找到工作。重返岗位的人的生产率水平往往低于那些一直工作的人（Kondylis，2008）。马蒂亚舍维奇等（Matijasevic et al.，2007）描述了在哥伦比亚，农民如何不得不放弃农业生产而去修建道路，或接受当地武装团体的训练。他们还提到，由于武装团体不允许工人越过桥梁或马路，在这种形式的控制下，一些农民只能获得有限的就业机会。另外，贫困分析中心（Centre for Poverty Analysis，2006）提交给世界银行的脱贫项目（Moving Out of Poverty）报告描述了在斯里兰卡出现的"家庭警卫"工作，这是一支从农村地区招募的辅助警察队伍。家庭警卫这一职业为受暴力影响地区提供了许多经济保障。

679

不管怎样，上述讨论的证据类型依然非常有限且不系统。想深入理解战争对贫困的影响，需要进一步分析市场的作用——它在冲突期间既为掠夺行为提供机会，又是冲突期间及冲突结束后为参与和深受暴力影响的人们提供生活与经济保障的来源。我们还需要考虑到，个人与家庭为适应武装冲突对本地特定市场影响而做出反应的过程，会将冲击传导至其他市场，并因此引发一系列第二轮效应。这仍然是研究内战的经济学文献尚待考察的问题。

2.2 内战期间家庭的人力资本

近年来的实证研究投入了相当多的努力以分析内战对人力资本的影响。战争会给男女老少带来死亡、受伤、残疾以及心理创伤。这些暴力冲突的后果往往足以将之前已经非常脆弱的家庭（特别是那些鳏寡孤独的家庭）推至财富临界值之下，如果家庭无法补充劳动力或资本，那么这个临界值就成为无法逾越的障碍（Beegle，2005；Berlage，Verpoorten，Verwimp，2003；Brück，Schindler，2007；Donovan et al.，2003；Justino，Verwimp，2006；Verwimp，Bundervoet，2008），并且如果儿童的健康和教育情况受到很大危害的话，那么这种贫困可能会持续几代人。

总体来说，经验证据表明，内战对于战争地区儿童的健康影响主要是负面且长期的。布德沃特和韦维普（Bundervoet，Verwimp，2005）指出，受近期布隆迪内战影响的儿童的适龄身高比未受战争影响的儿童要低一个标准差。奥尔德曼、霍迪诺特和金西（Alderman，Hoddinott，Kinsey，2006）使用收集的1983～1984年、1987年和1992～2001年家庭调查面板数据，分析了20世纪70年代津巴布韦内战的影响，在这场战争之后的1982～1983年和1983～1984年，该国发生了严重干旱。作者发现，2001年，如果没有发生战争和恶劣天气情况，样本中受冲击影响的儿童的身高平均会高出3.4厘米。阿克雷什和德·沃尔克（Akresh，de Walque，2008），阿克雷什和韦维普（Akresh，Verwimp，2008）以及阿克雷什、韦维普和德沃特（Akresh，Verwimp，Bundervoet，2007）对卢旺达的研究，布德沃特、韦维普和阿克雷什（Bundervoet，Verwimp，Akresh，2009）对布隆迪的研究，以及格雷罗·赛尔旦（Guerrero-Serdán，2009）对伊拉克的研究都给出了类似的证据。众所周知，儿童时期的营养不良是导致出现贫困陷阱的机制之一［参见班纳吉等（Banerjee et al.，2010）；史密斯（Smith，2009）；范登·伯格、林德隆和波雷特（van den Berg，Lindeboom，Portrait，2006）］。

　　关于内战在微观层面影响的经验研究也发现，总体来说，战争对受教育程度有着负面影响，尽管一些研究对这些结果的长期总体意义存在争议。奥尔德曼、霍迪诺特和金西（Alderman，Hoddinott，Kinsey，2006）发现，在津巴布韦，受 20 世纪 70 年代内战及随后旱灾影响的儿童与未受到这些冲击影响的儿童相比，完成学业的程度较低，或者入学时间较晚。类似的发现还有阿克雷什和德·沃尔克（Akresh，de Walque，2008）对卢旺达的研究，安格里斯特和库勒格（Angrist，Kugler，2008）以及罗德里格兹和桑切斯（Rodriguez，Sánchez，2008）对哥伦比亚的研究，查巴巴瓦拉和莫兰（Chamarbagwala，Morán，2009）对危地马拉的研究，以及德·沃尔克（de Walque，2006）对柬埔寨的研究。舍米亚基纳（Shemyakina，2006）发现，在 20 世纪 90 年代初塔吉克斯坦内战之后，女孩的受教育程度下降了，但男孩的受教育程度未受影响。一种解释是家庭在战后对男孩的教育投资更多，以将其作为恢复到长期收入水平的一种途径。瑞（Swee，2009）发现，战争对中学入学率的影响强烈，但对小学入学率的影响不大，这反映出大龄儿童很可能被招募到武装团体或军队中了。

　　一般而言，受教育程度较低的个体日后在劳动力市场上会表现出较低的收入能力（Case，Paxson，2006；Maccini，Young，2009）。关于这方面的长期证据难以获取，但已出现一些经验研究。阿克布鲁特·尤科塞尔（Akbulut-Yuksel，2009）分析了二战期间德国轰炸对德国儿童受教育程度、健康状况和劳动力市场收入的影响。其发现，生活在轰炸波及地区的儿童的上学时间缩短了 0.4～1.2 年，身高也矮了 1 厘米。这些影响使他们在成年后的劳动收入比未受轰炸影响的人少 6%。奇奇诺和温特·埃布默（Ichino，Winter-Ebmer，2004）也发现了类似的结果，他们通过比较二战期间在奥地利和德国受到战争影响较大的人们与在瑞士和瑞典受战争影响较小的人们，考察了受教育程度和晚年收入之间的关系。梅鲁什（Merrouche，2006）使用柬埔寨地雷埋放密集度数据，评估了柬埔寨内战（1970～1998 年）对教育水平和收入水平的长期影响。梅鲁什发现，在年轻时代遭遇过战争的人的受教育时间平均少 0.5 年。不过，该研究没有发现遭遇战争对成年后的收入水平产生显著影响。梅鲁什认为，教育回报的减少是由物质资本（如学校）被破坏所导致的，但其可能不会对劳动力市场产生长期影响。这种解释与波洛斯和米格尔（Bellows，Miguel，2006）提出的观点非常相似，他们认为，只要战争的影响仅局限于对资本的破坏，那么战后快速的经济增长将使经济收敛至稳态增长路径。学校和健康医疗设施的破坏以及教师的缺失也解释了阿克布鲁特·尤科塞尔的发现，尽管在这种情况下，战争对劳动力市场的长期影响在很大程度上是负面的。虽然内战对家庭受教育程度以及是否上学的决策的影响显而易见，但远未明确的是，这些影响通过哪些渠道以及在多长时间内影响个人和家庭在经济上可生存，以获得可持续谋生的长期能力，并做出长期生产、消费和劳动决策。

　　一个重要渠道是观察童工的变化。通常家庭会选择用儿童来替代死亡、受伤或身体和精神上遭受创伤的成年劳动力（如果这些孩子还没有成为战士的话）。使用儿童作为经济保障机制的一种形式在发展经济学文献中有着广泛的体现［参见达斯古普塔（Dasgupta，1993）；纽金特和吉拉斯皮（Nugent，Gillaspy，1983）］，还有使用童工作为补偿低收入的一种形式（Basu，Van，1998；Duryea，Lam，Levinson，2007）。家庭的这种应对策略可能会对家庭长期福利产生严重的负面影响。充当劳动力的儿童被迫退学。这反过来会耗尽家庭未来几代的人力资本存量。阿克雷什和德·沃尔克（Akresh，de Walque，2008）、梅鲁什（Merrouche，2006）、舍米亚基纳（Shemyakina，2006）和瑞（Swee，2009）用这种机制解释了内战背景下受教育程度和入学率降低的现象。在最近一篇文章中，罗德里格兹和桑切斯（Rodriguez，Sánchez，2009）直接检验了战争对童工的影响，并发现，武装团体在哥伦比亚各市镇的暴力攻击显著提升了辍学率，并增加了儿童进入劳动力市场的可能性。他们指出，暴力冲突导致的死亡风险增加、负面经济冲击和学校教学质量下降是武装冲突减少 682 家庭层面的人力资本投资和增加童工使用的主要渠道。

　　招募年轻男性和儿童进入军队导致学校教育中断，进而也会影响年轻人积累技术和资本的能力，并可能使他们陷入从事低生产率的活动中（Angrist，1990，1998；Blattman，Annan，2010）。这种影响会产生代际后果，因为他们的孩子很可能仍然陷入低人力资本和低生产率水平的循环之中。[①] 然而，参军经历可能提高个人的政治参与度，以及在参加过冲突和遭受战争损害的人们中的领导力（Bellows，Miguel，2006；Blattman，2009；Wood，2003），这将极大地改善其在劳动力市场中的状况。对劳动力更为积极的影响也可以通过家庭内部效应观察到。舍米亚基纳（She-myakina，2009）发现，20 世纪 90 年代初，在塔吉克斯坦，与受影响较小地区的同龄妇女相比，受内战影响的妇女结婚的可能性要低大约 30%。这对妇女进入劳动力市场有着相当大的影响，受冲突影响较大地区的妇女相比受影响较小地区的妇女提供了更多的劳动力（Justino，Shemyakina，2007）。这也可能是战争影响女性传统角色的一个重要机制（Annan et al.，2009）。不管怎样，战争对劳动力分配的长期影响仍然未得到充分研究。

3. 战争环境下的应对策略与个体和家庭的力量

先前讨论的阈值效应的性质和重要性在很大程度上取决于不同个人和家庭应对战争引起冲击的方式。这方面的信息只能通过对武装冲突的实证分析开始慢慢积累，主要是因为在评估这些效应时需要使用大量数据，不仅涉及前面确定的个人和家庭层面的渠道，还涉及在武装冲突期间及其结束后当地发生的社会和制度变革。

一般来说，冲突爆发很可能造成战争与贫困循环陷阱，摆脱这个陷阱是非常困难的。特别地，诸如内战之类的暴力冲突根据蓄意破坏的性质可以与其他冲击区别开来，包括故意破坏家庭在经济不安全环境中采取的共同应对策略，如社会网络和家族联系、农业资产积累和土地等［参见德·瓦尔（de Waal，1997）］。内战等政治冲击具有类似的特征，但具有冲突相关特征的个人和家庭可能受到最初冲击尤为严重的打击。例如，在柬埔寨红色高棉政权时期（de Walque，2006），高教育水平成为严重的负累，而在卢旺达和布隆迪内战期间，养牛导致家庭成为武装组织的目标（Bundervoet，2006；Verpoorten，2009）。同时，流离失所和

683

---

① 事实上，卡马乔（Camacho，2008）表明，遭受暴力迫害可能影响后代，在怀孕的前三个月对胎儿产生影响会导致孩子出生时体重下降和早产。其得到的结果基于对哥伦比亚在怀孕早期居住在地雷爆炸地区的妇女的生育受到影响的实证分析。

其他社区层面的社会变化也对非正式的支持网络形成严格的制约［参见伊巴涅兹和莫亚（Ibáñez，Moya，2006）］。

然而，关于个人和家庭如何生活在冲突地区以及如何幸免于暴力的影响已有大量描述［例如，斯蒂尔（Steele，2007）；伍德（Wood，2003）］。生活在危险环境中的家庭通常会发展出一种复杂的（事前）风险管理和（事后）风险应对策略。[①] 共同策略包括土地持有和作物种植多样化，把一年中获得的粮食储存至下一年，出售资产（比如牲畜和土地，这些资产可以积累起来以应对冲击的发生），从乡村中的出借方或其他放款人那里借贷，以及通过非正式互助网络（例如，家人、朋友、邻居、殡葬协会等）进行赠送和转让。生活在暴力冲突地区的个人和家庭采取多种策略谋求生存，其中包括前面列出的应对风险策略的一些不同形式，还包括战斗、掠夺、支持武装团体和参与非法活动［参见贾斯蒂诺（Justino，2009）］。

尽管经验证据在缓慢积累，但是，目前，人们对战时和战后个人和家庭应对策略之间的差异知之甚少。同其他危机一样，冲突地区的家庭或者在难民营和境内流离失所者营地的家庭往往以种植低回报（也是低风险）作物为生，如果其能够获得可以养活家庭的土地，并能够利用现有劳动力供给，包括孩子们的劳动力供给。这样的选择可能会妨碍家庭在危机时期积累资产并使用其能力，这可以保护家庭免遭严重的赤贫（de Janvry，Fafchamps，Sadoulet，1991），避免饥荒并在冲突期间改善家庭成员的营养状况（Brück，2004a，2004b；McKay，Loveridge，2005）。

一些家庭可以通过移民来保护福利。尽管大部分文献集中在武装冲突期间被迫移民的问题上，这是可以理解的，但有证据表明，冲突地区的一些家庭将移民作为一种经济应对策略［贫困分析中心（Centre for Poverty Analysis，2006）对斯里兰卡的分析；恩格尔和伊巴涅兹（Engel，Ibáñez，2007）对哥伦比亚的分析；捷卡和基斯卡托斯（Czaika，Kis-Katos，2009）对印度尼西亚亚齐地区的分析；贾斯蒂诺和舍米亚基纳（Justino，Shemyakina，2007）对塔吉克斯坦的分析，以及林德利（Lindley，2007）对索马里的分析］。

---

① 参见汤森特（Townsend，1994）对一般保险模型的全面分析。

除了这些零星的分析外，一般来说，我们对于人们在暴力冲突地区的所作所为以及他们的选择和行为如何影响冲突结束后时期的福利和生计知之甚少。知识上的这种欠缺具有重要的政策含义，因为初始状况以及接下来家庭选择和联盟的改变都会影响冲突本身的性质和动态变化，从而影响冲突的可持续性、持续时间及其影响的规模、性质和分布。人们适应暴力冲突和冲突后进程的方式在很大程度上取决于社区成员之间的信任与合作程度，它们可能与冲突之前的情况相同，也可能不同，这还取决于当地出现的社会组织结构的类型（Alexander，Christia，2009；Fearon，Laitin，2003；Habyarimana et al.，2008）。因此，到目前为止，我们对这些变化的性质及其对人们的选择和约束条件的影响，或者对可能维持当地和平或暴力机制的影响知之甚少。下一节将讨论制度变迁对贫困结果的影响，这是尚未得到充分研究的领域。

684

4. 战争对于制度的影响

制度变迁可能通过影响内战中暴力的性质、组织和使用，对战争地区个人和家庭的贫困程度和变化产生极为深刻的影响。然而，几乎没有人关注社会和政治制度组织在冲突中（以及随后）是如何变化和调整的，包括社区管理冲突和维持社会凝聚力的方式、在暴力活动中出现的地方治理形式，以及为暴力冲突地区提供公共物品和安全而建立的措施。这些变化很可能对个人、家庭和社区的社会经济地位和安全产生深远影响，并因此对发生在某些个人、家庭和社区中的战争和贫困的永续循环产生深远影响。

关于制度变迁，有两个领域仍有待深入研究。一是社会凝聚力与合作规范的变化。暴力冲突严重影响遭受冲突地区的社会结构、家庭成员与邻里朋友之间的社会关系、社区内部以及与其他社区之间的联系，以及当地民众组织运作及其与国家机构之间的关系［参见，例如，科莱塔和卡伦（Colletta，Cullen，2000）；克雷默（Cramer，2006）；哈泽尔、霍迪和罗斯柴尔德（Hartzell，Hoddie，Rothchild，2001）；卡里瓦斯（Kalyvas，2006）；卢布克曼（Lubkemann，2008）；莫泽和基尔维思（Moser，McIlwaine，2004）；彼得森（Petersen，2001）；理查兹（Richards，1996）］。这些对当地居民的生活可能产生很大影响,因为将影响人们在遭遇困难时依赖社区关系获得就业机会或信贷安排,并融入新规范和制度形成过程的能力。二是在暴力冲突期间,在政权不存在、解体或者被激烈争夺的地区,出现了由非国家(通常是武装)主体控制的地方治理结构。这些主体的行动可能对其所控制地区的个人、家庭和社区的社会经济地位和安全产生重大影响。我们稍后将讨论有关这些制度性影响的新证据如何说明战争与贫困之间的关系,并讨论未来研究这些将暴力冲突和贫困结果联系起来的重要渠道,这是具有发展前景的研究方向。

4.1 战争对当地社会规范和社会凝聚力的影响

内战对受影响社区的社会结构有着深刻的影响。这些对个人和家庭贫困水平和动态变化的影响可能是非常重要的,因为这些变化影响个人和家庭在困难时期依赖社区关系、获取特定职业或信贷安排,并融入新规范和制度建立过程的能力。这些影响在很大程度上取决于家庭组成的变化、迁徙以及搬迁到更安全的地区。这些问题还产生于冲突本身的动态变化,比如,人们相互告发、不同群体相互对立、社区间信任水平的变化 [参见卡里瓦斯(Kalyvas,2006);伍德(Wood,2003)]。

政治力量和社会规范可能会强化某种形式的社会互动,它们往往导致冲突,或构成冲突爆发的"临界点"。卡里瓦斯(Kalyvas,2006:14)将这些社区层面的影响称作"社会资本的阴暗面"。米格尔、赛格和萨蒂亚纳斯(Miguel,Saiegh,Satyanath,2008)通过分析国际足球运动员在球场上的暴力倾向与其所属国家内战历史之间的正向关系,表明维持暴力的文化规范如何推动进一步的暴力行为。平朔蒂和韦维普(Pinchotti,Verwimp,2007)阐述了1994年卢旺达种族屠杀中的一个相关现象,即族群间合作与交往的政治化对暴力起到了强化作用。用作者的话说,"种族屠杀是以一种可怕的方式,使参与其中的胡图族进行社区合作与组织的一次实践。如果没有社会资本转化将胡图族团结在一起,那么种族屠杀是否会如此之快地爆发并造成如此悲惨的后果是值得怀疑的"(Pinchotti,Verwimp,2007:30)。

内战也可能带来积极的社会影响。贝洛斯和米格尔(Bellows,Miguel,2009)发现,在塞拉利昂,遭受战争相关暴力越多的人越有可能参加社区集会，加入当地政治组织和社团，并在冲突结束后参与选举活动。类似地，布拉特曼（Blattman，2009）发现，在乌干达北部的前战斗人员和暴力受害者中，遭遇暴力同个人政治参与水平和领导力的提升之间存在强烈的正相关关系。沃尔等（Voors et al.，2010）发现，布隆迪内战期间，个人直接的暴力经历导致出现更多的利他主义行为、更低的风险厌恶水平和更高的贴现率。

当地社会关系变化给个人和家庭贫困程度造成的影响取决于冲突开始时个人和家庭的初始特征与结盟情况（例如在社区内的融合程度）、冲突过程中社会凝聚力破裂的程度（例如，那些生活在由于种族特征而成为冲突目标社区中的人，或者流离失所的人可能会更加悲惨）、冲突期间以及冲突结束后形成的新的社会网络和社会关系的强度与类型（支持获胜联盟的人们可能受益于冲突后新的治理结构）。 686

发展经济学文献提供的广泛经验证据表明了社会网络和社会交往对于穷人生活的重要性，以及个人和家庭群体成员（例如种族、宗教和民族群体，地方协会、邻里等）对穷人人力资本和社会资本的影响（Faf-champs，Lund，2002；Foster，Rosenszweig，2001；Platteau，1991）。然而，很少有人研究在冲突背景下，不同人群之间社会关系的变化或者新的社会联盟和网络形成的作用。

许多发展经济学研究表明，群体成员身份通过扭曲的"邻居"效应（Durlauf，1996；Wilson，1995）和社会隔离（Bowles，Loury，Sethi，2009）导致贫困陷阱。鲍尔斯、杜劳夫和霍夫（Bowles，Durlauf，Hoff，2006）提到当地高度腐败的例子，指出这可能限制其他社区成员从事生产活动的能力。杜劳夫（Durlauf，2006）讨论了同伴压力在保持低水平社会与经济均衡中的作用（例如，同伴压力导致在学校表现不佳、参与犯罪活动等）。内战时期，家庭内部、家庭之间以及社区关系的变化很可能会产生类似的机制。

流离失所与招募是造成这种变化的两种驱动机制。伴随着家庭和社会经济网络不可避免地崩溃，大量人员离开居住的地区，这两者都是发展中国家贫困群体社会、经济和政治资本的重要构成要素。迁移到无法进行生产活动的地区将导致人们犯罪，形成暴力网络，或从事半非法或非法活动。当其社会网络崩溃时，个人可能会向迁入地区（通常是城市地区）的某些地方的民兵组织寻求经济和人身保护，这可能将冲突引入新的地区，并通过新的经济、社会和政治组织形式支持暴力活动（Moser，McIlwaine，2004；Steele，2007）。缺乏外部劳动机会可能会迫使其困在自己的网络中，这反过来又会进一步减少他们获得生产性就业的机会。同样，招募年轻人和儿童入伍，以及迫使儿童辍学并开始工作可能导致有关人员接受教育和参与市场的水平较低，这种情况可能代代相传。

关于这些效应的经验证据是稀少的。在这些领域的进一步研究需要关于内战期间及其之后社区层面的制度变化，以便将社会网络、社会规范和组织结构在社区层面的制度变化同个人与家庭层面的初始经济特征以及冲突期间个人和家庭的行为和结果的变化匹配起来。

这是一项艰巨的工作，通过将深入的社会分析和更多的定量研究（参见伊瓦涅斯和贾斯蒂诺即将发表的文章）结合起来是可能的。这是冲突研究中一个非常重要的分析领域，因为从在冲突结束后设计恰当政策冲破贫困陷阱、促进机会平等和避免再次冲突的角度看，群体成员的身份对于个人和家庭经济结果将产生极为重要的影响。

4.2 战争对政治制度和地方治理的影响

经济学文献表明，当政治力量和社会互动导致机制紊乱，使产权不安全、权力和财富分配持续不平等时，内战的制度效应就是带来贫困陷阱（Bowles，Durlauf，Hoff，2006；Mehlum，Moene，Torvik，2006）。这些效应在内战背景下之所以可能极为重要，是因为它们具有两个使冲突影响与其他冲击影响不同的特征。第一个是在内战期间因为国家失去了对暴力的垄断权，法律规则不能运行，造成产权不安全且往往无法实施。第二个是暴力冲突会导致进行深刻的制度变革。

不论是政府还是非政府参与者控制的机构组织，都决定了家庭的受教育机会、购买土地和其他资产、借贷资金以及对生产性活动投资，并在所在社区的社会政治决策中具有话语权（包括投票）。偏好腐败、寻租和破坏性行为的组织将出现永久的功能紊乱。桑切斯和帕劳（Sánchez，Palau，2006）关于哥伦比亚的例子就说明了这一点。另外，完善法律规范，建立恰当的社会行为和行动规则，并对不良行为进行处罚的组织可能会改善家庭在其控制和管理之下的生活条件（Arjona，Kalyvas，2006；

Bellows，Miguel，2006；Mehlun，Moene，Torvik，2006；Weinstein，2007）。[①]
想进一步理解政治制度在冲突时期以及之后对个人和家庭经济福利的影响，需要更加详细地分析暴力和治理之间内生的动态变化关系，而不仅仅是目前文献中讨论的这些。

　　一个仍然严重缺乏研究的领域是，在"政府"缺席、被解散或被激烈争夺的地区在内战期间出现了地方"治理"结构（Vlassenroot，Raeymaekers，2004）。在现有文献中，这种情况往往被称作国家"崩溃"（Milliken，2003；Zartman，1995），并被描述为国家模式"失败"的结果或者原因（Ghani，Lockhart，2008；Milliken，2003；USAID，2005）。然而，"政府"崩溃并不必然伴随着"治理"的崩溃，而是伴随着制度变化，因为不同的非政府参与者——叛乱组织、民兵、准军事团体、军阀、帮派、黑手党、贩毒集团、私人安全提供者和警卫组织——在存在争议的地区获得了使用暴力的垄断权（Arjona，2009；Gambetta，1996；Skaperdas，2001；Volkov，2002；Weinstein，2007）。这些参与者的行为对所控制地区的个人、家庭和社区的社会经济状况和安全具有深远影响。然而，这些影响在很大程度上是未知的。它们的性质和强度可能与新的地方治理形式相对于当前地方政府的力量，以及这种关系如何随着冲突而演变有关（Kalyvas，2005；Weinstein，2007）。反过来，这又与非政府武装组织对国家机构控制当地资源和人口的有效性有关。这可以通过恐惧与威吓，通过提供公共产品与安全，并建立有效的社会规范与制裁以保证社会凝聚力，保护产权并惩罚不良行为，或者通过混合使用两种策略来实现[参见阿乔纳和卡里瓦斯（Arjona，Kalyvas，2006）；卡里瓦斯（Kalyvas，1999，2003，2005）；瓦伦蒂诺（Valentino，2004）]。

　　通过政治制度变化理解贫困与武装冲突之间的关系，需要细致把握国家和非国家参与者如何在冲突中互动和竞争，其不同（或类似）的暴力策略如何决定获取民众支持、控制土地和资源，以及不同的国家和非国家参与者的活动如何植根于不同的地区与社区之中。这对于冲突后形成的贫困后果、社区重建和家庭经济能力复苏具有重大意义。虽然发展经济学和政治学文献提供了内战爆发后国家范围内制度变迁的确凿证明，

688

---

　　① 这个观点类似于奥尔森（Olson，2000）对"定居匪徒"和"流动匪徒"的区分。

但对于基层权力关系变化及其对地方制度程序和治理结构的影响，我们仅有有限的系统性证据。对于这些形式的社会政治转型和权力竞争对冲突期间武装团体统治和控制的社区成员经济地位的影响，以及这些变化如何与个人支持者以及武装组织领导人在冲突期间及之后的策略选择相联系，也仅有有限证据。这是未来研究中非常有前景的一个领域。

5. 从贫困到战争

近十年来，大量研究工作分析了贫困对于内战爆发的潜在影响。跨国经验证据表明，低人均收入与内部武装冲突爆发和持续的风险之间存在很强的联系（Collier, Hoeffler, 1998, 2004；Collier, Hoeffler, Söderbom, 2004；Do, Iyer, 2007；Doyle, Sambanis, 2006；Fearon, Laitin, 2003；Murshed, Gates, 2005；Stewart, Fitzgerald, 2001；World Bank, 2005）。

内战更有可能发生在贫困国家，而且（几乎没有例外的）发生在这些国家中更为贫困、更不发达的地区（Collier, 2007；Deininger, 2003；Do, Iyer, 2007；Miguel, Satyanath, Sergenti, 2004；Murshed, Gates, 2005；Sánchez, Chacon, 2006）。反过来，受战争影响的地区一般来说会愈加贫困，政府机构愈加脆弱，经济增长率也更低（Collier, 1999, 2007；Collier, Hoeffler, Söderbom, 2004；Stewart, Fitzgerald, 2001）。

这方面的文献为贫困在内战爆发中的作用提供了有价值的证据。然而，尽管前面列出的跨国分析和案例研究依赖什么因素造成了低水平的国民收入或地区收入成为暴力冲突条件的隐含假设，但它们对大部分社会群体的低收入通过何种机制影响内战爆发只进行了有限的系统说明。

先前文献所依据的两个假设来自两个基本未经检验的条件。第一，当大量（失业或半失业者的）贫困个体为军队和叛乱团体提供丰富的兵源时，低收入与发生武装冲突的更大可能性就有关系了。第二，贫困在煽动集体暴力中的作用，或者因为它增加了集体的不满情绪，或者因为它通过削弱国家的制度提高了叛乱团体抢夺资源的可能性。在下面的小节中，我们将分析这些机制。

5.1 贫困者参与内战

近年来，一些政治学文献基于大量的人种学和微观层面的实证研究，分析了个人和家庭在解释内战发生和持续方面的作用（Kalyvas，2006；Kalyvas，Kocher，2007；Petersen，2001；Weinstein，2007；Wood，2003）。这些研究之间的共通点是，冲突进程和冲突参与者在冲突爆发前和冲突期间的政治、社会行为之间具有内生性关系。几乎没有人关注微观层面的经济因素在内战出现、持续性和持续时间中的作用。

　　发展经济学文献表明，个人参与集体暴力活动在很大程度上需要有一定的组织和动员能力，而这通常不是穷人所具备的［例如穆勒和塞利格松（Muller，Seligson，1987）；参见古德汉德（Goodhand，2001）的文献回顾］。不管怎样，有关于农民起义、叛乱和革命的详细记载（Paige，1975；Scott，1976，1985；Wood，2003）。更近期的研究表明，当其他（非暴力）谋生手段非常有限时，持续失业状态使参军成为人们赖以谋生的一种途径（Grossman，2002；Hirshleifer，2001；Keen，1997，1998，2005；Nillesen，Verwimp，2009；Walter，2004）。然而，关于冲突肇事者 ₆₉₀ 社会经济状况的实证分析非常有限，[①] 关于穷人与内战爆发或持续关系的系统性经验证据就更少了。

　　为什么那些生活在不稳定经济环境中的人会参加并支持内战？传统政治科学文献将个人参与武装叛乱和集体暴力行为归因于缺少物质激励（Olson，1965）。很多人把战争和暴力作为一种手段以提高自身地位，并利用冲突提供的潜在机会获益（Dube，Vargas，2007；Hirshleifer，2001；Humphreys，Weinstein，2008；Keen，1998，2005；Lichbach，1995）。值得注意的是，当和平时期的生产性活动稀缺、失业率高、农业生产回报低时，贫困就会驱使人们参与暴力冲突（Collier，Hoeffler，1998；Deininger，2003；Grossman，2002；Verwimp，2005；Walter，2004）。其他研究表明，冲突可能为抢劫创造机会［参见科恩（Keen，1997，1998）］。[②]

　　很多年轻人可能会由于物质利益之外的原因参军。沃尔特（Walter，2004）分析了"苦难"和"缺乏话语权"的影响，认为它们是士兵留在武

[①] 韦维普（Verwimp，2005）的研究是一个例外。

[②] 有关内战中抢劫和掠夺活动决定因素的博弈论模型参见阿赞（Azam，2002）以及阿赞和霍夫勒（Azam，Hoeffler，2002）的文章。在加芬克尔和什卡佩尔达斯（Garfinkel，Skaperdas，1996）中的多篇文章在缺乏良好定义的产权以及没有很好地实施产权的情况下，对国家和非国家参与者从事掠夺性活动来竞争产权、收入、权利和优先权的条件进行了理论分析。还可参见什卡佩尔达斯（Skaperdas，1992）。

装团体中的动因，而汉弗莱斯和韦恩斯坦（Humphreys，Weinstein，2008）在对塞拉利昂1000名退役士兵的调查中发现，几乎一半士兵出身于比较不幸的背景。他们加入民兵或军事团体的主要动机是获得基本需要，并确保可以保护家庭和维持生计。[①] 在普通士兵中，抢劫和掠夺发挥的作用较小，因为更多的利润往往保留在武装团体的领导层中（Humphreys，Weinstein，2008）。

近年来的研究表明，在解释来自贫困、没有土地家庭的人，以及那些被排除在权力决策机制之外的人参与集体暴力活动方面，社会情感动机至少与选择性动机是一样重要的。在一项关于萨尔瓦多内战的研究中，伊丽莎白·伍德（Elisabeth Wood，2003）指出，所谓的"当事人的愉悦"和"新的希望和尊严感"产生于对当权者和国家暴行的反抗以及通过暴力打击报复对亲人的侵害。反抗的作用在关于反叛分子参与的其他研究中也是很突出的，特别是古德温（Goodwin，2001）的研究。摩尔（Moore，1978）将暴力归因于违背社会公平准则，彼得森（Petersen，2001）讨论了悲痛、对以往暴力模式的愤怒以及参与集体暴力行动自豪感的作用，对于家人和朋友遭受暴力行为的复仇情绪也有类似的作用。

最近的其他一些研究重点分析了通过胁迫、绑架和恐惧等非自愿参与的形式。在暴力冲突发生前以及冲突期间，许多人被迫成为士兵，或在同伴压力以及对暴力团体打击报复的恐惧之下向叛乱团体或政府军队提供资源和信息［参见韦维普（Verwimp，2005）对卢旺达的研究］[②]，或通过暴力实现这一点［参见汉佛莱斯和韦恩斯坦（Humphreys，Weinstein，2008）对塞拉利昂的研究；比伯和布拉特曼（Beber，Blattman，2009）及布拉特曼和安南（Blattman，Annan，2010）对乌干达的研究］。恐吓和同伴压力更容易压迫那些最不具备发言权的人（Walter，2004）。

691

对于穷人为什么会参与和支持武装团体活动的最后一个解释来自卡

---

① 以塞拉利昂内战为背景，理查兹（Richards，1996）讨论了在国家基础设施崩溃的情况下，青年士兵和平民如何把叛乱作为继续进行教育的一种方式。

② 韦维普（Verwimp，2005）给出了这样的经验证据，即在卢旺达，"家庭决定向种族屠杀活动提供每户一人的劳动力"（第15页），因为他们把参与1994年种族屠杀解释为国家命令的一项义务。韦维普（Verwimp，2005）引用了艾莉森·德·福吉斯（Alison Des Forges）的观点，"在这段时间，当持枪者是下命令的人时，没有办法得到枪的穷人和弱者几乎没有什么防卫手段可以指望，只能加入强者之列"（第319~320页）。

里瓦斯和柯谢尔（Kalyvas，Kocher，2007）最近的研究。在许多情况下，人们无力置身事外，因为不参与是成本高昂的，"个人参与叛乱，并不是不顾风险，而是为了更好地管理风险"（Kalyvas，Kocher，2007：183）。尽管参与冲突会导致出现风险（死亡、伤害等），但置身事外很可能也具有风险，因为不参与增加了被认为是另外一方的风险。在这种情况下，武装团体可以提供保护以免受敌对派系的随意滥杀，还可提供在战斗地区宝贵资源、信息和技能的有限获取权利（Kalyvas，2006；Kalyvas，Kocher，2007；Guichaoua，2009）。这一论点已扩展到贾斯蒂诺（Justino，2009）关于保护福利的议题上，他认为，当不参与等同于贫穷和苦难时，贫穷、易受贫穷影响就成为极大地提高不参与成本的充分条件了。然而，关于冲突背景下个人和家庭所面对的选择集合的信息仍然非常有限。

5.2 贫困在煽动集体性情绪中的作用

大量文献假定，当群体的贫困强化了群体之间的社会联系，推动其参与集体暴力活动或支持武装团体时，贫困的程度或强度就有可能引发内乱［例如摩尔（Moore，1966）］。如果贫困增强了某些人的不公平和不公正感，那么它可能成为发动战争的强大动机（Gurr，1970）。然而，关于社会不满（冤屈）对战争爆发的影响普遍存在分歧。

关于内战起因的实证研究集中在武装冲突起源的两种解释上。它们分别是贪婪和不满。[①] 贪婪的解释强调可掠夺性租金在促进群体间争夺控制权方面的作用，而不满概念指的是历史上的不公平及群体间的不平等（Collier，Hoeffler，1998，2004）。关于内战原因的跨国实证分析并没有发现不满与内战之间的统计性证据（Collier，Hoeffler，1998，2004；Fearon，Laitin，2003）。这些研究收集的大部分经验证据似乎表明，反叛团体的主要动机来自抢夺资源和资产的机会（Collier，Hoeffler，2004），或有利于叛乱的条件，如崎岖的地形（Fearon，Laitin，2003）。而强调不满作为武装冲突原因重要性的一类研究对这些发现提出了挑战，测度不满的方法有（收入和财产，如土地的）纵向不平等（Maystadt，2008；

---

① 有几篇综述文章是有关"贪婪还是不满"的争论的。对于最近一项分析，参见穆尔西德和塔桥伊丁（Murshed，Tadjoeddin，2007）。

Muller, 1985；Muller, Seligson, 1987；Schock, 1996；Wickham-Crow-ley, 1992），阶级划分（Paige, 1975；Scott, 1976），决策权的不平等性（Richards, 1996），种族、宗教和其他文化特征之间的横向不平等性（Langer, 2004；Mancini, 2005；Murshed, Gates, 2005；Østby, 2006；

692 Stewart, 2000, 2002；Stewart, Brown, Mancini, 2005），相对剥削程度（Gurr, 1970），两极分化程度（Esteban, Ray, 1991, 1994；Esteban, Schneider, 2008；Montalvo, Reynal-Querol, 2008；Reynal-Querol, 2001），绝对不平等程度（Tilly, 1998）和种族分裂（Easterly, Levine, 1997；Elbadawi, 1992）。

关于把群体间贫困差异作为武装冲突触发因素作用的讨论没有定论。然而，低国民收入几乎总是与内战发生联系在一起。我们如何解释这些看似矛盾的发现？虽然贫困、不平等、社会排斥、歧视和其他不满情绪来源存在于大多数社会中，但只有少数国家经历了内战，因为并非所有国家都有适合的结构和制度使不满转化为暴力和叛乱活动（Fearon, 2004）。在没有人力、物质和资金支持情况下，集体动员不足以支撑武装冲突。因此，贫困本身不可能是触发内战的充分条件，但当贫困与支撑叛乱的现有资源（人力、资金、食物等）结合起来，或当资源变得可以获得或由于在这个国家关键地区的国家力量薄弱使资源很容易被抢夺时，贫困可能有助于组织集体暴力活动。①

在宗教、种族或具备其他文化特征的群体中存在的共同不满情绪（它们常常以相对贫困或相对于精英群体被认为是贫困的形式出现）有助于叛乱组织进行煽动并形成社会凝聚力，叛乱群体以这些受迫害的人为叛乱理由，并将其作为支持他们的基础。即使当叛乱领导人在冲突期间被抓捕，他们所动员的社会群体也可能由于冲突而具有基于身份的强烈不满情绪，如果忽略了这种情绪，那么在冲突结束后试图构建可持续的和平体系是非常危险的（Justino, Leonard, 2008）。

这些机制在文献中并没有得到很好的理解，对于不同背景下集体动员是如何发生的，叛乱群体和其他武装组织是如何或通过各种手段使用

---

① 诸如石油、矿藏和宝石等自然资源在内战爆发中的作用已得到了广泛研究。罗斯（Ross, 2004）对这些文献进行了综述。

暴力的，几乎没有进行研究。在微观层面进行实证研究以增进我们对人类互动的这些重要过程的了解有很大的前景。

6. 最后的反思及未来研究方向

本章从一系列新兴文献角度讨论了内战和贫困之间的关系，这些文献对联系冲突与贫困的微观机制提供了新见解。近年来，在微观层面上对冲突动态发展的研究已开始揭示冲突的某些复杂原因，包括对集体冲突行为出现（Beber，Blattman，2009；Blattman，2009；Goodwin，2001；Kalyvas，Kocher，2007；Petersen，2001；Wood，2003）、暴力活动的组织与运作（Cramer，2006；Kalyvas，2006；Keen，1998），以及武装团体内部组织及其中个人参与者的动机（Humphreys，Weinstein，2008；Richards，1996；Weinstein，2007）在理论上提出重要的见解。这些文献也极大地提升了我们对于暴力冲突通过影响资产、健康和营养、教育、劳动力市场分配决策以及个人和家庭的生产能力等多种渠道对当地人民造成严重后果的认识水平。

尽管研究已取得了很大的进展，但仍有两个关键领域有待深究。第一个领域是，家庭、个人和社区在冲突的不同阶段不同程度地遭受暴力时，为保护生命和维持生计而采取的适应性策略的种类及其有效性。第二个领域是，在冲突地区，新的社会和政治制度组织以及现有制度的变化情况。

文献中的第一个空白领域关注内战期间平民参与的问题。关于内战的学术和政策研究的总体趋势是把平民作为战争的主要受害者，对于冲突之前、期间和结束后公民的选择和偏好所发挥的作用几乎没有关注。尽管内战的爆发取决于多个宏观因素——外部军事和财政干预、武装团体的技术水平和可获得的资源、意识形态方面信念的强烈程度、动员能力、国家的相对力量等——战争开始和持续时间还与人们在暴力冲突期间发生了什么，以及在暴力冲突地区如何确保生计和在经济上可生存有密切的联系。冲突后政策及人道主义干预应该专注通过努力降低受贫困影响的脆弱性水平来提升经济活力。这些干预措施应针对"穷人"，所谓的"穷人"是由一些指标定义的，如地理位置（流离失所营地中的难民）或种族特点，并没有太多经验证据表明谁是真正的"穷人"，以及为什么他们一开始就已经变得穷困。这种识别风险人群的方法面临两个问题。一是，它可能高估了被识别人口中"穷人"的数量。二是，它可能没有涵盖大量的脆弱人口，他们生活在暴力冲突地区但难以被发现或者识别，特别是当暴力冲突并不是短期冲击，而是人们生活中的持续影响因素时。关于内战对个人和家庭贫困水平及动态发展影响的更好估计，以及战争影响贫困渠道的更加系统化的理论分析有助于制定更加有现实意义的冲突后社会政策以减少贫困，并在经历暴力后生存下来的人们中提升经济活力。这也将对和平的可持续性具有重要意义，因为在冲突地区，个人和家庭所采取的保护策略可能对战争的组织和持续时间产生相当大的影响（Justino，2009；Kalyvas，Kocher，2007）。

第二个空白领域是，我们需要在冲突结果与社会和政治制度改变及演化间的联系上做出更多理论方面的努力。当地人做出选择和相互作用的方式并不是纯粹的地区性事件。在很大程度上，这取决于制度组织以及不同程度的权力争夺如何在政治舞台上展开。个人和家庭应对暴力并做出选择来保护他们的生命和维持生计，是对当地的控制、信息和制度变化所做出的反应（Balcells，2008；Kalyvas，2006）。反过来，这些又会对制度如何转型、演进产生重要影响，因为所追求的生计的有效性将影响非国家群体行使权力的强度和水平，他们可以预期在当地人民中获得的支持程度，以及国家在所控制地区运行和干预的能力（Justino，2009）。因此，在战争期间，个人和家庭经济策略与制度进程之间的联系对于理解战争与贫困之间的关系，以及打破战争—贫困循环的政策设计都是至关重要的。

如果不进一步努力建设数据库，并在微观层面针对内战和暴力活动进程的经验分析开发新的和更恰当的方法，想在这些研究领域取得进展是不可能的。明确识别个人、群体、政府参与者以及冲突中出现的新参与者如何行动、反应和与他人关系的能力，以及正确理解由此产生的暴力行为对于参与者福利及行为调整的后果，对于设计有效的冲突后恢复政策非常关键。它们对于在社区发展中促进更加积极的措施形成适当的策略以终结武装冲突，并防止新的暴力爆发也是必不可少的。在微观层面上度量冲突进程的更有效的实证策略可以在减少冲突再次爆发方面发挥重要作用，因为它们可以用来应对社会、经济和政治风险因素，如家庭福利减少、家庭行为变化、社会规范变迁和地方政治联盟变化，这些因素最初导致内战爆发，但并不一定在冲突结束后消失。微观层面对武装冲突经验研究的进一步发展有助于更好地测度冲突及其对贫困的影响，因为它们可以更加准确地识别导致冲突后恢复（甚至预防冲突）措施成功或失败的因素。

参考文献

Akbulut-Yuksel, M. 2009. Children of war: The long-run effects of large-scale physical destruction and warfare on children. Working Paper 62, Households in Conflict Network, Institute of Development Studies, University of Sussex.

Akresh, R., and D. de Walque. 2008. Armed conflict and schooling: Evidence from the 1994 Rwandan genocide. Working Paper 47, Households in Conflict Network, Institute of Development Studies, University of Sussex.

Akresh, R., and P. Verwimp. 2008. Civil war, crop failure and the health status of young children. Working Paper 19, Households in Conflict Network, Institute of Development Studies, University of Sussex.

Akresh, R., P. Verwimp, and T. Bundervoet. 2007. Civil war, crop failure and child stunting in Rwanda. Policy Research Working Paper 4208, World Bank, Washington, DC.

Alderman, H., J. Hoddinott, and B. Kinsey. 2006. Long term consequences of early childhood malnutrition. *Oxford Economic Papers* 58 (3): 450 – 74.

Alexander, M., and F. Christia. 2009. Institutionalizing cooperation: Public goods experiments in the aftermath of civil war. Working Paper 2009 – 0005, Weatherhead Center for International Affairs, Harvard University.

Angrist, J. D. 1990. Lifetime earnings and the Vietnam era draft lottery: Evidence from Social Security administrative records. *American Economic Review* 80 (3): 313 – 36.

——. 1998. Estimating the labor market impact of voluntary military service using Social Security data on military applicants. *Econometrica* 66 (2): 249 – 88.

Angrist, J., and A. Kugler. 2008. Rural windfall or resource curse? Coca, income and civil conflict in Colombia. *Review of Economics and Statistics* 90: 191 – 215.

Annan, J., C. Blattman, D. Mazurana, and K. Carlson. 2009. Women and girls at war:

Wives, mothers and fighters in the Lord's Resistance Army. Working Paper 63, Households in Conflict Network, Institute of Development Studies, University of Sussex.

Arjona, A. M. 2009. Variants of social order in civil war. Unpublished PhD dissertation, Yale University, Department of Political Science.

Arjona, A. M. , and S. N. Kalyvas. 2006. Preliminary results of a survey of demobilized combatants in Colombia. Unpublished manuscript, Yale University.

Azam, J. – P. 2002. Looting and conflict between ethno-regional groups: Lessons for state formation in Africa. *Journal of Conflict Resolution* 46 (1): 131 – 53.

Azam, J. -P. , P. Collier, and A. Cravinho. 1994. Crop sales, shortages and peasant portfolio behaviour: An analysis of Angola. *Journal of Development Studies* 30 (2): 361 – 79.

Azam, J. -P. , and A. Hoeffler. 2002. Violence against civilians in civil wars: Looting or terror? *Journal of Peace Research* 39 (4): 461 – 85.

Balcells, L. 2008. Rivalry and revenge: Making sense of violence against civilians inconventional civil wars. Working Paper 51, Households in Conflict Network, Institute of Development Studies, University of Sussex.

Banerjee, A. J. , and E. Duflo. 2005. Growth theory through the lens of economic development. In *Handbook of economic growth*, ed. P. Aghion and S. Durlauf, 473 – 552. Amsterdam: North-Holland, Amsterdam.

Banerjee, A. , E. Duflo, G. Postel-Vinay, and T. Watts. 2010. Long-run health impacts of income shocks: Wine and phylloxera in nineteenth-century France. *Review of Economics and Statistics* 92 (4): 714 – 28.

Basu, Kaushik and Van H. Pham. 1998. The economics of child labor. *American Economic Review* 88 (3): 412 – 27.

Beber, B. , and C. Blattman. 2009. The industrial organization of rebellion: The logic of forced labor and child soldiering. Unpublished working paper, Yale University.

Beegle, K. 2005. Labor effects of adult mortality in Tanzanian households. *Economic Development and Cultural Change* 53 (3): 655 – 83.

Bellows, J. , and E. Miguel. 2006. War and institutions: New evidence from Sierra Leone. *American Economic Review* 96 (2): 394 – 99.

——. 2009. War and local collective action in Sierra Leone. *Journal of Public Economics* 93: 1144 – 57.

Ben-David, D. , and D. Papell. 1995. The great wars, the great crash, and the unit root hypothesis. *Journal of Monetary Economics* 36: 453 – 75.

Berlage, L. , M. Verpoorten, and P. Verwimp. 2003. Rural households under extreme stress: Survival strategies of poor households in post-genocide Rwanda. Report for the Flemish Interuniversity Council and the Belgium Department of International Cooperation under the Policy Research Program.

Blattman, C. 2009. From violence to voting: War and political participation in Uganda. *American Political Science Review* 103 (2): 231 – 47.

Blattman, C. , and J. Annan. 2010. The consequences of child soldiering. *Review of Economics and Statistics* 92 (4): 882 – 98.

Blattman, C. , and E. Miguel. 2010. Civil war. *Journal of Economic Literature* 48 (1): 3 – 57.

Bowles, S. , S. N. Durlauf, and K. Hoff. 2006. *Poverty traps. Princeton*, NJ: Princeton University Press.

Bowles, S. , G. Loury, and R. Sethi. 2009. Group inequality. Unpublished manuscript, Columbia University.

Brakman, S. , H. Garretsen, and M. Schramm. 2004. The strategic bombing of cities in Germany in World War II and its impact on city growth. *Journal of Economic Geography* 4: 1 – 18.

Brockett, C. D. 1990. *Land, power, and poverty: Agrarian transformation and political conflictin Central America.* Boston: Unwin Hyman.

Bruück, T. 2001. Mozambique: The economic effects of the war. In *War and underdevelopment*, vol. 2, ed. F. Stewart and V. Fitzgerald. Oxford: Oxford University Press.

——. 2004a. Coping strategies in post-war rural Mozambique. Working Paper 02, Households in Conflict Network, Institute of Development Studies, University of Sussex.

——. 2004b. The welfare effects of farm household activity choices in post-war Mozambique. Working Paper 04, Households in Conflict, Institute of Development Studies, University of Sussex.

Bruück, T. , and K. Schindler. 2007. The impact of conflict: A conceptual framework with reference to widow and refugee households. Paper presented at the second annual workshop of the Household in Conflict Network, Antwerp, Belgium, January 19 – 20, 2007.

Bundervoet, T. 2006. Livestock, activity choices and conflict: Evidence from Burundi. Working Paper 24, Households in Conflict Network, Institute of Development Studies, University of Sussex.

Bundervoet, T. , and P. Verwimp. 2005. Civil war and economic sanctions: An analysis of anthropometric outcomes in Burundi. Working Paper 11, Households in Conflict Network,

Institute of Development Studies, University of Sussex.

Bundervoet,, T. , P. Verwimp, and R. Akresh. 2009. Health and civil war in rural Burundi. *Journal of Human Resources* 44 (2): 536 – 63.

Camacho, A. 2008. Stress and birth outcomes: Evidence from terrorist attacks in Colombia. *American Economic Review* 98 (2): 511 – 15.

Carter, M. , and C. Barrett. 2006. The economics of poverty traps and persistent poverty: Anasset-based approach. *Journal of Development Studies* 42 (2): 178 – 99.

Case, A. , and C. Paxson. 2006. Stature and status: Height, ability, and labor market outcomes. *Journal of Political Economy* 16: 499 – 532.

Centre for Poverty Analysis. 2006. Moving out of poverty in conflict-affected areas in SriLanka. Country Synthesis Report for the Moving Out of Poverty Study, Colombo, Sri Lanka.

Chamarbagwala, R. , and H. E. Morán. 2008. The human capital consequences of civil war: Evidence from Guatemala. Working Paper 59, Households in Conflict Network, Institute of Development Studies, University of Sussex.

Colletta, N. J. , and M. L. Cullen. 2000. *Violent conflict and the transformation of social capital: Lessons from Cambodia, Rwanda, Guatemala, and Somalia.* Washington, DC: World Bank.

Collier, P. 1999. On the economic consequences of civil war. *Oxford Economic Papers* 50 (4): 168 – 83.

——. 2007. *The bottom billion: Why the poorest countries are failing and what can be done about it.* Oxford: Oxford University Press.

Collier, P. , and A. Hoeffler. 1998. On economic causes of civil war. *Oxford Economic Papers* 50 (4): 563 – 73.

——. 2004. Greed and grievance in civil war. *Oxford Economic Papers* 56 (4): 563 – 95.

Collier, P. , A. Hoeffler, and M. Söderbom. 2004. On the duration of civil war. *Journal of Peace Research* 41 (3): 253 – 73.

Cramer, C. 2006. *Civil war is not a stupid thing: Accounting for violence in developing countries.* London: Hurst & Company.

Czaika, M. , and K. Kis-Katos. 2009. Civil conflict and displacement: Village-level determinants of forced migration in Aceh. *Journal of Peace Research* 46 (3): 399 – 418.

Dasgupta, P. 1993. *An inquiry into well-being and destitution.* Oxford: Clarendon Press.

Dasgupta, P. , and D. Ray. 1986. Inequality as a determinant of malnutrition and unemployment, 1: Theory. *Economic Journal* 96 (4): 1011 – 34.

Davis, D. , and D. Weinstein. 2002. Bones, bombs, and break points: The geography of economic activity. *American Economic Review* 92: 1269 – 89.

Deininger, K. 2003. Causes and consequences of civil strife: Micro-level evidence from Uganda. *Oxford Economic Papers* 55: 579 – 606.

deJanvry, A. , M. Fafchamps, and E. Sadoulet. 1991. Peasant behaviour with missing markets: Some paradoxes explained. *Economic Journal* 101: 1400 – 17.

DeWaal, A. 1997. *Famine crimes: Politics and the disaster relief industry in Africa.* London: African Rights and the International African Institute.

DeWalque, D. 2006. The long-term legacy of the Khmer Rouge period in Cambodia. Paper presented at the first annual workshop, Households in Conflict Network, Berlin, Germany, January 15 – 16, 2006.

Do, Q. , and L. Iyer. 2007. Poverty, social divisions, and conflict in Nepal. World Bank Policy Research Working Paper 4228, World Bank, Washington, DC.

Donovan, C. , L. Bailey, E. Mpyisi, and M. Weber. 2003. Prime-age adult morbidity and mortality in rural Rwanda: Which households are affected and what are their strategies for adjustment? Paper presented at the 2003 annual meeting of the International Association of Agricultural Economists, Durban, South Africa, August 16 – 22, 2003.

Doyle, M. , and N. Sambanis. 2006. *Making war and building peace: United Nations peace operations. Princeton*, NJ: Princeton University Press.

Dube, O. , and J. Vargas. 2007. Are all resources cursed? Coffee, oil and armed conflict in Colombia. Working Paper 2007 – 1, Weatherhead Center for International Affairs, Harvard University.

Durlauf, S. 1996. A theory of persistent income inequality. *Journal of Economic Growth* 1: 75 – 93.

——. 2006. Groups, social influences and inequality. In *Poverty traps*, ed. S. Bowles, S. N. Durlauf, and K. Hoff, 141 – 75. Princeton, NJ: Princeton University Press.

Duryea, S. , D. Lam, and D. Levinson. 2007. Effects of economic shocks on children's employment and schooling in Brazil. *Journal of Development Economics* 84: 118 – 214.

Easterly, W. , and R. Levine. 1997. Africa's growth tragedy: Policies and ethnic divisions. *Quarterly Journal of Economics* 112: 1202 – 50.

Elbadawi, I. A. 1992. *Civil wars and poverty: The role of external interventions, political rights and economic growth.* Washington, DC: World Bank.

Engel, S. , and A. M. Ibáñez. 2007. Displacement due to violence in Colombia: A household-level analysis. *Economic Development and Cultural Change* 55: 335 – 65.

Esteban, J. , and D. Ray. 1991. On the measurement of polarization. Working Paper 18,

Institute for Economic Development, Boston University.

——. 1994. On the measurement of polarization. *Econometrica* 62: 819 – 52.

Esteban, J. , and G. Schneider. 2008. Polarization and conflict: Theoretical and empirical issues. *Journal of Peace Research* 45 (2): 131 – 41.

Fafchamps, M. , and S. Lund. 2002. Risk-sharing networks in rural Philippines. *Journal of Development Economics* 71: 261 – 87.

Fearon, J. D. 2004. Why do some civil wars last so much longer than others? *Journal of Peace Research* 41 (3): 275 – 301.

Fearon, J. , and D. Laitin. 2003. Ethnicity, insurgency and civil war. *American Political Science Review* 97 (1): 75 – 90.

Foster, A. D. , and M. R. Rosenzweig. 2001. Imperfect commitment, altruism and the family: Evidence from transfer behavior in low-income rural areas. *Review of Economics and Statistics* 83 (3): 389 – 407.

Gambetta, D. 1996. *The Sicilian Mafia: The business of private protection.* Cambridge, MA: Harvard University Press.

Garfinkel, M. 1990. Arming as a strategic investment in a cooperative equilibrium. *American Economic Review* 80 (1): 50 – 68.

Garfinkel, M. , and S. Skaperdas, eds. 1996. *The political economy of conflict and appropriation.* New York: Cambridge University Press.

Ghani, A. , and C. Lockhart. 2008. *Fixing failed states: A framework for rebuilding a fractured world.* Oxford: Oxford University Press.

González, M. , and R. Lopez. 2007. Political violence and farm household efficiency in Colombia. *Economic Development and Cultural Change* 55 (2): 367 – 92.

Goodhand, G. 2001. Violent conflict, poverty and chronic poverty. Working Paper 6, Chronic Poverty Research Centre, University of Manchester.

Goodwin, J. 2001. *No way out: States and revolutionary movements 1945 – 1991.* Cambridge: Cambridge University Press.

Grossman, H. I. 2002. Make us a king: Anarchy, predation, and the state. *European Journal of Political Economy* 18 (1): 31 – 46.

Guerrero-Serdán, G. 2009. The effects of the war in Iraq on nutrition and health: An analysis using anthropometric outcomes of children. Working Paper 55, Households in Conflict Network, Institute of Development Studies, University of Sussex.

Guichaoua, Y. 2009. How do ethnic militias perpetuate in Nigeria? A micro-level perspective on the Oodua People's Congress. Working Paper 19, MICROCON, EU Integrated Project on Micro-Level Analysis of Violent Conflicts, Institute of Development Studies, Brighton, UK.

Gurr, T. R. 1970. *Why men rebel*. Princeton, NJ: Princeton University Press.

Habyarimana, J. , M. Humphreys, D. Posner, J. Weinstein, R. Rosecrance, A. Stein, and J. Z. Muller. 2008. Is ethnic conflict inevitable? *Foreign Affairs* 87 (4): 138 – 51.

Hartzell, C. , M. Hoddie, and D. Rothchild. 2001. Stabilizing the peace after civil war: An investigation of some key variables. *International Organization* 55: 183 – 208.

Hirshleifer, J. 2001. *The dark side of the force: Economic foundations of conflict theory.* Cambridge: Cambridge University Press.

Humphreys, M. , and J. Weinstein. 2008. Who fights? The determinants of participation incivil war. *American Journal of Political Science* 52 (2): 436 – 55.

Ibáñez, A. M. , and P. Justino. forthcoming. Living with Violence: Shocks, Coping Strategies and Social Capital under Armed Group Presence in Colombia. Unpublished manuscript, Households in Conflict Network, Institute of Development Studies, University of Sussex.

Ibáñez, A. M. , and A. Moya. 2006. The impact of intra-state conflict on economic welfare and consumption smoothing: Empirical evidence for the displaced population in Colombia. Working Paper 23, Households in Conflict Network, Institute of Development Studies, University of Sussex.

Ichino, A. , and R. Winter-Ebmer. 2004. The long-run educational cost of World War II . *Journal of Labor Economics* 22: 57 – 86.

Justino, P. 2009. Poverty and violent conflict: A micro-level perspective on the causes and duration of warfare. *Journal of Peace Research* 46 (3): 315 – 33.

Justino, P. , and D. Leonard. 2008. Sources of rebellion in bottom billion countries. *IDS In Focus* Issue 03, Concern for the Bottom Billion. http://www. ids. ac. uk/files/NewNo7- Rebellionweb. pdf.

Justino, P. , and O. Shemyakina. 2007. Private and public transfers as a coping strategy under armed conflict: The case of Tajikistan. Paper presented at the third annual workshop, Households in Conflict Network, Institute of Development Studies, University of Sussex, December 10 – 11, 2007.

Justino, P. , and P. Verwimp. 2006. Poverty dynamics, conflict and convergence in Rwanda. Working Paper 16, Households in Conflict Network, Institute of Development Studies, University of Sussex.

Kalyvas, S. N. 1999. Wanton and senseless? The logic of massacres in Algeria. *Rationality and Society* 11 (3): 243 – 85.

——. 2003. The ontology of "political violence": Action and identity in civil wars. *Perspectives on Politics* 1 (3): 475 – 94.

——. 2005. Warfare in civil wars. In *Rethinking the nature of war*, ed. I. Duyvesteyn and J. Angstrom. Abingdon: Frank Cass.

——. 2006. *The logic of violence in civil wars.* Cambridge: Cambridge University Press.

Kalyvas, S. N. , and M. A. Kocher. 2007. How "free" is free-riding in civil wars? *World Politics* 59 (2): 177 – 216.

Kalyvas, S. N. , I. Shapiro, and T. Masoud. 2008. Introduction: Integrating the study of order, conflict, and violence. In *Order, conflict and violence*, ed. S. N. Kalyvas, I. Shapiro, and T. Masoud. Cambridge: Cambridge University Press.

Keen, D. 1997. A rational kind of madness. *Oxford Development Studies* 25 (1): 67 – 75.

——. 1998. The economic functions of violence in civil wars. Adelphi Paper 320, International Institute of Strategic Studies, London.

——. 2005. *Conflict and collusion in Sierra Leone.* London: James Currey.

Knight, M. , N. Loayza, and D. Villanueva. 1996. The peace dividend: Military spending cuts and economic growth. *IMF Staff Papers* 43 (1): 1 – 37.

Kondylis, F. 2007. Agricultural outputs and conflict displacement: Evidence from a policy intervention in Rwanda. Working Paper 28, Households in Conflict Network, Institute of Development Studies, University of Sussex.

Kondylis, F. 2008. Conflict displacement and labor market outcomes in post-war Bosnia & Herzegovina. Working Paper 45, Households in Conflict Network, Institute of Development Studies, University of Sussex.

Langer, A. 2004. Horizontal inequalities and violent conflict: The case of Cote D'Ivoire. Working Paper 13, Centre for Research on Inequality, Human Security, and Ethnicity, Queen Elizabeth House, University of Oxford.

Lichbach, M. 1995. *The rebel's dilemma.* Ann Arbor: University of Michigan Press.

Lindley, A. 2007. Remittances in fragile settings: A Somali case study. Working Paper 27, Households in Conflict Network, Institute of Development Studies, University of Sussex.

Lubkemann, S. 2008. *Culture in chaos: An anthropology of the social condition in war.* Chicago: University of Chicago Press.

Maccini, S. , and D. Young. 2009. Under the weather: Health, schooling, and economic consequences of early-life rainfall. *American Economic Review* 99 (3): 1006 – 26.

Mancini, L. 2005. Horizontal inequality and communal violence: Evidence from Indonesian districts. Working Paper 22, Centre for Research on Inequality, Human Security, and

Ethnicity, Queen Elizabeth House, University of Oxford.

Matijasevic, T. M., L. Velásquez, C. Villada, and M. Ramírez. 2007. Moving out of poverty: Understanding freedom, growth and democracy from the bottom-up. National Synthesis Report, Colombia, Centro de Estudios Regionales Cafeteros y Empresariales, Manizales, Colombia.

Maystadt, J-F. 2008. Does inequality make us rebel? A renewed theoretical model applied to south Mexico. Working Paper 41, Households in Conflict Network, Institute of Development Studies, University of Sussex.

McDougal, T. 2008. Mars the redeemer: What do civil wars and state-led industrialization have in common? Unpublished manuscript, Massachusetts Institute of Technology. Paper presented at the UNU-WIDER Research Workshop on Entrepreneurship and Conflict, University of Ulster, Londonderry, Northern Ireland, March 20 – 21, 2009.

McKay, A., and S. Loveridge. 2005. Exploring the paradox of Rwandan agricultural household income and nutritional outcomes in 1990 and 2000. Staff Paper 2005 – 06, Department of Agricultural Economics, Michigan State University.

Mehlum, H., K. Moene, and R. Torvik. 2006. Parasites. In *Poverty traps*, ed. S. Bowles, S. Durlauf, and K. Hoff. Princeton, NJ: Princeton University Press.

Merrouche, O. 2006. The human capital cost of landmine contamination in Cambodia. Working Paper 25, Households in Conflict Network, Institute of Development Studies, University of Sussex.

Miguel, E., and G. Roland. 2005. *The long term impact of bombing Vietnam*. Mimeo, University of California, Berkeley.

Miguel, E., S. Saiegh, and S. Satyanath. 2008. National cultures and soccer violence. Keynote paper at the 4th annual workshop of the Households in Conflict Network, Yale University, New Haven, Connecticut, December 5 – 6, 2008.

Miguel, E., S. Satyanath, and E. Sergenti. 2004. Economic shocks and civil conflict: An instrumental variables approach. *Journal of Political Economy* 112 (4): 725 – 53.

Milliken, J., ed. 2003. *State failure, collapse & reconstruction*. Malden, MA: Blackwell.

Moore, B. 1966. *Social origins of dictatorships and democracy*. Boston: Beacon Press.

——. 1978. *Injustice: The social bases of obedience and revolt*. White Plains, NY: M. E. Sharpe.

Montalvo, J., and M. Reynal-Querol. 2008. Discrete polarization with an application to the determinants of genocides. *Economic Journal* 118: 1835 – 65.

Moser, C., and C. McIlwaine. 2004. *Encounters with violence in Latin America: Urban poorperceptions from Colombia and Guatemala.* London: Routledge.

Muller, E. N. 1985. Income inequality, regime repressiveness, and political violence. *American Sociological Review* 50: 47 – 61.

Muller, E. N. , and M. A. Seligson. 1987. Inequality and insurgency. *American Political Science Review* 81 (2): 425 – 51.

Murshed, M. , and S. Gates. 2005. Spatial-horizontal inequality and the Maoist insurgency in Nepal. *Review of Development Economics* 9: 121 – 34.

Murshed, M. , and M. Z. Tadjoeddin. 2007. Reappraising the greed vs grievance explanations for violent internal conflict. Working Paper 2, MICROCON, EUIntegrated Project on Micro-Level Analysis of Violent Conflicts, Institute of Development Studies, Brighton, UK.

Nillesen, E. , and P. Verwimp. 2009. Rebel recruitment in a coffee exporting economy. Working Paper 11, MICROCON, EU Integrated Project on Micro-Level Analysis of Violent Conflicts, Institute of Development Studies, Brighton, UK.

Nugent, J. B. , and T. Gillaspy. 1983. Old age pensions and fertility in rural areas of less developed countries: Some evidence from Mexico. *Economic Development and Cultural Change* 31 (4): 809 – 29.

Olson, M. 1965. *The logic of collective action: Public good and the theory of groups.* Cambridge, MA: Harvard University Press.

——. 2000. *Power and prosperity: Outgrowing communist and capitalist dictatorships.* New York: Basic Books.

Østby, G. 2006. Horizontal inequalities, political environment and civil conflict: Evidence from 55 developing countries. Working Paper 28, Centre for Research on Inequality, Human Security, and Ethnicity, University of Oxford. http://www. crise. ox. ac. uk/pubs/workingpaper28. pdf.

Paige, J. 1975. *Agrarian revolutions.* New York: Free Press.

Petersen, R. 2001. *Resistance and rebellion: Lessons from Eastern Europe.* Cambridge: Cambridge University Press.

Pinchotti, S. , and P. Verwimp. 2007. Social capital and the Rwandan genocide: Amicro-level analysis. Working Paper 30, Households in Conflict Network, Institute of Development Studies, University of Sussex.

Platteau, J. 1991. Traditional systems of social security and hunger insurance: Past achievements and modern challenges. In *Social security in developing countries*, ed. E. Ahmad, J. Dreze, J. Hills, and A. Sen, Oxford: Clarendon Press.

Reynal-Querol, M. 2001. Ethnicity, political systems and civil war. Working paper, Institut d'Analisis Economic, Campus de la UAB, Bellatera-Barcelona.

Richards, P. 1996. *Fighting for the rainforest: War, youth and resources in Sierra Leone.* London: James Currey.

Rodriguez, C. , and F. Sánchez. 2009. Armed conflict exposure, human capital investments and child labour: Evidence from Colombia. Working Paper 68, Households in Conflict Network, Institute of Development Studies, University of Sussex.

Ross, M. 2004. What do we know about natural resources and civil war? *Journal of Peace Research* 41 (3): 337 – 56.

Sánchez, F. , and M. Chacon. 2006. Conflict, state and decentralisation: From social progress to an armed dispute for local control, 1974 – 2002. Paper presented at the first annual workshop, Households in Conflict Network, Berlin, Germany, January 15 – 16, 2006.

Sánchez, F. , and M. Palau. 2006. Conflict, decentralisation and local governance in Colombia, 1974 – 2004. Working Paper 14, Households in Conflict Network, Institute of Development Studies, University of Sussex.

Schock, K. 1996. A conjectural model of political conflict: The impact of political opportunities on the relationship between economic inequality and violent political conflict. *Journal of Conflict Resolution* 40 (1): 98 – 133.

Scott, J. 1976. *The moral economy of the peasant: Rebellion and subsistence in Southeast Asia.* New Haven, CT: Yale University Press.

——. 1985. *Weapons of the weak: Everyday forms of peasant resistance.* New Haven, CT: Yale University Press.

Shemyakina, O. 2006. The effect of armed conflict on accumulation of schooling: Results from Tajikistan. Working Paper 12, Households in Conflict Network, Institute of Development Studies, University of Sussex.

——. 2009. The marriage market and Tajik armed conflict. Working Paper 66, Households in Conflict Network, Institute of Development Studies, University ofSussex.

Singh, I. , L. Squire, and J. Strauss. 1986. *Agricultural household models: Extensions, applications and policy.* Baltimore: Johns Hopkins University Press.

Skaperdas, S. 1992. Cooperation, conflict, and power in the absence of property rights. *American Economic Review* 82 (4): 720 – 39.

——. 2001. The political economy of organized crime: Providing protection when the state does not. *Economics of Governance* 2: 173 – 202.

Smith, J. P. 2009. The impact of childhood health on adult labor market outcomes. *Reviewof Economics and Statistics* 91 (3): 478 – 89.

Steele, A. 2007. Massive civilian displacement in civil war: Assessing variation in Colombia. Working Paper 29, Households in Conflict Network, Institute of Development Studies, University of Sussex.

Stewart, F. 2000. Crisis prevention: Tackling horizontal inequalities. *Oxford Development Studies* 28 (3): 245 – 62.

——. 2002. Horizontal inequalities: A neglected dimension of development. Working Paper 81, Queen Elisabeth House, University of Oxford.

Stewart, F. , G. Brown, and L. Mancini. 2005. Why horizontal inequalities matter: Some implications for measurement. Working Paper 19, Centre for Research on Inequality, Human Security, and Ethnicity, University of Oxford.

Stewart, F. , and V. Fitzgerald. 2001. *War and Underdevelopment. Volume 1: The Economic and Social Consequences of Conflict*, Oxford University Press, Oxford.

Swee, E. L. 2009. On war and schooling attainment: The case of Bosnia and Herzegovina. Working Paper 57, Households in Conflict Network, Institute of Development Studies, University of Sussex.

Tilly, C. 1998. *Durable inequality.* Berkeley: University of California Press.

Townsend, R. M. 1994. Risk and insurance in village India. *Econometrica* 62 (3): 539 – 91. UN.

——. 2004. *A more secure world*, New York: United Nations.

——. 2005. *In fuller freedom.* New York: United Nations.

USAID. 2005. *Conducting a conflict assessment: A framework for strategy and program development.* Washington, DC: U. S. Agency for International Development.

Valentino, B. 2004. *Final solutions: Mass killing and genocide in the 20th century.* Ithaca, NY: Cornell University Press.

van den Berg, G. , M. Lindeboom, and F. Portrait. 2006. Economic conditions early in life and individual mortality. *American Economic Review* 96: 290 – 302.

Verpoorten, M. 2009. Household coping in war and peacetime: Cattle sales in Rwanda, 1991 – 2001. *Journal of Development Economics* 88: 67 – 86.

Verwimp, P. 2005. An economic profile of peasant perpetrators of genocide: Micro-level evidence from Rwanda. *Journal of Development Economics* 77: 297 – 323.

Verwimp, P. , and T. Bundervoet. 2008. Consumption growth, household splits and civilwar. Working Paper 48, Households in Conflict Network, Institute of Development

Studies, University of Sussex.

Verwimp, P. , P. Justino, and T. Brück. 2009. The analysis of conflict: A micro-level perspective. *Journal of Peace Research* 46 (3): 307 – 314.

Voors, M. , E. Nillesen, P. Verwimp, R. Lensink, and D. van Soest. 2010. Does conflict affect preferences? Results from field experiments in Burundi. Working Paper 21, MICROCON, EU Integrated Project on Micro-Level Analysis of Violent Conflicts, Institute of Development Studies, Brighton, UK.

Vlassenroot, K. , and T. Raeymaekers. 2004. *Conflict and social transformation in eastern DR Congo.* Ghent: Academia Press.

Volkov, V. 2002. Who is strong when the state is weak. In *Beyond state crisis?: Post-colonial Africa and post-Soviet Eurasia in comparative perspective*, ed. M. Beissinger and C. Young. Washington, DC: WoodrowWilson Center Press.

Walter, B. F. 2004. Does conflict beget conflict? Explaining recurring civil war. *Journal of Peace Research* 41 (3): 371 – 88.

Weinstein, J. 2007. *Inside rebellion: The politics of insurgent violence.* Cambridge: Cambridge University Press.

Wickham-Crowley, T. 1992. *Guerrillas and revolution in Latin America: A comparative studyof insurgents and regimes since* 1956. Princeton, NJ: Princeton University Press.

Wilson, W. J. 1995. *The truly disadvantaged.* Chicago: University of Chicago Press.

Wood, E. J. , 2003. *Insurgent collective action and civil war in El Salvador.* NewYork: Cambridge University Press.

World Bank. 2005. Toward a conflict-sensitive poverty reduction strategy: Lessons from a retrospective analysis. Report 32587, World Bank, Washington, DC.

Zartman, W. , ed. 1995. *Collapsed states: The disintegration and restoration of legitimate authority.* Boulder, CO: Lynne Riener.

第28章　侵略性精英和脆弱的企业家：
冲突阴影下的信任与合作

哈尔沃·梅鲁姆

卡尔·摩恩

1. 引言

贫穷导致了国内冲突，还是反过来呢？人们或许想知道，比如，博茨瓦纳是否因为更富裕所以比卢旺达更和平，或者博茨瓦纳因为更和平所以才更富裕。这两个非洲小国都拥有约占人口90%的多数群体——卢旺达的胡图人和博茨瓦纳的茨瓦纳人。尽管卢旺达曾经发生过几次暴力冲突（1973年、1990~1992年、1994年），但富裕程度是其4倍的博茨瓦纳自独立以来从未发生过重大冲突。

然而，从发展角度看，冲突和贫困之间的任何单一因果关系，无论以何种方式存在，都没有太大意义。随着时间的推移，不同国家的繁荣与和平似乎会相互促进，贫困与国内冲突也是如此。在本章中，我们将讨论一些原因。我们强调，相似的国家如何在严重的群体敌意甚至暴力冲突中变得贫穷，或是在更和平的关系甚至高水平的社会合作中逐渐繁荣。我们得到了这些强化关系背后高度程式化的，但似乎可信的机制。

由于许多权力斗争和冲突都围绕社会租金展开，因此，首先区分易受国内冲突爆发影响的租金和不易受这种社会干扰影响的租金是有益的，我们称之为脆弱租金（vulnerable rents）和非脆弱租金（nonvulnerable rents）（Mehlum, Moene, 2010）。

非脆弱租金与在严重冲突情况下仍能保持其价值的活动和资源有关。典型的例子是自然资源租金。与此相反，脆弱租金与在发生冲突时容易崩溃的群体之间的合作与信任程度更高的活动有关。典型的例子是来自需要贸易、专业化和群体间分工的现代化的租金。

正处于发展过程的国家在发生敌对行动时容易遭受损失，这使这些国家可能避免冲突，而采取更强大战略的国家最终可能会陷入冲突。这是一个核心结果，源自我们一直强调的投资和冲突之间两种不同的联系。

投资易受冲突影响的性质表明，对产生脆弱租金的活动进行投资需要对和平有信心。这些投资风险非常高，因此，企业家和投资者需要以可信的方式在政治上得到保证，社会动荡和暴力不太可能发生。

冲突抑制脆弱租金表明，脆弱租金的存在可以限制对立群体争夺权力。如果政治竞赛升级为暴力冲突，那么脆弱租金往往会消失，这意味着，敌对方争夺的租金将被争斗所消耗。与此相反，非脆弱租金不会在战斗中消失，它们的存在可能引发冲突。

换言之，以脆弱租金为主的社会中的破坏和暴力行为的隐性经济成本很高，而以非脆弱租金为主的社会中的破坏和暴力行为的经济成本可能要低得多。只要冲突成本的一部分内化为群体领导者的成本，相比拥有非脆弱租金的社会，拥有脆弱租金社会的领导人就更不愿意发起严重的冲突。然而，一个社会有多少脆弱租金和非脆弱租金，不仅取决于自然资源，还取决于企业家的创新和投资行为。创新和投资同样依赖政治稳定和对和平的信心。

由于在一个以脆弱租金为主的社会中，发生冲突的可能性很低，因此产生此类租金的投资可能会很多。反过来说，由于在一个几乎没有脆弱租金的社会中，发生冲突的可能性很高，因此产生脆弱租金的投资可能会变少。我们研究了社会中这种潜在冲突的一般均衡，综合考虑了发生国内冲突的可能性的原因和结果。

因此，我们需要弄清楚，地区层面的投资行为是如何影响权力斗争并诱发战争的，以及发动战争的诱因如何影响投资，从而再次影响冲突的可能性。这里可能存在多重均衡。冲突和停滞的预言以及和平与繁荣的预言可能是自我实现的。

为了证明这一点，我们首先描述一个简单模型来探讨这两种联系，该模型可以刻画存在内部群体划分的国家的一些基本要素。我们断言，这个国家的每个群体都可能参与类似的生产活动。这些群体领导人是政治强人，他们要么妥协，要么彼此冲突。在实际中，这些群体的划分可以基于地区、种族、宗教或社会分化。[①]

在简单的论述中，我们着重分析两个群体的情况。我们得到挑战者背离和平合作的诱因。这个诱因依赖以非脆弱租金形式获得的收益，例如自然资源租金，这些收益将由胜利者得到，也依赖在冲突出现时，以脆弱租金损失形式所表示的成本，例如贸易与合作的收益。

在我们的讨论中，关键成员是一个小的精英群体（表示为领导者）和大量企业家。我们既对不同群体领导者之间的冲突感兴趣，也对不同群体的企业家之间的共同利益感兴趣。特别是，我们对领导者的侵略动机与企业家的和平愿望感兴趣。我们断言，是精英挑起冲突并发动战争。企业家从事他们认为在这种情况下最有利可图的经济活动。正是这种相互作用决定了脆弱租金的数量和对和平的信心，或者说缺乏和平。

显然，这涉及很多不确定因素。首先，引发冲突的成本是不确定的。这可能取决于该国的社会状况和动员支持力量的难度。具体化随机因素使我们能够得出冲突概率的程式化表述，这一概率是与具有挑战性的精英成员进行冲突所获得的预期收益相对于他们所承担的成本是足够大的可能性。

企业家能够评估精英面对的诱惑，并以此为基础计算冲突的可能性和他们对于和平的信心。诱惑越大，冲突的可能性越大，企业家就会越少从事易受冲突爆发影响的活动。

我们对冲突的解释延续了冲突文献，并指出了常见的疑点：当有很多东西需要争夺时，例如来自自然资源的非脆弱租金，以及当由贫穷而导致的战斗成本较低时，社会容易发生冲突。低收入意味着战斗的机会成本低，因此贫穷提高了战争的激励水平（Collier, 2003；Collier, Hoeffler, 2000；Fearon, Laitin, 2003；Miguel, Satyanath, Sergenti, 2004）。

资源租金高意味着获胜者的奖励高，这使战斗更加激烈和成本高昂（Mehlum, Moene, 2002；Skaperdas, 2002），可获得资金会使战斗持续更久（Collier, Hoeffler, 2000），冲突比生产更具吸引力，会导致更多要

---

① 如果以工人和资本家之间的社会阶级划分为基础，我们用领导者表示工会和雇主协会的首脑，那么成员在工会方面是当地工会的普通成员，在雇主方面是成员企业。

素进入掠夺活动（Moene，Mehlum，2002）。

"初级商品出口程度是影响冲突风险的最大单一因素"的观点（Collier，Hoeffler，2000：26）受到几项实证研究的挑战（Elbadawi，Sambanis，2002；Fearon，Laitin，2003）。相反，"可掠夺"资源，如石油、宝石和矿产资源似乎更重要。测度方法包括石油丰富度（Fearon，Laitin，2003；Ross，2001）、在陆上而非海上的石油生产国（Lujala，2005）、矿产等点资源（Auty，Gelb，2001）、次级钻石（Lujala，Gleditsch，Gilmore，2005），可参见罗斯（Ross，2004）对这些方法的回顾。

我们的文章（Mehlum，Moene，2010）与大多数冲突文献一致，强调"资源丰富的贫穷国家更有可能最终陷入冲突，而资源匮乏的富裕国家更有可能最终成为民主国家"（Aslaksen，Torvik，2006）。贫穷国家的民主往往比发达国家的更为脆弱（Benhabib，Przeworski，2006；Przeworski，2005，2009）。选择是否遵循选举结果还是为独裁而斗争是关键（Przeworksi，2009；Acemoglu，Robinson，2000，2001，2006；Aslaksen，Trovik，2006；Fearon，1995；Rosendorff，2001；Slantchev，2003；Torvik，2002）。

所有这些有用模型的逻辑表明，只要战斗的预期净收益高于决定性选民首选政策的预期净收益，精英就会选择不妥协。显然，虽然自然资源租金和贫困使战斗更具诱惑力，但由于精英阶层可以在没有民主让步的情况下保留更多的战斗力，战斗的固定成本降低了战斗的诱惑水平。正如我们稍后将要再次谈到的那样，当涉及从冲突到经济发展的反向联系时，这些模型就不那么明确了。

我们偏离了一些文献，例如阿西莫格鲁（Acemoglu）和罗宾逊（Robinson）的研究，不再关注历史上重要的事例，这些例子中只有一个统治精英，为了维护自己的特权而不屈从于大众的需求。最近历史上一些最重要的冲突似乎不是这样的阶级战争。它们发生在可能有自己的阶级划分的相互竞争的群体之间。最近的例子包括印度的印度教徒和穆斯林之间的冲突、卢旺达和布隆迪的胡图族和图西族之间的冲突、南斯拉夫地区的克罗地亚人和塞尔维亚人之间的冲突、安哥拉的安哥拉完全独立全国联盟（National Union for the Total Independence of Angola，UNITA）和安哥拉人民解放运动（Popular Movement for the Liberation of Angola，MPLA）之间的冲突、莫桑比克的莫桑比克解放阵线（Front for the Liberation of the Mozambique，FRELIMO）和莫桑比克抵抗运动（Mozambique Resistance Movement，RENAMO）之间的冲突、津巴布韦的津巴布韦非洲民族联盟（Zimbabwe African National Union，ZANU）和津巴布韦非洲人民联盟（Zimbabwe African People's Union，ZAPU）之间的冲突。它们与为妥协进行的斗争有关，如斯里兰卡政府与泰米尔猛虎组织（Tamil Tigers）之间的战争、尼日利亚的比夫拉战争，以及埃塞俄比亚和厄立特里亚战争。

709

我们延续埃斯特班和雷（Esteban，Ray，2008，2010）的开创性文章——强调群体间冲突。在他们的设定中，种族和人口的收入分布是解释联盟形式的关键因素。但是，"在没有倾向于任何一种冲突类型的情况下，种族将比阶级更有影响"（Esteban，Ray，2011）。

投资行为和活动分配都受到国内冲突的强烈影响［Collier，1999；还可参见盖茨等（Gates et al.，2010）关于冲突后果的一般经验评估］。贸易和信任崩溃是中心问题。例如，在南非和波黑①，政治不确定性和对依赖基层相互合作的迟疑不决，共同导致企业家避免对特定活动进行投资，这些活动可能会被冲突破坏，或至少被严重拖延。

通过这种方式，冲突风险会阻碍某些类型的创新和经济发展，我们在下面会更清晰地展示这一点。这呼应了阿西莫格鲁和罗宾逊（Acemoglu，Robinson，2006）的一个重要结果，即阻碍作用是由政治替代效应导致的："政治精英担心这些变化将破坏现有体系，使其更有可能失去政治权力和未来租金，因此阻碍有利的经济和制度变迁。"

在这种情况下，政府政策决定了对发展具有首要影响的经济激励措施。在我们的例子中，对于更独立的企业家而言，信任与合作的作用对于实现有益发展是更为重要的。那么，阻碍是间接的，这是由对非脆弱

---

① 在南非，种族隔离制度实施后，黑人和白人之间的相互依赖是显而易见的，"相互隔离的经济以同样的方式伤害黑人和白人。对这种相互依存的理解仍然很广泛。一些人认为这是殖民地教化的结果，另一些人则认为这是一个长期相互接触的学习过程"（Adam，Moodley，1993：208）。战斗意愿和不投资意愿也受到不平等机会的影响。即使是在种族一体化的社会中，相互依赖也不能排除极端的残暴，"对塞尔维亚人的经济不平等是显而易见的；塞尔维亚人对自己的未来感到缺乏安全感，缺少可获得的经济机会、缺乏与克罗地亚和穆斯林派系的经济互动也加重了这一点。这种不安全感和缺乏经济互动妨碍民族派别在未来的混合社会中拥有可以和平共处的感觉"（Liotta，2001：44）。

政治租金的更高程度的竞争导致的，非脆弱政治租金提高了冲突的概率，减少和降低了对冲突的投资和脆弱性。

当和平看似脆弱时，典型的动机是避免贸易或交易密集的产品和技术。在这方面，我们的方法也可以看作研究贸易与冲突相互关系的更广泛文献中的一部分，例如，加芬克尔、什卡佩尔达斯和瑟罗普洛斯（Garfinkel，Skaperdas，Syropoulos，2009），圭索、萨皮恩扎和津加莱斯（Guiso，Sapienza，Zingales，2009），马丁、迈耶和汤尼格（Martin，Mayer，Thoenig，2008），什卡佩尔达斯和瑟罗普洛斯（Skaperdas，Syropoulos，2001，2002）的研究成果。

总之，本章在潜在冲突社会一般均衡中，将投资对冲突的脆弱性与脆弱租金抑制冲突结合起来。企业家的选择取决于精英发起冲突的意愿，而精英选择和平还是冲突取决于企业家的投资行为。这与布拉特曼和麦圭尔（Blattman，Miguel，2010）的警告相一致，即要谨慎对待从贫穷到冲突的任何直接因果关系（正如我们在结论中提到的）。与大多数文献相比，我们还考虑了在具有挑战性的群体内、在统治集团内和跨集团进行协调类型的激励，以及投资协调如何影响国内冲突的可能性。

710

2. 我们的基本设定

由于企业家根据对冲突的预期行动，且精英在决定冲突前会观察企业家的选择，因此假设如下的时间顺序：

（1）基于对和平前景的预期，企业家决定对技术的选择（并因此确定了冲突的部分成本）；

（2）解决与民众情绪和如"降雨"等真正外生因素相关的冲突直接成本的不确定性；

（3）给定已知的冲突成本，挑战者和统治者就是否发起战斗展开博弈；

（4）在冲突情况下，获胜者由一个概率过程确定，其中获胜概率随着自己努力的增加而增加。

2.1　高、低生产率活动

为了得到投资的冲突脆弱性，我们首先考虑每个群体中的大量企业家。在决定采用生产技术时，一个特定群体的企业家会考虑和平的前景。如果预期会出现与其他群体共处的和平局面，则企业家将选择生产率高且依赖与其他群体互动和贸易的技术。

企业家可以选择采用广泛的生产技术进行生产。每种技术（一项活动）有部分收益 A 不受冲突影响，有部分收益 Δ 在冲突情况下会消失。这里，Δ 不仅包括物质上的破坏，还包括只要冲突持续就会造成获取收益的拖延和僵局。在这两种情况中，Δ 代表在冲突情况下损失的收益。因此，实际收益为：

$$r_c = \begin{cases} A + \Delta & \text{在和平时期} \\ A & \text{在战争时期} \end{cases} \tag{1}$$

这里，$\Delta > 0$ 可以描述易受冲突爆发影响的贸易或交易密集型产品和技术（也存在 $\Delta < 0$ 的情况，其中冲突的非法性为有利可图的机会打开了大门，如果和平出现，这些机会就将消失。阿富汗生产鸦片就是一个例子）。

由此，对于给定的技术，预期收入 $E(r_c)$ 是关于和平信念 p 的线性函数［其中，$1 - p$ 是发生冲突的概率］：

$$E(r_c) = A + p\Delta \tag{2}$$

通常来说，存在大量技术组合$\{A, \Delta\}$可供选择。在图 28 - 1 中给出了不同技术预期收益的例子。在这里，$E(r_c)'' = A'' + p\Delta''$是 $A'' = 0$ 且 Δ''很大时的一种情况，$E(r_c)^\circ = A^\circ + p\Delta^\circ$是 $\Delta^\circ = 0$ 且 A°为正时的一种情况。$E(r_c)' = A'' + p\Delta''$是 $A' < A^\circ$、$\Delta' < \Delta''$的一种中间情况。虚线给出了对于所有在 0 和 1 之间的 p 值对应的技术中的最高回报。当 p 接近于 0（$0 \leq p < p^\circ$）时，$E(r_c)^\circ$是回报最高的技术。当 p 接近于 1 时（$p^* < p \leq 1$），$E(r_c)''$是回报最高的技术，然而，当 p 位于区间内（$p^\circ < p < p^*$）时，$E(r_c)'$是回报最高的技术。这个例子也包含技术 $E(r_c)^-$。这项技术劣于对应所有 p 的技术。对于某些 p 值，只有构成边界的技术才是需要考虑的重要技术。

边界可以由以下关系式来描述：

$$A = \overline{A} - a(\Delta) \tag{3}$$

其中，$\overline{A}$ 是一个常数，函数 $a(.)$ 从 0 开始，是递增且凸的 ［$-a(.)$

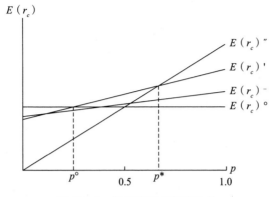

图 28 – 1　和平概率与期望收益

是递减且凹的]。在形式上，分段线性函数 $a(.)$ 的条件是：

$$a(0) = 0, 当 \Delta_1 \leq \Delta_2 时, 0 \leq a'(\Delta_1) \leq a'(\Delta_2) \qquad (4)$$

图 28 – 2 给出了对式（3）的解释。在这种特殊情况下，其采用与图 28 – 1 相同的技术，$\overline{A} = A°$。在这个例子中，它也是这样的情况，即边界开始于 $\Delta = 0$（且连续）直至 $A = 0$。一般情况下不需要这样，随后，我们将在 Δ 的最小值严格为正的情况下进行讨论。

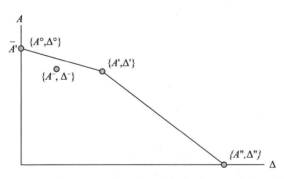

图 28 – 2　技术前沿

当某一特定群体的企业家独立选择技术时，每人将 p 视为给定，并选择最大化 $E(r)$ 的技术。将式（2）和式（3）组合，我们得到：

$$E(r) = \overline{A} + p\Delta - a(\Delta)\omega \qquad (5) \quad 712$$

企业家的问题是选择 Δ 以最大化式（5）。一阶条件是：

$$\frac{\partial E(r)}{\partial \Delta} = p - \alpha'(\Delta) = 0 \Rightarrow \Delta = \Delta(p) \tag{6}$$

这个一阶条件等价于（即选择相同的技术）得到图 28 – 1 中边界的计算方法。[①] 当求解关于 p 的一阶条件时，就得到了函数 $\Delta(p)$。这一函数对于所有 p 选择最优的 Δ。

因为 $a(.)$ 是凸的，从式（6）得到，$\Delta(p)$ 是 p 的弱递增函数。于是从式（3）得到 A 是 p 的递减函数。

我们得出以下结论。

对和平的信心会导致出现脆弱性技术：随着和平信心的增加，每个企业家的技术选择将更加依赖和平（较高的 Δ 和较低的 A），并因此更具脆弱性。此外，预期收益随着和平概率的提高而增加。

从某种意义上说，这个结果的后一部分并不重要。对式（5）微分并与式（6）给出的最优选择结合在一起，就可以正式地得出这个结论。从这些可以得出在最优点有：

$$\frac{\partial E(r)}{\partial \Delta} = \Delta \tag{7}$$

$$\frac{\partial^2 E(r)}{\partial p^2} = 1/a''(\Delta) \tag{8}$$

因此，Δ 随 p 增加递增，而随 A 增加递减。在图 28 – 2 示例的基础上，图 28 – 3 解释了这个结论。一般模式是 Δ 关于 p 递增，而 A 关于 p 递减。

713　　一般性结果认为，企业家行为与对和平的信心一起导致预期收入上升，冲突脆弱性提升。如果我们对比两个采用同样技术的社会，但其中一个比另一个的和平概率更高，那么和平社会中企业家的预期收入会更多。然而，在不太可能发生冲突的情况下，总体和平的社会将遭受更大损失。然而，在一个预期会发生冲突的社会中，生产结构会更加稳健，与冲突相关的损失将更少。

这个结论也反映出文献中的深刻见解。这也符合伊兹密尔和罗德里克（Özler, Rodrik, 1992）的某些观点，他们讨论了一个经济体缺乏投

---

① 注意，$a(.)$ 并不总是可微的，$a'(\Delta) = p$ 的条件应被视为条件 $a'(\Delta - \epsilon) \leqslant p$ 和 $a'(\Delta + \epsilon) \geqslant p$ 的简写。或者，我们可以将 $a(.)$ 看作通过"圆滑线角"而形成的多面边界函数。

资激励的情况，在这个经济体中，工人和资本家可能会因如何分配生产收益而产生冲突。

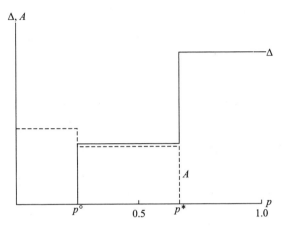

图 28 - 3　技术选择和冲突的脆弱性

　　这符合科利尔（Collier，1999）的一些探讨。利用乌干达的国民账户数据，他考察了以下关于内战经济后果的预测："概括地说，具有以下四个特征中任意一个的活动倾向于订立契约：资本密集型或交易密集型的活动，提供资本或交易的活动"（Collier，1999：178）。科利尔确实发现乌干达就采用这样的模式。他的解释是，随着冲突继续，生产技术将从脆弱性技术转变为更加稳健的技术。在简单的静态设定中，这个预测被证实了，冲突的预期会影响生产选择。

　　科利尔（Collier，1999）的其他研究结果也支持我们的预期结果。"经验证据表明，如果一场内战只持续一年，那么它导致在和平的第一个五年中，每年的增长会损失 2.1%，这个损失与战争持续情况下的损失没有显著差别"（Collier，1999：181），因此，冲突的经济成本主要不是与破坏相关的，而与政治不稳定环境中投资意愿减少有关。

　　既然我们已经确立把生产选择作为和平概率的函数，我们可以继续确定和平概率本身。只有当没有任何一个党派愿意发动进攻时，和平才会出现。 714

2.2　攻击还是不攻击

　　为了得出冲突减少脆弱租金的结论，我们考虑挑战者发起冲突的诱因。非脆弱租金的数量由 R 给出。在和平时期，挑战者精英获得的回报为 $\pi_c = \mu R + \theta r_c$。挑战者群体在和平时期得到非脆弱租金 R 的一部分，为 μR。份额 μ 是已知、固定的参数，它描述了挑战者群体在当前的社会安排中受到歧视的程度。我们之后会回来讨论 μ 的决定。此外，挑战者精英以一个因子 $\theta \in [0, 1]$ 评价其企业家的回报。θ 值代表精英对其群体的身份认同。

挑战者精英可能会被诱惑发动一场战争，以获得全部非脆弱租金 R。在发生冲突的情况下，每位精英都可能试图通过在暴力活动中投入资源来尽力提高获胜的可能性。在我们考虑的简单例子中，挑战者精英在发起或不发起一场给定强度的冲突之间做出离散选择。在冲突情况下，所花费的资源量假设是固定的，用 z_c 来表示。

两个独立的群体决定是否攻击对方。对于精英而言，无论从战斗投入角度讲，还是从该群体自身企业家损失的角度讲，攻击都是成本高昂的。

攻击后，获胜的一方可以获取全部租金 R。有四种可能的选择组合：没有群体发起攻击［NN］、挑战者和统治者都发起攻击［AA］、由挑战者单方面发起攻击［NA］、由统治者单方面发起攻击［AN］。这个博弈可由下面的矩阵表示：

统治者 挑战者	不攻击	攻击
不攻击	［NN］	［AN］
攻击	［NA］	［AA］

$$(9)$$

我们主要关注挑战者是否发起攻击的选择，此时，假设当且仅当预期会受到攻击时统治者才会攻击。这简化了分析，但足以解释大部分主要结论。通过一些努力，该分析可以推广到参与双方都可能被诱导发起攻击的情况（Mehlum, Moene, 2010）。从形式上看，这意味着统治者的选择存在如下排序。

统治者：［NN］＞［AA］＞［NA］，［NN］＞［NA］。

我们还假设当挑战者预期会被攻击时，就将发起攻击，此时允许存在其从单方面攻击中获益的可能性：

$$挑战者：[NN] > [AA] > [AN]$$

$$挑战者：\begin{cases} [NN] > [NA]，单方面攻击没有吸引力 \\ [NN] < [NA]，单方面攻击具有吸引力 \end{cases} \tag{10}$$

在这些条件下，纳什均衡总是出现在主对角线上。参与双方都发动进攻的情况总是一个纳什均衡。参与双方放弃攻击的情况可能是一个均衡，但只有在挑战者没有受到单方面攻击的诱惑时才会出现。

在下文中，我们关注挑战者的支付。挑战者的期望支付 π_c 为：

$$\pi_c = （租金的份额）R + \theta r_c - （战斗投入的成本） \tag{11}$$

在这里，租金的份额是和平时期的份额，或发生冲突情况下获胜的概率。对挑战者企业家回报的评价由 θr_c 给出，当考虑攻击时，精英将顾虑企业家的损失。最后，当挑战者不攻击时，战斗投入的成本为 0，当攻击时，它为正值。

下面的矩阵给出了挑战者精英在不同选择下的支付：

挑战者＼统治者	不攻击	攻击
不攻击	$\mu_c R + \theta(A + \Delta)$	$0 + \theta A$
攻击	$R + \theta A - \alpha \bar{z}_c$	$1/2R + \theta A - \alpha \bar{z}_c$

$$(12)$$

如果没有参与者发起攻击，那么挑战者得到和平时期的租金份额 μR。企业家获得无冲突的回报 $A + \Delta$，以 θ 为权重进入精英的支付。如果发生单方面或者全面冲突，那么对稳定性和信任敏感的部分 Δ 将损失掉，企业家的支付下降到 A。在挑战者单方面发动攻击的情况下，其确定得到全部租金 R，并以单位成本 α_c 付出努力 $\bar{z}_c$。在统治者单方面攻击的情况下，挑战者得不到任何租金，也不会投入任何战斗。最后，在双方都发动攻击的情况下，我们假设双方获胜的概率均为 50%，因此，期望的租金份额为 $1/2R$。

当权衡所有相对于和平支付 $\mu R + \theta(A + \Delta)$ 的收益和损失时，挑战者精英的支付矩阵为：

挑战者 ＼ 统治者	不攻击	攻击
不攻击	0	$-\mu R - \theta\Delta$
攻击	$(1-\mu)R - \theta\Delta - \alpha_c\bar{z}_c$	$(1/2 - \mu)R - \theta\Delta - \alpha_c\bar{z}_c$

(13)

在这里，Δ 是挑战者群体的和平红利（以没有攻击时更多产出表716 示的收益）。

我们已经假设当 $[AA] > [NA]$ 时，挑战者总是偏好反击。正式地，这意味着：

$$1/2R > \alpha_c\bar{z}_c \qquad (14)$$

如果 $[NA] < [AA]$，那么挑战者将不会被单方面攻击所吸引。根据式（13）的矩阵，这个条件可以被表示为：

$$\theta\Delta > (1-\mu)R - \alpha_c\bar{z}_c \qquad (15)$$

因此，如果攻击成本相对于净收益是高的，那么挑战者不会被攻击所吸引。净收益取决于和平租金份额 μR。总成本由努力成本 $\alpha_c\bar{z}_c$，以及冲突造成的企业家损失 Δ 组成。Δ 的值反过来取决于生产者进行生产选择的脆弱性。假设攻击成本 $\alpha_c\bar{z}_c$ 依赖经济体的当前状况，并被认为在事前是不确定的。

如果 $\alpha_c\bar{z}_c$ 服从累积密度函数为 $F(\cdot)$ 的分布，则挑战者群体不攻击的概率为：

$$p = 1 - F((1-\mu)R - \theta\Delta) \equiv P(\Delta, R) \qquad (16)$$

从式（16）中可以直接得出以下几点性质。

• 租金越高，和平就越脆弱，因为租金 R 越高，挑战者群体越有可能发动攻击。如果挑战者群体获得了更高份额的租金 μ，那么这种影响会被抵销。

• 攻击损失越大，攻击的吸引力就越小，Δ 越高，那么挑战者群体被攻击的可能性就越小。

• 对自己群体成员的关注更多，会降低精英的攻击性，因为较高的 θ 降低了挑战者精英攻击的概率。

图 28 - 4 解释了这些特性。实线表明 p 随着 Δ 增加而递增。θ 越大，Δ 增加所带来的保证和平的效应就越强，因为当 θ 较高时，精英对企业家损失的关注就较多。在成功攻击的情况下，$(1-\mu)R$ 可以表示额外租金的增加，单方面攻击诱惑的增加将使和平概率降低。

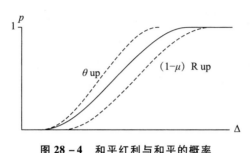

图 28 - 4　和平红利与和平的概率

2.3　持续和平的均衡概率

冲突概率与和平红利负相关。和平红利反过来由预期的冲突概率决定。现在关注的重点是冲突预期如何影响成员的生产选择，生产选择反过来如何决定冲突的概率。

从式（16）中我们可知 $p = P(\Delta, R)$。由于来自生产选择的 Δ 是 p 的增函数，来自冲突选择的 p 是 Δ 的增函数，恶性循环、良性循环和多重均衡都是有可能的。为了简单起见，我们专注于只有两种有效技术可供选择的情况。这两种技术表示为 H 和 L，且 $\Delta^H > \Delta^L$。企业家从 L 变为 H 的和平概率临界点记为 p^*。将技术反应与和平概率的机制结合起来，可能会产生两个局部稳定均衡：一个在图 28 - 5 中的 L 点，该点的 p 和 Δ 是低的，另一个在图 28 - 5 中的 H 点，该点的 p 和 Δ 更高。

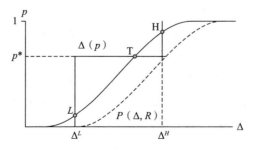

图 28 - 5　离散生产选择的均衡

第一个均衡是 L 点，在该点，对和平的信心较低，生产水平较低，这是自我实现预测的一个结果。在这个均衡中，群体成员将资源分配到生产性较低的活动中，因为其预测和平概率低于 p^*，而精英面对非常高的诱惑发起冲突，因为预期的战争成本是低的。因此，在 L 点：

- 对挑战者与统治者之间对抗的恐惧使民众不愿投资生产性活动，这种活动在很可能发生的冲突中招致损失，和平红利 Δ 会变少；
- 对精英而言，冲突的成本更低，较强者可能会被诱惑而发起冲突；
- 政治紧张局势加剧，从某种意义上说，基于对高层政治紧张感知的私人倡议可能会为冲突以高概率出现创造条件，这证实了公民的初始信念，即该国容易发生冲突。

另一个均衡点是 H 点，在该点，对和平的高度信心和高产出是自我实现预期目标的一个结果。在这个均衡中，群体成员将资源分配到高生产性活动中，由于预期和平的概率高于 p^*，而精英没有被发动冲突所吸引，因为战争的预期成本是高的。

战争的高成本源自高的 Δ。在抽象层面上，根据张（Chung，1995）的研究，对和平的承诺可被看作"专用性投资"以作为"策略承诺"的一个例子。其投资作为商业伙伴关系中的一种承诺机制，"专用性投资在内部合同关系中的价值高于在外部关系中的价值。违约方做出专用性投资越多，当其违反原始合同时，必须承担的转换成本就越高"（Chung，1995：441）。

H 点也是违反"和平合同"给挑战者带来高昂成本的情况。因此，在 H 点：

- 对和平的信心促使民众投资生产性活动，即使这种活动在不太可能发生的冲突中会损失掉；
- 对精英而言，冲突的成本变得更加高昂，即使是充满敌意的强者也变得倾向于进行和平协商；
- 政治稳定有所缓解，因为基于对政治稳定的感知的私人倡议为和平出现创造了条件，这证实了民众的初始信念，即该国受到保护可免于冲突。

图 28-5 还包含一条虚曲线，它表示租金 R 增加的情况。在这种情况下，Δ^H 均衡完全消失，只留下低的 Δ^L。

L 点与科利尔（Collier，1999）对冲突后社会的分析非常符合。"尽管内战的影响很严重，但恢复和平并不一定产生和平红利。和平不会重现战前经济的财政或风险特征：军事开支负担更高，战争重新爆发的可能性更高。"（Collier，1999：181）科利尔指出了微小和平红利与新冲突高风险之间的因果关系。我们的模型也假设，微小的和平红利本身解释了持续冲突的高风险。

719

只有企业家把 H 视为一个可信和可行的选项，才有可能向 H 点移动。此外，还需要进行一定的协调，因为在一个不确定和有风险的环境中，等待和观望可能是最明智的策略。

为了实现从冲突到和平的转变，经济必须超越临界点 T。在简单的静态模型中，它意味着一小部分企业家在促使 Δ 超越 T 的技术选择上进行协调。一旦所有参与者确信 p 将超越 p^*，则都将选择高回报技术。

在现实中，Δ 可能需要相当长的时间调整。如果是这样，那么冲突的历史可能很难扭转。如果 Δ 在对和平的协调预期中有所增加，但只是逐渐增加，那么在 Δ 达到足以抑制挑战者的水平之前，挑战者可能会受到暴力的诱惑。

因此，协调可以推动经济从一个均衡转移到另一个均衡。这个结果与罗德里克（Rodrik，1991）对经济体在商业友好型改革后的投资进行分析时得出的结果相似。如果大多数企业家认为改革是可信的，那么其就会投资，改革就不会逆转。但是，如果没有投资响应，改革可能就会被逆转。因此，存在自我实现失败的问题。协调问题表明，当参与者无法内化全部效应时，其进行的技术选择会影响和平概率，参与者对于承担风险显示出太多克制。如果他们能聚到一起，那么就可以协商一致地向均衡点 H 移动。事实上，甚至可以做得更好，在下一节中，我们将从挑战者群体的企业家开始，讨论对各种行动者的最终激励机制。

3. 群体的激励机制

在本节中，我们考虑以协调收益形式体现的社会凝聚力的影响。首先，我们考虑了挑战者群体中企业家协调投资活动的激励，以影响挑战者群体精英和统治群体精英的行为。

3.1 对于挑战者企业家的群体激励机制

想象一下挑战者群体中的企业家协会，其会考虑技术选择对冲突概率的反馈影响。对于这样一个协会来说，谨慎行事不具有吸引力，因为这恰恰为冲突铺平了道路。在考虑到式（16）和式（3）的情况下，协会将最大化式（2），得到目标函数：

$$E(r) = \overline{A} + p(\Delta, R)\Delta - a(\Delta) \tag{17}$$

从现在开始假设函数 $a(.)$ 是连续且适当可微的，一阶条件是：

$$\frac{\partial E(r)}{\partial \Delta} = p(\Delta, R) + \Delta p_1'(\Delta, R) - a'(\Delta) = 0 \Longleftrightarrow \tag{18}$$

$$p(\Delta, R) + \Delta p_1'(\Delta, R) = a'(\Delta) \tag{19}$$

对于挑战者企业家协会而言，增加的 Δ 带来的私人回报和社会回报之间的差异可以用 $\Delta p_1'(\Delta, R)$ 来表示。Δ 的边际增加使 p 增加了 $p_1'(\Delta, R)$，对这一增加的评价由 $\Delta p_1'(\Delta, R)$ 给出。挑战者企业家的社会回报如图 28-6 所示。这里，呈驼峰形式的实线表示式（19）的左侧。社会收益总是高于私人收益。因此，如果可能的话，协调企业家的决策者希望实现比分散决策者更高的 Δ。

给定企业家可以从图 28-6 中选择的两种技术，对于企业家协会而言，Δ^H 是首选技术。另外，Δ^H 还从 Δ 的进一步增加中获得大量收益。这个收益由社会收益曲线在 $\Delta = \Delta^H$ 的高度来衡量。这个距离显示了对于进一步增加 Δ 的支付意愿。

给定 Δ^H 为 Δ 的最高水平，Δ 进一步增加将仅可能通过操纵 H 中的技术，而使它更加脆弱。为了证明这一点，我们可以想象 A 减少 1，相应地，Δ 将增加 1。在这种情况下，$a' = 1$，正如虚线逐步延伸至 $a'(.)$ 所体现的那样。考虑到这种人为地使技术更加脆弱的可能性，技术选择以 $p = 1$ 发生在 C 点。最优的 p 是 $p = 1$，这并不意外，因为只要保证和平确定可以实现，以 A 减少 1 单位交换 Δ 上升 1 单位是无成本的。

• 如果一项技术可以通过简单地在稳健部分和脆弱部分一对一地转移生产而变得更加脆弱，那么中央决策者将采取这种方法，直到确定实现和平。

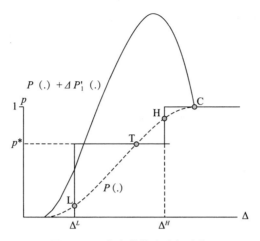

图 28 - 6　集中的技术选择均衡

这一结果取决于使 p 一直上升到 1 的可能性。如果存在剩余的冲突概率，那么 $p(\Delta,R)$ 永远不能到达 1，从中央决策者角度看，最优决策是 $p < 1$，则：

$$\Delta p_1{}'(\Delta,R) = 1 - p(\Delta,R) > 0 \qquad (20)$$

然而，集中选择将总是不同于个人选择，因为当 $a'(\Delta)=1$ 时，个人企业家永远不会喜欢更脆弱的技术。[①]

社会和私人对 Δ 增加的评价存在差异，源于它对和平概率的正向影响。这种影响的强度取决于模型的参数，特别是可获取的租金 R。如果租金增加，即时效果是降低了和平的概率，从而降低了来自 Δ 增加的个人收益。这可以通过图 28 - 7 中的"私人评价"曲线向下移动来说明，正如我们在图 28 - 5 中看到的，结果是分散均衡可能因此向下移动。与私人回报一样，"社会评价"也向外移动。在这个例子中，对于较高的 Δ，社会评价在向上移动。其原因是，当 p 较低时，对和平概率的边际影响更高。只要决定 P 函数的冲击有一个钟形密度，在 p 接近于 1 时，这个结果一般就会成立。

3.2　对挑战者精英的群体激励

为了考虑对挑战者精英的群体激励，我们应当还记得，如果挑战者

---

① 　除非 $p=1$，否则企业家是无差异的。

有动机单方面发动侵略以在突然袭击中获胜，那么冲突就会爆发。如果
是这样的话，那么经济最终会陷入一种冲突状态，即资源在冲突中被浪
费，生产潜力丧失，因为参与者的技术选择是为了在冲突情况下进行防
护以避免损失。

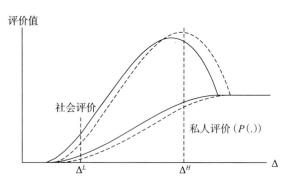

图 28 – 7　脆弱性的社会评价和私人评价

这种冲突结果可能是经济体中所有参与者不希望看到的，这些参与
者通常有影响企业家选择的动机。一种情况是挑战者精英相对于冲突更
喜欢和平。回到式（13），如果 $\alpha \bar{z}_c + \theta \Delta < (1 - \mu)R$，则冲突将爆发。

如果 $\alpha \bar{z}_c + \theta \Delta > (1/2 - \mu)R$，那么两类精英之间博弈的均衡就会产生
囚徒困境的结果。于是，挑战者将努力找到一种方法来承诺不发动攻击
的策略。实现该目的的方法之一是刺激 Δ 增加。在存在两个均衡的情况
下，通过使企业家对较高的 Δ 进行协调，挑战者精英就不太可能被诱惑
去发动破坏性冲突。精英也会发现，为超过企业家为自己选择的 Δ 的水
平付费，是符合自身利益的。

实现可信和平的另一种方法是让挑战者精英用某种方式提高 θ。这
个参数捕捉了精英对其群体成员的亲和力。一个可信的提高 θ 的方法是
将企业家纳入挑战者精英的内部圈子。这样就避免了对精英会采取明显
针对企业家利益行动的担忧，Δ 也内生性地增加，进一步加强对和平的
承诺，这样的过程就开始了。民主化可能会提高 θ，我们的结果在这方面
类似于阿西莫格鲁和罗宾逊（Acemoglu，Robinson，2000，2001）的研究。

然而，即使在有利的情况下，对大多数精英来说，对群体利益的承
诺也很难保证。例如，挑战者精英可以预先把权重 $\theta = 1$ 赋予其企业家，
从而可以根据挑战者群体的整体利益采取行动。不过，精英可能知道，

面对未来获得大量租金的前景，随着利己偏好的变化，赋予企业家利益的权重可能会降低。这可能是政治意志薄弱或精英内部权力斗争的结果，在这种情况下，更具侵略性的、更为自利的因素可能在决策中占上风。如果存在这样的时间不一致因素，那么挑战者精英在事前将最大化：

$$\bar{A} - a(\Delta) + p(\Delta, R)(\Delta + \mu R) + (1 - p(\Delta, R))(R/2 - \alpha \bar{z}_c) \quad (21)$$

其中，精英将所有企业家的收益内部化，这表明，和平的相关概率 $p(\Delta)$ 函数是由 $\theta < 1$ 倒推决定的。一阶条件是：

$$p(\Delta, R) + (\Delta + (\mu - 1/2)R + \alpha \bar{z}_c)p_1'(\Delta, R) = a'(\Delta) \quad (22)$$

与式（19）相比，我们看到，当精英的支付也被放入图中时，如果 $((\mu - 1/2)R + \alpha \bar{z}_c) > 0$，那么对增加的和平概率的评价上升了。除非 μ 远小于 $1/2$，或者 R 是高的，这个不等式都成立。因此，挑战者精英可能比企业家协会更希望通过刺激脆弱活动来稳定和平。再一次，最优解决方案是增加 Δ 从而使 p 达到 1。

3.3　对统治精英的群体激励

自始至终，我们都假设统治精英相对于冲突更喜欢和平。无论是从资源使用来看，还是从统治集团内部企业家的生产损失来看，冲突都是成本高昂的。因此，在最后阶段，统治精英将有动机通过酌情增加 μ 向挑战者群体进行支付。正如已经得到的，冲突会爆发，如果：

$$\alpha \bar{z}_c + \theta \Delta < (1 - \mu)R \quad (23)$$

因此，统治精英可以通过设置足够高的 μ，使这个不等式反转过来，从而避免冲突。根据统治精英的冲突成本，这种冲突缓解政策可能是有价值的。由此产生的挑战者租金的累积份额是：

$$\mu R = R - \alpha \bar{z}_c - \theta \Delta \quad (24)$$

与其他酌情让步一样，如果能够预期到的话，那么这种冲突缓解政策可能会影响挑战者群体自身的激励机制。这可能会对挑战者企业家产生积极影响，因为其对和平更有信心，但这可能会降低挑战者精英为和平做出贡献的激励。统治精英的让步实际上可能是招致挑战者精英的"劫持"策略。这可以用统治精英完全致力于和平的例子来说明。

如果挑战者群体的企业家认为统治精英致力于和平，那么其将在自己的优化问题中设定 $p=1$，并选择 Δ 和 A 的整体最优组合。这将提高 Δ 并有助于建立和平的激励机制。由式（24）可知，Δ 增加通过 μR 的增加内生性地降低了转移支付的需求。

另外，挑战者精英承认这一点就会受到诱惑以减少对企业家的关注。如果统治精英意识到 θ 确实很低，那么转移支付的需求就更大了。通过这种方式，挑战者精英可以通过策略识别迫使统治精英做出让步：

- 如果统治精英准备为和平付出代价，那么挑战者精英可以通过减少对群体成员的关注来获得利益。

上述策略类似于这样一种策略，即为了被解释为一个可置信的威胁，而将自己的弱点轻描淡写。然而，这种对精英激励的歪曲可能是可信的。在这种情况下，可以采取更实质性的策略（如炸掉用于撤退的桥梁），以获取额外租金。一种方式是通过压制 Δ 和刺激 A，这影响企业家选择更稳健的技术。通过这种方式，挑战者精英可以利用企业家的沮丧，从统治者那里榨取最大可能的租金。

假设统治精英都致力于实现和平，我们因此可以使用式（24）表示的补偿条件。于是，通过将 Δ 减少一小部分 d，根据式（5）和式（11）可以推出，挑战者精英将损失 $\theta d(1 - a'(\Delta))$。由式（24）可知，对补偿的需要将增加 θd。因此，如果统治精英想避免冲突，其将不得不增加这个数额的补偿。于是，挑战者精英的净收益为 $\theta d a'(\Delta)$。在这种情况下，使该技术更稳健的做法会破坏局势，挑战者精英可以利用这种做法获得更多的租金。随着依赖和平部分 Δ 的减少，补偿将增加，但它不受更稳健的部分 A 所影响，$a'(\Delta)$ 给出了 A 和 Δ 之间在边际上此消彼长的关系。

4. 结论

在最近关于内战的综述中，布拉特曼和麦圭尔（Blattman，Miguel，2010：2，3）写道：

国内战争爆发通常归因于贫困。事实上，低人均收入和高国内战争倾向之间的关系是文献中最稳健的实证关系之一……然而，主张从贫穷到冲突存在直接因果关系应当谨慎。一个原因是，这条因果关系线可能是反向的。冲突摧毁了生命、健康和生活水平。

在这一章中，我们已经表明，精英和企业家动机之间的不匹配可能会产生贫穷与冲突之间的双向联系，可能产生冲突和低增长的自我实现预期。不一定是低收入水平本身使贫穷国家容易发生冲突，而是未解决的群体分裂和缺乏信心同时导致出现贫穷和冲突。这个结果与布隆贝格和赫斯（Blomberg，Hess，2002：89）的研究呼应："经济冲突往往会引 725 发内部冲突，而内部冲突反过来又促进经济冲突。此外，经济衰退的出现往往会提升内部冲突和外部冲突彼此自我强化的程度。"

基于建立信任与合作存在困难的情况，我们的讨论引出了一个有趣的自我实现预言模型。

首先，该模型显示了政治紧张是如何加剧的：在许多民众把私人倡议建立在高层感知的政治紧张局势之上的情况下，他们为冲突的出现创造了一定条件。对对抗的恐惧使民众不愿投资可能在冲突事件中损失的生产性合作活动。在这种情况下，对于精英而言，冲突成本会降低，甚至理性的铁腕人物会更加容易被诱惑而发起冲突。这再次证实了民众的初始信念，即国家容易发生冲突。

其次，该模型显示了政治稳定如何缓解紧张局势：在许多民众把私人倡议建立在感知到的政治稳定的基础上的情况下，他们为和平的出现创造了条件。对和平的信心使民众渴望投资生产性的合作活动，即使这些活动在不太可能发生的冲突中会损失掉。在这种情况下，对于精英而言，冲突变得更加昂贵，甚至敌对的铁腕人物也会更倾向于和平地妥协。这再次证实了民众的最初信念，即国家受到保护，免于冲突。

事实证明，精英之间的信任需要基层群体之间的信任，而基层的合作需要精英之间的信任。这些相互联系会随着精英与群体成员利益的差异程度的变化而变得复杂。精英发动冲突的动机取决于其对群体成员的认同。这种认同可能再次取决于精英对群体成员的社会关怀，以及精英对群体征税的能力。

同样地，先前强调的自我实现预言的模式与强有力的经验发现相一致，即贫穷国家比富裕国家更易发生冲突。然而，根据我们进行的机制分析，并不是收入水平低使穷国容易发生冲突。暴力冲突和低收入都是由相同的、与未解决的群体分歧和缺乏信心有关的"第三因素"造成的。第三因素同时解释了贫穷和冲突：它通过诱导民众不去投资群体间的合作活动而导致经济绩效低下；它通过降低精英对抗攻击的壁垒而导致出现冲突，因为他们几乎没有损失。因此，同样正确的说法是，贫穷国家之所以容易发生冲突，是因为它们贫穷；同样，贫穷国家之所以贫穷，是因为它们容易发生冲突。

有人说，战争是反向的发展。因此，战争风险可以被认为是一种反向发展的风险，一种对盈利能力和有益发展的预期拖累。这种未解决的社会敌意就像是对高生产性投资征徵的一种荒谬税收，这种投资很容易受到国内冲突和其他类型合作崩溃的影响，由此可能会形成冲突陷阱。

726

参考文献

Acemoglu, D., and J. Robinson. 2000. Why did the West extend the franchise? Democracy, inequality, and growth in historical perspective. *Quarterly Journal of Economics* 115: 1167 – 99.

——. 2001. A theory of political transitions. *American Economic Review* 91: 938 – 63.

——. 2006. Economic backwardness in political perspective. *American Political Science Review* 100: 115 – 31.

Adam, H., and K. Moodley. 1993. *The opening of the apartheid mind: Options for the new South Africa.* Berkeley: University of California Press.

Aslaksen, S., and R. Torvik. 2006. A theory of civil conflict and democracy in rentier states. *Scandinavian Journal of Economics* 108 (4): 571 – 85.

Auty, R. M., and A. H. Gelb. 2001. Political economy of resource-abundant states. In *Resource abundance and economic development*, ed. R. M. Auty. Oxford: Oxford University Press.

Benhabib, J., and A. Przeworski. 2006. The political economy of redistribution under democracy. *Economic Theory* 29 (2): 271 – 90.

Blattman, C., and T. Miguel. 2010. Civil war. *Journal of Economic Literature* 48 (1): 3 – 57.

Bloomberg, S. B. , and G. D. Hess. 2002. The temporal links between conflict and economic activity. *Journal of Conflict Resolution* 46（1）: 74 – 90.

Chung, T. , Y. 1995. On strategic commitment: Contracting versus investment. *American Economic Review* 85（2）: 437 – 41.

Collier, P. 1999. On the economic consequences of civil war. *Oxford Economic Papers* 51（1）: 168 – 83.

——. ed. 2003. *Breaking the conflict trap: Civil war and development policy.* Washington, DC: World Bank.

Collier, P. , and A. Hoeffler 2000. Greed and grievance in civil War, Research Paper 2355. Washington, DC: World Bank.

Elbadawi, I. , and N. Sambanis 2002. How much war will we see? Explaining the prevalence of civil war. *Journal of Conflict Resolution* 46: 307 – 34.

Esteban, J. , and D. Ray 2008. On the salience of ethnic conflict. *American Economic Review* 98（5）: 2185 – 202.

——. 2011. A model of ethnic conflict. *Journal of the European Economic Association* 9（3）: 496 – 521.

Fearon, J. D. 1995. Rationalist explanations for war. *International Organization* 49（3）: 379 – 414.

Fearon, J. , D and D. Laitin. 2003. Ethnicity, insurgency, and civil war. *American Political Science Review* 97（1）: 75 – 90.

Gates, S. , H. Hegre, H. M. Nygard, and H. Strand. 2010. Consequences of civil conflict. Paper presented at the workshop on the Behavioural and Cultural Foundations and Consequences of Violence, Lisbon, June, 7 – 8, 2010.

Garfinkel M. R. , S. Skaperdas, and C. Syropoulos. 2009. International trade and transnational insecurity: How comparative advantage and power are jointly determined. Working Paper 2680, CESifio Group, Munich, Germany.

Guiso, L. , P. Sapienza, and L. Zingales 2009. Cultural biases in economic exchange? *Quarterly Journal of Economics* 124（3）: 1095 – 131.

Liotta, P. H. 2001. *Dismembering the state, the death of Yugoslavia and why it matters.* Lanham, MD: Lexington Books.

Lujala, P. 2005. Petroleum and civil war. Working paper, Department of Economics, Norwegian University of Science and Technology, Trondheim.

Lujala, P. , N. P. Gleditsch, and E. Gilmore. 2005. A diamonds curse: Civil war and a lootable resource. *Journal of Conflict Resolution* 49: 538 – 562.

Martin, P. , T. Maye, and M. Thoenig. 2008. Make trade not war? *Review of Economic Studies* 75 (3): 865 – 900.

Mehlum, H. and K. Moene. 2002. Battlefields and marketplaces. *Journal of Defense and Peace Economics* 6: 485 – 96.

——. 2010. Vulnerable rents and conflicts, Mimeo, University of Oslo.

Miguel, E. , S, Satyanath, and E. Sergenti. 2004. Economic shocks and civil conflict: An instrumental variables approach. *Journal of Political Economy* 112: 725 – 753.

Özler, S. , and D. Rodrik. 1992. External shocks, politics and private investment: Some theory and empirical evidence. *Journal of Development Economics* 39: 141 – 62.

Przeworski, A. 2005. Democracy as an equilibrium. *Public Choice* 123: 253 – 73.

——. 2009. Force, wealth, and election. Mimeo, New York University, Department of Politics.

Rodrik, D. 1991. Policy uncertainty and private investment in developing countries. *Journal of Development Economics* 36 (2): 229 – 42.

Rosendorff, B. P. 2001. Choosing democracy. *Economics & Politics* 13 (1): 1 – 29.

Ross, M. L. 2001. Does oil hinder democracy? *World Politics* 53: 325 – 61.

——. 2004. What do we know about natural resources and civil war? *Journal of Peace Research* 41: 337 – 56.

Skaperdas, S. 1996. Contest success functions. *Economic Theory* 7 (2): 283 – 90.

——. 2002. Warlord Competition. *Journal of Peace Research* 39: 435 – 46.

Skaperdas, S. , and C. Syropoulos. 2001. Guns, butter, and openness: On the relationship between security and trade. *American Economic Review* 92 (2): 353 – 57.

——. 2002. Insecure property and the efficiency of exchange. *Economic Journal* 112: 133 – 46.

Slantchev, B. L. 2003. The power to hurt: Costly conflict with completely informed states. *American Political Science Review* 97: 123 – 33.

Torvik, R. 2002. Natural Resources, rent seeking and welfare. *Journal of Development Economics* 67: 455 – 70.

第六部分

通往和平之路

第29章　全球化与国际冲突：外国直接投资对国家间合作有促进作用吗？

所罗门·W. 波拉切克

卡洛斯·西格尔

项　军

1. 引言

有大量文献讨论了国家间贸易是否会带来和平关系的问题。这个议题的经济学基础是一个交换模型，即进行贸易的国家促进彼此间的和平以避免由于战争干扰贸易而带来的"机会成本"。这个观点至少可以追溯到孟德斯鸠（Montesquieu，1750），或者甚至是艾默里克·克略西（Emeric Crucé，1623），波拉切克（Polachek，1980）首先在李嘉图框架下推导出这个假说，波拉切克和项（Polachek，Xiang，2010）使用博弈论进行了正式表述，马丁、梅耶和汤尼格（Martin，Mayer，Thoenig，2008）通过机制设计框架进行了扩展，得到了贸易在多边贸易设定中的含义。在多边贸易背景下考察贸易—冲突关系的其他研究包括多鲁森（Dorussen，1999，2006），多鲁森和沃德（Dorussen，Ward，2010），赫格雷（Hegre，2002），波拉切克（Polachek，2003）以及波拉切克、罗布斯特和张（Polachek，Robst，Chang，1999）。

与这种方法不同，一些政治学家得到了不同的结论。例如，莫罗（Morrow，1999）认为，贸易和冲突之间并没有联系：如果是关于争议资源（如领土）的争端，那么冲突就独立于贸易。其他学者［如加尔茨克、李和博默尔（Gartzke，Li，Boehmer，2001）］认为，贸易传递出决心的信号。在这种情况下，贸易会减少高烈度冲突，如战争，但对于国家间军事争端（Militarized Interstate Disputes，MIDs）这样的低烈度冲突并没有影响。最后，马克思主义理论家［如巴比里（Barbieri，2002）］认为，贸易源自压迫国家对较弱小的被压迫国家的剥削。在这种情况下，殖民国家获得了所有贸易的收益，而其他国家实际上只是遭受了经济损失。此时，负的贸易收益可能导致冲突，因为没有潜在的贸易收益需要保护。贸易与冲突可能相关的理念可以追溯至克略西（Crucé，1623）的理论，对这个问题的实证检验是从最近 25 年才开始的［这方面的文献回顾可参见曼斯菲尔德和波林斯（Mansfield，Pollins，2001）以及拉西特和奥尼尔（Russett，Oneal，2001）的文章］。即使仍然存在一些争论，大部分经验显示贸易减少了国家间冲突。[①]

　　近年来，贸易的相互依存度呈指数级增长。不仅贸易在发展，而且资本流动也在成倍递增［纳瓦雷蒂和维纳布尔斯（Navaretti，Venables，2004）］。例如，图 29－1 给出了外国直接投资（Foreign Direct Investment，FDI）数据，外国直接投资在 20 世纪 80 年代和 90 年代快速增长，这意味着它很可能成为促进国家间和平关系的一股强大力量。有关跨国公司对外投资影响国际体系的研究早于近期对全球化的研究。一些研究，例如考克斯（Cox，1987）和海默（Hymer，1976）从马克思主义或激进派的观点探讨了这种联系。与这种分析紧密联系的是依存理论学者的研究，例如弗兰克（Frank，1967）。其他基于更为传统视角的有影响力的研究包括吉尔平（Gilpin，1975）、奈（Nye，1974）和弗农（Vernon，1971）。一般而言，后一类研究的观点是，跨国公司与其母国有着紧密联系，民族国家依然是国际体系的主要参与者。正如吉尔平（Gilpin，2001）所指出的，这一国家中心理论假设，跨国公司在本质上是国家的企业，在全球范围内与其他公司进行竞争。如果真是这样的话，那么从实证角度我们可以预期，跨国公司的直接投资与其母国的外交政策之间存在某些相关关系，因为正如我们将要解释的那样，母国往往能够从这些投资中获益。相反，如果跨国公司在国际体系中是独立的参与者，并且其不断提升的重要性削弱了国家的作用，如某些研究所认为的那样［大前研一（Ohmae），1990］，那么我们

---

① 例如，参见曼斯菲尔德和波林斯（Mansfield，Pollins，2001，2003）、波拉切克和西格利（Polachek，Seiglie，2007）以及施耐德、巴比瑞和格莱迪奇（Schneider，Barbieri，Gleditsch，2003）的文章。

应该可以看到在外国直接投资和母国与东道国针对彼此的外交政策之间，特别是关于它们之间的国际冲突方面，几乎不存在相关性。

734

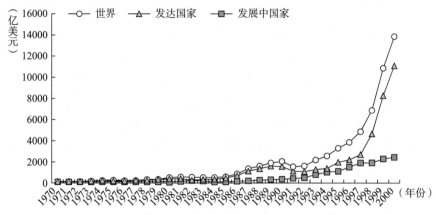

图 29 - 1　1970 ~ 2000 年世界、发达国家和发展中国家外国直接投资流入量

资料来源：UNCTC, Transnational Corporations in World Development 2003。

　　探讨资本流动和平效应的实证研究是十分有限的。然而，最近很多文章利用严格的统计分析框架探讨了外国直接投资如何与国家间冲突相关联。加西奥罗夫斯基（Gasiorowski, 1986）或许是系统研究外国直接投资与冲突间关系的第一人。他在冲突—贸易回归模型中加入了 1960 ~ 1964 年长期和短期资本流动占国民生产总值（GNP）的比例这一单边测度变量。他发现，外国直接投资和冲突之间存在弱的正相关关系。但这项分析使用了 1960 ~ 1964 年外国直接投资数值，而冲突变量涵盖 1960 ~ 1977 年。与加西奥罗夫斯基使用冲突与和平数据库（Conflict and Peace Data Bank, COPDAB）度量冲突不同，加尔茨克、李和博默尔（Gartzke, Li, Boeh-mer, 2001）采用的是国家间军事争端数据。他们发现，拥有较多对外直接投资流量的国家参与的国家间军事争端较少。他们认为这个结果支持了这样的博弈模型，即在模型中，国家通过相互依存发送有关其决心的信号。最近，李（Lee, 2005）应用机会成本模型，使用至 2000 年的较新的数据实际上复制了加尔茨克、李和博默尔的实证研究。

　　这些研究中普遍存在的一个问题是使用了一元外国直接投资数据。使用这样的数据是有问题的，因为一元数据无法区分外国直接投资如何同时导致特定国家存在合作关系与敌对关系。例如，假设美国向英国投资 300 亿美元，而对古巴的投资几乎为 0，如果美国—英国和美国—古巴这两对国家都报告了相同的美国对外直接投资值，那么就无法看出外国直接投资对美国冲突肇始的任何影响。如果是这样的话，那么很难看出这个变量的系数如何能够检测出美国冲突肇始在不同国家之间的差异。罗斯克兰斯和汤普森（Rosecrance，Thompson，2003：389）也提出了相同的批评，他们指出："之前所有的研究考察的都是系统性因素，而非特定的外国直接投资关系及其对投资国和接受国之间的冲突的影响。"然而，与本章给出的结果不同，本章使用的数据涵盖了经济合作与发展组织（Organization for Economic Co-operation and Development，OECD）的70个国家和非OECD国家的双边外国直接投资流量数据，而之前研究使用的双边外国直接投资数据只限于美国。

735

另一个问题是同时性偏差。过去30年，外国直接投资大规模增长带来了当前大量关于外国直接投资决定因素的经济学和政治学文献。外国直接投资最重要的决定因素之一是东道国的政治稳定性。如果政权不稳定且国家遭遇战争而分裂，那为什么要投资？（Rosecrance，Thompson，2003：383）事实上，有些私人公司为企业提供国际国家风险指南，如政治风险服务集团（PRS Group）和美国商业环境风险评估公司（Business Environment Risk Intelligence，BERI）。因此，因果关系尤其重要。李（Lee，2005：7）指出，"各国经常被要求为跨国公司提供通过直接投资获利的环境"。这个观点得到了塔尔齐（Tarzi，1991）的支持，他称："国家需要给跨国公司提供稳定的政治环境。"加尔茨克、李和博默尔认为，"由于资本市场规模远远超过商品和服务贸易的规模，企业应该比贸易更加重视投资的风险"，因为"外国的生产设施容易被国有化，而贸易却不能"（Gartzke，Li，Boehmer，2001：395）。这意味着外国投资比贸易更加依赖政治稳定性。或许加尔茨克、李和博默尔对此做了最好的总结，他们指出，"从国家依赖资本市场实现繁荣的程度看，它们也依赖政治稳定"（Gartzke，Li，Boehmer，2001：402）。

由于冲突与合作很可能会影响跨国公司的投资行为，并因此影响到外国直接投资，探讨外国直接投资是否依赖政治互动是合理的。这样，我们应该把外国直接投资作为联立方程组中的内生变量。这就意味着外国直接投资依赖政治关系，或简单说，外国直接投资是内生变量，而非外生变量。没有把外国直接投资如何依赖政治关系体现在模型中，意味着过去的模型都存在同时性偏差。

本章的目的就是要解决这两个问题，并使用新的冲突与合作测度方法，在这个过程中扩展我们之前的文章（Polachek，Seiglie，Xiang，2007）。首先，我们采用独特的双边外国直接投资数据。这些二元外国直接投资流是通过所有流入和流出的直接投资数据得到的，其中一对国家中至少有一个国家是 OECD 成员。其次，我们设计了一个联立方程组，一个方程将外国直接投资定义为由政治稳定性和其他变量决定，其他方程将冲突定义为外国直接投资和其他变量的函数。最后，为了估计这些方程，我们将双边外国直接投资数据与虚拟研究协会（Virtual Research Associates，VRA）整理的关于冲突与合作的新二元事件数据（1990～2000 年）合并。在这些数据中，我们加入了战争相关（Correlates of War，COW）数据以及关于国家属性的其他数据。利用这些数据，我们使用三阶段最小二乘法从统计上进行检验，在保持其他变量不变的情况下二元外国直接投资流动是否影响国家间的冲突与合作。此外，通过使用贸易数据代替外国直接投资数据重新对计量方程进行回归，我们比较了每个变量（例如，外国直接投资和贸易）在近期内影响国际冲突与合作的重要性。对于外国直接投资，我们发现外国直接投资每增加 10%，与之相关的净合作程度就会增加 3.3%。鉴于过去几十年外国直接投资快速增长，这个结果尤其重要。

本章结构如下。第 2 节指出分析资本流动影响国际冲突的另一项动因。第 3 节介绍外国直接投资和国际关系的正式模型。第 4 节讨论所使用的数据。第 5 节对外国直接投资—冲突关系进行经验估计。在第 6 节，我们将这些估计与贸易—冲突关系的类似估计进行比较。最后在第 7 节，我们得出结论。

2. 资本流动、贸易与和平：为什么它们
应当联系起来？

如果外国直接投资和贸易是相关的，那么贸易—冲突研究自然可以扩展到考察外国直接投资和冲突是否也相关。粗略证据表明，企业内贸易，也就是跨国公司子公司之间的贸易在世界贸易中占据相当大的比重。

就美国而言，跨国公司内部贸易约占美国商品出口的23%以及美国商品进口的17%（Mataloni，1995）。这意味着，外国直接投资能促进贸易，因此，一旦我们考虑到贸易时，外国直接投资可能只会产生微弱的影响。然而，从理论上说，外国直接投资既可能创造贸易又可能替代贸易，因此两者之间相关性的方向不明确。

如果外国直接投资通过在东道国增加分销渠道并带来营销机会，开拓新的市场，从而促进母国和东道国之间增加贸易，贸易创造就发生了。这种情况有时候被称为"滩头效应"（beachhead effect），此时外国直接投资和贸易对于市场渗透而言是互补战略。另外，如果跨国公司在另一国家建立生产设施，增加当地生产，从而取代之前从东道国的出口，或者允许增加从新的接受国向第三国的出口，则会发生贸易转移。关于外国直接投资增加还是减少贸易的经验证据是混杂的［参见布劳尼根（Blonigen，2001）］。

在其最早的文献中，蒙代尔（Mundell，1957）表明，贸易和资本流动可能负相关。在他的分析中，一个国家可以通过对正在进口的资本密集型商品征收关税来增加资本流入其经济中。由此导致国内资本密集型商品的价格上涨，进而导致该国资本相对于劳动的回报增加（斯托尔帕—萨缪尔森定理）。结果，相对大量的外国资本将流入东道国，因为资本被比母国更高的回报率所吸引。尽管如此，由于关税的原因，资本密集型商品的进口减少了，导致贸易平衡得到改善，但现在有资本流入，表现为资本账户的盈余（外国直接投资增加）。这种情况在美国曾经发生过，政府提出由日本汽车工业实行自愿出口限制（Voluntary Export Restraints，VERs）以减少美国的进口。然而，结果是，日本汽车公司在美国建立了装配厂（增加了日本的外国直接投资），获得了可观的收益。因此，国家间贸易减少对双边关系的影响可能会被两国居民之间额外的资本交易产生的影响所抵消。

国家间资本流动可以分为两种形式：资产组合投资（portfolio investment）和直接投资。国际货币基金组织（IMF）和大多数国家通常将直接投资界定为，外国企业至少10%的所有权由东道国居民获得的情况。10%或以上的所有权被认为是对外国企业管理具有持久利益或一定影响程度的证据。因此，无论一家美国公司在东道国建立了新的生产设施，还是收购了外国公司的生产设施，都会被记录为外国直接投资。任何不属于外国直接投资的外国投资都被视为资产组合投资。在这个重要的地方，对于企业内贸易和外国直接投资应当进行一些说明。如果美国公司在 T 时刻在墨西哥设立一家子公司，那么它被记录为当年的直接投资。这是在 T 时刻两国之间的资本流动。如果美国公司后来不再进行任何投资，那么两国之间的直接投资在随后几年中变为 0，也就是说，外国直接投资的存量与 T 时刻的情况相比保持不变。然而，贸易流在 T 时刻之后依然持续。例如，假设墨西哥子公司开始从美国母公司那里进口零部件并在墨西哥组装。那么美国和墨西哥之间的贸易记录在随后几年中将保持在较高水平，尽管在同一时期外国直接投资为 0（Fieleke, 1996）。

因此，对贸易—冲突关系的一项补充研究应当分析，两种类型资本流动在收支平衡和冲突中的关系。由于只能获得二元维度的外国直接投资数据，没有资产组合投资数据可以使用，我们只关注外国直接投资对冲突的影响，并且在实证研究中考虑贸易的影响。

3. 模型

在本节中，外国直接投资影响国际关系的主要机制与贸易影响国际关系的机制类似。外国直接投资使母国和东道国均受益。如果跨国公司的母国或东道国政府发动了冲突，导致直接投资减少，且与之相关的回报被没收，那么大部分外国直接投资的收益就消失了。我们认为，为了保护这些收益，母国和东道国政府都将减少冲突，促进合作，这非常像为什么互为贸易伙伴的政府会努力在彼此间保持和平关系一样。对母国而言，外国直接投资的优势来自跨国公司，即外国直接投资的代理人。在大部分经济体中，跨国公司的生产规模使其采用最先进的技术、管理技巧，并进行大量的研究与发展投资。这为国民经济带来高收益，使跨国公司潜在地对母国政府为保护其投资所采取的政策产生重要影响。

东道国也能从外国直接投资中获益。在东道国的直接投资能带来新技术、管理技巧和人力资本。其中有些是非竞争性的商品，因此可与本地企业共享。特别是，外国直接投资能产生生产率溢出效应，当地企业可能受益。通过这些溢出效应，东道国能够获得通过本国投资或商品与服务贸易难以实现的收益。不仅如此，跨国公司为其员工提供培训，从而提高了工人的生产率，如果这些工人后来换了雇主，这就将使本地企业受益。除了这些溢出效应之外，跨国公司还从本地公司采购，并以更低的成本向东道国生产企业提供中间产品。它们还通过缴纳公司税为东道国财政收入做出贡献。与短期资本流入不同（短期资本流入由于会影响货币价值，不利于东道国的经济稳定），具有长期性质的外国直接投资会使经济更为稳定并具有更高的生产率。① 事实上，经验证据表明，外国直接投资对东道国实际人均收入增长有着积极且显著的影响［参见，例如，博伦斯廷、德·格里高利、李（Borensztein, de Gregorio, Lee, 1998）；卡瓦尔（Khawar, 2005）］。如果跨国公司的母国或东道国政府发动了冲突，并导致直接投资减少，那么很多收益就损失掉了。为保护这些收益，减少冲突以促进合作是符合母国和东道国利益的，就像使用机会成本观点来解释为什么贸易伙伴的政府之间会努力维持彼此间的和平一样。

一些博弈论模型得出了类似的结论，即相互依赖减少了冲突。与冲突相关的机会成本推动合作不同，它们认为，各国威胁切断相互依赖关系，以此作为信号表明他们开战的决心（Morrow, 1999）。这些模型与基于李嘉图模型的机会成本方法是一致的，因为它们都需要用来自贸易的收益传达表示决心的信号，否则一国的威胁就完全是"空谈"（cheap talk）了。此外，与加尔茨克、李和博默尔（Gartzke, Li, Boehmer, 2001）所声称的不同，他们没有否定，而是补充了机会成本的方法（Polachek, Xiang, 2010）。

仔细研究外国直接投资可能会得到更强有力的原因，即为什么与贸易相比，外国直接投资可以减少国家间冲突。外国直接投资具有某些贸易所不具备的属性。特别是，它的长期性质使其区别于贸易。在贸易情况下，当遇到不利情况时，一国可以更为频繁且容易地改变合作伙伴。因此，如果两个国家之间爆发了战争，贸易商品可能被扣押或延迟，或被转移到另一目的地。这两个国家之间终止贸易所带来的损失可以减小

① 例如，1997 年亚洲金融危机导致的资本外流主要包括银行贷款和资本组合投资流动，外国直接投资基本上保持不变。楚汉、佩雷斯 – 奎罗斯和波普（Chuhan, Perez – Quiros, Popper, 1996）发现，外国直接投资对短期资本流动的变化不敏感，而短期资本流动对外国直接投资等长期资本流动的变化非常敏感。

到最低限度。然而，外国直接投资则不然。一旦进行了投资，跨国公司不能任意撤回投资。国家间冲突造成的损失会持续很长一段时间，成本无法收回。基于此，跨国公司可能会利用其力量推动两国政府合作，或者至少让母国政府采取合作政策，而不是实施进行冲突的政策。此外，东道国政府也可能被诱导采取合作政策，以展现对于外国直接投资的友好形象，以吸引来自其他国家的更多投资。因此，结果很可能是国家间进行合作以及出现更少的冲突。

在正式模型中，我们假设政府在国内寻求公民福利的最大化。然而，我们认为企业的游说者（包括跨国公司）或其他施压团体可以影响政策制定者，因此，根据中间投票者模型，大部分人的福利水平仍掌握在当权的民主政治家手中（Downs, 1957），同理，在独裁体制中，公民的福利水平会降低发生革命的可能性（Geddes, 1999）。此外，公民是跨国公司的股东，政策对这些公司基本面的不利影响或者反应在更低的股息支付上，或者反应在降低的公司股价上。因此，如果没有利益补偿，该国民众将反对这样的政策。

我们用一个国家的总产出（即国内生产总值，GDP）来衡量民众的福利水平（尽管其是一个物质指标）。一国的福利水平取决于生产要素禀赋，以及一个国家一方面通过威胁或征服，另一方面通过与其他国家进行贸易所获得的资源。为了进行正式的理论表述，我们着重讨论外国直接投资，虽然从广义上定义的贸易包括商品交换、短期金融交易以及外国直接投资。一国的生产取决于资源（主要是劳动力和资本以及从外国直接投资中所获得的收益）。假设资金和其他条件保持不变，外国直接投资依赖政治稳定。这意味着，例如，军事威胁可能无法得到回报，因为这种威胁削弱了国际政治的稳定性，这反过来通过没收政策减少了外国直接投资的经济回报，从而阻止了外国直接投资。因此，如果冲突导致目标国做出让步，它就可能带来收益，因为它带来了新资源，但冲突也可能是成本高昂的，因为它导致外国直接投资（以及贸易）的总量减少。这里所建立的模型假设一国领导人通过选择"最优的"冲突/合作水平，平衡预期成本与收益以最大化公民的福利水平。结果表明，总的来说，具有较多外国直接投资的国家会选择较低的冲突水平，而拥有较少外国直接投资的国家会选择较多的冲突。

　　我们推导一个正式的两阶段优化模型来阐明关于外国直接投资和冲突的这些命题。首先，我们假设东道国有一项已设立好的外国资本"没收"政策，它是基于过去的外交经历对侵略做出的反应，并且母国完全确定地了解东道国的没收政策。其次，母国同时决定如何在母国（k_1）和东道国（k_2）之间分配投资组合，以及在给定关于东道国回应的情况下，参与多少冲突或合作（Z）。为简单起见，我们假设一个国家，即我们所称的母国，只存在一个时期，其社会福利函数为：

$$U = U(C,Z) \tag{1}$$

　　其中，C 表示消费，Z 表示母国针对某一国家的总冲突或合作强度，在后面，我们把这个国家定义为"东道国"。对于 Z，我们假设，Z 取较大的正值表示与另一国家的冲突强度较大，Z 的取值降低表示具有更高的合作程度。应当指出的是，我们假设福利水平随着 Z 而提高，因为更高的冲突程度通过威胁或实际使用武力，可以获得由其他国家默许之下转移而来的财富（无论出于自愿还是非自愿）。

　　母国拥有一个给定的劳动力水平 l，我们将其正规化为 1。假设代表性跨国公司在时期开始时拥有的资本数量为 k，它可以被分配在本国生产上的数量为 k_1，对于分配至外国（东道国）的数量，我们记为 k_2。因此：

$$k_1 = k - k_2 \tag{2}$$

　　这些投资产生的回报分别为 R_1 和 R_2，根据边际收益递减规律，它们与投资数量成反比。此外，外国投资回报受到以下变量的正向影响，如公共设施水平、劳动力受教育水平以及其他类型的社会资本，我们用 Ω 表示母国的情况，用 Ω^* 表示东道国的情况。

　　更具体地表示为：

$$R_1 = R_1(k_1,\Omega) = R_1(k - k_2,\Omega) \tag{3}$$

$$R_2 = R_2(k_2,\Omega^*) \tag{4}$$

满足 $\dfrac{\partial R_1}{\partial k_1} < 0, \dfrac{\partial R_2}{\partial k_2} < 0, \dfrac{\partial R_1}{\partial \Omega} > 0, \dfrac{\partial R_2}{\partial \Omega^*} > 0$。

用 w 表示工资率，则意味着收入 y 满足：

$$y = w + R_1 k_1 + (1 - \tau)R_2 k_2 \tag{5}$$

其中，τ 是东道国对跨国公司收入（利润）施加的"没收率"。这描述了这样的情况，即外国政府只允许将部分利润汇回母国（$1-\tau$），或者全部没收，没有补偿（$\tau = 1$），或者其他类型的政策降低了跨国公司的盈利能力，例如公司税。也就是说，国际关系恶化会导致采取更多的管制措施和针对外国投资者的其他政策。因此 $\tau = \tau(Z)$，且 $\partial\tau/\partial Z > 0$，母国引发的冲突减少了在东道国产生的资本净回报。还要注意到，我们考虑到母国的工资率会随着在母国投资的资本数量 k_1 的增加、人力资本水平 H 的提高而增加，即 $w(k_1, H)$ 满足 $\partial w/\partial k_1 > 0$，$\partial w/\partial H > 0$。最后，母国的预算约束为：

$$C + Z = w + R_1 k_1 + (1 - \tau)R_2 k_2 \tag{6}$$

这个的问题的时间顺序如下。第一，我们假设东道国有一项已设立好的外国资本"没收"政策，它是基于过去的对外关系经历对侵略做出的反应。我们假设母国完全确定地了解东道国的没收政策 $\tau(Z)$。第二，母国同时决定如何在母国（k_1）和外国东道国（k_2）之间分配投资组合，以及参与多少冲突或合作（Z）。为了求解这个模型，我们采用逆向归纳法（backward induction）。这意味着，母国在给定 $\tau(Z)$ 以及关于回报 $R_1(k_1, \Omega)$ 和 $R_2(k_2, \Omega^*)$ 的已有知识基础上，选择 k_1、k_2 和 Z 的值。把式（3）和式（4）代入式（6）并求解 C，然后把它代入母国的效用函数中，对母国来说，其优化问题就是最大化式（1），即：

$$\underset{k_2, Z}{Max}\, U = U(w + R_1(k - k_2) + (1 - \tau)R_2 k_2 - Z, Z) \tag{7}$$

这个问题的一阶条件是：

$$\frac{\partial U}{\partial C}\left(-\frac{\partial\tau}{\partial Z}R_2 k_2 - 1\right) + \frac{\partial U}{\partial Z} = 0 \tag{8}$$

$$\frac{\partial U}{\partial C}\left\{(1 - \tau)\frac{\partial R_2}{\partial k_2}k_2 - \frac{\partial w}{\partial k_1} - \frac{\partial R_1}{\partial k_1}(k - k_2) - R_1 + (1 - \tau)R_2\right\} = 0 \tag{9}$$

这意味着：

$$\frac{\partial U}{\partial Z} = \frac{\partial U}{\partial C} + \frac{\partial U}{\partial C}\frac{\partial\tau}{\partial Z}R_2 k_2 \tag{10}$$

$$\frac{\partial w}{\partial k_1} + R_1 - (1 - \tau)\frac{\partial R_2}{\partial k_2}k_2 = (1 - \tau)R_2 - \frac{\partial R_1}{\partial k_1}(k - k_2) \qquad (11)$$

以上分别是母国针对东道国最优侵略水平的最优化条件〔式（10）〕以及母国最优外国直接投资水平的最优化条件〔式（11）〕。

式（10）表明，冲突水平是由等式左侧所衡量的与东道国形成冲突关系的边际收益等于边际成本的点决定的。右侧表示的成本由两项组成：第一项是对该国而言额外一单位 Z 的直接资源成本，因为它必须放弃某一单位的消费品，$\partial U / \partial C$，以释放出一些资源投入冲突中；第二项是施加给本国公民的间接成本，他们是在东道国投资的跨国公司的股东。后一项描述了由于对外关系恶化导致股东得到的每一单位投资的税后净回报减少了 $\frac{\partial \tau}{\partial Z}R_2 k_2$，进而导致消费减少，使总体效用水平降低 $\frac{\partial U}{\partial C}\frac{\partial \tau}{\partial Z}R_2 k_2$。注意，与没有外国直接投资（$k_2 = 0$）的情况相比，由于右侧第二项的缘故，母国的边际成本更高。因此，如果来自冲突的边际效用是递减的，那么由式（10）决定的 Z 的最优水平一定比外国直接投资存在（$k_2 > 0$）时的水平更低。

式（11）表明，由边际收益（等式右侧）等于边际成本（等式左侧）确定外国直接投资水平。这里边际收益由两项组成：（1）每单位外国直接投资的额外税后净收益 $(1 - \tau)R_2$；（2）母国从本国投资的获益，它仅仅反映了由递减回报 $\left(\frac{\partial R_1}{\partial k_1}(k - k_2)\right)$ 导致的本国投资回报的增加。外国直接投资的边际成本由三项构成：（1）每单位外国直接投资的直接成本 R_1；（2）由于更少的本国投资所丧失掉的本国工资的增长 $\left(\frac{\partial w}{\partial k_1}\right)$；（3）东道国每单位外国直接投资的更低回报，它反映了由于在东道国增加投资而导致的回报递减 $\left((1 - \tau)\frac{\partial R_2}{\partial k_2}k_2\right)$。

对式（10）进行全微分，表明资本流动增加所减少的冲突为：

$$\left(\frac{\partial^2 U}{\partial Z \partial C}\frac{\partial C}{\partial Z} + \frac{\partial^2 U}{\partial Z^2} - \left(\frac{\partial \tau}{\partial Z}R_2 k_2 + 1\right)\left(\frac{\partial^2 U}{\partial C^2}\frac{\partial C}{\partial Z} + \frac{\partial^2 U}{\partial C \partial Z}\right) - \frac{\partial U}{\partial C}\frac{\partial^2 \tau}{\partial Z^2}R_2 k_2\right)dZ +$$

$$\left(\frac{\partial^2 U}{\partial Z \partial C}\frac{\partial C}{\partial k_2} - \frac{\partial^2 U}{\partial C^2}\frac{\partial C}{\partial k_2}\left(\frac{\partial \tau}{\partial Z}R_2 k_2 + 1\right) - \frac{\partial U}{\partial C}\frac{\partial \tau}{\partial Z}R_2\right)dk_2 = 0$$

或者：

$$\frac{dZ}{dk_2} = \frac{\left(\frac{\partial^2 U}{\partial C^2} \frac{\partial C}{\partial k_2} \left(\frac{\partial \tau}{\partial Z} R_2 k_2 + 1 \right) + \frac{\partial U}{\partial C} \frac{\partial \tau}{\partial Z} R_2 - \frac{\partial^2 U}{\partial Z \partial C} \frac{\partial C}{\partial k_2} \right)}{\left(\frac{\partial^2 U}{\partial Z \partial C} \frac{\partial C}{\partial Z} + \frac{\partial^2 U}{\partial Z^2} - \left(\frac{\partial \tau}{\partial Z} R_2 k_2 + 1 \right) \left(\frac{\partial^2 U}{\partial C^2} \frac{\partial C}{\partial Z} + \frac{\partial^2 U}{\partial C \partial Z} \right) - \frac{\partial U}{\partial C} \frac{\partial^2 \tau}{\partial Z^2} R_2 k_2 \right)}$$

（12）

注意，根据最大化的二阶条件，式（12）的分母为负值。对于分子，$\frac{\partial C}{\partial k_2} = 0$，因为根据式（9），$\frac{\partial U}{\partial C} \neq 0$，因此式（12）可以简化为：

$$\frac{dZ}{dk_2} = \frac{\frac{\partial U}{\partial C} \frac{\partial \tau}{\partial Z} R_2}{\left(\frac{\partial^2 U}{\partial Z \partial C} \frac{\partial C}{\partial Z} + \frac{\partial^2 U}{\partial Z^2} - \left(\frac{\partial \tau}{\partial Z} R_2 k_2 + 1 \right) \left(\frac{\partial^2 U}{\partial C^2} \frac{\partial C}{\partial Z} + \frac{\partial^2 U}{\partial C \partial Z} \right) - \frac{\partial U}{\partial C} \frac{\partial^2 \tau}{\partial Z^2} R_2 k_2 \right)} < 0$$

（12′）

743

这意味着随着外国直接投资的增加，冲突会减少。

对式（11）全微分表明，对于大部分情况而言，更高的冲突水平（Z）会减少外国直接投资，则：

$$\left[-\frac{\partial \tau}{\partial Z} \left(\frac{\partial R_2}{\partial k_2} k_2 + R_2 \right) \right] dZ + \left[\frac{\partial^2 w}{\partial k_1^2} + \frac{\partial^2 R_1}{\partial k_1^2} (k - k_2) + \right.$$

$$\left. 2 \frac{\partial R_1}{\partial k_1} + (1 - \tau) \left(\frac{\partial^2 R_2}{\partial k_1^2} k_2 + 2 \frac{\partial R_2}{\partial k_2} \right) \right] dk_2 = 0$$

$$\frac{dk_2}{dZ} = \frac{\left[\frac{\partial \tau}{\partial Z} \left(\frac{\partial R_2}{\partial k_2} k_2 + R_2 \right) \right]}{\left[\frac{\partial^2 w}{\partial k_1^2} + \frac{\partial^2 R_1}{\partial k_1^2} (k - k_2) + 2 \frac{\partial R_1}{\partial k_1} + (1 - \tau) \left(\frac{\partial^2 R_2}{\partial k_1^2} k_2 + 2 \frac{\partial R_2}{\partial k_2} \right) \right]}$$
（13）

根据二阶条件，分母为负值。因此，只要 $\left(\frac{\partial R_2}{\partial k_2} k_2 + R_2 \right) > 0$，则 $\frac{dk_2}{dZ} < 0$。

这样，更高的 Z 降低了来自外国投资的边际收益，并因此降低了 k_2，除非 k_2 的降低极大提高了对外国投资的回报水平，而这种高水平是不可能的。

最后，求解式（10）和式（11）得到：

$$Z = Z(k_2, H, k, \Omega, \Omega^*)$$

（14）

$$k_2 = k_2(Z, H, k, \Omega, \Omega^*) \tag{15}$$

这是由两个方程构成的方程组系统。参与者的冲突水平是下列要素的函数：外国直接投资和反应公共基础设施的其他因素 Ω，以及国家人口数量，其中包括式（14）中人力资本 H。外国直接投资的水平是冲突和式（15）中已涉及的其他外生因素的函数。我们使用三阶段最小二乘法同时估计式（14）和式（15）。

总之，公民作为企业股东将资本分配在购买在本国投资的企业股份和在海外投资的企业股份，以实现投资的最大回报。假定这些个人具有完美信息。因此，就参与者而言，他们没有任何余地发送信号，且就我们得到的结果而言，也没有必要发送信号。政府通过施加资本限制，包括没收，来影响这些决策，从而降低海外投资回报的吸引力。国家对公民的福利水平是会做出反应的。因此，股东回报的降低会引起民众的不满，他们反过来会反对采用这种立场的政客。

然而，民众还会关心那些没有直接影响他们利益的事情。他们可能支持谴责侵犯人权、减少移民签证配额、因违规选举而断绝外交关系，以及许多其他问题，因为这些问题不是竞争性的，所以不存在争夺。同样，他们还可能支持文化交流、放宽旅行限制以及其他类似的合作性措施。我们假设国家必须平衡这些利益以及那些相互依存的利益。

基于正式理论形成了由两个方程构成的估计模型。一个方程在反映公共基础设施的其他因素保持不变的情况下，将冲突设定为外国直接投资的函数。这些公共基础设施变量包括资源、目标国属性、用 GDP 表示的经济体规模，以及力量比、联合民主程度和接近性等这些在目前典型设定中都会使用的变量（Russett，Oneal，2001）。另一个方程在保持资金变量（资源和目标国总资本形成）以及其他经济变量，例如，发展水平（人口和电话线）以及劳动力的人力资本水平（小学及中学入学率）不变的情况下，将外国直接投资设定为冲突的函数。[①]

具体设定如下：

$$Z_{stj} = \alpha_0 + \alpha_1 k_{stj} + \alpha_2 A_{stj} + \alpha_3 A^*_{stj} + \varepsilon_{1\,stj} \tag{16}$$

---

① 我们加入其他经济变量，如直接税和间接税（Desai, Foley, Hines, 2004）、腐败指数（Wei, 1997），以及劳动力成本和市场规模（Fung, Iizaka, Parker, 2002）。

$$k_{stj} = \beta_0 + \beta_1 Z_{stj} + \beta_2 B_{stj} + \beta_3 B_{stj}^* + \varepsilon_{2stj} \qquad (17)$$

其中，Z_{stj} 表示第 j 年来源国 s 向目标国 t 发起的冲突水平，k_{stj} 表示第 j 年来源国 s 对目标国 t 的外国直接投资流，A_{stj}、A_{stj}^*、B_{stj} 和 B_{stj}^* 是刚刚提及的来源国和目标国每一年政治及发展特征的外生向量（这些特征有国内生产总值、力量比、联合民主程度、接壤、人口、电话线、入学率和资本形成）。[①] 最后，ε_1 和 ε_2 是随机误差，假设它们服从正态分布。

这意味着，之前的模型设定没有控制冲突和外国直接投资流动在一对国家之间的影响。尽管在回归中可以包含固定效应，但存在很多局限性。首先，本节所使用的时间段相对较短（即从 1990 年至 2000 年）。因此，数据不允许考虑外国直接投资流动和冲突在一对国家间的足够大的差异。其次，我们使用的实质性变量能够捕捉到国家对之间的大量差异。此外，在数据集中还存在许多缺失值。这个问题使在回归中的很多国家对仅有少量观测值。也就是说，如果可以获得更长时期的数据的话，研究可以探索使用固定效应模型来检验外国直接投资与冲突之间的相互作用。

在下一节中，我们将更详细地讨论估计中所使用的具体变量。在此讨论之后，我们会提出同时估计的计量经济学问题［如三阶段最小二乘法（3SLS）］，包括用于识别每个方程的变量。

4. 数据

典型的冲突和贸易研究采用两种度量冲突的方法之一。一种方法使用战争以及/或者国家间军事争端数据（MIDs Data）。另一种方法使用事件数据。使用战争数据的基本假设是，没有和平就意味着战争。在这样的框架下，相互依赖通过减少暴力的军事争端促进实现和平。然而，战争是罕见事件，因为它们代表一种非常极端的冲突形式（在战争相关数据中，每年死亡人数至少 1000 人的冲突才是战争）。出于这个原因，我们必须追溯久远的历史才能获得足够的战争数据以进行有意义的统计分析。对于不同战争数据来源的战争进行简单比较，并不能得到一致的

---

① 我们将变量 A、A^*、B 和 B^* 表示为 H、H^*、Ω 和 Ω^*。在这里，我们稍微改变一下符号，以更加清楚地显示每个方程在统计意义上是如何被识别出来的。

战争列表（Singer，Small，1972：78 - 79）。当我们考虑更久远的历史时，这种差异尤为明显。另一个问题是，如果把注意力集中在战争上，人们就会忽略不那么严重的敌对形式。由于这个原因，如今大量研究使用非极端的事件数据，也就是由战争相关项目收集的国家间军事争端数据，其中包含 1816 ~ 2001 年一个或多个国家威胁、展示或使用武力的近4000 起争端。

即使是这些军事争端数据也仅是所有国家间互动行为的一小部分。因此，第二种测度方法采用事件数据。事件数据对应于媒体报道中的双边互动。尽管显然并不是所有的互动事件都在媒体中报道，但这类数据的优点是既包含除战争之外的冲突性互动，也包含合作性的政治交流。麦克莱兰（McClelland，1999）在 20 世纪 60 年代首先编纂了事件数据。他的"世界事件互动调查"（World Events Interaction Survey，WEIS）仅使用来自《纽约时报》的信息。最初，麦克莱兰区分了 22 级 7 种类型的双边行为（Azar，Ben-Dak，1975）。此后不久，阿扎（Azar，1980）对来自世界各地的近 50 份报纸的信息进行了分类，他的"冲突与和平数据库"（Cooperation and Peace Data Bank，COPDAB）涵盖了 1948 ~ 1978 年 115个国家的双边互动。最后，近期的事件数据已发展为由计算机来搜集。使用计算机软件读取并采用机器编码分析通讯社的报道，特别是路透社的新闻。最初是由堪萨斯大学（University of Kansas）开发，这些数据被称为"堪萨斯事件数据研究"（Kansas Events Data Study，KEDS）。这开始于 1992 年，在哈佛大学国际事务中心的道格·邦德（Doug Bond）的带领下，一组研究人员与堪萨斯大学的学者联合起来。哈佛大学的研究小组开发了一个协议来对事件进行分类，他们称之为"评估非暴力直接行动协议"（Protocol for the Assessment of Nonviolent Direct Action，PANDA）。随后，1996 年成立了虚拟研究协会（Virtual Research Associates，Inc.，VRA）。之后，该协会与几所大学的研究团队合作扩展了最初的协议。第二代协议被称为事件分析综合数据（Integrated Data for Events Analysis，IDEA）。目前，哈佛大学和麻省理工学院的虚拟数据中心发布了由虚拟研究协会开发的历史事件数据，以供学者使用。虚拟研究协会的数据来源于通讯社所报道的事件。它们不是从报纸上读取和转录的，而是基于计算机程序分析每篇新闻报道的第一句话。计算机从第一句话中确定参与者、目标对象以及行动［参见金和洛（King，Lowe，2003）给出的例子及更多细节］。

　　尽管事件数据在很多方面具有优势，但也不是没有问题（Burgess，Lawton，1975；Kegley，1975）。在这方面，事件数据的很多重要方面是息息相关的。第一，从本质上来说，事件数据是由分散的行为构成的，因此不能用来测度"国家目标、国家利益或国家政策取向的内容"（Kegley，1975：97）。第二，事件必须具有新闻价值，特别是考虑到它们必须在媒体中进行报道；于是，结果是，它们没有涵盖"日常的社交活动"（Kegley，1975：98）。第三，同一事件往往被报道多次。如何衡量以及如何解释这些事件的持续时间是非常重要的。第四，事情可能被错误地报道。

　　我们的研究采用虚拟研究协会的数据。不考虑事件数据的利与弊，我们不得不选择虚拟研究协会的数据，因为只能获得 20 世纪 90 年代的双边外国直接投资数据，从而排除了使用战争或国家间军事争端数据的可能，因为在这么短的时间内包含的军事争端数据过少，无法得到有意义的结果。我们首先从加里·金（Gary King）的网站下载了 1990 ~ 2000 年 370 万件双边国际事件。在删去国内事件之后，仍然有大约 45 万个观测值。这个事件数据集是根据事件分析综合数据进行编码的。关于事件分析综合数据的详细描述，参见邦德等（Bond et al.，2001）与金和洛（King，Lowe，2003）的文章，他们比较了几种不同的编码方法。约书亚·戈德斯坦（Joshua Goldstein，1992）提出了一种缩放方法，可以将事件分析综合数据编码转换为一种与先前事件数据集使用的取值范围更加匹配的编码方法。表 29 - 1 提供了事件示例以及金和洛（King，Lowe，2003）给出的相关换算比例。从表中可以看出，负值代表冲突，正值代表合作，而 0 表示基本上是自然灾害或中立的社会活动。权重最大的负值是 - 10，它对应极端冲突事件。请注意，冲突程度随着这些负值绝对值的减小而减小。正值也是一样，但其最大值只有 8.3。由于实际取值范围包含 55 个类别，因此使用计数模型是不合适的。我们针对每对国家计算每个年度所有事件的加权和（根据事件形式每种类型的戈德斯坦量表进行加权）。因为要对冲突建模，我们将加权和乘以 - 1，使正值表示在一对国家之间冲突多于合作。相反，加权和为负值意味着一对国家间的合作超过了冲突。这种度量方法具有一些优点。第一，它同时包含冲突与合作，因此它反映了整个国际互动的全貌。第二，因为冲突具有正的权重（因为我们把加权和乘以了 −1），而合作具有负的权重，我们定义的冲突度量实际上测度的是净冲突，也就是，加权的冲突严重性超过了合作的程度。这相当于使用"一阶差分"的估计方法，消除了事件如何被报道的选择性偏差（Greene，2003），这在文献中是具有优势的（Polachek，1980）。然而，一阶差分的技术也消除了各种可能性。比如，净冲突为 0 可能意味着根本没有互动，也可能意味着众多相互抵消的冲突性及合作性互动。

表 29−1   使用戈德斯坦量表的冲突与合作示例

戈德斯坦得分	事件分析综合数据	定义	戈德斯坦得分	事件分析综合数据	定义
8.3	072	持续的军事援助	−3	16	警告
7.6	073	持续的人道主义援助	−4	1122	审查媒体
6.5	081	签订实质性协议	−5	201	驱逐
5.2	0522	承诺军事支持	−6.4	175	非军事力量威胁
4.5	051	承诺政治或物资支持	−7	1734	威胁军事战争
3.4	092	恳求支持	−7.6	1826	边境军事防御工事
2.2	0654	遣散军队	−8.7	221	轰炸
1.6	0932	寻求军事援助	−9.2	211	占领领地
0.1	024	乐观评论	−10	2234	军事占领
−0.9	141	拒绝责任			
−1.1	0631	给予保护			
−2.2	121	批评或指责			

资料来源：King，Lowe（2003）。

利用虚拟研究协会的数据，就可以聚焦事件的广泛类别了（例如，重大冲突由类型 −10 ～ −8 的军事活动构成，较小冲突在 −6 ～ −5 类别中），这非常类似于当前大量仅使用战争或国家间军事争端数据的相互依赖与冲突关系研究（Oneal，Russett，1999）。但将分析局限于这些广泛的类别忽略了有关整体国际互动情况的宝贵信息，这在经验研究方面会导致出现许多可能的错误识别问题。第一，每个类别中事件的数量取决于国家的重要性。不那么突出的国家可能不会吸引足够多的重量级记者，使一些事件没有在媒体上报道。第二，使用特定冲突类型的计数数据会导致因变量以 0 为界。这就需要使用 Tobit 类型的回归分析框架来修正这种单侧因变量问题。第三，正如后面将要解释的，冲突与合作经常是正相关的，这意味着积极的和平倡议往往会伴随着冲突，反之亦然。不考察两者之间的差异可能会夸大其中之一。由于这些原因，我们觉得一种更有效的方法是计算根据严重程度加权的冲突与合作之间的差异。如前所述，按照年份对每个国家对的所有事件加权求和（根据事件形式对每种类型的戈德斯坦量表进行加权）就是这样的一种测度方法。

就我们的目标而言，使用虚拟研究协会的数据有两大优点。第一，国家间互动既有合作也有冲突。这个数据集很丰富，因为它包含所有类型的互动。它没有仅局限在战争这种最高等级的冲突上。第二，使用冲突与合作之差（前面已介绍过了）能够使我们修正近期许多贸易—冲突研究中的潜在偏差。尤其是，华尔兹（Waltz，1979）假设贸易（和外国直接投资）能够促进贸易伙伴之间的所有形式的互动。这些互动包括合作，也包括冲突。忽略合作会低估相互依赖的作用，因为它忽略了相互依赖对合作活动的影响。

下面的例子表明，为什么如果仅将注意力限定在贸易伙伴之间的冲突数据上会得出错误结论。贸易伙伴通常很可能出现不平衡的年度贸易情况。在最糟糕的情况下，如果贸易不平衡持续很长时间，经历贸易赤字的国家可能会对贸易盈余国的政策感到不满。这样，贸易导致的冲突可能就出现了。美国和中国就是很好的例子，因为中国经常出现贸易顺差。美国的长期贸易逆差促使它向中国施加压力，重新估计人民币相对于美元的价值。尽管如此，美国和中国在经济、政治和社会许多方面都有着广泛的合作。此外，我们从美国和中国还观察到，贸易引致的合作要比贸易引致的冲突多得多，因此，贸易的净效应是减少冲突。由于这个原因，在分析贸易和外国直接投资如何影响冲突时，使用包含冲突与合作的事件数据更为合适。当然，事件数据也存在不足。但正如前文提到的，很多研究已讨论了这些欠缺之处 ［参见凯格利（Kegley，1975）］，它们不会影响估计的一致性 ［参见波拉切克（Polachek，1980）］。

研究中使用的第二个主要数据集是外国直接投资数据，包括 29 个经合组织成员①及其伙伴（它们不一定是经合组织成员），② 总计 53 个国家和地区。这是我们所知道的唯一具体记录双边资本流动的数据集了。这些数据可使用的时间段是从 1989 年开始的，这有助于捕捉外国直接投资的新趋势以及外国直接投资在后冷战时期所发挥的作用。尽管其他国家的外国直接投资的规模往往相对较小，但这些数据的一个局限性是相对于其他国家，它们更加重视经合组织成员。因此，该数据集包含每一对经合组织成员之间的外国直接投资，以及经合组织成员和非经合组织成员之间的外国直接投资，没有包含非经合组织成员之间的外国直接投资，不管怎样，这部分资金的流动情况相对较少。

其他数据集用于解释国家特征的差异，如式（16）和式（17）所涉及的变量。关于 GDP 的信息，我们使用国际货币基金组织的数据，并将其调整为用美元价格表示，这同对外国直接投资的处理是一致的。国家军事能力的测度指标来自战争相关数据库的国家物资能力（National Material Capabilities in COW）。此外，关于国家基础设施建设和人口教育水平的数据来自世界银行。每个国家的民主程度从 "政体 IV" 数据库（Polity IV Dataset）中获得。联合民主定义为国家对中两个国家政体分数的乘积。最后，我们使用克里斯蒂安·格莱迪奇（Kristian Gleditsch，2002）的国家对二元贸易数据，因为它包含与外国直接投资数据相匹配的各年度的双边贸易情况。

5. 外国直接投资和冲突：一个能预测另一个吗？

由于一国对另一国的投资可能受到两国关系的和平程度的影响，同时由于两国之间的和平可能受到一国对另一国投资的影响，前面描述的正式模型得到了由式（16）和式（17）刻画的两方程系统。一个方程解

---

① 这些国家和组织是澳大利亚、奥地利、比利时 – 卢森堡经济联盟、加拿大、捷克、丹麦、芬兰、法国、德国、希腊、匈牙利、冰岛、爱尔兰、意大利、日本、韩国、墨西哥、荷兰、新西兰、挪威、波兰、葡萄牙、斯洛伐克、西班牙、瑞典、瑞士、土耳其、英国和美国。

② 这些国家和地区包括阿尔及利亚、阿根廷、巴西、保加利亚、智利、中国大陆、哥伦比亚、埃及、印度、伊朗、以色列、韩国、科威特、利比亚、摩洛哥、巴拿马、菲律宾、罗马尼亚、俄罗斯、南非、沙特阿拉伯、中国台湾、泰国和阿拉伯联合酋长国。

释了外国直接投资（k_{stj}）如何影响冲突（Z_{stj}），另一个方程解释了冲突（Z_{stj}）如何影响外国直接投资（k_{stj}）。此外，我们使用三阶段最小二乘法（3SLS）估计式（16）和式（17）。三阶段最小二乘法要使用外生变量 A_{stj}、A_{stj}^*、B_{stj} 和 B_{stj}^* 来估计内生变量 Z_{stj} 和 k_{stj}，然后使用广义最小二乘法估计方程组，使用前一阶段计算得到的工具变量来代替实际内生变量（Zellner，Theil，1962）。

　　三阶段最小二乘法要处理的一个问题是如何选择 A_{stj}、A_{stj}^*、B_{stj} 和 B_{stj}^* 以恰好识别每一个方程。为了实现这一点，变量 A_{stj}、A_{stj}^* 应当影响 Z_{stj}，但不影响 k_{stj}；变量 B_{stj} 和 B_{stj}^* 应当影响 k_{stj}，但不影响 Z_{stj}。我们以当前二元冲突实证研究（Russett，Oneal，2001）以及现有外国直接投资影响因素的文献（Froot，1993；Bora，2002）为基础来实现这个目标。根据这些分析，我们选择当前在二元冲突模型中最常使用的解释变量。定义 A_{stj} 和 A_{stj}^* 以分别包括每个行动国和目标国的这些变量。正如已经提及的那样，它们包括战争相关项目数据中的军事能力比、联合民主程度、接壤以及行动国和目标国的 GDP 水平。因为现有研究关于冲突是否影响 GDP 的结果并不一致，在我们的估计中，假设 GDP 是外生的。同理，基于外国直接投资的文献，我们选择经济发展的测度指标，也就是教育程度、人均 GDP 水平和总资本作为影响外国直接投资的外生变量。我们定义 B_{stj} 和 B_{stj}^* 分别描述行动国和目标国的这些变量。

　　如前所述，把虚拟研究协会数据中每一年、每对国家的所有冲突与合作事件的加权总和作为衡量国家间相互依赖的变量。我们将这个变量标示为"冲突"。"冲突"表示行动国和目标国之间的冲突数量（也就是冲突超过合作的程度）。当其为正值时，意味着冲突超过了合作；当其为负值时，含义正好相反。尽管我们可以对数据范围重新进行界定，使这个变量变成非负值（例如，每个观测值上加上相同的正数以使新的最小值为 0），但我们使用当前测度方法，因为它的解释更为直接。外国直接投资的变量测度了在特定年份中两个国家之间的净流入量。流入是目标东道国从来源国获得的投资。

　　待估计的系数（α 和 β）被解释为每个变量对冲突或对外国直接投资边际影响的测度。由于我们感兴趣的是外国直接投资对冲突的影响，因此我们关注 α_1。这里，正的系数意味着相比合作，外国直接投资增加

750

了更多冲突，而负的系数意味着外国直接投资增加的合作多于冲突，从而减少净冲突。基于正式模型，我们假设一个负的系数，负的系数与来自冲突—贸易文献的经验研究相一致。

我们从描述性统计开始。表 29 - 2 给出了我们所使用的每个变量的汇总统计指标。观察到的一些情况是值得注意的。第一，外国直接投资流量在每个国家之间的年均值大约为 4 亿美元。第二，经济发展变量体现了行动国和目标国之间的构成差异。目标国的人均 GDP、电话线数量和入学率略逊于行动国。进口和出口则不同，因为会计原则要求在全球经济范围内进口要大致与出口相等。同冲突与和平数据库［波拉切克（Polachek，1980）］情况一样，净冲突为负值。这意味着，就平均情况而言，合作要多于冲突。正如文献中经常做的那样，我们将能力比定义为"较强国家比较弱国家"。因此，这个比例在 1 到接近 600 之间变化。将联合民主程度定义为，根据"政体 IV"，将国家对中两个国家政体得分相乘。接壤这个变量表示国家对中的两个国家是否共享陆地边界，或者领海边界线之间的距离小于等于 400 英里（相当于 643.7376 千米）。

表 29 - 2　统计指标汇总

变量	观测数	平均值	标准差	最小值	最大值
FDI 净流入（百万美元）	5449	370.3692	2198.749	- 4439.439	99362.37
FDI（百万美元）	4530	915.3345	4449.512	- 3259.342	136056.5
进口（百万美元）	6284	3979.952	11156.46	0	181711.6
出口（百万美元）	6284	3915.989	11353.07	0	190296.4
贸易（百万美元）	6284	7895.941	22048.06	0	330788.6
净冲突	6284	- 15.54036	47.00418	- 861.1	179.6
行动国 GDP（百万美元）	6284	1129349	1936794	503.6674	8484402
目标国 GDP（百万美元）	6284	1093643	1913315	503.6674	8694336
行动国总人口数（千人）	6284	94716.93	211500.9	1422	1266838
目标国总人口数（千人）	6284	97576.14	216948.8	1422	1266838
行动国人均 GDP（千美元）	6284	18.17114	11.56651	0.0513841	43.63908
目标国人均 GDP（千美元）	6284	17.10487	11.68497	0.0513841	43.63908
行动国主电话线数量（每千人）	6284	398.2965	202.1086	5.9	745.5634
目标国主电话线数量（每千人）	6284	384.5038	206.1911	5.9	745.5634

续表

变量	观测数	平均值	标准差	最小值	最大值
行动国小学入学率	6284	104.175	8.740926	54.7984	165.9567
目标国小学入学率	6284	103.9344	8.8735	54.7984	165.9567
行动国中学入学率	6284	98.88845	27.08365	30.09889	160.11
目标国中学入学率	6284	96.73133	26.77884	30.09889	160.763
行动国总资本形成量（占 GDP 的比例）	6284	22.06183	5.599327	8.119479	43.6401
目标国总资本形成量（占 GDP 的比例）	6284	22.211	5.656464	8.119479	43.6401
军事能力比	6284	14.77485	42.88632	1.000221	591.798
联合民主程度	6284	356.8811	123.9196	15	441
接壤	6284	0.1306493	0.3370423	0	1
WTO	6284	0.888606	0.3146445	0	1

注：净冲突指使用戈德斯坦量表将加权冲突值减加权合作值（参见表 29-1）；军事能力比指较强国家相对于较弱国家的相对能力，使用它们的国家能力综合指数（Composite Index of National Capability，CINC）来衡量；联合民主程度指转化后的两国政体得分的乘积（转化后的政体得分=民主−专制+11）；接壤为虚拟变量，当一个国家对中的两个国家有共同的陆地边界或者领海边界之间的距离小于等于 400 英里，则为 1，否则为 0；WTO 为虚拟变量，为世界贸易组织（World Trade Organization）成员［或者《关税和贸易总协定》（General Agreements on Tariffs and Trade，GATT）缔约方］则为 1，否则为 0。

资料来源：净冲突数据来源于虚拟研究协会数据集；外国直接投资数据来源于各年度经合组织发布的《国际直接投资统计年鉴》（International Direct Investment Statistics Yearbook）；贸易数据来源于格莱迪奇（Gleditsch，2002）扩展的贸易数据集；GDP 数据来源于国际货币基金组织的数据集；其他经济变量数据来源于世界银行的数据集；国家能力综合指数（CINC）和接壤数据来源于战争相关项目数据集；政体得分数据来源于"政体 IV"（Polity IV）数据库；WTO 数据来源于世界贸易组织网站。

表 29-3 给出了前面描述的式（16）和式（17）联立方程组模型的估计值。显而易见，外国直接投资对冲突有着显著的负向影响（−0.015）。[①] 在每个国家对中，外国直接投资每增加 100 万美元，平均来说，净冲突（也就是冲突超过合作的部分）就会减少 0.015 个单位。然而，从这点信息中很难直观看到外国直接投资的重要性。因此，为了得到一个有意义的测度，我们计算了弹性，用来表示给定外国直接投资每 1% 的变化带

[①] 我们给出了外国直接投资流入量的结果。流出量的结果也是类似的，但出于节省空间的考虑，这里没有提供。

给冲突的百分比变化。我们使用下面的弹性计算方法：

$$弹性 = \frac{\partial Z}{\partial k} \frac{\bar{k}}{\bar{Z}} = -0.015 \times \frac{370.369}{-16.685} = 0.333 ①$$

对这一弹性的解释如下：外国直接投资每增加10%，平均而言，净冲突会减少3.3%。

我们关于净冲突变量的结果（第2列中的 -21.8）表明，一对国家的双边冲突会减少外国直接投资。这个结果与我们的命题是一致的，即当两国具有较好的双边关系时，会进行外国直接投资。在这种情况下，净冲突每增加1单位，两国之间的外国直接投资会减少2180万美元。这一关系的弹性为：

$$弹性 = \frac{\partial k}{\partial Z} \frac{\bar{Z}}{\bar{k}} = -21.8 \times \frac{-16.685}{370.369} = 0.982$$

因此，冲突每减少10%，国家对之间的外国直接投资将增加9.8%。

这些回归还得到了很多其他有趣的发现。首先，国内生产总值似乎在减少净冲突方面产生了积极作用。无论是来源国还是目标国，较高的GDP水平总是与较少的冲突相联系。因此，换句话说，这似乎表明国家减少冲突或促进和平以保护他们的经济福利，就如同他们减少冲突来保护外国直接投资一样。其次，很多国家能力的特征往往导致冲突增加。例如，国家对中的军事能力比的符号为正，并且在统计上是显著的。军事能力比越小，冲突越不激烈。这一发现与力量均衡观点一致。最后，与使用国家间军事争端数据的分析不同［例如，拉西特和奥尼尔（Russett，Oneal，2001）］，联合民主程度与更多的冲突有关。尽管有理由认为，总的来说，民主国家之间的冲突较少，因为它们具有相似的文化和社会背景，而且因为这种类型国家的政府内部存在制约与平衡，降低了民主国家发动战争的倾向，但我们的结果表明，一旦将GDP和外国直接投资流入水平考虑在内，政体情况并不会减少净冲突。这个结果进一步证实了波拉切克（Polachek，1997）的发现，即民主和平论的更显著的决定因素是经济议题，而非仅仅是政治考量。这也与高娃（Gowa，1999）

---

① 度量的冲突为16.685，与表29 - 2中的不同，因为表29 - 2报告的是整个样本的平均冲突水平，而表29 - 3的系数针对包含外国直接投资流入数据观测值的样本平均值。

的结论一致，其发现，后冷战时期联合民主程度并没有减少冲突，这与冷战时期是不一样的。最后，估计结果表明，如果考虑到资本流动，由国家间接壤导致的冲突不会那么激烈。这个结果与大多数使用国家间军事争端或者战争相关项目数据的其他发现形成了对比，那些研究发现，接壤会导致发生更多冲突，而与以事件研究为基础的发现一致，例如罗布斯特、波拉切克和张（Robst，Polachek，Chang，2007）。

对于式（17）给出的关于外国直接投资流入的其他估计值，我们发现，世界贸易组织成员、一对国家中各国的人口数量、由入学率测度的较高质量劳动力数量、由每千人拥有的电话干线数量测度的较好的基础设施情况会导致带来更多的外国直接投资。另外，由人均 GDP 表示的一个国家发展水平与外国直接投资流入量负相关。这个结果意味着，欠发达国家的发展更有可能吸引外国直接投资，部分原因是其劳动力工资水平更低。然而，对两个国家而言，以总资本形成量代表的市场规模对引致外国直接投资没有显著影响。

753

表 29 - 3　外国直接投资和冲突关系的三阶段最小二乘法估计结果：外国直接投资流入量

自变量	因变量	
	冲突	FDI 流量
截距项	- 0.368 (1.555)	- 1712.936 *** (329.869)
FDI 流入量	- 0.015 *** (0.002)	
行动国 GDP	- 8.62e - 06 *** (5.59e - 07)	
目标国 GDP	- 6.26e - 06 *** (4.83e - 07)	
军事能力比	0.146 *** (0.012)	
联合民主程度	0.015 *** (0.004)	
接壤	- 7.642 *** (1.357)	
（净）冲突		- 21.763 *** (1.103)

续表

自变量	因变量	
	冲突	FDI 流量
WTO		160.675 **
		(62.028)
行动国人均 GDP		− 20.596 ***
		(3.648)
目标国人均 GDP		− 9.078 **
		(3.030)
行动国人口数		0.0004 ***
		(0.0001)
目标国人口数		0.0006 ***
		(0.0001)
行动国电话干线		1.300 ***
		(0.241)
目标国电话干线		0.837 ***
		(0.207)
行动国小学入学率		1.155
		(1.949)
目标国小学入学率		1.028
		(2.005)
行动国中学入学率		4.181 ***
		(0.989)
目标国中学入学率		5.602 ***
		(1.118)
行动国资本形成总值		1.625
		(3.184)
目标国资本形成总值		− 3.014
		(3.276)
R^2	0.2482	0.1807
观测数	5449	5449

注：*** 表示 $p < 0.001$，** 表示 $p < 0.01$，* 表示 $p < 0.05$；括号中是标准差。

6. 外国直接投资和贸易：它们在预测冲突方面具有可比性吗？

前面的研究表明，外国直接投资与双边冲突是负相关的。但与贸易相比，外国直接投资在减少冲突方面是否具有类似作用仍然不明确，因为据我们所知，还没有利用 20 世纪 90 年代虚拟研究协会数据考察贸易和冲突关系的其他已发表的研究。为了检验这一点，我们使用贸易数据代替外国直接投资估计了式（16）和式（17）。然后，我们将"贸易—冲突"关系的系数（以及弹性）与第 5 节刚刚得到的"外国直接投资—冲突"关系的系数（以及弹性）进行对比。结果呈现在表 29 - 4 中。①

我们特别关注贸易如何影响冲突。这一关系由进口的系数给出，为 - 0.003（见表 29 - 4 第 1 列）。② 平均而言，（每个国家对中的）贸易每增加 100 万美元，每个国家对的净冲突将减少 0.003 个单位。用 T 表示贸易变量，我们计算的冲突的贸易弹性为：

755

$$弹性 = \frac{\partial Z}{\partial T} \cdot \frac{\overline{T}}{\overline{Z}} = -0.003 \times \frac{3979.952}{-15.540} = 0.768$$

这个结果表明，贸易每增长 10%，平均而言，会导致冲突减少 7.68%。

给定联立方程组，我们也可以考察冲突如何影响贸易。表 29 - 4 第 2 列的冲突系数给出了这一关系。这里的系数为 - 214.122，表明，国家对中的净冲突每增加 1 个单位，贸易就会减少约 2.141 亿美元。把这个转化为弹性就是，冲突每增长 10%，导致贸易减少 8.36%，即：

$$弹性 = \frac{\partial T}{\partial Z} \frac{\overline{Z}}{\overline{T}} = -214.122 \times \frac{-15.540}{3979.952} = 0.836$$

表 29 - 4　三阶段最小二乘法对"贸易冲突"关系进行计量估计：进口

自变量	因变量	
	冲突	贸易
截距项	2.116	- 7799. 311 ***
	(1.176)	(1696. 013)

---

① 为与以往考察贸易与冲突关系的实证研究一致，我们只考虑行动国从目标国的进口数据。然而，为了检验其稳健性，我们使用出口和贸易总额重新估计了模型。使用出口数据估计的模型系数实际上是相同的。因为贸易总额大约是进口额或出口额的两倍，使用贸易总额估计的模型系数大约是使用进口额估计的模型系数的一半。此外，我们使用人均 GDP 代替式（2）中的人口。

② 我们没有讨论其他变量的参数，因为它们与表 29 - 3 中的估计值是可比的。

续表

自变量	因变量	
	冲突	贸易
贸易（进口）	−0.003 *** （0.0003）	
行动国 GDP	−4.73e−06 *** （8.00e−07）	
目标国 GDP	−3.77e−06 *** （7.33e−07）	
军事能力比	0.088 *** （0.018）	
联合民主程度	0.008 *** （0.002）	
接壤	−10.391 ** （3.809）	
净冲突		−214.122 *** （4.414）
WTO		−18.878 （215.524）
行动国人均 GDP		−37.189 ** （12.426）
目标国人均 GDP		14.564 （10.406）
行动国电话干线		3.697 *** （0.985）
目标国电话干线		2.257 ** （0.768）
行动国小学入学率		15.637 * （7.413）
目标国小学入学率		29.056 *** （8.190）
行动国中学入学率		5.075 （3.378）
目标国中学入学率		−0.414 （3.456）
行动国资本形成总值		25.509 * （12.300）

续表

自变量	因变量	
	冲突	贸易
目标国资本形成总值		39. 682 ** （13. 743 ）
R^2	0.4458	0.3561
观测数	6284	6284

注： *** 表示 $p < 0.001$, ** 表示 $p < 0.01$, * 表示 $p < 0.05$ ；括号中是标准差。

我们的实证结果表明，贸易和外国直接投资都可以独立地在促进和平、减少冲突方面发挥类似的作用，尽管外国直接投资的影响看上去比贸易略大一些。

7. 结论

本章通过引入外国直接投资来扩展有关冲突—贸易关系的分析。这样做有三方面创新。第一，它使用双边而非一元外国直接投资。只有使用双边外国直接投资流量数据才能看出外国直接投资如何使一个给定国家与一些国家建立合作关系，而与另一些国家形成敌对关系。第二，由于外国直接投资与东道国的国家稳定性息息相关，并且由于双边互动关系是以外国直接投资为基础的，我们采用联立方程组模型以同时考虑外国直接投资对冲突的影响以及冲突对外国直接投资的影响。第三，尽管 757 当前大多数冲突分析使用了诸如战争相关项目、国家间军事争端或冲突与和平数据库的历史数据，但我们使用虚拟研究协会关于 20 世纪 90 年代的数据，以代替对更早时期的研究。我们认为使用事件数据是合理的，因为事件数据包含冲突的信息与合作的信息。

我们的实证结果显示，外国直接投资对国际关系的影响类似于贸易。更具体地说，我们发现，在 20 世纪 90 年代这十年中，外国直接投资流动降低了国际冲突的程度，并促进了两个国家之间的合作。这是一个特别重要的结果，因为全球化的主要特征之一就是国际资本流动大幅增加。从政策角度来讲，我们的研究发现着重表明，减少贸易和资本流动壁垒能够促使世界更加和平。最后，未来研究应当探索短期资本流动情况，例如间接投资对国际冲突的影响。这是一个特别重要的议题，因为许多国家已经通过资本管制和税收阻止"热钱"（hot money）流动。尽管很多国家鼓励贸易和外国直接投资等长期资本流动，大约是因为可以从这些活动中获益，但大多数国家并不鼓励短期资本流动。所以，人们可以推测，可预期的短期资本流动的利益有限，国家减少国际冲突的努力，减少的只是它们能够减少的，不会达到我们在外国直接投资和贸易研究中所发现的程度。[①]

参考文献

Azar，E. 1980. The Conflict and Peace Data Bank（COPDAB）Project. *Journal of Conflict Resolution* 24：143 – 52.

Azar，E. , and J. D. Ben-Dak. 1975. *Theory and practice of events research：Studies in internation actions and interactions.* NewYork：Gordon and Breach.

Barbieri，K. 2002. *The liberal illusion：Does strade promote peace?* Ann Arbor：University of Michigan Press.

Blonigen，B. A. 2001. Insearch of substitution between foreign production and exports. *Journal of International Economics*，53：81 – 104.

Bond，D. , J. Bond，J. C. Jenkins，C. Oh，and C. L. Taylor. 2001. Integrated data for events analysis（IDEA）：An event form typology for automated events data development. Manuscript，Harvard University.

Bora，B. , ed. 2002. *Foreign direct investment：Research issues.* London：Routledge.

Borensztein，E. , J. de Gregorio，and J. Lee. 1998. How does foreign direct investment affect economic growth? *Journal of International Economics* 45（1）：115 – 35.

Burgess，P. , and R. Lawton. 1975. Evaluating events data：Problems of conception，reliability，and validity. In *International events and the comparative analysis of foreign polity*，ed. C.

---

① 在以后的研究中，我们可以将效用函数看作政策制定者的偏好。在政府规制研究中［例如，佩尔茨曼（Peltzman，1976）］，它们通常被称为政治支持函数。根据这种解释，更多的消费会在选区中产生对政治家的支持，因为选民的福利会随着消费的增加而增加。同理，也有部分选民从冲突中受益，并因此会支持这类政策，因为他们可以生活得更好。

Kegley. Columbia: University of South Carolina Press.

Chuhan, P. , G. Perez-Quiros, and H. Popper. 1996. International capital flows: Do short-term investment and direct investment differ? Policy Research Working Paper 1669, World Bank, Washington, DC.

Cox, R. 1987. *Production, power, and world order: Social forces in the making of history.* New York: Columbia University Press.

Crucé, E. 1623. *The new Cynéé or the discourse on the opportunities and means of establishing a general peace and freetrade globally.* Paris: Jacques Villery.

Desai, M. , F. Foley, and J. Hines. 2004. Foreign direct investment in a world of multiple taxes. *Journal of Public Economics* 88 (12): 2727 – 44.

Dorussen, H. 1999. Balance of power revisited: A multi-country model of trade and conflict. *Journal of Peace Research* 36: 443 – 62.

———. 2006. Heterogeneous trade interests and conflict: What you trade matters. *Journal of Conflict Resolution* 50 (1): 87 – 107.

Dorussen, H. , and H. Ward. 2010. Trade networks and the Kantian peace. *Journal of Peace Research* 47: 29 – 42.

Downs, A. 1957. *An economic theory of democracy.* New York: Harper Collins.

Fieleke, N. S. 1996. What is the balance of payments? Federal Reserve Bank of Boston, October.

Frank, A. G. 1967. *Capitalism and underdevelopment in Latin America: Historical studies of Chile and Brazil.* New York: Monthly Review Press.

Froot, K. , ed. 1993. *Foreign direct investment.* Chicago: University of Chicago Press.

Fung, K. C. , H. Iizaka, and S. Parker. 2002. Determinants of US and Japanese direct investment in China. *Journal of Comparative Economics* 30: 567 – 78.

Gartzke, E. , Q. Li, and C. Boehmer. 2001. Investing in the peace: Economic interdependence and international conflict. *International Organization* 55 (2): 391 – 438.

Gasiorowski, M. 1986. Economic interdependence and international conflict: Some cross-sectional evidence. *International Studies Quarterly* 30 (1): 23 – 38.

Geddes, B. 1999. What do we know about democratization after twenty years? *Annual Review of Political Science* 2: 115 – 44.

Gilpin, R. 1975. *U. S. power and the multinational corporation: The political economy of foreign direct investment.* New York: Basic Books.

———. 2001. *Global political economy: Understanding the international economic order.* Princeton, NJ: Princeton University Press.

Gleditsch, K. 2002. Expanded trade and GDP data. *Journal of Conflict Resolution* 46 (5): 712 – 24.

Goldstein, J. S. 1992. Aconflict-cooperation scale for WEI Sevent data. *Journal of Conflict Resolution* 36 (2): 369 – 85.

Gowa, J. 1999. *Ballots and bullets: The search for the elusive democratic peace.* Princeton, NJ: Princeton University Press.

Greene, W. 2003. *Econometric analysis.* Upper Saddle River, NJ: PrenticeHall.

Hegre, H. 2002. Trade decreases conflict more in multi-actor systems: A comment on Dorussen. *Journal of Peace Research* 39 (1): 109 – 14.

Hymer, S. 1976. *The international operations of national firms: A study of foreign direct investment.* Cambridge, MA: MITPress.

Kegley, C. 1975. Introduction: The generation and use of events data. In *International events and the comparative analysis of foreign polity*, ed. C. Kegley. Columbia: University of South Carolina Press.

Khawar, M. 2005. Foreign direct investment and economics growth: Across-country analysis. *Global Economy Journal* 5 (1): 1 – 12.

King, G., and W. Lowe. 2003. An automated information extraction tool for international conflict data with performance as good as human coders: A rare events evaluation design. *International Organization* 57 (3): 617 – 42.

Lee, H. 2005. Foreign direct investment and militarized interstate conflict. Working paper, Department of Political Science, University of Iowa.

Mansfield, E., and B. Pollins. 2001. The study of interdependence and conflict: Recent advances, open questions, and directions for future research. *Journal of Conflict Resolution* 45 (6): 834 – 59.

Mansfield, E., and B. Pollins. 2003. *Economic interdependence and international conflict.* Ann Arbor: University of Michigan Press.

Martin, P., T. Mayer, and M. Thoenig. 2008. Make trade not war? *Review of Economic Studies* 75 (3): 865 – 900.

Mataloni, R. J., Jr. 1995. A guide to BEA statistics on US multinational companies. *Survey of Current Business* (March): 38 – 55.

McClelland, C. 1999. World Event/Interaction Survey (WEIS) Project, 1966 – 1978 [computer file]. Conducted by Charles McClelland, University of Southern California, 3rd ICPSR ed. AnnArbor, MI: Inter-university Consortium for Political and Social Research.

Montesquieu, Charles de Secondat. 1750. (translated from the French by Thomas Nugent with a special introduction by Hon. Frederic R. Coudert). (1900 originally published in 1750). *The spirit of laws*, Rev. ed. NewYork: Collier.

Morrow, J. D. 1999. How could trade affect conflict? *Journal of Peace Research* 36: 481 – 89.

Mundell, R. 1957. International trade and factor mobility. *American Economic Review* 47 (3): 321 – 35.

Navaretti, G. B. , and A. J. Venables. 2004. *Multinational firms in the world economy*. Princeton, NJ: Princeton University Press.

Nye, J. S. 1974. Multinationals: The game and the rules: Multinational corporations in world politics. *Foreign Affairs* 53 (1): 153 – 75.

OECD. Variousyears. *International Direct Investment Statistics Yearbook*. Paris: OECD.

Ohmae, K. 1990. *The borderless world: Power and strategy in the interlinked economy*. New York: Harper Business.

Oneal, J. , and B. Russett. 1999. Assessing the liberal peace with alternative specifications: Trade still reduces conflict. *Journal of Peace Research* 36 (4): 423 – 42.

Peltzman, S. 1976. Toward a more general theory of regulation. *Journal of Law and Economics* 19 (2): 211 – 40.

Polachek, S. 1980. Conflict and trade. *Journal of Conflict Resolution* 24 (1): 55 – 78.

Polachek, S. 1997. Why democracies cooperate more and fightless: The relationship between international trade and cooperation. *Review of International Economics* 5 (3): 295 – 309.

Polachek, S. W. 2003. Multilateral interactions in the trade-conflict model. In *Globalization and armed conflict*, ed. G. Schneider, K. Barbieri, and N. P. Gleditsch, 31 – 48. Oxford: Rowman and Littlefield.

Polachek, S. W. , J. Robst, and Y. -C. Chang. 1999. Liberalism and interdependence: Extending the trade-conflict model. *Journal of Peace Research* 36 (4): 405 – 22.

Polachek, S. W. , and C. Seiglie. 2007. Trade, peace and democracy: Ananalysis of dyadicdispute. In *Handbook of defense economics*, Vol. 2, ed. T. Sandler and K. Hartley, 1017 – 73. Amsterdam: North-Holland.

Polachek, S. , C. Seiglie, and J. Xiang. 2007. The impact of foreign direct investment on international conflict. *Defense and Peace Economics* 18 (5): 415 – 29.

Polachek, S. , and J. Xiang. 2010. How opportunity costs decrease the probability of war in an incomplete information game. *International Organization* 64 (1): 133 – 44.

Robst, J. , S. Polachek, and Y. -C. Chang. 2007. Geographic proximity, trade and international conflict/cooperation. *Conflict Management and Peace Science* 24: 1 – 24.

Rosecrance, R., and P. Thompson. 2003. Trade, foreign investment and security. *Annual Review of Political Science* 6: 377 – 98.

Russett, B. M., and J. R. Oneal. 2001. *Triangulating peace: Democracy, interdependence, and international organizations.* NewYork: W. W. Norton.

Singer, J. D., and M. Small. 1972. *The wages of war 1816 – 1965: A statistical handbook.* New York: John Wiley&Sons.

Tarzi, S. M. 1991. Third world governments and multinational corporations: Dynamics of host's bargaining power. *International political economy: Perspectives on global power and wealth,* ed. J. A. Frieden and D. Lake. NewYork: St. Martin's.

Schneider, G., K. Barbieri, and N. P. Gleditsch, eds. 2003. *Globalization and armed conflict.* NewYork: Rowman and Littlefield.

Vernon, R. 1971. *Sovereignty at bay: The multinational spread of US enterprises.* New York: Basic Books.

Waltz, K. 1979. *Theory of international politics.* NewYork: Random House.

Wei, S. -J. 1997. Why is corruption so much more taxing than tax? Arbitrariness kills. Working Paper 6255, National Bureau of Economic Research, Cambridge, MA.

Zellner, A., and H. Theil. 1962. Three-stage least squares: Simultaneous estimate of simultaneous equations. *Econometrica,* 29: 63 – 68.

第 30 章　国家边界、冲突与和平

恩里科·斯波劳雷

1. 引言

历史上，冲突与防御一直在确定国家边界方面发挥核心作用。历史学家和政治学家已广泛研究了"战争如何建立国家，如何毁灭国家"（Tilly，1992：67），强调"现代国家在很大程度上是作为军事企业建立的"（Colomer，2007：33）。[1] 自古典时期开始，安全关切就影响关于政治体系理想规模的哲学讨论，柏拉图写道"公民的数量必须足以保护他们自己抵御其邻国的不公正行为"［《法律》第五卷（*The Laws*，Book Ⅴ）］。[2] 马基雅维利（Machiavelli）称"共和国分裂的原因通常是懒惰与和平；联合的原因是恐惧与战争"［《论李维罗马史》（*Discourses on Livy*，Ⅱ，2）］，这反映出被称为"撒路斯提乌斯定理"（Sallust's Theorem）（Evrigenis，2008；Wood，1995）的一种观点，该定理用罗马历史学家盖乌斯·撒路斯提乌斯·克里斯普斯（Gaius Sallustius Crispus）命名，他将迦太基被毁灭前罗马共和国的内部凝聚力与敌人的恐惧联系在一起［恐惧的敌意（metushostilis）］。

在现代，军事威胁和机会已被认为是政治联盟和联邦形成的关键因素［如里克（Riker，1964）］，比如美国、瑞士和德国，其国家边界，正如奥托·冯·俾斯麦在1862年的著名论断所说的那样，"不是通过演讲和多数人的决定，而是通过铁和血"确定的。

---

[1]　还可参见比恩（Bean，1973）和蒂利（Tilly，1975）。对近期从政治科学角度研究战争和现代国家文献的讨论参见斯普鲁伊特（Spruyt，2007）。

[2]　达尔和图福特（Dahl，Tufte，1973）讨论了关于政治体系规模的哲学和政治学文献。

在最近几十年中，尤其是冷战结束后，引人关注的国家分裂和日益增加的分裂主义已不仅在史学家和政治评论家中，也在政治经济领域中改变了人们对于国家边界形成和重新划定的关注。一类新的解析性文献已经发展起来，给出了正式模型，其中，国家边界不是给定的，而是在约束条件下由追求自身目标的参与者相互作用的决策得到的内生结果。对这类文献做出贡献的有阿莱西纳和斯波劳雷（Alesina, Spolaore, 1997, 2003），阿莱西纳、斯波劳雷和瓦克齐亚格（Alesina, Spolaore, Wacziarg, 2000, 2005），博尔顿和罗纳德（Bolton, Roland, 1997），博尔迪尼翁和布鲁克斯（Bordignon, Brusco, 2001），埃林森（Ellingsen, 1998），戈亚尔和斯塔尔（Goyal, Staal, 2004），勒布雷顿和韦伯（LeBreton, Weber, 2003）等。博尔顿、罗纳德和斯波劳雷（Bolton, Roland, Spolaore, 1996）以及斯波劳雷（Spolaore, 2006）进行了综述。

这些研究中的一部分关注在没有冲突的情况下通过投票或单边退出的和平方式重新划定边界。少数但不断增加的研究已开始在理论框架中引入冲突和安全考量，因此，把关于国家边界内生决定的经济学文献扩展到对于冲突与和平经济学的分析性文献上，正是本书的主题。尤其是，在阿莱西纳和斯波劳雷（Alesina, Spolaore, 2005, 2006）及斯波劳雷（Spolaore, 2004）的分析中，国际冲突与防御是中心，魏特曼（Wittman, 2000）也将其模型化了。斯波劳雷（Spolaore, 2008）发展了对于国内冲突和分裂的正式分析。[①]

这类研究与其他研究领域相关联，比如国际关系学者对冲突的正式研究［例如，鲍威尔（Powell, 1999）］，以及奥尔森和泽克豪泽（Olson, Zeckhauser, 1966）对军事同盟的开创性经济分析。然而，与传统研究非常不同的是，传统研究通常将参与冲突国家的身份视为给定，有关国家的新政治经济学文献的核心目标是要内生化（解释）主权国家本身，并研究它们的数量、规模和形态如何受到冲突、防御和安全的影响。

第 2 节回顾有关冲突与国家规模关系的一些重要思想和问题。[②] 第 3

---

① 相关文献已关注国内冲突分布对行政辖区组织的影响［例如，韦内吕德（Wärneryd, 1998）］。

② 在本章中，我们使用"国家"，它等同于"主权国家"，就像在谈及国际关系或联合国时，在英语中的通常理解那样。

节提出一个简化模型，它阐明了关于军事支出、安全的规模经济和形成联盟及政治联盟激励的决策。第 4 节根据政治经济学文献的研究成果讨论有关冲突和国家边界的不同主题。第 5 节评论了未来的研究方向。

2. 冲突、国防和国家规模：概述

2.1　基本权衡

什么决定了国家数量和国家规模？从经济学角度看，考虑与更大国家规模有关的收益和成本是一个富有成效的起点。国家的核心作用是为公民提供公共品：司法系统、安全并预防犯罪、公共卫生、抵御灾难性事件（例如地震和飓风）等。提供公共品是有规模经济的。与私人商品不同，典型的公共品在消费上是非竞争的：每位公民都能从中受益，但不会减少其他人的利益。即使当提供公共品的成本随着人口规模扩大上升（比如，不断增长的管理成本），这些成本中的某些部分与使用者数量无关。一般来说，当有更多的纳税人为提供公共品进行支付时，人均费用就更少。从经验看，政府支出占总收入的比重随人口增加而减少：人口越少的国家，政府所占比例越大 ［相关讨论，参见阿莱西纳和斯波劳雷（Alesina，Spolaore，2003：Chap. 10）］。

国防与安全历来是政府所提供的最重要的公共品之一。由于规模经济，原则上，更大的国家能够为公民提供更便宜和更有效的安全。从经验上看，由于各种原因，国防支出和国家规模之间的关系复杂，包括国际联盟的存在，以及某些较大国家可能为较小国家提供防务，如美国在北约中的作用。同时，更大、更强的国家可能从领导地位中获得额外的经济和政治利益。①

总之，提供公共品，包括提供防务与安全，与实际或潜在的规模收益有关。

---

① 如果外国入侵的收益随着国家规模扩大而增加，例如，随着资本存量增加，会出现更为复杂的情况，就像汤姆森（Thomson，1976）对最优国防支出和税收的经典分析所讨论的那样。

764

但是，更大的规模有收益，也有成本。其中一些成本可能是由于当国家越大时产生的协调与拥塞造成的。更重要的是，国家边界扩张可能引致政治成本，这来源于更大群体中存在更高的异质性。国家边界扩张可能会导致不同公民群体对公共政策和政府类型偏好方面具有更大的异质性。因为国境内包含更为不同的群体，其有着不同的文化、价值观、规范、习惯、语言、宗教、种族，更加可能出现关于国家基本特征的异议，且更加难以调和。作为同一国家的一部分意味着，要以不可能总是满足每个人偏好的方式分担共同提供公共品和政策的负担。同时，多样性可能会通过学习、专业化和思想交流产生直接经济利益。成功的社会在多种偏好、技能和禀赋混同条件下最大化收益时，能做到最小化异质性的政治成本。尽管如此，在所有其他条件相同的情况下，随着国家规模扩大并扩张其边界，异质性成本和政治成本往往会增加。

总的来说，规模经济和对公共政策偏好的异质性之间存在权衡。这样的权衡在有关国家规模的经济学文献中发挥核心作用 [例如，阿莱西纳和斯波劳雷（Alesina，Spolaore，1997，2003）；勒布雷顿和韦伯（Le-Breton，Weber，2003）；魏特曼（Wittman，2000）]。当与异质性成本相比经济规模变得更加重要时，较大的政治体系更有可能形成。反之，来自规模的收益减少或异质性成本增加将造成政治性解体。

这种权衡直接影响冲突与国家边界的关系。在一个更加好战的世界中，当外部威胁赫然出现且安全关切最为重要时，从提供防御的角度讲，更大且更集中的政治联盟具有优势。相反，在其他条件相同的情况下，国际冲突的减少将降低形成较大政治联盟的激励（Alesina，Spolaore，2005，2006；Spolaore，2004）。

2.2　问题

国防的规模经济和异质性成本之间的权衡为研究国际冲突与国家规模的关系提供了一个有用的框架。然而，这只是迈向对该主题进行理论分析和实证探索的第一步。国防与军事力量的成本和收益难以用模型刻画，也不易衡量。它们取决于国家内和国家间政治人物之间的策略性互动，这种互动带有政治、经济和制度变量间的复杂关系。虽然关于这些问题已得出一些深刻见解，但对冲突、国防和国家边界的研究才刚刚起步，只是最近才开始利用现代经济学分析工具探讨关键问题。这里选择性地总结一下这些问题。

（1）**军事力量、国防的规模经济、联盟和政治联盟**。国防和军事力量不是标准的公共品。它们的成本和收益不仅取决于一个给定的主权国家对它们的提供情况，还取决于其他国家的供给，并且更一般地，取决于国内和跨国的策略互动。例如，小国可以进入各种形式的分散化的军事联盟中，或者加入一个集中型的政治联盟。在不同的制度安排中，国防与安全的规模经济会有何不同呢？形成分散型联盟的可能性如何影响政治联合的激励呢？

（2）**内生性政治解体和国际冲突**。冲突和国防影响国家的数量和规模，国家边界的改变反过来也会影响冲突和国防的模式。从长期看，冲突、国防和国家边界都是被联合确定的内生变量，必须在一般均衡框架内研究。例如，或许是对感知到的冲突与安全重要性发生变化的直接反应，一个较大的政治联盟解体了，那么在这之后国防支出和观测到的冲突会发生什么变化？

766

（3）**冲突、民主和开放：对国家数量和规模的影响**。国防和军事力量的成本与收益或许都取决于民主的约束和国际开放程度，正如关于"民主和平"或"自由和平"的大量文献所表明的那样，这些文献可以追溯到孟德斯鸠（Montesquieu，1748/1989）和康德（Kant，1795/2006）[参见欧尼尔和拉西特（Oneal，Russett，1999）]。同时，关于国家形成和瓦解的文献除了涉及冲突与安全之外，还强调民主化和经济全球化等变量的作用。即使如此，冲突、民主、开放和国家规模之间的联系仍然是探讨的相对较少的领域。民主化、全球化和更少的国际冲突与创建较小国家紧密联系在一起吗？形成更大的政治联盟与独裁统治者、贸易壁垒和一个更为好战的世界有关系吗？在这些变量中可能存在多个均衡吗？随着时间推移，从一个均衡到另一个均衡的社会转型是怎样进行的？

（4）**国内冲突和分裂**。虽然政治一体化可以更好地抵御外部威胁，但它往往会提高每个国家内部的异质性成本。一个重要的问题是，异质性的增加是否与更有可能发生由国内政策，或者甚至是他们自己对边境的分歧而引发的国内冲突（如分裂战争）有关。一个与此相关的问题是，国际冲突减少是否可能增加在每个国家内发生的国内冲突。尽管在政治学和政治经济学中，大量文献探讨了国内冲突或种族冲突，但仍然必须做很多工作才能理解内战、外部威胁、分裂主义和内生的国家形成之间的关系。

在这些问题的推动之下有了如下章节。（1）中的某些问题在第3节的简单模型中进行说明，而（2）、（3）和（4）中的问题会在第4节中与相关文献一起讨论。

3. 冲突、联盟和政治联盟

我们现在描述一个简单的分析框架来整理想法并说明军事支出决策、安全经济规模的基本逻辑，以及形成联盟和政治联盟的动机。

3.1 基本设置

考虑一个由三个同质群体（A、B 和 C）组成的世界，这些群体具有相同规模，正规化为1。每个群体位于一个边长为 R 的等边三角形的顶点（见图30-1）。R 衡量了位于每两个群体间的领土。T_i 表示由每个群体 i 控制的领土总量，因此：

$$T_A + T_B + T_C = 3R \qquad (1)$$

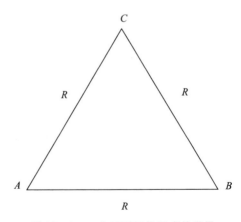

图 30-1 三个同质群体组成的世界

位于每对群体 i 和 j 之间的领土对这些群体是有价值的，因为它限制了 i 或 j 能够用来生产的资源（土地和其他投入）。[①] 1 单位领土生产 1 单位产出。但是，为了控制某些领土，群体必须花费资源建设军事力量（武器）。产出可以用于消费（C_i）或者建造武器（W_i）。因此，群体 i 的消费 C_i 等于其所控制的领土 T_i 减去军事支出 W_i：[②]

$$C_i = T_i - W_i \tag{2}$$

在存在冲突和掠夺的情况下，位于群体 i 和 j 之间的领土根据军事力量的相对比例在群体间进行分割。如果群体 i 拥有的武器为 W_i，群体 j 拥有的武器为 W_j，则群体 i 分得的领土份额为：

$$P(W_i, W_j) = \frac{W_i}{W_i + W_j} \tag{3}$$

$P(W_i, W_j)$ 是竞赛成功函数的一种，它随着 i 拥有的武器 W_i 递增，并随着 j 拥有的武器 W_j 递减。$P(W_i, W_j)$ 可以被解释为 i 和 j 之间爆发战争时 i 赢得对领土完全控制权的概率。为了简单起见，我们假设战争实际并没有发生，但"在力量的阴影下"分割领土：每个群体控制的领土份额等于，如果战争发生，它在获胜时预期会得到的份额。换言之，在存在冲突和掠夺时，群体间的边界由其相对的军事力量决定。例如，如果群体 i 拥有的武器是群体 j 的两倍，那么它将控制位于 i 和 j 之间领土的 2/3，群体 j 将控制剩余的 1/3，且两个群体之间的边界距离群体 i 为 $\frac{2R}{3}$，距离群体 j 为 $\frac{R}{3}$。

768

这种冲突技术是比率形式竞赛成功函数的一个特例，在比率形式竞赛

---

① 为了简化分析，我们假设位于群体 i 和 j 之间的领土对第三个群体 $k \neq i$，j 毫无价值，或者等价地，群体 k 无法或者不愿控制群体 i 和 j 之间任何比例的领土。因为对于 $k \neq i$，$i = A$，B，C，$0 \leqslant T_i \leqslant 2R$。对这一约束条件的经济学解释是，每片领土都要求只有相邻群体拥有的特定的且无法被掠夺的投入。另一种不同的解释是，两个群体之间的领土是对这些群体存在争议的更为普遍的一系列"共同问题"的比喻，斯波劳雷和瓦克齐亚格（Spolaore，Wacziarg，2009b）沿着这一思路建立了模型。

② 所有变量以人均形式表示，将群体规模标准化为 1。

成功函数中，群体 i 成功的概率是 $\dfrac{W_i}{W_j}$ 的函数（Tullock，1980）。[①] 这种函数可以被一般化，以允许对武器的投入具有更高的边际影响：$P(W_i, W_j) = \dfrac{W_i^m}{W_i^m + W_j^m}$，$m \geqslant 1$。正如什卡佩尔达斯（Skaperdas，1998）在一种不同设定下的情况所示，参数 m 对联盟形成有影响。一般来说，更高的 m 值会增强形成联盟和联合体的激励。这里我们不考虑这种影响，假设 $m = 1$。[②]

每个群体将控制多少领土？每个群体将消费多少？我们现在准备考虑不同制度安排下的均衡结果。首先，我们推导三个群体形成三个独立主权国家，且每个国家靠自己获得并维持自己领土的均衡。然后，我们研究在不同合作形式下的均衡，这些合作形式如两国间的互不侵犯协定、军事联盟和完全的政治联盟。

3.2 不同制度安排下的军事支出、边界和消费

3.2.1 三个独立国家

假设每个群体都形成了自己的独立国家。每个国家 i 投资于自己的武器 W_i，而视另外两个国家 j 和 k 的武器为给定。我们假设一国的军事力量被用于同时与另两位敌人设定边界。[③] 国家 i 选择 W_i 以最大化其群体的消费，由式（4）给出：

---

① 另外一种可选的设定也是在正式文献中使用的，其是符号逻辑形式或差分函数，其中，群体 i 成功的概率是 $W_i - W_j$ 的一个函数。对于其他可选设定的讨论，参见赫什利弗（Hirshleifer，1989）以及加芬克尔和什卡佩尔达斯（Garfinkel，Skaperdas，2007）。

② 在什卡佩尔达斯（Skaperdas，1998）中，$m > 1$ 确实是形成稳定联盟的必要条件。在我们的设定中，情况并非如此，因为我们针对两个群体对资源的冲突以及联盟及政治联盟的制度特征做出了不同的假设。加芬克尔（Garfinkel，2004b，2004c）也研究了联盟形成和冲突模型，其中，当 $m = 1$ 时，可能会形成稳定的联盟。然而，在分析中，其认为，联盟内部针对资源再分配的冲突起到了关键作用。我们将在本章最后及下一节转向分析国内冲突问题。

③ 考虑到在我们的模型中战争事实上没有发生，这个假设是合理的，但边界是在"权力的阴影下"设定的。如果边界由同时发生在所有国家对之间的真实战争来确定，那么我们不得不具体设定每个国家在两条战线上的军事能力。在三个独立国家对称的情况下，每个国家将在两条战线上平均分配其武器装备，我们的结果将保持不变。在后面的分析中，我们不考虑这些复杂情况，一直假设一国的军事力量可被用于同时对抗所有敌人（防务规模经济的一种）。

$$C_i = R \frac{W_i}{W_i + W_j} + R \frac{W_i}{W_i + W_k} - W_i \tag{4}$$

纳什均衡下的军事支出水平为:

$$W_A^{in} = W_B^{in} = W_C^{in} = \frac{R}{2} \tag{5}$$

在这个对称均衡中,所有国家都同样强大,且每个国家都获得了存在争议的领土的一半。因此,每个群体控制的领土面积为 R ,生产 R 单位产出,消费其中的一半,并用另外一半建造武器。在这个有三个对立国家的均衡下,人均消费为:

$$C_A^{in} = C_B^{in} = C_C^{in} = \frac{R}{2} \tag{6}$$

769

显然,军事支出是每个群体的净损失,因为它转移了宝贵的资源而不能将其用于消费。如果三个群体承诺完全裁军($W_A^{in} = W_B^{in} = W_C^{in} = 0$),那么都会得到改善,因为其可以平均且和平地分割世界领土。之后,将得到同冲突情况下相同的土地,但享受到两倍的消费(R ,而不是 $\frac{R}{2}$)。遗憾的是,这种最优结果并不是纳什均衡:由于缺少某些外部承诺手段,三个国家都无法令人置信地承诺进行全球(多边)裁军。在本章剩余部分,我们将排除任何形式的多边合作,但会考虑不同类型的双边合作。

3.2.2 互不侵犯条约

考虑两国(A 和 B)之间达成可信的互不侵犯条约的可能性。也就是说,假设国家 A 和国家 B 可以可置信地承诺彼此之间不使用武力,并和平且平等地划分位于它们之间的领土(因此,各自得到 $\frac{R}{2}$)。同时,它们继续使用各自的军事能力解决与第三个国家 C 的领土争端。换句话说, A 和 B 能够达成一个互不侵犯条约,而不是形成一个活跃的军事联盟(每个国家依靠自己对抗国家 C)。那么,每个国家 $i = A, B$ 选择各自的 W_i 来最大化:

$$C_i = \frac{R}{2} + R \frac{W_i}{W_i + W_C} - W_i \tag{7}$$

而国家 C 最大化：

$$C_C = R\frac{W_C}{W_C + W_A} + R\frac{W_C}{W_C + W_B} - W_C \qquad (8)$$

纳什均衡的武器水平为：

$$W_A^{na} = W_B^{na} = \frac{2R}{9} \qquad (9)$$

和

$$W_C^{na} = \frac{4R}{9} \qquad (10)$$

在均衡中，所有三个国家在武器装备上的花费都少于没有这个双边互不侵犯条约时的支出。毫不奇怪，A 和 B 减少的支出的规模特别巨大：如果没有条约，每一方都会在防务上支出 $\frac{R}{2}$（产出的一半），但现在每一方只花费了 $\frac{2R}{9}$。然而，现在在这个均衡中，A 和 B 要弱于 C，且每一方控制的领土都少于之前均衡的情况。C 拥有的武器装备是其他两国的两倍，并因此控制了 2/3 的位于 A 和 C 之间领土和 2/3 的位于 B 和 C 之间的领土。尽管如此，该条约对 A 和 B 来说仍是一项好交易。较低的军事支出水平远远抵消了由 C 获得领土的损失。两国人均消费均高于没有条约时的情况：[①]

$$C_A^{na} = C_B^{na} = \frac{R}{2} + \frac{R}{3} - \frac{2R}{9} = \frac{11R}{18} > C_A^{in} = C_B^{in} = \frac{R}{2} \qquad (11)$$

总之，双边互不侵犯条约可以大幅节约国防支出，尽管代价是抵御外部侵略的效果变差了。

3.2.3 军事联盟

我们现在考虑这样的情况，除了签订彼此互不侵犯条约外，A 和 B

---

① 当 A 和 B 之间签订一项互不侵犯条约时，C 也将获益。C 得到了更多领土，同时相对于前面的均衡，还节约了武器方面的支出 $\left(W_C^{na} = \frac{4R}{9} < W_C^{in} = \frac{R}{2} \right)$。

能够可置信地承诺共同用武力对抗 C，同时仍保持它们的独立性。[①] 具体来说，我们假设：（1）军事支出仍然由各国各自承担：每个国家自主决定自己的军事支出水平并支付费用；（2）所控制的领土是由联盟相对于第三国的总军事力量决定的。因此：

$$C_A = \frac{R}{2} + R \frac{W_A + W_B}{W_A + W_B + W_C} - W_A \tag{12}$$

$$C_B = \frac{R}{2} + R \frac{W_A + W_B}{W_A + W_B + W_C} - W_B \tag{13}$$

$$C_C = 2R \frac{W_C}{W_A + W_B + W_C} - W_C \tag{14}$$

每个国家继续选择各自的武器装备水平，将其他两国的武器装备水平视为给定。特别地，每个同盟者将盟友的武器装备水平视为给定，而不把自己的武器装备带给其盟友的收益内部化。均衡时的武器装备水平为：

$$W_A^{al} = W_B^{al} = \frac{R}{9} \tag{15}$$

$$W_C^{al} = \frac{4R}{9} \tag{16}$$

联盟内总的军费开支水平 $\left(W_A^{al} + W_B^{al} = \frac{2R}{9} \right)$ 与当两个国家仅达成互不侵犯条约时的武器装备水平的总和相同。因此，军事联盟为防御 C 提供的保护与当两个国家仅达成互不侵犯条约时向每个国家提供的保护相同。然而，这样的军事力量现在是由更低的人均军事支出水平得到的。这是防务与安全规模经济的一个清晰实例。因此，一个积极军事联盟中的消费要高于达成互不侵犯条约下的消费：

$$C_A^{al} = C_B^{al} = \frac{R}{2} + \frac{R}{3} - \frac{R}{9} = \frac{13R}{18} > C_A^{na} = C_B^{na} = \frac{11R}{18} \tag{17}$$

771

[①] 这里，我们不考虑两个国家能够承诺共同使用武力对抗第三国，但无法承诺不相互攻击的可能性。联盟内部（或之后的国家内部）冲突问题是另一个重要问题，我们稍后将转向这个问题。

尽管存在规模经济，联盟仍然仅为抵御 C 提供不完美的防务。即使每个国家都能依靠两个群体的规模和资源，总军事力量是"供给不足"的。这是著名的"搭便车"问题的例证，因为在分散决策的军事联盟中，每个成员都无法将军事支出带给整个联盟的全部收益内部化（Olson，Zeckhauser，1966）。为了将军事支出的全部收益和成本内部化，两个群体不得不形成一个集中制的政治联盟。我们接下来考虑这样的机制安排。

3.2.4 政治联盟

最后，假设群体 A 和群体 B 形成一个完整的政治联盟，其中对于军费开支是集中决策的。联盟的军事能力 W_U 由两个群体共同决定，以最大化它们的总消费，并且其成本在联盟中平均分担。也就是说，选择 W_U 以最大化：

$$C_A + C_B = 2\left[\frac{R}{2} + R\frac{W_U}{W_U + W_C}\right] - W_U \tag{18}$$

国家 C 最大化：

$$C_C = 2R\frac{W_U}{W_U + W_C} - W_C \tag{19}$$

纳什均衡结果为：

$$W_U^* = W_C^* = \frac{R}{2} \tag{20}$$

现在，整个联盟控制的领土面积为 $2R$（A 和 B 之间所有的领土，A 和 C 之间的一半领土及 B 和 C 之间的一半领土）。这意味着，联盟为抵抗外国侵略所提供的防务和一个独立国家所提供的一样多（在没有互不侵犯条约或分散决策的联盟的情况下）。但现在提供这种保护只需要一半的人均成本，即 $\frac{W_U}{2} = \frac{R}{4}$，而不是 $W_A^{in} = W_B^{in} = \frac{R}{2}$。如果两个群体平均分享来自军事力量的成本和收益，那么每个群体的消费为：

$$C_A^{pu} = C_B^{pu} = R - \frac{R}{4} = \frac{3R}{4} \tag{21}$$

这一消费水平（$C_A^{pu} = C_B^{pu}$）高于其他三种安排下的水平（与之相

对，群体 C 的消费与在三个国家完全独立情况下的水平相同）。[①]

总之，在这种设定下，相比一个较小国家为其公民提供的保护，政治联盟提供保护的成本更低，相对于从分散决策联盟中得到的保护，政治联盟提供的保护更好。

772

3.3　防务的规模收益和异质性成本间的权衡

我们已经看到，在存在冲突与掠夺时，安全合作降低了对昂贵军事能力的需求，并/或将成本分散于更多人中。形成完全的政治联盟得到的改进程度最大，而与互不侵犯条约或分散决策联盟相联系的是较为适度的改进。即便集中防御是抵御外部威胁最为有效的形式，这些防务方面的收益也不是免费的。正如第 2 部分所阐述的那样，关于内生性国家边界文献的核心观点是，形成政治联盟可能会带来大量政治成本。当群体 A 和群体 B 形成政治联盟时，只要这两个群体对公共政策的偏好不同，就可能面临由于分享共同的政府、外交政策、税收系统等而造成的效用损失。一般地，是否形成政治联盟取决于防务的规模经济和异质性成本之间的权衡情况。假设每个群体 i 的效用为：

$$U_i = C_i + G_i \tag{22}$$

其中，C_i 是私人消费（同前面一样），G_i 是从公共品服务（"政府"）中获得的效用。当群体 i 在政治上独立时，它可以选择自己所偏爱的政府类型，该政府提供的效用为 G^h。当与其他群体形成联盟时，每个群体必须妥协并接受一个不太喜欢的政府类型，该政府提供的效用 $G^l < G^h$。[②]

[①] 相对于其他安排而言，政治联盟向其成员提供更高的消费水平，这并不是政治联盟定义的必要含义。即使政治联盟最大化了两个联盟成员的总消费，但它将国家 C 的行为视为给定，不能完全将其决策对 C 行为的影响内部化。原则上，如果国家 C 通过提高军事支出水平达到抵销其他两个群体从形成联盟而获得收益的程度，那么相对于其他制度安排而言，联盟最后可能降低其成员的消费水平。例如，如果来自冲突的收益在各国间是不对称的，国家 C 从冲突中获得的收益远远多于国家 A 和国家 B，那么就可能发生这种情况。这里我们不考虑这些可选的模型设定。

[②] 大多数文献对不同类型政府的偏好通常给出一种空间解释［对于这方面的讨论，参见阿莱西纳和斯波劳雷（Alesina, Spolaore, 2003：Chap. 2, Chap. 3）以及斯波劳雷（Spolaore, 2006）］。例如，在我们的模型中，可以假设每个群体偏好于将国家的"首都"放置于距离自己的顶点（A 或者 B）越近越好，并且政治联盟的"首都"要位于其地理的中心点，即 A 和 B 的正中间。

G^h 和 G^l 之间的差异体现了异质性成本 H：

$$H \equiv G^h - G^l \qquad (23)$$

在均衡中，联盟的总效用为：

$$U_A^{pu} = U_B^{pu} = \frac{3R}{4} + G^l = \frac{3R}{4} + G^h - H \qquad (24)$$

在完全独立情况下的效用水平为：

$$U_A^{in} = U_B^{in} = \frac{R}{2} + G^h \qquad (25)$$

在不存在互不侵犯条约和分散决策联盟时，对两个群体来说，可行的选择只能是完全独立或者政治联盟，当且仅当 $U_A^{pu} = U_B^{pu} > U_A^{in} = U_B^{in}$ 时，联盟将形成，也就是当且仅当异质性成本小于以更高消费水平表示的来自政治联盟的净收益时：[①]

$$H < C_i^{pu} - C_i^{in} = \frac{R}{4} \qquad (26)$$

相反，如果我们假设两个群体可以选择形成政治联盟或分散决策联盟，那么政治联盟形成的条件会变得更加严苛：[②]

$$H < C_i^{pu} - C_i^{al} = \frac{R}{36} \qquad (27)$$

这意味着，有助于分散决策联盟形成的国际情况的变化将造成具有较高异质性成本（高的 H）或以安全（低的 R）表示的风险较低的政治联盟瓦解。相反，具有较低异质性成本（低的 H）或发生冲突风险较高（高的 R）的政治联盟将更加坚实地团结在一起，即使分散决策联盟是可行的。

一个非常重要的问题是，联盟或政治联盟在多大程度上确实成功地

---

① 为方便起见，我们不考虑政治联盟的其他收益，例如，提供非防务公共品的规模经济。H 可以再次被解释为这些额外收益净值的异质性成本。

② 我们不考虑分散决策联盟的异质性成本。原则上，在分散决策联盟中，政治成本也可能会上升，但它们可能非常小，因为每个群体都保持完全独立，自主地选择武器装备并进行支付。

消除了其成员之间的冲突。在前面的分析中，我们没有考虑这种可能性，也就是即使在加入联盟或政治联盟后，群体可能继续使用军事力量彼此对抗。显然，如果群体不得不投入额外的有价值的资源来影响国内的结果以有利于自己，那么形成联盟的净收益将受到影响。由对资源或公共政策的内部冲突造成的这些成本可被视为形成联盟的额外异质性成本，例如，假设政治联盟内部的政府政策由两个群体间的"国内竞赛"来决定，群体 A 投入 D_A 单位产出用于建设自己的国内冲突能力，B 投入 D_B，且 A 赢得竞赛的概率为 $\dfrac{D_A}{D_A + D_B}$。假设每个群体在赢得竞赛时得到效用 G^h，而如果其他群体赢得竞赛且采用它偏爱的政府政策，则得到 $G^h - 2H$。如果两个群体都没有向国内冲突能力投入资源，那么每个群体都有 $1/2$ 的机会使自己偏爱的政策被选中，并且按照预期，它从政府服务中获得的效用等于 $G^t = G^h - H$。那么，在没有国内冲突活动的情况下，来自政治联盟的总效用与之前我们假设没有国内冲突时的分析相同：

$$U_A^{pu} = U_B^{pu} = \frac{3R}{4} + G^h - H \tag{28}$$

与之相反，当两个群体都投资国内冲突能力时，总效用水平较低，因为消费水平较低。联盟内的每个群体最大化：

$$U_i = \frac{D_i}{D_i + D_j} G^h + \left(1 - \frac{D_i}{D_i + D_j}\right)(G^h - 2H) + \frac{3R}{4} - D_i \tag{29}$$

这意味着对国内冲突能力的均衡投入为：

$$D_A^* = D_B^* = \frac{H}{2} \tag{30}$$

774

因此，带有国内冲突的政治联盟的总效用为：

$$U_A^{pudc} = U_B^{pudc} = \frac{3R}{4} + G^h - \frac{3H}{2} \tag{31}$$

也就是说，国内冲突放大了来自异质性的损失。在我们的例子中，在没有国内冲突时的异质性成本为 H，发生国内冲突导致异质性成本增加了 50%（$\frac{3H}{2}$）。这意味着，对于给定的异质性偏好水平，受到国内冲突影响的政治联盟会形成，只是因为来自国际军事力量的收益更高（在我们的设定中，是更高的 R ）。

总之，国际冲突和国内冲突都会影响形成政治联盟的激励。为了简化分析，我们对这两种影响分别建模：国内冲突的程度并不会受到国际冲突程度的直接影响，反之亦然。然而，在更为复杂的设定中，更大的外部威胁可能直接影响政治联盟内部冲突的程度。更一般的是，在这个部分，我们已经在一个非常简单的框架下阐明了安全的规模经济和异质性成本之间权衡的逻辑，并提炼出可能影响冲突和国家边界之间关系的变量和途径。我们将在本章剩余部分讨论其中的某些影响并进行扩展。

4. 冲突、和平与国家边界的政治经济学

在本节中，我们根据政治经济学的最新进展，讨论冲突与国家边界之间的联系。特别地，我们关注这样的分析，即聚焦在冲突和国家边界内生决定情况下的系统性影响、民主化和国际经济一体化的作用，以及内战与分裂的政治经济学研究。

4.1 国际冲突与国家数量及规模

阿莱西纳和斯波劳雷（Alesina，Spolaore，2005，2006）研究了国际冲突和国家边界之间的关系。在这些文章中，在一个好战的世界中，对政府保护公民利益的需求影响均衡的国家数量和规模。当国家军事力量在解决国际争议中更为重要时，更大的民族国家就会出现。相反，国际冲突重要性的降低会削弱形成更大政治联盟的激励，从而形成更小、更多的国家。

尽管如此，军事力量重要性的降低可能不会减少全世界暴力冲突的总量。当边界是内生形成时，由于更多国家建立起来，国防和安全的作用减弱了，这可能反而会增加实际观测到的国际冲突的数量。这是因为，即便不太可能在每个特定的国际争端中使用武力，但更多的国家数量提高了其中一些国家可能参与彼此间冲突的概率。

阿莱西纳和斯波劳雷（Alesina，Spolaore，2006）指出，在国际关系中使用武力的较低概率会增加均衡时国家的数量，并会导致通过武力解

决的国际互动数量增加。国际冲突总量是增加还是减少取决于政治联盟瓦解前国家的平均规模。只有瓦解前国家的平均规模已经足够小，国际冲突的实际数量才会减少。相反，较大规模的政治联盟的解体往往与观察到的冲突数量增加相关。人均国防支出也产生了类似影响，即使在解决国际争端中军事力量变得不那么重要了，由较小规模的国家组成的世界中国防支出也会增加，因此减少甚至消除了以较低人均国防支出所代表的"和平红利"。

阿莱西纳和斯波劳雷（Alesina，Spolaore，2005）研究了一个更为复杂的情况，其中，国家可能：（1）参与公开战争，这会带来除武器成本之外由混乱和破坏造成的直接成本；（2）通过和平谈判解决国际争端，每个国家的谈判能力取决于在军事能力上的相对投入情况。不同地区可以选择保持独立或者与邻国结成集中制的政治联盟。在均衡时，战争发生的概率和国防支出的回报内生决定。加强国家对资源控制权的实施会减少对防务的需求，并可能因此造成国家分裂，这可能在均衡时导致更多战争。

4.2　冲突、民主和国家边界

民主和冲突间的关系是国际关系和政治经济学大量文献的核心。尤其是，正如在第 2 部分中已经提及的，这种关系是自由和平观点的一部分，它认为民主和贸易应降低发生国际冲突的风险。尽管如此，对民主、冲突和国家规模之间的联系的研究仍然相对较少。

国家规模的成本与收益间的权衡不仅取决于偏好异质性的程度，也取决于将偏好转变为政策的政治体制。不那么关心臣民偏好的寻租型独裁者可能追求扩张型政策，从而导致形成没有效率的大国和帝国。相反，民主化提高了公民对公共政策多元化偏好的重要性，因此引起了对政治自主权和独立性的更多需求（Alesina，Spolaore，1997）。[①]

此外，正如大量关于"民主和平"文献所记录的那样，独裁者往往比民主政府更愿意卷入与邻国的军事冲突［如可参见布埃诺·德·梅斯奎塔等（Bueno de Mesquita et al.，1999），奥尼尔和拉西特（Oneal，

---

①　对民主化和国家规模变化之间关系的讨论还可参见莱克和奥马尼奥（Lake，O'Mahony，2004）。

Russett，1999）以及戈瓦（Gowa，2000）的重要观点]。那么，民主化可能会导致分裂并形成更小的国家有两个原因：一是因为它提高了异质性成本的重要性；二是因为它减少了来自军事力量的收益。

大卫·弗里德曼（David Friedman，1977）提出了在一个存在寻租当权者的世界中国家形态和规模的原创理论，他认为，在这样一个世界中，国家边界会最大化统治者的财富。阿莱西纳和斯波劳雷（Alesina，Spolaore，1997）在对内生国家边界的正式分析中，比较了由多数投票决定边界的民主结果与最大化租金的当权者决定国家数量和规模的均衡结果（类似于弗里德曼的理论）。[①] 在阿莱西纳和斯波劳雷（Alesina，Spolaore，1997）的框架中，当权者面临一个"无叛乱"的约束：为了继续进行统治，当权者必须保持 δ 比例的人口高于最小福利水平。参数 δ 可以被解释为对民主响应能力的一个测度。一个非民主独裁者会忽略大多数人的偏好（$\delta < 1/2$）。随着 δ 增加，当权者变得更加关心更大的部分群体，在它们扩张边境时，获得的租金相对变少，由于存在更高的异质性成本，它们必须补偿更大比例的群体。一般来说，民主化（更高的 δ）与租金最大化当权者统治世界中的更小的国家相联系。阿莱西纳和斯波劳雷（Alesina，Spolaore，2003：Chap. 7；2006）扩展了这一分析，研究了民主约束与国际冲突在当权者统治的世界中的相互影响，并且表明，在冲突程度比较高时，民主化对边界的影响较小，在民主程度比较高时，冲突对边界的影响也较小。换句话说，在一个非常好战的世界中，民主化对减小国家规模不是那么重要，在一个更加民主的世界中，国际冲突在确定国家边界方面不是那么重要。

4.3 国际开放、冲突与和平及政治联盟瓦解

国际开放和国家规模之间的关系在文献中是非常受关注的。而当冲突、贸易和边界都是内生变量且在均衡中互相影响时，开放和国家边界在冲突与掠夺世界中的关系就没有那么受关注了。

[①] 芬德利（Findlay，1996）及格罗斯曼和门多萨（Grossman，Mendoza，2004）也进行了有关帝国扩张的经济分析。

对国家规模的分析已指出，国家规模的收益和成本之间的权衡是国际经济一体化程度的函数（Alesina，Spolaore，1997，2003；Alesina，Spolaore，Wacziarg，2000，2005；Hiscox，2003；Wittman，2000）。相关经济规模可能与国家边界所定义的国家政治规模相符或不相符。当政治边界成为国际交流的障碍时，更大的国家意味着更大的国内市场。相反，在完美的自由贸易情况下，政治边界不会对国际交易施加任何成本，市场规模和政治规模是不相关的。如果市场规模对经济绩效很重要，小国在自由贸易和高度经济一体化的世界中就会更加繁荣，而大的规模在贸易壁垒和保护主义世界中对经济方面更加重要。从实证方面看，对于不那么开放的国家来说，规模对经济绩效的影响往往更大，开放程度的影响对小国而言则大得多（Alesina，Spolaore，Wacziarg，2000，2005；Spolaore，Wacziarg，2005）。随着国际经济一体化程度提升，来自较大国家规模的收益减少了，政治联盟瓦解的成本降低了。相反，较小国家往往会从更大的国际开放度中获益。因此，经济一体化和政治联盟瓦解紧密地联系在了一起。

同民主化情况一样，如果经济一体化减少了贸易伙伴之间的冲突，那么国际贸易对形成更大国家的激励产生额外影响，正如自由和平假说的支持者们所认为的那样［关于贸易和冲突经验研究的经济学贡献包括马丁、迈尔和特西尼（Martin，Mayer，Thoenig，2008）和波拉切克（Polachek，1980）的研究］。

斯波劳雷（Spolaore，2004）提供了关于经济一体化、国际冲突和国家规模之间相互联系的研究。当冲突与贸易相互影响时，可能存在冲突、开放程度和政治规模的多重均衡。在其他情况相同时，较小的国家往往更加开放，更不可能参与冲突。与此同时，在一个高度开放、冲突程度较低、政治规模不那么重要的世界中，在均衡时，国家规模更小是合理的。在另一个均衡中，世界由较大的政治体组成，国际经济一体化程度较低，在解决国际争端时更明显会使用武力。在这样一个冲突程度更高且保护主义更加盛行的世界中，更大的国内市场和防务规模经济会带来更大的收益。反过来，这会促使人们在均衡时形成更大的政治联盟。因此，对于给定的基本条件，其他的地缘政治结果是可能的。在最近几十年中，世界正向更大的政治分散化、相对较少的国际冲突以及更高程度的国际经济一体化发展。然而，本章分析表明，同一个世界可能会走不同的道路，具有更少的政治和军事集团，它们的开放度更低且彼此间更为敌对。对内生性国家边界的研究表明，发展可以是自我实现的，国际合作战略和预期可能在决定长期结果方面发挥关键作用。

778

4.4 国内冲突、外部威胁和分裂

社会学家和政治学家［例如，费伦和莱廷（Fearon，Laitin，2003）；霍罗维茨（Horowitz，1985）］已经广泛地研究了国内冲突和种族冲突，经济学家对此的研究也在不断增加［例如，科利尔（Collier，2001）；蒙塔尔沃和雷纳尔 - 克罗尔（Montalvo，Reynal-Querol，2005）］。尽管大多数研究考察的是给定边界内的冲突，但也有一些研究明确关注种族冲突、重构边界和政治分区。例如，桑巴尼斯（Sambanis，2000）发现，一般来说，分区似乎并不会阻止种族战争再次发生，他写道，"即使这个解决方案降低了内战的发生率，但它几乎确定提升了国际战争的发生率"，这个观察与之前讨论的国际冲突和国家边界模型的预测是一致的。从国际关系视角进行的一般讨论参见费伦（Fearon，2004）。此外，一些研究者已开始探讨冲突后分区对经济和政策结果的影响，其中包含公共品提供，例如，斯威（Swee，2009）研究了结束波斯尼亚战争的分区对于当地提供学校教育的影响。

从本章的观点看，尤为重要的一个方面是，外部威胁和国家内部凝聚力之间的关系。正如在引言中所提到的那样，与外国发生冲突减少或消除国内冲突的观点由来已久，可追溯到古典时期。[①] 与外敌发生冲突的更高可能性降低了国内冲突的程度吗？如果确实是这样，是通过什么机制实现的？更广泛地讲，国际冲突、国内冲突和联盟及政治联盟形成之间的关系是什么？

加芬克尔（Garfinkel，2004b，2004c）在（在联盟内和联盟之间）

---

① 例如，撒路斯提乌斯（Sallust）在《朱古达战争》（*The War with Jugurtha*）中写道，"在迦太基被毁灭之前，罗马人民和元老院一起和平且温和地统治共和国。没有民众之间为了荣誉或权力而进行的争斗；对敌人的恐惧［恐惧敌人（metus hostilis）］保全了国家的良好道德"［由伍德（Wood，1995：177）引用，还可参见埃夫里耶尼斯（Evrigenis，2008）］。

冲突与掠夺的正式模型下提供了对联盟形成的分析，他研究了外部威胁和国内冲突之间的关系（Garfinkel，2004a）。明斯特（Münster，2007）给出了团体间和团体内冲突相互影响的理论分析。

斯波劳雷（Spolaore，2008）更是特别关注国内冲突情况下国家的内生形成。他提供了一个对边界的正式分析，其中，分裂是一个统一国家内部两个地区间国内冲突的直接结果。在国内冲突能力上的投入以及分裂的概率是内生变量，它们取决于分裂的激励，以及反对分裂努力的激励。这样的激励反过来取决于我们熟悉的一系列因素：异质性成本、在提供公共品方面的规模经济，以及两个地区（较大的地区或者处于中心且较小的地区，或者周边地区）的相对规模。斯波劳雷（Spolaore，2008）表示，在两个地区规模基本相当时，分裂主义冲突往往更加激烈，这与对国内冲突和种族冲突的实证文献是一致的［参见科利尔（Collier，2001）；霍罗维茨（Horowitz，1985）］。在这种情况下，外部威胁不会必然降低国内分裂主义冲突的强度。尽管外部冲突降低了周边地区分裂的激励，但也加强了对中央抵制周边地区分裂的激励。这种影响可能会导致在总量上更多资源转移到内部冲突上。最后，在边界确定之后（正如我们在第 3 节的程式化模型中所描述的），针对政府政策发生国内冲突的可能性不仅降低了较小地区分裂的激励水平，而且减少了更大地区统一的收益。事实上，针对政府政策的国内冲突视角或许导致了"中央分裂"。这与国内冲突往往提高异质性成本并提高分裂概率的一般性观点是一致的。

5. 未来的研究方向

研究冲突、和平与国家边界的经济学方法提出的见解补充了更为传统的史学和政治学对这些问题的理解。正式经济学分析的部分价值是将复杂决策和互动以相对简单和简洁的方式模型化，突出表明了关键机制和影响的逻辑。在这种思路下，已开展的大多数政治经济学分析使用了程式化的理论模型。

目前，首先要研究的是把这些假说和见解用数据加以验证，将理论模型与历史记录更紧密地联系起来。这是不容易的，因为收集相关数据很困难，而且或许更重要的是，在几乎每个变量都是内生的情况下，要确定它们之间的因果关系也很困难。对冲突与内生国家边界之间的关系进行系统的实证分析仍然有待发展，要建立在研究冲突与战争决定因素的大量实证文献基础之上。

一项尤为困难的任务是测量不同个体、地区和群体在偏好和特征方面的相对异质程度。莫罗（Mauro，1995）介绍的经济学文献为民族语言分化的度量提供了有价值的信息，对于影响确定国家边界的偏好异质性程度和强度来说，这些代理变量依然不完美。[①] 较新的研究考虑了对不同群体长期文化和历史距离的直接度量。斯波劳雷和瓦克齐亚格（Spolaore，Wacziarg，2009a）通过考察人类群体间遗传距离中的信息，引入一种新的方法来度量长期历史关联性对经济结果的影响。德斯梅特等（Desmet et al.，2009）针对遗传距离和文化距离（根据对《世界价值观调查》中一系列问题的答案做出度量）之间的关系进行了有趣的实证分析，认为这些度量可以被用作对偏好异质性的代理变量，并使用它们给出关于欧洲内部国家边界的稳定性和分裂的见解。

780　　斯波劳雷和瓦克齐亚格（Spolaore，Wacziarg，2009b）的研究是最近直接关注冲突与战争决定因素的实证研究，他们证明，在基因方面更为紧密相关的群体，因此，平均而言，在文化和历史上更为接近的群体更有可能参与国家间冲突和战争，即使在控制了一系列地理因素测度、对语言和宗教距离的测度和影响国家间冲突的其他因素（包括贸易和民主）之后也是如此。这些发现与这样的理论框架相符，即在该理论框架中，群体间系谱关联程度对他们的冲突倾向性有正向影响，因为平均而言，密切联系的群体往往有着共同的特点和偏好，彼此间的交流更频繁，并且关注的共同事务也更多。斯波劳雷和瓦克齐亚格（Spolaore，Wacziarg，2009b）还指出：（1）在控制贸易和民主变量时，关联性影响是稳健的；（2）在控制了群体间关联性时，双边贸易和民主的和平效应是存在的。

这种研究思路或许对国内冲突和国家内部异质性之间的关系具有意义。更一般的是，这些对长期关联性的新颖测度方法的可获得性，以及

---

① 关于民族语言多样性起源的近期理论和实证分析，参见米哈洛普洛斯（Michalopoulos，2008）。

这些测度方法同经济和政治结果（包括冲突与战争）之间稳健联系的新证据，都指向了一个前景广阔的研究领域，该领域有潜力阐明本章中讨论的一些问题。一个尤为重要的扩展是研究冲突的决定因素及影响——既针对国家内部冲突，也针对国家间冲突——不仅考虑关联性如何影响冲突，还要考虑冲突和关联性如何一起影响国家边界的内生形成情况，反之亦然。

总之，从经济学角度对冲突、和平与国家边界进行系统的理论和实证分析只是刚刚起步。所有这些主题的集合成为一个迷人且有前景的未来研究领域。

致　谢

笔者由衷感谢扬尼斯·埃夫里耶尼斯（Yannis Evrigenis）、Jeff Frieden（杰夫·弗里登）、扬尼斯·罗安尼德斯（Yannis Ioannides）、米歇尔·加芬克尔（Michelle Garfinkel）、薇琪·沙利文（Vickie Sullivan）和罗曼·瓦克齐亚格（Romain Wacziarg）的评论。

参考文献

Alesina, A. , and E. Spolaore 1997. On the number and size of nations. *Quarterly Journal of Economics* 112 (4): 1027 – 56.

——. 2003. *The size of nations.* Cambridge, MA: MIT Press.

——. 2005. War, peace and the size of countries. *Journal of Public Economics* 89 (7): 1333 – 54.

——. 2006. Conflict, defense spending, and the number of nations. *European Economic Review* 50 (1): 91 – 120.

Alesina, A. , E. Spolaore, and R. Wacziarg 2000. Economic integration and political disintegration. *American Economic Review* 90 (5): 1276 – 96.

——. 2005. Trade, growth, and the size of countries. In *Handbook of economic growth*, ed. P. Aghion and S. Durlauf. Amsterdam: North Holland.

Bean, R. 1973. War and the birth of the nation state. *Journal of Economic History* 33: 203 –

21.

Bolton, P. , and G. Roland. 1997. The breakups of nations: A political economy analysis. *Quarterly Journal of Economics* 112 (4): 1057 – 89.

Bolton, P. , G. Roland and E. Spolaore 1996. Economic theories of the breakup and integration of nations. *European Economic Review* 40: 697 – 705.

Bordignon, M. , and S. Brusco 2001. Optimal secession rules. *European Economic Review* 45: 1811 – 34.

Bueno de Mesquita, B. , J. D. Morrow, R. M. Siverson, and A. Smith 1999. An institutional explanation of the democratic peace. *American Political Science Review* 93 (4): 791 – 807.

Collier, P. 2001. The economic causes of civil conflict and their implications for policy. In *Turbulent peace: The challenges of managing international conflict*, ed. C. A. Crocker, F. O. Hampson, and P. R. Aall. Washington D. C: U. S. Institute of Peace Press.

Colomer, J. M. 2007. *Great empires, small nations. The uncertain future of the sovereign state.* New York: Routledge.

Dahl, R. A. , and E. R. Tufte. 1973. *Size and democracy.* Stanford, CA: Stanford University Press.

Desmet, K. , M. Le Breton, I. Ortuño-Ortín, and S. Weber 2009. The stability and breakup of nations: A quantitative analysis. Mimeo, Universidad Carlos III.

Ellingsen, T. 1998. Externalities and internalities: A model of political integration. *Journal of Public Economics* 68 (2): 251 – 68.

Evrigenis, I. 2008. *Fear of enemies and collective action.* Cambridge: Cambridge University Press.

Fearon, J. , 2004. Separatist wars, partition, and world order. *Security Studies* 3 (4): 394 – 415.

Fearon, J. , and D. Laitin 2003. Ethnicity, insurgency, and civil war. *American Political Science Review* 97 (1): 75 – 90.

Findlay, R. 1996. Towards a model of territorial expansion and the limits of empires. In *The political economy of conflict and appropriation*, ed. M. Garfinkel and S. Skaperdas, Cambridge: Cambridge University Press.

Friedman, D. 1977. A theory of the size and shape of nations. *Journal of Political Economy* 85: 59 – 77.

Garfinkel, M. R. (2004a) . Global threats and the domestic struggle for power. *European Journal of Political Economy* 20: 495 – 508.

——. (2004b) . On the stable formation ofgroups: Managing the conflict within. *Conflict Management and Peace Science* 21: 43 – 68.

——. (2004c) . Stable alliance formation in distributional conflict. *European Journal of Political Economy* 20: 829 – 852.

Garfinkel, M. R. and S. Skaperdas. 2007. Economics of conflict: An overview. In *Handbook of defense economics*, Volume 2, ed. K. Hartley and T. Sandler. Amsterdam, North Holland.

Goyal, S. , and K. Staal. 2004. The political economy of regionalism. *European Economic Review* 48: 563 – 593.

Gowa, J. 2000. *Ballots and bullets: The elusive democratic peace.* Princeton, NJ: Princeton University Press.

Grossman, H. I. , and J. Mendoza. 2004. Annexation or conquest? The building of the Roman Empire. Mimeo, Brown University.

Hiscox, M. 2003. Political integration and disintegration in the global economy. In *Globalizing authority*, ed. M. Kahler and D. Lake Princeton, NJ: Princeton University Press.

Hirshleifer, J. 1989. Conflict and rent-seeking success functions: Ratio versus difference models of relative success. *Public Choice* 63: 101 – 112

Horowitz, D . L. 1985. *Ethnic groups in conflict.* Berkeley University of California Press.

Kant, I. 1795/2006. *Toward perpetual peace.* New Haven, CT: Yale University Press.

Lake, D. , and A. O'Mahony. 2004. The incredible shrinking state: Explaining the territorial size of countries. *Journal of Conflict Resolution* 48 (5): 699 – 722.

LeBreton, M. , and S. Weber. 2003, The art of making everybody happy: How to prevent asecession. *IMF Staff Papers* 50 (3): 403 – 435.

Martin, P. , T. Mayer, and M. Thoening. 2008. Made trade not war? *Review of Economic Studies* 75: 865 – 900.

Mauro, P. 1995. Corruption and growth. *Quarterly Journal of Economics* 110 (3): 681 – 712.

Michalopoulos, S. 2008. The origins of ethnolinguistic diversity. Theory and evidence. Discussion Paper 0725, Tufts University.

Montalvo, J. G. , and M. Reynal-Querol. 2005. Ethnic polarization, potential conflict and civil war. *American Economic Review* 95 (3): 796 – 816.

Montesquieu, C. de. 1748/1987. *The spirit of the laws.* Cambridge: Cambridge University Press.

Münster, J. 2007. Simultaneous inter- and intra-group conflicts. *Economic Theory* 32 (2): 333 – 352.

Olson, M. , and R. Zeckhauser. 1966. An economic theory of alliances. *Review of Economics and Statistics* 48: 266 – 79.

Oneal, J. R. , and B. M. Russett. 1999. The Kantian peace: The pacific benefits of democracy, interdependence, and international organizations. *World Politics* 52 (1): 1 – 37.

Polachek, S. 1980. Conflict and trade. *Journal of Conflict Resolution* 24: 55 – 78.

Powell, R. 1999. *In the shadow of power: States and strategies in international politics.* Princeton, NJ: Princeton University Press.

Riker, W. 1964. *Federalism.* New York: Little, Brown.

Sambanis, N. 2000. Partition as a solution to ethnic war. An empirical critique of the theoretical literature. *World Politics* 52 (4): 437 – 83.

Skaperdas, S. 1998. On the formation of alliances in conflict and contests. *Public Choice* 96 (1 – 2): 25 – 42.

Spolaore, E. 2004. Economic integration, international conflict and political unions. *Rivista di Politica Economica* 94: 3 – 50.

——. 2006 National borders and the size of nations. In *The Oxford handbook of political economy*, ed. B. R. Weingast and D. A. Wittman. Oxford: Oxford University Press.

——. 2008. Civil conflict and secessions. *Economics of Governance* 9 (1): 45 – 63.

Spolaore, E. , and R. Wacziarg. 2005. Borders and growth. *Journal of Economic Growth* 10 (4): 331 – 386.

——. 2009a. The diffusion of development. *Quarterly Journal of Economics* 124 (2): 469 – 529.

——. 2009b. War and relatedness. NBER Working paper 15095, National Bureau of Economic Research, Cambridge, MA.

Spruyt, H. 2007. War, trade and state formation. In *The Oxford handbook of comparative politics*, ed. C. Boix and S. C. Stokes. Oxford: Oxford University Press.

Swee, E. 2009. Together or separate? Post-conflict partition, ethnic homogenization, and the provision of public schooling. Working paper, University of Toronto.

Thomson, E. A. 1976. Taxation and national defense. *Journal of Political Economy* 82 (4): 755 – 782.

Tilly, C. , ed. 1975. *The formation of national states in western Europe.* Princeton, NJ: Princeton University Press.

——. 1992. *Coercion, capital and European states, AD 990 – 1990.* Cambridge, MA: Blackwell.

Tullock, G. 1980. Efficient rent seeking. In *Toward a theory of the rent-seeking society*, ed. J. M. Buchanan, R. D. Tollison, and G. Tullock College Station, TX: Texas A&M University Press.

Wärneryd, K. 1998. Distributional conflict and jurisdictional organization. *Journal of Public Economics* 69 (3): 435 – 450.

Wittman, D. A. 2000. The wealth and size of nations. *Journal of Conflict Resolution* 6: 885 – 895.

Wood, N. 1995. Sallust's theorem: A comment on 'fear' in Western political thought. *History of Political Thought* 16 (2): 174 – 189.

第31章　政治制度和战争肇始：
民主和平假说再探讨

米歇尔·R·加芬克尔

1. 引言

　　大量文献表明，民主国家彼此之间很少发生战争，这就是所谓的民主和平（democratic peace）。即使在控制了领土、联盟和发展的情况下，这一经验被发现依然成立［参见陈（Chan，1997）的综述］。但是，民主国家是否通常比非民主国家更加和平？关于这个观点的证据是不一致的［例如，卢梭（Rousseau et al.，1996）］。具体地说，一些学者已经发现民主国家一般不容易发生冲突［例如，贝努瓦（Benoit，1996）］，然而，其他学者发现，民主国家至少在与独裁国家发生战争方面与独裁国家彼此间发生战争的可能性是相同的［如毛兹和阿布杜拉（Maoz，Abdolali，1989）；奥尼尔和拉西特（Oneal，Russett，1997）］[①]。不论在何种情况下，民主国家在制定外交政策方面都存在本质的不同，这一点是很明确的。

　　导致这些差异的因素是什么？学者们通常采用两种方法来回答这个问题。第一种方法强调规则的差异。民主国家的领导人以妥协与合作准则为指导，因此不太容易发生冲突［例如，迪克逊和塞内斯（Dixon，Senese，2002）；毛兹和拉西特（Maoz，Russett，1993）以及拉西特（Russett，1993）］。当民主国家之间相互影响时，这些规则尤为适用。只要在涉及独裁国家领导人以及其他民主国家领导人时，这些规则对于民

787

---

① 参见博莫尔（Boehmer，2008）对最近证据的讨论，这些证据似乎更多地支持民主国家一般不太容易发生战争的观点。

主国家领导人是重要的，这种方法就符合民主国家通常更为和平的观点。[①]

　　第二种方法强调了不同政治制度所蕴含的结构性差异。例如，民主国家中更大力度的相互制衡可以限制其领导人为战争动员资源［例如，摩根和坎贝尔（Morgan, Campbell, 1991）；拉西特（Russett, 1993）］。这种方法的一个变形——在最近的文献中应用更广泛——强调了政体类型对现任领导人继续执政的可能性和战争结果之间联系的影响。例如，布埃诺·德·梅斯奎塔等（Bueno de Mesquita et al., 2003）发现，民主国家领导人在武装上投入了更多资源，但不太可能参与危险的战争，因为他们要继续执政取决于能够满足更大的获胜联盟的要求。尽管胜利会产生所有人都能分享的资源，以帮助领导人继续执政，但与失败相关的资源损失会危及领导人的执政前景。因此，民主国家之间可能不会相互争斗，因为它们都预期对方付出更多努力，从而使此类战争的风险更高。独裁统治者倾向于投入更多的资源以满足较小的获胜联盟的要求，这可以通过提供私人物品来实现。因此，独裁统治者继续执政不太可能取决于战争的结果，他们与民主国家作战的意愿与他们同其他独裁国家作战的意愿大致相同。

　　赫斯和欧菲尼德斯（Hess, Orphanides, 1995）同样认为，战争结果对民主国家领导人能否继续执政具有影响，但在仅限于战争结果向有选举权的公众提供了有关领导人处理经济问题能力的新信息时才有意义。也就是说，民主国家领导人可能有发动战争以转移公众注意力的动机。然而，正如赫斯和欧菲尼德斯（Hess, Orphanides, 2001）所认识到的，民主国家和非民主国家都有掠夺性动机去发动战争。由于非民主国家的统治精英比民主国家的统治精英能够享受到多得多的战争净收益，独裁国家发动战争的动机更为强烈。[②] 尽管如此，虽然更加民主的世界可能更加和平，

---

① 最近，费伦（Fearon, 2008）认为，与独裁国家相比，民主国家致力于将其公民享有的同样的权利和特权（平等税收和提供公共品）扩大到已成功征服的领土上的居民。如果两个民主国家的政党具有规模报酬不变的性质，那么占领对手的一部分领土几乎不会获得任何收益。如果在两个国家中有一个是独裁国家，那么发生冲突的可能性更大，如果两个国家都是独裁国家，则冲突的可能性最大。

② 还可参见杰克逊和莫雷利（Jackson, Morelli, 2007），他们强调了决定领导人将战争成本和收益内化程度的机制。特别是，他们认为，相对于国家整体的净收益而言，独裁国家的战争净收益更多，这导致独裁国家普遍偏爱发动战争；领导人实现的战争净收益与普通民众实现的战争净收益越接近，这种偏差就越小。

但情况并非一定如此。

以类似的方式，巴利加、卢卡和肖斯托姆（Baliga，Lucca，Sjöström，2011）强调了问责制在当选领导人继续执政中的重要性，他们认为无论冲突结果如何，独裁者都会继续执政，而民主国家领导人必须安抚中间选民才能继续执政。就领导人继续执政必须获得关键选民的支持而言，完全民主国家与有限民主国家的区别在于关键选民的身份。在一个完全民主的国家中，关键选民与中间选民一致，中间选民倾向于领导人以侵略的方式回应侵略，但是没有原因的侵略会导致领导人下台。相反，在有限民主国家中，关键选民会表现出鹰派偏见（相对于中间选民而言）。基于这些假设，有限民主国家往往会比完全民主国家和专制国家表现出更高的侵略性。[①]

但是，尽管看起来民主国家领导人的更替率似乎明显高于独裁国家，但在奇奥萨和戈曼斯（Chiozza，Goemans，2004）的经验分析的基础上，德布斯和戈曼斯（Debs，Goemans，2010）质疑这样一种观点，即民主国家领导人继续执政的可能性对冲突结果更加敏感。在合理的假设下，即假设取代独裁国家统治者的过程通常比取代民选领导人的过程更为暴力，对于独裁国家领导人而言，失去权力的成本要高于民主国家领导人。同时，由于领导人采取强制手段的力量与国家在冲突中的成功正相关，而且这种胁迫手段在独裁统治者继续执政中所起的作用比在民主国家领导人继续执政中的作用更大，因此，独裁统治者的任期对冲突的结果更为敏感。[②] 根据这些结果，德布斯和戈曼斯（Debs，Goemans，2010）对民主和平假说提出了一个新的视角。特别是，民主国家领导人认为做出让步的成本不大：首先是因为冲突的结果对民主国家领导人继续执政的概率的影响不大；其次是因为失去权力的成本更小。

本章采取一种完全不同的方法，按照加芬克尔（Garfinkel，1994）的思路，强调：（1）在一个国家中通过政治程序体现的个人偏好差异，

[①] 还可参见巴利加和肖斯托姆（Baliga，Sjöström，2012）。康科尼、萨于盖和扎纳尔迪（Conconi，Sahuguet，Zanardi，2009）重点关注了（通过反复互动）国际合作的机会，强调了任期限制的重要性，这影响政治问责的有效性，使民主国家更容易发动战争。

[②] 他们提供了有关这个含义的额外证据。还可参见罗萨托（Rosato，2003）。

（2）选举的不确定性，两者共同发挥作用。[①] 同时，根据诺思和温加斯特（North，Weingast，1989）的观点，本章假定民主国家中政治机构之间彼此相互制衡未必会使资源动员更加困难。相反，在政治制衡稳固的统一民主国家中，现任领导人获得的资源会更多。这一分析充实了在各个国家争夺某一给定资源的设定下民主制度所具有的这些特征的含义。这样做首先是考虑运用武力的动机，其次是考虑发动战争的动机。没有选举不确定性和为公共和平投资及武装动员资源更为困难的独裁国家的情况，可以作为比较的基准。

一个国家内个人的不同偏好会转变成当前和潜在未来决策者在资源分配上的分歧，加之选举不确定性，共同影响当前决策者关于武装的选择。尤其是，如果当前武装的潜在收益是在未来获取资源，并且当前和潜在未来决策者关于这些资源分配问题存在分歧，那么选举的不确定性会导致未来的贴现率更高，并因此往往会削弱国家进行战争准备的动机。因此，尽管决策者继续执政的概率在这里很重要，但一个国家的政治制度在决定冲突成功如何可能影响这一概率的潜在相关性对于解释民主和平并不重要。然而，就民主制度能够使决策者更加有效地将税收资源（这减少了私人投资）转化为公共和平投资和武装而言，这样的制度往往会增加国家进行战争准备的动机。

789

延续加芬克尔和什卡佩尔达斯（Garfinkel，Skaperdas，2000）等研究，一个扩展分析明确考虑了和平解决的可能性以及在一般均衡设定中各国进行战争准备的决策。这种和平解决的可能性本身产生了两个可能的结果：（1）武装且战斗；（2）武装且不战斗。虽然在静态设定下，和平解决比战斗更受偏爱，但一个或两个国家在动态设定下可能都偏爱战斗，特别是关于国家未来在武器的资源配置上存在不完全合同/承诺的情况。当前冲突的获胜者在未来对任何资源的争夺都会占据上风，而且这样做可以减少未来进行武装的投入。随着未来变得越来越重要，在当前进行战斗的激励也在增加。因此，选举的不确定性有效地诱导现任决策

[①] 这种对于选举不确定性影响的强调并没有预先假设冲突结果对民主领导人继续执政的可能性会产生影响。在均衡中，冲突结果也并不会产生影响。尽管如此，这项分析与下面的观点一致，即不考虑战争的结果，民主国家的领导人被取代的可能性大于独裁统治者（Debs，Goemans，2010）。

者对未来贴现更多，这往往使决策者不容易发动战争。然而，一般来说，更强的资源动员能力意味着更强烈的战备动机，因此在未来武装中可能的节约也就越多，特别是如果该国在当前冲突中成为胜利者，并因此往往使民主国家领导人更易于发动战争时。也就是说，民主国家资源动员约束条件的差异会使民主和平的可能性降低。分析进一步表明，即使在有利于民主和平的条件得到满足的情况下，民主国家也至少像两个独裁国家可能彼此争斗一样，与独裁国家争斗。

下一节将列出基本框架。第 3 节探讨了一个国家武装激励的含义。第 4 节考察了武装和战争肇始的一般均衡含义。第 5 节给出了一些结论。

2. 基本框架

本章的分析建立在加芬克尔（Garfinkel，1994）简化和修改版本的基础上，即当资源禀赋不安全时，在替代性政治安排——民主与独裁下分配资源的两阶段模型。经济体由人口为数量为 J 的消费者/选民构成，他们用 $j = 1$，2，$\cdots$，J 来表示。在每个时期 $t = 1,2$ 开始时，消费者得到完全相同的某些基本资源禀赋 Z_t，它们既不能被储存也不能被直接消费。对于这些资源禀赋，个人 j 将其中的 i_t^j 单位用于生产。个人 j 享有的全部产出不仅取决于这一资源配置，还取决于政府对两种类型公共（和平的）投资的资源分配，$n_t = (n_{At}, n_{Bt})$，它们都用人均值表示：

$$G(i_t^j, n_t, \mu_j) = (i_t^j)^\alpha + \mu_j n_{At} + (1 - \mu_j) n_{Bt}, t = 1,2 \qquad (1)$$

其中，$\alpha \in (0,1)$，$\mu_j \in [0,1]$。根据这个关系式，当 n_{At} 大于 n_{Bt} 时，在给定私人投资（i_t^j）的情况下，$\mu_j\left(> \dfrac{1}{2} \right)$ 越大，个人享有的产出越多。举例来讲，一种类型的和平投资（比如 n_{At}）可能与人力资本积累有更加直接的联系，另一种类型的和平投资（n_{Bt}）与物质资本积累有更加直接的联系。

虽然两种类型的公共和平投资在确切性质上的差异并不重要，但重要的是个人对于它们偏好的差异，这种偏好反映在参数 μ_j 上，该参数在 ［0，1］区间上分布。技术、职业类型或地理位置的实际差异会导致 μ_j 在个体之间不同。此外，μ_j 的差异还可以被解释为关于资源分配的冲突。

在这种情况下，n_t 可以被认为是来自政府的一次性分配，是政府通过向每个人征税来融资的。每个人缴纳相同的税款，获得相同的 n_{At} 和 n_{Bt} 的分配，但对于 $\mu_j\left(>\dfrac{1}{2}\right)$ 较大的个人来说，n_{At} 的边际收益更大；对于 $\mu_j\left(<\dfrac{1}{2}\right)$ 较小的个人来说，n_{Bt} 的边际收益更大。在任何一种解释下，给定可用资源（Z_t），这种差异都会导致人们对公共和平投资的理想构成存在普遍分歧。[①]

在民主体制中，对于时期 $t=1$，在位者的身份是给定的；在这个时期（$t=1$）结束时，在 Z_2 实现且在时期 $t=2$ 的任意分配方案确定之前，人们投票选举出 $t=2$ 时期任职的决策者/政党。[②] 在这两个时期中，每个人的 μ_j 保持不变。然而，除此之外，假设选民的分布存在不可预测的变化，比如，影响个人是否参加选举过程决策的随机投票冲击，或未来定义投票人口的标准可能改变。这一假设意味着，中间选民的身份在各个时期是不相同的，因此未来选举结果存在不确定性。在这个框架内，独裁政权被视为民主的退化形式。也就是说，现任（独裁）统治者仍然确定会继续掌权。

在任意一种体制下，领导人对每个人征收完全相同的总量税 τ_t。税收收入可以用于非军事（或和平的）公共投资（n_t）和军用商品（m_t），这两项都用人均单位计量，可以表示为：

$$\tau_t = \lambda\left[n_{At} + n_{Bt} + m_t\right] \quad t = 1,2 \tag{2}$$

其中，$\lambda \in [1,\lambda_R]$。$\lambda = 1$ 的情况被视为政府机构彼此相互制衡程度足够高（如在一个统一的民主国家中那样），以允许政府（由两个政党中的任意一方领导）根据具体情况把税收收入转化为公共支出（n_t 或 m_t）。但是，当 $\lambda > 1$ 时，国家获取资源并用于此类支出的能力有限，且

[①] 相比之下，加芬克尔（Garfinkel, 1994）认为，国内个人之间的分歧涉及公共投资和私人投资的构成情况。这里采用的方法允许对政治机构的影响进行更加透明的分析，因为它们影响在位者进行任意类型公共和平投资和武装动员资源的能力。

[②] 在本节中，虽然 Z_2 的实现相对于第二阶段领导人的准确选举时间并不那么重要，但在第 4 节中，在我们只考虑领导人动员努力的情况时，它很重要，我们会考虑有关和平解决还是发动战争的决策。

λ 越大，情况越是如此。[①] 本章分析认为，独裁国家政府机构间相互制衡的程度最低，因此 $\lambda = \lambda_R > 1$。

791　同越来越多的冲突经济学文献一样，本章的分析假设军事支出提高了该国获取的世界资源的比例。[②] 给定其他国家军事支出总量，增加的军事支出平均地增加了每个人获得的禀赋，直到下一个时期：

$$Z_t = z(m_{t-1}) \quad t = 1,2 \qquad (3)$$

给定 m_0，这里 $z(\cdot)$ 至少是二阶连续可微的，$z_m \equiv \partial z(m_t)/\partial m_t$ 严格为正且递减。虽然这个公式体现了一个很强的假设，即当前军事支出可能不会在当期产生收益，但重要的是，这项支出的潜在收益在当期，即在一个民主国家现任领导人任期内没有完全实现。正如第 4 节所讨论的，$z(\cdot)$ 不仅取决于这个国家获取可竞争资源的可用技术状态，也取决于其他国家的军事支出。然而，由于这里的重点最初把其他国家的军事支出视为外生，因此目前不考虑这种情况。

2.1　选民/消费者的最优选择

选民/消费者拥有定义在当前和未来消费 $c_t^j, t = 1,2$ 上的同质偏好：

$$\Gamma^j = E_1 \left\{ \sum_{t=1}^2 \beta^{t-1} c_t^j \right\} \quad j = 1,2,\cdots,J \qquad (4)$$

其中，$\beta \in (0,1]$ 代表个人的时间偏好，它在个人 j 之间是不变的，E_1 表示以开始时期 $t = 1$ 时可获得的信息为条件的期望算子。在这个模型中，不确定性的一个来源是中间选民的身份，并因此在 $t = 2$ 时期当选的决策者的身份也是未知的，在民主体制中尤为如此。然而，正如第 4 节所

[①]　请注意，诺斯和温加斯特（North, Weingast, 1989）认为，加强政府机构之间相互制衡的制度安排有助于提升政府通过信贷市场增加收入的能力。然而，本章不考虑债务融资问题。尽管如此，诺斯和温加斯特的观点将更普遍地适用于政府获取资源的能力，无论是通过税收方式还是借贷方式。一个更为详尽的模型可能会假设，如果政府机构间的相互制衡更少，那么个人有更大的动机从事避税活动，从而限制政府获取资金以进行公共支出融资的能力。还可参见莱克（Lake, 1992）的研究。我们可以假设，国家出于安全目的动员资源的有效性不同于为进行公共投资动员资源的有效性；但是，定性结果仍然保持不变。

[②]　参见加芬克尔和什卡佩尔达斯（Garfinkel, Skaperdas, 2007）对这些文献的综述。

描述的，在民主体制和独裁体制下，国家间冲突的结果都存在不确定性。

资源禀赋不能直接被消费也不能被储存的假设意味着，个人的投资决策并不重要。特别是，如果将当前及预期未来税收和公共支出政策视为给定，那么每个个体 j 根据其生产技术［式（1）］和两种资源约束（1）$c_t^j \leq G(i_t^j, n_t, \mu_j)$ 和（2）$i_t^j \leq Z_t - \tau_t$，选择 i_t^j 以最大化式（4）。这个问题的解服从如下形式，即对于所有的 j：

$$i_t = Z_t - \tau_t \quad t = 1,2 \tag{5}$$

民主国家中的个人所做出的唯一有趣的决定是，在 $t = 1$ 时期结束时，决定在选举中支持哪个政党。在给定 μ_j 的情况下，这个决定取决于对每个党派如果当选要实施政策的预期。如前所述，独裁国家中决策者的身份被视为外生。

792

2.2 政策制定者的最优选择

假设对民主国家而言只有两个政党，用 $k = I, N$ 表示。初始时期（$t = 1$）的在位者用 $k = I$ 表示，初始时期没有掌权但在下一时期（$t = 2$）仍有可能成为继任者的政党用 $k = N$ 表示。他们的偏好对应不同选民/消费者群体 Γ^k，偏好差异导致两个党派对公共和平投资的构成出现分歧。特别地，每个政党 $k = I, N$ 旨在选择支出和税收政策以最大化下面的公式：

$$\Gamma^k = E_1 \left\{ \sum_{t=1}^{2} \beta^{t-1} G(i_t, n_t, \mu_k) \right\} \tag{6}$$

其中，$G(i_t, n_t, \mu_k)$ 由式（1）给出，且对于 $k = I, N$，$\mu_k \in [0,1]$。为了验证这一观点，本章假设，代表 $\mu_j = \mu_I$ 的在位政党 $k = I$ 相对更偏好于 n_{At}，而代表 $\mu_j = \mu_N$ 的另一政党 $k = N$ 相对更偏好于 n_{Bt}，$0 \leq \mu_N < \frac{1}{2} < \mu_I \leq 1$。① 这些偏好都是公共知识。

在民主体制中，选民和政策制定者在 $t = 1$ 时期开始时都面临 $t = 2$ 时期政策制定者身份的不确定性。令（民主国家）现任领导人在 $t = 2$ 时期再次当选的概率用 P 表示；那么，$1 - P$ 代表在 $t = 2$ 时期政党 $k = N$ 当

---

① 他们偏好的特定顺序（μ_I 与 μ_N）并不重要，只有两个政党间存在分歧才是重要的。接下来的分析也考虑了（作为基准情况）没有分歧时（$\mu_I = \mu_N$）的结果。

选的概率。进一步假设，现任领导人把 P 看作给定。如下所示，在选民理性和前瞻性的假设下，任何一个政党都不能在均衡中就未来要实施的支出政策做出虚假承诺。每个政党都能够可信地承诺只实施那些在 $t = 2$ 时期被视为最优的政策。给定两个政党的偏好，对于 P 的均衡决策只取决于中间选民的身份。

独裁国家的统治者（由 $k = R$ 表示）具有的偏好也可由式（6）表示，只是 $P = 1$。

3. 选举不确定性和均衡军事支出

在研究政策制定者的均衡军事支出政策时，将另一个国家的政策视为给定，本章的分析假设，如果在两个时期得到的资源禀赋都严格为正，且足够大，以确保政策制定者关于公共和平投资的最优选择严格为正：$n_{At}^{*k} + n_{Bt}^{*k} > 0$。[1] 给定偏好的时间可分离性，本节的分析首先刻画了对于给定的军事支出政策，各党派所偏好的和平投资政策，然后转向分析 $t = 1$ 时期在位者的军事支出选择。[2] 目前来说，请注意，无论 $t = 2$ 时期政策制定者的身份如何（无论是民主国家中的政党 $k = I$，N，还是独裁统治者 $k = R$），在这两个时期的设定中，$m_2 = 0$。

3.1 政策制定者偏好的和平投资

如果在 t 时期执政，每个政党 k 的政策制定者根据个体选择的 i_t ［式（5）］和式（2）中的预算约束，对于该时期给定的军事支出资源成本的资源禀赋净值 $z(m_{t-1}) - \lambda m_t$，选择和平投资组合以最大化 $G(i_t, n_t, \mu_k)$。这个静态问题的一阶条件由式（2）、式（5）和下面的式子给出：

$$- \lambda \alpha i_t^{\alpha-1} + \mu_k \leqslant 0 \tag{7a}$$

$$- \lambda \alpha i_t^{\alpha-1} + (1 - \mu_k) \leqslant 0 \tag{7b}$$

---

① 如果 $Z_t = 0$（如第 4 节所考虑的情况），那么，当战争爆发时，一种可能的结果是做出不分配资源的决策。

② 在这种情况下，决策者对于公共和平投资的选择来自静态最优化问题，而关于军事支出的选择来自动态最优化问题。

在 $t = 1$ 时期，$k = I$；在 $t = 2$ 时期，$k = I$，N。在 m_0，m_1 和 $m_2 = 0$ 的条件下，这些条件要求私人和平投资（i_t）和公共和平投资（n_t）的边际收益彼此之间保持平衡。因为公共和平投资在 $G(i_t, n_t, \mu_k)$ 中是线性的，假设 $\mu_I > \frac{1}{2} > \mu_N$，意味着对于每个政党 k，式（7a）和式（7b）的等号不能严格成立。特别地，政党 $k = I$ 相对而言更偏好于 n_{At}，会选择 $n_{Bt} = 0$；政党 $k = N$ 选择 $n_{At} = 0$。政党 k 静态最优化问题的一阶条件意味着，在内部最优点处（如 $i_t^{*k} > 0$）有如下解：

$$i_t^{*k} = \begin{cases} \left(\dfrac{\lambda \alpha}{\mu_I} \right)^{\frac{1}{1-\alpha}} & \text{对于 } k = I \\[3mm] \left(\dfrac{\lambda \alpha}{1 - \mu_N} \right)^{\frac{1}{1-\alpha}} & \text{对于 } k = N \end{cases} \tag{8a}$$

$$n_t^{*k} = \begin{cases} n_{At}^* = \dfrac{z(m_{t-1})}{\lambda} - m_t - \lambda^{\frac{\alpha}{1-\alpha}} \left(\dfrac{\alpha}{\mu_I} \right)^{\frac{1}{1-\alpha}} & \text{对于 } k = I \\[3mm] n_{Bt}^* = \dfrac{z(m_{t-1})}{\lambda} - m_t - \lambda^{\frac{\alpha}{1-\alpha}} \left(\dfrac{\alpha}{1 - \mu_N} \right)^{\frac{1}{1-\alpha}} & \text{对于 } k = N \end{cases} \tag{8b}$$

$t = 1$，2，如前所述，$m_2 = 0$。

对于 $t = 1$，这些解在 $k = I$ 时代表了在位者在第一时期的最优选择。它们是这一时期的实际分配情况。对于 $t = 2$，这些解代表了如果在那时政策制定者掌权的话，将要实施的其所偏好的政策。这些政策仅仅是在 $t = 1$ 时期结束时，在竞选活动开始之前，在竞选平台上可以可信地宣布的政策。请注意，式（8b）关注的是内部最优解（$n_t^{*k} > 0$），它暗含地假设了 $z(m_{t-1}) - \lambda m_t$ 足够大，且税收的无效性（λ）越大，这个假设越强。

保持这个假设，式（8a）和式（8b）所示的解表明，从 $z(m_{t-1}) - \lambda m_t$ 分给和平投资的资源首选组合取决于税收的无效性 λ 和政策制定者偏好 μ_k。尤其是在给定 μ_k 的条件下，随着税收变得更加无效率（例如，随着 λ 变大），公共和平投资（n_t^{*k}）的最优水平相对于私人投资（i_t^{*k}）的最优水平会下降。给定税收无效性水平 λ，对于 $k = I$，决策者偏好的公共和平投资被赋予更大权重 μ_I。对于 $k = N$，权重为 $1 - \mu_N$，这意味着更多资源分配给公共投资 n_t，更少的资源分配给私人投资 i_t。根据式

（3），这些解还意味着，t 时期的公共和平投资随着当前 t 时期的资源禀赋增加而增加，并因此随着 m_{t-1} 增加而增加。正如下面要强调的，决策者最优和平投资/税收政策取决于前一时期军事支出与两个政党之间的分歧，这对于 $t=1$ 时期政党 $k=I$ 的武装决策具有重要意义。

这些解以及式（2）、式（3）和式（5）意味着政党 I 在第一时期的间接效用可以表示为 m_0 和 m_1 的函数：

$$G^I(m_0, m_1) = (1 - \alpha)\left(\frac{\lambda\alpha}{\mu_I}\right)^{\frac{\alpha}{1-\alpha}} + \mu_I\left(\frac{z(m_0)}{\lambda} - m_1\right) \tag{9}$$

政党 I 在第二时期的间接效用以 $t=1$ 时期的武装和 $t=2$ 时期重新当选为条件，可以表示为 m_1 的函数：

$$\hat{G}^I(m_1) = (1 - \alpha)\left(\frac{\lambda\alpha}{\mu_I}\right)^{\frac{\alpha}{1-\alpha}} + \mu_I\left(\frac{z(m_1)}{\lambda}\right) \tag{10}$$

同样，如果在 $t=2$ 时期政党 I 没有再次当选，那么其间接效用表示为：

$$\hat{G}^{NI}(m_1) = \left(\frac{\lambda\alpha}{1 - \mu_N}\right)^{\frac{1}{1-\alpha}} + (1 - \mu_I)\left(\frac{z(m_1)}{\lambda} - \lambda^{\frac{\alpha}{1-\alpha}}\left(\frac{\alpha}{1 - \mu_N}\right)^{\frac{1}{1-\alpha}}\right) \tag{11}$$

下文的分析使用这些表达式来刻画在位者在第一时期关于军事支出的选择。

3.2 军事支出的最优选择

$t=1$ 时期，在位领导人考虑选择 m_1 对潜在继任者（$k=N$）和平投资/税收政策的影响，以及对 $\hat{G}^{NI}(m_1)$ 的影响。因此，在位者求解下面的最优化问题：

$$\max_{m_1}\left\{ G^I(m_0, m_1) + \beta\left[P\,\hat{G}^I(m_1) + (1 - P)\,\hat{G}^{NI}(m_1)\right]\right\} \tag{12}$$

其中，间接效用函数由给定 m_0 条件下的式（9）、式（10）和式
795 （11）定义。

在内部最优解处，一阶条件为：

$$-\mu_I + \frac{\beta z_m(m_1)}{\lambda}\hat{\mu}_I = 0 \tag{13}$$

其中，$\hat{\mu}_I \equiv P\mu_I + (1-P)(1-\mu_I) \leqslant \mu_I$。[①] 这个条件中的第一项代表用当前损失的公共（和平）投资，因此也是 $t=1$ 时期消费表示的军事支出的边际成本。第二项代表用公共和平投资获得额外的资源，因此也是 $t=2$ 时期消费表示的军事支出边际收益的贴现值。边际收益解释了现任领导人和潜在继任者之间的分歧，以及在没有再次当选的情况下，感知到的公共和平投资选择"扭曲"。尤其要注意，在给定 $\mu_I > \dfrac{1}{2}$ 和 $P<1$ 的假设下，额外 1 单位军事支出使额外公共和平投资成为可能，而用该额外公共和平投资表示的这项收益被赋予的权重 $\hat{\mu}_I$ 要严格小于 μ_I。进一步注意到，在 $P=1$ 和 $\lambda = \lambda_R$ 条件下的式（13）表示独裁统治者军事支出最优选择的一阶条件。为供以后参考，令 m_1^{I*} 代表民主国家在位领导人军事支出的最优选择，m_1^{R*} 代表独裁统治者军费支出的最优选择。

如式（13）所暗含定义的那样，军事支出的最优选择通常是决策者时间偏好（β）、税收无效性（λ）和重新当选概率（P）的函数。无论当前政治体制是哪种类型，从式（13）可以明显看出，来自军事支出边际收益的贴现值随着 β 增加而增加。因此，根据 $z(\cdot)$ 凹性的假设可以得到，军事支出的最优选择与 β 正相关。因此，随着未来变得相对更加重要，无论领导人还是独裁统治者当选，都会选择更高水平的军事支出。

为了考察民主制度的含义，正如给定个人和领导人（纯）时间偏好情况下所反映的 m_1^{I*} 和 m_1^{R*} 的差异那样，从两个政党之间没有分歧的情况开始是有益的，即 $\mu_I = \mu_N = \dfrac{1}{2}$。由式（8）我们可以证明，在这种情况下，在第二个时期，两个政党所选择的和平投资政策完全相同，对于 $k=I,N$，有：

$$i_2^{*k} = (2\lambda\alpha)^{\frac{1}{1-\alpha}}$$

$$n_{A2}^{*k} = n_{B2}^{*k} = \frac{1}{2}\left[\frac{z(m_{t-1})}{\lambda} - \lambda^{\frac{\alpha}{1-\alpha}}(2\alpha)^{\frac{1}{1-\alpha}}\right]$$

它们意味着，再次当选时的间接效用［式（10）］与没有再次当选

---

① 请注意，只要在位领导人面临选举不确定性（即 $P<1$），且其相对偏好于 n_A（即 $\mu_I > \dfrac{1}{2}$），而潜在继任者相对偏好于 n_B（即 $\mu_I < \dfrac{1}{2}$），则 $\hat{\mu}_I \leqslant \mu_I$ 严格成立。如果 $\mu_I = \mu_N = \dfrac{1}{2}$ 或 $P=1$，那么 $\hat{\mu}_I = \mu_I$。

时的间接效用［式（11）］相同。① 因此，在这种情况下，对于政党 $k = I$ 而言，再次当选的概率与军事支出的边际收益无关。在更一般的 $\mu_I = \mu_N \neq \frac{1}{2}$ 的情况下，这一结果仍然成立。

确实，在位者和潜在继任者之间不存在任何分歧的情况（$\mu_I = \mu_N$）796 与 $P = 1$ 的情况完全相同，即在位者所偏好的公共和平投资类型和重新当选的概率与 $t = 1$ 时期军事支出的最优选择没有任何关系。注意，下面的情况可以证实这个观点：当 $\mu_I = \mu_N$ 时，使 $\hat{\mu}_I = \mu_I$，式（13）所示的一阶条件可以简化为：

$$-1 + \beta z_m(m_1)/\lambda = 0 \tag{14}$$

在 $\lambda = \lambda_R$ 时，这个条件隐含地将独裁统治者的军事支出的最优选择定义为税收无效性 λ 的函数。将隐函数定理应用于式（14）中，根据二阶条件，我们可以很容易地证明，军事支出的最优选择与税收无效性参数负相关。因此，在给定敌对国家军事支出的情况下，人口相同的民主国家的均衡军事支出要严格高于独裁国家，即当 $\mu_I = \mu_N$ 且 $\lambda < \lambda_R$ 严格成立时，$m_1^{I*} \geqslant m_1^{R*}$ 成立。

然而，类似的推理表明，当两个政党之间存在分歧时，选举的不确定性会减少在位政党相对于独裁领导者对 m_1 的最优选择。特别是，给定 $\mu_I > \frac{1}{2} > \mu_N$，$P$ 的外生减少意味着 $\hat{\mu}_I \equiv P\mu_I + (1-P)(1-\mu_I)$ 较低，因此，军事支出的总体边际收益降低了。由于边际成本没有受到影响，在位政党对军事支出的最优选择 m_1^{I*} 必然随被另一政党取代的概率而递减。②

这一讨论表明，给定敌对国家的军事支出，相比独裁国家的军事支出，

---

① 的确，当 $\mu_I = \mu_N = \frac{1}{2}$ 时，n_t 的构成没有被确定。在这里，笔者假设，不失一般性地，两个政党在 n_A 和 n_B 之间平均分配资源。

② 采用相同的符号，给定 $P < 1$，$\mu_I\left(> \frac{1}{2}\right)$ 的增加意味着军事支出带来的净边际收益减少了，因此 m_1^{I*} 减小了，这是因为 $\mu_N < \frac{1}{2}$ 表明两个政党间的分歧程度加剧。在更一般的设定下，如果不考虑税收的无效性，加芬克尔（Garfinkel, 1994）同样表明，政党间对私人投资和公共和平投资的资源分配的分歧程度加剧，会导致当选政府减少军事支出。然而，在这种分析中，分歧意味着军事支出的动态策略影响在这里并不存在。

民主制度可能会对一个国家的军事支出产生两种相互抵消的影响：税收效率越高（即 λ 的值越小）往往越会增加军事支出，给定政党之间的分歧，选举不确定性往往会减少军事支出。因此，尽管民主制度能够减少军事支出，即使在位者再次当选的可能性与战争结果无关，但这些制度和相关限制并不一定必然意味着更低的军事支出。附录再次表明，对民选决策者相对于独裁统治者均衡军事支出的净效应（无论大小）与对 P 的均衡决定是一致的。

4. 国际冲突的含义：和平解决与战争肇始

现在将分析民主制度对国际冲突的意义。研究目的是要进一步考虑，　797
在假设两个国家竞争一种给定资源时，这些机制如何影响领导人在更一般的均衡框架中动员资源用于冲突的动机。同时，这些分析允许动员与实际冲突之间存在差异，以明确考察和平解决还是发动战争的决策。这些分析的关键假设是，处于冲突中的国家不能对未来的武器资源分配做出具有约束力的承诺；然而，当前战争的胜利削弱了对手，因此，这有助于解决这个问题。

在 t 时期和平解决的情况下，世界资源的分割取决于 m_{t-1} 和 $\tilde{m}_{t-1}$：

$$Z_t = z(m_{t-1}, \tilde{m}_{t-1})Z \text{ 且 } \tilde{Z}_t = [1 - z(m_{t-1}, \tilde{m}_{t-1})]Z \quad (15a)$$

其中，波浪线（~）表示外国的该变量的值，并且：

$$z(m_{t-1}, \tilde{m}_{t-1}) = \begin{cases} \dfrac{m_{t-1}}{m_{t-1} + \tilde{m}_{t-1}} & \text{如果} m_{t-1} + \tilde{m}_{t-1} > 0 \\ \dfrac{1}{2} & \text{其他情况} \end{cases} \quad (15b)$$

其中，$t = 1, 2$。外国获取的资源 Z 的份额由 $z(\tilde{m}_{t-1}, m_{t-1}) = 1 - z(m_{t-1}, \tilde{m}_{t-1})$ 对称地定义，这意味着 $Z_t / \tilde{Z}_t = m_{t-1} / \tilde{m}_{t-1}$，$t = 1, 2$。① 根

---

① 正如塔洛克（Tullock, 1980）首先提出的那样，这种函数形式代表了竞赛成功函数的简单比率形式。这种函数形式包含在由什卡佩尔达斯（Skaperdas, 1996）公理化证明的一般竞赛成功函数类型中，$z(m, \tilde{m}) = h(m) / [h(m) + h(\tilde{m})]$，其中 $h(\cdot)$ 是非负的递增函数。赫什利弗（Hirshleifer, 1989）考察了这一类型中的两种重要函数形式的性质（包括"比率成功函数"），其中 $h(m) = m^\eta$，$\eta > 0$，当 $\eta = 1$ 时，它可简化为式（15b）。还可参见本书中贾和什卡佩尔达斯撰写的章节。

据这个表达式，在和平解决情况下，每个国家获取的资源与其分配到军事支出的资源正相关（m 代表本国，$\tilde{m}$ 代表外国），与其他国家分配到军事支出的资源负相关。[1]

相反，在 t 时期发生战争的情况下，正如在"赢者通吃的竞赛"中，胜者获取全部奖励（或被争夺的资源），获胜概率由两个国家之前的军事支出决定。特别是，本国在 t 时期赢得全部被争夺资源 Z 的获胜概率 $z(m_{t-1}, \tilde{m}_{t-1})$ 由式（15b）定义；外国控制资源 Z 的概率为 $z(\tilde{m}_{t-1}, m_{t-1})$ $= 1 - (m_{t-1}, \tilde{m}_{t-1})$。

在 $t = 1$ 时期，事件的时间顺序如下。

阶段 1：给定前一时期军事支出选择 m_0 和 $\tilde{m}_0$ 的条件下，每个国家的领导人根据式（15）共同考虑 Z 的和平分配方式。[2] 然而，如果两个国家中至少有一个国家的领导人发现这种分配方式不可接受，那么这两个国家将参与一场"赢者通吃的竞赛"。

阶段 2：一旦实现了 $t = 1$ 时期冲突的结果，无论是通过和平解决还是战争，都将确定 Z 的分配。在和平解决的情况下，两个国家的在位领导人将其分配给和平投资和军事支出，并且第一个时期的支付也会实现。在战争情况下，只有胜者才拥有资源以供分配，而对失败国家而言，这场博弈结束了。

阶段 3：选举在 $t = 1$ 时期结束时进行，以选举出 $t = 2$ 时期的国家领导人。在独裁统治的情况下，$t = 1$ 时期的领导人在 $t = 2$ 时期仍然执政。

当两个国家在 $t = 1$ 时期和平解决时，前面为 $t = 1$ 时期确定的前两个阶段会在 $t = 2$ 时期重复。当 $t = 1$ 时期爆发战争时，在 $t = 2$ 时期根本不会发生冲突；在这种情况下，由于获胜者控制所有的 Z，因此只有阶段 2 发生，并且只发生在胜利者身上。

如后文所述，在这个模型的静态版本中（例如，从 $t = 2$ 时期开始），

---

[1] 请注意，在 Z 所有可能的分配中，在没有资源分配给军事支出的情况下，定义两个国家最高支付的效率边界是非线性的。因此，虽然各个国家的领导人是风险中性的，也没有假设战争具有破坏性，但根据国家获胜概率和平地分配资源不符合"平均分割剩余规则"（split-the-surplus rule）。参见安巴西、什卡佩尔达斯和瑟罗普洛斯（Anbarci, Skaperdas, Syropoulos, 2002）对该规则和从各种讨价还价解的概念中推导出的其他规则的讨论。

[2] 如前所述，这一分析将 $t = 1$ 时期的情况视为给定。

两个国家的领导人总是有和平解决的动机。然而，在这里描述的动态设定中，另一种战略考虑开始发挥作用。特别地，正如加芬克尔和什卡佩尔达斯（Garfinkel, Skaperdas, 2000）所述，这里的设定意味着，赢得当下的冲突（$t=1$ 时期）将赋予获胜者在未来冲突（$t=2$ 时期）中的巨大优势，并节约未来的武装支出；并且，通过当前战斗实现节约未来军事支出的可能性可以诱使各国发动战争，虽然和平解决会获得短期利益。[①] 本节研究政治制度的作用，尤其是存在选举不确定性和资源动员有效性的条件下，对于 $t=1$ 时期发动战争还是和平解决的决策所发挥的作用。

在这种动态设定中，每个国家在 $t=1$ 时期和平解决还是发动战争的决策，不仅影响 $t=1$ 时期，而且影响 $t=2$ 时期国家可用的资源数量。假设领导人来自理性、有远见的政党，他们在第一时期对于战争还是和平解决之间进行选择时会考虑到这种影响。当然，这样做需要他们知道，对于 $t=1$ 时期每一个可能的结果（战争与和平解决），在 $t=2$ 时期将发生什么。因此，子博弈论精炼的概念是适用于这种动态博弈的均衡概念，根据这个概念，模型从后向前求解：从第二时期和最后时期开始，即从 $t=2$ 开始。

4.1 第二时期的可能结果

为了证明这个观点，假设两个国家的公民数量 J、和平的投资技术以及公民偏好都相同。为了便于分析，本章假设每个国家政党的偏好是对称的：$\mu_N = 1 - \mu_I$ 和 $\tilde{\mu}_N = 1 - \tilde{\mu}_I$。从式（8）可知，这种对称性意味着，$i_2^{*I} = i_2^{*N}$，$\tilde{i}_2^{*I} = \tilde{i}_2^{*N}$，$n_{A_2}^{*I} = n_{B_2}^{*N}$ 和 $\tilde{n}_{A_2}^{*I} = \tilde{n}_{B2}^{*N}$。但是，尽管（每个国家中）两个政党分配给和平投资的数量 i 和 n 都相同，但所偏好的公共和

---

① 参见麦克布莱德和什卡佩尔达斯（McBride, Skaperdas, 2009）的研究，他们提供了一些实验证据支持这个假说。本章的分析同费伦（Fearon, 1995）、鲍威尔（Powell, 2006）以及加芬克尔和什卡佩尔达斯（Garfinkel, Skaperdas, 2000）一样，用承诺问题解释战争出现的原因，尽管短期激励是和解［参见杰克逊和莫雷利（Jackson, Morelli, 2007），他们探讨了与民主和平假说有关的这一解释的另一形式］。一种补充性解释依赖不对称信息［最近采取这种方法且关注民主和平假说的研究包括拉列维和辛（Levy, Razin, 2004）以及坦格尔（Tangerås, 2009）］。费伦（Fearon, 2008）在对"殖民民主国家"（被定义为那些没有致力于将公民享有的权利扩展到被征服领土的居民的民主国家）进行的分析中，将这两种方法结合了起来。

平投资类型不同。举例来说，如果本国政党 $k = N$ 在 $t = 2$ 时期执政，则把所有的公共和平投资都分配给 n_B，而如果是本国政党 $k = I$，则所有的这些资源都分配给 n_A。虽然每个国家内部都存在分歧，但假设政党是对称的，允许我们在 $t = 2$ 时期可以不考虑现任领导人的身份。

4.1.1 两个国家在第一时期和平解决

在 $t = 2$ 时期开始时，给定 m_1 和 $\tilde{m}_1$，领导人首先必须选择进行谈判和平解决还是战斗。

4.1.1.1 和平解决下的期望支付

当领导人选择和平解决时，可竞争性资源的分配由式（15）给出。因此，我们能够容易地确认，会使用和平投资的解决方案，正如之前内部最优解所描述的那样［还可参见式（8）］，如果 $t = 1$ 时期和解，在 $t = 2$ 时期和解的情况下，本国与外国领导人的期望支付如下：

$$\hat{G}_{SS}^{k}(m_1, \tilde{m}_1) = (1 - \alpha)\left(\frac{\lambda\alpha}{\mu_k}\right)^{\frac{\alpha}{1-\alpha}} + \frac{\mu_k Z}{\lambda}\left(\frac{m_1}{m_1 + \tilde{m}_1}\right) \tag{16a}$$

$$\widetilde{\hat{G}}_{SS}^{k}(\tilde{m}_1, m_1) = (1 - \alpha)\left(\frac{\tilde{\lambda}\alpha}{\tilde{\mu}_k}\right)^{\frac{\alpha}{1-\alpha}} + \frac{\tilde{\mu}_k Z}{\tilde{\lambda}}\left(\frac{\tilde{m}_1}{m_1 + \tilde{m}_1}\right) \tag{16b}$$

其中，下标 SS 表示两个时期都采用和平解决方式。毫不奇怪，这些支付随着该国军事支出的增加而增加，随着对手军事支出的增加而减少。

4.1.1.2 战争条件下的期望支付

如果在 $t = 2$ 时期爆发战争，本国以 $z(m_1, \tilde{m}_1) = m_1/(m_1 + \tilde{m}_1)$ 的概率获得全部资源禀赋，而外国没有获得任何资源禀赋；外国以 $1 - z(m_1, \tilde{m}_1) = \tilde{m}_1/(m_1 + \tilde{m}_1)$ 的概率获得全部资源禀赋，而本国没有获得任何资源禀赋。因此，给定 $t = 1$ 时期采用和平解决方式，对于本国和外国领导人（k）而言，在 $t = 2$ 时期发动战争的期望支付分别为：

$$\hat{G}_{SW}^{k}(m_1, \tilde{m}_1) = \frac{m_1}{m_1 + \tilde{m}_1}\left[(1 - \alpha)\left(\frac{\lambda\alpha}{\mu_k}\right)^{\frac{\alpha}{1-\alpha}} + \frac{\mu_k Z}{\lambda}\right] \tag{17a}$$

$$\widetilde{\hat{G}}_{SW}^{k}(\tilde{m}_1, m_1) = \frac{\tilde{m}_1}{m_1 + \tilde{m}_1}\left[(1 - \alpha)\left(\frac{\tilde{\lambda}\alpha}{\tilde{\mu}_k}\right)^{\frac{\alpha}{1-\alpha}} + \frac{\tilde{\mu}_k Z}{\tilde{\lambda}}\right] \tag{17b}$$

　　其中，下标 SW 表示在 $t=1$ 时期采用和平解决方式，在下一时期进行战争。这些期望支付随着该国军事支出的增加而增加，随着对手军事支出的增加而减少。

　　对比每个国家在和解情况下〔式（16）〕与战争情况下〔式（17）〕的期望支付，可以看到，给定 $t=1$ 时期进行和解以及 $t=1$ 时期分配于武器的任何资源，每个国家的领导人毫无疑问都会在 $t=2$ 时期偏好于和平解决。因此，如果两个国家在 $t=1$ 时期和解，它们将在 $t=2$ 时期采用和平解决的方式。请注意，这个结果既不取决于决策者的偏好也不取决于当前的政治制度。

4.1.2　两个国家在 $t=1$ 时期发动战争

　　如果 $t=1$ 时期爆发战争，那么获胜者获得所有被争夺的资源 Z，失败者则一无所有。结果，失败者没有资源可分配于军事支出，并因此在 $t=2$ 时期得不到任何资源禀赋。尽管这看起来似乎是一个极端的假设，但它以一种非常简单的方式描述了当下战争的胜利会给国家带来未来战略优势的概念。[①] $t=1$ 时期战争的获胜者确定不仅可以获得那个时期（$t=1$）所有的 Z，还可以获得未来（$t=2$）所有的资源，而且不用在 $t=1$ 时期将任何资源分配于军事支出。[②] 因此，在 $t=1$ 时期，本国或者外国在战争中获胜意味着，在接下来的 $t=2$ 时期，该国领导人（k）的支付分别为：

$$\hat{G}_{WV}^{k} = (1-\alpha)\left(\frac{\lambda\alpha}{\mu_k}\right)^{\frac{\alpha}{1-\alpha}} + \frac{\mu_k Z}{\lambda} \qquad (18a)$$

$$\widetilde{\hat{G}}_{WV}^{k} = (1-\alpha)\left(\frac{\tilde{\lambda}\alpha}{\tilde{\mu}_k}\right)^{\frac{\alpha}{1-\alpha}} + \frac{\tilde{\mu}_k Z}{\tilde{\lambda}} \qquad (18b)$$

[①] 什卡佩尔达斯和瑟罗普洛斯（Skaperdas, Syropoulos, 1996）在更加一般的设定中进行了相关分析，其中生产技术呈现规模报酬递减，且两个政党的投入品是互补的，这表明，尽管短期内有和平解决的动机，但各国可能会选择进行冲突，这个结果符合对于战败国命运做出的不那么极端的假设；所需要的只是，战斗的结果是，战败国在 $t=2$ 时期拥有的初始资源的规模相对于战胜国而言足够小。

[②] 严格来说，根据式（15b）的具体形式，即使另一个国家没有向军事支出分配任何资源，要确保 $t=1$ 时期的获胜者在 $t=2$ 时期获得资源 Z，需为此类支出分配极少量的资源。为方便起见，笔者假设资源数量为零。

其中，下标 WV 表示在 $t=1$ 时期战争的获得者。如果一个国家在 $t=1$ 时期的冲突中成为失败的一方，那么在 $t=2$ 时期，这个国家领导人的支付为 0（$\hat{G}^k_{WL}$ 代表本国，$\tilde{\hat{G}}^k_{WL}$ 代表外国）。

4.2 $t=1$ 时期和解或战争的决策

在前面结果的基础上，现在的分析转向探讨领导人在 $t=1$ 时期发动战争的激励。给定前一个时期两个国家在军事支出上的分配 m_0 和 $\tilde{m}_0$，这个决策由每位在位领导者做出。

4.2.1 两个国家都选择和平解决

根据第 4.1.1 节，显然当两个国家在 $t=1$ 时期和平解决时，它们在 $t=2$ 时期也会这样做。再回顾一下 $\mu_N = 1 - \mu_I$ 的假设，它意味着 $i_2^{*I} = i_2^{*N}$ 和 $n_{A2}^{*I} = n_{B2}^{*N}$。对于外国来说，类似的假设意味着 $\tilde{i}_2^{*I} = \tilde{i}_2^{*N}$ 和 $\tilde{n}_{A2}^{*I} = \tilde{n}_{B2}^{*N}$。进一步假设 $\mu_I, \tilde{\mu}_I > \frac{1}{2}$。① 因此，对本国和外国（$k=I$）领导人而言，两个时期的期望支付分别为：

$$\Gamma_S^I = (1-\alpha)\left(\frac{\lambda\alpha}{\mu_I}\right)^{\frac{\alpha}{1-\alpha}} + \mu_I\left(\frac{m_0}{m_0+\tilde{m}_0}\frac{Z}{\lambda} - m_1\right) + \tag{19a}$$
$$\beta\left[\left(\frac{\lambda\alpha}{\mu_I}\right)^{\frac{\alpha}{1-\alpha}} + \hat{\mu}_I\left(\frac{m_1}{m_1+\tilde{m}_1}\frac{Z}{\lambda} - \lambda^{\frac{\alpha}{1-\alpha}}\left(\frac{\alpha}{\mu_I}\right)^{\frac{1}{1-\alpha}}\right)\right]$$

$$\tilde{\Gamma}_S^I = (1-\alpha)\left(\frac{\tilde{\lambda}\alpha}{\tilde{\mu}_I}\right)^{\frac{\alpha}{1-\alpha}} + \tilde{\mu}_I\left(\frac{\tilde{m}_0}{m_0+\tilde{m}_0}\frac{Z}{\tilde{\lambda}} - \tilde{m}_1\right) + \tag{19b}$$
$$\beta\left[\left(\frac{\tilde{\lambda}\alpha}{\tilde{\mu}_I}\right)^{\frac{\alpha}{1-\alpha}} + \tilde{\hat{\mu}}_I\left(\frac{\tilde{m}_1}{m_1+\tilde{m}_1}\frac{Z}{\tilde{\lambda}} - \tilde{\lambda}^{\frac{\alpha}{1-\alpha}}\left(\frac{\alpha}{\tilde{\mu}_I}\right)^{\frac{1}{1-\alpha}}\right)\right]$$

这里，同之前的定义一样，$\hat{\mu}_I \equiv P\mu_I + (1-P)(1-\mu_I) \leq \mu_I$，类似

---

① 可以肯定的是，每一个国家的现任领导人为 n_B 赋予的相对权重不同于另一个政党的相对权重才是唯一重要的，因此，给定现任领导人的选择 m_1，在 $t=2$ 时，现任领导人未当选的间接效用水平小于当选的间接效用水平。我们可以假设，外国领导人相对更加偏好 n_B。这里所做出的两个国家都相对更偏好于 n_A 的假设仅仅是简化了符号。

地，$\tilde{\hat{\mu}}_I \equiv \tilde{P}\tilde{\mu}_I + (1 - \tilde{P})(1 - \tilde{\mu}_I) \leqslant \tilde{\mu}_I$。每个表达式的第一行代表了 $t = 1$ 时期在位领导人从和平解决中获得的支付。$t = 1$ 时期的这一支付实现了，因为领导人控制着体现在谈判结果中的资源分配，尤其是那个时期在两种公共和平投资类型之间的分配。虽然世界资源在 $t = 2$ 时期和解的两个国家之间的分配没有不确定性，但 $t = 2$ 时期的支付受到不确定性的影响，即选举的不确定性。从 $t = 1$ 时期在位领导人的角度来看，这种不确定性导致未来获得资源分配的不确定性。只有在 $t = 1$ 时期在位者重新当选的情况下，该领导人才能够在下一时期选择其所偏好的公共和平投资类型：本国领导人选择 $n_{A_2}^{*I}$，外国领导人选择 $\tilde{n}_{A_2}^{*I}$。由于挑战者选择的资源分配情况 $\left(\mu_N < \dfrac{1}{2} < \mu_I$ 且 $\tilde{\mu}_N < \dfrac{1}{2} < \tilde{\mu}_I\right)$ 被认为是次优的，每个表达式中的第二行所示的 $t = 2$ 时期期望支付贴现值小于在位领导人以 1 的概率重新当选情况下的期望支付。

4.2.2 如果两个国家发生战争

如前所述，如果 $t = 1$ 时期爆发了战争，胜利一方获得两个时期所有的 Z。因此，获胜者不需要在 $t = 1$ 时期向军事支出分配任何资源。失败的一方得不到任何资源，并因此在两个时期的支付均为 0。因此，对本国和外国领导者来说，在 $t = 1$ 时期发生战争情况下，$t = 2$ 时期的期望支付分别为：

$$\Gamma_W^I = \frac{m_0}{m_0 + \tilde{m}_0}\left[(1 - \alpha)\left(\frac{\lambda\alpha}{\mu_I}\right)^{\frac{\alpha}{1-\alpha}} + \mu_I\left(\frac{Z}{\lambda}\right) + \right. \tag{20a}$$
$$\left. \beta\left[\left(\frac{\lambda\alpha}{\mu_I}\right)^{\frac{\alpha}{1-\alpha}} + \hat{\mu}_I\left(\frac{Z}{\lambda} - \lambda^{\frac{\alpha}{1-\alpha}}\left(\frac{\alpha}{\mu_I}\right)^{\frac{1}{1-\alpha}}\right)\right]\right]$$

$$\tilde{\Gamma}_W^I = \frac{\tilde{m}_0}{m_0 + \tilde{m}_0}\left[(1 - \alpha)\left(\frac{\tilde{\lambda}\alpha}{\tilde{\mu}_I}\right)^{\frac{\alpha}{1-\alpha}} + \tilde{\mu}_I\left(\frac{Z}{\tilde{\lambda}}\right) + \right. \tag{20b}$$
$$\left. \beta\left[\left(\frac{\tilde{\lambda}\alpha}{\tilde{\mu}_I}\right)^{\frac{\alpha}{1-\alpha}} + \tilde{\hat{\mu}}_I\left(\frac{Z}{\tilde{\lambda}} - \tilde{\lambda}^{\frac{\alpha}{1-\alpha}}\left(\frac{\alpha}{\tilde{\mu}_I}\right)^{\frac{1}{1-\alpha}}\right)\right]\right]$$

其中，$\hat{\mu}_I$ 和 $\tilde{\hat{\mu}}_I$ 与之前的定义相同。每个表达式的第一行表示 $t = 1$ 时期的期望支付。只有在胜利的情况下，实现的支付才会严格为正。同样

802

地，第二行 ［对本国而言，权重为 $z(m_0, \tilde{m}_0)$ ；对外国而言，权重为 $1 - z(m_0, \tilde{m}_0)$ ］ 表示 $t = 2$ 时期的期望支付的贴现值，其中不确定性既来自国家之间的冲突，也来自每个国家内政党之间的冲突。

4.3　战争还是和平解决？

根据这些两时期的期望支付，现在将分析转向考虑国家进行战争的动机。如果 $\Gamma_S^l > \Gamma_W^l$ 和 $\tilde{\Gamma}_S^l > \tilde{\Gamma}_W^l$ 都成立，那么两个国家在两个时期都选择和平解决；否则，两个国家走向战争。即使在简单的设定下，分析这些条件也是相当复杂的。接下来的分析考虑了两种不同情况：一种是两个国家在各个方面，包括政治制度都是相同的；另一种是两个国家仅在政治制度方面有所不同。

4.3.1　两个完全相同的国家

假设两个国家在位领导人的偏好及其国家的税收无效性都相同。为简单起见，进一步假设 $m_0 = \tilde{m}_0$ 。在这些额外的假设条件下，可以得到 $z(m_0, \tilde{m}_0) = 1 - z(m_0, \tilde{m}_0) = \dfrac{1}{2}$ ，$z(m_1, \tilde{m}_1) = 1 - z(m_1, \tilde{m}_1) = \dfrac{1}{2}$ ，且进而有 $P = \tilde{P}$ ，使得 $\hat{\mu}_l = \tilde{\hat{\mu}}_l$ 。因此，本国在 $t = 1$ 时期偏好于战争 （$\Gamma_W^l > \Gamma_S^l$ ）的条件与外国偏好于战争 （$\tilde{\Gamma}_W^l > \tilde{\Gamma}_S^l$ ）的条件完全相同，可以表示为如下形式：

$$m_1^{*l} > \bar{m}_1 \equiv \frac{\lambda^{\frac{\alpha}{1-\alpha}}}{2\mu_l} \left[(1+\beta)(1-\alpha) \left(\frac{\alpha}{\mu_l} \right)^{\frac{\alpha}{1-\alpha}} + \beta(\mu_l - \hat{\mu}_l) \left(\frac{\alpha}{\mu_l} \right)^{\frac{1}{1-\alpha}} \right] \quad (21)$$

正如这个条件所表明的，在 $t = 1$ 时期走向战争的动机取决于通过胜利可能节省的军事支出。如果在 $t = 1$ 时期在和平解决的情况下领导人的最优军事支出选择足够高，那么领导人会选择战争而不是和解。

评估所感兴趣的各种参数对发生战争的影响，要求研究人员同时考虑它们对进行战备激励的影响以及它们对 $\bar{m}_1$ 的影响。为此，让我们重新考虑武装的动机，在给定对称性假设和式 （15b） 给出的 $z(m_1, \tilde{m}_1)$ 表达式的条件下，考虑在位者选择军事支出的一阶条件 ［式 （13）］。在内部最优点，这一条件变为 $-\mu_l + \dfrac{\beta Z}{\lambda} \dfrac{1}{4m_l} \hat{\mu}_l = 0$ ，对两国而言，这意味着下面的对称

结果：[1]

$$m_1^{*I} + \tilde{m}_1^{*I} = \frac{\beta Z}{4\lambda} \frac{\hat{\mu}_I}{\mu_I} \tag{22}$$

虽然诱使一个国家发动战争的未来军事支出可节约量的最小值（$\bar{m}_1$）独立于有争议资源（Z）的规模，但这个解表明，武装的动机随着资源 Z 的增加而增加。

因此，（相同）国家偏好于战争而不是和平解决（$m_1^{*I} > \bar{m}_1$）的条件是，可竞争性资源（Z）足够多：

$$Z > \bar{Z} \equiv 2\left(\frac{\lambda\alpha}{\mu_I}\right)^{\frac{1}{1-\alpha}}\left[\frac{(1+\beta)(1-\alpha)}{\alpha\beta}\frac{\mu_I}{\hat{\mu}_I} + \frac{\mu_I - \hat{\mu}_I}{\hat{\mu}_I}\right] \tag{23}$$

显然，当 $\bar{Z}$ 较小时，这个条件变得较弱，两个国家的领导人更可能偏好于战争而不是和平谈判。[2] 无论当前政治制度如何（即无论 P 和 λ 如何取值），$\bar{Z}$ 都随着贴现因子 β 的上升而下降。β 的增加使 $t = 1$ 时期战争更受偏爱的军事支出节约量最小值［如式（21）中的 $\bar{m}_1$ 所示］增加了，也提高了每个竞争国家的备战动机［如式（22）中的 m_1^{*I} 所示］，且后一种效应占主导。因此，这与加芬克尔和什卡佩尔达斯（Garfinkel, Skaperdas，2000）的发现相一致，他们没有考虑政治制度，但认为随着未来变得越来越重要，两个国家发动战争的动机更加强烈。

为了分析民主制度对战争可能性的影响，笔者沿用之前在第 3.2 节中采取的方法，即在考虑这样的制度如何影响在位领导人把资源分配到军事支出的动机时采取的方法。具体地说，笔者从两个国家的政党之间没有分歧的基准情况开始，即 $\mu_I = 1 - \mu_I = \mu_N = \frac{1}{2}$，这意味着 $\mu_I = \hat{\mu}_I$。那么，式（23）中的条件变为：

804

---

[1]　请注意，此对称解与前面第 3、2 节的发现一致。也就是说，对称结果中的军事支出与税收无效性 λ 负相关，与贴现因子 β 和重新当选的概率正相关，这意味着 $\hat{\mu}_I$（$< \mu_I$）增加了。在 $P = 1$ 使 $\hat{\mu}_I = \mu_I$ 和 $\lambda_R = \lambda$ 的极端情况下，当两个独裁统治者争夺资源 Z 时，两个民主国家的战备解是相同的；在这种特殊情况下，领导人对公共和平投资的相对偏好（μ_I）对军备动机没有影响。

[2]　该分析的重点是现任领导人将严格正数量的资源禀赋（当 $Z_I > 0$ 时）分配给公共和平投资的情况，这隐含地给 Z 施加了一个下限；然而，在没有对参数 β 和 α，以及 μ_I 和 P 进一步限制的情况下，这个条件既不能推导出式（23），也不能从式（23）中推导出来。

$$Z > \bar{Z} \equiv 2 \left(\frac{\lambda \alpha}{\mu_I} \right)^{\frac{1}{1-\alpha}} \left[\frac{(1+\beta)(1-\alpha)}{\alpha \beta} \right] \qquad (24)$$

这个条件表明,当每个国家的政党同意对公共和平投资的资源进行分配时,选举的不确定性对每个领导人发动战争的动机都没有影响。

为了证明这个观点,假设 $\mu_I = \mu_R$。那么在式(24)中,用 λ_R 代替 λ,我们就得到了当与一个相同的独裁国家发生冲突时,独裁统治者偏好于战争而不是和平解决的条件。为供将来参考,令 $\bar{Z}_{RR}$ 表示临界值,类似地,令 $\bar{Z}_{DD}$ 表示两个国家都是民主国家的一般情况下的临界值(即对于任何 $P < 1$ 的值而言,$\mu_I \geq \frac{1}{2} \geq 1 - \mu_I$ 且 $\lambda \leq \lambda_R$)。$\bar{Z}_{RR}$ 与式(24)中所示拥有相同人口的民主国家的临界值 $\bar{Z}_{DD}|_{\hat{\mu}_I = \mu_I}$ 之间的唯一区别是,独裁国家的税收无效率。对于更高的税收无效性,即 λ_R 相对于 λ 更高,有两种强化效应。首先,这意味着使战争比和平解决更受偏爱所必需的军事支出的节约量最小值($\bar{m}_1$)要更大;其次,这意味着和平解决情况下均衡的战备动机(m_1^{*I})更小。因此,Z 的临界值随着 λ 增加而增加,且独裁国家的税收无效性高于民主国家($\lambda_R < \lambda$)的假设意味着 $\bar{Z}_{DD}|_{\hat{\mu}_I = \mu_I} < \bar{Z}_{RR}$,因此,在每个国家都不存在分歧的情况下,民主制度意味着领导人发动战争的动机更强烈。

然而,沿着第3.2节分析的类似思路,如果每个国家的政党之间存在分歧,民主制度会对领导人发动战争的动机产生抵消作用。特别地,当 $\mu_I > \frac{1}{2} > 1 - \mu_I = \mu_N$ 在两个国家均成立时,每位在位者重新当选的概率降低意味着更小的 $\hat{\mu}_I \equiv P\mu_I + (1-P)(1-\mu_I)$,这不仅降低了和平解决情况下战备的动机($m_1^{*I}$),而且提高了使战争更受偏爱的未来军事支出的最低节约量($\bar{m}_1$)。因此,式(23)清晰地表明,P(或等价地,给定 μ_I 条件下的 $\hat{\mu}_I$)的外生减少意味着可竞争性资源的临界值 $\bar{Z}_{DD}$ 更高,因此战争爆发的可能性更小。[1]

---

① 如前所述,给定 $P < 1$,两个政党之间的分歧越大(也就是 $\mu_I > \frac{1}{2}$ 越大),会导致向军事支出分配的资源越少(参见第908页脚注①)。与此同时,μ_I 的增加意味着需要使战争更受偏爱的军事支出最小节约量($\bar{m}_1$)更小 [参见式(21)],并且不可能确定对 $\bar{Z}_{DD}$ 净效应的影响方向。

这两种影响都与关于军事支出最优选择的预测相一致。也就是说，当税收制度更有效，且当在位者在第二时期和最后一个时期重新当选的可能性更大时，战备水平更高且发生战争的可能性更大。尽管争夺某种资源的两个相同民主国家比两个相同独裁国家发动战争的可能性更小是很可能的，但事实并非必然如此。[①]

4.3.2　民主国家与独裁国家的对比

现在假定一个国家是民主国家，另一个国家是独裁国家。为了便于分析，我们保留在 $t=1$ 时期两个国家领导人偏好相同的假设；也就是说，$\mu_R = \mu_I$。在这种情况下，领导人关于军事支出最优选择的一阶条件，式（13）是民主国家领导人的，式（14）是独裁国家统治者的，这意味着：

$$m_1^{*I} = \beta Z \frac{\lambda_R \hat{\mu}_I^2}{(\lambda_R \hat{\mu}_I + \lambda \mu_I)^2} \tag{25a}$$

$$m_1^{*R} = \beta Z \frac{\lambda \mu_I \hat{\mu}_I}{(\lambda_R \hat{\mu}_I + \lambda \mu_I)^2} \tag{25b}$$

为了减少符号使用，令 $\lambda_R = a\lambda$，并且 $a \geqslant 1$。于是，给定冲突技术的表达式［式（15b）］，这些对军事支出的分配意味着，在和平解决的情况下，民主国家和独裁国家获得的 Z 的份额分别为：

$$z(m_1^{*I}, m_1^{*R}) = \frac{a \hat{\mu}_I}{(a \hat{\mu}_I + \mu_I)} \tag{26a}$$

$$1 - z(m_1^{*I}, m_1^{*R}) = z(m_1^{*R}, m_1^{*I}) = \frac{\mu_I}{(a \hat{\mu}_I + \mu_I)} \tag{26b}$$

因此，正如前面表达式所示，两个国家军事支出的最优选择［式

---

① 更准确地讲，$\dfrac{\mu_I}{\hat{\mu}_I} > \dfrac{a^{\frac{1}{1-\alpha}} + \dfrac{\alpha\beta}{(1+\beta)(1-\alpha)}}{1 + \dfrac{\alpha\beta}{(1+\beta)(1-\alpha)}}$ 是使两个完全相同的民主国家之间发生战争

的可能性小于两个独裁国家之间发生战争的可能性的必要条件，也是充分条件：$\bar{Z}_{DD} > \bar{Z}_{RR}$。给定 $\mu_I > \hat{\mu}_I$ 时，该不等式成立的一个充分条件是 $\mu_I > \hat{\mu}_I a^{\frac{1}{1-\alpha}}$。

（25a）和式（25b）〕意味着，当且仅当 $a\hat{\mu}_I > \mu_I$ 时，对于 $t=2$ 时期的和解情况 $\left(z(m_1^{*I}, m_1^{*R}) > \dfrac{1}{2} \right)$，民主国家在获取资源方面具有有效优势。

当然，每个国家想发动战争的条件还取决于（给定的）前一时期的战备决策 m_0^I 和 m_0^R，或者，更具体地说，$z(m_0^I, m_0^R)$。为了验证此观点，假设 $z(m_0^I, m_0^R) = z(m_1^{*I}, m_1^{*R})$，那么，根据式（25a）和式（25b）、式（26a）和式（26b），以及在和平解决和发动战争情况下两个时期的期望支付，这对独裁统治者而言，分别是在式（19）和式（20）中进行恰当的替代（例如，$\tilde{P}=1$ 意味着 $\tilde{\mu} = \mu_R = \mu_I$ 且 $\tilde{\lambda} = \lambda_R = a\lambda$），我们可以推导出可竞争性资源（$Z$）的临界水平，超过这个水平，各国将选择发动战争：

$$Z > \bar{Z}_{DR} \equiv \frac{(a\hat{\mu}_I + \mu_I)}{a\hat{\mu}_I} \left[\frac{\lambda\alpha}{\mu_I} \right]^{\frac{1}{1-\alpha}} \left[\frac{(1-\alpha)(1+\beta)}{\alpha\beta} \frac{\mu_I}{\hat{\mu}_I} + \frac{\mu_I - \hat{\mu}_I}{\hat{\mu}_I} \right] \quad (27a)$$

$$Z > \bar{Z}_{RD} \equiv \frac{a^{\frac{1}{1-\alpha}}(a\hat{\mu}_I + \mu_I)}{\mu_I} \left[\frac{\lambda\alpha}{\mu_I} \right]^{\frac{1}{1-\alpha}} \left[\frac{(1-\alpha)(1+\beta)}{\alpha\beta} \right] \quad (27b)$$

下标 DR（RD）表示当民主国家（独裁国家）的对手是独裁国家（民主国家）时 Z 的临界值。当然，如果战争爆发，那么这两个条件中只有一个满足就足够了。请注意，正如两个国家完全相同的情况，当未来变得相对重要（也就是 β 更大）时，Z 的临界值降低了，这使战争爆发的可能性更高。

现在分析民主制度的含义，首先考虑这样一种情况，即民主国家内部不存在分歧，使 $\mu_I = 1 - \mu_I = \mu_N = \dfrac{1}{2}$，这意味着 $\hat{\mu}_I = \mu_I$。因此，选举的不确定性变得无关紧要了，且两个国家之间唯一有意义的区别是民主国家领导人动员资源更容易（$\lambda < \lambda_R$ 或 $a > 1$）。因此，民主国家领导人不仅在备战，而且在发动战争方面比独裁统治者具有更加强烈的动机：$\bar{Z}_{DR}|_{\hat{\mu}_I = \mu_I} < \bar{Z}_{RD}|_{\hat{\mu}_I = \mu_I}$。对于 $\hat{\mu}_I \le \mu_I$ 的更一般的情况而言，式（25a）和式（25b）在 $\lambda_R = a\lambda$ 时表明，a（或给定 λ 时的 λ_R）的外生增加降低了独裁统治者备战的动机，如果 $\mu_I > a\hat{\mu}_I$，则民主国家领导者的备战动机增加了；如果 $\mu_I < a\hat{\mu}_I$，则民主国家领导者的这种动机减少了。在每种情况

下，根据式（26a）和式（26b），这意味着，民主国家在战争中成功的可能性增加了，$z(m_0^I, m_0^R) = z(m_1^{I*}, m_1^{R*})$。对独裁统治者而言，更小的备战动机意味着，不仅在战争情况下，在未来备战中，可能的节约量更小，而且赢得这样一场战争的概率更小。因此，a 的增加降低了独裁统治者发动战争的动机：$\partial \bar{Z}_{RD}/\partial a > 0$。同时，即使随着 a 增加，民主国家在备战方面可能节约的资金或许会减少，但如果在一场反对独裁的战争中获胜的可能性足够大，则足以使相对于和解，战争对民主国家领导者就更具吸引力：$\partial \bar{Z}_{DR}/\partial a < 0$。

当然，同之前一样，给定民主国家中决策者和挑战者存在分歧，选举的不确定性就很重要了。特别是，假设 $\mu_I > \frac{1}{2} > 1 - \mu_I = \mu_N$，意味着 $\hat{\mu}_I < \mu_I$，$P < 1$ 的减少意味着，对于民主国家领导者而言，赋予任何给定的未来资源数量的权重（$\hat{\mu}_I$）降低了。利用 $\lambda_R = a\lambda$ 时的式（25a）和式（25b），以及 $\hat{\mu}_I \equiv P\mu_I + (1-P)(1-\mu_I)$，我们可以确定，如果 $\mu_I > a\hat{\mu}_I$，P 降低意味着当选领导者的战备水平降低了，且独裁统治者战备水平也降低了；如果 $\mu_I < a\hat{\mu}_I$，则它们会增加。但在任何一种情况下，式（26a）和式（26b）表明 P 降低了，因此，$\hat{\mu}_I$ 降低了，这意味着，民主国家赢得战争的可能性降低了，$z(m_0^I, m_0^R) = z(m_1^{I*}, m_1^{R*})$。在战争情况下，在未来战备中可能的节约量更小，战争胜利的可能性更低，那么民主国家领导者发动战争的动机会减少：$\partial \bar{Z}_{DR}/\partial P < 0$。虽然在与民主国家战斗时，独裁国家在未来进行战争准备时潜在的节约量可能会随着民主国家领导者重新当选的可能性而递减，但赢得这样一场战争的可能性更大，如果它足够大，就会毫无疑问地增加独裁统治者发动战争的动机：$\partial \bar{Z}_{RD}/\partial P > 0$。

4.3.3 相对于独裁国家，民主国家有多倾向于战争？

根据到目前为止得到的结果，我们可以梳理出关于各种国家间二元关系对战争倾向性的另一些含义。首先，从式（23）和式（27a）可以看到，当 $\mu_I > a\hat{\mu}_I$ 时，或等价地，从式（26a）可以看到，当 $z(m_0^I, m_0^R) = z(m_1^{I*}, m_1^{R*}) < \frac{1}{2}$ 时，$\bar{Z}_{DD} < \bar{Z}_{DR}$ 成立。也就是说，如果在 $t = 1$ 时期与另一个（相同的）民主国家进行战争的获胜概率大于与独裁

国家进行战争的获胜概率，那么民主国家领导者在面对另一个（相同的）民主国家时会比面对一个独裁国家时更愿意发动战争。同时，从 $\lambda = \lambda_R(= a\lambda)$ 时的式（24）和式（27b）可以看出，$\mu_I > a\hat{\mu}_I$ 意味着 $\bar{Z}_{RR} > \bar{Z}_{RD}$，表明相比与民主国家作战，独裁统治者更不希望与另一个（相同的）独裁国家作战。

807

为了更深刻地理解这些含义，考虑民主国家最可能是倾向于和平的情况，也就是说，它们在动员资源方面没有固有优势（$a = 1$）。在存在选举不确定性（$P \in [0,1)$）的情况下，这个假设意味着 $\mu_I > a\hat{\mu}_I$，进而有 $\bar{Z}_{DD} > \bar{Z}_{RR}$。[①] 因此，在这种特殊情况下，尽管民主国家领导者面对独裁国家比面对一个完全相同的民主国家更不可能发动战争，但独裁统治者一般来说更愿意发动战争，也就是 $\bar{Z}_{DR}\big|_{a=1} > \bar{Z}_{DD}\big|_{a=1} > \bar{Z}_{RR}\big|_{a=1} > \bar{Z}_{RD}\big|_{a=1}$。但是，只需要两个国家中的一个决定战争就能发动战争，这些不等式支持了二元假说。尤其是，民主国家—独裁国家组合比独裁国家—独裁国家组合更容易发生战争，后者比民主国家—民主国家组合更容易发生战争。如果满足 $\mu_I > a\hat{\mu}_I$ 和其他参数限制条件，那么对独裁国家而言，当相对税收无效性参数增加至超过 1 时，分析结果与二元假说保持一致。[②]

然而，更一般地，当 $a > 1$ 增加时，根据它们易于发动战争的程度进行排序会变得更加复杂。例如，即使当 $\mu_I > a\hat{\mu}_I$ 时，$\bar{Z}_{RR} > \bar{Z}_{DD}$ 成立也是可能的，这表明两个相同的民主国家会比两个相同的独裁国家更容易发生战争。当 a 上升得足够多时使 $\mu_I < a\hat{\mu}_I$，因此，$\bar{Z}_{DD} > \bar{Z}_{DR}$，$\bar{Z}_{RD} > \bar{Z}_{RR}$，那

---

① 更准确地讲，$\dfrac{\mu_I}{\hat{\mu}_I} > \dfrac{a^{\frac{1}{1-\alpha}} + \dfrac{\alpha\beta}{(1+\beta)(1-\alpha)}}{1 + \dfrac{\alpha\beta}{(1+\beta)(1-\alpha)}}$，既是使两个完全相同的民主国家之间发生

战争的可能性小于两个独裁国家之间发生战争的可能性的必要条件，也是充分条件：$\bar{Z}_{DD} > \bar{Z}_{RR}$。在给定 $\mu_I > \hat{\mu}_I$ 时，该不等式成立的一个充分条件是 $\mu_I > \hat{\mu}_I a^{\frac{1}{1-\alpha}}$。

② 上述不等式成立的充分不必要条件（没有 $a = 1$ 的限制）是 $\mu_I > a^{\frac{1}{1-\alpha}}\hat{\mu}_I$。这个条件充分表明，$\bar{Z}_{DD} > \bar{Z}_{RR}$（参见脚注①）；反过来，它意味着 $\mu_I > a^{\frac{2-\alpha}{2(1-\alpha)}}\hat{\mu}_I$，这充分表明，$\bar{Z}_{DR} > \bar{Z}_{RD}$ 以及 $\mu_I > a\hat{\mu}_I$；正如前面所说明的，最后一个不等式是 $\bar{Z}_{DR} > \bar{Z}_{DD}$ 和 $\bar{Z}_{RR} > \bar{Z}_{RD}$ 成立的必要和充分条件。

么 $\bar{Z}_{RR} > \bar{Z}_{DD}$ 必然同时成立。① 在这种情况下，民主国家—独裁国家二元组合比民主国家—民主国家二元组合更容易发生战争，后者比独裁国家—独裁国家二元组合更容易发生战争。在任何一种情况下，这种推理排除了在当前设定下，民主国家—民主国家二元组合比民主国家—独裁国家二元组合更不容易发生战争，后者比独裁国家—独裁国家二元组合更不容易发生战争的可能性。②

5. 结语

虽然政治学学者长期以来对国内政治制度与国际冲突间的相互作用感兴趣，但经济学家才刚开始研究民主制度如何影响国家间冲突的结果。这部分庞大且不断增长的文献的核心问题是，我们是否可以期待近年来民主制度的传播能够带来一个更加和平的世界。本章的目标更加适度，并不是要对民主制度的重要性进行全面分析，而是强调这种类型的制度具有两个特定且可能相互抵消的特征，即会造成选举具有不确定性，以及可能使资源动员更容易。

这里的分析表明，民主和平不一定是由于战争结果对现任领导人继续掌权的可能性产生影响，这种可能性本身在不同的政治制度中会有所不同。在这里，民主制度减弱冲突严重性（反映在从生产中转移的资源数量或战争肇始的可能性），其背后的驱动力是通过降低选举不确定性所体现的未来相对于今天的重要性来发挥作用的。如果现任政党与挑战者之间存在分歧，同时现任政党失去权力的可能性严格为正，那么在位者就会低估当前的战争准备情况，进而低估今天发动战争的未来收益。

与此同时，民主制度会使冲突更加严重。特别是，只要民主制度包

808

---

① 假设相反的情况，即 $\mu_I < a\,\hat{\mu}_I$ 和 $\bar{Z}_{DD} > \bar{Z}_{RR}$。那么一定有下面的情况，即 $a > \dfrac{\mu_I}{\hat{\mu}_I} >$

$$\dfrac{a^{\frac{1}{1-\alpha}} + \dfrac{\alpha\beta}{(1+\beta)(1-\alpha)}}{1 + \dfrac{\alpha\beta}{(1+\beta)(1-\alpha)}}，这要求 a > \dfrac{a^{\frac{1}{1-\alpha}} + \dfrac{\alpha\beta}{(1+\beta)(1-\alpha)}}{1 + \dfrac{\alpha\beta}{(1+\beta)(1-\alpha)}}。$$ 但最后一个不等式在 $a \geqslant 1$

时永远不成立，请注意，右侧部分在 $a\ (=1)$ 处达到最小值，并且以大于 1 的速度随 a 递增，由此可以证明。

② 这种特定顺序（一元假说）要求 $\bar{Z}_{DD} > \bar{Z}_{RR}$，$\bar{Z}_{DD} > \bar{Z}_{DR}$ 和 $\bar{Z}_{RD} > \bar{Z}_{RR}$ 同时成立。

括一套政治机构间相互制衡的制度，使（任何一方）领导者具有更有效的资源动员手段，民主国家就可能更容易发生冲突，这反映在更高的武装水平和发动战争更大的可能性上。即使在使两个民主国家比两个独裁国家更加和平的条件下，一对民主国家—独裁国家也比一对独裁国家—独裁国家更容易发生战争。

当然，不考虑文献中强调的政治制度的其他影响，本章的分析似乎有些局限性。事实上，未来研究的一个重要延伸方向是，明确考虑政治制度在影响现任统治者或当选官员继续执政的概率与参与国际冲突决策之间的关系的作用。特别是，通过研究个人或个人与群体之间的分歧如何通过其他的政治制度（民主与独裁）发挥作用，同时考虑到独裁统治者可能被赶下台，或许可以对这些制度对国内和国际冲突的重要性以及这两种冲突本身是如何联系在一起的提供新的认识。

致　谢

笔者由衷感谢亚历克斯·德布斯（Alex Debs）和斯特吉奥斯·什卡佩尔达斯（Stergios Skaperdas）对本章初稿的有益评论，文责自负。

参考文献

Anbarci, N., S. Skaperdas, and C. Syropoulos. 2002. Comparing bargaining solutions in the shadow of conflict: How norms against threats can have real effects. *Journal of Economic Theory* 106（1）：1 – 16.

Baliga, S., D. O. Lucca, and T. Sjöström. 2011. Domestic political survival and international conflict: Is democracy good for peace? *Review Economic Studies* 78（2）：458 – 86.

Baliga, S., and T. Sjöström. 2012. The Hobbesian trap. In *Oxford handbook on the economics of peace and conflict*, ed. M. R. Garfinkel and S. Skaperdas. New York: Oxford University Press.

Benoit, K. 1996. Democracies really are more pacific（in general）：Reexamining regime type and war involvement. *Journal of Conflict Resolution* 40（4）：636 – 57.

Boehmer, C. R. 2008. A reassessment of democratic pacifism at the monadic level of analysis. *Conflict Management and Peace Science* 25 （1）: 81 – 94.

Bueno de Mesquita, B. , A. Smith, R. M. Siverson, and J. D. Morrow. 2003. *The logic of political survival.* Cambridge MA: MIT Press.

Chan, S. 1997. In search of democratic peace: Problems and promise. *Mershon International Studies Review* 41 （1）: 59 – 91.

Chiozza, G. , and H. E. Goemans. 2004. International conflict and the tenure of leaders: Is war still expost inefficient? *American Journal of Political Science* 48 （3）: 604 – 19.

Conconi, P. , N. Sahuguet, and M. Zanardi. 2009. Democratic peace and electoral accountability. Unpublished manuscript, European Center for Advanced Research in Economic and Statistics, Brussels, Belgium.

Debs, A. , and H. E. Goemans. 2010. Regime type, the fate of leaders and war. *American Political Science Review* 104 （3）: 430 – 45.

Dixon, W. J. , and P. D. Senese. 2002. Democracy, disputes, and negotiated settlements. *Journal of Conflict Resolution* 46 （4）: 547 – 71.

Fearon, J. D. 1995. Rationalist explanations for war. *International Organization* 49 （3）: 379 – 414.

——. 2008. A simple political economy of relations among democracies and autocracies. Unpublished manuscript, Stanford University.

Garfinkel, M. R. 1994. Domestic politics and international conflict. *American Economic Review* 84 （5）: 1292 – 309.

Garfinkel, M. R. , and S. Skaperdas. 2000. Conflict without misperceptions or incomplete information: How the future matters. *Journal of Conflict Resolution* 44 （6）: 793 – 807.

——. 2007. Economics of conflict: An overview. In *Handbook of defense economics*, Vol. 2, ed. T. Sandler and K. Hartley, 649 – 709. Amsterdam: North Holland.

Hirshleiter, J. 1989. Conflict and rent-seeking success functions: Ratio versus difference models of relative success, *Public Choice* 63 （2）: 101 – 112.

Hess, G. D. , and A. Orphanides. 1995. War politics: An economic, rational-voter framework. *American Economic Review* 85 （4）: 828 – 46.

——. 2001. War and democracy. *Journal of Political Economy* 109 （4）: 776 – 810.

Jia, H. and S. Skaperdas. 2012. Technologies of conflict. In *Oxford handbook on the economics of peace and conflict*, ed. M. R. Garfinkel and S. Skaperdas. New York: Oxford University Press.

Jackson, M. O. , and M. Morelli. 2007. Political bias and war. *American Economic Review* 97 （4）: 1353 – 73.

Lake, D. A. 1992. Powerful pacifists: Democratic states and war. *American Political Science Review* 86 (1): 24 – 37.

Levy, G., and R. Razin. 2004. It takes two: An explanation for the democratic peace. *Journal of the European Economic Association* 2 (1): 1 – 29.

Maoz, Z., and N. Abdolali. 1989. Regime types and international conflict, 1816 – 1976. *Journal of Conflict Resolution* 33 (1): 3 – 35.

Maoz, Z., and B. Russett. 1993. Normative and structural causes of democratic peace, 1946 – 1986. *American Political Science Review* 87 (3): 125 – 39.

McBride, M. T., and S. Skaperdas. 2009. Conflict, settlement and the shadow of the future. Unpublished manuscript, University of California, Irvine.

Morgan, T. C., and S. H. Campbell. 1991. Domestic structure, decisional constraints, and war: So why Kant democracies fight. *Journal of Conflict Resolution* 35 (2): 187 – 211.

North, D. C., and B. Weingast. 1989. Constitutions and commitment: The evolution of institutions governing public choice in seventeenth century England. *Journal of Economic History* 49 (4): 803 – 32.

Oneal, J. R., and B. M. Russett. 1997. The classical liberals were right. *International Studies Quarterly* 41 (2): 267 – 94.

Powell, R. 2006. War as a commitment problem. *International Organization* 60 (1): 169 – 203.

Rosato, S. 2003. The flawed logic of democratic peace theory. *American Political Science Review* 97 (4): 585 – 602.

Rousseau, D. L., C. Gelpi, D. Reiter, and P. K. Huth. 1996. Assessing the dyadic nature of the democratic peace, 1918 – 1988. *American Political Science Review* 90 (3): 512 – 33.

Russett, B. 1993. *Grasping the democratic peace: Principles for a post-Cold War world.* Princeton, NJ: Princeton University Press.

Skaperdas, S. 1996. Contest success functions. *Economic Theory* 7 (2): 283 – 90.

Skaperdas, S., and C. Syropoulos. 1996. Can the shadow of the future harm cooperation? *Journal of Economic Behavior and Organization* 29 (3): 355 – 72.

Tangerås, T. P. 2009. Democracy, autocracy and the likelihood of international conflict. *Economics of Governance* 10 (2): 99 – 117.

Tullock, G. 1980. Efficient rent seeking. In *Toward a theory of the rent seeking society*, ed. J. M. Buchanan, R. D. Tollison, and G. Tullock, 3 – 15. College Station, TX: Texas A&M University Press.

附录：P 的均衡决定

在 $t = 1$ 时期结束时，个人 j 的投票决策取决于当政党 $k = I$ 继续执政时其所能够预期的消费水平，与当另一政党 $k = N$ 当选情况下其可以预期的消费水平的对比。不失一般性地，假设在这两种情况下，无差异的选民支持在位者。此外，为了便于分析，假设双方政党对于两种公共和平投资的权重是相反的：$1 - \mu_N = \mu_I$。在这种情况下，式（8）意味着 $i_2^{*I} = i_2^{*N}$，进而 $n_{A_2}^{*I} = n_{B_2}^{*N}$。因此，式（1）意味着，当且仅当 $\mu_j \geq \frac{1}{2}$ 时，选民 j 愿意投票给政党 I。因此，选民 j 在 $t = 2$ 时期的投票决策与第一时期在位者的军事支出相互独立。此外，政党 I 在 $t = 2$ 时期重新当选的概率简单地就是中间选民（记为 μ_m）对 A 类公共和平投资赋予相等或更大权重的概率：$P = \text{Prob}\left(\mu_m > \frac{1}{2}\right)$。也就是说，再次当选概率的确定与前一时期军费支出无关。

请注意，这种独立性在我们考虑如第 4 节中所研究的和平解决还是战争决策时，也是成立的。

第32章 为何追随领导者？集体行动、可置信承诺与冲突

菲利普·基弗

1. 引言

可置信承诺是冲突研究的核心。然而，大部分文献关注的是敌对群体保证不拿起武器对抗彼此的可信性，当每个群体不愿意相信对方会放下武器或不进行先发制人的攻击时，冲突更可能爆发（Azam，1995；Fearon，1995）。很少有文献关注领导者和群体成员之间的承诺，尽管这些承诺的可信性影响冲突的方方面面：从群体的军事动员能力到与其他群体的缔约能力。本章将重点关注这种承诺。

本章的中心论点是，领导者的承诺在一定程度上是可信的，因为群体成员和武装部队可以集体行动兑现这些承诺。然而，为了防止他们的支持者或者武装部队出现叛变的风险，领导者会对集体行动施加限制。这些限制不仅使他们难以赢得民心，也难以有效部署军队，这都会使群体更易受到敌对群体的攻击。

费伦（Fearon，2008）将过去60年的内战模式描述为持续、小规模、依赖游击战术的冲突，而不是像美国内战那样的大规模常规军队之间的冲突。然而，对集体行动的限制似乎也使冲突模式有别于美国内战这种形式。实际上，相比斯里兰卡北部的泰米尔猛虎组织（Tamil Tigers）、秘鲁安第斯的光辉道路组织（Shining Path）和刚果民主共和国[以下简称"刚果（金）"]东部的卢旺达解放民主力量（Democratic Forces for the Liberation of Rwanda），美国内战时的南部邦联（Confederacy）允许（白人）公民在其领土内进行更多的集体行动。联邦军队（Union forces）并不像刚果（金）军队那样由资金充裕的总统卫队和捉襟见肘的常规军组成，也不像苏丹军队那样由总统牢牢指挥。

因此，下面的讨论考察领导者允许民众与军队集体行动的决策。对定性和定量研究，特别是有关政治派别研究的回顾表明，易受冲突影响的国家的民众面临更大的集体行动挑战。大量的定性证据也表明，政府允许军队集体行动的程度存在显著差异：部队间合作、军队内部信息传递以及军队对晋升和荣誉的控制，在这些方面某些国家的限制要比其他国家更为严格。

群体内集体行动的动态变化对于验证冲突文献中的争论具有重要意义。最新研究得出的结论是，收入冲击通过改变冲突成本（战斗人员的工资），而不是改变冲突的租金，"鼓励"冲突。这里的讨论得出结论，这些观点最适用于这样一些国家，即它们的武装力量不能通过集体行动来强制执行对未来租金的主张，或者它们的国民不能通过集体行动阻止武装力量提出这样的主张。这些讨论还与冲突特别令人不安的一些特征有关，比如掠夺民众和强行征募儿童军。前者可能是领导者为减少政变威胁而放松武装军队内部组织和纪律的直接结果。后者可被视为领导者为减少政变威胁而采取的一系列措施中的一种，因为相比成年人，青少年组织武装叛乱的可能性更小。

学者们强调国家能力在导致国家易受冲突影响的脆弱性方面的作用。这些研究一般侧重于能力建设的财政成本，人们直到最近才认识到，能力并不是冲突风险的外生决定因素，而是与冲突风险一起由其他因素决定的。这里的讨论强调，能力是领导者做出的组织选择的函数，而组织选择与融资无关。在这种情况下，对能力的约束性因素不再是预算，而是可能对领导者任期造成威胁的能力（更好地组织起来的公共管理或军事能力）。

817

这里提出的推测表明，有必要对目前最小化冲突风险的策略进行更仔细的考察。例如，米格尔、萨蒂亚纳特和赛尔真蒂（Miguel，Satyanath，Sergenti，2004）发现，降雨（并因此是收入）冲击引发了非洲冲突，因此建议采取农作物保险和安全净支付方式。慈善团体已开始关注在冲突后地区改善服务供给，以将其作为缓解紧张局势并建立国家法治体系的一种途径。然而，如果冲突最有可能发生在领导者不允许民众集体行动的国家，那么这些策略就最不可能在最需要它们的地方取得成功。不允许集体行动的领导者不太可能有效地提供服务，恰当的设定安全净支付目标，或者执行保险合同。

2. 可置信承诺、集体行动与冲突

大多数研究冲突的文献从团体间协议的可置信角度考察政治制度对冲突的影响。正如加芬克尔和什卡佩尔达斯（Garfinkel, Skaperdas, 2007）所观察到的，学者们往往假设反对派是单一行动者，无论使用讨价还价模型关注敌对者无法做出可置信承诺的问题，还是使用竞赛函数考察群体为实现征服而牺牲的生产能力，都不考虑群体内部的集体行动问题。

也有例外。卡普兰（Kaplan, 2010）利用哥伦比亚的证据支持了自己的观点，即具有较强集体行动组织能力的村庄能够更好地抵抗武装部队（叛军或政府军）施加给他们的压力。加芬克尔（Garfinkel, 2004）分析了影响群体规模的决策。规模越大的群体越有可能在冲突中获胜，但规模越大的群体中的成员越要投入更多的资源保护自身利益不受其他群体成员侵害。因此，当外生决定的冲突管理机制在群体内更好地建立起来并缓解了群体内部的冲突时，更大规模的群体才更有可能出现。这里的问题是，叛乱分子或政府军的领导者在多大程度上鼓励民众和武装力量采取集体行动，群体领导者为保持权力而做出的努力如何影响群体制度？

特别地，第2.1节描述了领导者允许支持者进行集体行动的决策问题，考察这些决策对领导者争取"民心"能力的影响。第2.2节考虑限制武装力量进行集体行动的决策，即使这会降低军事效能。第4节概述了群体内部制度安排变化可能对以下方面产生的影响，即收入和收入冲击引发冲突、掠夺民众、征募儿童军、国家实力和作为化解冲突策略的818 改善服务供给。

2.1 集体行动和争取民心

伯曼、夏皮罗和费尔特（Berman, Shapiro, Felter, 2011a）指出，一些起义与平叛的杰出实践者认为，在冲突中赢得民众支持是很重要的。

根据实践者和费伦 (Fearon, 2008)、卡尔瓦斯 (Kalyvas, 2006) 等学者的分析, 获得非战斗人员支持的关键战略优势是提供有关对手的信息。群体内可置信承诺问题 (比如民众是否可以相信其领导者在冲突中获胜时维护他们的利益) 并不是这些研究的中心议题。纳格尔 (Nagl, 2002) 非常重视平叛策略在赢得本地民众信任方面的重要性。他最关注的是, 信任为何重要, 而不是信任如何产生。然而, 正如卡普兰 (Kaplan, 2010) 的分析所暗示的那样, 这种情况出现的一种方式是: 本地行动者能够集体行动, 允许他们对违背承诺的领导者进行更严厉的制裁。

文献描述了争取民心的两种方式: 一种是竞争各方争相向民众做出可置信承诺以奖励其合作的; 另一种是竞争各方努力推行善治造福民众, 比如提供公共服务、社会保障, 或可预测的非掠夺性税收。在这两种方式下, 民众的集体行动都发挥了核心作用: 形成集体组织的民众能够更容易惩罚那些违背承诺或未能提供善治收益的群体。

在民众促使领导人履行责任的制度安排中, 得到研究最多的是投票机制。实际上, 缺乏竞争性的选举制度是冲突国家的一个显著特征。就政府控制的领土而言, 系统数据支撑了这种说法; 随机观测几乎没有显示出在叛乱者控制的领土上存在差异。桑巴尼斯 (Sambanis, 2004) 的冲突数据集记录了 1975 ~ 2000 年的 71 次冲突, 可从政治制度数据库 (Database of Political Institutions) 获得竞争性选举的数据 (Beck et al., 2001)。其中只有 15 次冲突涉及的国家是由冲突爆发前一年通过竞选产生的领导人统治的。在其余的冲突案例中, 政府要么不是通过竞争选举产生, 要么根本不是通过选举产生。事实上, 这种经验规律与冲突和收入的联系一样引人关注: 在这 71 次冲突中, 最富有的 50% 的国家发生了 15 次冲突 (不是上文提到的 15 次)。

尽管冲突国家缺少选举意味着冲突国家的领导者对民众集体行动施加了限制, 但选举并不是有效集体行动的充分条件。即使是拥有自由投票权的民众, 在不完美信息 (无法观察到领导者的行动或者这些行动对其福利的影响) 的约束下, 仍然不具有确保领导者履行承诺的能力。更重要的是, 在这里的分析中, 尽管不受约束的投票权降低了促使领导者履行承诺的个人成本, 但无法确保挑战者会出现, 他们可以可信地承诺, 采取与现任者不同的政策。

通过选举迫使领导者承担责任有赖这些挑战者的存在。费内中（Ferejohn，1986）及佩尔松和塔伯里尼（Persson，Tabellini，2000）考察了不存在可置信挑战者的情况。可置信挑战者的缺失大大削弱了在位者追求公共利益（比如提供公共品）的激励。这些结果立即可以扩展到冲突研究中，这意味着，这些领导者，哪怕是通过选举产生的，也只有有限的动机以通过提供公共服务赢得人心。

一个待解决的重要问题是，政治竞争者如何形成做出可置信承诺的能力。然而，一个可能的答案在于民众集体行动选择并支持候选人的能力，特别是通过组织起来代表志同道合民众利益的具有明确纲领的政治党派来行动（Keefer，2011）。这些党派允许成员相互协调，为他们提供集会场所，让成员可以选择候选人，要求可能的新成员或候选人发出成本高昂的信号，表明他们与现有成员目标一致［例如，斯奈德和丁（Snyder，Ting，2002）所描述的］，明确程序以驱逐那些不追求群体共同利益的成员。在这样一个过程中选择出来的挑战者能够更好地做出可置信承诺，因为政党的存在确保了如果挑战者违背承诺，那么民众继续有能力通过集体行动选择另一个候选人。

其他研究将这种逻辑扩展到了非民主国家。即使民众不能投票，独裁者也可以允许社会中的一部分人进入执政群体，并允许执政群体成员集体行动。比如，戈尔巴赫和基弗（Gehlbach，Keefer，2011）认为，当独裁者允许执政群体成员分享其他人无法获得的有关独裁者行为信息时，成员可以集体行动，惩罚领导者侵吞他们的投资。通过实现执政党制度化，限制其通过剥削获得的租金，独裁者可以吸引更多私人投资，并激发党派成员更加努力以实现领导层目标。这些目标可能包括叛乱（对叛乱群体的领导者而言）与镇压叛乱（对政府领导者而言）。

因此，这一讨论意味着，领导者争取民心的努力不仅取决于影响群体间缔约的制度，以及冲突文献的研究焦点，如选举、选举规则（例如，代表或多数选举制），或者政治上的制衡，还取决于群体内部的制度安排，这些制度安排使领导者能够做出可置信承诺，实现支持者的利益，并且允许支持者的大规模团体可以采取集体行动。

这一逻辑预示着，当政府不愿意让自己的支持者组织起来时，政府可能会面临更大的叛乱风险，反过来很可能出现这样的情况，即制度化

的政党（例如，在选择党派候选人方面支持成员集体行动的政党）没有
介入对政治权位的竞争。在没有这类政党的情况下，由于政府通过提供
公共服务争取民心的能力减弱了，叛乱成功的可能性会提高。基弗
（Keefer，2008）提出了这种效应的证据。

820

　　在基弗（Keefer，2008）的分析中，下面每一个代表民众集体行动
能力的指标都对冲突风险具有显著影响：竞争性选举持续的年数［表明
政治竞争对手对民众做出广泛可置信承诺的能力，正如基弗（Keefer，
2007）研究所示］、政党向民众宣传纲领立场的程度（因为只有当政党
具有进行迫使其行为与政党纲领不一致的领导者下台的组织安排时，这
样的立场才是可信的）、执政党年龄相对于现任领导者的执政时间（由
领导者创建的执政党存在的时间要比现任领导者的执政时间以及处于领
导者控制下的时间更短）。当这些指标中的任何一个值较低时，冲突发生
的可能性就会明显上升，特别是在最贫穷的 50% 的国家：75% 以上的冲
突发生在这些国家。执政党年龄每超过领导者的执政时间 1 年，每年冲
突发生的概率就会减少 2 个百分点。

　　刚果（金）就是一个例子，说明了弱集体行动和冲突之间的联系。
在 2006 年的选举中，即广泛冲突停止后的第一次大选（尽管在东部省份
仍有游击活动），213 个政党角逐议会席位。选举结束后，政府中有 14
个党派的代表，国民大会中有 70 个党派的代表。这种碎片化的政党格局
与无法做出可置信承诺以维护广大民众利益是相符的。这也符合这样一
个事实，即除了 1960～1967 年和 1990～1997 年的短暂时期外，刚果
（金）都禁止党派活动，从而使 2006 年以党派为基础的政治竞争失去了
历史基础（International Crisis Group，2006：15）。

　　如果政党建立在个人关系或主从关系的基础之上，正如刚果（金）
那样，那么领导层的变动会对政党的稳定性产生巨大影响。证据表明确
实如此：当反对派刚果解放运动（Movement for the Liberation of Congo）
领导人让 - 皮埃尔·本巴（Jean-Pierre Bemba）离开刚果（金）后，该
党派的大批立法委员转而投向政府阵营［《刚果—金沙萨：卡比拉从反对
派的侵蚀中获益》，《牛津分析》，2009 年 5 月 9 日（"Congo-Kinshasa：Kabila
gains from opposition erosion." *Oxford Analytica*，May 9，2009）］。

　　最后，如果主从关系是党派组织的基础，而且党派成员不能集体行

动，那么该党派的立法者在投出与党内选民偏好不一致的选票时，几乎不存在选举风险。事实上，在 2006 年选举之后，几乎所有省份的立法者都从总统阵营中选出州长，尽管在许多省份，总统阵营只赢得了很小一部分选票。据报道，尽管省级立法者是在反对派旗帜下当选的，但他们还是把选票"出卖"给了州长（"腐败看起来对选举亲总统多数联盟的州长起到了很大的作用"［《刚果—金沙萨：冲突凸显了投票后的挑战》，《牛津分析》，2007 年 3 月 26 日（"Congo-Kinshasa：Clashes highlight post-poll challenges."*Oxford Analytica*，March 26，2007，）］。

  这一讨论指出，冲突与民众集体行动能力之间存在很强的联系。它没有涉及为什么在一些国家民众组织起来进行集体政治行动，而在其他
821 一些国家则没有。这也是研究中一个待解决的问题。在早期的研究中，基弗和弗拉依库（Keefer，Vlaicu，2008）认为，政治家会比较建立政治可信性的成本与能够做出广泛可置信承诺的政治优势。当成本很高时，政治家选择仅向少数群体做出可信的预选承诺。因此，这些政治家倾向于提供较少的公共服务、较多的私人物品，并进行与争取民心目标相反的高寻租活动。与许多冲突国家一样，当主从关系深深根植于社会之中时，他们特别有可能做出这样的决定，相比广大群体的诉求，少数群体的诉求会更廉价。例如，在阿富汗或伊拉克的许多地区，政治竞争者更容易通过向赞助者做出承诺以获得支持，而不是投资于向广大选民做出可置信承诺的能力，赞助者没有兴趣提供广泛的公共品。

  然而，政治家的选择可能并不是通过投入来建立他们的可信性。相反，可能是组建一个组织，让组织成员而不是他们自己去选择候选人。他们越是不确定自己是否能够得到党派成员的集体支持，就越不可能组建一个允许成员集体行动的党派。这种权衡在下一节中会再次出现：领导者越是可能允许武装部队集体行动，提高他们的军事效能和发动政变的能力，就越会降低武装部队发动军事政变的风险。[①]

---

 ① 类似的权衡问题是民主化研究文献的核心问题。在什么条件下，精英阶层允许选举
  [例如，阿西莫格鲁和罗宾逊（Acemoglu，Robinson，2006）；布瓦（Boix，2003）]？这
  一决定之所以困难，是因为存在著名的两难承诺问题：如果不允许选举，精英阶层就
  无法保证不剥削非精英阶层；如果允许选举，非精英阶层就无法保证不以牺牲精英为
  代价设置高税率，从而促使精英抵制选举。

2.2　集体行动与军事效能

军事能力自然是冲突中的核心议题，但大多数分析是从领导者的两难选择中抽象出来的：武装军队能够采取集体行动，并因此在军事上更有效，也可以要求从领导者那里分享更高比例的租金，甚至威胁代替领导者。本节指出组织良好的安全力量为领导者提供优势，记录了领导者故意削弱武装力量效力的决策，并发现这些决策源于领导者担心被组织良好的军队推翻。

容易看出，武装力量以协调一致的方式进行集体行动的能力对有效的战斗表现是至关重要的。有些例子显示，有些国家的领导者如何对本国空军与地面部队的联合演习施加重重阻碍，这对军事准备有着明显的影响。

基弗（Keefer，2008）和温斯坦（Weinstein，2005）讨论的另一个优势与和士兵签订合同有关。不能向士兵就未来的收益做出可置信承诺的领导者（政府或叛乱分子），必须以即期付款的形式支付战士的酬劳，且支付金额必须完全涵盖战士的保留工资。[①] 他们招募一支战斗部队的能力完全取决于他们在冲突期间所控制的租金。由于冲突本身会降低国家的生产能力，不能向士兵就未来补偿做出可置信承诺的领导者，更可能被迫依赖自然资源租金和外部资助。最成功的反叛组织之一越南南部民族解放阵线（Viet Cong）认识到了这一点：在越南战争结束后很长一段时间，北越军队的退伍军人及其子女继续享有在就业和住房方面的特权。[②]

基弗（Keefer，2008）进一步指出，即使领导者拥有相当规模的租金可供支配，他们可能仍不愿意依赖与士兵签订的即期付款合同。有效的武装力量很少建立在即期付款合同的基础上，因为军事努力难以观察，勇敢很难"购买"。领导者能够提高努力程度的一种方式是以可置信承

822

---

① 这里的分析逻辑与舒尔茨和温加斯特（Schultz，Weingast，2003）的逻辑相似，他们认为，能够做出可置信承诺偿还贷款的领导者的国家，在与不能做出可置信承诺的国家发生冲突时具有优势。

② 笔者于 2006 年 2 月 24 日在河内的采访。这反映了这样的可能性，即越南南部民族解放阵线享有"内部身份"和特权以获得租金；从采访的这些例子可以看出，即使是对政府决策几乎没有影响的退伍士兵，也仍然享有这些特权。

诺寻求与武装力量目标相一致的国家目标；① 另一种方式是对成功的军事行动在事后进行奖励，如授予相关人员勋章或使其晋升。然而，如果这些承诺要产生效果，就必须是可信的。

尽管有组织的军事部队能够集体行动，在与敌对政权的冲突中更为有效，但他们也会给领导者自身带来更大的威胁。因此，相比敌对政权的攻击，担心政变威胁的领导者更可能做出导致军事混乱的决策。这些决策可以采取多种形式。

一种是使武装部队缺乏资源。先前的研究强调，获取资源是保障军事效能的关键，应满足对工资、给养和武器的一般要求。与这个要点一致的是，军事能力异常与低工资似乎总是同时存在。例如，在刚果（金），以效率低下著称的军队高级军官的工资大约是每月 80 美元（International Crisis Group，2006：5，11）。然而，正如文献所强调的那样，资金不足可能并不意味着领导者缺乏资源。相反，这可能是因为领导者不愿为潜在政变威胁提供资金。在刚果（金），虽然军方没有获得资源，但政府各部部长的工资每月接近 4000 美元。

担心政变威胁的领导者也可以创建独立的、相互竞争的安全部队，并阻止其进行合作。德·阿特金（de Atkine，1999）指出，在许多中东国家军队中，联合指挥和联合演习非常少见，而且一支军队获得另一支军队的援助（例如，如果陆军希望空军提供飞机进行陆军空降训练）必须由部级军种负责人进行协调，这很可能需要总统批准。在沙特阿拉伯有一个复杂的审查许可系统，从战区军事指挥官到省行政长官，有不同的指挥渠道，他们管理集结公路车队、获取弹药和进行演习等活动。在叙利亚军队中，阿拉维派和德鲁兹派等少数派是政府的主要支持团体，在军官队伍中占据主导地位（GlobalSecurity. org，Syrian Arab Army）。

萨达姆·侯赛因对伊拉克武装部队的管理就是最极端的例子。哈希姆（Hashim，2003）总结了他对侯赛因采取的政策的讨论，包括轮换军官，用无能亲信替换可以胜任的军官，建立相互竞争的武装力量，即使

---

① 汉弗莱斯和温斯坦（Humphreys，Weinstein，2006）以及温斯坦（Weinstein，2005）强调，当士兵与领导者具有相同的意识形态目标时，金钱补偿就不那么重要了。然而，即使这样，士兵们也需要得到一些保证，即领导者不会追求与这些目标不相符的目标；集体组织仍然是重要的。

给军事准备带来巨大代价也在所不惜。"即使伊拉克在 20 世纪 90 年代面临更加严峻的威胁，既包括外部威胁也包括内部威胁，但在萨达姆·侯赛因看来，伊拉克军队作为他最亲近的力量，仍然是最严重的威胁。"（Hashim，2003：14）

823

　　刚果（金）的军队也被分割开了。2006 年，军队有 14 万士兵，资金拮据，但总统卫队仅仅负责保卫总统，拥有 12000 人，资金相对充裕。例如，2006 年 7 月，42 辆坦克和装甲车被正式交付刚果（金）军队，但只有总统卫队接受过使用这些坦克和装甲车的训练［《刚果—金沙萨：历史性的民意调查，不是过渡期的结束》，《牛津分析》，2006 年 10 月 27 日（"Congo-Kinshasa：Historic Poll not end of transition." *Oxford Analytica*，October 27，2006）］。

　　抑制军队内部协调的另一种方法是禁止部队之间共享信息。[①] 德·阿特金（de Atkine，1999）重点研究了中东阿拉伯国家的军队，指出军队内部的信息流动受到严格限制，这是对集体行动限制的另外一种表现。特别是，晋升、调动、部队指挥官姓名、部队番号通常都是保密的。

　　领导者也可以通过限制权力下放来阻止军队内部的独立集体行动：被剥夺独立行动自由裁量权的士兵和军官很难针对领导者发起集体行动。据报道，埃及部队的指挥官不愿意赋予其旅、营指挥官以作战的灵活处置权，并要求他们在变更任何作战行动前都要获得上级长官的批准（GlobalSecurity. org，Egypt：Army）。外界观察人士认为，叙利亚军队是中东地区最大且最训练有素的军队之一。尽管如此，据报道，在没有得到指挥系统同意的情况下，军事官员和战地指挥官不愿意主动或独立地应对危机（Bennett，2001）。[②]

　　中东国家和刚果（金）的例子凸显了两个极端。在有些国家，领导者更关注安全威胁，并投入额外预算用于进行训练和购买装备，以抵消严格控制部队间协调合作对军事效能的负面影响（假设相比击败叛乱，

---

　　① 正如格尔巴赫和基弗（Gehlbach，Keefer，2011）所表明的，对信息流的限制是执政党内部集体行动的重要障碍。

　　② 有一名叙利亚将军，试图通过强调重要军事任命的价值来提高军队的制度化水平，却在与总统妻弟发生争执后被取代，因为这位总统妻弟掌管重要的军事任免权（Gambill，2002）。这表明，对军事制度化的限制具有政治重要性。

协调行动在发动政变中的作用更大，而购买装备和进行训练的作用更小）。例如，在 20 世纪 80 年代，尽管政策上限制协调行动，但埃及武装部队还是通过引进现代化装备，削减军队人员数量，通过共同努力改善了防御系统（GlobalSecurity. org，Egypt：Army）。相比之下，在刚果（金），总统对政变的担心超越了其他，因此武装部队被剥夺了资源和协调能力。

戈尔巴赫和基弗（Gehlbach，Keefer，2012）对比研究了中东的经验与他们考察印度尼西亚获得的经验证据。苏哈托击败印尼共政变者后，付出巨大的努力整合支离破碎的军队。在紧接着的后叛乱时期，安全威胁被放大，超过了政变威胁。因此，苏哈托引入了一个联合指挥部，并允许采取一些策略赋予低阶军官重要的自由裁量权，以便他们与当地民政部门合作。这些决定很好地应对了重新出现的叛乱威胁，代价是提高了军队发动政变的能力。然而，在执政后期，苏哈托改变了策略，随着其同僚纷纷退役，他更加担心军队，而由于多年来经济高速增长，他对叛乱分子则没那么担忧。

824

他开始亲自介入军队的晋升决定，在重要岗位安插亲信；更公开地"挑拨手握大权的将领发生争斗，这可能导致多条非正式的指挥链最终都听命于苏哈托"（Callahan，1999：13）。军纪在下层士兵中废弛了，"在许多地方甚至荡然无存"（Callahan，1999：15）。① 这种去制度化的后果在 1998 年 5 月出现了，当面对人民发动起义试图推翻政权时，军队既无法挽救他，也无法推翻他（Callahan，1999，15）。

这些例子都来自政府方面，但逻辑同样适用于叛乱分子组建的武装力量：政变威胁制约叛乱领导者关于组建叛乱分子军事力量的决策。例如，2002 年，图西族人洛朗·恩孔达（Laurent Nkunda）指挥刚果国民军第七旅，这是在刚果（金）反抗劳伦特·卡比拉（Laurent Kabila）政府的叛军。在第七旅内非图西族人试图发动政变失败后，洛朗·恩孔达清洗了第七旅内的非图西族人，处决了至少 160 人，减少了政变威胁，也付出了削弱自身战斗力的代价［《刚果—金沙萨：恩孔达是东部安全

---

① 去制度化的动机并没有被记录，但似乎可能是以下之一：叛乱风险的减少（从而降低了制度化军队的价值）、军队对政权内部威胁的增加，以及与此相关的，政府与军队分享租金收益意愿的可能性降低。

的关键》，《牛津分析》，2007 年 10 月 24 日（"Congo-Kinshasa：Nkunda key to eastern security."*Oxford Analytica*，October 24，2007）]。

对政变威胁的恐惧（无论是针对政府还是叛军领导者）也为温斯坦（Weinstein，2005）分析叛军领导者的组织决策提供了一个补充性解释。他重点研究了乌干达国家抵抗军（National Resistance Army，NRA）和莫桑比克全国抵抗运动（Renamo）。前者的领导层都是同族人，最初招募的战士都是同种族的［班亚洛克（Banyaloke）］，即模型中的"忠诚"军队，对他们来说，领导者最容易做出可置信承诺，而他们极不可能参与政变活动。后来，乌干达国家抵抗军通过招募非班亚洛克人来扩充军队，其中主要为巴干达人（Baganda），班亚洛克领导者与巴干达人建立了紧密的联系（例如，做出可置信承诺的能力）。与此相反，莫桑比克全国抵抗运动的领导层成员属于不同种族，他们来自一个种族混杂的流亡群体，莫桑比克全国抵抗运动于是从莫桑比克的许多种族和地域招募士兵。相比乌干达国家抵抗军的领导者，莫桑比克全国抵抗运动的领导者向部队做出可置信承诺的能力非常有限。

温斯坦（Weinstein，2005）强调租金可以解释不同的招募策略。乌干达国家抵抗军没有获得租金的机会，只能通过许诺以未来的补偿来弥补士兵。它招募的士兵都与领导者有种族联系，这使未来的补偿承诺更加可信。相反，莫桑比克全国抵抗运动一开始就得到了罗德西亚人（Rhodesia）的大力支持，他们不需要依赖对未来补偿的承诺。当罗德西亚人失败，支持消失后，莫桑比克全国抵抗运动转向采取强制手段，以确保部队的表现。[①]

这里的观点与这种解释是一致的，但它们也意味着，乌干达国家抵抗运动军和莫桑比克全国抵抗运动可能采取类似的策略，即使它们有同样的机会获得租金。只有乌干达国家抵抗运动有同族领导层。这给了它 825 一个选择，采用同族招募策略来减少士兵进行集体行动的障碍。此外，当它试图扩大反叛武装力量的规模时，它只关注一个群体，即巴干达人，以确保新的反叛者能够以类似的集体行动执行协议。

[①]　一个外部团体（如罗德西亚），希望对冲突中的一方施加强大的影响力，甚至可能会鼓励实现种族多样性，因为领导者向叛乱者的承诺越不可信，领导者就越会依赖外部资金。

相比之下，种族更加多样化的莫桑比克全国抵抗运动的领导层无法轻易地采取这种策略。对任何一个种族群体的过度招募都会使其他种族群体的领导者处于不利地位，因为他们比同种族领导者更容易遭受政变威胁。因此，无论是在可以获得充足外部援助的时期，还是在没有获得足够外部援助的时期，莫桑比克全国抵抗运动都无法向战士们做出可置信承诺。相反，当他们获得外部援助时，他们依靠的是当期的高额支付，当没有援助时，他们就只能依靠强制征募，而不是招募同族人了。

一般来说，冲突模型是从政变威胁和领导者关于军事组织的决策中抽象出来的。定性证据表明，这遗漏了一个重要问题。加芬克尔和什卡佩尔达斯（Garfinkel, Skaperdas, 2007）回顾了一系列冲突技术。所有技术都具有这样一个特征，即一方赢得冲突的概率随自身物质投入（枪支）的增加而增加，随另一方物质投入（枪支）的增加而减少。各方部署枪支产生的效能是这些模型的一个参数，而不是选择变量。此外，在大部分模型中，领导者的所有租金都可被用于补偿军事投入，无论领导者是否控制这些租金。这意味着，领导者可以做出可置信承诺，一旦取得胜利，其就将与部队分享租金。军事效能和补偿承诺可信度的关键决定因素是士兵能够集体行动的程度。

正式将军事组织引入标准冲突分析中的一个直接方法是允许领导者选择依靠两支独立的武装力量。其中一支武装力量忠于领导者个人（如总统卫队）。领导者可以依靠这些忠诚于他个人、不会发动政变的士兵，并且这些士兵在其他士兵发动政变时可以保卫领导者。如果由领导者所有的武装力量都来自这个团体，他们就不会面临政变的风险，但忠诚的部队在冲突中不那么有效。此外，忠诚的部队的供给可能是有限的。

于是，针对领导者发动政变成功的概率可表示为 $p_c(G, G_L) = g(G, G_L)$，当 $G = 0$ 时，$p_c = 0$。概率随着 G（特遣"职业"士兵的规模）的增加而提高，随着 G_L 的增加而降低，且交叉导数为负数：忠于领导者个人且愿意护卫领导者的士兵数量 G_L 越多，G 增加导致叛变可能性提升的幅度就越小。

那么，群体 i 在与群体 j 的冲突中获胜的概率可以用通常的函数来表示：

$$p_i(G_1, G_2, G_{L1}, G_{L2}) = \frac{f(G_i, G_{Li})}{f(G_i, G_{Lj}) + f(G_j, G_{Lj})}$$

这里，f 是将物质投入转化为军事效能的冲突函数，并被假设为对两个群体都是相同的。群体 i 获胜的概率随着自身冲突有效性 $f(G_i, G_{Li})$ 的增加而提高，随着群体 j 的 $f(G_j, G_{Lj})$ 的增加而降低。与政变函数 g 不同，冲突函数 f 随着 G 和 G_L 的增加而增加，尽管 G 增加对冲突成功概率的贡献要多于给予忠诚士兵的资金 G_L（对于 $G = G_L$，有 $\frac{\partial f}{\partial G} > \frac{\partial f}{\partial G_L}$）。同样，交叉导数为负数：领导者对两个相互独立的有组织士兵群体的依赖程度越高，额外增加士兵对胜利的贡献就越少。

在文献中，正如加芬克尔和什卡佩尔达斯（Garfinkel, Skaperdas, 2007）在模型中所回顾的那样，反对者通常选择 G，但代价是他们将资源转移到掠夺性活动而遭受现租金损失和生产损失。政变风险是第二个约束条件。政变风险越大，领导者越不愿意提高他们遂行叛乱或反叛乱的能力。为了尽可能简单地说明这一点，假设所有的冲突活动都由外部租金资助是有用的。群体 i 的领导者选择 G 和 G_L 以最大化来自冲突的回报，$V_i(G_1, G_2, G_{L1}, G_{L2}) = (p_i - p_{ci})\bar{R} - G_i - G_{Li}$，这里，领导者的期望租金是赢得冲突概率 p_i 的函数，其与被政变驱逐的概率 p_{ci} 成反比。这样得到一阶条件（假设群体 j 的反应不变）：

$$\left[\frac{\partial p_i}{\partial G_i} - \frac{\partial p_{ci}}{\partial G_i}\right]\bar{R} - 1 = 0 \tag{1}$$

$$\left[\frac{\partial p_i}{\partial G_{Li}} - \frac{\partial p_{ci}}{\partial G_{Li}}\right]\bar{R} - 1 = 0 \tag{2}$$

由式（1）可知，增加常规力量给领导者造成的威胁越大，即 $\frac{\partial p_{ci}}{\partial G_i}$ 越大，领导者愿意招募的常规力量就越少。由式（2）可知，对忠诚于领导者士兵的额外投入对于预防冲突的贡献越大，即 $\frac{\partial p_{ci}}{\partial G_{Li}}$ 越大，领导者招募的这些士兵就越多，即使由此增加的领导者的武装力量对于冲突成功的贡献要小于额外增加常规力量的贡献。

政变威胁也降低了领导者对租金的反应。将式（1）重新写作 $\dfrac{\partial p_i}{\partial G_i}$ $-$ $\dfrac{\partial p_{ci}}{\partial G_i} = \dfrac{1}{R}$，在 $\dfrac{\partial p_i}{\partial G_i}$ 随 G_i 递减，$\dfrac{\partial p_{ci}}{\partial G_i}$ 随 G_i 递增的一般假设下，在另一个群体的反应不变的情况下，立即可以得到，政变风险抑制了领导者追求租金的投资。领导者只有通过投资于相似的安全服务，才能不完全抵销这种效应，因为这种投资对整体军事效能的贡献小于对由正规部队构成的单一军事武装的贡献。[①]

这种简单设定有两个关于租金的重要假设。第一，政变威胁是外生的。如果它们是在模型中确定的，那么政变威胁很可能随着可获得的租金的增加而增加。这收紧了领导者面对的政变约束条件，使其更加可能偏离最优的军事效能的组织选择。第二，领导者为军事支出提供资金的能力被假设为受到可能的总租金的限制，而不是受到领导者所控制租金的限制。如果领导者能够做出未来他的群体取得胜利就支付租金的可置信承诺，那么这是合理的。然而，由于领导者更加信赖"忠诚"士兵 G_L，那么他对"职业"士兵 G 的未来承诺就不那么可信了。因此，依赖职业士兵的成本就不是一个常数，而是随着领导者雇用忠诚士兵比例的提高而增加。

该模型将现实世界中起义的另一个重要特征抽象出来，政变威胁和以依赖忠诚士兵的军事效能表示的成本（即函数 f）在群体之间是不同的，未来的研究也许可以转向这一点。乌干达国家抵抗军可以运用民族策略作为建立领导者和部队之间可置信承诺的基础，而莫桑比克全国抵抗运动则不能。洛朗·恩孔达既可以依靠种族策略（他的很多亲属在反图西族起义中被杀，这使他对图西族士兵的承诺特别可信），也可以依靠宗教。"（2004 年）在马西西市（Masisi），恩孔达，一个存在已久的'再生'基督徒，开始接收上天的指示，上天告诉他，他将成为所有刚果（金）图西族的救世主。在 2004 年 6 月，他的子民，相信他们是在'神圣的使命'之中，按照恩孔达的指示进入布卡武市（Bukavu），因为恩孔达声称图西族的'种族屠杀'将在那里发生……"〔《刚果—金沙

---

① 前一节的模型是从对叛乱者的战略考量中抽象出来的。然而，正如他们在叛乱中所做的那样，租金增加了政变的回报，使领导者更加不愿意让武装部队集体行动。

萨：恩孔达是东部安全的关键》，《牛津分析》，2007 年 10 月 24 日
（"Congo-Kinshasa：Nkunda key to eastern security." *Oxford Analytica*，
October 24，2007）]。在所有这些情况下，任何政府领导者都不能依靠类
似的号召扩大忠于自己的军队的规模。

这些考虑对于冲突的实证分析尤为重要，以比较军队和叛乱者的能
力，因为这往往依赖衡量财政实力或获得租金的方法。然而，一支小型、
资金匮乏的军队相信领导者做出的承诺，几乎没有政变风险，要比大型
且资金充裕的军队有更高的军事效能，而后者并不满足这些条件。

3. 可置信承诺、投资与收入冲击

领导者允许民众和安全部队集体行动的决策影响了很多文献的研究。
其中之一是关注冲突中收入与租金的作用。在冲突研究中，最为成熟的
实证规律是，贫穷国家比富裕国家更有可能经历冲突。负面的收入冲击
通常伴随更高的冲突风险。类似地，自然资源租金与更高的冲突风险似
乎是相关的，尽管存在明显例外的情况（例如，挪威），但这使这种情
况的发生机制成为持续的问题。[①]

收入与冲突的关系不太容易解释。费伦（Fearon，2008）发现，在
贫穷国家，军队战斗力建设的成本（潜在士兵的保留工资）较低，通过
冲突可能获得的收益较少。为了解决这一矛盾，出现了几种解释，或者
指出收入冲击并不一定在所有部门（劳动和资本密集型部门）按同比例
降低，或者指出暂时性收入冲击对发动冲突的成本造成的影响要大于未来
发生冲突而取胜后得到的租金。所有的解释都没有考虑群体内的集体行动。

达尔·波和达尔·波（Dal Bó，Dal Bó，2011）发现，收入冲击可能
发生在资本密集型或劳动密集型经济部门。因为冲突是劳动密集型的，
对资本密集型部门的收入冲击对冲突风险有着更大的影响；对劳动密集型
部门的冲击对发动冲突的成本影响更大。杜布和瓦格斯（Dube，Vargas，
2007）在对哥伦比亚的分析中发现了这种规律的证据。咖啡业是劳动密

828

---

① 然而，有关收入与暴力的微观证据并不那么清晰。伯曼、夏皮罗和费尔特（Berman，
Shapiro，Felter，2011b）发现了有力证据，在伊拉克和菲律宾，失业与袭击政府军之间
存在负相关关系。

集型产业，当咖啡的国际价格上涨时，咖啡产区的暴力冲突就会减少；石油部门是资本密集型的，当石油的国际价格上涨时，国家富油区的冲突就会增加。贝斯利和佩尔森（Besley，Persson，2009）得出了相似的结论并表明，随着各国国内生产总值加权的出口商品价格（GDP-weighted prices）增加，冲突发生的可能性提高了。这些分析关注的是收入冲击，而不是富裕国家与贫穷国家之间冲突发生率的巨大平均差距。然而，在一定程度上，贫穷国家的确要比富裕国家更加依赖商品生产，这也有助于解释为什么贫穷国家发生冲突的频率要高得多。

国家之间民众和武装力量集体行动能力的差异也可以解释这些结论。领导者限制民众和武装力量组织起来的决策有四种影响。其中三种是因为进行无法集体行动的民众更加容易受到领导者投机主义行为的影响。第一，民众更不愿意投资，因此收入水平更低。第二，民众更可能在国内市场进行劳动密集型生产，而国内市场不容易被侵占。第三，任何发生的资本密集型生产可能集中于高回报的活动上，以抵消被侵占的风险，比如在浅表地层或矿石特别丰富的地方开采铜或金。从前面的讨论中可以清楚地看到，领导人限制民众和武装力量组织起来的第四种影响是降低了军事准备程度（使叛乱成本更低），并削弱了领导者依赖当前租金维持军事活动的力量（因此租金与冲突联系起来）。综上所述，这可以解释收入和冲突的联系（民众和武装力量集体行动越困难的国家，不仅越贫穷，而且越可能发生叛乱）以及收入冲击与冲突之间的联系（集体行动越困难的国家可能存在更大的劳动密集型部门以及高租金的商品出口部门）。

还有一些证据与这种观点是一致的。一是，领导人对自己所在群体的行动缺乏约束是冲突国家的典型特征。引用的数据已表明，在没有竞争性选举的国家中，冲突发生率较高。对政府机会主义行为的主观度量指标也说明了类似的情况。专门研究外国投资风险的公司——政治风险服务集团（PRS Group）关于法治和腐败的指标，以及《国际国别风险指南》（International Country Risk Guide，ICRG）中的相关指标涵盖 39 个冲突国家。在冲突前一年，指标值为 2.1 和 2.6，而在所有非冲突国家和非冲突年份中，指标值为 3.8 和 3.5（分值越高意味着法治情况越好，腐败情况越少，最大值是 6）。

查桑和帕德罗·米格尔（Chassang，Padro i Miquel，2009）发现，负向的生产力冲击降低了潜在士兵的保留工资水平。然而，因为冲击是暂时的，它们对冲突所争夺的未来生产价值的影响可以忽略。两个群体中的每一个都选择用其部分成员与另一群体交战。没有成为士兵的成员则继续进行生产，支付士兵工资，这足以补偿其放弃生产活动而产生的机会成本。负向经济冲击减少这种机会成本的程度要大于降低生产活动的未来租金的程度，从而引发冲突。

然而，这种不对称效应取决于另外一个隐含假设，即武装起来的民众不能利用军事优势争夺所有未来租金的一部分。当群体中的武装成员能够获得未来租金的很大比例时，暂时性的收入冲击对降低冲突成本的影响就不会大于对冲突风险的影响。这种隐含假设恰恰适用于那些武装军队组织混乱、无法执行对未来租金主张的国家。在可能出现这种情况的国家中，可以预见，收入冲击和冲突之间的联系是可预见的、强烈的。米格尔、萨蒂亚纳特和赛尔真蒂（Miguel，Satyanath，Sergenti，2004）表明，以降雨量为工具变量表示的负向收入冲击对于非洲撒哈拉以南地区国家的内战概率具有正向影响。他们强调，这一地区非常依赖雨水灌溉农业，因此，这非常适合他们的检验。然而，在这个地区，武装军队尤其没有能力执行对未来租金的主张，这也是适于进行分析的原因。在可能的情况下，预计收入冲击会产生较小的影响。

在经济合作与发展组织成员中，武装部队有非常良好的组织结构，没有对经济租金提出较高要求。在什么样的条件下武装部队会保持克制而不去掠夺民众，是一个有待深入研究的领域。然而，正如卡普兰（Kaplan，2010）所研究的，对这种克制的一个可能的解释是非武装民众的组织程度。在这些国家中，民众采取集体行动的能力，无论是通过成熟的政党组织还是地方政府，使他们更容易抵制军队攫取未来租金的活动。而且，这也使他们可以惩罚容忍武装部队纪律混乱的领导者。

贝斯利和佩尔森（Besley，Persson，2009）提供的证据可以从一个类似的视角进行解释。他们表明，一国商品出口价格升高，只是增加了在政体Ⅳ（Polity Ⅳ）行政约束指标中低分值国家发生冲突的风险。他们认为，这支持了他们的观点，即当缺乏政治制衡时，租金会引发冲突，从而迫使政府与反对派分享租金。从这个讨论中得出的另一种解释是，弱行政约束是民众不能通过集体行动以制约领导者的信号。因此，领导者不与任何人分享租金，而不仅仅是反对者。在这样的国家中，由于不允许集体行动的领导者更有可能导致军队组织混乱，冲突风险会随着商品租金的增加而增加。叛乱分子在这些国家通过暴力追逐高租金的成本要低于那些有重大行政制约的国家。

830

确切地说，这种替代性解释的准确性取决于政体（Polity）度量指标对行政约束的刻画程度。基弗（Keefer，2010b）表明，主观行政约束度量指标与政治制衡的客观度量指标高度相关，这与文献中变量给出的传统解释一致。然而，即使在控制了制衡之后，它也同样与最大政府党派的年龄和持续竞争性选举的年数密切相关，这两个因素都与公民集体行动的程度有关，它们都阻碍了公民的机会主义行为。

4. 其他影响：掠夺行为、儿童兵、国家能力、种族和服务提供

在有关冲突的研究中，领导者是否允许集体行动的决策会对其他许多问题产生影响。前两个问题是掠夺民众和强迫征募儿童兵的问题。接下来的两个问题与国家能力或民族分裂会增加冲突风险的观点有关。第五个问题是外部机构应该在多大程度上聚焦提供服务，并以此来化解冲突后国家再次发生冲突的风险。本节简要回顾这些内容。

4.1 掠夺行为

在包括刚果（金）在内的许多冲突环境中，士兵和叛军对当地民众的掠夺在许多冲突情景中都得到了很好的记录。[1] 盖茨（Gates，2002）认为，在领导者无法轻易控制士兵在冲突活动中的逃避行为而使他们更能容忍士兵趁乱打劫时，掠夺行为更有可能发生。[2] 汉弗莱斯和温斯坦（Humphreys，Weinstein，2006）认为，作战单位内部的组织（而不是领

---

[1] 在这里，掠夺被视为作战单位或个别士兵追求自己的私人目标而采取的非策略性暴力行为。

[2] 帕德罗·米格尔和亚里德（Padroi Miquel，Yared，2009）考察了一个相关问题，即政府有兴趣通过雇用能够以较低成本平息地方骚乱的地方行动者，从而推导出最优策略。

导者监督作战单位的能力）推动了掠夺行为的发生。他们收集的塞拉利昂的证据表明，纪律越是松懈的部队（例如，更多人酗酒或单位内部冲突越多），越有可能掠夺民众。卡尔瓦斯（Kalyvas，2006）认为，针对民众的暴力也可能是由私人努力解决仇怨导致的。在上述三种观点中，掠夺行为是由领导者没有能力阻止个别作战单位或士兵采取破坏或至少是没有促进整体冲突获胜的私下行动而导致的。

早期关于集体行动的讨论直接涉及领导者和士兵之间的契约关系。如果掠夺危及冲突的"成功"，并且如果领导者能够可置信地承诺在冲突成功的基础上分享未来收益，则士兵不太可能掠夺民众。他们也更加可能支持领导者惩罚那些抢掠民众的士兵，因为这些士兵威胁到所有士兵的收益。然而，担心政变威胁的领导者（无论是整个群体的领导者，还是群体内作战单位的领导者）可能会阻止士兵的集体组织，而这对领导者承诺的可信性至关重要。因此，当领导者更加担心被推翻时，掠夺行为可能就更为常见了。

更一般地，如果军队不是为了集体行动而组织起来，那么军队更可能纪律涣散和进行掠夺；如果民众不能进行集体行动，则领导者容许掠夺的政治成本就更少。从领导者干预军事决策以颠覆军队针对他们的潜在集体行动的角度看，允许军队遏制成员不当行为的组织安排的有效性较低。例如，领导者不太可能亲自惩罚忠诚的军队掠夺民众的行为，因为他们依靠这些军队确保自身安全。同时，在民众不能采取集体行动的国家，他们对那些不坚持严格纪律要求的安全部队的领导者，能够进行的政治惩罚也更少。[①] 在刚果（金），组织功能紊乱、军事纪律松散和掠夺之间的联系非常明显：在竞争激烈的 2006 年大选之前，观察家估计官员们盗用了士兵一半的工资（International Crisis Group，2006：10）。

4.2 儿童兵

集体行动的问题也可以解释对儿童兵的依赖。贝伯和布拉特曼（Beber，Blattman，2008）考察了乌干达圣主抵抗军（Lord's Resistance

---

① 汉弗莱斯和温斯坦（Humphreys，Weinstein，2006）顺带提出了相似观点。他们认为，当叛乱是由金钱目标而不是由共同的不满情绪驱动时，领导者应借助分散的战斗力量来最小化有组织叛乱的风险。

Army in Uganda）强行招募儿童兵的情况，得出的结论是，当领导者缺乏物资和当地民众支持时，他们更可能依赖强力（作为建设军事能力的一种方式）。他们认为，由于青少年不会奸猾背叛（他们发现忠诚度随年龄递减），也不至于因年纪太小而无法使用武器（他们的证据表明，得到武器的可能性随着年龄递增），因此青少年就成为强行征募的理想目标。

然而，征募儿童兵可以被放在领导者对政变威胁和被迫分享租金的更广泛反应类别中：这种威胁越大，领导者越有可能牺牲军事效率以抵御内部威胁进而确保安全。在强行征募的情况下，领导者在军事效率和放松对部队集体行动（叛乱）的两难中进行选择。尽管儿童是较低效的战士，但他们不太可能采取集体行动反对这些领导者。

4.3　国家能力

国家能力经常被用来解释冲突：国家能力较弱时，起义者更可能挑战政府。费伦（Fearon，2008）发现，在贫穷国家，外部援助镇压叛乱的作用有限，因为使用资金的国家能力较弱，这意味着国家能力是国家建立有能力开展反叛乱活动的组织的能力。费伦和莱廷（Fearon，Laitin，2003）还认为，1945 年以来的国内冲突主要发生在贫穷国家，因为这些国家政府镇压叛乱的能力较弱。从实证方面看，费伦和莱廷（Fearon，Laitin，2003）将收入解释为国家能力的代理变量。

贝斯利和佩尔森（Besley，Persson，2009）在需要政府大规模投资的假设下，将获得法治能力（即群体贷款偿付权力得以执行的概率）和财政能力（即限制逃税的能力）进行了内生化。在贝斯利和佩尔森（Besley，Persson，2010）的著作中，他们将这些想法扩展至冲突，认为国家能力和冲突都取决于其他因素，比如自然资源租金。

关于集体行动的争论通过以下几种方式更有效地解释国家能力。首先，这些讨论强调，国家能力是组织和融资的函数，而且两者不一定是同时需要的。尽管融资不足会危及组织，但充足的资金不能确保可以进行组织建设。其次，同贝斯利和佩尔森（Besley，Persson，2009）一样，这里的分析强调，国家能力由领导者决定并受同样会影响冲突风险的环境驱动。然而，正如贝斯利和佩尔森的研究中所认为的那样，这些情形并不是那些与国家能力的财政成本有关的情形，而与领导者对组织良好的政府官员或军事人员集体行动起来反抗的担忧有关。也就是说，无论成本如何，领导者做出的纯粹的组织性决策都对国家能力具有广泛影响。

最后，本章的讨论解释了为什么在发生冲突的国家中，低国家能力和低收入总是与政府缺乏对机会主义行为的约束相伴相生。担心群体成员叛变威胁的领导者更有可能限制民众、军队以及公共行政部门的集体行动。第二个决策和第三个决策对国家能力有直接负面影响。第一个决策阻止民众以集体行动抵抗领导者的掠夺行为。所有的决策破坏了投资激励。前文表明，即冲突前一年，冲突国家的腐败和法治指标明显低于其他国家，而这与该结论是一致的。

4.4　种族

种族是有关冲突的文献经常讨论的一个话题。例如，蒙塔尔沃和雷纳尔－克罗尔（Montalvo，Reynal-Querol，2005）经过仔细分析认为，种族极化（而不是分裂）促进了冲突。在社会中，集体行动的性质可能会影响这种联系的程度。费伦和莱廷（Fearon，Laitin，1996）对此提供了一个解释。当不同种族之间的协议更可信时，种族间发生暴力的可能性更小。然而，可信性取决于每个族群监督其成员违反协议的能力。当族群更好地组织起来惩罚背叛时，族群间发生暴力冲突的可能性就更小了。族群内执行协议，如维持武装部队纪律的集团内部军事安排，是集团内集体行动必不可少的组成部分。

基弗和弗拉依库（Keefer，Vlaicu，2008）的分析指出了集体行动和种族冲突之间的另一个潜在联系。他们得出的结论是，正是在政治竞争对手无法向选民做出广泛可置信承诺的环境中，他们将依赖少数族群，比如主从关系的保障。然而，在一定程度上，保护人—被保护人关系网要比一般人群在种族方面更加同质，这意味着，政治可能看上去是"种族"的，即使政治动员策略是庇护关系式的。当不存在制度化的政治派别时，即志同道合的民众无法集体行动提名并支持政治挑战者时，依赖这种狭隘的承诺是更加可能的。在这种情况下，冲突更可能发生。例如，在刚果（金），2006 年的选举明显遵循民族路线。讲林格拉（Lingala）语的人投票支持让－皮埃尔·本巴（Jean-Pierre Bemba）［例如，本巴在第二轮投票获得的选票中97%来自其家乡厄厄多尔省（Equateur）]，讲斯瓦希里语（Swahili）的人投票支持约瑟夫·卡比拉（Joseph Kabila）[例如，卡比拉在第二轮投票获得的选票中98%来自其家乡南基伏省（South Kivu）]（Weiss，2008）。

原则上，种族投票可以简单地反映民众对同种族候选人将维护其所在族群利益的信心。然而，族群并非政治意义上的组织：政党是分散的（甚至对那些对单一族群有吸引力的政党也是如此），且是围绕个人而非追求族群利益组织起来的。这在撒哈拉以南的非洲地区更为普遍，在那里，冲突和种族的关系最为密切。基弗（Keefer，2010a）使用了来自16个撒哈拉以南非洲国家的非洲民主动态调查（Afrobarometer）数据，比较了两类调查对象的党派行为：一类属于在政治上只支持一些政党的族群；另一类则与普通民众一样，不可能更多地支持任何一个特定党派。如果第一类群体展现出的对党派的集中支持是民族政党为维护整个族群利益而提出的可信呼吁的产物，那么第一类群体的受访者表示党派间是无差异的可能性应低于第二类群体（因为支持政党要比不支持任何政党对他们更有好处）。在大部分国家，情况并非如此：来自没有集中支持特定党派的族群的受访者与那些来自集中支持党派的受访者相比，不太可能认为政党选择是无差异的。

4.5　服务提供

为民众提供服务经常被视为赢得人心的一种方式，实践者尤其这样认为。例如，提供服务能够获得与当地人合作的机会，从而更加容易驱逐叛乱者。伯曼、夏皮罗和费尔特（Berman，Shapiro，Felter，2011a）在对伊拉克冲突的研究中，首次给出了提供服务减少暴力冲突这一命题的系统证据。这里的讨论表明，这种交换的效果在很大程度上取决于集体行动。

首先，在提供服务方面，领导者在武装冲突中对民众援助所支付的费用取决于民众的期望，即与他们打交道的武装军队是否能够阻止对方的报复。组织混乱、效率低下，并因此不太可能获胜的武装团体，必须支付较多费用来加强合作。这样一个群体提供一定数量服务对暴力的影响较小。伯曼、夏皮罗和费尔特（Berman，Shapiro，Felter，2011a）重点研究了美国陆军指挥官直接给予伊拉克社区的援助。缺乏组织的伊拉克军队提供类似水平的服务带来的合作却更少。

其次，组织水平较高、战斗力更强的军队，能更好地组织起来并提供服务。在这种情况下，即便提供服务本身对减少暴力毫无贡献，也是军事效能的标志，这可以解释为什么暴力程度较低。来自伊拉克的证据支持"服务提供者"的组织存在巨大差异的观点。伯曼、夏皮罗和费尔特（Berman，Shapiro，Felter，2011a）发现，在伊拉克的其他项目（伊拉克政府管理的项目或者外包给当地分包商的大型援助项目）都受到严重腐败的困扰。

最后，提供服务可能是组织良好的民众施加压力的产物［与卡普兰（Kaplan，2010）对哥伦比亚村庄的研究一致］。能够更好地进行集体行动的民众，不仅能够更好地寻求服务，而且能够抵制武装集团的暴力侵犯。同样，即便提供服务本身无法影响暴力结果，它也是公民通过集体行动抵制暴力集团的标志。

这些观察表明，提供服务本身可能对冲突风险的影响有限。相反，驱动冲突风险和服务提供的潜在因素，特别是民众针对领导者的集体行动的能力可能更重要。服务提供策略旨在消除影响集体行动的障碍，其中包含有利于受益人集体组织的特征。如何最好地做到这一点也是一个需要进一步研究的问题。

5. 小结

对冲突的大多数分析都假定领导者能够向群体成员和武装部队做出可置信承诺。对可信性至关重要的是群体可以采取集体行动的程度，即允许群体成员制裁那些违背承诺的领导者的程度。然而，广泛的证据表明，冲突环境中的群体是统一的并克服了集体行动障碍，这一假设往往不成立，特别是经历了冲突的国家。领导人通过禁止作战单位之间的协调与信息流通，以及建立效忠于自己的、独立的、比常规部队资金更为充裕的总统卫队，来阻止部队的集体行动。制度化的政党是民众组织起来进行集体行动以影响政治决策的重要工具；在制度化政党缺失的国家，更有可能发生系统性冲突。

835

在未来的冲突研究中，考察群体内集体行动崩溃的影响是一个重要领域。本章讨论对此类研究可能得出的重要结论提出了一些猜想。当民众和武装部队不能集体行动时，收入冲击和租金应该最为重要，强行征募儿童兵和掠夺行为更有可能发生，国家能力就会更低。这些结论中的每一个都应当得到进一步考察。本章讨论得出，基于早前研究的政策建议可能需要一定的调整。例如，对经历了巨大负面收入冲击的国家给予收入援助，对缓解冲突的影响可能是有限的，因为正是在集体行动能力薄弱的国家，收入援助最不可能有效地成为目标。

致 谢

本章从加里·米兰特（Gary Milante）、雅各布·夏皮罗（Jacob Shapiro）和编辑们慷慨和富有洞察力的评论中受益良多。本章所述的发现、解释与结论完全由笔者负责，不代表世界银行及其执行董事或他们所代表的国家的观点。

参考文献

Acemoglu, D. , and J. A. Robinson. 2006. *Economic origins of dictatorship and democracy.* New York: Cambridge University Press.

Azam, J. – P. 1995. How to pay for the peace? A theoretical framework with references to African countries. *Public Choice* 83 (1 – 2), 173 – 84.

Beber, B. and C. Blattman . 2008. The Industrial Organization of Rebellion: The logic of forced labor and child soldiering. Mimeo, Yale University.

Beck, T. , G. Clarke, A. Groff, P. Keefer and P. Walsh. 2001. New tools in comparative political economy: The database of political institutions. *World Bank Economic Review* 15 (1): 165 – 176.

Bennett, R. M. 2001. The Syrian military: A primer. *Middle East Intelligence Bulletin.* （August/ September）. http://www. meforum. org/meib/articles/0108_ sl. htm. Last accessed November 6, 2011.

Berman, E. , J. N. Shapiro and J. H. Felter. 2011a. Can hearts and minds be bought? The

economics of counterinsurgency in Iraq. *Journal of Political Economy* 119 （4）： 766 –
819.

——. 2011b. Do working men rebel? Unemployment and insurgency in Afghanistan, Iraq
and the Philippines. *Journal of Conflict Resolution* 55 （4）： 496 – 528.

Besley, T. and T. Persson 2009. The origins of state capacity： Property rights, taxation,
and politics. *American Economic Review* 99 （4）： 1218 – 1244.

——. 2010. State capacity, conflict and development. *Econometrica* 78 （1）： 1 – 34.

Boix, C. 2003. *Democracy and redistribution*. New York： Cambridge University Press.

Callahan, M. P. 1999. Civil-military relations in Indonesia： *Reformasi* and beyond. Occasional
Paper 4, The Center for Civil-Military Relations, Naval Postgraduate School, Monterey,
California.

Chassang, S. and G. Padrói Miquel. 2009. Economic shocks and civil war. Mimeo, Princeton
University.

Dal Bó, E. , and P. Dal Bó. 2011. Workers, warriors, and criminals： Social conflict in
general equilibrium. *Journal of the European Economics Association* 9 （4）； 646 – 77.

De Atkine, N. B. 1999. Why Arabs lose wars. *Middle East Quarterly* Ⅳ （4） （December）.
http：//www. meforum. org/441/why – arabs – lose – wars, Last accessed November 10,
2011.

Dube, O. , and J. F. Vargas. 2007. Commodity price shocks and civil conflict： Evidence
from Colombia. Mimeo, Harvard University and UCLA.

Fearon, J. D. 1995. Rationalist explanations for war. *International Organization* 49： 379 – 414.

——. 2008. Economic development, insurgency, and civil war. In *Institutions and economic
performance*, ed. E. Helpman, Cambridge, MA： Harvard University Press.

Fearon, J. D. , and D. D. Laitin. 1996. Explaining interethnic cooperation. *American Political
Science Review* 90 （4）： 715 – 35.

——. 2003. Ethnicity, insurgency, and civil war. *American Political Science Review* 97： 75 –
90.

Ferejohn, J. 1986. Incumbent performance and electoral control. *Public Choice* 50： 5 – 26.

Gambill, G. C. 2002. The military-intelligence shakeup in Syria. *Middle East Intelligence
Bulletin* （February）. http：//www. meforum. org/meib/articles/0202_sl. htm.

Garfinkel, M. 2004. On the stability of group formation： Managing the conflict within.
Conflict Management and Peace Science 21 （1）： 43 – 68.

Garfinkel, M. , and S. Skaperdas. 2007. Economics of conflict： An overview. In *Handbook of
defense economics*, vol. 2, ed. T. Sandler and K. Hartley, 649 – 710. Amsterdam： North-

Holland.

Gates S. 2002. Recruitment and allegiance: The microfoundations of rebellion. *Journal of Conflict Resolution* 46 (1): 111 – 130.

Gehlbach, S., and P. Keefer. 2011. Investment without democracy: Ruling-party institutionalization and credible commitment in autocracies. *Journal of Comparative Economics* 39 (2): 123 – 139.

——. 2012. Private investment and the institutionalization of collective action in autocracies: Ruling parties and legislatures. *Journal of Politics* (forthcoming).

Global Security. org. Egypt: Army. http://www. globalsecurity. org/military/world/egypt/army. htm (accessed August 2009).

Global Security. org. Syria Arab: Army. http://www. globalsecurity. org/military/world/syria/army. htm (accessed August 2009).

Hashim, A. 2003. Saddam Husayn and civil-military relations in Iraq: The quest for legitimacy and power. *Middle East Journal* 57 (1): 9 – 41.

Humphreys, M., and J. Weinstein. 2006. Handling and manhandling civilians in civil war. *American Political Science Review* 100 (3): 429 – 47.

International Crisis Group. 2006. Escaping the conflict trap: Promoting good governance in the Congo. Africa Report 114, International Crisis Group, Brussels.

Kalyvas, S. 2006. *The logic of violence in civil war.* Cambridge: Cambridge University Press.

Kaplan, O. 2010. *Civilian autonomy in civil war.* Ph. D. dissertation, Department of Political Science, Stanford University.

Keefer, P. 2007. Clientelism, credibility and the policy choices of young democracies. *American Journal of Political Science* 51 (4): 804 – 21.

——. 2011. Collective action, Political parties and pro-development public policy. *Asian Development Review* 28 (1): 94 – 118.

——. 2008. Insurgency and credible commitment in autocracies and democracies. *World Bank Economic Review* 22 (1): 33 – 61.

——. 2010a. The ethnicity distraction? Political credibility and partisan preferences in Africa. Policy Research Working Paper 5236, World Bank, Washington, DC.

——. 2010b. Interpreting polity: Collective action and political credibility as defining characteristics of Polity measures of political regimes. Mimeo, Development Research Group, World Bank.

Keefer, P. and R. Vlaicu. 2008. Democracy, credibility and clientelism. *Journal of Law, Economics and Organization* 24 (2): 371 – 406.

Miguel, E. , S. Satyanath, and E. Sergenti. 2004. Economic shocks and civil conflict: An instrumental variables approach. *Journal of Political Economy* 112 (4): 725 – 53.

Montalvo, J. G. , and M. Reynal-Querol. 2005. Ethnic polarization, potential conflict, and civil wars. *American Economic Review* 95 (3): 796 – 816.

Nagl, J. A. 2002. *Learning to eat soup with a knife: Counterinsurgency lessons from Malaya and Vietnam.* Chicago: University of Chicago Press.

Padró i Miquel, G. and P. Yared. 2009. The political economy of indirect control. Mimeo, London School of Economics.

Persson, T. , and G. Tabellini. 2000. *Political economics: Explaining public policy.* Cambridge, MA: MIT Press

Sambanis, N. 2004. What is civil war? Conceptual and empirical complexities. *Journal of Conflict Resolution* 48 (6): 814 – 58.

Schultz, K. A. and B. R. Weingast. 2003. The democratic advantage: Institutional foundations of financial power in international competition. *International Organization* 57 (1): 3 – 42.

Snyder, J. M. , Jr. , and M. M. Ting. 2002. An informational rationale for political parties. *American Journal of Political Science* 46 (1): 90 – 110.

Weinstein, J. M. 2005. Resources and the information problem in rebel recruitment. *Journal of Conflict Resolution*, 49 (4): 598 – 624.

Weiss, H. (2008) . Voting for change in the DRC. *Journal of Democracy* 18: 2, 138 – 161.

第33章 抑制冲突的规范

彼得·T. 利森

克里斯托弗·J. 科因

1. 引言

在没有国家制定法律和秩序的情况下，个人如何限制冲突？经济学家们在外生给定防止盗窃、欺诈和暴力侵占机制的背景下，集中精力分析决策与互动。这种方法假设国家制定的限制冲突的规范以及支持其执行的机制存在并有效。

如果一个人想了解现实世界中的决策和互动，那么这个假设是有问题的。从历史上看，许多政府在提供和实施正式法律方面都是无效的。在人类历史的大部分进程中，至少像发达国家居民今天所认识到的那样，国家制定的法律和秩序并不存在（Leeson, Stringham, 2005）。在现代世界的许多地方，这种情况并没有根本不同。许多现代政府无法或不愿为其公民提供包括法律和秩序在内的基本商品和服务，以防范人际冲突。

年度失败国家指数（Failed States Index）（Foreign Policy and the Fund for Peace, 2009）将国家按照社会、经济和政治指标进行排序。它衡量的是"国家能力"，即全世界各国政府的效能和易突然崩溃的脆弱性。2009 年的指数对 177 个国家进行排序，其中 38 个国家处于"警告"状态，93 个国家处于"预警"状态。只有 33 个国家处于"中等"状态。而仅有 13 个国家被归为"可持续的"状态。如果我们把那些已经失败的国家（"警告"状态）和那些即将失败的国家（"预警"状态）的数量加总起来度量国家失败的情况，那么世界上有接近 3/4 的政府都是状态高度功能失调的，处于或者接近崩溃的边缘。强大而有效的政府是例外，并非一般情况。

即使在政府存在且效率较高的发达国家，国家建立的限制冲突的机构也不可能总是无处不在。而且，其成本高昂且并不完美。在高度发达的经济体中（如果不是大多数），信任也在许多互动中发挥重要作用，这表明正式的法律、法院和警察并不能详尽地解释为什么合作而非冲突是大多数关系的特征。[①]

本章考察能够促进合作并抑制冲突的机制：规范，而国家并不具备。规范是私人制定的用来界定和支持产权的规则与实施机制。[②] 我们认为，这些规范出现了，并在比我们通常想象的更大范围内成功地限制了冲突。[③]

传统智慧为规范的成功运用提供了一定的空间。然而，这也表明，在致力于制造冲突作为生存方式的个体中间、在社会身份迥异的个人中间以及在暴力明显要发生的地方，规范不太可能抑制冲突。我们发现这种观点过于悲观。规范可以并已经成功地在那些"以冲突为生"的人中间、在那些社会身份迥异的个人中间，以及在存在暴力的地方限制了冲突。[④]

在这些更困难问题的情况下，认为规范不可能出现以控制互动的观点忽略了这样一个事实，即在这种情况下，制定冲突抑制规范所带来的收益或没有制定此类规范的成本，要比在较简单问题的情况下大。这促使一些个体在意识到自己处于前面描述的更困难的问题情境中时，会制定规范以加强合作并减少冲突，尽管这样做会带来更大的困难。

---

① 越来越多的文献强调信任和社会资本对于经济发展和增长的重要性。参见陈（Chan，2007）、弗朗索瓦和扎伯尼可（Francois, Zabojnik, 2005）、纳克和基弗（Knack, Keefer, 1997）以及伍尔科克（Woolcock, 1998）的研究。

② 正如埃里克森（Ellickson, 1998）所指出的，关于法律规范在经济互动中发挥重要作用的研究是相对较新的。

③ 我们没有覆盖所有类型的规范。例如，第二次世界大战后出现的国际"集体安全"概念，即各国会因违反规定而受到国际社会的集体惩罚，这就是国际规范抑制冲突的一个例子。虽然这些国际规范超出了我们的分析范围，但分析的逻辑可以扩展到这些类型的冲突抑制规范上。

④ 富勒（Fuller, 1964）在对习惯法进行研究时也认为，规范在很多场景中出现，以管理互动，包括从组织严密的社会群体到那些涉及敌对者的社会团体，如国家。

2. 产权、冲突和规范

德姆塞茨（Demsetz，1967）提出了关于产权如何出现的著名理论。[①]在这个理论中，产权是一种社会建构，创造了对人际交往的共同期望。产权的主要目的是通过内化外部性来限制冲突。它们的出现取决于交易成本和其可能使用的资源的价值。当一种资源的价值上升到足以超过创造和执行产权的交易成本时，人们就建立产权。

841　　德姆塞茨的理论具有普遍性，即产权的建立者和实施者可以是任何人。政府通过警察、法院和正式法律体系，在以前不存在产权的地方创建和实施产权。此外，私人行为者也可以这样做。在后一种情况下，由规范而不是正式的法律和国家执法机构定义和实施已出现的产权。

正如在德姆塞茨的理论中引入产权的成本和收益首先决定产权是否存在一样，在引入产权的地方，通过政府或采用规范建立和实施产权的不同成本与收益决定了依赖哪种方式建立和实施产权。如利森（Leeson，2007c）所指出的那样，即便在原则上，政府提供的产权比规范提供的产权能提供更大的净收益，但在实际中，这往往也是无关紧要的。出现这种情况的原因在引言中已指出。在过去和现在很多情况下，有能力与愿意定义和保护产权的政府在过去并不存在，现在也不存在。如果确实存在这样的政府，那么国家法律机器的使用成本可能比规范更高。例如，流言比诉讼更廉价。在惩罚侵犯产权者并促使其改变行为方面，负面流言与法律是同样有效的，从这个意义上讲，依靠流言（即以规范为基础的实施机制），而不是依靠诉讼（即以政府为基础的实施机制）来限制冲突是合理的。

安德森和希尔（Anderson，Hill，1979，2004）考察了一个重要的案例，其中个人依赖规范，因为在 19 世纪的美国西部，政府几乎不存在。当时的美国人为了寻求机会和从事冒险活动，先于政府来到西部。他们是试图在加利福尼亚开采金矿而获利的人、循着车辙纷至沓来的定居者，

[①] 除了后面讨论的文献外，关于财产权利内生出现的研究，还可参见安德森、本森和弗拉纳根（Anderson，Benson，Flanagan，2006），安德森和麦克切斯克（Anderson，Mc Chesney，2002）以及昂伯克（Umbeck，1981）的文章。

以及那些希望成为当时那片无主地主人的人。

美国西部的开拓者面临巨大的冲突隐患，在采矿权、土地权和盗窃问题上的冲突有可能使西部陷入混乱。要是按照现在流行的描述，这就是当时发生的事情。但正如安德森和希尔所指出的那样，这些描述是错误的。在缺少国家制定的法律和实施产权的情况下，规范在美国西部产生和发展起来。由于这些规范，那些所谓的蛮荒西部事实上却是非常易于控制的。

为了创造产权和解决关于土地的潜在冲突，西部的开拓者创造了"索赔协会"。这些协会登记了居民对财产的主张以及对协会成员土地纠纷进行的仲裁。类似地，西部的开拓者创建了牧民协会，这是在基本没有警察的西部用于保护个人拥有的牛群的私人组织。他们还创建了采矿营地，以建立采矿区的产权并解决土地纠纷。[①] 正如泽布和安德森（Zerbe, Anderson, 2001）所指出的，"文化焦点"是塑造特定规则的核心，美国西部矿工以这些规则为基础，使私人法律和秩序成为可能。

还有许多例子表明，过去或现在完全没有或实际没有政府的情况下，个人依靠规范而不是政府来控制冲突。[②] 例如，本森（Benson, 1988, 1989a）、利森和斯特林厄姆（Leeson, Stringham, 2005）及波斯纳（Posner, 2000）记录了在漫长的原始社会中，冲突抑制规范发挥了作用。蓝达（Landa, 1981, 1994）认为，现代东南亚出现了管理商业交易的规范。类似地，格瑞夫（Greif, 1989, 1993）分析了规范对 11 世纪地中海商人的重要作用。

个人不仅在政府不存在的地方使用规范来控制冲突，在政府确实存在的地方也使用规范来管理他们的关系，因为使用规范要比使用国家建立的机构以更低的成本实现此目的。伯恩斯坦（Bernstein, 1992）考察了当代钻石行业履行合同的法律之外的机制。他重点分析了在钻石贸易商群体中长期存在的规范如何利用普遍接受的规则、惯例和私人仲裁来解决争议。同样，埃利克森（Ellickson, 1991）认为，冲突抑制规范在现代社会的加利福尼亚州沙斯塔县出现了。埃利克森描述了这个以农业

842

---

① 昂伯克（Umbeck, 1977）的文章是第一篇讨论在加利福尼亚"淘金热"背景下构建法律规范的文章。
② 除了后面讨论的文章之外，还可参见迪克西特（Dixit, 2004）的研究。

和牧场为主的社区的成员如何在不依赖国家的情况下创建规则、解决纠纷和执行规则。

奥斯特罗姆（Ostrom，1990）及奥斯特罗姆、加德纳和沃克尔（Ostrom，Gardner，Walker，1994）考虑了在政府通常存在但并不能指望的背景下，个人依赖规范建立产权和限制冲突的情况。他们关注在如发展中国家的灌溉系统、渔场、森林和牧区等公共资源背景下，使用规范抑制冲突的情况。公共资源具有竞争性，但是非排他的。这使它们遭受"公地悲剧"的困扰。政府可以通过拥有这些资源并建立使用规则来解决"公地悲剧"造成的冲突。此外，公共资源可以被私有化。这也克服了"公地悲剧"造成的资源冲突。

然而，在很多情况下，对于公共资源来说，不论是由政府所有和监管，还是传统的私人所有，都不是解决此类冲突切实可行的方法。在发展中国家，受限的国家能力限制了个人依靠第一种方法控制冲突的能力。此外，根深蒂固的关于公平的文化理念往往"阻碍"后一种方法的实用性。规范既不依赖国家创造的规则和实施机制，也不一定必须将资源交给个人使用者，它提供了在面临公共资源问题时抑制资源冲突的第三种方法。

实施规范确保了符合产权规范和管理个人行为的规则。为了做到这一点，实施规范经常利用个人对自身声誉的关注。例如，正如安德森和希尔（Anderson，Hill，1979，2004）讨论的，在美国西部，土地俱乐部的规则是通过联合抵制和排斥得以实施的。如果俱乐部成员拒绝遵守判决其纠纷的仲裁者的裁决，就会失去与其他俱乐部成员同等的地位。俱乐部将驱逐不遵守规定的成员，并拒绝与他们互动（不论是商业合作还是私人交往）。

同样地，格列夫（Greif，1989，1993）的马格里布（Maghribi）商人联盟依靠声誉来实施协议，并确保遵守既定的行为标准。如果一个商人有欺骗行为，其声誉就会受损，其他商人将来就不再与其互动。商人的声誉就像债券一样，要求他们对自己的行为负责。正如伯恩斯坦（Bernstein，1992）指出的，钻石行业的参与者依靠声誉来执行他们的规范。违反规范的行业成员可能会被驱逐出社区并受到抵制。同样，埃利克森（Ellickson，1991）描述了加利福尼亚州沙斯塔县的居民怎样通过负面流言进行威胁，以及在更极端的情况下，进行私人报复，如伤害他人走失的牛，以实施管理他们关系的规范。

规范及其执行机制的实质情况取决于它们所要处理的潜在冲突环境的具体情况。例如，埃利克森（Ellickson，1989）描述了在 18 世纪和 19 世纪捕鲸人在捕杀不同种类的鲸时如何形成不同的规范。这些规范是根据不同捕鲸人所面临的潜在冲突情况的具体情形制定的。所有的捕鲸人都面临确定谁对猎物具有正当的主张权的问题：是第一个用鱼叉插中鲸的人？是最终杀死鲸鱼的人？还是在杀死鲸鱼的过程中贡献最大的人？然而，由于他们捕杀各类鲸鱼的行为各不相同，在不同捕鲸人的特定案例中，不同的财产规范都有效地阻止了冲突，因此，在不同的情形下建立起不同的财产规范。

在格陵兰岛附近海域，英国捕鲸者确立了"抓紧捕鱼绳鱼归你，放松捕鱼绳跟别人公平竞争"（fast fish，loose fish）的规范。根据这一规范，第一个用鱼叉捕到鲸的人，只要连接被叉中的鲸鱼和捕鲸者之间的绳索从未断开，这个人就是被捕到鲸鱼的合法所有者。如果不是这样，就得跟其他捕鲸人公平竞争了。这一规范创造了"谁是鲸鱼的合法拥有者"的明确界限。在这种情况下，这对捕鲸者来说是有效的，因为在格陵兰岛附近被捕杀的那类鲸鱼行动缓慢，不易挣断捕鱼绳。因此，"抓紧捕鱼绳鱼归你，放松捕鱼绳跟别人公平竞争"的规范倾向于奖励第一个叉到鱼的捕鲸者，这是捕鲸工作中最困难的部分。它阻止了捕鲸人试图搭其他人努力便车的行为，即鼓励第一个通过努力叉到鱼的人，而不赞赏在鲸鱼已经变得虚弱时才去攻击鲸鱼的人。

相比之下，猎杀抹香鲸（sperm whale）的美国捕鲸者建立了一个不同的规范来确立对抹香鲸的产权。这个规范被称为"谁的铁钩，谁的鲸"（iron holds the whale）。它规定，第一个叉到鲸鱼的人，不论捕鱼绳是不是断了，只要他一直继续追捕，他就有权得到鲸鱼。"谁的铁钩，谁的鲸"对于捕捉抹香鲸的人来说是一个有效的规范，因为它同样激励捕鲸者承担捕鲸过程中最艰难的部分，即对鲸鱼的第一次攻击。尽管事实上抹香鲸行动迅速，可能挣断捕鲸绳，但这个规范抑制了搭便车者。

现有考察规范的文献记录了在各种情况下规范的出现和运行情况。然而，这些情况往往显示出共同特征，由于随后会讨论的原因，规范的

出现和发挥作用相对容易。现有文献所关注的出现规范的社区往往是小
而联系紧密的社区。规范的出现通常是为了防止出现"和平的冲突",
如违反合同,而不是为了阻止"暴力冲突",如当个体间是有深仇大恨、
公开的敌人时,就存在发生冲突的可能性。此外,通过互动促使规范形
成的人,以及这些规范理应适用于与其互动的人,往往是遵纪守法的人,
他们愿意在某些情况下采取机会主义行为,但其内部约束阻止他们利用
每一次机会去掠夺他人而获益。这些人不同于那些更可能缺乏内部约束
而通过侵犯他人产权为生的职业罪犯。

844

在下面几节中,我们考虑由于缺少前面提到的一个或多个特征,在
出现更困难问题的情况下,建立冲突抑制规范的问题。首先,我们在犯
罪团体中,即在将侵犯他人财产作为一种生存手段的个体中考虑规范问
题。其次,我们考虑在社会多样化的个体中建立规范。最后,我们在违
反规范不仅可能,而且实际上可以通过敌对者之间的长期战争关系得以
保证的情况下,探讨抑制冲突规范的可能性。

3. 不法之徒

职业罪犯专注于侵犯他人的财产权,这是他们的生活方式。那么,
他们似乎不太可能制定规范来抑制冲突。但这种直觉有一个问题:职业
罪犯可能比任何人都更需要私人建立的社会秩序规则并使其发挥作用。

这有两个原因。首先,不同于合法公民,犯罪分子通常不能依靠国
家制定的法律或实施机制来确保合作。① 这是一个问题,因为要实现许
多目标,罪犯必须相互合作以实现利润最大化。一个扒手可以自己"生
产"。但规模较大的犯罪组织就必须通过团队"合作生产"了。如果这
些罪犯不能建立抑制冲突的规范,他们就不可能促进这种"生产"。

其次,与合法生产者不同,职业罪犯表现出肆无忌惮掠夺他人的意
愿。他们对制造冲突可能不会那么内疚,与守法的人相比,这种约束掠
夺行为的内在道德感更弱。因此,如果没有形成规范来管理他们的互动,

---

① 如果政府官员腐败,罪犯就可以利用国家设立的机构促成目标并加强与他们的合作,
例如帮助他们排除竞争者。

那么职业罪犯几乎不可能限制冲突。再加上职业罪犯不依赖国家法律和秩序体系的事实，这意味着其对"盗亦有道"的需要比守法大众对荣誉的需求更加迫切。在这个方面，也许令人惊讶的是，职业罪犯面临更大的紧迫性，这解释了为什么他们内部的规范是普遍存在且行之有效的（Leeson，Skarbek，2010）。

845

其中一个最明显的例子是 18 世纪加勒比海盗团队的秩序。加勒比海盗是历史上最臭名昭著的罪犯。其中有被大家熟知的黑胡子（Blackbeard）、"卡里克·杰克"莱克姆（"Calico Jack"Rackam）、"黑巴特"罗伯茨（"Black Bart"Roberts）等。加勒比海盗在加勒比海、北美洲大西洋海岸、墨西哥湾和印度洋部分海域进行海盗活动。他们靠掠夺商船谋生，这些商船在 18 世纪头几十年里促进欧洲贸易日益繁荣。

正如利森（Leeson，2007a，2009a，2009b）所描述的那样，大多数加勒比海盗在巴哈马一个远离陆地的基地活动。但他们更长久的社群是其流动社区：海盗团伙。海盗需要联合活动。一个海盗的活动孤掌难鸣。需要很多海盗船员来操控海盗船。一个海盗团伙平均有 80 名成员。更大的海盗团伙有几百人也并不少见。为了防止海盗船员之间发生冲突而导致团队崩溃，海盗要求制定抑制冲突的规范，以确保他们进行合作。

海盗面临的潜在冲突是可以预测的。盗窃和打斗是最直接的威胁。如果海盗之间不能抑制犯罪倾向，他们就不能为了共同利益而合作。除此之外，各种负面外部因素也给海盗制造了危险。诸如饮酒和赌博等活动可能会造成海盗船之间发生冲突。这些冲突不仅会打压海盗船员的士气，还可能造成海盗船员分崩离析。海盗船员之间使用短剑和钝刀的暴力行为会损害海盗船，造成不可挽回的后果，或者引发船上交火行为，还有可能点燃火药而将海盗船员炸成碎片。

为了防止出现这种冲突，海盗制定了一套现在被称为"海盗守则"（pirate codes）的规范。我们知道这些守则的内容，因为，值得注意的是，海盗把它们记了下来。海盗称这些规范为"协议条款"，海盗的协议条款与宪法章程类似。我们来看海盗船长巴沙洛缪·罗伯茨管理船员的一套条款（Johnson，1999：1726 – 1728）：①

---

① 原稿中的斜体字已被删除。

（1）每个人对当前事务都有投票权，都有平等的权利享有在任何时候抢到的新鲜食物和烈酒，并且可以随意使用这些食物，除非由于稀缺，便必须由所有人通过投票以削减开支。

（2）每个人按照名单、依次被公平地叫到装有战利品船的甲板上，因为（在应获得的一份奖励之外）其被允许获得一套新衣服；但如果其在食物、珠宝和金钱上有欺瞒，就将被放逐孤岛以示惩罚。如果抢劫只发生在两个船员之间，那么他们将切开有罪者的耳朵和鼻子以满足自己，并把其放逐到岸上而不是无人居住的地方，这个地方一定是其会遇到困难的地方。

846

（3）一律不准玩牌或掷骰子来赌钱。

（4）晚上8点要熄灭灯和蜡烛：如果任何一个船员在那之后仍然想要喝酒，则应当去露天的甲板上喝。

（5）应保管好枪械，保持手枪和子弹干净，确保完好无损以便随时应战。

（6）禁止孩子和女人待在船上。任何船员如果被发现诱骗女人发生性关系、带乔装的女人出海，就将被处死。

（7）擅自离船或离开战斗岗位的人将被处以死刑或被流放到孤岛。

（8）在船上不能相互打斗，争执要在岸上，以剑和手枪来终结。

（9）在每个人分享到1000磅之前，任何人都不准谈论改变他们的生活方式。如果这样做，那么任何人都要失去一条腿，或在战斗中成为伤残者，这样，其将从公共常备金中得到800美元，而对于较轻的伤害，则按比例减少。

（10）船长和舵手分得2成战利品，大副、水手长和炮手各分得1.5成，其他有职务人员分得1.25成。

（11）乐师每逢安息日可以休息，但在其余的六个日夜里没有特殊待遇。

这些"海盗守则"所体现的规范履行了在海上生存的人所需要的所有重要功能。"海盗守则"禁止偷窃和打斗，还规制饮酒和赌博等行为的负外部性，这些行为可能会造成损害船只或伤害其他船员的内部冲突。管理其他海盗船员的规范，例如管理约翰·菲利普斯船长手下海盗船员的那些规范，对吸烟做出了规定，因为不小心吸烟可能烧毁船只。

海盗的规范创造了他们规则的实施机制。海盗设立了一个特殊职位，即舵手，由其负责执行这些惩罚。惩罚在本质上体现在肉体上，例如鞭打、放逐，在极端情况下，海盗会被处死。为了解决海盗船员之间的纠纷，海盗的规范体系也依赖舵手，由其裁决冲突。当舵手裁决失败时，其便让冲突双方在陆地上决斗，以防止暴力行为蔓延至其他海盗船员。海盗的规范还创造了一种赔偿工人的早期形式：在工作中受伤的船员将从船员的公共常备金中获得保险金。这一规范有助于防止海盗"搭便车"，通过减少他们在抢劫中把自己置于危险境地的成本，鼓励海盗在战斗中全力以赴。

普通海盗船员之间的冲突并不是海盗面临的唯一冲突。他们面临的潜在冲突的重要来源是海盗首领、海盗船长和其余海盗船员之间的冲突。与合法企业的领导人一样，海盗团伙的首领也行使权力，权力运用得当对海盗团伙的成功至关重要。然而，海盗首领可能滥用这些权力，这将 847 削弱海盗内部的合作行为。

海盗需要首领率领他们作战、分发战利品和给养，并执行海盗规范。问题是，自私自利的首领能利用他们对这些活动的权威，以牺牲其他海盗船员的利益为代价为自己牟利。例如，首领可以在战斗中命令和自己有私人恩怨的海盗船员从事危险岗位的工作，减少分给他的战利品和给养，并利用他们的执行权来解决私人恩怨。

为解决这些问题，海盗规范建立了民主的权力分配体系。根据相关条款，海盗通过民主选举产生首领和舵手。这使他们普遍可以废黜不道德的首领，并选举新的首领来代替他们。如果首领和舵手想保住他们的职位，那么需要利用船员赋予他们的权力，为船员带来利益而不是为自己牟利。

重要的权力要在海盗首领之间分享。在战斗时期，船长被赋予独断的决策权。但在其他时候，其拥有的权力不比普通海盗船员多。其他重要的权力，例如战利品和给养的分配，以及规则的执行，由舵手负责。通过这种方式划分权力，海盗规范限制了首领为了私人利益而侵害其海盗船员利益的能力。

由于具备规范体系，海盗成功地限制了冲突，进行集体协作，并在某些情况下，抢夺巨额财富。当然，海盗规范不是完美的。根据一位历史学家的观点，由于具备海盗规范，海盗船比很多商船、皇家海军的舰船甚至英国殖民船更加有序、和平及组织良好（Rogozinski，2000：179）。正如一位 18 世纪的观察家所描述的："在海上，他们极为有规范、有秩序地履行职责，甚至比荷兰东印度公司的商船做得还好；海盗以做正确的事情为荣。"（Rogozinski，2000，ⅷ）

加勒比海盗团伙并不是规范成功运作的唯一职业罪犯集团。甘贝塔（Gambetta，1993）以及利森和罗杰斯（Lesson，Rogers，即将出版）研究了西西里黑手党成员的规范。斯卡贝克（Skarbek，2010）探究了监狱帮派背景下的规范。利森和斯卡贝克（Lesson，Skarbek，2010）指出，犯罪集团的规范几乎无处不在。正因为成员是罪犯，这些组织中没有一个可以利用国家建立的机构来防止内部冲突。相反，他们依靠规范来促进罪犯之间进行合作。

4. 社会多样性

文献中讨论的大多数抑制冲突的规范的案例都描述了在小的、同质社会群体中规范的出现和运行情况。埃利克森所研究的捕鲸人、沙斯塔县的农场主和农民，伯恩斯坦所研究的钻石经销商，奥斯特罗姆所研究的公共资源使用者，安德森和希尔所研究的西部拓荒者，格列夫所研究的马格里布商人，甚至加勒比海盗船员都形成了严密组织、联系密切的社会团体。

848

这种关注是有原因的。如果个体对什么是合法行为与非法行为，以及如何应对非法行为有共同的看法，那么以规范为基础的规则更容易出现。例如，蓝达（Landa，1981，1994）强调社会同质性对东南亚"种族同质程度中间群体"规范运行的重要性。类似地，利森（Leeson，2010）展示了 18 世纪商船上的冲突抑制规范是怎样出现的，这些规范提升了有不满情绪的水手合作发动叛乱的能力，这依靠商人与海员之间的紧密关系。当个人之间的社会关系密切时，某些互动规则便会成为焦点。① 如果这些规则促进合作而不是冲突，那么冲突抑制规范的出现和有效运行就不会那么困难了。

社会亲密度对于规范的执行尤为重要。正如在第 2 节中所强调的，规范通常通过基于有关声誉的机制来执行。这些执行规范背后的理念非常直接：如果违反规范的行为受到惩罚，如在未来交易中被社区排斥导致丧失收入机会，那么就可以实现合作。如果个人有足够的耐心，那么今天违反规则导致的声誉损失会造成以丧失潜在互动收益形式表示的更大损失的话，就会促进遵守规则。基于这种逻辑的规范执行机制依赖持续的交易和对未来的预期，以确保进行合作。

如什卡佩尔达斯（Skaperdas，2003）指出的，"无名氏定理"（folk theorem）类型的机制，如那些决定声誉的机制，被高估为解决冲突的一种方法。它们只描述了合作的可能性。但包含冲突的均衡仍然存在。此外，正如加芬克尔和什卡佩尔达斯（Garfinkel，Skaperdas，2000）、什卡佩尔达斯（Skaperdas，2003）、什卡佩尔达斯和瑟罗普洛斯（Skaperdas，Syropoulos，1996）所表明的那样，在某些情况下，对未来的不良预期会提高而不是降低冲突的可能性。

作为执行规范的一种方式，这类机制还存在另一个潜在问题：它们要求个人能够将违规者的身份传达给足够数量的其他人。个人通过联合以抵制、惩罚背叛者的能力，并因此使他们遵守规则的激励的强度，取决于潜在背叛者可能与之互动并惩罚他作弊的人的比例。个人拒绝与某个欺骗者再次互动而受到双边惩罚，这可能并不足以阻止背叛者背叛。如果背叛者不够有耐心，那么他可能会发现欺骗其交易伙伴是值得的，尽管其会失去将来与被欺骗的伙伴进行交易的可能性。然而，如果通过欺骗交易伙伴，背叛者失去了与其可能进行交易的其他人在未来进行交易的机会，那么其因背叛而受到的惩罚要多得多，这就足以防止在贴现率很 849 高的情况下出现背叛。因而，多边惩罚是一种更加有效的规范执行机制。

当潜在交易者在社会关系上比较疏离，即当他们是不同的社会群体

---

① 关于焦点对协调合作行为和限制冲突的重要性，参见利森、科恩和伯特克（Leeson，Coyne，Boettke，2006）的研究。

成员时，广泛的多边惩罚就更难以实现。协调自己所属社会群体的成员以排斥群体之外的欺骗者可能很容易，但协调外部社会群体成员就困难得多。外部社会群体成员可能不相信其他群体成员所提出的权利主张。如果涉及不同的语言，那么就可能很难与外部社会群体成员沟通发生的背叛行为。此外，外部社会群体成员可能对于什么是背叛，以及应该如何惩罚背叛有不同的看法。他们可能根本不认为所谓的背叛行为是背叛行为。即使他们这样做，他们也可能并不认为排斥是恰当的惩罚。

这种对基于声誉实施机制的限制导致出现这样一种信念，即当规范被应用于社会多元化的个体时，它们很可能是无效的，甚至是不可能的。如果这种信念正确，那么规范的有效性确实有限。合作的大部分收益来自小而紧密的个人组成的群体之外。如果规范不能在不同社会群体参与冲突时抑制冲突，那么规范就不能帮助个人获得进行交易的广泛利益。他们加强合作的能力受到了严格限制。

为实施那些能够管理群体间互动的规范，对基于声誉的实施机制施加限制是非常明智的。然而，从历史上看，我们观察到，不同社会群体成员之间的合作并不十分依靠以国家为基础的预防冲突的机制（Lesson，2006，2008）。植根于仅基于声誉的实施机制之外的其他规范，一定会促进这种合作。

通过考察中世纪的国际贸易，我们可以了解还有哪些规范支持群体的合作。在缺乏国家机构控制冲突的情况下，社会多元化的国际贸易商依靠惯例、基于规范的法律体系来促进贸易。本森（Benson，1989b）和米尔格罗姆、诺斯和温加斯特（Milgrom，North，Weingast，1990）记录了中世纪国际商业法的演变情况。整个欧洲的中世纪商人被语言、距离和地方法律分隔开来。为了促进贸易，需要制定一套共同的商业规则。出于这种需要，后来出现了所谓的习惯商法（lex mercatoria）或商人法。商人法是管理国际商业交易的规范体系。它是在商人的商业习惯和共同的法律观念的基础上发展起来的。罗马法（the ius gentium）提供了许多这样的概念，商人们为了满足特殊需求修改了这些概念。这些规则是私下制定、裁决和执行的。

根据商人法，商事纠纷在"尘土飞扬的法庭"进行仲裁，之所以这样叫，是因为商人在商业交易场所之间往来时，脚上会沾满灰尘。商人主持这些法庭的活动，他们的决定没有正式的约束力。声誉和联合抵制在执行相关裁决时发挥重要作用。然而，由于前面讨论过的原因，单靠它们是无法防止国际贸易商之间的冲突的。 850

利森（Lesson，2006，2008）讨论了支持社会关系疏离的商人间合作的规范。[①] 商人通过寻找信号来甄别外部成员，这些信号告诉他们，他们正在考虑与之交易的外部成员是否可能忠诚行事。与基于声誉的多边惩罚（如排斥或联合抵制）不同，甄别机制不依赖社会亲密度运行。然而，成功的甄别需要具备两个条件：易于观察到的属性或行为，即信号，个人可以采用该信号或承诺的方式向外界表明可信度；信号中要具有适当的成本结构信号，也就是合作者发送信号的成本较低，而背叛者发送信号的成本高昂，这样才能有效地将他们的信誉传递给他们希望与之交易的外部潜在贸易伙伴。

缩小两个个体之间社会距离的信号满足这两个条件。如果 A 和 B 两个人在社会距离上较远，而 A 希望与 B 进行交易，那么 A 可以采用属于 B 的某些习俗或做法，这样做可以表明其在贸易中的信誉。A 可以使用"社会距离减少信号"来实现与 B 交换。例如，A 可以学习 B 的语言，转而信奉 B 的宗教信仰，按照 B 的习惯解决争议，或采取 B 的某些做法来缩小彼此之间的社会距离。这些属性都很容易被观察到。更重要的是，对于贴现率高的个体，即对更容易背叛的个体而言，对这样的信号进行投资的成本要高于贴现率低的个体，即那些不太可能背叛的个体。

个人从缩小自己与外部成员之间社交距离所得到的回报是长期的。如果缩小社会距离的投资成本足够高，那么投资这种信号的成本只能通过与外部社会群体成员之间的反复互动而得到补偿。B 不能轻易协调 A 的社会群体以抵制 A，但可以通过自己所属社会群体成员间的协调抵制 A。如果 A 是一个骗子，其在将来对与 B 所属的社会群体成员进行交换得到收益的贴现高于如果其不是一个骗子的收益，A 就会发现，为减少与 B 的社会距离进行的投资，在其可能欺骗 B 的情况下的成本要高于不可能这么做的成本。缩小社会距离的投资与发送者的诚信度相关。因此，

---

① 利森（Lesson，2005）考虑了后文所述机制在促进非洲被殖民前的群体间贸易运作的情况。

如果 B 观察到 A 为缩小彼此的社会距离进行了足够的投资，那么其可以相信 A 不太可能进行欺骗，所以与 A 交易。如果 B 没有观察到这种投资，那么就知道 A 可能是骗子，所以会拒绝与 A 交易。

中世纪的国际贸易商利用这一机制，通过采纳他们想与之交易的外来者的宗教、礼仪、服装风格、语言和习俗，促进与其在商人法制下的交易。也许最重要的是，商人自愿服从体现在商人法本身规范中的商业和仲裁惯例，这构成了投资和平缩小社会距离信号的重要途径。通过这些信号，个人能够在规范管理的交易中促进合作，防止冲突，尽管存在社会多样性。

5. 暴力

为了防止发生"和平"形式的冲突，如盗窃、欺诈和合同违约，基于信誉或昂贵信号的规范可能是有效的。但联合抵制和甄别在面对暴力时往往是无效的。它们不能阻止更加身强体壮的个体利用实力优势欺压较弱的一方。较弱的个体可能宣布永远不会再与任何欺骗其的人交易。其可能将自己限定在只与那些投资缩小社会距离信号的个体进行互动。但这并不能阻止更加身强体壮的个体使用武力从弱者那里拿走其想要的东西。

基于这个原因，通常可以得出这样的结论，即当规范应当抑制的冲突涉及人身暴力时，抑制冲突的规范不可能出现或有效。[1] 暴力的前景不仅由于力量不对称变得可能，而且由于个体之间是宿敌，暴力前景几乎得以保证时，尤为如此。如果暴力不能受到控制，则个体将面临最严重的问题。社会将出现霍布斯式的全民战争。

什卡佩尔达斯（Skaperdas，1992）证明了，即使是在一次性互动中，当个体可能对彼此表现出暴力行为时，合作也是可能的。一些文章从历史角度考虑了暴力背景下的冲突抑制规范。弗里德曼（Friedman，1979）对中世纪冰岛法律体系的分析是最早的研究之一。安德森和希尔（Anderson，

---

[1]　关于无政府状态下有关合作与暴力冲突的理论讨论，参见布什和梅耶（Bush，Mayer，1974）、赫什利弗（Hirshleifer，1995，2001）以及什卡佩尔达斯（Skaperdas，1992，2003）的研究。

Hill，1979，2004）对 19 世纪美国西部私人保护机构的分析是另外一个研究。近些年，利森（Leeson，2007d）研究了内部生产者和中间商在殖民前的西非地区建立的有关发展的规范，这些规范旨在将对后者的激励从暴力掠夺变为和平交易。[①]

也许令人惊讶的是，抑制冲突的规范不仅出现在弥漫着暴力的威胁中，还出现在暴力冲突的肇事者互为死敌时。[②] 利森（Leeson，2009c）分析了内生性的法律体系，它的出现是为了管理在 13 ~ 16 世纪时期英格兰—苏格兰边界两侧的对抗关系。这段历史描述了在暴力行为中出现和运行的规范。它还揭示了在给定信誉或发送信号都无法单独实施规范的情况下，通过何种方式可以强制实施这些规范。

17 世纪以前，英格兰和苏格兰之间的边界由六块领土组成，每边有三块，这被称为英格兰和苏格兰的"边界地区"。这个边界地区成为一个正式的不受管制的地区，来自两个国家的居民进行互动。英格兰和苏格兰的"国内法"都没有跨越边界延伸去管辖另一方的居民。从这个意义上讲，"边界地区"是无政府状态的。没有正式的"超国家权力"制定或通过实施法律来处理跨境犯罪行为，即边界一方公民对另一方公民的犯罪行为。

这是问题较多的地方，因为中世纪的英格兰—苏格兰边界是臭名昭著的"边界掠夺者"所在地，数量可观的跨境掠夺者在瓦尔特·斯科特爵士（Sir Walter Scott）的诗歌中被提及。"掠夺"涉及对边界另一侧的居民进行暴力突袭，包括残害、谋杀、纵火，以及大肆掠夺所需要的东西（采取任何必要的强制手段）。边界的掠夺者深深热衷于这种掠夺制度。对他们来说，暴力盗窃不是偶然的活动，而是他们的生活方式。

从 1296 年第一次苏格兰独立战争爆发到 1551 年《诺尔姆条约》（Treaty of Norham）签订之间的 250 多年的大部分时间里，英格兰和苏格

852

---

① 还可参见安德森和麦切尼（Anderson，McChesney，1994）对印第安人和白人关于"掠夺或贸易"决定的精彩分析。

② 阿克塞尔罗德（Axelrod，1984）、利森和诺拉斯泰（Leeson，Nowrasteh，2011）也考虑了敌对者之间出现规范以控制暴力行为的情形。阿克塞尔罗德考虑了在第一次世界大战期间参与阵地战的英国与德国士兵之间的此类规范。利森和诺拉斯泰考虑了大航海时代私掠者与商人互动背景下出现的用于限制海上战争社会成本的法律规范。普赛皮尔（Pospisil，1958）考虑了管理原始部落之间战争的规范。

兰处在公开冲突中。由于边界地区将两个交战国家分隔开来，许多边界地区的居民卷入了这场冲突，在正式的英格兰—苏格兰战争中，他们在战斗中对峙，而在没有发生正式战争时，双方经常处于不宣而战的冲突状态。很多居民在成长中逐渐成为前线另一侧居民的宿敌。没有一个"超国家权力"来管理有可能使边界陷入血腥混乱的跨国界掠夺体系。

11世纪出现的商人法是禁止国际贸易商之间诸如欺诈和合同违约这类"和平冲突"的规范体系，与之相同，在中世纪，英格兰—苏格兰边界地区也出现了规范体系以阻止掠夺者之间的暴力冲突。这种以古老跨境习俗为基础的规范体系被称为"边界地区法"（leges marchiarum），或者过境的法律。在边界地区法中所包含的规范主要涉及跨境暴力，包括谋杀、暴力盗窃、残害等。

在那些对完全消除暴力不感兴趣的边界居民中，完全消除暴力是不可能的，边界地区法并不以此为目标，而是设定了管理和缓和掠夺活动的更为温和的目标。它禁止某些活动，如谋杀，但也允许在某些规则约束下进行各种其他暴力活动来实现目标。

例如，根据边界地区法中的规范，允许边界居民进行"踩踏"活动，如果居民是跨境盗窃的受害者，那么他们可以合法地到对面的国家追捕敌人，且如果追捕到的话可以将其就地正法。然而，暴力自救受到管制。在边界地区法的规范之下，追捕者必须向在追捕中在外国遇到的人宣布自己的意图。此外，有一项关于其何时可以追捕这种形式进行报复的法规，这被边界居民称为"热踩踏"。如果在被指控的盗窃和追捕之间的时间超过一定期限，那么追捕者必须服从被称为"冷踩踏"的规定。"冷踩踏"涉及一套限制更为严格的规则。设制踩踏规则的目的是防止对盗窃者的合法追捕恶化为实质上的英格兰—苏格兰战争，从而限制暴力冲突的程度。

为了实施边界地区法中的规范，边界居民建立了一种被称为"休战日"的机制。休战日是一个类似法院的机构，它在每月举行一次会议，解决跨界争端并处理违反边界规范的问题。在休战日举行会议那天，双方都组建"陪审团"，英格兰一方挑选6名苏格兰人，苏格兰一方挑选6名英格兰人来完成该项工作。英格兰陪审团听取苏格兰的申诉，反之亦然。这些陪审团决定是否违反边界地区法中的规范，以及按照哪个规范做出适当的惩罚。

休战日在其适用背景下对典型暴力违规行为所起到的作用，正如商人法的"尘土飞扬的法庭"在其适用背景下对"和平"（即商业方面）地违反规则的作用。由于休战日机制不属于超国家主权的范畴，因此它的决定无法被正式执行。因此，执行规范对于确保遵守休战日的决定非常重要。

在边界实施规范要利用类似声誉的机制和暴力威胁来实现遵守规范的目的。例如，一个基本如声誉一样起作用的实施规范的机制就是捆绑。捆绑涉及利用人质，通常是被告或罪犯的家庭成员，或者如果没有做到，就利用他的族人。在这种机制下，一名"犯规"的边界人员（对被判违反规范的边界人员的称谓）指定一个名义上的人质，而不是他的声誉，以作为他将遵守休战日决定的保证。例如，如果一个边界人员在休战日被陪审团定罪，并拒绝遵守陪审团的决定，那么他的一个家庭成员或同族成员将被剥夺合法权利并被送来以作为保证，直到其遵守决定为止。

但是，由于声誉本身不能解决面对暴力的所有实施问题，边界惯例也依赖暴力威胁来实施规范。极端宿仇就是其中的一个例子。顾名思义，极端宿仇是一种暴力机制，包括长期屠杀另一个家庭的成员。例如，违反边界规范杀害一个人，可能会导致被谋杀者的部族采取暴力报复行为。通常情况下，对此做出的回应与最初挑衅者的部族做出的回应类似。两个部族之间将有致命的你来我往的复仇活动。活动一旦开始，极端宿仇就可能导致许多人死亡。考虑到这种对非法侵害另一部族成员的反应是相互的、可信的预期，这样做的代价非常高。这种由极端宿仇造成的期望首先提供了一种强有力的动机，促使人们在边界规范的范围内行事。通过这种方式，可怕的、暴力的威胁被用于强制实行反对暴力的规范，这些规范仅凭类似于声誉的机制是无法实施的。

边界人民抑制冲突的规范是一个被更广泛实践的例子，从西西里岛、阿尔巴尼亚和克里特岛到阿拉伯半岛和阿富汗的普什图人，许多有组织的部落社会以多种形式使用这种规范。正如前面的讨论所指出的，这些规范是非常不完善的。它们没有消除暴力，甚至没有尝试这样做。失衡可能是破坏性的和长期性的，导致经济和社会混乱。这表明它们没有很好地适应现代经济和政治。然而，考虑到基于掠夺的根深蒂固的社会制

854

度，边界人民是这些规范的一部分，体现在商人法中的规范是相当成功的。它们阻止那些以暴力冲突为生活方式的个人之间的杀戮。它们阻止了跨境暴力行为退化为霍布斯丛林式的行为。边界人民的规范并没有消除暴力，但它们对暴力进行了限制和管制，以防止一个专门进行掠夺的社会出现致命的混乱。

6. 未来研究方向

我们已经指出了在存在困难问题的情况下，一些抑制冲突规范的例子，传统智慧认为这种规范不太可能出现或发挥作用。未来的研究应该以这些困难的情形为背景，更深入地探讨规范引发的问题，而不是编写更多关于规范的案例，这些规范是许多现有文献所考察的、较为简单问题的情景中的规范。我们试图表明，事实上，这里有些内容需要探索，但除了超越单纯记录这种情况下规范的存在和运行之外，还有许多工作要做。

鉴于规范对大多数国家机制不存在或功能缺失的发展中国家特别重要，未来的研究应该考察完全或主要基于私人规范的社会，以及基于腐败和功能缺失的政府的社会的相对福利性质。在许多发展中国家，政府仅依靠国际发展共同体提供的微薄支持。根据规范的有效性，如果允许这些腐败和失败的国家垮台，而且正如我们之前讨论过的，由规范管理的无政府状态所取代，则这些国家的民众可能会过得更好。抑制冲突的规范可能确实失败过，但政府也是如此，尤其是在发展中国家。那么问题是哪个失败更糟？（Leeson，Williamson，2009）

利森（Lesson，2007b）考察了完全没有政府的索马里，表明这个问题的答案并不像人们最初预期的那样明显。他考虑了所有可用的发展指标，这些指标可以比较在 1991 年索马里功能缺失的政府垮台和无政府状态出现前后时期索马里的福利情况。利森发现，几乎所有可用的指标都表明，索马里的福利水平在无政府状态下有所改善，部分原因是，在无政府状态下出现了规范来管理索马里。值得注意的是，利森所使用的数据表明，索马里北部地区的邦特兰（Puntland）和索马里兰（Somaliland）

存在"微国家"（如果我们愿意考虑一个缺乏对一国征税权力的实体），

这并不是唯一出现改善迹象的地方。事实上，索马里南部在几个指标上的表现确实优于邦特兰和索马里兰。

科恩（Coyne，2006）认为，索马里在无政府状态下出现的抑制冲突规范促进了这些改善。[①] 例如，在索马里部族内，由数百名至数千名成员构成的"血亲复仇集团"（diya-paying group）在管理部族内互动关系的规范体系的基础上运作。每个血亲复仇集团是通过合同形成的相关血统的联盟。该合同规定，成员应共同支付并获得血亲补偿，建立社会保险制度和集体责任体系。如果一个成员受伤，那么由血亲合同规定谁来支付帮助受伤成员的费用。如果某个成员受到攻击，那么血亲合同规定了其他成员如何回应攻击者等。

为了管理不同部族成员之间的互动，索马里人依靠一种被称为"希尔"（Heer）的习惯性规范体系。"希尔"规定了部族之间的公共资源以及其他潜在冲突资源的使用方法。"长者法庭"（Guurti）是由宗族领袖组成的部族间理事会，对违反"希尔"的行为进行制裁。索马里的规范并不完善。尽管如此，部族内（血亲复仇集团）和部族间（希尔）的规范都帮助公民在无政府状态下克服冲突，并推动索马里发展。

索马里的规范在最不发达国家中是否存在特殊之处，或其更广泛的政治经济状况是否存在特殊之处，可以解释它在一个完全基于规范所定义和实施产权并管理冲突的体系下获得的改善，这是一个值得进一步研究的实证问题。在任何一种情况下，对于有兴趣了解国家富有与贫困的原因与后果的社会科学家来说，索马里都凸显了一个重要事实：没有规范，就无法理解它们。

致　谢

我们感谢布鲁斯·本森（Bruce Benson）、皮特·伯特克（Peter Boettke）以及编辑们的有益评论和建议。

---

① 对于将规范发展作为发展中国家的一种企业家行为进行讨论的文献，特别是对索马里的讨论，参见利森和伯特克（Leeson, Boettke, 2009）。

参考文献

Anderson, T. L., B. L. Benson, and T. E. Flanagan. 2006. *Self-determination: The other path for Native Americans.* Stanford, CA: Stanford University Press.

Anderson, T. L., and P. J. Hill. 1979. An American experiment in anarcho-capitalism: The not so wild, wild West. *Journal of Libertarian Studies* 3: 9 – 29.

——. *The not so wild, wild West: Property rights on the frontier.* Stanford, CA: Stanford University Press.

Anderson, T. L., and F. S. McChesney. 1994. "Raid or trade? An economic model of Indian-White relations. *Journal of Law and Economics* 37: 39 – 74.

Anderson, T. L., and F. S. McChesney, ed. 2002. *Property rights: Cooperation, conflict, and law.* Princeton, NJ: Princeton University Press.

Axelrod, R. 1984. *The evolution of cooperation.* New York: Basic Books.

Benson, B. L. 1988. Legal evolution in primitive societies. *Journal of Institutional and Theoretical Economics* 144: 772 – 88.

Benson, B. L. 1989a. Enforcement of private property rights in primitive societies: Law without government. *Journal of Libertarian Studies* 9: 1 – 26.

——. 1989b. The spontaneous evolution of commercial law. *Southern Economic Journal* 55: 644 – 61.

Bernstein, L. 1992. Opting out of the legal system: Extralegal contractual relations in the diamond industry. *Journal of Legal Studies* 21: 115 – 57.

Bush, W. C., and L. S. Mayer. 1974. Some implications of anarchy for the distribution of property rights. *Journal of Economic Theory* 8: 401 – 12.

Chan, K S. 2007. Trade, social values, and the generalized trust, *Southern Economic Journal* 73: 733 – 53.

Coyne, C. J. 2006. Reconstructing weak and failed states: Foreign intervention and the Nirvana fallacy. *Foreign Policy Analysis* 2: 343 – 60.

Demsetz, H. 1967. Toward a theory of property rights. *American Economic Review* 57: 347 – 59.

Dixit, A. K. 2004. *Lawlessness and economics: Alternative modes of governance.* Princeton, NJ: Princeton University Press.

Ellickson, R. C. 1989. A hypothesis of wealth-maximizing norms: Evidence from the whaling industry. *Journal of Law, Economics, and Organization* 5: 83 – 97.

——. 1991. *Order without law: How neighbors settle disputes.* Cambridge, MA: Harvard University Press.

——. 1998. Law and economics discovers social norms. *Journal of Legal Studies* 27: 537 – 52.

Foreign Policy and the Fund for Peace. 2009. Failed states index. http://www. fundforpeace. org/global/? q = fsi – grid2009. Last accessed November 11, 2011.

Francois, P. , and J. Zabojnik. 2005. Trust, social capital and economic development. *Journal of European Economic Association* 3: 51 – 94.

Friedman, D. 1979. Private creation and enforcement of law—a historical case. *Journal of Legal Studies* 8: 399 – 415.

Fuller, L. L. 1964. *The morality of law.* New Haven, CT: Yale University Press.

Gambetta, D. 1993. *The Sicilian Mafia: The business of private protection.* Cambridge, MA: Harvard University Press.

Garfinkel, M. R. , and S. Skaperdas. 2000. Conflict without misperception or incomplete information: How the future matters. *Journal of Conflict Resolution* 44: 793 – 807.

Greif, A. 1989. Reputation and coalitions in medieval trade: Evidence on the Maghribi traders. *Journal of Economic History* 49: 857 – 82.

——. 1993. Contract enforceability and economic institutions in early trade: The Maghribi traders' coalition. *American Economic Review* 83: 525 – 48.

Hirshleifer, J. 1995. Anarchy and its breakdown. *Journal of Political Economy* 103: 26 – 52.

——. 2001. The dark side of the force. New York: Cambridge University Press.

Johnson, C. 1999 [1726 – 1728]. *A general history of the pyrates, from their first rise and settlement in the island of Providence, to the present time,* ed. M. Schonhorn. New York: Dover.

Knack, S. , and P. Keefer. 1997. Does social capital have an economic payoff? *Quarterly Journal of Economics* 112: 1251 – 88.

Landa, J. T. 1981. A theory of the ethnically homogeneous middleman group: An institutional alternative to contract law. *Journal of Legal Studies* 10: 349 – 62.

——. 1994. *Trust, ethnicity, and identity: Beyond the new institutional economics of ethnic trading networks, contract law, and gift exchange.* Ann Arbor: University of Michigan Press.

Leeson, P. T. 2005. Endogenizing fractionalization. *Journal of Institutional Economics* 1: 75 – 98.

——. 2006. Cooperation and conflict: Evidence on self-enforcing arrangements and heterogeneous groups. *American Journal of Economics and Sociology* 65: 891 – 907.

——. 2007a. An-*arrgh*-chy: The law and economics of pirate organization. *Journal of Political Economy* 115: 1049 – 94.

——. 2007b. Better off stateless: Somalia before and after government collapse. *Journal of Comparative Economics* 35: 689 – 710.

——. 2007c. Efficient anarchy. *Public Choice* 130: 41 – 53.

——. 2007d. Trading with bandits. *Journal of Law and Economics* 50: 303 – 21.

——. 2008. Social distance and self-enforcing exchange. *Journal of Legal Studies* 37: 161 – 88.

——. 2009a. The calculus of piratical consent: The myth of the myth of social contract. *Public Choice* 139: 443 – 59.

——. 2009b. *The invisible hook: The hidden economics of pirates.* Princeton, NJ: Princeton University Press.

——. 2009c. The laws of lawlessness. *Journal of Legal Studies* 38: 471 – 503.

——. 2010. Rational choice, round robin, and rebellion: An institutional solution to the problems of revolution. *Journal of Economic Behavior and Organization* 73: 297 – 307.

Leeson, P. T., and P. J. Boettke. 2009. Two-tiered entrepreneurship and economic development. *International Review of Law and Economics* 29: 252 – 59.

Leeson, P. T., C. J. Coyne, and P. J. Boettke. 2006. Converting social conflict: Focal points and the evolution of cooperation. *Review of Austrian Economics* 19: 137 – 47.

Leeson, P. T., and A. Nowrasteh. 2011. Was privateering plunder efficient? *Journal of Economic Behavior and Organization* 79: 303 – 317.

Leeson, P. T., and D. B. Rogers. Forthcoming. Organizing crime. *Supreme Court Economic Review.*

Leeson, P. T., and D. B. Skarbek. 2010. Criminal constitutions. *Global Crime* 11: 279 – 98.

Leeson, P. T., and E. P. Stringham. 2005. Is government inevitable? *Independent Review* 9: 543 – 49.

Leeson, P. T., and C. R. Williamson. 2009. Anarchy and development: An application of the theory of second best. *Law and Development Review* 2: 77 – 96.

Milgrom, P., D. C. North, and B. Weingast. 1990. The role of institutions in the revival of trade: The law merchant, private judges, and the champagne fairs. *Economics and Politics* 2: 1 – 23.

Ostrom, E. 1990. *Governing the commons: The evolution of institutions for collective action.* Cambridge: Cambridge University Press.

Ostrom, E., R. Gardner, and J. Walker. 1994. *Rules, games, and common-pool* resources. Ann Arbor: University of Michigan Press.

Posner, E. A. 2000. *Law and social norms.* Cambridge, MA: Harvard University Press.

Pospisil, L. 1958. *Kapauku Papuans and their law.* New Haven, CT: Yale University Press.

Rogozinski, J. 2000. *Honor among thieves: Captain Kidd, Henry Every, and the pirate democracy in the Indian Ocean.* Mechanicsburg, PA: Stackpole Books.

Skaperdas, S. 1992. Cooperation, conflict, and power in the absence of property rights. *American Economic Review* 82: 720 – 39.

——. 2003. Restraining the genuine *Homo economicus*: Why the economy cannot be divorced from its governance. *Economics and Politics* 15: 135 – 62.

Skaperdas, S. , and C. Syropoulos. 1996. Can the shadow of the future harm cooperation? *Journal of Economic Behavior and Organization* 29: 355 – 72.

Skarbek, D. B. 2010. Putting the " con " into constitutions: The economics of prison gangs. *Journal of Law, Economics and Organization* 26 (2): 183 – 211.

Umbeck, J. 1977. The California gold rush: A study of emerging property rights. *Explorations in Economic History* 14: 197 – 226.

——. 1981. Might makes rights: A theory of the formation and initial distribution of property rights. *Economic Inquiry* 19: 38 – 59.

Woolcock, M. 1998. Social capital and economic development: Toward a theoretical synthesis and policy framework. *Theory and Society* 27: 151 – 208.

Zerbe, R. O. , and C. L. Anderson. 2001. Culture and fairness in the development of institutions in the California gold fields. *Journal of Economic History* 61: 114 – 43.

图书在版编目（CIP）数据

牛津和平经济学手册／（美）米歇尔·R.加芬克尔，
（美）斯特吉奥斯·什卡佩尔达斯主编；郝朝艳，陈波主
译. -- 北京：社会科学文献出版社，2023.10
　　ISBN 978 - 7 - 5228 - 0688 - 4

　　Ⅰ.①牛…　Ⅱ.①米…　②斯…　③郝…　④陈…　Ⅲ.
①经济学 - 手册　Ⅳ.①F0 - 62

　　中国国家版本馆 CIP 数据核字（2023）第 077158 号

牛津和平经济学手册

主　　编／〔美〕米歇尔·R.加芬克尔（Michelle R. Garfinkel）
　　　　　〔美〕斯特吉奥斯·什卡佩尔达斯（Stergios Skaperdas）
主　　译／郝朝艳　陈　波
审　　校／陈　波　杨晓昕

出 版 人／冀祥德
组稿编辑／祝得彬
责任编辑／张　萍　王晓卿
文稿编辑／王春梅
责任印制／王京美

出　　版／社会科学文献出版社·当代世界出版分社 （010）59367004
　　　　　地址：北京市北三环中路甲 29 号院华龙大厦　邮编：100029
　　　　　网址：www. ssap. com. cn
发　　行／社会科学文献出版社（010）59367028
印　　装／三河市东方印刷有限公司

规　　格／开本：787mm×1092mm　1/16
　　　　　印张：64　字数：1005 千字
版　　次／2023 年 10 月第 1 版　2023 年 10 月第 1 次印刷
书　　号／ISBN 978 - 7 - 5228 - 0688 - 4
著作权合同
登 记 号／图字 01 - 2016 - 2827 号
定　　价／398.00 元

读者服务电话：4008918866